$2.25

UNDER THE EDITORSHIP OF

William G. Moulton

PRINCETON UNIVERSITY

Modern
German Drama

EDITED BY **EDGAR LOHNER** STANFORD UNIVERSITY

AND **HUNTER G. HANNUM** MILLS COLLEGE

HOUGHTON MIFFLIN COMPANY · BOSTON

NEW YORK · ATLANTA · GENEVA, ILL. · DALLAS · PALO ALTO

PREFACE

THE ANTHOLOGIST'S TASK is never an enviable one. In making his selections he cannot include even all his own favorites, much less all those of others. Readers of this anthology will be quick to note the absence of many famous plays, perhaps even of some which they consider quite essential. A word therefore needs to be said about the motives which led us to include just these plays and not others.

We have based our selection on three primary criteria: (1) our judgment of the play's intrinsic value as a work of literature; (2) our belief in its value as representative of a historically important literary movement; and (3) our knowledge that, in the classroom, students have found the play stimulating in its treatment of relevant human problems. In making the selections we have consulted with many colleagues teaching modern German literature at various institutions in this country and abroad, and we gratefully acknowledge the help which they gave to us: Bernhard Blume (Harvard), Wilhelm Emrich (Berlin), Heinrich Henel (Yale), Victor Lange (Princeton), William McClain (Johns Hopkins), Heinz Politzer (Berkeley), Stefan Schultz (Chicago), Oskar Seidlin (Ohio State University), Walter Sokel (then at Columbia), Peter Szondi (then at Heidelberg). Though surely no one of these scholars would have made just the choices which we offer here, there was general agreement among them that the present selections are representative of the great wealth of the German-speaking stage during the past seventy-five years.

The general introduction and the prefaces to the individual plays do not seek to give the student a comprehensive history of modern German drama; they aim rather to mention significant characteristics essential for an understanding of modern drama in general. The bibliographies are selective, and the instructor will no doubt in certain cases wish to refer the student to additional works.

The introductions to the plays themselves are not intended to be exhaustive interpretations. They merely furnish a few guideposts which, we believe, point to the heart of the work in question. A more extensive analysis is then the task of the individual instructor and student. The notes likewise do not attempt to interpret the plays but merely to gloss certain dialectal and colloquial expressions, as well as certain historical or literary allusions which cannot be readily found in the most commonly used German-English dictionaries.

E.L.

H.G.H.

PREFACE

THE ANTHOLOGIST'S task is never an enviable one. In making his selections he cannot include even all his own favorites, much less all those of others. Readers of THIS anthology will be quick to note the absence of many famous plays, perhaps even of some which they consider quite essential. A word therefore needs to be said about the motives which led us to include just these plays and not others.

We have based our selection on three primary criteria: (1) our judgment of the play's intrinsic value as a work of literature; (2) our belief in its value as representative of a historically important literary movement; and (3) our knowledge that, in the classroom, students have found the play stimulating in its treatment of relevant human problems. In making the selections, we have consulted with many colleagues teaching modern German literature at various institutions in this country and abroad, and we gratefully acknowledge the help which they gave to us: Bernhard Blume (Harvard), Wilhelm Emrich (Berlin), Heinrich Henel (Yale), Victor Lange (Princeton), William McClain (Johns Hopkins), Heinz Politzer (Berkeley), Stefan Schultz (Chicago), Oskar Seidlin (Ohio State University), Walter Sokel (then at Columbia), Peter Szondi (then at Heidelberg). Though surely no one of these scholars would have made just the choices which we offer here, there was general agreement among them that the present selections are representative of the great wealth of the German-speaking stage during the past seventy-five years.

The general introduction and the prefaces to the individual plays do not seek to give the student a comprehensive history of modern German drama; they aim rather to mention significant characteristics essential for an understanding of modern drama in general. The bibliographies are selective, and the instructor will no doubt in certain cases wish to refer the student to additional works.

The introductions to the plays themselves are not intended to be exhaustive interpretations. They merely furnish a few guideposts which, we believe, point to the heart of the work in question. A more extensive analysis is then the task of the individual instructor and student. The notes likewise do not attempt to interpret the plays but merely to gloss certain dialectal and colloquial expressions, as well as certain historical or literary allusions which cannot be readily found in the most commonly used German-English dictionaries.

E.L.
H.O.H.

CONTENTS

CONTENTS

Introduction

There is neither norm nor rule which will enable us to define the drama in a way that is valid for all times and places. Nevertheless, in order to reveal the significance and formal aspects of modern drama, we must generalize about some of its features — even at the risk of overgeneralizing. In particular, we must set off the modern variety from what is usually called the classical or — even better — the neoclassical form. Precisely because there are no fixed norms and rules to guide us, we beg the reader to take some of our statements with a grain of salt.

If there is any one set of attitudes which is generally accepted as underlying neoclassical literature, and neoclassical drama in particular, it is the assumption of a stable psychology of human nature, the concept of a meaningful universe as a setting for human conflicts, and the belief in a uniform working of human sensibility. These attitudes are valid without distinction as to nations, authors, and specific stages in the development of the drama. Formal devices which follow from these attitudes are the imitation of nature, the rules of the three unities (time, action, place), the concept of probability, and the doctrine of decorum and propriety; and only things which can be depicted within this frame of reference should be dealt with in the drama. Almost all neoclassical writers shared a belief in these ideas, and they were convinced that classical antiquity had handed down to posterity works of art which embodied them best and which would therefore remain forever standard.

These ideas of neoclassical drama were most clearly exemplified in seventeeth-century France, during the reign of Louis XIV. In Germany they dominated the drama during the entire period which begins with Lessing (1729–1781) and ends with Grillparzer (1791-1872) and, with some reservations, Hebbel (1813–1863). (The chief exceptions are the drama of *Sturm und Drang*, for example that of J. M. R. Lenz [1751–1792], and the plays of Kleist [1777–1811], Grabbe [1801–1836], and Büchner [1813–1837].) The type of work produced during the period was the historical or mythological drama with an elevating moral or a high ethical concept, such as the idea of freedom in the plays of Schiller and the ideal of the noble human individual in Goethe's *Iphigenie* and *Tasso*. It is primarily the drama of man filled with the dignity of restraint, with faith in the realm of ideals, and with trust in the absolute nature of ethical demands (Iphigenie, Fiesko, Posa, Wallenstein, Antonio, etc.); and it is, above all, drama written in an exalted poetic diction characterized by cadences of rare beauty, visions of great majesty, and belief in inevitable fate.

The theme of inevitable fate has its roots, of course, in the religious origins of Greek drama — the purest of all types of drama and the one which stands at the apex of the dramatic art. Greek drama deals basically with human emotions such as those aroused in the conflict of the individual with nature, of man with the divine. The antinomy between freedom and necessity, being and nothingness, meaning, and lack of meaning, presupposes man's constant effort to preserve his self-interest against the divine. By attempting to retain freedom and self-interest, however, he provokes his own destruction by the divine. This, one could maintain, is the predominant theme of ancient tragedy.

In contrast, neoclassical drama must be viewed from a different perspective, inasmuch as the original religious relationship between man and the divine has largely disappeared and has been replaced by an emphasis on the purely human aspect of tragic self-assertion. It is thus fundamentally anthropocentric. Man is detached from the religious powers of the universe and is held prisoner in an elevated realm of moral and ethical values. The theme of tragedy since Lessing, writes Benno von Wiese, is the self-sufficiency of the human being who wants to maintain his moral and ethical integrity in an environment that is totally inhospitable, and who thereby tragically perishes. Such drama reaches its heights in the dignity and tragic failure of the hero. He bears the features of individuality; he is and has a character, and this character is his fate.

Thus we can say that the central figure of neoclassical drama is the hero who not only knows what he wants to do but also sets about doing it. He is active, and is actively engaged in forming a universe; he still maintains a meaningful relationship with an absolute, but he also strives for complete self-realization. Belief in intellectual and moral freedom, in the self-determination and dignity of man, is an integral part of this drama. The hero believes in the possibility of man made perfect through reason and *humanitas*. Life for him always has meaning and value.

The development of German drama during the nineteenth century reveals a progressive disillusionment with the classical belief in an ordered universe. History becomes a tragic force from which there is no escape. The more strongly the reality of history is experienced, the more dimly is the transcendental realm of ideas perceived. History gains a new dimension precisely through this experience of reality. What man now suffers, does, and hopes for, what enriches or destroys his life, he experiences only through a more vivid realization of the reality which has replaced myth.

The German drama of the nineteenth century, especially tragedy, is a projection of the isolation of the poet. It was the fate of Heinrich von Kleist, Christian Dietrich Grabbe, Georg Büchner, and Friedrich Hebbel to be lonely figures. In contrast to the neoclassical playwrights of the eighteenth century, who tried to give meaning to tragedy within a framework of divine order, the dramatist of the nineteenth century finds it more and more difficult to believe in any meaningful order at all. Poetry ceases to be at the center of culture, and the poet is compelled to deal with forces (money, the masses, industry, and politics) that were heretofore not properly the domain of poetry. As this type of reality becomes a central concern, the dramatist becomes more and more painfully aware of the dissonance between idea and reality. Reality can no longer be determined by reason but is subject only to its own ominous laws, which man can scarcely comprehend.

Kleist is the characteristic figure at this turning point in the development of the drama. His inability to order his own life by means of reason, which was so important to him, is significant far beyond the mere facts of his biography. For Kleist the world has indeed become fragile: its predominant forces are madness and deception. The individual entering this world no longer has an absolute in which to place his hope. The more insecure, the more intangible the basis of reality becomes, the more vital becomes the question of the individual left to his own devices in a hostile world, and the more urgent the quest for a basis on which he can still act. Thus the isolated individual becomes a central motif of drama. Kleist's Prince of Homburg experiences, at the sight of the grave, a kind of existential anxiety which is never found in the dramas of Schiller. And how extreme is the isolation of Kleist's Penthesilea! Or one might mention Büchner's Danton and Grabbe's Hannibal. These are no longer heroes who perish believing in an ideal order, but rather individualists, isolated beyond all possibility of communication, who live out their lives with the determination that comes from despair. Life itself has become an inexorable process in which individuals, even the greatest, are merely puppets, subject to instinct and blind passion, tossed into happiness or misfortune by the inscrutable workings of reality.

The system of values which, since antiquity, had been based on the belief that the spiritual side of man determines his sensual desires and acts of will, is now reversed. Instinctive desire and the will become the determining factors. This, of course, must lead to a gradual devaluation of the idealistic concept of the hero. The new "hero," battered by the material values and the sheer mass of his surroundings, no longer has the fortitude to believe in an ideal order. And toward the end of the century the hero either totally disappears, as in naturalistic drama, or he becomes a caricature of himself, as for example in the plays of Frank Wedekind.

The elevated style of classical diction now yields to an often crude idiom which is much closer to the language of the real world. The new portrayal of the individual shows man as a far more limited creature whose actions are caught up in the web of causality. What a difference there is between the courageous attitude of Schiller's Posa before the king and the tormented impotence of Büchner's Woyzek, who is little more than a victim of his milieu! Thus tragedy, in the dramas of Grabbe and Büchner, is brought to the level of immanence: there are no longer any gods, but only man, face to face with a threatening reality. No longer is tragedy based on the dichotomy of heaven and earth; it is rather a representation of the totality of an existence in which man is forced to face nothingness because he is subject to the inevitability of mortality. All bridges to a beyond are burned, and no human heroism, it seems, can rebuild them. The questioning of the idealistic concept of the hero who is progressively reduced to the level of caricature leads to the recognition of the terrible and immediate forces — the new configuration of masses of people, industrial influences, and the resulting social dependency — which threaten to destroy both man's freedom and his ability to believe in divine order.

Within this transition, Franz Grillparzer (1791–1872) and Friedrich Hebbel (1813–1863) appear as the last neoclassical dramatists to experience personally, on both an empirical and an intellectual level, the radical changes going on about them. Their dramas evidence a final effort to retain communication with the divine. But for Hebbel, at least, a purely transcendental solution is no longer possible. He conceived all his plays as great, symbolic pictures of human life caught in a historical crisis (*Judith*, 1841) or as the representation of an eternal human conflict (*Maria Magdalene*, 1844), though in so doing he actually produced only a slight modification of the neoclassical form of drama, best exemplified perhaps in his *Herodes und Mariamne* (1850).

After Hebbel's death (1863), there was for a time little of consequence written for the German stage. Grillparzer, who died in 1872, had published no dramatic works since the middle of the century. The only figure who merits some consideration in this period is Ludwig Anzengruber (1839–1889), who enjoyed a passing popularity. Anzengruber died in 1889, just as the "modern" drama was about to establish itself on the German stage.

The author who gave the greatest stimulus to modern theater in Germany was the

Norwegian Henrik Ibsen (1828–1906). His uninterrupted significance from the very beginning of the dramas of Hauptmann (1862–1946) to the death of Bert Brecht (1898–1956) can hardly be overemphasized. It was particularly the impact of his dramas of social protest which brought him to the center of the German stage: *The Pillars of Society* (1877), *A Doll's House* (1879), *Ghosts* (1881), *An Enemy of the People* (1882), and *The Wild Duck* (1884). Their appeal at the time was chiefly as an expression of the anger of a topical dramatist fighting against social injustice, bigotry, and hypocrisy. If these had been the only virtues of his plays, however, Ibsen would surely have joined the relatively insignificant ranks of Kotzebue (1761–1819) and Iffland (1759–1814); and no later German playwright (nor, for that matter, Strindberg, Chekhov, Shaw, O'Neill) would have taken him as a model. But Ibsen's mastery of structural technique, the intensity which he achieves within virtually every scene, his ability to analyze the psychological motivation of each character, his manipulation of the tension between characters, his handling of dialogue, his skill in developing an image throughout an entire play — these are the particular achievements which every subsequent dramatist of note tried to emulate; and it is indeed in these aspects that Ibsen anticipates even some of the salient features of modern epic theater (Brecht), as for instance in the "open form" of the last scene in *A Doll's House*.

"One day," Hauptmann wrote in *Das Abenteuer meiner Jugend* (1937), "Simon [one of his friends in Berlin] brought a slender volume of the Reclam series: *A Doll's House*, by Ibsen." Hauptmann was beside himself with enthusiasm. A few years later, on January 9, 1887, Hauptmann attended the first performance of Ibsen's *Ghosts* at the *Residenztheater* in Berlin. The audience's reaction was so turbulent that the police immediately banned further performances; but the impetus of this single performance could not be checked. The famous and most influential drama critic of the modern period, Alfred Kerr (1867–1948), reports a comment by a Danish professor lecturing at the time at the University of Berlin: "Paßt auf, heute beginnt eine neue Epoche der deutschen Literatur." And he was right. Modern German drama is usually dated from the performance of Gerhart Hauptmann's *Vor Sonnenaufgang* on October 20, 1889; but the period might more properly be reckoned from the impact which the earliest Ibsen productions in Germany had on Hauptmann and others.

Naturalistic drama had to free itself from the trappings of neoclassical drama in order to speak to an audience which had experienced a change of taste and aspirations. This is what Hauptmann, influenced by naturalistic tendencies abroad, tried to do in his first plays. The "new theater" was based on profound skepticism. Ideal representation was no longer a proper medium for dramatic art. In contrast to the well-oriented, competent classical hero, man in naturalistic plays appears in a state of passive dependency: he is at the mercy of his emotional drives and is limited by the social forces of his environment. At the beginning of the nineteenth century, a Woyzek was a singular, frightening vision of disintegrating mankind; in naturalistic drama such a character is the typical "non-hero." The belief in self-determination and the dignity of man, in intellectual and moral freedom, gives way to fatalistic resignation. Naturalism displays the impotence of man before the forces of heredity and environment. Man is now described in terms of sociology and biology, and fate is reduced to a matter of milieu and heredity. Thus naturalistic drama brings to the stage types which were never seen in the neoclassical period: creatures of the masses and of the big cities, the proletariat and the peasants, weak, suppressed individuals almost always on the point of collapse. Its "heroes" are taken from the everyday life of the lower classes; they move in the squalid poverty of a disenchanted world — even when, as for example in *Vor Sonnenaufgang*, they have amassed a considerable fortune. Each play is an outcry against society; each play repudiates the hypocrisy of conventional "morality." Society is revealed as a monster, and the spectator can only condemn it. The recurrent themes are hereditary defects, marital conflicts, the battle between the sexes, social upheaval. The local dialect, slang, and jargon of the everyday world are common stylistic features, so that language itself helps to reveal the new reality. The closely knit background of the classical play gives way to a series of "slices of life."

There is no doubt that the majority of the younger writers of the time succumbed to the lure of naturalism. Yet by no means all of them. Naturalism loomed as the great force in Germany, especially in Berlin and Munich; but a second act took place in Vienna. Hugo von Hofmannsthal (1874-1929) and Arthur Schnitzler (1862–1931) were the leading dramatists, but men like Peter Altenberg (1859–1919), Hermann Bahr (1863–1934), Karl Kraus (1874–1936), Stefan Zweig (1881–1942), and Richard Beer-Hofmann (1866–1945) were also writing in the rather rarefied atmosphere of *fin-de-siècle* Vienna. Here, where traces of baroque culture were still very much in evidence, where connections with French literary circles were very close and productive, where people were more receptive to ideas from abroad — here there developed a new concern with the function of art and the position of the artist. In the absence of any other stable values, the phenomenon of art itself usurped the role of ominous fate. The terrible ambiguity of a life based on pure aestheticism was here to be mercilessly unveiled.

These writers still enjoyed, in a resigned and artistically gracious way, the finesse of a culture of a past era; at the same time, they were very much aware of the fact that this era was indeed past. What remained was the finesse itself. The very fact that they were merely going through the motions of life in polite society made it clear to them that life must be something more than this. The hollowness of their existence drew them to reflections about themselves, about the transitoriness of all things, about the imminence of death; and it compelled them to try to enjoy each unique moment as if it were the last. The erotic moments of Schnitzler's *Anatol* (1893), this series of delicately flavored scenes, the crises of his *Liebelei* (1895), the impossible dilemmas which each of his characters must face — these are all attempts to give meaning to a fleeting moment.

The lyrical dramas of the early Hugo von Hofmannsthal are another case in point. Hofmannsthal especially felt the burden of the past which, as he put it in his essay on Gabriele d'Annunzio, had left but two things: "hübsche Möbel und überfeine Nerven." In 1893 he describes his own situation:

Uns ist aber nichts zurückgeblieben als frierendes Leben, schale, öde Wirklichkeit, flügellahme Entsagung. Wir haben nichts als ein sentimentales Gedächtnis, einen gelähmten Willen und die unheimliche Gabe der Selbstverdoppelung. Wir schauen unserem Leben zu ... Heute scheinen zwei Dinge modern zu sein: die Analyse des Lebens und die Flucht aus dem Leben ... Man treibt die Anatomie des eigenen Seelenlebens, oder man träumt. Modern sind alte Möbel und junge Nervositäten, ... modern ist die Zergliederung einer Laune, eines Seufzers, eines Skrupels; und modern ist die instinktmäßige,

fast somnambûle Hingabe an jede Offenbarung des Schönen, an einen Farbenak-
kord, eine funkelnde Metapher, eine wundervolle Allegorie.

This is the young Hofmannsthal who at an early age, at a time when naturalism was in
full bloom, had written the excellent, still meaningful one-act plays *Gestern* (1891),
Der Tod des Tizian (1892), and *Der Thor und der Tod* (1893) — plays whose charm and
magic we still admire today and in which the atmosphere, the playfulness, and the
predicament of the era are perhaps most clearly and most painfully depicted.

    The terrors of the First World War and the restlessness caused by Austria's uncertain
fate clouded Hofmannsthal's last years.   Nevertheless, the work which he presented
when peace had finally been re-established was the comedy *Der Schwierige* (1921).   A
comedy?   Certainly!   Yet beneath the surface of the social niceties, behind all the in-
trigues, a profound significance lies concealed.   Nowhere else in Hofmannsthal's works
is such depth hidden behind such a façade of frivolity.

    As early as his essay *Der Dichter und seine Zeit* (1907), Hofmannsthal announced
that he was concerned primarily with the "Welt der Bezüge und der verknüpfenden
Gefühle."   This is significant and is still valid for his last plays, such as *Das große Salz-
burger Welttheater* (1922) and *Der Turm* (1925), which, in a tumultuous epoch, would
sustain a culture and defend a tradition.   Hofmannsthal creates out of dream and object, from the past and the present, an imaginative world of interdependent phenomena;
he creates an aristocracy of posture, despite threats both from within and from without.

    There is no doubt that Hofmannsthal's plays, as well as those of the Belgian drama-
tist Maurice Maeterlinck (1862–1949), made an essential contribution to the explora-
tion of modern man's soul, a topic which was soon to dominate European drama.   But
the giant in this endeavor to plumb the depth of the human soul, the author who staged
the boldest experiments before Brecht and who thus had the greatest impact on the
development of modern drama, was the Swede August Strindberg (1849–1912).   All the
phases of the development of modern drama can in fact be seen in Strindberg's own
development as a writer.   Beginning as a naturalist (*The Father*, 1887; *Miss Julie*, 1888),
Strindberg turned in plays like *To Damascus* (1898) and *The Dream Play* (1902) to the
creation of a new type of drama in which he was surely influenced by Frank Wedekind's
Frühlings Erwachen (1891), by the dream vision in Gerhart Hauptmann's *Hanneles
Himmelfahrt* (1893), and by Maurice Maeterlinck's discovery of the reality of the *vie
intérieure*.   The drama is no longer constructed about a line of action in which every
scene progresses clearly toward a final goal.   Instead, all events are imbued with a dream-
like quality and follow, in free association, the dream experience.   Reality is thus reduced
to dream.   Strindberg explains his new method in the preface to *The Dream Play:*

> . . . the author has tried to imitate the disconnected but seemingly logical form of
> the dream.   Anything may happen; everything is possible and probable.   Time
> and space do not exist.   On an insignificant background of reality, imagination
> designs and embroiders novel patterns; a medley of memories, experiences,
> free fancies, absurdities, and improvisations.

Strindberg's concern is to represent the form and pattern of dreams, not their actual
subject matter.   He is interested in the imaginative composition of a universe of pure
expressiveness.   Strindberg wishes to reproduce, as Walter Sokel has pointed out, a

universe in which the empirical laws of causality and relationship are suspended: "association of ideas supplants construction of plot based on logical connection of cause and effect." The traditional structural principle of causal interrelation between character, incident, and action thus yields to a new structural pattern. Strindberg concentrates entirely on the goal of expressing an inner world, and he refuses to let conformity to external reality divert him from this goal.

With this we have the essential features of the so-called expressionistic drama, which was so greatly influenced by Strindberg's structural devices. This is not the place to attempt the impossible task of defining expressionistic drama, which has often been described by slogans such as "emotional and irrational rebellion against authority, against the conventions of bourgeois society and art." Expressionism has also been called not only an aesthetic but also an ethical, social, and political revolt. It has been said that morbid themes and extremism of every kind prevail in this drama; that there are elements of exaggeration, distortion, and implausibility; and that every expressionistic writer felt compelled to reveal the alienating effects of city life and the downfall of civilization. Whatever these slogans may mean — and they are all partially valid — here it may suffice to say that the expressionistic plays are really a part of that modern movement which began in German literature with Lenz, Büchner, and Grabbe. Even more important is the fact that man's isolation, his alienation, already apparent in the middle of the nineteenth century, reaches an extreme in many plays of this period. The reality with which the writer is confronted is no longer to be imitated; for many a poet this reality has become quite incomprehensible. Time and space seem to disintegrate. The dramatist, therefore, often turns from life's exterior to its interior in order to capture the manifestations of the soul, to present in symbolic expressions a person's innermost feelings and thoughts. Hence the irrationalism, hence the visions of many of the characters. The characters themselves are often nothing more than embodied expressions of inner states and significant forms of human existence. Pathos and ecstasy prevail; nothing is allowed to stay emotionally indifferent. This explains the staccato sentences, the disjointed syntax, the audacious images, often used to interpret abstract ideas; and it explains the discontinuity of thought and action. Without this turn taken by the modern drama, plays such as *Von morgens bis mitternachts*, *Die Sündflut*, *Seeschlacht* and, more recently, *Draußen vor der Tür*, would certainly never have been written in their present form.

Since the time of early Greek tragedy man had moved between the poles of freedom and necessity, rebellion and humility, individual guilt and fate. Death was, to be sure, annihilation; but it was also the way to the divine, to a meaningful absolute: in death the hero fulfilled divine law. But now, as for instance in Wolfgang Borchert's *Draußen vor der Tür*, God has been deposed and death rendered powerless. Death appears in this play as a complacent bourgeois. The dreadful becomes here the grotesque, and the grotesque is the form in which the meaninglessness of modern life manifests itself. The tragedy is no longer to be found in the awesome death of the hero; rather it is in the oppressiveness of life itself. The classical hero could not escape his tragic death; the modern "hero" cannot escape his tragic life. Only death is a release, but a release into nothingness.

Bertolt Brecht's dramatic world obviously has many features in common with the one just depicted. Indeed, it can be said that Brecht, the most significant modern German dramatist, grew out of early expressionism. But very soon he turned against the boundless subjectivism and irrationality which was so obvious in the works of the expressionistic poets, and slowly began to create his own form of drama, a form which was truly something new: the epic theater. The modern theater, so we read in the notes to *Mahagonny* (1929), "is epic theater in contrast to the traditional, dramatic form." The notes to *Mahagonny* contain a list of key words which by way of contrast emphasize the difference between the two forms of theater: "suggestion" and "argument," for instance, or "feeling" and "reason." The traditional theater, Brecht writes, treats man as a "fixed entity," as "unalterable"; the epic theater comprehends him as an "object of investigation," "alterable and changing." From these and other principles, often tied in with Marxist ideas, there follows a new law of form: whereas the development in a traditional play must be presented as inevitable, the epic theater progresses by "leaps and bounds," setting up "each scene for itself," so that the audience is able to pass judgment in the midst of them. "The facts of the fable," Brecht writes in his *Kleines Organon für das Theater* (1948), "are to be set off carefully against one another and are to be given their own structure, that of the play within the play." Thus the actual narrative becomes a constituent element in the composition of the drama and virtually dominates the dramatic structure. Symptoms of this epic structure can be seen in Büchner and Grabbe in the early nineteenth century, and later in Ibsen, Hauptmann, Strindberg, and Wedekind. But in Brecht's plays epic theater reaches its final form. It involves critical comment, frequently in the form of songs and poems; it alienates the spectator and requires him to observe the action from a critical distance. A narrator appears and makes critical comments from a position between the events themselves and the spectators' interpretation of them. The division into acts and scenes disappears, and the stage itself departs drastically from its traditional form.

Even these few details reveal to what extent epic theater represents an attack on the very fundamentals of traditional drama. Brecht himself once attempted to answer a question which had been addressed to a large group of writers: "Can today's world be represented on the stage? Is it possible to reproduce modern reality, with all its complexity and multiplicity, in the drama?" Brecht's answer was positive, though with some important qualifications. It must be recognized, he says, that a portrayal of our world today is becoming increasingly difficult. The purely personal acting, thinking, and feeling of the individual on the stage no longer expresses the totality of our existence but merely one possible perspective which can be refuted by many other possible perspectives. The modern world can be portrayed on the stage, Brecht maintains, only if it is shown to be a world capable of being changed. Like many authors before and after him, Brecht found the society he wrote about to be sick, the world poor and uninhabitable, and man bad; unlike some of them, he thought he had a prescription for the ills of the world. But it is not this prescription, not his social program which makes Brecht the greatest dramatist of our time. It is the fact that he was above all a poet who constantly envisioned the possibility of a society in which humanity and justice would reign in place of their opposites. By giving the drama a didactic function, Brecht is in a way following Schiller, whose essay *Was kann eine gute stehende Schaubühne eigentlich wirken?* (1785) is an example of a German tradition which sees the theater as one of society's most important creations, as a place where the most serious problems of a culture can be expressed and examined.

The isolated perspective which disturbed Brecht in the discussion referred to above becomes a useful gambit in the plays of Max Frisch (born 1911) and Friedrich Dürrenmatt (born 1921), both of whom were greatly influenced by Brecht. In the plays of these two Swiss dramatists the relationship between reality and consciousness, perception and imagination is ironically distorted. The clear, dependable features of existence become vague and shadowy. The "characters" can no longer be called characters in the traditional sense but are mere puppets. Whatever it is that manipulates them is an anonymous "something" beyond their own consciousness. Life seems to move in a circle about a center which no longer exists. Society no longer nurtures man but rather drives him into the wasteland of his loneliness. Deserted by all and left completely alone, man wanders aimlessly in a meaningless world. "Das Leben ist ein Spuk," Frisch writes in *Graf Öderland* (1951), " . . . ist Wiederholung! Bis man an seinem Tod erwacht, als wäre nichts gewesen, Überhaupt nichts." And in Frisch's *Die Chinesische Mauer* (1955) the poet Min Ko announces: "Die ganze Farce beginnt wieder von vorne."

As mentioned above, dialogue was the basis of classical drama, and "dialogue" meant far more than the mere confrontation of two individuals; it was rather a process of communication and understanding between two well-defined characters who were in proper perspective with their world. Since Ibsen and Hauptmann, however, and even earlier since Lenz and Büchner, the loneliness and isolation of man has become increasingly apparent. The individual's estrangement from society leads to a total breakdown of communication between man and man; this process continues to the point where the individual is alienated from his own ego, and thus the traditional concept of reality becomes untenable. In the modern drama we have been discussing, this process of successive alienation is depicted in a world from which the illusion of traditional reality has vanished. The destruction of traditional realistic illusionism is indicated by the new prominence of pantomime, paradox, and grotesque phantasies which represent a protest against the overpowering, anonymous forces that appear to determine the human condition. In the hollow laughter, in the irony of the farce and of tragicomedy, there is hidden a provocation which constantly seeks to make us aware of the fact that on man alone depends the possibility of whether or not there can again exist a meaningful world.

Bibliography

ALEWYN, RICHARD. *Über Hugo von Hofmannsthal.* Göttingen, 1958.

BAB, JULIUS. *Neue Wege zum Drama.* Berlin, 1911.

——. *Die Chronik des deutschen Dramas.* 1.–4. Teil, Berlin, 1922.

——. "Expressionismus." In R. F. Arnold, ed., *Das deutsche Drama* (Munich, 1925), pp. 783–811.

BAHR, HERMANN. *Expressionismus.* Munich, 1916. English translation by R. F. Gribble, *Expressionism.* New York, 1926.

BLOCK, HASKELL M., AND ROBERT G. SHEDD, editors. *Masters of Modern Drama.* New York, 1962.

BRECHT, BERTOLT. *Schriften zum Theater.* Frankfurt am Main, 1957 (Bibliothek Suhrkamp, Band 41).

DIEBOLD, BERNHARD. *Anarchie im Drama.* Frankfurt am Main, 1925.

DIETRICH, MARGRET. *Das moderne Drama: Strömungen, Gestalten, Motive.* Stuttgart, 1961.

GARTEN, H. F. *Modern German Drama*. Fair Lawn, 1959.

GRIMM, REINHOLD. "Pyramide und Karussell." In *Strukturen* (Göttingen, 1963), pp. 8–43.

KLOTZ, VOLKER. *Geschlossene und offene Form im Drama*. Munich, 1960.

MANN, OTTO. *Geschichte des deutschen Dramas*. Stuttgart, 1960.

MARTINI, FRITZ. "Drama und Roman im 19. Jahrhundert: Perspektiven auf ein Thema der Formengeschichte." In *Festschrift für Günther Müller*. Bonn, 1957.

———. "Das Drama der Gegenwart." In *Deutsche Literatur in unserer Zeit* (Göttingen, 1959), pp. 80–104.

PAULSEN, WOLFGANG. *Expressionismus und Aktivismus: Eine typologische Untersuchung*. Bern, 1935.

SEIDLIN, OSKAR. *Essays in German and Comparative Literature*. Chapel Hill, 1961. (Especially "Goethe's *Iphigenia* and the Humane Ideal," pp. 30–44; and "The Oresteia Today: A Myth Dehumanized," pp. 237–254.)

SOKEL, WALTER H. *The Writer in Extremis: Expressionism in Twentieth-Century German Literature*. Stanford, 1959.

SZONDI, PETER. *Theorie des modernen Dramas*. Frankfurt am Main, 1956.

WIESE, BENNO VON. *Die deutsche Tragödie von Lessing bis Hebbel*. Hamburg, 1952.

———. *Das deutsche Drama*. Vol. II. Düsseldorf, 1958.

Gerhart Hauptmann · 1862–1946

Almost no other modern German writer, with the possible exception of Thomas Mann, had so great a span of creative activity as did Gerhart Hauptmann. Shortly before his birth Bismarck had become Prime Minister, and one year before his death Hitler finally perished. Within this period Hauptmann had a tremendous influence on the development of modern German literature. Indeed, his literary production was so enormous and varied that even the new centenary edition, to be published by Propyläen Verlag, admits that it is incomplete.

He was born in Ober-Salzbrunn, Silesia, where his father owned the Hotel zur Krone. He was the youngest of four children, and he later contrasted the secure world of his childhood, happy and carefree in every way, with the outside world, as he described it, of work, worry and desperation — "das Ärmlichste vom Ärmlichen." Of this outside world, he writes in *Das Abenteuer meiner Jugend*, he retained as lasting impressions the village road, the weavers' huts, the miners' quarters, and above all the Silesian dialect (with all its vivid, figurative expressions) which, "wie ich mit Freuden erkannte, mir tief im Blute saß." Significant too, for his development, was his mother's mystical piety and his father's profound feeling of social discontent. In addition to the influence of home and countryside, and to his first contact with the theater through performances of the famous Meiningen Players, there was still another important influence in his early years: contact with the pietistic spirit of the Moravian brothers at his uncle's home (cf. his novel *Der Narr in Christo Emmanuel Quint*).

In 1882–1883 Hauptmann studied classical literature, archeology, history, philosophy, and science at the University of Jena. Especially through contact with the friends of his brother Carl, Hauptmann here became acquainted with Auguste Comte's positivistic ideas and with the social determinism of both Taine and Zola. In 1885 he moved to Berlin, the new metropolis, which at that time was the very center of intellectual activity. Here he was in touch with the trends of the time: with the beginnings of the science of sociology, and with the rise of socialism in politics. Here he came to know Johannes Schlaf and Arno Holz, Richard Dehmel, the Hart brothers, Bruno Wille and Wilhelm Bölsche, and all the others from whom the vital impulses of those days emanated.

For his later development his visit to Zurich in 1888 was of great importance. There he met Peter Hille, the young Frank Wedekind, the psychiatrist August Forel, and the biologist Alfred Ploetz. Rapidly drawn into the most advanced intellectual circles, Hauptmann entered into vigorous discussions of such burning questions as women's rights, alcoholism, social theories of economic organization, and the sanitary conditions of miners and factory workers. In Zurich he also visited the hovels of the silk weavers, and their condition reminded him of the revolt in 1844 of the poverty-stricken Silesian weavers.

Early in 1889 Hauptmann returned to Berlin, where Arno Holz and Johannes Schlaf had just published *Papa Hamlet*. In April, May, and June of the same year Hauptmann wrote *Vor Sonnenaufgang*. On October 20, 1889, the memorable first performance of the play took place, a matinee performance of *Die Freie Bühne*[1] in Berlin's Lessing Theater.

---

[1] The *Freie Bühne* had been founded in March of the same year by Otto Brahm, Paul Schlenter, and Maximilian Harden. Its model was André Antoine's *Théâtre Libre* in Paris; its purpose was to break new ground for the new art.

The event was as significant as that in 1782 when Schiller's *Räuber* was performed in Mannheim: there was the same break with the past, the same promise for the future, the same theater scandal and the same success. Hauptmann was hailed as the dramatist who had perfected "Naturalism." Theodor Fontane, who had given the play excellent advance notices and then defended it in the *Vossische Zeitung* after its first performance, was also the first to recognize that Hauptmann was, however, more than a Naturalist. "Because I admire the vigorous and the honest, the unvarnished truth, the absence of hollow phrases in art, the courage of one's convictions," Fontane wrote to Hauptmann in September, 1889, "I can disregard entirely the social and political aspects of your works for (and this is the most important point and the main reason for my admiration) in that which appears to the layman to be merely a true copy of life there is a degree of art greater than can be imagined."

Vor Sonnenaufgang thus became a dramatic landmark in the emergence of European Naturalism. There are certain structural elements in the play which Hauptmann had undoubtedly learned from Ibsen, and the harshness and brutality of both milieu and characterization reminded many a critic of Tolstoy's *The Power of Darkness*. The sordid, degenerate milieu of a rural community, alcoholism, and hereditary disease furnish the background for the drama of the social reformer and idealist Alfred Loth. He falls in love with Helene, the play's only truly human character, only to betray her upon learning that she too is marked by the disease and degeneration of her family. There is — even for him, the idealist — no appeal beyond the harsh, implacable law of heredity.

The artistic merits of the play are, of course, debatable, especially if it is compared to some of Hauptmann's later plays (*Die Weber* 1892, *Der Biberpelz* 1893, *Fuhrmann Henschel* 1898, and *Rose Bernd* 1903). But its revolutionary character, its significance as an historical event within the history of the drama, cannot be questioned. In the complacent atmosphere of the Wilhelminian era, *Vor Sonnenaufgang* introduced to the theater a new vigor and freshness. This play brought to the German stage an immediacy and a social passion that have shaped the development of German drama from that very first performance right down to another landmark of modern drama: the plays of Bertolt Brecht.

Bibliography

ALEXANDER, N. E. *Studien zum Stilwandel im dramatischen Werk Gerhart Hauptmanns.* Stuttgart, 1964.
GARTEN, H. F. *Gerhart Hauptmann.* Cambridge, 1954.
GUTHKE, KARL S. *Gerhart Hauptmann: Weltbild und Werk.* Göttingen, 1961.
MILCH, WERNER. *Gerhart Hauptmann: Vielfalt und Einheit seines Werkes.* Breslau, 1932.
———. "Gerhart Hauptmanns Lebenswerk." *Kleine Schriften zur Literatur- und Geistesgeschichte* (Heidelberg and Darmstadt, 1957), pp. 178–184.
REICHART, WALTER A. "Fifty years of Hauptmann Study in America (1894–1944): A Bibliography." *Monatshefte für deutschen Unterricht*, XXXVIII (1945), 1–31.
———. *Hauptmann und Shakespeare.* Goslar, 1948.
SCHLENTHER, PAUL. *Gerhart Hauptmann: Leben und Werke*, revised and expanded by A. Eloesser. Berlin, 1922.
SEYPPEL, JOACHIM. *Gerhart Hauptmann.* Berlin, 1962.

Vor Sonnenaufgang

Soziales Drama

DRAMATIS PERSONAE

KRAUSE, Bauerngutsbesitzer
FRAU KRAUSE, seine zweite Frau
HELENE }
MARTHA } Krauses Töchter erster Ehe
HOFFMANN, Ingenieur, verheiratet mit Martha
WILHELM KAHL, Neffe der Frau Krause
FRAU SPILLER, Gesellschafterin der Frau Krause
ALFRED LOTH
DOKTOR SCHIMMELPFENNIG
BEIBST, Arbeitsmann auf Krauses Gut

GUSTE }
LIESE } Mägde auf Krauses Gut
MARIE }
BAER, genannt Hopslabaer
EDUARD, Hoffmanns Diener
MIELE, Hausmädchen bei Frau Krause
DIE KUTSCHENFRAU
GOLISCH, genannt Gosch, Kuhjunge
EIN PAKETTRÄGER

ERSTER AKT

*Das Zimmer ist niedrig; der Fußboden mit guten
Teppichen belegt. Moderner Luxus auf bäuerische
Dürftigkeit gepfropft. An der Wand hinter dem
Eßtisch ein Gemälde, darstellend einen vierspännigen
Frachtwagen, von einem Fuhrknecht in blauer Bluse
geleitet.*

*Miele, eine robuste Bauernmagd mit rotem, etwas
stumpfsinnigem Gesicht; sie öffnet die Mitteltür und
läßt Alfred Loth eintreten. Loth ist mittelgroß,
breitschultrig, untersetzt, in seinen Bewegungen
bestimmt, doch ein wenig ungelenk; er hat blondes
Haar, blaue Augen und ein dünnes lichtblondes
Schnurrbärtchen, sein ganzes Gesicht ist knochig
und hat einen gleichmäßig ernsten Ausdruck. Er ist
ordentlich, jedoch nichts weniger als modern gekleidet. Sommerpaletot, Umhängetäschchen, Stock.*

MIELE. Bitte! Ich werde den Herrn Inschinär
glei ruffen[1]. Wollen Sie nich Platz nehmen?!

*Die Glastür zum Wintergarten wird heftig aufge-
stoßen; ein Bauernweib, im Gesicht blaurot vor
Wut, stürzt herein. Sie ist nicht viel besser als eine
Waschfrau gekleidet. Nackte, rote Arme, blauer
Kattunrock und Mieder, rotes punktiertes Brusttuch.
Alter Anfang vierzig — Gesicht hart, sinnlich, bös-
artig. Die ganze Gestalt sonst gut konserviert.*

FRAU KRAUSE *schreit.* Ihr Madel!!... Richtig!!
...Doas Loster vu Froovulk!... naus! mir gahn
nischt!... *Halb zu Miele, halb zu Loth.* A koan
orbeita, o hoot Oarme. naus! hier gibbt's nischt[2]!
LOTH. Aber Frau... Sie werden doch... ich
... ich heiße Loth, bin... wünsche zu... habe
auch nicht die Ab...
MIELE. A wull ock a Herr Inschinär sprechen[3].
FRAU KRAUSE. Beim Schwiegersuhne batteln:
doas kenn mer schunn. — A hoot au nischt, a
hoot's au ock vu ins, nischt iis seine[4]! *Die Tür rechts
wird aufgemacht. Hoffmann steckt den Kopf heraus.*
HOFFMANN. Schwiegermama! — Ich muß doch
bitten... *Er tritt heraus, wendet sich an Loth:* Was
steht zu... Alfred! Kerl! Wahrhaftig'n Gott, du!?
Das ist aber mal... nein das ist doch mal 'n
Gedanke!

*Hoffmann ist etwa dreiunddreißig Jahre alt, schlank,
groß, hager. Er kleidet sich nach der neuesten Mode,
ist elegant frisiert, trägt kostbare Ringe, Brillant-
knöpfe im Vorhemd und Breloques an der Uhrkette.
Kopfhaar und Schnurrbart schwarz, der letztere
sehr üppig, äußerst sorgfältig gepflegt. Gesicht
spitz, vogelartig. Ausdruck verschwommen, Augen
schwarz, lebhaft, zuweilen unruhig.*

---

[1]... den Herrn Ingenieur gleich rufen

[2]Dies lasterhafte Frauenzimmer!... hinaus! wir geben
nichts... Er kann arbeiten, er hat Arme. Hinaus! hier
gibt es nichts! [3]Er will nur den Herrn Ingenieur sprechen. [4]Beim Schwiegersohne betteln: das kennen wir
schon. — Er hat auch nichts, er hat es auch nur von uns,
nichts gehört ihm!

LOTH. Ich bin nämlich ganz zufällig...

HOFFMANN *aufgeregt.* Etwas Lieberes... nun aber zunächst leg ab! *Er versucht ihm das Umhängetäschchen abzunehmen.* — Etwas Lieberes und so Unerwartetes hätte mir jetzt — *Er hat ihm Hut und Stock abgenommen und legt beides auf einen Stuhl neben der Tür* — hätte mir jetzt entschieden nicht passieren können, — *Indem er zurückkommt* — entschieden nicht.

LOTH *sich selbst das Täschchen abnehmend.* Ich bin nämlich — nur so per Zufall auf dich — *Er legt das Täschchen auf den Tisch im Vordergrund.*

HOFFMANN. Setz dich! Du mußt müde sein, setz dich — bitte. Weißt de noch? wenn du mich besuchtest, da hatt'st du so 'ne Manier, dich lang auf das Sofa hinfallen zu lassen, daß die Federn krachten; mitunter sprangen sie nämlich auch. Also du, höre! mach's wie damals.

Frau Krause hat ein sehr erstauntes Gesicht gemacht und sich dann zurückgezogen. Loth läßt sich auf einen der Sessel nieder, die rings um den Tisch im Vordergrunde stehn.

HOFFMANN. Trinkst du was? Sag! — Bier, Wein? Kognak? Kaffee? Tee? Es ist alles im Hause.

Helene kommt lesend aus dem Wintergarten; ihre große, ein wenig zu starke Gestalt, die Frisur ihres blonden, ganz ungewöhnlich reichen Haares, ihr Gesichtsausdruck, ihre moderne Kleidung, ihre Bewegungen, ihre ganze Erscheinung überhaupt verleugnen das Bauernmädchen nicht ganz.

HELENE. Schwager, du könntest... *Sie entdeckt Loth und zieht sich schnell zurück.* Ach! ich bitte um Verzeihung. *Ab.*

HOFFMANN. Bleib doch, bleib!

LOTH. Deine Frau?

HOFFMANN. Nein, ihre Schwester. Hörtest du nicht, wie sie mich betitelte?

LOTH. Nein.

HOFFMANN. Hübsch! Wie? — Nu aber erklär dich! Kaffee? Tee? Grog?

LOTH. Danke, danke für alles.

HOFFMANN *präsentiert ihm Zigarren.* Aber das ist was für dich — nicht?!... auch nicht?!

LOTH. Nein, danke.

HOFFMANN. Beneidenswerte Bedürfnislosigkeit! *Er raucht sich selbst eine Zigarre an und spricht dabei.* Die A... Asche, wollte sagen der... der Tabak... ä! Rauch natürlich... der Rauch belästigt dich doch wohl nicht?

LOTH. Nein.

HOFFMANN. Wenn ich das nicht noch hätte... ach Gott ja, das bißchen Leben! — Nu aber tu mir den Gefallen, erzähle was. — Zehn Jahre — bist übrigens kaum sehr verändert — zehn Jahre, 'n ekliger Fetzen Zeit — was macht Schn... Schnurz nannten wir ihn ja wohl? Fips, — die ganze heitere Blase von damals[5]? Hast du den einen oder andern im Auge behalten?

LOTH. Sag mal, solltest du das nicht wissen?

HOFFMANN. Was?

LOTH. Daß er sich erschossen hat.

HOFFMANN. Wer — hat sich wieder mal erschossen?

LOTH. Fips! Friedrich Hildebrandt.

HOFFMANN. I warum nich gar[6]!

LOTH. Ja! er hat sich erschossen — im Grunewald, an einer sehr schönen Stelle der Havelseeufer. Ich war dort, man hat den Blick auf Spandau.

HOFFMANN. Hm! — Hätt' ihm das nicht zugetraut, war doch sonst keine Heldennatur.

LOTH. Deswegen hat er sich eben erschossen. — Gewissenhaft war er, sehr gewissenhaft.

HOFFMANN. Gewissenhaft? Woso[7]?

LOTH. Nun, darum eben... sonst hätte er sich wohl nicht erschossen.

HOFFMANN. Versteh' nicht recht.

LOTH. Na, die Farbe seiner politischen Anschauungen kennst du doch?

HOFFMANN. Ja, grün.

LOTH. Du kannst sie gern so nennen. Er war, dies wirst du ihm wohl lassen müssen, ein talentvoller Jung. — Fünf Jahre hat er als Stukkateur arbeiten müssen, andere fünf Jahre dann, sozusagen, auf eigene Faust durchgehungert und dazu kleine Statuetten modelliert.

HOFFMANN. Abstoßendes Zeug. Ich will von der Kunst erheitert sein... Nee! diese Sorte Kunst war durchaus nicht mein Geschmack.

LOTH. Meiner war es auch nicht, aber er hatte sich nun doch einmal drauf versteift. Voriges Frühjahr schrieben sie da ein Denkmal aus; irgendein Duodezfürstchen[8], glaub' ich, sollte verewigt werden. Fips hatte sich beteiligt und gewonnen; kurz darauf schoß er sich tot.

HOFFMANN. Wo da die Gewissenhaftigkeit stecken soll, ist mir völlig schleierhaft. — Für was habe ich nur eine Benennung: Spahn — auch Wurm — Spleen[9] — so was.

---

[5] the whole jolly bunch of those days   [6] You don't say!
[7] Conscientious? How so?   [8] some sort of petty prince
[9] eccentric, queer, capricious

LOTH. Das ist ja das allgemeine Urteil.

HOFFMANN. Tut mir leid, kann aber nicht umhin, mich ihm anzuschließen.

LOTH. Es ist ja für ihn auch ganz gleichgültig, was . . .

HOFFMANN. Ach überhaupt, lassen wir das. Ich bedaure ihn im Grunde ganz ebensosehr wie du, aber — nun ist er doch einmal tot, der gute Kerl; — erzähle mir lieber etwas von dir, was du getrieben hast, wie's dir ergangen ist.

LOTH. Es ist mir so ergangen, wie ich's erwarten mußte. — Hast du gar nichts von mir gehört? — durch die Zeitungen, mein ich.

HOFFMANN *ein wenig befangen.* Wüßte nicht.

LOTH. Nichts von der Leipziger Geschichte?

HOFFMANN. Ach so, das! — Ja! — Ich glaube . . . nichts Genaues.

LOTH. Also, die Sache war folgende . . .

HOFFMANN *seine Hand auf Loths Arm legend.* Ehe du anfängst — willst du denn gar nichts zu dir nehmen?

LOTH. Später vielleicht.

HOFFMANN. Auch nicht ein Gläschen Kognak?

LOTH. Nein. Das am allerwenigsten.

HOFFMANN. Nun, dann werde ich ein Gläschen . . . Nichts besser für den Magen. *Holt Flasche und zwei Gläschen vom Büfett, setzt alles auf den Tisch vor Loth.* Grand Champagne, feinste Nummer; ich kann ihn empfehlen. — Möchtest du nicht . . .?

LOTH. Danke.

HOFFMANN *kippt das Gläschen in den Mund.* Oah! — na, nu bin ich ganz Ohr.

LOTH. Kurz und gut: da bin ich eben sehr stark hineingefallen.

HOFFMANN. Mit zwei Jahren, glaub' ich?!

LOTH. Ganz recht! Du scheinst es ja doch also zu wissen. Zwei Jahre Gefängnis bekam ich, und nach dem haben sie mich noch von der Universität relegiert. Damals war ich — einundzwanzig. — — Nun! in diesen zwei Gefängnisjahren habe ich mein erstes volkswirtschaftliches Buch geschrieben. Daß es gerade ein Vergnügen gewesen, zu brummen, müßte ich allerdings lügen[10].

HOFFMANN. Wie man doch einmal so sein konnte! Merkwürdig! So was hat man sich nun allen Ernstes in den Kopf gesetzt. Bare Kindereien sind es gewesen, kann mir nicht helfen, du! — nach Amerika auswandern, 'n Dutzend Gelbschnäbel wie wir! — wir und Musterstaat gründen! Köstliche Vorstellung!

LOTH. Kindereien?! — tjaa! In gewisser Beziehung sind es auch wirklich Kindereien gewesen! Wir unterschätzten die Schwierigkeiten eines solchen Unternehmens.

HOFFMANN. Und daß du nun wirklich hinausgingst — nach Amerika — allen Ernstes mit leeren Händen . . . Denk doch mal an, was es heißt, Grund und Boden für einen Musterstaat mit leeren Händen erwerben zu wollen: das ist ja beinahe ver. . . jedenfalls ist es einzig naiv.

LOTH. Ach, gerade mit dem Ergebnis meiner Amerikafahrt bin ich ganz zufrieden.

HOFFMANN *laut auflachend.* Kaltwasserkur[11], vorzügliche Resultate, wenn du es so meinst . . .

LOTH. Kann sein, ich bin etwas abgekühlt worden; damit ist mir aber gar nichts Besonderes geschehen. Jeder Mensch macht seinen Abkühlungsprozeß durch. Ich bin jedoch weit davon entfernt, den Wert der . . . nun, sagen wir hitzigen Zeit zu verkennen. Sie war auch gar nicht so furchtbar naiv, wie du sie hinstellst.

HOFFMANN. Na, ich weiß nicht?!

LOTH. Du brauchst nur an die Durchschnittskindereien unserer Tage zu denken: das Couleurwesen auf den Universitäten, das Saufen, das Pauken[12]. Warum all der Lärm? Wie Fips zu sagen pflegte: um Hekuba[13]! — Um Hekuba drehte es sich bei uns doch wohl nicht; wir hatten die allerhöchsten menschheitlichen Ziele im Auge. Und abgesehen davon, diese naive Zeit hat bei mir gründlich mit Vorurteilen aufgeräumt. Ich bin mit der Scheinreligion und Scheinmoral und mit noch manchem andern . . .

HOFFMANN. Das kann ich dir ja auch ohne weiteres zugeben. Wenn ich jetzt doch immerhin ein vorurteilsloser, aufgeklärter Mensch bin, dann verdanke ich das, wie ich gar nicht leugne, den Tagen unseres Umgangs. — Natürlicherweise! — Ich bin der letzte, das zu leugnen. — Ich bin überhaupt in keiner Beziehung Unmensch. Nur muß man nicht mit dem Kopfe durch die Wand rennen

---

[10]I couldn't truthfully say that it was very good fun to be behind bars.

[11]like a cold shower [12]the fraternity goings-on at the universities, the swilling, the dueling [13]Hecuba. According to Greek mythology, Hecuba was the wife of Priam, mother of Hector and Paris, and, after the fall of Troy, the slave of Ulysses. "Was ist uns Hekuba" is a quotation from Shakespeare's *Hamlet* (II, ii) referring to the *Iliad* (VI, 450). Bismarck used this remark on January 11, 1887 to express his disinterest in Bulgaria. Unlike Bismarck, Loth uses the phrase with the opposite meaning by referring to the revolutionary ideals which Hoffmann, he and the others nourished in their youth.

wollen. — Man muß nicht die Übel, an denen die gegenwärtige Generation, leider Gottes, krankt, durch noch größere verdrängen wollen; man muß — alles ruhig seinen natürlichen Gang gehen lassen. Was kommen soll, kommt! Praktisch, praktisch muß man verfahren! Erinnere dich! Ich habe das früher gerade so betont, und dieser Grundsatz hat sich bezahlt gemacht! — Das ist es ja eben. Ihr alle — du mit eingerechnet! — ihr verfahrt höchst unpraktisch.

LOTH. Erklär mir eben mal, wie du das meinst.

HOFFMANN. Einfach! Ihr nützt eure Fähigkeiten nicht aus. Zum Beispiel du: 'n Kerl wie du, mit Kenntnissen, Energie etcetera, was hätte dir nicht offengestanden! Statt dessen, was machst du? Kompromittierst dich von vornherein derart... na, Hand aufs Herz! Hast du das nicht manchmal bereut?

LOTH. Ich konnte nicht gut bereuen, weil ich ohne Schuld verurteilt worden bin.

HOFFMANN. Kann ich ja nicht beurteilen, weißt du.

LOTH. Du wirst das gleich können, wenn ich dir sage: die Anklageschrift führte aus, ich hätte unseren Verein Vancouver-Island nur zum Zwecke parteilicher Agitation ins Leben gerufen; dann sollte ich auch Geld zu Parteizwecken gesammelt haben. Du weißt ja nun, daß es uns mit unseren kolonialen Bestrebungen ernst war, und was das Geldsammeln anlangt, so hast du ja selbst gesagt, daß wir alle miteinander leere Hände hatten. Die Anklage enthält also kein wahres Wort, und als Mitglied solltest du das doch...

HOFFMANN. Na — Mitglied war ich doch wohl eigentlich nicht so recht. — Übrigens glaube ich dir selbstredend. — Die Richter sind halt immer nur Menschen, muß man nehmen. — Jedenfalls hättest du, um praktisch zu handeln, auch den Schein meiden müssen. Überhaupt: ich habe mich in der Folge manchmal baß gewundert über dich: Redakteur der Arbeiterkanzel, des obskursten aller Käseblättchen[14] — Reichstagskandidat des süßen Pöbels! Und was hast du nu davon? — versteh mich nicht falsch! Ich bin der letzte, der es an Mitleid mit dem armen Volke fehlen läßt, aber wenn etwas geschieht, dann mag es von oben herab geschehen! Es muß sogar von oben herab geschehen, das Volk weiß nun mal nicht, was ihm not tut — das Von-unten-Herauf, siehst du, das

eben nenne ich das Mit-dem-Kopf-durch-die-Wand-Rennen[15].

LOTH. Ich bin aus dem, was du eben gesagt hast, nicht klug geworden.

HOFFMANN. Na, ich meine eben, sieh mich an! Ich habe die Hände frei: ich könnte nu schon anfangen, was für die Ideale zu tun. — Ich kann wohl sagen, mein praktisches Programm ist nahezu durchgeführt. Aber ihr... immer mit leeren Händen, was wollt denn ihr machen?

LOTH. Ja, wie man so hört: du segelst stark auf Bleichröder zu[16].

HOFFMANN geschmeichelt. Zu viel Ehre — vorläufig noch. Wer sagt das? — Man arbeitet eben seinen soliden Stiefel fort. Das belohnt sich naturgemäß[17] — wer sagt das übrigens?

LOTH. Ich hörte darüber in Jauer zwei Herren am Nebentisch reden.

HOFFMANN. Ä! du! — Ich habe Feinde! — Was sagten die denn übrigens?

LOTH. Nichts Besonderes. Durch sie erfuhr ich, daß du dich zur Zeit eben hier auf das Gut deiner Schwiegereltern zurückgezogen hast.

HOFFMANN. Was die Menschen nicht alles ausschnüffeln! Lieber Freund! Du glaubst nicht, wie ein Mann in meiner Stellung auf Schritt und Tritt beobachtet wird. Das ist ja auch so 'n Übelstand des Reich... Die Sache ist nämlich die: ich erwarte der größeren Ruhe und gesünderen Luft wegen die Niederkunft meiner Frau hier.

LOTH. Wie paßt denn das aber mit dem Arzt? Ein guter Arzt ist doch in solchen Fällen von allergrößter Wichtigkeit. Und hier auf dem Dorfe...

HOFFMANN. Das ist es eben, der Arzt hier ist ganz besonders tüchtig; und, weißt du, soviel habe ich bereits weg: Gewissenhaftigkeit geht beim Arzt über Genie.

LOTH. Vielleicht ist sie eine Begleiterscheinung des Genies im Arzt.

HOFFMANN. Mein'twegen, jedenfalls hat unser Arzt Gewissen. Er ist nämlich auch so 'n Stück Ideologe, halb und halb unser Schlag — reüssiert schauderhaft unter Bergleuten und auch unter dem Bauernvolk. Man vergöttert ihn geradezu. Zu Zeiten übrigens 'n recht unverdaulicher Patron, 'n Mischmasch von Härte und Sentimentalität. Aber, wie gesagt, Gewissenhaftigkeit weiß ich zu

---

[14]Since then I have sometimes been very surprised at you: editor of the Workingmen's Tribune, the obscurest of all tabloids.

[15]batting your head against a wall [16]From what one hears, you are about to become a Rothschild. (Bleichröder, a wealthy banking house) [17]You simply stick to your job. And that naturally brings its own reward.

schätzen! — Unbedingt! — Eh ich's vergesse . . . es ist mir nämlich darum zu tun . . . man muß immer wissen, wessen man sich zu versehen hat . . . Höre! . . . sage mir doch . . . ich seh' dir's an, die Herren am Nebentische haben nichts Gutes über mich gesprochen. — Sag mir doch, bitte, was sie gesprochen haben.

LOTH. Das sollte ich wohl nicht tun, denn ich will dich nachher um zweihundert Mark bitten, geradezu bitten, denn ich werde sie dir wohl kaum je wiedergeben können.

HOFFMANN *zieht ein Scheckbuch aus der Brusttasche, füllt einen Scheck aus, übergibt ihn Loth.* Bei irgendeiner Reichsbankfiliale . . . Es ist mir 'n Vergnügen . . .

LOTH. Deine Fixigkeit übertrifft alle meine Erwartungen. — Na! — ich nehm' es dankbar an, und du weißt ja: übel angewandt ist es auch nicht.

HOFFMANN *mit Anflug von Pathos.* Ein Arbeiter ist seines Lohnes wert! — Doch jetzt, Loth, sei so gut, sag mir, was die Herren am Nebentisch . . .

LOTH. Sie haben wohl Unsinn gesprochen.

HOFFMANN. Sag mir's trotzdem, bitte! — Es ist mir lediglich interessant, lediglich interessant —

LOTH. Es war davon die Rede, daß du hier einen andern aus der Position verdrängt hättest — einen Bauunternehmer Müller.

HOFFMANN. Natürlich! diese Geschichte!

LOTH. Ich glaube, der Mann sollte mit deiner jetzigen Frau verlobt gewesen sein.

HOFFMANN. War er auch. — Und was weiter?

LOTH. Ich erzähle dir alles, wie ich es hörte, weil ich annehme: es kommt dir darauf an, die Verleumdung möglichst getreu kennenzulernen.

HOFFMANN. Ganz recht! Also?

LOTH. Soviel ich heraushörte, soll dieser Müller den Bau einer Strecke der hiesigen Gebirgsbahn übernommen haben.

HOFFMANN. Ja! Mit lumpigen zehntausend Talern Vermögen. Als er einsah, daß dieses Geld nicht zureichte, wollte er schnell eine Witzdorfer Bauerntochter fischen; meine jetzige Frau sollte diejenige sein, welche.

LOTH. Er hätte es, sagten sie, mit der Tochter, du mit dem Alten gemacht. — Dann hat er sich ja wohl erschossen?! — Auch seine Strecke hättest du zu Ende gebaut und noch sehr viel Geld dabei verdient.

HOFFMANN. Darin ist einiges Wahre enthalten, doch — ich könnte dir eine Verknüpfung der Tatsachen geben . . . Wußten sie am Ende noch mehr dergleichen erbauliche Dinge?

LOTH. Ganz besonders — muß ich dir sagen —

regten sie sich über etwas auf: sie rechneten sich vor, welch ein enormes Geschäft in Kohlen du jetzt machtest, und nannten dich einen . . . na, schmeichelhaft war es eben nicht für dich. Kurz gesagt, sie erzählten, du hättest die hiesigen dummen Bauern beim Champagner überredet, einen Vertrag zu unterzeichnen, in welchem dir der alleinige Verschleiß[18] aller in ihren Gruben geförderten Kohle übertragen worden ist gegen eine Pachtsumme, die fabelhaft gering sein sollte.

HOFFMANN *sichtlich peinlich berührt, steht auf.* Ich will dir was sagen, Loth . . . Ach, warum auch noch darin rühren? Ich schlage vor, wir denken ans Abendbrot, mein Hunger ist mörderisch. — Mörderischen Hunger habe ich.

Er drückt auf den Knopf einer elektrischen Leitung, deren Draht in Form einer grünen Schnur auf das Sofa herunterhängt; man hört das Läuten einer elektrischen Klingel.

LOTH. Nun, wenn du mich hierbehalten willst — dann sei so gut . . . ich möchte mich eben 'n bißchen säubern.

HOFFMANN. Gleich sollst du alles Nötige . . . *Eduard tritt ein, Diener in Livree.* Eduard! führen Sie den Herrn ins Gastzimmer.

EDUARD. Sehr wohl, gnädiger Herr.

HOFFMANN *Loth die Hand drückend.* In spätestens fünfzehn Minuten möchte ich dich bitten, zum Essen herunterzukommen.

LOTH. Übrig Zeit[19]. Also Wiedersehen!!

HOFFMANN. Wiedersehen!

Eduard öffnet die Tür und läßt Loth vorangehen. Beide ab. Hoffmann kratzt sich den Hinterkopf, blickt nachdenklich auf den Fußboden, geht dann auf die Tür rechts zu, deren Klinke er bereits gefaßt hat, als Helene, die hastig durch die Glastür eingetreten ist, ihn anruft.

HELENE. Schwager! Wer war das?

HOFFMANN. Das war einer von meinen Gymnasialfreunden, der älteste sogar, Alfred Loth.

HELENE *schnell.* Ist er schon wieder fort?

HOFFMANN. Nein! Er wird mit uns zu Abend essen. — Womöglich . . . ja, womöglich auch hier übernachten.

HELENE. O Jeses! Da komme ich nicht zum Abendessen.

HOFFMANN. Aber Helene!

[18]the sole agency, right to sell [19]Ample time.

HELENE. Was brauche ich auch unter gebildete Menschen zu kommen. Ich will nur ruhig weiter verbauern.

HOFFMANN. Ach, immer diese Schrullen! Du wirst mir sogar den großen Dienst erweisen und die Anordnungen für den Abendtisch treffen. Sei so gut! — Wir machen's 'n bißchen feierlich. Ich vermute nämlich, er führt irgend was im Schilde[20].

HELENE. Was meinst du, im Schilde führen?

HOFFMANN. Maulwurfsarbeit — wühlen, wühlen[21]. — Davon verstehst du nun freilich nichts. — Kann mich übrigens täuschen, denn ich habe bis jetzt vermieden, auf diesen Gegenstand zu kommen. Jedenfalls mach alles recht einladend, auf diese Weise ist den Leuten noch am leichtesten ... Champagner natürlich! Die Hummern von Hamburg sind angekommen?

HELENE. Ich glaube, sie sind heute früh angekommen.

HOFFMANN. Also Hummern! *Es klopft sehr stark.* Herein!

POSTPAKETTRÄGER *eine Kiste unterm Arm; eintretend spricht er in singendem Ton.* Eine Kiste.

HELENE. Von wo?

PAKETTRÄGER. Berlin.

HOFFMANN. Richtig! Es werden die Kindersachen von Hertzog sein. *Er besieht das Paket und nimmt den Abschnitt.* Ja, ja, es sind die Sachen von Hertzog.

HELENE. Diese Kiste voll? Du übertreibst.

HOFFMANN *lohnt den Paketträger ab.*

PAKETTRÄGER *ebenso halb singend.* Schö'n gu'n Abend. *Ab.*

HOFFMANN. Wieso übertreiben?

HELENE. Nun, hiermit kann man doch wenigstens drei Kinder ausstatten.

HOFFMANN. Bist du mit meiner Frau spazierengegangen?

HELENE. Was soll ich machen, wenn sie immer gleich müde wird?

HOFFMANN. Ach was, immer gleich müde — Sie macht mich unglücklich! Ein und eine halbe Stunde ... sie soll doch um Gottes willen tun, was der Arzt sagt. Zu was hat man denn den Arzt, wenn ...

HELENE. Dann greife du ein, schaff die Spillern fort[22]! Was soll ich gegen so 'n altes Weib machen, die ihr immer nach dem Munde geht!

HOFFMANN. Was denn? ... ich als Mann ... was soll ich als Mann? ... und außerdem, du kennst doch die Schwiegermama.

HELENE *bitter.* Allerdings.

HOFFMANN. Wo ist sie denn jetzt?

HELENE. Die Spillern stutzt sie heraus[23], seit Herr Loth hier ist; sie wird wahrscheinlich zum Abendbrot wieder ihr Rad schlagen[24].

HOFFMANN *schon wieder in eigenen Gedanken, macht einen Gang durchs Zimmer; heftig.* Es ist das letzte Mal, auf Ehre, daß ich so etwas hier in diesem Hause abwarte. Auf Ehre!

HELENE. Ja, du hast es eben gut, du kannst gehen, wohin du willst.

HOFFMANN. Bei mir zu Hause wäre der unglückliche Rückfall in dies schauderhafte Laster auch sicher nicht vorgekommen.

HELENE. Mich mache dafür nicht verantwortlich! Von mir hat sie den Branntwein nicht bekommen. Schaff du nur die Spillern fort. Ich sollte bloß 'n Mann sein!

HOFFMANN *seufzend.* Ach, wenn es nur erst wieder vorüber wär'! — *In der Tür rechts.* Also Schwägerin, du tust mir den Gefallen: einen recht appetitlichen Abendtisch! Ich erledige schnell noch eine Kleinigkeit.

HELENE *drückt auf den Klingelknopf. Miele kommt.* Miele, decken Sie den Tisch! Eduard soll Sekt kalt stellen und vier Dutzend Austern öffnen.

MIELE *unterdrückt, patzig.* Sie kinn'n 's 'm salber sagen, a nimmt nischt oa vu mir, a meent immer: a wär ock beim Inschinnär gemit't[25].

HELENE. Dann schick ihn wenigstens rein. *Miele ab. Helene tritt vor den Spiegel, ordnet dies und das an ihrer Toilette; währenddes tritt Eduard ein. — Helene, immer noch vor dem Spiegel.* Eduard, stellen Sie Sekt kalt und öffnen Sie Austern! Herr Hoffmann hat es befohlen.

EDUARD. Sehr wohl, Fräulein. *Eduard ab. Gleich darauf klopft es an die Mitteltür.*

HELENE *fährt zusammen.* Großer Gott! — *Zaghaft.* Herein! — *Lauter und fester.* Herein!

LOTH *tritt ein ohne Verbeugung.* Ach, um Verzeihung! — ich wollte nicht stören —, mein Name ist Loth. *Helene verbeugt sich tanzstundenmäßig.*

STIMME HOFFMANNS *durch die geschlossene Zimmertür.* Kinder! keine Umstände! — Ich komme

---

[20]he's up to something [21]Digging things up. (Literally: Mole's work — burrowing, burrowing.) [22]Then put your foot down, get rid of that Spiller woman!

[23]Mrs. Spiller has been getting her up in grand style, ...
[24]She will probably go through one of her performances at supper. [25]Sie können es ihm selber sagen, er nimmt nichts an von mir, er meint immer: er wäre nur beim Ingenieur angestellt.

gleich heraus. LOTH! es ist meine Schwägerin Helene Krause! Und Schwägerin! es ist mein Freund Alfred Loth! Betrachtet euch als vorgestellt.

HELENE. Nein, über dich aber auch[26]!

LOTH. Ich nehme es ihm nicht übel, Fräulein! Bin selbst, wie man mir sehr oft gesagt hat, in Sachen des guten Tons ein halber Barbar. — Aber wenn ich Sie gestört habe, so . . .

HELENE. Bitte — Sie haben mich gar nicht gestört, durchaus nicht. *Befangenheitspause, hierauf.* Es ist . . . es ist schön von Ihnen, daß — Sie meinen Schwager aufgesucht haben. Er beklagt sich immer, von . . . er bedauert immer, von seinen Jugendfreunden so ganz vergessen zu sein.

LOTH. Ja, es hat sich zufällig so getroffen. — Ich war immer in Berlin und daherum — wußte eigentlich nicht, wo Hoffmann steckte. Seit meiner Breslauer Studienzeit war ich nicht mehr in Schlesien.

HELENE. Also nur so zufällig sind Sie auf ihn gestoßen?

LOTH. Nur ganz zufällig — und zwar gerade an dem Ort, wo ich meine Studien zu machen habe.

HELENE. Ach, Spaß! — Witzdorf und Studien machen, nicht möglich! in diesem armseligen Neste?!

LOTH. Armselig nennen Sie es? — Aber es liegt doch hier ein ganz außergewöhnlicher Reichtum.

HELENE. Ja doch! in der Hinsicht . . .

LOTH. Ich habe nur immer gestaunt. Ich kann Sie versichern, solche Bauernhöfe gibt es nirgendwo anders; da guckt ja der Überfluß wirklich aus Türen und Fenstern.

HELENE. Da haben Sie recht. In mehr als einem Stalle hier fressen Kühe und Pferde aus marmornen Krippen und neusilbernen Raufen! Das hat die Kohle gemacht, die unter unseren Feldern gemutet[27] worden ist, die hat die armen Bauern im Handumdrehen steinreich gemacht. *Sie weist auf das Bild an der Hinterwand.* Sehen Sie da — mein Großvater war Frachtfuhrmann: das Gütchen gehörte ihm, aber der geringe Boden ernährte ihn nicht, da mußte er Fuhren machen. — Das dort ist er selbst in der blauen Bluse — man trug damals noch solche blauen Blusen. — Auch mein Vater als junger Mensch ist darin gegangen. — Nein! — so meinte ich es nicht — mit dem «armselig»; nur ist es so öde hier. So . . . gar nichts für den Geist gibt es. Zum Sterben langweilig ist es.

Miele und Eduard, ab- und zugehend, decken den Tisch rechts im Hintergrunde.

LOTH. Gibt es denn nicht zuweilen Bälle oder Kränzchen?

HELENE. Nicht einmal das gibt es. Die Bauern spielen, jagen, trinken . . . was sieht man den ganzen Tag? *Sie ist vor das Fenster getreten und weist mit der Hand hinaus.* Hauptsächlich solche Gestalten.

LOTH. Hm! Bergleute.

HELENE. Welche[28] gehen zur Grube, welche[28] kommen von der Grube: das hört nicht auf. — Wenigstens ich sehe immer Bergleute. Denken Sie, daß ich alleine auf die Straße mag? Höchstens auf die Felder, durch das Hintertor. Es ist ein zu rohes Pack! — Und wie sie einen immer anglotzen, so schrecklich finster — als ob man geradezu was verbrochen hätte. — — Im Winter, wenn wir so manchmal Schlitten gefahren sind, und sie kommen dann in der Dunkelheit in großen Trupps über die Berge, im Schneegestöber, und sie sollen ausweichen, da gehen sie vor den Pferden her und weichen nicht aus. Da nehmen die Bauern manchmal den Peitschenstiel, anders kommen sie nicht durch. Ach, und dann schimpfen sie hinterher. Hu! ich habe mich manchmal so entsetzlich geängstigt.

LOTH. Und nun denken Sie an: gerade um dieser Menschen willen, vor denen Sie sich so sehr fürchten, bin ich hierhergekommen.

HELENE. Nein, aber . . .

LOTH. Ganz im Ernst, sie interessieren mich hier mehr als alles andere.

HELENE. Niemand ausgenommen?

LOTH. Nein.

HELENE. Auch mein Schwager nicht ausgenommen?

LOTH. Nein! — Das Interesse für diese Menschen ist ein ganz anderes — höheres . . . verzeihen Sie, Fräulein! Sie können das am Ende doch wohl nicht verstehen.

HELENE. Wieso nicht? Ich verstehe Sie sehr gut, Sie . . . *Sie läßt einen Brief aus der Tasche gleiten, Loth bückt sich danach.* Ach, lassen Sie . . . es ist nicht wichtig, nur eine gleichgültige Pensionskorrespondenz.

LOTH. Sie sind in Pension gewesen?

HELENE. Ja, in Herrnhut. Sie müssen nicht denken, daß ich . . . nein, nein, ich verstehe Sie schon.

LOTH. Ich meine, die Arbeiter interessieren mich um ihrer selbst willen.

---

[26]Oh, really! (What a way to introduce us!) [27]gemutet = vermutet.

[28]Welche . . . welche = Some . . . some

HELENE. Ja, freilich — es ist ja sehr interessant ... so ein Bergmann ... wenn man's so nehmen will ... es gibt ja Gegenden, wo man gar keine findet, aber wenn man sie so täglich ...

LOTH. Auch wenn man sie täglich sieht, Fräulein ... Man muß sie sogar täglich sehen, um das Interessante an ihnen herauszufinden.

HELENE. Nun, wenn es so schwer herauszufinden ... was ist es denn dann? das Interessante, mein' ich.

LOTH. Es ist zum Beispiel interessant, daß diese Menschen, wie Sie sagen, immer so gehässig oder finster blicken.

HELENE. Wieso meinen Sie, daß das besonders interessant ist?

LOTH. Weil es nicht das gewöhnliche ist. Wir andern pflegen doch nur zeitweilig und keineswegs immer so zu blicken.

HELENE. Ja, weshalb blicken sie denn nur immer so ... so gehässig, so mürrisch? Es muß doch einen Grund haben.

LOTH. Ganz recht! und den möchte ich gern herausfinden.

HELENE. Ach, Sie sind! Sie lügen mir was vor. Was hätten Sie denn davon, wenn Sie das auch wüßten?

LOTH. Man könnte vielleicht Mittel finden, den Grund, warum diese Leute immer so freudlos und gehässig sein müssen, wegzuräumen; — man könnte sie vielleicht glücklicher machen.

HELENE *ein wenig verwirrt.* Ich muß Ihnen ehrlich sagen, daß ... aber gerade jetzt verstehe ich Sie doch vielleicht ein ganz klein wenig. — Es ist mir nur ... nur so ganz neu, so ganz — neu!

HOFFMANN *durch die Tür rechts eintretend. Er hat eine Anzahl Briefe in der Hand.* So! da bin ich wieder. — Eduard! daß die Briefe noch vor acht auf der Post sind! *Er händigt dem Diener die Briefe ein; der Diener ab.* So, Kinder! jetzt können wir speisen. — Unerlaubte Hitze hier! September und solche Hitze! *Er hebt den Champagner aus dem Eiskübel.* Veuve Cliquot: Eduard kennt meine stille Liebe. *Zu Loth gewendet.* Habt ja furchtbar eifrig disputiert. *Tritt an den fertig gedeckten, mit Delikatessen überladenen Abendtisch, reibt sich die Hände.* Na! das sieht ja recht gut aus! *Mit einem verschmitzten Blick zu Loth hinüber.* Meinst du nicht auch? — Übrigens, Schwägerin! wir bekommen Besuch: Kahl Wilhelm. Er war auf dem Hof.

HELENE *macht eine ungezogene Gebärde.*

HOFFMANN. Aber Beste! Du tust fast, als ob ich ihn ... was kann ich denn dafür? Hab' ich ihn

etwa gerufen? *Man hört schwere Tritte draußen im Hausflur.* Ach! das Unheil schreitet schnelle.

Kahl tritt ein, ohne vorher angeklopft zu haben. Er ist ein vierundzwanzigjähriger plumper Bauernbursch, dem man es ansieht, daß er, soweit möglich, gern den feinen, noch mehr aber den reichen Mann heraus-stecken möchte. Seine Gesichtszüge sind grob, der Gesichtsausdruck vorwiegend dummpfiffig. Er ist bekleidet mit einem grünen Jackett, bunter Samt-weste, dunklen Beinkleidern und Glanzlack-Schaft-stiefeln. Als Kopfbedeckung dient ihm ein grüner Jägerhut mit Spielhahnfeder. Das Jackett hat Hirschhornknöpfe, an der Uhrkette Hirschzähne etc. Stottert.

KAHL. Gun'n Abend minander! *Er erblickt Loth, wird sehr verlegen und macht still stehend eine ziemlich klägliche Figur.*

HOFFMANN *tritt zu ihm und reicht ihm die Hand, aufmunternd.* Guten Abend, Herr Kahl!

HELENE *unfreundlich.* Guten Abend.

KAHL *geht mit schweren Schritten quer durch das ganze Zimmer auf Helene zu und gibt ihr die Hand.* 'n Abend och, Lene.

HOFFMANN *zu Loth.* Ich stelle dir hiermit Herrn Kahl vor, unseren Nachbarssohn.

KAHL *grinst und dreht den Hut. Verlegenheits-stille.*

HOFFMANN. Zu Tisch, Kinder! Fehlt noch jemand? Ach, die Schwiegermama. Miele! bitten Sie Frau Krause zu Tisch.

Miele ab durch die Mitteltür.

MIELE *draußen im Hausflur schreiend.* Frau!! Frau!! Assa kumma! Sie sill'n assa kumma[29]!

Helene und Hoffmann blicken einander an und lachen verständnisinnig, dann blicken sie vereint auf Loth.

HOFFMANN *zu Loth.* Ländlich, sittlich!

Frau Krause erscheint, furchtbar aufgedonnert. Seide und kostbarer Schmuck. Haltung und Kleidung verraten Hoffart, Dummstolz, unsinnige Eitelkeit.

HOFFMANN. Ah! da ist Mama! — Du gestattest, daß ich dir meinen Freund Doktor Loth vorstelle.

[29]Essen kommen! Sie sollen essen kommen!

FRAU KRAUSE *macht einen undefinierbaren Knicks.* Ich bin so frei! *Nach einer kleinen Pause.* Nein aber auch, Herr Doktor, nahmen Sie mir's ock bei Leibe nicht ibel[30]! Ich muß mich zuerscht muß ich mich vor Ihn'n vertefentieren — *Sie spricht je länger, um so schneller —*, vertefentieren wegen meiner vorhinigten Benehmigung. Wissen Se, verstihn Se, es komm ien der Drehe bei uns eine so ane grußmächtige Menge Stremer ... Se kinn's ni gleba, ma hoot mit dan Battelvulke seine liebe Not. A su enner, dar maust akrat wie a Ilster. Uf da Pfennig kimmt's ins ne ernt oa, ne ock ne, ma braucht a ni dreimol rimzudrehn, au ken'n Toaler nich, ebb ma 'n ausgibbt. De Krausa-Ludwig'n, die iis geizig, schlimmer wie a Homster egelganz, di ginnt ke'm Luder nischt. Ihrer is gesturba aus Arjer, weil a lumpigte zwetausend ei Brassel verloorn hoot. Ne, ne! a su sein mir dorchaus nicht. Sahn Se, doas Buffet kust't mich zweehundert Toaler, a Transpurt ni gerechnet; na, d'r Beron Klinkow koan's au ne andersch honn.

Frau Spiller ist kurz nach Frau Krause ebenfalls eingetreten. Sie ist klein, schief und mit den zurückgelegten Sachen der Frau Krause herausgestutzt. Während Frau Krause spricht, hält sie mit einer gewissen Andacht die Augen zu ihr aufgeschlagen. Sie ist etwa fünfundfünfzig Jahre alt; ihr Ausatmen geschieht jedesmal mit einem leisen Stöhnen, das, auch wenn sie redet, regelmäßig wie «m» höbar wird.

FRAU SPILLER *mit unterwürfigem, wehmütig geziertem Moll-Ton, sehr leise.* Der Baron Klinkow haben genau dasselbe Buffett — m—.

HELENE *zu Frau Krause.* Mama! wollen wir uns nicht erst setzen, dann ...

FRAU KRAUSE *wendet sich blitzschnell und trifft Helene mit einem vernichtenden Blick; kurz und herrisch.* Schickt sich doas?

Frau Krause, im Begriff sich zu setzen, erinnert sich, daß das Tischgebet noch nicht gesprochen ist, und faltet mechanisch, doch ohne ihrer Bosheit im übrigen Herr zu sein, die Hände.

FRAU SPILLER *spricht das Tischgebet.*
Komm, Herr Jesu, sei unser Gast.
Segne, was du uns bescheret hast.
Amen.

Alle setzen sich mit Geräusch. Mit dem Zulangen und Zureichen, das einige Zeit in Anspruch nimmt, kommt man über die peinliche Situation hinweg.

HOFFMANN *zu Loth.* Lieber Freund, du bedienst dich wohl!? Austern?

LOTH. Nun, will probieren. Es sind die ersten Austern, die ich esse.

FRAU KRAUSE *hat soeben eine Auster geschlürft. Mit vollem Mund.* In dar Saisong, mein'n Se woll[31]?

LOTH. Ich meine überhaupt.

Frau Krause und Frau Spiller wechseln Blicke.

HOFFMANN *zu Kahl, der eine Zitrone mit den Zähnen ausspreßt.* Zwei Tage nicht gesehen, Herr Kahl! Tüchtig Mäuse gejagt in der Zeit?

KAHL. N . . n . . nee!

HOFFMANN *zu Loth.* Herr Kahl ist nämlich ein leidenschaftlicher Jäger.

KAHL. D . . d . . die M . . mm . . maus, das ist 'n in . . in . . infamtes Am . . am . . amfff . . fibium[32].

HELENE *platzt heraus.* Zu lächerlich ist das; alles schießt er tot, Zahmes und Wildes.

KAHL. N . . nächten hab ich d . . d . . die alte Szss . . sau vu ins t . . tot g . . g . . geschossen[33].

LOTH. Da ist wohl Schießen Ihre Hauptbeschäftigung?

FRAU KRAUSE. Herr Kahl tut's ock bloßig zum Prifatvergnigen[34].

FRAU SPILLER. Wald, Wild, Weib pflegten Seine Exzellenz der Herr Minister von Schadendorf oftmals zu sagen.

---

[30] . . . nehmen Sie es mir nur bei Leibe nicht übel (don't take it amiss)! Ich muß mich zuerst muß ich mich vor Ihnen entschuldigen — entschuldigen wegen meines Benehmens vorhin. Wissen Sie, verstehen Sie, es kommen hier an der Gegend bei uns so eine große Menge Stromer (tramps) . . . Sie können es nicht glauben, man hat mit dem Bettelvolk seine liebe Not. So einer, der maust gerade wie eine Elster (they steal exactly like magpies). Auf den Pfennig kommt es uns nicht an, wirklich nicht, man braucht ihn nicht dreimal umzudrehen, auch den Taler nicht, ehe man ihn ausgibt. Die Frau von Krausa-Ludwig, die ist geizig, schlimmer wie ein Hamster, die gönnt keinem Luder etwas. Ihr Mann ist aus Ärger gestorben, weil er lumpige zweitausend beim Kartenspiel verloren hat. Nein, nein! so sind wir durchaus nicht. Sehen Sie, das Buffet (sideboard) kostet mich zweihundert Taler, den Transport (freight) nicht mitgerechnet; na, der Baron Klinkow kann es auch nicht anders haben.

[31] In der Saison, meinen Sie wohl? [32] Die Maus, das ist ein infames Amphibium. [33] In der Nacht habe ich die alte Sau von uns totgeschossen [34] Herr Kahl tut es nur bloss zum Privatvergnügen.

KAHL. I . . i . . iberm . . m . . murne hab'n mer T . . t . . tau . . t . . taubenschießen[35].

LOTH. Was ist denn das: Taubenschießen?

HELENE. Ach, ich kann so was nicht leiden; es ist doch nichts als eine recht unbarmherzige Spielerei. Ungezogene Jungens, die mit Steinen nach Fensterscheiben zielen, tun etwas Besseres.

HOFFMANN. Du gehst zu weit, Helene.

HELENE. Ich weiß nicht — meinem Gefühl nach hat es weit mehr Sinn, Fenster einzuschmeißen, als Tauben an einem Pfahl festzubinden und dann mit Kugeln nach ihnen zu schießen.

HOFFMANN. Na, Helene — man muß doch aber bedenken . . .

LOTH *irgend etwas mit Messer und Gabel schneidend.* Es ist ein schandhafter Unfug.

KAHL. Um die p . . poar Tauba . . .[36]!

FRAU SPILLER *zu Loth.* Der Herr Kahl — m—, müssen Sie wissen, haben zweihundert Stück im Schlage.

LOTH. Die ganze Jagd ist ein Unfug.

HOFFMANN. Aber ein unausrottbarer. Da werden zum Beispiel eben jetzt wieder fünfhundert lebende Füchse gesucht; alle Förster hier herum und auch sonst in Deutschland verlegen sich aufs Fuchsgraben[37].

LOTH. Was macht man denn mit den vielen Füchsen?

HOFFMANN. Sie kommen nach England, wo sie die Ehre haben, von Lords und Ladies gleich vom Käfig weg zu Tode gehetzt zu werden.

LOTH. Muhamedaner oder Christ, Bestie bleibt Bestie.

HOFFMANN. Darf ich dir Hummer reichen, Mama?

FRAU KRAUSE. Meinswegen, ei dieser Saisong sind se sehr gutt[38]!

FRAU SPILLER. Gnädige Frau haben eine so feine Zunge — m—!

FRAU KRAUSE *zu Loth.* Hummer ha'n Sie woll auch noch nich gegassen, Herr Dukter?

LOTH. Ja, Hummer habe ich schon hin und wieder gegessen — an der See oben, in Warnemünde, wo ich geboren bin.

FRAU KRAUSE *zu Kahl.* Gell, Wilhelm, ma weeß wirklich'n Gott manchmal nich mee, was ma assen sull[39]?

KAHL. J . . j . . ja, w . . w . . weeß . . weeß G . . Gott, Muhme.

EDUARD *will Loth Champagner eingießen.* Champagner?

LOTH *hält sein Glas zu.* Nein! . . . danke!

HOFFMANN. Mach keinen Unsinn!

HELENE. Wie, Sie trinken nicht?

LOTH. Nein, Fräulein.

HOFFMANN. Na, hör mal an: das ist aber doch . . . das ist langweilig.

LOTH. Wenn ich tränke, würde ich noch langweiliger werden.

HELENE. Das ist interessant, Herr Doktor.

LOTH *ohne Takt.* Daß ich langweiliger werde, wenn ich Wein trinke?

HELENE *etwas betreten.* Nein, ach nein, daß . . . daß Sie nicht trinken . . . , daß Sie überhaupt nicht trinken, meine ich.

LOTH. Warum soll das interessant sein?

HELENE *sehr rot werdend.* Es ist . . . ist nicht das gewöhnliche. *Wird noch röter und sehr verlegen.*

LOTH, *tolpatschig.* Da haben Sie recht, leider.

FRAU KRAUSE *zu Loth.* De Flasche kust uns fufza Mark, Sie kinn a dreiste trink'n. Direkt vu Reims iis a, mir satz'n Ihn' gewiß nischt Schlechtes vier, mir mieja salber nischt Schlechtes[40].

FRAU SPILLER. Ach, glauben Sie mich, —m—, Herr Doktor, wenn Seine Exzellenz der Herr Minister von Schadendorf —m— so eine Tafel geführt hätten . . .

KAHL. Ohne men'n Wein kennt' ich nich laben[41].

HELENE *zu Loth.* Sagen Sie uns doch, warum Sie nicht trinken!

LOTH. Das kann gerne geschehen, ich . . .

HOFFMANN. Ä, was! alter Freund! *Er nimmt dem Diener die Flasche ab, um nun seinerseits Loth zu bedrängen.* Denk dran, wie manche hochfidele Stunde wir früher miteinander . . .

LOTH. Nein, bitte bemühe dich nicht, es . . .

HOFFMANN. Trink heut mal!

LOTH. Es ist alles vergebens.

HOFFMANN. Mir zu Liebe!

Hoffmann will eingießen, Loth wehrt ab; es entsteht ein kleines Handgemenge.

---

[35]Übermorgen haben wir Taubenschießen. [36]Wegen der paar Tauben! [37]are going in for trapping foxes [38]Meinetwegen, in dieser Saison sind sie sehr gut! [39]Gelt (nicht wahr), Wilhelm, man weiß wirklichen Gotts manchmal nicht mehr, was man essen soll?

[40]Die Flasche kostet uns fünfzehn Mark, Sie können ihn schon trinken (you needn't be scared to drink it). Direkt von Reims ist er (der Champagner), wir setzen Ihnen gewiß nichts Schlechtes vor, wir mögen selber nichts Schlechtes. [41]Ohne meinen Wein könnte ich nicht leben.

LOTH. Nein! . . . nein, wie gesagt . . . nein! . . . nein, danke.

HOFFMANN. Aber nimm mir's nicht übel . . . das ist eine Marotte.

KAHL *zu Frau Spiller*. Wer nich will, dar hat schunn[42]. *Frau Spiller nickt ergeben.*

HOFFMANN. Übrigens, des Menschen Wille[43] . . . und so weiter. Soviel sage ich nur: ohne ein Glas Wein bei Tisch . . .

LOTH. Ein Glas Bier zum Frühstück . . .

HOFFMANN. Nun ja, warum nicht? Ein Glas Bier ist was sehr Gesundes.

LOTH. Einen Kognak hie und da . . .

HOFFMANN. Na, wenn man das nicht mal haben sollte . . . zum Asketen machst du mich nun und nimmer. Das heißt ja dem Leben allen Reiz nehmen.

LOTH. Das kann ich nicht sagen. Ich bin mit den normalen Reizen, die mein Nervensystem treffen, durchaus zufrieden.

HOFFMANN. Eine Gesellschaft, die trockenen Gaumens beisammenhockt, ist und bleibt eine verzweifelt öde und langweilige —, für die ich mich im allgemeinen bedanke.

FRAU KRAUSE. Bei a Adlijen[44] wird doch auch a so viel getrunk'n.

FRAU SPILLER *durch eine Verbeugung des Oberkörpers ergebenst bestätigend.* Es ist Schentelmen leicht[45], viel Wein zu trinken.

LOTH *zu Hoffmann*. Mir geht es umgekehrt; mich langweilt im allgemeinen eine Tafel, an der viel getrunken wird.

HOFFMANN. Es muß natürlich mäßig geschehen.

LOTH. Was nennst du mäßig?

HOFFMANN. Nun . . . daß man noch immer bei Besinnung bleibt.

LOTH. Aaah! . . . also du gibst zu: die Besinnung ist im allgemeinen durch den Alkoholgenuß sehr gefährdet. — Siehst du! deshalb sind mir Kneiptafeln — langweilig.

HOFFMANN. Fürchtest du denn, so leicht deine Besinnung zu verlieren?

KAHL. Iiii . . . . i . . ich habe n . . n . . neulich ene Flasche Rrr . . . r . . rü . . rüd . . desheimer, ene Flasche Sssssekt get . . t . . trunken. Obendrauf d . . d . . d . . ann n . . och eine Flasche B . . b . .- bordeaux, aber besuffen woar ich no n . . nich[46].

LOTH *zu Hoffmann*. Ach nein, du weißt ja wohl, daß ich es war, der euch nach Hause brachte, wenn ihr euch übernommen hattet. Ich hab' immer noch die alte Bärennatur: nein, deshalb bin ich nicht so ängstlich.

HOFFMANN. Weshalb denn sonst?

HELENE. Ja, warum trinken Sie denn eigentlich nicht? Bitte, sagen Sie es doch.

LOTH *zu Hoffmann*. Damit du doch beruhigt bist: ich trinke heut schon deshalb nicht, weil ich mich ehrenwörtlich verpflichtet habe, geistige Getränke zu meiden.

HOFFMANN. Mit anderen Worten, du bist glücklich bis zum Mäßigkeitsvereinshelden herabgesunken[47].

LOTH. Ich bin völliger Abstinent.

HOFFMANN. Und auf wie lange, wenn man fragen darf, machst du diese . . .

LOTH. Auf Lebenszeit.

HOFFMANN *wirft Gabel und Messer weg und fährt halb vom Stuhle auf*. Pf! gerechter Strohsack!! *Er setzt sich wieder.* Offen gesagt, für so kindisch . . . verzeih das harte Wort.

LOTH. Du kannst es gerne so benennen.

HOFFMANN. Wie in aller Welt bist du nur darauf gekommen?

HELENE. Für so etwas müssen Sie einen sehr gewichtigen Grund haben — denke ich mir wenigstens.

LOTH. Der existiert allerdings. Sie, Fräulein! — und du, Hoffmann! wißt wahrscheinlich nicht, welche furchtbare Rolle der Alkohol in unserem modernen Leben spielt . . . Lies Bunge, wenn du dir einen Begriff davon machen willst. — Mir ist noch gerade in Erinnerung, was ein gewisser Everett über die Bedeutung des Alkohols für die Vereinten Staaten gesagt hat. — Notabene, es bezieht sich auf einen Zeitraum von zehn Jahren. Er meint also: der Alkohol hat direkt eine Summe von drei Milliarden und indirekt von sechshundert Millionen Dollar verschlungen. Er hat dreihunderttausend Menschen getötet, hunderttausend Kinder in die Armenhäuser geschickt, weitere Tausende in die Gefängnisse und Arbeitshäuser getrieben, er hat mindestens zweitausend Selbstmorde verursacht. Er hat den Verlust von mindestens zehn Millionen Dollar durch Brand und gewaltsame Zerstörung verursacht, er hat zwanzigtausend Witwen und schließlich nicht weniger als eine Million Waisen geschaffen. Die Wirkung des Alkohols, das ist das

---

[42]Wer nicht will, der hat schon (i.e., he must have done a lot of drinking in the past). [43]des Menschen Wille (ist sein Himmelreich) [44]Bei den Adligen . . . [45]like [46]Ich habe neulich eine Flasche Rüdesheimer, eine Flasche Sekt getrunken. Obendrauf dann noch eine Flasche Bordeaux, aber besoffen war ich noch nicht.

[47]In other words, you have sunk to the level of a temperance fanatic.

Schlimmste, äußert sich sozusagen bis ins dritte und vierte Glied. — Hätte ich nun das ehrenwört̄liche Versprechen abgelegt, nicht zu heiraten, dann könnte ich schon eher trinken, so aber . . . meine Vorfahren sind alle gesunde, kernige und, wie ich weiß, äußerst mäßige Menschen gewesen. Jede Bewegung, die ich mache, jede Strapaze, die ich überstehe, jeder Atemzug gleichsam führt mir zu Gemüt, was ich ihnen verdanke. Und dies, siehst du, ist der Punkt: ich bin absolut fest entschlossen, die Erbschaft, die ich gemacht habe, ganz unge̅schmälert auf meine Nachkommen zu bringen.

FRAU KRAUSE. Du! — Schwiegersuhn! — inse Bargleute saufen woarhaftig zu viel: doas muuß woar sein[48].

KAHL. Die saufen wie d' Schweine.

HELENE. Ach, so was vererbt sich?

LOTH. Es gibt Familien, die daran zugrunde gehen, Trinkerfamilien.

KAHL *halb zu Frau Krause, halb zu Helene.* Euer Aaler, dar treibt's au a wing zu tull[49].

HELENE *weiß wie ein Tuch im Gesicht, heftig.* Ach, schwatzen Sie keinen Unsinn!

FRAU KRAUSE. Nee doch[50]! heer enner a su an patziges Froovulk oa; a su 'ne Prinzessen. Hängst de wieder amol die Gnädige raus, wie? — A su fährt se a Zukinftigen oa. *Zu Loth, auf Kahl deutend.* 's is nämlich d'r Zukinftige, missen Sie nahmen, Herr Dukter, 's is alles eim Renen.

HELENE *aufspringend.* Hör auf! oder . . . hör auf, Mutter! oder . . .

FRAU KRAUSE. Do hiert doch aber werklich . . . na, do sprecha Se, Herr Dukter, iis das wull Bildung, hä? Weeß Gott, ich hal se wie mei eegnes Kind, aber die treibt's reen zu tull[51].

HOFFMANN *beschwichtigend.* Ach, Mama! tu mir doch den Gefallen . . .

FRAU KRAUSE. Nee! groade — iich sah doas nich ein — a su ane Goans, wie die iis . . . do hiert olle Gerechtigkeit uff . . . su ane Titte[52]!

HOFFMANN. Mama, ich muß dich aber wirklich doch jetzt bitten, dich . . .

FRAU KRAUSE *immer wütender.* Stats doaß doas Froovulk ei der Wertschoft woas oagreft[53] . . . bewoare ne! Doa zeucht se an Flunsch biis hinger beede Leffel. — Oaber da Schillerich, oaber a Gethemoan, a sune tumm'n Scheißkarle, die de nischt kinn'n als lieja: vu dane läßt sie sich a Kupp verdrehn. Urnar zum Kränke krieja iis doas. *Schweigt bebend vor Wut.*

HOFFMANN *begütigend.* Nun — sie wird ja nun wieder . . . es war ja vielleicht — nicht ganz recht . . . es . . . *Gibt Helenen, die in Erregung abseits getreten ist, einen Wink, auf den hin sich das Mädchen, die Tränen gewaltsam zurückhaltend, wieder auf seinen Platz begibt.*

HOFFMANN *das nunmehr eingetretene peinliche Schweigen unterbrechend, zu Loth.* Ja . . . von was sprachen wir doch? . . . Richtig! — vom biedern Alkohol. *Er hebt sein Glas.* Nun, Mama: Frieden! — Komm, stoßen wir an — seien wir friedlich — machen wir dem Alkohol Ehre, indem wir friedlich sind. *Frau Krause, wenn auch etwas widerwillig, stößt doch mit ihm an. Hoffmann, zu Helene gewendet.* Was, Helene?! — dein Glas ist leer? . . . Ei der Tausend, Loth! du hast Schule gemacht[54].

HELENE. Ach . . . nein . . . ich . . .

FRAU SPILLER. Mein gnädiges Fräulein, so etwas läßt tief . . .

HOFFMANN. Aber du warst doch sonst keine von den Zimperlichen.

HELENE *patzig.* Ich hab' eben heut keine Neigung zum Trinken, einfach!

HOFFMANN. Bitte, bitte, bitte seeehr um Verzei̅hung . . . Ja, von was sprachen wir doch?

LOTH. Wir sprachen davon, daß es Trinker̄familien gäbe.

HOFFMANN *aufs neue betreten.* Schon recht, schon recht, aber . . . *Man bemerkt zunehmenden Ärger in dem Benehmen der Frau Krause, während*

---

[48]. . . unsere Bergleute saufen wahrhaftig zu viel: das muß wahr sein [49]Euer Alter (your old man), der treibt es auch ein wenig zu toll. [50]Nicht doch! Hör einer so ein patziges Weibervolk an; so eine Prinzessin. Hängst du wieder einmal die Gnädige heraus, wie? (You are trying to play being a grand lady again, I suppose.) So fährt sie Ihren Zukünftigen an. (That's the way she treats her future husband.) Es ist nämlich der Zukünftige, müssen Sie wissen, Herr Doktor, es ist alles im Reinen (it's all arranged). [51]Da hört doch aber wirklich (alles auf) . . . na, da sprechen Sie, Herr Doktor, ist das wohl Bildung? Weiß Gott, ich halte sie wie mein eigenes Kind (I treat her as if . . .), aber sie treibt es rein zu toll (but she goes too far).

[52]Nein! gerade — ich sehe das nicht ein — so eine Gans, wie sie ist . . . da hört alle Gerechtigkeit auf . . . so eine Kuh! [53]Anstatt daß dies Weibervolk in der Wirt̄schaft etwas angreift (taking a hand on the farm) . . . bewahre nein! (God forbid!) Da zieht sie einen Flunsch bis hinter beide Ohren (she pulls a long face). — Aber der Schiller, aber der Goethe, so 'ne dummen Scheiß̄kerle (stupid bastards), die nichts können als lügen: von denen läßt sie sich den Kopf verdrehen (that's where she gets her fancy ideas). Das ist wirklich zum Verrückt̄werden (it's really enough to drive you crazy). [54]you've made a convert.

Herr Kahl sichtlich Mühe hat, das Lachen über etwas, das ihn innerlich furchtbar zu amüsieren scheint, zurückzuhalten. Helene beobachtet Kahl ihrerseits mit brennenden Augen, und bereits mehrmals hat sie durch einen drohenden Blick Kahl davon zurückgehalten, etwas auszusprechen, was ihm sozusagen auf der Zunge liegt. Loth, ziemlich gleichmütig, mit Schälen eines Apfels beschäftigt, merkt von alledem nichts.

LOTH. Ihr scheint übrigens hier ziemlich damit gesegnet zu sein.

HOFFMANN *nahezu fassungslos.* Wieso . . . mit . . . mit was gesegnet?

LOTH. Mit Trinkern natürlicherweise.

HOFFMANN. Hm! . . . meinst du? . . . ach . . . jaja . . . allerdings, die Bergleute . . .

LOTH. Nicht nur die Bergleute. Zum Beispiel hier in dem Wirtshaus, wo ich abstieg, bevor ich zu dir kam, da saß ein Kerl so: *Er stützt beide Ellbogen auf den Tisch, nimmt den Kopf in die Hände und stiert auf die Tischplatte.*

HOFFMANN. Wirklich? *Seine Verlegenheit hat den höchsten Grad erreicht; Frau Krause hustet, Helene starrt noch immer auf Kahl, der jetzt am ganzen Körper vor innerlichem Lachen bebt, sich aber doch noch so weit bändigt, nicht laut herauszuplatzen.*

LOTH. Es wundert mich, daß du dieses — Original, könnte man beinahe sagen, noch nicht kennst. Das Wirtshaus ist ja gleich hier nebenan das. Mir wurde gesagt, es sei ein hiesiger steinreicher Bauer, der seine Tage und Jahre buchstäblich in diesem selben Gastzimmer mit Schnapstrinken zubrächte. Das reine Tier ist er natürlich. Diese furchtbar öden, versoffenen Augen, mit denen er mich anstierte.

Kahl, der bis hierher sich zurückgehalten hat, bricht in ein rohes, lautes, unaufhaltsames Gelächter aus, so daß Loth und Hoffmann, starr vor Staunen, ihn anblicken.

KAHL *unter dem Lachen hervorstammelnd.* Woahrhaftig! das is ja . . . das is ja woahrhaftig der . . . der Alte gewesen.

HELENE *ist entsetzt und empört aufgesprungen. Zerknüllt die Serviette und schleudert sie auf den Tisch. Bricht aus.* Sie sind . . . — *Macht die Bewegung des Ausspeiens* — pfui! *Sie geht schnell ab.*

KAHL *die aus dem Bewußtsein, eine große Dummheit gemacht zu haben, entstandene Verlegenheit gewaltsam abreißend.* Ach woas! Unsinn! 's iis

ju zu tumm! — Iich gieh menner Wege[55]. *Er setzt seinen Hut auf und sagt, indem er abgeht, ohne sich noch einmal umzuwenden.* 'n Obend!

FRAU KRAUSE *ruft ihm nach.* Koan der'sch nich verdenken, Willem! *Sie legt die Serviette zusammen und ruft dabei.* Miele! *Miele kommt.* Räum ab! *Für sich, aber doch laut.* Su ane Gans[56].

HOFFMANN *etwas aufgebracht.* Ich muß aber doch ehrlich sagen, Mama! . . .

FRAU KRAUSE. Mahr dich aus[57]. *Steht auf, schnell ab.*

FRAU SPILLER. Die gnädige Frau — m — haben heut manches häusliche Ärgernis gehabt — m —. Ich empfehle mich ganz ergebenst. *Sie steht auf und betet still, unter Augenaufschlag, dann ab.*

Miele und Eduard decken den Tisch ab. Hoffmann ist aufgestanden und kommt mit einem Zahnstocher im Mund nach dem Vordergrund; Loth folgt ihm.

HOFFMANN. Ja, siehst du, so sind die Weiber.

LOTH. Ich begreife gar nichts von alledem.

HOFFMANN. Ist auch nicht der Rede wert. — So etwas kommt, wie bekannt, in den allerfeinsten Familien vor. Das darf dich nicht abhalten, ein paar Tage bei uns . . .

LOTH. Hätte gern deine Frau kennengelernt, warum läßt sie sich denn nicht blicken?

HOFFMANN *die Spitze einer frischen Zigarre abschneidend.* Du begreifst, in ihrem Zustand . . . die Frauen lassen nun mal nicht von der Eitelkeit. Komm! wollen uns draußen im Garten bißchen ergehen. — Eduard, den Kaffee in die Laube!

EDUARD. Sehr wohl.

Hoffmann und Loth ab durch den Wintergarten. Eduard ab durch die Mitteltür, hierauf Miele, ein Brett voll Geschirr tragend, ebenfalls ab durch die Mitteltür. Einige Augenblicke bleibt das Zimmer leer, dann erscheint.

HELENE *erregt, mit verweinten Augen, das Taschentuch vor dem Mund haltend. Von der Mitteltür, durch die sie eingetreten ist, macht sie hastig ein paar Schritte nach links und lauscht an der Tür von Hoffmanns Zimmer. Oh! nicht fort! — Da sie hier nichts vernimmt, fliegt sie zur Tür des Wintergartens hinüber, wo sie ebenfalls mit gespanntem Ausdruck einige Sekunden lauscht. Bittend und mit gefalteten Händen inbrünstig.* Oh! nicht fort, geh nicht fort!

[55] . . . es ist ja zu dumm! — Ich geh meiner Wege (I'll be on my way). Guten Abend. [56]Kann dir es nicht verdenken, Wilhelm (Can't blame you) . . . So eine Gans. [57]Mahr dich aus = Mach zu, mach schnell

ZWEITER AKT

Morgens gegen vier Uhr. Im Wirtshaus sind die Fenster erleuchtet, ein grau-fahler Morgenschein durch den Torweg, der sich ganz allmählich im Laufe des Vorgangs zu einer dunklen Röte entwickelt, die sich dann, ebenso allmählich, in helles Tageslicht auflöst. Unter dem Torweg, auf der Erde sitzt Beibst (etwa sechzigjährig) und dengelt seine Sense. Wie der Vorhang aufgeht, sieht man kaum mehr als seine Silhouette, die gegen den grauen Morgenhimmel absticht, vernimmt aber das eintönige, ununterbrochene, regelmäßige Aufschlagen des Dengelhammers[58] auf den Dengelamboß. Dieses Geräusch bleibt während einiger Minuten allein hörbar, hierauf feierliche Morgenstille, unterbrochen durch das Geschrei aus dem Wirtshaus abziehender Gäste. Die Wirtshaustür fliegt krachend ins Schloß. Die Lichter in den Fenstern verlöschen. Hundebellen fern, Hähne krähen laut durcheinander. Auf dem Gange vom Wirtshaus her wird eine dunkle Gestalt bemerklich; sie bewegt sich in Zickzacklinien dem Hofe zu; es ist der Bauer Krause, der wie immer als letzter Gast das Wirtshaus verlassen hat.

BAUER KRAUSE *ist gegen den Gartenzaun getaumelt, klammert sich mit den Händen daran fest und brüllt mit einer etwas näselnden, betrunkenen Stimme nach dem Wirtshaus zurück.* 's Gaartla iis meine[59]!... d'r Kratsch'm iis meine... du Gostwertlops!... Dohie hä! *Er macht sich, nachdem er noch einiges Unverständliche gemurmelt und geknurrt hat, vom Zaune los und stürzt in den Hof, wo er glücklich den Sterzen eines Pflugs zu fassen bekommt.* 's Gittla iis meine. *Er quasselt halb singend.* Trink... ei... Briderla, trink... ei... 'iderla, Branntw... wwein... 'acht Kurasche. Dohie hä — *laut brüllend* — bien iich nee a hibscher Moan?... Hoa iich nee a hibsch Weible dahie hä?... Hoa iich nee a poar hibsche Madel?

HELENE *kommt hastig aus dem Hause. Man sieht, sie hat an Kleidern nur umgenommen, soviel in aller Eile ihr möglich gewesen war.* Papa!... lieber

Papa!! so komm doch schon. *Sie faßt ihn unterm Arm, versucht ihn zu stützen und ins Haus zu ziehen.* Komm doch... nur... schnell ins Haus, komm doch nur schnell! Ach!

BAUER KRAUSE *hat sich aufgerichtet, versucht geradezustehen, bringt mit einiger Mühe und unter Zuhilfenahme beider Hände einen ledernen, strotzenden Geldbeutel aus der Tasche seiner Hose. In dem ein wenig helleren Morgenlicht erkennt man die schäbige Bekleidung des etwa fünfzigjährigen Mannes, die um nichts besser ist als die des allergeringsten Landarbeiters. Er ist im bloßen Kopf, sein graues, spärliches Haar ungekämmt und struppig. Das schmutzige Hemd steht bis auf den Nabel herab weit offen; an einem einzigen gestickten Hosenträger hängt die ehemals gelbe, jetzt schmutzig glänzende, an den Knöcheln zugebundene Lederhose; die nackten Füße stecken in einem Paar gestickter Schlafschuhe, deren Stickerei noch sehr neu zu sein scheint. Jacke und Weste trägt der Bauer nicht, die Hemdärmel sind nicht zugeknöpft. Nachdem er den Geldbeutel glücklich herausgebracht hat, setzt er mit der rechten mehrmals auf die Handfläche der linken Hand, so daß das Geld darin laut klimpert und klingt, dabei fixiert er seine Tochter mit lascivem Blick.* Dohie hä! 's Gald iis meine! hä? Mech'st a poar Toalerla[60]?

HELENE. Ach, großer Gott! *Sie versucht mehrmals vergebens, ihn mitzuziehen. Bei einem dieser Versuche umarmt er sie mit der Plumpheit eines Gorillas und macht einige unzüchtige Griffe. Helene stößt unterdrückte Hilfeschreie aus.* — Gleich läßt du los! Laß los! bitte, Papa, ach! *Sie weint, schreit dann plötzlich in äußerster Angst, Abscheu und Wut.* Tier, Schwein! — *Sie stößt ihn von sich. Der Bauer fällt langhin auf die Erde. Beibst kommt von seinem Platz unter dem Torweg herbeigehinkt. Helene und Beibst machen sich daran, den Bauer aufzuheben.*

BAUER KRAUSE *lallt.* Trink, mein Bri'erla, tr... *Der Bauer wird aufgehoben und stürzt, Beibst und Helene mit sich reißend, in das Haus. Einen Augenblick bleibt die Bühne leer. Im Hause hört man Lärm, Türenschlagen. In einem Fenster wird Licht, hierauf kommt Beibst wieder aus dem Hause. Er reißt an seiner Lederhose ein Schwefelholz an, um die kurze Pfeife, die ihm fast nie aus dem Munde kommt, damit in Brand zu stecken. Als er damit noch beschäftigt ist, schleicht Kahl aus der Haustür. Er ist in Strümpfen, hat ein Jackett über dem*

---

[58]A common method of sharpening scythes is to hammer the cutting edge until it becomes sharp. This is called *dengeln.* [59]Der Garten gehört mir!... das Wirtshaus gehört mir... du Idiot von einem Gastwirt!... Da!... Das Gütchen gehört mir (the farm belongs to me). *He drivels, half singing.* Trink... Brüderlein, trink... Branntwein... macht Mut (gives courage)... Da — bin ich nicht ein hübscher Mann?... Hab ich nicht ein hübsches Weib hier?... Hab ich nicht ein paar hübsche Mädels (Töchter)?

[60]Da! Das Geld gehört mir! he? Möchtest du ein paar Taler?

linken Arm hängen und trägt mit der linken Hand seine Schlafschuhe. Mit der rechten hält er seinen Hut, mit dem Munde seinen Hemdkragen. Etwa bis in die Mitte des Hofes gelangt, wendet er sich und sieht das Gesicht des Beibst auf sich gerichtet. Einen Augenblick scheint er unschlüssig, dann bringt er Hut und Hemdkragen in der Linken unter, greift in die Hosentasche und geht auf Beibst zu, dem er etwas in die Hand drückt.

KAHL. Do hot 'r an Toaler . . . oaber halt't eure Gusche[61]! *Er geht eiligst über den Hof und steigt über den Staketenzaun rechts. Ab. Beibst hat mittels eines neuen Streichholzes seine Pfeife angezündet, hinkt bis unter den Torweg, läßt sich nieder und nimmt seine Dengelarbeit von neuem auf. Wieder eine Zeitlang nichts als das eintönige Aufschlagen des Dengelhammers und das Ächzen des alten Mannes, von kurzen Flüchen unterbrochen, wenn ihm etwas bei seiner Arbeit nicht nach Wunsch geht. Es ist um ein beträchtliches heller geworden.*

LOTH *tritt aus der Haustür, steht still, dehnt sich, tut mehrere tiefe Atemzüge.* H! . . . h! . . . Morgenluft! *Er geht langsam nach dem Hintergrunde zu bis unter den Torweg. Zu Beibst.* Guten Morgen! Schon so früh wach?

BEIBST *mißtrauisch aufschielend, unfreundlich.* Murja! *Kleine Pause, hierauf Beibst, ohne Loths Anwesenheit weiter zu beachten, gleichsam im Zwiegespräch mit seiner Sense, die er mehrmals aufgebracht hin und her reißt.* Krummes Oos! na, werd's glei?! Ekch! Himmeldunnerschlag ja[62]! *Er dengelt weiter.*

LOTH *hat sich zwischen die Sterzen eines Exstirpators niedergelassen.* Es gibt wohl Heuernte heut?

BEIBST *grob.* De Äsel gihn eis Hä itzunder[63].

LOTH. Nun, Ihr dengelt doch aber die Sense . . . ?

BEIBST *zur Sense.* Ekch! tumme Dare[64].

Kleine Pause, hierauf

LOTH. Wollt Ihr mir nicht sagen, wozu Ihr die Sense scharf macht, wenn doch nicht Heuernte ist?

BEIBST. Na — braucht ma ernt keene Sahnse zum Futtermacha[65]?

LOTH. Ach so! Futter soll also geschnitten werden.

BEIBST. Woas d'n suste[66]?

LOTH. Wird das alle Morgen geschnitten?

BEIBST. Na! — sool's Viech derhingern[67]?

LOTH. Ihr müßt schon 'n bißchen Nachsicht mit mir haben! Ich bin eben ein Städter; da kann man nicht alles so genau wissen von der Landwirtschaft.

BEIBST. Die Staadter glee—ekch! — die Staadter, die wissa doo glee oals besser wie de Mensche vum Lande, hä?

LOTH. Das trifft bei mir nicht zu. — Könnt Ihr mir vielleicht nicht erklären, was das für ein Instrument ist? Ich hab's wohl schon mal wo gesehen, aber der Name . . .

BEIBST. Doasjenigte, uf dan Se sitza?! Woas ma su soat Extrabater nennt man doas[68].

LOTH. Richtig, ein Exstirpator: wird der hier auch gebraucht?

BEIBST. Leeder Gootts, nee. — A läßt a verludern . . . a ganza Acker, reen verludern läßt a'n, d'r Pauer. A Oarmes mecht a Flecka hoa'nn — ei insa Bärta wächst kee Getreide — oaber nee, lieberscht läßt a'n verludern! — Nischt tit wachsa, ok bußig Seide und Quecka[69].

LOTH. Ja, die kriegt man schon damit heraus. Ich weiß, bei den Ikariern hatte man auch solche Exstirpatoren, um das urbar gemachte Land vollends zu reinigen.

BEIBST. Wu sein denn die I . . . , wie Se glei soa'n, I . . .[70]

LOTH. Die Ikarier? In Amerika.

BEIBST. Doo gibbt's au schunn a sune Dinger[71]?

LOTH. Ja freilich.

BEIBST. Woas iis denn doas fer a Vulk[72]; die I . . . I . . .

LOTH. Die Ikarier? — es ist gar kein besonderes Volk; es sind Leute aus allen Nationen, die sich zusammengetan haben; sie besitzen in Amerika ein hübsches Stück Land, das sie gemeinsam bewirtschaften; alle Arbeit und allen Verdienst teilen sie

---

[66]Was denn sonst? [67]Soll das Vieh verhungern? [68]Dasjenige, auf dem Sie sitzen?! Was man so sagt, Extrabater (extirpator) nennt man das. [69]Leider Gottes, nein. — Er läßt ihn verludern . . . den ganzen Acker, rein verludern läßt er ihn, der Bauer. Ein armer Mann möchte einen Flecken Land haben — in unseren Bärten wächst kein Getreide — aber nein, lieber läßt er ihn verludern! — Nichts wächst, nur Unkraut und Disteln. [70]Wo sind denn die I . . . , wie sie gleich sagen, — I . . . [71]Da gibt's auch schon solche Dinger? [72]Was ist denn das für ein Volk

[61]Da habt ihr einen Taler . . . aber haltet euren Mund! [62]Morgen! Krummes Aas! na, wird's gleich? (Well, are you about done?) Ekch (exclamation)! Himmeldonnerschlag ja! [63]Die Esel gehen jetzt ins Heu hinunter. (These fools go cutting hay this time of the year.) [64]foolish girl [65]Na, braucht man denn keine Sense zum Futter machen? (Don't you need a scythe to cut fodder?)

gleichmäßig. Keiner ist arm, es gibt keine Armen unter ihnen.

BEIBST *dessen Gesichtsausdruck ein wenig freundlicher geworden war, nimmt bei den letzten Worten Loths wieder das alte mißtrauisch feindselige Gepräge an; ohne Loth weiter zu beachten, hat er sich neuerdings wieder ganz seiner Arbeit zugewendet, und zwar mit den Eingangsworten.* Oost vu enner Sahnse[73]!

LOTH *immer noch sitzend, betrachtet den Alten zuerst mit einem ruhigen Lächeln und schaut dann hinaus in den erwachenden Morgen. Durch den Torweg erblickt man weitgedehnte Kleefelder und Wiesenflächen; zwischendurch schlängelt sich ein Bach, dessen Lauf durch Erlen und Weiden verraten wird. Am Horizonte ein einzelner Bergkegel. Allerorten haben die Lerchen eingesetzt, und ihr ununterbrochenes Getriller schallt bald näher, bald ferner her bis in den Gutshof herein. Jetzt erhebt sich Loth mit den Worten:* Man muß spazierengehn, der Morgen ist zu prächtig. *Er geht durch den Torweg hinaus. — Man hört das Klappern von Holzpantinen[74]. Jemand kommt sehr schnell über die Bodentreppe des Stallgebäudes herunter: es ist Guste.*

GUSTE *eine ziemlich dicke Magd: bloßes Mieder, nackte Arme und Waden, die bloßen Füße in Holzpantinen. Sie trägt eine brennende Laterne.* Guda Murja, Voater Beibst[75].

BEIBST *brummt.*

GUSTE *blickt, die Augen mit der Hand beschattend, durch das Tor Loth nach.* Woas iis denn doas fer enner[76]?

BEIBST *verärgert.* Dar koan Battelleute zum Noarr'n hoa'nn . . . dar leugt egelganz wie a Forr . . . vu dan luuß der de Hucke vuul liega. *Beibst steht auf.* Macht enk de Roawer zerecht, Madel[77].

GUSTE *die dabei war, ihre Waden am Brunnen abzuwaschen, ist damit fertig und sagt, bevor sie im Innern des Kuhstalls verschwindet.* Glei, glei[78], Voater Beibst.

LOTH *kommt zurück, gibt Beibst Geld.* Da ist 'ne Kleinigkeit. Geld kann man immer brauchen.

BEIBST *auftauend, wie umgewandelt, mit aufrichtiger Gemütlichkeit.* Ju, ju! do ha'n Se au recht

. . . na da dank ich au vielmools[79]. — Se sein wull d'r Besuch zum Schwiegersuhne? *Auf einmal sehr gesprächig.* Wissa Se: wenn Se, und Se wulln da naus gihn auf a Barch zu, wissa Se, do haaln Se sich links, wissa Se, zängst nunder links, rechts gibt's Risse. Mei Suhn meente, 's käm do dervoone, meent a, weil se zu schlecht verzimmern täten, meent a, de Barchmoanne, 's soatzt zu wing Luhn, meent a, und do giht's ok a su: woas hust de, woas koanst de, ei a Gruba, verstiehn Se. — Sahn Se! doo! — immer links, rechts gibt's Lecher. Vurigtes Johr erscht iis a Putterweib, wie se ging und stoand iis se ei'n Ardreich versunka, iich wiß nee amool wieviel Kloaftern tief. Kee Mensch wußte wuhie — wie gesoat, links, immer links, doo gihn Se sicher.

Ein Schuß fällt, Beibst, wie elektrisiert, hinkt einige Schritte ins Freie.

LOTH. Wer schießt denn da schon so früh?

BEIBST. Na, war denn suste? — d'r Junge, dar meschante Junge[80].

LOTH. Welcher Junge denn?

BEIBST. Na, Kahl Willem — d'r Nupperschsuhn . . . Na woart ok blußig due! Ich hoa's gesahn, a schißt meiner Gitte de Lärcha[81].

LOTH. Ihr hinkt ja.

BEIBST. Doaß 's Goott erbarm[82], ja. *Droht mit der Faust nach dem Felde.* Na woart du! woart du! . . .

---

[73]Aas von einer Sense! [74]wooden shoes [75]Guten Morgen, Vater Beibst [76]Was ist denn das für einer? [77]Der kann Bettelleute zum Narren machen (He can make fools out of beggars) . . . der lügt genau so wie ein Pfarrer . . . von dem laß Dir die Hucke voll lügen (Just let him tell you his stories). Macht euch die Radwer (Leiterwagen) zurecht, Mädel. [78]Gleich, gleich

[79]Ja, ja! da haben Sie auch recht . . . nun da danke ich auch vielmals. — Sie sind wohl der Besuch des Schwiegersohns? Wissen Sie: wenn Sie, und Sie wollen da hinaus gehen auf den Berg zu, wissen Sie, da halten Sie sich links, wissen Sie, ganz scharf links, rechts gibt es Risse. Mein Sohn meinte, es käme daher, meinte er, weil sie zu schlecht verzimmerten, meinte er, die Bergleute (because they didn't board up the place right, the miners didn't), sie erhalten zu wenig Lohn, meinte er, und dann geht es auch so: was hast du, was kannst du, in den Gruben, verstehen Sie (and then folks do things just hit or miss, in the shafts you know). — Sehen Sie! — da! — immer links, rechts gibt es Löcher. Voriges Jahr erst ist ein Butterweib, so wie sie ging und stand (just as she was; as she lived and breathed) ist sie im Erdreich versunken, ich weiß nicht einmal, wieviel Klaftern tief. Kein Mensch wußte wohin — wie gesagt, links, immer links, da gehen Sie sicher. [80]Nun, wer denn sonst? — der Junge, der böse Junge. [81]Nun, Karl Wilhelm — der Nachbarssohn . . . Nun, warte nur bloß du! (You just wait, you!) Ich habe es gesehen, er schießt tatsächlich die Lerchen. [82]Daß es Gott erbarm (May the Lord have pity)

LOTH. Was habt Ihr denn mit dem Bein gemacht?

BEIBST. Iich?

LOTH. Ja.

BEIBST. 's iis a su nei kumma[83].

LOTH. Habt Ihr Schmerzen?

BEIBST *nach dem Bein greifend.* 's zerrt a su, 's zerrt infamt[84].

LOTH. Habt Ihr keinen Arzt?

BEIBST. Wissa Se — de Dukter, doas sein Oaffa, enner wie d'r andere! — Blußig inse Dukter, doas iis a ticht'er Moan[85].

LOTH. Hat er Ihnen was genützt?

BEIBST. Na — verlecht a klee wing wull au oam Ende[86]. A hoat mersch Been geknet't ... sahn Se, a su geknutscht un gehackt un ... oaber nee!! derwegen nich! — A iis ... na kurz un gutt, a hott mit 'n aarma Menscha a Mitleed. — A keeft 'n de Med'zin, und a verlangt nischt. A kimmt zu jeder Zeet ...

LOTH. Sie müssen sich das doch aber irgendwo zugezogen haben?! Haben Sie immer so gehinkt?

BEIBST. Nich die Oahnung[87]!

LOTH. Dann verstehe ich nicht recht, es muß doch eine Ursache ...

BEIBST. Weeß iich's? *Er droht wieder mit der Faust.* Woart ok due! woart ok mit dem Geknackse[88].

KAHL *erscheint innerhalb seines Gartens. Er trägt in der Rechten eine Flinte am Lauf, seine linke Hand ist geschlossen. Ruft herüber.* Guten Morjen ooch, Herr Dukter!

Loth geht quer durch den Hof auf ihn zu. Inzwischen hat Guste sowie eine andere Magd mit Namen Liese je eine Radwer zurechtgemacht, worauf Harke und Dunggabel liegen. Damit fahren sie durch den Torweg hinaus aufs Feld, an Beibst vorüber, der nach einigen grimmigen Blicken und verstohlenen Zornesgesten zu Kahl hinüber seine Sense schultert und ihnen nachhumpelt. Beibst und die Mägde ab.

LOTH *zu Kahl.* Guten Morgen!

KAHL. Wull'n S' amol was Hibsches sahn[89]? *Er streckt den Arm mit der geschlossenen Hand über den Zaun.*

LOTH *näher tretend.* Was haben Sie denn da?

KAHL. Roate Se[90]! *Er öffnet gleich darauf seine Hand.*

LOTH. Waas?! — es ist also wirklich wahr: Sie schießen Lerchen! Nun, für diesen Unfug, Sie nichtsnutziger Bursche, verdienten Sie geohrfeigt zu werden, verstehen Sie mich?! *Er kehrt ihm den Rücken zu und geht quer durch den Hof zurück, Beibst und den Mägden nach. Ab.*

KAHL *starrt Loth einige Augenblicke dumm verblüfft nach, dann ballt er die Faust verstohlen, sagt:* Dukterluder[91]! *Wendet sich und verschwindet rechts. — Während einiger Augenblicke bleibt der Hof leer.*

Helene, aus der Haustür tretend, helles Sommerkleid, großer Gartenhut. Sie blickt sich rings um, tut dann einige Schritte auf den Torweg zu, steht still und späht hinaus. Hierauf schlendert sie rechts durch den Hof und biegt in den Weg ein, der nach dem Wirtshaus führt. Große Pakete von allerhand Tee hängen zum Trocknen über dem Zaune: daran riecht sie im Vorübergehen. Sie biegt auch Zweige von den Obstbäumen und betrachtet die sehr niedrig hängenden rotwangigen Äpfel. Als sie bemerkt, daß Loth vom Wirtshaus her ihr entgegenkommt, bemächtigt sich ihrer eine noch stärkere Unruhe, so daß sie sich schließlich umwendet und vor Loth her in den Hof zurückgeht. Hier bemerkt sie, daß der Taubenschlag noch geschlossen ist und begibt sich dorthin durch das kleine Zaunpförtchen des Obstgartens. Noch damit beschäftigt, die Leine, die, vom Winde getrieben, irgendwo festgehakt ist, herunterzuziehen, wird sie von Loth, der inzwischen herangekommen ist, angeredet.

LOTH. Guten Morgen, Fräulein!

HELENE. Guten Morgen! — Der Wind hat die Schnur hinaufgejagt.

LOTH. Erlauben Sie! *Geht ebenfalls durch das Pförtchen, bringt die Schnur herunter und zieht den Schlag auf. Die Tauben fliegen aus.*

HELENE. Ich danke sehr.

---

[83]es ist so hineingekommen. (Something got into it.)
[84]Es zerrt so, es zerrt infam. [85]Wissen Sie — die Ärzte, das sind Affen, einer wie der andere! — Bloß unser Doktor, das ist ein tüchtiger Mann. [86]. . . vielleicht ein klein wenig wohl auch am Ende (in the long run). Er hat mir das Bein geknetet ... sehen Sie, so geknutscht und gehackt (he squeezed it, and he punched it) und ... aber nein!! deswegen nicht (but it isn't because of that)! — Er ist ... nun kurz und gut (well, I tell you), er hat mit den armen Menschen Mitleid. Er kauft ihnen die Medizin, und er verlangt nichts. Er kommt zu jeder Zeit ... [87]Nicht die Ahnung! (Not at all!) [88]Weiß ich es? (How do I know?) Warte nur du! warte nur mit dem Geknattere (with your rattling).

[89]Wollen Sie einmal etwas Hübsches sehen? [90]Raten Sie! [91]Doktorluder

LOTH *ist durch das Pförtchen wieder herausgetreten, bleibt aber außerhalb des Zaunes und an
diesen gelehnt stehen. Helene innerhalb desselben.
Nach einer kleinen Pause.* Pflegen Sie immer so
früh auf zu sein, Fräulein?

HELENE. Das eben — wollte ich Sie auch fragen.

LOTH. Ich —? Nein! Die erste Nacht in einem
fremden Hause passiert es mir jedoch gewöhnlich.

HELENE. Wie . . . kommt das?

LOTH. Ich habe darüber noch nicht nachgedacht,
es hat keinen Zweck.

HELENE. Ach, wieso denn nicht?

LOTH. Wenigstens keinen ersichtlichen praktischen Zweck.

HELENE. Also wenn Sie irgend etwas tun oder
denken, muß es einem praktischen Zweck dienen?

LOTH. Ganz recht! Übrigens . . .

HELENE. Das hätte ich von Ihnen nicht gedacht.

LOTH. Was, Fräulein?

HELENE. Genau das meinte die Stiefmutter, als
sie mir vorgestern den Werther[92] aus der Hand riß.

LOTH. Das ist ein dummes Buch.

HELENE. Sagen Sie das nicht!

LOTH. Das sage ich nochmal, Fräulein. Es ist
ein Buch für Schwächlinge.

HELENE. Das — kann wohl möglich sein.

LOTH. Wie kommen Sie gerade auf dieses Buch?
Ist es Ihnen denn verständlich?

HELENE. Ich hoffe, ich . . . zum Teil ganz gewiß.
Es beruhigt so, darin zu lesen. *Nach einer Pause.*
Wenn's ein dummes Buch ist, wie Sie sagen, könn-
ten Sie mir etwas Besseres empfehlen?

LOTH. Le . . . lesen Sie . . . na! . . . kennen Sie
den Kampf um Rom von Dahn[93]?

HELENE. Nein! Das Buch werde ich mir aber
nun kaufen. Dient es einem praktischen Zweck?

LOTH. Einem vernünftigen Zweck überhaupt.
Es malt die Menschen nicht, wie sie sind, sondern
wie sie einmal werden sollen. Es wirkt vorbildlich.

HELENE *mit Überzeugung.* Das ist schön. *Kleine
Pause, dann:* Vielleicht geben Sie mir Auskunft;
man redet so viel von Zola und Ibsen in den
Zeitungen: sind das große Dichter?

LOTH. Es sind gar keine Dichter, sondern notwendige Übel, Fräulein. Ich bin ehrlich durstig und
verlange von der Dichtkunst einen klaren, erfri-
schenden Trunk. — Ich bin nicht krank. Was Zola
und Ibsen bieten, ist Medizin.

HELENE *gleichsam unwillkürlich.* Ach, dann wäre
es doch vielleicht für mich etwas.

LOTH *bisher teilweise, jetzt ausschließlich in den
Anblick des tauigen Obstgartens vertieft.* Es ist
prächtig hier. Sehen Sie, wie die Sonne über der
Bergkuppe herauskommt — Viel Äpfel gibt es in
Ihrem Garten: eine schöne Ernte.

HELENE. Drei Viertel davon wird auch dies Jahr
wieder gestohlen werden. Die Armut hier herum
ist zu groß.

LOTH. Sie glauben gar nicht, wie sehr ich das
Land liebe! Leider wächst mein Weizen zum
größten Teil in der Stadt[94]. Aber nun will ich's
mal durchgenießen, das Landleben. Unsereiner hat
so 'n bißchen Sonne und Frische mehr nötig als
sonst jemand.

HELENE *seufzend.* Mehr nötig als . . . inwiefern?

LOTH. Weil man in einem harten Kampfe steht,
dessen Ende man nicht erleben kann.

HELENE. Stehen wir andern nicht in einem solchen Kampfe?

LOTH. Nein.

HELENE. Aber — in einem Kampfe — stehen
wir doch auch?!

LOTH. Natürlicherweise! Aber der kann enden.

HELENE. Kann — da haben Sie recht! — und
wieso kann der nicht endigen — der, den Sie
kämpfen, Herr Loth?

LOTH. Ihr Kampf, das kann nur ein Kampf sein
um persönliches Wohlergehen. Der einzelne kann
dies, soweit menschenmöglich, erreichen. Mein
Kampf ist ein Kampf um das Glück aller; sollte ich
glücklich sein, so müßten es erst alle andern Menschen um mich herum sein; ich müßte um mich
herum weder Krankheit noch Armut, weder
Knechtschaft noch Gemeinheit sehen. Ich könnte
mich sozusagen nur als letzter an die Tafel setzen.

HELENE *mit Überzeugung.* Dann sind Sie ja ein
sehr, sehr guter Mensch!

LOTH *ein wenig betreten.* Verdienst ist weiter
nicht dabei, Fräulein, ich bin so veranlagt. Ich
muß übrigens sagen, daß mir der Kampf im Interesse des Fortschritts doch große Befriedigung
gewährt. Eine Art Glück, die ich weit höher an-
schlage als die, mit der sich der gemeine Egoist
zufriedengibt . . .

HELENE. Es gibt wohl nur sehr wenige Menschen,
die so veranlagt sind. — Es muß ein Glück sein,
mit solcher Veranlagung geboren zu sein.

LOTH. Geboren wird man wohl auch nicht damit.
Man kommt dazu durch die Verkehrtheit unserer

---

[92]Goethe's *Die Leiden des jungen Werthers,* a sentimental
novel   [93]Felix Dahn, *Ein Kampf um Rom,* a heroic
historical novel

[94]Unfortunately, the greater part of *my* harvest must
be sought in the cities.

Verhältnisse, scheint mir; — nur muß man für das Verkehrte einen Sinn haben: das ist es! Hat man den, und leidet man so bewußt unter den verkehrten Verhältnissen, dann wird man mit Notwendigkeit zu dem, was ich bin.

HELENE. Wenn ich Sie nur besser . . . welche Verhältnisse nennen Sie zum Beispiel verkehrt?

LOTH. Es ist zum Beispiel verkehrt, wenn der im Schweiße seines Angesichts Arbeitende hungert und der Faule im Überflusse leben darf. Es ist verkehrt, den Mord im Frieden zu bestrafen und den Mord im Kriege zu belohnen. Es ist verkehrt, den Henker zu verachten und selbst, wie es die Soldaten tun, mit einem Menschenabschlachtungsinstrument, wie es der Degen oder der Säbel ist, an der Seite stolz herumzulaufen. Den Henker, der das mit dem Beile täte, würde man zweifelsohne steinigen. Verkehrt ist es dann, die Religion Christi, diese Religion der Duldung, Vergebung und Liebe, als Staatsreligion zu haben und dabei ganze Völker zu vollendeten Menschenschlächtern heranzubilden. Dies sind einige unter Millionen, müssen Sie bedenken. Es kostet Mühe, sich durch alle diese Verkehrtheiten hindurchzuringen; man muß früh anfangen.

HELENE. Wie sind Sie denn nur so auf alles dies gekommen? Es ist so einfach, und doch kommt man nicht darauf.

LOTH. Ich mag wohl durch meinen Entwicklungsgang darauf gekommen sein, durch Gespräche mit Freunden, durch Lektüre, durch eigenes Denken. Hinter die erste Verkehrtheit kam ich als kleiner Junge. Ich log mal sehr stark und bekam dafür die schrecklichsten Prügel von meinem Vater; kurz darauf fuhr ich mit ihm auf der Eisenbahn, und da merkte ich, daß mein Vater auch log und es für ganz selbstverständlich hielt, zu lügen; ich war damals fünf Jahre, und mein Vater sagte dem Schaffner, ich sei noch nicht vier, der freien Fahrt halber, die Kinder unter vier Jahren genießen. Dann sagte der Lehrer auch mal: sei fleißig, halt dich brav, dann wird es dir auch unfehlbar gut gehen im Leben. Der Mann lehrte uns eine Verkehrtheit, dahinter kam ich sehr bald. Mein Vater war brav, ehrlich, durch und durch bieder, und ein Schuft, der noch jetzt als reicher Mann lebt, betrog ihn um seine paar tausend Taler. Bei ebendiesem Schuft, der eine große Seifenfabrik besaß, mußte mein Vater sogar, durch die Not getrieben, in Stellung treten.

HELENE. Unsereins wagt es gar nicht — wagt es gar nicht, so etwas für verkehrt anzusehen, höchstens ganz im stillen empfindet man es. Man empfindet es oft sogar, und dann — wird einem ganz verzweifelt zumut.

LOTH. Ich erinnere mich einer Verkehrtheit, die mir ganz besonders klar als solche vor Augen trat. Bis dahin glaubte ich: der Mord werde unter allen Umständen als ein Verbrechen bestraft; danach wurde mir jedoch klar, daß nur die milderen Formen des Mordes ungesetzlich sind.

HELENE. Wie wäre das wohl . . .

LOTH. Mein Vater war Siedemeister[95], wir wohnten dicht an der Fabrik, unsere Fenster gingen auf den Fabrikhof. Da sah ich auch noch manches außerdem: Es war ein Arbeiter, der fünf Jahre in der Fabrik gearbeitet hatte. Er fing an, stark zu husten und abzumagern . . . ich weiß, wie uns mein Vater bei Tisch erzählte: Burmeister — so hieß der Arbeiter — bekommt die Lungenschwindsucht, wenn er noch länger bei der Seifenfabrikation bleibt. Der Doktor hat es ihm gesagt. — Der Mann hatte acht Kinder, und ausgemergelt wie er war, konnte er nirgends mehr Arbeit finden. Er mußte also in der Seifenfabrik bleiben, und der Prinzipal tat sich viel darauf zugute, daß er ihn beibehielt. Er kam sich unbedingt äußerst human vor. — Eines Nachmittags, im August, es war eine furchtbare Hitze, da quälte er sich mit einer Karre Kalk über den Fabrikhof. — Ich sah gerade aus dem Fenster, da merkte ich, wie er stillsteht — wieder stillsteht, und schließlich schlägt er lang auf die Steine. — Ich lief hinzu — mein Vater kam, andere Arbeiter kamen, aber er röchelte nur noch, und sein ganzer Mund war voll Blut. Ich half ihn ins Haus tragen. Ein Haufe kalkiger, nach allerhand Chemikalien stinkender Lumpen war er; bevor wir ihn im Hause hatten, war er schon gestorben.

HELENE. Ach, schrecklich ist das!

LOTH. Kaum acht Tage später zogen wir seine Frau aus dem Fluß, in den die verbrauchte Lauge unserer Fabrik abfloß. — Ja, Fräulein! wenn man dies alles kennt, wie ich es jetzt kenne — glauben Sie mir! —, dann läßt es einem keine Ruhe mehr. Ein einfaches Stückchen Seife, bei dem sich in der Welt sonst niemand etwas denkt, ja, ein paar rein gewaschene, gepflegte Hände schon können einen in die bitterste Laune versetzen.

HELENE. Ich hab auch mal so was gesehen. Hu! schrecklich war das, schrecklich!

LOTH. Was?

HELENE. Der Sohn von einem Arbeitsmann wurde halbtot hier hereingetragen. Es ist nun . . . drei Jahre vielleicht ist es her.

[95]boilermaster (in the manufacture of soap)

LOTH. War er verunglückt?

HELENE. Ja, drüben im Bärenstollen[96].

LOTH. Ein Bergmann also?

HELENE. Ja, die meisten jungen Leute hierherum gehen auf die Grube[97]. — Ein zweiter Sohn desselben Vaters war auch Schlepper[98] und ist auch verunglückt.

LOTH. Beide tot?

HELENE. Beide tot ... Einmal riß etwas an der Fahrkunst, das andere Mal waren es schlagende Wetter. — Der alte Beibst hat aber noch einen dritten Sohn, der fährt auch seit Ostern ein.

LOTH. Was Sie sagen! — hat er nichts dawider?

HELENE. Gar nichts, nein! Er ist nur jetzt noch weit mürrischer als früher. Haben Sie ihn nicht schon gesehen?

LOTH. Wieso ich?

HELENE. Er saß ja heut früh nebenan, unter der Durchfahrt.

LOTH. Ach — wie? ... Er arbeitet hier im Hofe?

HELENE. Schon seit Jahren.

LOTH. Er hinkt?

HELENE. Ziemlich stark sogar.

LOTH. Soosoo — was ist ihm denn da passiert, mit dem Bein?

HELENE. Das ist 'ne heikle Geschichte. Sie kennen doch den Herrn Kahl? ... da muß ich Ihnen aber ganz nahe kommen. Sein Vater, müssen Sie wissen, war genauso ein Jagdnarr wie er. Er schoß hinter den Handwerksburschen her, die auf den Hof kamen, wenn auch nur in die Luft, um ihnen Schrecken einzujagen. Er war auch sehr jähzornig, wissen Sie; wenn er getrunken hatte, erst recht. Nu hat wohl der Beibst mal gemuckscht — er muckscht gern, wissen Sie —[99], und da hat der Bauer die Flinte zu packen gekriegt und ihm eine Ladung gegeben. Beibst, wissen Sie, war nämlich früher beim Nachbar Kahl für Kutscher.

LOTH. Frevel über Frevel, wohin man hört.

HELENE *immer unsicherer und erregter.* Ich hab' auch schon manchmal so bei mir gedacht ... sie haben mir alle mitunter schon so furchtbar leid getan —: der alte Beibst und ... Wenn die Bauern so roh und dumm sind wie der — wie der Streckmann, der — läßt seine Knechte hungern und füttert die Hunde mit Konditorzeug. Hier bin ich wie dumm, seit ich aus der Pension zurück bin ...

Ich hab' auch mein Päckchen[1]! — aber ich rede ja wohl Unsinn — es interessiert Sie gar nicht — Sie lachen mich im stillen bloß aus.

LOTH. Aber Fräulein, wie können Sie nur ... weshalb sollte ich Sie denn ...

HELENE. Nun, etwa nicht? Sie denken doch: die ist auch nicht besser wie die andern hier.

LOTH. Ich denke von niemand schlecht, Fräulein!

HELENE. Das machen Sie mir nicht weis ... nein, nein!

LOTH. Aber Fräulein! wann hätte ich Ihnen Veranlassung ...

HELENE *nahe am Weinen.* Ach, reden Sie doch nicht! Sie verachten uns, verlassen Sie sich drauf — Sie müssen uns ja doch verachten — *Weinerlich* —, den Schwager mit, mich mit. Mich vor allen Dingen, und dazu, da ... zu haben Sie wahr ... wahrhaftig auch Grund.

Sie wendet Loth schnell den Rücken und geht, ihrer Bewegung nicht mehr Herr, durch den Obstgarten nach dem Hintergrunde zu ab. Loth tritt durch das Pförtchen und folgt ihr langsam.

FRAU KRAUSE *in überladener Morgentoilette, puterrot im Gesicht, aus der Haustür, schreit.* Doas Loaster vu Froovulk! Marie! Ma—rie!! unter men'n Dache? Weg muß doas Froovulk[2]! *Sie rennt über den Hof und verschwindet in der Stalltür. Frau Spiller, mit Häkelarbeit, erscheint in der Haustür. Im Stalle hört man Schimpfen und Heulen. — Frau Krause, die heulende Magd vor sich hertreibend, aus dem Stall.* Du Hurenfroovulk du! — *Die Magd heult stärker* — uuf der Stelle naus! Sich deine Siebasacha z'samma und dann naus[3]!

Helene, mit roten Augen, kommt durch den Torweg, bemerkt die Szene und steht abwartend still.

DIE MAGD *entdeckt Frau Spiller, wirft Schemel und Milchgelte weg und geht wütend auf sie zu.* Doas biin iich Ihn' schuldig! Doas war iich Ihn eitränka[4]!! *Sie rennt schluchzend davon, die Bodentreppe hinauf. Ab.*

---

[96]over there in the Bear shaft (of the mines)   [97]go to work in the mines   [98]a trammer (one who hauls cars loaded with coal)   [99]Well, I suppose Beibst grumbled one day — he likes to grumble, you know.

[1]I have my burden, too!   [2]Das Laster von "Frauvolk" = Frauenzimmer (the low-lived hussy) ... unter meinem Dach? Weg muß das Frauvolk.   [3]Du Hurenfrauvolk (Slut of a wench)! — auf der Stelle hinaus! Such deine Siebensachen zusammen und dann raus (pack your things and then get out)!   [4]Das bin ich Ihnen schuldig! (That's your doing!) Das werde ich Ihnen eintränken! (I'll get even with you for that!)

HELENE *zu Frau Krause tretend.* Was hat sie denn gemacht?

FRAU KRAUSE *grob.* Gieht's diich oan, Goans[5]?

HELENE *heftig, fast weinend.* Ja, mich geht's an.

FRAU SPILLER *schnell hinzutretend.* Mein gnädiges Fräulein, so etwas ist nicht für das Ohr eines jungen Mädchens wie . . .

FRAU KRAUSE. Worum ok ne goar, Spillern! die iis au ne vu Marzepane. Mit'n Grußknecht zusoammagelahn hot se ei en Bette. Do wißt de's[6].

HELENE *in befehlendem Tone.* Die Magd wird aber doch bleiben.

FRAU KRAUSE. Weibsstück!

HELENE. Gut! dann will ich dem Vater erzählen, daß du mit Kahl Wilhelm die Nächte ebenso verbringst.

FRAU KRAUSE *schlägt ihr eine Maulschelle.* Do hust an Denkzettel[7]!

HELENE *todbleich, aber noch fester.* Die Magd bleibt aber doch, sonst . . . sonst bring' ich's herum! Mit Kahl Wilhelm, du! Dein Vetter . . . mein Bräut'jam . . . Ich bring's herum.

FRAU KRAUSE *mit wankender Fassung.* Wer koan doas soa'n[8]?

HELENE. Ich! Denn ich hab' ihn heut morgen aus deinem Schlafzimmer . . . *Schnell ab ins Haus.*

Frau Krause, taumelnd, nahe einer Ohnmacht. Frau Spiller mit Riechfläschchen zu ihr.

FRAU SPILLER. Gnädige Frau, gnädige Frau!

FRAU KRAUSE. Sp . . . illern, die Moa'd sss . . . sool dooblei'n[9].

DRITTER AKT

Zeit: wenige Minuten nach dem Vorfall zwischen Helene und ihrer Stiefmutter im Hofe. Der Schauplatz ist der des ersten Vorganges. Doktor Schimmelpfennig sitzt, ein Rezept schreibend, Schlapphut, Zwirnhandschuhe und Stock vor sich auf der Tischplatte, an dem Tisch links im Vordergrunde. Er ist von Gestalt klein und gedrungen, hat schwarzes Wollhaar und einen ziemlich starken Schnurrbart. Schwarzer Rock im Schnitt der Jägerschen Normalröcke. Die Kleidung im ganzen solid, aber nicht elegant. Hat die Gewohnheit, fast ununterbrochen seinen Schnurrbart zu streichen oder zu drehen, um so stärker, je erregter er innerlich wird. Sein Gesichtsausdruck, wenn er mit Hoffmann redet, ist gezwungen ruhig, ein Zug von Sarkasmus liegt um seine Mundwinkel. Seine Bewegungen sind lebhaft, fest und eckig, durchaus natürlich. Hoffmann, in seidenem Schlafrock und Pantoffeln, geht umher. Der Tisch rechts im Hintergrunde ist zum Frühstück hergerichtet. Feines Porzellan. Gebäck. Rumkaraffe etc.

HOFFMANN. Herr Doktor, sind Sie mit dem Aussehen meiner Frau zufrieden?

DOKTOR SCHIMMELPFENNIG. Sie sieht ja ganz gut aus, warum nicht.

HOFFMANN. Denken Sie, daß alles gut vorübergehen wird?

DOKTOR SCHIMMELPFENNIG. Ich hoffe.

HOFFMANN *nach einer Pause, zögernd.* Herr Doktor, ich habe mir vorgenommen — schon seit Wochen —, Sie, sobald ich hierherkäme, in einer ganz bestimmten Sache um Ihren Rat zu bitten.

DOKTOR SCHIMMELPFENNIG *der bis jetzt unter dem Schreiben geantwortet, legt die Feder beiseite, steht auf und übergibt Hoffmann das geschriebene Rezept.* So! . . . das lassen Sie wohl bald machen; — *Indem er Hut, Handschuhe und Stock nimmt —* über Kopfschmerz klagt Ihre Frau — *In seinen Hut blickend, geschäftsmäßig —*, ehe ich es vergesse: suchen Sie doch Ihrer Frau begreiflich zu machen, daß sie für das kommende Lebewesen einigermaßen verantwortlich ist, ich habe ihr bereits selbst einiges gesagt — über die Folgen des Schnürens[10].

HOFFMANN. Ganz gewiß, Herr Doktor . . . ich will ganz gewiß mein möglichstes tun, ihr . . .

DOKTOR SCHIMMELPFENNIG *sich ein wenig linkisch verbeugend.* Empfehle mich. *Geht, bleibt wieder stehen.* Ach so! . . . Sie wollten ja meinen Rat hören. *Er blickt Hoffmann kalt an.*

HOFFMANN. Ja, wenn Sie noch einen Augenblick Zeit hätten . . . *Nicht ohne Affektiertheit.* Sie kennen das entsetzliche Ende meines ersten Jungen. Sie haben es ja ganz aus der Nähe gesehen. Wie weit ich damals war, wissen Sie ja wohl auch. — Man glaubt es nicht, dennoch: die Zeit mildert! . . .

---

[5]Geht es dich an, Gans? [6]Warum auch nicht gar . . . die ist auch nicht von Marzipan. (And I would like to know why not! She isn't made of sugar.) Mit dem Großknecht zusammen hat sie in einem Bett gelegen. Da weißt du's. [7]Da hast du einen Denkzettel! (There you have a reminder!) [8]Wer kann das sagen? [9]Die Magd soll da bleiben.

[10]about the consequences of lacing (her corset too tight)

Schließlich habe ich sogar noch Grund zur Dankbarkeit, mein sehnlichster Wunsch soll, wie es
scheint, erfüllt werden. Sie werden begreifen, daß
ich alles tun muß . . . Es hat mich schlaflose Nächte
genug gekostet, und doch weiß ich noch nicht, noch
immer nicht, wie ich es anstellen soll, um das jetzt
noch ungeborene Geschöpf vor dem furchtbaren
Schicksale seines Brüderchens zu bewahren. Und
das ist es, weshalb ich Sie . . .

DOKTOR SCHIMMELPFENNIG *trocken und geschäftsmäßig.* Von seiner Mutter trennen: Grund-
bedingung einer gedeihlichen Entwicklung.

HOFFMANN.   Also doch?! — Meinen Sie, völlig
trennen? . . . Soll es auch nicht in demselben Hause
mit ihr? . . .

DOKTOR SCHIMMELPFENNIG. Nein, wenn es Ihnen
ernst ist um die Erhaltung Ihres Kindes, dann nicht.
Ihr Vermögen gestattet Ihnen ja in dieser Beziehung die freieste Bewegung.

HOFFMANN.   Gott sei Dank, ja! Ich habe auch
schon in der Nähe von Hirschberg eine Villa mit
sehr großem Park angekauft. Nur wollte ich auch
meine Frau . . .

DOKTOR SCHIMMELPFENNIG *dreht seinen Bart und
starrt auf die Erde. Unter Nachdenken.* Kaufen Sie
doch Ihrer Frau irgendwo anders eine Villa . . .

HOFFMANN *zuckt die Achseln.*

DOKTOR SCHIMMELPFENNIG *wie vorher.* Können
Sie nicht — Ihre Schwägerin — für die Aufgabe,
dieses Kind zu erziehen, interessieren?

HOFFMANN. Wenn Sie wüßten, Herr Doktor, was
für Hindernisse . . . außerdem: ein unerfahrenes,
junges Ding . . . Mutter ist doch Mutter.

DOKTOR SCHIMMELPFENNIG.   Sie wissen meine
Meinung. Empfehle mich.

HOFFMANN *mit Überfreundlichkeit um ihn herum
komplimentierend.* Empfehle mich ebenfalls! Ich
bin Ihnen äußerst dankbar . . .

*Beide ab durch die Mitteltür. Helene, das Taschen-
tuch vor den Mund gepreßt, schluchzend, außer sich,
kommt herein und läßt sich auf das Sofa links vorn
hinfallen. Nach einigen Augenblicken tritt Hoffmann, Zeitungsblätter in den Händen haltend,
abermals ein.*

HOFFMANN.   Was ist denn das —? Sag mal,
Schwägerin! soll denn das noch lange so fort gehen? — Seit ich hier bin, vergeht nicht ein Tag, an
dem ich dich nicht weinen sehe.

HELENE.   Ach! — was weißt du!? — wenn du
überhaupt Sinn für so was hätt'st, dann würd'st du

dich vielmehr wundern, wenn ich mal nicht
weinte.

HOFFMANN.   Das leuchtet mir nicht ein, Schwägerin!

HELENE.   Mir um so mehr!

HOFFMANN.   Es muß doch wieder was passiert
sein, hör mal!

HELENE *springt auf und stampft mit dem Fuße.*
Pfui! Pfui! . . . und ich mag's nicht mehr leiden . . .
das hört auf! Ich lasse mir das nicht mehr bieten!
Ich sehe nicht ein, warum . . . ich . . . *In Weinen
erstickend.*

HOFFMANN.   Willst du mir denn nicht wenigstens
sagen, worum sich's handelt, damit . . .

HELENE *aufs neue heftig ausbrechend.* Alles ist
mir egal! Schlimmer kann's nicht kommen: —
einen Trunkenbold von Vater hat man, ein Tier —
vor dem die . . . die eigene Tochter nicht sicher ist.
— Eine ehebrecherische Stiefmutter, die mich an
ihren Galan verkuppeln möchte . . . Dieses ganze
Dasein überhaupt — Nein! — ich sehe nicht ein,
wer mich zwingen kann, durchaus schlecht zu
werden. Ich gehe fort! ich renne fort — und wenn
ihr mich nicht losläßt, dann . . . Strick, Messer,
Revolver! . . . mir egal! — ich will nicht auch zum
Branntwein greifen wie meine Schwester.

HOFFMANN *erschrocken, packt sie am Arm.*
Lene! . . . Ich sag' dir, still! . . . davon still!

HELENE.   Mir egal! . . . mir ganz egal! — man
ist . . . man muß sich schämen bis in die Seele 'nein.
— Man möchte was wissen, was sein, was sein
können — und was ist man nu?

HOFFMANN *der ihren Arm noch nicht wieder losgelassen hat, fängt an, das Mädchen allmählich nach
dem Sofa hinzudrängen. Im Tone seiner Stimme
liegt nun plötzlich eine weichliche, übertriebene,
gleichsam vibrierende Milde.* Lenchen —! ich weiß
ja recht gut, daß du hier manches auszustehen hast.
Sei nur ruhig . . .! brauchst es mir gar nicht zu
sagen. *Er legt die Rechte liebkosend auf ihre
Schulter, bringt sein Gesicht nahe dem ihren.* Ich
kann dich gar nicht weinen sehen. Wahrhaftig! —'s
tut mir weh. Sieh doch nur aber die Verhältnisse
nicht schwärzer, als sie sind —; und dann: — hast
du vergessen, daß wir beide — du und ich — sozusagen in der gleichen Lage sind? — Ich bin in diese
Bauernatmosphäre hineingekommen . . . passe ich
hinein? Genausowenig wie du hoffentlich.

HELENE *immer noch weinend.* Hätte mein —
gutes — M — Muttelchen das geahnt, — als sie . . .
als sie bestimmte —, daß ich in Herrnhut — erzogen . . . erzogen werden sollte. Hätte sie — mich
lieber . . . mich lieber zu Hause gelassen, dann

hätte ich . . . hätte ich wenigstens — nichts anderes kennengelernt, wäre in dem Sumpf hier auf . . . aufgewachsen. — Aber so . . .

HOFFMANN *hat Helene sanft auf das Sofa gezwungen und sitzt nun, eng an sie gedrängt, neben ihr. Immer auffälliger verrät sich in seinen Tröstungen das sinnliche Element.* Lenchen —! sieh mich an, laß das gut sein, tröste dich mit mir. — Ich brauch' dir von deiner Schwester nicht zu sprechen. *Heiß und mit Innigkeit, indem er sie enger umschlingt.* Ja, wäre sie, wie du bist! . . . So aber . . . sag selbst: was kann sie mir sein? — Wo lebt ein Mann, Lenchen, ein gebildeter Mann — *Leiser* —, dessen Frau von einer so unglückseligen Leidenschaft befallen ist? — Man darf es gar nicht laut sagen: eine Frau — und — Branntwein . . . Nun, sprich, bin ich glücklicher? . . . Denk an mein Fritzchen! — Nun? . . . bin ich am Ende besser dran, wie? . . . *Immer leidenschaftlicher.* Siehst du: so hat's das Schicksal schließlich noch gut gemeint. Es hat uns zueinander gebracht. — Wir gehören für einander! Wir sind zu Freunden vorausbestimmt, mit unsern gleichen Leiden. Nicht, Lenchen? *Er umschlingt sie ganz. Sie läßt es geschehen, aber mit einem Ausdruck, der besagt, daß sie sich zum Dulden zwingt. Sie ist still geworden und scheint mit zitternder Spannung etwas zu erwarten, irgendeine Gewißheit, eine Erfüllung, die unfehlbar herankommt.*

HOFFMANN *zärtlich.* Du solltest meinem Vorschlag folgen, solltest dies Haus verlassen, bei uns wohnen. — Das Kindchen, das kommt, braucht eine Mutter. — Komm! sei du ihm das; — *Leidenschaftlich, gerührt, sentimental:* sonst hat es eben keine Mutter. Und dann: — bring ein wenig, nur ein ganz, ganz klein wenig Licht in mein Leben. Tu's! Tu's! *Er will seinen Kopf an ihre Brust lehnen. Sie springt auf, empört. In ihren Mienen verrät sich Verachtung, Überraschung, Ekel, Haß.*

HELENE. Schwager! Du bist, du bist . . . Jetzt kenn' ich dich durch und durch. Bisher hab' ich's nur so dunkel gefühlt. Jetzt weiß ich's ganz gewiß.

HOFFMANN *überrascht, fassungslos.* Was . . . ? Helene . . . einzig, wirklich . . .

HELENE. Jetzt weiß ich ganz gewiß, daß du nicht um ein Haar besser bist . . . was denn! schlechter bist du, der Schlecht'ste von allen hier!

HOFFMANN *steht auf; mit angenommener Kälte.* Dein Betragen heut ist sehr eigentümlich, weißt du!

HELENE *tritt nahe zu ihm.* Du gehst doch nur auf das eine Ziel los. *Halblaut in sein Ohr.* Aber du hast ganz andere Waffen als Vater und Stiefmutter und der ehrenfeste Herr Bräutigam, ganz

andere. Gegen dich gehalten, sind sie Lämmer, alle mit'nander. Jetzt, jetzt auf einmal, jetzt eben ist mir das sonnenklar geworden.

HOFFMANN *in erheuchelter Entrüstung.* Lene! Du bist . . . du bist nicht bei Trost, das ist ja heller Wahn . . . *Er unterbricht sich, schlägt sich vor den Kopf.* Gott, wie wird mir denn auf einmal, natürlich! . . . du hast . . . es ist freilich noch sehr früh am Tage, aber ich wette, du hast . . . Helene, du hast heut früh schon mit Alfred Loth geredet.

HELENE. Weshalb sollte ich denn nicht mit ihm geredet haben? Er ist ein Mann, vor dem wir uns alle verstecken müßten vor Scham, wenn es mit rechten Dingen zuginge.

HOFFMANN. Also wirklich! . . . Ach sooo! . . . na jaaa! . . . allerdings . . . da darf ich mich weiter nicht wundern —. So, so, so, hat also die Gelegenheit benutzt, über seinen Wohltäter 'n bißchen herzuziehen. Man sollte immer auf dergleichen gefaßt sein, freilich!

HELENE. Schwager! das ist nun geradezu gemein.

HOFFMANN. Finde ich beinah auch!

HELENE. Kein Sterbenswort, nicht ein Sterbenswort hat er gesagt über dich.

HOFFMANN *ohne darauf einzugehen.* Wenn die Sachen so liegen, dann ist es geradezu meine Pflicht, ich sage, meine Pflicht als Verwandter, einem so unerfahrenen Mädchen gegenüber, wie du bist . . .

HELENE. Unerfahrenes Mädchen —? Wie du mir vorkommst!

HOFFMANN *aufgebracht.* Auf meine Verantwortung ist Loth hier ins Haus gekommen. Nun mußt du wissen: — er ist — gelinde gesprochen — ein höchst gefährlicher Schwärmer, dieser Herr Loth.

HELENE. Daß du das von Herrn Loth sagst, hat für mich so etwas — Verkehrtes — etwas lächerlich Verkehrtes.

HOFFMANN. Ein Schwärmer, der die Gabe hat, nicht nur Weibern, sondern auch vernünftigen Leuten die Köpfe zu verwirren.

HELENE. Siehst du: wieder so eine Verkehrtheit! Mir ist es nach den wenigen Worten, die ich mit Herrn Loth geredet habe, so wohltuend klar im Kopfe . . .

HOFFMANN *im Tone eines Verweises.* Was ich dir sage, ist durchaus nichts Verkehrtes.

HELENE. Man muß für das Verkehrte einen Sinn haben, und den hast du eben nicht.

HOFFMANN *wie vorher.* Davon ist jetzt nicht die Rede. Ich erkläre dir nochmals, daß ich dir nichts Verkehrtes sage, sondern etwas, was ich dich bitten muß, als tatsächlich wahr hinzunehmen . . . Ich habe es an mir erfahren: er benebelt einem den

Kopf, und dann schwärmt man von Völkerver-
brüderung, vor Freiheit und Gleichheit, setzt sich
über Sitte und Moral hinweg . . . Wir wären
damals um dieser Hirngespinste willen — weiß der
Himmel — über die Leichen unserer Eltern hin-
weggeschritten, um zum Ziele zu gelangen. Und
er, sage ich dir, würde erforderlichenfalls noch
heute dasselbe tun.

HELENE. Wie viele Eltern mögen wohl alljährlich
über die Leichen ihrer Kinder schreiten, ohne daß
jemand . . .

HOFFMANN *ihr in die Rede fallend.* Das ist Unsinn! Da hört alles auf! . . . Ich sage dir, nimm dich
vor ihm in acht, in jeder . . . ich sage ganz ausdrücklich, in jeder Beziehung. — Von moralischen
Skrupeln ist da keine Spur.

HELENE. Nee, wie verkehrt dies nun wieder ist.
Glaub mir, Schwager, fängt man erst mal an,
darauf zu achten . . . es ist so schrecklich interessant . . .

HOFFMANN. Sag doch, was du willst, gewarnt
bist du nun. Ich will dir nur noch ganz im Vertrauen mitteilen: ein Haar, und ich wäre damals
durch ihn und mit ihm greulich in die Tinte
geraten[11].

HELENE. Wenn dieser Mensch so gefährlich ist,
warum freutest du dich denn gestern so aufrichtig,
als . . .

HOFFMANN. Gott ja, er ist eben ein Jugend-
bekannter! Weißt du denn, ob nicht ganz bestimmte Gründe vorlagen . . .

HELENE. Gründe? Wie denn?

HOFFMANN. Nur so. — Käme er allerdings heut,
und wüßte ich, was ich jetzt weiß —

HELENE. Was weißt du denn nur? Ich sagte dir
doch bereits, er hat kein Sterbenswörtchen über
dich verlauten lassen.

HOFFMANN. Verlaß dich drauf! Ich hätte mir's
zweimal überlegt und mich wahrscheinlich sehr in
acht genommen, ihn hierzubehalten. Loth ist und
bleibt 'n Mensch, dessen Umgang kompromittiert.
Die Behörden haben ihn im Auge.

HELENE. Ja, hat er denn ein Verbrechen begangen?

HOFFMANN. Sprechen wir lieber darüber nicht.
Laß es dir genug sein, Schwägerin, wenn ich dir die
Versicherung gebe: mit Ansichten, wie er sie hat, in
der Welt umherzulaufen, ist heutzutage weit
schlimmer und vor allem gefährlicher als stehlen.

HELENE. Ich will's mir merken. — Nun aber —

[11]because of him, and with him, I very nearly got into
the same damnable mess myself.

Schwager! hörst du? Frag mich nicht — wie ich
nach deinen Reden über Herrn Loth noch von dir
denke. — Hörst du?

HOFFMANN *zynisch kalt.* Denkst du denn wirklich,
daß mir so ganz besonders viel daran liegt, das zu
wissen? *Er drückt den Klingelknopf.* Übrigens höre
ich ihn da eben hereinkommen. — *Loth tritt ein.*
— Nun —? gut geschlafen, alter Freund?

LOTH. Gut, aber nicht lange. Sag doch mal: ich
sah da vorhin jemand aus dem Haus kommen,
einen Herrn.

HOFFMANN. Vermutlich der Doktor, der soeben
hier war. Ich erzählte dir ja . . . dieser eigentümliche Mischmasch von Härte und Sentimentalität.

*Helene verhandelt mit Eduard, der eben eingetreten
ist. Er geht ab und serviert kurz darauf Tee und
Kaffee.*

LOTH. Dieser Mischmasch, wie du dich aus-
drückst, sah nämlich einem alten Universitäts-
freunde von mir furchtbar ähnlich — ich hätte
schwören können, daß er es sei —, einem gewissen
Schimmelpfennig.

HOFFMANN *sich am Frühstückstisch niederlassend.*
Nu ja, ganz recht: Schimmelpfennig!

LOTH. Ganz recht? Was?

HOFFMANN. Er heißt in der Tat Schimmelpfennig.

LOTH. Wer? Der Doktor hier?

HOFFMANN. Du sagtest es doch eben. Ja, der
Doktor.

LOTH. Dann . . . das ist aber auch wirklich
wunderlich! Unbedingt ist er's dann.

HOFFMANN. Siehst du wohl, schöne Seelen
finden sich zu Wasser und zu Lande. Du nimmst
mir's nicht übel, wenn ich anfange; wir wollten uns
nämlich gerade zum Frühstück setzen. Bitte,
nimm Platz! Du hast doch wohl nicht schon
irgendwo gefrühstückt?

LOTH. Nein!

HOFFMANN. Nun dann, also. *Er rückt, selbst sitzend, Loth einen Stuhl zurecht. Hierauf zu Eduard,
der mit Tee und Kaffee kommt.* Ä! wird . . . e . . .
meine Frau Schwiegermama nicht kommen?

EDUARD. Die gnädige Frau und Frau Spiller
werden auf ihrem Zimmer frühstücken.

HOFFMANN. Das ist aber doch noch nie . . .

HELENE *das Service zurechtrückend.* Laß nur!
Es hat seinen Grund.

HOFFMANN. Ach so . . . Loth, lang zu . . . ein Ei?
Tee?

LOTH. Könnte ich vielleicht lieber ein Glas Milch bekommen?

HOFFMANN. Mit dem größten Vergnügen.

HELENE. Eduard! Miele soll frisch einmelken.

HOFFMANN *schält ein Ei ab.* Milch — brrr! mich schüttelt's. *Salz und Pfeffer nehmend.* Sag mal, Loth, was führt dich eigentlich in unsere Gegend? Ich hab' bisher ganz vergessen, dich danach zu fragen.

LOTH *bestreicht eine Semmel mit Butter.* Ich möchte die hiesigen Verhältnisse studieren.

HOFFMANN *mit einem Aufblick.* Bitte . . . ? . . . Was für Verhältnisse?

LOTH. Präzise gesprochen — ich will die Lage der hiesigen Bergleute studieren.

HOFFMANN. Ach, die ist im allgemeinen doch eine sehr gute.

LOTH. Glaubst du? — Das wäre ja übrigens recht schön . . . Doch eh ich's vergesse: du mußt mir dabei einen Dienst leisten. Du kannst dich um die Volkswirtschaft sehr verdient machen, wenn . . .

HOFFMANN. Ich? I! wieso ich?

LOTH. Nun, du hast doch den Verschleiß der hiesigen Gruben[12]?

HOFFMANN. Ja! und was dann?

LOTH. Dann wird es dir auch ein leichtes sein, mir die Erlaubnis zur Besichtigung der Gruben auszuwirken. Das heißt: ich will mindestens vier Wochen lang täglich einfahren, damit ich den Betrieb einigermaßen kennenlerne.

HOFFMANN *leichthin.* Was du da unten zu sehen bekommst, willst du dann wohl schildern?

LOTH. Ja. Meine Arbeit soll vorzugsweise eine deskriptive werden.

HOFFMANN. Das tut mir nun wirklich leid, mit der Sache habe ich gar nichts zu tun. — Du willst bloß über die Bergleute schreiben, wie?

LOTH. Aus dieser Frage hört man, daß du kein Volkswirtschaftler bist.

HOFFMANN *in seinem Dünkel gekränkt.* Bitte sehr um Entschuldigung! Du wirst mir wohl zutrauen . . . Warum? Ich sehe nicht ein, wieso man diese Frage nicht tun kann? — und schließlich: es wäre kein Wunder . . . Alles kann man nicht wissen.

LOTH. Na, beruhige dich nur! Die Sache ist einfach die: wenn ich die Lage der hiesigen Bergarbeiter studieren will, so ist es unumgänglich, auch alle die Verhältnisse, die diese Lage bedingen, zu berühren.

HOFFMANN. In solchen Schriften wird mitunter schauderhaft übertrieben.

LOTH. Von diesem Fehler gedenke ich mich freizuhalten.

HOFFMANN. Das wird sehr löblich sein. *Er hat bereits mehrmals und jetzt wiederum mit einem kurzen und prüfenden Blick Helenen gestreift, die mit naiver Andacht an Loths Lippen hängt, und fährt nun fort:* Doch . . . es ist urkomisch, wie einem so was ganz urplötzlich in den Sinn kommt. Wie so was im Gehirn nur vor sich gehen mag?

LOTH. Was ist dir denn auf einmal in den Sinn gekommen?

HOFFMANN. Es betrifft dich. — Ich dachte an deine Ver . . . nein, es ist am Ende taktlos, in Gegenwart von einer jungen Dame von deinen Herzensgeheimnissen zu reden.

HELENE. Ja, dann will ich doch lieber . . .

LOTH. Bitte sehr, Fräulein! . . . bleiben Sie ruhig, meinetwegen wenigstens — ich merke längst, worauf er hinauswill. Ist auch durchaus nichts Gefährliches. *Zu Hoffmann.* Meine Verlobung, nicht wahr?

HOFFMANN. Wenn du selbst darauf kommst, ja! — ich dachte in der Tat an deine Verlobung mit Anna Faber.

LOTH. Die ging auseinander — naturgemäß —, als ich damals ins Gefängnis mußte.

HOFFMANN. Das war aber nicht hübsch von deiner . . .

LOTH. Es war jedenfalls ehrlich von ihr! Ihr Absagebrief enthielt ihr wahres Gesicht; hätte sie mir dies Gesicht früher gezeigt, dann hätte sie sich selbst und auch mir manches ersparen können.

HOFFMANN. Und seither hat dein Herz nicht irgendwo festgehakt[13]?

LOTH. Nein.

HOFFMANN. Natürlich! Nun: Büchse ins Korn geworfen — Heiraten verschworen! verschworen wie den Alkohol! Was? Übrigens: chacun à son goût[14].

LOTH. Mein Geschmack ist es eben nicht, aber vielleicht mein Schicksal. Auch habe ich dir, soviel ich weiß, bereits einmal gesagt, daß ich in bezug auf das Heiraten nichts verschworen habe; was ich fürchte, ist: daß es keine Frau geben wird, die sich für mich eignet.

HOFFMANN. Ein großes Wort, Lothchen!

LOTH. Im Ernst! — Mag sein, daß man mit den Jahren zu kritisch wird und zu wenig gesunden

---

[12]Well, you have the sole agency for the local mines?

[13]And since that time your affections haven't taken root anywhere? [14]Of course! I suppose you have capitulated along the whole line — forsworn marriage as well as drink, eh? Ah, well, every man to his taste.

Instinkt besitzt. Ich halte den Instinkt für die beste Garantie einer geeigneten Wahl.

HOFFMANN *frivol.* Der wird sich schon noch mal wieder finden — *lachend* —, der Instinkt nämlich.

LOTH. — Schließlich, was kann ich einer Frau bieten? Ich werde immer mehr zweifelhaft, ob ich einer Frau zumuten darf, mit dem kleinen Teile meiner Persönlichkeit vorliebzunehmen, der nicht meiner Lebensarbeit gehört — dann fürchte ich mich auch vor der Sorge um die Familie.

HOFFMANN. Wa . . . was? — vor der Sorge um die Familie? Kerl! hast du denn nicht Kopf, Arme, he?

LOTH. Wie du siehst. Aber ich sagte dir ja schon, meine Arbeitskraft gehört zum größten Teil meiner Lebensaufgabe und wird ihr immer zum größten Teil gehören; sie ist also nicht mehr mein. Ich hätte außerdem mit ganz besonderen Schwierigkeiten . . .

HOFFMANN. Pst! klingelt da nicht jemand[15]?

LOTH. Du hältst das für Phrasengebimmel[16]?

HOFFMANN. Ehrlich gesprochen, es klingt etwas hohl! Unsereiner ist schließlich auch kein Buschmann[17], trotzdem man verheiratet ist. Gewisse Menschen gebärden sich immer, als ob sie ein Privilegium auf alle in der Welt zu vollbringenden guten Taten hätten.

LOTH *heftig.* Gar nicht! — denk' ich gar nicht dran. — Wenn du von deiner Lebensaufgabe nicht abgekommen wärst, so würde das an deiner glücklichen materiellen Lebenslage mit liegen.

HOFFMANN *mit Ironie.* Dann wäre das wohl auch eine deiner Forderungen.

LOTH. Wie? Forderungen? was?

HOFFMANN. Ich meine — du würdest bei einer Heirat auf Geld sehen.

LOTH. Unbedingt.

HOFFMANN. Und dann gibt es — wie ich dich kenne — noch eine lange Zaspel anderer Forderungen[18].

LOTH. Sind vorhanden! Leibliche und geistige Gesundheit der Braut zum Beispiel ist conditio sine qua non.

HOFFMANN *lachend.* Vorzüglich, dann wird ja wohl vorher eine ärztliche Untersuchung der Braut notwendig werden. — Göttlicher Hecht[19]!

LOTH *immer ernst.* Ich stelle aber auch an mich Forderungen, mußt du nehmen[20].

HOFFMANN *immer heiterer.* Ich weiß, weiß! . . . wie du mal die Literatur über Liebe durchgingst, um auf das gewissenhafteste festzustellen, ob das, was du damals für irgendeine Dame empfandest, auch wirklich Liebe sei. Also sag doch mal noch einige deiner Forderungen.

LOTH. Meine Frau müßte zum Beispiel entsagen können.

HELENE. Wenn . . . wenn . . . ach! ich will lieber nicht reden . . . ich wollte nur sagen: die Frau ist doch im allgemeinen ans Entsagen gewöhnt.

LOTH. Um's Himmels willen! Sie verstehen mich durchaus falsch. So ist das Entsagen nicht gemeint. Nur insofern verlange ich Entsagung, oder besser, nur auf den Teil meines Wesens, der meiner Lebensaufgabe gehört, müßte sie freiwillig und mit Freuden verzichten. Nein, nein! im übrigen soll meine Frau fordern und immer fordern — alles, was ihr Geschlecht im Laufe der Jahrhunderte eingebüßt hat.

HOFFMANN. Au! au! au! . . . Frauenemanzipation! — wirklich, deine Schwenkung war bewunderungswürdig — nun bist du ja im rechten Fahrwasser. Alfred Loth oder der Agitator in der Westentasche[21]! . . . Wie würdest du denn hierin deine Forderungen formulieren, oder besser: wie weit müßte deine Frau emanzipiert sein? — Es amüsiert mich wirklich, dich anzuhören — Zigarren rauchen? Hosen tragen?

LOTH. Das nun weniger — aber — sie müßte allerdings über gewisse gesellschaftliche Vorurteile hinaus sein. Sie müßte zum Beispiel nicht davor zurückschrecken, zuerst — falls sie nämlich wirklich Liebe zu mir empfände — das bewußte Bekenntnis[22] abzulegen.

HOFFMANN *ist mit Frühstücken zu Ende. Springt auf, in halb ernster, halb komischer Entrüstung.* Weißt du? das . . . das ist . . . eine geradezu unverschämte Forderung! mit der du allerdings auch — wie ich dir hiermit prophezeie —, wenn du nicht etwa vorziehst, sie fallenzulassen, bis an dein Lebensende herumlaufen wirst.

HELENE *mit schwer bewältigter innerer Erregung.* Ich bitte die Herren, mich jetzt zu entschuldigen — die Wirtschaft . . . du weißt, Schwager: Mama ist in der Stube, und da . . .

HOFFMANN. Laß dich nicht abhalten.

Helene verbeugt sich; ab.

---

[15]Listen! Hasn't someone been sounding a gong? [16]You consider all I've said mere phrase-making? [17]After all, people like me are not necessarily savages [18]there's quite a list of demands still to come   [19]Holy Moses!   [20]you must remember

[21]the vest-pocket agitator [22]the well-known confession (concerning possible previous love affairs)

HOFFMANN *mit dem Streichholzetui zu dem Zigarrenkistchen, das auf dem Büfett steht, schreitend.* Das muß wahr sein . . . Du bringst einen in Hitze . . . ordentlich unheimlich. *Nimmt eine Zigarre aus der Kiste und läßt sich dann auf das Sofa links vorn nieder. Er schneidet die Spitze der Zigarre ab und hält während des Folgenden die Zigarre in der linken, das abgetrennte Spitzchen zwischen den Fingern der rechten Hand.* Bei alledem . . . es amüsiert doch. Und dann: du glaubst nicht, wie wohl es tut, so'n paar Tage auf dem Lande, abseits von den Geschäften, zuzubringen. Wenn nur nicht heute dies verwünschte . . . wie spät ist es denn eigentlich? Ich muß nämlich leider Gottes heute zu einem Essen nach der Stadt. — Es war unumgänglich: dies Diner mußte ich geben. Was soll man machen als Geschäftsmann? — Eine Hand wäscht die andere[23]. Die Bergbeamten sind nun mal dran gewöhnt. — Na! eine Zigarre kann man noch rauchen — in aller Gemütsruhe. *Er trägt das Spitzchen nach dem Spucknapf, läßt sich dann abermals auf das Sofa nieder und setzt seine Zigarre in Brand.*

LOTH *am Tisch; blättert stehend in einem Prachtwerk.* Die Abenteuer des Grafen Sandor.

HOFFMANN. Diesen Unsinn findest du hier bei den meisten Bauern aufliegen.

LOTH *unter dem Blättern.* Wie alt ist eigentlich deine Schwägerin?

HOFFMANN. Im August einundzwanzig gewesen.

LOTH. Ist sie leidend?

HOFFMANN. Weiß nicht. — Glaube übrigens nicht — macht sie dir den Eindruck? —

LOTH. Sie sieht allerdings mehr verhärmt als krank aus.

HOFFMANN. Na ja! die Scherereien mit der Stiefmutter . . .

LOTH. Auch ziemlich reizbar scheint sie zu sein!?

HOFFMANN. Unter solchen Verhältnissen . . . Ich möchte den sehen, der unter solchen Verhältnissen nicht reizbar werden würde . . .

LOTH. Viel Energie scheint sie zu besitzen.

HOFFMANN. Eigensinn!

LOTH. Auch Gemüt, nicht?

HOFFMANN. Zuviel mitunter . . .

LOTH. Wenn die Verhältnisse hier so mißlich für sie sind — warum lebt deine Schwägerin dann nicht in deiner Familie?

HOFFMANN. Frag sie, warum! — Oft genug hab' ich's ihr angeboten. Frauenzimmer haben eben ihre

[23] Tit for tat.

Schrullen. *Die Zigarre im Munde, zieht Hoffmann ein Notizbuch und summiert einige Posten.* Du nimmst es mir doch wohl nicht übel, wenn ich . . . wenn ich dich dann allein lassen muß?

LOTH. Nein, gar nicht.

HOFFMANN. Wie lange gedenkst du denn noch . . . ?

LOTH. Ich werde mir bald nachher eine Wohnung suchen. Wo wohnt denn eigentlich Schimmelpfennig? Am besten, ich gehe zu ihm. Der wird mir gewiß etwas vermitteln können. Hoffentlich findet sich bald etwas Geeignetes, sonst würde ich die nächste Nacht im Gasthaus nebenan zubringen.

HOFFMANN. Wieso denn? Natürlich bleibst du dann bis morgen bei uns. Freilich, ich bin selbst nur Gast in diesem Hause — sonst würde ich dich natürlich auffordern . . . Du begreifst . . . !

LOTH. Vollkommen! . . .

HOFFMANN. Aber sag doch mal — sollte das wirklich dein Ernst gewesen sein . . . ?

LOTH. Daß ich die nächste Nacht im Gast . . . ?

HOFFMANN. Unsinn! . . . Bewahre. Was du vorhin sagtest, meine ich. Die Geschichte da — mit deiner vertrackten deskriptiven Arbeit?

LOTH. Weshalb nicht?

HOFFMANN. Ich muß dir gestehen, ich hielt es für Scherz. *Er erhebt sich, vertraulich, halb und halb im Scherz.* Wie? du solltest wirklich fähig sein, hier . . . gerade hier, wo ein Freund von dir glücklich festen Fuß gefaßt hat, den Boden zu unterwühlen?

LOTH. Mein Ehrenwort, Hoffmann! Ich hatte keine Ahnung davon, daß du dich hier befändest. Hätte ich das gewußt . . .

HOFFMANN *springt auf, hocherfreut.* Schon gut! schon gut! Wenn die Sachen so liegen . . . siehst du, das freut mich aufrichtig, daß ich mich nicht in dir getäuscht habe. Also, du weißt es nun, und selbstredend erhältst du die Kosten der Reise und alles, was drum und dran baumelt, von mir vergütet. Ziere dich nicht! Es ist einfach meine Freundespflicht . . . Daran erkenne ich meinen alten, biederen Loth! Denke mal an: ich hatte dich wirklich eine Zeitlang ernstlich im Verdacht . . . Aber nun muß ich dir auch ehrlich sagen, so schlecht, wie ich mich zuweilen hinstelle, bin ich keineswegs. Ich habe dich immer hochgeschätzt: dich und dein ehrliches, konsequentes Streben. Ich bin der letzte, der gewisse — leider, leider mehr als berechtigte Ansprüche der ausgebeuteten, unterdrückten Massen nicht gelten läßt. — Ja, lächle nur, ich gehe sogar so weit, zu bekennen, daß es im

Reichstag nur eine Partei gibt, die Ideale hat: und das ist dieselbe, der du angehörst! ... Nur — wie gesagt — langsam! langsam! — nichts überstürzen. Es kommt alles, kommt alles, wie es kommen soll. Nur Geduld! Geduld! ...

LOTH. Geduld muß man allerdings haben. Deshalb ist man aber noch nicht berechtigt, die Hände in den Schoß zu legen!

HOFFMANN. Ganz meine Ansicht! — Ich hab' dir überhaupt in Gedanken weit öfter zugestimmt als mit Worten. Es ist 'ne Unsitte, ich geb's zu. Ich hab' mir's angewöhnt, im Verkehr mit Leuten, die ich nicht gern in meine Karten sehen lasse[24] ... Auch in der Frauenfrage ... du hast manches sehr treffend geäußert. *Er ist inzwischen ans Telephon getreten, weckt[25] und spricht teils ins Telephon, teils zu Loth.* Die kleine Schwägerin war übrigens ganz Ohr ... *Ins Telephon.* Franz! In zehn Minuten muß angespannt sein ... *Zu Loth.* Es hat ihr Eindruck gemacht! ... *Ins Telephon.* Was? — ach was, Unsinn! — Na, da hört doch aber ... Dann schirren Sie schleunigst die Rappen an ... *Zu Loth.* Warum sollte es ihr keinen Eindruck machen? ... *Ins Telephon.* Gerechter Strohsack, zur Putzmacherin, sagen Sie? Die gnädige Frau ... die gnä ... Ja — na ja! aber sofort — na ja! — ja! schön! Schluß! *Nachdem er darauf den Knopf der Hausklingel gedrückt, zu Loth.* Wart nur ab, du! Laß mich nur erst den entsprechenden Monetenberg aufgeschichtet haben, vielleicht geschieht dann etwas[26] ... *Eduard ist eingetreten.* Eduard! Meine Gamaschen, meinen Gehrock! *Eduard ab.* Vielleicht geschieht dann etwas, was ihr mir alle jetzt nicht zutraut ... Wenn du in zwei oder drei Tagen — bis dahin wohnst du unbedingt bei uns, ich müßte es sonst als eine grobe Beleidigung ansehen — *Er legt den Schlafrock ab* —, in zwei bis drei Tagen also, wenn du abzureisen gedenkst, bringe ich dich mit meiner Kutsche zur Bahn. — *Eduard mit Gehrock und Gamaschen tritt ein.* — *Hoffmann, indem er sich den Rock überziehen läßt.* So! *Auf einen Stuhl niedersitzend.* Nun die Stiefel! *Nachdem er einen davon angezogen hat.* Das wäre einer!

LOTH. Du hast mich doch wohl nicht ganz verstanden.

HOFFMANN. Ach ja! das ist leicht möglich. Man

ist so raus aus all den Sachen. Nur immer lederne Geschäftsangelegenheiten. Eduard! ist denn noch keine Post gekommen? Warten Sie mal! — Gehen Sie doch mal in mein Zimmer! Auf dem Pult links liegt ein Schriftstück mit blauem Deckel, bringen Sie's raus in die Wagentasche. *Eduard ab in die Tür rechts, dann zurück und ab durch die Mitteltür.*

LOTH. Ich meine ja nur! Du hast mich in einer Beziehung nicht verstanden.

HOFFMANN *sich immer noch mit dem zweiten Schuh herumquälend.* Upsa! ... So! *Er steht auf und tritt die Schuhe ein[27].* Da wären wir. Nichts ist unangenehmer als enge Schuhe ... Was meintest du eben?

LOTH. Du sprachst von meiner Abreise ...

HOFFMANN. Nun?

LOTH. Ich habe dir doch bereits gesagt, daß ich um eines ganz bestimmten Zweckes willen hier am Orte bleiben muß.

HOFFMANN *aufs äußerste verblüfft und entrüstet zugleich.* Hör mal!!! Das ist aber beinahe nichtswürdig! — Weißt du denn nicht, was du mir als Freund schuldest?

LOTH. Doch wohl nicht den Verrat meiner Sache!?

HOFFMANN *außer sich.* Nun, dann ... dann habe ich auch nicht die kleinste Veranlassung, dir gegenüber als Freund zu verfahren. Ich sage dir also: daß ich dein Auftreten hier — gelinde gesprochen — für fabelhaft dreist halte.

LOTH *sehr ruhig.* Vielleicht erklärst du mir, was dich berechtigt, mich mit dergleichen Epitheta ...

HOFFMANN. Das soll ich dir auch noch erklären? Da hört eben Verschiedenes auf! Um so was nicht zu fühlen, muß man Rhinozeroshaut auf dem Leibe haben! Du kommst hierher, genießt meine Gastfreundschaft, drischst mir ein paar Schock deiner abgegriffenen Phrasen vor[28], verdrehst meiner Schwägerin den Kopf, schwatzest von alter Freundschaft und so was Gut's, und dann erzählst du ganz naiv: du wolltest eine deskriptive Arbeit über hiesige Verhältnisse verfertigen. Ja, für was hältst du mich denn eigentlich? Meinst du vielleicht, ich wüßte nicht, daß solche sogenannten Arbeiten nichts als schamlose Pamphlete sind? ... Solch eine Schmähschrift willst du schreiben, und zwar über unseren Kohlendistrikt. Solltest du denn wirklich nicht begreifen, wen diese Schmähschrift

---

[24]I fell into it while being connected with people to whom I didn't always want to show my hand [25]cranks (to ring the bell at the other end of the line; literally: "awakens, arouses") [26]Give me a chance to heap up the necessary mountain of shekels, and maybe then something will happen.

[27]and stamps his feet (to make the boots fit properly) [28]thresh out a few of your threadbare phrases

am allerschärfsten schädigen müßte? Doch nur mich! — Ich sage: man sollte euch das Handwerk noch gründlicher legen, als es bisher geschehen ist, Volksverführer, die ihr seid! Was tut ihr? Ihr macht den Bergmann unzufrieden, anspruchsvoll, reizt ihn auf, erbittert ihn, macht ihn aufsässig, ungehorsam, unglücklich, spiegelt ihm goldene Berge vor und grapscht ihm unter der Hand seine paar Hungerpfennige aus der Tasche[29].

LOTH. Erachtest du dich nun als demaskiert?

HOFFMANN *roh.* Ach was! Du lächerlicher, ge- spreizter Tugendmeier! Was mir das wohl aus- macht, vor dir demaskiert zu sein! — Arbeite lieber! Laß deine albernen Faseleien! — Tu was! Komm zu was! Ich brauche niemand um zweihundert Mark anzupumpen. *Schnell ab durch die Mitteltür. Loth sieht ihm einige Augenblicke ruhig nach, dann greift er, nicht minder ruhig, in seine Brusttasche, zieht ein Portefeuille und entnimmt ihm ein Stück Papier (den Scheck Hoffmanns), das er mehrmals durchreißt, um die Schnitzel dann langsam in den Kohlenkasten fallen zu lassen. Jetzt erscheint Helene auf der Schwelle des Wintergartens.*

HELENE *leise.* Herr Loth!

LOTH *zuckt zusammen, wendet sich.* Ah! Sie sind es. — Nun — dann — kann ich Ihnen doch wenigstens ein Lebewohl sagen.

HELENE *unwillkürlich.* War Ihnen das Bedürfnis?

LOTH. Ja! — es war mir Bedürfnis —! Ver- mutlich — wenn Sie dadrin gewesen sind — haben Sie den Auftritt hier mit angehört — und dann...

HELENE. Ich habe alles mit angehört.

LOTH. Nun — dann — wird es Sie nicht in Er- staunen setzen, wenn ich dieses Haus so ohne Sang und Klang verlasse.

HELENE. N—nein! ich begreife!... Viel- leicht kann Sie's milder gegen ihn stimmen... mein Schwager bereut immer sehr schnell. Ich hab's oft...

LOTH. Ganz möglich —! Vielleicht gerade des- halb aber ist das, was er über mich sagte, seine wahre Meinung von mir. — Es ist sogar unbedingt seine wahre Meinung.

HELENE. Glauben Sie das im Ernst?

LOTH. Ja! — im Ernst! Also... *Er geht auf sie zu und gibt ihr die Hand.* Leben Sie recht glücklich! *Er wendet sich und steht sogleich wieder still.* Ich weiß nicht...! oder besser: — *Helenen klar und ruhig ins Gesicht blickend —* Ich weiß, weiß erst

[29]delude him with promises of mountains of gold, and, in the meantime, grab out of his pockets the few pennies that keep him from starving.

seit... seit diesem Augenblick, daß es mir nicht ganz leicht ist, von hier fortzugehen... und... ja... und... na ja!

HELENE. Wenn ich Sie aber — recht schön bäte ... recht sehr..., noch weiter hierzubleiben —?

LOTH. Sie teilen also nicht die Meinung Ihres Schwagers?

HELENE. Nein! — und das — wollte ich Ihnen unbedingt... unbedingt noch sagen, bevor... bevor — Sie — gingen.

LOTH *ergreift abermals ihre Hand.* Das tut mir wirklich wohl.

HELENE *mit sich kämpfend. In einer sich schnell bis zur Bewußtlosigkeit steigernden Erregung. Mühsam hervorstammelnd.* Auch noch mehr wollte ich Ihnen... Ihnen sagen, nämlich... nämlich, daß — ich Sie sehr hoch — achte und — verehre —, wie ich bis jetzt... bis jetzt noch — keinen Mann..., daß ich Ihnen — vertraue —, daß ich bereit bin, das... das zu beweisen —, daß ich — etwas für dich, Sie fühle... *Sinkt ohnmächtig in seine Arme.*

LOTH. Helene!

VIERTER AKT

Wie im zweiten Akt: der Gutshof. Zeit: eine Viertel- stunde nach Helenens Liebeserklärung.

Marie und Golisch, der Kuhjunge, schleppen sich mit einer hölzernen Lade die Bodentreppe herunter. Loth kommt reisefertig aus dem Hause und geht langsam und nachdenklich quer über den Hof. Bevor er in den Wirtshaussteg einbiegt, stößt er auf Hoffmann, der mit ziemlicher Eile durch den Hofeingang ihm ent- gegenkommt.

HOFFMANN *Zylinder, Glacéhandschuhe.* Sei mir nicht böse. *Er verstellt Loth den Weg und faßt seine beiden Hände.* Ich nehme hiermit alles zurück!... nenne mir eine Genugtuung!... Ich bin zu jeder Genugtuung bereit!... ich bereue, bereue alles aufrichtig.

LOTH. Das hilft dir und mir wenig.

HOFFMANN. Ach! — wenn du doch... sieh mal...! mehr kann man doch eigentlich nicht tun. Ich sage dir: mein Gewissen hat mir keine Ruhe gelassen. Dicht vor Jauer bin ich umgekehrt,... daran solltest du doch schon erkennen, daß es mir Ernst ist. — Wo wolltest du hin...?

LOTH. Ins Wirtshaus — einstweilen.

HOFFMANN. Ach, das darfst du mir nicht antun . . . ! das tu mir nur nicht an! Ich glaube ja, daß es dich tief kränken mußte. 's ist ja auch vielleicht nicht so — mit ein paar Worten wiedergutzumachen. Nur nimm mir nicht jede Gelegenheit . . . jede Möglichkeit, dir zu beweisen . . . hörst du? Kehr um . . . Bleib wenigstens bis . . . bis morgen. Oder bis . . . bis ich zurückkomme. Ich muß mich noch einmal in Muße mit dir aussprechen darüber; — das kannst du mir nicht abschlagen.

LOTH. Wenn dir daran besonders viel gelegen ist . . .

HOFFMANN. Alles! . . . auf Ehre! — ist mir daran gelegen, alles! . . . Also komm! . . . komm!! Kneif ja nicht aus! — komm! *Er führt Loth, der sich nun nicht mehr sträubt, in das Haus zurück. Beide ab.*

Die entlassene Magd und der Kuhjunge haben inzwischen die Lade auf den Schubkarren gesetzt, Golisch hat die Traggurte umgenommen.

MARIE *während sie Golisch etwas in die Hand drückt.* Doo! Gooschla! hust a woas[30]!

DER JUNGE *weist es ab.* Behaal den'n Biema[31]!

MARIE. Ä! tumme Dare[32]!

DER JUNGE. Na, wegen menner[33]. *Er nimmt das Geld und tut es in seinen ledernen Geldbeutel.*

FRAU SPILLER *von einem der Wohnhausfenster aus, ruft.* Marie!

MARIE. Woas wullt er noo[34]?

FRAU SPILLER *nach einer Minute aus der Haustür tretend.* Die gnädige Frau will dich behalten, wenn du versprichst . . .

MARIE. Dreck war ich 'r versprecha! — Foahr zu, Goosch[35]!

FRAU SPILLER *näher tretend.* Die gnädige Frau will dir auch etwas am Lohn zulegen, wenn du . . . *Plötzlich flüsternd.* Mach der nischt draus, Moad! se werd ok manchmal so'n bisken kullerig[36].

MARIE *wütend.* Se maag siich ihre poar Greschla fer sich behahln! — *Weinerlich.* Ehnder derhingern[37]! *Sie folgt Golisch, der mit dem Schubkarren vorangefahren ist.* Nee, a su woas oaber oo!

— Do sool eens do glei[38] . . . *Ab. Frau Spiller ihr nach. Ab.*

Durch den Haupteingang kommt Baer, genannt Hopslabaer. Ein langer Mensch mit einem Geierhalse und Kropfe dran. Er geht barfuß und ohne Kopfbedeckung; die Beinkleider reichen, unten stark ausgefranst, bis wenig unter die Knie herab. Er hat eine Glatze; das vorhandene braune, verstaubte und verklebte Haar reicht ihm bis über die Schulter. Sein Gang ist straußenartig. An einer Schnur führt er ein Kinderwägelchen voll Sand mit sich. Sein Gesicht ist bartlos, die ganze Erscheinung deutet auf einen einige zwanzig Jahre alten, verwahrlosten Bauernburschen.

BAER *mit merkwürdig blökender Stimme.* Saa — a — and! Saa — and! *Er geht durch den Hof und verschwindet zwischen Wohnhaus und Stallgebäude. Hoffmann und Helene aus dem Wohnhaus. Helene sieht bleich aus und trägt ein leeres Wasserglas in der Hand.*

HOFFMANN *zu Helene.* Unterhalt ihn bissel! verstehst du? — laß ihn nicht fort —, es liegt mir sehr viel daran. — So'n beleidigter Ehrgeiz . . . Adieu! — Ach! Soll ich am Ende nicht fahren? — Wie geht's mit Martha? — Ich hab so'n eigentümliches Gefühl, als ob's bald . . . Unsinn! — Adieu! . . . höchste Eile. *Ruft.* Franz! Was die Pferde laufen können[39]! *Schnell ab durch den Haupteingang.*

Helene geht zur Pumpe, pumpt das leere Glas voll und leert es auf einen Zug. Ein zweites Glas Wasser leert sie zur Hälfte. Das Glas setzt sie dann auf das Pumpenrohr und schlendert langsam, von Zeit zu Zeit rückwärts schauend, durch den Torweg hinaus. Baer kommt zwischen Wohnhaus und Stallung hervor und hält mit seinem Wagen vor der Wohnhaustür still, wo Miele ihm Sand abnimmt. Indes ist Kahl von rechts innerhalb des Grenzzaunes sichtbar geworden, im Gespräch mit Frau Spiller, die außerhalb des Zaunes, also auf dem Terrain des Hofeinganges, sich befindet. Beide bewegen sich im Gespräch langsam längs des Zaunes hin.

FRAU SPILLER *leidend.* Ach ja —m—, gnädiger Herr Kahl! Ich hab —m— manchmal so an Sie —m— gedacht —m—, wenn . . . das gnädige Freilein . . . sie ist doch nun mal —m— sozusagen —m— mit Sie verlobt, und da . . . ach! —m— zu meiner Zeit . . . !

---

[30]Da Golisch! Hast du was! [31]Keep your money. [32]foolish girl. [33]Na, meinetwegen. [34]Was wollt ihr nun? [35]Einen Dreck werde ich ihr versprechen! — Fahr zu, Golisch! (A stinkin' lot I'll promise her. Go on, Golisch!) [36]Mach dir nichts draus, Mädchen! Sie wird nur manchmal so ein bißchen kollerig. [37]Sie kann ihre paar Groschen für sich behalten! Eher werde ich verhungern!

[38]Nein, so was aber auch! — Da soll einer doch gleich . . . [39]As fast as the horses can run!

KAHL *steigt auf die Bank unter der Eiche und befestigt einen Meisenkasten auf dem untersten Ast.* W—wenn werd denn d..dd..doas D..d..d.. dukterluder amol sssenner W...wwwege gihn? hä[40]?

FRAU SPILLER. Ach, Herr Kahl! Ich glaube —m—, nicht so bald. — A..ach, Herr —m— Kahl, ich bin zwar sozusagen —m— etwas —m— herabjekommen, aber ich weiß sozusagen —m—, was Bildung ist. In dieser Hinsicht, Herr Kahl..., das Freilein —m—, das gnädige Freilein..., das handeln nicht gut gegen Ihnen — nein! —m— darin, sozusagen —m—, habe ich mir nie etwas zuschulden kommen lassen —m—, mein Gewissen —m—, gnädiger Herr Kahl, ist darin so rein... sozusagen, wie reiner Schnee.

Baer hat sein Sandgeschäft abgewickelt und verläßt in diesem Augenblick, an Kahl vorübergehend, den Hof.

KAHL *entdeckt Baer und ruft.* Hopslabaer, hops amool[41]! *Baer macht einen riesigen Luftsprung. Kahl, vor Lachen wiehernd, ruft ein zweites Mal.* Hopslabaer, hops amool!

FRAU SPILLER. Nun da —m— ja, Herr Kahl!... ich meine es nur gut mit Sie. Sie müssen Obacht geben —m—, gnädiger Herr! Es —m— es ist was im Gange mit dem gnädigen Freilein und —m—m—

KAHL. D..doas Dukterluder...ok bbbblußig emool vor a Hunden — blußige..e..e..emool[42]!

FRAU SPILLER *geheimnisvoll.* Und was das nun noch —m— für ein Indifidium[43] ist. Ach —m—, das gnädige Freilein tut mir auch soo leid. Die Frau —m— vom Polizeidiener, die hat's vom Amte, glaub' ich. Es soll ein ganz —m— gefährlicher Mensch sein. Ihr Mann —m— soll ihn sozusagen —m—, denken Sie nur, soll ihn —m— geradezu im Auge behalten. *Loth aus dem Hause. Sieht sich um.* Sehn Sie, nun jeht er dem gnädigen Freilein nach —m—. Aa...ach, zuu leid tut es einem.

KAHL. Na wart! *Ab.*

Frau Spiller geht nach der Haustüre. Als sie an Loth vorbeikommt, macht sie eine tiefe Verbeugung. Ab in das Haus. Loth langsam durch den Torweg ab.

Die Kutschenfrau, eine magere, abgehärmte und ausgehungerte Frauensperson, kommt zwischen Stallgebäude und Wohnhaus hervor. Sie trägt einen großen Topf unter ihrer Schürze versteckt und schleicht damit, sich überall ängstlich umblickend, nach dem Kuhstall. Ab in die Kuhstalltür. Die beiden Mägde, jede eine Schubkarre, hoch mit Klee beladen, vor sich herstoßend, kommen durch den Torweg herein. Beibst, die Sense über der Schulter, die kurze Pfeife im Munde, folgt ihnen nach. Liese hat ihre Schubkarre vor die linke, Auguste vor die rechte Stalltür gefahren, und beide Mägde beginnen große Arme voll Klee in den Stall hineinzuschaffen.

LIESE *leer aus dem Stall herauskommend.* Du, Guste! de Marie iis furt[44].

AUGUSTE. Joa wull doch[45]?!

LIESE. Gih nei! freu die Kutscha-Franzen, se milkt 'r an Truppen Milch ei[46].

BEIBST *hängt seine Sense an der Wand auf.* Na! doa lußt ok de Spillern nee ernt derzunne kumma[47].

AUGUSTE. Oh jechtich! nee ok nee! beileibe nich[48]!

LIESE. A su a oarm Weib miit achta[49].

AUGUSTE. Acht kleene Bälge! — die wull'n laba[50].

LIESE. Ne amool an Truppen Milch tun s' 'r ginn'n...meschant iis doas[51].

AUGUSTE. Wu milkt sie denn[52]?

LIESE. Ganz derhinga de neumalke Fenus[53]!

BEIBST *stopft seine Pfeife; den Tabaksbeutel mit den Zähnen festhaltend, nuschelt er.* De Marie wär weg?

LIESE. Ju, ju, 's iis fer gewiß! — der Pfaarknecht hot gle bein 'r geschloofa[54].

BEIBST *den Tabaksbeutel in die Tasche steckend.* Amool wiil jedes! — au de Frau. *Er zündet sich die Pfeife an, darauf durch den Haupteingang ab. Im Abgehen.* Ich gih a wing frihsticka[55]!

[40]Wann wird das Doktorluder einmal seiner Wege gehen (get out of here)? [41]Here, hopping bear! Hop again! [42]If I could just get my dogs on that beast of a doctor...Just once. [43]This is Frau Spiller's way of pronouncing *Individuum*.

[44]...die Marie ist fort [45]Ja wohl doch (don't tell me)?! [46]Geh hinein! frag die Frau des Kutscher-Franz, sie melkt sich einen Tropfen Milch ein. [47]Na! da laßt die Spiller am besten nichts davon hören! (You'd better not let that Spiller woman get wind of it!) [48]Gott! nein, oh nein! beileibe nicht! [49]So eine arme Frau mit acht Kindern. [50]Acht kleine Bälge (brats)! — die wollen leben. [51]Nicht einmal einen Tropfen Milch gönnen sie ihr...das ist wirklich gemein. [52]Wo melkt sie denn? [53]Ganz dahinten die neumelke Venus! (*neumelk* newly giving milk; *Venus*, name of cow) [54]Ja, ja, es ist für gewiß! — der Pfarrknecht hat gleich bei ihr geschlafen (the parson's hired man slept with her). [55]Einmal wie jeder! (Everybody feels that way sometimes!) — auch die Frau. Ich gehe ein wenig frühstücken!

DIE KUTSCHENFRAU *den Topf voll Milch vorsichtig unter der Schürze, guckt aus der Stalltür heraus.* Sitt ma jemanda[56]?

LIESE. Koanst kumma, Kutschen, ma sitt ken'n. Kumm! kumm schnell[57]!

DIE KUTSCHENFRAU *im Vorübergehen zu den Mägden.* Ok fersch Pappekindla[58].

LIESE *ihr nachrufend.* Schnell!'s kimmt jemand[59].

Kutschenfrau zwischen Wohnhaus und Stallung ab.

AUGUSTE. Blußig ok inse Frele[60].

Die Mägde räumen nun weiter die Schubkarren ab und schieben sie, wenn sie leer sind, unter den Torweg, hierauf beide ab in den Kuhstall. Loth und Helene kommen zum Torweg herein.

LOTH. Widerlicher Mensch! dieser Kahl — frecher Spion!

HELENE. In der Laube vorn, glaub' ich . . . *Sie gehen durch das Pförtchen in das Gartenstückchen links vorn und in die Laube daselbst.* Es ist mein Lieblingsplatz. — Hier bin ich noch am ungestörtesten, wenn ich mal was lesen will.

LOTH. Ein hübscher Platz hier. — Wirklich! *Beide setzen sich, ein wenig voneinander getrennt, in der Laube nieder. Schweigen. Darauf Loth.* Sie haben so sehr schönes und reiches Haar, Fräulein!

HELENE. Ach ja, mein Schwager sagt das auch. Er meinte, er hätte es kaum so gesehen — auch in der Stadt nicht . . . Der Zopf ist oben so dick wie mein Handgelenk . . . Wenn ich es losmache, dann reicht es mir bis zu den Knien. Fühlen Sie mal! . . . Es fühlt sich wie Seide an, gelt?

LOTH. Ganz wie Seide. *Ein Zittern durchläuft ihn, er beugt sich und küßt das Haar.*

HELENE *erschreckt.* Ach nicht doch! Wenn . . .

LOTH. Helene —! War das vorhin nicht dein Ernst?

HELENE. Ach! — ich schäme mich so schrecklich. Was habe ich nur gemacht? — dir . . . Ihnen an den Hals geworfen habe ich mich. — Für was müssen Sie mich halten . . . !

LOTH *rückt ihr näher, nimmt ihre Hand in die seine.* Wenn Sie sich doch darüber beruhigen wollten!

HELENE *seufzend.* Ach, das müßte Schwester Schmittgen wissen . . . ich sehe gar nicht hin!

LOTH. Wer ist Schwester Schmittgen?

HELENE. Eine Lehrerin aus der Pension.

LOTH. Wie können Sie sich nur über Schwester Schmittgen Gedanken machen!

HELENE. Sie war sehr gut . . . ! *Sie lacht plötzlich heftig in sich hinein.*

LOTH. Warum lachst du denn so auf einmal?

HELENE *zwischen Pietät und Laune.* Ach! . . . Wenn sie auf dem Chor stand und sang . . . Sie hatte nur noch einen einzigen langen Zahn . . . da sollte es immer heißen: Tröste, tröste mein Volk! und es kam immer heraus: Röste, röste mein Volk! Das war zu drollig . . . da mußten wir immer so lachen . . . wenn sie so durch den Saal . . . röste, röste! *Sie kann sich vor Lachen nicht halten, Loth ist von ihrer Heiterkeit angesteckt. Sie kommt ihm dabei so lieblich vor, daß er den Augenblick benutzen will, den Arm um sie zu legen. Helene wehrt es ab.* Ach nein doch . . . ! Ich habe mich dir . . . Ihnen an den Hals geworfen.

LOTH. Ach! sagen Sie doch nicht so etwas.

HELENE. Aber ich bin nicht schuld, Sie haben sich's selbst zuzuschreiben. Warum verlangen Sie . . .

Loth legt nochmals seinen Arm um sie, zieht sie fester an sich. Anfangs sträubt sie sich ein wenig, dann gibt sie sich drein und blickt nun mit freier Glückseligkeit in Loths glücktrunkenes Gesicht, das sich über das ihre beugt. Unversehens, aus einer gewissen Schüchternheit heraus, küßt sie ihn zuerst auf den Mund. Beide werden rot, dann gibt Loth ihr den Kuß zurück; lang, innig, fest drückt sich sein Mund auf den ihren. Ein Geben und Nehmen von Küssen ist eine Zeit hindurch die einzige Unterhaltung — stumm und beredt zugleich — der beiden. Loth spricht dann zuerst.

LOTH. Lene, nicht? Lene heißt du hier so?

HELENE *küßt ihn.* Nenne mich anders . . . Nenne mich, wie du gern möcht'st.

LOTH. Liebste! . . .

Das Spiel mit dem Küssetauschen und Sich-gegenseitig-Betrachten wiederholt sich.

HELENE *von Loths Armen fest umschlungen, ihren Kopf an seiner Brust, mit verschleierten glückseligen Augen, flüstert im Überschwang.* Ach! — wie schön! Wie schön! —

---

[56]Sieht man jemanden? [57]Kannst kommen, Kutscherin, man sieht keinen. Komm! komm schnell! [58]It is only for the nursing baby [59]es kommt jemand. [60]Bloß nur unser Fräulein.

LOTH. So mit dir sterben!

HELENE *mit Inbrunst.* Leben! . . . *Sie löst sich aus seinen Armen.* Warum denn jetzt sterben? . . . jetzt . . .

LOTH. Das mußt du nicht falsch auffassen. Von jeher berausche ich mich . . . besonders in glücklichen Momenten berausche ich mich in dem Bewußtsein, es in der Hand zu haben, weißt du?

HELENE. Den Tod in der Hand zu haben?

LOTH *ohne jede Sentimentalität.* Ja! und so hat er gar nichts Grausiges, im Gegenteil, so etwas Freundschaftliches hat er für mich. Man ruft und weiß bestimmt, daß er kommt. Man kann sich dadurch über alles mögliche hinwegheben, Vergangenes — und Zukünftiges . . . *Helenens Hand betrachtend.* Du hast eine so wunderhübsche Hand. *Er streichelt sie.*

HELENE. Ach ja! — so . . . *Sie drückt sich aufs neue in seine Arme.*

LOTH. Nein, weißt du! ich hab' nicht gelebt! . . . bisher nicht!

HELENE. Denkst du, ich? . . . Mir ist fast taumlig . . . taumlig bin ich vor Glück. Gott! wie ist das — nur so auf einmal.

LOTH. Ja, so auf einmal . . .

HELENE. Hör mal! so ist mir: die ganze Zeit meines Lebens — ein Tag! — gestern und heut — ein Jahr! gelt?

LOTH. Erst gestern bin ich gekommen?

HELENE. Ganz gewiß! — eben! — natürlich! . . . Ach, ach, du weißt es nicht mal!

LOTH. Es kommt mir wahrhaftig auch vor . . .

HELENE. Nicht —? Wie 'n ganzes, geschlag'nes Jahr! — Nicht —? *Halb aufspringend.* Wart! — Kommt — da nicht . . . *Sie rücken auseinander.* Ach! es ist mir auch — egal. Ich bin jetzt — so mutig. *Sie bleibt sitzen und muntert Loth mit einem Blick auf, näher zu rücken, was dieser sogleich tut.*

HELENE *in Loths Armen.* Du! — Was tun wir denn nu zuerst?

LOTH. Deine Stiefmutter würde mich wohl abweisen.

HELENE. Ach, meine Stiefmutter . . . das wird wohl gar nicht . . . gar nichts geht's die an! Ich mache, was ich will . . . Ich hab' mein mütterliches Erbteil, mußt du wissen.

LOTH. Deshalb meinst du . . .

HELENE. Ich bin majorenn[61], Vater muß mir's auszahlen.

LOTH. Du stehst wohl nicht gut — mit allen hier? — Wohin ist denn dein Vater verreist?

HELENE. Verr . . . du hast . . . ? Ach, du hast Vater noch nicht gesehen?

LOTH. Nein! Hoffmann sagte mir . . .

HELENE. Doch! . . . hast du ihn schon einmal gesehen.

LOTH. Ich wüßte nicht! . . . Wo denn, Liebste?

HELENE. Ich . . . *Sie bricht in Tränen aus.* Nein, ich kann — kann dir's noch nicht sagen . . . zu furchtbar schrecklich ist das.

LOTH. Furchtbar schrecklich? Aber Helene! ist denn deinem Vater etwas . . .

HELENE. Ach! — frag mich nicht! Jetzt nicht! Später!

LOTH. Was du mir nicht freiwillig sagen willst, danach werde ich dich auch gewiß nicht mehr fragen . . . Sieh mal, was das Geld anlangt . . . im schlimmsten Falle . . . ich verdiene ja mit dem Artikelschreiben nicht gerade überflüssig viel, aber ich denke, es müßte am Ende für uns beide ganz leidlich hinreichen.

HELENE. Und ich würde doch auch nicht müßig sein. Aber besser ist besser. Das Erbteil ist vollauf genug — und du sollst deine Aufgabe . . . nein, die sollst du unter keiner Bedingung aufgeben, jetzt erst recht . . . ! jetzt sollst du erst recht die Hände freibekommen.

LOTH *sie innig küssend.* Liebes, edles Geschöpf! . . .

HELENE. Hast du mich wirklich lieb . . . ? Wirklich? . . . wirklich?

LOTH. Wirklich.

HELENE. Sag hundertmal wirklich.

LOTH. Wirklich, wirklich und wahrhaftig.

HELENE. Ach, weißt du! du schummelst[62]!

LOTH. Das Wahrhaftig gilt hundert Wirklich.

HELENE. So!? wohl in Berlin?

LOTH. Nein, eben in Witzdorf.

HELENE. Ach, du! . . . Sieh meinen kleinen Finger und lache nicht.

LOTH. Gern.

HELENE. Hast du außer deiner ersten Braut noch andere ge . . . ? Du! du lachst.

LOTH. Ich will dir was im Ernst sagen, Liebste, ich halte es für meine Pflicht . . . Ich habe mit einer großen Anzahl Frauen . . .

HELENE *schnell und heftig auffahrend, drückt ihm den Mund zu.* Um Gott . . . ! sag mir das einmal — später —, wenn wir alt sind . . . nach Jahren —, wenn ich dir sagen werde: jetzt — hörst du! nicht eher!

LOTH. Gut! wie du willst.

[61] I am of age

[62] You are not playing fair!

HELENE. Lieber was Schönes jetzt! . . . Paß auf: sprich mir mal das nach!

LOTH. Was?

HELENE. «Ich hab' dich —»

LOTH. «Ich hab' dich —»

HELENE. «und nur immer dich —»

LOTH. «und nur immer dich —»

HELENE. «geliebt — geliebt zeit meines Lebens —»

LOTH. «geliebt — geliebt zeit meines Lebens —»

HELENE. «und werde nur dich allein zeit meines Lebens lieben.»

LOTH. «und werde nur dich allein zeit meines Lebens lieben», und das ist wahr, so wahr ich ein ehrlicher Mann bin.

HELENE, *freudig*. Das habe ich nicht gesagt.

LOTH. Aber ich. *Küsse.*

HELENE *summt ganz leise*. Du, du liegst mir im Herzen . . .

LOTH. Jetzt sollst du auch beichten.

HELENE. Alles, was du willst.

LOTH. Beichte! Bin ich der erste?

HELENE. Nein.

LOTH. Wer?

HELENE *übermütig herauslachend*. Koahl Willem!

LOTH *lachend*. Wer noch?

HELENE. Ach nein! weiter ist es wirklich keiner. Du mußt mir glauben . . . Wirklich nicht. Warum sollte ich denn lügen . . . ?

LOTH. Also doch noch jemand?

HELENE *heftig*. Bitte, bitte, bitte, bitte, frag mich jetzt nicht darum. *Versteckt das Gesicht in den Händen, weint scheinbar ganz unvermittelt.*

LOTH. Aber . . . aber Lenchen! ich dringe ja durchaus nicht in dich.

HELENE. Später! alles, alles später.

LOTH. Wie gesagt, Liebste . . .

HELENE. 's war jemand — mußt du wissen —, den ich, . . . weil . . . weil er unter Schlechten mir weniger schlecht vorkam. Jetzt ist das ganz anders. *Weinend an Loths Halse, stürmisch*. Ach, wenn ich doch gar nicht mehr von dir fort müßte! Am liebsten ginge ich gleich auf der Stelle mit dir.

LOTH. Du hast es wohl sehr schlimm hier im Hause?

HELENE. Ach, du! — Es ist ganz entsetzlich, wie es hier zugeht; ein Leben wie — das . . . wie das liebe Vieh — ich wäre darin umgekommen ohne dich — mich schaudert's!

LOTH. Ich glaube, es würde dich beruhigen, wenn du mir alles offen sagtest, Liebste!

HELENE. Ja freilich! aber — ich bring's nicht über mich. Jetzt nicht . . . jetzt noch nicht! — Ich fürcht' mich förmlich.

LOTH. Du warst in der Pension.

HELENE. Die Mutter hat es bestimmt — auf dem Sterbebett noch.

LOTH. Auch deine Schwester war . . . ?

HELENE. Nein! — die war immer zu Hause . . . Und als ich dann nun vor vier Jahren wiederkam, da fand ich — einen Vater —, der . . . eine Stiefmutter —, die . . . eine Schwester . . . rat mal, was ich meine!

LOTH. Deine Stiefmutter ist zänkisch. — Nicht? — Vielleicht eifersüchtig? — lieblos?

HELENE. Der Vater . . . ?

LOTH. Nun! — der wird aller Wahrscheinlichkeit nach in ihr Horn blasen. — Tyrannisiert sie ihn vielleicht?

HELENE. Wenn's weiter nichts wär . . . Nein! . . . es ist zu entsetzlich! — Du kannst nicht darauf kommen —, daß . . . der — mein Vater . . . , daß es mein Vater war —, den — du . . .

LOTH. Weine nur nicht, Lenchen! . . . siehst du — nun möcht' ich beinah ernstlich darauf dringen, daß du mir . . .

HELENE. Nein! es geht nicht! Ich habe noch nicht die Kraft, — es — dir . . .

LOTH. Du reibst dich auf, so.

HELENE. Ich schäme mich zu bodenlos! — du . . . du wirst mich fortstoßen, fortjagen . . . ! Es ist über alle Begriffe . . . Ekelhaft ist es!

LOTH. Lenchen, du kennst mich nicht —, sonst würd'st du mir so etwas nicht zutrauen. — Fortstoßen! fortjagen! Komme ich dir denn wirklich so brutal vor?

HELENE. Schwager Hoffmann sagte: Du würdest — kaltblütig . . . Ach nein! nein! nein! das tust du doch nicht! gelt? — Du schreitest nicht über mich weg? tu es nicht!! — Ich weiß nicht, — was — dann noch aus — mir werden sollte.

LOTH. Ja, aber das ist ja Unsinn! Ich hätte ja gar keinen Grund dazu.

HELENE. Also du hältst es doch für möglich?!

LOTH. Nein! — eben nicht.

HELENE. Aber wenn du dir einen Grund ausdenken kannst.

LOTH. Es gäbe allerdings Gründe, aber — die stehen nicht in Frage.

HELENE. Und solche Gründe?

LOTH. Nur wer mich zum Verräter meiner selbst machen wollte, über den müßte ich hinweggehen.

HELENE. Das will ich gewiß nicht — aber ich werde halt das Gefühl nicht los.

LOTH. Was für ein Gefühl, Liebste?

HELENE. Es kommt vielleicht daher: ich bin so dumm! — Ich hab' gar nichts in mir. Ich weiß nicht mal, was das ist, Grundsätze. — Gelt? das ist doch schrecklich. Ich lieb' dich nur so einfach! — aber du bist so gut, so groß — und hast so viel in dir. Ich habe solche Angst, du könntest doch noch mal merken —, wenn ich was Dummes sage — oder mache —, daß es doch nicht geht ... daß ich doch viel zu einfältig für dich bin ... Ich bin wirklich schlecht und dumm wie Bohnenstroh.

LOTH. Was soll ich dazu sagen?! Du bist mir alles in allem! Alles in allem bist du mir. Mehr weiß ich nicht.

HELENE. Und gesund bin ich ja auch ...

LOTH. Sag mal! sind deine Eltern gesund?

HELENE. Ja, das wohl! das heißt: die Mutter ist am Kindbettfieber gestorben. Vater ist noch gesund; er muß sogar eine starke Natur haben. Aber ...

LOTH. Na! — siehst du; also ...

HELENE. Und wenn die Eltern nun nicht gesund wären?

LOTH *küßt Helene.* Sie sind's ja doch, Lenchen.

HELENE. Aber wenn sie es nicht wären —?

Frau Krause stößt ein Wohnhausfenster auf und ruft in den Hof.

FRAU KRAUSE. Ihr Madel! Ihr Maa .. del!!

LIESE *aus dem Kuhstall.* Frau Krausen!?

FRAU KRAUSE. Renn zur Müllern! 's giht luus[63]!

LIESE. Wa—a, zur Hebomme Millern, meen Se[64]?

FRAU KRAUSE. Na? lei'st uff a Uhr'n[65]? *Sie schlägt das Fenster zu. Liese rennt in den Stall und dann mit einem Tüchelchen um den Kopf zum Hofe hinaus. Frau Spiller erscheint in der Haustür.*

FRAU SPILLER *ruft.* Fräulein Helene! ... gnädiges Fräulein Helene!

HELENE. Was da nur los sein mag?

FRAU SPILLER *sich der Laube nähernd.* Fräulein Helene.

HELENE. Ach! das wird's sein! — die Schwester. Geh fort! da herum. *Loth schnell links vorn ab. Helene tritt aus der Laube.*

FRAU SPILLER. Fräulein ...! ach, da sind Sie endlich.

HELENE. Was is denn?

FRAU SPILLER. Aach —m— bei Frau Schwester —*flüstert ihr etwas ins Ohr* —m—m—

HELENE. Mein Schwager hat anbefohlen, für den Fall sofort nach dem Arzt zu schicken.

FRAU SPILLER. Gnädiges Fräulein —m—, sie will doch aber —m— will doch aber keinen Arzt —m—, die Ärzte, aach die —m— Ärzte! —m— mit Gottes Beistand ...

Miele kommt aus dem Hause.

HELENE. Miele! gehen Sie augenblicklich zum Doktor Schimmelpfennig.

FRAU SPILLER. Aber Fräulein ...

FRAU KRAUSE *aus dem Fenster, gebieterisch.* Miele! Du kimmst ruff[66]!

HELENE *ebenso.* Sie gehen zum Arzt, Miele. *Miele zieht sich ins Haus zurück.* Nun, dann will ich selbst ... *Sie geht ins Haus und kommt, den Strohhut am Arm, sogleich zurück.*

FRAU SPILLER. Dann —m— wird es schlimm. Wenn Sie den Arzt holen —m— gnädiges Fräulein, dann —m—, wird es gewiß schlimm.

Helene geht an ihr vorüber. Frau Spiller zieht sich kopfschüttelnd ins Haus zurück. Als Helene in die Hofeinfahrt biegt, steht Kahl am Grenzzaun.

KAHL *ruft Helenen zu.* Woas iis denn bei eich luus[67]?

Helene hält im Lauf nicht inne, noch würdigt sie Kahl eines Blickes oder einer Antwort.

KAHL *lachend.* Ihr ha't wull Schweinschlachta[68]?

FÜNFTER AKT

Das Zimmer wie im ersten Akt. Zeit: gegen zwei Uhr nachts. Im Zimmer herrscht Dunkelheit. Durch die offene Mitteltür dringt Licht aus dem erleuchteten Hausflur. Deutlich beleuchtet ist auch noch die Holztreppe in dem ersten Stock. Alles in diesem Akt — bis auf wenige Ausnahmen — wird in einem gedämpften Tone gesprochen. Eduard, mit Licht, tritt durch die Mitteltür ein. Er entzündet die Hängelampe über dem Ecktisch (Gasbeleuchtung). Als er damit beschäftigt ist, kommt Loth ebenfalls durch die Mitteltür.

---

[63] ... es geht los! [64] Was, zur Hebamme Müller, meinen Sie? [65] ... liegst Du auf den Ohren (i.e., can't you hear)?

[66] Miele! Du kommst herauf! [67] Was ist denn bei Euch los? [68] Ihr habt wohl Schweineschlachten?

EDUARD. Ja, ja! — bei die Zucht . . . 't muß reen unmenschenmeglich sint, een Oge zuzutun[69].

LOTH. Ich wollte nicht mal schlafen. Ich habe geschrieben.

EDUARD. Ach wat! *Er steckt an.* So! — na jewiß! — et mag ja woll schwer jenug sin . . . Wünschen der Herr Doktor vielleicht Dinte und Feder?

LOTH. Am Ende . . . wenn Sie so freundlich sein wollen, Herr Eduard.

EDUARD *indem er Tinte und Feder auf den Tisch setzt.* Ick meen all immer[70], was 'n ehrlicher Mann is, der muß Haut und Knochen dransetzen um jeden lumpichten Jroschen. Nich mal det bisken Nachtruhe hat man. — *Immer vertraulicher.* Aber die Nation hier, die duht reen jar nischt! so'n faules, nichtsnutziges Pack, so'n . . . Der Herr Doktor müssen jewiß ooch all dichtig in't Zeuch jehn um det bisken Lebensunterhalt wie alle ehrlichen Leute.

LOTH. Wünschte, ich brauchte es nicht!

EDUARD. Na, wat meen Se woll! ich ooch!

LOTH. Fräulein Helene ist wohl bei ihrer Schwester?

EDUARD. Allet wat wahr is: d' is 'n jutes Mä'-chen! jeht ihr nich von der Seite.

LOTH *sieht auf die Uhr.* Um elf Uhr früh begannen die Wehen. Sie dauern also . . . fünfzehn Stunden dauern sie jetzt bereits. — Fünfzehn lange Stunden —!

EDUARD. Weeß Jott! — und det benimen se nu 't schwache Jeschlecht — sie jappt aber ooch man nur noch so[71].

LOTH. Herr Hoffmann ist auch oben!?

EDUARD. Und ick sag' Ihnen, 't reene Weib.

LOTH. Das mit anzusehen ist wohl auch keine Kleinigkeit.

EDUARD. I! nu! det will ick meenen! Na! eben is Doktor Schimmelpfennig zujekommen. Det is 'n Mann, sag' ick Ihnen: jrob wie 'ne Sackstrippe,

aber — Zucker is 'n dummer Junge dajejen[72]. Sagen Se man bloß, wat is aus det olle Berlin . . . *Er unterbricht sich mit einem:* Jott Strambach[73]!, *da Hoffmann und der Doktor die Treppe herunterkommen.*

Hoffmann und Doktor Schimmelpfennig treten ein.

HOFFMANN. Jetzt — bleiben Sie doch wohl bei uns.

DOKTOR SCHIMMELPFENNIG. Ja! jetzt werde ich hierbleiben.

HOFFMANN. Das ist mir eine große, große Beruhigung. — Ein Glas Wein . . . ? Sie trinken doch ein Glas Wein, Herr Doktor!?

DOKTOR SCHIMMELPFENNIG. Wenn Sie etwas tun wollen, dann lassen Sie mir schon lieber eine Tasse Kaffee brauen.

HOFFMANN. Mit Vergnügen. — Eduard! Kaffee für Herrn Doktor! *Eduard ab.* Sie sind . . . ? Sind Sie zufrieden mit dem Verlauf?

DOKTOR SCHIMMELPFENNIG. Solange Ihre Frau Kraft behält, ist jedenfalls direkte Gefahr nicht vorhanden. Warum haben Sie übrigens die junge Hebamme nicht zugezogen? Ich hatte Ihnen doch eine empfohlen, soviel ich weiß.

HOFFMANN. Meine Schwiegermama . . . was soll man machen? Wenn ich ehrlich sein soll: auch meine Frau hatte kein Vertrauen zu der jungen Person.

DOKTOR SCHIMMELPFENNIG. Und zu diesem fossilen Gespenst haben Ihre Damen Vertrauen!? Wohl bekomm's! — Sie möchten gern wieder hinauf?

HOFFMANN. Ehrlich gesagt: ich habe nicht viel Ruhe hier unten.

DOKTOR SCHIMMELPFENNIG. Besser wär's freilich, Sie gingen irgendwohin, aus dem Hause.

HOFFMANN. Beim besten Willen, das . . . ach, Loth! da bist du ja auch noch. *Loth erhebt sich von dem Sofa im dunklen Vordergrunde und geht auf die beiden zu.*

DOKTOR SCHIMMELPFENNIG *aufs äußerste überrascht.* Donnerwetter.

LOTH. Ich hörte schon, daß du hier seist. Morgen hätte ich dich unbedingt aufgesucht.

Beide schütteln sich tüchtig die Hände. Hoffmann benutzt den Augenblick, am Büfett schnell ein Glas

---

[69]Such goings on! It would be humanly impossible to close an eye here! [70]Ich meine immer wieder, wer ein ehrlicher Mann ist, der muß Haut und Knochen dransetzen um jeden lumpigen Groschen (that an honest fellow has to work himself to the bone for every dirty penny) . . . Aber die Nation hier (but this crew here), die tut rein gar nichts . . . Der Herr Doktor müssen gewiß sich auch tüchtig ins Zeug legen (I suppose, sir, that you've got to be at it early and late, too) wegen des bißchen Lebensunterhalt (for your bit of bread) . . . [71]Weiß Gott! — und das nennen sie nun das schwache Geschlecht — sie jappst aber auch nur noch so (but she is just barely gasping).

[72]Das ist ein Mann, sag ich Ihnen: grob wie eine Sackstrippe, aber — Zucker ist ein dummer Junge dagegen. (There's a man for you: rough as rough can be — but sugar isn't anything to his real feelings.) [73]Holy Smoke!

Kognak hinunterzuspülen, dann sich auf den Zehen hinaus- und die Holztreppe hinaufzuschleichen.
Das Gespräch der beiden Freunde steht am Anfang unverkennbar unter dem Einfluß einer gewissen leisen Zurückhaltung.

DOKTOR SCHIMMELPFENNIG. Du hast also wohl . . . hah . . . die alte dumme Geschichte vergessen? *Er legt Hut und Stock beiseite.*

LOTH. Längst vergessen, Schimmel!

DOKTOR SCHIMMELPFENNIG. Na, ich auch! das kannst du dir denken. *Sie schütteln sich nochmals die Hände.* Ich habe in dem Nest hier so wenig freudige Überraschungen gehabt, daß mir die Sache ganz kurios vorkommt. Merkwürdig! Gerade hier treffen wir uns. — Merkwürdig!

LOTH. Rein verschollen bist du ja, Schimmel! Hätte dich sonst längst mal umgestoßen[74].

DOKTOR SCHIMMELPFENNIG. Unter Wasser gegangen wie ein Seehund. Tiefseeforschungen gemacht. In anderthalb Jahren etwa hoffe ich wieder aufzutauchen. Man muß materiell unabhängig sein, wissen Sie . . . weißt du, wenn man etwas Brauchbares leisten will.

LOTH. Also du machst auch Geld hier?

DOKTOR SCHIMMELPFENNIG. Natürlicherweise, und zwar so viel als möglich. Was sollte man hier auch anders tun?

LOTH. Du hätt'st doch mal was von dir hören lassen sollen.

DOKTOR SCHIMMELPFENNIG. Erlauben Sie . . . erlaube, hätte ich von mir was hören lassen, dann hätte ich von euch was wiedergehört, und ich wollte durchaus nichts hören. Nichts — gar nichts, das hätte mich höchstens von meiner Goldwäscherei abhalten können. *Beide gehen langsamen Schritts auf und ab im Zimmer.*

LOTH. Na ja — du kannst dich dann aber auch nicht wundern, daß sie . . . nämlich ich muß dir sagen, sie haben dich eigentlich alle, durch die Bank, aufgegeben[75].

DOKTOR SCHIMMELPFENNIG. Sieht ihnen ähnlich. — Bande! — sollen schon was merken.

LOTH. Schimmel, genannt: das Rauhbein!

DOKTOR SCHIMMELPFENNIG. Du solltest nur sechs Jahre unter diesen Bauern gelebt haben. Himmelhunde alle miteinander.

LOTH. Das kann ich mir denken. — Wie bist du denn gerade nach Witzdorf gekommen?

DOKTOR SCHIMMELPFENNIG. Wie's so geht. Damals mußte ich doch auskneifen, von Jena weg.

LOTH. War das vor meinem Reinfall?

DOKTOR SCHIMMELPFENNIG. Jawohl. Kurze Zeit nachdem wir unser Zusammenleben aufgesteckt hatten. In Zürich legte ich mich dann auf die Medizinerei, zunächst um etwas für den Notfall zu haben; dann fing aber die Sache an, mich zu interessieren, und jetzt bin ich mit Leib und Seele Medikus.

LOTH. Und hierher . . . ? Wie kamst du hierher?

DOKTOR SCHIMMELPFENNIG. Ach so! — einfach! Als ich fertig war, da sagte ich mir: nun vor allen Dingen einen hinreichenden Haufen Kies[76]. Ich dachte an Amerika, Süd- und Nord-Amerika, an Afrika, Australien, die Sundainseln . . . am Ende fiel mir ein, daß mein Knabenstreich ja mittlerweile verjährt war; da habe ich mich denn entschlossen, in die Mausefalle zurückzukriechen.

LOTH. Und dein Schweizer Examen?

DOKTOR SCHIMMELPFENNIG. Ich mußte eben die Geschichte hier noch mal über mich ergehen lassen.

LOTH. Du hast also das Staatsexamen zweimal gemacht, Kerl!?

DOKTOR SCHIMMELPFENNIG. Ja! — Schließlich habe ich dann glücklicherweise diese fette Weide hier ausfindig gemacht.

LOTH. Du bist zähe, zum Beneiden.

DOKTOR SCHIMMELPFENNIG. Wenn man nur nicht plötzlich mal zusammenklappt. — Na! schließlich ist's auch kein Unglück.

LOTH. Hast du denn 'ne große Praxis?

DOKTOR SCHIMMELPFENNIG. Ja! Mitunter komme ich erst um fünf Uhr früh zu Bett, um sieben Uhr fängt dann bereits wieder meine Sprechstunde an. — *Eduard kommt und bringt Kaffee.* — *Doktor Schimmelpfennig, indem er sich am Tisch niederläßt, zu Eduard.* Danke, Eduard! — *Zu Loth.* Kaffee saufe ich . . . unheimlich.

LOTH. Du solltest das lieber lassen mit dem Kaffee.

DOKTOR SCHIMMELPFENNIG. Was soll man machen?! *Er nimmt kleine Schlucke.* Wie gesagt — ein Jahr noch, dann — hört's auf . . . hoffentlich wenigstens.

LOTH. Willst du dann gar nicht mehr praktizieren?

DOKTOR SCHIMMELPFENNIG. Glaube nicht. Nein . . . nicht mehr. *Er schiebt das Tablett mit dem Kaffeegeschirr zurück, wischt sich den Mund.* Übrigens — zeig mal deine Hand. *Loth hält ihm*

---

[74]You faded clear out of sight. Otherwise I'd have routed you out long ago. [75]. . . well, they all, without an exception, really gave you up as hopeless.

[76]a lot of money

beide Hände hin. Nein? — keine Dalekarlierin[77] heimgeführt? — keine gefunden, wie? . . . Wolltest doch immer so 'n Ur- und Kernweib von wegen des gesunden Blutes. Hast übrigens recht: wenn schon, denn schon . . . oder nimmst du's in dieser Beziehung nicht mehr so genau?

LOTH. Na ob . . . ! und wie!

DOKTOR SCHIMMELPFENNIG. Ach, wenn die Bauern hier doch auch solche Ideen hätten. Damit sieht's aber jämmerlich aus, sage ich dir, Degeneration auf der ganzen . . .

Er hat seine Zigarrentasche halb aus der Brusttasche gezogen, läßt sie aber wieder zurückgleiten und steht auf, als irgendein Laut durch die nur angelehnte Hausflurtür hereindringt. Warte mal! *Er geht auf den Zehen bis zur Hausflurtür und horcht. Eine Tür geht draußen, man hört einige Augenblicke deutlich das Wimmern der Wöchnerin. Der Doktor sagt, zu Loth gewandt, leise.* Entschuldige! *und geht hinaus.*

Einige Augenblicke durchmißt Loth, während draußen Türen schlagen, Menschen die Treppe auf und ab laufen, das Zimmer; dann setzt er sich in den Lehnsessel rechts vorn. Helene huscht herein und umschlingt Loth, der ihr Kommen nicht bemerkt hat, von rückwärts.

LOTH *sich umblickend, sie ebenfalls umfassend.* Lenchen!! *Er zieht sie zu sich herunter und trotz gelinden Sträubens auf sein Knie. Helene weint unter den Küssen, die er ihr gibt.* Ach, weine doch nicht, Lenchen! Warum weinst du denn so sehr?

HELENE. Warum? weiß ich's?! . . . Ich denk' immer, ich treff' dich nicht mehr. Vorhin habe ich mich so erschrocken . . .

LOTH. Weshalb denn?

HELENE. Weil ich dich aus deinem Zimmer treten hörte — ach! . . . und die Schwester — wir armen, armen Weiber! — die muß zu sehr ausstehen.

LOTH. Der Schmerz vergißt sich schnell, und auf den Tod geht's ja nicht.

HELENE. Ach, du! sie wünscht sich ihn ja . . . sie jammert nur immer so: laßt mich doch sterben . . . *Der Doktor! Sie springt auf und huscht in den Wintergarten.*

DOKTOR SCHIMMELPFENNIG *im Hereintreten.* Nun wünschte ich wirklich, daß sich das Frauchen da oben 'n bissel beeilte! *Er läßt sich am Tisch nieder,* zieht neuerdings die Zigarrentasche, entnimmt ihr eine Zigarre und legt diese neben sich. Du kommst mit zu mir dann, wie? — hab' draußen so'n notwendiges Übel mit zwei Gäulen davor, da können wir drin zu mir fahren. *Seine Zigarre an der Tischkante klopfend.* Der süße Ehestand! ja, ja! *Ein Zündholz anstreichend.* Also noch frisch, frei, fromm, froh?

LOTH. Hättest noch gut ein paar Tage warten können mit deiner Frage.

DOKTOR SCHIMMELPFENNIG *bereits mit brennender Zigarre.* Wie? . . . ach . . . ach so! — *lachend —* also endlich doch auf meine Sprünge gekommen.

LOTH. Bist du wirklich noch so entsetzlich pessimistisch in bezug auf Weiber?

DOKTOR SCHIMMELPFENNIG. Entsetzlich! *Dem Rauch seiner Zigarre nachblickend.* Früher war ich Pessimist — sozusagen ahnungsweise . . .

LOTH. Hast du denn inzwischen so besondere Erfahrungen gemacht?

DOKTOR SCHIMMELPFENNIG. Ja, allerdings! — auf meinem Schilde steht nämlich: Spezialist für Frauenkrankheiten. — Die medizinische Praxis macht nämlich furchtbar klug . . . furchtbar — gesund, . . . ist Spezifikum gegen . . . allerlei Staupen[78]!

LOTH *lacht.* Na, da könnten wir ja gleich wieder in der alten Tonart anfangen. Ich hab' nämlich . . . ich bin nämlich keineswegs auf deine Sprünge gekommen. Jetzt weniger als je! . . . Auf diese Weise hast du wohl auch dein Steckenpferd vertauscht?

DOKTOR SCHIMMELPFENNIG. Steckenpferd?

LOTH. Die Frauenfrage war doch zu damaliger Zeit gewissermaßen dein Steckenpferd!

DOKTOR SCHIMMELPFENNIG. Ach so! — Warum sollte ich es vertauscht haben?

LOTH. Wenn du über die Weiber noch schlechter denkst als . . .

DOKTOR SCHIMMELPFENNIG *ein wenig in Harnisch, erhebt sich und geht hin und her, dabei spricht er.* Ich — denke nicht schlecht von den Weibern. — Kein Bein! — Nur über das Heiraten denke ich schlecht . . . über die Ehe . . . über die Ehe, und dann höchstens noch über die Männer denke ich schlecht. Die Frauenfrage soll mich nicht mehr interessieren? Ja, weshalb hätte ich denn sonst sechs lange Jahre hier wie 'n Lastpferd gearbeitet? Doch nur, um alle meine verfügbaren Kräfte endlich mal ganz der Lösung dieser Frage zu widmen. Wußtest du denn das nicht von Anfang an?

LOTH. Wo hätte ich's denn her wissen sollen?!

[77]girl from Dalecarlia (Dalecarlia or Dalarne, "the Dales," is a west midland region of Sweden, of historical and political importance. The Dalecarlians have their own dialect and colorful costumes.)

[78]. . . It's a cure for all kinds of diseases (i.e., physical diseases and idealistic delusions).

DOKTOR SCHIMMELPFENNIG. Na, wie gesagt . . . ich hab' auch schon ein ziemlich ausgiebiges Material gesammelt, das mir gute Dienste leisten. . . ! bsst! ich hab' mir das Schreien so angewöhnt. *Er schweigt, horcht, geht zur Tür und kommt zurück.* Was hat dich denn eigentlich unter die Goldbauern geführt?

LOTH. Ich möchte die hiesigen Verhältnisse studieren.

DOKTOR SCHIMMELPFENNIG *mit gedämpfter Stimme.* Idee! *Noch leiser.* Da kannst du bei mir auch Material bekommen.

LOTH. Freilich, du mußt ja sehr unterrichtet sein über die Zustände hier. Wie sieht es denn so in den Familien aus?

DOKTOR SCHIMMELPFENNIG. Elend! . . . durchgängig . . . Suff! Völlerei, Inzucht und infolge davon — Degeneration auf der ganzen Linie.

LOTH. Mit Ausnahmen doch!?

DOKTOR SCHIMMELPFENNIG. Kaum!

LOTH, *unruhig.* Bist du denn nicht zuweilen in . . . in Versuchung geraten, eine . . . eine Witzdorfer Goldtochter zu heiraten?

DOKTOR SCHIMMELPFENNIG. Pfui Teufel! Kerl, für was hältst du mich? — Ebenso könntest du mich fragen, ob ich . . .

LOTH, *sehr bleich.* Wie . . . wieso?

DOKTOR SCHIMMELPFENNIG. Weil . . . ist dir was?

Er fixiert ihn einige Augenblicke.

LOTH. Gar nichts! Was soll mir denn sein?

DOKTOR SCHIMMELPFENNIG *ist plötzlich sehr nachdenklich, geht und steht jäh und mit einem leisen Pfiff still, blickt Loth abermals flüchtig an und sagt dann halblaut zu sich selbst.* Schlimm!

LOTH. Du bist ja so sonderbar plötzlich.

DOKTOR SCHIMMELPFENNIG. Still! *Er horcht auf und verläßt dann schnell das Zimmer durch die Mitteltür.*

HELENE *nach einigen Augenblicken durch die Mitteltür; sie ruft.* Alfred! — Alfred! . . . Ach, da bist du — Gott sei Dank!

LOTH. Nun, ich sollte wohl am Ende gar fortgelaufen sein? *Umarmung.*

HELENE *biegt sich zurück. Mit unverkennbarem Schrecken im Ausdruck.* Alfred!

LOTH. Was denn, Liebste?

HELENE. Nichts, nichts!

LOTH. Aber du mußt doch was haben?

HELENE. Du kamst mir so . . . so kalt . . . Ach, ich hab' solche schrecklich dumme Einbildungen.

LOTH. Wie steht's denn oben?

HELENE. Der Doktor zankt mit der Hebamme.

LOTH. Wird's nicht bald zu Ende gehn?

HELENE. Weiß ich's? — Aber wenn's . . . wenn's zu Ende ist, meine ich, dann . . .

LOTH. Was dann? . . . Sag doch, bitte! was wolltest du sagen?

HELENE. Dann sollten wir bald von hier fortgehen. Gleich auf der Stelle!

LOTH. Wenn du das wirklich für das Beste hältst, Lenchen —

HELENE. Ja, ja! wir dürfen nicht warten! Es ist das Beste — für dich und mich. Wenn du mich nicht jetzt bald nimmst, dann läßt du mich heilig noch sitzen, und dann . . . dann . . . muß ich doch noch zugrunde gehn.

LOTH. Wie du doch mißtrauisch bist, Lenchen!

HELENE. Sag das nicht, Liebster! dir traut man, dir muß man trauen! . . . Wenn ich erst dein bin, dann . . . du verläßt mich dann ganz gewiß nicht mehr. *Wie außer sich.* Ich beschwöre dich! geh nicht fort. Verlaß mich doch nur nicht. Geh nicht fort, Alfred! Alles ist aus, alles, wenn du einmal ohne mich von hier fortgehst.

LOTH. Merkwürdig bist du doch! . . . Und da willst du nicht mißtrauisch sein? . . . Oder sie plagen dich, martern dich hier ganz entsetzlich, mehr als ich mir je . . . Jedenfalls gehen wir aber noch diese Nacht. Ich bin bereit. Sobald du willst, gehen wir also.

HELENE *gleichsam mit aufjauchzendem Dank ihm um den Hals fallend.* Geliebter! *Sie küßt ihn wie rasend und eilt schnell davon. Doktor Schimmelpfennig tritt durch die Mitte ein; er bemerkt noch, wie Helene in der Wintergartentür verschwindet.*

DOKTOR SCHIMMELPFENNIG. Wer war das? — *Ach so! In sich hinein.* Armes Ding! *Er läßt sich mit einem Seufzer am Tisch nieder, findet die alte Zigarre, wirft sie beiseite, entnimmt dem Etui eine frische Zigarre und fängt an, sie an der Tischkante zu klopfen, wobei er nachdenklich darüber hinausstarrt.*

LOTH *der ihm zuschaut.* Genauso pflegtest du vor acht Jahren jede Zigarre abzuklopfen, eh du zu rauchen anfingst.

DOKTOR SCHIMMELPFENNIG. Möglich —! *Als er mit Anrauchen fertig ist.* Hör mal, du!

LOTH. Ja, was denn?

DOKTOR SCHIMMELPFENNIG. Du wirst doch — sobald die Geschichte oben vorüber ist, mit zu mir kommen?

LOTH. Das geht wirklich nicht! Leider.

DOKTOR SCHIMMELPFENNIG. Man hat so das Bedürfnis, sich mal wieder gründlich von der Leber weg zu äußern.

LOTH. Das hab' ich genauso wie du. Aber gerade daraus kannst du sehen, daß es heut absolut nicht in meiner Macht steht, mit dir . . .

DOKTOR SCHIMMELPFENNIG. Wenn ich dir nun aber ausdrücklich und — gewissermaßen feierlich erkläre: es ist eine bestimmte, äußerst wichtige Angelegenheit, die ich mit dir noch diese Nacht besprechen möchte . . . besprechen muß sogar, Loth!

LOTH. Kurios! Für blutigen Ernst soll ich doch das nicht etwa hinnehmen?! doch wohl nicht? — So viel Jahre hätt'st du damit gewartet, und nun hätte es nicht einen Tag mehr Zeit damit? — Du kannst dir doch wohl denken, daß ich dir keine Flausen vormache.

DOKTOR SCHIMMELPFENNIG. Also hat's doch seine Richtigkeit! *Er steht auf und geht umher.*

LOTH. Was hat seine Richtigkeit?

DOKTOR SCHIMMELPFENNIG *vor Loth stillstehend, mit einem geraden Blick in seine Augen.* Es ist also wirklich etwas im Gange zwischen dir und Helene Krause?

LOTH. Ich? — Wer hat dir denn . . . ?

DOKTOR SCHIMMELPFENNIG. Wie bist du nur in diese Familie . . . ?

LOTH. Woher — weißt du denn das, Mensch?

DOKTOR SCHIMMELPFENNIG. Das war ja doch nicht schwer zu erraten.

LOTH. Na, dann halt um Gottes willen den Mund, daß nicht . . .

DOKTOR SCHIMMELPFENNIG. Ihr seid also richtig verlobt?!

LOTH. Wie man's nimmt. Jedenfalls sind wir beide einig.

DOKTOR SCHIMMELPFENNIG. Hm —! wie bist du denn hier hereingeraten, gerade in diese Familie?

LOTH. Hoffmann ist ja doch mein Schulfreund. Er war auch Mitglied — auswärtiges allerdings — Mitglied meines Kolonial-Vereins.

DOKTOR SCHIMMELPFENNIG. Von der Sache hörte ich in Zürich. — Also mit dir ist er umgegangen! Auf diese Weise wird mir der traurige Zwitter erklärlich[79].

LOTH. Ein Zwitter ist er allerdings.

DOKTOR SCHIMMELPFENNIG. Eigentlich nicht mal das. — Ehrlich, du! — Ist das wirklich dein Ernst? — die Geschichte mit der Krause?

LOTH. Na, selbstverständlich! — Zweifelst du daran? Du wirst mich doch nicht etwa für einen Schuft . . .

DOKTOR SCHIMMELPFENNIG. Schon gut! Ereifere dich nur nicht. Hätt'st dich ja verändert haben können während der langen Zeit. Warum nicht? Wär auch gar kein Nachteil! 'n bissel Humor könnte dir gar nicht schaden! Ich seh' nicht ein, warum man alles so verflucht ernsthaft nehmen sollte.

LOTH. Ernst ist es mir mehr als je. *Er erhebt sich und geht, immer ein wenig zurück, neben Schimmelpfennig her.* Du kannst es ja nicht wissen, auch sagen kann ich dir's nicht mal, was dieses Verhältnis für mich bedeutet.

DOKTOR SCHIMMELPFENNIG. Hm!

LOTH. Kerl, du hast keine Idee, was das für ein Zustand ist. Man kennt ihn nicht, wenn man sich danach sehnt. Kennte man ihn, dann, dann müßte man geradezu unsinnig werden vor Sehnsucht.

DOKTOR SCHIMMELPFENNIG. Das begreife der Teufel, wie ihr zu dieser unsinnigen Sehnsucht kommt.

LOTH. Du bist auch noch nicht sicher davor.

DOKTOR SCHIMMELPFENNIG. Das möcht' ich mal sehen.

LOTH. Du red'st wie der Blinde von der Farbe.

DOKTOR SCHIMMELPFENNIG. Was ich mir für das bißchen Rausch koofe[80]! Lächerlich. Darauf eine lebenslängliche Ehe zu bauen . . . da baut man noch nicht mal so sicher als auf 'n Sandhaufen.

LOTH. Rausch — Rausch — wer von einem Rausch redet, — na! der kennt die Sache eben nicht. 'n Rausch ist flüchtig. Solche Räusche hab' ich schon gehabt, ich geb's zu. Aber das ist was ganz anderes.

DOKTOR SCHIMMELPFENNIG. Hm!

LOTH. Ich bin dabei vollständig nüchtern. Denkst du, daß ich meine Liebste so — na, wie soll ich sagen?! — so mit 'ner — na, wie soll ich sagen?! mit 'ner großen Glorie sehe? Gar nicht! — Sie hat Fehler, ist auch nicht besonders schön, wenigstens — na, häßlich ist sie auch gerade nicht. Ganz objektiv geurteilt, ich — das ist ja schließlich Geschmackssache — ich hab' so'n hübsches Mädel noch nicht gesehen. Also, Rausch — Unsinn! Ich bin ja so nüchtern wie nur möglich. Aber siehst du! das ist eben das Merkwürdige! ich kann mich gar nicht mehr ohne sie denken — das kommt mir so vor wie 'ne Legierung, weißt du, wie wenn zwei Metalle so recht innig legiert sind, daß man gar nicht mehr sagen kann, das ist das, das ist das. Und alles so furchtbar selbstverständlich — kurzum, ich quatsche vielleicht Unsinn[81] — oder was

---

[79]That explains the wretched half-and-half creature that he is.

[80]I don't care a hoot for that bit of intoxication!
[81]maybe I'm talking nonsense

ich sage, ist vielleicht in deinen Augen Unsinn, aber soviel steht fest: wer das nicht kennt, ist 'n erbärmlicher Frosch. Und so 'n Frosch war ich bisher — und so 'n Jammerfrosch bist du noch[82].

DOKTOR SCHIMMELPFENNIG. Das ist ja richtig der ganze Symptomen-Komplex[83]. — Daß ihr Kerls doch immer bis über die Ohren in Dinge hineingeratet, die ihr theoretisch längst verworfen habt, wie zum Beispiel du die Ehe. Solange ich dich kenne, laborierst du an dieser unglücklichen Ehemanie.

LOTH. Es ist Trieb bei mir, geradezu Trieb. Weiß Gott! mag ich mich wenden, wie ich will.

DOKTOR SCHIMMELPFENNIG. Man kann schließlich auch einen Trieb niederkämpfen.

LOTH. Ja, wenn's 'n Zweck hat, warum nicht?

DOKTOR SCHIMMELPFENNIG. Hat 's Heiraten etwa Zweck?

LOTH. Das will ich meinen. Das hat Zweck! Bei mir hat es Zweck. Du weißt nicht, wie ich mich durchgefressen hab' bis hierher. Ich mag nicht sentimental werden. Ich hab's auch vielleicht nicht so gefühlt, es ist mir vielleicht nicht ganz so klar bewußt geworden wie jetzt, daß ich in meinem Streben etwas entsetzlich Ödes, gleichsam Maschinenmäßiges angenommen hatte. Kein Geist, kein Temperament, kein Leben, ja wer weiß, war noch Glauben in mir? Das alles kommt seit . . . seit heut wieder in mich gezogen. So merkwürdig voll, so ursprünglich, so fröhlich . . . Unsinn, du kapierst's ja doch nicht.

DOKTOR SCHIMMELPFENNIG. Was ihr da alles nötig habt, um flott zu bleiben, Glaube, Liebe, Hoffnung. Für mich ist das Kram[84]. Es ist eine ganz simple Sache: die Menschheit liegt in der Agonie, und unsereiner macht ihr mit Narkoticis die Sache so erträglich als möglich.

LOTH. Dein neuester Standpunkt?

DOKTOR SCHIMMELPFENNIG. Schon fünf bis sechs Jahre alt und immer derselbe.

LOTH. Gratuliere!

DOKTOR SCHIMMELPFENNIG. Danke!

Eine lange Pause.

DOKTOR SCHIMMELPFENNIG *nach einigen unruhigen Anläufen.* Die Geschichte ist leider die: ich halte mich für verpflichtet . . . ich schulde dir unbedingt eine Aufklärung. Du wirst Helene Krause, glaub' ich, nicht heiraten können.

LOTH *kalt.* So, glaubst du?

DOKTOR SCHIMMELPFENNIG. Ja, ich bin der Meinung. Es sind da Hindernisse vorhanden, die gerade dir . . .

LOTH. Hör mal, du! mach dir darüber um Gottes willen keine Skrupel. Die Verhältnisse liegen auch gar nicht mal so kompliziert, sind im Grunde sogar furchtbar einfach.

DOKTOR SCHIMMELPFENNIG. Einfach furchtbar solltest du eher sagen.

LOTH. Ich meine, was die Hindernisse anbetrifft.

DOKTOR SCHIMMELPFENNIG. Ich auch zum Teil. Aber auch überhaupt! Ich kann mir nicht denken, daß du diese Verhältnisse hier kennen solltest.

LOTH. Ich kenne sie aber doch ziemlich genau.

DOKTOR SCHIMMELPFENNIG. Dann mußt du notwendigerweise deine Grundsätze geändert haben.

LOTH. Bitte, Schimmel, drück dich etwas deutlicher aus!

DOKTOR SCHIMMELPFENNIG. Du mußt unbedingt deine Hauptforderung in bezug auf die Ehe fallengelassen haben, obgleich du vorhin durchblicken ließt, es käme dir nach wie vor darauf an, ein an Leib und Seele gesundes Geschlecht in die Welt zu setzen.

LOTH. Fallengelassen . . . fallengelassen? Wie sollte ich denn das . . .

DOKTOR SCHIMMELPFENNIG. Dann bleibt nichts übrig . . . dann kennst du eben doch die Verhältnisse nicht. Dann weißt du zum Beispiel nicht, daß Hoffmann einen Sohn hatte, der mit drei Jahren bereits am Alkoholismus zugrunde ging.

LOTH. Wa. . .was — sagst du?

DOKTOR SCHIMMELPFENNIG. 's tut mir leid, Loth, aber sagen muß ich dir's doch, du kannst ja dann noch machen, was du willst. Die Sache war kein Spaß. Sie waren gerade wie jetzt zum Besuch hier. Sie ließen mich holen, eine halbe Stunde zu spät. Der kleine Kerl hatte längst verblutet. — *Loth mit den Zeichen tiefer, furchtbarer Erschütterung an des Doktors Munde hängend. — Doktor Schimmelpfennig.* Nach der Essigflasche hatte das dumme Kerlchen gelangt in der Meinung, sein geliebter Fusel sei darin. Die Flasche war herunter — und das Kind in die Scherben gefallen. Hier unten, siehst du, die Vena saphena, die hatte es sich vollständig durchschnitten.

LOTH. W. . .w. . .essen Kind, sagst du . . . ?

DOKTOR SCHIMMELPFENNIG. Hoffmanns und ebenderselben Frau Kind, die da oben wieder . . . und auch die trinkt, trinkt bis zur Besinnungslosigkeit, trinkt, soviel sie bekommen kann.

---

[82]That's the kind of creature I was up till now, and that's the kind of wretched thing you are still. [83]That's a very complete set of symptoms. [84]I consider that trash.

LOTH. Also von Hoffmann . . . Hoffmann geht es nicht aus?!

DOKTOR SCHIMMELPFENNIG. Bewahre! Das ist tragisch an dem Menschen, er leidet darunter, soviel er überhaupt leiden kann. Im übrigen hat er's gewußt, daß er in eine Potatorenfamilie hineinkam[85]. Der Bauer nämlich kommt überhaupt gar nicht mehr aus dem Wirtshaus.

LOTH. Dann freilich — begreife ich manches — nein! Alles begreife ich — alles. *Nach einem dumpfen Schweigen.* Dann ist ihr Leben hier . . . Helenens Leben — ein . . . ein — wie soll ich sagen?! mir fehlt der Ausdruck dafür — . . . nicht?

DOKTOR SCHIMMELPFENNIG. Horrend geradezu! Das kann ich beurteilen. Daß du bei ihr hängenbliebst, war mir auch von Anfang an sehr begreiflich. Aber wie ges . . .

LOTH. Schon gut! — verstehe . . . Tut denn . . . ? könnte man nicht vielleicht . . . vielleicht könnte man Hoffmann bewegen, etwas . . . etwas zu tun? Könntest du nicht vielleicht — ihn zu etwas bewegen? Man müßte sie fortbringen aus dieser Sumpfluft.

DOKTOR SCHIMMELPFENNIG. Hoffmann?

LOTH. Ja, Hoffmann.

DOKTOR SCHIMMELPFENNIG. Du kennst ihn schlecht . . . Ich glaube zwar nicht, daß er sie schon verdorben hat. Aber ihren Ruf hat er sicherlich jetzt schon verdorben.

LOTH, *aufbrausend.* Wenn das ist: ich schlag' ihn . . . Glaubst du wirklich . . . ? hältst du Hoffmann wirklich für fähig . . . ?

DOKTOR SCHIMMELPFENNIG. Zu allem, zu allem halte ich ihn fähig, wenn für ihn ein Vergnügen dabei herausspringt.

LOTH. Dann ist sie — das keuscheste Geschöpf, was es gibt . . . *Loth nimmt langsam Hut and Stock und hängt sich ein Täschchen um.*

DOKTOR SCHIMMELPFENNIG. Was gedenkst du zu tun, Loth?

LOTH. Nicht begegnen . . . !

DOKTOR SCHIMMELPFENNIG. Du bist also entschlossen?

LOTH. Wozu entschlossen?

DOKTOR SCHIMMELPFENNIG. Euer Verhältnis aufzulösen.

LOTH. Wie sollt' ich wohl dazu nicht entschlossen sein?

DOKTOR SCHIMMELPFENNIG. Ich kann dir als Arzt noch sagen, daß Fälle bekannt sind, wo solche vererbte Übel unterdrückt worden sind, und du würdest ja gewiß deinen Kindern eine rationelle Erziehung geben.

LOTH. Es mögen solche Fälle vorkommen.

DOKTOR SCHIMMELPFENNIG. Und die Wahrscheinlichkeit ist vielleicht nicht so gering, daß . . .

LOTH. Das kann uns nichts helfen, Schimmel. So steht es: es gibt drei Möglichkeiten! Entweder ich heirate sie, und dann . . . nein, dieser Ausweg existiert überhaupt nicht. Oder — die bewußte Kugel[86]. Na ja, dann hätte man wenigstens Ruhe. Aber nein! So weit sind wir noch nicht, so was kann man sich einstweilen noch nicht leisten — also: leben! kämpfen! — Weiter, immer weiter. *Sein Blick fällt auf den Tisch, er bemerkt das von Eduard zurechtgestellte Schreibzeug, setzt sich, ergreift die Feder, zaudert und sagt:* Oder am Ende . . . ?

DOKTOR SCHIMMELPFENNIG. Ich verspreche dir, ihr die Lage so deutlich als möglich vorzustellen.

LOTH. Ja, ja! — nur eben . . . ich kann nicht anders. *Er schreibt, adressiert und kuvertiert. Er steht auf und reicht Schimmelpfennig die Hand. Im übrigen verlasse ich mich auf dich. —*

DOKTOR SCHIMMELPFENNIG. Du gehst zu mir, wie? Mein Kutscher soll dich zu mir fahren.

LOTH. Sag mal, sollte man denn nicht wenigstens versuchen — sie aus den Händen dieses . . . dieses Menschen zu ziehen? . . Auf diese Weise wird sie doch unfehlbar noch seine Beute.

DOKTOR SCHIMMELPFENNIG. Guter, bedauernswürdiger Kerl! Soll ich dir was raten? Nimm ihr nicht das . . . wenige, was du ihr noch übrigläßt.

LOTH *tiefer Seufzer.* Qual über . . . hast vielleicht — recht — jawohl, unbedingt sogar.

Man hört jemand hastig die Treppe herunterkommen. Im nächsten Augenblick stürzt Hoffmann herein.

HOFFMANN. Herr Doktor, ich bitte Sie um Gottes willen . . . sie ist ohnmächtig . . . die Wehen setzen aus . . . wollen Sie nicht endlich . . .

DOKTOR SCHIMMELPFENNIG. Ich komme hinauf. *Zu Loth bedeutungsvoll.* Auf Wiedersehen! *Zu Hoffmann, der ihm folgen will.* Herr Hoffmann, ich muß Sie bitten . . . eine Ablenkung oder Störung könnte verhängnisvoll . . . am liebsten wäre es mir, Sie blieben hier unten.

HOFFMANN. Sie verlangen sehr viel, aber . . . na!

---

[85]To be sure, he knew that he was marrying into a family of dipsomaniacs.

[86]the well-known bullet (i.e., suicide by shooting himself).

DOKTOR SCHIMMELPFENNIG. Nicht mehr als billig. *Ab. — Hoffmann bleibt zurück.*

HOFFMANN *bemerkt Loth.* Ich zittere, die Aufregung steckt mir in allen Gliedern. Sag mal, du willst fort?

LOTH. Ja.

HOFFMANN. Jetzt mitten in der Nacht?

LOTH. Nur bis zu Schimmelpfennig.

HOFFMANN. Ach so! Nun . . . wie die Verhältnisse sich gestaltet haben, ist es am Ende kein Vergnügen mehr bei uns . . . Also leb recht . . .

LOTH. Ich danke für die Gastfreundschaft.

HOFFMANN. Und mit deinem Plan, wie steht es da?

LOTH. Plan?

HOFFMANN. Deine Arbeit, deine volkswirtschaftliche Arbeit über unsern Distrikt, meine ich. Ich muß dir sagen . . . ich möchte dich sogar als Freund inständig und herzlich bitten . . .

LOTH. Beunruhige dich nicht weiter. Morgen schon bin ich über alle Berge.

HOFFMANN. Das ist wirklich — *Unterbricht sich.*

LOTH. Schön von dir, wollt'st du wohl sagen?

HOFFMANN. Das heißt — ja — in gewisser Hinsicht; übrigens du entschuldigst mich, ich bin so entsetzlich aufgeregt. Zähle auf mich! die alten Freunde sind immer noch die besten. Adieu, Adieu. *Ab durch die Mitte.*

LOTH *wendet sich, bevor er zur Tür hinaustritt, noch einmal nach rückwärts und nimmt mit den Augen noch einmal den ganzen Raum in sein Gedächtnis auf. Hierauf zu sich:* Da könnt' ich ja nun wohl gehen. *Nach einem letzten Blick ab. Das Zimmer bleibt für einige Augenblicke leer. Man vernimmt gedämpfte Rufe und das Geräusch von Schritten, dann erscheint Hoffmann. Er zieht, sobald er die Tür hinter sich geschlossen hat, unverhältnismäßig ruhig sein Notizbuch und rechnet etwas; hierbei unterbricht er sich und lauscht, wird unruhig, schreitet zur Tür und lauscht wieder. Plötzlich rennt jemand die Treppe herunter, und herein stürzt Helene.*

HELENE *noch außen.* Schwager! *In der Tür.* Schwager!

HOFFMAN. Was ist denn — los?

HELENE. Mach dich gefaßt —, totgeboren!

HOFFMANN. Jesus Christus! *Er stürzt davon.*

Helene allein.

Sie sieht sich um und ruft leise. Alfred! Alfred! *Und dann, als sie keine Antwort erhält, in schneller Folge.* Alfred! Alfred! *Dabei ist sie bis zur Tür des Wintergartens geeilt, durch die sie spähend blickt. Dann*

ab in den Wintergarten. Nach einer Weile erscheint sie wieder. Alfred! *Immer unruhiger werdend, am Fenster, durch das sie hinausblickt.* Alfred! *Sie öffnet das Fenster und steigt auf einen davorstehenden Stuhl. In diesem Augenblick klingt deutlich vom Hofe herein das Geschrei des betrunkenen, aus dem Wirthaus heimkehrenden Bauern, ihres Vaters.* Dohie hä! biin iich nee a hibscher Moan? Hoa iich nee a hibsch Weib? Hoa iich nee a poar hibsche Tächter dohie hä[87]? *Helene stößt einen kurzen Schrei aus und rennt wie gejagt nach der Mitteltür. Von dort aus entdeckt sie den Brief, welchen Loth auf dem Tisch zurückgelassen, sie stürzt sich darauf, reißt ihn auf und durchfliegt ihn, einzelne Worte aus seinem Inhalt laut hervorstoßend.* «Unübersteiglich!» . . . «Niemals wieder!» *Sie läßt den Brief fallen, wankt. Zu Ende! Rafft sich auf, hält sich den Kopf mit beiden Händen, kurz und scharf schreiend.* Zu Ende! *Stürzt ab durch die Mitte. Der Bauer draußen, schon aus geringerer Entfernung.* Dohie hä! iis ernt's Gittla ne meine? Hoa iich ne a hibsch Weib? Bin iich nee a hibscher Moan? *Helene, immer noch suchend, wie eine halb Irrsinnige aus dem Wintergarten hereinkommend, trifft auf Eduard, der etwas aus Hoffmanns Zimmer zu holen geht. Sie redet ihn an.* Eduard! *Er antwortet.* Gnädiges Fräulein? *Darauf sie.* Ich möchte . . . möchte den Herrn Doktor Loth . . . *Eduard antwortet.* Herr Doktor Loth sind in des Herrn Doktor Schimmelpfennigs Wagen fortgefahren! *Damit verschwindet er im Zimmer Hoffmanns.* Wahr! *stößt Helene hervor und hat einen Augenblick Mühe, aufrecht zu stehen. Im nächsten durchfährt sie eine verzweifelte Energie. Sie rennt nach dem Vordergrunde und ergreift den Hirschfänger samt Gehänge, der an dem Hirschgeweih über dem Sofa befestigt ist. Sie verbirgt ihn und hält sich still im dunklen Vordergrund, bis Eduard, aus Hoffmanns Zimmer kommend, zur Mitteltür hinaus ist. Die Stimme des Bauern, immer deutlicher.* Dohie hä, biin iich nee a hibscher Moan? *Auf diese Laute, wie auf ein Signal hin, springt Helene auf und verschwindet ihrerseits in Hoffmanns Zimmer. Das Hauptzimmer ist leer, und man hört fortgesetzt die Stimme des Bauern.* Dohie hä, hoa iich nee die schinsten Zähne, hä? Hoa iich ne a hibsch Gittla? *Miele kommt durch die Mitteltür. Sie blickt suchend umher und ruft.* Freilein Helene! *Und wieder.* Freilein Helene! *Dazwischen die Stimme des Bauern.* 's Gald iis meine! *Jetzt ist Miele ohne weiteres Zögern in Hoffmanns Zimmer verschwunden, dessen Türe sie offenläßt. Im nächsten*

[87]For this and the following, see page 26, note 59.

Augenblick stürzt sie heraus mit den Zeichen eines wahnsinnigen Schrecks; schreiend dreht sie sich zwei-, dreimal um sich selber, schreiend jagt sie durch die Mitteltür. Ihr ununterbrochenes Schreien, mit der Entfernung immer schwächer werdend, ist noch einige weitere Sekunden vernehmlich. Man hört nun die schwere Haustüre aufgehen und dröhnend ins Schloß fallen, das Schrittegeräusch des im Hausflur herumtaumelnden Bauern, schließlich eine rohe, näselnde, lallende Trinkerstimme ganz aus der Nähe durch den Raum gellen. Dohie hä! Hoa iich nee a poar hibsche Tächter!

UND PIPPA TANZT

This fairy-tale play, like several others by Hauptmann, has rarely been understood and often ridiculed, but it has also been highly appreciated by a few. Although it has never shared the popularity of either *Hanneles Himmelfahrt* or *Die versunkene Glocke* it is, in its successful integration of reality and poetry, undoubtedly one of Hauptmann's most entrancing plays, and one that in many ways points to the richness of his poetic world.

The action of the play takes place on two levels, or rather it moves from one realm to another. At the beginning of the first two acts the setting is realistic, mostly confined to the flatlands, the valley; then, in acts three and four, there is a poetic, a mythical realm, set on the snowcapped mountain peaks. The two spheres are connected by a movement from a lower to a higher region. At first there is only a suggestion of poetic expression; in the latter half of the play a gradual decrease of realistic detail is accompanied by the introduction of more and more poetic elements, so that the final scenes are pervaded by an aura of magic. The particular significance of the two realms forms the background against which Hauptmann weaves a delicate tapestry of themes and images: the various meanings of "glass" or the constellation of the four characters about Pippa — the bewitching Italian girl who has strayed from Venice into the dazzling whiteness of the northern mountains. The first of these characters is Huhn, a primitive-naive glassblower, in whom practical, artistic, and epistemological elements are still undifferentiated. Hauptmann himself interpreted Huhn by saying: "Der alte Huhn ist eine urkräftige Natur, ein großer Künstler, ein brutaler Kerl mit brutalen Instinkten nach Schönheitsgenuß, ein alter Korybant." The second is the director of the glass works. He is the commercial and, at the same time, the artistic manager who possesses a flair for the manufacture of beautiful objects and even an understanding of their beauty. "Ein alter Esel von Hüttendirektor, der, statt zu rechnen, Träume hat." The third character is Michel Hellriegel, the wandering apprentice, who is indeed a dreamer, an artist gifted with all the riches of the imagination — and the exact opposite of Huhn. Pippa is for him the beautiful ideal which he can never leave, she is the melody of his ocarina, his companion into the land of magic. Last comes Wann, a mythical figure, a wise old sage, dedicated to knowledge and spiritual life. Hauptmann characterizes him as a "milder, weiser Greis," as "der Weise, der die Tiefen der Erde kennt und die Tiefen der Menschen erkennt." And yet the final conclusion of his wisdom is: "ignoramus, ignorabimus." "The antagonism of Wann and Huhn," H. F. Garten writes, "has something in it of Prospero and Caliban, that is, man at his highest and his lowest level; but it is Michel, the poet and the dreamer, who eventually attains the ideal — if only in his imagination."

And finally there is Pippa. What does she stand for? For beauty? For the ideal, for man's unfulfilled longing? We will leave the answer to the reader of this "incomparably beautiful fairy tale," as one of Germany's outstanding literary historians, Werner Milch, called it. Milch, who was an authority on Hauptmann, also said that this play contains, in a few figures, Hauptmann's entire poetic world as well as the three directions which Hauptmann's later works were to follow: "Darstellung des schlesischen Menschen aus dem Gedanken des Glaubens, Eroberung der Antike, Erlebnis der Mythos."

Bibliography

BEHL, C. F. W. "Die Metamorphosen des alten Wann." *Gerhart Hauptmann Jahrbuch: 1948*, edited by F. A. Voigt (Goslar, 1948), pp. 95–116.

FRIEDRICH, H. *Kommentar zu Hauptmanns "Pippa" und zur "Versunkenen Glocke"* (Leipzig, 1923).

MEHRING, F. "Und Pippa tanzt." *Aufsätze zur deutschen Literatur von Hebbel bis Schweichel* (Berlin, 1961), pp. 336–340.

RASCH, WOLFDIETRICH. "Und Pippa tanzt." *Das deutsche Drama: Vom Barock bis zur Gegenwart, Interpretationen*, edited by Benno von Wiese, Vol. II (2nd edition, Düsseldorf, 1960), pp. 186–206.

Und Pippa tanzt

Ein Glashüttenmärchen in vier Akten

DRAMATIS PERSONAE

TAGLIAZONI, italienischer Glastechniker
PIPPA, seine Tochter
DER GLASHÜTTENDIREKTOR
DER ALTE HUHN, ein ehemaliger Glasbläser
MICHEL HELLRIEGEL, ein reisender Handwerksbursche
WANN, eine mythische Persönlichkeit
WENDE, Wirt in der Schenke im Rotwassergrund

DIE KELLNERIN in der gleichen Schenke
SCHÄDLER⎫
ANTON   ⎭ Glasmalermeister
WALDARBEITER
JONATHAN, Diener bei Wann, stumm
EINIGE GLASBLÄSER UND MALER, Gäste bei Wende
EIN KROPFIGER OKARINASPIELER

Das Märchen spielt im schlesischen Gebirge zur Zeit des Hochwinters

ERSTER AKT

Das Gastzimmer in der Schenke des alten Wende im Rotwassergrund. Rechts und im Hintergrund je eine Tür, die letztere auf den Hausflur führend. Im Winkel rechts der Kachelofen, links das Schenksims. Kleine Fensterchen, Wandbänke, dunkle Balkendecke. Drei besetzte Tische links. Den ersten, am Schenksims, nehmen Waldarbeiter ein. Sie trinken Schnaps und Bier und rauchen Pfeifen. Um den zweiten Tisch, mehr nach vorn, sitzen bessergekleidete Leute: die Glasmalermeister Schädler und Anton, einige andere und ein Italiener von etwa fünfzig Jahren, namens Tagliazoni, der sehr verwogen aussieht. Sie spielen Karten. Am vordersten Tisch hat sich der Glashüttendirektor niedergelassen: ein hoher Vierziger mit kleinem Kopf, schlank und schneidig in der Erscheinung. Er trägt Reitstiefel, Reithose und Reitjackett. Eine halbe Flasche Champagner steht vor ihm und ein feines, vollgeschenktes Spitzglas. Daneben auf dem Tisch liegt eine Reitpeitsche. Es ist nachts nach zwölf. Draußen herrscht starker Winter. Einige Lampen verbreiten karges Licht. Durch die Fenster dringt Mondschein in den dunstigen Raum. Der alte Wirt Wende und eine ländliche Kellnerin bedienen.*

WENDE *grauhaarig, von unbeweglich ernstem Gesichtsausdruck.* Noch eine Halbe[1], Herr Direktor?

DIREKTOR. Was denn sonst, Wende? — Ganze! — Ist die Stute gut abgerieben?

WENDE. War selber dabei. So'n Tier verdient's! Sah wie'n Schimmel aus, so voller Schaum.

---

[1]Another half bottle?

DIREKTOR. Stramm geritten!

WENDE. Staatspferd!

DIREKTOR. Hat Blut. Stak manchmal bis an den Bauch im Schnee. Immer durch!

WENDE *schwach ironisch.* Treuer Stammgast, der Herr Direktor.

DIREKTOR *trommelt auf den Tisch, lacht flott.* Eigentlich sonderbar, was? Januar, zweistündiger Ritt durch den Wald, alter Kerl — spaßhafte Anhänglichkeit! Sind meine Forellen schon im Gang?

WENDE. Gut Ding will Weile[2]!

DIREKTOR. Jawoll, woll, woll! Werden Sie bloß nicht ungemütlich! Kann ich was dafür, daß Sie hier in dieser halb böhmisch, halb deutschen verlassenen Kaschemme sitzen, Wende?

WENDE. Das nich, Herr Direktor! Höchstens wenn ich raus muß!

DIREKTOR. Sie oller Griesgram[3], reden Sie nich!

WENDE. Gucken Se mal zum Fenster naus!

DIREKTOR. Weiß schon, die olle, verfallene Konkurrenzhütte. Die wird mal nächstens auf Abbruch verkauft, bloß daß Sie nich immer wieder von anfangen[4]. — Was klagen Sie denn? Es geht doch sehr gut! Sie kommen doch zwei, drei Stunden her und lassen das Geld sitzen, haufenweise.

WENDE. Wie lange wird denn der Rummel dauern? Als die Glashütte hier nebenan ihre zwei Öfen noch brannte, da war das 'n ruhiges, sicheres Brot — jetz is man uff Schweinerei angewiesen[5].

DIREKTOR. I, Sie Querkopp! Machen Sie mal, daß ich Wein kriege! *Wende entfernt sich achselzuckend. An dem Spielertisch ist ein Wortwechsel entstanden.*

TAGLIAZONI *heftig.* No, signore! no, signore! impossibile! Ich haben ein Goldstück hingelegt. No, signore! Sie täuschen sich! No, signore . . .

MEISTER SCHÄDLER. Halt! verpuchte Liega sein doas[6]!

TAGLIAZONI. No, signore! Per Bacco noch mal! Ladri! Ladri! Assassini! Ti ammazzo[7]!

MEISTER ANTON *zu Schädler.* Do leit ju dei Geld[8]!

MEISTER SCHÄDLER *entdeckt das gesuchte Goldstück.* Das war dei Glicke, verdammter Lausigel[9]!

DIREKTOR *zu den Spielern hinüber.* Na, ihr Liedrianne[10]! wann hört ihr denn auf?

MEISTER ANTON. Wenn der Herr Direktor nach Hause reit't.

DIREKTOR. Da könnt ihr ja nackt hinterm Gaule herlaufen! Bis dahin habt ihr doch's Hemde vom Leibe verspielt!

MEISTER ANTON. Das wollen wir doch erst mal sehn, Herr Direktor!

DIREKTOR. Das kommt davon, daß euch der Graf so sündhaft viel Gelder verdienen läßt. Ich wer euch mal müssen das Stücklohn herabsetzen[11]. Je mehr ihr habt, je mehr bringt ihr durch!

MEISTER ANTON. Der Graf verdient Geld, der Direktor verdient Geld, die Malermeester woll'n ooch nich verhungern[12]!

TAGLIAZONI *hat die Karten gemischt, beginnt ein neues Spiel; neben jedem Spieler liegen veritable Goldhäufchen.* Basta! Incominciamo adesso[13]!

DIREKTOR. Dove è vostra figlia oggi[14]?

TAGLIAZONI. Dorme, signore! È ora, mi pare[15].

DIREKTOR. Altro che[16]!

Er schweigt, unter Zeichen leichter Verlegenheit. Inzwischen setzt ihm Wende selbst die Forellen vor und leitet die Kellnerin an, die gleichzeitig die Flasche Sekt und Kartoffeln herbeibringt.

DIREKTOR *mit einem Seufzer.* Scheußlich langweilig ist's heute bei Ihnen, Wende! Man läßt sich's was kosten und hat nichts davon.

WENDE *stockt in dem eifrigen Bemühen um seinen Gast und sagt grob.* Da gehn Se doch künftig anderswohin!

DIREKTOR *kehrt sich und guckt durch das Fensterchen hinter seinem Rücken.* Wer kommt denn da noch übern Schnee geklimpert? — Wie über Scherben trampelt ja das!

WENDE. Scherben gibt's woll genug um die Glasbaracke.

DIREKTOR. Ein riesiger Schatten! Wer ist denn das?

WENDE *haucht gegen das Fenster.* Höchstens der alte Glasbläser Huhn wird das sein. Auch so'n Gespenst aus der alten Glashütte, das weder leben noch sterben kann! — Haben Se mit Ihrer So-

[2]"A good thing takes time" (a proverb) [3]Sie alter Griesgram (you old grouch) [4]I know, the dilapidated old rival factory. It will soon be pulled down and sold, just so that you won't be always talking about it. [5]jetzt ist man auf Schweinerei angewiesen. (now we have to put up with all kinds of trash.) [6]Verfluchte Lügen sind das! [7]No, Sir! By Bacchus! Thieves! Thieves! Assassins! I'll kill you! [8]Daliegt ja dein Geld! [9]Das war dein Glück, verdammter Lausigel (damn louse)!

[10]you good-for-nothings [11]Ich werde euch mal das Stücklohn (piecework wages) herabsetzen müssen. [12]die Malermeister wollen auch nicht verhungern! [13]Enough! Let's begin now [14]Where's your daughter today? [15]She's sleeping, sir! It's time, I think. [16]What else!

phienau die Geschichte schon mal kaputtgemacht, warum führen Sie se nich als Filiale weiter[17]?

DIREKTOR. Weil's nischt bringt und 'n riesigen Deibel kost't[18]. — *Immer noch durchs Fenster blickend.* Achtzehn Grad! Klar! hell wie am lichten Tag! Zum Wahnsinnigwerden der Sternenhimmel! blau, alles blau! *Er wendet sich über seinen Teller.* Die Forellen sogar. Gott, wie die Luder die Mäuler aufreßien!

Ein riesiger Mensch mit langen roten Haaren, roten buschigen Brauen und rotem Bart, von oben bis unten mit Lumpen bedeckt, tritt ein. Er stellt seine schweren Holzpantinen ab, glotzt mit wäßrigen, rot umränderten Augen, wobei er die feuchten, wulstigen Lippen brummelnd öffnet und schließt.

DIREKTOR *sichtlich ohne Appetit von den Forellen genießend.* Der alte Huhn! Er brummelt sich was! Dem alten Huhn einen steifen Grog, Wende! Na, was nehmen Sie mich denn so aufs Korn[19]?

Der alte Huhn hat sich, immer murmelnd und den Direktor anglotzend, hinter einen leeren Tisch an der rechten Wand geschoben, der zwischen Ofen und Türe steht.

ERSTER WALDARBEITER. A will's ni glooben, daß hier im Rotwassergrund keene Arbeit mehr is[20].

ZWEITER WALDARBEITER. 's heeßt, a kummt moanchmol bei d'r Nacht und geistert alleene drieba rim[21].

ERSTER WALDARBEITER. Do macht a sich Feuer im kahla Glasufa und stellt sich vor sei ahles Ufaloch und bläst großmächtige Glaskugeln uff[22].

ZWEITER WALDARBEITER. Dam seine Lunge is wie a Blaseboalg. Ich wiß! Do kunnde kee andrer ni mitkomm[23].

DRITTER WALDARBEITER. Was macht d'nn d'r ahle Jakub, Huhn? Aso is 's: mit an Menscha red't a ni, oaber anne Dohle hot 'r daheeme, und mit der spricht'r a ganzen Tag[24].

DIREKTOR. Warum feiert der Kerl, warum kommt er nicht? Könnte ja in der Sophienau Arbeit haben!

ERSTER WALDARBEITER. Das is dem zu sehr ei d'r großen Welt[25].

DIREKTOR. Wenn man den Alten ansieht und denkt an Paris, da glaubt man nich an Paris.

WENDE *nimmt bescheiden am Tisch des Direktors Platz.* Sind Sie wieder mal in Paris gewesen?

DIREKTOR. Erst vor drei Tagen zurück. Riesige Aufträge eingeheimst!

WENDE. Na, da lohnt sich's!

DIREKTOR. Lohnt sich! Kost Geld und bringt welches: aber mehr! — Is es nich verrückt, Wende, wenn man nach Paris kommt: erleuchtete Restaurants! Herzoginnen in Gold und Seide und Brüsseler Kanten! die Damen vom Palais-Royal! unsere Gläser, das feinste Kristall auf den Tischen: Sachen, die vielleicht so'n haariger Riese gemacht hat! — Donnerwetter, wie sieht das da aus, wenn so 'ne richtige feine Hand eine solche Glasblume, so 'ne köstliche Eisblume, so über den blanken Busen herauf an die heißen, geschminkten Lippen hebt, unter Glutblicken — man wundert sich, daß sie nicht abschmelzen vor so einem sündigen Weiberblick! Prost! *Er trinkt.* Prost, Wende! Nicht zum Wiedererkennen, was aus unseren Fabrikaten geworden ist!

KELLNERIN *dem alten Huhn Grog vorsetzend.* Nicht anfassen! Heiß! *Der alte Huhn nimmt das Glas und stürzt es ohne Umstände hinunter.*

DIREKTOR *es bemerkend.* Kreuzhimmeldonnerwetter nochmal[26]! *Die Waldarbeiter brechen in Lachen aus.*

ERSTER WALDARBEITER. Bezahl'n S'm amal a halbes Quart; da kenn Se den sehn glienige Kohl'n schlucken[27].

ZWEITER WALDARBEITER. Der schlägt . . . anne Bierkuffe haut a azwee und knorpelt de Scherben wie Zucker runder[28].

---

[17]Now that you have ruined the business with your factory at Sophienau, why don't you go on with it as a branch? [18]Weil es nichts einbringt und einen riesigen Teufel kostet. (Because there's no profit in it, and costs like the devil.) [19]Well, what have you got your eye on me for? [20]Er will es nicht glauben, daß hier im Rotwassergrund keine Arbeit mehr ist. [21]Es heißt, er kommt manchmal in der Nacht und geistert allein drüben herum (They say he often comes around during the night and goes spooking around all alone over there). [22]Dann macht er sich Feuer im kalten Glasofen und stellt sich vor sein altes Ofenloch und bläst großmächtige Glaskugeln auf. [23]Seine Lunge ist wie ein Blasebalg. Ich weiß! Da konnte kein anderer mitkommen. (His lungs are like a pair of bellows. No one else could keep up with him at that, I know).

[24]Was macht denn der alte Jakob, Huhn? (What's old Jacob doing, Huhn?) So ist das (So that's the way it is): mit den Menschen redet er nicht, aber eine Dohle hat er daheim, mit der spricht er den ganzen Tag. [25]Das ist dem zu sehr in der großen Welt. (That's too far out in the great world for him.) [26]By God! did you see that? [27]Bezahlen Sie ihm einmal ein halbes Viertel; dann können Sie ihn glühende Kohlen schlucken sehen. [28]einen Bierkrug haut er entzwei und schluckt die Scherben wie Zucker herunter.

DRITTER WALDARBEITER. Aber den sullten Se erscht amal sehn mit dem klen'n italjenscha Madel tanza, wenn d'r blinde Franze de Okarina spielt[29].

DIREKTOR. Franze, ran mit der Okarina! *Zuruf, an Tagliazoni gerichtet.* Dieci lire[30], wenn Pippa tanzt!

TAGLIAZONI *im Spiel.* Non va. Impossible, signor padrone[31].

DIREKTOR. Venti lire! Trenta![32]?

TAGLIAZONI. No.

WENDE. Sie liegt im besten Schlaf, Herr Direktor.

DIREKTOR *unbeirrt, gleich leidenschaftlich.* Quaranta[33]!? — Laßt doch mal bißchen den Deibel los! Ledern[34]! Wozu kommt man denn her?! Nich mal 'n verlaustes Zigeunermädchen! Keinen Fuß setz' ich mehr in das Paschernest[35]! *Weiterbietend.* Cinquanta[36]!

TAGLIAZONI *im Spiel, eigensinnig über die Schulter.* No! no! no! no! no! no!

DIREKTOR. Cento lire[37]!

TAGLIAZONI *kurz.* Per cento, si[38]!

Er beugt sich herum und fängt mit Gewandtheit einen blauen Schein auf, den der Direktor ihm zugeworfen hat.

DIREKTOR *etwas aus dem Gleichgewicht.* Hat meine Löwin zu fressen gekriegt?

KELLNERIN. Jawohl, Herr Direktor, der Hund hat gefressen!

DIREKTOR *schroff.* Rede nicht!

KELLNERIN. Wenn Sie mich fragen, muß ich doch antworten!

DIREKTOR *kurz, unterdrückt, grimmig.* Schweig, halt dein Ungewaschnes! — Raucht nicht solchen assafetida[39], ihr Pack! Wie soll denn die Kleine sonst hier atmen?!

TAGLIAZONI *aufgestanden, ruft von der Flurtür aus mit wilder Stimme in das obere Haus hinauf.* Pippa! Pippa! Vien giù, presto! Pippa! Sempre avanti[40]!

DIREKTOR *erhebt sich indigniert.* Halt's Maul, laß sie schlafen, du welscher Schuft!

TAGLIAZONI. Pippa!

DIREKTOR. Behalt dein Geld, Kerl, und laß sie schlafen! Behalt dein Geld, Kerl, ich brauche sie nicht!

TAGLIAZONI. Come vuole. Grazie, signore, be[41]! *Mit einem fatalistischen Achselzucken nimmt er gleichmütig wieder am Spieltisch Platz.*

DIREKTOR. Satteln, Wende! Gaul aus dem Stall!

Pippa erscheint in der Tür; sie schmiegt sich verschlafen und schüchtern an den Türpfosten.

DIREKTOR *bemerkt sie und sagt betroffen.* Da ist sie ja! — Ach was, leg dich aufs Ohr, Pippa! Oder hast du noch gar nicht geschlafen? Komm, netz dir die Lippen, mach dir die Lippen feucht, hier ist was für dich!

Pippa kommt folgsam bis an den Tisch und nippt am Champagnerglas.

DIREKTOR *das edle Zierglas, aus dem er trinkt, hinhaltend.* Schlanke Winde! Schlanke Winde! Auch eine Venezianerin! — Schmeckt es dir, Kleine?

PIPPA. Danke, süß!

DIREKTOR. Willst du nun wieder schlafen?

PIPPA. Nein.

DIREKTOR. Frierst du?

PIPPA. Hier meistens.

DIREKTOR. So kachelt doch ein[42]! — Es wundert mich übrigens nicht, daß du frierst, du feine, zierliche Ranke, du! Komm, setz dich, nimm meinen Mantel um! Du stammst ja doch eigentlich aus dem Glasofen: mir hat das nämlich gestern geträumt.

PIPPA. Brr! Gerne sitze ich dicht am Glasofen.

DIREKTOR. Wie mir träumte, am liebsten mittendrin. Siehst du, ich bin ein verrückter Kerl! Ein alter Esel von Hüttendirektor, der, statt zu rechnen, Träume hat. Wenn die Weißglut aus dem Ofen bricht, seh' ich dich oft ganz salamanderhaft in den glühenden Lüften mit hervorzittern. Erst langsam im Dunkeln zergehst du dann.

DER ALTE HUHN. Vo dar hoa iich o schunn Träume gehott[43].

DIREKTOR. Was murmelt da wieder das Ungeheuer?

[29]Aber den sollten Sie erst einmal sehen, wenn er mit dem kleinen italienischen Mädchen tanzt, wenn der blinde Franz die Okarina spielt. [30]Ten liras [31]It can't be done. Impossible, sir. [32]Twenty liras! Thirty? [33]Forty!? [34]Let's raise the devil a bit! Dull! [35]I'll never set foot in this smuggler's den again! [36]Fifty! [37]A hundred liras! [38]For a hundred, yes! [39]Don't smoke such stuff. [40]Pippa! Pippa! Come down, quickly! Pippa! Come on!

[41]As you wish. Thank you, sir, very much! [42]Then stir up the fire! [43]Von der habe ich auch schon Träume gehabt.

Pippa dreht nachdenklich ihr Köpfchen herum und betrachtet den Alten, wobei sie das offene, blonde und schwere Haar mit der Rechten hinter die Schultern streicht.

DER ALTE HUHN. Wullen m'r wieder tanza, klenner Geist[44]?

DIREKTOR *schroff*. Ach was! Es liegt mir jetzt nichts am Tanzen! *Nur für Pippa*. Mir genügt's, wenn du nur da bist, reizendes Kind!

KELLNERIN *hinterm Schenksims zum Wirt*. Nu is 'm Direkter wieder lamper[45]!

WENDE. Na, und was geht etwa dich das an?

DIREKTOR. Müde! Geh schlafen, armes Ding! Du gehörst in Höfe mit Wasserkünsten! — Nun mußt du in dieser Spelunke sein. Soll ich dich nehmen, wie du bist, auf den Rappen heben und mit dir davonreiten?

Pippa schüttelt langsam und verneinend den Kopf.

DIREKTOR. Also gefällt's dir besser hier? Da schüttelst du ebenfalls wieder das Köpfchen! Wie lange wohnt ihr jetzt schon hier im Haus?

PIPPA *sinnt nach, starrt ihn groß an*. Ich weiß nicht!

DIREKTOR. Und eh ihr hierherkamt — wo wohntest du da?

PIPPA *sinnt nach, lacht über ihre Unwissenheit*. Das war ... ja, war ich nicht immer hier?

DIREKTOR. Du? Zwischen stummen und redenden Baumstämmen?

PIPPA. Cosa[46]?

DIREKTOR. Im vereisten, verschneiten Barbarenland? — *Zu Tagliazoni hinüber*. Wo, sagtest du, stammt ihre Mutter her?

TAGLIAZONI *über die Achsel*. Si, signore! Pieve di Cadore[47].

DIREKTOR. Pieve di Cadore, nicht wahr, das ist jenseits der großen Wasserscheide?

TAGLIAZONI *lachend*. Siamo parenti del divino Tiziano, signore[48]!

DIREKTOR. Na, Kleine, dann sind wir vielleicht auch verwandt: denn der sieht wie mein Onkel Forstmeister aus. Also hast du auch hier halb und halb Heimatsrechte! Aber der Wind weht dein Goldhaar woanders hin!

Ein kleiner, kropfiger, zerlumpter Mensch kommt herein, Okarina spielend, und pflanzt sich mitten im Zimmer auf. Von Waldarbeitern, die rauchend und Schnaps trinkend um einen Tisch sitzen, wird er mit einem Hallo begrüßt.

ERSTER WALDARBEITER. Huhn soll tanzen!

ZWEITER WALDARBEITER. De Kleene sull tanzen!

DRITTER WALDARBEITER. Bal se tanzt, iich gah o an Bihma derzu[49].

VIERTER WALDARBEITER. Satt ock, woas Huhn schunn fer Fratzen schneid't[50]!

DIREKTOR. Daraus kann nichts werden, ihr Rodehacken[51]! Versteht ihr mich!

ERSTER WALDARBEITER. Sie wollten's ja selber, Herr Direktor!

DIREKTOR. Hol mich der Teufel, jetzt will ich's nicht!

Huhn erhebt sich in seiner ganzen Größe, macht Miene, hinter dem Tisch hervorzukommen, wobei er, fieberisch glotzend, Pippa nicht aus den Augen läßt.

DIREKTOR. Hinsetzen, Huhn!

WENDE *dringlich und bestimmt herzutretend und Huhns Arme fassend*. Hinsetzen! Keene Zicken nich! Ihr trampelt mir noch meine Diele durch. *Zum Okarinaspieler*. Heer uff mit dem dämlichen Feifengedudel[52]!

Huhn bleibt stumpfsinnig glotzend, ohne sich zu setzen. Die Okarina schweigt.
Die Spieler haben wieder ein Spiel beendet. Tagliazoni streicht Häufchen Gold ein. Malermeister Anton springt plötzlich auf und haut mit der Faust auf den Tisch, daß die Goldstücke im Zimmer herumrollen.

ANTON. Hier is enner drunter, dar de betriegt[53]!!

TAGLIAZONI. Wer? Io? Io? Dica! Wer[54]?

ANTON. Ich sage ni, wer! Ich sage bloß, enner! Das gieht ni mit richt'gen Dingen zu[55].

ERSTER WALDARBEITER. Ja, wer mit dam Italiener

---

[44]Wollen wir wieder tanzen, kleiner Geist?   [45]Nun ist es dem Direktor wieder gemütlich!   [46]What?   [47]Yes, sir! (From) Pieve di Cadore.   [48]We are relatives of the divine Titian, sir!

[49]Wenn sie tanzt, gebe ich auch ein Geldstück dazu. [50]Seht nur, was Huhn schon für Fratzen schneidet! [51]clodhoppers   [52]Keine Zicken (no capers)! ... Hör auf mit dem dämlichen Pfeifengedudel! (Stop that infernal tootling!)   [53]Hier ist einer drunter (unter uns), der betrügt! (There's someone among us who's cheating!)   [54]Who? I? Tell me! Who? [55]Das geht nicht mit richtigen Dingen zu. (There is something wrong about that.)

spielt, dar mag o a Brinkla Schwarzkunst in Kauf
nahma[56].

MALERMEISTER SCHÄDLER. Mir fahlt Geld, mir
fahlt anne Neege Geld[57].

ERSTER WALDARBEITER. Satt 'rsch, nu werd glei
de Lampe auslöschen. Dar hoat wull a Kunststickla
bei d'r Hand[58].

DIREKTOR. Laßt doch den Spitzbuben nicht die
Bank halten!

TAGLIAZONI *gleichmütig Gold einstreichend, mit
halber Wendung zum Direktor.* Altro! Spitzbub
sein andere, io no. Basta! Andiamo a letto! Pippa,
avanti! Vien qua[59]!

ANTON. Woas, itze wiel a eis Bette gehn, wu a
ins hoot's Geld obgenumma? Do blein! Itze werd
weitergespielt[60]!

TAGLIAZONI. E altro! Worum nicht? Ich spielen
mit! Come vuole! Come vuole, signor mio[61]!

*Die Kellnerin, der Wirt, der Okarinaspieler, ein
Glasmaler und ein Waldarbeiter suchen das Gold auf
den Dielen zusammen.*

ZWEITER WALDARBEITER *am Tisch.* Hernort
heeßt's, 's fahlt woas, ich suche ni mit[62].

*Vom Hausflur herein tritt Michel Hellriegel, ein etwa
dreiundzwanzigjähriger Handwerksbursch; er trägt
eine dünne Schildmütze, ein Ränzel mit aufgeschnall-
ter Bürste; Rock sowie Weste und Hose sind noch
halbwegs anständig, die Schuhe dagegen zerlaufen.
Die Folgen einer langen, beschwerlichen Wanderung
sind in den bleichen, erschöpften Mienen und Bewegungen des Jünglings ausgedrückt. Sein Gesicht
zeigt feine, nicht gewöhnliche, ja fast edle Züge. Auf
der Oberlippe erster weicher Bartflaum. Ein Anflug
von Phantastik liegt über der schlanken Erscheinung
und ein Anflug von Kränklichkeit.*

DIE KELLNERIN. Herrjees, aso spät noch a
Handwerksbursche[63]!

HELLRIEGEL *steht geblendet, zwinkernd vom bei-
zenden Rauch, fieberisch unter den langen Wimpern
hervorblickend, im Lichtkreis der Lampen; mit den
Händen dreht er die Mütze und ist bemüht, zu verbergen, wie sehr ihn Hände und Füße schmerzen vor
Frost.* Is hier für an'n reisenden Handwerksgesellen
Nachtquartier?

WENDE. Warum nich? Fer Geld und gute
Worte. — *Da sich der Bursche umsieht und keinen
leeren Platz findet.* Setzen Se sich uff das Schnaps-
fässel hier, und zählen Se Ihr Geld uff de Ofenbank!
Wenn Se sonst noch was wollen ... da hat's Platz
genug.

ERSTER WALDARBEITER. Wo willst'n so spät noch
hin, Bruder Straubinger?

DIREKTOR. Ins Land, wo Milch und Honig
fließt!

HELLRIEGEL *mit demütiger Verbeugung erst gegen
den Waldarbeiter, dann gegen den Direktor.* Ich
wollte gern ieber a Kamm ins Böhmsche[64].

DIREKTOR. Was ist denn Ihr Handwerk?

HELLRIEGEL. Glasmacherkunst.

ZWEITER WALDARBEITER. Der scheint ni ganz
richtig im Koppe zu sein! Bei der Kälde iebers
Gebirge steiga und hie, wu kee Weg und kee Steg
ni is? A will wohl zum Schneemoane warn dohie
und duba elend zugrunde gihn[65]?

WENDE. Das is seine Sache, das geht uns nischt
an!

DRITTER WALDARBEITER. Du bist wohl ni aus'm
Gebirge, Nazla? Du kennst woll a hichta Winter
ni[66]?

*Hellriegel hat mit Bescheidenheit höflich zugehört;
nun hängt er mit Anstand seine Mütze auf, nimmt
das Ränzel ab und legt es zugleich mit dem Stock
beiseite. Darauf nimmt er auf dem bezeichneten
Schnapsfäßchen Platz, erschauert, beißt die Zähne
zusammen und fährt mit der gespreizten Hand durchs
Haar.*

DIREKTOR. Wenn Ihre Papiere in Ordnung sind,
warum wollen Sie denn da nach Böhmen rüber?
Wir in Schlesien machen auch Glas.

HELLRIEGEL *schnellt empor.* Ich möchte was ganz
Besondres erlernen!

---

[56]Yes, whoever plays with the Italian has got to put up
with a bit of black magic being thrown in.   [57]Mir fehlt
Geld, mir fehlt eine Menge Geld.   [58]Satt 'rsch (vulgar
expression), nun wird gleich die Lampe ausgehen. Der
hat wohl ein Kunststück bei der Hand. (He surely has
some trick up his sleeve.)   [59]Someone else! Someone
else is a swindler, not me. Enough! Let's go! Pippa,
let's go! Come here!   [60]Was, jetzt will er ins Bett gehen, wo er uns das Geld abgenommen hat? Dableiben!
Jetzt wird weitergespielt!   [61]It's somebody else! Why
not? I'll play with you! As you wish! As you wish, sir!
[62]Hernach heißt es, es fehlt etwas, ich suche nicht mit.
[63]Herrjesus, so spät noch ein Handwerksbursche!

[64]Ich wollte gern über den Kamm ins Böhmische. (I
was going over the ridge to Bohemia.)   [65]Der scheint
nicht ganz richtig im Kopfe zu sein! Bei der Kälte über
das Gebirge steigen und hier, wo kein Weg und kein
Steg ist? Er will wohl zum Schneemann werden dahier
und darüber elend zugrunde gehen?   [66]Du kennst wohl
den hiesigen Winter nicht?

DIREKTOR. Ach, was Sie sagen! Was wäre denn das? Etwa klares Wasser mit bloßen Händen zu Kugeln ballen?

Hellriegel zuckt die Achseln.

DIREKTOR. Übrigens machen wir das mit Schnee hier auch!

HELLRIEGEL. Schnee ist nicht Wasser! Ich will in die Welt.

DIREKTOR. Sind Sie hier bei uns nicht in der Welt?

HELLRIEGEL. Ich suche was.

DIREKTOR. Haben Sie was verloren?

HELLRIEGEL. Nein! Ich denke, es kommt was zu[67]! *Halb aufrecht und mühsam gestützt, blickt er mit weiten, erstaunten Augen umher.* Ich weiß eigentlich gar nicht recht, wo ich bin.

DIREKTOR. Ja, ja, so geht's. Morgens den Himmel voller Geigen, am Abend kein heiler Knochen im Leib.

HELLRIEGEL. Is man . . . is man hier schon in Böhmen, Herr Wirt?

ERSTER WALDARBEITER *lachend.* Gelt? 's kommt d'r a bissel böhm'sch hier vor[68]?

Hellriegel ist auf das Fäßchen zurückgesunken, seine Arme liegen breit auf der Ofenbank; die Hände unter die Stirn geschoben, verbirgt er heimlich ächzend sein Gesicht.

DRITTER WALDARBEITER. Der iis noch keene drei Tage vo Muttern weg[69]!

Pippa hat, am Tisch des Direktors stehend, den An-kömmling unausgesetzt beobachtet. Jetzt ist sie, wie in Gedanken, zu ihm gelangt und sitzt unweit der Stelle, wo sein Kopf aufliegt, auf der Bank, die Hände im Schoß, nachdenklich mit den Beinen pendelnd, die Augen schräg auf ihn niedergerichtet.

DIREKTOR. Ein seltsamer Heiliger, Pippa, was? *Ironisch trällernd.* Wem Gott will rechte Gunst erweisen, den schickt er[70] . . . und so weiter. Der singt auch, wenn er beisammen ist[71]. Ich wette um dreizehn Flaschen Sekt, der hat sogar selbstverfaßte Gedichte im Ränzel!

PIPPA *erhebt sich unwillkürlich mit einer gewissen Betretenheit, bald den Burschen, bald hilflos ihre Umgebung betrachtend; plötzlich läuft sie dicht zum Direktor hin.* Padrone! Padrone[72]! Der Fremde weint!

DIREKTOR. Süß und schwach
    ist nicht mein Fach!

MALERMEISTER SCHÄDLER *kommt vom Spieltisch, stellt sich militärisch vor den Direktor.* Herr Direktor, ich bin ein Ehrenmann!

DIREKTOR. Na, und? Warum sagen Sie mir das jetzt, nach Mitternacht in der Iserschenke?

MALERMEISTER SCHÄDLER *wischt sich den kalten Schweiß von der Stirn.* Ein tadelloser Meester bin ich[73].

DIREKTOR. Na, und?

MALERMEISTER SCHÄDLER. Ich möchte an'n Vorschuß han[74]!

DIREKTOR. Glauben Sie, daß ich den Kassenschrank immer in meiner Reitjacke mitschleppe?

MALERMEISTER SCHÄDLER. Privatim[75]!

DIREKTOR. Privatim denke ich nicht dran! Ich wer helfen, Sie vollends zugrunde zu richten.

MALERMEISTER SCHÄDLER. Der Hund begaunert uns alle mitsamm[76].

DIREKTOR. Warum spielt ihr mit ihm? Macht Schluß mit dem Schuft!

MALERMEISTER SCHÄDLER. Mit dem wern m'r ooch ganz gewiß noch amol Schluß machen[77]!

DIREKTOR. Sie haben Frau und Kinder zu Haus.

MALERMEISTER SCHÄDLER. Das ham m'r woll alle, Herr Direktor! Aber wenn hier der Teufel nu eemol los iis[78] . . .

DIREKTOR. Nein! Solchen Wahnsinn unterstütze ich nicht.

Schädler zuckt mit den Achseln und begibt sich zu Wende hinter das Schenksims. Man sieht, daß er ihn bedrängt, ihm Geld vorzustrecken, was Wende lange abschlägt, endlich tut. Der Handwerksbursche trinkt inzwischen gierig heißen Grog, den ihm die Kellnerin auf die Bank gestellt hat. Nun bringt sie ihm Essen, und er ißt.

[67]I think something is coming to me!   [68]Gelt? Es kommt dir ein bißchen böhmisch (strange) hier vor? [69]Der ist noch keine drei Tage von seiner Mutter weg! [70]Popular German song   [71]when he is in his right mind.

[72]Master! Master!   [73]Ein tadelloser Meister bin ich. (I am a perfect artisan.)   [74]I would like to have an advance on my wages!   [75]Privately! (Your own money, not the company's!)   [76]The dog is fleecing us, every one of us.   [77]Mit dem werden wir auch ganz gewiß noch einmal Schluß machen! (We'll have something to do with him later, all right!)   [78]Das haben wir wohl alle, Herr Direktor! Aber wenn hier der Teufel nun einmal los ist . . . (We all have them sir! But when the devil gets loose here . . .)

DIREKTOR *hebt sein Glas gegen den Burschen.* Na, Sie verspätete Schwalbe! Prost!

HELLRIEGEL *erhebt sich, höflich dankend, mit dem Glase, trinkt und setzt sich wieder.*

DIREKTOR. Wolkenkuckucksheim ist noch ziem-lich weit[79]. 5

HELLRIEGEL *im Begriff, sich zu setzen, schnellt wiederum auf.* Aber ich habe Lust und Ausdauer!

DIREKTOR. Und Blutspucken!

HELLRIEGEL. Ein bißchen schadet nicht!

DIREKTOR. Nein. Wenn Sie nur wüßten, zu was 10 Sie Lust hätten! Warum ruckst es Sie eigentlich immer so, daß Sie immer so überraschend auf-schnellen?

HELLRIEGEL. Manchmal schleudert's mich förm-lich vor Ungeduld. 15

DIREKTOR. Wie das Kind in der dunklen Stube, was, wenn die liebe Mammi hinter der Tür schon die ersten Lichter am Christbaum ansteckt? Gleich, gleich! So schnell fährt die Kalesche nicht.

HELLRIEGEL. Es muß alles anders werden! Die 20 ganze Welt!

DIREKTOR. Und zuallererst Euer Hochwohl-geboren! *Zu Pippa.* Das ist so ein Dummer, Kind, von den ganz Gescheiten, die man sonst nur noch in Einmachegläsern sieht! *Zu Hellriegel.* «Und näh- 25 mest du Flügel der Morgenröte...» kurz: deine Reise hat ihre Schwierigkeit! *Zu Pippa.* Galopp, Galopp, über Stock und Stein... *Er will sie aufs Knie ziehen, sie wehrt ab, blickt nach Hellriegel. Dieser schnellt auf, bekommt roten Kopf.* 30

HELLRIEGEL. Ich möchte mir eine unmittelbare Bemerkung erlauben!

DIREKTOR. Fällt Ihnen noch was Neues ein?

HELLRIEGEL. Im Augenblick nicht!

DIREKTOR. Na, vielleicht der Himmel. 35

Michel sieht den Direktor entgeistert an und vergißt sich zu setzen.

Pippa hat ein kleines Riemchen erfaßt und haut 40 *dem Direktor empfindlich über die Hand.*

DIREKTOR. Au!

Pippa lacht Hellriegel an, der seine Blicke, alles 45 *um sich vergessend, in ihre senkt. Seine Lippen be- wegen sich dabei lautlos.*

DIREKTOR *schiebt seine Hand vor.* Jetzt noch mal, Pippa! *Pippa haut zu.* Au, das war aber stark! 50 Aller guten Dinge sind drei: nun zum drittenmal!

Sie haut lachend mit aller Kraft. So! nun bin ich belehrt und bestraft. Wenn nun mal wieder ein Vögelchen aus dem Neste fällt, da weiß ich wenig-stens, was ich zu tun habe.

Der alte Huhn, der sich inzwischen wieder gesetzt hatte, liegt über den Tisch gebeugt, den Arm weit ausgestreckt, und winkt mit dem dicken, behaarten Finger Pippa zu sich. Da sie nicht folgt oder ihn nicht beachtet, erhebt er sich jetzt, nachdem er das Spiel zwischen ihr, dem Direktor und Hellriegel ge- nugsam beobachtet hat, tritt schleifenden Schritts vor den Handwerksgesellen, glotzt ihn an, erhebt seine langen, schlaff herabbaumelnden Gorillaarme und legt ihm die Hände flach vor die Brust, ihn so langsam bis auf sein Fäßchen zurückdrängend; dann wendet er sich, winkt schlau zu Pippa hinüber und hebt seine Ellbogen in eigentümlicher Weise hoch, an einen Adler erinnernd, der auf einer Käfigstange balanciert, damit gleichsam zum Tanz antretend und auffordernd.

DIREKTOR. Was fällt denn dir ein, altes Tram-peltier[80]?

DIE WALDARBEITER *rufen durcheinander.* De Kleene[81] soll tanzen! de Kleene soll tanzen!

KELLNERIN *hat ein kleines Tamburin vom Regal, wo die Schnapsflaschen stehen, genommen und wirft es Pippa zu, die es auffängt.* Balg, laß dich ni bitten, zier dich ni; du bist o keene Marzipanprinzess'n[82]!

Pippa sieht zuerst den Direktor, dann Hellriegel an, und schließlich mißt sie mit einem gehässigen Blick den Riesen von oben bis unten. Plötzlich läßt sie, mit einem Schlag beginnend, das Trommelzeug klirren und schiebt tanzend auf Huhn zu, in der Absicht gleichsam, ihm zu entgehen und an ihm vorüber- zutanzen. Die Okarina setzt ein, und auch der Alte beginnt den Tanz. Er besteht darin, daß etwas Täppisches, Riesenhaftes etwas Schönes, Flinkes zu haschen sucht; etwa wie ein Bär einen Schmetterling, der ihn, buntschillernd, umgaukelt. Sooft die Kleine ihm entgeht, lacht sie laut und wie ein Glöckchen. Sie entwindet sich manchmal, sich um sich selbst drehend, wobei ihr rötlich goldenes Haar sie um- wickelt. Verfolgt, klingen die Laute ihrer Kehle wie aï und sind ein kindliches Quieken. Der Alte hüpft so grotesk und lächerlich wie ein gefangener Raub-

---

[79]Never Never Land is still rather far away.

[80]term for a clumsy person (literally: dromedary)
[81]Die Kleine soll tanzen!   [82]Balg, laß dich nicht bitten, zier dich nicht; du bist auch keine Marzipanprinzessin (There, little chit, don't have to be coaxed, don't put on airs; you're no candy princess!)

vogel. Er lauert, greift fehl und keucht, mehr und mehr erregt, lauter und lauter brummelnd. Pippa tanzt immer ekstatischer. — Die Waldarbeiter sind aufgestanden. Die Spieler haben ihr Spiel unterbrochen und sehen gespannt zu. Tagliazoni, den der Vorgang nicht berührt, benutzt die Gelegenheit, Geld einzusacken und mit seinen Karten zu manipulieren. Ohne es zu merken, wird er dabei von Meister Schädler genau beobachtet. Jetzt scheint es, als könne Pippa dem Unhold nicht mehr entgehen; sie kreischt laut auf, und in diesem Augenblick packt Schädler den linken Arm Tagliazonis mit beiden Fäusten am Handgelenk.

MALERMEISTER SCHÄDLER, *alles übertönend.* Halt!
TAGLIAZONI. Cosa, signore[83]?
MALERMEISTER SCHÄDLER. Hosa hie, Hosa har: hie werd falsch gespielt! Jetze ham mir da Gauner amal im Fuchseisa[84]!
TAGLIAZONI. È matto! è matto! Diavolo! Son fiol di Muran. Conosce la casa de' Coltelli[85]?
MALERMEISTER SCHÄDLER. Kase, Butter und Brud hilft alles hie nischt! Anton, halt'n dort drieb'n feste, jetze wird'm das Ding amal heemgezahlt! *Malermeister Anton hält Tagliazonis andre Hand fest.* A hat falsche Kart'n untergeschmuggelt, und ei die zwee hier hat a sich Zeechen gemacht[86].

Alle Anwesenden, ausgenommen Hellriegel und Pippa, die, hoch aufatmend, bleich in der Ecke steht, drängen um den Spieltisch.

DIREKTOR. Tagliazoni, was hab' ich Ihnen gesagt, treiben Sie's nicht zu sehr auf die Spitze!
TAGLIAZONI. Los, oder ich beißen dir ins Gesicht!
MALERMEISTER SCHÄDLER. Spucke und beiße, soviel du willst, aber du mußt unser Geld wieda rausgahn, Kanallje[87]!
ALLE SPIELER. Jawoll, jeden Pfennig, 's ganze Geld!

TAGLIAZONI. Cazzo, werde was niesen; verfluchte deutsche Bestien, ihr irrsinniges, schlechtes, niedrige Bestien! Was haben ich mit euch tedeschi zu tun[88]?
ERSTER WALDARBEITER. Haut doch dem Oas 'n Schädel ein[89]!
ZWEITER WALDARBEITER. Mit der Wagenrunge ieber a Pepel! Doaß'm schwiefelbloo vor a Augen wird! Anders koan ma dan Welscha uff deutsch ni antworta[90]!
WENDE. Ruhe, ihr Leute; das duld' ich ni!
MALERMEISTER SCHÄDLER. Wende, reiß'm die Koarte aus'n[91] Fingern!
TAGLIAZONI. Ich ermorden euch allen mitnander!
ANTON, *unnachgiebig.* 's is gutt!
ZWEITER WALDARBEITER. Woas der Lump an a Händen bloß Ringe hat!
TAGLIAZONI. Padrone, ich rufen zum Zeugen auf! Ich werden hier meuchlings überfallen; ich machen keinen neuen Vertrag! Lavoro niente, niente più. Lasse Arbeit stehen und liegen, sofort! — Carabinieri! Polizei! Pazzia bestialissima[92]!
ERSTER WALDARBEITER. Immer brill du; hier hats keene Polizei!
ZWEITER WALDARBEITER. Hie is weit und breit nischt wie Schnee und Fichten!
TAGLIAZONI. Chiama . . . chiamate i carabinieri! Briganti[93]! Signore Wende! Pippa, lauf!
DIREKTOR. Mensch, ich rate Ihnen, fügen Sie sich! Sonst kann ich für keine Folgen einstehen.
TAGLIAZONI. Brutte bestie! Basta cosi[94]!

Unerwartet, blitzschnell hat sich Tagliazoni befreit, einen Dolch gezogen und sich hinter einen Tisch geflüchtet. Die Angreifer sind einen Moment verdutzt.

DRITTER WALDARBEITER. A Masser! Macht a kahlt, da Hund!

---

[83]What, sir? [84]Hosen hier, hosen her (imitating the sound of the Italian *cosa*): hier wird falsch gespielt! Jetzt haben wir den Gauner einmal im Fuchseisen (trap)! [85]It's —! it's —! The devil! I'm a son of Muran. Do you know the Coltelli family? [86]Käse, Butter und Brot hilft alles hier nicht! Anton, halte ihn dort drüben fest, jetzt wird ihm das Ding einmal heimgezahlt (now we'll pay him back for it)! Er hat falsche Karten hereingeschmuggelt, und auf diese zwei hat er sich Zeichen gemacht. [87]. . . but you must give us back our money, you good-for-nothing!

[88]—, I shall —; damn German beasts, you crazy, bad, lowdown beasts! What have I got to do with you Germans? [89]Haut doch dem Aas den Schädel ein! (Knock his skull in for him, the rat!) [90]Mit der Wagenrunge über den Kopf! Daß es ihm schwefelblau vor den Augen wird! Anders kann man den Welschen auf deutsch nicht antworten! (Hit him on the noodle with the wagon-shaft so that he sees blue sulphur before his eyes! You can't answer these Dagos any other way in German!) [91]Reiss ihm die Karte aus den Fingern! [92]Master, I call you as a witness! I being treacherously attacked; I no make-a new contract! I won't work, not any more. Leave-a work be and lie down, right now! Police! Police! Bestial insanity! [93]Call . . . call the police! Thieves! [94]Ugly beasts! Enough of this!

ALLE *durcheinander, wie eine Person.* Itz muß a hie wern! itz iis's aus[95]!

DIREKTOR. Demoliert mir den Tagliazoni nicht! Den brauch' ich zu nötig in der Glashütte! Macht nich Sachen, die ihr morgen bereut!

Tagliazoni erkennt nun instinktiv die furchtbare Gefahr des Augenblicks und flüchtet, an den Angreifern vorüber, zur Tür hinaus. Die Spieler und Waldarbeiter stürzen ihm nach mit dem Ruf. Nieder, nieder, nieder mit ihm! *Man sieht dabei einige Messer blinken.*

DIREKTOR. Die wern mir den Kerl doch nich am Ende abmurksen[96]!

WENDE. Da mach'n se mir meine Bude zu[97].

KELLNERIN *am geöffneten Fenster spähend.* 's geht ieber a Schlag rieber in a Wald[98]; a fällt! a steht uff! Immer hinterher!

DIREKTOR. Ich mache die dänische Dogge los und sprenge die Bande auseinander.

WENDE. Ich stehe fer nischt[99]! Ich garantiere fer nischt!

DIREKTOR. Was ist denn das?

KELLNERIN. Eener bleibt im Schnee liegen! Die andern renn weiter in a Wald.

Man vernimmt einen furchtbaren, durch die Ferne gedämpften, markdurchdringenden Schrei.

WENDE. Fenster zu, de Lampe geht aus!

Die Lampe ist in der Tat ausgegangen; die Kellnerin schlägt das Fenster zu.

DIREKTOR. Das hört sich nicht gut an! Kommen Sie mit, Wende!

WENDE. Ich stehe fer nischt! Ich garantiere fer nischt!

Er und der Direktor, dieser voran, ab.

KELLNERIN *in ihrer Ratlosigkeit heftig zu Hellriegel.* Immer uffstehn, helfen, helfen! Helfen, zugreifen! Da kennte jeder kommen, dahier! — Das gottverfluchtigte Kartenspiel. *Sie hat die Karten vom Tisch zusammengerafft und schleudert sie ins Ofenloch.* Se sollen gehen, se hab'n eenen

umgebracht! Er bringt Unglück und will's ni helfen guttmachen[1]!

Hellriegel ist aufgesprungen; halb selbst gehend, halb von der Kellnerin gezogen, halb gestoßen, taumelt er durch die Flurtür. Mit der Kellnerin ab.

Huhn steht noch beinahe so, wie ihn der Ausbruch des Streits im Tanz überrascht hat. Seine Augen sind unruhig lauernd den Vorgängen gefolgt. Jetzt sucht er, sich langsam um und um wendend, die Dunkelheit zu durchdringen, ohne Pippa zu entdecken, die, entsetzt zusammengekauert, in einen Winkel gequetscht, auf der Erde sitzt. Er zieht Schwefelhölzchen hervor, streicht sie und zündet die Lampe an. Nun sucht er wiederum und entdeckt die Kleine. In der Mitte des Zimmers stehend, winkt er ihr mit grausiger Freundlichkeit. Stumm blickt Pippa ihn an, wie ein aus dem Nest gefallener, gefangener Vogel. Als er ihr näher kommt, wimmert sie nur leis. Das kleine Fensterchen wird von außen aufgestoßen, und die Stimme des Direktors ruft herein.

STIMME DES DIREKTORS. Pippa, Pippa! Sie kann nicht hierbleiben. Ich nehme sie mit.

Kaum ist der Direktor vom Fenster weg, so stürzt sich Huhn auf das emporschnellende Kind, umfaßt es, nimmt es auf die Arme, wobei Pippa mit einem kurzen, seufzerartigen Schrei ohnmächtig wird, und sagt dabei:

HUHN. A hat dich zu guter Letzt doch no gefangt[2]!

Damit flieht er zur Tür hinaus.

STIMME DES DIREKTORS, *wiederum am Fenster.* Pippa, Pippa, bist du noch drin? Habe keine Angst, dir soll keiner ein Haar krümmen! *Die Kellnerin kommt wieder.*

KELLNERIN. Kee Mensch mehr hie? Kee Mensch kommt zurück, und draußen liegt eeuer und will verbluten.

ZWEITER AKT

Das Innere einer einzelstehenden Hütte in den Bergen. Die große und niedere Stube ist in einem nicht zu überbietenden Maße verwahrlost. Die Decke ist schwarz von Rauch und Alter. Ein Balken geborsten,

---

[95]Ein Messer! Macht ihn kalt, den Hund (Kill him, the dog!) Jetzt muss er hin werden (be killed)! Jetzt ist es aus! [96]I hope they're not going to kill the fellow off! [97]Then they'll make me shut up shop. [98]Es geht über einen Schlag (clearing) hinüber in einen Wald. [99]I'll not answer for anything!

[1]. . . und will es nicht helfen gutmachen (and will not help to straighten it out)! [2]Er hat dich zu guter Letzt doch noch gefangen! (I have caught you at last after all!)

die übrigen gebogen und auf notdürftige Weise durch unbehauene Pfähle gestützt. Den Pfählen sind kleine Brettchen untergeschoben. Der Fußboden besteht aus Lehm und zeigt Vertiefungen und Erhöhungen; nur um die Ofenruine herum ist er mit Ziegeln ge- 5 *pflastert. Von den drei kleinen, viereckigen Fensteröffnungen, unter denen eine schwarzverkohlte Wandbank hinläuft, sind zwei mit Stroh, Moos, Laub und Brettern versetzt; das dritte enthält ein Fenster mit drei trüben Scheiben, statt der vierten wiederum* 10 *Bretter und Moos. An der gleichen Wand im Winkel der Ofen, weiter nach vorn zu der geflickte Tisch. In der Hinterwand eine Tür. Man sieht durch sie in den finsteren Hausflur, dessen Balken wie die des Zimmers gestützt sind, und auf eine schräge, leiterartige* 15 *Stiege, die nach dem Dachboden führt. — Ein Verschlag von Brettern im Zimmer, mit Birken-, Buchen- und Eichenlaub gefüllt, darauf einige alte Lumpen von Kleidungsstücken und Decken liegen, ist das Nachtlager des alten Huhn, dem die Hütte gehört.* 20 *An der Wand hängen ein altes Feuergewehr, ein zerlumpter Schlapphut, Kleidungsstücke und mehrere, aus Journalen geschnittene Bildchen. Viel Laub liegt auf der Diele. In der Ecke ein Schober Kartoffeln; Zwiebelbündel und getrocknete Pilze hängen an der* 25 *Decke. Ein einziger heller Lichtstreif dringt aus der klaren Mondnacht draußen durchs Fenster herein.*

Im Hausflur wird es plötzlich ebenfalls hell. Man hört prusten und stark atmen. Darauf wird der alte 30 *Huhn sichtbar, Pippa noch auf den Armen tragend. Er betritt die Stube und bettet Pippa auf das Laublager, sie mit den vorhandenen Lumpen bedeckend. Darauf holt er aus einem Winkel ein altes Kienspangestell[3], darin der Span steckt, und entzündet ihn,* 35 *dabei sogleich sehr erregt nach der Kleinen hinglotzend. Die ersten Stöße eines beginnenden Sturmes werden hörbar. Schnee wirbelt in den Hausflur herein. Huhn nimmt jetzt eine Flasche von irgendeinem Regal und flößt Pippa Branntwein ein. Sie atmet tief* 40 *auf; er bedeckt sie noch sorgfältiger, rennt zum Ofen und macht aus einem Haufen Reisig ein Feuer an.*

HUHN *steht unvermittelt auf, horcht an der Tür und ruft mit irrsinniger Hast und Heimlichkeit.* 45 Kumm runder, kumm runder, ahler Jakob! — ahler Jakob, ich hoa dir woas mitgebrucht[4]!

Er lauscht auf Antwort und lacht in sich hinein.

PIPPA *ächzt, durch das geistige Getränk belebt; plötzlich reißt sie den Oberkörper empor, blickt entsetzt um sich, drückt die Hände vor die Augen, entfernt sie wieder, ächzt, springt auf und flieht, wie ein geängstigter Vogel, blind gegen die Stubenwand.* Frau Wende, Frau Wende, wo bin ich denn? *Entsetzt an der Wand herumkrallend, blickt sie hinter sich, gewahrt Huhn und irrt in einem neuen Anfalle von verzweifelter Angst, bald da, bald dort, blind gegen die Wände.* Ich ersticke! zu Hilfe! Begrabt mich nicht! Padre! Padrone[5]! ach, ach! Hilfe! Frau Wende, mir träumt!

HUHN *trottet auf sie zu, worauf sie sogleich in sprachlos entsetzter Abwehr die Hände reckt.* Bis stille, bis; der ahle Huhn tutt d'r nischt, und der ahle Jakob is derwegen o umgänglich[6]! *Da Pippa, vollkommen erstarrt, ihre abwehrende Stellung nicht ändert, macht er unsicher noch einige Schritte auf sie zu, steht aber plötzlich wieder von dem Ausdruck besinnungslosen Entsetzens gebannt.* — Aso geht's nich! Nu? — sprich a Wort! — zerstoß dich nich an a Wända! — bei mir iis's scheen, draußen lau'rt d'r Tod[7]! *Er glotzt eine Weile forschend und abwartend; plötzlich kommt ihm ein Gedanke.* Halt! Jakob, bringe de Ziege runder! — Jakob! Ziegamilch wärmt! Ziegamilch wird gutt sein. *Er ahmt das laute und leise Blöken von Ziegen und Schafen nach, wie von einer verschlafenen Herde im Stall.* Bä, böö, bä! Horch, es kommt ieber de Stiege runder. Jakob, Jakob, bring se rein!

Pippa hat die Tür ins Auge gefaßt und erkannt; unwillkürlich erhebt sie sich und stürzt darauf zu, um zu entschlüpfen. Huhn vertritt ihr den Weg.

HUHN. Ich grief dich ni oa! ich rühr dich ni oa, Madla! Ock bei mir mußte . . . ock bei mir bleib'n[8].
PIPPA. Frau Wende! Frau Wende! *Sie steht und schlägt die Hände vors Gesicht.*
HUHN. Ängst dich ni! — 's is woas gewest — und woas wird sein! Ees stellt manchmal im Friehjohre Sprenkel uff . . . und manchmal im Winter kumma de Goldammern! *Er nimmt einen tiefen Zug aus der Schnapsflasche. Jetzt steckt eine Ziege den Kopf in die Tür.* — Halt, Jakob, luß Liesla drauußa stiehn!

---

[3]holder for a pine torch   [4]Komm herunter, alter Jakob! — alter Jakob, ich habe dir etwas mitgebracht!

[5]Father! Master!   [6]Sei still . . . der alte Huhn tut dir nichts, und der alte Jakob ist auch sehr umgänglich (will be friendly, too)!   [7]Nun? — sprich ein Wort! zerstoß dich nicht an den Wänden! bei mir ist es schön, draußen lauert der Tod!   [8]Ich greife dich nicht an! ich rühre dich nicht an, Mädel! Nur bei mir mußt du . . . nur bei mir bleiben.

Se wird mir an'n Troppa Milch wird se mehr ab-
lossa[9]! *Er ergreift einen kleinen Schemel, trottet in
den Hausflur und milkt die Ziege, so daß er gleichzeitig die Tür verstellt. Inzwischen scheint ein wenig
mehr Fassung in das Wesen Pippas gekommen zu
sein. Aus ihrem Wimmern und Ächzen spricht ohn-
mächtige Ergebenheit; sie empfindet den Frost wieder
und wird unwillkürlich von der hellen Stelle der Wand
angezogen, dem Reflex des Feuers im Ofenloch; dort
scheint sie zu einigem Nachdenken aufzutauen und
starrt, an der Erde kniend, in die knackende Lohe
hinein.*

PIPPA. O santa Maria, madre di dio! O madre
Maria! O santa Anna! O Maria, madre santa[10]!

*Der alte Huhn hat gemolken und tritt wiederum ein.
Pippas Furcht und Angst steigt sogleich; aber er tritt
zu ihr, stellt das Töpfchen mit Milch in einem Abstand von ihr hin und weicht zurück.*

HUHN. Trink Ziegamilch, kleene Goldmuhme
du[11]!

PIPPA *sieht Huhn zweifelnd an und ermannt sich so
weit, mit gieriger Hast die Milch aus dem darge-
botenen Töpfchen zu trinken.*

HUHN. A so schloappern de Tuta au ihre
Milch[12]! *Der alte Huhn bricht, mit beiden Händen
seine Knie schlagend, in ein heiseres, triumphierendes
Gelächter aus. Satt'rsch, nu koan se zu Kräften
kumma! Damit trollt er sich, zieht hinterm Ofen ein
Säckchen hervor, schüttet daraus Brotkrusten auf
den Tisch, zieht eine eiserne Topfscherbe aus dem
Röhr[13], in welcher Kartoffeln sind, und stellt sie
dazu, trinkt, setzt die Schnapsflasche ebenfalls auf
den Tisch und sich dahinter auf die Bank zur Mahlzeit. Ein neuer Windstoß wuchtet gegen das Haus:
wild herausfordernd, antwortet ihm Huhn gleichsam.
Nanu koanst de kumma, vor mir immerzu; versucht's, versucht's, ob se enner wird rauskriega[14]!*

PIPPA. Huhn, alter Huhn, ach laß mich doch
fort! Ich kenn' Euch ja doch: Ihr seid Vater Huhn!

Was ist denn passiert? Weshalb bin ich denn hier
bei Euch?

HUHN. Weil's eemal asu muß gehn ei der Welt[15].

PIPPA. Was muß so gehen? Was meint Ihr denn?

HUHN. Was enner ni hat, das muß a sich
nahma[16]!

PIPPA. Was meint Ihr denn? Ich versteh' Euch
ja nicht.

HUHN. Riehr mich ni an, sonste derschlägt mich
mei Herze[17]! *Er ist bleich geworden, zittert, atmet
tief und rückt fort, weil Pippa mit den Lippen seine
Hand berührt hat.*

PIPPA *stutzt, flieht und wirft sich gegen die ver-
schlossene Tür. Zu Hilfe! Zu Hilfe!*

HUHN. Nischte! dort iis kee Durchkumma! Du
bleibst bei mir, und bei mir iis scheen! Du hust's
bei am Kaiser ... hätt'st du's ni scheener! Ock
folga mußte, folgs'm sein[18].

PIPPA. Vater Huhn, Vater Huhn, du tust mir
doch nichts?

HUHN *entschieden das Haupt schüttelnd.* Und o
kee andrer soll dir kee Haar krimma[19]! kee Voater
und kee Direkter nich. Hie bist du sicher, und
meine biste.

PIPPA. Hier soll ich für immer begraben sein?

HUHN. A Raupla, a Puppla, a Schmatterling!
Harr ock: du werscht ins de Grube schunn uff-
machen. — Horch, horch, der Nachtjäger kommt!
duck dich! d'r Nachtjäger kommt von a Bergen!
Heerscht's, draußen de Kinderla wimmern schon!
Se stehn nackta uff a kahla Sten'n im Hausflur und
winseln. Sie sein tut! Weil se tut sein, ängsta se
sich. Duck dich, setzt d'r a Kappla uff; sonste
greift a d'r mit d'r Faust in a Schohp, und gnade dir
Gott, mußt du rei in a Wirbel[20]. Kumm her, ich

---

[9]es ist etwas gewesen — und etwas wird sein (something
has happened — and something will happen)! Er stellt
manchmal im Frühjahr Sprenkel (Vogelschlingen)
auf ... und manchmal im Winter kommen die Goldammern! ... Halt, Jakob, laß die Liesl draußen stehen!
Sie wird mir einen Tropfen Milch wird sie mir ablassen!
[10]O holy Mary, mother of God! O mother Mary! O
holy Ann! O Mary, holy mother! [11]you precious child!
[12]So schlappern (schlürfend trinken) die Toten auch
ihre Milch! [13]Röhr (Röhre im Ofen, Hohlraum zum
Warmhalten von Speisen) [14]Nun kannst du kommen,
meinetwegen (for all I care); — versuch es, ob sie einer
wird herauskriegen (if anyone can get her away)!

[15]Weil es nun einmal so in der Welt zugehen muß.
(Because that's the way it must be in the world.) [16]Was
einer nicht hat, das muß er sich nehmen! [17]— Rühr
mich nicht an, sonst zerschlägt mich mein Herz (my heart
will burst)! [18]Nichts! dort ist kein Durchkommen! Du
bleibst bei mir, und bei mir ist es schön! Haustest du
bei meinem Kaiser ... hättest du es nicht schöner! Nur
folgen mußt du, folgsam sein. [19]Und auch kein anderer
soll dir ein Haar krümmen! (And no one else shall harm
a hair of your head!) [20]Eine Raupe, eine Puppe, ein
Schmetterling! Hör nur: du wirst uns die Grube schon
aufmachen. — Horch, horch, der Nachtjäger kommt!
duck dich! der Nachtjäger kommt von den Bergen! Hörst
du es, draußen die Kinderlein wimmern schon! Sie stehen nackt auf dem kalten Stein im Hausflur und winseln. Sie sind tot! Weil sie tot sind, ängstigen sie sich.
Ducke dich, setz dir ein Käppchen (a hood) auf; sonst
greift er dich mit der Faust beim Schopf, und gnade dir
Gott, und du mußt hinein in den Wirbel (whirlpool).

versteck diich! iich wickel dich ein! hiehr ock, wie's
heult und faucht und miaut; voll'ns runder vom
Dache mit da poar Strohwischen! Vor mir, immer
runder vom Schädel d'rmit! — Nu is a vorbei: gelt,
doas woar a Spuk[21]? Ich bin a Spuk, und du bist a   5
Spuk, de ganze Welt iis a Spuk, nischt weiter! Aber
eemal wird's vielleicht anderscher sein.

Es ist eine rasende Sturmwelle vorübergetobt. Pippa
zeigt wieder den Ausdruck fast bewußtlosen Ent-   10
setzens. Huhn steht mitten im Zimmer, auch noch,
als tiefe, unheimliche Stille herrscht. Nun wird
draußen eine Stimme vernehmlich und deutliches
Klopfen; zuerst an eins der vernagelten Fenster,
hernach an die Scheibe, die durch einen Schatten ver-   15
dunkelt wird. Huhn zuckt in sich zusammen und
glotzt auf die neue Erscheinung hin.

EINE STIMME *gedämpft von außen.* Huhu,
schuhu! Donnerlittchen noch mal, das ist ja ein   20
höllisches Morgenlüftchen, was? Wohnt jemand
hier? Meinen allerschönsten Vergelt's Euch Gott[22]!
Tut mir nichts, so tu' ich Euch nichts! Schenkt mir
nur etwas heißen Kaffee und laßt mich, bis es Tag
wird, vorm Ofenloch sitzen! Ein ergebenst zer-   25
frorener Handwerksbursch!

HUHN *in stierer Wut.* Wer wiel hie was? Wer
lungert ums Häusla vom ahla Huhn? woas
Mensch[23]? woas Gespenst? ich wer dir forthelfa.
Er ergreift einen schweren Knüppel und stürzt zur   30
Tür hinaus.

Mit einem Seufzer schließt Pippa die Augen. Nun ist
es, als ob etwas wie ein klingender Luftzug durch den
finsteren Raum hauchte. Dann erscheint, während   35
die Musik noch immer zunehmend ebbt und flutet,
Michel Hellriegel in der Tür. Gespannt und vorsich-
tig bewegt er sich in den Lichtkreis des Kienspans, die
Augen mißtrauisch forschend ins Dunkle gerichtet.
                                                         40
HELLRIEGEL. Das ist ja eine ziemlich harmoni-

sche Mordspelunke! He, Wirtschaft! Da spielt
wohl ein Mehlwurm Harmonika? He, Wirtschaft!
Er niest. Das scheint musikalischer Nieswurz zu
sein[24]. *Pippa niest ebenfalls.* War ich das, oder war
das ein anderer?

PIPPA *im Halbschlaf.* Hier — spielt wohl — jemand Harmonika?

HELLRIEGEL *horchend, ohne Pippa zu sehen.* Ganz
recht, ein Mehlwurm, nach meiner Ansicht! —?
Sause, liebe Ninne, was raschelt im Stroh? — Wenn
nachts eine Ratte nagt, so denkt man, es ist eine
Sägemühle, und wenn ein bißchen Zugluft durch
eine Türspalte dringt und zwei trockne Buchen-
blättchen reibt, so meint man gleich, ein schönes
Mädchen lispeln zu hören oder nach seinem Retter
seufzen! — Michel Hellriegel, du bist sehr klug, du
hörst sogar im Winter das Gras wachsen! Aber
ich sage dir, halte deine sieben Sachen zusammen
im Kopf! Deine Mutter hat recht! laß dein phanta-
stisches Gemüte nicht überlaufen wie einen Milchtopf[25]! Glaube nicht steif und fest an alles, was
nicht wahr ist, und laufe nicht einem fliegenden
Spinngewebe hundert Meilen und weiter nach! —
Guten Abend! mein Name ist Michael Lebrecht
Hellriegel! *Er horcht eine Weile, es erfolgt keine*
Antwort. Jetzt wundert mich, daß mir niemand
antwortet, weil doch 'n richt'ges Feuer im Ofen ist
und weil man hier eigentlich wirklich was ganz
Besonderes beanspruchen muß: so sieht's hier aus!
Wenn ich zum Beispiel hier einen Papagei auf dem
Ofentopf sitzen sähe, der mit dem Kochlöffel eine
Metzelsuppe[26] rührt und der mich dabei anschrie:
Halunke! Spitzbube! Pferdedieb!, das wäre doch
eigentlich das wenigste hier. Auf 'n Menschenfresser verzichte ich, oder wenn schon, dann auch
'ne verwunschene Prinzessin, die ein Unmensch,
verfluchter, im Käfig hält; zum Beispiel das kleine
niedliche Tanzjungferchen, — halt, da fällt mir was
Kluges ein: ich hab' eine Okarina gekauft! ich habe
dem alten Lausepeter[27], der in der Schenke zum
Tanz gespielt hat, für meinen letzten Taler — was
auch sehr klug war! — die Okarina hier abge-
handelt. Warum — weiß ich eigentlich selber nicht!
vielleicht, weil der Name so seltsam klingt! Oder
bild' ich mir ein, daß die kleine, rothaarige Nixe

---

[21]vollends herunter vom Dache mit den paar Stroh-
wischen! Vor mir, immer runter vom Schädel damit!
— Nun ist es vorbei: gelt, das war ein Spuk? (there it   45
goes down from the roof with a few wisps of straw!
For all I care, let it blow the skull bare! Now it is over,
Say, that was a spook, wasn't it?)   [22]Donnerlittchen
(Confound it), that was an infernal morning breeze,
wasn't it? Does anyone live here? My very best God
bless you!   [23]Wer will hier was? Wer lungert um das
Häuschen vom alten Huhn? Welcher Mensch? Welches
Gespenst? ich werde dir forthelfen (I'll help you to get
away from here).

[24]This seems to be musical sneeze-wort.   [25]Aber ich
sage dir, halte deine sieben Sachen zusammen im
Kopf! Deine Mutter hat recht! laß dein phantasti-
sches Gemüte nicht überlaufen wie einen Milchtopf!
(But I tell you, keep your wits about you! Your mother
is right! don't let your fantastic feelings run over like a
milk-jug!)   [26]a sausage soup   [27]old duffer

drinsteckt und womöglich herausfährt und tanzt, wenn man darauf spielt? — Und da will ich wahrhaftig mal den Versuch machen.

Michel Hellriegel setzt die Okarina an den Mund, sieht sich forschend um und spielt. Bei den ersten Tönen erhebt sich Pippa mit geschlossenen Augen, trippelt mitten in die Stube und nimmt eine Tanzstellung ein.

PIPPA. Ja, Vater, ich komme! ich bin schon hier!

Michel Hellriegel läßt die Okarina sinken und starrt mit offenem Munde, entgeistert vor Überraschung.

HELLRIEGEL. Siehst du, Michel, das hast du von der Geschichte: jetzt bist du tatsächlich übergeschnappt[28]!

PIPPA *schlägt, wie erwachend, die Augen auf.* Ist jemand hier?

HELLRIEGEL. Nein, nämlich außer mir niemand, wenn Sie erlauben.

PIPPA. Wer spricht denn da? Wo bin ich denn?

HELLRIEGEL. In meinem übernächtigen Kopfe[29]!

PIPPA *erinnert sich Hellriegels aus der Waldschenke und fliegt ihm in die Arme.* Hilf mir! hilf mir! errette mich!

Hellriegel blickt starr an sich herunter auf das herrliche, tizianblonde Haar des Köpfchens, das sich an seiner Schulter birgt. Er rührt die Arme nicht, die ihm Pippa fest umschlungen hält.

HELLRIEGEL. Wenn ich jetzt, wenn ich jetzt ... zum Beispiel: ich setzte den Fall, und ich hätte jetzt meine Arme frei, so würde ich jetzt, trotzdem es die Mutter nicht gerne sieht, ein kurzes Memorial in mein Büchelchen setzen, möglicherweise in Versen sogar. — Aber ich kann meine Hände nicht freikriegen! Die Phantasie hat mich eingeschnürt! sie hat mich auf eine — hol' mich der Teufel! — eine verwünscht eigentümliche Art und Weise festgeschnürt, daß mir das Herz im Halse bumpert, und vorn einen blonden Knoten gemacht[30]!

PIPPA. Hilf mir, hilf mir! befreie mich! errette mich von dem alten Untier und Scheusal!

[28]jetzt bist du tatsächlich übergeschnappt! (now you are stark mad!) [29]In my confused and weary head! [30]My imagination has bound me so tightly! It has bound me — woe betide me! — so tightly and so confoundedly queerly that my heart thumps in my throat and makes a bunch of blond hair in front of me!

HELLRIEGEL. Wie heißt du denn?

PIPPA. Pippa!

HELLRIEGEL. Richtig, jawohl. Den Kerl mit den Reitstiefeln hört' ich so rufen. Dann war der Kerl fort: er drückte sich. Als sie den welschen Hund massakrierten, wollte er lieber woanders sein. Und auch du warst fort, als ich wiederkam ... das heißt wir, mit dem sterbenden Italiener, wenigstens unten fand ich dich nicht, und in sein Schlafquartier steig ich nicht mit. — Ich hätte ihn gern noch nach dir gefragt, aber er hatte sein Italienisch vergessen!

PIPPA. Komm fort, komm hier fort! Ach, verlaß mich nicht!

HELLRIEGEL. Nein! Da magst du ganz ruhig sein, wir zwei beiden verlassen einander nicht mehr. Wer einmal, wie ich, einen Vogel hat, der läßt ihn auch nicht so leicht wieder fortfliegen. Also Pippa, setz dich, beruhige dich! und wir wollen die Sachlage nun mal ernst nehmen! Als wenn keine Schraube nicht locker wär'! *Er macht sich sanft los, faßt Pippas kleinen Finger mit ritterlicher Ziererei und Bescheidenheit zwischen Zeigefinger und Daumen und führt sie an ein Schemelchen im Lichtbereich des Ofens, auf das sie sich niederläßt.*

HELLRIEGEL *vor Pippa stehend, mit phantastischem Gestus.* Also, ein Drache hat dich geraubt — ich dachte mir das sofort in der Waldschenke —, dem welschen Zauberer wegstibitzt[31], und weil ich ein fahrender Künstler bin, stand es sogleich fest bei mir, dich zu befreien, und sofort rannte ich auch ganz ziellos ins Blaue.

PIPPA. Wo kamst du denn her? Wer bist du denn?

HELLRIEGEL. Ein Sohn der verwitweten Obstfrau Hellriegel.

PIPPA. Und woher kommst du?

HELLRIEGEL. Aus dem großen Wurstkessel unseres Herrn!

PIPPA *lacht herzlich.* Aber du sprichst ja so sonderbar!

HELLRIEGEL. Darin hab' ich mich immer ausgezeichnet.

PIPPA. Aber sieh doch, ich bin doch von Fleisch und Blut! und der alte wahnsinnige Huhn ist ein alter entlassener Glasbläser, weiter nichts; davon hat er den Kropf doch und seine Ballonbacken; feurige Drachen gibt es doch nicht!

HELLRIEGEL. Gott soll mich bewahren, warum denn nicht?

[31]dem welschen Zauberer wegstibitzt (spirited you away from the Dago magician),

PIPPA. Schnell! bring mich zu Mutter Wende zurück! komm mit mir mit: ich kenne den Weg zur Rotwasserschenke[32]. Ich führe dich! wir verirren uns nicht! *Da Hellriegel ablehnend den Kopf schüttelt.* Oder willst du mich wirklich wieder allein lassen?

HELLRIEGEL *heftig verneinend.* Meine Okarina verkaufe ich nicht!

PIPPA *lacht, schmollt, drängt sich ängstlich an ihn.* Was du nur mit der Okarina hast? Warum willst du denn kein vernünftiges Wort sprechen? Du redest ja immer dummes Zeug! Du bist ja so dumm, signore Hellriegel! *Ihn innig küssend, halb weinerlich.* Ich weiß ja gar nicht, wie dumm du bist!

HELLRIEGEL. Halt, nun geht mir ein Seifensieder auf[33]! *Er nimmt sie beim Kopf, sieht nahe in ihre Augen und drückt seine Lippen mit ruhigem Entschluß lange und inbrünstig in die ihren.* Dumm machen läßt sich der Michel nicht! *Ohne sich loszulassen, sehen beide einander betroffen und einigermaßen unsicher an.* Es geht etwas in mir vor, kleine Pippa: eine sonderbare Veränderung!

PIPPA. Ach, guter ...

HELLRIEGEL *ergänzend.* Michel.

PIPPA. Michel, was tust du denn?

HELLRIEGEL. Ich bin selbst ganz verwirrt! bitte, erlaß mir die Antwort! Bist du nicht böse deswegen?

PIPPA. Nein.

HELLRIEGEL. Könnten wir das dann vielleicht gleich noch mal machen?

PIPPA. Warum denn?

HELLRIEGEL. Weil es so einfach ist! Es ist so einfach und ist so verrückt und so ... so allerliebst, zum Unsinnigwerden[34].

PIPPA. Ich denke, Michel, das bist du schon.

HELLRIEGEL *sich hinterm Ohr kratzend.* Wenn sich einer bloß darauf verlassen könnte! Ich sage, es ist kein Verlaß in der Welt[35]! — Weißt du, da kommt mir mal wieder 'n Einfall! Nehmen wir uns mal richtig Zeit! gehen wir der Sache mal auf den Grund! Komm, setz dich hierher, hier neben mich! Also erstlich ist das hier eine Hand! Erlaube mal, kommen wir gleich mal zur Hauptsache: ob eine Feder im Uhrwerk ist? *Er behorcht ihre Brust, wie ein Arzt.* Du bist ja lebendig. Du hast ja ein Herz, Pippa!

PIPPA. Aber Michel, zweifelst du denn daran?

HELLRIEGEL. Nein, Pippa! — Doch wenn du lebendig bist — dann muß ich erst mal zu Atem kommen! *Wirklich nach Atem ringend, tritt er von ihr zurück.*

PIPPA. Michel, wir haben ja keine Zeit! Hör doch mal, wie es draußen schnauft und wer immer herum um die Hütte trampelt! schon dreimal ist er am Fenster vorbei. Er schlägt dich tot, Michel, wenn er uns findet. Siehst du, da stiert er wieder herein!

HELLRIEGEL. O du armes Prinzeßchen Fürchtemich[36]! Ei, du kennst meiner Mutter Sohn noch nicht! Den alten Gorilla laß dich nicht anfechten! Wenn du willst, fliegt ihm ein Stiefel an den Kopf!

PIPPA. Michel, nein, Michel, tu das nicht!

HELLRIEGEL. Gewiß! — oder fangen wir meinethalben das neue Leben auch anders an! richten wir uns mal erst ganz gelassen und nüchtern ein in der Welt! klammern wir uns an die Wirklichkeit, Pippa! gelt? Du an mich und ich an dich! Doch nein: das wag' ich kaum auszusprechen, weil du ja nur, wie eine Blüte auf biegsamem Stengel, so duftig und so zerbrechlich bist! Genug, Kind, keine Phantasterei! *Nimmt sein Ränzel ab und schnürt es auf.* Hier im Ränzel ist ein Etui. Paß auf, der Michel Hellriegel hat eine reele Erbschaft an Mutterwitz für alle Fälle mit auf die Welt gebracht[37]. — *Er hält ein Kästchen hin.* Praktisch! hierdrin sind praktische Dinge! Erstlich hier: das ist ein verzauberter Zahnstocher, siehst du: gestaltet wie ein Schwert: damit kannst du Riesen und Drachen totstechen! — Hier im Fläschchen hab' ich ein Elixier, und davon wollen wir dann dem Unflat was eintränken; ein sogenannter Schlaftrunk ist das, wider Riesen und Zauberer unentbehrlich! — Hier dem kleinen Zwirnsknäuel sieht man's nicht an, aber wenn du das eine Ende hier festbindest, so purzelt das Röllchen sogleich vor dir hin und hüpft dir voran, wie ein weißes Mäuschen, und gehst du nur immer dem Garne nach, so kommst du direkt ins Gelobte Land. — Noch ein kleines Puppentischchen ist hier: aber das, Pippa, hat nicht viel zu bedeuten; das ist bloß ein Tischlein-deck-dich[38]. Gelt, ich bin ein Kerl[39], und du hast nun Zutrauen?

PIPPA. Michel, ich seh' ja das alles nicht!

HELLRIEGEL. Wart nur, dann muß ich dir erst noch den Star stechen[40]!

---

[32]I know the way to the Redbrook Gorge.   [33]now it begins to dawn upon me!   [34]so delightful, enough to make one lose one's senses.   [35]there is nothing reliable in the world!

[36]O, you poor little princess "Timidity"!   [37]Just watch, Michel has brought with him into the world a real heritage of mother wit for all emergencies.   [38]it is merely a magic table.   [39]Am I not quite a fellow   [40]Just wait, then I shall have to open your eyes for you!

PIPPA. Ich glaub's ja! Versteck dich, der Alte kommt!

HELLRIEGEL. Sag mal, wo bist du geboren, Pippa?

PIPPA. Ich glaube, in einer Wasserstadt!

HELLRIEGEL. Siehst du, das hab' ich mir gleich gedacht! War es dort auch so pfiffig wie hier[41], und waren dort auch meistens Wolken am Himmel?

PIPPA. Nie, Michel, hab' ich dort eine gesehen, und Tag für Tag scheint die liebe Sonne!

HELLRIEGEL. Also! siehst du wohl, wie du bist! denkst du, die Mutter wollte das glauben? — Jetzt sage du mir mal: glaubst du an mich?

PIPPA. Zehntausendmal, Michel, in allen Dingen.

HELLRIEGEL. Schön! dann wollen wir übers Gebirge gehen — und das ist eigentlich bloß eine Kleinigkeit! Ich kenne hier jeden Weg und Steg, und drüben fängt gleich der Frühling an!

PIPPA. O no, no, no! Ich kann nicht mit! Mio padre e tanto cattivo[42]! Er sperrt mich wieder drei Tage ein und gibt mir nur Wasser und Brot zu essen!

HELLRIEGEL. Nun, Pippa, dein Vater ist jetzt recht umgänglich! seine Art und Weise ist jetzt recht gesetzt! er ist auf erstaunliche Weise demütig! Es hat mich gewundert, wie duldsam er ist! ganz kaltblütig! gar nicht wie ein Italiener: sanft! er tut keiner Fliege mehr was — verstehst du, was ich eigentlich sagen will, kleine Pippa? — Dein Vater hat so lange gespielt und gewonnen, bis er verloren hat. Am Ende verliert schließlich jeder, Pippa! Nämlich, sozusagen — dein Vater ist tot.

PIPPA *indem sie Michel Hellriegel mehr lachend als weinend um den Hals fliegt.* Ach, so hab' ich ja niemand mehr in der Welt! niemand als dich!

HELLRIEGEL. Das ist auch genug, Pippa! ich verkaufe mich dir mit Haut und Knochen, vom Kopf bis zur Sohle, wie ich bin! — und heißa, heißa, nun wollen wir loswandern!

PIPPA. Du nimmst mich mit, du verläßt mich nicht?

HELLRIEGEL. Ich dich verlassen? ich dich nicht mitnehmen? Und jetzt führ' ich dich, jetzt verlaß dich auf mich! Du sollst deinen Fuß nicht an einen Stein stoßen! — Horch, wie das Glas an den Bergfichten klingt! Hörst du? die langen Zapfen klirren. Es ist kurz vor Tage, doch bitter kalt. Ich wickle dich ein, ich trage dich! wir wärmen eins das andre, nicht? und du sollst erstaunen, wie schnell wir fortkommen! Es kriecht schon ein bißchen Licht herein! Sieh dir mal meine Fingerspitze an: da ist schon ein bißchen Sonne dran. Die kann man essen! die muß man ablecken! da steht man nicht ab und behält heiß Blut[43]! — Hörst du auch Vögel singen, Pippa?

PIPPA. Ja, Michel!

HELLRIEGEL. Ziep, ziep! das kann eine Maus, eine Goldammer oder eine Türangel sein! — Einerlei! alle merken was! das alte Haus knistert durch und durch! Manchmal wird mir geradezu ganz erhaben zumut: wenn das ungeheure Ereignis kommt und der Lichtozean aus dem heißen, goldenen Krug sich ergießt! —

PIPPA. Michel, hörst du nicht Stimmen rufen?

HELLRIEGEL. Nein, eine Stimme hör' ich nur! so, als wenn ein Stier auf der Weide brüllt!

PIPPA. Der alte Huhn ist es! Schauerlich!

HELLRIEGEL. Es ist aber seltsam, was er ruft!

PIPPA. Dort steht er, Michel, siehst du ihn nicht?

HELLRIEGEL *mit Pippa am Fenster.* Ja! das scheint ja ein furchtbarer Waldgott zu sein! Den Bart und die Wimpern voller Eiszapfen, die Hände gespreizt emporgestreckt: so steht er da und rührt sich nicht — die geschlossenen Augen nach Osten gerichtet!

PIPPA. Jetzt bestrahlt ihn das erste Morgenlicht.

HELLRIEGEL. Und er schreit wieder!

PIPPA. Verstehst du denn, was er ruft?

HELLRIEGEL. Es klang wie . . . es klingt wie . . . wie eine Verkündigung. *Es wird ein eigentümlicher, langsam und mächtig anschwellender Ruf hörbar, den der alte Huhn ausstößt und der wie* Jumalaï! *klingt.*

HELLRIEGEL. Wie Ju . . . Jumalaï[44] klingt es mir.

PIPPA. Jumalaï? Was bedeutet denn das?

HELLRIEGEL. Ganz bestimmt, kleine Pippa, weiß ich das nicht. Aber wie mir deucht, heißt es[45]: Freude für alle!

Der Ruf Jamalaï *wiederholt sich stärker, während es heller im Zimmer wird.*

PIPPA. Weinst du, Michel?

HELLRIEGEL. Komm, kleine Pippa, du täuschest dich!

Innig verschlungen bewegen sich Pippa und Hellriegel zur Tür hinaus. Die Szene schließt sich, und Musik, die mit dem Licht auf Hellriegels Finger begonnen hat, schwillt an und schildert, anwachsend, den mächtigen Aufgang der Wintersonne.

---

[41]Was it as windy there as here, . . . ? [42]O, no, no, no! I cannot go with you! My father is very wicked!

[43]then one doesn't get stale, and keeps one's hot blood! [44](probably from the Finnish *Jumala*, meaning *Freude für alle*) [45]But methinks it means.

DRITTER AKT

Im Innern einer verschneiten Baude auf dem Kamm des Gebirges. Man blickt in ein niedriges, großes und freundliches Zimmer mit Balkendecke[46], von Balkenwänden umschlossen. Drei kleine, wohlverwahrte Doppelfensterchen sind an der Wand links; darunter hin läuft eine befestigte Bank. Die Rückwand ist von einer kleinen Tür durchbrochen, die zum Hausflur führt. Buntbemalte Bauernschränke bilden links einen wohnlichen Winkel. Sauber geordnetes Küchengerät und bunte Teller schmücken die obere, offene Hälfte des einen Schrankes. Rechts von der Tür ist der übliche große Kachelofen[47] mit Bank. Das Feuer knackt darin lebhaft. Die Ofenbank geht in die feste Bank der rechten Wand über. In dem so gebildeten Winkel steht ein massiver, brauner und großer Bauerntisch; darüber hängt eine Lampe; buntbemalte Holzstühle umgeben ihn. Eine große Schwarzwälder Uhr bewegt ihren Messingpendel langsam neben der Tür. So weit zeigt der Raum einen Charakter, wie er den Wohnungen des bessergestellten Gebirglers eigen ist. Ungewöhnlich ist ein Tisch vorn links mit einem Lesepult, einem alten, aufgeschlagenen Buche darauf, und mit mancherlei anderen Büchern und seltsamen Gegenständen bedeckt, als da sind: eine Lampe zwischen Schusterkugeln, eine Glasbläserlampe mit Glasröhren[48], alte Apothekerflaschen, ein ausgestopfter Eisvogel usw.; ferner eine Anzahl Ausgrabungsobjekte, Steinmesser, Hämmer und Speerspitzen der sogenannten Steinzeit, an den Wänden und eine Sammlung gewöhnlicher Hämmer zu geologischen Zwecken. Ungewöhnlicher noch ist ein fein gearbeitetes venezianisches Gondelmodell, das vor dem Lesepult auf einem Gestell ruht, sowie andere altertümliche, mittelalterliche und moderne Schiffsmodelle der See- und Flußschiffahrt, die von der Decke herabhängen, und ein großes Fernrohr mit Stativ. Auf der Diele liegen edle orientalische Teppiche. Die Fensterchen des Zimmers glühen vom Licht der untergehenden Sonne, das auch die Gegenstände im Innern grell und phantastisch zur Erscheinung bringt. In der rechten Wand eine Tür. Jonathan, ein stummer, struppiger Kerl von etwa dreißig Jahren, spült Teller in einem Holzschäffchen[49] ab, das auf zwei Schemeln nahe dem Ofen steht.

Es wird mehrmals an die Flurtür geklopft. Der Stumme kehrt sich nicht daran, und so wird die Tür geöffnet, und der Direktor, in einer gebirgsmäßigen Vermummung, das Gewehr übergeworfen, Schneeschuhe unterm Arm, erscheint.

DIREKTOR. Jonathan, ist dein Herr im Hause? Jonathan! Lümmel, antworte mir! Hol' euch der Teufel, wenn er nicht zu Hause ist! Was? Ist er vielleicht Eisblümchen pflücken gegangen? oder weiße Motten fangen mit dem Schmetterlingsnetz? Brr, es ist eine hundsgemeine Kälte draußen! Jonathan!

Jonathan wendet sich, schlägt vor Freude und Schreck die Hände überm Kopf zusammen, trocknet sie in die blaue Schürze und küßt die Rechte des Direktors.

DIREKTOR. Ist der Alte zu Hause, Jonathan? der alte Wann? — *Jonathan gibt Laute von sich und macht Gesten.* Blöde Kanallje, drücke dich deutlicher aus[50]! *Jonathan gibt sich größere Mühe, zeigt leidenschaftlich durch das Fenster, zum Zeichen, daß sein Herr ausgegangen sei, läuft dann zur Uhr, die auf dreiviertel fünf zeigt, deutet mit dem Finger an, daß sein Herr um halb fünf hätte wollen zurück sein, zuckt verwundert die Achseln darüber, daß er noch nicht heimgekehrt sei, eilt zum Fenster zurück, drückt die Nase daran, beschattet die Augen mit der Hand und hält Umschau.* Also gut, ich habe kapiert[51]: er ist auswärts und wird gleich wiederkommen, sollte eigentlich bereits wieder zurück sein! *Der Stumme ahmt mit* wau, wau *einen Hund nach.* Richtig, er hat seine beiden Bernhardiner mitgenommen. Begriffen! Schön! Will sich und den Hunden ein bißchen Motion schaffen! — Putze mich ab, Schuft, ich bleibe hier!

Da er völlig wie ein Schneemann aussieht, tritt er in den Flur zurück, tritt und schlägt sich ab, wobei ihm der Stumme eifrig behilflich ist.
Mittlerweile kommt fast lautlos ein alter, ehrwürdiger Mann durch die Tür rechts herein. Er ist hoch, breitschultrig, und sein mächtiges Haupt umgibt langwallendes, weißes Haar. Sein bartloses, strenges Gesicht ist gleichsam mit Runen überdeckt. Buschige Wimpern überschatten die großen, hervortretenden Augen. Der Mann scheint neunzig und mehr Jahre alt zu sein, aber so, als wenn Alter potenzierte Kraft, Schönheit und Jugend wäre. Seine Kleidung ist ein Kittel aus grober Leinwand mit weiten Ärmeln und bis unter die Knie reichend. Er trägt runde, rot-

---

[46]with raftered ceiling [47]tile stove [48]a glass-blower's lamp with glass tubes [49]a little wooden tub

[50]Jonathan, you thick-headed lout, express yourself more plainly! [51]Very well, I've taken that all in:

*wollene Schnürschuhe und einen Ledergurt um die
Lenden. In diesem Gurt ruht, als er eintritt, seine
große, edelgeformte rechte Hand. Es ist Wann.
Wann richtet einen aufmerksamen und lächelnden
Blick in den Flur, schreitet ruhig durchs Zimmer und   5
läßt sich hinter dem Tisch am Lesepult nieder. Er
stützt sich auf, mit den Fingern sinnend das Haar
durchwühlend, dessen weiße Locken den offenen Folianten überfließen, auf den er die Augen gerichtet
hält. Aus seinem Überzug geschält, tritt der Direktor   10
wieder ein. Er gewahrt Wann zuerst nicht.*

DIREKTOR. O ihr Gazellen! Süße Zwillinge! —
So! jetzt wollen wir's uns bei dem alten Pfiffikus
einstweilen so gemütlich als möglich machen!   15
WANN. Das denk' ich auch! Und dazu wollen
wir schwarzen Falerner trinken!
DIREKTOR *überrascht.* Verdammt! Wo kommen
denn Sie plötzlich her?
WANN *lächelnd.* Ja, wer das nur so genau wüßte,   20
Direktor! — Willkommen im Grünen[52]! — Jona-
than!
DIREKTOR. Jawoll! es wird einem grün und blau
vor den Augen, wenn man so seine vier Stunden
gerutscht und gekraxelt ist[53]! Ich hatte 'ne   25
schwarze Brille auf! Aber trotzdem kommt mir
mein Sehorgan vor wie ein Teich, auf dessen Grund
ich gesunken bin und über den oben fortwährend
farbige Inselchen schwimmen!
WANN. Und Sie möchten gern auf eine hinauf?   30
Soll ich vielleicht eine Angel hervorsuchen?
DIREKTOR. Wieso?
WANN. Na, es schoß mir nur eben so durch den
Kopf. Jedenfalls sind Sie ein Meister im Schnee-
schuhlaufen und so waghalsig, wie es zum Beispiel   35
ein Hirsch meistens nur im November ist und der
Sperber nur dann, wenn er in der Verfolgung einer
Beute begriffen ist und seine Jagdwut ihn gegen
alle Gefahren blind und taub gemacht hat; das fiel
mir auf, als ich Sie vogelartig von der Spitze der   40
Sturmhaube niedergleiten sah! Und da Sie ein
Mensch sind, riet ich auf eine dritte menschliche
Möglichkeit: Sie möchten vielleicht irgendwas
Krankhaftes ausschwitzen.
DIREKTOR. Auf was der Mensch nicht alles ver-   45
fällt, wenn er in aller Welt nichts mehr zu tun hat,
als Sommer und Winter bei jedem Wetter auf der
Milchstraße spazierenzugehen!
WANN *lachend.* Ich gebe zu, daß ich mein

Steckenpferd oftmals ein bißchen hochhinaus spa-
zierenreite und daß ich dadurch etwas fernsichtig
geworden bin; aber ich sehe auch noch in der Nähe
ganz gut! — Zum Beispiel dies liebliche Kind von
Murano hier und den schönen Kristall voll schwarzen Weins, den Jonathan uns zum Troste bringt!

*Jonathan hat zwei edle, alte, große venezianische
Kelchgläser und eine geschliffene Karaffe voll Wein
auf einem großen Silbertablett hereingebracht und
auf den Tisch gestellt. Wann schenkt die Gläser vorsichtig selbst voll. Jeder der Männer ergreift eines
und hebt es andächtig gegen die noch matt glim-
menden Fenster.*

DIREKTOR. Montes chrysocreos fecerunt nos
dominos[54]! Wissen Sie, wie Sie mir manchmal vorkommen, Wann? Wie einer von jenen sagenhaften
Goldsucherkerlen, die das sauerkrautfressende,
schweinsborstenrüdige Rüpelgesindel in unsern
Bergen Walen nennt[55].
WANN. So?! Wie wäre denn das, bester Direktor?
DIREKTOR. Wie einer, der in Venedig mitten im
Wasser einen arabischen Feenpalast aus Gold und
Jaspis besitzt, der sich aber bei uns hier anstellt und
tut, als könnte er nicht auf dreie zählen, und jede
verschimmelte Brotkruste frißt.
WANN. Salute! darauf trinken wir, liebster Direktor! *Sie trinken einander zu und lachen dann
herzlich.* Also für so etwas halten Sie mich! Die
Brotkrusten übrigens abgerechnet, denn dieser
Heuchelei bin ich mir nicht bewußt, ist vielleicht
sogar ein Gran Wahrheit in der Vermutung! Wenn
ich auch nicht geradezu eins von jenen zauber-
mächtigen Venezianermännerchen bin, die den
Holzfällern und anderen Phantasten zuweilen erscheinen und die Goldhöhlen, Grotten und
Schlösser im Innern der Erde besitzen, so leugne
ich nicht, daß mir diese Berge auf eine gewisse
Weise wirklich goldhaltig sind!
DIREKTOR. Ach, wer doch auch so stillvergnügt
in Schnee und Eis resignieren könnte wie Sie,
Meister Wann! Keine Nahrungssorgen, kein Geschäft, keine Frau — über allerlei Torheiten weit
hinaus, die unsereinem noch Kopfschmerzen
machen, und in gelehrte Studien so vertieft, daß

---

[52]Welcome to this green land!   [53]Indeed! one sees all
sorts of colors swim before one's eyes when one has
slipped and clambered up for four long hours!

[54]Gold-bearing mountains have made us lords!   [55]Like
one of those legendary golddigging chaps, whom the
sauerkraut-eating, hog-bristled vulgar gang of rowdies
in our mountains sometimes call Dagos.

man den Wald vor Bäumen nicht sieht: das ist wirklich ein idealer Zustand!

WANN. Ich sehe, mein Charakterbild schwankt
einstweilen in Ihrer direktorialen Seele noch. Erst
bin ich Ihnen eine sagenhafte Persönlichkeit, die 5
ein Haus in Venedig hat, dann wieder ein alter
Major a. D., der harmlos seine Altersrenten verzehrt.

DIREKTOR. Ja, es ist eben weiß Gott nicht leicht,
sich von Ihnen den rechten Begriff zu machen! 10

WANN. Jonathan, zünde die Lampen an!
Hoffentlich durchschauen Sie mich bei Licht etwas
besser!

Eine kurze Pause tritt ein, die Unruhe des Direktors 15
steigt.

DIREKTOR. Auf was warten Sie eigentlich jahr-
aus, jahrein hier oben, Wann?

WANN. Auf mancherlei!

DIREKTOR. Das wäre zum Beispiel? 20

WANN. Alles, was die Windrose bringt: Ge-
wölke, Düfte, Kristalle von Eis! auf die lautlosen
Doppelblitze der großen Panfeuer! auf die kleine
Flamme, die aus dem Herde schlägt! auf die Ge- 25
sänge der Toten im Wasserfall! auf mein seliges
Ende! auf den neuen Anfang und Eintritt in eine
andere musikalisch-kosmische Brüderschaft.

DIREKTOR. Und wird Ihnen das nicht mitunter
langweilig, so allein? 30

WANN. Wieso: Se tu sarai solo, tu sarai tutto
tuo[56]. Und Langeweile ist, wo Gott nicht ist!

DIREKTOR. Das würde mir nicht genügen,
Meister! Ich brauche immer den äußeren Reiz.

WANN. Nun, was die Wollust der großen Ehr- 35
furcht in Schwingungen hält, das, denk' ich, ist
auch einer.

DIREKTOR. Ja, ja, schon gut! Bei mir indessen,
so alt wie ich bin, muß immer wieder was Junges,
Lustiges, Lebendiges im Spiele sein. 40

WANN. Wie zum Beispiel hier diese Marien-
käferchen. Den ganzen Winter durch hab' ich sie
hier auf dem Tisch, zwischen allerlei Spielzeug, zur
Gesellschaft. Sehen Sie sich so ein Tierchen mal an!
Wenn ich es tue — so höre ich förmlich die Sphären 45
donnern! Trifft es euch, so seid ihr taub.

DIREKTOR. Diese Wendung verstehe ich nicht.

WANN. Ganz einfach: das Tierchen auf meinem
Finger ahnt mich nicht und ahnt Sie nicht. Und
doch sind wir da und die Welt um uns her, die es, 50
eingeschränkt in sein Bereich, nicht zu fassen ver-

mag. Unsere Welt liegt außerhalb seiner Sinne.
Bedenken Sie, was jenseits der unsern liegt! — Ver-
möchte Ihnen zum Beispiel das Auge zu sagen, wie
der Bach rauscht und die Wolke grollt? Daß es so
ist, würden Sie nie erfahren, hätten Sie nicht den
Sinn des Gehörs. Und hätten Sie wieder das feinste
Gehör: Sie wüßten doch von den herrlichen Licht-
ausbrüchen am Firmamente in Ewigkeit nichts!

DIREKTOR. Danke fürs Privatissimum! Lieber
ein anderes Mal! habe heute kein Sitzefleisch[57]. Ich
spielte auf ganz was anderes an ...

WANN *hebt sein Glas.* Auf das liebliche Kind von
Murano wahrscheinlich!

DIREKTOR. Meinethalben! Woher wissen Sie
das?

WANN. Wofür hat man sein tausend Meter hohes
mitteldeutsches Observatorium? Wofür hat man
ein Fernglas mit der selbstverfertigten Linse darin?
Soll man nicht manchmal auf die alte sublunarische
Welt runtergucken und den Kindern auf die Finger
sehen? Und wen schließlich der Schuh nicht
drückt, der kommt nicht zum Schuster!

DIREKTOR. Gut! Wenn Sie wirklich ein so ver-
teufelter Physiker sind — Ihre Schusterei einstweilen beiseite! ich gebe zu, daß mich der Schuh an
mehreren Stellen drückt[58] —, so sagen Sie mir doch
gefälligst mal: was ist heute nacht in der Schenke
des alten Wende geschehn?

Wann blättert im Buch auf dem Lesepult.

WANN. Man hat einen Italiener erstochen!

DIREKTOR. Warum schlagen Sie denn im Buche
nach?

WANN. Einen Registrator braucht man doch
schließlich!

DIREKTOR. Und ist auch das Nähere darin
notiert?

WANN. Vorläufig nein.

DIREKTOR. Nun, dann ist es mit Ihrem Fernrohr
und Ihrem protzigen Folianten nichts! — Ich verzeihe mir diese Geschichte nicht! Warum hab' ich
nicht besser aufgepaßt! Ich wollte sie zehnmal dem
Hunde abkaufen. So kommt's, wenn man wirklich
mal zartfühlend ist! *Er springt auf und geht erregt
im Zimmer umher; endlich bleibt er hinter dem Fernrohr stehen, dreht es auf dem Stativ und richtet es
nacheinander auf die verschiedenen nachtschwarzen*

---

[56]If thou wilt be alone thou wilt be wholly thine own.

[57]Thank you for the private lecture! I would rather have
it some other time! I can't sit still today. [58]—putting
your cobbling aside for the time! I admit that the shoe
pinches me in several places —

Fenster. Der Wind pfeift. Toll, wie einem hier oben bei Ihnen immer wie in einer Schiffskabine zumute wird, im Sturm auf dem großen Ozean!

WANN. Und drückt das nicht auch die Situation am richtigsten aus, in die wir hineingeboren sind?

DIREKTOR. Das mag sein! Aber mit Phrasen von dieser Art läßt sich nichts anfangen. Aus meiner besonderen Klemme reißt mich das nicht[59]! Anders wär's, wenn man durch Ihr Fernrohr was sehen könnte! Leider aber merk' ich, daß das auch Vorspiegelung falscher Tatsachen ist.

WANN. Es ist ja doch stockfinstere Nacht, Direktor!

DIREKTOR. Bei Tage brauch' ich so'n Dings doch nicht!

Er läßt ab von dem Fernrohr, geht wieder hin und her und bleibt schließlich vor Wann stehen.

WANN. Nun heraus mit der Sprache: wen suchen Sie denn?

DIREKTOR. Sie.

WANN. Sie ist Ihnen demnach verlorengegangen?

DIREKTOR. Ich jage ihr nach und finde sie nicht! — Ich habe den Unsinn satt, Meister Wann! Ziehen Sie mir den Stachel heraus, wenn Sie so'n toller Quacksalber sind! Ich kann nicht leben und kann nicht sterben. Nehmen Sie ein Skalpell in die Hand, und suchen Sie die vergiftete Pfeilspitze, die mir irgendwo im Kadaver sitzt und mit jeder Minute tiefer dringt. Ich habe die Angst und das Jucken satt, den schlechten Schlaf und den schlechten Appetit; meinethalben: ich will päpstlicher Sänger werden, nur um den verzweifelten Schmacht, der mich plagt[60], für eine Minute los zu sein.

Er ist schwer atmend auf einen Stuhl gesunken und wischt sich den Schweiß von der Stirn. Wann erhebt sich mit einiger Umständlichkeit.

WANN. Und es ist Ihnen wahrhaft ernst mit der Kur? Sie wollen sich wirklich in meine Hand geben?

DIREKTOR. Natürlich! ja! Wozu käme ich denn!?

WANN. Und auch dann stillhalten, wenn es notwendig ist, das böse Gewächs mit dem ganzen, bis in die Zehenspitzen verzweigten Wurzelsystem mit einem Ruck aus der Seele zu reißen?

DIREKTOR. Und wenn es eine Pferdekur ist!

WANN. Nun, dann geben Sie freundlichst acht, lieber Direktor! Jetzt klatsch' ich das erste Mal in die Hand! *Er tut es.* — Wenn der Greis nicht mehr könnte als der Mann, was wäre dann wohl der Sinn des Alters? *Er zieht ein langes seidenes Tuch hervor.* Jetzt klatsch' ich das zweite Mal in die Hand! *Er tut es.* Hernach binde ich mir dies Tuch vor den Mund, wie der Parse[61] es beim Gebete tut . . .

DIREKTOR *ungeduldig.* Und dann werde ich meiner Wege gehen, denn ich merke, Sie uzen mich[62], Meister Wann!

WANN. Und dann: incipit vita nova, Direktor[63]! *Er schiebt die Binde vor den Mund und klatscht stark in die Hände. Sogleich stürzt, wie durch Zauber gerufen, Pippa halb erfroren und nach Atem ringend herein; eine Nebelwolke dringt hinter ihr her.*

PIPPA *hervorstoßend, heiser schreiend.* Rettet, rettet! Ihr Männer, helft! Dreißig Schritt von hier stirbt der Michel im Schnee! er liegt und erstickt! er kann sich nicht aufrichten! bringt Licht! er erfriert! er kann nicht weiter! die Nacht ist furchtbar! Kommt mit, kommt mit!

DIREKTOR *starrt in grenzenloser Betroffenheit bald Pippa, bald seinen Gastgeber an.* Was! sind Sie der Teufel selber, Wann?

WANN. Die Kur beginnt. Keine Müdigkeit vorschützen! Ein Seil! Binde das Ende hier fest, Jonathan!

Pippa hat Wann bei der Hand gefaßt und zerrt ihn hinaus. Der Direktor folgt wie betäubt. Das Zimmer ist leer, der Sturm braust durch den Hausflur, Schneewolken hindurchfegend. Plötzlich wird der Kopf des alten Huhn in der Flurtür sichtbar. Nachdem sich der Alte vergewissert hat, daß niemand im Zimmer ist, schleicht er sich ein. Er beglotzt die Gegenstände im Zimmer, und als die Stimme des wiederkehrenden Wann hörbar wird, verbirgt er sich hinterm Ofen.

WANN *noch im Hausflur, am Seil die andern nach sich ziehend.* Bewahre die Türen fest, Jonathan!

Nun wird, von Wann und dem Direktor gestützt, der halberfrorene Michel Hellriegel sichtbar. Man bringt ihn ins Zimmer, legt ihn auf die Ofenbank;

[59]This doesn't pull me out of my particular dilemma!
[60]I will become a papal chorus singer, only to be rid for one minute of the desperate lovelonging which torments me

[61]as the Parsee does in prayer (Parse = Anhänger des Parsismus) [62]you are mocking me, Master Wann!
[63]the new life begins (cf. Dante's *La vita nuova*)

*Pippa zieht ihm die Schuhe aus, und der Direktor
reibt ihm die Brust.*

WANN *zu Jonathan.*   Einen Tassenkopf voll
heißen schwarzen Kaffees, mit Kognak vermischt!   5

DIREKTOR. Donner und Hagel, das Maul friert
einem ja zu! Das sticht ja da draußen mit Nadeln
und Schlachtermessern!

WANN. Ja, es ist was! Man weiß wenigstens,
wenn man in diesen schwarzen Hadesbränden nach   10
Atem schnappt, daß man ein Kämpfer und noch
weit entfernt von den Paradiesen des Lichtes ist.
Nur ein Fünkchen daraus hat den Weg gefunden!
Wacker, Kleine, hast du dich durchgekämpft!

PIPPA. Der Michel, signore, der Michel, ich nicht.   15

WANN. Wie ist Ihnen denn zumute, Direktor?

DIREKTOR. Was Sie für einer sind, weiß ich
nicht! Aber sonst geht's mir galgenmäßig vergnügt! Es ist schließlich ebenso wunderbar, wenn
eine Fliege auf meinen Hemdkragen schmitzt,   20
als daß Sie oder sonstwer solche Geschichten
machen[64].

WANN. Statt eines sind ihrer zwei geworden!

DIREKTOR. Danke! so weit reicht mein Grips
eben noch! Meine Vermutung ging zwar auf Huhn,   25
was weiter? Statt dessen ist es ein Gimpel! —
Jonathan, meine Schneeschuhe, fix!

WANN. Schon fort?

DIREKTOR. Zwei sind genug. Der dritte zu viel.
Es ist mir zwar einigermaßen neu, Edelmut in der   30
höchsten Potenz exekutieren, aber auf Dauer ist
das doch kein rechter Beruf für mich! — meinst du
nicht auch, kleine Pippa?

PIPPA *die leise weinend Michels Füße mit ihrem
Haar trocknet und reibt.* Cosa, signore[65]?   35

DIREKTOR. Du kennst mich doch noch? *Pippa
schüttelt verneinend den Kopf.* Hast du mich nicht
irgendwo mal gesehen? *Pippa schüttelt abermals
verneinend den Kopf.* — Brachte dir nicht irgendein
guter Onkel während drei, vier Jahren Zuckerzeug,   40
hübsche Korallen und seidene Bänderchen mit?
Pippa verneint überzeugt durch Kopfschütteln. Bravo, so hab' ich mir's gedacht! — Hast du nicht einen Vater gehabt, der gestorben ist? *Pippa verneint.*

WANN. Merken Sie was, Direktor …   45

DIREKTOR. Und ob ich was merke!

WANN … was für ein alter, mächtiger Zauber
hier im Spiele ist?

DIREKTOR. Versteht sich am Rande, ganz gewiß[66]! Fideles Vexierspiel in der Welt! *Mit dem
dritten Finger auf Michels Stirn klopfend.* Du, wenn
du aufwachst, klopf doch mal an den Himmel, vielleicht sagt der lieber Herrgott herein! — Adieu!
Reiben Sie Michel ins Dasein zurück! *Schon im
Flur.* Wünsche allerseits wohl zu speisen! Es hat
geholfen! Ich bin kuriert! — Juhu! Jockele, schließe
den Abgrund auf!

*Man hört die Haustür öffnen und im Freien noch
mehrmals das Juhu des Direktors.*

HELLRIEGEL *schlägt die Augen auf, springt in die
Höhe und ruft ebenfalls.* Juhu! Juhu, da haben
wir's, kleine Pippa!

WANN *tritt erstaunt und belustigt zurück.* Ei! was,
wenn ich fragen darf, haben wir denn?

HELLRIEGEL. Ach so, kleine Pippa, wir sind nicht
allein! Sag mal, woher kommt der Alte so plötzlich?

PIPPA *schüchtern, leise.* Ach, ich wußte mir
keinen andern Rat!

HELLRIEGEL. Aber war es nicht herrlich! Freust
du dich nicht, so durch Sturm und Winter auf-
wärtszuklettern? so lustig vorwärts und Hand in
Hand?

WANN. Wohin reist ihr denn, wenn man fragen
darf?

HELLRIEGEL. Ei, Alter! wer wird so neugierig
sein? Frag' denn ich dich, warum du hier oben
muffelst[67], dich wärmst und gebratene Äpfel ißt?

WANN. Da hast du ja einen Tausendsassa, liebes
Kind[68]!

HELLRIEGEL. Immer wandern und an das Ziel
nicht denken! Man schätzt es zu nah oder schätzt
es zu weit. — Übrigens fühle ich doch meine
Knochen summen.

PIPPA *ängstlich.* Michel, könnten wir nicht dem
alten freundlichen Mann gegenüber vielleicht doch
ein bißchen dankbar sein? Oder meinst du nicht?

HELLRIEGEL. Wieso?

PIPPA. Er hat uns doch vor dem Erfrieren
gerettet!

HELLRIEGEL. Erfrieren? Das tut jetzt der Michel
beileibe nicht! — Hätten wir just das Asyl hier verfehlt, nun so wären wir jetzt gute zehn Meilen
weiter. Denke, Pippa, zehn Meilen näher am Ziel!
Wenn einer den Wunderknäuel besitzt und un-
zweideutige höhere Winke in großer Menge be-

---

[64]But in other respects, I am as amused as the man on
the gallows! After all, it is just as wonderful that a fly
should soil my shirt collar as that you or anyone else
should bring about such an occurrence.   [65]What is it, sir?

[66]That's self-evident, certainly!   [67]Do I ask you why
you muffle yourself up, up here … ?   [68]This is certainly
a devil of a fine fellow that you have here, dear child!

kommen hat, daß er zu etwas berufen ist . . . mindestens knetbares Glas zu erfinden!

WANN. Du lachst, meine Kleine: glaubst du ihm das? *Pippa sieht gläubig zu Wann auf und nickt entschieden bejahend mit dem Kopfe.* So!? allerdings, er spricht recht vertrauenerweckend! Nun, sprecht euch nur aus, ich geniere euch nicht! *Er nimmt hinter seinem Büchertische Platz, doch die beiden verstohlen beobachtend; dabei blättert er in dem großen Buch.*

PIPPA *geheimnisvoll.* Sieh dich mal um, Michel, wo wir sind!

HELLRIEGEL. Ganz am rechten Platz, wie mir eben jetzt einfällt! Ganz recht hat das Garn uns geleitet. Merktest du nicht, wie es uns immer vorwärts und heraus aus dem Unwetter zog?

PIPPA. Das war ja das Seil des Alten, Michel!

HELLRIEGEL. I, wie du dir das denkst, Kleinchen, ist es nicht! Hier zunächst mußten wir jedenfalls hin. Erstlich sah ich im Steigen immer das Licht. Hätt' ich aber das Licht auch nicht gesehen, es zog und sog eine unwiderstehliche Kraft in mir nach diesem schützenden Dache hin!

PIPPA. Ich bin so froh, daß wir sicher sind, und doch: ich fürchte mich noch immer ein bißchen!

HELLRIEGEL. Vor was fürchtest du dich?

PIPPA. Ich weiß nicht, vor was! — ob die Türen fest zu sind?

WANN *der es gehört hat.* Sind fest verschlossen!

PIPPA *einfach und unschuldig auf Wann zu.* Ach, Herr, Ihr seid gut, man sieht's Euch an! aber dennoch, gelt, Michel, wir müssen wohl weiter?

WANN. Warum denn? Wer ist denn auf eurer Spur?

HELLRIEGEL. Niemand! keiner wenigstens, der uns Sorgen macht! Aber wenn du fortwillst, so komm, kleine Pippa!

WANN. Meint ihr wirklich, ich ließe euch fort?

HELLRIEGEL. Allerdings! Womit wolltet Ihr uns denn festhalten?

WANN. An solchen Mitteln fehlt es mir nicht! — Ich frage dich nicht, wohin du gehst, wohin du mit dieser kleinen gescheuchten Motte, die an meine Lampe geflogen ist, unterwegens bist! Aber die Nacht hindurch werdet ihr hierbleiben!

HELLRIEGEL *breitbeinig in der Mitte des Zimmers aufgepflanzt.* Holla! holla! hier ist auch noch einer!

WANN. Wer weiß, was du für ein Vogel bist! vielleicht einer, der auszog, das Gruseln zu lernen[69]; dann hab' nur Geduld, du lernst es schon noch!

HELLRIEGEL. Immer gemütlich, Onkelchen, das Haus steht noch, wie mein Mutterchen sagt. Ob wir aber gehn oder bleiben, ist unsere Sache!

WANN. Du hast wohl sehr große Rosinen im Sack[70]!

HELLRIEGEL. So? seh' ich so aus, als ob ich welche im Sack hätte? Das ist wohl auch möglich, denke mal an! — Nun, Punktum! mein Ranzen tut sich so ziemlich, wenn es auch andere Dinge als gerade nur lump'ge Rosinen sind[71]. Falls mir also die Kappe so sitzt, dann gehen wir, und dann kannst du uns ebensowenig zurückhalten wie zwei Schwäne, die unter dem Lämmergewölkchen hinreisen[72] und wie zwei Punkte gen Süden ziehn.

WANN. Das geb' ich dir zu, junger Wolkenmann! Doch gelingt es mir zuweilen einmal, solche Vögel an meine Tröglein zu locken[73], und das hab' ich zum Beispiel mit euch getan.

Jonathan bestellt die Tafel neben dem Ofen mit Südfrüchten, dampfendem Wein und Gebäck.

HELLRIEGEL. Was, Tröglein! Wir sind nicht hungrig, wir essen nicht! Auf so was ist Michel nicht angewiesen!

WANN. Seit wann denn nicht mehr?

HELLRIEGEL. Seit . . . seit er das Freigold im Schlamme fand[74]!

WANN *zu Pippa.* Und du?

PIPPA. Ich bin auch nicht hungrig!

WANN. Nein?

PIPPA *leise zu Michel.* Du hast ja dein Tischleindeck-dich[75]!

WANN. So wollt ihr mir nicht die Ehre antun?

HELLRIEGEL. Ich merke, du bist wieder mal einer, der nicht die leiseste Ahnung davon hat, wer Michel Hellriegel ist. Was geht's mich an, und was hülfe es auch, es dir auseinanderzusetzen! Zwar weißt du, daß der Erzengel Michael ein Held und Drachenbezwinger ist: daran zweifelst du nicht. Ich brauche nun aber bloß wieterzugehn und meinethalben zehn Schwüre zu leisten, daß ich seit gestern Wunder auf Wunder erlebt und ein Abenteuer sieghaft be-

---

[69]Who knows what sort of a bird you are? Perhaps one who set out to learn to shiver . . . !

[70]You seem to be full of high notions! Is that what you have in your sack? [71]Indeed? Do I look as though I had something of that sort in my pack! It is quite possible! Think of it! Well, enough of that! My knapsack will do pretty well, even if there are other things in it than just paltry notions. [72]which are travelling along beneath the fleecy clouds [73]Yet I sometimes succeed in enticing such birds to my little trough [74]Since . . . since he found river gold in the mud! [75]Why, there you have your magic table!

standen habe, das ebenso ungeheuer ist, so wirst du
sagen: warum denn nicht? das ist einer, der Okarina
spielt. — Ich brauche von meinem Ranzen erzählen . . .

WANN. O Michel, du köstliches Gotteskind,
hätt' ich geahnt, daß du es bist, den ich heute seit
Tagesanbruch mit meinem Fernrohr verfolgt und
an meine Seelenfutternäpfchen voll heißen Blutes
gelockt habe[76]: ich hätte die Hütte festlich geschmückt und dich — damit du siehst, daß ich
auch so was wie ein Musikante bin — und dich mit
Quintetten und Rosen empfangen! — Sei friedlich,
Michel, vertrage dich! Und ich rate dir, iß eine
Kleinigkeit! So gesättigt himmelblau du auch sein
magst, davon kann nur die Seele, kein Körper satt
werden eines langen Lümmels, wie du einer bist[77]!

HELLRIEGEL *tritt an den Tisch, nimmt einen Teller
herauf, ißt eifrig und spricht leise und grimmig zu
Pippa.* Der Fraß widersteht mir[78], ich mag ihn
nicht! Bloß um mit guter Art loszukommen . . .

WANN. Iß, iß, Michel, räsoniere nicht! Es nutzt
nichts, mit deinem Herrgott zu hadern, weil du
atmen und schlingen und schlucken mußt! Dann
schwebt sich's und schaukelt sich's um so schöner!

PIPPA *hat sich zu Wann geschlichen, während
Michel ins Essen vertieft ist, und flüstert ihm zu in
voller Freude.* Ich freu' mich so, daß der Michel ißt!

WANN. Er wandelt nacht[79], also weck ihn nicht!
Sonst läßt er Gabel und Messer fallen, stürzt
tausend Meter hoch in die Luft und bricht sich
womöglich Hals und Beine. *Er nimmt sorgfältig mit
zwei Händen ein venezianisches Gondelmodell vom
Tisch.*

WANN. Kannst du mir sagen, was das vorstellt?

PIPPA. Nein.

WANN. Denk nach! Ist niemals durch deinen
Traum ein schwarzes Fahrzeug wie dieses geglitten?

PIPPA *schnell.* Ja, früher, ganz früher, erinnre
ich mich!

WANN. Weißt du auch, was für ein mächtiges
Werkzeug es eigentlich ist?

PIPPA *nachdenklich.* Ich weiß nur, daß ich nachts
einmal zwischen Häusern auf einer solchen Barke
geglitten bin.

WANN. So ist es! *Zu Michel hinüber.* Nun
meinethalb spitze auch du deine Ohren[80], damit du
nach und nach zur Erkenntnis gelangst, daß auch
hier einer sitzt, der sich etwas auf Äronautik und
manches andere versteht.

HELLRIEGEL. Immer raus mit der Zicke auf den
Markt[81]!

WANN. Also dies kleine Fahrzeug hier hat die
Märchenstadt zwischen zwei Himmeln geschaffen,
nämlich jene, darin auch du, gutes Kind, ans Herz
der Erde geboren bist. Denn du bist aus dem
Märchen und willst wieder hinein.

HELLRIEGEL. Hopp! da kommt was geflogen!
Hopp! wieder ein ander Bild! eine Ratte! ein Salz-
hering, ein Mädchen! ein Wunder! Immer auf-
fangen! eine Okarina! immer hopp, hopp, hopp! —
Sosehr ich, als ich von Mutter fort auf die Walze
ging, auf allerlei Hokuspokus gefaßt war und ihm
hüpfend vor Freude entgegengegangen bin[82], tritt
mir jetzt doch manchmal kalter Schweiß auf die
Stirne. *Er starrt, Gabel und Messer in den Fäusten,
tiefsinnig vor sich hin.* Also Er kennt die Stadt, wo
wir hinwollen!

WANN. Freilich kenne ich sie, — und sofern ihr
Vertrauen zu mir faßt, könnte ich etwas übriges
tun und euch mit Rat und Wink[83] den Weg dorthin
weisen. Am Ende, wer weiß, noch etwas mehr als
das! — Denn, offen gestanden[84], wenn man euch
ganz genau betrachtet, so kommen einen doch
Zweifel an, ob ihr wirklich so sicher und hoch und
zielbewußt durch den Himmel schwebt! Ihr habt
etwas an euch, wie soll ich sagen, von aus der
Flugbahn geschleuderten Vögeln, die hilflos irgendwohin an den Nordpol verschlagen sind.
Sozusagen auf Gnade und Ungnade! — Michel,
fahre nicht auf! Ereifre dich nicht! Du willst es
nicht Wort haben, daß du entsetzlich mürbe und
müde bist[85], und auch nicht die unbestimmte Angst,
das Grauen, das euch mitunter noch anpackt,
obgleich ihr den Schauern der winternächtigen
Flucht doch einigermaßen entronnen seid.

*Bei Erwähnung der Flucht und Angst ist Hellriegel
aufgesprungen, und Pippa und er haben einander*

---

[76]O, Michel, you delightful child of God, if I had sus-
pected that it was you whom I have been following since
daybreak with my telescope, and have enticed you to my
little feeding trough for souls full of hot blood . . . !
[77]However sated with sky-blue you may be, only the
soul can live on that, and not the body of a tall fellow
like you! [78]the grub is repugnant to me, I don't like it!
[79]He is walking in his sleep, so do not waken him!

[80]Now for all I care, you may prick up your ears too
[81]Well, out with what you have to say! [82]As much as
I, when I left my mother and started roving, was prepared for all sorts of hocus-pocus, and frisked joyfully
on to meet it, [83]with advice and suggestion [84]to be
frank [85]Michel, don't start! Don't become excited!
You won't own up to it that you are terribly tired and
weary . . .

ängstlich angesehen. Jetzt bewegt er sich unruhig an die Stubentür und horcht in den Flur hinaus.

HELLRIEGEL. Nur ruhig, Michel! Es käme drauf an! — Ich nehme doch an, daß die Türen genügend verwahrt und verriegelt sind? Dann haben wir jedenfalls nichts zu fürchten! *Er kommt zurück.* Meinethalben! Es kann ja sein, daß Ihr vielleicht etwas Rares seid — wir werden zwar sowieso in der schönen Wasser- und Glasmacherstadt, wo das Wasser zu gläsernen Blumen sprießt und von der ich zeit meines Lebens ganz genau jedes Brückchen, Treppchen und Gäßchen geträumt habe ... zwar sowieso morgen nachmittag Apfelsinen essen, aber meinethalb: wie weit ist's noch dahin?

WANN. Das kommt darauf an, Michel, wie man reist.

HELLRIEGEL. Auf praktische Weise, will ich mal sagen.

WANN *lächelnd.* Dann kommst du wahrscheinlich niemals hin. Aber wenn du mit diesem Schiffchen reist, mit dem schon die ersten Pfahlbauern in die Lagunen hinausfuhren und aus dem, wie aus einer schwimmenden Räucherschale, phantasticher Rauch: der Künstlertraum Venedig, quoll, daraus sich die prunkende, steinerne Stadt, wie der Kristall aus der Lauge, niederschlug ... ja, wenn du mit diesem Schiffchen reist und mittels des Wunders, das dir geworden ist, so kannst du mit einemmal alles erblicken, wonach deine schmachtende Seele strebt.

HELLRIEGEL. Halt! ich will mal erst eine stille und in mich gekehrte Überlegung anstellen[86]. Gebt mir doch mal das Ding in die Hand! *Er nimmt und hält das Schiffchen.* So? mit diesem Nußschälchen soll ich reisen? Ach! was doch der alte Herbergsvater klug und der Michel ein Esel ist! Wie macht man das bloß, hier einzusteigen? O bitte! ich bin kein Spaßverderber[87]! jetzt leuchtet mir die Geschichte ein; ich fürchte nur, ich verlaufe mich in dem Schiffchen! Wenn es wirklich sein muß, so nehm' ich doch lieber meine zwei Schwestern, meine sechs älteren Brüder, meine Onkels und meine sonstigen Anverwandten, die Gott sei Dank alle Schneider sind, mit.

WANN. Mut, Michel! Wenn einer aus dem Hafen ist, so gilt kein Zurück: er muß in die hohen Wogen hinaus. Und du — *Zu Pippa:* gib ihm den Zauberwind in die Segel!

HELLRIEGEL. Das gefällt mir, das wird eine schnurrige Fahrt[88]!

WANN

indem er Pippas Fingerchen um den Rand eines venezianischen Glases führt.
Fahre hin, fahre hin, kleines Gondelschiffchen! —
Sprich nach!

PIPPA
Fahre hin, fahre hin, kleines Gondelschiffchen!

WANN
Aus Winternacht und aus Schnee und Eis,
aus sturmgerüttelter Hütte Kreis —

PIPPA *lachend.*
Aus Winternacht und aus Schnee und Eis,
aus sturmgerüttelter Hütte Kreis —

WANN
Fahre hin, fahre hin, kleines Gondelschiffchen!

Aus dem Glase, dessen Rand Pippa reibt, dringt ein leiser Ton, der stärker und stärker wird, bis sich ihm Töne zu Harmonien angliedern, die schwellend zu einem kurzen, aber mächtigen musikalischen Sturm anwachsen, der jäh zurückebbt und verstummt. Michel Hellriegel verfällt offenen Auges in einen hypnotischen Schlaf.

WANN
Jetzt reist der Michel einsam über Wolken hin;
stumm ist die Reise, denn in jener Region
erstirbt der Schall. Er findet keinen Widerstand.
Wo bist du?

HELLRIEGEL
Herrlich fahr' ich her durchs Morgenrot!

WANN
Was alles siehst du?

HELLRIEGEL
Oh, ich habe mehr gesehn,
als eines Menschen Seele je erfassen kann,
und über hyazinthene Meere geht mein Flug!

WANN
Jetzt aber senkt dein Schiff sich nieder! — oder
nicht?

[86]Wait! First I want to commune quietly within myself.
[87]I am no kill-joy!
[88]That pleases me, that will will be a jolly trip!

HELLRIEGEL
Ich weiß es nicht. Nur steigt das Erdgebirge mir
entgegen.
Riesenmäßig türmt die Welt sich auf.

WANN
Und nun?

HELLRIEGEL
Nun hab' ich lautlos mich hinabgesenkt,
und zwischen Gärten rauscht mein Nachen still
dahin.

WANN
Du nennst es Gärten, was du siehst?

HELLRIEGEL
Ja! doch von
Stein.
In blauen Fluten spiegeln Marmorblumen sich,
und weiße Säulen zittern im smaragdnen Grund.

WANN
Halt inne, Fährmann! — Und du sage, wo du bist!

HELLRIEGEL
Auf Stufen setz' ich meinen Fuß, auf Teppiche,
und eine Halle aus Korallen nimmt mich auf!
An eine goldne Pforte poch' ich dreimal nun!

WANN
Und auf dem Klopfer, welche Worte liesest du?

HELLRIEGEL
Montes chrysocreos fecerunt nos dominos!

WANN
Und was geschieht, nachdem des Klopfens Laut
verhallt?

Michel Hellriegel antwortet nicht und beginnt viel-
mehr, wie unterm Alpdruck, zu ächzen.

PIPPA
Weck ihn, ach weck ihn, lieber alter weiser Mann!

WANN
indem er Michel das Schiffchen aus den Händen
nimmt.
Genug! In die verlorne Hütte wiederum
zu den Verbannten, Schneeverwehten kehre heim
und rüttle dich und schüttle goldnes Reisegut
in unsern Schoß, dieweil wir schlimm
verschmachtet sind!

Michel Hellriegel erwacht, blickt bestürzt um sich
und sucht sich zu besinnen.

HELLRIEGEL. Hallo! Warum steht der alte, ver-
teufelte Grunzochs[89] Huhn vor der Pforte und
droht und läßt mich nicht eintreten? Pippa! so
steck doch den goldnen Schlüssel zum Gitter
heraus! Ich schleiche mich durch ein Seitentürchen!
— Wo? — Pippa! — Verflucht! nein, wo bin ich
denn? — Entschuldige, Alter, man soll lieber nicht
fluchen, wenn man so etwas einmal . . . wenn man
auch zuletzt der Gefoppte ist[90]! — In was für ein
verwünschtes Futteral ist man denn gerutscht?! —
Donnerwetter noch mal, was geht hier vor? — Wo
ist Pippa? Hast du den goldnen Schlüssel noch bei
dir? — Her! gib ihn her! Wir wollen schnell aufmachen!
PIPPA. Wache doch auf, Michel! Du träumst
doch! Besinne dich!
HELLRIEGEL. Da will ich doch lieber ein Träumer
sein, als auf eine so niederträchtige Weise auf-
wachen, vierzehn Meilen tief in der Patsche[91] drin.
Man sieht ja nicht mehr die Hand vor den Augen!
Was heißt das? wer drückt mir den Daumen in die
Gurgel? wer quetscht mir mit einer Berglast von
Angst das Glück aus der Brust?
WANN. Keine Angst! Nur keine Angst, bester
Michel! Es ist alles in diesem Hause in meiner
Gewalt, und nichts ist drin, was dir schaden kann.
HELLRIEGEL. Ach, Meister, warum riefst du mich
denn so schnell in diese Grabeshöhle zurück?
Warum ließ mich das alte wilde zerlumpte Tier
nicht in mein Wasser- und Zauberschlößchen
hinein! Es war ja das, was ich mir immer ge-
wünscht habe! es war ja dasselbe! ich hab' es ja
ganz genau wiedererkannt, was ich mir, vor dem
Ofenloch sitzend, als kleiner Knabe erträumt habe!
Und Pippa guckte zum Fenster heraus, und das
Wasser spielte wie Flötenläufe wohlig unter ihr um
die Mauer herum! Laß uns die Reise noch einmal
tun! schenke uns dein entzückendes Gondelchen,
und ich stehe nicht an . . . ich biete dir hier mein
ganzes Ränzel mit seinem gesamten köstlichen Inhalt dafür.
WANN. Nein, Michel, noch nicht! Gedulde dich!
Du bist mir fürs erste noch viel zu hitzig! Und ich
bitt' euch beide, beruhigt doch eure klopfenden
Herzen und ängstet euch nicht! Laßt gut sein:

[89]Hello! Why does that confounded old grunting ox,
Huhn, stand at the gate, threaten me and refuse to let
me enter?   [90]. . . when after all, you have been hoaxed!
[91]mud puddle

morgen ist auch noch ein Tag! In meinem Hause
sind viele Gastkammern! Verziehet, ich bitt' euch,
bis morgen bei mir[92]! Eine Nacht durch vergönnt
mir, die Hoffnung, die volle, die junge, zu beherbergen! Morgen fahret denn weiter, mit Gott! 5
Jonathan, führe den Fremden hinauf!
HELLRIEGEL. Wir gehören zusammen, wir trennen uns nicht!
WANN. Wende dich, wie du willst oder magst,
braver Michel: immer nimmt sie der Schlaf dir aus 10
der Hand, und du mußt sie dem Schicksal und Gott
überlassen!

*Hellriegel hat Pippa in die Arme genommen. Er
betrachtet sie und gewahrt, daß sie vor großer 15
Übermüdung fast bewußtlos ist: so läßt er die
Entschlummerte auf die Wandbank gleiten.*

HELLRIEGEL. Und bürgst du für sie?
WANN. Mit Mund und Hand!
HELLRIEGEL *küßt Pippa auf die Stirn.* Bis 20
morgen also!
WANN. Schlaf wohl! gute Nacht! — und fern in
der Adria träumt ein Haus, das wartet auf neue und
junge Gäste.
25
*Jonathan steht in der Tür mit Licht; Hellriegel reißt
sich los und verschwindet mit ihm im Hausflur.*

WANN

betrachtet Pippa eine Weile tief und nachdenklich; 30
alsdann sagt er.
In meine Winterhütte brach der Zauber ein.
Der Weisheit Eiswall räuberisch durchbrach er
mir, 35
der Goldgelockte. Obdach hab' ich ihm gewährt
aus väterlicher Seele, alter Tücke voll[93].
Wer ist der Fant[94], daß er dies Kind besitzen will,
das göttliche, das meine Schiffe segeln macht! —
Sie knacken, knistern, schaukeln leise hin und her, 40
die alten Rümpfe, antiquarisch aufgehängt! —
Warum denn setz' ich diesen Michel in mein Schiff,
anstatt mit ganzer Flottenmacht aussegelnd mir,
und im Triumph, verlassne Himmel wiederum
zu unterwerfen, und als Galeone sie voran! 45
O Eis auf meinem Scheitel, Eis in meinem Blut!
Du taust hinweg vor einem jähen Hauch des
Glücks.
Du heiliger Hauch, o zünde nicht in meiner Brust

die Feuersbrunst der Gier und wilden Lüste auf,
daß ich, Saturn gleich, nicht die eigen Kinder
schlucken muß!
Schlaft! Euren Schlaf bewach' ich und bewahr'
euch das,
was flüchtig ist. Als Bilder schwebet mir vorbei,
solang noch Bild, nicht Wesen, meine Seele ist,
nicht klares, unsichtbares Element allein!
Modert, ihr Rümpfe! Und nach neuen Fahrten
dürst' ich nicht.

*Er hat die Schlafende erhoben, gestützt und langsam
mit väterlicher Sorgfalt in die Kammer rechts geführt. Während er und Pippa verschwunden sind,
kommt Huhn hinterm Ofen hervor und bleibt, stieren
Blicks auf die Kammertür glotzend, mitten im Zimmer stehen. Wann kommt rückwärts aus der Kammer, zieht die Tür nach sich ins Schloß und spricht,
ohne Huhn zu bemerken. Er hat sich nach den
Schiffsmodellen umgewendet und erblickt dabei
Huhn. Zunächst an der Wirklichkeit der Erscheinung zweifelnd, hält er forschend die Hand über die
Augen; dann läßt er sie sinken, jede Muskel strafft
sich an ihm, und beide Männer messen einander voll
Haß.*

WANN *langsam, bebend.* Hier — geht — kein —
Weg!
HUHN *ebenso.* Hie — gilt — kee Wort[95]!
WANN. Komm an!

*Huhn dringt an[96], und sie stehen einander in Kämpfer-
stellung gegenüber.*

HUHN. Das is oall's meins! — oall's meins, oall's
meins, oall's meins[97]!

WANN

Du schwarzes Bündel Mordsucht! Nachtgeborner
Klumpen Gier[98],
keuchst du nun doch noch etwas, das wie Worte
klingt!

*Der alte Huhn hat ihn angefallen, und sie ringen
miteinander; dabei stößt plötzlich der alte Huhn
einen furchtbaren Schrei aus und hängt gleich darauf
wehrlos in Wanns Armen. Wann läßt den Röcheln-
den leise niedergleiten.*

---

[92]There are many guest chambers in my house. I beg
you, tarry until morning with me! [93]full of ancient
craft. [94]Who is the fop   [95]Hier — gilt — kein Wort! [96]Huhn pushes forward
[97]Das ist alles meins! (Das gehört alles mir!) — alles
meins, alles meins! [98]You black bloodthirsty creature!
night-born lump of greed

So muß es kommen, ungeschlachter Riese!
Krankes, starkes, wildes Tier! —
Brich du in Ställe! Raubtierfraß
birgt diese eingeschneite Hütte Gottes nicht!

VIERTER AKT

Die Vorgänge sind in unmittelbarem Anschluß an den dritten Akt, im gleichen Zimmer. Der alte Huhn liegt, ein starkes, schreckliches Röcheln ausstoßend, auf der Ofenbank. Seine Brust ist bloß; das lange, rostrote Haar fällt bis auf die Erde. Der alte Wann steht aufrecht bei ihm, die linke Hand auf die Brust des Hünen gelegt.
Pippa kommt scheu und zitternd mit dem Ausdruck großer Angst aus der Kammertür rechts.

WANN. Komm nur herein, du kleine, zitternde Flamme du! Komm nur herein! Es hat jetzt, wenn du einigermaßen vorsichtig bist, keine Gefahr mehr für dich!

PIPPA. Ich habe es gewußt! Oh, ich habe es gewußt und gefühlt, signore! Halte ihn nieder! Binde ihn fest!

WANN. Soweit er gebunden, kann ich ihn binden.

PIPPA. Ist es der alte Huhn, oder ist er's nicht?

WANN. Die Folter entstellt sein Angesicht. Aber wenn du ihn dir genauer betrachtest . . .

PIPPA. . . . so sieht er fast wie du selber aus!

WANN. Ich bin ein Mensch, und der will es werden: wie kommst du darauf?

PIPPA. Non so, signore[99]!

Hellriegel erscheint aufgeschreckt in der Flurtür.

HELLRIEGEL. Wo ist Pippa? Ich habe es geahnt, daß der lausige Trottel auf unsern Fersen ist. Pippa! Gott sei Dank, daß du nun wieder in meinem Schutze bist!

WANN. Es hat ihr auch niemand, als du nicht hier warst, ein Haar gekrümmt.

HELLRIEGEL. Es ist aber besser, daß ich hier bin!

WANN. Das wolle der Himmel! — Hole mir einen Eimer voll Schnee herein! Bring Schnee! Wir wollen ihm Schnee auf die Herzgrube legen, damit sich das arme gefangene flügelschlagende Tier in der Brust beruhigen mag.

HELLRIEGEL. Ist er verwundet?

WANN. Das mag wohl sein!

HELLRIEGEL. Was haben wir denn davon, wenn er wieder zu Kräften kommt? Er wird mit den Fäusten um sich schlagen und uns alle drei in die Pfanne hauen[1]!

WANN. Mich nicht! Und auch niemand sonst, wenn du verständig bist.

PIPPA. Er ist es ja doch! Es ist ja der alte Glasbläser Huhn!

WANN. Erkennst du ihn jetzt, den Gast, der so spät noch gekommen ist, um hier einen Höheren zu erwarten!? Tritt nur nahe heran, Kleine, fürchte dich nicht! Dein Verfolger ist nun selbst der Verfolgte! *Hellriegel bringt einen Eimer voll Schnee.* Was hast du draußen gesehen, Michel, daß du so bleich wie ein Handtuch bist?

HELLRIEGEL. Ich wüßte nicht — *Während des Eisauflegens.* Es ist ja gar nicht das alte Haarwaldgebirge[2], das in der Schenke mit dir getanzt hat und gesprungen ist und dem ich dich glücklicherweise entführt habe.

PIPPA. Sieh nur genau hin, er ist es doch!

WANN. Aber er ist unser Bruder geworden!

PIPPA. Was ist dir, Michel? Wie siehst du denn aus?

WANN. Was hast du draußen gesehen, daß du so weiß wie ein Handtuch bist?

HELLRIEGEL. Nun, meinethalben: ich habe niedliche Dinge gesehen! Es war sozusagen wie eine Wand von fischmaulschnappenden Weibsvisagen, hübsch Entsetzen erregend, hübsch grausenhaft[3]! Ich möchte sie nicht hier im Zimmer haben. So ist's, wenn man vom Hellen ins Dunkle kommt!

WANN. Am Ende lernst du das Gruseln noch!

HELLRIEGEL. Es ist allerdings kein Vergnügen, draußen zu sein. Augenscheinlich haben die Damen Halsschmerzen — man sieht es den zukkenden, schwarzviolett geschwollenen Gurgeln an! —, wozu wären sie sonst mit einem dicken Halstuch von langen, geifernden Würmern umknotet?

WANN. Gelt, Michel, du blickst dich nach Beistand um!

HELLRIEGEL. Wenn nur die spaßhaften Engelchen nicht durch die Wand drücken!

WANN. Michel, könntest du nicht noch einmal ins Freie gehen und mit lauter Stimme ins Dunkel rufen, daß Er kommt?

---

[99] I do not know, sir!

[1] He will strike around him with his fists and beat us all three into mincemeat! [2] Why, it isn't the old hairy mountaineer at all [3] It was, so to speak, like a wall of gasping fish-mouthed women's faces, nice and terrifying, nice and hideous!

HELLRIEGEL. Nein, das geht mir zu weit, das tue ich nicht!

WANN. Du fürchtest den Blitz, der erlösen soll? So mach dich gefaßt, Gottes Lob auf eine markerstarrende Weise heulen zu hören, da anders dem Einbruch der Meute nicht zu steuern ist!

Der alte Huhn stößt einen solchen Schmerzensschrei aus, daß Pippa und Hellriegel in mitleidiges Wimmern ausbrechen und willenlos hingerissen auf ihn zueilen, um ihm Hilfe zu bringen.

WANN. Keine Übereilung! Es hilft euch nichts! Hier ist keine Gnade! Hier rast der giftige Zahn und der weißglühende Wind, solange er rast! Hier keltern typhonische Mächte den gellenden Qualschrei rasender Gotteserkenntnis[4]. Blind, ohne Erbarmen, stampfen sie ihn aus der heulenden und vor Entsetzen sprachlosen Seele aus.

HELLRIEGEL. Kannst du ihm denn nicht beistehen, Alter?

WANN. Nicht ohne ihn, den du nicht rufen magst.

PIPPA *zitternd*. Warum wird er so auf die Folter gestreckt? Ich hab' ihn gefürchtet und hab' ihn gehaßt! Aber warum wird er mit einer solchen Wut und einem so unbarmherzigen Haß verfolgt?... Ich fordere es nicht!

HUHN. Was denn? lußt los! lußt los, lußt los! schlagt mir de Fangzähne nee ei a Nacka! lußt los, lußt los! reißt m'r die Schenkel nee vo a Knocha! reißt mir a Leib ni uff! zerreißt mich nee! zerreißt mir de Seele nee ei Sticke azwee![5]

HELLRIEGEL. Himmeldonnerwetter[6] noch mal, wenn das eine Kraftprobe sein soll, wenn der große Fischblütige damit jemand zu imponieren gedenkt — mir imponiert das jedenfalls nicht! Höchstens zwangsweise. Hat er denn vor seiner Schöpfung nicht mehr Respekt, oder kann er nichts, daß er alle Augenblicke mal was kurz und klein haut? Und zwar auf diese besondere Manier, die ihm doch hoffentlich nicht der einzige Spaß von der Sache ist!

WANN. Die Hauptsache wäre doch eigentlich, Michel, daß einer von uns geht und nachsieht, wo der, den wir sehnlich erwarten, bleibt. Dein Reden bringt uns nämlich nicht weiter.

HELLRIEGEL. Geh du hinaus! Ich bleibe hier.

WANN. Gut! *Zu Pippa.* Aber tanze du nicht etwa mit ihm!

HELLRIEGEL. O Himmel, wenn einer in solcher verzwickten Lage noch Witze macht, was soll man da zu dem Unglück sagen?!

WANN. Trau, schau, wem[7]! Gib jedenfalls acht auf das Kind! *Wann entfernt sich durch den Flur.*

PIPPA. Ach, wenn wir bloß hier fort wären, Michel!

HELLRIEGEL. Das wünschte ich auch! Gott sei Dank, daß wir jedenfalls jetzt auf der Höhe sind! Wir können morgen mit Tagesanbruch — meinethalben auf Schlitten, das geht sehr gut! — den südlichen Abhang hinuntersausen. Dann sind wir aus dieser Gegend der Walchen und Kugelblitze und grunzenden Paviane für immer heraus!

PIPPA. Ach, wenn er bloß nicht wieder schreien wollte!

HELLRIEGEL. Laß ihn schreien! Es ist immer besser hier: die Stille draußen schreit noch entsetzlicher.

HUHN *mit schwerer Zunge*. Mörder! Mörder!

PIPPA. Er hat wieder gesprochen! Ich glaube, der alte Spielzeughändler hat ihm etwas zuleide getan!

HELLRIEGEL. Klammere dich an mich! Drücke dich fest an mein Herz!

PIPPA. O Michel, du stellst dich so ruhig, und es pocht so wild!

HELLRIEGEL. Wie deins!

PIPPA. Und seins! Ich höre seins auch pochen! — Wie mächtig es arbeitet! wie schwer es sich müht!

HELLRIEGEL. So? Ist es wirklich ein Herz, das so pocht?

PIPPA. Was denn sonst? so horch doch, was soll denn so pochen?! Ich weiß nicht, es zuckt immer so schmerzlich durch mich . . . es reißt mich immer so bis in die Zehenspitzen — bei jedem Schlage, als müßt' ich mit!

HELLRIEGEL. Sieh mal, ein kannibalischer Brustkasten! Sieht er nicht aus wie ein mit roten Zottelhaaren besetzter Blasebalg und als müßte er immer etwas wie'n Schmiedefeuerchen aufblasen?

PIPPA. Oh, wie ihm das arme gefangene Vögelchen immer so angstvoll gegen die Rippen hüpft! — Michel, ob ich ihm meine Hand einmal auflege?

HELLRIEGEL. Mit meiner Erlaubnis! Es kann

---

[4]Here the typhonic powers press out the shrill tortured shrieks of mad acknowledgments of God.   [5]Was denn? laßt los! laßt los! laßt los! Schlagt mir die Fangzähne nicht in den Nacken! Laßt los! laßt los! reißt mir die Schenkel nicht von den Knochen! Reißt mir den Leib nicht auf! Zerreißt mich nicht! Zerreißt mir die Seele nicht in Stücke entzwei!   [6]Confound it

[7]Trust none, prove all!

nichts geben in aller Welt, was von einer so wundertätigen Wirkung ist!

PIPPA *legt Huhn die Hand aufs Herz.* Ich wußte ja gar nicht, daß der alte Huhn unter seinen Lumpen so weiß wie ein Mädchen ist!

HELLRIEGEL. Siehst du, es wirkt: er ist schon ruhiger! — Und nun geben wir ihm noch ein wenig Wein; damit mag er dann friedlich hinüberschlummern.

Er tritt an den Tisch, um Wein einzugießen, Pippa läßt ihre Hand auf seiner Brust ruhen.

HUHN. Wer legt[8] m'r sei Poatschla auf de Brust? Ich soaß ei mir drinne — im Finstern — wir soaßa im Finstern! die Welt woar kalt! —'s wurde kee Tag nimeh, kee Murga nimeh! do soaßa mir um a kahla Glasufa rim! und do kama de Menscha, ju ju ... do kama se vu weit her durch a Schnee gekrocha! se koama vu weit her, weil se hungrig woarn: se wullten a Brinkla Licht uff die Zunge han; se wullta a klee bißla Wärme ei ihre verstarrte Knocha eitrinka. Asu is's! — und do loga se ei d'r Nacht im de Gloashitte rum! — mir heerta se ächza! mir heerta se wimmern. Und do stonda mir uff und schierta eim Aschenluche rum — uff eemol stieg noch e eenzigstes Fünkla ... a Fünkla stieg aus der Asche uff! — o Jees, woas stell ich ock mit dem Fünkla uff, doas uff eemal wieder aus d'r Asche gestiega iis? — Sohl ich an'n Diener macha, Fünkla? sohl ich dich eifanga? sohl ich nach dir schloon, Fünkla? — sohl ich mit dir tanza, kleenes Fünkla?

HELLRIEGEL. Sag ja, sag ja, widersprich ihm nicht! Du, sage doch mal, wie das weitergeht! Hier, trinke zuerst mal einen Schluck, alter Urian! Heute dir — morgen mir! Wir wollen zusammen-

halten, weil ich im innersten Herzen doch auch so was wie so'n verschneiter, gespenstischer Glasmacher bin.

HUHN *nachdem er getrunken.* Blutt[9]! schwarzes Blutt schmeckt gutt! oaber, woas der sichte macht, mach ich ooch! ich mache oo Glasla! o jee, woas hoa ich ni schun oall's aus'm Glasufa rausgebracht! Perl'n! Edelsteene! großmächt'ge Humpa! — immer nei mit 'm Feifla ei a Satz! — Luß gutt sein, ich tanz mit dier, kleenes Fünkla! wart ock: ich zind m'r a Gloasufa wieder uff! wie de Weißglut aus a Löchern bricht! mit 'm ahla Huhn kommt kenner ni mit! satt ihr se ei d'r Feuerluft rumtanza?

HELLRIEGEL. Wen meinst du denn?

HUH. Wan? woas denn? dar wiß woll no nee, daß das Madl aus'm Gloasufa stammt[10]!

HELLRIEGEL *kichernd.* Hör doch mal, Pippa, du stammst aus dem Glasofen!

PIPPA. Ach, Michel, mir ist zum Weinen zumut.

HUHN. Tanze, tanze! doaß a weng lichter wird! foahr hie, foahr her, doaß die Leute Licht kriega! zind uff! zind uff! m'r wulln oa de Arbeit giehn[11]!

HELLRIEGEL. Hör mal, bei so 'ner Gelegenheit möcht' ich wirklich mal mitmachen! Teufel noch mal! und nicht bloß ein Gesellenstück[12] ...

HUHN. Mir stoanda[13] im unsern Gloasufa rum,

[8]Wer legt mir seine Hand auf die Brust? Ich saß in mir drinnen—im Finstern—wir saßen im Finstern! die Welt war kalt! es wurde kein Tag nicht mehr, kein Morgen nicht mehr! da saßen wir um einen kalten Glasofen herum! und da kamen die Menschen, ja, ja ... da kamen sie von weither durch den Schnee gekrochen! sie kamen von weither, weil sie hungrig waren: sie wollten ein Brösel Licht auf die Zunge haben; sie wollten ein klein bißchen Wärme in ihre erstarrten Knochen eintrinken. So ist es! — und da liegen sie in der Nacht in der Glashütte herum! — wir hörten sie ächzen! wir hörten sie wimmern. Und da standen wir auf und schürten im Aschenloch herum — auf einmal stieg noch ein einziges Fünkchen ... ein Fünkchen stieg aus der Asche auf! — O Jesus, was stell ich mit dem Fünklein an, das auf einmal wieder aus der Asche gestiegen ist? Soll ich einen Diener machen (Shall I make a bow), Fünklein? soll ich dich einfangen? soll ich nach dir schlagen, Fünklein? — soll ich mit dir tanzen, kleines Fünklein?

[9]Blut! schwarzes Blut schmeckt gut! aber, was der sichtbar macht, mache ich auch! ich mach auch Gläslein! O Jesus, was habe ich schon alles aus dem Glasofen herausgebracht! Perlen! Edelsteine! großmächtige Humpen (goblets)! — Immer hinein mit dem Pfeifchen in den Satz! (Always down you go with the little pipe into the mixture!) — Laß gut sein, ich tanze mit dir, kleines Fünklein! warte nur: ich zünde mir einen Glasofen wieder an! wie die Weißglut aus den Löchern bricht! mit dem alten Huhn kommt keiner mit (No one can keep up with old Huhn)! seht ihr sie in der Feuerluft herumtanzen? [10]Wann? Was denn? das wißt ihr wohl noch nicht, daß das Mädchen aus dem Glasofen stammt? [11]Tanze, tanze! daß es ein wenig lichter wird! fahr hin, fahr her (move hither, move thither), daß die Leute Licht kriegen! Zünde an! zünde an! wir wollen an die Arbeit gehen! [12]I say, I'd like to have a hand in such an affair! The deuce! And not merely a journeyman's piece of work ... [13]Wir standen in unserem Glasofen herum, und ringsum aus der sternenlosen Nacht kroch die Angst! — Mäuse, Hunde, Tiere und Vögel krochen ins Feuer, es wurde kleiner und kleiner und wollte ausgehen! wir sagen uns auch, und sagen es immer wieder — O Jesus, die Angst! ins Feuerlein hinein! — Da fiel es zusammen! da schrien wir auf! und wieder kam ein blaues Lichtlein! da schrien wir wieder! und dann war es aus! — Ich saß ganz allein über meinem kalten Feuerlein! Ich sah nichts! Ich wühlte nur in der Asche herum! Auf einmal stieg noch ein Fünklein, ein einziges Fünklein vor mir auf. Wollen wir wieder tanzen, kleines Fünklein?

und ringsum aus d'r sternlosa Nacht kruch de Angst! *Er röchelt stärker.* Mäuse, Hunde, Tiere und Veegel krucha eis Feuerla. 's woard klenner und klenner und wullte auslöscha! mir soaga uns oa und soaga immer — o Jees, die Angst! ins 5 Feuerla nei! — Da fiel's zusamma! da schriega mir uff! und wieder kam a blau Lichtla! da schriega mir wieder! und dann woarsch aus! — Ich soaß ei mir, ieber me'm kahla Feuerla! ich sah nischt! ich wiehlte ock ei d'r Asche rum! Uff eemal stieg noch 10 a Fünkla, a eenzigstes Fünkla vor m'r uff. Wolln m'r wieder tanza, kleenes Fünkla?

PIPPA *zu Michel, flüsternd.* Michel, bist du noch da?

HELLRIEGEL. Nu freilich! glaubst du denn, daß 15 der Michel womöglich ein Drückeberger[14] ist? Aber dieser Alte, weiß Gott, ist mehr als ein ausrangierter Glasmacher! Sieh doch, was für ein blutiger, qualvoller Krampf in seinen Mienen verbreitet ist!

PIPPA. Und wie sein Herz ringt, und wie es 20 stampft!

HELLRIEGEL. Wie ein ewiger Schmiedetanz mit dem Schmiedehammer.

PIPPA. Und es ruckt und brennt mir bei jedem 25 Schlag in der eigenen Brust!

HELLRIEGEL. Mir auch! Es fährt mir mit Macht durchs Gebein und reißt mich, als sollte ich mittun und mitstampfen!

PIPPA. Horch, Michel! es ist förmlich, als schlüge 30 der gleiche Schlag tief unten und pochte an den Erdboden.

HELLRIEGEL. Tief unten, jawohl, schlägt der gleiche, furchtbare Schmiedeschlag!

HUHN. Sohl ich mit dir tanza, klenner Geist[15]? 35

Unterirdisches, gewitterartiges Rollen.

PIPPA. Michel, hast du das unterirdische Rollen gehört? 40

HELLRIEGEL. Nein! komm! das beste ist, du nimmst ihm die Hand von der Herzgrube! Wenn alles schwankt und die Erde schüttert und wir schießen, wer weiß wohin, wie ein unfreiwilliges Meteor in den Weltraum hinaus, so ist es doch 45 besser, daß wir uns bald zu einem unauflöslichen Knäuel verklammern. Ich spaße nur!

PIPPA. Ach, Michel, spaße jetzt nicht!

HELLRIEGEL. Morgen spaßen wir beide darüber!

PIPPA. Weißt du, es ist mir fast so zumute, als 50

wär' ich nur noch ein einziger Funke und schwebte ganz einsam verloren hin im unendlichen Raum!

HELLRIEGEL. Ein tanzendes Sternchen am Himmel, Pippa! warum denn nicht!

PIPPA *flüsternd.* Michel, Michel, tanze mit mir! Michel, halte mich fest, ich will nicht tanzen! Michel, Michel, tanze mit mir!

HELLRIEGEL. Das will ich, so wahr mir Gott helfe, tun, wenn wir nur erst hier aus der Klemme sind[16]! Denke an etwas Herrliches! Wenn diese Nacht erst vorüber ist, habe ich mir vorgenommen, sollst du fortan nur noch über Rosen und Teppiche gehn. Dann lachen wir, wenn wir erst unten sind, in dem Wasserschlößchen — wir kommen hin, versichere ich dich —, und dann leg' ich dich in dein seidenes Bettchen ... und dann bring' ich dir immerzu Konfekt ... und dann deck' ich dich zu und erzähl' dir die Gruselgeschichten noch mal ... und dann lachst du aus voller Kehle noch mal, so süß, daß der Wohllaut mir Schmerzen macht. Und dann schläfst du! Und ich spiele die ganze Nacht, leise, leise, auf einer gläsernen Harfe.

PIPPA. Michel!

HELLRIEGEL. Ja, Pippa!

PIPPA. Wo bist du denn?

HELLRIEGEL. Hier bei dir! ich halte dich fest umschlungen!

HUHN. Woll'n wir wieder tanza, klenner Geist?

PIPPA. Michel, halte mich, laß mich nicht los! er reißt mich! ... es reißt mich! sonst muß ich tanzen! ich muß tanzen! sonst sterb' ich! laß mich los!

HELLRIEGEL. So!? Nun ich denke, es wird das beste sein, man besinnt sich in diesen wirklich einigermaßen alpdruckartigen Dingen auf sein altes tapferes Schwabenblut! Wenn es einem in allen Gliedern zuckt, warum soll man nicht einem armen Schlucker, der darauf Wert legt, den Kehraus tanzen? Das kann meines Erachtens so schlimm nicht sein. — Es hat nicht umsonst lustige Brüder gegeben, die haben dem Satan den Höllenbrand unterm Zagel wegeskamotiert und die Tabakspfeife damit in Brand gesteckt[17]. Warum soll man ihm nicht zum Tanze aufspielen?! *Er nimmt seine*

[16]That I'll do, God helping me, when we are once out of our difficulties here! [17]Really!? Now I think it would be best under these really somewhat nightmare-like circumstances, if one remembers one's valiant old Swabian blood! If one's limbs are all twitching, why shall one not dance the last dance for a poor old wretch, who lays great value on it? In my opinion, that cannot be so bad. It was not in vain that there were jolly fellows who conjured away hellfire from Satan's tail and lighted their tobacco pipes with it.

[14]a shirk   [15]Soll ich mit dir tanzen, kleiner Geist?

Okarina hervor. Rumpumpum, rumpumpum! wie geht denn der Takt? Jawohl, tritt meinetwegen zum Tanze an, süße Pippa! Wenn es einmal sein muß, des Orts und der Stunde wegen darf man auf dieser Erde nicht wählerisch sein! *Triller und Lauf auf der Okarina.* Tanze drauf los und tanze dich aus! Es ist noch lange das Schlimmste nicht: froh sein mit den zum Tode Betrübten!

Pippa macht zu den Tönen der Okarina, die Michel spielt, schmerzlich gedehnte Tanzbewegungen, die etwas Konvulsivisches an sich haben. Nach und nach wird der Tanz wilder und bacchantischer. Ein rhythmisches Zittern bewegt den Körper des alten Huhn. Dabei trommelt er mit den Fäusten tobsuchtsartig den Tanzrhythmus Pippas nach. Gleichzeitig scheint er von einer ungeheuren Frostempfindung geschüttelt, wie jemand, der aus schneidendster Kälte in Wärme kommt. Aus der Tiefe der Erde dringen gedämpfte Geräusche: Donnerrollen, Triangel-, Becken- und Paukenschläge. Endlich tritt der alte Wann in die Flurtür.

HUHN. Ich mache o Glasla! ich mach se ... *Mit starrem, gehässigem Blick auf Wann.* ich mach se und schloa se wieder azwee! kumm — mit — mir — eis — Dunkel, — klennes Fünkla[18]. *Er zerdrückt das Trinkglas, das er noch in der Hand hält; die Scherben klirren. Pippa durchzuckt es, und eine plötzliche Starre befällt sie.*
PIPPA. Michel!

Sie wankt, und Wann fängt sie mit den Armen auf. Sie ist tot.

WANN. Hast du doch deinen Willen durchgesetzt, alter Korybant?!
HELLRIEGEL *unterbricht für einige Augenblicke sein Okarinaspiel.* Gut! Verschnaufe dich einen Augenblick, Pippa!
HUHN *starrt krampfhaft und mit machtvollem Triumph Wann in die Augen; dann löst sich von seinen Lippen mühsam, aber gewaltig der Ruf.* Jumalaï! *Hierauf sinkt er zurück und stirbt.*
HELLRIEGEL *wollte eben wieder die Okarina ansetzen.* Was ist denn das? richtig! ich habe den Ruf gestern morgen auch gehört! — Was sagst du dazu, alter Hexenmeister? Es ist übrigens wirklich gut, daß du kommst! denn wir wären sonst im-

merfort, wer weiß wo noch hin, über Messer und Scherben ins Unbekannte fortgaloppiert! Hast du ihn denn nun endlich gefunden?
WANN. Allerdings!
HELLRIEGEL *nach einem Triller.* Wo fandest du ihn denn?
WANN. Hinter einer Schneewehe fand ich ihn. Er war müde. Er sagte, er hätte eine zu übermäßige Arbeitslast. Ich mußte ihn lange überreden. *Auf Pippa niederblickend.* Und nun scheint's, daß er mich mißverstanden hat.
HELLRIEGEL *nach einem Triller.* Und kommt er nun wenigstens?
WANN. Sahst du ihn nicht? Er ist eben vor mir her eingetreten!
HELLRIEGEL. Ich sah zwar nichts, doch ich fühlte was, als der Alte sein närrisches Fremdwort schrie, was mir übrigens noch in den Knochen summt.
WANN. Hörst du noch draußen das Echo rumoren?
HELLRIEGEL *tritt neugierig zu Huhn.* Richtig! der alte Pferdefuß stampft nicht mehr. Ich muß sagen, daß mir ein Stein von der Seele gefallen ist, daß doch nun endlich das alte Nilpferd auf Nummer Sicher ist[19]! — Sag mal, du hast ihm wahrscheinlich das Rückgrat lädiert. Aber eigentlich war das vielleicht nicht nötig, obgleich es uns möglicherweise gerettet hat.
WANN. Ja, Michel, wenn du gerettet bist, so war es auf andere Weise schwerlich wohl durchzusetzen.
HELLRIEGEL. Gott sei Dank, ja ich fühl's, wir sind aus dem Schneider raus[20]. Deshalb will ich auch nicht weiter kopfhängerisch sein, weil der Alte — er ist ja über die Zeit der Jugendstreiche wirklich hinaus! — weil der Alte an seinem Johannistriebchen verschieden ist[21] und, was ich besitze, nicht haben kann. Jeder für sich und Gott für uns alle! was geht mich die Sache eigentlich an?! — Pippa!! Woher kommt es denn eigentlich, daß du zwei Lichter, rechts und links je eines, auf der Schulter hast?
WANN *Pippa in Arm.* Ecce deus fortior me, qui veniens dominabitur mihi[22]!
HELLRIEGEL. Das versteh' ich nicht! *Mit vor-*

---

[18]Ich mache auch Gläser! ich mache sie ... ich mache sie und schlage sie wieder entzwei! komm — mit — mir — ins — Dunkel, kleines Fünklein.

[19]That's so! the old clubfoot is no longer stamping. I must say that a stone has fallen from my heart since the old hippopotamus is finally put into a place of safety! [20]Thank heaven, I really feel that we have won the trick. [21]— because the old man perished from his belated amorousness ... [22]Behold a god stronger than I, who when he comes will have dominion over me!

gebeugtem Kopf sieht er einige Sekunden lang die im Arme Wanns hängende Pippa forschend an. Ach, nun reißt es mich wieder so in der Brust! nun durchzuckt es mich wieder so ungeduldig! so peinvoll süß, als müßt' ich zugleich an dieser Stelle und Millionen von Jahren weiter sein. Es ist ja alles rosenrot rings um mich! *Er spielt, unterbricht sich und sagt:* Tanze, Kind! Freude! Freue dich, denn wir haben mit Hilfe des ewigen Lichtes in meiner Brust den Weg durch das nächtliche Labyrinth gefunden! — und wenn du dich ausgesprungen hast und in sicherem Glücke beruhigt bist, so rutschen wir wohl sofort — *zu Wann* — mit deiner Erlaubnis! über den klaren Schnee, wie mit Extrapost, in den Frühlingsabgrund dort unten hinein.

WANN. Ja. Wenn du einen Frühlingsabgrund siehst, braver Michel: gewiß!

HELLRIEGEL *mit den Bewegungen eines Blinden, der nur noch nach innen sieht, am stockdunklen Fenster.* Ho, ich sehe ihn gut, den Frühlingsabgrund! ich bin doch nicht blind! ein Kind kann ihn sehen! Man übersieht ja von deiner Hütte aus, du uriger Herbergsvater[23], alles Land, über fünfzig Meilen weit! Ich sitze durchaus nicht mehr wie der Geist in der Glasflasche drin und liege verkorkt[24] am Grunde des Meeres. Das war einmal — gib uns nur noch den Goldschlüssel und laß uns abreisen!

WANN. Wenn der Winter plötzlich aufleuchtet, wird man leicht blind!

HELLRIEGEL. Oder kriegt den allsehenden Blick! — Man könnte fast glauben, in einem Traume zu sein: so geheimnisvoll mutet der weiße, im Lichte des Morgens flammende Prunk der Berge und der lockende Duft der Halbinseln, Buchten und Gärten der Tiefe mich an, und was du sagst: man ist wie auf einem anderen Stern!

WANN. So ist's, wenn die Berge in den Elmsfeuerspielen des großen Pan gebadet sind.

HELLRIEGEL. Pippa!

WANN. Sie ist bereits wiederum weit von uns auf ihrer eigenen Wanderschaft! Und er, der alte, rastlose, ungeschlachte Riese, wiederum hinter ihr drein. *Er läßt Pippa auf die Bank niedergleiten. Darnach ruft er.* Jonathan! — Es hat wieder einmal die unsichtbare Hand, die durch Mauern und Dächer langt, meine Pläne durchkreuzt und Beute gemacht. — Jonathan! — Es ist schon kalt! der glühende Krater erloschen. Was jagt der Jäger? das Tier, das er mordet, ist es nicht! Was jagt der Jäger? Wer kann mir antworten?

[23]you queer old innkeeper [24]corked up

HELLRIEGEL *am schwarzen Fenster.* Pippa, sieh doch nur unten, die Landzungen sind mit goldnen Kuppeln bedeckt; und siehst du: dort ist unser Wasserpalast — und goldne Stufen, die hinaufleiten!

WANN. So freue dich! Freue dich über das, was du siehst, und über das, Michel, was dir verborgen ist!

HELLRIEGEL. Das Meer! — oh, noch ein anderes, oberes Meer tut sich auf: das andere Meer gibt dem unteren Meer Millionen wankender Sternchen zurück! oh, Pippa . . . und sieh, noch ein drittes Meer tut sich auf! es gibt ein unendliches Spiegeln und Tauchen von Licht in Licht! wir schwimmen hindurch, zwischen Ozean und Ozean, auf unserer rauschenden Goldgaleere!

WANN. Dann brauchst du ja wohl nun mein Schiffchen nicht mehr! — Schlage die Läden zurück, Jonathan! *Jonathan, der hereingeblickt hat, öffnet die Haustür, und schwaches, erstes Morgenlicht dringt in den Flur.*

HELLRIEGEL. Pippa!

WANN. Hier ist sie, faßt euch an! *Er ist zu Michel getreten, der mit dem Ausdruck eines blinden Sehers dasteht, und tut so, als ob Pippa neben ihm stünde und er Michels Hand in ihre legte.* So! Ich vermähle euch! ich vermähle dich mit dem Schatten! der mit Schatten Vermählte vermählt dich mit ihm!

HELLRIEGEL. Nicht übel, Pippa, du bist ein Schatten!

WANN. Ziehe aus, ziehe mit ihr in alle Welt . . . nach eurem Wasserpalast, wollt' ich sagen! — wozu du hier auch den Schlüssel hast! der Unhold kann dir den Eingang nicht mehr verwehren! und draußen steht schon ein Schlitten mit zwei gebogenen Hörnern bereit.

HELLRIEGEL *mit großen Tränen auf den Wangen.* Und dort werde ich Wasser zu Kugeln ballen!

WANN. Mit deinen Augen tust du es schon! — So, nun geht! Vergiß deine Okarina nicht!

HELLRIEGEL. O nein, mein kleines, süßes, vertrautes Weibchen vergesse ich nicht!

WANN. Denn es kann doch am Ende möglich sein, du mußt hie und da einmal vor den Türen der Leute spielen und singen. Aber deshalb verliere nur nicht den Mut. Erstlich hast du das Schlüsselchen zum Palast und, wenn es dunkel wird, diese Fackel, die Pippa vor dir hintragen mag; und dann kommst du gewiß und wahrhaftig dorthin, wo Friede und Freude deiner warten. Singe und spiele nur wacker und zweifle nicht!

HELLRIEGEL. Juchhe! ich singe das Blindenlied!

WANN. Wie meinst du das?

HELLRIEGEL. Ich singe das Lied von den blinden Leuten, die die große, goldene Treppe nicht sehen!

WANN. Um so höher steigst du die Scala d'Oro, die Scala dei Giganti hinan!

HELLRIEGEL. Und das Lied von den Tauben singe ich! 5

WANN. Die den Strom des Weltalls nicht fließen hören!

HELLRIEGEL. Ja!

WANN. Das tu nur gewiß! Aber Michel, wenn es 10 sie nicht erweicht und sie dir mit harten Worten drohen oder mit Steinwürfen, was ja auch vorkommt, dann erzähle ihnen, wie reich du bist . . . ein Prinz auf Reisen, mit seiner Prinzessin! Sprich ihnen von deinem Wasserpalast und flehe sie an, 15 euch um Gottes willen einen Meilenstein weiter des Weges zu leiten!

HELLRIEGEL *kichernd*. Und Pippa soll tanzen!

WANN. Und Pippa tanzt!

Es ist ganz hell geworden. Wann gibt dem blinden und hilflosen Michel einen Stock in die Hand, setzt ihm den Hut auf und führt den Tastenden, aber leise und glücklich Kichernden nach der Ausgangstür. Nun setzt Michel die Okarina an den Mund und spielt eine herzbrechend traurige Weise. Im Flur übernimmt Jonathan den Blinden, und Wann kommt zurück. Er horcht auf die fern und ferner verklingenden Melodien der Okarina, nimmt die kleine Gondel vom Tisch, betrachtet sie und spricht mit schmerzlicher Entsagung im Ton.

Fahre hin, fahre hin, kleines Gondelschiffchen!

Hugo von Hofmannsthal · 1874–1929

Gestern, written in 1891 when Hofmannsthal was seventeen, is one of those works by a young author which seems to hit directly the nerve of an age. Arthur Schnitzler and other leading literary figures of Vienna must have recognized this quality when, upon hearing *Gestern* read aloud to them in a café by the youthful poet, they immediately hailed him as a genius.

Hugo von Hofmannsthal summed up his time and place in his person as well as his work. With Italian, Austrian, German and Jewish blood flowing in his veins, the poet-dramatist incarnated the unique mixture of cultural and racial elements which has always made Vienna one of the most cosmopolitan of German-speaking cities. When Hofmannsthal began to write, that Austrian city was still the capital of a large empire, an empire which was to receive its deathblow a few decades later in the First World War. There was among the sensitive minds of his generation a feeling of lateness in the air, a sense of standing with exhausted powers at the end of a long and rich cultural tradition. The literary expression of this mood is to be found in the work of writers like Hofmannsthal and his contemporaries, who have been called by various critics Neo-Romantics, Symbolists, or Decadents. Authors of this description have at least one trait in common: whereas the Naturalists, in Germany and elsewhere, typically looked forward to an amelioration of social conditions in an enlightened future, these writers, finding little comfort or sense in contemporary reality, usually longed for the poetry of the past, for the color and glamour of a period like the Italian Renaissance, as in *Gestern*. Time in its passing was in a special sense their enemy, since it was the destroyer of beauty. Thus, they placed life's meaning in the cultivation of beautiful moments, isolated from a before and after. The sentiment of this group was best expressed by the English writer, Walter Pater, in the famous "Conclusion" to his series of essays *The Renaissance*. Pater, subject of an early essay by Hofmannsthal, counseled his readers to grasp with all their senses the passing moment, for that was all that life contained:

> A counted number of pulses only is given to us of a variegated, dramatic life. How may we see in them all that is to be seen in them by the finest senses? How shall we pass most swiftly from point to point, and be present always at the focus where the greatest number of vital forces unite in their purest energy?
>
> To burn always with this hard, gemlike flame, to maintain this ecstasy, is success in life. In a sense it might even be said that our failure is to form habits . . . .

The program of Andrea, the protagonist of *Gestern*, seems almost a translation of the above lines into verse:

> Das Gestern lügt und nur das Heut ist wahr!
> Laß dich von jedem Augenblicke treiben,
> Das ist der Weg, dir selber treu zu bleiben;
> Der Stimmung folg, die deiner niemals harrt,
> Gib dich ihr hin, so wirst du dich bewahren . . .

91

Andrea, like Pater, furiously resists habits which would dull his perception of the uniqueness of each passing moment; thus, from day to day, he changes his friends, his pictures, his theories. This behavior has of course its negative aspects, particularly in the area of human relationships, where it can best be described as inconstancy, a problem arising from a purely aesthetic view of life which occupied Hofmannsthal throughout his career. In the turnabout plot of this playlet, the young dramatist states his moral by having Andrea taught a lesson by his mistress, Arlette.

In a generation containing many self-styled immoralists and amoralists, Hofmannsthal was undeniably a moralist. Man for him was not merely an aesthetic creature devoted to beautiful moments but a moral being as well. In later plays such as *Der Tor und der Tod* (1893) and *Jedermann* (1911), he returned to the medieval form of the morality play, in which man is awakened by his confrontation with Death to a sense of his ethical responsibilities. In the world of the early Hofmannsthal man is both presented and judged as devotee of beauty alone: *Gestern*, with its carefully constructed beauty of setting and verse, is a good introduction to that world.

Bibliography

ALEWYN, RICHARD. "Hofmannsthals Anfang, 'Gestern.'" *Über Hugo von Hofmannsthal* (Göttingen, 1958), pp. 46–63.

HAMBURGER, MICHAEL. "Introduction." Hugo von Hofmannsthal, *Poems and Verse Plays*, Bilingual Edition (New York, 1961), pp. xiii–lxiii.

HAMMELMANN, H. A. *Hugo von Hofmannsthal*. (Studies in Modern European Literature and Thought. General Editor: Erich Heller.) New Haven, 1957.

NAEF, KARL J. *Hugo von Hofmannsthals Wesen und Werk*. Zürich und Leipzig, 1938.

Gestern

Dramatische Studie

DER KARDINAL von Ostia	SER VESPASIANO
ANDREA	MOSCA, der Parasit
ARLETTE	CORBACCIO, der Schauspieler
FANTASIO, der Dichter	MARSILIO, ein fremder Mann
FORTUNIO, der Maler	ZWEI DIENER des Andrea.

In Andreas Haus zu Imola. Zur Zeit der großen Maler.

Gartensaal im Hause Andreas. Reiche Architektur der sinkenden Renaissance, die Wände mit Stukkaturen und Grotesken[1] geziert. Links und rechts je ein hohes Fenster und je eine kleine Tür mit Vor-hängen, darauf Darstellungen aus der Aeneis. Mitteltür ebenso, dahinter eine Terrasse, die rückwärts mit vergoldeten Efeugittern abgeschlossen ist, links und rechts Stufen zum Garten hat. In der linken Ecke von Wand zu Wand eine dunkelrote Hängematte an silbernen Ringen. An den Pfeilern geschnitzte

5

[1]fancy stucco work and elaborate carvings

Truhen zum Sitzen². *In der Mitte eine Majolika-*
herme des Aretino³. Am Pfeiler rechts eine tragbare
kleine Orgel mit freien Blasebälgen; sie steht auf
einer schwarzen Ebenholztruhe, die in lichtem,
eingelegtem Holz harfenspielende Tritonen und
syrinxblasende Faune⁴ zeigt. Darüber hängen an
der Wand eine dreisaitige Geige, in einen Satyrkopf
auslaufend und ein langes Monochord⁵, mit Elfen-
bein eingelegt. Von der Decke hängen Ampeln in
den strengeren Formen der Frührenaissance.
Morgendämmerung, Fenster und Türen verhängt.

ERSTE SZENE

ARLETTE
durch die kleine Tür rechts; sie läuft in die Mitte des
Zimmers, lauscht.
Madonna! Ja! Die Gartentür . . und Schritte!

Nach rechts zurückrufend.

Er ist's, geh! Geh! Und bück dich⁶! Durch die
Mitte! *dann schiebt sie schnell den Vorhang zu,*
läuft nach der Hängematte und legt sich hinein. Sie
streckt noch einmal den Kopf empor und stellt sich
dann schlafend.

ANDREA
kommt durch die Mitteltür, pfeifend; er legt den
Degen ab, dann bemerkt er Arlette, geht hin und
küßt sie auf die Stirn.

ARLETTE *scheinbar aufschreckend.*
Andrea!

ANDREA
Ach, hab ich dich aufgeweckt?
Das wollt' ich nicht!

ARLETTE
Du hast mich so erschreckt!

ANDREA
Was hast du denn?

ARLETTE *schnell.*
Du bist schon lange hier?

ANDREA
Ich komme eben. Aber . . sage mir . . .

ARLETTE
sie spricht schnell und erregt und sieht verstohlen
nach der Tür rechts.
Nein, nein . . nichts . . weißt du, ich bin
                                    eingeschlafen . .
Ja . . in der Nacht . . da lief ich in den Garten . .
Ich hatte Angst . . ich wollte dich erwarten . .

Allmählich ruhiger.

Ich weiß nicht . . Ein unsinniges Gefühl . .
Mich ängstigte mein großes, stilles Zimmer,
Es war so atmend lau und duftig schwül⁷,
Am Gartengitter spielte weißer Schimmer,
Und da . . ich weiß nicht . . trat ich hier herein,

Sie richtet sich auf und lehnt sich an ihn.

Mir war, als wär' ich weniger allein . .

Pause.

Du kommst sehr früh?

ANDREA
Es ist ja fast schon licht,
Doch komm, wir könnten jetzt hinübergehen
Zu dir, zu uns . . .

Er will sie sanft mitziehen.

ARLETTE *ängstlich.*
Andrea! Nicht . .
Mein Zimmer hat . . .

ANDREA
Was hat es denn, du Kind?

ARLETTE *schmeichelnd.*
Bleib da! Im Garten rauscht so süß die Nacht,
Man hört's nur hier!

ANDREA
Das ist der Morgenwind,
Das ist des Tages Rauschen, der erwacht!

²chests, here used as benches ³an enameled bust of
Aretino (1492–1556), worldly and unprincipled Italian
writer ⁴fauns blowing pipes of Pan ⁵a single string
on a sounding board over a movable bridge, used for
training the ear in music ⁶keep low

⁷i.e., the air was close and oppressive

ARLETTE
Komm in den Garten, in das feuchte Grau!
Ich sehne mich nach Tau, nach frischem Tau!
Wie damals, weißt du noch, wie wir uns trafen
Im Park von Trevi, taubesprengt, verschlafen?   5

ANDREA
Den Tau des Sommers trinkt die Sonne schnell!

Er schiebt einen Vorhang weg.   10

Es ist schon licht, Arlette!

ARLETTE *ganz aufgestanden.*
    Laß! So grell!   15
Es schmerzt. O laß die kühle, halbe Nacht,
Ich fühl, daß heut das Licht mich häßlich macht.

ANDREA
Du bist sehr blaß.   20

ARLETTE
    Du weißt, ich hab gewacht.

ANDREA *gereizt.*
Wer hieß dich wachen?   25

ARLETTE
    Mußt du mich noch quälen,
Daß du mich quältest[8]! Nein, du sollst erzählen,   30
Und bin ich schon die Nacht allein geblieben,
Will ich doch wissen, was dich fortgetrieben.

ANDREA
Du weißt ja, Kind, daß ich bei Palla war.   35

ARLETTE
Und dort?

ANDREA
    Wie immer die gewohnte Schar:
Fantasio, Pietro, Grumio, Strozzi auch,   40
Kurz alle, nur Lorenzo hat gefehlt.

ARLETTE *lauernd.*[9]
Warum denn der?   45

ANDREA
    Er hat den Grund verhehlt,
Man fragt doch nicht .. vielleicht ein Stelldichein.

ARLETTE
So weißt du?

ANDREA
    Nein.

ARLETTE
    Doch glaubst du etwa?

ANDREA
      Nein.
Was fragst du denn?

ARLETTE *ablenkend.*
    Und was habt ihr gemacht?

ANDREA
Geprahlt, gespielt, getrunken und gelacht ..
Was man mit Männern tut, wenn man nicht streitet,
Die meisten haben mich bis her begleitet,
Sie kommen heut recht früh . . .

ARLETTE
    Gesteh's, dir sind
Doch Frauen lieber.

ANDREA
    Bis auf eines[10], Kind.
Die[11] lieben mich, weil ich der Klügste bin.

ARLETTE
Sie lieben dich, weil sie dich brauchen können!

ANDREA
Und wenn's so ist! Ich frage nicht nach Gründen!
Nur aus sich selber strömt, was wir empfinden,
Und nur Empfindung findet rück die Pforte[12]:
Ohnmächtig sind die Taten, leer die Worte!
Ergründen macht Empfinden unerträglich,
Und jedes wahre Fühlen ist unsäglich ..
Nicht was ich denke, glaube, höre, sehe,
Dein Zauber bindet mich und deine Nähe ..
Und wenn du mich betrögest und mein Lieben,
Du wärst für mich dieselbe doch geblieben!

ARLETTE
Nimm dich in acht[13], der Glaube ist gefährlich!

ANDREA
O nein, nur schön und kühn, berauschend, ehrlich,
Er spült uns fort, was unsern Geist umklammert,

[8]Must you continue to torment me by reminding me of how you tormented me!   [9]on her guard   [10]except for one thing   [11]my male friends   [12]i.e., feeling has its origin and goal within itself: reason, words cannot explain it   [13]beware

Als Rücksicht hemmt und als Gewissen jammert,
Mit tausend unverdienten Strafen droht,
Wenn wir nicht lügen, wo Empfinden tot;[14]
Er lehret uns als weises Recht erkennen,
Was wir gewöhnlich tuen und nicht nennen ..

Leiser.

Es ist ja Leben stummes Weiterwandern
Von Millionen, die noch nicht verstehn,
Und, wenn sich jemals zwei ins Auge sehn,
So sieht ein jeder sich nur in dem andern.

ARLETTE
Und was sind jene, die wir Freunde nennen?

ANDREA
Die, drin wir klarer unser Selbst erkennen.
.. Es gärt in mir ein ungestümes Wollen,
Nach einem Ritt, nach einem wilden, tollen ..
So werde ich nach meinem Pferde rufen:
Es keucht, die Funken sprühen von den Hufen,
Was kümmert's mich, die Laune ist gestillt!
Ein andermal durch meine Seele quillt
Ein unbestimmtes, schmelzendes Verlangen
Nach Tönen, die mich bebend leis umfangen ..
So werd ich aus der Geige strömen lassen
Ihr Weinen, ihres Sehnens dunkle Fluten,
Ekstatisch tiefstes Stöhnen, heißes Girren,
Der Geigenseele rätselhaftes Bluten ..

Er hält einen Augenblick inne.

Ein andermal werd ich den Degen fassen,
Weil's mich verlangt nach einer Klinge Schwirren:
Das Roß, das Geigenspiel, die Degenklinge,
Lebendig nur durch unsrer Laune Leben,
Des Lebens wert, solang sie uns es geben,
Sie sind im Grunde tote, leere Dinge!
Die Freunde so, ihr Leben ist ein Schein,
Ich lebe, der sie brauche, ich allein!
In jedem schläft ein Funken, der mir frommt,
Der früher, später doch zu Tage kommt:
Vielleicht ein Scherz, der meine Laune streichelt,
Ein Wort vielleicht, das mir im Traume schmeichelt,
Ein neuer Rausch vielleicht, ein neu Genießen,

Vielleicht auch Qualen, die mir viel erschließen,
Vielleicht ein feiger, weicher Sklavensinn,
Der mich erheitert, wenn ich grausam bin,
Vielleicht .. was weiß ich noch .. ich kann sie
          brauchen,
Weil sie für mich nach tausend Perlen tauchen,
Weil eine Angst nur ist in meiner Seele:
Daß ich das Höchste, Tiefste doch verfehle!

Leise.

Dem Tode neid ich alles, was er wirbt,
Es ist vielleicht mein Schicksal, das da stirbt,
Das andere, das Große, Ungelebte,
Das nicht der Zufall schnöd zusammenklebte[15].
Darum, Arlette, bangt mir im Genusse,
Ich zage, wenn der volle Becher schäumt,
Ein Zweifel schreit in mir bei jedem Kusse:
Hast du das Beste nicht, wie leicht, versäumt?!

ARLETTE *mit geschlossenen Augen.*
Ich habe nie von Besserem geträumt.

ANDREA
Es ahnt das Herz ja nicht, was es entbehrt,
Und was ihm zugefallen, hält es wert.
Ich aber will kein Dämmern, ich will Wachen,
Ich will mein Leben fühlen, dichten, machen!
Erst wenn zum Kranz sich jede Blume flicht,
Wenn jede Lust die rechte Frucht sich bricht,
Ein jedes Fühlen mit harmonisch spricht,
Dann ist das Leben Leben, früher nicht!

Pause.

Arlette, steh auf .. Die Stunde ist nicht weit.

ARLETTE
Ach ja, sie kommen wieder .. Welches Kleid?
Das grüne, das dir gestern so gefiel,
Das weiche, mit dem matten Faltenspiel[16]?

ANDREA
Das blasse, grüne, mit den Wasserrosen?

ARLETTE
Und mit dem Gürtel, mit dem breiten, losen ...

ANDREA
Was fällt dir ein, das hat mir nie gefallen.

---

[14]It (that belief) removes from us what constricts our spirit, what inhibits us in the form of consideration (for others) and pains us as conscience, what threatens us with a thousand undeserved punishments if we don't lie when we no longer feel anything (e.g., if we don't say that we love someone when we actually no longer do).

[15]which chance did not disdainfully put together
[16]with the subdued colors of its folds

ARLETTE

O ja, erst gestern sagtest du's vor allen . . .

ANDREA

Mußt du mit gestern stets das Heute stören?
Muß ich die Fessel immer klirren hören,
Die ewig dir am Fuß beengend hängt,
Wenn ich für mich sie tausendmal gesprengt!
Weil gestern blasse Dämmerung um uns hing,
Zum grünen Nil die Seele träumen ging,
Weil unbestimmte Lichter um uns flogen,
Am Himmel bleiche Wolken sehnend zogen . .
Ein Abgrund trennt uns davon, sieben Stunden,
Für immer ist dies Gestern hingeschwunden!
Heut ist ein Tag Correggios[17], reif erglühend,
In ganzen Farben, lachend, prangend, blühend,
Heut ist ein Tag der üppigen Magnolien,
Der schwellenden, der reifen Zentifolien;[18]
Heut nimm dein gelbes Kleid, das schwere, reiche,
Und dunkelrote Rosen, heiße, weiche . .
Verlerntest du am Gestern nur zu halten,
Auf dieses Toten[19] hohlen Ruf zu lauschen:
Laß dir des Heute wechselnde Gewalten,
Genuß und Qualen, durch die Seele rauschen,
Vergiß das Unverständliche, das war:
Das Gestern lügt, und nur das Heut ist wahr!
Laß dich von jedem Augenblicke treiben,
Das ist der Weg, dir selber treu zu bleiben.
Der Stimmung folg, die deiner niemals harrt,
Gib dich ihr hin, so wirst du dich bewahren,
Von ausgelebten[20] drohen dir Gefahren:
Und Lüge wird die Wahrheit, die erstarrt!
Jetzt geh, mein Kind. Nimm auch die goldnen
                      Reifen,
Die mit den Gemmen. Und die neuen Spangen,
Wir haben frühe Gäste zu empfangen.

ZWEITE SZENE

Andrea, dann Diener, darauf Marsilio.

DIENER

Es ist ein fremder Mann am Gartentor,
Er will allein dem Herren —

ANDREA

        Laß ihn vor[21].

MARSILIO

durch die Mitteltür, dunkel gekleidet; er tritt langsam
auf Andrea zu, der ihn forschend ansieht.
5 Ich sehe, Herr, ich bin dir unbekannt.
Von Padua hat man mich hergesandt.

ANDREA

Der Stimme Klang . . Marsilio! Mein Gefährte!

MARSILIO

10 Marsilio, den der Gnade Strahl verklärte.

Nach einer Pause.

15 Andrea, hast du ganz der Zeit vergessen,
Da wir so viel, so Großes uns vermessen . . . ?

ANDREA

Es war so schön, die Lust am Sichverlieren
20 In unergründlichen, verbotenen Revieren . . .

MARSILIO

Wir schworen uns, ein neu Geschlecht zu gründen.

25 ANDREA *lächelnd.*
Ich bin gescheitert an den alten Sünden.

MARSILIO

Erloschen find ich jeden kleinsten Funken?

30

ANDREA

Der kleine ist in größeren versunken . .

Halblaut.

Du Stück lebendiger Vergangenheit,
Wie unverständlich, unerreichbar weit!
Wie schwebst du schattenhaft und fremd vorbei,
Du abgestreiftes, enges Kleid: Partei[22]!
40

MARSILIO *trocken.*
Wer nicht für mich ist, der ist wider mich.
So spricht der Herr[23] . . Ich gehe.

45 ANDREA *befehlend.*
                Bleib und sprich!
Milder.

Von meiner Tür ist keiner noch gegangen,
50 Der nicht Verständnis wenigstens empfangen.

---

[17]like a day painted by Correggio (Italian painter, 1489–1534, noted for his depiction of sensuous beauty) [18]type of rose [19]of this dead one (i.e., yesterday) [20]i.e., Stimmungen [21]i.e., vorkommen

[22]here, in the sense of a fanatically held belief [23]i.e., Christ (cf. Matthew XII, 30)

MARSILIO

Was einst in unsern jungen Herzen war,
Heut ist's der Glaube einer frommen Schar:
Von Padua entzündet, soll auf Erden
Das Licht Savonarolas[24] wieder werden,
Der reinigenden Reue heller Brand
Hinfahren durch dies angefaulte Land.
Mit feuchten Geißeln, blutbesprengten Haaren
Durchziehn Perugia schon die Büßerscharen.
Es zucken feige die zerfleischten Glieder, 10
Des Geistes Sieg verkünden ihre Lieder.
Auf ihren Stirnen, den verklärten, bleichen,
Flammt durch den Qualm der Nacht das Kreuzes-
                                        zeichen,
Es geht vor unsrer Schar ein Gotteswehen[25], 15
Der heil'gen Wut kann keiner widerstehen.

ANDREA *halblaut.*

Das ist der Tausch, den damals ich geahnt[26].

MARSILIO

Nach Forli ist der Weg uns schon gebahnt.

ANDREA

Und hier soll ich euch helfen, Bahn zu brechen? 25

MARSILIO

Ich fordre keine Tat und kein Versprechen.
Von selbst erwacht der Wille zum Zerstören,
Die Gnade, die das eigene Elend zeigt;
Nur schützen sollst du mich, daß sie mich hören,
Ich weiß, dein Haus[27] ist mächtig, weitverzweigt.

ANDREA

Ich will dich schützen, ohne mein Geschlecht[28], 35
Das jedem Neuen blöde widersteht,
Das selbstgesetzten Zwangs, sein eigner Knecht,
Verdammt und ächtet, was es nicht versteht!
Ich will dich schützen: hier in meinem Haus,
Von Licht umfunkelt, zwischen Spiel und Schmaus, 40
Hier sollen sie das Kreuz, die Geißel finden,
Den Totenkopf, in blumigen Gewinden!
Ein Grabesschauer soll den Saal durchfluten,
Und wenn du weckst die heiligtollen Gluten,
Und wenn sie einen Scheiterhaufen schichten 45

Aus Bildern, Blumen, Teppichen, Gedichten,
Und taumelnd schlingen einen Büßerreigen . .
Die Stirnen in den Staub des Bodens neigen,
Zu Füßen dir die blassen, schönen Frauen! . .
Ich will dich schützen . . denn das möcht' ich 5
                                        schauen.
Jetzt geh, mein Freund, vertraue dich der Rast.
In Imola kränkt niemand meinen Gast.

DRITTE SZENE

Andrea, dann Diener, darauf Kardinal und Fortunio.

ANDREA *Marsilio nachblickend.*
Es gibt noch Stürme, die mich nie durchbebt!
Noch Ungefühltes kann das Leben schenken . .
Nur an das eine möcht' ich niemals denken:
Wie schal dies sein wird, wenn ich's ausgelebt! 20

DIENER
Des Kardinals von Ostia Eminenz
Und Herr Fortunio treten in den Garten.

ANDREA
Sag der Madonna[29], daß wir sie erwarten. 25

*Der Kardinal und Fortunio, der Maler, treten durch
die Mitteltür ein; der Kardinal ist kurzatmig und 30
setzt sich gleich nieder, die beiden andern stehen.*

KARDINAL
Fortunio erzählte mir gerade, 35
Daß ich recht viel versäumt bei Palla, schade.

ANDREA *zerstreut.*
Bei Palla, gestern abend, ja . . ja, ja . . .

FORTUNIO
Du selbst warst froh, wie ich dich selten sah,
Dein Wort hat uns berauscht und nicht der Wein!

ANDREA
Das hätte mir geschmeichelt vor sechs Stunden,
Jetzt langweilt's mich . . . Die Stimmung ist ver-
                                        schwunden!
Und sie zu zwingen kann ich nicht ertragen!
Die kalte Asche . . . 50

[24]Fifteenth-century religious reformer who won fame for his oratory. After a period of strong political influence in Florence, his anticlericalism led to his arrest and death in 1498. [25]i.e., inspiration of God [26]Andrea in earlier times had a presentiment of this transformation which Marsilio and companions have undergone [27]your family [28]my family

[29]milady (= Arlette)

FORTUNIO

der erstaunt die rechte Seitenwand mustert.
          Du, ich darf wohl fragen,
Sag, wo ist denn das alte Bild von mir . .
Der Schwan der Leda hing doch früher hier? . .
Daß jetzt ein Palma[30] die Lünette schmückt, 5
Den die Umgebung noch dazu erdrückt? . .
Er flog wohl fort auf Nimmerwiedersehen,
Mein armer Schwan, vor deiner Laune Wehen?
                        10

ANDREA

erst ungeduldig, dann mit steigender Wärme.
Versteh mich recht: du selber sollst entscheiden!
Ziemt's nicht, das Oftgesuchte oft zu meiden?
Hat nicht die Laune Wechsel, nicht die Kraft[31]?
Erwacht und stirbt nicht jede Leidenschaft? 15
Wer lehrte uns, den Namen «Seele» geben
Dem Beieinandersein von tausend Leben?
Was macht das Alte gut und schlecht das Neue?
Wer darf verlangen, wer versprechen Treue?
Ist nicht gemengt in unserm Lebenssaft 20
So Menschentum wie Tier, kentaurenhaft[32]?
Mir ist vor keinem meiner Triebe bange:
Ich lausche nur, was jeglicher verlange!
Da will der eine in Askese beben,
Mit keuschen Engeln Giottos[33] sich umgeben, 25
Der andere will des Lebens reife Garben,
Des Meisters von Cadore[34] heiße Farben,
Des dritten tolle Laune wird verlangen
Nach giorgioneskem[35] Graun, Dämonenbangen; 30
Der nächste Tag wird Amoretten wollen,
Mit runden Gliedern, Händchen, rosig vollen,
Und übermorgen brauch ich mystisch Sehnen
Mit halben Farben, blassen Mädchen, Tränen . .
Ich will der freien Triebe freies Spiel, 35
Beengt von keinem, auch nicht — deinem Stil!

FORTUNIO

Was sprichst du viel, so Einfaches zu sagen:
Du trägst die Stimmung nicht, du läßt dich tragen! 40

ANDREA

Ist nicht dies «Tragenlassen» auch ein Handeln?
Ist es nicht weise, willig sich zu wandeln,

Wenn wir uns unaufhaltsam wandeln müssen?
Mit neuen Sinnen neue Lust zu spüren,
Wenn ihren Reiz die alten doch verlieren,
Vom Gestern sich mit freier Kraft zu reißen, 5
Statt Treue, was nur Schwäche ist, zu heißen!

VIERTE SZENE

*Ser[36] Vespasiano, Mosca, Corbaccio; Vespasiano,
eine Kondottierefigur[37], Degen und Dolch, Corbaccio
in schreienden Farben gekleidet, Mosca ganz weiß;
die geschlitzten Ärmel lichtgelb ausgeschlagen,
weißen barettartigen Hut mit weißen Federn, gelb
gefüttert und mit einem Spiegel im Innern; gelbe
Handschuhe im Gürtel; kurzen Degen, weiße Schna-
belschuhe. Die Sprechenden (Andrea, Mosca,
Vespasiano) stehen links, Corbaccio begrüßt bald
den Kardinal, der in der Mitte unter der Büste des
Aretino sitzt, bleibt vor ihm stehen und scheint ihn
zu unterhalten; Fortunio besieht aufmerksam die
Orgel.*

MOSCA

Weißt du, Andrea, wo wir eben waren?
Im Stall. Die sind nicht teuer, meiner Treu!
Ein Prachtgespann! Ich habe selbst gefahren!

ANDREA

Daß du das nicht verstehst, ist mir nicht neu . .
Du kennst das Sprichwort: Wenn der Narr erst
                           lobt . .
Nein, nein, ich habe selber sie erprobt . .

Sehr ruhig zu Vespasiano.

Ser Vespasiano, wenn es Euch beliebt,
Beim Pferdekauf mich nächstens zu betrügen,
Erspart die Mühe, Herr, mich anzulügen,
Das ist so schal, alltäglich und gemein.

VESPASIANO

Messer[38]! Ich weiß nicht . . .

ANDREA *mit leiser Ironie.*
                Bitte, steckt nur ein!
Ich weiß, man sagt das nicht . . man tut es nur.

[30]a painting by Palma, sixteenth-century painter of the Venetian school, has replaced Fortunio's painting of Leda and the Swan   [31]i.e., don't moods undergo change, just as power does?   [32]centaur-like (centaurs, in Greek mythology, were half man, half horse)   [33]medieval Italian painter (1266–1337)   [34]Titian (c. 1477–1576), Italian painter born in Cadore (Northern Italy)   [35]Giorgione (1478–1510), Venetian High Renaissance painter, considered the founder of the Venetian School

[36]a shortening of *signore*, equivalent to "sir"   [37]leader of mercenary troops   [38]a shortening of *mio signore*, again equivalent to "sir" (As Vespasiano says this, he draws his sword.)

Ich kenne dieses edlen Stahles Pflicht,
Er löscht im Blute jedes Argwohns Spur,
Doch unter uns, da braucht's dergleichen nicht.

Der Kardinal und Corbaccio hören aufmerksam zu,
auch Fortunio ist hinzugetreten, Mosca lehnt an der
Matte und sieht manchmal in seinen Spiegel. Unge-
duldig.

Könnt Ihr denn nie auf meinen Ton Euch stimmen,
Müßt Ihr denn ewig mit dem Pöbel schwimmen,
Der einer Schande tiefres Maß nicht kennt,
Als wenn den Hinz der Kunze[39] «Schurke» nennt?

Verbindlich lächelnd.

Ich liebe Schurken, ich kann sie verstehen,
Und niemand mag ich lieber um mich sehen.
So gern mein Aug den wilden Panther späht,
Weil niemals sich der nächste Sprung verrät,
So haß ich die, die ihre Triebe zähmen
Und sich gemeiner Ehrlichkeit bequemen.
Es ist manchmal so gut, Verrat zu üben!
So reizend, grundlos, sinnlos zu betrüben!
Der grade Weg liegt manches Mal so fern!
Wir lügen alle und ich selbst — wie gern!
O goldne Lügen, werdend ohne Grund,
Ein Trieb der Kunst, im unbewußten Mund!
O weise Lügen, mühevoll gewebt,
Wo eins das andre färbt und hält und hebt!
Wie süß, die Lüge wissend zu genießen,
Bis Lüg und Wahrheit sanft zusammenfließen,
Und dann zu wissen, wie uns jeder Zug
Im Wirbel näher treibt dem Selbstbetrug!
Das alles üben alle wir alltäglich
Und vieles mehr, unschätzbar und unsäglich!
Eintönig ist das Gute, schal und bleich,
Allein die Sünde ist unendlich reich!
Und es ist nichts verächtlicher auf Erden,
Als dumm betrügen, dumm betrogen werden!

Er spricht die letzen Worte mit Beziehung auf Vespa-
siano; Corbaccio und der Kardinal sehen einander
verstohlen an und lachen. Andrea sieht sich einen
Augenblick fragend um.

[39]German nicknames used in the sense of "every Tom,
Dick, and Harry," i.e., everyone

FÜNFTE SZENE

FANTASIO

der Dichter, kommt durch die Mitteltür und ruft
Andrea zu.
Andrea! Freund! Das war nicht wohlgetan.

MOSCA
Was denn?

FORTUNIO *wie oben.*
Dann steht es nicht in deiner Macht,
Und keiner mehr belebt die toten Mauern!

KARDINAL
Was hat er denn?

FORTUNIO
So wißt ihr es denn nicht?

ANDREA *ungeduldig unterbrechend.*
Ich will euch deuten, was der Dichter spricht!
Den Architekten hab ich fortgeschickt,
Den Seristori.

KARDINAL
Ja warum?

CORBACCIO
Seit wann?

ANDREA
Ich konnte nicht mehr reden mit dem Mann.

FANTASIO
Ich glaub vielmehr, er nicht mit dir!

ANDREA
Gleichviel!
Ich bin ihm dankbar. Er hat mich gelehrt,
Wie sehr man frevelt, wenn man Totes nährt,
Und der Gewohnheit Trieb mißnennet «Ziel».
Mein Architekt, weil wir uns nicht verstanden,
Hat mich gelöst aus meiner Pläne Banden ...

FORTUNIO
So baust du nicht?

ANDREA
Jetzt nicht. Ein andermal.
Jetzt nicht! Weil alles, was da wird und ragt,
In Marmorformen reift — mir nichts mehr sagt!
Weil meine Schöpferkraft am Schaffen stirbt
Und die Erfüllung stets den Wunsch verdirbt.

Von einem zum andern gehend.

Gib mir die Weihe, Oheim Kardinal,
Die mich erst schützt vor dieser Höllenqual!
Entzünde, Dichter, wieder in der Brust
Wie damals Kraft, Tyrannenkraft und Lust!
Laß mich verkörpert sehen, Histrione[40],
Mein Selbst von damals, mit dem wahren Tone!
Laß du mich, Maler, Formen, Farben schauen,
Die damals mich erfüllt: dann will ich bauen!

Pause.

Ihr könnt es nicht: dann gibt's auch keine Pflicht,
Die dieses Heut an jenes Damals flicht.
Dann sollen in den Teich, den spiegelnd blauen,
Ruinen, totgeboren, niederschauen.
Ich sehe schon das irre Mondenlicht,
Wie's durch geborstne Säulen zitternd bricht.
Ich sehe schon die schaumgekrönten Wogen
Sich sprühend brechen an zersprengten Bogen.
Und langsam webt die Zeit um diese Mauern
Ein blasses, königliches, wahres Trauern:
Dann wird, was heute quält wie ein Mißlingen,
Uns schmerzlich reiche, leise Träume bringen.

FANTASIO
Du rufst ihn nicht zurück? Der Bau verfällt?

ANDREA
Mein Bau verfällt.
Pause.

Doch eins blieb unbestellt.
Ihr sollt mir raten. Denn ich taste kläglich,
Wenn mich die Dinge zwingen zum Entscheiden:
Mich zu entschließen, ist mir unerträglich,
Und jedes Wählen ist ein wahllos Leiden.
Und heute — o sie wissen mich zu quälen! —
Soll wieder ich die Uferstelle wählen,
Wo ich den Landungssteg und die Terrasse
Für unser Boot — ihr wißt ja — bauen lasse!

Mit dem Tone des Ekels leiernd.

Ich gehe also mit den Baugesellen[41],
Durchwandre langsam alle Uferstellen:
Da lockt mich eine Bucht, die, sanftgeneigt[42],
Tiefdunkel, schläfrig plätschert, dichtumzweigt[43];

Allmählich behaglicher, ausmalend.

Die nächste ist von Felsen überhangen,
Erfüllt von reizvoll rätselhaftem Bangen;
Die nächste wieder schwankt hernieder mächtig[44]
Und öffnet sich zur Lichtung weit und prächtig;
Die hat ein Echo, Wasserrosen jene,
Die dritte eine blumig weiche Lehne . . .

Ungeduldig abbrechend.

Ich k a n n nicht wählen, denn ich kann nicht
                                          meiden[45];
Nun stockt das Werk: so helft mir schnell ent-
                                          scheiden!

*Er geht dem Ausgang zu. Alle drängen sich, abge-
hend, um ihn. Nur der Kardinal bleibt sitzen.
Das Folgende wird schnell, manches gleichzeitig
gesprochen.*

MOSCA
Wir brauchen eine sanfte, runde Bucht,
Nicht starre Felsen, rauher Klippen Wucht.

FANTASIO
Ich möchte liegen, wo die Binsen rauschen,
Und auf des Wassers stillen Atem lauschen.

VESPASIANO
Am besten liegt sich's hinterm Felsenwall,
Daran sich heulend bricht der Wogenprall.

CORBACCIO
Herr, ich weiß, welche Bucht wir nehmen sollen . . .

ANDREA *halblaut.*
O, wie ich sie beneide um ihr Wollen!

FORTUNIO
So gehn wir endlich. Eminenz, und Ihr?

KARDINAL
Geht nur und wählt, ich schone meine Beine,
Ihr kommt ja wieder. Schön. Ich bleibe hier.

Zu Andrea.

Ich bleibe hier und warte auf die Kleine.

Alle ab außer dem Kardinal.

---

[40]actor (i.e., Corbaccio) [41]workmen (builders) [42]with
gently sloping banks [43]surrounded by a dense growth
of trees (or bushes)

[44]plunges down [45]I can't eliminate any of them

SECHSTE SZENE

Kardinal. Arlette.
Arlette, umgekleidet, durch die Tür rechts; im Spiel
mit dem Kardinal ist ihre Koketterie deutlicher als 5
gewöhnlich.

ARLETTE *scheinbar suchend.*
Andrea! Ach — Ihr seid es, hoher Herr,
Nur Ihr?

KARDINAL
Ist das zu wenig, kleine Sünde?

ARLETTE
Allein . . Andrea . . . 15

KARDINAL
          Und wer ist der Gast,
Für den wetteifern Glut und Duft und Glast[46],
Für den die Steine und die Rosen prangen, 20
Die schönen Rosen da . . und neuen Spangen?

Lauernd.

Wer ist der liebe Gast? 25

Er zieht sie zu sich.

ARLETTE
          Was Ihr nur denkt!
Andrea hat sie gestern mir geschenkt. 30
Und für ihn schmück ich mich doch auch allein.
Ich bin ihm treu. Ihr wißt's.

Er kneift die Augen zu und schüttelt den Kopf. 35

          Was heißt das?

Heftig.

          Nein, 40
Ich bin ihm treu!

KARDINAL *leise, gemütlich.*
Du lügst, Arlette.

45

ARLETTE
          Es sind
Zwei Jahre jetzt, daß ich . . .

KARDINAL *wie oben.*
          Bist gestern, Kind — 50

Andrea kommt langsam, verstimmt über die Terrasse,
durch die Mitteltür ins Zimmer.

ARLETTE *gefaßt.*
Ihr wißt?

KARDINAL *dummpfiffig.*
Lorenzo hat —

ARLETTE *bemerkt Andrea.*
          So schweigt!

KARDINAL
                    Vertrauen . . .

ARLETTE
Ich fleh Euch an.

KARDINAL *lachend.*
Ei, auf mich kannst du bauen!

SIEBENTE SZENE

Die Vorigen. Andrea kommt langsam auf sie zu-
gegangen.

ANDREA *Gereiztheit in der Stimme.*
Ich störe doch wohl nicht.

ARLETTE *schüchtern.*
          Du kommst allein?

ANDREA
Ja, wie du siehst.

ARLETTE
Du kommst mich holen?

ANDREA
                    Nein.

KARDINAL
Die andern?

ANDREA
Sind zum Teich hinabgegangen.

Nach einer Pause.

Wie mich's zuweilen ekelt vor der Schar!
Nimmt keiner doch des Augenblicks Verlangen,
Den Geist des Augenblickes keiner wahr!

Am Fenster.

Es liegt die Flut wie tot . . wie zähes Blei . .

[46]radiance (poetic)

Die Sonne drückt .. aschgraue Wolken lauern ..
Der Teich hat Flecken und die Binsen schauern ..
Den Sturm verkündet geller Möwenschrei:
Ich sehe schon des Sturms fahlweiße Schwinge ..

Mit dem Tone der tiefsten Verachtung.

Sie fühlen's nicht und reden andre Dinge! ..

Pause.   10

Nur einen gibt's, der das wie ich versteht!
Mein bester Freund, solang uns Sturm umweht!
In ihm ist, wie in mir, des Sturmes Seele:
Ich möchte nicht, daß er mir heute fehle.
Wo bleibt Lorenzo?

Zum Kardinal.

Hast du ihn gesehn?   20

KARDINAL *mit behaglicher Ironie.*
So hast du e i n e n Freund für Sturmeswehn,
Für Regen den und den für Sonnenschein,
Fürs Zimmer den und den zur Jagd im Frei'n?   25

ANDREA
Und warum nicht? Was ist daran zu staunen?
Ist nicht die ganze ewige Natur
Nur ein Symbol für unsrer Seelen Launen?   30
Was suchen wir in ihr als unsre Spur?
Und wird uns alles nicht zum Gleichnisbronnen[47],
U n s auszudrücken, unsre Qual und Wonnen?

Den Degen in die Hand nehmend.   35

Du hier, mein Degen, bist mein heller Zorn!

Auf die Orgel zeigend.   40

Und hier steht meiner Träume reicher Born!
Ser Vespasiano ist mein Hang zum Streit,
Und Mosca .. Mosca meine Eitelkeit!

KARDINAL   45
Und was bin ich, darf man das auch wohl fragen?

ANDREA
Du, Oheim Kardinal, bist mein Behagen!
Du machst, daß mir's an meiner Tafel mundet: 50

Du zeigst mir, wie die Birne reif-gerundet;
Durch deine Augen seh ich Trüffel winken;
Du lehrst mich trinkend denken, denkend trinken!
Lorenzo ruf ich, wenn die Degen klirren,   5
Wenn Sturm die Segel bauscht, die Taue schwirren.
O denkst du noch an jene Nacht, Arlette:
Wir flogen mit dem Sturme um die Wette[48] ..
Kein Lichtstrahl .. nur der Blitze zuckend Licht
Zeigt' mir die Klippen, weißen Schaum, den Mast.

ARLETTE
mit zurückgeworfenen Armen und halbgeschlossenen
Augen, stehend.
Ich schloß die Augen .. aber fest und warm,   15
An deiner Brust .. hielt mich dein Arm umfaßt.

ANDREA *schnell.*
Das war nicht mein, das war Lorenzos Arm!
Ich saß am Steuer.

ARLETTE
in der Erinnerung versunken, ohne recht auf ihn zu
hören, nickend.
Mir war wie im Traum.
Ich dachte nicht. Versunken Zeit und Raum,   25
Vor mir noch seh ich jenen[49], fern und bleich ..
Verschwommen alles .. der das Steuer hielt,
Lorenzo .. fremd erschien mir sein Gesicht ..
Ich kannt' ihn kaum .. Mir war nicht kalt .. nicht
bang,   30
Ich fühlte nur den Arm, der mich umschlang ..
Dann schlief ich ein ...

ANDREA *sehr laut.*
Das war Lorenzo nicht!

Mißtrauisch auf sie zugehend.

Ich saß am Steuer.
Sehr leise.

Ich .. ich war wohl bleich ..
Ich, ich war dir so fern .. so fremd .. so gleich[50] ..
Und als ich uns gerettet in den Hafen,
Warst in Lorenzos Arm du eingeschlafen.

Ganz nahe.

Weißt du das nicht?! Hast du das nie gewußt?!

---

[47]fount of images

[48]we raced with the storm   [49]i.e., Andrea   [50]i.e., you
didn't care about me

Er faßt sie am Arm und sieht sie forschend an. Dann wendet er sich plötzlich von ihr ab und geht mit starken Schritten zur Türe.

ACHTE SZENE

Corbaccio, später Fantasio, die Vorigen.

CORBACCIO

eilig durch die Mitteltür. Er wendet sich an Arlette und den Kardinal, die links sitzen.

CORBACCIO *lebhaft.*
Madonna, hört, Andrea! Kardinal!
Ein Schauspiel habt ihr, sondergleich, versäumt:

Mit lebhaftem Gebärdenspiel, später mit allen Mitteln der schauspielerischen Erzählung.

Wie's niemals so komödienhaft sich träumt!
Wir gehn hinab, da drängt sich vor dem Tor
Ein Haufe Volks in aufgeregtem Chor,
Ein Mann inmitten, der zu lehren scheint:
Die Menge ächzt, die Menge stöhnt und weint,
Dazu ein Kreischen, Frauen singen Psalm,
Der Prediger ragt hager aus dem Qualm . . .

KARDINAL
Ein Ketzer, ein rebellischer Vagant!

CORBACCIO
Ein Ketzer, hoher Herr, ein Flagellant.
Da löst sich einer aus dem Knäul, kniet nieder,
Und er beginnt mit heisrer Fistelstimme
Sich einen Hund, ein räudig Tier zu nennen
Und seine Sünden kreischend zu bekennen.
Ein andrer naht, ein fetter, alter Mann,
Hebt keuchend, ohne Laut, zu beten an,
Schleppt sich von dem zu jenem auf den Knien . .
Ein dritter wirft sich stöhnend neben ihn,
So daß uns, ob gemein und widerlich,
Ein Schauer vor dem Schauspiel doch beschlich.

Andrea, auf- und abgehend und zerstreut zuhörend, sieht Arlette ab und zu forschend an.

CORBACCIO
Dann kam ein Weib, das wie gefoltert schrie,
Der Schande sich, des Ehebruches zieh[51] . .

[51]accused herself of ignominy, of adultery

Es schlug der Taumel immer höh're Wogen,
Eins wird vom andern sinnlos mitgezogen,
Und immer mehre wurden, die bekannten,
Und ihre heimlich tiefste Sünde nannten:
5 Verzerrte, tolle, plumpe Ungestalten,
Ein Bacchanal dämonischer Gewalten!

ANDREA
zu Fantasio, der langsam durch die Mitte gekommen.
10 Du hast's gesehen und du staunst wie er?

Das Folgende spricht Fantasio zu Andrea, beide stehen in der Mitte, Andrea ist sichtlich mit Arlette beschäftigt. Corbaccio tritt links zu Arlette und dem Kardinal, scheint seine Erzählung fortzusetzen: man sieht ihn beichtende und betende Bauern nachahmen.

FANTASIO
Gedanken weckt's in mir, erkenntnisschwer.
Mir ist, als hätt' ich Heiliges erlebt.
Grad wie wenn Worte, die wir täglich sprechen,
In unsre Seele plötzlich leuchtend brechen,
25 Wenn sich von ihnen das Gemeine hebt
Und uns ihr Sinn lebendig, ganz erwacht!

Er fühlt, daß Andrea ihm kaum zuhört, und hält inne.

ANDREA
30 Sprich fort.
FANTASIO
Um uns ist immer halbe Nacht.
Wir wandeln stets auf Perlen, staubbedeckt,
35 Bis ihren Glanz des Zufalls Strahl erweckt.
Die meisten sind durchs Leben hingegangen,
Ein blutleer Volk von Gegenwartsverächtern,
Gespenstisch wandelnd zwischen den Geschlech-
                                                    tern
40 Durch aller Farben glühend starkes Prangen,
Durch aller Stürme heilig großes Grauen,
In taubem Hören und in blindem Schauen,
In einem Leben ohne Sinn verloren:
Und selten nahet, was sie Gnade nennen,
45 Das heilige, das wirkliche Erkennen,
Das wir erstreben als die höchste Gunst
Des großen Wissens und der großen Kunst.
Denn ihnen ist die Heiligkeit und Reinheit
Das gleiche Heil, das uns die Lebenseinheit.

MOSCA *zur Tür hineinrufend.*
50
O kommt, Madonna, schnell, sie ziehn vorbei
Am Gartengitter, eilig kommt und seht.

KARDINAL *auf Corbaccio gestützt.*
So komm, Arlette!

ANDREA *auf einen fragenden Blick Arlettes.*
Geht, ich folge, geht!

NEUNTE SZENE

Andrea, Fantasio.

Arlette, Kardinal, Mosca, Corbaccio und die Übrigen, auf der Terrasse sichtbar.

ANDREA

da Fantasio sich zum Garten wendet, stockend.
Fantasio, bleib, mein Freund: du sollst mir sagen,
Getreu, was ich versuchen will zu fragen.
Du sagst, du hast's in deiner Kunst erlebt,   20

Langsam, suchend.

Daß manchmal Worte, die wir täglich sprechen,
In unsre Seele plötzlich leuchtend brechen,
Daß sich von ihnen das Gemeine hebt
Und daß ihr Sinn lebendig, ganz erwacht?

FANTASIO
Das ist. Doch steht es nicht in unsrer Macht.

ANDREA *wie oben.*
Das mein ich nicht. Doch kann es nicht geschehen,
Daß wir auf einmal neu das Alte sehen?
Und kann's nicht sein, daß, wie ein altklug Kind,   35
Wir sehend doch nicht sehen, was wir sind,
Mit anempfundener Enttäuschung[52] prahlen
Und spät, erst spät mit wahren Leiden zahlen!

FANTASIO   40
Auch dies, denn was wir so Erfahrung nennen,
Ist meist, was wir an anderen erkennen.

ANDREA
So darf man sich dem Zufall anvertrau'n,
Dem blitzesgleichen, plötzlichen Durchschau'n?   45

FANTASIO
Wir sollen uns dem Zufall überlassen,

[52]with adopted disappointment, i.e., disillusionment assumed in emulation of others because we think it is fashionable

Weil wir ja doch die G r ü n d e nie erfassen!
Und weil ja Zufall, was uns nützt und nährt, ist,
Und Zufall, Zufall all, was uns gewährt ist!

ANDREA *halblaut.*   5
O Blitz, der sie mir jetzt wie damals zeigte
Im Boot . . im Sturm . . gelehnt an seine Brust,
Und jetzt die Stirn . . die wissende, geneigte . .
Was ist bewußt, und was ist unbewußt?
Sein selbst bewußt ist nur der Augenblick,   10
Und vorwärts reicht kein Wissen, noch zurück!
Und jeder ist des Augenblickes Knecht,
Und nur das Jetzt, das Heut, das Hier hat Recht!
Das gilt für mich . . nicht minder gilt's für sie,
Und seltsam, daran, glaub ich, dacht' ich nie . .   15

Pause.

Kannst du denn nicht erraten, was mich quält?

FANTASIO *schonend, aber wissend.*
Ein Glaubenwollen, wo der Glaube fehlt:
Dich fesselt noch ein trügerisches Grauen.
Wir wollen nicht das Abgestorbne schauen:
Was hold vertraut uns lieblich lang umgab,   25
Ob nicht mehr unser, neiden wir's dem Grab.

ANDREA
Was hold vertraut uns lieblich lang umgab . .
Das ist Gewohnheit, und so ist's auch Lüge,   30
Die lieblich fälscht die hold vertrauten Züge.
Dies ist die Formel, für was ich empfinde:
Ein Aug, entblößt von weich gewohnter Binde,
Dem grell die Wirklichkeit entgegenblinkt,
Das Heute kahl, das Gestern ungeschminkt!   35
Ein hüllenloses Sein, den Schmerzen offen,
Vom Licht gequält, von jedem Laut getroffen!
O kämen bald, erquickend im Gedränge,
Die starken Stimmungen der Übergänge!

Nervös schmerzlich.

Wir sollten dann den andern nicht mehr sehn,
Nicht fühlen müssen, daß e r r u h i g lebt . .
Wenn in uns selbst Gefühle sterben gehn   45
Und unsre Seele zart und schmerzlich bebt . . .
Wir können dann die Stimme nicht mehr hören,
Ein Lächeln kann uns qualvoll tief verstören.
Und nur das Ende, nur das schnelle Ende
Erstickt die Qualen einer solchen Wende!   50

ARLETTE *in der Tür, dann ganz eintretend.*
Wenn du zu uns nicht, so komm ich herein.

ANDREA
Fantasio, verzeih, laß uns allein.

Er winkt Arlette, sich zu setzen.

ZEHNTE SZENE

Andrea, Arlette.
Er geht langsam auf und ab. Endlich bleibt er vor ihr
stehen. Er spricht leise, mit zurückgedrängter
Heftigkeit.

ANDREA
Ich weiß, Arlette, daß du mich betrügst,
Betrügst wie eine Dirne, feig, unsäglich.
Beinahe lächerlich und fast doch kläglich!

Pause.

Was hier geschah, alltäglich und gemein,
Dem will ich ja sein reiz- und farblos Sein,
Sein unbegreiflich Schales gerne gönnen . .
Verstehen nur, verstehen möcht' ich's können.

Pause.
Gemacht verächtlich[53].

Du bist nicht schuld daran, wenn ich jetzt leide,
Nicht schuld an diesem ganzen blöden Wahn . .
Es ist kein Grund, daß ich dich zürnend meide . .
Du konntest, du hast mir nicht weh getan!

Nach einer Pause mit steigender Heftigkeit.

Verbergen brauchst du's nicht und nicht beklagen,
Nur sagen sollst du mir . . ganz . . alles sagen:
Nur eines, fürcht ich, werd ich nie verstehen:
Warum du d e n, warum gerade d e n . . .

ARLETTE
So hör doch auf, ich will ja alles sagen.

ANDREA *zurücktretend.*
Schweig noch! Mich dünkt, ich werd es nicht
ertragen.
Mich dünkt, ich darf dich jetzt nicht reden hören.
In mir ist's klar. Das darf man nicht verstören.
Ich müßte nach dir schlagen, müßte schrei'n,
Verführt vom Blut[54], verblendet . . nein, nein! nein!

Das wäre Fälschung, Lüge, Selbstbetrug
An meinem Fühlen, kalt und klar und klug.

Pause.
Boshaft und schmerzlich.

Doch hat mein Denken erst sich vollgesogen
Mit diesem Wissen, wie du mich betrogen,
Dann wird sich mir dein Wesen neu erschließen,
Verschönt, zu süßem, schmerzlichem Genießen.
Und was mich heute quält wie dumpfe Pein,
Wird eine Wonne der Erinnrung sein.
Die tausend Stunden, da ich nichts empfand,
Wenn mich dein Arm betrügerisch umwand,
Ich werde sie durchbebt zu haben wähnen,
Verklärt durch wissende, durch Mitleidstränen.
Jetzt sprich: denn es durchweht mich ein Erkennen,
Wie grenzenlose Weiten Menschen trennen!
Wie furchtbar einsam unsre Seelen denken:
Sprich; was du sagen kannst, kann mich nicht
kränken.
Sag, wann's zum erstenmal und wie es kam,
Ob du dich ihm verschenktest, er dich nahm.

ARLETTE
Zum erstenmal? Es gibt kein zweites Mal.
Nur gestern . . .

ANDREA *fast schreiend.*
Gestern?!

ARLETTE *macht sich los.*
Laß mich!

ANDREA
Sprich!

ARLETTE
Ich weiß
Ja selbst nicht. Hör doch auf, mich so zu quälen
Und schick mich fort von dir.

ANDREA
Du sollst erzählen!

ARLETTE
Was hat dich jetzt von neuem so vestört . .
Ich fürchte mich.

ANDREA *halblaut.*
O wie mich das empört.
Dies Gestern! dessen Atem ich noch fühle
Mit seines Abends feuchter, weicher Schwüle.

Sehr heftig, über sie gebeugt.

---

[53]with simulated scorn   [54]here, emotion, passion

Da war's. Da! wie ich fort war. Da, sag ja!
In blauem Dufte lag der Garten da . .
Die Fliederdolden[55] leuchteten und bebten . .
Der Brunnen rauschte und die Falter schwebten . . .

ARLETTE *suchend.*
So war's, allein . . der Garten . . und das Haus,
Das war so anders . . sah so anders aus.

ANDREA
Am Himmel war ein Drängen und ein Ziehn,
Des Abends Atem wühlte im Jasmin,
Und ließ verträumte Blüten niederwehn.

ARLETTE
Das alles war's. Doch kann ich's nicht verstehn.
Es scheint so fremd, so unbegreiflich weit.
Ja, was du sagst, das war, doch nicht allein.
Es muß ja mehr, viel mehr gewesen sein.
Ein Etwas, das ich heute nimmer finde,
Ein Zauber, den ich heute nicht ergründe.
Je mehr du fragst, es wird nur trüb und trüber,
Ein Abgrund scheint von gestern mich zu trennen,
Und fremd steh ich mir selber gegenüber . . —

Das Gesicht bedeckend.

Und, was ich nicht versteh, heiß mich nicht nennen!
Vergib, vergiß dies Gestern, laß mich bleiben,
Laß Nächte darübergleiten, Tage treiben . . .

ANDREA *ruhig ernst.*
Dies Gestern ist so eins mit deinem Sein,
Du kannst es nicht verwischen, nicht vergessen:
Es i s t , so lang wir wissen, daß es w a r.
In meine Arme müßt' ich's täglich pressen,
Im Dufte saug ich's ein aus deinem Haar!
Und heute — gestern ist ein leeres Wort.
Was einmal war, das lebt auch ewig fort.

Pause.
Mit erkünstelter Ruhe.

Wir werden ruhig auseinander gehn
Und ruhig etwa auch uns wiedersehn.
Und daß du mich betrogen und mein Lieben,
Davon ist kaum ein Schmerz zurückgeblieben . .
5 Doch eines werd ich niemals dir verzeihn:
Daß du zerstört den warmen, lichten Schein,
Der für mich lag auf der entschwundnen Zeit.

Ausbrechend.
10 Und daß du die dem Ekel hast geweiht!

Er winkt ihr, zu gehen. Sie geht langsam durch die
Türe rechts ab. Er blickt ihr lange nach. Seine
15 *Stimme bebt und kämpft mit aufquellenden Tränen.*

Ich kann so gut verstehen die ungetreuen Frauen . .
So gut, mir ist, als könnt' ich in ihre Seelen schauen.
Ich seh in ihren Augen die Lust, sich aufzugeben,
20 Im Niegenossenen, Verbotenen zu beben . .
Die Lust am Spiel, die Lust, sich selber einzu-
                                        setzen[56],
Die Lust am Sieg und Rausch, am Trügen und
                                        Verletzen . .
25 Ich seh ihr Lächeln und

            stockend.
               die törichten, die Tränen,
30 Das rätselhafte Suchen, das ruhelose Sehnen . .
Ich fühle, wie sie's drängt zu törichten
                                        Entschlüssen,
Wie sie die Augen schließen und wie sie quälen
                                        müssen,
35 Wie sie ein jedes Gestern für jedes Heut begraben,
Und wie sie nicht verstehen, wenn sie getötet
                                        haben.
Tränen ersticken seine Stimme.

40

Der Vorhang fällt.

[55]clusters of lilac blossoms

[56]to risk themselves

DER SCHWIERIGE

The drama of the German-speaking area of Europe, unlike the drama of France or England, is not notably rich in comedies. The reasons for this difference are historical and political. Comedy flourishes best in a stable society which has a long-established way of looking at things. Great centers of national culture like Paris or London furnish audiences whose views of manners and morals constitute the norm against which the comic hero stands out in eccentric relief. In the politically volatile German-speaking part of Europe, however, no such single national cultural center has ever existed for a sufficiently long period of time. The nearest approach to one was perhaps the city of Vienna, which was for centuries the seat of a great empire.

In the type of comedy discussed here, the hero is indeed a social eccentric, but by the final curtain he has typically become reconciled with the society in which he lives. This reconciliation often takes the form of marriage: by "marrying into" the social order from which he was in some way estranged, the hero symbolically rejoins it. Hofmannsthal's comedy of Viennese society, *Der Schwierige*, is an example — albeit a late and complex one — of this tradition. As in Molière's *L'Avare* ("The Miser"), the title identifies the particular trait of character which sets the hero apart from his society. As Hans Karl, Graf Bühl, says of himself: "Mein Gott, ich bin eben nicht möglich." When we ask ourselves what makes him so "difficult," problems arise. His nephew, for example, sees him as an accomplished man of the world, a perfect exemplar of his class. Wilhelm Emrich has pointed to the paradoxical nature of the comic contrast between Hans Karl and his milieu: "Nur indirekt wird der Kontrast ausgedrückt, indem Karl 'immer nur auf die Absicht der anderen eingeht', alle Forderungen der Gesellschaft erfüllt, zugleich aber gar keiner Absicht folgt ... sondern sich die volle Freiheit bewahrt. Er repräsentiert seine Umwelt und stellt zugleich ihre schärfste Kritik dar, weil er sich selbst aufs schärfste kritisiert."

One of the Count's self-admitted difficulties is his distrust of language, the medium of social intercourse, for, as he says, he is a man obsessed with the idea "daß es unmöglich ist, den Mund aufzumachen, ohne die heillosesten Konfusionen anzurichten!" Luckily for him, there is another character in the play, Helene Altenwyl, who understands him almost before he opens his mouth, and who, like him, belongs inescapably to her milieu while at the same time existing in a dimension beyond the merely social and superficial.

In certain senses, Hans Karl may be seen as a mature relative of Andrea, the Prince in *Gestern*. The Count, long unable to commit himself to constancy ("Ich binde mich so ungern...."), eventually comes to realize the higher necessity and sanctity of something permanent in life as a result of his closeness to death during the war. This experience of death relates him to the heroes of Hofmannsthal's other plays mentioned earlier, *Der Tor und der Tod* and *Jedermann*. For Graf Bühl, the effective symbol of this permanence is marriage, "das Institut, ... das aus dem Zufälligen und Unreinen das Notwendige, das Bleibende und das Gültige macht...." Thus his union with Helene resolves his difficulties and provides the obligatory happy ending to this comedy.

Paradoxically, the social milieu out of which this play arose, and which it faithfully depicts, was disappearing at the very moment when Hofmannsthal brought it to the stage, in 1919. (The Austro-Hungarian Empire, like the German Empire, was dissolved at the end of the First World War.) One of the greatest comedies in German is therefore the portrait of a society and at the same time its memorial.

Bibliography

EMRICH, WILHELM. "Hofmannsthals Lustspiel 'Der Schwierige.'" *Protest und Verheißung: Studien zur klassischen und modernen Dichtung* (2nd edition, Frankfurt am Main and Bonn, 1963), pp. 223–232.
MENNEMAIER, FRANZ NORBERT. "'Der Schwierige.'" *Das deutsche Drama: Vom Barock bis zur Gegenwart, Interpretationen*, edited by Benno von Wiese, Vol. II (2nd edition, Düsseldorf, 1960), pp. 244–264.
STAIGER, EMIL. "Hugo von Hofmannsthal, 'Der Schwierige.'" *Meisterwerke deutscher Sprache* (2nd edition, Zürich, 1948), pp. 225–259.

Der Schwierige
Lustspiel in drei Akten

PERSONEN

HANS KARL BÜHL	EDINE
CRESCENCE, seine Schwester	NANNI } Antoinettes Freundinnen
STANI, ihr Sohn	HUBERTA
HELENE ALTENWYL	AGATHE, Kammerjungfer
ALTENWYL	NEUGEBAUER, Sekretär
ANTOINETTE HECHINGEN	LUKAS, erster Diener bei Hans Karl
HECHINGEN	VINZENZ, ein neuer Diener
NEUHOFF	EIN BERÜHMTER MANN
	Bühlsche und Altenwylsche Diener

ERSTER AKT

Mittelgroßer Raum eines Wiener älteren Stadtpalais, als Arbeitszimmer des Hausherrn eingerichtet.

ERSTE SZENE

Lukas herein mit Vinzenz.

LUKAS. Hier is das sogenannte Arbeitszimmer. Verwandtschaft und sehr gute Freunde werden hier eingeführt, oder nur wenn speziell gesagt wird, in den grünen Salon.

VINZENZ *tritt ein.* Was arbeitet er? Majoratsverwaltung[1]? Oder was? Politische Sachen?

LUKAS. Durch diese Spalettür kommt der Sekretär herein.

5   VINZENZ. Privatsekretär hat er auch? Das sind doch Hungerleider! Verfehlte Existenzen! Hat er bei ihm was zu sagen?

LUKAS. Hier gehts durch ins Toilettezimmer. Dort werden wir jetzt hineingehen und Smoking

10   und Frack herrichten zur Auswahl je nachdem[2], weil nichts Spezielles angeordnet ist.

[1]Looking after his estates?   [2]according to (what he wants to wear)

VINZENZ *schnüffelt an allen Möbeln herum.* Also was? Sie wollen mir jetzt den Dienst zeigen? Es hätte Zeit gehabt bis morgen früh, und wir hätten uns jetzt kollegial unterhalten können. Was eine Herrenbedienung ist, das ist mir seit vielen Jahren zum Bewußtsein gekommen, also beschränken Sie sich auf das Nötige; damit meine ich die Besonderheiten. Also was? Fangen Sie schon an!

LUKAS *richtet ein Bild, das nicht ganz gerade hängt.* Er kann kein Bild und keinen Spiegel schief hängen sehen. Wenn er anfängt, alle Laden aufzusperren oder einen verlegten Schlüssel zu suchen, dann ist er sehr schlechter Laune.

VINZENZ. Lassen Sie jetzt solche Lappalien. Sie haben mir doch gesagt, daß die Schwester und der Neffe, die hier im Hause wohnen, auch jedesmal angemeldet werden müssen.

LUKAS *putzt mit dem Taschentuch an einem Spiegel.* Genau wie jeder Besuch. Darauf hält er sehr streng.

VINZENZ. Was steckt da dahinter? Da will er sie sich vom Leibe halten. Warum läßt er sie dann hier wohnen? Er wird doch mehrere Häuser haben? Das sind doch seine Erben. Die wünschen doch seinen Tod.

LUKAS. Die Frau Gräfin Crescence und der Graf Stani? Ja, da sei Gott vor[3]! Ich weiß nicht, wie Sie mir vorkommen!

VINZENZ. Lassen Sie Ihre Ansichten. Was bezweckt er also, wenn er die im Haus hat? Das interessiert mich. Nämlich: es wirft ein Licht auf gewisse Absichten. Die muß ich kennen, bevor ich mich mit ihm einlasse.

LUKAS. Auf was für gewisse Absichten?

VINZENZ. Wiederholen Sie nicht meine Worte! Für mich ist das eine ernste Sache. Konvenierendenfalls[4] ist das hier eine Unterbringung für mein Leben. Wenn Sie sich zurückgezogen haben als Verwalter, werde ich hier alles in die Hand nehmen. Das Haus paßt mir eventuell soweit nach allem, was ich höre. Aber ich will wissen, woran ich bin[5]. Wenn er sich die Verwandten da ins Haus setzt, heißt das soviel als: er will ein neues Leben anfangen. Bei seinem Alter und nach der Kriegszeit ist das ganz erklärlich. Wenn man einmal die geschlagene Vierzig auf dem Rücken hat[6].

LUKAS. Der Erlaucht vierzigster Geburtstag ist kommendes Jahr.

VINZENZ. Kurz und gut, er will ein Ende machen mit den Weibergeschichten. Er hat genug von den Spanponaden[7].

LUKAS. Ich verstehe Ihr Gewäsch nicht[8].

VINZENZ. Aber natürlich verstehen Sie mich ganz gut, Sie Herr Schätz. Es stimmt das insofern mit dem überein, was mir die Portierin erzählt hat. Jetzt kommt alles darauf an: geht er mit der Absicht um, zu heiraten? In diesem Fall kommt eine legitime Weiberwirtschaft ins Haus, was hab ich da zu suchen? — Oder er will sein Leben als Junggeselle mit mir beschließen! Äußern Sie mir also darüber Ihre Vermutungen. Das ist der Punkt, der für mich der Hauptpunkt ist, nämlich.

Lukas räuspert sich.

VINZENZ. Was erschrecken Sie mich?

LUKAS. Er steht manchmal im Zimmer, ohne daß man ihn gehen hört.

VINZENZ. Was bezweckt er damit? Will er einen hineinlegen? Ist er überhaupt so heimtückisch?

LUKAS. In diesem Fall haben Sie lautlos zu verschwinden.

VINZENZ. Das sind mir ekelhafte Gewohnheiten. Die werde ich ihm zeitig abgewöhnen.

ZWEITE SZENE

HANS KARL *ist leise eingetreten.* Bleiben Sie nur, Lukas. Sind Sies, Neugebauer?

Vinzenz steht seitwärts im Dunkeln.

LUKAS. Erlaucht melde untertänigst, das ist der neue Diener, der vier Jahre beim Durchlaucht Fürst Palm war.

HANS KARL. Machen Sie nur weiter mit ihm. Der Herr Neugebauer soll herüberkommen mit den Akten, betreffend Hohenbühl[9]. Im übrigen bin ich für niemand zu Hause.

Man hört eine Glocke.

LUKAS. Das ist die Glocke vom kleinen Vorzimmer. *Geht.*

Vinzenz bleibt. Hans Karl ist an den Schreibtisch getreten.

---

[3]Heaven forbid!   [4]if things turn out suitably   [5]where I stand   [6]when you once pass forty   [7]of that foolishness   [8]your chatter   [9]name of his estate

DRITTE SZENE

LUKAS *tritt ein und meldet.* Frau Gräfin Freudenberg.

Crescence ist gleich nach ihm eingetreten. Lukas 5 *tritt ab, Vinzenz ebenfalls.*

CRESCENCE. Stört man dich, Kari? Pardon —

HANS KARL. Aber, meine gute Crescence.

CRESCENCE. Ich geh hinauf, mich anziehen — 10 für die Soiree.

HANS KARL. Bei Altenwyls?

CRESCENCE. Du erscheinst doch auch? Oder nicht? Ich möchte nur wissen, mein Lieber.

HANS KARL. Wenns dir gleich gewesen wäre, 15 hätte ich mich eventuell später entschlossen und vom Kasino aus eventuell abtelephoniert. Du weißt, ich binde mich so ungern.

CRESCENCE. Ah ja.

HANS KARL. Aber wenn du auf mich gezählt 20 hättest —

CRESCENCE. Mein lieber Kari, ich bin alt genug, um allein nach Hause zu fahren — überdies kommt der Stani hin und holt mich ab. Also du kommst nicht? 25

HANS KARL. Ich hätt mirs gern noch überlegt.

CRESCENCE. Eine Soiree wird nicht attraktiver, wenn man über sie nachdenkt, mein Lieber. Und dann hab ich geglaubt, du hast dir draußen[10] das viele Nachdenken ein bißl[11] abgewöhnt. *Setzt sich* 30 *zu ihm, der beim Schreibtisch steht.* Sei Er[12] gut, Kari, hab Er das nicht mehr, dieses Unleidliche, Sprunghafte, Entschlußlose, daß man sich hat aufs Messer[13] streiten müssen mit Seinen Freunden, weil der eine Ihn einen Hypochonder nennt, der andere 35 einen Spielverderber, der dritte einen Menschen, auf den man sich nicht verlassen kann. — Du bist in einer so ausgezeichneten Verfassung zurückgekommen, jetzt bist du wieder so, wie du mit zweiundzwanzig Jahren warst, wo ich beinah ver- 40 liebt war in meinen Bruder.

HANS KARL. Meine gute Crescence, machst du mir Komplimente?

CRESCENCE. Aber nein, ich sags, wie's ist: da ist der Stani ein unbestechlicher Richter; er findet dich 45 einfach den ersten Herrn in der großen Welt, bei ihm heißts jetzt Onkel Kari hin, Onkel Kari her[14],

man kann ihm kein größeres Kompliment machen, als daß er dir ähnlich sieht, und das tut er ja auch — in den Bewegungen ist er ja dein zweites Selbst —, er kennt nichts Eleganteres als die Art, wie du die Menschen behandelst, das große air, die distance, die du allen Leuten gibst — dabei die komplette Gleichmäßigkeit und Bonhomie[15] auch gegen den Niedrigsten — aber er hat natürlich, wie ich auch, deine Schwächen heraus; er adoriert den Entschluß, die Kraft, das Definitive, er haßt den Wiegel-Wagel[16], darin ist er wie ich!

HANS KARL. Ich gratulier dir zu deinem Sohn, Crescence. Ich bin sicher, daß du immer viel Freud an ihm erleben wirst.

CRESCENCE. Aber — pour revenir à nos moutons[17], Herr Gott, wenn man durchgemacht hat, was du durchgemacht hast, und sich dabei benommen hat, als wenn es nichts wäre —

HANS KARL *geniert.* Das hat doch jeder getan!

CRESCENCE. Ah, pardon, jeder nicht. Aber da hätte ich doch geglaubt, daß man seine Hypochondrien überwunden haben könnte!

HANS KARL. Die vor den Leuten in einem Salon hab ich halt noch immer. Eine Soiree ist mir ein Graus[18], ich kann mir halt nicht helfen. Ich begreife noch allenfalls, daß sich Leute finden, die ein Haus machen, aber nicht, daß es welche gibt, die hingehen.

CRESCENCE. Also wovor fürchtest du dich? Das muß sich doch diskutieren lassen. Langweilen dich die alten Leut?

HANS KARL. Ah, die sind ja charmant, die sind so artig.

CRESCENCE. Oder gehen dir die Jungen auf die Nerven?

HANS KARL. Gegen die hab ich gar nichts. Aber die Sache selber ist mir halt so eine horreur, weißt du, das Ganze — das Ganze ist so ein unentwirrbarer Knäuel von Mißverständnissen. Ah, diese chronischen Mißverständnisse!

CRESCENCE. Nach allem, was du draußen durchgemacht hast, ist mir das eben unbegreiflich, daß man da nicht abgehärtet ist.

HANS KARL. Crescence, das macht einen ja nicht weniger empfindlich, sondern mehr. Wieso verstehst du das nicht? Mir können über eine Dummheit die Tränen in die Augen kommen — oder es wird mir heiß vor gêne[19] über eine ganze Kleinigkeit, über eine Nuance, die kein Mensch merkt,

---

[10]i.e., in the field (during the First World War) [11]Austrian for *bißchen* [12]The third person singular is a particularly polite form of address formerly used in aristocratic circles. [13]bitterly [14]Uncle Kari this, Uncle Kari that

[15]friendly manner (French) [16]shilly-shallying [17]"to return to our sheep" (French) = to get back to the subject [18]a horror [19]annoyance (French)

oder es passiert mir, daß ich ganz laut sag, was ich mir denk — das sind doch unmögliche Zuständ, um unter Leut zu gehen. Ich kann dir gar nicht definieren, aber es ist stärker als ich. Aufrichtig gestanden: ich habe vor zwei Stunden Auftrag gegeben, bei Altenwyls abzusagen. Vielleicht eine andere Soiree, nächstens, aber die nicht.

CRESCENCE. Die nicht. Also warum grad die nicht?

HANS KARL. Es ist stärker als ich, so ganz im allgemeinen.

CRESCENCE. Wenn du sagst, im allgemeinen, so meinst du was Spezielles.

HANS KARL. Nicht die Spur, Crescence.

CRESCENCE. Natürlich. Aha. Also, in diesem Punkt kann ich dich beruhigen.

HANS KARL. In welchem Punkt?

CRESCENCE. Was die Helen betrifft.

HANS KARL. Wie kommst du auf die Helen?

CRESCENCE. Mein Lieber, ich bin weder taub noch blind, und daß die Helen von ihrem fünfzehnten Lebensjahr an bis vor kurzem, na, sagen wir, bis ins zweite Kriegsjahr, in dich verliebt war bis über die Ohren, dafür hab ich meine Indizien, erstens, zweitens und drittens.

HANS KARL. Aber Crescence, da redest du dir etwas ein —

CRESCENCE. Weißt du, daß ich mir früher, so vor drei, vier Jahren, wie sie eine ganz junge Debütantin war, eingebildet hab, das wär die eine Person auf der Welt, die dich fixieren könnt, die deine Frau werden könnt. Aber ich bin zu Tode froh, daß es nicht so gekommen ist. Zwei so komplizierte Menschen, das tut kein gut.

HANS KARL. Du tust mir zuviel Ehre an. Ich bin der unkomplizierteste Mensch der Welt. *Er hat eine Lade am Schreibtisch herausgezogen.* Aber ich weiß gar nicht, wie du auf die Idee — ich bin der Helen attachiert, sie ist doch eine Art von Kusine, ich hab sie so klein gekannt — sie könnte meine Tochter sein. *Sucht in der Lade nach etwas.*

CRESCENCE. Meine schon eher. Aber ich möcht sie nicht als Tochter. Und ich möcht erst recht nicht diesen Baron Neuhoff als Schwiegersohn.

HANS KARL. Den Neuhoff? Ist das eine so ernste Geschichte?

CRESCENCE. Sie wird ihn heiraten.

Hans Karl stößt die Lade zu.

CRESCENCE. Ich betrachte es als vollzogene Tatsache, dem zu Trotz[20], daß er ein wildfremder Mensch ist, dahergeschneit aus irgendeiner Ostseeprovinz, wo sich die Wölf gute Nacht sagen[21] —

HANS KARL. Geographie war nie deine Stärke. Crescence, die Neuhoffs sind eine holsteinische Familie.

CRESCENCE. Aber das ist doch ganz gleich. Kurz, wildfremde Leut.

HANS KARL. Übrigens eine ganz erste Familie. So gut alliiert[22], als man überhaupt sein kann.

CRESCENCE. Aber, ich bitt dich, das steht im Gotha[23]. Wer kann denn das von hier aus kontrollieren?

HANS KARL. Du bist aber sehr acharniert[24] gegen den Menschen.

CRESCENCE. Es ist aber auch danach[25]! Wenn eins der ersten Mädeln, wie die Helen, sich auf einem wildfremden Menschen entêtiert[26], dem zu Trotz, daß er hier in seinem Leben keine Position haben wird —

HANS KARL. Glaubst du?

CRESCENCE. In seinem Leben! dem zu Trotz, daß sie sich aus seiner Suada[27] nichts macht, kurz, sich und der Welt zu Trotz —

Eine kleine Pause. Hans Karl zieht mit einiger Heftigkeit eine andere Lade heraus.

CRESCENCE. Kann ich dir suchen helfen? Du enervierst[28] dich.

HANS KARL. Ich dank dir tausendmal, ich such eigentlich gar nichts, ich hab den falschen Schlüssel hineingesteckt.

SEKRETÄR *erscheint an der kleinen Tür.* Oh, ich bitte untertänigst um Verzeihung.

HANS KARL. Ein bissel später bin ich frei, lieber Neugebauer.

Sekretär zieht sich zurück.

CRESCENCE *tritt an den Tisch.* Kari, wenn dir nur ein ganz kleiner Gefallen damit geschieht, so hintertreib ich diese Geschichte[29].

HANS KARL. Was für eine Geschichte?

CRESCENCE. Die, von der wir sprechen: Helen — Neuhoff. Ich hintertreib sie von heut auf morgen[30].

[20]in spite of the fact [21]i.e., in the provinces, the "sticks" [22]well connected [23]i.e., *Almanach de Gotha*, a book listing European royalty and nobility [24]embittered (French *acharné*) [25]But with good reason! [26]becomes infatuated with (French *s'entêter*) [27]flow of words [28]You are wearing yourself out (French *s'énerver*). [29]I'll break up this match [30]overnight

HANS KARL. Was?

CRESCENCE. Ich nehm Gift darauf, daß sie heute noch genau so verliebt in dich ist wie vor sechs Jahren, und daß es nur ein Wort, nur den Schatten einer Andeutung braucht —

HANS KARL. Die ich dich um Gottes willen nicht zu machen bitte —

CRESCENCE. Ah so, bitte sehr. Auch gut.

HANS KARL. Meine Liebe, allen Respekt vor deiner energischen Art, aber so einfach sind doch gottlob die Menschen nicht.

CRESCENCE. Mein Lieber, die Menschen sind gottlob sehr einfach, wenn man sie einfach nimmt. Ich seh also, daß diese Nachricht kein großer Schlag für dich ist. Um so besser — du hast dich von der Helen desinteressiert, ich nehm das zur Kenntnis.

HANS KARL *aufstehend.* Aber ich weiß nicht, wie du nur auf den Gedanken kommst, daß ich es nötig gehabt hätt, mich zu desinteressieren. Haben denn andere Personen auch diese bizarren Gedanken?

CRESCENCE. Sehr wahrscheinlich.

HANS KARL. Weißt du, daß mir das direkt Lust macht, hinzugehen?

CRESCENCE. Und dem Theophil deinen Segen zu geben? Er wird entzückt sein. Er wird die größten Bassessen[31] machen, um deine Intimität zu erwerben.

HANS KARL. Findest du nicht, daß es sehr richtig gewesen wäre, wenn ich mich unter diesen Umständen schon längst bei Altenwyls gezeigt hätte? Es tut mir außerordentlich leid, daß ich abgesagt habe.

CRESCENCE. Also laß wieder anrufen: es war ein Mißverständnis durch einen neuen Diener und du wirst kommen.

Lukas tritt ein.

HANS KARL *zu Crescence.* Weißt du, ich möchte es doch noch überlegen.

LUKAS. Ich hätte für später untertänigst jemanden anzumelden.

CRESCENCE *zu Lukas.* Ich geh. Telephonieren Sie schnell zum Grafen Altenwyl, Seine Erlaucht würden heut abend dort erscheinen. Es war ein Mißverständnis.

Lukas sieht Hans Karl an.

HANS KARL *ohne Lukas anzusehen.* Da müßt er allerdings auch noch vorher ins Kasino telephonieren, ich laß den Grafen Hechingen bitten, zum Diner und auch nachher nicht auf mich zu warten.

CRESCENCE. Natürlich, das macht er gleich. Aber zuerst zum Grafen Altenwyl, damit die Leut wissen, woran sie sind.

Lukas ab.

CRESCENCE *steht auf.* So, und jetzt laß ich dich deinen Geschäften. *Im Gehen.* Mit welchem Hechingen warst du besprochen? Mit dem Nandi?

HANS KARL. Nein, mit dem Adolf.

CRESCENCE *kommt zurück.* Der Antoinette ihrem Mann[32]? Ist er nicht ein kompletter Dummkopf?

HANS KARL. Weißt du, Crescence, darüber hab ich gar kein Urteil. Mir kommt bei Konversationen auf die Länge alles sogenannte Gescheite dumm und noch eher das Dumme gescheit vor —

CRESCENCE. Und ich bin von vornherein überzeugt, daß an ihm mehr ist als an ihr.

HANS KARL. Weißt du, ich hab ihn ja früher gar nicht gekannt, oder — *Er hat sich gegen die Wand gewendet und richtet an einem Bild, das nicht gerade hängt.* nur als Mann seiner Frau — und dann draußen, da haben wir uns miteinander angefreundet. Weißt du, er ist ein so völlig anständiger Mensch. Wir waren miteinander, im Winter Fünfzehn, zwanzig Wochen in der Stellung in den Waldkarpathen[33], ich mit meinen Schützen und er mit seinen Pionieren[34], und wir haben das letzte Stückl Brot miteinander geteilt. Ich hab sehr viel Respekt vor ihm bekommen. Brave Menschen hats draußen viele gegeben, aber ich hab nie einen gesehen, der vis-à-vis dem Tod sich eine solche Ruhe bewahrt hätte, beinahe eine Art Behaglichkeit.

CRESCENCE. Wenn dich seine Verwandten reden hören könnten, die würden dich umarmen. So geh hin zu dieser Närrin und versöhn sie mit dem Menschen, du machst zwei Familien glücklich. Diese ewig in der Luft hängende Idee einer Scheidung oder Trennung, ghupft wie gsprungen[35], geht ja allen auf die Nerven. Und außerdem wär es für dich selbst gut, wenn die Geschichte in eine Form käme[36].

[31]He will do the very lowest things (French *bassesse*) . . .

[32]Antoinette's husband? [33]Carpathian Mountains of Eastern Europe [34]army engineers [35]*gehupft wie gesprungen* it doesn't matter which, it's six of one and half a dozen of the other [36]if the matter were cleared up

HANS KARL. Inwiefern das?

CRESCENCE. Also, damit ich dirs sage: es gibt Leut, die den ungereimten Gedanken aussprechen, wenn die Ehe annulliert werden könnt, du würdest sie heiraten.

Hans Karl schweigt.

CRESCENCE. Ich sag ja nicht, daß es seriöse Leut sind, die diesen bei den Haaren herbeigezogenen Unsinn[37] zusammenreden.

Hans Karl schweigt.

CRESCENCE. Hast du sie schon besucht, seit du aus dem Feld zurück bist?

HANS KARL. Nein, ich sollte natürlich.

CRESCENCE *nach der Seite sehend.* So besuch sie doch morgen und red ihr ins Gewissen.

HANS KARL *bückt sich, wie um etwas aufzuheben.* Ich weiß wirklich nicht, ob ich gerade der richtige Mensch dafür wäre.

CRESCENCE. Du tust sogar direkt ein gutes Werk. Dadurch gibst du ihr deutlich zu verstehen, daß sie auf dem Holzweg war[38], wie sie mit aller Gewalt sich hat vor zwei Jahren mit dir affichieren[39] wollen.

HANS KARL *ohne sie anzusehen.* Das ist eine Idee von dir.

CRESCENCE. Ganz genau so, wie sie es heut auf den Stani abgesehen hat.

HANS KARL *erstaunt.* Deinen Stani?

CRESCENCE. Seit dem Frühjahr. *Sie war bis zur Tür gegangen, kehrt wieder um, kommt bis zum Schreibtisch.* Er könnte mir da einen großen Gefallen tun, Kari —

HANS KARL. Aber ich bitte doch um Gottes willen, so sag Sie doch! *Er bietet ihr Platz an, sie bleibt stehen.*

CRESCENCE. Ich schick Ihm den Stani auf einen Moment herunter. Mach Er ihm den Standpunkt klar. Sag Er ihm, daß die Antoinette — eine Frau ist, die einen unnötig kompromittiert. Kurz und gut, verleid Er sie ihm.

HANS KARL. Ja, wie stellst du dir denn das vor? Wenn er verliebt in sie ist?

CRESCENCE. Aber Männer sind doch nie so verliebt, und du bist doch das Orakel für den Stani. Wenn du die Konversation benützen wolltest — versprichst du mirs?

HANS KARL. Ja, weißt du — wenn sich ein zwangloser Übergang findet —

CRESCENCE *ist wieder bis zur Tür gegangen, spricht von dort aus.* Du wirst schon das Richtige finden. Du machst dir keine Idee, was du für eine Autorität für ihn bist. *Im Begriff hinauszugehen, macht sie wiederum kehrt, kommt bis an den Schreibtisch vor.* Sag ihm, daß du sie unelegant findest — und daß du dich nie mit ihr eingelassen hättest. Dann läßt er sie von morgen an stehen. *Sie geht wieder zur Tür, das gleiche Spiel.* Weißt du, sags ihm nicht zu scharf, aber auch nicht gar zu leicht. Nicht gar zu sous-entendu[40]. Und daß er ja keinen Verdacht hat, daß es von mir kommt — er hat die fixe Idee, ich will ihn verheiraten, natürlich will ich, aber — er darfs nicht merken: darin ist er ja so ähnlich mit dir: die bloße Idee, daß man ihn beeinflussen möcht —! *Noch einmal das gleiche Spiel.* Weißt du, mir liegt sehr viel daran, daß es heute noch gesagt wird, wozu einen Abend verlieren? Auf die Weise hast du auch dein Programm: du machst der Antoinette klar, wie du das Ganze mißbilligst — du bringst sie auf ihre Ehe — du singst dem Adolf sein Lob — so hast du eine Mission, und der ganze Abend hat einen Sinn für dich. *Sie geht.*

VIERTE SZENE

VINZENZ *ist von rechts hereingekommen, sieht sich zuerst um, ob Crescence fort ist, dann.* Ich weiß nicht, ob der erste Diener gemeldet hat, es ist draußen eine jüngere Person, eine Kammerfrau oder so etwas —

HANS KARL. Um was handelt sichs?

VINZENZ. Sie kommt von der Frau Gräfin Hechingen nämlich. Sie scheint so eine Vertrauensperson zu sein. *Nochmals näher tretend.* Eine verschämte Arme ist es nicht[41].

HANS KARL. Ich werde das alles selbst sehen. Führen Sie sie herein.

Vinzenz rechts ab.

FÜNFTE SZENE

LUKAS *schnell herein durch die Mitte.* Ist untertänigst Euer Erlaucht gemeldet worden? Von Frau Gräfin Hechingen die Kammerfrau, die

---

[37]this far-fetched nonsense [38]that she was on the wrong track, doing something useless [39]have an affair (French *s'afficher*)

[40]subtly (French) [41]i.e., she is no ordinary servant

Agathe. Ich habe gesagt: Ich weiß durchaus nicht, ob Erlaucht zu Hause sind.

Hans Karl. Gut. Ich habe sagen lassen, ich bin da. Haben Sie zum Grafen Altenwyl telephoniert?

Lukas. Ich bitte Erlaucht untertänigst um Vergebung. Ich habe bemerkt, Erlaucht wünschen nicht, daß telephoniert wird, wünschen aber auch nicht, der Frau Gräfin zu widersprechen — so habe ich vorläufig nichts telephoniert.

Hans Karl *lächelnd.* Gut, Lukas.

Lukas geht bis an die Tür.

Hans Karl. Lukas, wie finden Sie den neuen Diener?

Lukas *zögernd.* Man wird vielleicht sehen, wie er sich macht[42].

Hans Karl. Unmöglicher Mann. Auszahlen. Wegexpedieren!

Lukas. Sehr wohl, Euer Erlaucht. So hab ich mir gedacht.

Hans Karl. Heute abend nichts erwähnen.

SECHSTE SZENE

Vinzenz führt Agathe herein. Beide Diener ab.

Hans Karl. Guten Abend, Agathe.

Agathe. Daß ich Sie sehe, Euer Gnaden Erlaucht! Ich zittre ja.

Hans Karl. Wollen Sie sich nicht setzen?

Agathe *stehend.* Oh, Euer Gnaden, seien nur nicht ungehalten darüber, daß ich gekommen bin, statt dem Brandstätter[43].

Hans Karl. Aber liebe Agathe, wir sind ja doch alte Bekannte. Was bringt Sie denn zu mir?

Agathe. Mein Gott, das wissen doch Erlaucht. Ich komm wegen der Briefe.

Hans Karl ist betroffen.

Agathe. O Verzeihung, o Gott, es ist ja nicht zum Ausdenken, wie mir meine Frau Gräfin eingeschärft hat, durch mein Betragen nichts zu verderben.

Hans Karl *zögernd.* Die Frau Gräfin hat mir allerdings geschrieben, daß gewisse in meiner Hand befindliche, ihr gehörige Briefe würden von einem Herrn Brandstätter am Fünfzehnten abgeholt werden. Heute ist der Zwölfte, aber ich kann

natürlich die Briefe auch Ihnen übergeben. Sofort, wenn es der Wunsch der Frau Gräfin ist. Ich weiß ja, Sie sind der Frau Gräfin sehr ergeben.

Agathe. Gewisse Briefe — wie Sie das sagen, Erlaucht. Ich weiß ja doch, was das für Briefe sind.

Hans Karl *kühl.* Ich werde sofort den Auftrag geben.

Agathe. Wenn sie uns so beisammen sehen könnte, meine Frau Gräfin. Das wäre ihr eine Beruhigung, eine kleine Linderung.

Hans Karl fängt an, in der Lade zu suchen.

Agathe. Nach diesen entsetzlichen sieben Wochen, seitdem wir wissen, daß unser Herr Graf aus dem Felde zurück ist und wir kein Lebenszeichen von ihm haben —

Hans Karl *sieht auf.* Sie haben vom Grafen Hechingen kein Lebenszeichen?

Agathe. Von dem! Wenn ich sage «unser Herr Graf», das heißt in unserer Sprache Sie, Erlaucht! Vom Grafen Hechingen sagen wir nicht «unser Herr Graf»!

Hans Karl *sehr geniert.* Ah, pardon, das konnte ich nicht wissen.

Agathe *schüchtern.* Bis heute nachmittag haben wir ja geglaubt, daß heute bei der gräflich Altenwylschen Soiree das Wiedersehen sein wird. Da telephoniert mir die Jungfer von der Komtesse Altenwyl: Er hat abgesagt!

Hans Karl steht auf.

Agathe. Er hat abgesagt, Agathe, ruft die Frau Gräfin, abgesagt, weil er gehört hat, daß ich hinkomme! Dann ist doch alles vorbei, und dabei schaut sie mich an mit einem Blick, der einen Stein erweichen könnte.

Hans Karl *sehr höflich, aber mit dem Wunsche, ein Ende zu machen.* Ich fürchte, ich habe die gewünschten Briefe nicht hier in meinem Schreibtisch, ich werde gleich meinen Sekretär rufen.

Agathe. O Gott, in der Hand eines Sekretärs sind diese Briefe! Das dürfte meine Frau Gräfin nie erfahren!

Hans Karl. Die Briefe sind natürlich eingesiegelt.

Agathe. Eingesiegelt! So weit ist es schon gekommen?

Hans Karl *spricht ins Telephon.* Lieber Neugebauer, wenn Sie für einen Augenblick herüberkommen würden! Ja, ich bin jetzt frei — Aber ohne die Akten — es handelt sich um etwas anderes.

[42]how he works out   [43]name of another servant

Augenblicklich? Nein, rechnen Sie nur zu Ende. In drei Minuten, das genügt.

AGATHE. Er darf mich nicht sehen, er kennt mich von früher!

HANS KARL. Sie können in die Bibliothek treten, 5 ich mach Ihnen Licht.

AGATHE. Wie hätten wir uns denn das denken können, daß alles auf einmal vorbei ist.

HANS KARL *im Begriff, sie hinüberzuführen, bleibt stehen, runzelt die Stirn.* Liebe Agathe, da Sie ja 10 von allem informiert sind — ich verstehe nicht ganz, ich habe ja doch der Frau Gräfin aus dem Feldspital einen langen Brief geschrieben, dieses Frühjahr.

AGATHE. Ja, den abscheulichen Brief.

HANS KARL. Ich verstehe Sie nicht. Es war ein 15 sehr freundschaftlicher Brief.

AGATHE. Das war ein perfider Brief. So gezittert haben wir, als wir ihn gelesen haben, diesen Brief. Erbittert waren wir und gedemütigt! 20

HANS KARL. Ja, worüber denn, ich bitt Sie um alles!

AGATHE *sieht ihn an.* Darüber, daß Sie darin den Grafen Hechingen so herausgestrichen[44] haben — und gesagt haben, auf die Letzt[45] ist ein Mann wie 25 der andere, und ein jeder kann zum Ersatz für einen jeden genommen werden.

HANS KARL. Aber so habe ich mich doch gar nicht ausgedrückt. Das waren doch niemals meine Gedanken! 30

AGATHE. Aber das war der Sinn davon. Ah, wir haben den Brief oft und oft gelesen! Das, hat meine Frau Gräfin ausgerufen, das ist also das Resultat der Sternennächte und des einsamen Nachdenkens, dieser Brief, wo er mir mit dürren 35 Worten sagt: ein Mann ist wie der andere, unsere Liebe war nur eine Einbildung, vergiß mich, nimm wieder den Hechingen —

HANS KARL. Aber nichts von all diesen Worten ist in dem Brief gestanden. 40

AGATHE. Auf die Worte kommts nicht an. Aber den Sinn haben wir gut herausbekommen. Diesen demütigenden Sinn, diese erniedrigenden Folgerungen. Oh, das wissen wir genau. Dieses Sichselbsterniedrigen ist eine perfide Kunst. Wo der Mann 45 sich anklagt in einer Liebschaft, da klagt er die Liebschaft an. Und im Handumdrehen sind wir die Angeklagten.

Hans Karl schweigt.

AGATHE *einen Schritt näher tretend.* Ich habe ge- 50

kämpft für unsern Herrn Grafen, wie meine Frau Gräfin gesagt hat: Agathe, du wirst es sehen, er will die Komtesse Altenwyl heiraten, und nur darum will er meine Ehe wieder zusammenleimen.

HANS KARL. Das hat die Frau Gräfin mir zugemutet?

AGATHE. Das waren ihre bösesten Stunden, wenn sie über dem gegrübelt hat. Dann ist wieder ein Hoffnungsstrahl gekommen. Nein, vor der Helen, hat sie dann gerufen, nein, vor der fürcht ich mich nicht — denn die lauft[46] ihm nach; und wenn dem Kari eine nachlauft, die ist bei ihm schon verloren, und sie verdient ihn auch nicht, denn sie hat kein Herz.

HANS KARL *richtet etwas.* Wenn ich Sie überzeugen könnte —

AGATHE. Aber dann plötzlich wieder die Angst —

HANS KARL. Wie fern mir das alles liegt —

AGATHE. O Gott, ruft sie aus, er war noch nirgends! Wenn das bedeutungsvoll sein sollte —

HANS KARL. Wie fern mir das liegt!

AGATHE. Wenn er vor meinen Augen sich mit ihr verlobt —

HANS KARL. Wie kann nur die Frau Gräfin —

AGATHE. Oh, so etwas tun Männer, aber Sie tuns nicht, nicht wahr, Erlaucht?

HANS KARL. Es liegt mir nichts in der Welt ferner, meine liebe Agathe.

AGATHE. Oh, küß die Hände, Erlaucht! *Küßt ihm schnell die Hand.*

HANS KARL *entzieht ihr die Hand.* Ich höre meinen Sekretär kommen.

AGATHE. Denn wir wissen ja, wir Frauen, daß so etwas Schönes nicht für die Ewigkeit ist. Aber, daß es deswegen auf einmal plötzlich aufhören soll, in das können wir uns nicht hineinfinden!

HANS KARL. Sie sehen mich dann. Ich gebe Ihnen selbst die Briefe und — Herein! Kommen Sie nur, Neugebauer.

Agathe rechts ab.

SIEBENTE SZENE

NEUGEBAUER *tritt ein.* Euer Erlaucht haben befohlen.

HANS KARL. Wenn Sie die Freundlichkeit hätten, meinem Gedächtnis etwas zu Hilfe zu kommen.

[44]praised   [45]in the last analysis   [46]Austrian for *läuft*

Ich suche ein Paket Briefe — es sind private Briefe, versiegelt — ungefähr zwei Finger dick.

NEUGEBAUER. Mit einem von Euer Erlaucht darauf geschriebenen Datum? Juni 15 bis 22. Oktober 16?

HANS KARL. Ganz richtig. Sie wissen —

NEUGEBAUER. Ich habe dieses Konvolut unter den Händen gehabt, aber ich kann mich im Moment nicht besinnen. Im Drang der Geschäfte unter so verschiedenartigen Agenden, die täglich zunehmen —

HANS KARL *ganz ohne Vorwurf.* Es ist mir unbegreiflich, wie diese ganz privaten Briefe unter die Akten geraten sein können —

NEUGEBAUER. Wenn ich befürchten müßte, daß Euer Erlaucht den leisesten Zweifel in meine Diskretion setzen —

HANS KARL. Aber das ist mir ja gar nicht eingefallen.

NEUGEBAUER. Ich bitte, mich sofort nachsuchen zu lassen; ich werde alle meine Kräfte daransetzen, dieses höchst bedauerliche Vorkommnis aufzuklären.

HANS KARL. Mein lieber Neugebauer, Sie legen dem ganzen Vorfall viel zu viel Gewicht bei.

NEUGEBAUER. Ich habe schon seit einiger Zeit die Bemerkung gemacht, daß etwas an mir neuerdings Euer Erlaucht zur Ungeduld reizt. Allerdings war mein Bildungsgang ganz auf das Innere gerichtet, und wenn ich dabei vielleicht keine tadellosen Salonmanieren erworben habe, so wird dieser Mangel vielleicht in den Augen eines wohlwollenden Beurteilers aufgewogen werden können durch Qualitäten, die persönlich hervorheben zu müssen meinem Charakter allerdings nicht leicht fallen würde.

HANS KARL. Ich zweifle keinen Augenblick, lieber Neugebauer. Sie machen mir den Eindruck, überanstrengt zu sein. Ich möchte Sie bitten, sich abends etwas früher freizumachen. Machen Sie doch jeden Abend einen Spaziergang mit Ihrer Braut.

Neugebauer schweigt.

HANS KARL. Falls es private Sorgen sind, die Sie irritieren, vielleicht könnte ich in irgendeiner Beziehung erleichternd eingreifen.

NEUGEBAUER. Euer Erlaucht nehmen an, daß es sich bei unsereinem ausschließlich um das Materielle handeln könnte.

HANS KARL. Ich habe gar nicht solches sagen wollen. Ich weiß, Sie sind Bräutigam, also gewiß glücklich —

NEUGEBAUER. Ich weiß nicht, ob Euer Erlaucht auf die Beschließerin von Schloß Hohenbühl anspielen?

HANS KARL. Ja, mit der Sie doch seit fünf Jahren verlobt sind.

NEUGEBAUER. Meine gegenwärtige Verlobte ist die Tochter eines höheren Beamten. Sie war die Braut meines besten Freundes, der vor einem halben Jahr gefallen ist. Schon bei Lebzeiten ihres Verlobten bin ich ihrem Herzen nahegestanden — und ich habe es als ein heiliges Vermächtnis des Gefallenen betrachtet, diesem jungen Mädchen eine Stütze fürs Leben zu bieten.

HANS KARL *zögernd.* Und die frühere langjährige Beziehung?

NEUGEBAUER. Die habe ich natürlich gelöst. Selbstverständlich in der vornehmsten und gewissenhaftesten Weise.

HANS KARL. Ah!

NEUGEBAUER. Ich werde natürlich allen nach dieser Seite hin eingegangenen Verpflichtungen nachkommen und diese Last schon in die junge Ehe mitbringen. Allerdings keine Kleinigkeit.

Hans Karl schweigt.

NEUGEBAUER. Vielleicht ermessen Euer Erlaucht doch nicht zur Genüge, mit welchem bitteren, sittlichen Ernst das Leben in unsern glanzlosen Sphären behaftet ist, und wie es sich hier nur darum handeln kann, für schwere Aufgaben noch schwerere einzutauschen.

HANS KARL. Ich habe gemeint, wenn man heiratet, so freut man sich darauf.

NEUGEBAUER. Der persönliche Standpunkt kann in unserer bescheidenen Welt nicht maßgebend sein.

HANS KARL. Gewiß, gewiß. Also Sie werden mir die Briefe möglichst finden.

NEUGEBAUER. Ich werde nachforschen, und wenn es sein müßte, bis Mitternacht. *Ab.*

HANS KARL *vor sich.* Was ich nur an mir habe, daß alle Menschen so tentiert[47] sind, mir eine Lektion zu erteilen, und daß ich nie ganz bestimmt weiß, ob sie nicht das Recht dazu haben.

ACHTE SZENE

STANI *steht in der Mitteltür, im Frack.* Pardon, nur um dir guten Abend zu sagen, Onkel Kari, wenn man dich nicht stört.

[47]tempted (French *tenter*)

HANS KARL *war nach rechts gegangen, bleibt jedoch stehen.* Aber gar nicht.

Bietet ihm Platz an und eine Zigarette.

STANI *nimmt die Zigarette.* Aber natürlich chipotiert[48] dich, wenn man unangemeldet hereinkommt. Darin bist du ganz wie ich. Ich haß es auch, wenn man mir die Tür einrennt. Ich will immer zuerst meine Ideen ein bißl ordnen.

HANS KARL. Ich bitte, genier dich nicht, du bist doch zu Hause.

STANI. O pardon, ich bin bei dir —

HANS KARL. Setz dich doch.

STANI. Nein, wirklich, ich hätte nie gewagt, wenn ich nicht so deutlich die krähende Stimm vom Neugebauer —

HANS KARL. Er ist im Moment gegangen.

STANI. Sonst wäre ich ja nie — Nämlich der neue Diener lauft mir vor fünf Minuten im Korridor nach und meldet mir, notabene[49] ungefragt, du hättest die Jungfer von der Antoinette Hechingen bei dir und wärest schwerlich zu sprechen.

HANS KARL *halblaut.* Ah, das hat er dir — ein reizender Mann!

STANI. Da wäre ich ja natürlich unter keinen Umständen —

HANS KARL. Sie hat ein paar Bücher zurückgebracht.

STANI. Die Toinette Hechingen liest Bücher?

HANS KARL. Es scheint. Ein paar alte französische Sachen.

STANI. Aus dem Dixhuitième[50]. Das paßt zu ihren Möbeln.

Hans Karl schweigt.

STANI. Das Boudoir ist charmant. Die kleine Chaiselongue! Sie ist signiert.

HANS KARL. Ja, die kleine Chaiselongue. Riesener[51].

STANI. Ja, Riesener. Was du für ein Namengedächtnis hast! Unten ist die Signatur.

HANS KARL. Ja, unten am Fußende.

STANI. Sie verliert immer ihre kleinen Kämme aus den Haaren, und wenn man sich dann bückt, um die zusammenzusuchen, dann sieht man die Inschrift.

Hans Karl geht nach rechts hinüber und schließt die Tür nach der Bibliothek.

STANI. Ziehts dir[52], bist du empfindlich?

HANS KARL. Ja, meine Schützen und ich, wir sind da draußen rheumatisch geworden wie die alten Jagdhunde.

STANI. Weißt du, sie spricht charmant von dir, die Antoinette.

HANS KARL *raucht.* Ah! —

STANI. Nein, ohne Vergleich. Ich verdanke den Anfang meiner Chance bei ihr ganz gewiß dem Umstand, daß sie mich so fabelhaft ähnlich mit dir findet. Zum Beispiel unsere Hände. Sie ist in Ekstase vor deinen Händen. *Er sieht seine eigene Hand an.* Aber bitte, erwähn nichts gegen die Mamu[53]. Es ist halt ein weitgehender Flirt, aber deswegen doch keine Bandelei[54]. Aber die Mamu übertreibt sich alles.

HANS KARL. Aber mein guter Stani, wie käme ich denn auf das Thema?

STANI. Allmählich ist sie natürlich auch auf die Unterschiede zwischen uns gekommen. Ça va sans dire[55].

HANS KARL. Die Antoinette?

STANI. Sie hat mir geschildert, wie der Anfang eurer Freundschaft war.

HANS KARL. Ich kenne sie ja ewig lang.

STANI. Nein, aber das vor zwei Jahren. Im zweiten Kriegsjahr. Wie du nach der ersten Verwundung auf Urlaub warst, die paar Tage in der Grünleiten[56].

HANS KARL. Datiert sie von daher unsere Freundschaft?

STANI. Natürlich. Seit damals bist du ihr großer Freund. Als Ratgeber, als Vertrauter, als was du willst, einfach hors ligne[57]. Du hättest dich benommen wie ein Engel.

HANS KARL. Sie übertreibt sehr leicht, die gute Antoinette.

STANI. Aber sie hat mir ja haarklein erzählt, wie sie aus Angst vor dem Alleinsein in der Grünleiten mit ihrem Mann, der gerade auch auf Urlaub war, sich den Feri Uhlfeldt, der damals wie der Teufel hinter ihr her war, auf den nächsten Tag hinausbestellt, wie sie dann dich am Abend vorher im Theater sieht und es wie eine Inspiration über sie kommt, sie dich bittet, du solltest noch abends mit ihr hinausfahren und den Abend mit ihr und dem Adolf zu dritt verbringen.

HANS KARL. Damals hab ich ihn noch kaum gekannt.

---

[48]annoys (French *chipoter*)　[49]note well (Latin)　[50]From the eighteenth (century).　[51]name of maker

[52]Do you feel a draft?　[53]his familiar name for his mother　[54]nothing serious　[55]That goes without saying. (French)　[56]place name　[57]beyond compare (French)

STANI. Ja, das entre parenthèse[58], das begreift sie gar nicht! Daß du dich später mit ihm hast so einlassen können. Mit diesem öden Dummkopf, diesem Pedanten.

HANS KARL. Da tut sie ihrem Mann unrecht, sehr!

STANI. Na, da will ich mich nicht einmischen. Aber sie erzählt das reizend.

HANS KARL. Das ist ja ihre Stärke, diese kleinen Konfidenzen.

STANI. Ja, damit fangt sie an. Diesen ganzen Abend, ich sehe ihn vor mir, wie sie dann nach dem Souper dir den Garten zeigt, die reizenden Terrassen am Fluß, wie der Mond aufgeht —

HANS KARL. Ah, so genau hat sie dir das erzählt.

STANI. Und wie du in der einen nächtlichen Konversation die Kraft gehabt hast, ihr den Feri Uhlfeldt vollkommen auszureden.

Hans Karl raucht und schweigt.

STANI. Das bewundere ich ja so an dir: du redest wenig, bist so zerstreut und wirkst so stark. Deswegen find ich auch ganz natürlich, worüber sich so viele Leut den Mund zerreißen: daß du im Herrenhaus[59] seit anderthalb Jahren deinen Sitz eingenommen hast, aber nie das Wort ergreifst. Vollkommen in der Ordnung ist das für einen Herrn wie du bist! Ein solcher Herr spricht eben durch seine Person! Oh, ich studier dich. In ein paar Jahren hab ich das. Jetzt hab ich noch zuviel Passion in mir. Du gehst nie auf die Sache aus und hast so gar keine Suada[60], das ist gerade das Elegante an dir. Jeder andere wäre in dieser Situation ihr Liebhaber geworden.

HANS KARL *mit einem nur in den Augen merklichen Lächeln.* Glaubst du?

STANI. Unbedingt. Aber ich versteh natürlich sehr gut: in deinen Jahren bist du zu serios dafür. Es tentiert[61] dich nicht mehr: so leg ich mirs zurecht. Weißt du, das liegt so in mir: ich denk über alles nach. Wenn ich Zeit gehabt hätt, auf der Universität zu bleiben — für mich: Wissenschaft, das wäre mein Fach gewesen. Ich wäre auf Sachen, auf Probleme gekommen, auf Fragestellungen, an die andere Menschen gar nicht streifen. Für mich ist das Leben ohne Nachdenken kein Leben. Zum Beispiel: Weiß man das auf einmal, so auf einen Ruck: Jetzt bin ich kein junger Herr mehr? — Das muß ein sehr unangenehmer Moment sein.

HANS KARL. Weißt du, ich glaub, es kommt ganz allmählich. Wenn einen auf einmal der andere bei der Tür vorausgehen läßt und du merkst dann: ja, natürlich, er ist viel jünger, obwohl er auch schon ein erwachsener Mensch ist.

STANI. Sehr interessant. Wie du alles gut beobachtest. Darin bist du ganz wie ich. Und dann wirds einem so zur Gewohnheit, das Ältersein?

HANS KARL. Ja, es gibt immer noch gewisse Momente, die einen frappieren[62]. Zum Beispiel, wenn man sich plötzlich klar wird, daß man nicht mehr glaubt, daß es Leute gibt, die einem alles erklären könnten.

STANI. Eines versteh ich aber doch nicht, Onkel Kari, daß du mit dieser Reife und konserviert[63] wie du bist nicht heiratest.

HANS KARL. Jetzt.

STANI. Ja, eben jetzt. Denn der Mann, der kleine Abenteuer sucht, bist du doch nicht mehr. Weißt du, ich würde natürlich sofort begreifen, daß sich jede Frau heut noch für dich interessiert. Aber die Toinette hat mir erklärt, warum ein Interesse für dich nie serios wird.

HANS KARL. Ah!

STANI. Ja, sie hat viel darüber nachgedacht. Sie sagt: du fixierst[64] nicht, weil du nicht genug Herz hast.

HANS KARL. Ah!

STANI. Ja, dir fehlt das Eigentliche. Das, sagt sie, ist der enorme Unterschied zwischen dir und mir. Sie sagt: du hast das Handgelenk immer geschmeidig, um loszulassen, das spürt eine Frau, und wenn sie selbst im Begriff gewesen wäre, sich in dich zu verlieben, so verhindert das die Kristallisation[65].

HANS KARL. Ah, so drückt sie sich aus?

STANI. Das ist ja ihr großer Charme, daß sie eine Konversation hat. Weißt du, das brauch ich absolut: eine Frau die mich fixieren soll, die muß außer ihrer absoluten Hingebung auch eine Konversation haben.

HANS KARL. Darin ist sie deliziös.

STANI. Absolut. Das hat sie: Charme, Geist und Temperament, so wie sie etwas anderes nicht hat: nämlich Rasse[66].

HANS KARL. Du findest?

STANI. Weißt du, Onkel Kari, ich bin ja so gerecht; eine Frau kann hundertmal das Äußerste an gutem Willen für mich gehabt haben — ich geb

---

[58]by the way (French "in parentheses")   [59]Austrian House of Lords   [60]flow of words, eloquence   [61]tempts (French *tenter*)

[62]strike (French *frapper*)   [63]cf. our expression "well-preserved"   [64]commit yourself   [65]the name given by the French novelist Stendhal (1783–1842) to the act of falling seriously in love   [66]breeding, "class"

ihr, was sie hat, und ich sehe unerbittlich, was sie nicht hat. Du verstehst mich: Ich denk über alles nach, und mach mir immer zwei Kategorien. Also die Frauen teile ich in zwei große Kategorien: die Geliebte, und die Frau, die man heiratet. Die Antoinette gehört in die erste Kategorie, sie kann hundertmal die Frau vom Adolf Hechingen sein, für mich ist sie keine Frau, sondern — das andere.

HANS KARL. Das ist ihr Genre[67], natürlich. Wenn man die Menschen so einteilen will.

STANI. Absolut. Darum ist es, in Parenthese, die größte Dummheit, sie mit ihrem Mann versöhnen zu wollen.

HANS KARL. Wenn er aber doch einmal ihr Mann ist? Verzeih, das ist vielleicht ein sehr spießbürgerlicher Gedanke.

STANI. Weißt du, verzeih mir, ich mache mir meine Kategorien, und da bin ich dann absolut darin, ebenso über die Galanterie, ebenso über die Ehe. Die Ehe ist kein Experiment. Sie ist das Resultat eines richtigen Entschlusses.

HANS KARL. Von dem du natürlich weit entfernt bist.

STANI. Aber gar nicht. Augenblicklich bereit, ihn zu fassen.

HANS KARL. Im jetzigen Moment?

STANI. Ich finde mich außerordentlich geeignet, eine Frau glücklich zu machen, aber bitte, sag das der Mamu nicht, ich will mir in allen Dingen meine volle Freiheit bewahren. Darin bin ich ja haarklein wie du. Ich vertrage nicht, daß man mich beengt.

Hans Karl raucht.

STANI. Der Entschluß muß aus dem Moment hervorgehen. Gleich oder gar nicht, das ist meine Devise!

HANS KARL. Mich interessiert nichts auf der Welt so sehr, als wie man von einer Sache zur andern kommt. Du würdest also nie einen Entschluß vor dich hinschieben?

STANI. Nie, das ist die absolute Schwäche.

HANS KARL. Aber es gibt doch Komplikationen?

STANI. Die negiere ich.

HANS KARL. Beispielsweise sich kreuzende widersprechende Verpflichtungen.

STANI. Von denen hat man die Wahl, welche man lösen will.

HANS KARL. Aber man ist doch in dieser Wahl bisweilen sehr behindert.

STANI. Wieso?

HANS KARL. Sagen wir durch Selbstvorwürfe.

STANI. Das sind Hypochondrien. Ich bin vollkommen gesund. Ich war im Feld nicht einen Tag krank.

HANS KARL. Ah, du bist mit deinem Benehmen immer absolut zufrieden?

STANI. Ja, wenn ich das nicht wäre, so hätte ich mich doch anders benommen.

HANS KARL. Pardon, ich spreche nicht von Unkorrektheiten — aber du läßt mit einem Wort den Zufall, oder nennen wirs das Schicksal, unbedenklich walten?

STANI. Wieso? Ich behalte immer alles in der Hand.

HANS KARL. Zeitweise ist man aber halt doch versucht, bei solchen Entscheidungen einen bizarren Begriff einzuschieben: den der höheren Notwendigkeit.

STANI. Was ich tue, ist eben notwendig, sonst würde ich es nicht tun.

HANS KARL *interessiert*. Verzeih, wenn ich aus der aktuellen Wirklichkeit heraus exemplifiziere[68] — das schickt sich ja eigentlich nicht —

STANI. Aber bitte —

HANS KARL. Eine Situation würde dir, sagen wir, den Entschluß zur Heirat nahelegen.

STANI. Heute oder morgen.

HANS KARL. Nun bist du mit der Antoinette in dieser Weise immerhin befreundet.

STANI. Ich brouillier mich mit ihr[69], von heut auf morgen!

HANS KARL. Ah! Ohne jeden Anlaß?

STANI. Aber der Anlaß liegt doch immer in der Luft. Bitte. Unsere Beziehung dauert seit dem Frühjahr. Seit sechs, sieben Wochen ist irgend etwas an der Antoinette, ich kann nicht sagen, was — ein Verdacht wäre schon zuviel — aber die bloße Idee, daß sie sich außer mit mir noch mit jemandem andern beschäftigen könnte, weißt du, darin bin ich absolut.

HANS KARL. Ah, ja.

STANI. Weißt du, das ist stärker als ich. Ich möchte es gar nicht Eifersucht nennen, es ist ein derartiges Nichtbegreifenkönnen, daß eine Frau, der ich mich attachiert habe, zugleich mit einem andern — begreifst du?

HANS KARL. Aber die Antoinette ist doch so unschuldig, wenn sie etwas anstellt. Sie hat dann fast noch mehr Charme.

STANI. Da verstehe ich dich nicht.

---

[67]type (French)

[68]pick an example   [69]I'll break off with her

Neunte Szene

Neugebauer *ist leise eingetreten.* Hier sind die Briefe, Euer Erlaucht. Ich habe sie auf den ersten Griff —

Hans Karl. Danke. Bitte, geben Sie mir sie.

Neugebauer gibt ihm die Briefe.

Hans Karl. Danke.

Neugebauer ab.

Zehnte Szene

Hans Karl *nach einer kleinen Pause.* Weißt du, wen ich für den geborenen Ehemann halte?

Stani. Nun?

Hans Karl. Den Adolf Hechingen.

Stani. Der Antoinette ihren Mann? Hahaha! —

Hans Karl. Ich red ganz im Ernst.

Stani. Aber Onkel Kari.

Hans Karl. In seinem Attachement an diese Frau ist eine höhere Notwendigkeit.

Stani. Der prädestinierte — ich will nicht sagen was!

Hans Karl. Sein Schicksal geht mir nah.

Stani. Für mich gehört er in eine Kategorie: der instinktlose Mensch. Weißt du, an wen er sich anhängt, wenn du nicht im Klub bist? An mich. Ausgerechnet an mich! Er hat einen Flair!

Hans Karl. Ich habe ihn gern.

Stani. Aber er ist doch unelegant bis über die Ohren.

Hans Karl. Aber ein innerlich vornehmer Mensch.

Stani. Ein uneleganter, schwerfälliger Kerl.

Hans Karl. Er braucht eine Flasche Champagner ins Blut.

Stani. Sag das nie vor ihm, er nimmts wörtlich. Ein uneleganter Mensch ist mir ein Greuel, wenn er getrunken hat.

Hans Karl. Ich hab ihn gern.

Stani. Er nimmt alles wörtlich, auch deine Freundschaft für ihn.

Hans Karl. Aber er darf sie wörtlich nehmen.

Stani. Pardon, Onkel Kari, bei dir darf man nichts wörtlich nehmen, wenn man das tut, gehört man in die Kategorie: Instinktlos.

Hans Karl. Aber er ist ein so guter, vortrefflicher Mensch.

Stani. Meinetwegen, wenn du das von ihm sagst, aber das ist noch gar kein Grund, daß er immer von deiner Güte spricht. Das geht mir auf die Nerven. Ein eleganter Mensch hat Bonhomie, aber er ist kein guter Mensch. Pardon, sag ich, der Onkel Kari ist ein großer Herr und darum auch ein großer Egoist, selbstverständlich. Du verzeihst.

Hans Karl. Es nützt nichts, ich hab ihn gern.

Stani. Das ist eine Bizarrerie von dir! Du hast es doch nicht notwendig, bizarr zu sein! Du hast doch das Wunderbare, daß du mühelos das vorstellst, was du bist: ein großer Herr! Mühelos! Das ist der große Punkt. Der Mensch zweiter Kategorie bemüht sich unablässig. Bitte, da ist dieser Theophil Neuhoff, den man seit einem Jahr überall sieht. Was ist eine solche Existenz anderes als eine fortgesetzte jämmerliche Bemühung, ein Genre zu kopieren, das eben nicht sein Genre ist.

Elfte Szene

Lukas *kommt eilig.* Darf ich fragen — haben Euer Erlaucht Befehl gegeben, daß fremder Besuch vorgelassen wird?

Hans Karl. Aber absolut nicht. Was ist denn das?

Lukas. Da muß der neue Diener eine Konfusion gemacht haben. Eben wird vom Portier herauftelephoniert, daß Herr Baron Neuhoff auf der Treppe ist. Bitte zu befehlen, was mit ihm geschehen soll.

Stani. Also, im Moment, wo wir von ihm sprechen. Das ist kein Zufall. Onkel Kari, dieser Mensch ist mein guignon[70], und ich beschwöre sein Kommen herauf. Vor einer Woche bei der Helen, ich will ihr eben meine Ansicht über den Herrn von Neuhoff sagen, im Moment steht der Neuhoff auf der Schwelle. Vor drei Tagen, ich geh von der Antoinette weg — im Vorzimmer steht der Herr von Neuhoff. Gestern früh bei meiner Mutter, ich wollte dringend etwas mit ihr besprechen, im Vorzimmer find ich den Herrn von Neuhoff.

Vinzenz *tritt ein, meldet.* Herr Baron Neuhoff sind im Vorzimmer.

Hans Karl. Jetzt muß ich ihn natürlich empfangen.

Lukas winkt: Eintreten lassen. Vinzenz öffnet die Flügeltür, läßt eintreten.

---

[70]this man means bad luck for me (French *guignon* bad luck)

NEUHOFF *tritt ein.* Guten Abend, Graf Bühl. Ich war so unbescheiden, nachzusehen, ob Sie zu Hause wären.

HANS KARL. Sie kennen meinen Neffen Freudenberg?

STANI. Wir haben uns getroffen.

Sie setzen sich.

NEUHOFF. Ich sollte die Freude haben, Ihnen diesen Abend im Altenwylschen Hause zu begegnen. Gräfin Helene hatte sich ein wenig darauf gefreut, uns zusammenzuführen. Um so schmerzlicher war mein Bedauern, als ich durch Gräfin Helene diesen Nachmittag erfahren mußte, Sie hätten abgesagt.

HANS KARL. Sie kennen meine Kusine seit dem letzten Winter?

NEUHOFF. Kennen — wenn man das Wort von einem solchen Wesen brauchen darf. In gewissen Augenblicken gewahrt man erst, wie doppelsinnig das Wort ist: es bezeichnet das Oberflächlichste von der Welt und zugleich das tiefste Geheimnis des Daseins zwischen Mensch und Mensch.

Hans Karl und Stani wechseln einen Blick.

NEUHOFF. Ich habe das Glück, Gräfin Helene nicht selten zu sehen und ihr in Verehrung anzugehören.

Eine kleine, etwas genierte Pause.

NEUHOFF. Heute nachmittag — wir waren zusammen im Atelier von Bohuslawsky — Bohuslawsky macht mein Porträt, das heißt, er quält sich unverhältnismäßig, den Ausdruck meiner Augen festzuhalten: er spricht von einem gewissen Etwas darin, das nur in seltenen Momenten sichtbar wird — und es war seine Bitte, daß die Gräfin Helene einmal dieses Bild ansehen und ihm über diese Augen Kritik geben möchte — da sagt sie mir: Graf Bühl kommt nicht, gehen Sie zu ihm. Besuchen Sie ihn ganz einfach. Er ist ein Mann, bei dem die Natur, die Wahrheit alles erreicht und die Absicht nichts. Ein wunderbarer Mann in unserer absichtsvollen Welt, war meine Antwort — aber so hab ich mir ihn gedacht, so hab ich ihn erraten, bei der ersten Begegnung.

STANI. Sie sind meinem Onkel im Felde begegnet?

NEUHOFF. Bei einem Stab[71].

HANS KARL. Nicht in der sympathischsten Gesellschaft.

NEUHOFF. Das merkte man Ihnen an, Sie sprachen unendlich wenig.

HANS KARL *lächelnd.* Ich bin kein großer Causeur[72], nicht wahr, Stani?

STANI. In der Intimität schon!

NEUHOFF. Sie sprechen es aus, Graf Freudenberg, Ihr Onkel liebt es, in Gold zu zahlen; er hat sich an das Papiergeld des täglichen Verkehrs nicht gewöhnen wollen. Er kann mit seiner Rede nur seine Intimität vergeben[73] und die ist unschätzbar.

HANS KARL. Sie sind äußerst freundlich, Baron Neuhoff.

NEUHOFF. Sie müßten sich von Bohuslawsky malen lassen, Graf Bühl. Sie würde er in drei Sitzungen treffen. Sie wissen, daß seine Stärke das Kinderporträt ist. Ihr Lächeln ist genau die Andeutung eines Kinderlachens. Mißverstehen Sie mich nicht. Warum ist denn Würde so ganz unnachahmlich? Weil ein Etwas von Kindlichkeit in ihr steckt. Auf dem Umweg über die Kindlichkeit würde Bohuslawsky vermögen, einem Bilde von Ihnen das zu geben, was in unserer Welt das Seltenste ist und was Ihre Erscheinung in hohem Maße auszeichnet: Würde. Denn wir leben in einer würdelosen Welt.

HANS KARL. Ich weiß nicht, von welcher Welt Sie sprechen: uns allen ist draußen soviel Würde entgegengetreten —

NEUHOFF. Deswegen war ein Mann wie Sie draußen so in seinem Element. Was haben Sie geleistet, Graf Bühl! Ich erinnere mich des Unteroffiziers im Spital, der mit Ihnen und den dreißig Schützen verschüttet war.

HANS KARL. Mein braver Zugführer, der Hütter Franz[74]! Meine Kusine hat Ihnen davon erzählt?

NEUHOFF. Sie hat mir erlaubt, sie bei diesem Besuch ins Spital zu begleiten. Ich werde nie das Gesicht und die Rede dieses Sterbenden vergessen.

Hans Karl sagt nichts.

NEUHOFF. Er sprach ausschließlich von Ihnen. Und in welchem Ton! Er wußte, daß sie eine Verwandte seines Hauptmanns war, mit der er sprach.

HANS KARL. Der arme Hütter Franz!

NEUHOFF. Vielleicht wollte mir die Gräfin Helene eine Idee von Ihrem Wesen geben, wie tausend Begegnungen im Salon sie nicht vermitteln können.

---

[71]at military headquarters

[72]talker (French)   [73]give away   [74]i.e., Franz Hütter

STANI *etwas scharf.* Vielleicht hat sie vor allem den Mann selbst sehen und vom Onkel Kari hören wollen.

NEUHOFF. In einer solchen Situation wird ein Wesen wie Helene Altenwyl erst ganz sie selbst. Unter dieser vollkommenen Einfachheit, diesem Stolz der guten Rasse verbirgt sich ein Strömen der Liebe, eine alle Poren durchdringende Sympathie: es gibt von ihr zu einem Wesen, das sie sehr liebt und achtet, namenlose Verbindungen, die nichts lösen könnte, und an die nichts rühren darf. Wehe dem Gatten, der nicht verstünde, diese namenlose Verbundenheit bei ihr zu achten, der engherzig genug wäre, alle diese verteilten Sympathien auf sich vereinigen zu wollen.

Eine kleine Pause. Hans Karl raucht.

NEUHOFF. Sie ist wie Sie: eines der Wesen, um die man nicht werben kann: die sich einem schenken müssen.

Abermals eine kleine Pause.

NEUHOFF *mit einer großen, vielleicht nicht ganz echten Sicherheit.* Ich bin ein Wanderer, meine Neugierde hat mich um die halbe Welt getrieben. Das, was schwierig zu kennen ist, fasziniert mich; was sich verbirgt, zieht mich an. Ich möchte ein stolzes, kostbares Wesen, wie Gräfin Helene, in Ihrer Gesellschaft sehen, Graf Bühl. Sie würde eine andere werden, sie würde aufblühen: denn ich kenne niemanden, der so sensibel ist für menschliche Qualität.

HANS KARL. Das sind wir hier ja alle ein bißchen[75]. Vielleicht ist das gar nichts so Besonderes an meiner Kusine.

NEUHOFF. Ich denke mir die Gesellschaft, die ein Wesen wie Helene Altenwyl umgeben müßte, aus Männern Ihrer Art bestehend. Jede Kultur hat ihre Blüten: Gehalt ohne Prätention, Vornehmheit gemildert durch eine unendliche Grazie, so ist die Blüte dieser alten Gesellschaft beschaffen, der es gelungen ist, was die Ruinen von Luxor und die Wälder des Kaukasus nicht vermochten, einen Unsteten, wie mich, in ihrem Bannkreis festzuhalten. Aber, erklären Sie mir eins, Graf Bühl. Gerade die Männer Ihres Schlages, von denen die Gesellschaft ihr eigentliches Gepräge empfängt, begegnet man allzu selten in ihr. Sie scheinen ihr auszuweichen.

STANI. Aber gar nicht, Sie werden den Onkel Kari gleich heute abend bei Altenwyls sehen, und ich fürchte sogar, so gemütlich dieser kleine Plausch hier ist, so müssen wir ihm bald Gelegenheit geben, sich umzuziehen. *Er ist aufgestanden.*

NEUHOFF. Müssen wir das, so sage ich Ihnen für jetzt adieu, Graf Bühl. Wenn Sie jemals, sei es in welcher Lage immer, eines fahrenden Ritters bedürfen sollten,

Schon im Gehen.

der dort, wo er das Edle, das Hohe ahnt, ihm unbedingt und ehrfürchtig zu dienen gewillt ist, so rufen Sie mich.

Hans Karl, dahinter Stani, begleiten ihn. Wie sie an der Tür sind, klingelt das Telephon.

NEUHOFF. Bitte, bleiben Sie, der Apparat begehrt nach Ihnen.

STANI. Darf ich Sie bis an die Stiege begleiten?

HANS KARL *an der Tür.* Ich danke Ihnen sehr für Ihren guten Besuch, Baron Neuhoff.

Neuhoff und Stani ab.

HANS KARL *allein mit dem heftig klingelnden Apparat, geht an die Wand und drückt an den Zimmertelegraph, rufend.* Lukas, abstellen! Ich mag diese indiskrete Maschine nicht! Lukas!

Das Klingeln hört auf.

DREIZEHNTE SZENE

STANI *kommt zurück.* Nur für eine Sekunde, Onkel Kari, wenn du mir verzeihst. Ich hab müssen dein Urteil über diesen Herrn hören!

HANS KARL. Das deinige scheint ja fix und fertig zu sein.

STANI. Ah, ich find ihn einfach unmöglich. Ich verstehe einfach eine solche Figur nicht. Und dabei ist der Mensch ganz gut geboren!

HANS KARL. Und du findest ihn so unannehmbar?

STANI. Aber ich bitte: so viel Taktlosigkeiten als Worte.

HANS KARL. Er will sehr freundlich sein, er will für sich gewinnen.

STANI. Aber man hat doch eine assurance, man kriecht wildfremden Leuten noch nicht in die Westentasche.

[75](He means here in Vienna.)

HANS KARL. Und er glaubt allerdings, daß man etwas aus sich machen kann — das würde ich als eine Naivität ansehen oder als Erziehungsfehler.

STANI *geht aufgeregt auf und ab.* Diese Tirade über die Helen!

HANS KARL. Daß ein Mädel wie die Helen mit ihm Konversation über unsereinen führt, macht mir auch keinen Spaß.

STANI. Daran ist gewiß kein wahres Wort. Ein Kerl, der kalt und warm aus einem Munde blast[76].

HANS KARL. Es wird alles sehr ähnlich gewesen sein, wie er sagt. Aber es gibt Leute, in deren Mund sich alle Nuancen verändern, unwillkürlich.

STANI. Du bist von einer Toleranz!

HANS KARL. Ich bin halt sehr alt, Stani.

STANI. Ich ärgere mich jedenfalls rasend, das ganze Genre bringt mich auf, diese falsche Sicherheit, diese ölige Suada, dieses Kokettieren mit seinem odiosen Spitzbart.

HANS KARL. Er hat Geist, aber es wird einem nicht wohl dabei.

STANI. Diese namenlosen Indiskretionen. Ich frage: was geht ihn dein Gesicht an?

HANS KARL. Au fond[77] ist man vielleicht ein bedauernswerter Mensch, wenn man so ist.

STANI. Ich nenne ihn einen odiosen Kerl. Jetzt muß ich aber zur Mamu hinauf. Ich seh dich jedenfalls in der Nacht im Klub, Onkel Kari.

Agathe sieht leise bei der Tür rechts herein, sie glaubt Hans Karl allein. Stani kommt noch einmal nach vorne. Hans Karl winkt Agathe, zu verschwinden.

STANI. Weißt du, ich kann mich nicht beruhigen. Erstens die Bassesse, einem Herrn wie dir ins Gesicht zu schmeicheln.

HANS KARL. Das war nicht sehr elegant.

STANI. Zweitens das Affichieren[78] einer weiß Gott wie dicken Freundschaft mit der Helen. Drittens die Spionage, ob du dich für sie interessierst.

HANS KARL *lächelnd.* Meinst du, er hat ein bißl das Terrain sondieren wollen?

STANI. Viertens diese maßlos indiskrete Anspielung auf seine künftige Situation. Er hat sich uns ja geradezu als ihren Zukünftigen vorgestellt. Fünftens dieses odiose Perorieren[79], das es einem unmöglich macht, auch nur einmal die Replik[80] zu geben. Sechstens dieser unmögliche Abgang. Das war ja ein Geburtstagswunsch, ein Leitartikel. Aber ich halt dich auf, Onkel Kari.

Agathe ist wieder in der Tür erschienen, gleiches Spiel wie früher.

STANI *war schon im Verschwinden, kommt wieder nach vorne.* Darf ich noch einmal? Das eine kann ich nicht begreifen, daß dir die Sache wegen der Helen nicht nähergeht!

HANS KARL. Inwiefern mir?

STANI. Pardon, m i r steht die Helen zu nahe, als daß ich diese unmögliche Phrase von «Verehrung» und «Angehören» goutieren[81] könnt. Wenn man die Helen von klein auf kennt, wie eine Schwester!

HANS KARL. Es kommt ein Moment, wo die Schwestern sich von den Brüdern trennen.

STANI. Aber nicht für einen Neuhoff. Ah, ah!

HANS KARL. Eine kleine Dosis von Unwahrheit ist den Frauen sehr sympathisch.

STANI. So ein Kerl dürfte nicht in die Nähe von der Helen.

HANS KARL. Wir werden es nicht hindern können.

STANI. Ah, das möcht ich sehen. Nicht in die Nähe!

HANS KARL. Er hat uns die kommende Verwandtschaft angekündigt.

STANI. In welchem Zustand muß die Helen sein, wenn sie sich mit diesem Menschen einläßt.

HANS KARL. Weißt du, ich habe mir abgewöhnt, aus irgendeiner Handlung von Frauen Folgerungen auf ihren Zustand zu ziehen.

STANI. Nicht, daß ich eifersüchtig wäre, aber mir eine Person wie die Helen — als Frau dieses Neuhoff zu denken, das ist für mich eine derartige Unbegreiflichkeit — die Idee ist mir einfach unfaßlich — ich muß sofort mit der Mamu davon sprechen.

HANS KARL *lächelnd.* Ja, tu das, Stani —

Stani ab.

VIERZEHNTE SZENE

LUKAS *tritt ein.* Ich fürchte, das Telephon war hereingestellt.

HANS KARL. Ich will das nicht.

LUKAS. Sehr wohl, Euer Erlaucht. Der neue

---

[76]Austrian for *bläst*   [77]basically (French)   [78]here "advertisement" (French)   [79]speech-making   [80]reply (French *réplique*)

[81]have a taste for (French *goûter*)

Diener muß es umgestellt haben, ohne daß ichs bemerkt habe. Er hat überall die Hände und die
Ohren, wo er sie nicht haben soll.

HANS KARL. Morgen um sieben Uhr früh ex-
pedieren.

LUKAS. Sehr wohl. Der Diener vom Herrn
Grafen Hechingen war am Telephon. Der Herr
Graf möchten selbst gern sprechen wegen heute
abend: ob Erlaucht in die Soiree zu Graf Altenwyl
gehen oder nicht. Nämlich, weil die Frau Gräfin
auch dort sein wird.

HANS KARL. Rufen Sie jetzt bei Graf Altenwyl
an und sagen Sie, ich habe mich freigemacht, lasse
um Erlaubnis bitten, trotz meiner Absage doch zu
erscheinen. Und dann verbinden Sie mich mit dem
Grafen Hechingen, ich werde selbst sprechen. Und
bitten Sie indes die Kammerfrau, hereinzukommen.

LUKAS. Sehr wohl.

Geht ab. Agathe herein.

FÜNFZEHNTE SZENE

HANS KARL *nimmt das Paket mit den Briefen.*
Hier sind die Briefe. Sagen Sie der Frau Gräfin,
daß ich mich von diesen Briefen darum trennen
kann, weil die Erinnerung an das Schöne für mich
unzerstörbar ist; ich werde sie nicht in einem Brief
finden, sondern überall.

AGATHE. Oh, ich küß die Hand! Ich bin ja so
glücklich. Jetzt weiß ich, daß meine Frau Gräfin
unsern Herrn Grafen bald wiedersehen wird.

HANS KARL. Sie wird mich heut abend sehen.
Ich werde auf die Soiree kommen.

AGATHE. Und dürften wir hoffen, daß sie — daß
derjenige, der ihr entgegentritt, der gleiche sein
wird, wie immer?

HANS KARL. Sie hat keinen besseren Freund.

AGATHE. Oh, ich küß die Hand.

HANS KARL. Sie hat nur zwei wahre Freunde
auf der Welt: mich und ihren Mann.

AGATHE. Oh, mein Gott, das will ich nicht hören.
O Gott, o Gott, das Unglück, daß sich unser Herr
Graf mit dem Grafen Hechingen befreundet hat.
Meiner Frau Gräfin bleibt wirklich nichts erspart.

HANS KARL *geht nervös ein paar Schritte von ihr
weg.* Ja, ahnen denn die Frauen so wenig, was ein
Mann ist?! Und wer sie wirklich liebhat!

AGATHE. Oh, nur das nicht. Wir lassen uns ja
von Euer Erlaucht alles einreden, aber das nicht,
das ist zu viel!

HANS KARL *auf und ab.* Also nicht. Nicht helfen
können! Nicht s o viel!

Pause.

AGATHE *schüchtern und an ihn herantretend.* Oder
versuchen Sies doch. Aber nicht durch mich: für
eine solche Botschaft bin ich zu ungebildet. Da
hätte ich nicht die richtigen Ausdrücke. Und auch
nicht brieflich. Das gibt nur Mißverständnisse.
Aber Aug in Aug: ja, gewiß! Da werden Sie schon
was ausrichten! Was sollen Sie bei meiner Frau
Gräfin nicht ausrichten! Nicht vielleicht beim erstenmal. Aber wiederholt — wenn Sie ihr recht
eindringlich ins Gewissen reden — wie sollte sie
Ihnen denn da widerstehen können?

Das Telephon läutet wieder.

HANS KARL *geht ans Telephon und spricht hinein.*
Ja, ich bin am Apparat. Ich bleibe. Graf Bühl. Ja,
selbst.

AGATHE. Ich küß die Hand. *Geht schnell ab,
durch die Mitteltür.*

HANS KARL *am Telephon.* Hechingen, guten
Abend! Ja, ich habs mir überlegt. Ich habe zugesagt. Ich werde Gelegenheit nehmen. Gewiß.
Ja, das hat mich bewogen, hinzugehen. Gerade auf
einer Soiree, da ich nicht Bridge spiele und deine
Frau, wie ich glaube, auch nicht. Kein Anlaß.
Auch dazu ist kein Anlaß. Zu deinem Pessimismus.
Zu deinem Pessimismus! Du verstehst nicht? Zu
deiner Traurigkeit ist kein Anlaß. Absolut be-
kämpfen! Allein? Also der berühmte Flasche
Champagner. Ich bringe bestimmt das Resultat
vor Mitternacht. Übertriebene Hoffnungen natürlich auch nicht. Du weißt, daß ich das Mögliche
versuchen werde. Es entspricht doch auch meiner
Empfindung. Es entspricht meiner Empfindung!
Wie? Gestört? Ich habe gesagt: Es entspricht
meiner Empfindung. Empfindung! Eine ganz
gleichgültige Phrase! Keine Frage, eine Phrase!
Ich habe eine gleichgültige Phrase gesagt! Welche?
Es entspricht meiner Empfindung. Nein, ich nenne
es nur eine gleichgültige Phrase, weil du es so lange
nicht verstanden hast. Ja. Ja. Ja! Adieu. Schluß!
Läutet. Es gibt Menschen, mit denen sich alles
kompliziert, und dabei ist das so ein exzellenter
Kerl!

SECHZEHNTE SZENE

STANI *aufs neue in der Mitteltür.* Ist es sehr unbescheiden, Onkel Kari?

HANS KARL. Aber bitte, ich bin zur Verfügung.

STANI *vorne bei ihm.* Ich muß dir melden, Onkel Kari, daß ich inzwischen eine Konversation mit der Mamu gehabt habe und zu einem Resultat gekommen bin.

Hans Karl sieht ihn an.

STANI. Ich werde mich mit der Helen Altenwyl verloben.

HANS KARL. Du wirst dich —

STANI. Ja, ich bin entschlossen, die Helen zu heiraten. Nicht heute und nicht morgen, aber in der allernächsten Zeit. Ich habe alles durchgedacht. Auf der Stiege von hier bis in den zweiten Stock hinauf. Wie ich zur Mamu in den zweiten Stock gekommen bin, war alles fix und fertig. Weißt du, die Idee ist mir plötzlich gekommen, wie ich bemerkt hab, du interessierst dich nicht für die Helen.

HANS KARL. Aha.

STANI. Begreifst du? Es war so eine Idee von der Mamu. Sie behauptet, man weiß nie, woran man mit dir ist — am Ende hättest du doch daran gedacht, die Helen zu nehmen — und du bist doch für die Mamu immer der Familienchef, ihr Herz ist halt ganz Bühlisch.

HANS KARL *halb abgewandt.* Die gute Crescence!

STANI. Aber ich hab immer widersprochen. Ich verstehe ja jede Nuance von dir. Ich hab von jeher gefühlt, daß von einem Interesse für die Helen bei dir nicht die Idee sein kann.

HANS KARL *dreht sich plötzlich zu ihm um.* Und deine Mutter?

STANI. Die Mamu?

HANS KARL. Ja, wie hat sie es aufgefaßt?

STANI. Feuer und Flamme natürlich. Sie hat ein ganz rotes Gesicht bekommen vor Freude. Wundert dich das, Onkel Kari?

HANS KARL. Nur ein bißl, nur eine Idee — ich hab immer den Eindruck gehabt, daß deine Mutter einen bestimmten Gedanken hat in bezug auf die Helen.

STANI. Eine Aversion?

HANS KARL. Gar nicht. Nur eine Ansicht. Eine Vermutung.

STANI. Früher, die früheren Jahre?

HANS KARL. Nein, vor einer halben Stunde.

STANI. In welcher Richtung? Aber die Mamu ist ja so eine Windfahn! Das vergißt sie ja im Moment. Vor einem Entschluß von mir, da ist sie sofort auf den Knien. Da spürt sie den Mann. Sie adoriert das fait accompli.

HANS KARL. Also, du hast dich entschlossen? —

STANI. Ja, ich bin entschlossen.

HANS KARL. So auf eins, zwei!

STANI. Das ist doch genau das, worauf es ankommt. Das imponiert ja den Frauen so enorm an mir. Dadurch eben behalte ich immer die Führung in der Hand.

Hans Karl raucht.

STANI. Siehst du, du hast vielleicht früher auch einmal daran gedacht, die Helen zu heiraten —

HANS KARL. Gott, vor Jahren vielleicht. In irgendeinem Moment, wie man an tausend Sachen denkt.

STANI. Begreifst du? Ich hab nie daran gedacht! Aber im Augenblick, wo ich es denke, bring ich es auch zu Ende. — Du bist verstimmt?

HANS KARL. Ich habe ganz unwillkürlich einen Moment an die Antoinette denken müssen.

STANI. Aber jede Sache auf der Welt muß doch ihr Ende haben.

HANS KARL. Natürlich. Und das beschäftigt dich gar nicht, ob die Helen frei ist? Sie scheint doch zum Beispiel diesem Neuhoff Hoffnungen gegeben zu haben.

STANI. Das ist ja genau mein Kalkul. Über Hoffnungen, die sich der Herr von Neuhoff macht, gehe ich einfach hinweg. Und daß für die Helen ein Theophil Neuhoff überhaupt in Frage kommen kann, das beweist doch gerade, daß eine ernste Okkupation bei ihr nicht vorhanden ist. Solche Komplikationen statuier ich nicht[82]. Das sind Launen, oder sagen wir das Wort: Verirrungen.

HANS KARL. Sie ist schwer zu kennen.

STANI. Aber ich kenn doch ihr Genre. In letzter Linie kann die sich für keinen Typ von Männern interessieren als für den unsrigen; alles andere ist eine Verirrung. Du bist so still, hast du dein Kopfweh?

HANS KARL. Aber gar nicht. Ich bewundere deinen Mut.

STANI. Du und Mut und bewundern?

HANS KARL. Das ist eine andere Art von Mut als der im Graben.

STANI. Ja, ich versteh dich ja so gut, Onkel Kari. Du denkst an die Chancen, die ich sonst im Leben gehabt hätte. Du hast das Gefühl, daß ich mich vielleicht zu billig weggeb. Aber siehst du, da bin

[82]I don't recognize, admit of, such complications.

ich wieder ganz anders: ich liebe das Vernünftige und Definitive. Du, Onkel Kari, bist au fond, verzeih, daß ich es heraussage, ein Idealist: deine Gedanken gehen auf das Absolute, auf das Vollkommene. Das ist ja sehr elegant gedacht, aber 5 unrealisierbar. Au fond bist du da wie die Mamu; der ist nichts gut genug für mich. Ich habe die Sache durchgedacht, wie sie ist. Die Helen ist ein Jahr jünger wie ich.

HANS KARL. Ein Jahr? 10

STANI. Sie ist ausgezeichnet geboren.

HANS KARL. Man kann nicht besser sein.

STANI. Sie ist elegant.

HANS KARL. Sehr elegant.

STANI. Sie ist reich. 15

HANS KARL. Und vor allem so hübsch.

STANI. Sie hat Rasse.

HANS KARL. Ohne Vergleich.

STANI. Bitte, vor allem in den zwei Punkten, auf die in der Ehe alles ankommt. Primo: sie kann nicht 20 lügen, secundo: sie hat die besten Manieren von der Welt.

HANS KARL. Sie ist so delizios artig, wie sonst nur alte Frauen sind.

STANI. Sie ist gescheit wie der Tag. 25

HANS KARL. Wem sagst du das? Ich hab ihre Konversation so gern.

STANI. Und sie wird mich mit der Zeit adorieren.

HANS KARL *vor sich, unwillkürlich.* Auch das ist möglich. 30

STANI. Aber nicht möglich. Ganz bestimmt. Bei diesem Genre von Frauen bringt das die Ehe mit sich. In der Liaison hängt alles von Umständen ab, da sind Bizarrerien möglich, Täuschungen, Gott weiß was. In der Ehe beruht alles auf der Dauer; 35 auf die Dauer nimmt jeder die Qualität des andern derart in sich auf, daß von einer wirklichen Differenz nicht mehr die Rede sein kann: unter der einen Voraussetzung, daß die Ehe aus dem richtigen Entschluß hervorgeht. Das ist der Sinn der Ehe. 40

SIEBZEHNTE SZENE

LUKAS *eintretend.* Frau Gräfin Freudenberg.

CRESCENCE *an Lukas vorbei, tritt schnell ein.* Also, was sagt Er mir zu dem Buben, Kari? Ich bin ja überglücklich. Gratulier Er mir doch!

HANS KARL *ein wenig abwesend.* Meine gute 50 Crescence. Ich wünsch den allergrößten Erfolg.

Stani empfiehlt sich stumm.

CRESCENCE. Schick Er mir das Auto retour[83].

STANI. Bitte zu verfügen. Ich gehe zu Fuß. *Geht.*

ACHTZEHNTE SZENE

CRESCENCE. Der Erfolg wird sehr stark von dir abhängen.

HANS KARL. Von mir? Ihm stehts doch auf der Stirne geschrieben, daß er erreicht, was er sich vornimmt.

CRESCENCE. Für die Helen ist dein Urteil alles.

HANS KARL. Wieso, Crescence, inwiefern?

CRESCENCE. Für den Vater Altenwyl natürlich noch mehr. Der Stani ist eine sehr nette Partie, aber nicht epatant[84]. Darüber mach ich mir keine Illusionen. Aber wenn Er ihn appuyiert[85], Kari, ein Wort von Ihm hat gerade für die alten Leut so viel Gewicht. Ich weiß gar nicht, woran das liegt.

HANS KARL. Ich gehör halt selbst schon bald zu ihnen.

CRESCENCE. Kokettier Er nicht mit seinem Alter. Wir zwei sind nicht alt und nicht jung. Aber ich hasse schiefe Positionen. Ich möcht schon lieber mit grauem Haar und einer Hornbrille dasitzen.

HANS KARL. Darum legt Sie sich zeitig aufs Heiratstiften.

CRESCENCE. Ich habe immer für Ihn tun wollen, Kari, schon vor zwölf Jahren. Aber Er hat immer diesen stillen obstinaten Widerspruch in sich gehabt.

HANS KARL. Meine gute Crescence!

CRESCENCE. Hundertmal hab ich Ihm gesagt: sag Er mir, was Er erreichen will, und ich nehms in die Hand.

HANS KARL. Ja, das hat Sie mir oft gesagt, weiß Gott, Crescence.

CRESCENCE. Aber man hat ja bei Ihm nicht gewußt, woran man ist!

Hans Karl nickt.

CRESCENCE. Und jetzt macht halt der Stani, was Er nicht hat machen wollen. Ich kann gar nicht erwarten, daß wieder kleine Kinder in Hohenbühl und in Göllersdorf herumlaufen.

HANS KARL. Und in den Schloßteich fallen! Weiß Sie noch, wie sie mich halbtot herausgezogen haben? Weiß Sie — ich hab manchmal die Idee, daß gar nichts Neues auf der Welt passiert.

[83]back (when you arrive there) [84]striking (French)
[85]support (French *appuyer*)

CRESCENCE. Wie meint Er das?

HANS KARL. Daß alles schon längst irgendwo fertig dasteht und nur auf einmal erst sichtbar wird. Weißt du, wie im Hohenbühler Teich, wenn man im Herbst das Wasser abgelassen hat, auf einmal die Karpfen und die Schweife von den steinernen Tritonen da waren, die man früher kaum gesehen hat? Eine burleske Idee, was!

CRESCENCE. Ist Er denn auf einmal schlecht aufgelegt, Kari?

HANS KARL *gibt sich einen Ruck.* Im Gegenteil, Cresence. Ich danke euch so sehr als ich nur kann, Ihr und dem Stani, für das gute Tempo, das ihr mir gebt mit eurer Frische und eurer Entschiedenheit. *Er küßt ihr die Hand.*

CRESCENCE. Findet Er, daß Ihm das gut tut, uns in der Nähe zu haben?

HANS KARL. Ich hab jetzt einen sehr guten Abend vor mir. Zuerst eine ernste Konversation mit der Toinette —

CRESCENCE. Aber das brauchen wir ja jetzt gar nicht!

HANS KARL. Ah, ich red doch mit ihr, jetzt hab ich es mir einmal vorgenommen, und dann soll ich also als Onkel vom Stani die gewissen seriosen Unterhaltungen anknüpfen.

CRESCENCE. Das Wichtigste ist, daß du ihn bei der Helen ins richtige Licht stellst.

HANS KARL. Da hab ich also ein richtiges Programm. Sieht Sie, wie Sie mich reformiert? Aber weiß Sie, vorher — ich hab eine Idee — vorher geh ich für eine Stunde in den Zirkus, da haben sie jetzt einen Clown — eine Art von dummen August —

CRESCENCE. Der Furlani, über den ist die Nanni ganz verrückt. Ich hab gar keinen Sinn für diese Späße.

HANS KARL. Ich find ihn deliziös. Mich unterhält er viel mehr als die gescheiteste Konversation von Gott weiß wem. Ich freu mich rasend. Ich gehe in den Zirkus, dann esse ich einen Bissen in einem Restaurant, und dann komm ich sehr munter in die Soiree und absolvier mein Programm.

CRESCENCE. Ja, Er kommt und richtet dem Stani die Helen in die Hand, so was kann Er ja so gut. Er wäre doch ein so wunderbarer Botschafter geworden, wenn Er hätt wollen in der Karriere bleiben.

HANS KARL. Dazu is es halt auch zu spät.

CRESCENCE. Also, amüsier Er sich gut und komm Er bald nach.

Hans Karl begleitet sie bis an die Tür, Crescence geht.

NEUNZEHNTE SZENE

Hans Karl kommt nach vorn. Lukas ist mit ihm hereingetreten.

HANS KARL. Ich ziehe den Frack an. Ich werde gleich läuten.

LUKAS. Sehr wohl, Eure Erlaucht.

Hans Karl links ab.

VINZENZ *tritt von rechts ein.* Was machen Sie da?

LUKAS. Ich warte auf das Glockenzeichen vom Toilettezimmer, dann geh ich hinein helfen.

VINZENZ. Ich werde mit hineingehen. Es ist ganz gut, wenn ich mich an ihn gewöhne.

LUKAS. Es ist nicht befohlen, also bleiben Sie draußen.

VINZENZ *nimmt sich eine Zigarre.* Sie, das ist doch ganz ein einfacher, umgänglicher Mensch, die Verwandten machen ja mit ihm, was sie wollen. In einem Monat wickel ich ihn um den Finger.

Lukas schließt die Zigarren ein. Man hört eine Klingel. Lukas beeilt sich.

VINZENZ. Bleiben Sie nur noch. Er soll zweimal läuten. *Setzt sich in einen Fauteuil. Lukas ab in seinem Rücken.*

VINZENZ *vor sich.* Liebesbriefe stellt er zurück, den Neffen verheiratet er, und er selber hat sich entschlossen, als ältlicher Junggeselle so dahinzuleben mit mir. Das ist genau, wie ich mirs vorgestellt habe. *Über die Schulter nach rückwärts, ohne sich umzudrehen* Sie, Herr Schätz, ich bin ganz zufrieden, da bleib ich!

Der Vorhang fällt.

ZWEITER AKT

Bei Altenwyls. Kleiner Salon im Geschmack des achtzehnten Jahrhunderts. Türen links, rechts und in der Mitte. Altenwyl mit Hans Karl eintretend von rechts. Crescence mit Helene und Neuhoff stehen links im Gespräch.

ERSTE SZENE

ALTENWYL. Mein lieber Kari, ich rechne dir dein Kommen doppelt hoch an, weil du nicht Bridge spielst und also mit den bescheidenen Fragmenten von Unterhaltung vorliebnehmen willst, die einem heutzutage in einem Salon noch geboten werden. Du findest bekanntlich bei mir immer nur die paar alten Gesichter, keine Künstler und sonstige Zelebritäten — die Edine Merenberg ist ja außerordentlich unzufrieden mit dieser altmodischen Hausführung, aber weder meine Helen noch ich goutieren das Genre von Geselligkeit, was der Edine ihr Höchstes ist: wo sie beim ersten Löffel Suppe ihren Tischnachbar interpelliert, ob er an die Seelenwanderung glaubt, oder ob er schon einmal mit einem Fakir Bruderschaft getrunken hat.

CRESCENCE. Ich muß Sie dementieren, Graf Altenwyl, ich hab drüben an meinem Bridgetisch ein ganz neues Gesicht, und wie die Mariette Stradonitz mir zugewispelt hat, ist es ein weltberühmter Gelehrter, von dem wir noch nie was gehört haben, weil wir halt alle Analphabeten sind.

ALTENWYL. Der Professor Brücke ist in seinem Fach eine große Zelebrität und mir ein lieber politischer Kollege. Er genießt es außerordentlich, in einem Salon zu sein, wo er keinen Kollegen aus der gelehrten Welt findet, sozusagen als der einzige Vertreter des Geistes in einem rein sozialen Milieu, und da ihm mein Haus diese bescheidene Annehmlichkeit bieten kann —

CRESCENCE. Ist er verheiratet?

ALTENWYL. Ich habe jedenfalls nie die Ehre gehabt, Madame Brücke zu Gesicht zu bekommen.

CRESCENCE. Ich find die berühmten Männer odios, aber ihre Fraun noch ärger. Darin bin ich mit dem Kari einer Meinung. Wir schwärmen für triviale Menschen und triviale Unterhaltungen, nicht, Kari?

ALTENWYL. Ich hab darüber meine altmodische Auffassung, die Helen kennt sie.

CRESCENCE. Der Kari soll sagen, daß er mir recht gibt. Ich find, neun Zehntel von dem, was unter der Marke von Geist geht, ist nichts als Geschwätz.

NEUHOFF *zu Helene.* Sind Sie auch so streng, Gräfin Helene?

HELENE. Wir haben alle Ursache, wir jüngeren Menschen, wenn uns vor etwas auf der Welt grausen muß, so davor: daß es etwas gibt wie Konversation: Worte, die alles Wirkliche verflachen und im Geschwätz beruhigen.

CRESCENCE. Sag, daß du mir recht gibst, Kari!

HANS KARL. Ich bitte um Nachsicht. Der Furlani ist keine Vorbereitung darauf, etwas Gescheites zu sagen.

ALTENWYL. In meinen Augen ist Konversation das, was jetzt kein Mensch mehr kennt: nicht selbst perorieren, wie ein Wasserfall, sondern dem andern das Stichwort bringen. Zu meiner Zeit hat man gesagt: wer zu mir kommt, mit dem muß ich die Konversation so führen, daß er, wenn er die Türschnallen in der Hand hat, sich gescheit vorkommt, dann wird er auf der Stiegen mich gescheit finden. — Heutzutag hat aber keiner, pardon für die Grobheit, den Verstand zum Konversationmachen und keiner den Verstand, seinen Mund zu halten — ah, erlaub, daß ich dich mit Baron Neuhoff bekannt mache, mein Vetter Graf Bühl.

NEUHOFF. Ich habe die Ehre, von Graf Bühl gekannt zu sein.

CRESCENCE *zu Altenwyl.* Alle diese gescheiten Sachen müßten Sie der Edine sagen — bei der geht der Kultus für die bedeutenden Menschen und die gedruckten Bücher ins Uferlose. Mir ist schon das Wort odios: bedeutende Menschen — es liegt so eine Präpotenz[86] darin!

ALTENWYL. Die Edine ist eine sehr gescheite Frau, aber sie will immer zwei Fliegen auf einen Schlag erwischen: ihre Bildung vermehren und etwas für ihre Wohltätigkeitsgeschichten herausschlagen.

HELENE. Pardon, Papa, sie ist keine gescheite Frau, sie ist eine dumme Frau, die sich fürs Leben gern mit gescheiten Leuten umgeben möchte, aber dabei immer die falschen erwischt.

CRESCENCE. Ich wundere mich, daß sie bei ihrer rasenden Zerstreutheit nicht mehr Konfusionen anstellt.

ALTENWYL. Solche Wesen haben einen Schutzengel.

EDINE *tritt dazu durch die Mitteltür.* Ich seh, ihr sprechts[87] von mir, sprechts nur weiter, genierts euch nicht.

CRESCENCE. Na, Edine, hast du den berühmten Mann schon kennengelernt?

EDINE. Ich bin wütend, Graf Altenwyl, daß Sie ihn ihr als Partner gegeben haben und nicht mir. *Setzt sich zu Crescence.* Ihr habts keine Idee, wie ich mich für ihn interessier. Ich les doch die Bücher von die Leut. Von diesem Brückner hab ich erst vor ein paar Wochen ein dickes Buch gelesen.

---

[86] i.e., arrogance [87] In Austrian semi-dialect, the second person plural ends in *-ts* rather than in *-t*. Hence *ihr sprechts*, imperative *sprechts*, *genierts euch nicht*, etc.

NEUHOFF. Er heißt Brücke. Er ist der zweite Präsident der Akademie der Wissenschaften.

EDINE. In Paris?

NEUHOFF. Nein, hier in Wien.

EDINE. Auf dem Buch ist gestanden: Brückner. 5

CRESCENCE. Vielleicht war das ein Druckfehler.

EDINE. Es hat geheißen: Über den Ursprung aller Religionen. Da ist eine Bildung drin, und eine Tiefe! Und so ein schöner Stil!

HELENE. Ich werd ihn dir bringen, Tant Edine. 10

NEUHOFF. Wenn Sie erlauben, werde ich ihn suchen und ihn herbringen, sobald er pausiert.

EDINE. Ja, tun Sie das, Baron Neuhoff. Sagen Sie ihm, daß ich seit Jahren nach ihm fahnde.

Neuhoff geht links ab.

CRESCENCE. Er wird sich nichts Besseres verlangen, mir scheint, er ist ein ziemlicher —

EDINE. Sagts nicht immer gleich «snob», der Goethe ist auch vor jeder Fürstin und Gräfin — ich hätt bald was gsagt.

CRESCENCE. Jetzt ist sie schon wieder beim Goethe, die Edine! *Sieht sich nach Hans Karl um,* 25 *der mit Helene nach rechts getreten ist.*

HELENE *zu Hans Karl.* Sie haben ihn so gern, den Furlani?

HANS KARL. Für mich ist ein solcher Mensch eine wahre Rekreation. 30

HELENE. Macht er so geschickte Tricks? *Sie setzt sich rechts, Hans Karl neben ihr. Crescence geht durch die Mitte weg. Altenwyl und Edine haben sich links gesetzt.*

HANS KARL. Er macht gar keine Tricks. Er ist 35 doch der dumme August[88]!

HELENE. Also ein Wurstel[89]?

HANS KARL. Nein, das wäre ja outriert[90]! Er outriert nie, er karikiert auch nie. Er spielt seine Rolle: er ist der, der alle begreifen, der allen helfen 40 möchte und dabei alles in die größte Konfusion bringt. Er macht die dümmsten Lazzi[91], die Galerie kugelt sich vor Lachen, und dabei behält er eine élégance, eine Diskretion, man merkt, daß er sich selbst und alles, was auf der Welt ist, respek- 45 tiert. Er bringt alles durcheinander, wie Kraut und Rüben; wo er hingeht, geht alles drunter und drüber, und dabei möchte man rufen: «Er hat ja recht!»

[88]traditional clown-prankster   [89]another name for clown   [90]exaggerated (French)   [91]buffoon-like tricks (Italian)

EDINE *zu Altenwyl.* Das Geistige gibt uns Frauen doch viel mehr Halt! Das geht der Antoinette zum Beispiel ganz ab. Ich sag ihr immer: sie soll ihren Geist kultivieren, das bringt einen auf andere Gedanken.

ALTENWYL. Zu meiner Zeit hat man einen ganz anderen Maßstab an die Konversation angelegt. Man hat doch etwas auf eine schöne Replik gegeben, man hat sich ins Zeug gelegt, um brillant zu sein.

EDINE. Ich sag: wenn ich Konversation mach, will ich doch woanders hingeführt werden. Ich will doch heraus aus der Banalität. Ich will doch wohintransportiert werden!

HANS KARL *zu Helene, in seiner Konversation* 15 *fortfahrend.* Sehen Sie, Helen, alle diese Sachen sind ja schwer: die Tricks von den Equilibristen und Jongleurs und alles — zu allem gehört ja ein fabelhaft angespannter Wille und direkt Geist. Ich glaub, mehr Geist, als zu den meisten Konver- 20 sationen. —

HELENE. Ah, das schon sicher.

HANS KARL. Absolut. Aber das, was der Furlani macht, ist noch um eine ganze Stufe höher, als was alle andern tun. Alle andern lassen sich von einer Absicht leiten und schauen nicht rechts und nicht links, ja, sie atmen kaum, bis sie ihre Absicht erreicht haben: darin besteht eben ihr Trick. Er aber tut scheinbar nichts mit Absicht — er geht immer auf die Absicht der andern ein. Er möchte alles mittun, was die andern tun, soviel guten Willen hat er, so fasziniert ist er von jedem einzelnen Stückl, was irgendeiner vormacht: wenn er einen Blumentopf auf der Nase balanciert, so balanciert er ihn auch, sozusagen aus Höflichkeit.

HELENE. Aber er wirft ihn hinunter?

HANS KARL. Aber wie er ihn hinunterwirft, darin liegts! Er wirft ihn hinunter aus purer Begeisterung und Seligkeit darüber, daß er ihn so schön balancieren kann! Er glaubt, wenn mans ganz schön machen tät, müßts von selber gehen.

HELENE *vor sich.* Und das hält der Blumentopf gewöhnlich nicht aus und fällt hinunter.

ALTENWYL *zu Edine.* Dieser Geschäftston heutzutage! Und ich bitte dich, auch zwischen Männern und Frauen: dieses gewisse Zielbewußte in der Unterhaltung!

EDINE. Ja, das ist mir auch eine horreur! Man will doch ein bißl eine schöne Art, ein Verstecken- 50 spielen —

ALTENWYL. Die jungen Leut wissen ja gar nicht mehr, daß die Sauce mehr wert ist als der Braten — da herrscht ja eine Direktheit!

EDINE. Weil die Leut zu wenig gelesen haben!
Weil sie ihren Geist zu wenig kultivieren! *Sie sind
im Reden aufgestanden und entfernen sich nach links.*
HANS KARL *zu Helene.* Wenn man dem Furlani
zuschaut, kommen einem die geschicktesten Clowns
vulgär vor. Er ist förmlich schön vor lauter Nonchalance — aber natürlich gehört zu dieser Nonchalance genau das Doppelte wie zu den andern
ihrer Anspannung.
HELENE. Ich begreif, daß Ihnen der Mensch
sympathisch ist. Ich find auch alles, wo man eine
Absicht merkt, die dahintersteckt, ein bißl vulgär.
HANS KARL. Oho, heute bin ich selber mit
Absichten geladen, und diese Absichten beziehen
sich auf Sie, Gräfin Helene.
HELENE *mit einem Zusammenziehen der Augenbrauen.* Oh, Gräfin Helene! Sie sagen «Gräfin
Helene» zu mir?

*Huberta erscheint in der Mitteltür und streift Hans
Karl und Helene mit einem kurzen, aber indiskreten
Blick.*

HANS KARL *ohne Huberta zu bemerken.* Nein, im
Ernst, ich muß Sie um fünf Minuten Konversation
bitten — dann später, irgendwann — wir spielen ja
beide nicht.
HELENE *etwas unruhig, aber sehr beherrscht.* Sie
machen mir Angst. Was können Sie mit mir zu
reden haben? Das kann nichts Gutes sein.
HANS KARL. Wenn Sies präokkupiert[92], dann
um Gottes willen nicht!

Huberta ist verschwunden.

HELENE *nach einer kleinen Pause.* Wann Sie
wollen, aber später. Ich seh die Huberta, die sich
langweilt. Ich muß zu ihr gehen. *Steht auf.*
HANS KARL. Sie sind so deliziös artig. *Ist auch
aufgestanden.*
HELENE. Sie müssen jetzt der Antoinette und den
paar andern Frauen guten Abend sagen. *Sie geht
von ihm fort, bleibt in der Mitteltür noch stehen.*
Ich bin nicht artig: ich spür nur, was in den Leuten
vorgeht, und das belästigt mich — und da reagier
ich dagegen mit égards[93], die ich für die Leut hab.
Meine Manieren sind nur eine Art von Nervosität,
mir die Leut vom Hals zu halten.

Sie geht. Hans Karl geht langsam ihr nach.

ZWEITE SZENE

*Neuhoff und der berühmte Mann sind gleichzeitig in
der Tür links erschienen.*

DER BERÜHMTE MANN *in der Mitte des Zimmers
angelangt, durch die Tür rechts blickend.* Dort in
der Gruppe am Kamin befindet sich jetzt die Dame,
um deren Namen ich Sie fragen wollte.
NEUHOFF. Dort in Grau? Das ist die Fürstin
Pergen.
DER BERÜHMTE MANN. Nein, die kenne ich seit
langem. Die Dame in Schwarz.
NEUHOFF. Die spanische Botschafterin. Sind Sie
ihr vorgestellt? Oder darf ich —
DER BERÜHMTE MANN. Ich wünsche sehr, ihr
vorgestellt zu werden. Aber wir wollen es vielleicht
in folgender Weise einrichten —
NEUHOFF *mit kaum merklicher Ironie.* Ganz wie
Sie befehlen.
DER BERÜHMTE MANN. Wenn Sie vielleicht die
Güte haben, der Dame zuerst von mir zu sprechen,
ihr, da sie eine Fremde ist, meine Bedeutung,
meinen Rang in der wissenschaftlichen Welt und
in der Gesellschaft klarzulegen — so würde ich
mich dann sofort nachher durch den Grafen Alten-
wyl ihr vorstellen lassen.
NEUHOFF. Aber mit dem größten Vergnügen.
DER BERÜHMTE MANN. Es handelt sich für einen
Gelehrten meines Ranges nicht darum, seine Be-
kanntschaften zu vermehren, sondern in der richtigen Weise gekannt und aufgenommen zu werden.
NEUHOFF. Ohne jeden Zweifel. Hier kommt die
Gräfin Merenburg, die sich besonders darauf gefreut hat, Sie kennenzulernen. Darf ich —
EDINE *kommt.* Ich freue mich enorm. Einen
Mann dieses Ranges bitte ich nicht mir vorzustellen,
Baron Neuhoff, sondern mich ihm zu präsentieren.
DER BERÜHMTE MANN *verneigt sich.* Ich bin sehr
glücklich, Frau Gräfin.
EDINE. Es hieße Eulen nach Athen tragen[94],
wenn ich Ihnen sagen wollte, daß ich zu den eif-
rigsten Leserinnen Ihrer berühmten Werke gehöre.
Ich bin jedesmal hingerissen von dieser philosophi-
schen Tiefe, dieser immensen Bildung und diesem
schönen Prosastil.
DER BERÜHMTE MANN. Ich staune, Frau Gräfin.
Meine Arbeiten sind keine leichte Lektüre. Sie
wenden sich wohl nicht ausschließlich an ein

Publikum von Fachgelehrten, aber sie setzen Leser von nicht gewöhnlicher Verinnerlichung voraus.

EDINE. Aber gar nicht! Jede Frau sollte so schöne tiefsinnige Bücher lesen, damit sie sich selbst in eine höhere Sphäre bringt: das sag ich früh und spät der Toinette Hechingen.

DER BERÜHMTE MANN. Dürfte ich fragen, welche meiner Arbeiten den Vorzug gehabt hat, Ihre Aufmerksamkeit zu erwecken?

EDINE. Aber natürlich das wunderbare Werk «Über den Ursprung aller Religionen». Das hat ja eine Tiefe, und eine erhebende Belehrung schöpft man da heraus —

DER BERÜHMTE MANN *eisig.* Hm. Das ist allerdings ein Werk, von dem viel geredet wird.

EDINE. Aber noch lange nicht genug. Ich sag gerade zur Toinette, das müßte jede von uns auf ihrem Nachtkastl liegen haben.

DER BERÜHMTE MANN. Besonders die Presse hat ja für dieses Opus eine zügellose Reklame zu inszenieren gewußt.

EDINE. Wie können Sie das sagen! Ein solches Werk ist ja doch das Grandioseste —

DER BERÜHMTE MANN. Es hat mich sehr interessiert, Frau Gräfin, Sie gleichfalls unter den Lobrednern dieses Produktes zu sehen. Mir selbst ist das Buch allerdings unbekannt, und ich dürfte mich auch schwerlich entschließen, den Leserkreis dieses Elaborates[95] zu vermehren.

EDINE. Wie? Sie sind nicht der Verfasser?

DER BERÜHMTE MANN. Der Verfasser dieser journalistischen Kompilation ist mein Fakultätsgenosse Brückner. Es besteht allerdings eine fatale Namensähnlichkeit, aber diese ist auch die einzige.

EDINE. Das sollte auch nicht sein, daß zwei berühmte Philosophen so ähnliche Namen haben.

DER BERÜHMTE MANN. Das ist allerdings bedauerlich, besonders für mich. Herr Brückner ist übrigens nichts weniger als Philosoph. Er ist Philologe, ich würde sagen, Salonphilologe, oder noch besser: philologischer Feuilletonist.

EDINE. Es tut mir enorm leid, daß ich da eine Konfusion gemacht habe. Aber ich hab sicher auch von Ihren berühmten Werken was zu Haus, Herr Professor. Ich les ja alles, was einen ein bißl vorwärtsbringt. Jetzt hab' ich gerad ein sehr interessantes Buch über den «Semipelagianismus»[96] und eines über die «Seele des Radiums» zu Hause liegen. Wenn Sie mich einmal in der Heugasse besuchen —

DER BERÜHMTE MANN *kühl.* Es wird mir eine Ehre sein, Frau Gräfin. Allerdings bin ich sehr in Anspruch genommen.

EDINE *wollte gehen, bleibt nochmals stehen.* Aber das tut mir ewig leid, daß Sie nicht der Verfasser sind! Jetzt kann ich Ihnen auch meine Frage nicht vorlegen! Und ich wäre jede Wette eingegangen, daß Sie der Einzige sind, der sie so beantworten könnte, daß ich meine Beruhigung fände.

NEUHOFF. Wollen Sie dem Herrn Professor nicht doch Ihre Frage vorlegen?

EDINE. Sie sind ja gewiß ein Mann von noch profunderer Bildung als der andere Herr. *Zu Neuhoff.* Soll ich wirklich? Es liegt mir ungeheuer viel an der Auskunft. Ich würde fürs Leben gern eine Beruhigung finden.

DER BERÜHMTE MANN. Wollen sich Frau Gräfin nicht setzen?

EDINE *sich ängstlich umsehend, ob niemand hereintritt, dann schnell.* Wie stellen Sie sich das Nirwana vor?

DER BERÜHMTE MANN. Hm. Diese Frage aus dem Stegreif zu beantworten, dürfte allerdings Herr Brückner der richtige Mann sein.

Eine kleine Pause.

EDINE. Und jetzt muß ich auch zu meinem Bridge zurück. Auf Wiedersehen, Herr Professor. *Ab.*

DER BERÜHMTE MANN *sichtlich verstimmt.* Hm. —

NEUHOFF. Die arme gute Gräfin Edine! Sie dürfen ihr nichts übelnehmen.

DER BERÜHMTE MANN *kalt.* Es ist nicht das erste Mal, daß ich im Laienpublikum ähnlichen Verwechslungen begegne. Ich bin nicht weit davon, zu glauben, daß dieser Scharlatan Brückner mit Absicht auf dergleichen hinarbeitet. Sie können kaum ermessen, welche peinliche Erinnerung eine groteske und schiefe Situation, wie die in der wir uns soeben befunden haben, in meinem Innern hinterläßt. Das erbärmliche Scheinwissen, von den Trompetenstößen einer bübischen Presse begleitet, auf den breiten Wellen der Popularität hinsegeln zu sehen — sich mit dem konfundiert zu sehen, wogegen man sich mit dem eisigen Schweigen der Nichtachtung unverbrüchlich gewappnet glaubte —

NEUHOFF. Aber wem sagen Sie das alles, mein verehrter Professor! Bis in die kleine Nuance fühle ich Ihnen nach. Sich verkannt zu sehen in seinem Besten, früh und spät — das ist das Schicksal —

DER BERÜHMTE MANN. In seinem Besten.

---

[95]of this worthless work [96]Pelagianism is the name of an early Christian heresy.

NEUHOFF. Genau die Seite verkannt zu sehen, auf die alles ankommt —

DER BERÜHMTE MANN. Sein Lebenswerk mit einem journalistischen —

NEUHOFF. Das ist das Schicksal —

DER BERÜHMTE MANN. Die in einer bübischen Presse —

NEUHOFF. — des ungewöhnlichen Menschen, sobald er sich der banalen Menschheit ausliefert, den Frauen, die im Grunde zwischen einer leeren Larve und einem Mann von Bedeutung nicht zu unterscheiden wissen!

DER BERÜHMTE MANN. Den verhaßten Spuren der Pöbelherrschaft bis in den Salon zu begegnen —

NEUHOFF. Erregen Sie sich nicht. Wie kann ein Mann Ihres Ranges — Nichts, was eine Edine Merenburg und tutti quanti[97] vorbringen, reicht nur entfernt an Sie heran.

DER BERÜHMTE MANN. Das ist die Presse, dieser Hexenbrei aus allem und allem! Aber hier hätte ich mich davor sicher gehalten. Ich sehe, ich habe die Exklusivität dieser Kreise überschätzt, wenigstens was das geistige Leben anlangt.

NEUHOFF. Geist und diese Menschen! Das Leben — und diese Menschen! Alle diese Menschen, die Ihnen hier begegnen, existieren ja in Wirklichkeit gar nicht mehr. Das sind ja alles nur mehr Schatten. Niemand, der sich in diesen Salons bewegt, gehört zu der wirklichen Welt, in der die geistigen Krisen des Jahrhunderts sich entscheiden. Sehen Sie doch um sich: eine Erscheinung wie die Figur dort im nächsten Zimmer, vom Scheitel bis zur Sohle sich balancierend in der Selbstsicherheit der unbegrenzten Trivialität — von Frauen und Mädchen umlagert — Kari Bühl.

DER BERÜHMTE MANN. Ist das Graf Bühl?

NEUHOFF. Er selbst, der berühmte Kari.

DER BERÜHMTE MANN. Ich habe bis jetzt keine Gelegenheit gehabt, ihn kennenzulernen. Sind Sie befreundet mit ihm?

NEUHOFF. Nicht allzusehr, aber hinlänglich, um ihn Ihnen in zwei Worten erschöpfend zu charakterisieren: absolutes, anmaßendes Nichts.

DER BERÜHMTE MANN. Er hat einen außerordentlichen Rang innerhalb der ersten Gesellschaft. Er gilt für eine Persönlichkeit.

NEUHOFF. Es ist nichts an ihm, das der Prüfung standhielte. Rein gesellschaftlich goutiere ich ihn halb aus Gewohnheit; aber Sie haben weniger als nichts verloren, wenn Sie ihn nicht kennenlernen.

DER BERÜHMTE MANN *sieht unverwandt hin.* Ich würde mich sehr interessieren, seine Bekanntschaft zu machen. Glauben Sie, daß ich mir etwas vergebe[98], wenn ich mich ihm nähere?

NEUHOFF. Sie werden Ihre Zeit mit ihm verlieren, wie mit allen diesen Menschen hier.

DER BERÜHMTE MANN. Ich würde großes Gewicht darauf legen, mit Graf Bühl in einer wirkungsvollen Weise bekannt gemacht zu werden, etwa durch einen seiner vertrauten Freunde.

NEUHOFF. Zu diesen wünsche ich nicht gezählt zu werden, aber ich werde Ihnen das besorgen.

DER BERÜHMTE MANN. Sie sind sehr liebenswürdig. Oder meinen Sie, daß ich mir nichts vergeben würde, wenn ich mich spontan nähern würde?

NEUHOFF. Sie erweisen dem guten Kari in jedem Fall zuviel Ehre, wenn Sie ihn so ernst nehmen.

DER BERÜHMTE MANN. Ich verhehle nicht, daß ich großes Gewicht darauf lege, das feine und unbestechliche Votum der großen Welt den Huldigungen beizufügen, die meinem Wissen im breiten internationalen Laienpublikum zuteil geworden sind, und in denen ich die Abendröte einer nicht alltäglichen Gelehrtenlaufbahn erblicken darf.

Sie gehen ab.

DRITTE SZENE

Antoinette mit Edine, Nanni und Huberta sind indessen in der Mitteltür erschienen und kommen nach vorne.

ANTOINETTE. So sagts mir doch was, so gebts mir doch einen Rat, wenn ihr sehts, daß ich so aufgeregt bin. Da mach ich doch die irreparablen Dummheiten, wenn man mir nicht beisteht.

EDINE. Ich bin dafür, daß wir sie lassen. Sie muß wie zufällig ihm begegnen. Wenn wir sie alle convoyieren[99], so verscheuchen wir ihn ja geradezu.

HUBERTA. Er geniert sich nicht. Wenn er mit ihr allein reden wollt, da wären wir Luft für ihn.

ANTOINETTE. So setzen wir uns daher. Bleibts alle bei mir, aber nicht auffällig.

Sie haben sich gesetzt.

NANNI. Wir plauschen hier ganz unbefangen: vor allem darfs nicht ausschauen, als ob du ihm nachlaufen tätest.

---

[97]all of her type (Italian)

[98]that I am degrading myself   [99]accompany (French)

ANTOINETTE. Wenn man nur das Raffinement von der Helen hätt, die lauft ihm nach auf Schritt und Tritt, und dabei schauts aus, als ob sie ihm aus dem Weg ging'.

EDINE. Ich wär dafür, daß wir sie lassen, und daß sie ganz wie wenn nichts wär auf ihn zuging'.

HUBERTA. In dem Zustand wie sie ist, kann sie doch nicht auf ihn zugehen wie wenn nichts wär.

ANTOINETTE *dem Weinen nah.* Sagts mir doch nicht, daß ich in einem Zustand bin! Lenkts mich doch ab von mir! Sonst verlier ich ja meine ganze Contenance[1]. Wenn ich nur wen zum Flirten da hätt!

NANNI *will aufstehen.* Ich hol ihr den Stani her.

ANTOINETTE. Der Stani tät mir nicht s o viel nützen. Sobald ich weiß, daß der Kari wo in einer Wohnung ist, existieren die andern nicht mehr für mich.

HUBERTA. Der Feri Uhlfeldt tät vielleicht doch noch existieren.

ANTOINETTE. Wenn die Helen in meiner Situation wär, die wüßt sich zu helfen. Sie macht sich mit der größten Unverfrorenheit einen Paravent[2] aus dem Theophil, und dahinter operiert sie.

HUBERTA. Aber sie schaut ja den Theophil gar nicht an, sie is ja die ganze Zeit hinterm Kari her.

ANTOINETTE. Sag mir das noch, damit mir die Farb ganz aus'm Gsicht geht. *Steht auf.* Redt er denn mit ihr?

HUBERTA. Natürlich redt er mit ihr.

ANTOINETTE. Immerfort?

HUBERTA. Sooft ich hingeschaut hab.

ANTOINETTE. O mein Gott, wenn du mir lauter unangenehme Sachen sagst, so werd ich ja so häßlich werden! *Sie setzt sich wieder.*

NANNI *will aufstehen.* Wenn dir deine drei Freundinnen zuviel sind, so laß uns fort, ich spiel ja auch sehr gern.

ANTOINETTE. So bleibts doch hier, so gebts mir doch einen Rat, so sagts mir doch, was ich tun soll.

HUBERTA. Wenn sie ihm vor einer Stunde die Jungfer ins Haus geschickt hat, so kann sie jetzt nicht die Hochmütige spielen.

NANNI. Umgekehrt sag ich. Sie muß tun, als ob er ihr egal wär. Das weiß ich vom Kartenspielen: wenn man die Karten leichtsinnig in die Hand nimmt, dann kommt's Glück. Man muß sich immer die innere Überlegenheit menagieren.

ANTOINETTE. Mir is grad zumut, wie wenn ich die Überlegene wär!

HUBERTA. Du behandelst ihn aber ganz falsch, wenn du dich so aus der Hand gibst[3].

EDINE. Wenn sie sich nur eine Direktive geben ließ'! Ich kenn doch den Männern ihren Charakter.

HUBERTA. Weißt, Edine, die Männer haben recht verschiedene Charaktere.

ANTOINETTE. Das Gescheiteste wär, ich fahr nach Haus.

NANNI. Wer wird denn die Karten wegschmeißen, solang er noch eine Chance in der Hand hat.

EDINE. Wenn sie sich nur ein vernünftiges Wort sagen ließe. Ich hab ja einen solchen Instinkt für solche psychologische Sachen. Es wär ja absolut zu machen, daß die Ehe annulliert wird, sie ist eben unter einem moralischen Zwang gestanden die ganzen Jahre, und dann, wenn sie annulliert ist, so heirat' sie ja der Kari, wenn die Sache halbwegs richtig eingefädelt wird.

HUBERTA *die nach rechts gesehen hat.* Pst!

ANTOINETTE *fährt auf.* Kommt er? Mein Gott, wie mir die Knie zittern.

HUBERTA. Die Crescence kommt. Nimm dich zusammen.

ANTOINETTE *vor sich.* Lieber Gott, ich kann sie nicht ausstehen, sie mich auch nicht, aber ich will jede Bassesse machen[4], weil sie ja seine Schwester ist.

VIERTE SZENE

CRESCENCE *kommt von rechts.* Grüß euch Gott, was machts ihr denn? Die Toinette schaut ja ganz zerbeutelt[5] aus. Sprechts ihr denn nicht? So viele junge Frauen! Da hätt der Stani halt nicht in den Klub gehen dürfen, wie?

ANTOINETTE *mühsam.* Wir unterhalten uns vorläufig ohne Herren sehr gut.

CRESCENCE *ohne sich zu setzen.* Was sagts ihr, wie famos die Helen heut ausschaut? Die wird doch als junge Frau eine allure haben, daß überhaupt niemand gegen sie aufkommt!

HUBERTA. Is die Helen auf einmal so in der Gnad bei dir?

CRESCENCE. Ihr seids auch herzig. Die Antoinette soll sich ein bißl schonen. Sie schaut ja aus, als ob sie drei Nächt nicht geschlafen hätt. *Im Gehen.* Ich muß dem Poldo Altenwyl sagen, wie brillant ich die Helen heut find. *Ab.*

---

[1]composure (French) [2]screen

[3]i.e., when you let him play leader [4]i.e., I will act obsequiously [5]"as if she's been through the mill"

FÜNFTE SZENE

ANTOINETTE. Herr Gott, jetzt hab ichs ja schriftlich, daß der Kari die Helen heiraten will.

EDINE. Wieso denn?

ANTOINETTE. Spürts ihrs denn nicht, wie sie für
die zukünftige Schwägerin ins Zeug geht[6]?

NANNI. Aber geh, bring dich nicht um nichts und
wieder nichts hinein in die Verzweiflung. Er wird
gleich bei der Tür hereinkommen.

ANTOINETTE. Wenn er in so einem Moment
hereinkommt, bin ich ja ganz — *Bringt ihr kleines
Tuch vor die Augen.* — verloren. —

HUBERTA. So gehen wir. Inzwischen beruhigt sie
sich.

ANTOINETTE. Nein, gehts ihr zwei und schauts,
ob er wieder mit der Helen redt, und störts ihn
dabei. Ihr habts mich ja oft genug gestört, wenn
ich so gern mit ihm allein gewesen wär. Und die
Edine bleibt bei mir.

Alle sind aufgestanden, Huberta und Nanni gehen ab.

SECHSTE SZENE

Antoinette und Edine setzen sich links rückwärts.

EDINE. Mein liebes Kind, du hast diese ganze
Geschichte mit dem Kari vom ersten Moment
falsch angepackt.

ANTOINETTE. Woher weißt denn du das?

EDINE. Das weiß ich von der Mademoiselle Fey-
deau, die hat mir haarklein alles erzählt, wie du die
ganze Situation in der Grünleiten schon verfahren
hast.

ANTOINETTE. Diese mißgünstige Tratschen[7], was
weiß denn die!

EDINE. Aber sie kann doch nichts dafür, wenn
sie dich hat mit die nackten Füß über die Stiegen
runterlaufen gehört, und gesehen mit offene Haar
im Mondschein mit ihm spazierengehen. — Du
hast eben die ganze Geschicht von Anfang an viel
zu terre à terre[8] angepackt. Die Männer sind ja
natürlich sehr terre à terre, aber deswegen muß
eben von unserer Seiten etwas Höheres hineingebracht werden. Ein Mann wie der Kari Bühl aber
ist sein Leben lang keiner Person begegnet, die ein
bißl einen Idealismus in ihn hineingebracht hätte.
Und darum ist er selbst nicht imstand, in eine

Liebschaft was Höheres hineinzubringen, und so
geht das vice versa. Wenn du mich in der ersten
Zeit ein bißl um Rat gefragt hättest, wenn du dir
hättest ein paar Direktiven geben lassen, ein paar
Bücher empfehlen lassen — so wärst du heut seine
Frau!

ANTOINETTE. Geh, ich bitt dich, Edine, agacier[9]
mich nicht.

SIEBENTE SZENE

HUBERTA *erscheint in der Tür.* Also: der Kari
kommt. Er sucht dich.

ANTOINETTE. Jesus Maria!

Sie sind aufgestanden.

NANNI *die rechts hinausgeschaut hat.* Da kommt
die Helen aus dem andern Salon.

ANTOINETTE. Mein Gott, gerade in dem Moment,
auf den alles ankommt, muß sie daherkommen und
mir alles verderben. So tuts doch was dagegen. So
gehts ihr doch entgegen. So halts sie doch weg, vom
Zimmer da!

HUBERTA. Bewahr doch ein bißl deine Contenance.

NANNI. Wir gehen einfach unauffällig dort
hinüber.

ACHTE SZENE

HELENE *tritt ein von rechts.* Ihr schauts ja aus, als
ob ihr gerade von mir gesprochen hättets. *Stille.*
Unterhalts ihr euch? Soll ich euch Herren herein-
schicken?

ANTOINETTE *auf sie zu, fast ohne Selbstkontrolle.*
Wir unterhalten uns famos, und du bist ein Engel,
mein Schatz, daß du dich um uns umschaust. Ich
hab dir noch gar nicht guten Abend gesagt. Du
schaust schöner aus als je. *Küßt sie.* Aber laß uns
nur und geh wieder.

HELENE. Stör ich euch? So geh ich halt wieder.
Geht.

NEUNTE SZENE

ANTOINETTE *streicht sich über die Wange, als
wollte sie den Kuß abstreifen.* Was mach ich denn?
Was laß ich mich denn von ihr küssen? Von dieser
Viper, dieser falschen!

HUBERTA. So nimm dich ein bißl zusammen.

---

[6]is going to work for [7]gossip [8]too vulgarly, too
flagrantly (French)

[9]annoy (French *agacer*)

ZEHNTE SZENE

Hans Karl ist von rechts eingetreten.

ANTOINETTE *nach einem kurzen Stummsein, Sich-ducken, rasch auf ihn zu, ganz dicht an ihn.* Ich hab die Briefe genommen und verbrannt. Ich bin keine sentimentale Gans, als die mich meine Agathe hinstellt, daß ich mich über alte Briefe totweinen könnt. Ich hab einmal nur das, was ich im Moment hab, und was ich nicht hab, will ich vergessen. Ich leb nicht in der Vergangenheit, dazu bin ich nicht alt genug.

HANS KARL. Wollen wir uns nicht setzen? *Führt sie zu den Fauteuils.*

ANTOINETTE. Ich bin halt nicht schlau. Wenn man nicht raffiniert ist, dann hat man nicht die Kraft, einen Menschen zu halten, wie Sie einer sind. Denn Sie sind e i n Genre mit Ihrem Vetter Stani. Das möchte ich Ihnen sagen, damit Sie es wissen. Ich kenn euch. Monstros selbstsüchtig und grenzenlos unzart. *Nach einer kleinen Pause.* So sagen Sie doch was!

HANS KARL. Wenn Sie erlauben würden, so möchte ich versuchen, Sie an damals zu erinnern —

ANTOINETTE. Ah, ich laß mich nicht malträtieren[10]. — Auch nicht von jemandem, der mir früher einmal nicht gleichgültig war.

HANS KARL. Sie waren damals, ich meine vor zwei Jahren, Ihrem Mann momentan entfremdet. Sie waren in der großen Gefahr, in die Hände von einem Unwürdigen zu fallen. Da ist jemand gekommen — der war — zufällig ich. Ich wollte Sie — beruhigen — das war mein einziger Gedanke — Sie der Gefahr entziehen — von der ich Sie bedroht gewußt — oder gespürt hab. Das war eine Verkettung von Zufällen — eine Ungeschicklichkeit — ich weiß nicht, wie ich es nennen soll —

ANTOINETTE. Diese paar Tage damals in der Grünleiten sind das einzige wirklich Schöne in meinem ganzen Leben. Die laß ich nicht — Die Erinnerung daran laß ich mir nicht heruntersetzen. *Steht auf.*

HANS KARL *leise.* Aber ich hab ja alles so lieb. Es war ja so schön.

Antoinette setzt sich, mit einem ängstlichen Blick auf ihn.

HANS KARL. Es war ja so schön!

ANTOINETTE. «Das war zufällig ich.» Damit wollen Sie mich insultieren. Sie sind draußen zynisch geworden. Ein zynischer Mensch, das ist das richtige Wort. Sie haben die Nuance verloren für das Mögliche und das Unmögliche. Wie haben Sie gesagt? Es war eine «Ungeschicklichkeit» von Ihnen? Sie insultieren mich ja in einem fort.

HANS KARL. Es ist draußen viel für mich anders geworden. Aber zynisch bin ich nicht geworden. Das Gegenteil, Antoinette. Wenn ich an unsern Anfang denke, so ist mir das etwas so Zartes, so Mysterioses, ich getraue mich kaum, es vor mir selbst zu denken. Ich möchte mich fragen: Wie komm ich denn dazu? Hab ich denn dürfen? Aber *Sehr leise.* ich bereu nichts.

ANTOINETTE *senkt die Augen.* Aller Anfang ist schön.

HANS KARL. In jedem Anfang liegt die Ewigkeit.

ANTOINETTE *ohne ihn anzusehen.* Sie halten au fond alles für möglich und alles für erlaubt. Sie wollen nicht sehen, wie hilflos ein Wesen ist, über das Sie hinweggehen — wie preisgegeben, denn das würde vielleicht Ihr Gewissen aufwecken.

HANS KARL. Ich habe keins.

Antoinette sieht ihn an.

HANS KARL. Nicht in bezug auf uns.

ANTOINETTE. Jetzt war ich das und das von Ihnen — und weiß in diesem Augenblick so wenig, woran ich mit Ihnen bin, als wenn nie was zwischen uns gewesen wär. Sie sind ja fürchterlich.

HANS KARL. Nichts ist bös. Der Augenblick ist nicht bös, nur das Festhalten-Wollen ist unerlaubt. Nur das Sich-Festkrampeln an das, was sich nicht halten läßt —

ANTOINETTE. Ja, wir leben halt nicht nur wie die gewissen Fliegen vom Morgen bis zur Nacht. Wir sind halt am nächsten Tag auch noch da. Das paßt euch halt schlecht, solchen wie du einer bist.

HANS KARL. Alles was geschieht, das macht der Zufall. Es ist nicht zum Ausdenken, wie zufällig wir alle sind, und wie uns der Zufall zueinanderjagt und auseinanderjagt, und wie jeder mit jedem hausen könnte, wenn der Zufall es wollte.

ANTOINETTE. Ich will nicht —

HANS KARL *spricht weiter, ohne ihren Widerstand zu respektieren.* Darin ist aber so ein Grausen, daß der Mensch etwas hat finden müssen, um sich aus diesem Sumpf herauszuziehen, bei seinem eigenen Schopf. Und so hat er das Institut gefunden, das aus dem Zufälligen und Unreinen das Notwendige, das Bleibende und das Gültige macht: die Ehe.

ANTOINETTE. Ich spür, du willst mich verkuppeln mit meinem Mann. Es war nicht ein Augenblick,

---

[10]mistreat (French *maltraiter*)

seitdem du hiersitzt, wo ich mich hätte foppen lassen und es nicht gespürt hätte. Du nimmst dir wirklich alles heraus, du meinst schon, daß du alles darfst, zuerst verführen, dann noch beleidigen.

HANS KARL. Ich bin kein Verführer, Toinette, ich bin kein Frauenjäger.

ANTOINETTE. Ja, das ist dein Kunststückl, damit hast du mich herumgekriegt, daß du kein Verführer bist, kein Mann für Frauen, daß du nur ein Freund bist, aber ein wirklicher Freund. Damit kokettierst du, so wie du mit allem kokettierst, was du hast, und mit allem, was dir fehlt. Man müßte, wenns nach dir ging', nicht nur verliebt in dich sein, sondern dich noch liebhaben über die Vernunft hinaus, und um deiner selbst willen, und nicht einmal nur als Mann — sondern — ich weiß ja gar nicht, wie ich sagen soll, o mein Gott, warum muß ein und derselbe Mensch so charmant sein und zugleich so monstros eitel und selbstsüchtig und herzlos!

HANS KARL. Weiß Sie, Toinette, was Herz ist, weiß Sie das? Daß ein Mann Herz für eine Frau hat, das kann er nur durch eins zeigen, nur durch ein einziges auf der Welt: durch die Dauer, durch die Beständigkeit. Nur dadurch: das ist die Probe, die einzige.

ANTOINETTE. Laß mich mit dem Ado — ich kann mit dem Ado nicht leben —

HANS KARL. Der hat dich lieb. Einmal und für alle Male. Der hat dich gewählt unter allen Frauen der Welt, und er hat dich liebbehalten und wird dich liebhaben für immer, weißt du, was das heißt? Für immer, gescheh dir, was da will. Einen Freund haben, der dein ganzes Wesen liebhat, für den du immer ganz schön bist, nicht nur heut und morgen, auch später, viel später, für den seine Augen der Schleier, den die Jahre, oder was kommen kann, über dein Gesicht werfen — für seine Augen ist das nicht da, du bist immer die du bist, die Schönste, die Liebste, die Eine, die Einzige.

ANTOINETTE. So hat er mich nicht gewählt. Geheiratet hat er mich halt. Von dem andern weiß ich nichts.

HANS KARL. Aber er weiß davon.

ANTOINETTE. Das, was Sie da reden, das gibts alles nicht. Das redet er sich ein — das redet er Ihnen ein — Ihr seids einer wie der andere, ihr Männer, Sie und der Ado und der Stani, ihr seids alle aus einem Holz geschnitzt, und darum verstehts ihr euch so gut und könnts euch so gut in die Hände spielen.

HANS KARL. Das redt er mir nicht ein, das weiß ich, Toinette. Das ist eine heilige Wahrheit, die

weiß ich — ich muß sie immer schon gewußt haben, aber draußen ist sie erst ganz deutlich für mich geworden: es gibt einen Zufall, der macht scheinbar alles mit uns, wie er will — aber mitten in dem Hierhin- und Dorthingeworfenwerden und der Stumpfheit und Todesangst, da spüren wir und wissen es auch, es gibt halt auch eine Notwendigkeit, die wählt uns von Augenblick zu Augenblick, die geht ganz leise, ganz dicht am Herzen vorbei und doch so schneidend scharf wie ein Schwert. Ohne die wäre da draußen kein Leben mehr gewesen, sondern nur ein tierisches Dahintaumeln. Und die gleiche Notwendigkeit gibts halt auch zwischen Männern und Frauen — wo die ist, da ist ein Zueinandermüssen und Verzeihung und Versöhnung und Beieinanderbleiben. Und da dürfen Kinder sein, und da ist eine Ehe und ein Heiligtum, trotz allem und allem —

ANTOINETTE *steht auf.* Alles was du redst, das heißt ja gar nichts anderes, als daß du heiraten willst, daß du demnächst die Helen heiraten wirst.

HANS KARL *bleibt sitzen, hält sie.* Aber ich denk doch nicht an die Helen! Ich red doch von dir. Ich schwör dir, daß ich von dir red.

ANTOINETTE. Aber dein ganzes Denken dreht sich um die Helen.

HANS KARL. Ich schwöre dir: ich hab einen Auftrag an die Helen. Ganz einen andern als du dir denkst. Ich sag ihr noch heute —

ANTOINETTE. Was sagst du ihr noch heute — ein Geheimnis?

HANS KARL. Keines, das mich betrifft.

ANTOINETTE. Aber etwas, das dich mit ihr verbindet?

HANS KARL. Aber das Gegenteil!

ANTOINETTE. Das Gegenteil? Ein Adieu — du sagst ihr, was ein Adieu ist zwischen dir und ihr?

HANS KARL. Zu einem Adieu ist kein Anlaß, denn es war ja nie etwas zwischen mir und ihr. Aber wenns Ihr Freud macht, Toinette, so kommts beinah auf ein Adieu hinaus.

ANTOINETTE. Ein Adieu fürs Leben?

HANS KARL. Ja, fürs Leben, Toinette.

ANTOINETTE *sieht ihn ganz an.* Fürs Leben? *Nachdenklich.* Ja, sie ist so eine Heimliche und tut nichts zweimal und redt nichts zweimal. Sie nimmt nichts zurück — sie hat sich in der Hand: ein Wort muß für sie entscheidend sein. Wenn du ihr sagst: Adieu — dann wirds für sie sein Adieu und auf immer. Für sie wohl. *Nach einer kleinen Pause.* Ich laß mir von dir den Ado nicht einreden. Ich mag seine Händ nicht. Sein Gesicht nicht. Seine Ohren nicht. *Sehr leise.* Deine Hände hab ich lieb. — Was bist denn du? Ja, wer bist denn du? Du bist ein Zyniker, ein Egoist, ein Teufel bist du! Mich sitzenlassen ist dir zu gewöhnlich. Mich behalten, dazu bist du zu herzlos. Mich hergeben, dazu bist du zu raffiniert. So willst du mich zugleich loswerden und doch in deiner Macht haben, und dazu ist dir der Ado der Richtige. — Geh hin und heirat die Helen. Heirat, wenn du willst! Ich hab mit deiner Verliebtheit vielleicht was anzufangen, mit deinen guten Ratschlägen aber gar nix. *Will gehen. Hans Karl tut einen Schritt auf sie zu.*

ANTOINETTE. Laß Er mich gehen. *Sie geht ein paar Schritte, dann halb zu ihm gewendet.* Was soll denn jetzt aus mir werden? Red Er mir nur den Feri Uhlfeldt aus, der hat so viel Kraft, wenn er was will. Ich hab gesagt, ich mag ihn nicht, er hat gesagt, ich kann nicht wissen, wie er als Freund ist, weil ich ihn noch nicht als Freund gehabt hab. Solche Reden verwirren einen so. *Halb unter Tränen, zart.* Jetzt wird Er an allem schuld sein, was mir passiert.

HANS KARL. Sie braucht eins in der Welt: einen Freund. Einen guten Freund. *Er küßt ihr die Hände.* Sei Sie gut mit dem Ado.

ANTOINETTE. Mit dem kann ich nicht gut sein.

HANS KARL. Sie kann mit jedem.

ANTOINETTE *sanft.* Kari, insultier Er mich doch nicht.

HANS KARL. Versteh Sie doch, wie ich meine.

ANTOINETTE. Ich versteh Ihn ja sonst immer gut.

HANS KARL. Könnt Sies nicht versuchen?

ANTOINETTE. Ihm zulieb könnt ichs versuchen. Aber Er müßt dabei sein und mir helfen.

HANS KARL. Jetzt hat Sie mir ein halbes Versprechen gegeben.

ELFTE SZENE

Der berühmte Mann ist von rechts eingetreten, sucht sich Hans Karl zu nähern, die beiden bemerken ihn nicht.

ANTOINETTE. Er hat mir was versprochen.

HANS KARL. Für die erste Zeit.

ANTOINETTE *dicht bei ihm.* Mich liebhaben!

DER BERÜHMTE MANN. Pardon, ich störe wohl. *Schnell ab.*

HANS KARL *dicht bei ihr.* Das tu ich ja.

ANTOINETTE. Sag Er mir sehr was Liebes: nur für den Moment. Der Moment ist ja alles. Ich kann nur im Moment leben. Ich hab so ein schlechtes Gedächtnis.

HANS KARL. Ich bin nicht verliebt in Sie, aber ich hab Sie lieb.

ANTOINETTE. Und das, was Er der Helen sagen wird, ist ein Adieu?

HANS KARL. Ein Adieu.

ANTOINETTE. So verhandelt Er mich, so verkauft Er mich!

HANS KARL. Aber Sie war mir doch noch nie so nahe.

ANTOINETTE. Er wird oft zu mir kommen, mir zureden? Er kann mir ja alles einreden.

Hans Karl küßt sie auf die Stirn, fast ohne es zu wissen.

ANTOINETTE. Dank schön. *Läuft weg durch die Mitte.*

HANS KARL *steht verwirrt, sammelt sich.* Arme, kleine Antoinette.

ZWÖLFTE SZENE

CRESCENCE *kommt durch die Mitte, sehr rasch.* Also brillant hast du das gemacht. Das ist ja erste Klasse, wie du so was deichselst.

HANS KARL. Wie? Aber du weißt doch gar nicht.

CRESCENCE. Was brauch ich noch zu wissen. Ich weiß alles. Die Antoinette hat die Augen voller Tränen, sie stürzt an mir vorbei, sowie sie merkt, daß ichs bin, fällt sie mir um den Hals und ist wieder dahin wie der Wind, das sagt mir doch alles. Du hast ihr ins Gewissen geredet, du hast ihr besseres Selbst aufgeweckt, du hast ihr klargemacht, daß sie sich auf den Stani keine Hoffnungen mehr machen darf, und du hast ihr den einzigen Ausweg aus der verfahrenen Situation gezeigt, daß sie zu ihrem Mann zurück soll und trachten soll, ein anständiges, ruhiges Leben zu führen.

HANS KARL. Ja, so ungefähr. Aber es hat sich im Detail nicht so abgespielt. Ich hab nicht deine zielbewußte Art. Ich komm leicht von meiner Linie ab, das muß ich schon gestehen.

CRESCENCE. Aber das ist doch ganz egal. Wenn du in so einem Tempo ein so brillantes Resultat erzielst, jetzt, wo du in dem Tempo drin bist, kann ich gar nicht erwarten, daß du die zwei Konversationen mit der Helen und mit dem Poldo Altenwyl absolvierst. Ich bitt dich, geh sie nur an, ich halt dir die Daumen, denk doch nur, daß dem Stani sein Lebensglück von deiner Suada abhängt.

HANS KARL. Sei außer Sorg, Crescence, ich hab jetzt grad während dem Reden mit der Antoinette

Hechingen so die Hauptlinien gesehen für meine Konversation mit der Helen. Ich bin ganz in der Stimmung. Weißt du, das ist ja meine Schwäche, daß ich so selten das Definitive vor mir sehe: aber diesmal seh ichs.

CRESCENCE. Siehst du, das ist das Gute, wenn man ein Programm hat. Da kommt ein Zusammenhang in die ganze Geschichte. Also komm nur: wir suchen zusammen die Helene, sie muß ja in einem von den Salons sein, und sowie wir sie finden, laß ich dich allein mit ihr. Und sobald wir ein Resultat haben, stürz ich ans Telephon und depeschier[11] den Stani hierher.

DREIZEHNTE SZENE

Crescence und Hans Karl gehen links hinaus. Helene mit Neuhoff treten von rechts herein. Man hört eine gedämpfte Musik aus einem entfernten Salon.

NEUHOFF *hinter ihr.* Bleiben Sie stehen. Diese nichtsnutzige, leere, süße Musik und dieses Halbdunkel modellieren Sie wunderbar.

HELENE *ist stehengeblieben, geht aber jetzt weiter auf die Fauteuils links zu.* Ich stehe nicht gern Modell, Baron Neuhoff.

NEUHOFF. Auch nicht, wenn ich die Augen schließe?

Helene sagt nichts, sie steht links.

NEUHOFF. Ihr Wesen, Helene! Wie niemand je war, sind Sie. Ihre Einfachheit ist das Resultat einer ungeheuren Anspannung. Regungslos wie eine Statue vibrieren Sie in sich, niemand ahnt es, der es aber ahnt, der vibriert mit Ihnen.

Helene sieht ihn an, setzt sich.

NEUHOFF *nicht ganz nahe.* Wundervoll ist alles an Ihnen. Und dabei, wie alles Hohe, fast erschreckend selbstverständlich.

HELENE. Ist Ihnen das Hohe selbstverständlich? Das war ein nobler Gedanke.

NEUHOFF. Vielleicht könnte man seine Frau werden — das war es, was Ihre Lippen sagen wollten, Helene!

HELENE. Lesen Sie von den Lippen wie die Taubstummen?

NEUHOFF *einen Schritt näher.* Sie werden mich

[11]send quickly

heiraten, weil Sie meinen Willen spüren in einer willenlosen Welt.

HELENE *vor sich.* Muß man? Ist es ein Gebot, dem eine Frau sich fügen muß: wenn sie gewählt und gewollt wird?

NEUHOFF. Es gibt Wünsche, die nicht weither sind. Die darf man unter seine schönen rassigen Füße treten. Der meine ist weither. Er ist gewandert um die halbe Welt. Hier fand er sein Ziel. Sie wurden gefunden, Helene Altenwyl, vom stärksten Willen auf dem weitesten Umweg, in der kraftlosesten aller Welten.

HELENE. Ich bin aus ihr und bin nicht kraftlos.

NEUHOFF. Ihr habt dem schönen Schein alles geopfert, auch die Kraft. Wir, dort in unserm nordischen Winkel, wo uns die Jahrhunderte vergessen, wir haben die Kraft behalten. So stehen wir gleich zu gleich und doch ungleich zu ungleich, und aus dieser Ungleichheit ist mir mein Recht über Sie erwachsen.

HELENE. Ihr Recht?

NEUHOFF. Das Recht des geistig Stärksten über die Frau, die er zu vergeistigen vermag.

HELENE. Ich mag nicht diese mystischen Redensarten.

NEUHOFF. Es waltet etwas Mystik zwischen zwei Menschen, die sich auf den ersten Blick erkannt haben. Ihr Stolz soll es nicht verneinen.

HELENE *ist aufgestanden.* Er verneint es immer wieder.

NEUHOFF. Helene, bei Ihnen wäre meine Rettung — meine Zusammenfassung, meine Ermöglichung!

HELENE. Ich will von niemand wissen, der sein Leben unter solche Bedingungen stellt! *Sie tut ein paar Schritte an ihm vorbei; ihr Blick haftet an der offenen Tür rechts, wo sie eingetreten ist.*

NEUHOFF. Wie Ihr Gesicht sich verändert! Was ist das, Helene?

Helene schweigt, sieht nach rechts.

NEUHOFF *ist hinter sie getreten, folgt ihrem Blick.* Oh! Graf Bühl erscheint auf der Bildfläche. *Er tritt zurück von der Tür.* Sie fühlen magnetisch seine Nähe — ja spüren Sie denn nicht, unbegreifliches Geschöpf, daß Sie für ihn nicht da sind?

HELENE. Ich bin schon da für ihn, irgendwie bin ich schon da!

NEUHOFF. Verschwenderin! Sie leihen ihm alles, auch noch die Kraft, mit der er Sie hält.

HELENE. Die Kraft, mit der ein Mensch einen hält — die hat ihm wohl Gott gegeben.

NEUHOFF. Ich staune. Womit übt ein Kari Bühl diese Faszination über Sie? Ohne Verdienst, sogar ohne Bemühung, ohne Willen, ohne Würde —

HELENE. Ohne Würde!

NEUHOFF. Der schlaffe zweideutige Mensch hat keine Würde.

HELENE. Was für Worte gebrauchen Sie da?

NEUHOFF. Mein nördlicher Jargon klingt etwas scharf in Ihre schöngeformten Ohren. Aber ich vertrete seine Schärfe. Zweideutig nenne ich den Mann, der sich halb verschenkt und sich halb zurückbehält — der Reserven in allem und jedem hält — in allem und jedem Berechnungen —

HELENE. Berechnung und Kari Bühl! Ja, sehen Sie ihn denn wirklich so wenig! Freilich ist es unmöglich, sein letztes Wort zu finden, das bei andern so leicht zu finden ist. Die Ungeschicklichkeit, die ihn so liebenswürdig macht, der timide Hochmut, seine Herablassung, freilich ist alles ein Versteckenspiel, freilich läßt es sich mit plumpen Händen nicht fassen. — Die Eitelkeit erstarrt ihn ja nicht, durch die alle andern steif und hölzern werden — die Vernunft erniedrigt ihn ja nicht, die aus den meisten so etwas Gewöhnliches macht — er gehört nur sich selber — niemand kennt ihn, da ist es kein Wunder, daß Sie ihn nicht kennen!

NEUHOFF. So habe ich Sie nie zuvor gesehen, Helene. Ich genieße diesen unvergleichlichen Augenblick! Einmal sehe ich Sie, wie Gott Sie geschaffen hat, Leib und Seele. Ein Schauspiel für Götter. Pfui über die Weichheit bei Männern wie bei Frauen! Aber Strenge, die weich wird, ist herrlich über alles!

Helene schweigt.

NEUHOFF. Gestehen Sie mir zu, es zeugt von etwas Superiorität, wenn ein Mann es an einer Frau genießen kann, wie sie einen andern bewundert. Aber ich vermag es: denn ich bagatellisiere[12] Ihre Bewunderung für Kari Bühl.

HELENE. Sie verwechseln die Nuancen. Sie sind aigriert[13], wo es nicht am Platz ist.

NEUHOFF. Über was ich hinweggehe, das aigriert mich nicht.

HELENE. Sie kennen ihn nicht! Sie haben ihn kaum gesprochen.

NEUHOFF. Ich habe ihn besucht —

Helene sieht ihn an.

[12]make light of, treat as a trifle (French *bagatelle* trifle)
[13]irritated (French *aigrir*)

NEUHOFF. Es ist nicht zu sagen, wie dieser Mensch Sie preisgibt — Sie bedeuten ihm nichts. Sie sind es, über die er hinweggeht.

HELENE *ruhig.* Nein.

NEUHOFF. Es war ein Zweikampf zwischen mir und ihm, ein Zweikampf um Sie — und ich bin nicht unterlegen.

HELENE. Nein, es war kein Zweikampf. Es verdient keinen so heroischen Namen. Sie sind hingegangen, um dasselbe zu tun, was ich in diesem Augenblick tu! *Lacht.* Ich gebe mir alle Mühe, den Grafen Bühl zu sehen, ohne daß er mich sieht. Aber ich tue es ohne Hintergedanken.

NEUHOFF. Helene!

HELENE. Ich denke nicht, dabei etwas wegzutragen, das mir nützen könnte!

NEUHOFF. Sie treten mich ja in den Staub, Helene — und ich lasse mich treten!

Helene schweigt.

NEUHOFF. Und nichts bringt mich näher?

HELENE. Nichts.

Sie geht einen Schritt auf die Tür rechts zu.

NEUHOFF. Alles an Ihnen ist schön, Helene. Wenn Sie sich niedersetzen, ist es, als ob sie ausruhen müßten von einem großen Schmerz — und wenn Sie quer durchs Zimmer gehen, ist es, als ob Sie einer ewigen Entscheidung entgegengingen.

Hans Karl ist in der Tür rechts erschienen. Helene gibt Neuhoff keine Antwort. Sie geht lautlos langsam auf die Tür rechts zu. Neuhoff geht schnell links hinaus.

VIERZEHNTE SZENE

HANS KARL. Ja, ich habe mit Ihnen zu reden.

HELENE. Ist es etwas sehr Ernstes?

HANS KARL. Es kommt vor, daß es einem zugemutet wird. Durchs Reden kommt ja alles auf der Welt zustande. Allerdings, es ist ein bißl lächerlich, wenn man sich einbildet, durch wohlgesetzte Wörter eine weiß Gott wie große Wirkung auszuüben, in einem Leben, wo doch schließlich alles auf das Letzte, Unaussprechliche ankommt. Das Reden basiert auf einer indezenten Selbstüberschätzung.

HELENE. Wenn alle Menschen wüßten, wie unwichtig sie sind, würde keiner den Mund aufmachen.

HANS KARL. Sie haben einen so klaren Verstand, Helene. Sie wissen immer in jedem Moment
so sehr, worauf es ankommt.

HELENE. Weiß ich das?

HANS KARL. Man versteht sich mit Ihnen ausgezeichnet. Da muß man sehr achtgeben.

HELENE *sieht ihn an.* Da muß man achtgeben?

HANS KARL. Freilich. Sympathie ist ganz gut,
aber auf ihr herumzureiten, wäre doch namenlos
indiskret. Darum muß man doch gerade auf der
Hut sein, wenn man das Gefühl hat, sich sehr gut
zu verstehen.

HELENE. Das müssen Sie tun, natürlich. So ist
Ihre Natur. Wer sich einfallen ließe, Sie fixieren zu
wollen, wäre schon verloren. Aber wer glaubt,
daß Sie ihm für immer adieu gesagt haben, dem
könnte passieren, daß Sie ihm wieder guten Tag
sagen.—Heut hat die Antoinette wieder Charme
für Sie gehabt.

HANS KARL. Sie bemerken alles!

HELENE. Sie verbrauchen auf Ihre Art die armen
Frauen, aber Sie haben sie gar nicht sehr lieb. Es
gehört viel Contenance dazu oder ein bißl Ge-
wöhnlichkeit, um Ihre Freundin zu bleiben.

HANS KARL. Wenn Sie mich so sehen, dann bin
ich Ihnen ja direkt unsympathisch!

HELENE. Gar nicht. Sie sind charmant. Sie sind
bei all dem wie ein Kind.

HANS KARL. Wie ein Kind? Und dabei bin ich
nahezu ein alter Mensch. Das ist doch ein horreur.
Mit neununddreißig Jahren nicht wissen, woran
man mit sich selber ist, das ist doch eine Schand.

HELENE. Ich brauchte nie nachzudenken, woran
ich mit mir selber bin. Bei mir ist wirklich gar
nichts los, es ist nichts da als ein anständiges,
ruhiges Benehmen.

HANS KARL. Sie haben so eine reizende Art!

HELENE. Ich möchte nicht sentimental sein, das
langweilt mich. Ich möchte lieber terre à terre sein,
wie Gott weiß wer, als sentimental. Ich möchte
auch nicht spleenig[14] sein, und ich möchte nicht
kokett sein. So bleibt mir nichts übrig, als möglichst artig zu sein.

Hans Karl schweigt.

HELENE. Au fond können wir Frauen tun, was
wir wollen, meinetwegen Solfèges singen[15] oder
politisieren, wir meinen immer noch was andres
damit. — Solfèges singen ist indiskreter, Artigsein

ist diskreter, es drückt die bestimmte Absicht aus,
keine Indiskretionen zu begehen. Weder gegen
sich, noch gegen einen andern.

HANS KARL. Alles an Ihnen ist besonders und
schön. Ihnen kann ja gar nichts geschehen. Heiraten Sie wen immer, heiraten Sie den Neuhoff, nein,
den Neuhoff, wenn sichs vermeiden läßt, lieber
nicht, aber den ersten besten frischen Menschen,
einen Menschen wie meinen Neffen Stani, ja wirklich, Helene, heiraten Sie den Stani, er möchte so
gern. und Ihnen kann ja gar nichts passieren. Sie
sind ja unzerstörbar, das steht ja deutlich in Ihrem
Gesicht geschrieben. Ich bin immer fasziniert von
einem wirklich schönen Gesicht — aber das Ihre —

HELENE. Ich möchte nicht, daß Sie so mit mir
reden, Graf Bühl.

HANS KARL. Aber nein, an Ihnen ist ja nicht die
Schönheit das Entscheidende, sondern etwas ganz
anderes: in Ihnen liegt das Notwendige. Sie können mich natürlich nicht verstehen, ich versteh
mich selbst viel schlechter, wenn ich red, als wenn
ich still bin. Ich kann gar nicht versuchen, Ihnen
das zu explizieren, es ist halt etwas, was ich draußen begreifen gelernt habe: daß in den Gesichtern
der Menschen etwas geschrieben steht. Sehen Sie,
auch in einem Gesicht wie dem von der Antoinette
kann ich lesen —

HELENE *mit einem flüchtigen Lächeln.* Aber
davon bin ich überzeugt.

HANS KARL *ernst.* Ja, es ist ein charmantes,
liebes Gesicht, aber es steht immer ein und derselbe
stumme Vorwurf in ihm eingegraben: Warum
habts ihr mich alle dem fürchterlichen Zufall überlassen? Und das gibt ihrer kleinen Maske etwas
so Hilfloses, Verzweifeltes, daß man Angst um sie
haben könnte.

HELENE. Aber die Antoinette ist doch da. Sie
existiert doch so ganz für den Moment. So müssen
doch Frauen sein, der Moment ist ja alles. Was soll
denn die Welt mit einer Person anfangen, wie ich
bin? Für mich ist ja der Moment gar nicht da, ich
stehe da und sehe die Lampen dort brennen, und
in mir sehe ich sie schon ausgelöscht. Und ich
spreche mit Ihnen, wir sind ganz allein in einem
Zimmer, aber in mir ist das jetzt schon vorbei: wie
wenn irgendein gleichgültiger Mensch hereingekommen wäre und uns gestört hätte, die Huberta
oder der Theophil Neuhoff oder wer immer, und
das schon vorüber wäre, daß ich mit Ihnen allein
dagesessen bin, bei dieser Musik, die zu allem auf
der Welt besser paßt, als zu uns beiden — und Sie
schon wieder irgendwo dort zwischen den Leuten.
Und ich auch irgendwo zwischen den Leuten.

---

[14]ill-humored, peculiar in behavior (from English *spleen*)
[15]sing notes

HANS KARL *leise.* Jeder muß glücklich sein, der mit Ihnen leben darf, und muß Gott danken bis an sein Lebensende, Helen, bis an sein Lebensende, seis wers sei. Nehmen Sie nicht den Neuhoff, Helen, — eher einen Menschen wie den Stani, oder auch nicht den Stani, einen ganz andern, der ein braver nobler Mensch ist — und ein Mann: das ist alles, was ich nicht bin. *Er steht auf.*

HELENE *steht auch auf, sie spürt, daß er gehen will.* Sie sagen mir ja adieu!

Hans Karl gibt keine Antwort.

HELENE. Auch das hab ich voraus gewußt. Daß einmal ein Moment kommen wird, wo Sie mir so plötzlich adieu sagen werden und ein Ende machen — wo gar nichts war. Aber denen, wo wirklich was war, denen können Sie nie adieu sagen.

HANS KARL. Helen, es sind gewisse Gründe.

HELENE. Ich glaube, ich habe alles in der Welt, was sich auf uns zwei bezieht, schon einmal gedacht. So sind wir schon einmal gestanden, so hat eine fade Musik gespielt, und so haben Sie mir adieu gesagt, einmal für allemal.

HANS KARL. Es ist nicht nur so aus diesem Augenblick heraus, Helen, daß ich Ihnen adieu sage. O nein, das dürfen Sie nicht glauben. Denn daß man jemandem adieu sagen muß, dahinter versteckt sich ja was.

HELENE. Was denn?

HANS KARL. Da muß man ja sehr zu jemandem gehören und doch nicht ganz zu ihm gehören dürfen.

HELENE *zuckt.* Was wollen Sie damit sagen?

HANS KARL. Da draußen, da war manchmal was — mein Gott, ja, wer könnte denn das erzählen!

HELENE. Ja, mir. Jetzt.

HANS KARL. Da waren solche Stunden, gegen Abend oder in der Nacht, der frühe Morgen mit dem Morgenstern — Helen, Sie waren da sehr nahe von mir. Dann war dieses Verschüttetwerden, Sie haben davon gehört —

HELENE. Ja, ich hab davon gehört —

HANS KARL. Das war nur ein Moment, dreißig Sekunden sollen es gewesen sein, aber nach innen hat das ein anderes Maß. Für mich wars eine ganze Lebenszeit, die ich gelebt hab, und in diesem Stück Leben, da waren Sie meine Frau. Ist das nicht spaßig?

HELENE. Da war ich Ihre Frau?

HANS KARL. Nicht meine zukünftige Frau. Das ist das Sonderbare. Meine Frau ganz einfach. Als

ein fait accompli. Das Ganze hat eher etwas Vergangenes gehabt als etwas Zukünftiges.

Helene schweigt.

HANS KARL. Mein Gott, ich bin eben nicht möglich, das sag ich ja der Crescence! Jetzt sitz ich da neben Ihnen in einer Soiree und verlier mich in Geschichten, wie der alte Millesimo, Gott hab ihn selig, den schließlich die Leut allein sitzen haben lassen, mit seinen Anekdoten ohne Pointe, und der das gar nicht bemerkt hat und mutterseelenallein weitererzählt hat.

HELENE. Aber ich laß Sie gar nicht sitzen, ich hör zu, Graf Kari. Sie haben mir etwas sagen wollen, war es das?

HANS KARL. Nämlich: das war eine sehr subtile Lektion, die mir da eine höhere Macht erteilt hat. Ich werd Ihnen sagen, Helen, was die Lektion bedeutet hat.

Helene hat sich gesetzt, er setzt sich auch, die Musik hat aufgehört.

HANS KARL. Es hat mir in einem ausgewählten Augenblick ganz eingeprägt werden sollen, wie das Glück ausschaut, das ich mir verscherzt habe. Wodurch ich mirs verscherzt habe, das wissen Sie ja so gut wie ich.

HELENE. Das weiß ich so gut wie sie?

HANS KARL. Indem ich halt, solange noch Zeit war, nicht erkannt habe, worin das Einzige liegen könnte, worauf es ankäm. Und daß ich das nicht erkannt habe, das war eben die Schwäche meiner Natur. Und so habe ich diese Prüfung nicht bestanden. Später im Feldspital, in den vielen ruhigen Tagen und Nächten hab ich das alles mit einer unbeschreiblichen Klarheit und Reinheit erkennen können.

HELENE. War es das, was Sie mir haben sagen wollen, genau das?

HANS KARL. Die Genesung ist so ein merkwürdiger Zustand. Darin ist mir die ganze Welt wiedergekommen, wie etwas Reines, Neues und dabei so Selbstverständliches. Ich hab da auf einmal ausdenken können, was das ist: ein Mensch. Und wie das sein muß: zwei Menschen, die ihr Leben aufeinanderlegen und werden wie e i n Mensch. Ich habe — in der Ahnung wenigstens — mir vorstellen können — was da dazu gehört, wie heilig das ist und wie wunderbar. Und sonderbarerweise, es war nicht meine Ehe, die ganz ungerufen die Mitte von diesem Denken war — obwohl es ja leicht möglich ist, daß ich noch einmal heirat —, sondern es war Ihre Ehe.

HELENE.   Meine Ehe! Meine Ehe — mit wem denn?

HANS KARL. Das weiß ich nicht. Aber ich hab mir das in einer ganz genauen Weise vorstellen können, wie das alles sein wird, und wie es sich abspielen wird, mit ganz wenigen Leuten und ganz heilig und feierlich, und wie alles so sein wird, wie sichs gehört zu Ihren Augen und zu Ihrer Stirn und zu Ihren Lippen, die nichts Überflüssiges reden können, und zu ihren Händen, die nichts Unwürdiges besiegeln können — und sogar das Ja-Wort hab ich gehört, ganz klar und rein, von Ihrer klaren, reinen Stimme — ganz von weitem, denn ich war doch natürlich nicht dabei, ich war doch nicht dabei! — Wie käm ich als ein Außenstehender zu der Zeremonie. — Aber es hat mich gefreut, Ihnen einmal zu sagen, wie ichs Ihnen mein. — Und das kann man natürlich nur in einem besonderen Moment; wie der jetzige, sozusagen in einem definitiven Moment —

Helene ist dem Umsinken nah, beherrscht sich aber.

HANS KARL *Tränen in den Augen.* Mein Gott, jetzt hab ich Sie ganz bouleversiert[16], das liegt an meiner unmöglichen Art, ich attendrier[17] mich sofort, wenn ich von was sprech oder hör, was nicht aufs Allerbanalste hinausgeht — es sind die Nerven seit der Geschichte[18], aber das steckt sensible Menschen wie Sie natürlich an — ich gehör eben nicht unter Menschen — das sag ich ja der Crescence — ich bitt Sie tausendmal um Verzeihung, vergessen Sie alles, was ich da Konfuses zusammengeredt hab — es kommen ja in so einem Abschiedsmoment tausend Erinnerungen durcheinander — *Hastig, weil er fühlt, daß sie nicht mehr allein sind.* — aber wer sich beisammen hat, der vermeidet natürlich, sie auszukramen — Adieu, Helen, Adieu.

Der berühmte Mann ist von rechts eingetreten.

HELENE *kaum ihrer selbst mächtig:* Adieu!

Sie wollen sich die Hände geben, keine Hand findet die andere. Hans Karl will fort nach rechts. Der berühmte Mann tritt auf ihn zu. Hans Karl sieht sich nach links um. Crescence tritt von links ein.

DER BERÜHMTE MANN. Es war seit langem mein lebhafter Wunsch, Euer Erlaucht —

HANS KARL *eilt fort nach rechts.* Pardon, mein Herr! *An ihm vorbei.*

Crescence tritt zu Helene, die totenblaß dasteht. Der berühmte Mann ist verlegen abgegangen. Hans Karl erscheint nochmals in der Tür rechts, sieht herein, wie unschlüssig, und verschwindet gleich wieder, wie er Crescence bei Helene sieht.

HELENE *zu Crescence, fast ohne Besinnung.* Du bists, Crescence? Er ist ja noch einmal hereingekommen. Hat er noch etwas gesagt? *Sie taumelt, Crescence hält sie.*

CRESCENCE. Aber ich bin ja so glücklich. Deine Ergriffenheit macht mich ja so glücklich!

HELENE. Pardon, Crescence, sei mir nicht bös! *Macht sich los und läuft weg nach links.*

CRESCENCE. Ihr habts euch eben beide viel lieber, als ihr wißts, der Stani und du! *Sie wischt sich die Augen.*

Der Vorhang fällt.

DRITTER AKT

Vorsaal im Altenwylschen Haus. Rechts der Ausgang in die Einfahrt. Treppe in der Mitte. Hinaufführend zu einer Galerie, von der links und rechts je eine Flügeltür in die eigentlichen Gemächer führt. Unten neben der Treppe niedrige Diwans oder Bänke.

ERSTE SZENE

KAMMERDIENER *steht beim Ausgang rechts. Andere Diener stehen außerhalb, sind durch die Glasscheiben des Windfangs sichtbar. Kammerdiener ruft den andern Dienern zu.* Herr Hofrat Professor Brücke! *Der berühmte Mann kommt die Treppe herunter. Diener kommt von rechts mit dem Pelz, in dem innen zwei Cachenez[19] hängen, mit Überschuhen.*

KAMMERDIENER *während dem berühmten Mann in die Überkleider geholfen wird.* Befehlen Herr Hofrat ein Auto?

DER BERÜHMTE MANN. Ich danke. Ist Seine Erlaucht, der Graf Bühl nicht soeben vor mir gewesen?

---

[16]thoroughly upset (French *bouleverser*) [17]become emotional (French *s'attendrir*) [18]referring to his war experience

[19]scarves

KAMMERDIENER. Soeben im Augenblick.

DER BERÜHMTE MANN. Ist er fortgefahren?

KAMMERDIENER. Nein, Erlaucht hat sein Auto weggeschickt, er hat zwei Herren vorfahren sehen und ist hinter die Portiersloge getreten und hat sie vorbeigelassen. Jetzt muß er gerade aus dem Haus sein.

DER BERÜHMTE MANN *beeilt sich.* Ich werde ihn einholen. *Er geht, man sieht zugleich draußen Stani und Hechingen eintreten.*

ZWEITE SZENE

Stani und Hechingen treten ein, hinter jedem ein Diener, der ihm Überrock und Hut abnimmt.

STANI *grüßt im Vorbeigehen den berühmten Mann.* Guten Abend, Wenzel, meine Mutter ist da?

KAMMERDIENER. Sehr wohl, Frau Gräfin sind beim Spiel. *Tritt ab, ebenso wie die andern Diener. Stani will hinaufgehen, Hechingen steht seitlich an einem Spiegel, sichtlich nervös. Ein anderer Altenwyler Diener kommt die Treppe herab.*

STANI *hält den Diener auf.* Sie kennen mich?

DIENER. Sehr wohl, Herr Graf.

STANI. Gehen Sie durch die Salons und suchen Sie den Grafen Bühl, bis Sie ihn finden. Dann nähern Sie sich ihm unauffällig und melden ihm, ich lasse ihn bitten auf ein Wort, entweder im Eckzimmer der Bildergalerie oder im chinesischen Rauchzimmer. Verstanden? Also was werden Sie sagen?

DIENER. Ich werde melden, Herr Graf Freudenberg wünschen mit Seiner Erlaucht privat ein Wort zu sprechen, entweder im Ecksalon —

STANI. Gut.

Diener geht.

HECHINGEN. Pst, Diener!

Diener hört ihn nicht, geht oben hinein. Stani hat sich gesetzt. Hechingen sieht ihn an.

STANI. Wenn du vielleicht ohne mich eintreten würdest? Ich habe eine Post hinaufgeschickt, ich warte hier einen Moment, bis er mir die Antwort bringt.

HECHINGEN. Ich leiste dir Gesellschaft.

STANI. Nein, ich bitte sehr, daß du dich durch mich nicht aufhalten läßt. Du warst ja sehr pressiert, herzukommen —

HECHINGEN. Mein lieber Stani, du siehst mich in einer ganz besonderen Situation vor dir. Wenn ich jetzt die Schwelle dieses Salons überschreite, so entscheidet sich mein Schicksal.

STANI *enerviert über Hechingens nervöses Aufundabgehen.* Möchtest du nicht vielleicht Platz nehmen? Ich wart nur auf den Diener, wie gesagt.

HECHINGEN. Ich kann mich nicht setzen, ich bin zu agitiert.

STANI. Du hast vielleicht ein bissel schnell den Schampus[20] hinuntergetrunken.

HECHINGEN. Auf die Gefahr hin, dich zu langweilen, mein lieber Stani, muß ich dir gestehen, daß für mich in dieser Stunde außerordentlich Großes auf dem Spiel steht.

STANI *während Hechingen sich wieder nervös zerstreut von ihm entfernt.* Aber es steht ja öfter irgend etwas Serioses auf dem Spiel. Es kommt nur darauf an, sich nichts merken zu lassen.

HECHINGEN *wieder näher.* Dein Onkel Kari hat es in seiner freundschaftlichen Güte auf sich genommen, mit der Antoinette, mit meiner Frau, ein Gespräch zu führen, dessen Ausgang wie gesagt —

STANI. Der Onkel Kari?

HECHINGEN. Ich mußte mir sagen, daß ich mein Schicksal in die Hand keines nobleren, keines selbstloseren Freundes —

STANI. Aber natürlich. — Wenn er nur die Zeit gefunden hat?

HECHINGEN. Wie?

STANI. Er übernimmt manchmal ein bißl viel, der Onkel Kari. Wenn irgend jemand etwas von ihm will — er kann nicht nein sagen.

HECHINGEN. Es war abgemacht, daß ich im Club ein telephonisches Signal erwarte, ob ich hierherkommen soll, oder ob mein Erscheinen noch nicht opportun ist.

STANI. Ah. Da hätte ich aber an deiner Stelle auch wirklich gewartet.

HECHINGEN. Ich war nicht mehr imstande, länger zu warten. Bedenke, was für mich auf dem Spiel steht!

STANI. Über solche Entscheidungen muß man halt ein bißl erhaben sein. Aha!

Sieht den Diener, der oben heraustritt. Diener kommt die Treppe herunter. Stani ihm entgegen, läßt Hechingen stehen.

DIENER. Nein, ich glaube, Seine Erlaucht müssen fort sein.

[20]Austrian colloquialism for champagne

STANI. Sie glauben? Ich habe Ihnen gesagt, Sie sollen herumgehen, bis Sie ihn finden.

DIENER. Verschiedene Herrschaften haben auch schon gefragt, Seine Erlaucht müssen rein unauffällig verschwunden sein.

STANI. Sapristi[21]! Dann gehen Sie zu meiner Mutter und melden Sie ihr, ich lasse vielmals bitten, sie möchte auf einen Moment zu mir in den vordersten Salon herauskommen. Ich muß meinen Onkel oder sie sprechen, bevor ich eintrete.

DIENER. Sehr wohl. *Geht wieder hinauf.*

HECHINGEN. Mein Instinkt sagt mir, daß der Kari in der Minute heraustreten wird, um mir das Resultat zu verkünden, und daß es ein glückliches sein wird.

STANI. So einen sicheren Instinkt hast du? Ich gratuliere.

HECHINGEN. Etwas hat ihn abgehalten zu telephonieren, aber er hat mich herbeigewünscht. Ich fühle mich ununterbrochen im Kontakt mit ihm.

STANI. Fabelhaft!

HECHINGEN. Das ist bei uns gegenseitig. Sehr oft spricht er etwas aus, was ich im gleichen Augenblick mir gedacht habe.

STANI. Du bist offenbar ein großartiges Medium[22].

HECHINGEN. Mein lieber Freund, wie ich ein junger Hund war wie du, hätte ich auch viel nicht für möglich gehalten, aber wenn man seine Fünfunddreißig auf dem Buckel[23] hat, da gehen einem die Augen für so manches auf. Es ist ja, wie wenn man früher taub und blind gewesen wäre.

STANI. Was du nicht sagst!

HECHINGEN. Ich verdank ja dem Kari geradezu meine zweite Erziehung. Ich lege Gewicht darauf, klarzustellen, daß ich ohne ihn einfach aus meiner verworrenen Lebenssituation nicht herausgefunden hätte.

STANI. Das ist enorm.

HECHINGEN. Ein Wesen wie die Antoinette, mag man auch ihr Mann gewesen sein, das sagt noch gar nichts, man hat eben keine Ahnung von dieser inneren Feinheit. Ich bitte nicht zu übersehen, daß ein solches Wesen ein Schmetterling ist, dessen Blütenstaub man schonen muß. Wenn du sie kennen würdest, ich meine näher kennen —

Stani, verbindliche Gebärde.

HECHINGEN. Ich faß mein Verhältnis zu ihr so auf, daß es einfach meine Schuldigkeit ist, ihr die

Freiheit zu gewähren, deren ihre bizarre, phantasievolle Natur bedarf. Sie hat die Natur der grande dame des achtzehnten Jahrhunderts. Nur dadurch, daß man ihr die volle Freiheit gewährt, kann man sie an sich fesseln.

STANI. Ah.

HECHINGEN. Man muß large[24] sein, das ist es, was ich dem Kari verdanke. Ich würde keineswegs etwas Irreparables darin erblicken, einen Menschen, der sie verehrt, in larger Weise heranzuziehen.

STANI. Ich begreife.

HECHINGEN. Ich würde mich bemühen, meinen Freund aus ihm zu machen, nicht aus Politik, sondern ganz unbefangen. Ich würde ihm herzlich entgegenkommen: das ist die Art, wie der Kari mir gezeigt hat, daß man die Menschen nehmen muß: mit einem leichten Handgelenk.

STANI. Aber es ist nicht alles au pied de la lettre[25] zu nehmen, was der Onkel Kari sagt.

HECHINGEN. Au pied de la lettre natürlich nicht. Ich würde dich bitten, nicht zu übersehen, daß ich genau fühle, worauf es ankommt. Es kommt alles auf ein gewisses Etwas an, auf eine Grazie — ich möchte sagen, es muß alles ein beständiges Impromptu sein. *Er geht nervös auf und ab.*

STANI. Man muß vor allem seine tenue[26] zu wahren wissen. Beispielsweise, wenn der Onkel Kari eine Entscheidung über was immer zu erwarten hätte, so würde kein Mensch ihm etwas anmerken.

HECHINGEN. Aber natürlich. Dort hinter dieser Statue oder hinter der großen Azalee würde er mit der größten Nonchalance stehen und plauschen — ich mal mir das aus! Auf die Gefahr hin, dich zu langweilen, ich schwör dir, daß ich jede kleine Nuance, die in ihm vorgehen würde, nachempfinden kann.

STANI. Da wir uns aber nicht beide hinter die Azalee stellen können und dieser Idiot von Diener absolut nicht wiederkommt, so werden wir vielleicht hinaufgehen.

HECHINGEN. Ja, gehen wir beide. Es tut mir wohl, diesen Augenblick nicht allein zu verbringen. Mein lieber Stani, ich hab eine so aufrichtige Sympathie für dich! *Hängt sich in ihn ein.*

STANI *indem er seinen Arm von dem Hechingens entfernt.* Aber vielleicht nicht bras dessus bras dessous[27] wie die Komtessen, wenn sie das erste Jahr ausgehen, sondern jeder extra.

---

[21]French curse   [22]same as English "medium": a clairvoyant   [23]when you pass thirty-five

[24]generous, liberal (French)   [25]literally (French)   [26]bearing (French)   [27]arm in arm (French)

HECHINGEN. Bitte, bitte, wie dirs genehm ist. —
STANI. Ich würde dir vorschlagen, als erster zu
starten. Ich komm dann sofort nach.

Hechingen geht voraus, verschwindet oben. Stani
geht ihm nach.

DRITTE SZENE

HELENE *tritt aus einer kleinen versteckten Tür in*
der linken Seitenwand. Sie wartet, bis Stani oben
unsichtbar geworden ist. Dann ruft sie den Kammer-
diener leise an. Wenzel, Wenzel, ich will Sie etwas
fragen.
KAMMERDIENER *geht schnell zu ihr hinüber.* Befehlen Komtesse?
HELENE *mit sehr leichtem Ton.* Haben Sie
gesehen, ob der Graf Bühl fortgegangen ist?
KAMMERDIENER. Jawohl, sind fortgegangen, vor
fünf Minuten.
HELENE. Er hat nichts hinterlassen?
KAMMERDIENER. Wie meinen die Komtesse?
HELENE. Einen Brief oder eine mündliche Post.
KAMMERDIENER. Mir nicht, ich werde gleich die
andern Diener fragen.

Geht hinüber. Helene steht und wartet. Stani wird
oben sichtbar. Er sucht zu sehen, mit wem Helene
spricht, und verschwindet dann wieder.

KAMMERDIENER *kommt zurück zu Helene.* Nein,
gar nicht. Er hat sein Auto weggeschickt, sich
eine Zigarre angezündet und ist gegangen.

Helene sagt nichts.

KAMMERDIENER *nach einer kleinen Pause.* Be-
fehlen Komtesse noch etwas?
HELENE. Ja, Wenzel, ich werd in ein paar Mi-
nuten wiederkommen, und dann werd ich aus dem
Hause gehen.
KAMMERDIENER. Wegfahren, noch jetzt am
Abend?
HELENE. Nein, gehen, zu Fuß.
KAMMERDIENER. Ist jemand krank worden?
HELENE. Nein, es ist niemand krank, ich muß
mit jemandem sprechen.
KAMMERDIENER. Befehlen Komtesse, daß wer
begleitet außer der Miß[28]?
HELENE. Nein, ich werde ganz allein gehen, auch

die Miß Jekyll wird mich nicht begleiten. Ich werde
hier herausgehen in einem Augenblick, wenn niemand von den Gästen hier fortgeht. Und ich
werde Ihnen einen Brief für den Papa geben.
KAMMERDIENER. Befehlen[29], daß ich den dann
gleich hineintrage?
HELENE. Nein, geben Sie ihn dem Papa, wenn
er die letzten Gäste begleitet hat.
KAMMERDIENER. Wenn sich alle Herrschaften
verabschiedet haben?
HELENE. Ja, im Moment, wo er befiehlt, das
Licht auszulöschen. Aber dann bleiben Sie bei
ihm. Ich möchte, daß Sie — *Sie stockt.*
KAMMERDIENER. Befehlen?
HELENE. Wie alt war ich, Wenzel, wie Sie hier
ins Haus gekommen sind?
KAMMERDIENER. Fünf Jahre altes Mäderl waren
Komtesse.
HELENE. Es ist gut, Wenzel, ich danke Ihnen.
Ich werde hier herauskommen, und Sie werden
mir ein Zeichen geben, ob der Weg frei ist. *Reicht*
ihm ihre Hand zum küssen.
KAMMERDIENER. Befehlen[30]. *Küßt die Hand.*
Helene geht wieder ab durch die kleine Tür.

VIERTE SZENE

Antoinette und Neuhoff kommen rechts seitwärts
der Treppe aus dem Wintergarten.

ANTOINETTE. Das war die Helen. War sie allein?
Hat sie mich gesehen?
NEUHOFF. Ich glaube nicht. Aber was liegt
daran? Jedenfalls haben Sie diesen Blick nicht zu
fürchten.
ANTOINETTE. Ich fürcht mich vor ihr. Sooft ich
an sie denk, glaub ich, daß mich wer angelogen
hat. Gehen wir woanders hin, wir können nicht
hier im Vestibül sitzen.
NEUHOFF. Beruhigen Sie sich. Kari Bühl ist fort.
Ich habe soeben gesehen, wie er fortgegangen ist.
ANTOINETTE. Gerade jetzt im Augenblick?
NEUHOFF *versteht, woran sie denkt.* Er ist un-
bemerkt und unbegleitet fortgegangen.
ANTOINETTE. Wie?
NEUHOFF. Eine gewisse Person hat ihn nicht bis
hierher begleitet und hat überhaupt in der letzten
halben Stunde seines Hierseins nicht mit ihm
gesprochen. Ich habe es festgestellt. Seien Sie
ruhig.

---

[28]Miss = Miss Jekyll

[29]supply *Sie*   [30](As you) order

ANTOINETTE. Er hat mir geschworen, er wird ihr adieu sagen für immer. Ich möcht ihr Gesicht sehen, dann wüßt ich —

NEUHOFF. Dieses Gesicht ist hart wie Stein. Bleiben Sie bei mir hier.

ANTOINETTE. Ich —

NEUHOFF. Ihr Gesicht ist entzückend. Andere Gesichter verstecken alles. Das Ihrige ist ein unaufhörliches Geständnis. Man könnte diesem Gesicht alles entreißen, was je in Ihnen vorgegangen ist.

ANTOINETTE. Man könnte? Vielleicht — wenn man einen Schatten von Recht dazu hätte.

NEUHOFF. Man nimmt das Recht dazu aus dem Moment. Sie sind eine Frau, eine wirkliche, entzückende Frau. Sie gehören keinem und jedem! Nein: Sie haben noch keinem gehört, Sie warten noch immer.

ANTOINETTE *mit einem kleinen nervösen Lachen.* Nicht auf Sie!

NEUHOFF. Ja, genau auf mich, das heißt auf den Mann, den Sie noch nicht kennen, auf den wirklichen Mann, auf Ritterlichkeit, auf Güte, die in der Kraft wurzelt. Denn die Karis haben Sie nur malträtiert, betrogen vom ersten bis zum letzten Augenblick, diese Sorte von Menschen ohne Güte, ohne Kern, ohne Nerv, ohne Loyalität! Diese Schmarotzer, denen ein Wesen wie Sie immer wieder und wieder in die Schlinge fällt, ungelohnt, unbedankt, unbeglückt, erniedrigt in ihrer zartesten Weiblichkeit! *Will ihre Hand ergreifen.*

ANTOINETTE. Wie Sie sich echauffieren[31]! Aber vor Ihnen bin ich sicher, Ihr kalter, wollender Verstand hebt ja den Kopf aus jedem Wort, das Sie reden. Ich hab nicht einmal Angst vor Ihnen. Ich will Sie nicht!

NEUHOFF. Mein Verstand, ich haß ihn ja! Ich will ja erlöst sein von ihm, mich verlangt ja nichts anderes, als ihn bei Ihnen zu verlieren, süße kleine Antoinette!

Er will ihre Hand nehmen. Hechingen wird oben sichtbar, tritt aber gleich wieder zurück. Neuhoff hat ihn gesehen, nimmt ihre Hand nicht, ändert die Stellung und den Gesichtsausdruck.

ANTOINETTE. Ah, jetzt hab ich Sie durch und durch gesehen! Wie sich das jäh verändern kann in Ihrem Gesicht! Ich will Ihnen sagen, was jetzt passiert ist: jetzt ist oben die Helen vorbeigegangen, und in diesem Augenblick hab ich in Ihnen

lesen können wie in einem offenen Buch. Dépit[32] und Ohnmacht, Zorn, Scham und die Lust, mich zu kriegen — faute de mieux[33] —, das alles war zugleich darin. Die Edine schimpft mit mir, daß ich komplizierte Bücher nicht lesen kann. Aber das war recht kompliziert, und ich habs doch lesen können in einem Nu. Geben Sie sich keine Müh mit mir. Ich mag nicht!

NEUHOFF *beugt sich zu ihr.* Du sollst wollen!

ANTOINETTE *steht auf.* Oho! Ich mag nicht! Ich mag nicht! Denn das, was da aus Ihren Augen hervorwill und mich in seine Gewalt kriegen will, aber nur will! — kann sein, daß das sehr männlich ist — aber ich mags nicht. Und wenn das Euer Bestes, so hat jede einzelne von uns, und wäre sie die Gewöhnlichste, etwas in sich, das besser ist als Euer Bestes, und das gefeit ist gegen Euer Bestes durch ein bisserl eine Angst. Aber keine solche Angst, die einen schwindlig macht, sondern eine ganz nüchterne, ganz prosaische.

Sie geht gegen die Treppe, bleibt noch einmal stehen.

Verstehen Sie mich? Bin ich ganz deutlich? Ich fürcht mich vor Ihnen, aber nicht genug, das ist Ihr Pech. Adieu, Baron Neuhoff.

Neuhoff ist schnell nach dem Wintergarten abgegangen.

FÜNFTE SZENE

Hechingen tritt oben herein, er kommt sehr schnell die Treppe herunter. Antoinette ist betroffen und tritt zurück.

HECHINGEN. Toinette!

ANTOINETTE *unwillkürlich.* Auch das noch!

HECHINGEN. Wie sagst du?

ANTOINETTE. Ich bin überrascht — das mußt du doch begreifen.

HECHINGEN. Und ich bin glücklich. Ich danke meinem Gott, ich danke meiner Chance, ich danke diesem Augenblick!

ANTOINETTE. Du siehst ein bißl verändert aus. Dein Ausdruck ist anders, ich weiß nicht, woran es liegt. Bist du nicht ganz wohl?

HECHINGEN. Liegt es nicht daran, daß diese schwarzen Augen mich lange nicht angeschaut haben?

---

[31]How heated you are becoming! (French *échauffer*)

[32]vexation (French) [33]for want of better (French)

ANTOINETTE. Aber es ist ja nicht so lang her, daß man sich gesehen hat.

HECHINGEN. Sehen und Anschaun ist zweierlei, Toinette.

Er ist ihr näher gekommen. Antoinette tritt zurück.

HECHINGEN. Vielleicht aber ist es etwas anderes, das mich verändert hat, wenn ich die Unbescheidenheit haben darf, von mir zu sprechen.

ANTOINETTE. Was denn? Ist etwas passiert? Interessierst du dich für wen?

HECHINGEN. Deinen Charme, deinen Stolz im Spiel zu sehen, die ganze Frau, die man liebt, plötzlich vor sich zu sehen, sie leben zu sehen!

ANTOINETTE. Ah, von mir ist die Rede!

HECHINGEN. Ja, von dir. Ich war so glücklich, dich einmal so zu sehen wie du bist, denn da hab ich dich einmal nicht intimidiert. O meine Gedanken, wie ich da oben gestanden bin! Diese Frau begehrt von allen und allen sich versagend! Mein Schicksal, dein Schicksal, denn es ist unser beider Schicksal. Setz dich zu mir! *Er hat sich gesetzt, streckt die Hand nach ihr aus.*

ANTOINETTE. Man kann so gut im Stehen miteinander reden, wenn man so alte Bekannte ist.

HECHINGEN *ist wieder aufgestanden.* Ich hab dich nicht gekannt. Ich hab erst andere Augen bekommen müssen. Der zu dir kommt, ist ein andrer, ein Verwandelter.

ANTOINETTE. Du hast so einen neuen Ton in deinen Reden. Wo hast du dir das angewöhnt?

HECHINGEN. Der zu dir redet, das ist der, den du nicht kennst, Toinette, so wie er dich nicht gekannt hat! Und der sich nichts anderes wünscht, nichts anderes träumt, als von dir gekannt zu sein und dich zu kennen.

ANTOINETTE. Ado, ich bitt dich um alles, red nicht mit mir, als wenn ich eine Speisewagenbekanntschaft aus einem Schnellzug wäre.

HECHINGEN. Mit der ich fahren möchte, fahren bis ans Ende der Welt! *Will ihre Hand küssen, sie entzieht sie ihm.*

ANTOINETTE. Ich bitt dich, merk doch, daß mich das crispiert[34]. Ein altes Ehepaar hat doch einen Ton miteinander. Den wechselt man doch nicht, das ist ja zum Schwindligwerden.

HECHINGEN. Ich weiß nichts von einem alten Ehepaar, ich weiß nichts von unserer Situation.

ANTOINETTE. Aber das ist doch die gegebene Situation.

HECHINGEN. Gegeben? Das alles gibts ja gar nicht. Hier bist du und ich, und alles fängt wieder vom Frischen an.

ANTOINETTE. Aber nein, gar nichts fängt vom Frischen an.

HECHINGEN. Das ganze Leben ist ein ewiges Wiederanfangen.

ANTOINETTE. Nein, nein, ich bitt dich um alles, bleib doch in deinem alten Genre. Ich kanns sonst nicht aushalten. Sei mir nicht bös, ich hab ein bißl Migräne, ich hab schon früher nach Haus fahren wollen, bevor ich gewußt hab, daß ich dich — ich hab doch nicht wissen können!

HECHINGEN. Du hast nicht wissen können, wer der sein wird, der vor dich hintreten wird, und daß es nicht dein Mann ist, sondern ein neuer enflammierter[35] Verehrer, enflammiert wie ein Bub von zwanzig Jahren! Das verwirrt dich, das macht dich taumeln. *Will ihre Hand nehmen.*

ANTOINETTE. Nein, es macht mich gar nicht taumeln, es macht mich ganz nüchtern. So terre à terre machts mich, alles kommt mir so armselig vor und ich mir selbst. Ich hab heute einen unglücklichen Abend, bitte, tu mir einen einzigen Gefallen, laß mich nach Haus fahren.

HECHINGEN. Oh, Antoinette!

ANTOINETTE. Das heißt, wenn du mir etwas Bestimmtes hast sagen wollen, so sags mir, ich werds sehr gern anhören, aber ich bitt dich um eins! Sags ganz in deinem gewöhnlichen Ton, so wie immer.

Hechingen, betrübt und ernüchtert, schweigt.

ANTOINETTE. So sag doch, was du mir hast sagen wollen.

HECHINGEN. Ich bin betroffen zu sehen, daß meine Gegenwart dich einerseits zu überraschen, anderseits zu belasten scheint. Ich durfte mich der Hoffnung hingeben, daß ein lieber Freund Gelegenheit genommen haben würde, dir von mir, von meinen unwandelbaren Gefühlen für dich zu sprechen. Ich habe mir zurechtgelegt, daß auf dieser Basis eine improvisierte Aussprache zwischen uns möglicherweise eine veränderte Situation schon vorfindet oder wenigstens schaffen würde können. — Ich würde dich bitten, nicht zu übersehen, daß du mir die Gelegenheit, dir von meinem eigenen Innern zu sprechen, bisher nicht gewährt hast — ich fasse mein Verhältnis zu dir so auf, Antoinette — langweil ich dich sehr?

[34]that gets on my nerves (French *crisper*)

[35]fiery (French *enflammer*)

ANTOINETTE. Aber ich bitt dich, sprich doch weiter. Du hast mir doch was sagen wollen. Anders kann ich mir dein Herkommen nicht erklären.

HECHINGEN. Ich faß unser Verhältnis als ein solches auf, das nur mich, nur mich, Antoinette, bindet, das mir, nur mir eine Prüfungszeit auferlegt, deren Dauer du zu bestimmen hast.

ANTOINETTE. Aber wozu soll denn das sein, wohin soll denn das führen?

HECHINGEN. Wende ich mich freilich zu meinem eigenen Innern, Toinette —

ANTOINETTE. Bitte, was ist, wenn du dich da wendest? *Sie greift sich an die Schläfe.*

HECHINGEN. — so bedarf es allerdings keiner langen Prüfung. Immer und immer werde ich der Welt gegenüber versuchen, mich auf deinen Standpunkt zu stellen, werde immer wieder der Verteidiger deines Charmes und deiner Freiheit sein. Und wenn man mir bewußt Entstellungen entgegenwirft, so werde ich triumphierend auf das vor wenigen Minuten hier Erlebte verweisen, auf den sprechenden Beweis, wie sehr es dir gegeben ist, die Männer, die dich begehren und bedrängen, in ihren Schranken zu halten.

ANTOINETTE *nervös.* Was denn?

HECHINGEN. Du wirst viel begehrt. Dein Typus ist die grande dame des achtzehnten Jahrhunderts. Ich vermag in keiner Weise etwas Beklagenswertes daran zu erblicken. Nicht die Tatsache muß gewertet werden, sondern die Nuance. Ich lege Gewicht darauf, klarzustellen, daß, wie immer du handelst, deine Absichten für mich über jeden Zweifel erhaben sind.

ANTOINETTE *dem Weinen nah.* Mein lieber Ado, du meinst es sehr gut, aber meine Migräne wird stärker mit jedem Wort, was du sagst.

HECHINGEN. Oh, das tut mir sehr leid. Um so mehr, als diese Augenblicke für mich unendlich kostbar sind.

ANTOINETTE. Bitte, hab die Güte — *Sie taumelt.*

HECHINGEN. Ich versteh. Ein Auto?

ANTOINETTE. Ja. Die Edine hat mir erlaubt, ihres zu nehmen.

HECHINGEN. Sofort. *Geht und gibt den Befehl. Kommt zurück mit ihrem Mantel. Indem er ihr hilft.* Ist das alles, was ich für dich tun kann?

ANTOINETTE. Ja, alles.

KAMMERDIENER *an der Glastür, meldet.* Das Auto für die Frau Gräfin.

Antoinette geht sehr schnell ab. Hechingen will ihr nach, hält sich.

SECHSTE SZENE

STANI *von rückwärts aus dem Wintergarten. Er scheint jemand zu suchen.* Ah, du bists, hast du meine Mutter nicht gesehen?

HECHINGEN. Nein, ich war nicht in den Salons. Ich hab soeben meine Frau an ihr Auto begleitet. Es war eine Situation ohne Beispiel.

STANI *mit seiner eigenen Sache beschäftigt.* Ich begreif nicht. Die Mamu bestellt mich zuerst in den Wintergarten, dann läßt sie mir sagen, hier an der Stiege auf sie zu warten —

HECHINGEN. Ich muß mich jetzt unbedingt mit dem Kari aussprechen.

STANI. Da mußt du halt fortgehen und ihn suchen.

HECHINGEN. Mein Instinkt sagt mir, er ist nur fortgegangen, um mich im Club aufzusuchen, und wird wiederkommen. *Geht nach oben.*

STANI. Ja, wenn man so einen Instinkt hat, der einem alles sagt! Ah, da ist ja die Mamu!

SIEBENTE SZENE

CRESCENCE *kommt unten von links seitwärts der Treppe heraus.* Ich komm über die Dienerstiegen, diese Diener machen nichts als Mißverständnisse. Zuerst sagt er mir, du bittest mich, in den Wintergarten zu kommen, dann sagt er in die Galerie —

STANI. Mamu, das ist ein Abend, wo man aus den Konfusionen überhaupt nicht herauskommt. Ich bin wirklich auf dem Punkt gestanden, wenn es nicht wegen Ihr gewesen wäre, stante pede[36] nach Haus zu fahren, eine Dusche zu nehmen und mich ins Bett zu legen. Ich vertrag viel, aber eine schiefe Situation, das ist mir etwas so Odioses, das zerrt direkt an meinen Nerven. Ich muß vielmals bitten, mich doch jetzt au courant zu setzen[37].

CRESCENCE. Ja, ich begreif doch gar nicht, daß der Onkel Kari hat weggehen können, ohne mir auch nur einen Wink zu geben. Das ist eine von seinen Zerstreutheiten, ich bin ja desperat, mein guter Bub.

STANI. Bitte mir doch die Situation etwas zu erklären. Bitte mir nur in großen Linien zu sagen, was vorgefallen ist.

CRESCENCE. Aber alles ist ja genau nach dem Programm gegangen. Zuerst hat der Onkel Kari mit der Antoinette ein sehr agitiertes Gespräch geführt —

[36]immediately (Latin)   [37]to let me know what is going on

STANI. Das war schon der erste Fehler. Das hab ich ja gewußt, das war eben zu kompliziert. Ich bitte mir also weiter zu sagen!

CRESCENCE. Was soll ich Ihm denn weiter sagen? Die Antoinette stürzt an mir vorbei, ganz bouleversiert, unmittelbar darauf setzt sich der Onkel Kari mit der Helen —

STANI. Es ist eben zu kompliziert, zwei solche Konversationen an einem Abend durchzuführen. Und der Onkel Kari —

CRESCENCE. Das Gespräch mit der Helen geht ins Endlose, ich komm an die Tür — die Helen fällt mir in die Arme, ich bin selig, sie lauft weg, ganz verschämt, wie sichs gehört, ich stürz ans Telephon und zitier dich her!

STANI. Ja, ich bitte, das weiß ich ja, aber ich bitte, mir aufzuklären, was denn hier vorgegangen ist!

CRESCENCE. Ich stürz im Flug durch die Zimmer, such den Kari, find ihn nicht. Ich muß zurück zu der Partie, du kannst dir denken, wie ich gespielt hab. Die Mariette Stradonitz invitiert[38] auf Herz, ich spiel Karo, dazwischen bet ich die ganze Zeit zu die vierzehn Nothelfer[39]. Gleich darauf mach ich Renonce[40] in Pik. Endlich kann ich aufstehen, ich such den Kari wieder, ich find ihn nicht! Ich geh durch die finstern Zimmer bis an der Helen ihre Tür, ich hör sie drin weinen. Ich klopf an, sag meinen Namen, sie gibt mir keine Antwort. Ich schleich mich wieder zurück zur Partie, die Mariette fragt mich dreimal, ob mir schlecht ist, der Louis Castaldo schaut mich an, als ob ich ein Gespenst wär. —

STANI. Ich versteh alles.

CRESCENCE. Ja, was, ich versteh ja gar nichts.

STANI. Alles, alles. Die ganze Sache ist mir klar.

CRESCENCE. Ja, wie sieht Er denn das?

STANI. Klar wie's Einmaleins. Die Antoinette in ihrer Verzweiflung hat einen Tratsch gemacht[41], sie hat aus dem Gespräch mit dem Onkel Kari entnommen, daß ich für sie verloren bin. Eine Frau, wenn sie in Verzweiflung ist, verliert ja total ihre tenue; sie hat sich dann an die Helen heranfaufiliert[42] und hat einen solchen Mordstratsch gemacht, daß die Helen mit ihrem fumo[43] und ihrer pyramidalen Empfindlichkeit beschlossen hat, auf mich zu verzichten, und wenn ihr das Herz brechen sollte.

CRESCENCE. Und deswegen hat sie mir die Tür nicht aufgemacht!

STANI. Und der Onkel Kari, wie er gespürt hat, was er angerichtet hat, hat sich sofort aus dem Staub gemacht.

CRESCENCE. Ja, dann steht die Sache doch sehr fatal! Ja, mein guter Bub, was sagst du denn da?

STANI. Meine gute Mamu, da sag ich nur eins, und das ist das einzige, was ein Mann von Niveau sich in jeder schiefen Situation zu sagen hat: man bleibt, was man ist, daran kann eine gute oder eine schlechte Chance nichts ändern.

CRESCENCE. Er ist ein lieber Bub, und ich adorier Ihn für seine Haltung, aber deswegen darf man die Flinten noch nicht ins Korn werfen[44]!

STANI. Ich bitte um alles, mir eine schiefe Situation zu ersparen.

CRESCENCE. Für einen Menschen mit Seiner tenue gibts keine schiefe Situation. Ich such jetzt die Helen und werd sie fragen, was zwischen jetzt und dreiviertel zehn passiert ist.

STANI. Ich bitt inständig —

CRESCENCE. Aber mein Bub, Er ist mir tausendmal zu gut, als daß ich Ihn wollt einer Familie oktroyieren[45] und wenns die vom Kaiser von China wär. Aber anderseits ist mir doch auch die Helen zu lieb, als daß ich ihr Glück einem Tratsch von einer eifersüchtigen Gans, wie die Antoinette ist, aufopfern wollte. Also tu Er mir den Gefallen und bleib Er da und begleit Er mich dann nach Haus, Er sieht doch, wie ich agitiert bin. *Sie geht die Treppe hinauf, Stani folgt ihr.*

ACHTE SZENE

Helene ist durch die unsichtbare Tür links herausgetreten, im Mantel wie zum Fortgehen. Sie wartet, bis Crescence und Stani sie nicht mehr sehen können. Gleichzeitig ist Karl durch die Glastür rechts sichtbar geworden; er legt Hut, Stock und Mantel ab und erscheint. Helene hat Karl gesehen, bevor er sie erblickt hat. Ihr Gesicht verändert sich in einem Augenblick vollständig. Sie läßt ihren Abendmantel von den Schultern fallen, und dieser bleibt hinter der Treppe liegen, dann tritt sie Karl entgegen.

HANS KARL *betroffen.* Helen, Sie sind noch hier?

HELENE *hier und weiter in einer ganz festen, ent-*

[38]leads [39]fourteen saints considered especially efficacious in time of need [40]I fail to follow suit [41]made a fuss [42]intruded herself upon Helen (French *se faufiler*) [43]aristocratic manner (Italian)

[44]*die Flinte ins Korn werfen* to give up, lose courage [45]force upon

schiedenen Haltung und in einem leichten, fast über-legenen Ton. Ich bin hier zu Haus.

HANS KARL. Sie sehen anders aus als sonst. Es ist etwas geschehen!

HELENE. Ja, es ist etwas geschehen.

HANS KARL. Wann, so plötzlich?

HELENE. Vor einer Stunde, glaub ich.

HANS KARL *unsicher.* Etwas Unangenehmes?

HELENE. Wie?

HANS KARL. Etwas Aufregendes?

HELENE. Ah ja, das schon.

HANS KARL. Etwas Irreparables?

HELENE. Das wird sich zeigen. Schauen Sie, was dort liegt.

HANS KARL. Dort? Ein Pelz. Ein Damenman-tel, scheint mir.

HELENE. Ja, mein Mantel liegt da. Ich hab aus-gehen wollen.

HANS KARL. Ausgehen?

HELENE. Ja, den Grund davon werd ich Ihnen auch dann sagen. Aber zuerst werden Sie mir sagen, warum Sie zurückgekommen sind. Das ist keine ganz gewöhnliche Manier.

HANS KARL *zögernd.* Es macht mich immer ein bisserl verlegen, wenn man mich so direkt was fragt.

HELENE. Ja, ich frag Sie direkt.

HANS KARL. Ich kanns gar nicht leicht expli-zieren.

HELENE. Wir können uns setzen.

Sie setzen sich.

HANS KARL. Ich hab früher in unserer Konver-sation — da oben, in dem kleinen Salon —

HELENE. Ah, da oben in dem kleinen Salon.

HANS KARL *unsicher durch ihren Ton.* Ja, frei-lich, in dem kleinen Salon. Ich hab da einen großen Fehler gemacht, einen sehr großen.

HELENE. Ah?

HANS KARL. Ich hab etwas Vergangenes zitiert.

HELENE. Etwas Vergangenes?

HANS KARL. Gewisse ungereimte, rein persön-liche Sachen, die in mir vorgegangen sind, wie ich im Feld draußen war, und später im Spital. Rein persönliche Einbildungen, Halluzinationen, sozu-sagen. Lauter Dinge, die absolut nicht dazu gehört haben.

HELENE. Ja, ich versteh Sie. Und?

HANS KARL. Da hab ich unrecht getan.

HELENE. Inwiefern?

HANS KARL. Man kann das Vergangene nicht herzitieren, wie die Polizei einen vor das Kom-missariat zitiert. Das Vergangene ist vergangen. Niemand hat das Recht, es in eine Konversation, die sich auf die Gegenwart bezieht, einzuflechten. Ich drück mich elend aus, aber meine Gedanken darüber sind mir ganz klar.

HELENE. Das hoff ich.

HANS KARL. Es hat mich höchst unangenehm berührt in der Erinnerung, sobald ich allein mit mir selbst war, daß ich in meinem Alter mich so wenig in der Hand hab — und ich bin wiederge-kommen, um Ihnen Ihre volle Freiheit, pardon, das Wort ist mir ganz ungeschickt über die Lippen gekommen — um Ihnen Ihre volle Unbefangen-heit zurückzugeben.

HELENE. Meine Unbefangenheit — mir wieder-geben?

Hans Karl, unsicher, will aufstehen.

HELENE *bleibt sitzen.* Also das haben Sie mir sagen wollen — über Ihr Fortgehen früher?

HANS KARL. Ja, über mein Fortgehen und na-türlich auch über mein Wiederkommen. Eines motiviert ja das andere.

HELENE. Aha. Ich dank Ihnen sehr. Und jetzt werd ich Ihnen sagen, warum Sie wiedergekommen sind.

HANS KARL. Sie mir?

HELENE *mit einem vollen Blick auf ihn.* Sie sind wiedergekommen, weil — ja! es gibt das! gelobt sei Gott im Himmel! *Sie lacht.* Aber es ist viel-leicht schade, daß Sie wiedergekommen sind. Denn hier ist vielleicht nicht der rechte Ort, das zu sagen, was gesagt werden muß — vielleicht hätte das — aber jetzt muß es halt hier gesagt werden.

HANS KARL. O mein Gott, Sie finden mich un-begreiflich. Sagen Sie es heraus!

HELENE. Ich verstehe alles sehr gut. Ich versteh, was Sie fortgetrieben hat, und was Sie wieder zurückgebracht hat.

HANS KARL. Sie verstehen alles? Ich versteh ja selbst nicht.

HELENE. Wir können noch leiser reden, wenns Ihnen recht ist. Was Sie hier hinausgetrieben hat, das war Ihr Mißtrauen, Ihre Furcht vor Ihrem eigenen Selbst — sind Sie bös?

HANS KARL. Vor meinem Selbst?

HELENE. Vor Ihrem eigentlichen tieferen Willen. Ja, der ist unbequem, der führt einen nicht den an-genehmsten Weg. Er hat Sie eben hierher zurück-geführt.

HANS KARL. Ich versteh Sie nicht, Helen!

HELENE *ohne ihn anzusehen.* Hart sind nicht

solche Abschiede für Sie, aber hart ist manchmal, was dann in Ihnen vorgeht, wenn Sie mit sich allein sind.

HANS KARL. Sie wissen das alles?

HELENE. Weil ich das alles weiß, darum hätt ich ja die Kraft gehabt und hätte für Sie das Unmögliche getan.

HANS KARL. Was hätten Sie Unmögliches für mich getan?

HELENE. Ich wär Ihnen nachgegangen.

HANS KARL. Wie denn »nachgegangen«? Wie meinen Sie das?

HELENE. Hier bei der Tür auf die Gasse hinaus. Ich hab Ihnen doch meinen Mantel gezeigt, der dort hinten liegt.

HANS KARL. Sie wären mir —? Ja, wohin?

HELENE. Ins Kasino oder anderswo — was weiß ich, bis ich Sie halt gefunden hätte.

HANS KARL. Sie wären mir, Helen —? Sie hätten mich gesucht? Ohne zu denken, ob —?

HELENE. Ja, ohne an irgend etwas sonst zu denken. Ich geh dir nach — Ich will, daß du mich —

HANS KARL *mit unsicherer Stimme.* Sie, du, du willst? *Für sich.* Da sind wieder diese unmöglichen Tränen! *Zu ihr.* Ich hör Sie schlecht. Sie sprechen so leise.

HELENE. Sie hören mich ganz gut. Und da sind auch Tränen — aber die helfen mir sogar eher, um das zu sagen —

HANS KARL. Du — Sie haben etwas gesagt?

HELENE. Dein Wille, dein Selbst; versteh mich. Er hat dich umgedreht, wie du allein warst, und dich zu mir zurückgeführt. Und jetzt —

HANS KARL. Jetzt?

HELENE. Jetzt weiß ich zwar nicht, ob du jemand wahrhaft liebhaben kannst — aber ich bin in dich verliebt, und ich will — aber das ist doch eine Enormität, daß Sie mich das sagen lassen!

HANS KARL *zitternd.* Sie wollen von mir —

HELENE *mit keinem festeren Ton als er.* Von deinem Leben, von deiner Seele, von allem — meinen Teil!

Eine kleine Pause.

HANS KARL. Helen, alles, was Sie da sagen, perturbiert mich in der maßlosesten Weise um Ihretwillen, Helen, natürlich um Ihretwillen! Sie irren sich in bezug auf mich, ich hab einen unmöglichen Charakter.

HELENE. Sie sind, wie Sie sind, und ich will kennen, wie Sie sind.

HANS KARL. Es ist so eine namenlose Gefahr für Sie.

Helene schüttelt den Kopf.

HANS KARL. Ich bin ein Mensch, der nichts als Mißverständnisse auf dem Gewissen hat.

HELENE *lächelnd.* Ja, das scheint.

HANS KARL. Ich hab so vielen Frauen weh getan.

HELENE. Die Liebe ist nicht süßlich.

HANS KARL. Ich bin ein maßloser Egoist.

HELENE. Ja? Ich glaub nicht.

HANS KARL. Ich bin so unstet, nichts kann mich fesseln.

HELENE. Ja, Sie können — wie sagt man das? — verführt werden und verführen. Alle haben Sie sie wahrhaft geliebt und alle wieder im Stich gelassen. Die armen Frauen! Sie haben halt nicht die Kraft gehabt für euch beide.

HANS KARL. Wie?

HELENE. Begehren ist Ihre Natur. Aber nicht: das — oder das — sondern von einem Wesen: — alles — für immer! Es hätte eine die Kraft haben müssen, Sie zu zwingen, daß Sie von ihr immer mehr und mehr begehrt hätten. Bei der wären Sie dann geblieben.

HANS KARL. Wie du mich kennst!

HELENE. Nach einer ganz kurzen Zeit waren sie dir alle gleichgültig, und du hast ein rasendes Mitleid gehabt, aber keine große Freundschaft für keine: das war mein Trost.

HANS KARL. Wie du alles weißt!

HELENE. Nur darin hab ich existiert. Das allein hab ich verstanden.

HANS KARL. Da muß ich mich ja vor dir schämen.

HELENE. Schäm ich mich denn vor dir? Ah nein. Die Liebe schneidet ins lebendige Fleisch.

HANS KARL. Alles hast du gewußt und ertragen —

HELENE. Ich hätt nicht den kleinen Finger gerührt, um eine solche Frau von dir wegzubringen. Es wär mir nicht dafür gestanden[46].

HANS KARL. Was ist das für ein Zauber, der in dir ist. Gar nicht wie die andern Frauen. Du machst einen so ruhig in einem selber.

HELENE. Du kannst freilich die Freundschaft nicht fassen, die ich für dich hab. Dazu wird eine lange Zeit nötig sein — wenn du mir die geben kannst.

HANS KARL. Wie du das sagst!

HELENE. Jetzt geh, damit dich niemand sieht. Und komm bald wieder. Komm morgen, am frühen Nachmittag. Die Leut gehts nichts an, aber

---

[46]It wouldn't have been worth my time.

der Papa solls schnell wissen. — Der Papa solls wissen, — der schon! Oder nicht, wie?

HANS KARL *verlegen.* Es ist das — mein guter Freund Poldo Altenwyl hat seit Tagen eine Angelegenheit, einen Wunsch — den er mir oktroyieren will: er wünscht, daß ich, sehr überflüssigerweise, im Herrenhaus das Wort ergreife —

HELENE. Aha —

HANS KARL. Und da geh ich ihm seit Wochen mit der größten Vorsicht aus dem Weg — vermeide, mit ihm allein zu sein — im Kasino, auf der Gasse, wo immer —

HELENE. Sei ruhig — es wird nur von der Hauptsache die Rede sein — dafür garantier ich. — Es kommt schon jemand: ich muß fort.

HANS KARL. Helen!

HELENE *schon im Gehen, bleibt nochmals stehen.* Du! Leb wohl!

Nimmt den Mantel auf und verschwindet durch die kleine Tür links.

NEUNTE SZENE

CRESCENCE *oben auf der Treppe.* Kari! *Kommt schnell die Stiege herunter. Hans Karl steht mit dem Rücken gegen die Stiege.*

CRESCENCE. Kari! Find ich Ihn endlich! Das ist ja eine Konfusion ohne Ende! *Sie sieht sein Gesicht.* Kari! es ist was passiert! Sag mir, was?

HANS KARL. Es ist mir was passiert, aber wir wollen es gar nicht zergliedern.

CRESCENCE. Bitte! aber du wirst mir doch erklären —

ZEHNTE SZENE

HECHINGEN *kommt von oben herab, bleibt stehen, ruft Hans Karl halblaut zu.* Kari, wenn ich dich auf eine Sekunde bitten dürfe!

HANS KARL. Ich steh zur Verfügung. *Zu Crescence.* Entschuldig Sie mich wirklich.

Stani kommt gleichfalls von oben.

CRESCENCE *zu Hans Karl.* Aber der Bub! Was soll ich denn dem Buben sagen? Der Bub ist doch in einer schiefen Situation!

STANI *kommt herunter, zu Hechingen.* Pardon, jetzt einen Moment muß unbedingt ich den Onkel Kari sprechen! *Grüßt Hans Karl.*

HANS KARL. Verzeih mir einen Moment, lieber Ado! *Läßt Hechingen stehen, tritt zu Crescence.* Komm Sie daher, aber allein: ich will Ihr was sagen. Aber wir wollen es in keiner Weise bereden.

CRESCENCE. Aber ich bin doch keine indiskrete Person!

HANS KARL. Du bist eine engelsgute Frau. Also hör zu! Die Helen hat sich verlobt.

CRESCENCE. Sie hat sich verlobt mit'm Stani? Sie will ihn?

HANS KARL. Wart noch! So hab doch nicht gleich die Tränen in den Augen, du weißt ja noch nicht.

CRESCENCE. Es ist Er, Kari, über den ich so gerührt bin. Der Bub verdankt Ihm ja alles!

HANS KARL. Wart Sie, Crescence! — Nicht mit dem Stani!

CRESCENCE. Nicht mit dem Stani? Ja, mit wem denn?

HANS KARL *mit großer gêne.* Gratulier Sie mir!

CRESCENCE. Dir?

HANS KARL. Aber tret Sie dann gleich weg und misch Sies nicht in die Konversation. Sie hat sich — ich hab mich — wir haben uns miteinander verlobt.

CRESCENCE. Du hast dich! Ja, da bin ich selig!

HANS KARL. Ich bitte Sie, jetzt vor allem zu bedenken, daß Sie mir versprochen hat, mir diese odiosen Konfusionen zu ersparen, denen sich ein Mensch aussetzt, der sich unter die Leut mischt.

CRESCENCE. Ich werd gewiß nichts tun — *Blick nach Stani.*

HANS KARL. Ich hab Ihr gesagt, daß ich nichts erklären werd, niemandem, und daß ich bitten muß, mir die gewissen Mißverständnisse zu ersparen!

CRESCENCE. Werd Er mir nur nicht stutzig! Das Gesicht hat Er als kleiner Bub gehabt, wenn man Ihn konterkariert[47] hat. Das hab ich schon damals nicht sehen können! Ich will ja alles tun, wie Er will.

HANS KARL. Sie ist die beste Frau der Welt, und jetzt entschuldig Sie mich, der Ado hat das Bedürfnis, mit mir eine Konversation zu haben — die muß also jetzt in Gottes Namen absolviert werden. *Küßt ihr die Hand.*

CRESCENCE. Ich wart noch auf Ihn!

Crescence, mit Stani, treten zur Seite, entfernt, aber dann und wann sichtbar.

[47]when you didn't get your own way

ELFTE SZENE

HECHINGEN. Du siehst mich so streng an! Es ist ein Vorwurf in deinem Blick!

HANS KARL. Aber gar nicht: ich bitt um alles, wenigstens heute meine Blicke nicht auf die Gold- waage zu legen.

HECHINGEN. Es ist etwas vorgefallen, was deine Meinung von mir geändert hat? oder deine Mein- ung von meiner Situation?

HANS KARL *in Gedanken verloren*. Von deiner Situation?

HECHINGEN. Von meiner Situation gegenüber Antoinette natürlich! Darf ich dich fragen, wie du über meine Frau denkst?

HANS KARL *nervös*. Ich bitt um Vergebung, aber ich möchte heute nichts über Frauen sprechen. Man kann nicht analysieren, ohne in die odiosesten Mißverständnisse zu verfallen. Also ich bitt mirs zu erlassen!

HECHINGEN. Ich verstehe. Ich begreife voll- kommen. Aus allem, was du da sagst oder viel- mehr in der zartesten Weise andeutest, bleibt für mich doch nur der einzige Schluß zu ziehen: daß du meine Situation für aussichtslos ansiehst.

ZWÖLFTE SZENE

Hans Karl sagt nichts, sieht verstört nach rechts. Vinzenz ist von rechts eingetreten, im gleichen An- zug wie im ersten Akt, einen kleinen runden Hut in der Hand. Crescence ist auf Vinzenz zugetreten.

HECHINGEN *sehr betroffen durch Hans Karls Schweigen*. Das ist der kritische Moment meines Lebens, den ich habe kommen sehen. Jetzt brauche ich deinen Beistand, mein guter Kari, wenn mir nicht die ganz Welt ins Wanken kommen soll.

HANS KARL. Aber mein guter Ado — *Für sich, auf Vinzenz hinübersehend.* Was ist denn das?

HECHINGEN. Ich will, wenn du es erlaubst, die Voraussetzungen rekapitulieren, die mich haben hoffen lassen —

HANS KARL. Entschuldige mich für eine Se- kunde, ich sehe, da ist irgendwelche Konfu- sion passiert. *Er geht hinüber zu Crescence und Vinzenz. Hechingen bleibt allein stehen. Stani ist seitwärts zurückgetreten, mit einigen Zeichen von Ungeduld.*

CRESCENCE *zu Hans Karl*. Jetzt sagt er mir: du reist ab, morgen in aller Früh — ja was bedeutet denn das?

HANS KARL. Was sagt er? Ich habe nicht befohlen —

CRESCENCE. Kari, mit dir kommt man nicht heraus aus dem Wiegel-Wagel. Jetzt hab ich mich doch in diese Verlobungsstimmung hineingedacht!

HANS KARL. Darf ich bitten —

CRESCENCE. Mein Gott, es ist mir ja nur so herausgerutscht!

HANS KARL *zu Vinzenz*. Wer hat Sie herge- schickt? Was soll es?

VINZENZ. Euer Erlaucht haben doch selbst Befehl gegeben, vor einer halben Stunde im Tele- phon.

HANS KARL. Ihnen? Ihnen hab ich gar nichts befohlen.

VINZENZ. Der Portierin haben Erlaucht befoh- len, wegen Abreise morgen früh sieben Uhr aufs Jagdhaus nach Gebhardtskirchen — oder richtig gesagt, heut früh, denn jetzt haben wir viertel eins.

CRESCENCE. Aber Kari, was heißt denn das alles?

HANS KARL. Wenn man mir erlassen möchte, über jeden Atemzug, den ich tu, Auskunft zu geben.

VINZENZ *zu Crescence*. Das ist doch sehr einfach zu verstehen. Die Portierin ist nach oben gelaufen mit der Meldung, der Lukas war im Moment nicht auffindbar, also hab ich die Sache in die Hand genommen. Chauffeur habe ich avisiert[48], Koffer hab ich vom Boden holen lassen, Sekretär Neu- gebauer hab ich auf alle Fälle aufwecken lassen, falls er gebraucht wird — was braucht er zu schla- fen, wenn das ganze Haus auf ist? — und jetzt bin ich hier erschienen und stelle mich zur Verfügung, weitere Befehle entgegenzunehmen.

HANS KARL. Gehen Sie sofort nach Haus, be- stellen Sie das Auto ab, lassen Sie die Koffer wieder auspacken, bitten Sie den Herrn Neugebauer sich wieder schlafenzulegen, und machen Sie, daß ich Ihr Gesicht nicht wieder sehe! Sie sind nicht mehr in meinen Diensten, der Lukas ist vom übrigen unterrichtet. Treten Sie ab!

VINZENZ. Das ist mir eine sehr große Überra- schung. *Geht ab.*

DREIZEHNTE SZENE

CRESCENCE. Aber so sag mir doch nur ein Wort! So erklär mir nur —

HANS KARL. Da ist nichts zu erklären. Wie ich aus dem Kasino gegangen bin, war ich aus be- stimmten Gründen vollkommen entschlossen, mor-

---

[48]notified (French *aviser*)

gen früh abzureisen. Das war an der Ecke von der Freyung und der Herrengasse. Dort ist ein Cafe, in das bin ich hineingegangen und hab von dort aus nach Haus telephoniert; dann, wie ich aus dem Kaffeehaus herausgetreten bin, da bin ich, anstatt wie meine Absicht war, über die Freyung abzubiegen — bin ich die Herrengasse herunter gegangen und wieder hier hereingetreten — und da hat sich die Helen — *Er streicht sich über die Stirn.*

CRESCENCE. Aber ich laß Ihn ja schon. *Sie geht zu Stani hinüber, der sich etwas im Hintergrund gesetzt hat.*

HANS KARL *gibt sich einen Ruck und geht auf Hechingen zu, sehr herzlich.* Ich bitt mir alles Vergangene zu verzeihen, ich hab in allem und jedem unrecht und irrig gehandelt und bitt, mir meine Irrtümer alle zu verzeihen. Über den heutigen Abend kann ich im Detail keine Auskunft geben. Ich bitt, mir trotzdem ein gutes Andenken zu bewahren. *Reicht ihm die Hand.*

HECHINGEN *bestürzt.* Du sagst mir ja adieu, mein Guter! Du hast Tränen in den Augen. Aber ich versteh dich ja, Kari. Du bist der wahre, gute Freund, unsereins ist halt nicht imstand, sich herauszuwursteln aus dem Schicksal, das die Gunst oder Nichtgunst der Frauen uns bereitet, du aber hast dich über diese ganze Atmosphäre ein für allemal hinausgehoben —

Hans Karl winkt ihn ab.

HECHINGEN. Das kannst du nicht negieren, das ist dieses gewisse Etwas von Superiorität, das dich umgibt, und wie im Leben schließlich alles nur Vor- und Rückschritte macht, nichts stehenbleibt, so ist halt um dich von Tag zu Tag immer mehr die Einsamkeit des superioren Menschen.

HANS KARL. Das ist ja schon wieder ein kolossales Mißverständnis! *Er sieht ängstlich nach rechts, wo in der Tür zum Wintergarten Altenwyl mit einem seiner Gäste sichtbar geworden ist.*

HECHINGEN. Wie denn? Wie soll ich mir diese Worte erklären?

HANS KARL. Mein guter Ado, bitt mir im Moment diese Erklärung und jede Erklärung zu erlassen. Ich bitt dich, gehen wir da hinüber, es kommt da etwas auf mich zu, dem ich mich heute nicht mehr gewachsen fühle.

HECHINGEN. Was denn, was denn?

HANS KARL. Dort in der Tür, dort hinter mir!

HECHINGEN *sieht hin.* Es ist doch nur unser Hausherr, der Poldo Altenwyl —

HANS KARL. — der diesen letzten Moment seiner

Soiree für den gegebenen Augenblick hält, um sich an mich in einer gräßlichen Absicht heranzupirschen[49]; denn für was geht man denn auf eine Soiree, als daß einem jeder Mensch mit dem, was ihm gerade wichtig erscheint, in der erbarmungslosesten Weise über den Hals kommt!

HECHINGEN. Ich begreif nicht —

HANS KARL. Daß ich in der übermorgigen Herrenhaussitzung mein Debüt als Redner feiern soll. Diese charmante Mission hat er von unserm Club übernommen, und weil ich ihnen im Kasino und überall aus dem Weg geh, so lauert er hier in seinem Haus auf die Sekunde, wo ich unbeschützt dasteh! Ich bitt dich, sprich recht lebhaft mit mir, so ein bissel agitiert, wie wenn wir etwas Wichtiges zu erledigen hätten.

HECHINGEN. Und du willst wieder refüsieren?

HANS KARL. Ich soll aufstehen und eine Rede halten, über Völkerversöhnung und über das Zusammenleben der Nationen — ich, ein Mensch, der durchdrungen ist von einer Sache auf der Welt: daß es unmöglich ist, den Mund aufzumachen, ohne die heillosesten Konfusionen anzurichten! Aber lieber leg ich doch die erbliche Mitgliedschaft nieder und verkriech mich zeitlebens in eine Uhuhütte. Ich sollte einen Schwall von Worten in den Mund nehmen, von denen mir jedes einzelne geradezu indezent erscheint.

HECHINGEN. Das ist ein bisserl ein starker Ausdruck.

HANS KARL *sehr heftig, ohne sehr laut zu sein.* Aber alles, was man ausspricht, ist indezent. Das simple Faktum, daß man etwas ausspricht, ist indezent. Und wenn man es genau nimmt, mein guter Ado, aber die Menschen nehmen eben nichts auf der Welt genau, liegt doch geradezu etwas Unverschämtes darin, daß man sich heranwagt, gewisse Dinge überhaupt zu erleben! Um gewisse Dinge zu erleben und sich dabei nicht indezent zu finden, dazu gehört ja eine so rasende Verliebtheit in sich selbst und ein Grad von Verblendung, den man vielleicht als erwachsener Mensch im innersten Winkel in sich tragen, aber niemals sich eingestehen kann! *Sieht nach rechts.* Er ist weg. *Will fort. Altenwyl ist nicht mehr sichtbar.*

CRESCENCE *tritt auf Kari zu.* So echappier[50] Er doch nicht! Jetzt muß Er sich doch mit dem Stani über das Ganze aussprechen.

Hans Karl sieht sie an.

---

[49]to stalk me (like wild game)   [50]escape (French *échapper*)

CRESCENCE. Aber Er wird doch den Buben nicht so stehen lassen! Der Bub beweist ja in der ganzen Sache eine Abnegation, eine Selbstüberwindung, über die ich geradezu starr bin. Er wird ihm doch ein Wort sagen. *Sie winkt Stani, näherzutreten. Stani tritt einen Schritt näher.*

HANS KARL. Gut, auch das noch. Aber es ist die letzte Soiree, auf der Sie mich erscheinen sieht. *Zu Stani, indem er auf ihn zutritt.* Es war verfehlt, mein lieber Stani, meiner Suada etwas anzuvertrauen. *Reicht ihm die Hand.*

CRESCENCE. So umarm Er doch den Buben! Der Bub hat ja doch in dieser Geschichte eine tenue bewiesen, die ohnegleichen ist.

Hans Karl sieht vor sich hin, etwas abwesend.

CRESCENCE. Ja, wenn Er ihn nicht umarmt, so muß doch ich den Buben umarmen für seine tenue.

HANS KARL. Bitte das vielleicht zu tun, wenn ich fort bin. *Gewinnt schnell die Ausgangstür und ist verschwunden.*

VIERZEHNTE SZENE

CRESCENCE. Also, das ist mir ganz egal, ich muß jemanden umarmen! Es ist doch heute zuviel vorgegangen, als daß eine Person mit Herz, wie ich, so mir nix dir nix[51] nach Haus fahren und ins Bett gehen könnt!

STANI *tritt einen Schritt zurück.* Bitte, Mamu! nach meiner Idee gibt es zwei Kategorien von Demonstrationen. Die eine gehört ins strikteste Privatleben: dazu rechne ich alle Akte von Zärtlichkeit zwischen Blutsverwandten. Die andere hat sozusagen eine praktische und soziale Bedeutung: sie ist der pantomimische Ausdruck für eine außergewöhnliche, gewissermaßen familiengeschichtliche Situation.

CRESCENCE. Ja, in der sind wir doch!

Altenwyl mit einigen Gästen ist oben herausgetreten und ist im Begriffe, die Stiege herunterzukommen.

STANI. Und für diese gibt es seit tausend Jahren gewisse richtige und akzeptierte Formen. Was wir heute hier erlebt haben, war tant bien que mal[52], wenn mans Kind beim Namen nennt, eine Verlobung. Eine Verlobung kulminiert in der Umarmung des verlobten Paares. — In unserm Fall ist das verlobte Paar zu bizarr, um sich an diese Formen zu halten. Mamu, Sie ist die nächste Verwandte vom Onkel Kari, dort steht der Poldo Altenwyl, der Vater der Braut. Geh Sie sans mot dire[53] auf ihn zu und umarm Sie ihn, und das Ganze wird sein richtiges, offizielles Gesicht bekommen.

Altenwyl ist mit einigen Gästen die Stiege heruntergekommen. Crescence eilt auf Altenwyl zu und umarmt ihn. Die Gäste stehen überrascht.

Vorhang

[51]without further ado

[52]for better or worse (French) [53]without saying a word (French)

Arthur Schnitzler · 1862–1931

"No writer," as Haskell M. Block and Robert G. Shedd point out in their *Masters of Modern Drama* (1962), "gave more vivid and enduring expression to the gaiety and love of pleasure of Viennese Society at the turn of the century than Arthur Schnitzler. The witty badinage of the salons and cafés, the reckless bohemianism of artists and men-about-town, the mad pursuit of adventure and love, are all recreated in his plays. Here old Vienna comes back to life: the 'Korso' with its broad promenade, the 'Ring' with its luxurious shops, the park and the gardens of the 'Prater,' the secluded walks along the Danube, the dazzling spectacle of the 'Burg Theater,' the concert halls . . . . The sense of the flight of time, of the transiency of all experience, tinges Schnitzler's dramas with an autumnal sadness, a sign of the decaying world of 'fin de siècle' Vienna . . . . A mirror of his times, Schnitzler wrote of his fellow citizens with delicacy and grace, with charm and refinement, but also with a melancholy awareness of the emptiness of their daily lives."

This is an apt, even if a somewhat popularized statement of the atmosphere conveyed by the plays of an author who for a long time has been regarded as a mere impressionist equipped with unusual psychological gifts, who portrays, according to some critics, nothing but the somewhat complex, somewhat artificial emotions of his Viennese contemporaries: the "fin de siècle" mood of the late nineteenth century in Austria. But Arthur Schnitzler, the son of a famous throat specialist and a medical doctor himself, is more than a psychologist, more than an impressionist. The witty sparkling dialogue and the amorous entanglements of his plots have led many writers of literary histories to discuss his plays with epithets such as "decadent," "frivolous," or "superficial." Some critics would reduce all of Schnitzler's plays to one pattern: an aristocratic, adventurous, sophisticated male, who is at times supercilious, at times melancholy, and who has an affair with "das süße Mädel" — a naive, trusting, and sentimental girl from a lower social class. The outcome of the relationship is usually death in a duel or suicide. Such criticism treats the works of this playwright, as Lore Foltin has pointed out, either as "decadent thrills or psychic vignettes." It has failed to come to grips with the true significance of the plays.

If Schnitzler's work had been nothing but this, what would his plays — especially the early *Liebelei* (1895) — mean to us today? Sol Liptzin as early as 1932 and Bernhard Blume in 1936 have taken an entirely different view. Oskar Seidlin in a succinct but penetrating article has recently pinpointed the deeper significance of *Liebelei*; his interpretation of this play is relevant to most other works of Schnitzler.

If the scenes in Fritz's elegant bachelor flat and in Christine's modest suburban room presented nothing but the atmosphere of old Vienna and a trite rehearsal of class conflict — if this were the substance of Schnitzler's play, Seidlin maintains, then these unhappy lovers would have died with their century. But Fritz and Christine, Mizi and Theodor, and the old violin player are still very much alive, even though the historical world which they inhabited has long since disappeared. The reason for this is to be found in the fact that Schnitzler did not create, to use one of Ezra Pound's expressions, mere "surface neatness," however deceivingly genuine and unforgettable his characters may appear in their lighthearted gaiety. He treated timeless topics: the lure of love, the

156

terrible and incomprehensible reality of death, man's inability to understand or completely possess another human being. Schnitzler's play deals with the realization of the fundamental alienation between human beings, even between people who truly love each other; his characters are confronted with the transitoriness of man's world, with his brief flashes of happiness and sorrow, and with the inexorable shadow of death that spreads its wings over each new beginning. All this, *sotto voce* and without pathos, is unfolded in the grotesque misunderstandings of *Liebelei.*

Fritz, the charming and brilliant young hero, walks consciously to his death at a moment when a life of true happiness could actually begin for him. The affair for which he is about to die is over; nevertheless, he cold-bloodedly strangles the possibilities of today and tomorrow. And Christine, learning of Fritz's death after his burial, is destroyed by the assumption that, because of the way he died, she had meant nothing to him but a lighthearted affair. Fritz's relationship to her, however, was not a "Liebelei" at all. His other affair was the adventure, and a finished one to boot; and for that he was now to die at the very moment when he so much wanted to live for Christine. Misunderstanding piled upon misunderstanding — two people, symbolic of us all, blindly exposed to a dark fate. Of course, there are the others, the Mizis and Theodors, who know how to establish themselves in life comfortably and domestically, but they provide only the background of man's true fate.

"Sie kommt nicht wieder," says the old Weiring at the end of the play. Yet, Seidlin insists, "dieses Wissen um das Ende, dieses 'es kommt nicht wieder,' steht in Schnitzlers Weltsicht an allem Anfang. Es ist eine melancholische, eine resignierte Weltsicht.... Aber gerade aus dieser melancholischen Resignation erwächst Schnitzlers Wärme, seine Liebe zum Leben, seine stille Intensität des Fühlens." Just because his characters know that nothing will ever return, nothing will ever last — just because of this they do love life. All this, Seidlin concludes, has little to do with life in Vienna at the end of the century. "Aber zu tun hat es mit der immer wieder zu stellenden und nie zu lösenden Frage nach der Existenz des Menschen." Could there be any topic that would be less old-fashioned, more basic and important than just this?

Schnitzler was charged toward the end of his life with indifference to the economic plight of his days and with never having offered a definite solution to eternal problems. He replied that, while the bread-and-butter question was undeniably important, it was only after it had been solved that the real problems, the eternal ones, began — and these would not be eternal if he could solve them once and for all.

Bibliography

BLOCK, HASKELL M., AND ROBERT G. SHEDD, editors. *Masters of Modern Drama* (New York, 1962), pp. 245–246.

BLUME, BERNHARD. *Das Weltbild Arthur Schnitzlers.* Stuttgart, 1936.

HILL, CLAUDE. "The Stature of Arthur Schnitzler." *Modern Drama,* IV (May 1961), 80–91.

KAUFMANN, F. W. "Zur Frage der Wertung in Schnitzlers Werk." *Publications of the Modern Language Association,* XLVIII (March 1933), 209–219.

LIPTZIN, SOL. *Arthur Schnitzler.* New York, 1932.

SEIDLIN, OSKAR. "Arthur Schnitzlers 'Liebelei.'" *German Quarterly,* XXV (May 1962), 250–253.

Liebelei

Schauspiel in drei Akten

PERSONEN

HANS WEIRING, Violinspieler am Josefstädter Theater
CHRISTINE, seine Tochter
MIZI SCHLAGER, Modistin
KATHARINA BINDER, Frau eines Strumpfwirkers
LINA, ihre neunjährige Tochter
FRITZ LOBHEIMER ⎱ junge Leute
THEODOR KAISER ⎰
EIN HERR

Wien — Gegenwart

ERSTER AKT

Zimmer Fritzens. Elegant und behaglich. Fritz, Theodor. Theodor tritt zuerst ein, er hat den Überzieher auf dem Arm, nimmt den Hut erst nach dem Eintritt ab, hat auch den Stock noch in der Hand.

FRITZ *spricht draußen.* Also es war niemand da?

STIMME DES DIENERS. Nein, gnädiger Herr.

FRITZ *im Hereintreten.* Den Wagen könnten wir eigentlich wegschicken?

THEODOR. Natürlich. Ich dachte, du hättest es schon getan.

FRITZ *wieder hinausgehend, in der Tür.* Schicken Sie den Wagen fort. Ja... Sie können übrigens jetzt auch weggehen, ich brauche Sie heute nicht mehr. *Er kommt herein. Zu Theodor.* Was[1] legst du denn nicht ab?

THEODOR *ist neben dem Schreibtisch.* Da sind ein paar Briefe. *Er wirft Überzieher und Hut auf einen Sessel, behält den Spazierstock in der Hand.*

FRITZ *geht hastig zum Schreibtisch.* Ah!...

THEODOR. Na! na!... Du erschrickst ja förmlich.

FRITZ. Von Papa... *Erbricht den anderen.* Von Lensky...

THEODOR. Laß dich nicht stören.

FRITZ *durchfliegt die Briefe.*

THEODOR. Was schreibt denn der Papa?

FRITZ. Nichts Besonderes... Zu Pfingsten soll ich auf acht Tage aufs Gut.

THEODOR. Wäre sehr vernünftig. Ich möchte dich auf ein halbes Jahr hinschicken.

FRITZ *der vor dem Schreibtisch steht, wendet sich nach ihm um.*

THEODOR. Gewiß! — Reiten, kutschieren, frische Luft, Sennerinnen[2] —

FRITZ. Du, Sennhütten gibts auf Kukuruzfeldern keine[3]!

THEODOR. Na ja, also, du weißt schon, was ich meine...

FRITZ. Willst du mit mir hinkommen?

THEODOR. Kann ja nicht!

FRITZ. Warum denn?

THEODOR. Mensch, ich hab ja Rigorosum[4] zu machen! Wenn ich mit dir hinginge, wär es nur, um dich dort zu halten.

FRITZ. Geh, mach dir um mich keine Sorgen!

THEODOR. Du brauchst nämlich — das ist meine Überzeugung — nichts anderes als frische Luft! — Ich habs heut gesehen. Da draußen, wo der echte grüne Frühling ist, bist du wieder ein sehr lieber und angenehmer Mensch gewesen.

FRITZ. Danke.

THEODOR. Und jetzt — jetzt knickst du natürlich

---

[1]was = warum

[2]cow-girls (The word *Sennerin* has romantic overtones in German, like English *shepherdess*.) [3]There are no cow-keepers' huts in the cornfields. (That is, on his father's estate they raise corn, not cattle.) [4]oral examination for the doctorate

zusammen. Wir sind dem gefährlichen Dunstkreis wieder zu nah[5].

FRITZ *macht eine ärgerliche Bewegung.*

THEODOR. Du weißt nämlich gar nicht, wie fidel du da draußen gewesen bist — du warst geradezu bei Verstand — es war wie in den guten alten Tagen ... — Auch neulich, wie wir mit den zwei herzigen Mäderln zusammen waren, bist du ja sehr nett gewesen, aber jetzt — ist es natürlich wieder aus, und du findest es dringend notwendig. — *Mit ironischem Pathos* — an jenes Weib zu denken.

FRITZ *steht auf, ärgerlich.*

THEODOR. Du kennst mich nicht, mein Lieber. Ich habe nicht die Absicht, das länger zu dulden.

FRITZ. Herrgott, bist du energisch! ...

THEODOR. Ich verlang ja nicht von dir, daß du — *Wie oben* — jenes Weib vergißt ... ich möchte nur — *Herzlich* — mein lieber Fritz, daß dir diese unglückselige Geschichte, in der man ja immer für dich zittern muß, nicht mehr bedeutet als ein gewöhnliches Abenteuer ... Schau, Fritz, wenn du eines Tages «jenes Weib» nicht mehr anbetest, da wirst du dich wundern, wie sympathisch sie dir sein wird. Da wirst du erst drauf kommen, daß sie gar nichts Dämonisches an sich hat, sondern daß sie ein sehr liebes Frauerl ist, mit dem man sich sehr gut amüsieren kann, wie mit allen Weibern, die jung und hübsch sind und ein bißchen Temperament[6] haben.

FRITZ. Warum sagst du «für mich zittern»?

THEODOR. Du weißt es ... Ich kann dir nicht verhehlen, daß ich eine ewige Angst habe, du gehst eines schönen Tages mit ihr auf und davon.

FRITZ. Das meintest du? ...

THEODOR *nach einer kurzen Pause.* Es ist nicht die einzige Gefahr.

FRITZ. Du hast recht, Theodor — es gibt auch andere.

THEODOR. Man macht eben keine Dummheiten.

FRITZ *vor sich hin.* Es gibt andere ...

THEODOR. Was hast du? ... Du denkst an was ganz Bestimmtes.

FRITZ. Ach nein, ich denke nicht an Bestimmtes ... *Mit einem Blick zum Fenster.* Sie hat sich ja schon einmal getäuscht.

THEODOR. Wieso? ... was? ... ich versteh dich nicht.

FRITZ. Ach nichts.

THEODOR. Was ist das? So red doch vernünftig.

FRITZ. Sie ängstigt sich in der letzten Zeit ... zuweilen.

THEODOR. Warum? — Das muß doch einen Grund haben.

FRITZ. Durchaus nicht. Nervosität — *Ironisch* — schlechtes Gewissen, wenn du willst.

THEODOR. Du sagst, sie hat sich schon einmal getäuscht —

FRITZ. Nun ja — und heute wohl wieder.

THEODOR. Heute — Ja, was heißt denn das alles — ?

FRITZ *nach einer kleinen Pause.* Sie glaubt ... man paßt uns auf.

THEODOR. Wie?

FRITZ. Sie hat Schreckbilder, wahrhaftig, förmliche Halluzinationen. *Beim Fenster.* Sie sieht hier durch den Ritz des Vorhanges irgendeinen Menschen, der dort an der Straßenecke steht, und glaubt — *Unterbricht sich.* Ist es überhaupt möglich, ein Gesicht auf diese Entfernung hin zu erkennen?

THEODOR. Kaum.

FRITZ. Das sag ich ja auch. Aber das ist dann schrecklich. Da traut sie sich nicht fort, da bekommt sie alle möglichen Zustände, da hat sie Weinkrämpfe, da möchte sie mit mir sterben —

THEODOR. Natürlich.

FRITZ *kleine Pause.* Heute mußte ich hinunter, nachsehen. So gemütlich, als wenn ich eben allein von Hause wegginge; — es war natürlich weit und breit kein bekanntes Gesicht zu sehen ...

THEODOR *schweigt.*

FRITZ. Das ist doch vollkommen beruhigend, nicht wahr? Man versinkt ja nicht plötzlich in die Erde, was? ... So antwort mir doch!

THEODOR. Was willst du denn darauf für eine Antwort? Natürlich versinkt man nicht in die Erde. Aber in Haustore versteckt man sich zuweilen.

FRITZ. Ich hab in jedes hineingesehen.

THEODOR. Da mußt du einen sehr harmlosen Eindruck gemacht haben.

FRITZ. Niemand war da. Ich sags ja, Halluzinationen.

THEODOR. Gewiß. Aber es sollte dich lehren, vorsichtiger zu sein.

FRITZ. Ich hätt es ja auch merken müssen, wenn er einen Verdacht hätte. Gestern habe ich ja nach dem Theater mit ihnen soupiert — mit ihm und ihr — und es war so gemütlich, sag ich dir! ... lächerlich!

[5]We are too close to the dangerous atmosphere (of the city, where Fritz's mistress lives). [6]vivacity (not "temperament"!)

THEODOR. Ich bitt dich, Fritz — tu mir den Gefallen, sei vernünftig. Gib diese ganze verdammte Geschichte auf — schon meinetwegen. Ich hab ja auch Nerven ... Ich weiß ja, du bist nicht der Mensch, dich aus einem Abenteuer ins Freie zu retten, drum hab ich dirs ja so bequem gemacht und dir Gelegenheit gegeben, dich in ein anderes hineinzuretten ...

FRITZ. Du?

THEODOR. Nun, hab ich dich nicht vor ein paar Wochen zu meinem Rendezvous mit Fräulein Mizi mitgenommen? Und hab ich nicht Fräulein Mizi gebeten, ihre schönste Freundin mitzubringen? Und kannst du es leugnen, daß dir die Kleine sehr gut gefällt? ...

FRITZ. Gewiß ist die lieb! ... So lieb! Und du hast ja gar keine Ahnung, wie ich mich nach so einer Zärtlichkeit ohne Pathos gesehnt habe, nach so was Süßem, Stillem, das mich umschmeichelt, an dem ich mich von den ewigen Aufregungen und Martern erholen kann.

THEODOR. Das ist es, ganz richtig! Erholen! Das ist der tiefere Sinn. Zum Erholen sind sie da. Drum bin ich auch immer gegen die sogenannten interessanten Weiber. Die Weiber haben nicht interessant zu sein, sondern angenehm. Du mußt dein Glück suchen, wo ich es bisher gesucht und gefunden habe, dort, wo es keine großen Szenen, keine Gefahren, keine tragischen Verwicklungen gibt, wo der Beginn keine besonderen Schwierigkeiten und das Ende keine Qualen hat, wo man lächelnd den ersten Kuß empfängt und mit sehr sanfter Rührung scheidet.

FRITZ. Ja, das ist es.

THEODOR. Die Weiber sind ja so glücklich in ihrer gesunden Menschlichkeit — was zwingt uns denn, sie um jeden Preis zu Dämonen oder zu Engeln zu machen?

FRITZ. Sie ist wirklich ein Schatz. So anhänglich, so lieb. Manchmal scheint mir fast, zu lieb für mich.

THEODOR. Du bist unverbesserlich, scheint es. Wenn du die Absicht hast, auch die Sache wieder ernst zu nehmen —

FRITZ. Aber ich denke nicht daran. Wir sind ja einig: Erholung.

THEODOR. Ich würde auch meine Hände von dir abziehen. Ich hab deine Liebestragödien satt. Du langweilst mich damit. Und wenn du Lust hast, mir mit dem berühmten Gewissen zu kommen, so will ich dir mein einfaches Prinzip für solche Fälle verraten: Besser ich als ein anderer. Denn der Andere ist unausbleiblich wie das Schicksal.

Es klingelt.

FRITZ. Was ist denn das? ...

THEODOR. Sieh nur nach. — Du bist ja schon wieder blaß! Also beruhige dich sofort. Es sind die zwei süßen Mäderln.

FRITZ *angenehm überrascht.* Was? ...

THEODOR. Ich habe mir die Freiheit genommen, sie für heute zu dir einzuladen.

FRITZ *im Hinausgehen.* Geh — warum hast du mirs denn nicht gesagt! Jetzt hab ich den Diener weggeschickt.

THEODOR. Um so gemütlicher.

FRITZENS STIMME *draußen.* Grüß Sie Gott, Mizi! —

Theodor, Fritz. Mizi tritt ein, sie trägt ein Paket in der Hand.

FRITZ. Und wo ist denn die Christin'? —

MIZI. Kommt bald nach. Grüß dich Gott, Dori.

THEODOR *küßt ihr die Hand.*

MIZI. Sie müssen schon entschuldigen, Herr Fritz; aber der Theodor hat uns einmal eingeladen —

FRITZ. Aber das ist ja eine famose Idee gewesen. Nur hat er eines vergessen, der Theodor —

THEODOR. Nichts hat er vergessen, der Theodor! *Nimmt der Mizi das Paket aus der Hand.* Hast du alles mitgebracht, was ich dir aufgeschrieben hab? —

MIZI. Freilich! *Zu Fritz.* Wo darf ichs denn hinlegen?

FRITZ. Geben Sie mirs nur, Mizi, wir legens indessen da auf die Kredenz.

MIZI. Ich hab noch extra was gekauft, was du nicht aufgeschrieben hast, Dori.

FRITZ. Geben Sie mir Ihren Hut, Mizi, so — *Legt ihn aufs Klavier, ebenso ihre Boa.*

THEODOR *mißtrauisch.* Was denn?

MIZI. Eine Mokkacremetorte.

THEODOR. Naschkatz[7]!

FRITZ. Ja, aber sagen Sie, warum ist denn die Christin' nicht gleich mitgekommen? —

MIZI. Die Christin' begleitet ihren Vater zum Theater hin. Sie fährt dann mit der Tramway her.

THEODOR. Das ist eine zärtliche Tochter ...

MIZI. Na, und gar in der letzten Zeit, seit der Trauer.

THEODOR. Wer ist ihnen denn eigentlich gestorben?

[7]someone with a sweet tooth (*naschen* "nibble at candy")

MIZI. Die Schwester vom alten Herrn.

THEODOR. Ah, die Frau Tant!

MIZI. Nein, das war eine alte Fräul'n, die schon immer bei ihnen gewohnt hat — Na, und da fühlt er sich halt so vereinsamt.

THEODOR. Nicht wahr, der Vater von der Christin', das ist so ein kleiner Herr mit kurzem grauen Haar —

MIZI *schüttelt den Kopf.* Nein, er hat ja lange Haar.

FRITZ. Woher kennst du ihn denn?

THEODOR. Neulich war ich mit dem Lensky in der Josefstadt, und da habe ich mir die Leut mit den Baßgeigen angeschaut.

MIZI. Er spielt ja nicht Baßgeigen, Violin spielt er.

THEODOR. Ach so, ich hab gemeint, er spielt Baßgeige. *Zu Mizi, die lacht.* Das ist ja nicht komisch; das kann ich ja nicht wissen, du Kind.

MIZI. Schön haben Sie's, Herr Fritz — wunderschön! Wohin haben Sie denn die Aussicht?

FRITZ. Das Fenster da geht in die Strohgasse und im Zimmer daneben —

THEODOR *rasch.* Sagt mir nur, warum seid ihr denn so gespreizt miteinander? Ihr könntet euch wirklich du sagen.

MIZI. Beim Nachtmahl trinken wir Bruderschaft.

THEODOR. Solide Grundsätze! Immerhin beruhigend. — — Wie gehts denn der Frau Mutter?

MIZI *wendet sich zu ihm, plötzlich mit besorgter Miene.* Denk dir, sie hat —

THEODOR. Zahnweh — ich weiß, ich weiß. Deine Mutter hat immer Zahnweh. Sie soll endlich einmal zu einem Zahnarzt gehen.

MIZI. Aber der Doktor sagt, es ist nur rheumatisch.

THEODOR *lachend.* Ja, wenns rheumatisch ist —

MIZI *ein Album in der Hand.* Lauter so schöne Sachen haben Sie da! . . . *Im Blättern.* Wer ist denn das? . . . Das sind ja Sie, Herr Fritz . . . In Uniform!? Sie sind beim Militär?

FRITZ. Ja.

MIZI. Dragoner! — Sind Sie bei den gelben oder bei den schwarzen?

FRITZ *lächelnd.* Bei den gelben.

MIZI *wie in Träume versunken.* Bei den gelben.

THEODOR. Da wird sie ganz träumerisch! Mizi, wach auf!

MIZI. Aber jetzt sind Sie Leutnant der Reserve?

FRITZ. Allerdings.

MIZI. Sehr gut müssen Sie ausschaun mit dem Pelz.

THEODOR. Umfassend ist dieses Wissen! — Du, Mizi, ich bin nämlich auch beim Militär.

MIZI. Bist du auch bei den Dragonern?

THEODOR. Ja —

MIZI. Ja, warum sagt ihr einem denn das nicht . . .

THEODOR. Ich will um meiner selbst willen geliebt werden.

MIZI. Geh, Dori, da mußt du dir nächstens, wenn wir zusammen wohingehen, die Uniform anziehn.

THEODOR. Im August hab ich sowieso Waffenübung.

MIZI. Gott, bis zum August —

THEODOR. Ja, richtig — so lange währt die ewige Liebe nicht.

MIZI. Wer wird denn im Mai an den August denken. Ists nicht wahr, Herr Fritz? — Sie, Herr Fritz, warum sind denn Sie uns gestern durchgegangen?

FRITZ. Wieso . . .

MIZI. Na ja — nach dem Theater.

FRITZ. Hat mich denn der Theodor nicht bei euch entschuldigt?

THEODOR. Freilich hab ich dich entschuldigt.

MIZI. Was hab denn ich — oder vielmehr die Christin' von Ihrer Entschuldigung! Wenn man was verspricht, so halt mans.

FRITZ. Ich wär wahrhaftig lieber mit euch gewesen . . .

MIZI. Is wahr? . . .

FRITZ. Aber ich konnt nicht. Sie haben ja gesehen, ich war mit Bekannten in der Loge, und da hab ich mich nachher nicht losmachen können.

MIZI. Ja, von den schönen Damen haben Sie sich nicht losmachen können. Glauben Sie, wir haben Sie nicht gesehen von der Galerie aus?

FRITZ. Ich hab euch ja auch gesehn . . .

MIZI. Sie sind rückwärts in der Loge gesessen. —

FRITZ. Nicht immer.

MIZI. Aber meistens. Hinter einer Dame mit einem schwarzen Samtkleid sind Sie gesessen und haben immer — *Parodierende Bewegung* — so hervorgeguckt.

FRITZ. Sie haben mich aber genau beobachtet.

MIZI. Mich gehts ja nichts an! Aber wenn ich die Christin' wär . . . Warum hat denn der Theodor nach dem Theater Zeit? Warum muß der nicht mit Bekannten soupieren gehen?

THEODOR *stolz.* Warum muß ich nicht mit Bekannten soupieren gehn? . . .

Es klingelt.

MIZI. Das ist die Christin'.

FRITZ *eilt hinaus.*

THEODOR. Mizi, du könntest mir einen Gefallen tun.

MIZI *fragende Miene.*

THEODOR. Vergiß — auf einige Zeit wenigstens — deine militärischen Erinnerungen.

MIZI. Ich hab ja gar keine.

THEODOR. Na du, aus dem Schematismus[8] hast du die Sachen nicht gelernt, das merkt man.

Theodor, Mizi, Fritz. Christine mit Blumen in der Hand.

CHRISTINE *grüßt mit ganz leichter Befangenheit.* Guten Abend. *Begrüßung. Zu Fritz.* Freuts dich, daß wir gekommen sind? — Bist nicht bös?

FRITZ. Aber Kind! — Manchmal ist ja der Theodor gescheiter als ich.

THEODOR. Na, geigt er schon, der Herr Papa?

CHRISTINE. Freilich; ich hab ihn zum Theater hinbegleitet.

FRITZ. Die Mizi hats uns erzählt.

CHRISTINE *zu Mizi.* Und die Kathrin hat mich noch aufgehalten.

MIZI. O je, die falsche Person.

CHRISTINE. Oh, die ist gewiß nicht falsch, die ist sehr gut zu mir.

MIZI. Du glaubst auch einer jeden.

CHRISTINE. Warum soll denn die gegen mich falsch sein?

FRITZ. Wer ist denn die Kathrin?

MIZI. Die Frau von einem Strumpfwirker und ärgert sich alleweil, wenn wer[9] jünger ist wie sie.

CHRISTINE. Sie ist ja selber noch eine junge Person.

FRITZ. Lassen wir die Kathrin. — Was hast du denn da?

CHRISTINE. Ein paar Blumen hab ich dir mitgebracht.

FRITZ *nimmt sie ihr ab und küßt ihr die Hand.* Du bist ein Engerl. Wart, die wollen wir da in die Vase . . .

THEODOR. O nein! Du hast gar kein Talent zum Festarrangeur. Die Blumen werden zwanglos auf den Tisch gestreut . . . Nachher übrigens, wenn aufgedeckt ist. Eigentlich sollte man das so arrangieren, daß sie von der Decke herunterfallen. Das wird aber wieder nicht gehen.

FRITZ *lachend.* Kaum.

THEODOR. Unterdessen wollen wir sie doch da hineinstecken. *Gibt sie in die Vase.*

MIZI. Kinder, dunkel wirds!

FRITZ *hat der Christine geholfen die Überjacke auszuziehen, sie hat auch ihren Hut abgelegt, er gibt die Dinge auf einen Stuhl im Hintergrund.* Gleich wollen wir die Lampe anzünden.

THEODOR. Lampe! Keine Idee! Lichter werden wir anzünden. Das macht sich viel hübscher. Komm, Mizi, kannst mir helfen. *Er und Mizi zünden die Lichter an; die Kerzen in den zwei Armleuchtern auf dem Trumeau[10], eine Kerze auf dem Schreibtisch, dann zwei Kerzen auf der Kredenz.*

Unterdessen sprechen Fritz und Christine miteinander.

FRITZ. Wie gehts dir denn, mein Schatz?

CHRISTINE. Jetzt gehts mir gut. —

FRITZ. Na, und sonst?

CHRISTINE. Ich hab mich so nach dir gesehnt.

FRITZ. Wir haben uns ja gestern erst gesehen.

CHRISTINE. Gesehn . . . von weitem . . . *Schüchtern.* Du, das war nicht schön, daß du . . .

FRITZ. Ja, ich weiß schon; die Mizi hats mir schon gesagt. Aber du bist ein Kind wie gewöhnlich. Ich hab nicht los können. So was mußt du ja begreifen.

CHRISTINE. Ja . . . du, Fritz . . . wer waren denn die Leute in der Loge?

FRITZ. Bekannte — das ist doch ganz gleichgültig, wie sie heißen.

CHRISTINE. Wer war denn die Dame im schwarzen Samtkleid?

FRITZ. Kind, ich hab gar kein Gedächtnis für Toiletten.

CHRISTINE *schmeichelnd.* Na!

FRITZ. Das heißt . . . ich hab dafür auch schon ein Gedächtnis — in gewissen Fällen. Zum Beispiel an die dunkelgraue Bluse erinner ich mich sehr gut, die du angehabt hast, wie wir uns das erste Mal gesehen haben. Und die weiß-schwarze Taille, gestern . . . im Theater —

CHRISTINE. Die hab ich ja heut auch an!

FRITZ. Richtig . . . von weitem sieht die nämlich ganz anders aus — im Ernst! Oh, und das Medaillon, das kenn ich auch!

CHRISTINE *lächelnd.* Wann hab ichs umgehabt?

FRITZ. Vor — na, damals, wie wir in dem Garten bei der Linie[11] spazierengegangen sind, wo

[10]a column with mirrors   [11]The original or medieval city of Vienna is surrounded by concentric circles. The first of these is the so-called "Ring"; after this comes the "Linie"; then the "Vororte" (suburbs).

[8]list of public officials   [9]wer = jemand

die vielen Kinder gespielt haben ... nicht wahr ...?

CHRISTINE. Ja ... Du denkst doch manchmal an mich.

FRITZ. Ziemlich häufig, mein Kind ...

CHRISTINE. Nicht so oft wie ich an dich. Ich denke immer an dich ... den ganzen Tag ... und froh kann ich doch nur sein, wenn ich dich seh!

FRITZ. Sehn wir uns denn nicht oft genug? —

CHRISTINE. Oft ...

FRITZ. Freilich. Im Sommer werden wir uns weniger sehn ... Denk dir, wenn ich zum Beispiel einmal auf ein paar Wochen verreiste, was möchtest du da sagen?

CHRISTINE *ängstlich.* Wie? Du willst verreisen?

FRITZ. Nein ... Immerhin wär es aber möglich, daß ich einmal die Laune hätte, acht Tage ganz allein zu sein ...

CHRISTINE. Ja, warum denn?

FRITZ. Ich spreche ja nur von der Möglichkeit. Ich kenne mich, ich hab solche Launen. Und du könntest ja auch einmal Lust haben, mich ein paar Tage nicht zu sehn ... das werd ich immer verstehn.

CHRISTINE. Die Laune werd ich nie haben, Fritz.

FRITZ. Das kann man nie wissen.

CHRISTINE. Ich weiß es ... ich hab dich lieb.

FRITZ. Ich hab dich ja auch sehr lieb.

CHRISTINE. Du bist aber mein Alles, Fritz, für dich könnt ich ... *Sie unterbricht sich.* Nein, ich kann mir nicht denken, daß je eine Stunde käm, wo ich dich nicht sehen wollte. Solange ich leb, Fritz — —

FRITZ *unterbricht.* Kind, ich bitt dich ... so was sag lieber nicht ... die großen Worte, die hab ich nicht gern. Von der Ewigkeit reden wir nicht ...

CHRISTINE *traurig lächelnd.* Hab keine Angst, Fritz ... ich weiß ja, daß es nicht für immer ist ...

FRITZ. Du verstehst mich falsch, Kind. Es ist ja möglich — *lachend* — daß wir einmal überhaupt nicht ohne einander leben können, aber wissen können wirs ja nicht, nicht wahr? Wir sind ja nur Menschen.

THEODOR *auf die Lichter weisend.* Bitte sich das gefälligst anzusehen ... Sieht das nicht anders aus, als wenn da eine dumme Lampe stünde?

FRITZ. Du bist wirklich der geborene Festarrangeur.

THEODOR. Kinder, wie wärs übrigens, wenn wir an das Souper dächten? ...

MIZI. Ja! ... Komm Christin'! ...

FRITZ. Wartet, ich will euch zeigen, wo ihr alles Notwendige findet.

MIZI. Vor allem brauchen wir ein Tischtuch.

THEODOR *mit englischem Akzent, wie ihn die Clowns zu haben pflegen.* «Eine Tischtuch».

FRITZ. Was? ...

THEODOR. Erinnerst dich nicht an den Clown im Orpheum[12]? «Das ist eine Tischtuch» ... «Das ist eine Blech» ... «Das ist eine kleine piccolo».

MIZI. Du, Dori, wann gehst denn mit mir ins Orpheum? Neulich hast du mirs ja versprochen. Da kommt die Christin' aber auch mit, und der Herr Fritz auch. *Sie nimmt eben Fritz das Tischtuch aus der Hand, das dieser aus der Kredenz genommen.* Da sind aber dann wir die Bekannten in der Loge ...

FRITZ. Ja, ja ...

MIZI. Da kann dann die Dame mit dem schwarzen Samtkleid allein nach Haus gehn.

FRITZ. Was ihr immer mit der Dame in Schwarz habt, das ist wirklich zu dumm.

MIZI. Oh, wir haben nichts mit ihr ... So ... Und das Eßzeug? ... *Fritz zeigt ihr alles in der geöffneten Kredenz.* Ja ... Und die Teller? ... Ja, danke ... So, jetzt machen wirs schon allein ... Gehn Sie, gehn Sie, jetzt stören Sie uns nur.

THEODOR *hat sich unterdessen auf den Diwan der Länge nach hingelegt; wie Fritz zu ihm nach vorne kommt.* Du entschuldigst ... *Mizi und Christine decken auf.*

MIZI. Hast du schon das Bild von Fritz in der Uniform gesehn?

CHRISTINE. Nein.

MIZI. Das mußt du dir anschaun. Fesch[13]! ... *Sie reden weiter.*

THEODOR *auf dem Diwan.* Siehst du Fritz, solche Abende sind meine Schwärmerei.

FRITZ. Sind auch nett.

THEODOR. Da fühl ich mich behaglich ... Du nicht? ...

FRITZ. Oh, ich wollte, es wär mir immer so wohl.

MIZI. Sagen Sie, Herr Fritz, ist Kaffee in der Maschin drin?

FRITZ. Ja ... Ihr könnt auch gleich den Spiritus anzünden — auf der Maschin dauerts sowieso eine Stund, bis der Kaffee fertig ist ...

THEODOR *zu Fritz.* Für so ein süßes Mäderl geb ich zehn dämonische Weiber her.

FRITZ. Das kann man nicht vergleichen.

THEODOR. Wir hassen nämlich die Frauen, die wir lieben und lieben nur die Frauen, die uns gleichgültig sind.

[12]popular music hall [13]smart, stylish, chic (Austrian; originally from English "fashionable")

FRITZ *lacht.*

MIZI. Was ist denn? Wir möchten auch was hören!

THEODOR. Nichts für euch, Kinder. Wir philosophieren. *Zu Fritz.* Wenn wir heut mit denen das letzte Mal zusammen wären, wir wären doch nicht weniger fidel, was?

FRITZ. Das letzte Mal . . . Na, darin liegt jedenfalls etwas Melancholisches. Ein Abschied schmerzt immer, auch wenn man sich schon lange darauf freut!

CHRISTINE. Du, Fritz, wo ist denn das kleine Eßzeug?

FRITZ *geht nach hinten, zur Kredenz.* Da ist es, mein Schatz.

MIZI *ist nach vorn gekommen, fährt dem Theodor, der auf dem Diwan liegt, durch die Haare.*

THEODOR. Du Katz, du!

FRITZ *öffnet das Paket, das Mizi gebracht.* Großartig . . .

CHRISTINE *zu Fritz.* Wie du alles hübsch in Ordnung hast!

FRITZ. Ja . . . *Ordnet die Sachen, die Mizi mitgebracht. Sardinenbüchse, kaltes Fleisch, Butter, Käse.*

CHRISTINE. Fritz . . . willst du mirs nicht sagen?

FRITZ. Was denn?

CHRISTINE *sehr schüchtern.* Wer die Dame war?

FRITZ. Nein; ärger mich nicht. *Milder.* Schau, das haben wir ja so ausdrücklich miteinander ausgemacht: Gefragt wird nichts. Das ist ja gerade das Schöne. Wenn ich mit dir zusammen bin, versinkt die Welt — punktum[14]. Ich frag dich auch um nichts.

CHRISTINE. Mich kannst du um alles fragen.

FRITZ. Aber ich tu's nicht. Ich will ja nichts wissen.

MIZI *kommt wieder hin.* Herrgott, machen Sie da eine Unordnung — *Übernimmt die Speisen, legt sie auf die Teller.* So . . .

THEODOR. Du, Fritz, sag, hast du irgendwas zum Trinken zu Hause?

FRITZ. O ja, es wird sich schon was finden. *Er geht ins Vorzimmer.*

THEODOR *erhebt sich und besichtigt den Tisch.* Gut. —

MIZI. So, ich denke, es fehlt nichts mehr! . . .

FRITZ *kommt mit einigen Flaschen zurück.* So, hier wäre auch was zum Trinken.

THEODOR. Wo sind denn die Rosen, die von der Decke herunterfallen?

MIZI. Ja, richtig, die Rosen haben wir vergessen! *Sie nimmt die Rosen aus der Vase, steigt auf einen Stuhl und läßt die Rosen auf den Tisch fallen.* So!

CHRISTINE. Gott, ist das Mädel ausgelassen.

THEODOR. Na, nicht in die Teller . . .

FRITZ. Wo willst du sitzen, Christin'?

THEODOR. Wo ist denn der Stoppelzieher[15]?

FRITZ *holt einen aus der Kredenz.* Hier ist einer.

MIZI *versucht, den Wein aufzumachen.*

FRITZ. Aber geben Sie das doch mir.

THEODOR. Laß das mich machen . . . *Nimmt ihm Flasche und Stoppelzieher aus der Hand.* Du könntest unterdessen ein bißchen . . . *Bewegung des Klavierspiels.*

MIZI. Ja, ja, das ist fesch! . . . *Sie läuft zum Klavier, öffnet es, nachdem sie die Sachen, die darauf liegen, auf einen Stuhl gelegt hat.*

FRITZ *zu Christine.* Soll ich?

CHRISTINE. Ich bitt dich, ja, so lang schon hab ich mich danach gesehnt.

FRITZ *am Klavier.* Du kannst ja auch ein bissel spielen?

CHRISTINE *abwehrend.* O Gott . . .

MIZI. Schön kann sie spielen, die Christin' . . . sie kann auch singen.

FRITZ. Wirklich? Das hast du mir ja nie gesagt! . . .

CHRISTINE. Hast du mich denn je gefragt?

FRITZ. Wo hast du denn singen gelernt?

CHRISTINE. Gelernt hab ichs eigentlich nicht. Der Vater hat mich ein bissel unterrichtet — aber ich hab nicht viel Stimme. Und weißt du, seit die Tant gestorben ist, die immer bei uns gewohnt hat, da ist es noch stiller bei uns, wie es früher war.

FRITZ. Was machst du eigentlich so den ganzen Tag?

CHRISTINE. O Gott, ich hab schon zu tun! —

FRITZ. So im Haus — wie?

CHRISTINE. Ja. Und dann schreib ich Noten ab, ziemlich viel. —

THEODOR. Musiknoten?

CHRISTINE. Freilich.

THEODOR. Das muß ja horrend bezahlt werden *Wie die andern lachen.* Na, ich würde das horrend bezahlen. Ich glaube, Notenschreiben muß eine fürchterliche Arbeit sein!

MIZI. Es ist auch ein Unsinn, daß sie sich so plagt. *Zu Christine.* Wenn ich so viel Stimme hätte wie du, wäre ich längst beim Theater.

THEODOR. Du brauchtest nicht einmal Stimme . . . Du tust natürlich den ganzen Tag gar nichts, was?

---

[14]Period!

[15]= Korkenzieher

MIZI. Na, sei so gut! Ich hab ja zwei kleine Brüder, die in die Schul gehn, die zieh ich an in der Früh; und dann mach ich die Aufgaben mit ihnen —

THEODOR. Da ist doch kein Wort wahr.

MIZI. Na, wennst mir nicht glaubst! — Und bis zum vorigen Herbst bin ich sogar in einem Geschäft gewesen von acht in der Früh bis acht am Abend —

THEODOR *leicht spottend.* Wo denn?

MIZI. In einem Modistengeschäft. Die Mutter will, daß ich wieder eintrete.

THEODOR *wie oben.* Warum bist du denn ausgetreten?

FRITZ *zu Christine.* Du mußt uns dann was vorsingen!

THEODOR. Kinder, essen wir jetzt lieber, und du spielst dann, ja? . . .

FRITZ *aufstehend, zu Christine.* Komm, Schatz! *Führt sie zum Tisch hin.*

MIZI. Der Kaffee! Jetzt geht der Kaffee über, und wir haben noch nichts gegessen!

THEODOR. Jetzt ists schon alles eins!

MIZI. Aber er geht ja über! *Bläst die Spiritusflamme aus. Man setzt sich zu Tisch.*

THEODOR. Was willst du haben, Mizi? Das sag ich dir gleich: Die Torte kommt zuletzt! . . . Zuerst mußt du lauter ganz saure Sachen essen.

FRITZ *schenkt den Wein ein.*

THEODOR. Nicht so: Das macht man jetzt anders. Kennst du nicht die neueste Mode? *Steht auf, affektiert Grandezza[16], die Flasche in der Hand, zu Christine.* Vöslauer Ausstich achtzehnhundert[17] . . . *Spricht die nächsten Zahlen unverständlich. Schenkt ein, zu Mizi.* Vöslauer Ausstich achtzehnhundert . . . *Wie früher. Schenkt ein, zu Fritz.* Vöslauer Ausstich achtzehnhundert . . . *Wie früher. An seinem eigenen Platz.* Vöslauer Ausstich . . . *Wie früher. Setzt sich.*

MIZI *lachend.* Alleweil macht er Dummheiten.

THEODOR *erhebt das Glas, alle stoßen an.* Prosit!

MIZI. Sollst leben, Theodor! . . .

THEODOR *sich erhebend.* Meine Damen und Herren . . .

FRITZ. Na, nicht gleich!

THEODOR *setzt sich.* Ich kann ja warten.

Man ißt.

MIZI. Das hab ich so gern, wenn bei Tisch Reden gehalten werden. Also ich hab einen Vetter, der redt immer in Reimen.

THEODOR. Bei was für einem Regiment ist er? . . .

MIZI. Geh, hör auf . . . Auswendig redt er und mit Reimen, aber großartig, sag ich dir, Christin'. Und ist eigentlich schon ein älterer Herr.

THEODOR. Oh, das kommt vor, daß ältere Herren noch in Reimen reden.

FRITZ. Aber ihr trinkt ja gar nicht. Christin'! *Er stößt mit ihr an.*

THEODOR *stößt mit Mizi an.* Auf die alten Herren, die in Reimen reden.

MIZI *lustig.* Auf die jungen Herren, auch wenn sie gar nichts reden . . . zum Beispiel auf den Herrn Fritz . . . Sie, Herr Fritz, jetzt trinken wir Bruderschaft, wenn Sie wollen — und die Christin' muß auch mit dem Theodor Bruderschaft trinken.

THEODOR. Aber nicht mit dem Wein, das ist kein Bruderschaftswein. *Erhebt sich, nimmt eine andere Flasche — gleiches Spiel wie früher:* Xeres de la Frontera mille huit cent cinquante[18] — Xeres de la Frontera — Xeres de la Frontera — Xeres de la Frontera.

MIZI *nippt.* Ah —

THEODOR. Kannst du nicht warten, bis wir alle trinken? . . . Also, Kinder . . . bevor wir uns so feierlich verbrüdern, wollen wir auf den glücklichen Zufall trinken, der, der . . . und so weiter . . .

MIZI. Ja, ist schon gut! *Sie trinken.*

Fritz nimmt Mizis, Theodor Christinens Arm, die Gläser in der Hand, wie man Bruderschaft zu trinken pflegt.

FRITZ *küßt Mizi.*

THEODOR *will Christine küssen.*

CHRISTINE *lächelnd.* Muß das sein?

THEODOR. Unbedingt, sonst gilts nichts . . . *Küßt sie.* So, und jetzt à place! . . .

MIZI. Aber schauerlich heiß wirds in dem Zimmer.

FRITZ. Das ist von den vielen Lichtern, die der Theodor angezündet hat.

MIZI. Und von dem Wein. *Sie lehnt sich in den Fauteuil zurück.*

THEODOR. Komm nur daher, jetzt kriegst du ja erst das Beste. *Er schneidet ein Stückchen von der Torte ab und steckts ihr in den Mund.* Da, du Katz — gut? —

MIZI. Sehr! . . . *Er gibt ihr noch eins.*

THEODOR. Geh, Fritz, jetzt ist der Moment! Jetzt könntest du was spielen!

FRITZ. Willst du, Christin'?

---

[16]with affected grandeur   [17]name and year of the wine

[18]This time he gives a Spanish name to the wine (*Xeres* = sherry) and says the date in French (1850).

CHRISTINE. Bitte! —

MIZI. Aber was Fesches!

THEODOR *füllt die Gläser.*

MIZI. Kann nicht mehr. *Trinkt.*

CHRISTINE *nippend.* Der Wein ist so schwer.

THEODOR *auf den Wein weisend.* Fritz!

FRITZ *leert das Glas, geht zum Klavier.*

CHRISTINE *setzt sich zu ihm.*

MIZI. Herr Fritz, spielen S' den Doppeladler[19].

FRITZ. Den Doppeladler — wie geht der?

MIZI. Dori, kannst du nicht den Doppeladler spielen?

THEODOR. Ich kann überhaupt nicht Klavier spielen.

FRITZ. Ich kenn ihn ja; er fällt mir nur nicht ein.

MIZI. Ich werd ihn Ihnen vorsingen ... La ... la ... lalalala ... la ...

FRITZ. Aha, ich weiß schon. *Spielt aber nicht ganz richtig.*

MIZI *geht zum Klavier.* Nein, so ... *Spielt die Melodie mit einem Finger.*

FRITZ. Ja, ja ... *Er spielt, Mizi singt mit.*

THEODOR. Das sind wieder süße Erinnerungen, was? ...

FRITZ *spielt wieder unrichtig und hält inne.* Es geht nicht. Ich hab gar kein Gehör. *Er phantasiert.*

MIZI *gleich nach dem ersten Takt.* Das ist nichts!

FRITZ *lacht.* Schimpfen Sie nicht, das ist von mir! —

MIZI. Aber zum Tanzen ist es nicht.

FRITZ. Probieren Sie nur einmal ...

THEODOR *zu Mizi.* Komm, versuchen wirs. *Er nimmt sie um die Taille, sie tanzen.*

CHRISTINE *steht am Klavier und schaut auf die Tasten.*

Es klingelt.

FRITZ *hört plötzlich auf zu spielen; Theodor und Mizi tanzen weiter.*

THEODOR *und* MIZI *zugleich.* Was ist denn das? — Na!

FRITZ. Es hat eben geklingelt ... *Zu Theodor.* Hast du denn noch jemanden eingeladen?

THEODOR. Keine Idee — du brauchst ja nicht zu öffnen.

CHRISTINE *zu Fritz.* Was hast du denn?

FRITZ. Nichts ...

Es klingelt wieder.

FRITZ *steht auf, bleibt stehen.*

THEODOR. Du bist einfach nicht zu Hause.

FRITZ. Man hört ja das Klavierspielen bis auf den Gang ... Man sieht auch von der Straße her, daß es beleuchtet ist.

THEODOR. Was sind denn das für Lächerlichkeiten? Du bist eben nicht zu Haus.

FRITZ. Es macht mich aber nervös.

THEODOR. Na, was wirds denn sein? Ein Brief! — Oder ein Telegramm — Du wirst ja um — *Auf die Uhr sehend* — um neun keinen Besuch bekommen.

Es klingelt wieder.

FRITZ. Ach was, ich muß doch nachsehn — *Geht hinaus.*

MIZI. Aber ihr seid auch gar nicht fesch — *Schlägt ein paar Tasten auf dem Klavier an.*

THEODOR. Geh, hör jetzt auf! — *Zu Christine.* Was haben Sie denn? Macht Sie das Klingeln auch nervös? —

FRITZ *kommt zurück, mit erkünstelter Ruhe.*

THEODOR *und* CHRISTINE *zugleich.* Na, wer wars?

FRITZ *gezwungen lächelnd.* Ihr müßt so gut sein, mich einen Moment zu entschuldigen. Geht unterdessen da hinein.

THEODOR. Was gibts denn?

CHRISTINE. Wer ists?

FRITZ. Nichts, Kind, ich habe nur zwei Worte mit einem Herrn zu sprechen ... *Hat die Tür zum Nebenzimmer geöffnet, geleitet die Mädchen hinein. Theodor ist der letzte, sieht Fritz fragend an.*

FRITZ *leise, mit entsetztem Ausdruck.* Er! ...

THEODOR. Ah! ...

FRITZ. Geh hinein, geh hinein. —

THEODOR. Ich bitt dich, mach keine Dummheiten, es kann eine Falle sein ...

FRITZ. Geh ... geh ... *Theodor ins Nebenzimmer. Fritz geht rasch durchs Zimmer auf den Gang, so daß die Bühne einige Augenblicke leer bleibt. Dann tritt er wieder auf, indem er einen elegant gekleideten Herrn von etwa fünfunddreißig Jahren voraus eintreten läßt. — Der Herr ist in gelbem Überzieher, trägt Handschuhe, hält den Hut in der Hand.*

Fritz, der Herr.

FRITZ *noch im Eintreten.* Pardon, daß ich Sie warten ließ ... ich bitte ...

DER HERR *in ganz leichtem Tone.* Oh, das tut nichts. Ich bedaure sehr, Sie gestört zu haben.

FRITZ. Gewiß nicht. Bitte wollen Sie nicht — *Weist ihm einen Stuhl an.*

---

[19] a popular patriotic march like "The Stars and Stripes Forever" (The double eagle was the Habsburg emblem.)

DER HERR. Ich sehe ja, daß ich Sie gestört habe. Kleine Unterhaltung, wie?

FRITZ. Ein paar Freunde.

DER HERR *sich setzend, immer freundlich.* Maskenscherz wahrscheinlich?

FRITZ *befangen.* Wieso?

DER HERR. Nun, Ihre Freunde haben Damen-hüte und Mantillen.

FRITZ. Nun ja . . . *Lächelnd.* Es mögen ja Freundinnen auch dabei sein . . . *Schweigen.*

DER HERR. Das Leben ist zuweilen ganz lustig . . . ja . . . *Er sieht den andern starr an.*

FRITZ *hält den Blick eine Weile aus, dann sieht er weg.* Ich darf mir wohl die Frage erlauben, was mir die Ehre Ihres Besuches verschafft.

DER HERR. Gewiß . . . *Ruhig.* Meine Frau hat nämlich ihren Schleier bei Ihnen vergessen.

FRITZ. Ihre Frau Gemahlin bei mir? . . . ihren . . . *Lächelnd.* Der Scherz ist ein bißchen sonder-bar . . .

DER HERR *plötzlich aufstehend, sehr stark, fast wild, indem er sich mit der einen Hand auf die Stuhllehne stützt.* Sie h a t ihn vergessen.

FRITZ *erhebt sich auch, und die beiden stehen einander gegenüber.*

DER HERR *hebt die Faust, als wollte er sie auf Fritz niederfallen lassen; — in Wut und Ekel.* Oh . . .!

FRITZ *wehrt ab, geht einen kleinen Schritt nach rückwärts.*

DER HERR *nach einer langen Pause.* Hier sind Ihre Briefe. *Er wirft ein Paket, das er aus der Tasche des Überziehers nimmt, auf den Schreibtisch.* Ich bitte um die, welche Sie erhalten haben . . .

FRITZ *abwehrende Bewegung.*

DER HERR *heftig, mit Bedeutung.* Ich will nicht, daß man sie — s p ä t e r bei Ihnen findet.

FRITZ *sehr stark.* Man wird sie nicht finden.

DER HERR *schaut ihn an. Pause.*

FRITZ. Was wünschen Sie noch von mir? . . .

DER HERR *höhnisch.* Was ich n o c h wünsche —?

FRITZ. Ich stehe zu Ihrer Verfügung . . .

DER HERR *verbeugt sich kühl.* Gut. — *Er läßt seinen Blick im Zimmer umhergehen; wie er wieder den gedeckten Tisch, die Damenhüte usw. sieht, geht eine lebhafte Bewegung über sein Gesicht, als wollte es zu einem neuen Ausbruch seiner Wut kommen.*

FRITZ *der das bemerkt, wiederholt.* Ich bin ganz zu Ihrer Verfügung. — Ich werde morgen bis zwölf Uhr zu Hause sein.

DER HERR *verbeugt sich und wendet sich zum Gehen.*

FRITZ *begleitet ihn bis zur Türe, was der Herr abwehrt. Wie er weg ist, geht Fritz zum Schreibtisch, bleibt eine Weile stehen. Dann eilt er zum Fenster, sieht durch eine Spalte, die die Rouleaux gelassen, hinaus, und man merkt, wie er den auf dem Trottoir gehenden Herrn mit den Blicken verfolgt. Dann entfernt er sich von dem Fenster, bleibt, eine Sekunde lang zur Erde schauend, stehen; dann geht er zur Türe des Nebenzimmers, öffnet sie zur Hälfte und ruft.* Theodor . . . auf einen Moment.

Fritz, Theodor. Sehr rasch diese Szene.

THEODOR *erregt.* Nun . . .

FRITZ. Er weiß es.

THEODOR. Nichts weiß er. Du bist ihm sicher hineingefallen. Hast am Ende gestanden. Du bist ein Narr, sag ich dir . . . Du bist —

FRITZ *auf die Briefe weisend.* Er hat mir meine Briefe zurückgebracht.

THEODOR *betroffen.* Oh . . . *Nach einer Pause.* Ich sag es immer, man soll nicht Briefe schreiben.

FRITZ. Er ist es gewesen, heute nachmittag, da unten.

THEODOR. Also was hats denn gegeben? — So sprich doch.

FRITZ. Du mußt mir nun einen großen Dienst erweisen, Theodor.

THEODOR. Ich werde die Sache schon in Ord-nung bringen.

FRITZ. Davon ist hier nicht mehr die Rede.

THEODOR. Also . . .

FRITZ. Es wird für alle Fälle gut sein . . . *Sich unterbrechend.* — Aber wir können doch die armen Mädeln nicht so lange warten lassen.

THEODOR. Die können schon warten. Was wolltest du sagen?

FRITZ. Es wird gut sein, wenn du heute noch Lensky aufsuchst.

THEODOR. Gleich, wenn du willst.

FRITZ. Du triffst ihn jetzt nicht . . . aber zwischen elf und zwölf kommt er ja sicher ins Kaffeehaus . . . vielleicht kommt ihr dann beide noch zu mir . . .

THEODOR. Geh, so mach doch kein solches Gesicht . . . in neunundneunzig Fällen von hundert geht die Sache gut aus.

FRITZ. Es wird dafür gesorgt sein, daß diese Sache n i c h t gut ausgeht.

THEODOR. Aber ich bitt dich, erinnere dich, im vorigen Jahr, die Affäre zwischen dem Doktor Billinger und dem Herz — das war doch genau dasselbe.

FRITZ. Laß das, du weißt es selbst — er hätte

mich einfach hier in dem Zimmer niederschießen sollen — es wär aufs gleiche herausgekommen.

THEODOR *gekünstelt.* Ah, das ist famos! Das ist eine großartige Auffassung... Und wir, der Lensky und ich, wir sind nichts? Du meinst, wir 5 werden es zugeben — —

FRITZ. Bitt dich, laß das!... Ihr werdet einfach annehmen, was man proponieren wird.

THEODOR. Ah —

FRITZ. Wozu das alles, Theodor. Als wenn du's 10 nicht wüßtest.

THEODOR. Unsinn. Überhaupt, das Ganze ist Glückssache... Ebensogut kannst du ihn...

FRITZ *ohne darauf zu hören.* Sie hat es geahnt. Wir beide haben es geahnt. Wir haben es ge- 15 wußt...

THEODOR. Geh, Fritz...

FRITZ *zum Schreibtisch, sperrt die Briefe ein.* Was sie in diesem Augenblick nur macht. Ob er sie... Theodor... das mußt du morgen in Erfah- 20 rung bringen, was dort geschehen ist.

THEODOR. Ich werd es versuchen...

FRITZ.... Sieh auch, daß kein überflüssiger Aufschub...

THEODOR. Vor übermorgen früh wirds ja doch 25 kaum sein können.

FRITZ *beinahe angstvoll.* Theodor!

THEODOR. Also... Kopf hoch. — Nicht wahr, auf innere Überzeugungen ist doch auch etwas zu geben — und ich hab die feste Überzeugung, daß 30 alles... gut ausgeht. *Redet sich in Lustigkeit hinein.* Ich weiß selbst nicht warum, aber ich hab einmal die Überzeugung!

FRITZ *lächelnd.* Was bist du für ein guter Kerl! — Aber was sagen wir nur den Mädeln? 35

THEODOR. Das ist wohl sehr gleichgültig. Schicken wir sie einfach weg.

FRITZ. O nein. Wir wollen sogar möglichst lustig sein. Christine darf gar nichts ahnen. Ich will mich wieder zum Klavier setzen; ruf du sie indessen 40 herein. *Theodor wendet sich, unzufriedenen Gesichts, das zu tun.* Und was wirst du ihnen sagen?

THEODOR. Daß sie das gar nichts angeht.

FRITZ, *der sich zum Klavier gesetzt hat, sich nach ihm umwendend.* Nein, nein — 45

THEODOR. Daß es sich um einen Freund handelt — das wird sich schon finden.

FRITZ *spielt ein paar Töne.*

THEODOR. Bitte, meine Damen. *Hat die Tür geöffnet.* 50

Fritz, Theodor, Christine, Mizi.

MIZI. Na endlich! Ist der schon fort?

CHRISTINE *zu Fritz eilend.* Wer war bei dir, Fritz?

FRITZ *am Klavier, weiterspielend.* Ist schon wieder neugierig.

CHRISTINE. Ich bitt dich, Fritz, sags mir.

FRITZ. Schatz, ich kanns dir nicht sagen, es handelt sich wirklich um Leute, die du gar nicht kennst.

CHRISTINE *schmeichelnd.* Geh, Fritz, sag mir die Wahrheit!

THEODOR. Sie läßt dich natürlich nicht in Ruh ... Daß du ihr nichts sagst! Du hasts ihm versprochen!

MIZI. Geh, sei doch nicht so fad, Christin', laß ihnen die Freud! Sie machen sich eh[20] nur wichtig!

THEODOR. Ich muß den Walzer mit Fräulein Mizi zu Ende tanzen. *Mit der Betonung eines Clowns.* Bitte, Herr Kapellmeister — eine kleine Musik.

FRITZ *spielt.*

Theodor und Mizi tanzen; nach wenigen Takten.

MIZI. Ich kann nicht! *Sie fällt in einen Fauteuil zurück.*

THEODOR *küßt sie, setzt sich auf die Lehne des Fauteuils zu ihr.*

FRITZ *bleibt am Klavier, nimmt Christine bei beiden Händen, sieht sie an.*

CHRISTINE *wie erwachend.* Warum spielst du nicht weiter?

FRITZ *lächelnd.* Genug für heut...

CHRISTINE. Siehst du, so möcht ich spielen können...

FRITZ. Spielst du viel?...

CHRISTINE. Ich komme nicht viel dazu; im Haus ist immer was zu tun. Und dann, weißt, wir haben ein so schlechtes Pianino.

FRITZ. Ich möchts wohl einmal versuchen. Ich möcht überhaupt gern dein Zimmer einmal sehen.

CHRISTINE *lächelnd.* 's ist nicht so schön wie bei dir!...

FRITZ. Und noch eins möcht ich: Daß du mir einmal viel von dir erzählst... recht viel... ich weiß eigentlich so wenig von dir.

CHRISTINE. Ist wenig zu erzählen. — Ich hab auch keine Geheimnisse — wie wer anderer[21]...

FRITZ. Du hast noch keinen liebgehabt?

CHRISTINE *sieht ihn nur an.*

FRITZ *küßt ihr die Hände.*

CHRISTINE. Und werd auch nie wen andern liebhaben...

[20]*eh* "anyhow" (Austrian) [21]like somebody else (i.e., like Fritz)

FRITZ *mit fast schmerzlichem Ausdruck.* Sag das nicht ... sags nicht ... was weißt du denn? ... Hat dich dein Vater sehr gern, Christin'? —

CHRISTINE. O Gott! ... Es war auch eine Zeit, wo ich ihm alles erzählt hab. —

FRITZ. Na, Kind, mach dir nur keine Vorwürfe ... Ab und zu hat man halt Geheimnisse — das ist der Lauf der Welt.

CHRISTINE. ... Wenn ich nur wüßte, daß du mich gern hast — da wär ja alles ganz gut.

FRITZ. Weißt du's denn nicht?

CHRISTINE. Wenn du immer in dem Ton zu mir reden möchtest, ja dann ...

FRITZ. Christin'! Du sitzt aber recht unbequem.

CHRISTINE. Ach laß mich nur — es ist da ganz gut. *Sie legt den Kopf aufs Klavier.*

FRITZ *steht auf und streichelt ihr die Haare.*

CHRISTINE. Oh, das ist gut.

Stille im Zimmer.

THEODOR. Wo sind denn die Zigarren, Fritz?

FRITZ *kommt zu ihm hin, der bei der Kredenz steht und schon gesucht hat.*

MIZI *ist eingeschlummert.*

FRITZ *reicht ihm ein Zigarrenkistchen.* Und der schwarze Kaffee! *Er schenkt zwei Tassen ein.*

THEODOR. Kinder, wollt ihr nicht auch schwarzen Kaffee haben?

FRITZ. Mizi, soll ich dir eine Tasse ...

THEODOR. Lassen wir sie schlafen ... — Du, trink übrigens keinen Kaffee heut. Du solltest dich möglichst bald zu Bette legen und schauen, daß du ordentlich schläfst.

FRITZ *sieht ihn an und lacht bitter.*

THEODOR. Na ja, jetzt stehn die Dinge nun einmal so, wie sie stehn ... und es handelt sich jetzt nicht darum, so großartig oder so tiefsinnig, sondern so vernünftig zu sein wie möglich ... darauf kommt es an ... in solchen Fällen.

FRITZ. Du kommst noch heute nacht mit Lensky zu mir, ja? ...

THEODOR. Das ist ein Unsinn. Morgen früh ist Zeit genug.

FRITZ. Ich bitt dich drum.

THEODOR. Also schön ...

FRITZ. Begleitest du die Mädeln nach Hause?

THEODOR. Ja, und zwar sofort ... Mizi! ... Erhebe dich! —

MIZI. Ihr trinkt da schwarzen Kaffee —! Gebts[22] mir auch einen! —

THEODOR. Da hast du, Kind ...

FRITZ *zu Christine hin.* Bist müd, mein Schatz? ...

CHRISTINE. Wie lieb das ist, wenn du so sprichst.

FRITZ. Sehr müd? —

CHRISTINE *lächelnd.* Der Wein. — Ich hab auch ein bissel Kopfweh ...

FRITZ. Na, in der Luft wird dir das schon vergehn!

CHRISTINE. Gehen wir schon? — Begleitest du uns?

FRITZ. Nein, Kind. Ich bleib jetzt schon zu Haus ... Ich hab noch einiges zu tun.

CHRISTINE, *der wieder die Erinnerung kommt.* Jetzt ... Was hast du denn jetzt zu tun?

FRITZ *beinahe streng.* Du, Christin', das mußt du dir abgewöhnen! — *Mild.* Ich bin nämlich wie zerschlagen ... wir sind heut, der Theodor und ich, draußen auf dem Land zwei Stunden herumgelaufen —

THEODOR. Ah, das war entzückend. Nächstens fahren wir alle zusammen hinaus aufs Land.

MIZI. Ja, das ist fesch! Und ihr zieht euch die Uniform an dazu.

THEODOR. Das ist doch wenigstens Natursinn!

CHRISTINE. Wann sehen wir uns denn wieder?

FRITZ *etwas nervös.* Ich schreibs dir schon.

CHRISTINE *traurig.* Leb wohl. *Wendet sich zum Gehen.*

FRITZ *bemerkt ihre Traurigkeit.* Morgen sehn wir uns, Christin'.

CHRISTINE *froh.* Ja?

FRITZ: In dem Garten ... dort bei der Linie wie neulich ... um — sagen wir, um sechs Uhr ... ja? Ists dir recht?

CHRISTINE *nickt.*

MIZI *zu Fritz.* Gehst mit uns, Fritz?

THEODOR. Die hat ein Talent zum Dusagen —!

FRITZ. Nein, ich bleib schon zu Haus.

MIZI. Der hats gut! Was wir noch für einen Riesenweg nach Haus haben ...

FRITZ. Aber, Mizi, du hast ja beinah die ganze gute Torte stehenlassen. Wart, ich pack sie dir ein — ja?

MIZI *zu Theodor.* Schickt sich das?

FRITZ *schlägt die Torte ein.*

CHRISTINE. Die ist wie ein kleines Kind ...

MIZI *zu Fritz.* Wart, dafür helf ich dir die Lichter auslöschen. *Löscht ein Licht nach dem andern aus, das Licht auf dem Schreibtisch bleibt.*

CHRISTINE. Soll ich dir nicht das Fenster aufmachen? — es ist so schwül. *Sie öffnet das Fenster, Blick auf das gegenüberliegende Haus.*

---

[22]*gebts* = Austrian for *gebt*

FRITZ. So, Kinder. Jetzt leucht ich euch.

MIZI. Ist denn schon ausgelöscht auf der Stiege?

THEODOR. Na, selbstverständlich.

CHRISTINE. Ah, die Luft ist gut, die da hereinkommt!...

MIZI. Mailüfterl[23]... *Bei der Tür, Fritz hat den Leuchter in der Hand.* Also, wir danken für die freundliche Aufnahme! —

THEODOR *sie drängend.* Geh, geh, geh, geh...

Fritz geleitet die andern hinaus. Die Tür bleibt offen, man hört die Personen draußen reden. Man hört die Wohnungstür aufschließen.

MIZI. Also pah! —

THEODOR. Gib acht, da sind Stufen.

MIZI. Danke schön für die Torte...

THEODOR. Pst, du weckst ja die Leute auf! —

CHRISTINE. Gute Nacht!

THEODOR. Gute Nacht!

Man hört, wie Fritz die Tür draußen schließt und versperrt. — Während er hereintritt und das Licht auf den Schreibtisch stellt, hört man das Haustor unten öffnen und schließen.

FRITZ *geht zum Fenster und grüßt hinunter.*

CHRISTINE *von der Straße.* Gute Nacht!

MIZI *ebenso, übermütig.* Gute Nacht, du mein herziges Kind...

THEODOR *scheltend.* Du, Mizi...

Man hört seine Worte, ihr Lachen, die Schritte verklingen. Theodor pfeift die Melodie des «Doppeladler», die am spätesten verklingt. Fritz sieht noch ein paar Sekunden hinaus, dann sinkt er auf den Fauteuil neben dem Fenster.

Vorhang

ZWEITER AKT

Zimmer Christinens. Bescheiden und nett. Christine kleidet sich eben zum Weggehen an. Katharina tritt auf, nachdem sie draußen angeklopft hat.

KATHARINA. Guten Abend, Fräulein Christin'.

CHRISTINE, *die vor dem Spiegel steht, wendet sich um.* Guten Abend.

KATHARINA. Sie wollen grad weggehn?

CHRISTINE. Ich habs nicht so eilig.

KATHARINA. Ich komm nämlich von meinem Mann, ob Sie mit uns nachtmahlen gehen wollen in' Lehnergarten, weil heut dort Musik ist.

CHRISTINE. Danke sehr, Frau Binder... ich kann heut nicht... ein anderes Mal, ja? — Aber Sie sind nicht bös?

KATHARINA. Keine Spur... warum denn? Sie werden sich schon besser unterhalten können als mit uns.

CHRISTINE *Blick.*

KATHARINA. Der Vater ist schon im Theater?...

CHRISTINE. O nein; er kommt noch früher nach Haus. Jetzt fangts[24] ja erst um halb acht an!

KATHARINA. Richtig, das vergeß ich alleweil. Da werd ich gleich auf ihn warten, weil ich ihn schon lang bitten möcht wegen Freikarten zu dem neuen Stück... Jetzt wird man s' doch schon kriegen?...

CHRISTINE. Freilich... es geht ja jetzt keiner mehr hinein, wenn einmal die Abende so schön werden.

KATHARINA. Unsereins kommt ja sonst gar nicht dazu... wenn man nicht zufällig Bekannte bei einem Theater hat... Aber halten Sie sich meinetwegen nicht auf, Fräulein Christin', wenn Sie weg müssen. Meinem Mann wirds freilich sehr leid sein... und noch wem andern auch...

CHRISTINE. Wem?

KATHARINA. Der Cousin von Binder ist mit, natürlich... Wissen Sie, Fräulein Christin', daß er jetzt fix angestellt ist?

CHRISTINE *gleichgültig.* Ah.

KATHARINA. Und mit einem ganz schönen Gehalt. Und so ein honetter junger Mensch. Und eine Verehrung hat er für Sie —

CHRISTINE. Also — auf Wiedersehen, Frau Binder.

KATHARINA. Dem könnt man von Ihnen erzählen, was man will — der möcht kein Wort glauben...

CHRISTINE *Blick.*

KATHARINA. Es gibt schon solche Männer...

CHRISTINE. Adieu, Frau Binder.

KATHARINA. Adieu... *Nicht zu boshaft im Ton.* Daß Sie nur zum Rendezvous nicht zu spät kommen, Fräul'n Christin'!

CHRISTINE. Was wollen Sie eigentlich von mir? —

KATHARINA. Aber nichts, Sie haben ja recht! Man ist ja nur einmal jung.

CHRISTINE. Adieu.

---

[23] = Mailuft (Austrian diminutive)

[24] *fangt* = Austrian for *fängt*

KATHARINA. Aber einen Rat, Fräulein Christin', möcht ich Ihnen doch geben: Ein bissel vorsichtiger sollten Sie sein!

CHRISTINE. Was heißt denn das?

KATHARINA. Schaun Sie — Wien ist ja eine so große Stadt . . . Müssen Sie sich Ihre Rendezvous grad hundert Schritt weit vom Haus geben?

CHRISTINE. Das geht wohl niemanden was an.

KATHARINA. Ich habs gar nicht glauben wollen, wie mirs der Binder erzählt hat. Der hat Sie nämlich gesehn . . . Geh, hab ich ihm gesagt, du wirst dich verschaut haben[25]. Das Fräulein Christin', die ist keine Person, die mit eleganten jungen Herren am Abend spazierengeht, und wenn schon, so wirds doch so gescheit sein, und nicht grad in unserer Gassen! Na, sagt er, kannst sie ja selber fragen! Und, sagt er, ein Wunder ists ja nicht — zu uns kommt sie gar nimmermehr, aber dafür läuft sie in einer Tour mit der Schlager Mizi[26] herum, ist das eine Gesellschaft für ein anständiges junges Mädel? — Die Männer sind ja so ordinär, Fräul'n Christin'! — Und dem Franz hat ers natürlich auch gleich erzählen müssen, aber der ist schön bös geworden — und für die Fräul'n Christin' legt er die Hand ins Feuer, und wer was über Sie sagt, der hats mit ihm zu tun. Und wie Sie so fürs Häusliche sind und wie lieb Sie alleweil mit der alten Fräul'n Tant gewesen sind — Gott schenk ihr die ewige Ruh — und wie bescheiden und wie eingezogen als Sie leben und so weiter . . . *Pause.* Vielleicht kommen S' doch mit zur Musik?

CHRISTINE. Nein . . .

Katharina, Christine. Weiring tritt auf. Er hat einen Fliederzweig in der Hand.

WEIRING. Guten Abend . . . Ah, die Frau Binder. Wie gehts Ihnen denn?

KATHARINA. Dank schön.

WEIRING. Und das Linerl? — Und der Herr Gemahl? . . .

KATHARINA. Alles gesund, Gott sei Dank.

WEIRING. Na, das ist schön. — *Zu Christine.* Du bist noch zu Haus bei dem schönen Wetter —?

CHRISTINE. Grad hab ich fortgehen wollen.

WEIRING. Das ist gescheit! — Eine Luft ist heut draußen, was, Frau Binder, das ist was Wunderbars. Ich bin jetzt durch den Garten bei der Linie gegangen — da blüht der Flieder — es ist eine

Pracht! Ich hab mich auch einer Übertretung schuldig gemacht! *Gibt den Fliederzweig der Christine.*

CHRISTINE. Dank dir, Vater.

KATHERINA. Sein S' froh, daß Sie der Wächter nicht erwischt hat.

WEIRING. Gehn S' einmal hin, Frau Binder — es riecht noch genau so gut dort, als wenn ich das Zweigerl nicht abgepflückt hätt.

KATHARINA. Wenn sich das aber alle dächten —

WEIRING. Das wär freilich g'fehlt!

CHRISTINE. Adieu, Vater!

WEIRING. Wenn du ein paar Minuten warten möchtest, so könntest du mich zum Theater hinbegleiten.

CHRISTINE. Ich . . . ich hab der Mizi versprochen, daß ich sie abhol . . .

WEIRING. Ah so. — Ist auch gescheiter. Jugend gehört zur Jugend. Adieu, Christin' . . .

CHRISTINE *küßt ihn. Dann.* Adieu, Frau Binder! — *Ab; Weiring sieht ihr zärtlich nach.*

Katharina, Weiring.

KATHARINA. Das ist ja jetzt eine sehr intime Freundschaft mit der Fräul'n Mizi.

WEIRING. Ja. — Ich bin wirklich froh, daß die Tini eine Ansprach hat[27] und nicht in einem fort zu Hause sitzt. Was hat denn das Mädel eigentlich von ihrem Leben! . . .

KATHARINA. Ja, freilich.

WEIRING. Ich kann Ihnen gar nicht sagen, Frau Binder, wie weh mirs manchmal tut, wenn ich so nach Haus komm, von der Prob — und sie sitzt da und näht — und Nachmittag, kaum stehn wir vom Tisch auf, so setzt sie sich schon wieder hin und schreibt ihre Noten . . .

KATHARINA. Na ja, die Millionäre habens freilich besser wie unsereins. Aber was ist denn eigentlich mit ihrem Singen?

WEIRING. Das heißt nicht viel. Fürs Zimmer reicht die Stimme ja aus, und für ihren Vater singt sie schön genug — aber leben kann man nicht davon.

KATHARINA. Das ist aber schad.

WEIRING. Ich bin froh, daß sie's selber einsieht. Werden ihr wenigstens die Enttäuschungen erspart bleiben. — Zum Chor von unserm Theater könnt ich sie natürlich bringen —

KATHARINA. Freilich, mit der Figur!

WEIRING. Aber da sind ja gar keine Aussichten.

---

[25] *sich verschauen* "to see wrong, be mistaken in what you thought you saw" (Austrian) [26] i.e., a girl named Mizi Schlager

[27] that Tini has a chance to talk to someone . . .

KATHARINA. Man hat wirklich Sorgen mit einem Mädel! Wenn ich denk, daß meine Linerl in fünf, sechs Jahren auch eine große Fräul'n ist —

WEIRING. Aber was setzen Sie sich denn nicht, Frau Binder?

KATHARINA. Oh, ich dank schön, mein Mann holt mich gleich ab — ich bin ja nur heraufgekommen, die Christin' einladen ...

WEIRING. Einladen —?

KATHARINA. Ja, zur Musik im Lehnergarten. Ich hab mir auch gedacht, daß sie das ein bissel aufheitern wird — sie brauchts ja wirklich.

WEIRING. Könnt ihr wahrhaftig nicht schaden — besonders nach dem traurigen Winter. Warum geht sie denn nicht mit Ihnen —?

KATHARINA. Ich weiß nicht ... Vielleicht weil der Cousin vom Binder mit ist.

WEIRING. Ah, schon möglich. Den kanns nämlich nicht ausstehn. Das hat sie mir selber erzählt.

KATHARINA. Ja, warum denn nicht? Der Franz ist ein sehr anständiger Mensch — jetzt ist er sogar fix angestellt, das ist doch heutzutag ein Glück für ein ...

WEIRING. Für ein ... armes Mädel —

KATHARINA. Für ein jedes Mädel ist das ein Glück.

WEIRING. Ja, sagen Sie mir, Frau Binder, ist denn so ein blühendes Geschöpf wirklich zu nichts anderem da als für so einen anständigen Menschen, der zufällig eine fixe Anstellung hat?

KATHARINA. Ist doch das gescheiteste! Auf einen Grafen kann man ja doch nicht warten, und wenn einmal einer kommt, so empfiehlt er sich dann gewöhnlich, ohne daß er einen geheiratet hat ... *Weiring ist beim Fenster. Pause.* Na ja ... Deswegen sag ich auch immer, man kann bei einem jungen Mädel nicht vorsichtig genug sein — besonders mit dem Umgang —

WEIRING. Obs nur dafür steht, seine jungen Jahre so einfach zum Fenster hinauszuwerfen? — Und was hat denn so ein armes Geschöpf schließlich von seiner ganzen Bravheit, wenn schon — nach jahrelangem Warten — richtig der Strumpfwirker kommt.

KATHARINA. Herr Weiring, wenn mein Mann auch ein Strumpfwirker ist, er ist ein honetter und ein braver Mann, über den ich mich nie zu beklagen gehabt hab ...

WEIRING *begütigend.* Aber, Frau Binder — geht denn das auf Sie! ... Sie haben ja auch Ihre Jugend nicht zum Fenster hinausgeworfen.

KATHARINA. Ich weiß von der Zeit nichts mehr.

WEIRING. Sagen S' das nicht — Sie können mir jetzt erzählen, was Sie wollen — die Erinnerungen sind doch das Beste, was Sie von Ihrem Leben haben.

KATHARINA. Ich hab gar keine Erinnerungen.

WEIRING. Na, na ...

KATHARINA. Und was bleibt denn übrig, wenn eine schon solche Erinnerungen hat, wie Sie meinen? ... Die Reu.

WEIRING. Na, und was bleibt denn übrig — wenn sie — nicht einmal was zum Erinnern hat —? Wenn das ganze Leben nur so vorbeigegangen ist — *Sehr einfach, nicht pathetisch* — ein Tag wie der andere, ohne Glück und ohne Liebe — dann ists vielleicht besser?

KATHARINA. Aber, Herr Weiring, denken Sie doch nur an das alte Fräul'n — an Ihre Schwester! ... Aber es tut Ihnen noch weh, wenn man von ihr redt, Herr Weiring ...

WEIRING. Es tut mir noch weh, ja ...

KATHERINA. Freilich ... wenn zwei Leut so aneinander gehängt haben ... ich habs immer gesagt, so einen Bruder wie Sie findt man nicht bald.

WEIRING *abwehrende Bewegung.*

KATHARINA. Es ist ja wahr. Sie haben ihr doch als ein ganz junger Mensch Vater und Mutter ersetzen müssen.

WEIRING. Ja, ja —

KATHARINA. Das muß ja doch wieder eine Art Trost sein. Wenn man so weiß, daß man immer der Wohltäter und Beschützer von so einem armen Geschöpf gewesen ist —

WEIRING. Ja, das hab ich mir früher auch eingebildet — wie sie noch ein schönes junges Mädel war — und ich bin mir selber weiß Gott wie gescheit und edel vorgekommen. Aber dann, später, wie so langsam die grauen Haar gekommen sind und die Runzeln, und es ist Tag um den andern hingegangen — und die ganze Jugend — und das junge Mädel ist so allmählich — man merkt ja so was kaum — das alte Fräulein geworden — da hab ich erst zu spüren angefangen, was ich eigentlich getan hab!

KATHARINA. Aber Herr Weiring —

WEIRING. Ich seh sie ja noch vor mir, wie sie mir oft gegenübergesessen ist am Abend, bei der Lampe, in dem Zimmer da, und hat mich so angeschaut mit ihrem stillen Lächeln, mit dem gewissen gottergebenen — als wollt sie mir noch für was danken; — und ich — ich hätt mich ja am liebsten vor ihr auf die Knie hingeworfen, sie um Verzeihung bitten, daß ich sie so gut behütet hab vor allen Gefahren — und vor allem Glück! *Pause.*

KATHARINA. Und es wär doch manche froh, wenn sie immer so einen Bruder an der Seite gehabt hätt . . . und nichts zu bereuen . . .

Katharina, Weiring. Mizi tritt ein.

MIZI. Guten Abend! . . . Da ist aber schon ganz dunkel . . . man sieht ja gar nicht mehr. — Ah, die Frau Binder. Ihr Mann ist unten, Frau Binder, und wart auf Sie . . . Ist die Christin' nicht zu Haus? . . .

WEIRING. Sie ist vor einer Viertelstunde weggegangen.

KATHARINA. Haben Sie sie denn nicht getroffen? Sie hat ja mit Ihnen ein Rendezvous gehabt?

MIZI. Nein . . . wir haben uns jedenfalls verfehlt . . . Sie gehn mit Ihrem Mann zur Musik, hat er mir gesagt —?

KATHARINA. Ja, er schwärmt soviel dafür. Aber hören Sie, Fräulein Mizi, Sie haben ein reizendes Hüterl auf. Neu, was?

MIZI. Aber keine Spur. — Kennen Sie denn die Form nimmer? Vom vorigen Frühjahr; nur aufgeputzt ist er neu.

KATHARINA. Selber haben Sie sich ihn neu aufgeputzt?

MIZI. Na, freilich.

WEIRING. So geschickt!

KATHARINA. Natürlich — ich vergeß immer, daß Sie ein Jahr lang in einem Modistengeschäft waren.

MIZI. Ich werd wahrscheinlich wieder in eins gehn. Die Mutter wills haben — da kann man nichts machen.

KATHARINA. Wie gehts denn der Mutter?

MIZI. Na gut — ein bissel Zahnweh hats — aber der Doktor sagt, es ist nur rheumatisch . . .

WEIRING. Ja, jetzt ist es aber für mich die höchste Zeit . . .

KATHARINA. Ich geh gleich mit Ihnen hinunter, Herr Weiring . . .

MIZI. Ich geh auch mit . . . Aber nehmen Sie sich doch den Überzieher, Herr Weiring, es wird später noch recht kühl.

WEIRING. Glauben Sie?

KATHARINA. Freilich . . . Wie kann man denn so unvorsichtig sein.

Vorige — Christine.

MIZI. Da ist sie ja . . .

KATHARINA. Schon zurück vom Spaziergang?

CHRISTINE. Ja. Grüß dich Gott, Mizi . . . Ich hab so Kopfweh . . . *Setzt sich.*

WEIRING. Wie? . . .

KATHARINA. Das ist wahrscheinlich von der Luft . . .

WEIRING. Geh, was hast denn, Christin'! . . . Bitt Sie, Fräulein Mizi, zünden S' die Lampe an. MIZI *macht sich bereit.*

CHRISTINE. Aber das kann ich ja selber.

WEIRING. Ich möcht dein Gesicht sehn, Christin'! . . .

CHRISTINE. Aber Vater, es ist ja gar nichts, es ist gewiß von der Luft draußen.

KATHARINA. Manche Leut können grad das Frühjahr nicht vertragen.

WEIRING. Nicht wahr, Fräulein Mizi, Sie bleiben doch bei der Christin'?

MIZI. Freilich bleib ich da . . .

CHRISTINE. Aber es ist ja gar nichts, Vater.

MIZI. Meine Mutter macht nicht soviel Geschichten mit mir, wenn ich Kopfweh hab . . .

WEIRING *zu Christine, die noch sitzt.* Bist du so müd? . . .

CHRISTINE *vom Sessel aufstehend.* Ich steh schon wieder auf. *Lächelnd.*

WEIRING. So — jetzt schaust du schon wieder ganz anders aus. — *Zu Katharina.* Ganz anders schaut sie aus, wenn sie lacht, was . . .? Also Adieu, Christin' . . . *Küßt sie.* Und daß das Kopferl nimmer weh tut, wenn ich nach Haus komm! . . . *Ist bei der Tür.*

KATHARINA *leise zu Christine.* Habts ihr euch gezankt? *Unwillige Bewegung Christinens.*

WEIRING *bei der Tür.* Frau Binder . . .!

MIZI. Adieu! . . .

Weiring und Katharina ab.
Mizi, Christine.

MIZI. Weißt, woher die Kopfweh kommen? Von dem süßen Wein gestern. Ich wunder mich so, daß ich gar nichts davon gespürt hab . . . Aber lustig ists gewesen, was . . .?

CHRISTINE *nickt.*

MIZI. Sind sehr fesche Leut, beide — kann man gar nichts sagen, was? — Und schön eingerichtet ist der Fritz, wirklich, prachtvoll! Beim Dori . . . *Unterbricht sich.* Ah nichts . . . — Geh, hast noch immer so starke Kopfschmerzen? Warum redst denn nichts? . . . Was hast denn? . . .

CHRISTINE. Denk dir — er ist nicht gekommen.

MIZI. Er hat dich aufsitzen lassen? Das geschieht dir recht!

CHRISTINE. Ja, was heißt denn das? Was hab ich denn getan? —

MIZI. Verwöhnen tust du ihn, zu gut bist du zu ihm. Da muß ja ein Mann arrogant werden.

CHRISTINE. Aber du weißt ja nicht, was du sprichst.

MIZI. Ich weiß ganz gut, was ich red. — Schon die ganze Zeit ärger ich mich über dich. Er kommt zu spät zu den Rendezvous, er begleit dich nicht nach Haus, er setzt sich zu fremden Leuten in die Log' hinein, er läßt dich einfach aufsitzen — das läßt du dir alles ruhig gefallen und schaust ihn noch dazu — *Sie parodierend* — mit so verliebten Augen an. —

CHRISTINE. Geh, sprich nicht so, stell dich doch nicht schlechter, als du bist. Du hast ja den Theodor auch gern.

MIZI. Gern — freilich hab ich ihn gern. Aber das erlebt der Dori nicht, und das erlebt überhaupt kein Mann mehr, daß ich mich um ihn kränken tät — das sind sie alle zusamm nicht wert, die Männer.

CHRISTINE. Nie hab ich dich so reden gehört, nie! —

MIZI. Ja, Tinerl — früher haben wir doch überhaupt nicht so miteinander geredt. — Ich hab mich ja gar nicht getraut. Was glaubst denn, was ich für einen Respekt vor dir gehabt hab! . . . Aber siehst, das hab ich mir immer gedacht: Wenns einmal über dich kommt, wirds dich ordentlich haben[28]. Das erstemal beutelts einen schon zusammen[29]! — Aber dafür kannst du auch froh sein, daß du bei deiner ersten Liebe gleich eine so gute Freundin zum Beistand hast.

CHRISTINE. Mizi!

MIZI. Glaubst mirs nicht, daß ich dir eine gute Freundin bin? Wenn ich nicht da bin und dir sag: Kind, er ist ein Mann wie die andern, und alle zusammen sinds nicht eine böse Stund wert, so setzt du dir weiß Gott was für Sachen in den Kopf. Ich sags aber immer! Den Männern soll man überhaupt kein Wort glauben.

CHRISTINE. Was redst du denn — die Männer, die Männer — was gehn mich denn die Männer an! — Ich frag ja nicht nach den anderen. — In meinem ganzen Leben werd ich nach keinem andern fragen!

MIZI. . . . Ja, was glaubst du denn eigentlich . . . hat er dir denn . . . ? Freilich — es ist schon alles vorgekommen; aber da hättest du die Geschichte anders anfangen müssen . . .

CHRISTINE. Schweig endlich!

MIZI. Na, was willst denn von mir? Ich kann ja nichts dafür — das muß man sich früher überlegen. Da muß man halt warten, bis einer kommt, dem man die ernsten Absichten gleich am Gesicht ankennt . . .

CHRISTINE. Mizi, ich kann solche Worte heute nicht vertragen, sie tun mir weh. —

MIZI *gutmütig*. Na, geh —

CHRISTINE. Laß mich lieber . . . sei nicht bös . . . laß mich lieber allein!

MIZI. Warum soll ich denn bös sein? Ich geh schon. Ich hab dich nicht kränken wollen, Christin', wirklich . . . *Wie sie sich zum Gehen wendet.* Ah, der Herr Fritz.

Vorige — Fritz ist eingetreten.

FRITZ. Guten Abend!

CHRISTINE *aufjubelnd*. Fritz, Fritz! *Ihm entgegen, in seine Arme.*

MIZI *schleicht sich hinaus, mit einer Miene, die ausdrückt: Da bin ich überflüssig.*

FRITZ *sich losmachend*. Aber —

CHRISTINE. Alle sagen, daß du mich verlassen wirst! Nicht wahr, du tust es nicht — jetzt noch nicht — jetzt noch nicht . . .

FRITZ. Wer sagt denn das? . . . Was hast du denn . . . *Sie streichelnd.* Aber Schatz! . . . Ich hab mir eigentlich gedacht, daß du recht erschrecken wirst, wenn ich plötzlich da hereinkomme. —

CHRISTINE. Oh — daß du nur da bist!

FRITZ. Geh, so beruhig dich doch — hast du lang auf mich gewartet?

CHRISTINE. Warum bist du denn nicht gekommen?

FRITZ. Ich bin aufgehalten worden, hab mich verspätet. Jetzt bin ich im Garten gewesen und hab dich nicht gefunden — und hab wieder nach Hause gehen wollen. Aber plötzlich hat mich eine solche Sehnsucht gepackt, eine solche Sehnsucht nach diesem lieben süßen Gesichtel . . .

CHRISTINE *glücklich*. Is wahr?

FRITZ. Und dann hab ich auch plötzlich eine so unbeschreibliche Lust bekommen zu sehen, wo du eigentlich wohnst — ja, im Ernst — ich hab das einmal sehen müssen — und da hab ichs nicht ausgehalten und bin da herauf . . . es ist dir also nicht unangenehm?

CHRISTINE. O Gott!

FRITZ. Es hat mich niemand gesehn — und daß dein Vater im Theater ist, hab ich ja gewußt.

CHRISTINE. Was liegt mir an den Leuten!

FRITZ. Also da — ? *Sieht sich im Zimmer um.* Das also ist dein Zimmer? Sehr hübsch . . .

---

[28]When it once comes over you, it will really get hold of you.   [29]It really shakes you up the first time.

CHRISTINE. Du siehst ja gar nichts. *Will den Schirm von der Lampe nehmen.*

FRITZ. Nein, laß nur, das blendet mich, ist besser so ... Also da? Das ist das Fenster, von dem du mir erzählt hast, an dem du immer arbeitest, was? — Und die schöne Aussicht! *Lächelnd.* Über wieviel Dächer man da sieht ... Und da drüben — ja, was ist denn das, das Schwarze, das man da drüben sieht?

CHRISTINE. Das ist der Kahlenberg!

FRITZ. Richtig! Du hasts eigentlich schöner als ich.

CHRISTINE. Oh!

FRITZ. Ich möchte gern so hoch wohnen, über alle Dächer sehn, ich finde das sehr schön. Und auch still muß es in der Gasse sein?

CHRISTINE. Ach, bei Tag ist Lärm genug.

FRITZ. Fährt denn da je ein Wagen vorbei?

CHRISTINE. Selten, aber gleich im Haus drüben ist eine Schlosserei.

FRITZ. Oh, das ist sehr unangenehm. *Er hat sich niedergesetzt.*

CHRISTINE. Das gewöhnt man. Man hörts gar nicht mehr.

FRITZ *steht rasch wieder auf.* Bin ich wirklich zum erstenmal da —? Es kommt mir alles so bekannt vor! ... Genau so hab ich mirs eigentlich vorgestellt. *Wie er Miene macht, sich näher im Zimmer umzusehen —*

CHRISTINE. Nein, anschaun darfst du dir da nichts. —

FRITZ. Was sind denn das für Bilder? ...

CHRISTINE. Geh! ...

FRITZ. Ah, die möcht ich mir ansehn. *Er nimmt die Lampe und beleuchtet die Bilder.*

CHRISTINE. ... Abschied — und Heimkehr!

FRITZ. Richtig — Abschied und Heimkehr!

CHRISTINE. Ich weiß schon, daß die Bilder nicht schön sind. — Beim Vater drin hängt eins, das ist viel besser.

FRITZ. Was ist das für ein Bild?

CHRISTINE. Das ist ein Mädel, die schaut zum Fenster hinaus, und draußen, weißt, ist der Winter — und das heißt «Verlassen». —

FRITZ. So ... *Stellt die Lampe hin.* Ah, und da ist deine Bibliothek. *Setzt sich neben die kleine Bücherstellage.*

CHRISTINE. Die schau dir lieber nicht an —

FRITZ. Warum denn? Ah! — Schiller ... Hauff ... Das Konversationslexikon ... Donnerwetter! —

CHRISTINE. Geht nur bis zum G ...

FRITZ *lächelnd.* Ach so ... Das Buch für Alle ... Da schaust du dir die Bilder drin an, was?

CHRISTINE. Natürlich hab ich mir die Bilder angeschaut.

FRITZ *noch sitzend.* Wer ist denn der Herr da auf dem Ofen?

CHRISTINE *belehrend.* Das ist doch der Schubert.

FRITZ *aufstehend.* Richtig —

CHRISTINE. Weil ihn der Vater so gern hat. Der Vater hat früher auch einmal Lieder komponiert, sehr schöne.

FRITZ. Jetzt nimmer?

CHRISTINE. Jetzt nimmer. *Pause.*

FRITZ *setzt sich.* So gemütlich ist es da! —

CHRISTINE. Gefällts dir wirklich?

FRITZ. Sehr ... Was ist denn das? *Nimmt eine Vase mit Kunstblumen, die auf dem Tisch steht.*

CHRISTINE. Er hat schon wieder was gefunden! ...

FRITZ. Nein, Kind, das gehört nicht da herein ... das sieht verstaubt aus.

CHRISTINE. Die sind aber gewiß nicht verstaubt.

FRITZ. Künstliche Blumen sehen immer verstaubt aus ... In deinem Zimmer müssen wirkliche Blumen stehn, die duften und frisch sind. Von jetzt an werde ich dir ... *Unterbricht sich, wendet sich ab, um seine Bewegung zu verbergen.*

CHRISTINE. Was denn? ... Was wolltest du denn sagen?

FRITZ. Nichts, nichts ...

CHRISTINE *steht auf, zärtlich.* Was? —

FRITZ. Daß ich dir morgen frische Blumen schicken werde, hab ich sagen wollen ...

CHRISTINE. Na, und reuts dich schon? — Natürlich! Morgen denkst du ja nicht mehr an mich.

Fritz abwehrende Bewegung.

CHRISTINE. Gewiß, wenn du mich nicht siehst, denkst du nicht an mich.

FRITZ. Aber was redest du denn?

CHRISTINE. O ja, ich weiß es. Ich spürs ja.

FRITZ. Wie kannst du dir das nur einbilden?

CHRISTINE. Du selbst bist schuld daran. Weil du immer Geheimnisse vor mir hast! ... Weil du mir gar nichts von dir erzählst. — Was tust du so den ganzen Tag?

FRITZ. Aber Schatz, das ist ja sehr einfach. Ich geh in Vorlesungen — zuweilen — dann geh ich ins Kaffeehaus ... dann les ich ... manchmal spiel ich auch Klavier — dann plauder ich mit dem oder jenem — dann mach ich Besuche ... das ist doch alles ganz belanglos. Es ist ja langweilig, davon zu reden. — Jetzt muß ich übrigens gehn, Kind ...

CHRISTINE. Jetzt schon —

FRITZ. Dein Vater wird ja bald da sein.

CHRISTINE. Noch lange nicht, Fritz. — Bleib
noch — eine Minute — bleib noch —

FRITZ. Und dann hab ich ... der Theodor erwartet mich ... ich hab mit ihm noch was zu
sprechen.

CHRISTINE. Heut?

FRITZ. Gewiß heut.

CHRISTINE. Wirst ihn morgen auch sehn!

FRITZ. Ich bin morgen vielleicht gar nicht in
Wien.

CHRISTINE. Nicht in Wien? —

FRITZ *ihre Ängstlichkeit bemerkend, ruhig —
heiter.* Nun ja, das kommt ja vor? Ich fahr übern
Tag weg — oder auch über zwei, du Kind. —

CHRISTINE. Wohin?

FRITZ. Wohin! ... Irgendwohin — Ach Gott,
so mach doch kein solches Gesicht ... Aufs Gut
fahr ich, zu meinen Eltern ... na ... ist das auch
unheimlich?

CHRISTINE. Auch von denen, schau, erzählst du
mir nie!

FRITZ. Nein, was du für ein Kind bist ... Du
verstehst gar nicht, wie schön das ist, daß wir so
vollkommen mit uns allein sind. Sag, spürst du
denn das nicht?

CHRISTINE. Nein, es ist gar nicht schön, daß
du mir nie etwas von dir erzählst ... Schau, mich
interessiert ja alles, was dich angeht, ach ja ...
alles — ich möcht mehr von dir haben als die eine
Stunde am Abend, die wir manchmal beisammen
sind. Dann bist du ja wieder fort, und ich weiß
gar nichts ... Da geht dann die ganze Nacht
vorüber und ein ganzer Tag mit den vielen Stunden
— und nichts weiß ich. Darüber bin ich oft so
traurig.

FRITZ. Warum bist du denn da traurig?

CHRISTINE. Ja, weil ich dann so eine Sehnsucht
nach dir hab, als wenn du gar nicht in derselben
Stadt, als wenn du ganz woanders wärst! Wie
verschwunden bist du da für mich, so weit weg ...

FRITZ *etwas ungeduldig.* Aber ...

CHRISTINE. Na schau, es ist ja wahr! ...

FRITZ. Komm daher, zu mir! *Sie ist bei ihm.*
Du weißt ja doch nur eins, wie ich — daß du mich
in diesem Augenblick liebst ... *Wie sie reden will.*
Sprich nicht von Ewigkeit. *Mehr für sich.* Es gibt
ja vielleicht Augenblicke, die einen Duft von Ewigkeit um sich sprühen ... Das ist die einzige, die
wir verstehen können, die einzige, die uns gehört
... *Er küßt sie. — Pause. — Er steht auf. — Ausbrechend.* Oh, wie schön ist es bei dir, wie schön!
... *Er steht beim Fenster.* So weltfern ist man da,
mitten unter den vielen Häusern ... so einsam

komm ich mir vor, so mit dir allein ... *Leise.* So
geborgen ...

CHRISTINE. Wenn du immer so sprächst ... da
könnt ich fast glauben ...

FRITZ. Was denn, Kind?

CHRISTINE. Daß du mich so liebhast, wie ichs
mir geträumt hab — an dem Tag, wo du mir den
ersten Kuß gegeben hast ... erinnerst du dich
daran?

FRITZ *leidenschaftlich.* Ich hab dich lieb! —
Er umarmt sie; reißt sich los. Aber jetzt laß mich
fort —

CHRISTINE. Reuts dich schon wieder, daß du
mirs gesagt hast? Du bist ja frei, du bist ja frei —
du kannst mich ja sitzenlassen, wann du willst ...
Du hast mir nichts versprochen — und ich hab
nichts von dir verlangt ... Was dann aus mir wird
— es ist ja ganz einerlei — ich bin doch einmal
glücklich gewesen, mehr will ich ja vom Leben
nicht. Ich möchte nur, daß du das weißt und mir
glaubst: Daß ich keinen liebgehabt vor dir und daß
ich keinen liebhaben werde — wenn du mich einmal nimmer willst —

FRITZ *mehr für sich.* Sags nicht, sags nicht — es
klingt ... zu schön ... *Es klopft.*

FRITZ *schrickt zusammen.* Es wird Theodor
sein ...

CHRISTINE *betroffen.* Er weiß, daß du bei mir
bist — ?

Christine, Fritz. Theodor tritt ein.

THEODOR. Guten Abend. — Unverschämt, was?

CHRISTINE. Haben Sie so wichtige Dinge mit
ihm zu besprechen?

THEODOR. Gewiß — und hab ihn schon überall
gesucht.

FRITZ *leise.* Warum hast du nicht unten gewartet?

CHRISTINE. Was flüsterst du ihm zu?

THEODOR *absichtlich laut.* Warum ich nicht unten
gewartet habe? ... Ja, wenn ich bestimmt gewußt
hätte, daß du da bist ... Aber da ich das nicht
habe riskieren können, unten zwei Stunden auf und
ab zu spazieren ...

FRITZ *mit Beziehung.* Also ... Du fährst morgen
mit mir?

THEODOR *verstehend.* Stimmt ...

FRITZ. Das ist gescheit ...

THEODOR. Ich bin aber so gerannt, daß ich um
die Erlaubnis bitten muß, mich auf zehn Sekunden
niederzusetzen.

CHRISTINE. Bitte sehr — *Macht sich am Fenster
zu schaffen.*

FRITZ *leise.* Gibts was Neues? — Hast du etwas über sie erfahren?

THEODOR *leise zu Fritz.* Nein. Ich hol dich nur da herunter, weil du leichtsinnig bist. Wozu noch diese überflüssigen Aufregungen? Schlafen sollst du dich legen... Ruhe brauchst du!... *Christine wieder bei ihnen.*

FRITZ. Sag, findest du das Zimmer nicht wunderlieb.

THEODOR. Ja, es ist sehr nett... *Zu Christine.* Stecken Sie den ganzen Tag da zu Haus? — Es ist übrigens wirklich sehr wohnlich. Ein bißchen hoch für meinen Geschmack.

FRITZ. Das find ich grad so hübsch.

THEODOR. Aber jetzt entführ ich Ihnen den Fritz, wir müssen morgen früh aufstehn.

CHRISTINE. Also du fährst wirklich weg?

THEODOR. Er kommt wieder, Fräulein Christin'!

CHRISTINE. Wirst du mir schreiben?

THEODOR. Aber wenn er morgen wieder zurück ist —

CHRISTINE. Ach, ich weiß, er fährt auf länger fort...

FRITZ *zuckt zusammen.*

THEODOR *der es bemerkt.* Muß man denn da gleich schreiben? Ich hätte Sie gar nicht für so sentimental gehalten... Dich will ich sagen — wir sind ja per du... Also... gebt euch nur den Abschiedskuß, da ihr auf so lang... *Unterbricht sich.* Na, ich bin nicht da.

Fritz und Christine küssen einander.

THEODOR *nimmt eine Zigarettentasche hervor und steckt eine Zigarette in den Mund, sucht in seiner Überziehertasche nach einem Streichholz. Wie er keins findet.* Sagen Sie, liebe Christine, haben Sie kein Zündholz.

CHRISTINE. O ja, da sind welche! *Auf ein Feuerzeug auf der Kommode deutend.*

THEODOR. Da ist keins mehr. —

CHRISTINE. Ich bring Ihnen eins. *Läuft rasch ins Nebenzimmer.*

FRITZ *ihr nachsehend, zu Theodor.* O Gott, wie lügen solche Stunden!

THEODOR. Na, was für Stunden denn?

FRITZ. Jetzt bin ich nahe dran zu glauben, daß hier mein Glück wäre, daß dieses süße Mädel — *Er unterbricht sich* — aber diese Stunde ist eine große Lügnerin...

THEODOR. Abgeschmacktes Zeug... Wie wirst du darüber lachen.

FRITZ. Dazu werd ich wohl keine Zeit mehr haben.

CHRISTINE *kommt zurück mit Zündhölzchen.* Hier haben Sie!

THEODOR. Danke sehr... Also adieu. — *Zu Fritz.* Na, was willst du denn noch? —

FRITZ *sieht im Zimmer hin und her, als wollte er noch einmal alles in sich aufnehmen.* Da kann man sich kaum trennen.

CHRISTINE. Geh, mach dich nur lustig.

THEODOR *stark.* Komm. — Adieu, Christine.

FRITZ. Leb wohl...

CHRISTINE. Auf Wiedersehn! —

Theodor und Fritz gehen.

CHRISTINE *bleibt beklommen stehen, dann geht sie bis zur Tür, die offensteht; halblaut.* Fritz...

FRITZ *kommt noch einmal zurück und drückt sie an sein Herz.* Leb wohl!...

Vorhang

DRITTER AKT

Dasselbe Zimmer wie im vorigen. Es ist um die Mittagsstunde.

Christine allein. Sie sitzt am Fenster; — näht; legt die Arbeit wieder hin. Lina, die neunjährige Tochter Katharinens, tritt ein.

LINA. Guten Tag, Fräul'n Christin'!

CHRISTINE *sehr zerstreut.* Grüß dich Gott, mein Kind, was willst denn?

LINA. Die Mutter schickt mich, ob ich die Karten fürs Theater gleich mitnehmen darf. —

CHRISTINE. Der Vater ist noch nicht zu Haus, Kind; willst warten?

LINA. Nein, Fräul'n Christin', da komm ich nach dem Essen wieder her.

CHRISTINE. Schön. —

LINA *schon gehend, wendet sich wieder um.* Und die Mutter laßt[30] das Fräulein Christin' schön grüßen, und ob s' noch Kopfweh hat?

CHRISTINE. Nein, mein Kind.

LINA. Adieu, Fräul'n Christin'!

CHRISTINE. Adieu! —

Wie Lina hinausgeht, ist Mizi an der Tür.

LINA. Guten Tag, Fräul'n Mizi.

MIZI. Servus, kleiner Fratz[31]!

---

[30]*laßt* = Austrian for *läßt*　[31]a pet name (not pejorative)

LINA *ab.*

Christine, Mizi.

CHRISTINE *steht auf, wie Mizi kommt, ihr entgegen.* Also sind sie zurück?

MIZI. Woher soll ich denn das wissen?

CHRISTINE. Und du hast keinen Brief, nichts —?

MIZI. Nein.

CHRISTINE. Auch du hast keinen Brief?

MIZI. Was sollen wir uns denn schreiben?

CHRISTINE. Seit vorgestern sind sie fort!

MIZI. Na ja, das ist ja nicht so lang! Deswegen muß man ja nicht solche Geschichten machen. Ich versteh dich gar nicht . . . Wie du nur aussiehst. Du bist ja ganz verweint. Dein Vater muß dir ja was anmerken, wenn er nach Haus kommt.

CHRISTINE *einfach.* Mein Vater weiß alles. —

MIZI *fast erschrocken.* Was? —

CHRISTINE. Ich hab es ihm gesagt.

MIZI. Das ist wieder einmal gescheit gewesen. Aber natürlich, dir sieht man ja auch gleich alles am Gesicht an. — Weiß er am End auch, wer s ist?

CHRISTINE. Ja.

MIZI. Und hat er geschimpft?

CHRISTINE *schüttelt den Kopf.*

MIZI. Also was hat er denn gesagt? —

CHRISTINE. Nichts . . . Er ist ganz still weggegangen, wie gewöhnlich. —

MIZI. Und doch wars dumm, daß du was erzählt hast. Wirst schon sehn . . . Weißt, warum dein Vater nichts darüber geredet hat —? Weil er sich denkt, daß der Fritz dich heiraten wird.

CHRISTINE. Warum sprichst du denn davon?

MIZI. Weißt du, was ich glaub?

CHRISTINE. Was denn?

MIZI. Daß die ganze Geschicht mit der Reise ein Schwindel ist.

CHRISTINE. Was?

MIZI. Sie sind vielleicht gar nicht fort.

CHRISTINE. Sie sind fort — ich weiß es. — Gestern abend bin ich an seinem Hause vorbei, die Jalousien sind heruntergelassen; er ist nicht da. —

MIZI. Das glaub ich schon. Weg werden sie ja sein. — Aber zurückkommen werden sie halt nicht — zu uns wenigstens nicht. —

CHRISTINE *angstvoll.* Du —

MIZI. Na, es ist doch möglich! —

CHRISTINE. Das sagst du so ruhig —

MIZI. Na ja — ob heut oder morgen — oder in einem halben Jahr, das kommt doch schon auf eins heraus.

CHRISTINE. Du weißt ja nicht, was du sprichst . . . Du kennst den Fritz nicht — er ist ja nicht so,

wie du dir denkst — neulich hab ichs ja gesehn, wie er hier war, in dem Zimmer. Er stellt sich nur manchmal gleichgültig — aber er hat mich lieb . . . *Als würde sie Mizis Antwort erraten.* — Ja, ja — nicht für immer, ich weiß ja — aber auf einmal hört ja das nicht auf —!

MIZI. Ich kenn ja den Fritz nicht so genau.

CHRISTINE. Er kommt zurück, der Theodor kommt auch zurück, gewiß!

MIZI *Geste, die ausdrückt: ist mir ziemlich gleichgültig.*

CHRISTINE. Mizi . . . Tu mir was zulieb.

MIZI. Sei doch nicht gar so aufgeregt — also was willst du?

CHRISTINE. Geh du zum Theodor, es ist ja ganz nah, schaust halt vorüber . . . Du fragst bei ihm im Haus, ob er schon da ist, und wenn er nicht da ist, wird man im Haus vielleicht wissen, wann er kommt.

MIZI. Ich werd doch einem Mann nicht nachlaufen.

CHRISTINE. Er brauchts ja gar nicht zu erfahren. Vielleicht triffst ihn zufällig. Jetzt ist bald ein Uhr; — jetzt geht er grad zum Speisen —

MIZI. Warum gehst denn du nicht, dich im Haus vom Fritz erkundigen?

CHRISTINE. Ich trau mich nicht — Er kann das so nicht leiden . . . Und er ist ja sicher noch nicht da. Aber der Theodor ist vielleicht schon da und weiß, wann der Fritz kommt. Ich bitt dich, Mizi.

MIZI. Du bist manchmal so kindisch —

CHRISTINE. Tu's mir zuliebe! Geh hin! Es ist ja doch nichts dabei.

MIZI. Na, wenn dir so viel daran liegt, so geh ich ja hin. Aber nützen wirds nicht viel. Sie sind sicher noch nicht da.

CHRISTINE. Und du kommst gleich zurück . . . ja? . . .

MIZI. Na ja, soll die Mutter halt mit dem Essen ein bissel warten.

CHRISTINE. Ich dank dir, Mizi, du bist so gut . . .

MIZI. Freilich bin ich gut; — jetzt sei aber du vernünftig . . . ja? . . . also grüß dich Gott!

CHRISTINE. Ich dank dir! — *Mizi geht.*

Christine. Später Weiring.

CHRISTINE *allein. Sie macht Ordnung im Zimmer. Sie legt das Nähzeug zusammen usw. Dann geht sie zum Fenster und sieht hinaus. Nach einer Minute kommt Weiring herein, den sie anfangs nicht sieht. Er ist in tiefer Erregung, betrachtet angstvoll seine Tochter, die am Fenster steht.*

WEIRING. Sie weiß noch nichts, sie weiß noch nichts . . . *Er bleibt an der Tür stehen und wagt keinen Schritt weiter zu machen.*

CHRISTINE *wendet sich um, bemerkt ihn, fährt zusammen.*

WEIRING *versucht zu lächeln.* Er tritt weiter ins Zimmer hinein. Na, Christin' . . . *Als riefe er sie zu sich.*

CHRISTINE *auf ihn zu, als wollte sie vor ihm niedersinken.*

WEIRING *läßt es nicht zu.* Also . . . was glaubst du, Christin'? Wir — *Mit einem Entschluß* — wir werdens halt vergessen, was? —

CHRISTINE *erhebt den Kopf.*

WEIRING. Na ja . . . ich — und du!

CHRISTINE. Vater, hast du mich denn heut früh nicht verstanden? . . .

WEIRING. Ja, was willst denn, Christin'? . . . Ich muß dir doch sagen, was ich darüber denk! Nicht wahr? Na also . . .

CHRISTINE. Vater, was soll das bedeuten?

WEIRING. Komm her, mein Kind . . . hör mir ruhig zu. Schau, ich hab dir ja auch ruhig zugehört, wie du mirs erzählt hast. — Wir müssen ja —

CHRISTINE. Ich bitt dich, sprich nicht so zu mir, Vater . . . wenn du jetzt darüber nachgedacht hast und einsiehst, daß du mir nicht verzeihen kannst, so jag mich davon — aber sprich nicht so . . .

WEIRING. Hör mich nur ruhig an, Christin'! Du kannst ja dann noch immer tun, was du willst . . . Schau, du bist ja so jung, Christin'. — Hast denn noch nicht gedacht . . . *Sehr zögernd.* . . . daß das Ganze ein Irrtum sein könnt —

CHRISTINE. Warum sagst du mir das, Vater? — Ich weiß ja, was ich getan hab — und ich verlang ja auch nichts — von dir und von keinem Menschen auf der Welt, wenns ein Irrtum gewesen ist . . . Ich hab dir ja gesagt, jag mich davon, aber . . .

WEIRING *sie unterbrechend.* Wie kannst denn so reden . . . Wenns auch ein Irrtum war, ist denn da gleich eine Ursach zum Verzweifeltsein für so ein junges Geschöpf, wie du eins bist? — Denk doch nur, wie schön, wie wunderschön das Leben ist. Denk nur, an wie vielen Dingen man sich freuen kann, wieviel Jugend, wieviel Glück noch vor dir liegt . . . Schau, ich hab doch nicht mehr viel von der ganzen Welt, und sogar für mich ist das Leben noch schön — und auf so viel Sachen kann ich mich noch freuen. Wie du und ich zusammen sein werden — wie wir uns das Leben einrichten wollen — du und ich . . . wie du wieder — jetzt, wenn die schöne Zeit kommt, anfangen wirst zu singen, und wie wir dann, wenn die Ferien da sind, aufs Land

hinausgehen werden ins Grüne, gleich auf den ganzen Tag — ja — oh, so viele schöne Sachen gibts . . . so viel. — Es ist ja unsinnig, gleich alles aufzugeben, weil man sein erstes Glück hingeben muß oder irgendwas, das man dafür gehalten hat —

CHRISTINE *angstvoll.* Warum . . . muß ichs denn hingeben . . . ?

WEIRING. Wars denn eins? Glaubst denn wirklich, Christin', daß du's deinem Vater erst heut hast sagen müssen? Ich habs längst gewußt! — Und auch, daß du mirs sagen wirst, hab ich gewußt. Nein, nie wars ein Glück für dich! . . . Kenn ich denn die Augen nicht? Da wären nicht so oft Tränen drin gewesen, und die Wangen da wären nicht so blaß geworden, wenn du einen liebgehabt hättest, ders verdient.

CHRISTINE. Wie kannst du das . . . Was weißt du . . . Was hast du erfahren?

WEIRING. Nichts, gar nichts . . . aber du hast mir ja selbst erzählt, was er ist . . . So ein junger Mensch — Was weiß denn der? — Hat denn der nur eine Ahnung von dem, was ihm so in den Schoß fällt — weiß denn der den Unterschied von echt und unecht — und von deiner ganzen unsinnigen Lieb — hat er denn von der was verstanden?

CHRISTINE *immer angstvoller.* Du hast ihn . . . — Du warst bei ihm?

WEIRING. Aber was fällt dir denn ein! Er ist ja weggefahren, nicht? Aber Christin', ich hab doch noch meinen Verstand, ich hab ja meine Augen im Kopf! Schau, Kind, vergiß drauf! Vergiß drauf! Deine Zukunft liegt ja ganz woanders! Du kannst, du wirst noch so glücklich werden, als du's verdienst. Du wirst auch einmal einen Menschen finden, der weiß, was er an dir hat —

CHRISTINE *ist zur Kommode geeilt, ihren Hut zu nehmen.*

WEIRING. Was willst du denn?

CHRISTINE. Laß mich, ich will fort . . .

WEIRING. Wohin willst du?

CHRISTINE. Zu ihm . . . zu ihm . . .

WEIRING. Aber was fällt dir denn ein . . .

CHRISTINE. Du verschweigst mir etwas — laß mich hin. —

sehr rasch.

WEIRING *sie fest zurückhaltend.* So komm doch zur Besinnung, Kind. Er ist ja gar nicht da . . . Er ist ja vielleicht auf sehr lange fortgereist . . . Bleib doch bei mir, was willst du dort . . . Morgen oder am Abend schon geh ich mit dir hin. So kannst du ja nicht auf die Straße . . . weißt du denn, wie du ausschaust . . . ?

CHRISTINE. Du willst mit mir hingehn —?
WEIRING. Ich versprech dirs. — Nur jetzt bleib
schön da, setz dich nieder und komm wieder zu
dir. Man muß ja beinah lachen, wenn man dich
so anschaut ... für nichts und wieder nichts. 5
Hältst du's denn bei deinem Vater gar nimmer aus?
CHRISTINE. Was weißt du?
WEIRING *immer ratloser.* Was soll ich denn
wissen ... ich weiß, daß ich dich liebhab, daß du
mein einziges Kind bist, daß du bei mir bleiben 10
sollst — daß du immer bei mir hättest bleiben
sollen —
CHRISTINE. Genug — — — laß mich — *Sie reißt
sich von ihm los, macht die Tür auf, in der Mizi
erscheint.*   15

  Weiring, Christine, Mizi. Dann Theodor.

MIZI *schreit leise auf, wie Christine ihr entge-
genstürzt.* Was erschreckst du mich denn so ... 20
CHRISTINE *weicht zurück, wie sie Theodor sieht.*
THEODOR *in der Tür stehenbleibend, ist schwarz
gekleidet.*
CHRISTINE. Was ... was ist denn ... *Sie erhält
keine Antwort; sie sieht Theodor ins Gesicht, der* 25
ihren Blick vermeiden will. Wo ist er, wo ist er?
... *In höchster Angst — sie erhält keine Antwort,
sieht die verlegenen und traurigen Gesichter.* Wo
ist er? *Zu Theodor.* So sprechen Sie doch!
THEODOR *versucht zu reden.*   30
CHRISTINE *sieht ihn groß an, sieht um sich,
begreift den Ausdruck der Mienen und stößt, nach-
dem in ihrem Gesicht sich das allmähliche Verstehen
der Wahrheit kundgegeben, einen furchtbaren Schrei
aus.* Theodor! ... Er ist ...   35
THEODOR *nickt.*
CHRISTINE, *sie greift sich an die Stirn, sie begreift
es nicht, sie geht auf Theodor zu, nimmt ihn beim
Arm* — wie wahnsinnig. ... Er ist ... tot ... ? ...
Als frage sie sich selbst.   40
WEIRING. Mein Kind —
CHRISTINE *wehrt ihn ab.* So sprechen Sie doch,
Theodor.
THEODOR. Sie wissen alles.
CHRISTINE. Ich weiß nichts ... Ich weiß nicht, 45
was geschehen ist ... glauben Sie ... ich kann
jetzt nicht alles hören ... wie ist das gekommen
... Vater ... Theodor ... *Zu Mizi.* Du weißts
auch ...
THEODOR. Ein unglücklicher Zufall —
CHRISTINE. Was, was?
THEODOR. Er ist gefallen.
CHRISTINE. Was heißt das: Er ist ...

THEODOR. Er ist im Duell gefallen.
CHRISTINE, *Aufschrei.* Ah! ... *Sie droht umzu-
sinken, Weiring hält sie auf, gibt dem Theodor ein
Zeichen, er möge jetzt gehen.*
CHRISTINE *merkt es, faßt Theodor.* Bleiben Sie
... Alles muß ich wissen. Meinen Sie, Sie dürfen
mir jetzt noch etwas verschweigen ...
THEODOR. Was wollen Sie weiter wissen?
CHRISTINE. Warum — warum hat er sich duel-
liert?
THEODOR. Ich kenne den Grund nicht.
CHRISTINE. Mit wem, mit wem —? Wer ihn
umgebracht hat, das werden Sie ja wohl wissen?
... Nun, nun —
THEODOR. Niemand, den Sie kennen ...   15
CHRISTINE. Wer, wer?
MIZI. Christin'!
CHRISTINE. Wer? Sag du mirs — *zu Mizi.* ...
Du, Vater! *Keine Antwort. Sie will fort. Weiring
hält sie zurück.* Ich werde doch erfahren dürfen, 20
wer ihn umgebracht hat, und wofür —!
THEODOR. Es war ... ein nichtiger Grund ...
CHRISTINE. Sie sagen nicht die Wahrheit ...
Warum, warum ...
THEODOR. Liebe Christine ...
CHRISTINE, *als wollte sie unterbrechen, geht sie
auf ihn zu — spricht anfangs nicht, sieht ihn an und
schreit dann plötzlich.* Wegen einer Frau?
THEODOR. Nein —
CHRISTINE. Ja — für eine Frau ... *Zu Mizi* 30
gewendet — für diese Frau — für diese Frau, die
er geliebt hat — Und ihr Mann — ja, ja, ihr Mann
hat ihn umgebracht ... Und ich ... was bin denn
ich? Was bin denn ich ihm gewesen ...? Theodor
... haben Sie denn gar nichts für mich ... hat er 35
nichts niedergeschrieben ...? Hat er Ihnen kein
Wort für mich gesagt ...? Haben Sie nichts gefunden ... einen Brief ... einen Zettel —
THEODOR *schüttelt den Kopf.*
CHRISTINE. Und an dem Abend ... wo er da 40
war, wo Sie ihn da abgeholt haben ... da hat ers
schon gewußt, da hat er gewußt, daß er mich
vielleicht nie mehr ... Und er ist von da weggegangen, um sich für eine andere umbringen zu
lassen — Nein, nein — es ist ja nicht möglich ... 45
hat er denn nicht gewußt, was er für mich ist ...
hat er ...
THEODOR. Er hat es gewußt. — Am letzten
Morgen, wie wir hinausgefahren sind ... hat er
auch von Ihnen gesprochen.   50
CHRISTINE. Auch von mir hat er gesprochen!
Auch von mir! Und von was denn noch? Von
wieviel andern Leuten, von wieviel anderen Sa-

chen, die ihm grad soviel gewesen sind wie ich? — Von mir auch! O Gott! ... Und von seinem Vater und von seiner Mutter und von seinen Freunden und von seinem Zimmer und vom Frühling und von der Stadt und von allem, von allem, was so mit dazu gehört hat zu seinem Leben und was er grad so hat verlassen müssen wie mich ... von allem hat er mit Ihnen gesprochen ... und auch von mir ...

THEODOR *bewegt.* Er hat Sie gewiß liebgehabt.

CHRISTINE. Lieb! — Er? — Ich bin ihm nichts gewesen als ein Zeitvertreib — und für eine andere ist er gestorben —! Und ich — hab ihn angebetet! — Hat er denn das nicht gewußt? ... Daß ich ihm alles gegeben hab, was ich ihm hab geben können, daß ich für ihn gestorben wär — daß er mein Herrgott gewesen ist und meine Seligkeit — hat er das gar nicht bemerkt? Er hat von mir fortgehen können, mit einem Lächeln, fortgehen aus diesem Zimmer und sich für eine andere niederschießen lassen ... Vater, Vater — verstehst du das?

WEIRING. Christin'! *Bei ihr.*

THEODOR *zu Mizi.* Schau, Kind, das hättest du mir ersparen können ...

MIZI *sieht ihn bös an.*

THEODOR. Ich hab genug Aufregungen gehabt ... diese letzten Tage ...

CHRISTINE *mit plötzlichem Entschluß.* Theodor, führen Sie mich hin ... ich will ihn sehn — noch einmal will ich ihn sehn — das Gesicht — Theodor, führen Sie mich hin.

THEODOR *wehrt ab, zögernd.* Nein ...

CHRISTINE. Warum denn nein? — Das können Sie mir doch nicht verweigern? — Sehn werd ich ihn doch noch einmal dürfen —?

THEODOR. Es ist zu spät.

CHRISTINE. Zu spät? — Seine Leiche zu sehn ... ist es zu spät? Ja ... ja — *Sie begreift nicht.*

THEODOR. Heut früh hat man ihn begraben.

CHRISTINE *mit dem höchsten Ausdruck des Entsetzens.* Begraben ... Und ich habs nicht gewußt? Erschossen haben sie ihn ... und in den Sarg haben sie ihn gelegt und hinausgetragen haben sie ihn und in die Erde haben sie ihn eingegraben — und ich hab ihn nicht noch einmal sehen dürfen? — Zwei Tage lang ist er tot — und Sie sind nicht gekommen und habens mir gesagt —?

THEODOR *sehr bewegt.* Ich hab in diesen zwei Tagen ... Sie können nicht ahnen, was alles in diesen zwei Tagen ... Bedenken Sie, daß ich auch die Verpflichtung hatte, seine Eltern zu benachrichtigen — ich mußte an sehr viel denken — und dazu noch meine Gemütsstimmung ...

CHRISTINE. Ihre ...

THEODOR. Auch hat das ... es hat in aller Stille stattgefunden ... Nur die allernächsten Verwandten und Freunde ...

CHRISTINE. Nur die nächsten —! Und ich —? ... Was bin denn ich? ...

MIZI. Das hätten die dort auch gefragt.

CHRISTINE. Was bin denn ich —? Weniger als alle andern —? Weniger als seine Verwandten, weniger als ... Sie?

WEIRING. Mein Kind, mein Kind. Zu mir komm, zu mir ... *Er umfängt sie. Zu Theodor.* Gehen Sie ... lassen Sie mich mit ihr allein!

THEODOR. Ich bin sehr ... *Mit Tränen in der Stimme.* Ich hab das nicht geahnt ...

CHRISTINE. Was nicht geahnt? — Daß ich ihn geliebt habe? — *Weiring zieht sie an sich; Theodor sieht vor sich hin. Mizi steht bei Christine.*

CHRISTINE *sich von Weiring losmachend.* Führen Sie mich zu seinem Grab!

WEIRING. Nein, nein —

MIZI. Geh nicht hin, Christin' —

THEODOR. Christine ... später ... morgen ... bis Sie ruhiger geworden sind —

CHRISTINE. Morgen? — Wenn ich ruhiger sein werde?! — Und in einem Monat ganz getröstet, wie? — Und in einem halben Jahr kann ich wieder lachen, was —? *Auflachend.* Und wann kommt denn der nächste Liebhaber? ...

WEIRING. Christin' ...

CHRISTINE. Bleiben Sie nur ... ich find den Weg auch allein ...

WEIRING. Geh nicht.

MIZI. Geh nicht.

CHRISTINE. Es ist sogar besser ... wenn ich ... Laßt mich, laßt mich.

WEIRING. Christin', bleib ...

MIZI. Geh nicht hin! — Vielleicht findest du grad die andere dort — beten.

CHRISTINE *vor sich hin, starren Blickes.* Ich will dort nicht beten ... nein ... *Sie stürzt ab ... die anderen anfangs sprachlos.*

WEIRING. Eilen Sie ihr nach.

Theodor und Mizi ihr nach.

WEIRING. Ich kann nicht, ich kann nicht ... *Er geht mühsam von der Tür bis zum Fenster.* Was will sie ... was will sie ... *Er sieht durchs Fenster ins Leere.* Sie kommt nicht wieder — sie kommt nicht wieder! *Er sinkt laut schluchzend zu Boden.*

Vorhang

Frank Wedekind · 1864–1918

Frank Wedekind was a sharp and embittered critic of the society of his time. Part of his bitterness no doubt stemmed from the reception which his contemporaries gave to his criticism. For example, after completing *Der Marquis von Keith* (1900) he was forced to serve a sentence in prison for having published derogatory remarks about the German Kaiser in the satirical Munich magazine, *Simplizissimus.*

Wedekind's attack on society began with his play *Frühlings Erwachen: Eine Kinder-tragödie* (1891), which portrays the world of adolescents whose natural instincts are re-pressed and twisted by the hypocritical atmosphere of their homes and schools. The poetic diction which the children use, and the fantastic quality of the last scene in a graveyard where corpses converse with living characters, mark a divergence from the Naturalistic plays dominant on the German stage at that time. On the other hand, Wedekind's ardent concern with contemporary problems makes his play differ just as sharply from a work like Hofmannsthal's *Gestern* with its nostalgic treatment of the past. His next plays, *Erdgeist* and *Die Büchse der Pandora* (1893–1894), have as their chief character Lulu, the eternal woman, who attracts and destroys a series of men until she herself ends under the knife of Jack the Ripper. In the Prologue to the former play, Wedekind states his program of bringing to the stage "das *wahre* Tier, das *wilde*, schöne Tier," instead of figures such as Alfred Loth in Hauptmann's *Vor Sonnenaufgang*, an example of the passive victim-heroes of the Naturalists. This "wild, beautiful animal" is a Wedekind version of Nietzsche's Superman, standing beyond good and evil, affirming and ruthlessly expressing his instincts.

Such a character is the Marquis von Keith, confidence man and swindler *par excellence*. It is clear from this play, however, that Wedekind does not see the Marquis in exclu-sively positive terms. Although he stands outside of bourgeois society, Keith actually shares its values; what distinguishes him is the fact that he is fully conscious of the true nature of these values: "Sünde ist eine mythologische Bezeichnung für schlechte Ge-schäfte. Gute Geschäfte lassen sich nun einmal nur innerhalb der bestehenden Gesell-schaftsordnung machen!" Hence his conclusion: "das glänzendste Geschäft in dieser Welt ist die Moral."

The other outsider and Keith's opposite is Ernst Scholz — the idealist who voluntarily removes himself from a world he finds intolerable by committing himself to a private mental asylum. Through these two figures, which many critics have seen as two sides of the author's own nature, Wedekind makes his mordantly ironic criticism of the society of his time, a criticism which was to be carried on in the same sharp tone in the subsequent works of dramatists such as Carl Sternheim and Bertolt Brecht.

Bibliography

BLEI, FRANZ. *Über Wedekind, Sternheim und das Theater.* Leipzig, 1915.
FECHTER, PAUL. *Frank Wedekind. Der Mensch und das Werk.* Jena, 1920.
GUNDOLF, FRIEDRICH. *Frank Wedekind* (aus dem Nachlass herausgegeben von Eliza-beth Gundolf). Munich, 1954.
WEDEKIND, FRANK. *Selbstdarstellung. Aus Briefen und anderen persönlichen Doku-menten.* Munich, 1954.

Der Marquis von Keith

Schauspiel in fünf Aufzügen

PERSONEN

KONSUL CASIMIR, Großkaufmann
HERMANN CASIMIR, sein Sohn (15 Jahre alt, von einem Mädchen gespielt)
DER MARQUIS VON KEITH
ERNST SCHOLZ
MOLLY GRIESINGER
ANNA, verwitwete Gräfin Werdenfels
SARANIEFF, Kunstmaler
ZAMRJAKI, Komponist
SOMMERSBERG, Literat
RASPE, Kriminalkommissar

OSTERMEIER, Bierbrauereibesitzer
KRENZL, Baumeister
GRANDAUER, Restaurateur
FRAU OSTERMEIER
FRAU KRENZL
FREIFRAU[1] VON ROSENKRON ⎫ geschiedene Frauen
FREIFRAU[1] VON TOTLEBEN ⎭
SASCHA (von einem Mädchen gespielt)
SIMBA
EIN METZGERKNECHT
EIN BÄCKERWEIB
EIN PACKTRÄGER
Hofbräuhausgäste

Das Stück spielt in München im Spätsommer 1899.

ERSTER AUFZUG

Ein Arbeitszimmer, dessen Wände mit Bildern behängt sind. In der Hinterwand befindet sich rechts* die Tür zum Vorplatz[2] und links die Tür zu einem Wartezimmer. In der rechten Seitenwand vorn führt eine Tür ins Wohnzimmer. An der linken Seitenwand vorn steht der Schreibtisch, auf dem aufgerollte Pläne liegen; neben dem Schreibtisch an der Wand ein Telephon. Rechts vorn ein Diwan, davor ein kleinerer Tisch; in der Mitte, etwas nach hinten, ein größerer Tisch. Büchergestelle mit Büchern; Musikinstrumente, Aktenbündel und Noten. Der Marquis von Keith sitzt am Schreibtisch, in einen der Pläne vertieft. Er ist ein Mann von ca. 27 Jahren: mittelgroß, schlank und knochig; er hätte eine musterhafte Figur, wenn er nicht auf dem linken Beine hinkte. Seine markigen[3] Gesichtszüge sind nervös und haben zugleich etwas Hartes, stechend graue Augen, kleiner blonder Schnurrbart, das widerborstige, kurze, strohblonde Haar sorgfältig in der Mitte gescheitelt. Er ist in ausgesuchte gesellschaftliche Eleganz gekleidet, aber nicht geckenhaft. Er hat die groben roten Hände eines Clown.

Molly Griesinger kommt aus dem Wohnzimmer und setzt ein gedecktes Tablett auf das Tischchen vor dem Diwan. Sie ist ein unscheinbares brünettes Wesen, etwas scheu und verhetzt, in unscheinbarer häuslicher Kleidung, hat aber große, schwarze, seelenvolle Augen.

MOLLY. So, mein Schatz, hier hast du Tee und Kaviar und kalten Aufschnitt. Du bist ja heute schon um neun Uhr aufgestanden.

V. KEITH *ohne sich zu rühren*. Ich danke dir, mein liebes Kind.

MOLLY. Du mußt gewaltig hungrig sein. Hast du denn jetzt Nachricht darüber, ob der Feenpalast auch zustande kommt?

V. KEITH. Du siehst, ich bin mitten in der Arbeit.

MOLLY. Das bist du ja immer, wenn ich komme. Dann muß ich alles, was dich und deine Unternehmungen betrifft, von deinen Freundinnen erfahren.

V. KEITH *sich im Sessel umwendend*. Ich kannte eine Frau, die sich beide Ohren zuhielt, wenn ich von Plänen sprach. Sie sagte: Komm und erzähl' mir, wenn du etwas getan hast!

MOLLY. Das ist ja mein Elend, daß du schon alle Arten von Frauen gekannt hast. *Da es klingelt.* Du barmherziger Gott, wer das wieder sein

---

*Rechts und links immer vom Schauspieler aus.
[1] = Baronin [2] entrance hall [3] strong, emphatic

mag! *Sie geht auf den Vorplatz hinaus, um zu öffnen.*

v. KEITH *für sich.* Das Unglückswurm[4]!

MOLLY *kommt mit einer Karte zurück.* Ein junger Herr, der dich sprechen möchte. Ich sagte, du seist mitten in der Arbeit.

v. KEITH *nachdem er die Karte gelesen.* Der kommt mir wie gerufen!

MOLLY *läßt Hermann Casimir eintreten und geht ins Wohnzimmer ab.*

HERMANN CASIMIR *ein fünfzehnjähriger Gymnasiast in sehr elegantem Radfahrkostüm.* Guten Morgen, Herr Baron.

v. KEITH. Was bringen Sie mir?

HERMANN. Es ist wohl am besten, wenn ich mit der Tür ins Haus falle[5]. Ich war gestern abend mit Saranieff und Zamrjaki im Café Luitpold zusammen. Ich erzählte, daß ich durchaus hundert Mark nötig hätte. Darauf meinte Saranieff, ich möchte mich an Sie wenden.

v. KEITH. Ganz München hält mich für einen amerikanischen Eisenbahnkönig!

HERMANN. Zamrjaki sagte, Sie hätten immer Geld.

v. KEITH. Zamrjaki unterstützte ich, weil er das größte musikalische Genie ist, das seit Richard Wagner lebt. Aber diese Straßenräuber sind doch wohl kein schicklicher Umgang für Sie!

HERMANN. Ich finde diese Straßenräuber interessant. Ich kenne die Herren von einer Versammlung der Anarchisten her.

v. KEITH. Ihrem Vater muß es eine erfreuliche Überraschung sein, daß Sie Ihren Lebensweg damit beginnen, sich in revolutionären Versammlungen herumzutreiben[6].

HERMANN. Warum läßt mich mein Vater nicht von München fort!

v. KEITH. Weil Sie für die große Welt noch zu jung sind!

HERMANN. Ich finde aber, daß man in meinem Alter unendlich mehr lernen kann, wenn man wirklich etwas erlebt, als wenn man bis zur Großjährigkeit auf der Schulbank herumrutscht.

v. KEITH. Durch das wirkliche Erleben verlieren Sie nur die Fähigkeiten, die Sie in Ihrem Fleisch und Blut mit auf die Welt gebracht haben. Das gilt ganz speziell von Ihnen, dem Sohn und einstigen Erben unseres größten deutschen Finanzgenies. — Was sagt denn Ihr Vater über mich?

HERMANN. Mein Vater spricht überhaupt nicht mit mir.

v. KEITH. Aber mit andern spricht er.

HERMANN. Möglich! Ich bin die wenigste Zeit zu Hause.

v. KEITH. Daran tun Sie unrecht. Ich habe die finanziellen Operationen Ihres Vaters von Amerika aus verfolgt. Ihr Vater hält es nur für gänzlich ausgeschlossen, daß irgend jemand anders auch noch so klug ist wie er. Deshalb weigert er sich auch bis jetzt noch so starrköpfig, meinem Unternehmen beizutreten.

HERMANN. Ich kann es mir mit dem besten Willen nicht denken, wie ich einmal an einem Leben, wie es mein Vater führt, Gefallen finden könnte.

v. KEITH. Ihrem Vater fehlt einfach die Fähigkeit, Sie für seinen Beruf zu interessieren.

HERMANN. Es handelt sich in dieser Welt aber doch nicht darum, daß man lebt, sondern es handelt sich doch wohl darum, daß man das Leben und die Welt kennen lernt.

v. KEITH. Der Vorsatz, die Welt kennen zu lernen, führt Sie dazu, hinterm Zaun zu verenden[7]. Prägen Sie sich vor allen Dingen die allergrößte Hochschätzung für die Verhältnisse ein, in denen Sie geboren sind! Das schützt Sie davor, sich so leichten Herzens zu erniedrigen.

HERMANN. Durch meinen Pumpversuch[8], meinen Sie? Es gibt doch wohl aber höhere Güter als Reichtum!

v. KEITH. Das ist Schulweisheit. Diese Güter heißen nur deshalb höhere, weil sie aus dem Besitz hervorwachsen und nur durch den Besitz ermöglicht werden. Ihnen steht es ja frei, nachdem Ihr Vater ein Vermögen gemacht hat, sich einer künstlerischen oder wissenschaftlichen Lebensaufgabe zu widmen. Wenn Sie sich dabei aber über das erste Weltprinzip hinwegsetzen, dann jagen Sie Ihr Erbe Hochstaplern in den Rachen.

HERMANN. Wenn Jesus Christus nach diesem Weltprinzip hätte handeln wollen . . .!

v. KEITH. Vergessen Sie bitte nicht, daß das Christentum zwei Drittel der Menschheit aus der Sklaverei befreit hat! Es gibt keine Ideen, seien sie sozialer, wissenschaftlicher oder künstlerischer Art, die irgend etwas anderes als Hab und Gut zum Gegenstand hätten. Die Anarchisten sind deshalb ihre[9] geschworenen Feinde. Und glauben Sie ja

---

[4]*Wurm* is often neuter when it has the metaphoric meaning, as here, of "poor little child." [5]if I come right out with it [6]hanging around at revolutionary meetings

[7]to die in the gutter like an animal [8]*pumpen* is a colloquial expression for borrowing or lending money [9]refers to *Hab und Gut* in preceding sentence

nicht, daß sich die Welt hierin jemals ändert. Der Mensch wird abgerichtet, oder er wird hingerichtet[10]. *Hat sich an den Schreibtisch gesetzt.* Ich will Ihnen die hundert Mark geben. Zeigen Sie sich doch auch mal bei mir, wenn Sie gerade kein Geld nötig haben. Wie lange ist es jetzt her, daß Ihre Mutter starb?

HERMANN. Drei Jahre werden es im Frühling.

v. KEITH *gibt ihm ein verschlossenes Billett.* Sie müssen damit zur Gräfin Werdenfels gehen, Brienner Straße Nr. 23. Sagen Sie einen schönen Gruß von mir. Ich habe heute zufällig nichts in der Tasche.

HERMANN. Ich danke Ihnen, Herr Baron.

v. KEITH *geleitet ihn hinaus; indem er die Tür hinter ihm schließt.* Bitte, war mir sehr angenehm. *Darauf kehrt er zum Schreibtisch zurück; in den Plänen kramend.* Sein Alter[11] traktiert mich wie einen Hundefänger. — — Ich muß möglichst bald ein Konzert veranstalten. — Dann zwingt ihn die öffentliche Meinung, sich meinem Unternehmen anzuschließen. Im schlimmsten Fall muß es auch ohne ihn gehen. — *Da es klopft.* Herein!

Anna verwitwete Gräfin Werdenfels tritt ein. Sie ist eine üppige Schönheit von 30 Jahren. Weiße Haut, Stumpfnase, helle Augen, kastanienbraunes, üppiges Haar.

v. KEITH *geht ihr entgegen.* Da bist du, meine Königin! — Ich schickte eben den jungen Casimir mit einem kleinen Anliegen zu dir.

ANNA. Das war der junge Herr Casimir?

v. KEITH *nachdem er ihr flüchtig die dargereichten Lippen geküßt.* Er kommt schon wieder, wenn er dich nicht zu Hause trifft.

ANNA. Der sieht seinem Vater aber gar nicht ähnlich.

v. KEITH. Lassen wir den Vater Vater sein[12]. Ich habe mich jetzt an Leute gewandt, von deren gesellschaftlichem Ehrgeiz ich mir eine flammende Begeisterung für mein Unternehmen verspreche.

ANNA. Aber vom alten Casimir heißt es allgemein, daß er junge Schauspielerinnen und Sängerinnen unterstützt.

v. KEITH *Anna mit den Blicken verschlingend.* Anna, sobald ich dich vor mir sehe, bin ich ein anderer Mensch, als wärst du meines Glückes lebendiges Unterpfand. — Aber willst du nicht frühstücken? Hier ist Tee und Kaviar und kalter Aufschnitt.

ANNA *nimmt auf dem Diwan Platz und frühstückt.* Ich habe um elf Uhr Stunde[13]. Ich komme nur auf einen Moment. — Die Bianchi sagt mir, ich könne in einem Jahr die erste Wagnersängerin Deutschlands sein.

v. KEITH *zündet sich eine Zigarette an.* Vielleicht bist du auch in einem Jahr schon so weit, daß sich die ersten Wagnersängerinnen um deine Protektion bemühen.

ANNA. Mir soll's recht sein. Mit meinem beschränkten weiblichen Verstande sehe ich allerdings nicht ein, auf welche Weise es mit mir gleich so hoch hinaus soll[14].

v. KEITH. Das kann ich dir im voraus auch nicht erklären. Ich lasse mich einfach willenlos treiben, bis ich an ein Gestade gelange, auf dem ich mich heimisch genug fühle, um mir zu sagen: Hier laßt uns Hütten bauen[15]!

ANNA. Dabei hast du in mir jedenfalls den treusten Spießgesellen. Ich habe seit einiger Zeit vor lauter Lebenslust manchmal Selbstmordgedanken.

v. KEITH. Der eine raubt es sich, und der andere bekommt es geschenkt. Als ich in die Welt hinauskam, war mein kühnstes Hoffen, irgendwo in Oberschlesien als Dorfschulmeister zu sterben.

ANNA. Du hättest dir damals wohl schwerlich träumen lassen, daß dir München einmal zu Füßen liegen werde.

v. KEITH. München war mir aus der Geographiestunde bekannt. Wenn ich mich deshalb heute auch nicht gerade eines makellosen Rufes erfreue, so darf man nicht vergessen, aus welchen Tiefen ich heraufkomme.

ANNA. Ich bete jeden Abend inbrünstig zu Gott, daß er etwas von deiner bewundernswürdigen Energie auf mich übertragen möge.

v. KEITH. Unsinn, ich habe gar keine Energie.

ANNA. Dir ist es aber doch einfach Lebensbedürfnis, mit dem Kopf durch die Wände zu rennen.

v. KEITH. Meine Begabung beschränkt sich auf die leidige Tatsache, daß ich in bürgerlicher Atmosphäre nicht atmen kann. Mag ich deshalb auch erreichen, was ich will, ich werde mir nie das

---

[10]Man must become adjusted (to circumstances) or he will be destroyed (executed). [11]Hermann's father [12]Let's leave his father out of it.

[13]here, "voice lesson" [14]how I am supposed to become famous so fast [15]an expression meaning: "Let us settle here," based on Luther's translation of Matthew 17:4, "Petrus aber antwortete und sprach zu Jesu: Herr, hie ist gut sein; willst du, so wollen wir hie drei Hütten machen, dir eine, Mosi eine und Elias eine."

geringste darauf einbilden. Andere Menschen werden in ein bestimmtes Niveau hineingepflanzt, auf dem sie ihr Leben lang fortvegetieren, ohne mit der Welt in Konflikt zu geraten.

ANNA. Du bist dagegen als abgeschlossene[16] Persönlichkeit vom Himmel gefallen.

v. KEITH. Ich bin Bastard. Mein Vater war ein geistig sehr hochstehender Mensch, besonders was Mathematik und so exakte Dinge betrifft, und meine Mutter war Zigeunerin.

ANNA. Wenn ich nur wenigstens deine Geschicklichkeit hätte, den Menschen ihre Geheimnisse vom Gesicht abzulesen! Dann wollte ich ihnen mit der Fußspitze die Nase in die Erde drücken.

v. KEITH. Solche Fertigkeiten erwecken mehr Mißtrauen, als sie einem nützen. Deshalb hegt auch die bürgerliche Gesellschaft, seit ich auf dieser Welt bin, ein geheimes Grauen vor mir. Aber diese bürgerliche Gesellschaft macht, ohne es zu wollen, mein Glück durch ihre Zurückhaltung. Je höher ich gelange, desto vertrauensvoller kommt man mir entgegen. Ich warte auch tatsächlich nur noch auf diejenige Region, in der die Kreuzung von Philosoph und Pferdedieb ihrem vollen Wert entsprechend gewürdigt wird.

ANNA. Man hört wirklich in der ganzen Stadt von nichts mehr sprechen als von deinem Feenpalast.

v. KEITH. Der Feenpalast dient mir nur als Sammelplatz meiner Kräfte. Dazu kenne ich mich viel zu gut, um etwa von mir vorauszusetzen, daß ich nun zeit meines Lebens Kassenrapporte revidieren werde.

ANNA. Was soll denn dann aber aus mir werden? Glaubst du vielleicht, ich habe Lust, bis in alle Ewigkeit Gesangsunterricht zu nehmen? Du sagtest gestern noch, daß der Feenpalast speziell für mich gebaut werde.

v. KEITH. Aber doch gewiß nicht, damit du bis an dein Lebensende auf den Hinterpfoten tanzt und dich von Preßbengeln kuranzen läßt[17]. Du hast nur etwas mehr Lichtpunkte in deiner Vergangenheit nötig.

ANNA. Einen Stammbaum kann ich allerdings nicht aufweisen, wie die Frauen von Rosenkron und von Totleben.

v. KEITH. Deshalb brauchst du noch auf keine von beiden eifersüchtig zu sein.

ANNA. Das hoffe ich sehr! Welcher weiblichen Vorzüge wegen sollte ich denn auch auf irgendeine Frau eifersüchtig sein?

v. KEITH. Ich mußte die beiden Damen als Vermächtnis meines Vorgängers mit der Konzertagentur übernehmen. Sobald ich meine Stellung befestigt habe, mögen sie mit Rettichen hausieren oder Novellen schreiben, wenn sie leben wollen.

ANNA. Ich bin um die Schnürstiefel, in denen ich spazierengehe, besorgter als um deine Liebe zu mir. Weißt du auch, warum? Weil du der rücksichtsloseste Mensch bist und weil du nach nichts anderem in dieser Welt als nur nach deinem sinnlichen Vergnügen fragst! Deshalb würde ich auch, wenn du mich verläßt, wirklich nichts anderes als Mitleid mit dir empfinden können. Aber sieh dich vor, daß du nicht vorher selber verlassen wirst!

v. KEITH *Anna liebkosend.* Ich habe ein wechselvolles Leben hinter mir, aber jetzt denke ich doch ernstlich daran, mir ein Haus zu bauen; ein Haus mit möglichst hohen Gemächern, mit Park und Freitreppe[18]. Die Bettler dürfen auch nicht fehlen, die die Auffahrt garnieren[19]. Mit der Vergangenheit habe ich abgeschlossen und sehne mich nicht zurück. Dazu ging es zu oft um Leben und Tod. Ich möchte keinem Freunde raten, sich meine Laufbahn zum Muster zu nehmen.

ANNA. Du bist allerdings nicht umzubringen.

v. KEITH. Dieser Eigenschaft verdanke ich in der Tat auch so ziemlich alles, was ich bis jetzt erreicht habe. — Ich glaube, Anna, wenn wir beide in zwei verschiedenen Welten geboren wären, wir hätten uns dennoch finden müssen.

ANNA. Ich bin allerdings auch nicht umzubringen.

v. KEITH. Wenn uns die Vorsehung auch nicht durch unsere märchenhaften Geschmacksverwandtschaften füreinander bestimmt hätte, das eine haben wir doch jedenfalls miteinander gemein . . .

ANNA. Eine unverwüstliche Gesundheit.

v. KEITH *setzt sich neben sie und liebkost sie.* Soweit es Frauen betrifft, sind mir nämlich Klugheit, Gesundheit, Sinnlichkeit und Schönheit unzertrennliche Begriffe, aus deren jedem sich die andern drei von selbst ergeben. Wenn dieses Erbteil sich in unsern Kindern potenziert . . .

Sascha, ein dreizehnjähriger Laufbursche in galoniertem Jackett und Kniehosen, tritt vom Vorplatz

[16]here, with the sense of "unique, differing sharply from the others" [17]get yourself panned by boorish journalists

[18]outside stairway [19]decorate the driveway

ein und legt einen Arm voll Zeitungen auf den Mitteltisch.

v. KEITH. Was sagt der Kommerzienrat[20] Ostermeier?

SASCHA. Der Herr Kommerzienrat gaben[21] mir einen Brief mit. Er liegt bei den Zeitungen. *Geht in das Wartezimmer ab.*

v. KEITH *hat den Brief geöffnet.* Das danke ich dem Zufall, daß du bei mir bist! *Liest* «... Ich habe mir von Ihrem Plane schon mehrfach erzählen lassen und bringe ihm ein lebhaftes Interesse entgegen. Sie treffen mich heute mittag gegen zwölf Uhr im Café Maximilian...» Das gibt mir die Welt in die Hände! Jetzt kann der alte Casimir meine Rückseite besehen, wenn er noch mitkommen will. Mit diesen Biedermännern im Bunde bleibt mir auch meine Alleinherrschaft unangetastet.

ANNA *hat sich erhoben.* Kannst du mir tausend Mark geben?

v. KEITH. Bist du denn schon wieder auf dem trocknen[22]?

ANNA. Die Miete ist fällig.

v. KEITH. Das hat bis morgen Zeit. Mache dir deswegen nicht die geringste Sorge darum.

ANNA. Wie du meinst. Graf Werdenfels prophezeite mir auf seinem Sterbebett, ich werde das Leben noch einmal von der allerernstesten Seite kennen lernen.

v. KEITH. Hätte er dich etwas richtiger eingeschätzt, dann wäre er vielleicht sogar selbst noch am Leben.

ANNA. Bis jetzt hat sich seine Prophezeiung noch nicht bewahrheitet.

v. KEITH. Ich schicke dir das Geld morgen mittag.

ANNA *während v. Keith sie hinausgeleitet.* Nein, bitte nicht; ich komme selber und hole es.

Die Szene bleibt einen Augenblick leer. Dann kommt Molly Griesinger aus dem Wohnzimmer und räumt das Teegeschirr zusammen. v. Keith kommt vom Vorplatz zurück.

v. KEITH *ruft.* Sascha! *Nimmt eines der Bilder von der Wand.* Das muß mir über die nächsten vierzehn Tage hinweghelfen!

MOLLY. Du hoffst also immer noch, daß die Wirtschaft[23] so fortgehen kann?

SASCHA *kommt aus dem Wartezimmer.* Herr Baron?

v. KEITH *gibt ihm das Bild.* Geh hinüber zum Tannhäuser. Er soll den Saranieff ins Fenster stellen. Ich gebe ihn für dreitausend Mark.

SASCHA. Sehr wohl, Herr Baron.

v. KEITH. In fünf Minuten komme ich selber. Warte! *Er nimmt vom Schreibtisch eine Karte, auf der «3000 M.» steht, und befestigt sie unter dem Rahmen des Bildes.* Dreitausend Mark! — *Geht zum Schreibtisch.* Ich muß nur vorher rasch noch einen Zeitungsartikel darüber schreiben.

SASCHA *mit dem Bilde ab.*

MOLLY. Wenn sich bei der Großtuerei nur auch einmal eine Spur von reellem Erfolg sehen ließe!

v. KEITH *schreibend.* «Das Schönheitsideal der modernen Landschaft.»

MOLLY. Wenn dieser Saranieff malen könnte, dann brauchte man nicht erst Zeitungsartikel über ihn zu schreiben.

v. KEITH *sich umwendend.* Wie beliebt[24]?

MOLLY. Ich weiß, du bist wieder mitten in der Arbeit.

v. KEITH. Wovon wolltest du reden?

MOLLY. Ich habe einen Brief aus Bückeburg.

v. KEITH. Von deiner Mama?

MOLLY *sucht den Brief aus der Tasche und liest.* «Ihr seid uns jeden Tag willkommen. Ihr könnt die beiden Vorzimmer im dritten Stock beziehen. Ihr könnt dann in Ruhe abwarten, bis eure Verhandlungen in München zum Abschluß gelangen.»

v. KEITH. Siehst du denn aber nicht ein, mein liebes Kind, daß du durch solche Schreibereien meinen Kredit untergräbst?

MOLLY. Wir haben morgen kein Brot auf dem Tisch.

v. KEITH. Dann speisen wir im Hotel Continental.

MOLLY. Da bringe ich nicht einen Happen[25] hinunter vor Angst, daß uns der Gerichtsvollzieher derweil unsere Betten versiegelt[26].

v. KEITH. Der überlegt sich das noch. Warum lebt in deinem Köpfchen kein anderer Gedanke als Essen und Trinken! Du könntest dich deines Daseins so unendlich mehr erfreuen, wenn du etwas mehr Würdigung für seine Lichtseiten hättest. Du hegst eine unbezähmbare Liebhaberei für das Unglück.

---

[20]title granted until 1919 to distinguished men in trade and industry [21]3rd person plural is used as a mark of exaggerated respect with titles [22]Are you already broke again?

[23]state of affairs in general, as well as finances [24]What did you say? [25]mouthful [26]attach for unpaid debts

Molly. Ich finde, du hegst diese Liebhaberei für das Unglück! Anderen Menschen fällt ihr Lebensberuf zu leicht, sie brauchen mit keinem Gedanken daran zu denken. Dafür existieren sie eins fürs andere in ihrem behaglichen Heim, wo ihrem Glück nichts in die Quere kommt. Und du, bei all deinen Geistesgaben, wirtschaftest wie ein Rasender auf deine Gesundheit ein[27], und dabei ist tagelang nicht ein Pfennig im Haus.

v. Keith. Aber du hast doch noch jeden Tag satt zu essen gehabt! Daß du nichts für Toiletten ausgibst, ist wahrhaftig nicht meine Schuld. Sobald dieser Zeitungsartikel geschrieben ist, habe ich dreitausend Mark in der Hand. Dann nimm eine Droschke und kauf' alles zusammen, worauf du dich im Augenblick besinnen kannst.

Molly. Der bezahlt dir für das Bild so gewiß dreitausend Mark, wie ich mir deinetwegen seidene Strümpfe anziehe.

v. Keith *erhebt sich unwillig.* Du bist ein Juwel!

Molly *fliegt ihm an den Hals.* Habe ich dir weh getan, mein Herz? Verzeih mir, bitte! Was ich dir eben sagte, das ist meine heiligste Überzeugung.

v. Keith. Wenn das Geld auch nur bis morgen abend reicht, dann werde ich das Opfer schon nicht zu bedauern haben!

Molly *heulend.* Ich wußte, wie häßlich es von mir war. Schlag mich doch nur!

v. Keith. Der Feenpalast ist nämlich so gut wie gesichert.

Molly. Dann laß mich wenigstens deine Hand küssen. Ich beschwöre dich, laß mich deine Hand küssen.

v. Keith. Wenn ich nur noch einige Tage meine Haltung bewahren kann.

Molly. Auch das nicht! Wie kannst du so unmenschlich sein!

v. Keith *zieht die Hand aus der Tasche.* Es wäre doch vielleicht nachgerade Zeit, daß du mit dir zu Rate gehst, sonst kommt die Erleuchtung plötzlich von selbst.

Molly *seine Hand mit Küssen bedeckend.* Warum willst du mich denn nicht schlagen? Ich habe es mir doch so redlich verdient!

v. Keith. Du betrügst dich um dein Lebensglück mit allen Mitteln, die eine Frau zu ihrer Verfügung hat.

Molly *springt empört auf.* Bilde dir doch nicht ein, daß ich mich durch deine Courmachereien[28] in Schrecken jagen lasse! Uns beide umschlingt ein zu festes Band. Wenn das einmal reißt, dann halte ich dich nicht mehr; aber solange du im Elend bist, gehörst du mir.

v. Keith. Das wird dir zum Verhängnis, Molly, daß du mein Glück mehr fürchtest als den Tod. Wenn ich morgen die Arme frei habe, dann hältst du es nicht eine Minute mehr bei mir aus.

Molly. Dann ist ja alles gut, wenn du das weißt.

v. Keith. Ich bin aber in keinem Elend!

Molly. Erlaube mir nur so lange, bis du die Arme frei hast, noch für dich zu arbeiten.

v. Keith *setzt sich wieder an den Schreibtisch.* Tue, was du nicht lassen kannst! Du weißt, daß mir an einer Frau nichts unsympathischer ist, als wenn sie arbeitet.

Molly. Um deinetwillen mache ich noch keinen Affen und keinen Papagei aus mir. Wenn ich mich an den Waschtrog stelle, statt halbnackt mit dir auf Redouten[29] zu fahren, so werde ich dich damit wohl nicht zugrunde richten.

v. Keith. Dein Starrsinn hat etwas Überirdisches.

Molly. Das glaube ich, daß das deine Kapazität übersteigt!

v. Keith. Wenn ich dich auch begriffe, damit wäre dir leider noch nicht geholfen.

Molly *triumphierend.* Ich brauche es dir auch nicht auf die Nase zu binden, aber ich gebe es dir schwarz auf weiß, wenn du willst! Ich verdiente ja mein Lebensglück nicht, wenn ich mir dir gegenüber den geringsten Zwang antäte und mich besser geben wollte, als ich von Gott geschaffen worden bin — weil du mich liebst!

v. Keith. Das ist doch selbstverständlich.

Molly *triumphierend.* Weil du ohne meine Liebe nicht leben kannst! Hab' darum auch nur die Arme frei, soviel du willst! Ob ich bei dir bleibe, das hängt davon ab, ob ich dir von deiner Liebe für andere Weiber etwas übriglasse! Die Weiber sollen sich aufdonnern und dich vergöttern, soviel es ihnen Vergnügen macht; das spart mir die Komödien. Du hängtest[30] dich lieber heute als morgen an deine Ideale; das weiß ich recht gut. Käme es je dazu — aber das hat noch gute Wege! —, dann will ich mich lebendig begraben lassen.

v. Keith. Wenn du dich nur wenigstens des Glückes erfreuen wolltest, das sich dir bietet!

Molly *zärtlich.* Aber was bietet sich mir denn, mein süßer Schatz? Das war doch in Amerika

---

[27]your crazy deals are ruining your health   [28]flirtations

[29]masked balls   [30]You would attach yourself to (set your heart upon) your ideals (favored women)

auch immer dieser Schrecken ohne Ende. Alles scheiterte immer an den letzten drei Tagen. In Sankt Jago wurdest du nicht zum Präsidenten gewählt und wärst um ein Haar erschossen worden, weil wir an dem entscheidenden Abend keinen Brandy auf dem Tische hatten. Weißt du noch, wie du riefst: «Einen Dollar, einen Dollar, eine Republik für einen Dollar!»[31]

v. KEITH *springt wütend auf und geht zum Diwan.* Ich bin als Krüppel zur Welt gekommen. So wenig wie ich mich deshalb zum Sklaven verdammt fühle, so wenig wird mich der Zufall, daß ich als Bettler geboren bin, je daran hindern, den allerergiebigsten Lebensgenuß als mein rechtmäßiges Erbe zu betrachten.

MOLLY. Betrachten dürfen wirst du den Lebensgenuß, solange du lebst.

v. KEITH. An dem, was ich dir hier sage, ändert nur mein Tod etwas. Und der Tod traut sich aus Furcht, er könnte sich blamieren, nicht an mich heran. Wenn ich sterbe, ohne gelebt zu haben, dann werde ich als Geist umgehen.

MOLLY. Du leidest eben einfach an Größenwahn.

v. KEITH. Ich kenne aber noch meine Verantwortung! Du bist als fünfzehnjähriges unzurechnungsfähiges Kind, von der Schulbank weg, mit mir nach Amerika durchgebrannt. Wenn wir uns heute trennen und du bleibst dir selbst überlassen, dann nimmt es das denkbar schlimmste Ende mit dir.

MOLLY *fällt ihm um den Hals.* Dann komm doch nach Bückeburg! Meine Eltern haben ihre Molly seit drei Jahren nicht gesehen. In ihrer Freude werfen sie dir ihr halbes Vermögen an den Kopf. Und wie könnten wir zwei zusammen leben!

v. KEITH. In Bückeburg?

MOLLY. Alle Not hätte ein Ende!

v. KEITH *sich losmachend.* Lieber suche ich Zigarrenstummel in den Cafés zusammen.

SASCHA *kommt mit dem Bild zurück.* Der Herr Tannhäuser sagt, er kann das Bild nicht ins Fenster stellen. Der Herr Tannhäuser haben selbst noch ein Dutzend Bilder von dem Herrn Saranieff.

MOLLY. Das wußte ich ja im voraus!

v. KEITH. Dafür bist du ja bei mir! — *Geht zum Schreibtisch und zerreißt das Schreibpapier.* Dann brauche ich doch wenigstens den Zeitungsartikel nicht mehr darüber zu schreiben!

SASCHA *geht, nachdem er das Bild auf den Tisch gelegt, ins Wartezimmer.*

MOLLY. Diese Saranieffs, siehst du, und diese Zamrjakis, das sind Menschen von einem ganz anderen Schlag als wir. Die wissen, wie man den Leuten die Taschen umkehrt. Wir beide sind eben nun einmal zu einfältig für die große Welt!

v. KEITH. Dein Reich ist noch nicht gekommen. Laß mich allein. — Bückeburg muß sich noch gedulden.

MOLLY *da es auf dem Korridor läutet, klatscht schadenfroh in die Hände.* Der Herr Gerichtsvollzieher!

Sie eilt, um zu öffnen.

v. KEITH *sieht nach der Uhr.* — — Was läßt sich dem Glück noch opfern . . .?

MOLLY *geleitet Ernst Scholz herein.* Der Herr will mir seinen Namen nicht nennen.

Ernst Scholz ist eine schmächtige, äußerst aristokratische Erscheinung von etwa siebenundzwanzig Jahren; schwarzes Lockenhaar, spitzgeschnittener Vollbart, unter starken langgezogenen Brauen große wasserblaue Augen, in denen der Ausdruck der Hilflosigkeit liegt.

v. KEITH. Gaston! — Wo kommst du her?

SCHOLZ. Dein Willkomm ist mir eine gute Vorbedeutung. Ich bin so verändert, daß ich voraussetzte, du werdest mich überhaupt kaum wiedererkennen.

Molly will das Frühstücksgeschirr mit hinausnehmen, fürchtet aber, nach einem Blick auf Scholz, dadurch zu stören und geht ohne das Geschirr ins Wohnzimmer ab.

v. KEITH. Du siehst etwas verlebt aus; aber das Dasein ist wirklich auch keine Spielerei!

SCHOLZ. Für mich am allerwenigsten; deshalb bin ich nämlich hier. Und ich komme nur deinetwegen nach München.

v. KEITH. Dafür danke ich dir; was die Geschäfte von mir übriglassen, gehört dir.

SCHOLZ. Ich weiß, daß du schwer mit dem Leben zu kämpfen hast. Nun ist es mir aber ganz speziell um deinen persönlichen Verkehr zu tun[32]. Ich möchte mich gern auf einige Zeit deiner geistigen Führung überlassen, aber nur unter der einen Bedingung, daß du mir dafür erlaubst, dir mit meinen Geldmitteln zu Hilfe zu kommen, soweit du es brauchen kannst.

---

[31]Ironic echo of Shakespeare, *King Richard III*, V, iv: "A horse! a horse! my kingdom for a horse!"

[32]I want particularly to be with you.

v. KEITH. Aber wozu denn das? Ich bin eben im Begriff, Direktor eines ungeheuren Aktienunternehmens[33] zu werden. Und dir geht es also auch ganz gut? Wir haben uns, wenn mir recht ist, vor vier Jahren zum letztenmal gesehen.

SCHOLZ. Auf dem Juristenkongreß in Brüssel.

v. KEITH. Du hattest kurz vorher dein Staatsexamen[34] absolviert.

SCHOLZ. Du schriebst damals schon für alle erdenklichen Tagesblätter. Erinnerst du dich vielleicht zufällig noch der Vorwürfe, die ich dir deines Zynismus wegen auf dem Ball im Justizpalais in Brüssel machte?

v. KEITH. Du hattest dich in die Tochter des dänischen Gesandten verliebt und gerietst in Wut über meine Behauptung, daß die Frauen von Natur aus viel materieller veranlagt sind, als wir Männer es durch den reichlichsten Genuß jemals werden können.

SCHOLZ. Du bist mir auch heute noch, wie während unserer ganzen Jugendzeit, geradezu ein Ungeheuer an Gewissenlosigkeit; aber — du hattest vollkommen recht.

v. KEITH. Ein schmeichelhafteres Kompliment hat man mir in diesem Leben noch nicht gemacht.

SCHOLZ. Ich bin mürbe[35]. Obschon ich deine ganze Lebensauffassung aus tiefster Seele verabscheue, vertraue ich dir heute das für mich unlösbare Rätsel meines Daseins an.

v. KEITH. Gott sei gelobt, daß du dich aus deinem Trübsinn endlich der Sonne zuwendest!

SCHOLZ. Ich schließe damit nicht etwa eine feige Kapitulation. Das letzte Mittel, das einem selbst zur Lösung des Rätsels freisteht, habe ich umsonst versucht.

v. KEITH. Um so besser für dich, wenn du das hinter dir hast. Ich sollte während der Kubanischen Revolution mit zwölf Verschwörern erschossen werden. Ich falle natürlich auf den ersten Schuß und bleibe tot, bis man mich beerdigen will. Seit jenem Tage fühle ich mich erst wirklich als den Herrn meines Lebens. *Aufspringend.* Verpflichtungen gehen wir bei unserer Geburt nicht ein, und mehr als dieses Leben w e g w e r f e n kann man nicht. Wer nach seinem Tode noch weiterlebt, der steht über den Gesetzen. — Du trugst dich damals in Brüssel mit der Absicht, dich dem Staatsdienst zu widmen?

SCHOLZ. Ich trat bei uns ins Eisenbahnministerium ein.

v. KEITH. Ich wunderte mich noch, daß du es bei deinem enormen Vermögen nicht vorzogst, als Grandseigneur deinen Neigungen zu leben[36].

SCHOLZ. Ich hatte den Vorsatz gefaßt, vor allem erst ein nützliches Mitglied der menschlichen Gesellschaft zu werden. Wäre ich als der Sohn eines Tagelöhners geboren, dann ergäbe sich das ja auch als etwas ganz Selbstverständliches.

v. KEITH. Man kann seinen Mitmenschen nicht mehr in dieser Welt nützen, als wenn man in der umfassendsten Weise auf seinen eigenen Vorteil ausgeht. Je weiter meine Interessen reichen, einer desto größeren Anzahl von Menschen biete ich den nötigen Lebensunterhalt. Wer sich aber darauf, daß er seinen Posten ausfüllt und seine Kinder ernährt, etwas einbildet, der macht sich blauen Dunst vor. Die Kinder danken ihrem Schöpfer, wenn man sie nicht in die Welt setzt, und nach dem Posten recken hundert arme Teufel die Hälse!

SCHOLZ. Ich konnte aber in der Tatsache, daß ich ein reicher Mann bin, keinen zwingenden Grund sehen, als Tagedieb in der Welt herumzuschlendern. Künstlerische Veranlagungen besitze ich nicht, und um meine einzige Lebensbestimmung im Heiraten und Kinderzeugen zu erblicken, dazu schien ich mir nicht unbedeutend genug.

v. KEITH. Du hast aber den Staatsdienst quittiert?

SCHOLZ *läßt den Kopf sinken.* Weil ich in meinem Amt ein entsetzliches Unglück verschuldet habe.

v. KEITH. — Als ich von Amerika zurückkam, erzählte mir jemand, der dich ein Jahr vorher in Konstantinopel getroffen hatte, du habest zwei Jahre auf Reisen zugebracht, lebest jetzt aber wieder zu Haus und stehest eben im Begriff, dich zu verheiraten.

SCHOLZ. Meine Verlobung habe ich vor drei Tagen aufgelöst. — Ich war bis jetzt nur ein halber Mensch. Seit dem Tage, an dem ich mein eigner Herr wurde, ließ ich mich lediglich von der Überzeugung leiten, ich könne mich meines Daseins nicht eher erfreuen, als bis ich meine Existenz durch ehrliche Arbeit gerechtfertigt hätte. Diese einseitige Anschauung hat mich dahin geführt, daß ich heute aus reinem Pflichtgefühl, nicht anders, als gälte es eine Strafe abzubüßen, den rein materiellen Genuß aufsuche. Sobald ich aber dem Leben die Arme öffnen will, dann lähmt mich die Erinnerung an jene unglücklichen Menschen, die nur durch

[33]stock company   [34]roughly equivalent, in this case, to a bar examination   [35]broken, defeated

[36]to live (following) your inclinations

meine übertriebene Gewissenhaftigkeit in der entsetzlichsten Weise ums Leben gekommen sind.

v. KEITH. Was war denn das für eine Geschichte?

SCHOLZ. Ich hatte ein Bahnreglement geändert. Es lag eine beständige Gefahr darin, daß dieses Bahnreglement unmöglich genau respektiert werden konnte. Meine Befürchtungen waren natürlich übertrieben, aber mit jedem Tage sah ich das Unglück näherkommen. Mir fehlt eben das seelische Gleichgewicht, das dem Menschen aus einem menschenwürdigen Familienheim erwächst. — Am ersten Tage nach Einführung meines neuen Reglements erfolgte ein Zusammenstoß von zwei Schnellzügen, der neun Männern, drei Frauen und zwei Kindern das Leben kostete. Ich inspizierte die Unglücksstätte noch. Es ist nicht meine Schuld, daß ich den Anblick überlebte.

v. KEITH. Dann gingst du auf Reisen?

SCHOLZ. Ich ging nach England, nach Italien, fühle mich nun aber erst recht von allem lebendigen Treiben ausgeschlossen. In lachender, scherzender Umgebung, bei ohrbetäubender Musik, entringt sich mir plötzlich ein geller Schrei, weil ich mir unversehens wieder jenes Unglücks bewußt worden bin. Ich habe auch im Orient nur wie eine verscheuchte Eule gelebt. Aufrichtig gesagt, bin ich auch seit jenem Unglückstag erst recht davon überzeugt, daß ich mir meine Lebensfreude nur durch Selbstaufopferung zurückkaufen kann. Aber dazu brauche ich Zutritt zum Leben. Diesen Zutritt zum Leben hoffte ich vor einem Jahr dadurch zu finden, daß ich mich mit dem ersten besten Mädchen allerniedrigster Herkunft verlobte, um mit ihr in den Ehestand zu treten.

v. KEITH. Wolltest du das Geschöpf wirklich zur Gräfin Trautenau machen?

SCHOLZ. Ich bin kein Graf Trautenau mehr. Das entzieht sich deinem Verständnis. Die Presse hatte meinen Rang und Namen zu dem Unglück, das ich heraufbeschworen, in wirkungsvollen Kontrast gesetzt. Ich hielt mich deshalb meiner Familie gegenüber für verpflichtet, einen anderen Namen anzunehmen. Ich heiße seit zwei Jahren Ernst Scholz. Daher konnte auch meine Verlobung niemanden mehr überraschen; aber es wäre auch daraus nur wieder Unglück erwachsen. In ihrem Herzen keinen Funken Liebe, in meinem nur das Bedürfnis, mich aufzuopfern, der Verkehr eine endlose Kette der trivialsten Mißverständnisse . . . Ich habe das Mädchen jetzt derart dotiert, daß sie für jeden ihres Standes eine begehrenswerte Partie ist. Sie konnte sich vor Freude über ihre wieder-

gewonnene Freiheit gar nicht fassen. Und ich muß nun endlich die schwere Kunst erlernen, mich selbst zu vergessen. Dem Tod sieht man mit klarem Bewußtsein ins Auge; aber niemand lebt, der sich nicht selbst vergessen kann.

v. KEITH *wirft sich in einen Sessel*. — Mein Vater würde sich vor Schreck im Grabe umkehren bei dem Gedanken, daß du — mich um meinen Rat bittest.

SCHOLZ. So schlägt das Leben die Schulweisheit auf den Mund. Dein Vater hat redlich sein Teil zu meiner einseitigen geistigen Entwicklung beigetragen.

v. KEITH. Mein Vater war so selbstlos und gewissenhaft, wie es der Hauslehrer und Erzieher eines Grafen Trautenau einmal sein muß. Du warst sein Musterknabe, und ich war sein Prügeljunge.

SCHOLZ. Erinnerst du dich nicht mehr, wie zärtlich du bei uns auf dem Schloß von unseren Kammerjungfern abgeküßt wurdest, und zwar mit Vorliebe dann, wenn ich zufällig gerade daneben stand?! *Sich erhebend*. Ich werde die nächsten zwei bis drei Jahre einzig und allein darauf verwenden, *unter Tränen*, um mich zu einem Genußmenschen auszubilden.

v. KEITH *aufspringend*. Gehen wir heute abend erst einmal nach Nymphenburg auf den Tanzboden! Das ist unser so unwürdig, wie nur irgendwie möglich. Aber bei all dem Regenwetter und Gletscherwasser, das sich über meinen Kopf ergießt, reizt es mich selbst, wieder einmal im Schlamm zu baden.

SCHOLZ. Mich dürstet nicht nach Marktgeschrei.

v. KEITH. Du hörst kein lautes Wort, nur das dumpfe Brausen des aus seinen Tiefen aufgewühlten Ozeans. München ist ein Arkadien[37] zugleich und ein Babylon. Der stumme saturnalische[38] Taumel, der sich hier bei jeder Gelegenheit der Seelen bemächtigt, behält auch für den Verwöhntesten seinen Reiz.

SCHOLZ. Woher sollte ich denn verwöhnt sein! Ich habe von meinem Leben bis heute buchstäblich noch nichts genossen.

v. KEITH. Der Gesellschaft werden wir uns auf dem Tanzboden erwehren müssen! An solchen Orten wirkt mein Erscheinen wie das Aas auf die Fliegen. Aber dafür, daß du dich selbst vergißt,

[37]Arcadia, area of Greece famous for its pastoral pleasures [38]The Saturnalia was a festival in Ancient Rome marked by licentious merrymaking.

stehe ich dir gut[39]. Du wirst dich noch in drei Monaten selbst vergessen, wenn du an unseren heutigen Abend zurückdenkst.

SCHOLZ. Ich habe mich schon allen Ernstes gefragt, ob nicht mein ungeheurer Reichtum vielleicht der einzige Grund meines Unglücks ist.

v. KEITH *empört*. Das ist Gotteslästerung!

SCHOLZ. Ich habe tatsächlich schon erwogen, ob ich nicht wie auf meinen Adel auch auf mein Vermögen verzichten soll. Solang ich lebe, wäre mir dieser Verzicht aber nur zugunsten meiner Familie möglich. Eine nützliche Verfügung über mein Eigentum kann ich allenfalls, nachdem mein Leben an ihm zuschanden geworden, auf dem Sterbebette treffen. Hätte ich von Jugend auf um meinen Unterhalt kämpfen müssen, dann stände ich bei meinem sittlichen Ernst und meinem Fleiß, statt ein Ausgestoßener zu sein, heute wahrscheinlich mitten in der glänzendsten Karriere.

v. KEITH. Oder du schwelgtest mit deinem Mädchen aus niedrigstem Stande im allergewöhnlichsten Liebesquark und putztest dabei deiner Mitwelt die Stiefel.

SCHOLZ. Das nehme ich jeden Augenblick mit Freuden gegen mein Los in Tausch.

v. KEITH. Bilde dir doch nicht ein, daß dieses Eisenbahnunglück zwischen dir und dem Leben steht. Du sättigst dich nur deshalb an diesen scheußlichen Erinnerungen, weil du zu schwerfällig[40] bist, um dir irgendwelche delikatere Nahrung zu verschaffen.

SCHOLZ. Darin magst du recht haben. Deswegen möchte ich mich deiner geistigen Führung anvertrauen.

v. KEITH. Wir finden heute abend schon was zu beißen. — Ich kann dich jetzt leider nicht bitten, mit mir zu frühstücken. Ich habe um zwölf Uhr ein geschäftliches Rendezvous mit einer hiesigen Finanzgröße. Aber ich gebe dir ein paar Zeilen mit an meinen Freund Raspe. Verbring den Nachmittag mit ihm; um sechs Uhr treffen wir uns im Hofgarten-Café. *Er ist an den Schreibtisch gegangen und schreibt ein Billett.*

SCHOLZ. Womit beschäftigst du dich denn?

v. KEITH. Ich treibe Kunsthandel, ich habe eine Zeitungskorrespondenz[41], eine Konzertagentur — alles nicht der Rede wert. Du kommst eben recht, um das Entstehen eines großangelegten Konzerthauses zu erleben, das ausschließlich für meine Künstler gebaut wird.

SCHOLZ *nimmt das Bild vom Tisch und betrachtet es*. Du hast eine hübsche Bildergalerie.

v. KEITH *aufspringend*. Das gebe ich nicht um zehntausend Mark. Ein Saranieff. *Dreht es ihm in den Händen um.* Du mußt es anders herum nehmen.

SCHOLZ. Ich verstehe nichts von Kunst. Ich bin auf meinen Reisen nicht in einem einzigen Museum gewesen.

v. KEITH *gibt ihm das Billett*. Der Mann ist internationaler Kriminalbeamter; sei deshalb nicht gleich zu offenherzig. Ein entzückender Mensch. Aber die Leute wissen nie, ob sie mich beobachten sollen oder ob ich da bin, um sie zu beobachten.

SCHOLZ. Ich danke dir für dein liebenswürdiges Entgegenkommen. Also heute abend um sechs im Hofgarten-Café.

v. KEITH. Dann fahren wir nach Nymphenburg. Ich danke dir, daß auch du schließlich Vertrauen zu mir gewonnen hast. *v. Keith geleitet Scholz hinaus. Die Szene bleibt einen Moment leer. Dann kommt Molly Griesinger aus dem Wohnzimmer und nimmt das Teegeschirr vom Tisch. Gleich darauf kommt v. Keith zurück.*

v. KEITH *ruft*. Sascha! *Geht ans Telephon und läutet.* Siebzehn, fünfunddreißig—Kommissär Raspe!

SASCHA *kommt aus dem Wartezimmer*. Herr Baron!

v. KEITH. Meinen Hut! Meinen Paletot!

SASCHA *eilt nach dem Vorplatz*.

MOLLY. Ich beschwöre dich, laß dich doch mit diesem Patron[42] nicht ein! Der käme doch nicht zu uns, wenn er uns nicht ausbeuten wollte.

v. KEITH *spricht ins Telephon*. Gott sei Dank sind Sie da! Warten Sie zehn Minuten. — — Das werden Sie merken. *Zu Molly, während ihm Sascha in den Paletot hilft.* Ich fahre rasch auf die Redaktionen.

MOLLY. Was soll ich Mama antworten?

v. KEITH *zu Sascha*. Einen Wagen!

SASCHA. Jawohl, Herr Baron. *Ab.*

v. KEITH. Leg' ihr meine Ehrerbietung zu Füßen. *Geht zum Schreibtisch.* Die Pläne — der Brief von Ostermeier — morgen früh muß München wissen, daß der Feenpalast gebaut wird!

MOLLY. Dann kommst du nicht nach Bückeburg?

v. KEITH *nimmt, die zusammengerollten Pläne unter dem Arm, seinen Hut vom Mitteltisch und stülpt ihn auf*. Nimmt mich wunder, wie sich der zum Genußmenschen ausbildet! *Rasch ab.*

---

[39]I'll vouch for it [40]clumsy, sluggish [41]he gathers news for distribution to newspapers

[42]here, colloquial: "fellow"

ZWEITER AUFZUG

Im Arbeitszimmer des Marquis von Keith ist der mittlere Tisch zum Frühstück gedeckt: Champagner und eine große Schüssel Austern. — Der Marquis von Keith sitzt auf dem Schreibtisch und hält den linken Fuß auf einen Schemel, während ihm Sascha, der vor ihm kniet, mit einem Knopfhaken die Stiefel zuknöpft. Ernst Scholz steht hinter dem Diwan und versucht sich auf einer Gitarre, die er von der Wand genommen.

v. KEITH. Wann bist du denn heute morgen in dein Hotel zurückgekommen?

SCHOLZ *mit verklärtem Lächeln.* Um zehn Uhr.

v. KEITH. Tat ich also nicht recht daran, dich mit diesem entzückenden Geschöpf allein zu lassen?

SCHOLZ *selig lächelnd.* Nach den Gesprächen von gestern abend über Kunst und moderne Literatur frage ich mich, ob ich bei diesem Mädchen nicht in die Schule gehen soll. Um so mehr wunderte es mich, daß sie dich noch darum bat, an dem Gartenfest, mit dem du München in Erstaunen setzen willst, deine Gäste bedienen zu dürfen.

v. KEITH. Sie rechnet sich das ganz einfach zur Ehre an! Übrigens hat das noch Zeit mit dem Gartenfest. Ich fahre morgen auf einige Tage nach Paris.

SCHOLZ. Das kommt mir aber höchst ungelegen.

v. KEITH. Komm doch mit. Ich will eine meiner Künstlerinnen vor der Marquesi singen lassen, bevor sie hier öffentlich auftritt.

SCHOLZ. Soll ich mir jetzt die Seelenqualen wieder vergegenwärtigen, die ich seinerzeit in Paris durchgekostet habe?!

v. KEITH. Würde dir denn das Erlebnis dieser Nacht nicht darüber hinweghelfen?! — Dann halte dich während meiner Abwesenheit an den Kunstmaler Saranieff. Er wird ja heute wohl irgendwo vor uns auftauchen.

SCHOLZ. Von diesem Saranieff erzählte mir das Mädchen, sein Atelier sei eine Schreckenskammer, voll der entsetzlichsten Greuel, die die Menschheit je verübt hat. Und dann plauderte sie im hellsten Entzücken von ihrer Kindheit, wie sie in Tirol den ganzen Sommer durch in den Kirschbäumen gesessen und im Winter abends bis in die Dunkelheit mit den Dorfkindern Schlitten gefahren sei. — Wie kann es sich dieses Mädchen nur so zur Ehre anrechnen, bei dir als Aufwärterin figurieren zu dürfen!

v. KEITH. Das Geschöpf rechnet sich das zur Ehre an, weil es dabei Gelegenheit findet, die unbegrenzte Verachtung zu bekämpfen, mit der sie von der gesamten bürgerlichen Gesellschaft behandelt wird.

SCHOLZ. Aber was rechtfertigt denn diese Verachtung! Wieviel hundert weibliche Existenzen gehen in den besten Gesellschaftskreisen daran zugrunde, daß der Strom des Lebens versiegt, wie er hier aus seinen Ufern tritt! — Einer Sünde, wie es die seelenmörderische Zwietracht war, in der meine Eltern zwanzig Jahre beieinander aushielten, macht sich dieses Mädchen doch in seinem seligsten Glück nicht schuldig!

v. KEITH. Was ist Sünde!!

SCHOLZ. Darüber war ich mir gestern noch völlig klar. Heute kann ich dafür ohne Beklommenheit aussprechen, was tausend und tausend gutsituierte Menschen wie ich empfunden haben: Das verfehlte Leben blickt mit bitterem Neid auf das verlorene Geschöpf!

v. KEITH. Das Glück dieser Geschöpfe wäre so verachtet nicht, wenn es nicht das denkbar schlechteste Geschäft wäre. Sünde ist eine mythologische Bezeichnung für schlechte Geschäfte. Gute Geschäfte lassen sich nun einmal nur innerhalb der bestehenden Gesellschaftsordnung machen! Das weiß niemand besser als ich. Ich, der Marquis von Keith, von dem ganz München spricht, stehe heute mit meinem europäischen Ruf noch ebenso außerhalb der Gesellschaft wie dieses Geschöpf. Das ist auch der einzige Grund, weshalb ich das Gartenfest gebe. Ich bedaure ungemein, daß ich die Kleine nicht unter meinen Gästen empfangen kann. Um so geschmackvoller wird sie sich dafür unter meiner Bedienung ausnehmen.

SASCHA *hat sich erhoben.* Befehlen der Herr Baron einen Wagen?

v. KEITH. Ja.

SASCHA *ab.*

v. KEITH *sich in den Stiefeln feststampfend.* Du hast gelesen, daß sich gestern die Feenpalastgesellschaft konstituiert hat?

SCHOLZ. Ich habe von gestern auf heute natürlich keine Zeitung in die Hand bekommen. *Beide nehmen am Frühstückstisch Platz.*

v. KEITH. Das ganze Unternehmen ruht auf einem Bierbrauer, einem Baumeister und einem Restaurateur. Das sind die Karyatiden[43], die den Giebel des Tempels tragen.

[43]draped female figures which functioned as columns to support upper portions of classical Greek buildings (usually temples)

SCHOLZ. Ein entzückender Mensch ist übrigens dein Freund, der Kriminalbeamte Raspe.

v. KEITH. Er ist ein Schurke; ich liebe ihn aber aus einem anderen Grunde.

SCHOLZ. Er erzählte mir, er sei ursprünglich Theologe gewesen, habe aber durch zu vieles Studieren seinen Glauben verloren und ihn dann auf dem Wege wiederzufinden gesucht, auf dem der verlorene Sohn[44] seinen Glauben wiederfand.

v. KEITH. Er sank immer tiefer und tiefer, bis ihn schließlich die hohe Staatsanwaltschaft in ihren Armen auffing und ihm seinen verlorenen Glauben durch einen zweijährigen Aufenthalt hinter Schloß und Riegel zurückerstattete.

SCHOLZ. Das Mädchen konnte es absolut nicht fassen, daß ich bis heute noch nicht Radfahren gelernt habe. Daß ich in Asien und Afrika nicht Rad gefahren sei, meinte sie, sei sehr vernünftig gewesen wegen der wilden Tiere. In Italien hätte ich denn aber doch damit anfangen können!

v. KEITH. Ich warne dich noch einmal, lieber Freund, sei nicht zu offenherzig! Die Wahrheit ist unser kostbarstes Lebensgut, und man kann nicht sparsam genug damit umgehen.

SCHOLZ. Deshalb hast du dir wohl auch den Namen M a r q u i s v o n K e i t h beigelegt?

v. KEITH. Ich heiße mit demselben Recht Marquis von Keith, mit dem du Ernst Scholz heißt. Ich bin der Adoptivsohn des Lord Keith, der im Jahre 1863 . . .

SASCHA *tritt vom Vorplatz ein, anmeldend.* Herr Professor Saranieff!

Saranieff tritt ein, in schwarzem Gehrock mit etwas zu langen Ärmeln, hellen, etwas zu kurzen Beinkleidern, grobem Schuhwerk, knallroten Handschuhen; das halblange, straffe, schwarze Haar gerade abgeschnitten; vor den verheißungsvollen Augen trägt er an schwarzem Bande ein Pincenez à la Murillo[45]; ausdrucksvolles Profil, kleiner spanischer Schnurrbart. Den Zylinder gibt er nach der Begrüßung an Sascha.

SARANIEFF. Ich wünsche Ihnen von Herzen Glück, mein lieber Freund. Endlich sind die Taue gekappt, und der Ballon kann steigen!

v. KEITH. Meine Kommanditäre[46] erwarten mich; ich kann Sie kaum mehr zum Frühstück einladen.

SARANIEFF *sich an den Tisch setzend.* Ich erlasse Ihnen die Einladung.

v. KEITH. Noch ein Kuvert, Sascha!

SASCHA *hat den Hut auf dem Vorplatz aufgehängt und geht ins Wohnzimmer ab.*

SARANIEFF. Mich wundert nur, daß man den Namen des großen Casimir nicht mit unter den Mitgliedern des Feenpalast-Konsortiums liest.

v. KEITH. Weil ich nicht auf das Verdienst[47] verzichten will, selber der Schöpfer meines Werkes zu sein. *Vorstellend.* Herr Kunstmaler Saranieff — Graf Trautenau.

SARANIEFF *zieht ein Glas und einen Teller heran und bedient sich, zu Scholz.* Sie, Herr Graf, kenne ich schon in- und auswendig. *Zu v. Keith.* Simba war eben bei mir; sie sitzt mir gegenwärtig zu einem Böcklin[48].

v. KEITH *zu Scholz.* Der Böcklin war nämlich selbst ein großer Maler. *Zu Saranieff.* Sie brauchen mit solchen Streichen nicht noch zu prahlen!

SARANIEFF. Machen Sie mich berühmt, dann habe ich diese Streiche nicht mehr nötig! Ich bezahle Ihnen dreißig Prozent auf Lebenszeit. Zamrjakis Verstand wackelt schon wie ein morscher Zaunpfahl, weil er durchaus auf ehrlichem Wege unsterblich werden will.

v. KEITH. Mir ist es um seine Musik zu tun. Dem richtigen Komponisten ist sein Verstand nur ein Hindernis.

SCHOLZ. Um unsterblich werden zu wollen, muß man doch wohl schon ganz außergewöhnlich lebenslustig sein.

SARANIEFF *zu Scholz.* Sie[49] hat mir unsere Simba übrigens als einen hochinteressanten Menschen geschildert.

SCHOLZ. Das glaube ich, daß ihr solche Sauertöpfe wie ich nicht jeden Tag in den Weg laufen.

SARANIEFF. Sie hat Sie den Symbolisten[50] zugeteilt. *Zu v. Keith.* Und dann schwärmte sie von einer bevorstehenden Feenpalast-Gründungsfeier mit eminentem Feuerwerk.

v. KEITH. Mit Feuerwerk blendet man keinen Hund, aber der vernünftigste Mensch fühlt sich beleidigt, wenn man ihm keines vormacht. Ich fahre übrigens vorher noch auf einige Tage nach Paris.

---

[44]the Prodigal Son   [45]Spanish painter, 1617–1682
[46]the financial supporters of the company

[47]credit, merit   [48]"she's sitting for a Böcklin" (Arnold Böcklin, Swiss painter, 1827–1901). Saranieff is forging pictures of a popular painter of the day.   [49]"you" (direct object)   [50]a school of French writers of the time with an inclination towards the mystical and the obscure.

SARANIEFF. Man will wohl Ihre Ansichten über ein deutsch-französisches Schutz-und-Trutz-Bündnis[51] hören?

v. KEITH. Aber sprechen Sie nicht davon!

SCHOLZ. Ich wußte gar nicht, daß du dich auch in der Politik betätigst!

SARANIEFF. Wissen Sie vielleicht irgend etwas, worin sich der Marquis von Keith nicht betätigt?

v. KEITH. Ich will mir nicht vorwerfen lassen, daß ich mich um meine Zeit nicht gekümmert habe!

SCHOLZ. Hat man denn nicht genug mit sich selbst zu tun, wenn man das Leben ernst nimmt?

SARANIEFF. Sie nehmen es allerdings verteufelt ernst! Am Fuße der Pyramiden, in dem Dorfe Gizeh, soll Ihnen die Wäscherin einen Hemdkragen verwechselt haben?

SCHOLZ. Sie scheinen wirklich schon ganz gut über mich unterrichtet zu sein. Wollen Sie mir nicht erlauben, daß ich Sie einmal in Ihrem Atelier besuche?

SARANIEFF. Wenn es Ihnen recht ist, trinken wir jetzt gleich unsern Kaffee bei mir. Sie finden dann auch Ihre Simba noch dort.

SCHOLZ. Simba? — Simba? — Sie reden immer von Simba. Das Mädchen sagte mir doch, daß sie Kathi hieße!

SARANIEFF. Von Natur heißt sie Kathi; aber der Marquis von Keith hat sie Simba getauft.

SCHOLZ *zu v. Keith.* Das bezieht sich wohl auf ihre wundervollen roten Haare?

v. KEITH. Darüber kann ich dir mit dem besten Willen keine Auskunft geben.

SARANIEFF. Sie hat es sich auf meinem persischen Diwan bequem gemacht und schläft vorläufig noch ihren Katzenjammer von gestern aus.

MOLLY GRIESINGER *kommt aus dem Wohnzimmer und legt Saranieff ein Kuvert vor.*

SARANIEFF. Heißen Dank, gnädige Frau; Sie sehen, ich habe schon alles aufgegessen. Verzeihen Sie, daß ich noch nicht Gelegenheit nahm, Ihnen die Hand zu küssen.

MOLLY. Sparen Sie Ihre Komplimente doch für würdigere Gelegenheiten! *Es läutet auf dem Korridor; Molly geht, um zu öffnen.*

v. KEITH *sieht nach der Uhr und erhebt sich.* Sie müssen mich entschuldigen, meine Herren. *Ruft.* Sascha!

SARANIEFF *wischt sich den Mund.* Bitte, wir fahren natürlich mit. *Er und Scholz erheben sich.*

SASCHA *kommt mit der Garderobe aus dem Wartezimmer und hilft v. Keith und Scholz in den Paletot.*

SCHOLZ *zu v. Keith.* Warum sagst du mir denn gar nicht, daß du verheiratet bist?

v. KEITH. Laß mich dir deine Krawatte in Ordnung bringen. *Er tut es.* Du mußt etwas mehr Sorgfalt auf dein Äußeres verwenden.

MOLLY *kommt mit Hermann Casimir vom Vorplatz zurück.*

MOLLY. Der junge Herr Casimir bittet um die Ehre[52].

v. KEITH *zu Hermann.* Haben Sie gestern meine Grüße ausgerichtet?

HERMANN. Die Frau Gräfin wartete selbst auf Geld von Ihnen!

v. KEITH. Warten Sie einen Augenblick auf mich. Ich bin gleich zurück. *Zu Scholz und Saranieff.* Ist es Ihnen recht, meine Herren?

SARANIEFF *Sascha seinen Hut abnehmend.* Mit Ihnen durch dick und dünn!

SASCHA. Der Wagen wartet, Herr Baron.

v. KEITH. Setz dich zum Kutscher!

Scholz, Saranieff, v. Keith und Sascha ab.

MOLLY *kramt das Frühstücksgeschirr zusammen.* Nimmt mich nur wunder, was Sie in diesem Narrenturm suchen! Sie blieben doch wirklich vernünftiger bei Ihrer Frau Mama zu Hause!

HERMANN *will sofort das Zimmer verlassen.* Meine Mutter lebt nicht mehr, gnädige Frau; aber ich möchte nicht lästig sein.

MOLLY. Um Gottes willen, bleiben Sie nur! Sie genieren hier niemanden. — Aber diese unmenschlichen Eltern, die ihr Kind nicht vor dem Verkehr mit solchen Strauchdieben schützen! — Ich hatte mein glückliches Vaterhaus wie Sie und war weder älter noch klüger als Sie, als ich, ohne mir was dabei zu denken, den Sprung ins Bodenlose tat.

HERMANN *sehr erregt.* Der Himmel erbarm sich mein — ich muß notwendig einen Weg wählen! Ich gehe zugrunde, wenn ich noch länger hier in München bleibe! Aber der Herr Marquis wird mir seine Hilfe verweigern, wenn er ahnt, was ich vorhabe. Ich bitte Sie, gnädige Frau, verraten Sie mich nicht!

MOLLY. Wenn Sie wüßten, wie es mir ums Herz ist[53], Sie hätten keine Angst, daß ich mich um Ihre Geschichte bekümmere! Wenn es Ihnen nur nicht noch schlimmer geht als mir! Hätte mich meine Mutter arbeiten lassen, wie ich jetzt arbeite,

---

[51]*Schutz und Trutz* (a phrase taken from the German national anthem): protection (*Schutz*) for each other, resistance (*Trutz*) to others

[52]would like to see you   [53]how I feel

statt mich jeden freien Nachmittag Schlittschuh laufen zu schicken, ich hätte heute mein Lebensglück noch vor mir!

HERMANN. Aber — wenn Sie so grenzenlos unglücklich sind und wissen, — daß Sie noch glücklich werden können, warum — warum lassen Sie sich denn dann nicht scheiden? 5

MOLLY. Reden Sie doch um Gottes willen nicht über Dinge, von denen Sie nichts verstehen! Wenn man hingehen will, um sich scheiden zu lassen, dann muß man erst einmal verheiratet sein. 10

HERMANN. Verzeihen Sie, ich — meinte, Sie wären verheiratet.

MOLLY. Ich will mich hier weiß Gott über niemanden beklagen! Aber um sich zu verheiraten, hat man nun einmal in der ganzen Welt zuerst 15 Papiere nötig. Und das ist ja unter seiner Würde, Papiere zu haben! *Da es auf dem Korridor läutet.* Von früh bis spät geht es wie in einem Postbüro! *Ab nach dem Vorplatz.*

HERMANN *sich sammelnd.* Wie konnte ich mich 20 nur so verplappern!

MOLLY *geleitet die Gräfin Werdenfels herein.*

MOLLY. Wenn Sie hier vielleicht auf meinen Mann warten wollen. Er muß ja wohl gleich 25 kommen. Darf ich die Herrschaften bekannt machen?

ANNA. Danke. Wir kennen uns.

MOLLY. Natürlich! Dann bin ich ja überflüssig. *Ins Wohnzimmer ab.* 30

ANNA *läßt sich neben Hermann auf den Schreibtischsessel nieder und legt ihre Hand auf die seinige.* Nun erzählen Sie mir einmal offen und ausführlich, mein lieber junger Freund, wozu Sie auf Ihrer Schulbank soviel Geld brauchen. 35

HERMANN. Das sage ich Ihnen nicht.

ANNA. Ich möchte es aber so gerne wissen!

HERMANN. Das glaube ich Ihnen!

ANNA. Trotzkopf!

HERMANN *entzieht ihr seine Hand.* Ich lasse 40 mich nicht so behandeln!

ANNA. Wer behandelt Sie denn? Bilden Sie sich doch nichts ein! — Sehen Sie, ich teile die Menschen in zwei große Klassen. Die einen sind hopp-hopp[54], und die andern sind ethe-petete[55]. 45

HERMANN. Ich bin Ihrer Ansicht nach natürlich ethe-petete.

ANNA. Wenn Sie nicht einmal sagen dürfen, wozu Sie all das viele Geld nötig haben . . .

HERMANN. Jedenfalls nicht, weil ich ethe-petete 50 bin!

ANNA. Das habe ich Ihnen doch auf den ersten Blick angesehen: Sie sind hopp-hopp.

HERMANN. Das bin ich auch; sonst bliebe ich gemütlich in München.

ANNA. Aber Sie wollen hinaus in die Welt!

HERMANN. Und Sie möchten gerne wissen, wohin. Nach Paris — nach London.

ANNA. Paris ist heutzutage doch gar nicht mehr Mode!

HERMANN. Ich will auch gar nicht nach Paris.

ANNA. Warum bleiben Sie denn nicht lieber hier in München? — Sie haben einen steinreichen Vater . . .

HERMANN. Weil man hier nichts erlebt! — Ich verkomme hier in München, besonders wenn ich noch länger auf der Schulbank sitzen muß. Ein früherer Klassenkamerad schreibt mir aus Afrika, wenn man sich in Afrika unglücklich fühle, dann fühle man sich noch zehnmal glücklicher, als wenn man sich in München glücklich fühle. 20

ANNA. Ich will Ihnen etwas sagen: Ihr Freund ist ethe-petete. Gehen Sie nicht nach Afrika. Bleiben Sie lieber hier bei uns in München und erleben Sie etwas.

HERMANN. Aber das ist hier doch gar nicht möglich!

Molly läßt den Kriminalkommissar Raspe eintreten. Raspe, anfangs der Zwanziger, in heller Sommertoilette und Strohhut, hat die kindlich-harmlosen Züge eines Guido Renischen[56] Engels. Kurzes blondes Haar, keimender Schnurrbart. Wenn er sich beobachtet fühlt, klemmt er einen blauen Kneifer vor die Augen.

MOLLY. Mein Mann wird gleich kommen; wenn Sie einen Augenblick warten wollen. Darf ich Sie vorstellen . . .

Raspe. Ich weiß wirklich nicht, gnädige Frau, ob dem Herrn Baron damit gedient wäre, daß Sie mich vorstellen.

MOLLY. Na, dann nicht! — um Gottes willen! *Ins Wohnzimmer ab.*

ANNA. Ihre Vorsicht ist übrigens vollkommen überflüssig. Wir kennen uns doch.

RASPE *nimmt auf dem Diwan Platz.* Hm — ich muß mich erst in meinen Erinnerungen zurechtfinden . . .

ANNA. Wenn Sie sich zurechtgefunden haben, dann möchte ich Sie sich übrigens auch darum bitten, mich nicht vorzustellen. 50

---

[54]have real zip   [55]finicky, over-refined   [56]Guido Reni, Italian painter, 1575–1642

RASPE. Wie ist es aber möglich, daß ich hier nie ein Wort über Sie gehört habe!

ANNA. Das sind nur Namensunterschiede. Von Ihnen erzählte man mir, Sie hätten zwei Jahre in absoluter Einsamkeit zugebracht.

RASPE. Worauf Sie natürlich nicht durchblicken ließen, daß Sie mich in meiner höchsten Glanzzeit gekannt hatten.

ANNA. Wen hat man nicht alles in seiner Glanzzeit gekannt!

RASPE. Sie haben ganz recht. Mitleid ist Gotteslästerung. — Was konnte ich dafür! Ich war das Opfer des wahnsinnigen Vertrauens geworden, das mir jedermann entgegenbrachte.

ANNA. Jetzt sind Sie aber wieder hopp-hopp?

RASPE. Jetzt verwerte ich das wahnsinnige Vertrauen, das mir jedermann entgegenbringt, zum Wohle meiner Mitmenschen. — Können Sie mir übrigens etwas Näheres über diesen Genußmenschen sagen?

ANNA. Ich bedaure sehr; den hat man mir noch nicht vorgeritten.

RASPE. Das wundert mich außerordentlich. Ein gewisser Herr Scholz, der sich hier in München zum Genußmenschen ausbilden will.

ANNA. Und dazu macht ihn der Marquis von Keith mit einem Kriminalkommissar bekannt?

RASPE. Ein ganz harmloser Mensch. Ich wußte gar nicht, was ich mit ihm anfangen sollte. Ich führte ihn zu seiner Ausbildung ins Hofbräuhaus[57]. Das liegt hier ja gleich nebenan.

Molly öffnet die Entreetür und läßt den Konsul Casimir eintreten. Er ist ein Mann in der Mitte der Vierziger, etwas vierschrötig, in opulente Eleganz gekleidet; volles Gesicht mit üppigen schwarzen Favorits[58], starkem Schnurrbart, buschigen Augenbrauen, das Haar sorgfältig in der Mitte gescheitelt.

MOLLY. Mein Mann ist nicht zu Hause. — *Ab.*

CASIMIR *geht, ohne jemanden zu grüßen, auf Hermann zu.* Da ist die Türe! — — In dieser Räuberhöhle muß ich dich aufstöbern!

HERMANN. Du würdest mich hier auch nicht suchen, wenn du nicht für deine Geschäfte fürchtetest!

CASIMIR *dringt auf ihn ein[59].* Willst du still sein! — Ich werde dir Beine machen[60]!

HERMANN *zieht einen Taschenrevolver.* Rühr mich nicht an, Papa! — Rühr mich nicht an! Ich erschieße mich, wenn du mich anrührst!

CASIMIR. Das bezahlst du mir, wenn du zu Hause bist!

RASPE. Wer läßt sich denn auch wie ein Stück Vieh behandeln!

CASIMIR. Beschimpfen lassen soll ich mich hier noch . . . !

ANNA *tritt ihm entgegen.* Bitte, mein Herr, das gibt ein Unglück. Werden Sie erst selbst ruhig. *Zu Hermann.* Seien Sie vernünftig; gehen Sie mit Ihrem Vater.

HERMANN. Ich habe zu Hause nichts zu suchen. Er merkt es nicht einmal, wenn ich mich sinnlos betrinke, weil ich nicht weiß, wozu ich auf der Welt bin!

ANNA. Dann sagen Sie ruhig, was Sie beabsichtigen; aber drohen Sie Ihrem Vater nicht mit dem Revolver. Geben Sie mir das Ding.

HERMANN. Das könnte mir einfallen[61]!

ANNA. Sie werden es nicht bereuen. Ich gebe ihn Ihnen zurück, wenn Sie ruhig sind. — Halten Sie mich für eine Lügnerin?

HERMANN *gibt ihr zögernd den Revolver.*

ANNA. Jetzt bitten Sie Ihren Vater um Verzeihung. Wenn Sie einen Funken Ehre im Leibe haben, können Sie von Ihrem Vater nicht erwarten, daß er den ersten Schritt tut.

HERMANN. Ich will aber nicht zugrunde gehen!

ANNA. Erst bitten Sie um Verzeihung. Seien Sie fest überzeugt, daß Ihr Vater dann auch mit sich reden läßt.

HERMANN. — Ich — ich — bitte dich um . . . *Er sinkt in die Knie und schluchzt.*

ANNA *sucht ihn aufzurichten.* Schämen Sie sich! Blicken Sie doch Ihrem Vater in die Augen!

CASIMIR. Die Nerven seiner Mutter!

ANNA. Beweisen Sie Ihrem Vater, daß er Vertrauen zu Ihnen haben kann. — Jetzt gehen Sie nach Hause, und wenn Sie ruhig geworden sind, dann setzen Sie Ihrem Vater Ihre Pläne und Wünsche auseinander. — *Sie geleitet ihn hinaus.*

CASIMIR *zu Raspe.* Wer ist diese Dame?

RASPE. Ich sehe sie heute seit zwei Jahren zum erstenmal wieder. Damals war sie Verkäuferin in einem Geschäft in der Perusastraße und hieß Huber, wenn ich mich recht erinnere. Aber wenn Sie etwas Näheres wissen wollen . . .

CASIMIR. Ich danke Ihnen. Gehorsamer Diener! *Ab.*

[57]famous Munich beer hall [58]curled hair around the temples [59]insistently [60]I'll see that you get moving (out of here)

[61]I wouldn't dream of it

MOLLY *kommt aus dem Wohnzimmer, um das Frühstücksgeschirr hinauszutragen.*

RASPE. Entschuldigen Sie, gnädige Frau; hatte der Herr Baron wirklich die Absicht, vor Tisch noch zurückzukommen?

MOLLY. Ich bitte Sie um Gottes willen, fragen Sie mich nicht nach solchen Lächerlichkeiten!

ANNA *kommt vom Vorplatz zurück, zu Molly.* Darf ich Ihnen nicht vielleicht etwas abnehmen?

Molly. Sie fragen mich auch noch, ob Sie mir nicht vielleicht etwas . . . *Den Präsentierteller wieder auf den Tisch setzend.* Räume den Tisch ab, wer will; ich habe nicht daran gesessen! *Ins Wohnzimmer ab.*

RASPE. Das haben Sie einfach tadellos gemacht mit dem Jungen.

ANNA *setzt sich wieder zum Schreibtisch.* Ich beneide ihn um die Equipage, in der ihn sein Alter nach Hause fährt.

RASPE. Sagen Sie mir, was ist denn eigentlich aus diesem Grafen Werdenfels geworden, der damals vor zwei Jahren ein Champagnergelage nach dem andern gab?

ANNA. Ich trage seinen Namen.

RASPE. Das hätte ich mir doch denken können! — Wollen Sie dem Herrn Grafen, bitte, meinen aufrichtigsten Glückwunsch zu seiner Wahl aussprechen?

ANNA. Das ist mir nicht mehr möglich.

RASPE. Sie leben selbstverständlich getrennt?

ANNA. Selbstverständlich, ja. *Da Stimmen auf dem Korridor laut werden.* Ich erzähle Ihnen das ein anderes Mal.

v. Keith tritt ein mit den Herren Ostermeier, Krenzl und Grandauer, alle drei mehr oder weniger schmerbäuchige triefäugige Münchner Pfahlbürger[62]. Ihnen folgt Sascha.

v. KEITH. Das trifft sich ausgezeichnet, daß ich Sie gleich mit einer unserer ersten Künstlerinenn bekannt machen kann. — Sascha, trag den Kram hinaus!

SASCHA *mit dem Frühstücksgeschirr ins Wohnzimmer ab.*

v. KEITH *vorstellend.* Herr Bierbrauereibesitzer Ostermeier, Herr Baumeister Krenzl, Herr Restaurateur Grandauer, die Karyatiden des Feenpalastes — Frau Gräfin Werdenfels. Aber Ihre Zeit ist gemessen, meine Herren; Sie wollen die

Pläne sehen. *Nimmt die Pläne vom Schreibtisch und entrollt sie auf dem Mitteltisch.*

OSTERMEIER. Lassen's Ihnen[63] Zeit, verehrter Freund. Auf fünf Minuten kommt es nicht an.

v. KEITH *zu Grandauer.* Wollen Sie bitte halten. — Was Sie hier sehen, ist der große Konzertsaal mit entfernbarem Plafond und Oberlicht, so daß er im Sommer als Ausstellungspalast dienen kann. Daneben ein kleinerer Bühnensaal, den ich durch die allermodernste Kunstgattung populär machen werde, wissen Sie, was so halb Tanzboden und halb Totenkammer ist. Das Allermodernste ist immer die billigste und wirksamste Reklame.

OSTERMEIER. Hm — haben's auch auf die Toiletten nicht vergessen?

v. KEITH. Hier sehen Sie die Garderoben- und Toilettenverhältnisse[64] in durchgreifendster Weise gelöst. — Hier, Herr Baumeister, der Frontaufriß: Auffahrt, Giebelfeld und Karyatiden.

KRENZL. I mecht denn aber fein net mit von dena Karyatiden sein[65]!

v. KEITH. Das ist doch ein Scherz von mir, mein verehrter Herr!

KRENZL. Was saget denn mei Alte, wann i mi[66] da heroben wollt als Karyatiden aushauen lassen, nachher noch gar[67] an eim Feenpalast!

GRANDAUER. Wissens, mir als Restaratär is halt d' Hauptsach bei dera G'schicht[68], daß i Platz hab.

v. KEITH. Für die Restaurationslokalitäten, mein lieber Herr Grandauer, ist das ganze Erdgeschoß vorgesehen.

GRANDAUER. Zum Essen und Trinken megen d' Leit halt net[69] so eingepfercht sein als wie beim Kunstgenuß.

v. KEITH. Für den Nachmittagskaffee, lieber Herr Grandauer, haben Sie hier eine Terrasse im ersten Stock mit großartiger Aussicht auf die Isaranlagen[70].

OSTERMEIER. I mecht Sie halt nur noch bitten, verehrter Freund, daß Sie uns Ihre Eröffnungsbilanz sehen lassen.

v. KEITH *ein Schriftstück produzierend.* Viertausend Anteilscheine à fünftausend, macht rund

---

[62]solid (but dull) citizens

[63]Lassen Sie sich   [64]the question of the location of the checkrooms and rest rooms   [65]Aber ich möchte denn bestimmt nicht eine von den Karyatiden sein!   [66]was sagt denn meine Frau, wenn ich mich   [67]especially   [68]the main thing about the whole business   [69]mögen die Leute eben nicht (*halt* in the sense of "just" is frequently used in Southern German speech and may usually be left untranslated)   [70]parks along the Isar; the Isar is the river which flows through Munich

zwanzig Millionen Mark. — Ich gehe von der Bedingung aus, meine Herren, daß jeder von uns vierzig Vorzugsaktien[71] zeichnet und schlankweg einzahlt. Die Rentabilitätsberechnung[72], sehen Sie, ist ganz außergewöhnlich niedrig gestellt.

KRENZL. Es fragt sich jetzt halt nur noch, ob der Magistrat die Bedürfnisfrag bejaht.

V. KEITH. Deshalb wollen wir außer den Aktien eine Anzahl Genußscheine ausgeben und der Stadt einen Teil davon zu wohltätigen Zwecken zur Verfügung stellen. — Für die Vorstandsmitglieder sind zehn Prozent Tantiemen vom Reingewinn vor Abzug der Abschreibungen und Reserven vorgesehen.

OSTERMEIER. Alles was recht ist. Mehr kann man nicht verlangen.

V. KEITH. Den Börsenmarkt muß man etwas bearbeiten. Ich fahre deshalb morgen nach Paris. Heute in vierzehn Tagen findet unsere Gründungsfeier in meiner Villa an der Brienner Straße statt.

ANNA *zuckt zusammen.*

OSTERMEIER. Wann's[73] bis zu dera Gründungsfeier halt nur auch den Konsul Casimir dazu brächten, daß er mitmacht!

KRENZL. Das wär halt g'scheit. Wann mir[74] den Konsul Casimir haben, nachher sagt der Magistrat eh'[75] zu allem ja.

V. KEITH. Ich hoffe, meine Herren, wir werden schon vor dem Fest eine Generalversammlung einberufen können. Da werden Sie sehen, ob ich Ihre Anregungen in bezug auf den Konsul Casimir zu berücksichtigen weiß.

OSTERMEIER *schüttelt ihm die Hand.* Dann wünsche ich vergnügte Reise, verehrter Freund. Lassen Sie uns aus Paris etwas hören. *Sich gegen Anna verbeugend.* Habe die Ehre, mich zu empfehlen; mein Kompliment.

GRANDAUER. Ich empfehle mich; habe die Ehre, guten Nachmittag zu wünschen.

KRENZL. Meine Hochachtung. Servus!

V. KEITH *geleitet die Herren hinaus.*

ANNA *nachdem er zurückgekommen.* Was in aller Welt fällt dir denn ein, deine Gründungsfeier in meinem Haus zu veranstalten?!

V. KEITH. Ich werde dir in Paris eine Konzerttoilette anfertigen lassen, in der du zum Singen keine Stimme mehr nötig hast. *Zu Raspe.* Von Ihnen, Herr Kriminalkommissar, erwarte ich, daß Sie an unserer Gründungsfeier die Gattinnen der drei Karyatiden mit dem ganzen Liebreiz Ihrer Persönlichkeit bezaubern.

RASPE. Die Damen werden sich nicht über mich zu beklagen haben.

V. KEITH *ihm Geld gebend.* Hier haben Sie dreihundert Mark. Ein Feuerwerk bringe ich aus Paris mit, wie es die Stadt München noch nicht gesehen hat.

RASPE *das Geld einsteckend.* Das hat er von dem Genußmenschen bekommen.

V. KEITH *zu Anna.* Ich verwerte jeden Sterblichen seinen Talenten entsprechend und muß meinen näheren Bekannten Herrn Krimina!kommissar Raspe gegenüber etwas Vorsicht anempfehlen.

RASPE. Wenn man, wie Sie, wie Sie vom Galgen geschnitten aussieht, dann ist es keine Kunst, ehrlich durchs Leben zu kommen. Ich wollte[76] sehen, wo Sie mit meinem Engelsgesicht heute steckten!

V. KEITH. Ich hätte mit Ihrem Gesicht eine Prinzessin geheiratet.

ANNA *zu Raspe.* Wenn mir recht ist, lernt ich Sie doch seinerzeit unter einem französischen Namen kennen.

RASPE. Französische Namen führe ich nicht mehr, seitdem ich ein nützliches Mitglied der menschlichen Gesellschaft geworden bin. — Erlauben Sie, daß ich mich Ihnen empfehle. *Ab.*

ANNA. Ich bin aber doch mit meiner Bedienung nicht darauf eingerichtet, große Soupers[77] zu geben!

V. KEITH *ruft.* Sascha!

SASCHA *kommt aus dem Wartezimmer.* Herr Baron?

V. KEITH. Willst du an dem Gartenfest bei meiner Freundin bedienen helfen?

SASCHA. Dös is mir a Freud[78], Herr Baron. *Ab.*

V. KEITH. Darf ich dir heute meinen ältesten Jugendfreund, den Grafen Trautenau, vorstellen?

ANNA. Ich habe mit Grafen kein Glück.

V. KEITH. Das macht nichts. Ich bitte dich nur darum, meine Familienverhältnisse nicht mit ihm zu erörtern. Er ist nämlich wirklich Moralist, von Natur und aus Überzeugung. Er hat mich meiner Häuslichkeit wegen heute schon ins Gebet genommen.

ANNA. Allmächtiger Gott, der will sich doch nicht etwa zum Genußmenschen ausbilden?!

V. KEITH. Das ist Selbstironie! Er lebt, seit ich ihn kenne, in nichts als Aufopferung, ohne zu merken, daß er zwei Seelen in seiner Brust hat.

ANNA. Auch das noch! Ich finde, man hat an einer schon zuviel. — Aber heißt der nicht Scholz?

---

[71]shares of preferred stock [72]calculation of the point at which profits start [73]wenn Sie [74]wir [75]sowieso

[76]= möchte [77]= Abendessen [78]das ist mir eine Freude

v. Keith. Seine eine Seele heißt Ernst Scholz und seine andere Graf Trautenau.

Anna. Dann bedanke ich mich! Ich will nichts mit Menschen zu tun haben, die mit sich selber nicht im reinen sind[79].

v. Keith. Er ist ein Ausbund von Reinheit. Die Welt hat ihm keinerlei Genuß mehr zu bieten, wenn er nicht wieder von unten anfängt.

Anna. Der Mensch soll doch lieber noch eine Treppe höher steigen!

v. Keith. Was erregt dich denn so?

Anna. Daß du mich mit diesem fürchterlichen Ungeheuer verkuppeln willst!

v. Keith. Er ist lammfromm.

Anna. Ich danke schön! Ich werde doch das verkörperte Unglück nicht in meinem Boudoir empfangen!

v. Keith. Du verstehst mich wohl nicht recht. Ich kann sein Vertrauen augenblicklich nicht entbehren und will mich deshalb seiner Mißbilligung nicht aussetzen. Wenn er dich nicht kennen lernt, um so besser für mich, dann habe ich keine Vorwürfe von ihm zu fürchten.

Anna. Wer will bei dir wissen, wo die Berechnung aufhört!

v. Keith. Was dachtest du dir denn?

Anna. Ich glaubte, du wolltest mich bei deinem Freund als Dirne verwerten.

v. Keith. Das traust du mir zu?!

Anna. Du sagtest vor einer Minute noch, daß du jeden Sterblichen nach seinen Talenten verwertest. Und daß ich Talent zur Dirne habe, das wird doch wohl niemand in Zweifel ziehen.

v. Keith *Anna in die Arme schließend*. Anna — ich fahre morgen nach Paris, nicht um den Börsenmarkt zu bearbeiten oder um Feuerwerk einzukaufen, sondern weil ich frische Luft atmen muß, weil ich mir die Arme ausrecken muß, wenn ich meine überlegene Haltung hier in München nicht verlieren will. Würde ich dich, Anna, mit nach Paris nehmen, wenn du mir nicht mein Alles wärst?! — — Weißt du, Anna, daß keine Nacht vergeht, ohne daß ich dich im Traum mit einem Diadem im Haar vor mir sehe? Wenn es darauf ankommt, für dich einen Stern vom Firmament zu holen, ich schrecke davor nicht zurück, ich finde Mittel und Wege.

Anna. Verwerte mich doch als Dirne! — Du wirst ja sehen, ob ich dir etwas einbringe!

v. Keith. Dabei habe ich in diesem Augenblick keinen anderen Gedanken in meinem Kopf als die Konzerttoilette, die ich dir bei Saint-Hilaire anfertigen lassen werde . . .

Sascha *kommt vom Vorplatz herein*. Ein Herr Sommersberg möcht' um die Ehr' bitten.

v. Keith. Laß ihn eintreten. *Zu Anna, die Toilette markierend*[80]. Eine Silberflut von hellvioletter Seide und Pailletten[81] von den Schultern bis auf die Knöchel, so eng geschnürt und vorn und hinten so tief ausgeschnitten, daß das Kleid nur wie ein glitzerndes Geschmeide auf deinem schlanken Körper erscheint!

Sommersberg ist eingetreten, Ende der Dreißiger, tiefgefurchtes Antlitz, Haar und Bart graumeliert[82] und ungekämmt. Ein dicker Winterüberrock verdeckt seine ärmliche Kleidung, zerrissene Glacéhandschuhe.

Sommersberg. Ich bin der Verfasser der «Lieder eines Glücklichen.» Ich sehe nicht danach aus.

v. Keith. So habe ich auch schon ausgesehen!

Sommersberg. Ich hätte auch den Mut nicht gefunden, mich an Sie zu wenden, wenn ich nicht tatsächlich seit zwei Tagen beinah nichts gegessen hätte.

v. Keith. Das ist mir hundertmal passiert. Wie kann ich Ihnen helfen?

Sommersberg. Mit einer Kleinigkeit — für ein Mittagbrot . . .

v. Keith. Zu etwas Besserem tauge ich Ihnen nicht?

Sommersberg. Ich bin Invalide[83].

v. Keith. Sie haben aber das halbe Leben noch vor sich!

Sommersberg. Ich habe mein Leben daran vergeudet, den hohen Erwartungen, die man in mich setzte, gerecht zu werden.

v. Keith. Vielleicht finden Sie doch noch eine Strömung, die Sie aufs offene Meer hinausträgt. — Oder zittern Sie um Ihr Leben?

Sommersberg. Ich kann nicht schwimmen; und hier in München erträgt sich die Resignation nicht schwer.

v. Keith. Kommen Sie doch heute in vierzehn Tagen zu unserer Gründungsfeier in der Brienner Straße. Da können sich Ihnen die nützlichsten Beziehungen erschließen. *Gibt ihm Geld.* Hier haben Sie hundert Mark. Behalten Sie so viel von dem Geld übrig, daß Sie sich für den Abend einen Gesellschaftsanzug leihen können.

---

[79]who can't make up their minds

[80]indicating   [81]spangles   [82]mixed with gray   [83]disabled

SOMMERSBERG *zögernd das Geld nehmend.* Ich habe das Gefühl, als betrüge ich Sie . . .

v. KEITH. Betrügen Sie sich selbst nicht! Dadurch tun Sie schon ein gutes Werk an dem nächsten armen Teufel, der zu mir kommt.

SOMMERSBERG. Ich danke Ihnen, Herr Baron. *Ab.*

v. KEITH. Bitte, gar keine Ursache! *Nachdem er die Tür hinter ihm geschlossen, Anna in die Arme schließend.* Und jetzt, meine Königin, fahren wir nach Paris!

DRITTER AUFZUG

Man sieht einen mit elektrischen Lampen erleuchteten Gartensaal, von dem aus eine breite Glastür in der rechten Seitenwand in den Garten hinausführt. Die Mitteltür in der Hinterwand führt ins Speisezimmer, in dem getafelt wird. Beim Öffnen der Tür erblickt man das obere Ende der Tafel. In der linken Seitenwand eine Tür mit Portiere zum Spielzimmer, durch das man ebenfalls in den Spiesesaal gelangt. Neben derselben ein Pianino. Rechts vorn ein Damenschreibtisch, links vorn eine Causeuse[84], Sessel, Tischchen u. a. In der Ecke rechts hinten führt eine Tür zum Vorplatz.
Im Speisezimmer wird ein Toast ausgebracht. Während die Gläser erklingen, kommen Sommersberg, in dürftiger Eleganz, und v. Keith, im Gesellschaftsanzug, durch die Mitte in den Salon.

v. KEITH *die Tür hinter sich schließend.* Sie haben das Telegramm aufgesetzt?

SOMMERSBERG *ein Papier in der Hand, liest.* «Die Gründung der Münchner Feenpalast-Gesellschaft versammelte gestern die Notabilitäten der fröhlichen Isarstadt zu einer äußerst animierten Gartenfeier in der Villa des Marquis von Keith in der Brienner Straße. Bis nach Mitternacht entzückte ein großartiges Feuerwerk die Bewohner der anliegenden Straßen. Wünschen wir dem unter so günstigen Auspizien begonnenen Unternehmen . . .?»

v. KEITH. Ausgezeichnet! — Wen schicke ich denn damit aufs Telegraphenamt . . .?

SOMMERSBERG. Lassen Sie mich das besorgen. Auf all den Sekt hin tut es mir gut, etwas frische Luft zu schöpfen.

Sommersberg nach dem Vorplatz ab; im gleichen Moment kommt Ernst Scholz herein; er ist in Gesellschaftstoilette und Paletot.

v. KEITH. Du läßt lange auf dich warten!

SCHOLZ. Ich komme auch nur, um dir zu sagen, daß ich nicht hier bleibe.

v. KEITH. Dann macht man sich über mich lustig! Der alte Casimir läßt mich schon im Stich; aber der schickt doch wenigstens ein Glückwunschtelegramm.

SCHOLZ. Ich gehöre nicht unter Menschen! Du beklagst dich, du stehest außerhalb der Gesellschaft; ich stehe außerhalb der Menschheit!

v. KEITH. Genießt du denn jetzt nicht alles, was sich ein Mensch nur erträumen kann?!

SCHOLZ. Was genieße ich denn! Der Freudentaumel, in dem ich schwelge, läßt mich zwischen mir und einem Barbiergesellen keinen Unterschied mehr erkennen. Allerdings habe ich für Rubens und Richard Wagner schwärmen gelernt. Das Unglück, das früher mein Mitleid erregte, ist mir durch seine Häßlichkeit schon beinahe unausstehlich. Um so andächtiger bewundere ich dafür die Kunstleistungen von Tänzerinnen und Akrobatinnen. — Wäre ich bei alledem aber nur um einen Schritt weiter! Meines Geldes wegen läßt man mich allenfalls für einen Menschen gelten. Sobald ich es sein möchte, stoße ich mit meiner Stirn gegen unsichtbare Mauern an!

v. KEITH. Wenn du die Glückspilze beneidest, die aufwachsen, wo gerade Platz ist, und weggeblasen werden, sobald sich der Wind dreht, dann suche kein Mitleid bei mir! Die Welt ist eine verdammt schlaue Bestie, und es ist nicht leicht, sie unterzukriegen. Ist dir das aber einmal gelungen, dann bist du gegen jedes Unglück gefeit.

SCHOLZ. Wenn dir solche Phrasen zur Genugtuung gereichen, dann habe ich auch in der Tat nichts bei dir zu suchen. *Will sich entfernen.*

v. KEITH *hält ihn auf.* Das sind keine Phrasen! Mir kann heute kein Unglück mehr etwas anhaben[85]. Dazu kennen wir uns zu gut, ich und das Unglück. Ein Unglück ist für mich eine günstige Gelegenheit wie jede andere. Unglück kann jeder Esel haben; die Kunst besteht darin, daß man es richtig auszubeuten versteht!

SCHOLZ. Du hängst an der Welt wie eine Dirne an ihrem Zuhälter. Dir ist es unverständlich, daß man sich zum Ekel wird wie ein Aas, wenn man nur um seiner selbst willen existiert.

---

[84]love seat, settee

[85]harm

v. KEITH. Dann sei doch in des Dreiteufels[86] Namen mit deiner himmlischen Laufbahn zufrieden! Hast du erst einmal dieses Fegefeuer irdischer Laster und Freuden hinter dir, dann blickst du auf mich elenden armseligen Sünder wie ein Kirchenvater herab!

SCHOLZ. Wäre ich nur erst im Besitz meiner angeborenen Menschenrechte! Lieber mich wie ein wildes Tier in die Einöden verkriechen als Schritt für Schritt meiner Existenz wegen um Verzeihung bitten müssen! — — Ich kann nicht hier bleiben. — Ich begegnete gestern der Gräfin Werdenfels. — Wodurch ich sie gekränkt habe, das ist mir einfach unverständlich. Vermutlich verfiel ich unwillkürlich in einen Ton, wie ich ihn mir im Verkehr mit unserer Simba angewöhnt habe.

v. KEITH. Ich habe von Frauen schon mehr Ohrfeigen bekommen, als ich Haare auf dem Kopfe habe! Hinter meinem Rücken hat sich aber deswegen noch keine über mich lustig gemacht!

SCHOLZ. Ich bin ein Mensch ohne Erziehung! — und das gegenüber einer Frau, der ich die allergrößte Ehrerbietung entgegenbringe!

v. KEITH. Wem wie dir von Jugend auf jeder Schritt zu einem seelischen Konflikt auswächst, der beherrscht seine Zeit und regiert die Welt, wenn wir andern längst von den Würmern gefressen sind!

SCHOLZ. Und dann die kleine Simba, die heute abend hier bei dir als Aufwärterin figuriert! — Solch einer heiklen Situation wäre der gewandteste Diplomat nicht gewachsen!

v. KEITH. Simba kennt dich nicht!

SCHOLZ. Ich fürchte nicht, daß mir Simba zu nahe tritt; ich fürchte Simba zu kränken, wenn ich sie hier ohne die geringste Veranlassung übersehe.

v. KEITH. Wie solltest du denn Simba damit kränken! Simba versteht sich hundertmal besser auf Standesunterschiede als du.

SCHOLZ. Auf Standesunterschiede habe ich mich gründlich verstehen gelernt! Das sind weiß Gott diejenigen Fesseln, in denen sich der Mensch am allereindringlichsten seiner vollkommenen Ohnmacht bewußt wird!

v. KEITH. Glaubst du vielleicht, ich habe mit keinerlei Ohnmacht zu kämpfen?! Ob mein Benehmen so korrekt wie der Lauf der Planeten ist, ob ich mich in die ausgesuchteste Eleganz kleide, das ändert diese Plebejerhand so wenig, wie es aus einem Dummkopf je eine Kapazität macht! Bei meinen Geistesgaben hätte ich mich ohne diese

Hände auch längst eines besseren Rufes in der Gesellschaft zu erfreuen. — Komm, es ist sicherer, wenn du deinen Paletot im Nebenzimmer ablegst!

SCHOLZ. Erlaß es mir! Ich kann heute kein ruhiges Wort mit der Gräfin sprechen.

v. KEITH. Dann halte dich an die beiden geschiedenen Frauen; die laborieren in ähnlichen Konflikten wie du.

SCHOLZ. Gleich zwei auf einmal?!

v. KEITH. Keine über fünfundzwanzig, vollendete Schönheiten, uralter nordischer Adel, und so hypermodern in ihren Grundsätzen, daß ich mir wie ein altes Radschloßgewehr[87] erscheine.

SCHOLZ. Ich glaube, mir fehlt auch nicht mehr viel zu einem modernen Menschen. *Scholz geht ins Spielzimmer ab; v. Keith will ihm folgen, doch kommt im selben Moment Saranieff vom Vorplatz herein.*

SARANIEFF. Sagen Sie, kriegt man noch was zu essen?

v. KEITH. Lassen Sie bitte Ihren Havelock[88] draußen! — Ich habe noch den ganzen Tag nichts gegessen.

SARANIEFF. Hier nimmt man's doch nicht so genau. Ich muß Sie nur vorher etwas Wichtiges fragen. *Saranieff hängt Hut und Havelock im Vorplatz auf; derweil kommt Sascha in Frack und Atlas[89]-Kniehosen mit einem gefüllten Champagnerkühler aus dem Spielzimmer und will in den Speisesaal.*

v. KEITH. Wenn du nachher das Feuerwerk abbrennst, Sascha, dann nimm dich ja vor dem großen Mörser in acht! Der ist mit der ganzen Hölle geladen!

SASCHA. I hab koa Angst net[90], Herr Baron! *In den Speisesaal ab, die Tür hinter sich schließend.*

SARANIEFF *kommt vom Vorplatz zurück.* Haben Sie Geld?

v. KEITH. Sie haben doch eben erst ein Bild verkauft! Wozu schicke ich Ihnen denn meinen Jugendfreund!

SARANIEFF. Was soll ich denn mit der ausgepreßten Zitrone? Sie haben ihn ja schon bis aufs Hemd ausgeraubt. Er muß drei Tage warten, bis er mir einen Pfennig bezahlen kann.

v. KEITH *gibt ihm einen Schein.* Da haben Sie tausend Mark.

Simba ein echtes Münchener Mädel, mit frischen

---

[86]devil (emphatic)

[87]antique form of rifle   [88]a cloak-like overcoat   [89]a type of shiny cloth   [90]Ich habe keine Angst — the double negative is common in dialect

Farben, leichtem Schritt, üppigem roten Haar, in geschmackvollem schwarzen Kleid mit weißer Latzschürze, kommt mit einem Tablett voll halbleerer Weingläser aus dem Speisesaal.

SIMBA. Der Herr Kommerzienrat möchten noch an Spruch[91] auf den Herrn Baron ausbringen.

v. Keith nimmt ihr eines der Gläser ab und tritt inmitten der offenen Tür an die Tafel. Simba ins Spielzimmer ab.

V. KEITH. Meine Damen und Herren! Die Feier des heutigen Abends bedeutet für München den Beginn einer alles Vergangene überstrahlenden Ära. Wir schaffen eine Kunststätte, in der alle Kunstgattungen der Welt ihr gastliches Heim finden sollen. Wenn unser Unternehmen allgemeine Überraschung hervorgerufen, so seien Sie der Tatsache eingedenk, daß stets nur das wahrhaft Überraschende von großen Erfolgen gekrönt war. Ich leere mein Glas zu Ehren des Lebenselementes, das München zur Kunststadt weiht, zu Ehren des Münchner Bürgertums und seiner schönen Frauen.

Während noch die Gläser erklingen, kommt Sascha aus dem Speisesaal, schließt die Tür hinter sich und geht ins Spielzimmer ab. — Simba kommt mit einer Käseglocke aus dem Spielzimmer und will in den Speisesaal.

SARANIEFF *sie aufhaltend.* Simba! Bist du denn mit Blindheit geschlagen?! Bemerkst du denn nicht, Simba, daß dein Genußmensch auf dem besten Wege[92] ist, dir aus dem Garn zu gehen und sich von dieser Gräfin aus der Perusastraße einfangen zu lassen?!

SIMBA. Was bleibst denn da heraußen? — Geh her[93], setz dich mit an den Tisch!

SARANIEFF. Ich werde mich unter die Karyatiden setzen! — Simba! Willst du denn das ganze schöne Geld, das dein Genußmensch in der Tasche hat, diesem wahnsinnigen Marquis von Keith in den Rachen jagen?!

SIMBA. Geh, laß mi aus! I muaß[94] servieren!

SARANIEFF. Die Karyatiden brauchen keinen Käse mehr! Die sollen sich endlich den Mund wischen! *Setzt die Käseglocke auf den Tisch und nimmt Simba auf die Knie.* Simba! Hast du denn gar kein Herz mehr für mich?! Soll ich mir vor

dem Marquis die Zwanzigmarkstücke unter Heulen und Zähneklappern erbetteln, während du die Tausendmarkscheine frisch aus der Quelle schöpfen kannst?!

SIMBA. I dank schön! Es hat mi fein noch koa Mensch auf dera Welt äso sekiert as wie[95] der Genußmensch mit seim Mitg'fühl, seim damischen[96]! Mir will der Mensch einreden, daß ich a Märtyrerin der Zivilisation bin! Hast schon so was g'hört?! Ich und a Märtyrerin der Zivilisation! Ich hab ihm g'sagt: Sag du das dena Damen in der G'sellschaft, hab i g'sagt. Die freut's, wann's heißt, sie san Märtyrerinnen der Zivilisation, weil's sunst eh nix san[97]! Wann ich an Schampus[98] trink und mich amüsier, so viel ich Lust hab, nachher bin ich a Märtyrerin der Zivilisation!

SARANIEFF. Simba! Wenn ich ein Weib von deinen Qualitäten wäre, der Genußmensch müßte mir jeden feuchten Blick mit einer Ahnenburg aufwiegen!

SIMBA. Akkurat a solche Sprüch macht er a[99]! Warum as[1] er a Mann ist, fragt er mi. Als gäb's net schon G'spenster gnua[2] auf dera Welt! Frag i denn an Menschen, warum daß ich a Madel bin?!

SARANIEFF. Du fragst auch nichts danach, uns wegen deiner verwünschten Vorurteile fünfzig Millionen aus dem Netz gehen zu lassen!

SIMBA. Mei[3], die traurigen Millionen! An oanzigs[4] Mal, seit ich den Genußmenschen kenn, hab ich ihn lachen g'sehn. I hab ihm doch g'sagt, daß er muaß Radfahren lernen. Nachher hat er's g'lernt. Mir also radeln nach Schleißheim, und wie mir im Wald san, bricht a G'witter los, daß i moan[5], d'Welt geht unter. Da zum erstenmal, seit ich ihn kenn, fangt er z' lachen an. Mei, wie der g'lacht hat! Na, sag i, jetzt bist der rechte Genußmensch! Bei jedem Blitzschlag hat er g'lacht. Je mehr als blitzt und donnert hat[6], je narrischer lacht der! — Geh, stell dich doch net unter den Baum, sag i, da derschlagt[7] di ja der Blitz! — Mi derschlagt koa Blitz net, sagt er, und lacht und lacht!

SARANIEFF. Simba! Simba! Du hättest unmittelbare Reichsgräfin werden können!

SIMBA. I dank schön[8]! Sozialdemokratin hätt i können werden. Weltverbesserung, Menschheits-

[91]*einen Spruch* a toast [92]well on the way [93]come on [94]muß [95]so sekiert ("plagued") wie [96]i.e., mit seinem dämischen Mitgefühl [97]weil sie sonst sowieso nichts sind! [98]champagne [99]And the things he says! [1]Omit "as" [2]genug [3]exclamation: cf. English "oh my!" [4]ein einziges [5]ich meine [6]je mehr es geblitzt und gedonnert hat [7]erschlägt [8]No, thank you!

beglückung, das san so dem[9] seine Spezialitäten. Noa, woaßt[10], ich bin fein net für die Sozialdemokraten. Die san mir z' moralisch! Wann die amal z' regieren anfangen, nachher da is aus mit die[11] Champagnersoupers. — Sag du, hast mein Schatz net g'sehn?

SARANIEFF. Ob ich deinen Schatz nicht gesehen habe? Dein Schatz bin doch ich!

SIMBA. Da könnt a jeder kommen! — Woaßt, i muaß fein Obacht geben, daß er koan Schwips kriagt[12], sunst engagiert ihm der Marquis net für den neuen Feenpalast.

SOMMERSBERG *kommt vom Vorplatz herein.*

SIMBA. Da is er ja! Wo steckst denn du die ganze Ewigkeit?

SOMMERSBERG. Ich habe ein Telegramm an die Zeitungen abgeschickt.

SARANIEFF. Die Gräber tun sich auf! Sommersberg! Und Sie schämen sich nicht, von den Toten aufzuerstehen, um Sekretär dieses Feenpalastes zu werden?!

SOMMERSBERG *auf Simba deutend.* Dieser Engel hat mich der Welt zurückgegeben.

SIMBA. Geh, sei stad[13], Schatzerl! — Kommt er und fragt mi, wo mer[14] a Geld kriagt. — Geh halt zum Marquis von Keith, sag i; wann der koans hat, nachher findst in der ganzen Münchner Stadt koan Pfennig net.

RASPE *in elegantester Gesellschaftstoilette, eine kleine Kette mit Orden auf der Brust, kommt aus dem Spielzimmer.* Simba, das ist einfach skandalös, daß du die ganze Feenpalastgesellschaft auf Käse warten läßt!

SIMBA *ergreift die Käseglocke.* Jesus Maria — i komm schon!

SARANIEFF. Bleiben Sie doch bei Ihren alten Schrauben[15], für die Sie engagiert sind!

SIMBA *Raspes Arm nehmend.* Laß mir du das Buberl in Ruh'! — Ihr beid' wärt's froh: wann's mitsamt aso guat g'stellt wart as wie der!

SARANIEFF. Simba — du bist eine geborene Dirne!

SIMBA. Was bin i?

SARANIEFF. Du bist eine geborene Dirne!

SIMBA. Sagst das noch amal?

SARANIEFF. Du bist eine geborene Dirne!!

SIMBA. Nein, ich bin keine geborene Dirne. Ich bin eine geborene Käsbohrer[16]. *Mit Raspe ins Spielzimmer ab.*

SOMMERSBERG. Ich diktiere ihr ja selbst ihre Liebesbriefe.

SARANIEFF. Dann habe ich mich also bei Ihnen für meine zertrümmerten Luftschlösser zu bedanken!

SASCHA *kommt mit einer brennenden Laterne aus dem Spielzimmer.*

SARANIEFF. Donnerwetter, bist du geschniegelt[17]! Du willst hier wohl auch eine Gräfin heiraten?

SASCHA. Jetzt geh i das Feuerwerk im Garten abbrennen. Wann i den großen Mörser anzünd', na werden's aber schaun! Der Herr Marquis sagt, der is mit der ganzen Höll' g'laden. *Ab in den Garten.*

SARANIEFF. Sein Herr fürchtet, er könnte mit in die Luft fliegen, wenn er seinen Mörser mit dem Feuerwerk drinnen selbst abbrennt! — Das Glück weiß sehr wohl, warum es den nicht aufsitzen läßt! — Sobald er im Sattel sitzt, hetzt er das Tier zuschanden[18], daß ihm keine Faser[19] mehr auf den Rippen bleibt! *Da sich die Mitteltür öffnet und die Gäste den Speisesaal verlassen.* Kommen Sie, Sommersberg! Jetzt lassen wir uns von unserer Simba ein lukullisches[20] Mahl auftischen!

Die Gäste strömen in den Salon; voran Raspe zwischen Frau Kommerzienrat Ostermeier und Frau Krenzl; dann v. Keith mit Ostermeier, Krenzl und Grandauer; dann Zamrjaki mit Freifrau v. Rosenkron und Freifrau v. Totleben, zuletzt Scholz und Anna. — Saranieff und Sommersberg nehmen an der Tafel im Speisesaal Platz.

RASPE. Darf ich die fürstlichen Hoheiten zu einer Tasse köstlichen Mokkas geleiten?

FRAU OSTERMEIER. Nein, a so an liebenswürdigen Kavalier wie Ihnen[21] find't man in ganz Süddeutschland net!

FRAU KRENZL. An Ihnen könnten sich fein unsere hochadeligen Herren von der königlichen Equitation[22] a Muster nehmen!

RASPE. Ich gebe jeden Augenblick mein Ehrenwort darauf, daß dies der seligste Moment meines Lebens ist. —

Mit den beiden Damen ins Spielzimmer ab.

---

[9]omit in translation   [10]Nein, weißt du   [11]the accusative where one would expect the dative is another sign of dialect speech.   [12]*daß er keinen Schwips kriegt* that he doesn't get drunk   [13]be still   [14]man   [15]*alte Schraube* middle-aged gushing female

[16]her maiden name   [17]My, you're certainly dressed up!   [18]he'll ride the animal to death   [19]not a bit of flesh   [20]Lucullan (opulent, fit for a gourmet)   [21]dialect for *Sie*   [22]official name of the Bavarian military riding school

OSTERMEIER *zu v. Keith.* 's ist immerhin schön vom alten Casimir, wissen's, daß er a Glückwunschtelegramm g'schickt hat. Aber schaun's, verehrter Freund, der alte Casimir, das is halt an vorsichtiger Mann!

v. KEITH. Macht nichts! Macht nichts! Bei der ersten Generalversammlung haben wir den alten Casimir in unserer Mitte. — Wollen die Herren eine Tasse Kaffee trinken?

Ostermeier, Krenzl und Grandauer ins Spielzimmer ab.

FREIFRAU v. ROSENKRON *zu v. Keith, der den Herren folgen will.* Versprechen Sie mir, Marquis, daß Sie mich für den Feenpalast zur Tänzerin ausbilden lassen.

FREIFRAU v. TOTLEBEN. Und daß Sie mich zur Kunstreiterin ausbilden lassen!

v. KEITH. Ich schwöre Ihnen, meine Göttinnen, daß wir ohne Sie den Feenpalast nicht eröffnen werden! — Was ist denn mit Ihnen, Zamrjaki? Sie sind ja totenbleich ...

ZAMRJAKI *ein schmächtiger, kleiner Konservatorist mit gescheitelten, langen, schwarzen Locken; spricht mit polnischem Akzent.* Arbeite ich Tag und Nacht an Symphonie meiniges[23]. *v. Keith beiseitenehmend.* Erlauben, Herr Marquis, daß ich bitte, möchten geben Vorschuß zwanzig Mark auf Gage von Kapellmeister von Feenpalastorchester.

v. KEITH. Mit dem allergrößten Vergnügen. *Gibt ihm Geld.* Können Sie uns aus Ihrer neuen Symphonie nächstens nicht etwas in einem meiner Feenpalastkonzerte vorspielen?

ZAMRJAKI. Werde ich spielen Scherzo. Scherzo wird haben großen Erfolg.

FREIFRAU v. ROSENKRON *an der Glastür zum Garten.* Nein, dieses Lichtermeer! Martha, sieh nur! — Kommen Sie, Zamrjaki, begleiten Sie uns in den Garten!

ZAMRJAKI. Komm ich schon, Damen! Komm ich schon. *Mit Freifrau v. Rosenkron und Freifrau v. Totleben in den Garten ab.*

v. KEITH *ihnen folgend.* Tod und Teufel, Kinder, bleibt von dem großen Mörser weg! Der ist mit meinen prachtvollsten Raketen geladen! *In den Garten ab. Simba schließt vom Speisesaal aus die Mitteltür.* — *Anna und Scholz bleiben allein im Salon.*

ANNA. Ich wüßte nichts in der Welt, was ich Ihnen jemals hätte übelnehmen können. Sollte

[23]Zamrjaki speaks hopelessly broken German.

Ihnen die Taktlosigkeit, von der Sie sprechen, nicht vielleicht mit irgendeiner anderen Dame begegnet sein?

SCHOLZ. Das ist völlig ausgeschlossen. Aber sehen Sie, ich bin ja so glücklich wie ein Mensch, der von frühester Kindheit auf im Kerker gelegen hat und der nun zum erstenmal in seinem Leben freie Luft atmet. Deshalb mißtraue ich mir auch noch bei jedem Schritt, den ich wage; so ängstlich zittre ich um mein Glück.

ANNA. Ich kann es mir sehr verlockend vorstellen, sein Leben im Dunkeln und mit geschlossenen Augen zu genießen!

SCHOLZ. Sehen Sie, Frau Gräfin, wenn es mir gelingt, mein Dasein für irgendeine gemeinnützige Bestrebung einzusetzen, dann werde ich meinem Schöpfer nicht genug dafür danken können.

ANNA. Ich glaubte, Sie wollten sich hier in München zum Genußmenschen ausbilden?

SCHOLZ. Meine Ausbildung zum Genußmenschen ist für mich nur Mittel zum Zweck. Ich gebe Ihnen meine heiligste Versicherung darauf! Halten Sie mich deswegen nicht etwa für einen Heuchler! — Ach, es gibt ja noch so viel Gutes zu erkämpfen in dieser Welt! Ich finde schon meinen Platz. Je dichter es Schläge regnet, um so teurer wird mir meine Haut sein, die mir bis jetzt so unsagbar lästig war. Und der einen Tatsache bin ich mir vollkommen sicher: Sollte es mir jemals gelingen, mich um meine Mitmenschen verdient zu machen, mir werde ich das nie und nimmer zum Verdienst anrechnen! Führe mein Weg mich aufwärts oder führe er mich abwärts, ich gehorche nur dem grausamen unerbittlichen Selbsterhaltungstrieb!

ANNA. Vielleicht erging es allen berühmten Menschen so, daß sie nur deshalb berühmte Menschen wurden, weil ihnen der Verkehr mit uns gewöhnlicher Dutzendware auf die Nerven fiel!

SCHOLZ. Sie mißverstehen mich noch immer, Frau Gräfin. — Sobald ich meinen Wirkungskreis gefunden habe, werde ich der bescheidenste, dankbarste Gesellschafter sein. Ich habe hier in München schon damit angefangen, Rad zu fahren. Mir war dabei zumute, als hätte ich die Welt seit meinen frühesten Kindertagen nicht mehr gesehen. Jeder Baum, jedes Wasser, die Berge, der Himmel, alles wie eine große Offenbarung, die ich in einem andern Leben einmal vorausgeahnt hatte. — Darf ich Sie vielleicht einmal zu einer Radpartie abholen?

ANNA. Paßt es Ihnen morgen früh um sieben Uhr? Oder sind Sie vielleicht kein Freund vom frühen Aufstehen?

SCHOLZ. Morgen früh um sieben! Ich sehe mein Leben wie eine endlose Frühlingslandschaft vor mir ausgebreitet!

ANNA. Daß Sie mich aber nicht umsonst warten lassen!

Zamrjaki, Freifrau v. Rosenkron und Freifrau v. Totleben kommen aus dem Garten zurück. — Simba kommt aus dem Spielzimmer.

FREIFRAU V. ROSENKRON. Hu, ist das kalt! — Martha, wir müssen nachher unsere Tücher mitnehmen. Spielen Sie uns einen Cancan, Zamrjaki! — *Zu Scholz.* Tanzen Sie Cancan?

SCHOLZ. Ich bedaure, gnädige Frau.

FREIFRAU V. ROSENKRON *zu Freifrau v. Totleben.* Dann tanzen wir zusammen!

ZAMRJAKI *hat sich ans Piano gesetzt und intoniert einen Walzer.*

FREIFRAU V. ROSENKRON. Nennen Sie das Cancan, Herr Kapellmeister?!

ANNA *zu Simba.* Aber Sie tanzen doch Walzer?

SIMBA. Wann's die gnädige Frau befehlen . . .

ANNA. Kommen Sie!

Freifrau v. Rosenkron, Freifrau v. Totleben, Anna und Simba tanzen Walzer.

FREIFRAU V. ROSENKRON. Mehr Tempo²⁴, bitte!

v. Keith kommt aus dem Garten zurück und dreht die elektrischen Lampen bis auf einige aus, so daß der Salon nur mäßig erhellt bleibt.

ZAMRJAKI *das Spiel ärgerlich abbrechend.* Komm ich bei jedem Takt in Symphonie meiniges!

FREIFRAU V. TOTLEBEN. Warum wird es denn auf einmal so dunkel?

V. KEITH. Damit meine Raketen mehr Eindruck machen! — *Öffnet die Tür zum Spielzimmer.* Darf ich bitten, meine Damen und Herren . . . *Raspe, Herr und Frau Ostermeier und Herr und Frau Krenzl kommen in den Salon. — Simba ab.*

V. KEITH. Ich freue mich, Ihnen mitteilen zu können, daß noch im Laufe der nächsten Woche das erste unserer großen Feenpalastkonzerte stattfinden wird, die schon jetzt im Münchner Publikum für unsere Sache Propaganda machen sollen. Frau Gräfin Werdenfels wird uns darin mit einigen Liedern allermodernster Vertonung bekannt machen, während Herr Kapellmeister Zamrjaki einige

²⁴faster

Bruchstücke aus seiner symphonischen Dichtung «Die Weisheit des Brahmanen» eigenhändig dirigieren wird. *Allgemeine Beifallsäußerungen. Im Garten steigt zischend eine Rakete auf und wirft einen rötlichen Schimmer in den Salon. v. Keith dreht das elektrische Licht völlig aus und öffnet die Glastür.*

V. KEITH. In den Garten, meine Damen und Herren! In den Garten, wenn Sie etwas sehen wollen! *Eine zweite Rakete steigt auf, während die Gäste den Salon verlassen. — v. Keith, der ihnen folgen will, wird von Anna zurückgehalten. — Die Szene bleibt dunkel.*

ANNA. Wie kommst du denn dazu, meine Mitwirkung bei deinem Feenpalastkonzert anzukündigen?!

V. KEITH. Wenn du darauf warten willst, daß dich deine Lehrerin für die Öffentlichkeit reif erklärt, dann kannst du, ohne je gesungen zu haben, alt und grau werden. — *Wirft sich in einen Sessel.* Endlich, endlich hat das halsbrecherische Seiltanzen ein Ende! Zehn Jahre mußte ich meine Kräfte damit vergeuden, um nur das Gleichgewicht nicht zu verlieren. — Von heute ab geht es aufwärts!

ANNA. Woher soll ich denn die Unverfrorenheit nehmen, mit meiner Singerei vor das Münchner Publikum zu treten?!

V. KEITH. Wolltest du denn nicht in zwei Jahren die erste Wagnersängerin Deutschlands sein?

ANNA. Das sagte ich doch im Scherz.

V. KEITH. Das kann ich doch nicht wissen!

ANNA. Andere Konzerte werden Monate vorher vorbereitet!

V. KEITH. Ich habe in meinem Leben nicht tausend Entbehrungen auf mich genommen, um mich nach andern Menschen zu richten. Wem deine Singerei nicht gefällt, der berauscht sich an deiner brillanten Pariser Konzert-Toilette.

ANNA. Wenn mich die andern Menschen nur auch mit deinen Augen betrachten wollten!

V. KEITH. Ich werde dem Publikum schon die richtige Brille aufsetzen!

ANNA. Du siehst und hörst Phantasiegebilde, sobald du mich vor Augen hast. Du überschätzest meine Erscheinung geradeso, wie du meine Kunst überschätzest.

V. KEITH *aufspringend.* Ich stand noch kaum je im Verdacht, Frauen zu überschätzen, aber dich erkannte ich allerdings auf den ersten Blick! Was Wunder, da ich zehn Jahre lang in zwei verschiedenen Weltteilen nach dir gesucht hatte! Du warst mir auch schon mehrere Male begegnet, aber dann befandest du dich entweder im Besitz eines Banditen, wie ich es bin, oder ich war so reduziert, daß es keinen praktischen Zweck gehabt hätte, in deinen Lichtkreis zu treten.

ANNA. Wenn du aus Liebe zu mir den Verstand verlierst, ist das für mich ein Grund, den Spott von ganz München auf mich zu laden?

v. KEITH. Andere Frauen haben um meinetwillen noch ganz andere Dinge auf sich geladen!

ANNA. Ich bin aber nicht in dich vernarrt!

v. KEITH. Das sagt jede! Ergib dich in dein unabwendbares Glück. Die nötige Unbefangenheit für dein erstes Auftreten werde ich dir schon einflößen — und wenn ich dich mit dem geladenen Revolver vor mir hertreiben muß!

ANNA. Wenn du mich wie ein Stück Vieh behandelst, dann ist es bald zwischen uns zu Ende!

v. KEITH. Setz dein Vertrauen getrost in die Tatsache, daß ich ein Mensch bin, der das Leben verteufelt ernst nimmt! Wenn ich mich gern in Champagner bade, so kann ich dafür auch wie kein anderer Mensch auf jeden Lebensgenuß verzichten. Keine drei Tage ist mir aber mein Dasein erträglich, ohne daß ich derweil[25] meinen Zielen um einen Schritt näher komme!

ANNA. Es ist wohl auch die höchste Zeit, daß du endlich deine Ziele erreichst!

v. KEITH. Glaubst du denn, Anna, ich veranstaltete das Feenpalastkonzert, wenn ich nicht die unverbrüchliche Gewißheit hätte, daß es dir den glänzendsten Triumph einträgt?! — Laß dir eines sagen: Ich bin ein g l ä u b i g e r Mensch . . .

Im Garten steigt zischend eine Rakete empor.

v. KEITH . . . Ich glaube an nichts so zuversichtlich wie daran, daß sich unsere Mühen und Aufopferungen in dieser Welt belohnen!

ANNA. Das muß man wohl, um sich so abzuhetzen, wie du das tust!

v. KEITH. Wenn nicht an uns, dann an unsern Kindern!

ANNA. Du hast ja noch gar keine!

v. KEITH. Die schenkst du mir, Anna — Kinder mit meinem Verstand, mit strotzend gesundem Körper und aristokratischen Händen. Dafür baue ich dir ein königliches Heim, wie es einer Frau deines Schlages zukommt! Und ich gebe dir einen Gatten zur Seite, der die Allmacht hat, dir jeden Wunsch, der aus deinen großen schwarzen Augen spricht, zu erfüllen! *Er küßt sie inbrünstig. Im Garten wird ein Feuerwerk abgebrannt, das das*

Paar für einen Moment mit dunkelroter Glut übergießt.

v. KEITH. — — Geh in den Garten. Die Karyatiden lechzen jetzt danach, vor unserem Götterbilde die Knie beugen zu dürfen!

ANNA. Kommst du nicht auch?

v. KEITH *dreht zwei der elektrischen Lampen auf, so daß der Salon matt erhellt ist.* Ich schreibe nur rasch noch eine Zeitungsnotiz über unser Konzert. Die Notiz muß morgen früh in den Zeitungen stehen. Ich gratuliere dir darin schon im voraus zu deinem eminenten Triumph.

Anna in den Garten ab. v. Keith setzt sich an den Tisch und notiert einige Worte. — Molly Griesinger, einen bunten Schal um den Kopf, eilt aufgeregt und verhetzt vom Vorplatz herein.

MOLLY. Ich muß dich nur eine Minute sprechen.

v. KEITH. Solang' du willst, mein Kind; du störst mich durchaus nicht. Ich sagte dir doch, du werdest es allein zu Hause nicht aushalten.

MOLLY. Ich flehe zum Himmel, daß ein furchtbares Unglück über uns hereinbricht! Das ist das einzige, was uns noch retten kann!

v. KEITH. Aber warum begleitest du mich denn nicht, wenn ich dich darum bitte!?

MOLLY *zusammenschaudernd*[26]. In deine Gesellschaft?!

v. KEITH. Die Gesellschaft in diesen Räumen ist das Geschäft, von dem wir beide leben! Aber das ist dir unerträglich, daß ich mit meinen Gedanken hier bin und nicht bei dir.

MOLLY. Kann dich das wundern?! — Sieh, wenn du unter diesen Leuten bist, dann bist du ein ganz anderer Mensch; dann bist du jemand, den ich nie gekannt habe, den ich nie geliebt habe, dem ich nie in meinem Leben einen Schritt nachgegangen wäre, geschweige denn, daß ich ihm Heim, Familie, Glück und alles geopfert hätte. — Du bist so gut, so groß, so lieb! — Aber unter diesen Menschen — da bist du für mich — schlimmer als tot!

v. KEITH. Geh nach Haus und mach ein wenig Toilette; Sascha begleitet dich. Du d a r f s t heute abend nicht allein sein.

MOLLY. Mir ist es gerade danach zumute, mich aufzudonnern. Dein Treiben ängstigt mich ja, als müßte morgen die Welt untergehen. Ich habe das Gefühl, als müßte ich irgend etwas tun, sei es, was es sei, um das Entsetzliche von uns abzuwenden.

v. KEITH. Ich beziehe seit gestern ein Jahresge-

[25]in the meantime

[26]giving a violent shudder

halt von hunderttausend Mark. Du brauchst nicht mehr zu fürchten, daß wir Hungers sterben müssen.

MOLLY. Spotte nicht so! Du versündigst dich an mir! Ich bringe es ja gar nicht über die Lippen, was ich fürchte!

v. KEITH. Dann sag' mir doch nur, was ich tun kann, um dich zu beruhigen. Es geschieht augenblicklich.

MOLLY. Komm mit mir! Komm mit aus dieser Mördergrube, wo es alle nur darauf abgesehen haben, dich zugrunde zu richten. Ich habe den Leuten gegenüber auf dich geschimpft, das ist wahr; aber ich tat es, weil ich deine kindische Verblendung nicht mehr mit ansehen konnte. Du bist ja so dumm. Du bist so dumm wie die Nacht! Ja, das bist du! Von den gemeinsten, niedrigsten Gaunern läßt du dich übertölpeln und dir geduldig den Hals abschneiden!

v. KEITH. Es ist besser, mein Kind, Unrecht leiden als Unrecht tun.

MOLLY. Ja, wenn du es wenigstens wüßtest! — Aber die hüten sich[27] wohl, dir die Augen zu öffnen. Diese Menschen schmeicheln dir, du seist weiß Gott welch ein Wunder an Pfiffigkeit und an Diplomatie! Weil deine Eitelkeit auf nichts Höheres ausgeht, als das zu sein! Und dabei legen sie dir gemächlich kaltblütig den Strick um den Hals!

v. KEITH. Was fürchtest du denn so Schreckliches?

MOLLY *wimmernd.* Ich kann es nicht sagen! Ich kann es nicht aussprechen!

v. KEITH. Sprich es doch bitte aus; dann lachst du darüber.

MOLLY. Ich fürchte . . . ich fürchte . . . *Ein dumpfer Knall tönt vom Garten herein; Molly schreit auf und bricht in die Knie*[28].

v. KEITH *sie aufrichtend.* Das war der große Mörser. — — Du mußt dich beruhigen! — Komm, trink ein paar Gläser Champagner; dann sehen wir uns zusammen das Feuerwerk an . . .

MOLLY. Mich brennt das Feuerwerk seit vierzehn Tagen in meinen Eingeweiden! — Du warst in Paris! — Mit wem warst du in Paris! — Ich schwöre dir hoch und heilig, ich will nie um dich gezittert haben[29], ich will nie etwas gelitten haben, wenn du jetzt mit mir kommst!

v. KEITH *küßt sie.* Armes Geschöpf!

MOLLY. — Ein Almosen. — Ja, ja, ich gehe ja schon . . .

v. KEITH. Du bleibst hier; was fällt dir ein! — Trockne deine Tränen! Es kommt jemand aus dem Garten herauf . . .

MOLLY *fällt ihm leidenschaftlich um den Hals und küßt ihn ab.* — Du Lieber! — Du Großer! — Du Guter! — *Sie macht sich los, lächelnd.* Ich wollte dich nur gerade heute einmal in der Gesellschaft sehen. Du weißt ja, ich bin zuweilen so ein wenig . . . *Sie dreht die Faust vor der Stirn.*

v. KEITH *will sie zurückhalten.* Du bleibst hier, Mädchen . . .!

Molly stürzt durch die Vorplatztür hinaus. Scholz kommt hinkend, sich das Knie haltend, durch die Glastür aus dem Garten herein.

SCHOLZ *sehr vergnügt.* Erschrick bitte nicht! — Lösch das Licht aus, damit man mich von draußen nicht sieht. Es hat niemand aus deiner Gesellschaft etwas davon gemerkt. *Er schleppt sich zu einem Sessel, in dem er sich niederläßt.*

v. KEITH. Was ist denn mit dir?

SCHOLZ. Lösch nur erst das Licht aus. — Es hat gar nichts auf sich. Der große Mörser ist explodiert! Ein Stück davon hat mich an die Kniescheibe getroffen!

v. KEITH *hat die Lampen ausgedreht; die Szene ist dunkel.* Das kann nur dir passieren!

SCHOLZ *in beseligtem Ton.* Die Schmerzen beginnen ja schon nachzulassen. — Glaub' mir, ich bin ja das glücklichste Geschöpf unter Gottes Sonne! Zu der Radpartie mit der Gräfin Werdenfels werde ich morgen früh mich allerdings nicht einfinden können. Aber was macht das! *Jubelnd.* Ich habe die bösen Geister niedergekämpft; das Glück liegt vor mir; ich gehöre dem Leben! Von heute an bin ich ein anderer Mensch . . .

Eine Rakete steigt im Garten empor und übergießt Scholzens Gesichtszüge mit düsterrroter Glut.

v. KEITH. Weiß der Henker — ich hätte dich eben tatsächlich kaum wiedererkannt!

SCHOLZ *springt vom Sessel auf und hüpft mit einem Fuße, indem er das andere Knie mit den Händen festhält, jauchzend im Zimmer umher.* Zehn Jahre lang hielt ich mich für einen Geächteten! Für einen Ausgestoßenen[30]! Wenn ich jetzt denke, daß das alles nur Einbildung war! Alles nur Einbildung! Nichts als Einbildung!

[27]take care not to [28]falls to her knees [29]i.e., I will forget (and forgive) having trembled on your account, etc.

[30]outcast

VIERTER AUFZUG

Im Gartensaal der Gräfin Werdenfels liegen mehrere riesige Lorbeerkränze auf den Lehnsesseln; ein pompöser Blumenstrauß steht in einer Vase auf dem Tisch. Anna Gräfin Werdenfels in schmucker Morgentoilette befindet sich im Gespräch mit Polizeikommissär Raspe und Hermann Casimir. Es ist Vormittag.

ANNA *ein Blatt farbiges Briefpapier in der Hand, zu Hermann.* Ihnen, mein junger Freund, danke ich für die schönen Verse, die Sie gestern abend nach unserem ersten Feenpalastkonzert noch auf mich gedichtet haben. Ich danke Ihnen auch für Ihre herrlichen Blumen. — *Zu Raspe.* Von Ihnen, mein Herr, finde ich es aber höchst sonderbar, daß Sie mir gerade am heutigen Morgen diese bedenklichen Gerüchte über Ihren Freund und Wohltäter hinterbringen.

RASPE. Der Marquis von Keith ist weder mein Freund noch mein Wohltäter. Vor zwei Jahren bat ich ihn, in meinem Prozeß als psychiatrischer Experte über mich auszusagen. Er hätte mir anderthalb Jahre Gefängnis ersparen können. Statt dessen brennt der Windhund mit einem fünfzehnjährigen Backfisch nach Amerika durch!

Simba in einem geschmackvollen Dienstbotenkleid kommt vom Vorplatz herein und überreicht Anna eine Karte.

SIMBA. Der Herr möchten um die Ehr' bitten.
ANNA *zu Hermann.* Um Gottes willen, Ihr Vater!
HERMANN *erschrocken, auf Raspe blickend.* Wie kann denn mein Vater ahnen, daß ich hier bei Ihnen bin!
RASPE. Durch mich hat er nichts erfahren.
ANNA *hebt die Portiere zum Spielzimmer.* Gehen Sie da hinein. Ich werde ihn schon weiterschicken.

Hermann ins Spielzimmer ab.

RASPE. Dann ist es wohl am besten, wenn ich mich gleichfalls empfehle.
ANNA. Ja, ich bitte Sie darum.
RASPE *sich verbeugend.* Meine Gnädigste! *Ab.*
ANNA *zu Simba.* Bitten Sie den Herrn, einzutreten.

Simba geleitet den Konsul Casimir herein, der einem ihm folgenden Lakaien einen Blumenstrauß abgenommen hat; Simba ab.

KONSUL CASIMIR *seine Blumen überreichend.* Gestatten Sie mir, meine Gnädigste, Ihnen zu Ihrem gestrigen Triumph aufrichtig zu gratulieren. Ihr erstmaliges Auftreten hat Ihnen ganz München im Sturm erobert; Sie können aber auf keinen Ihrer Zuhörer einen nachhaltigeren Eindruck gemacht haben als wie auf mich.
ANNA. Wäre das auch der Fall, so müßte es mich doch ungemein überraschen, daß Sie mir das persönlich mitteilen.
CASIMIR. Haben Sie eine Sekunde Zeit? — Es handelt sich um eine rein praktische Frage.
ANNA *lädt ihn zum Sitzen ein.* Sie befinden sich doch wohl auf falscher Fährte.
CASIMIR *nachdem beide Platz genommen.* Das werden wir gleich sehen. — Ich wollte Sie fragen, ob Sie meine Frau werden wollen.
ANNA. — Wie soll ich das verstehen?
CASIMIR. Deswegen bin ich hier, damit wir uns darüber verständigen können. Erlauben Sie mir, Ihnen von vornherein zu erklären, daß Sie auf die verlockende künstlerische Zukunft, die sich Ihnen gestern abend erschlossen, natürlich verzichten müßten.
ANNA. Sie haben sich Ihren Schritt doch wohl nicht reiflich überlegt.
CASIMIR. In meinen Jahren, meine Gnädigste, tut man keinen unüberlegten Schritt. Später ja — oder früher. Wollen Sie mich wissen lassen, was sich bei Ihnen sonst noch für Bedenken geltend machen.
ANNA. Sie wissen doch wohl, daß ich Ihnen auf solche Äußerungen gar nicht antworten kann?
CASIMIR. Gewiß weiß ich das. Ich spreche aber für den naheliegenden[31] Fall, daß Sie in vollkommenster Freiheit über sich und Ihre Zukunft entscheiden dürfen.
ANNA. Ich kann mir in diesem Augenblick die Möglichkeit gar nicht vorstellen, daß ein solcher Fall eintritt.
CASIMIR. Ich bin heute der angesehenste Mann Münchens, sehen Sie, und kann morgen hinter Schloß und Riegel sitzen. Ich verdenke es meinem besten Freunde nicht, wenn er sich gelegentlich fragt, wie er sich bei einem solchen Schicksalsschlag mit mir stellen[32] soll.
ANNA. Würden Sie es auch Ihrer Gattin nicht verdenken, wenn sie sich mit der Frage beschäftigt?
CASIMIR. Meiner Gattin gewiß; meiner Geliebten niemals. Ich möchte jetzt auch gar keine Antwort von Ihnen hören. Ich spreche nur für den

---

[31]i.e., potential [32]i.e., act towards me

Fall, daß Sie im Stich gelassen werden oder daß sich Tatsachen ergeben, die jede Verbindlichkeit lösen; kurz und gut, daß Sie nicht wissen, wo aus noch ein[33].

ANNA. Dann wollten Sie mich zu Ihrer Frau machen?

CASIMIR. Das muß Ihnen allerdings beinahe verrückt erscheinen; das gereicht Ihrer Bescheidenheit zur Ehre. Aber darüber ist man nur sich selbst Rechenschaft schuldig. Ich habe, wie Sie vielleicht wissen, noch zwei kleine Kinder zu Hause, Mädchen im Alter von drei und sechs Jahren. Dann kommen, wie Sie sich wohl denken können, noch andere Gründe hinzu ... Was Sie betrifft, daß Sie mich in meinen Erwartungen nicht enttäuschen werden, dafür übernehme ich jede Verantwortung — auch Ihnen gegenüber.

ANNA. Ich bewundere Ihr Selbstvertrauen.

CASIMIR. Sie können sich vollkommen auf mich verlassen.

ANNA. Aber nach einem Erfolg wie gestern abend! — Es schien, als wäre ein ganz neuer Geist über das Münchner Publikum gekommen.

CASIMIR. Glauben Sie mir, daß ich den Begründer des Feenpalastes aufrichtig um seinen feinen Spürsinn beneide. Übrigens muß ich Ihnen mein Kompliment noch ganz speziell zur Wahl Ihrer gestrigen Konzerttoilette aussprechen. Sie entfalten eine so vornehme Sicherheit darin, Ihre Figur wirkungsvoll zur Geltung zu bringen[34], daß es mir — ich gestehe es — kaum möglich wurde, Ihrem Gesangsvortrag mit der ihm gebührenden Aufmerksamkeit zu folgen.

ANNA. Glauben Sie bitte nicht, daß ich den Applaus, den meine künstlerischen Leistungen ernteten, irgendwie überschätze.

CASIMIR. Das würde ich Ihnen durchaus nicht verdenken; aber Ihre Lehrerin sagt mir, daß ein Erfolg wie der Ihrige von gestern abend schon viele Menschen ins Unglück gestürzt hat. Dann vergessen Sie bitte eines nicht: Was wäre die gefeiertste Sängerin auf der Bühne, wenn es der reiche Mann nicht für seine moralische Pflicht hielte, sie sich à fonds perdu[35] anzuhören. Mag die Gage in einzelnen Fällen noch so glänzend sein, in Wirklichkeit bleiben es doch immer nur Almosen, von denen diese Leute leben.

ANNA. Ich war ganz starr über die günstige Aufnahme, die jede Nummer beim Publikum fand.

CASIMIR *sich erhebend.* Bis auf die unglückliche

Symphonie dieses Herrn Zamrjaki. Übrigens zweifle ich gar nicht daran, daß wir mit der Zeit auch dazu kommen werden, den Lärm, den dieser Herr Zamrjaki verursacht, als eine göttliche Kunstoffenbarung zu verehren. Lassen wir also der Welt ihren Lauf, hoffen wir das Beste und seien wir auf das Schlimmste gefaßt. — Gestatten, gnädige Frau, daß ich mich empfehle. *Ab.*

Anna faßt sich mit beiden Händen an die Schläfen, geht zum Spielzimmer, lüftet die Portiere und tritt zurück.

ANNA. Nicht einmal die Tür geschlossen!

Hermann Casimir tritt aus dem Spielzimmer.

HERMANN. Hätte ich mir jemals träumen lassen, daß man ein solches Erlebnis erleben kann!

ANNA. Gehen Sie jetzt, damit Ihr Vater Sie zu Hause findet.

HERMANN *bemerkt das zweite Bukett.* Die Blumen sind von ihm? — Ich scheine das also geerbt zu haben. — Nur läßt er es sich nicht so viel kosten wie ich.

ANNA. Woher nehmen Sie denn auch das Geld zu so wahnsinnigen Ausgaben!

HERMANN *bedeutungsvoll.* Vom Marquis von Keith.

ANNA. Ich bitte Sie, gehen Sie jetzt! Sie sind übernächtig. Sie haben gestern wohl noch lange gekneipt?

HERMANN. Ich habe geholfen, dem Komponisten Zamrjaki das Leben zu retten.

ANNA. Halten Sie das für eine Ihrer würdige[36] Beschäftigung?

HERMANN. Was habe ich Besseres zu tun!

ANNA. Es ist gewiß schön von Ihnen, wenn Sie ein Herz für unglückliche Menschen haben; aber Sie dürfen sich nicht mit ihnen an den gleichen Tisch setzen. Das Unglück steckt an.

HERMANN *bedeutungsvoll.* Dasselbe sagt mir der Marquis von Keith.

ANNA. Gehen Sie jetzt! Ich bitte Sie darum.

Simba kommt vom Vorplatz herein und überbringt eine Karte.

SIMBA. Der Herr möcht' um die Ehre bitten.

ANNA *die Karte lesend.* «Vertreter der süddeutschen Konzertagentur» — Er soll in vierzehn Tagen wiederkommen.

Simba ab.

---

[33]which way to turn [34]to show your figure to the best advantage [35]at all costs (French)

[36]*Ihrer würdig* worthy of you

HERMANN. Was werden Sie meinem Vater antworten?

ANNA. Jetzt ist es aber die höchste Zeit! Sie werden ungezogen!

HERMANN. Ich gehe nach London — und wenn ich mir das Geld dazu stehlen muß. Mein Vater soll sich nicht mehr über mich zu beklagen haben.

ANNA. Das wird Ihnen selbst am meisten nützen.

HERMANN *beklommen.* Das bin ich meinen beiden kleinen Geschwistern schuldig. *Ab.*

ANNA *besinnt sich einen Moment, dann ruft sie.* Kathi!

Simba kommt aus dem Speisesaal.

SIMBA. Gnädige Frau?

ANNA. Ich will mich anziehen.

Es läutet auf dem Korridor.

SIMBA. Sofort, gnädige Frau. *Geht, um zu öffnen.*

Anna geht ins Spielzimmer ab. — Gleich darauf läßt Simba Ernst Scholz eintreten; er geht auf einen eleganten Krückstock gestützt, auf steifem Knie hinkend, und trägt einen großen Blumenstrauß.

ERNST SCHOLZ. Ich fand noch gar keine Gelegenheit, mein liebes Kind, dir für dein taktvolles, feinfühliges Benehmen neulich abend an dem Gartenfest zu danken.

SIMBA *formell.* Wünschen der Herr Baron, daß ich Sie der gnädigen Frau melde?

v. Keith kommt in hellem Paletot, einen Pack Zeitungen in der Hand, vom Vorplatz herein.

V. KEITH *seinen Paletot ablegend.* Das ist eine Fügung des Himmels, daß ich dich hier treffe! *Zu Simba.* Was tun Sie denn noch hier?

SIMBA. Die gnädige Frau haben mich als Hausmädchen in den Dienst genommen.

V. KEITH. Sehen Sie, ich habe Ihr Glück gemacht. — Melden Sie uns!

SIMBA. Sehr wohl, Herr Baron.

Ins Spielzimmer ab.

V. KEITH. Die Morgenblätter bringen schon die begeistertsten Besprechungen über unser gestriges Konzert! *Er setzt sich an das Tischchen links vorn und durchblättert die Zeitungen.*

SCHOLZ. Hast du denn jetzt endlich Nachricht, wo sich deine Frau aufhält?

V. KEITH. Sie ist bei ihren Eltern in Bückeburg. Du warst während des Banketts gestern abend ja plötzlich verschwunden?

SCHOLZ. Ich hatte das lebhafteste Bedürfnis, allein zu sein. Wie geht es denn deiner Frau?

V. KEITH. Danke; ihr Vater steht vor dem Bankrott.

SCHOLZ. So viel wirst du doch noch übrig haben, um ihre Familie vor dem Äußersten[37] zu schützen!

V. KEITH. Weißt du, was mich das Konzert gestern gekostet hat?

SCHOLZ. Ich finde, du nimmst diese Dinge zu leicht!

V. KEITH. Du wünschtest wohl, daß ich dir dabei helfe, die Eier der Ewigkeit auszubrüten?

SCHOLZ. Ich würde mich glücklich schätzen, wenn ich dir von meinem Überschuß an Pflichtgefühl etwas abtreten könnte.

V. KEITH. Gott bewahre mich davor! Ich habe jetzt die erdenklichste Elastizität nötig, um die Erfolge in ihrer ganzen Tragweite auszubeuten.

SCHOLZ *selbstbewußt.* Ich danke es dir, daß ich dem Leben heute mit ruhigem, sicherem Blick gegenüberstehe. Ich halte es daher für meine Pflicht, ebenso offen zu dir zu sprechen, wie du vor vierzehn Tagen zu mir gesprochen hast.

V. KEITH. Der Unterschied ist nur der, daß ich dich nicht um deinen Rat gebeten habe.

SCHOLZ. Das ist für mich nur ein Grund mehr zu rückhaltloser Aufrichtigkeit. Ich habe durch meinen übertriebenen Pflichteifer den Tod von zwanzig Menschen verschuldet; aber du benimmst dich, als habe man seinen Mitmenschen gegenüber überhaupt keine Pflichten. Du gefällst dir geradezu darin, mit dem Leben anderer zu spielen!

V. KEITH. Bei mir ist noch jeder mit einem blauen Auge davongekommen.

SCHOLZ *mit wachsendem Selbstbewußtsein.* Das ist dein persönliches Glück! Dir fehlt aber das Bewußtsein, daß andere ganz die nämlichen Ansprüche auf den Genuß ihres Lebens haben wie du. Das, worin die Menschheit ihre höchsten Errungenschaften erblickt, was man mit Fug und Recht als Sittlichkeit bezeichnet, dafür hast du nicht das geringste Verständnis.

V. KEITH. Du bleibst dir treu. — Du kommst nach München mit dem ausgesprochenen Vorsatz, dich zum Genußmenschen auszubilden, und bildest dich aus Versehen zum Sittenprediger aus.

SCHOLZ. Ich bin durch das buntscheckige Treiben Münchens zu einer bescheidenen, aber

---

[37]from the worst

jedenfalls um so zuverlässigeren Selbstabschätzung gelangt. Ich habe in diesen vierzehn Tagen so gewaltige innere Wandlungen durchgemacht, daß ich, wenn du mich anhören willst, allerdings auch als Sittenprediger reden kann.

v. KEITH *gereizt.* Dir treibt mein Glück die Galle ins Blut!

SCHOLZ. Ich glaube nicht an dein Glück! Ich bin so namenlos glücklich, daß ich die ganze Welt umarmen möchte, und wünsche dir aufrichtig und ehrlich dasselbe. Dazu gelangst du aber nie, solang du noch über die höchsten Werte des Lebens in deiner knabenhaften Weise spottest. Ich wußte, bis ich nach München kam, die Beziehungen zwischen Mann und Weib allerdings nur ihrer seelischen Bedeutung nach zu würdigen, während mir der Sinnengenuß noch als etwas Gemeines erschien. Das war verkehrt. Aber du hast in deinem ganzen Leben an einem Weibe nie etwas Höheres als den Sinnengenuß geschätzt. Solange du nicht von deinem Standpunkt aus der sittlichen Weltordnung deine Zugeständnisse machst, wie ich es von meinem Standpunkt aus getan habe, solang wird all dein Glück ewig auf tönernen Füßen stehen!

v. KEITH *sachlich.* Die Dinge liegen ganz anders. Ich verdanke den letzten vierzehn Tagen meine materielle Freiheit und gelange infolgedessen endlich zum Genuß meines Lebens. Und du verdankst den letzten vierzehn Tagen deine geistige Freiheit und bist infolgedessen endlich zum Genuß deines Lebens gelangt.

SCHOLZ. Nur mit dem Unterschied, daß es mir bei all den Genüssen darum zu tun ist, ein nützliches Mitglied der menschlichen Gesellschaft zu werden.

v. KEITH *aufspringend.* Warum soll man denn durchaus ein nützliches Mitglied der menschlichen Gesellschaft werden?!

SCHOLZ. Weil man als etwas anderes keine Existenzberechtigung hat!

v. KEITH. Ich brauche keine Existenzberechtigung! Ich habe niemanden um meine Existenz gebeten und entnehme daraus die Berechtigung, meine Existenz nach meinem Kopfe zu existieren.

SCHOLZ. Dabei gibst du deine Frau, die drei Jahre alle Gefahren und Entbehrungen mit dir getragen hat, mit der größten Seelenruhe dem Elend preis!

v. KEITH. Was soll ich denn tun! Meine Ausgaben sind so horrend[38], daß ich für meinen eigenen Gebrauch nicht einen Pfennig übrig habe. Mit der ersten Rate meines Gehaltes habe ich meinen Anteil am Gründungskapital eingezahlt. Ich dachte einen Augenblick daran, das Geld anzugreifen, das mir zur Bestreitung der Vorarbeiten zur Verfügung steht. Aber das kann ich nicht. — Oder wolltest du mir dazu raten?

SCHOLZ. Ich kann dir eventuell schon noch zehn- oder zwanzigtausend Mark überlassen, wenn du dir nicht anders helfen kannst. Ich bekam gerade heute zufällig einen Wechsel von meinem Verwalter über zehntausend Mark. *Entnimmt seinem Portefeuille einen Wechsel und reicht ihn v. Keith hin.*

v. KEITH *reißt ihm das Papier aus der Hand.* Komm mir dann aber bitte nicht gleich morgen wieder damit, du wollest das Geld zurückhaben.

SCHOLZ. Ich brauche es jetzt nicht. Die übrigen zehntausend Mark muß ich mir aber erst durch meinen Bankier aus Breslau schicken lassen.

Anna kommt in eleganter Straßentoilette aus dem Spielzimmer.

ANNA. Entschuldigen Sie, meine Herren, daß ich warten ließ.

SCHOLZ *überreicht seine Blumen.* Ich konnte mir die Freude nicht versagen, gnädige Frau, Sie am ersten Morgen Ihrer vielversprechenden künstlerischen Laufbahn von ganzem Herzen zu beglückwünschen.

ANNA *stellt die Blumen in eine Vase.* Ich danke Ihnen. Gestern abend vergaß ich in meiner Aufregung vollkommen, Sie danach zu fragen, wie es Ihnen denn eigentlich mit Ihren Verletzungen ergangen ist.

SCHOLZ. Die sind weiß Gott nicht der Rede wert. Mein Arzt sagt, ich könne in acht Tagen, wenn ich Lust dazu habe, auf die Zugspitze[39] klettern. Ein Schmerz war mir gestern abend allerdings das schallende Hohngelächter, das der Herr Kapellmeister Zamrjaki mit seiner Symphonie hervorrief.

v. KEITH *hat sich an den Schreibtisch gesetzt.* Ich kann nicht mehr tun als den Menschen Gelegenheit geben, ihr Können zu zeigen. Wer seinen Mann nicht stellt[40], der bleibt am Wege. Ich finde in München Kapellmeister genug.

SCHOLZ. Sagtest du denn nicht selbst von ihm, er sei das größte musikalische Genie, das seit Richard Wagner lebt?

---

[38]i.e., ungeheuer groß

[39]highest mountain in Germany, located in southern Bavaria   [40]he who doesn't hold his own

v. KEITH. Ich werde doch meinen eigenen Gaul nicht Schindmähre nennen! Ich muß in jeder Sekunde für die Richtigkeit meiner Berechnungen einstehen. *Sich erhebend.* Ich war eben mit den Karyatiden auf dem Magistrat. Es handelte sich um die Frage, ob der Bau des Feenpalastes für München ein Bedürfnis ist. Die Frage wurde einstimmig bejaht. Eine Stadt wie München läßt es sich ja gar nicht träumen, was sie für Bedürfnisse hat!

SCHOLZ *zu Anna.* Gnädige Frau haben jetzt vermutlich mit Ihrem glücklichen Impresario weltumfassende geschäftliche Pläne zu erörtern.

ANNA. Nein, bitte, wir haben nichts miteinander zu besprechen. Wollen Sie uns schon verlassen?

SCHOLZ. Sie erlauben mir vielleicht, daß ich mir in den nächsten Tagen wieder einmal die Ehre nehme?

ANNA. Ich bitte Sie darum; Sie sind jederzeit willkommen.

Scholz hat v. Keith die Hand gedrückt. Ab.

v. KEITH. Die Morgenblätter bringen schon die begeistertsten Kritiken über dein gestriges Auftreten.

ANNA. Hast du denn jetzt endlich eine Nachricht, wo sich Molly befindet?

v. KEITH. Sie ist bei ihren Eltern in Bückeburg. Sie schwelgt in einem Ozean kleinbürgerlicher Sentimentalität.

ANNA. Zum zweitenmal werden wir uns nicht wieder so von ihr in Schrecken jagen lassen[41]! Übrigens hatte sie wirklich nötig, dir zu beweisen, wie völlig entbehrlich sie dir ist!

v. KEITH. Dir ist die gewaltige Liebesleidenschaft Gott sei Dank ein Buch mit sieben Siegeln. Ist das nicht befähigt, einen zu beglücken, dann will es einem wenigstens das Haus über Kopf in Brand stecken!

ANNA. Du dürftest einem trotzdem etwas mehr Vertrauen zu deinen geschäftlichen Unternehmungen einflößen! Ein Vergnügen ist es gerade nicht, Tag und Nacht wie auf einem Vulkan zu sitzen!

v. KEITH. Wie komme ich denn gerade heute dazu, mir von allen Seiten moralische Vorlesungen halten lassen zu müssen?!

ANNA. Weil dein Treiben den Anschein hat, als müßtest du dich ununterbrochen betäuben! Du kennst keine Ruhe. Ich finde, sobald man im Zweifel ist, ob man dieses oder jenes tun soll, dann tut man am besten gar nichts. Dadurch allein, daß man etwas tut, setzt man sich immer schon allen erdenklichen Unannehmlichkeiten aus. Ich tue so wenig als irgendwie möglich und hatte meiner Lebtag Glück damit. Du kannst es niemandem verdenken, daß er dir mißtraut, wenn du Tag und Nacht wie ein ausgehungerter Wolf hinter deinem Glücke herjagst.

v. KEITH. Ich kann nicht für[42] meine Unersättlichkeit.

ANNA. Es sitzen aber manchmal Leute mit geladenen Flinten im Schlitten, dann geht es piffpaff[43].

v. KEITH. Ich bin kugelfest. Ich habe noch zwei spanische Kugeln von Kuba her in den Gliedern. Außerdem besitze ich die unverbrüchlichste Garantie für mein Glück.

ANNA. Das ist schon die richtige Höhe[44]!

v. KEITH. Allerdings zu hoch für den menschlichen Herdenverstand! — Zwanzig Jahre mögen es sein, da standen der junge Trautenau und ich in kurzen Schoßröckchen[45] in der getünchten Dorfkirche am Altar. Mein Vater spielte die Orgel dazu. Da drückte der Dorfpfarrer jedem von uns einen Bilderbogen mit einem Bibelspruch darauf in die Hände. Ich habe seitdem kaum jemals eine Kirche mehr von innen gesehen, aber mein Konfirmationsspruch hat sich an mir bewahrheitet, daß ich oftmals des Staunens keine Grenzen fand. Und stellt sich mir heute je eine Widerwärtigkeit in den Weg, dann kommt mir immer gleich ein verächtliches Lächeln an im Hinblick auf den Spruch: — «Wir wissen, daß denen, die Gott lieben, alle Dinge zum Besten dienen.»

ANNA. Denen, die Gott lieben?! — Dieser Liebe willst du auch noch fähig sein?!

v. KEITH. Auf die Frage hin, ob ich Gott liebe, habe ich alle bestehenden Religionen geprüft und fand bei keiner Religion einen Unterschied zwischen der Liebe zu Gott und der Liebe zum eigenen Wohlergehen. Die Liebe zu Gott ist überall immer nur eine summarische symbolische Ausdrucksweise für die Liebe zur eigenen Person.

Simba tritt vom Vorplatz ein.

SIMBA. Der Herr Marquis möchten einen Moment herauskommen. Der Sascha ist da.

v. KEITH. Warum kommt der Junge denn nicht herein?

[41]let ourselves be terrified

[42]I can't help [43]bang bang [44]That's the limit (of self-confidence, conceit)! [45]short frock, formerly worn by children of both sexes

Sascha kommt mit einem Telegramm.

SASCHA. I hab' net g'wußt, darf i oder darf i net,
weil der Herr Baron g'sagt haben, i soll in G'sellschaft koan Telegramm nicht überbringen.
 v. KEITH *erbricht das Telegramm, ballt es zusammen und wirft es weg.* Verdammt noch mal! —
Meinen Paletot!
 ANNA. Von Molly?
 v. KEITH. Nein! — Wenn nur um Gottes willen
keine Seele davon erfährt!
 ANNA. Ist sie denn nicht bei ihren Eltern in
Bückeburg?
 v. KEITH *während ihm Sascha in den Paletot
hilft.* Nein!
 ANNA. Du sagtest doch eben noch . . .
 v. KEITH. Ist denn das meine Schuld, daß sie
nicht in Bückeburg ist?! — Eben setzt man den
Fuß auf den grünen Zweig, da hat man den Hals
in der Schlinge! — *v. Keith und Sascha ab.*
 SIMBA *hebt das Telegramm auf und gibt es Anna.*
Der Herr Marquis haben das Telegramm vergessen.
 ANNA. Wissen Sie, woher der Sascha stammt?
 SIMBA. Der Sascha stammt aus der Au[46]. Sei'
Mutter ist Hausmeisterin.
 ANNA. Dann kann er aber doch nicht Sascha
heißen?
 SIMBA. Ursprünglich heißt er Sepperl[47], aber
der Herr Marquis haben ihn Sascha 'tauft.
 ANNA. Bringen Sie mir meinen Hut.

Es läutet auf dem Korridor.

SIMBA. Sofort, gnädige Frau. *Geht, um zu öffnen.*
 ANNA *liest das Telegramm.* « . . . Molly nicht bei
uns. Bitte umgehend Drahtnachricht, ob Sie
Lebenszeichen von Molly haben. In entsetzlicher
Angst . . .»

Simba kommt zurück.

SIMBA. Der Herr Baron haben seine Handschuh
vergessen.
 ANNA. Welcher Baron denn?
 SIMBA. Ich moan halt den Genußmenschen.
 ANNA *hastig suchend.* Maria und Joseph, wo
sind denn die Handschuhe . . .!

Ernst Scholz tritt ein.

SCHOLZ. Erlauben Sie mir noch zwei Worte,
gnädige Frau.

ANNA. Ich bin eben im Begriff, auszugehen. *Zu
Simba.* Meinen Hut, aber rasch! *Simba ab.*
 SCHOLZ. Die Gegenwart meines Freundes
hinderte mich daran, mich rückhaltlos auszusprechen . . .
 ANNA. Vielleicht warten Sie damit doch auch
lieber auf eine passendere Gelegenheit.
 SCHOLZ. Ich hoffte noch einige Tage auf Ihren
Bescheid[48] warten zu können. Meine Empfindun-
gen, Frau Gräfin, tun mir einfach Gewalt an[49]!
Damit Sie nicht im Zweifel darüber sind, daß ich
mit meinen Anerbietungen nur Ihr Glück erstrebe,
erlauben Sie mir, Ihnen zu gestehen, daß ich Sie
in — in ganz unsagbarer Weise liebe.
 ANNA. Nun? Und was wären Ihre Anerbietungen?
 SCHOLZ. Bis Sie als Künstlerin die Früchte einer
unbestrittenen Anerkennung ernten, wird sich
Ihnen noch manches Hindernis in den Weg
stellen . . .
 ANNA. Das weiß ich, aber ich singe voraus-
sichtlich nicht mehr.
 SCHOLZ. Sie wollen nicht mehr singen? Wie
mancher unglückliche Künstler gäbe sein halbes
Leben darum, wenn er Ihre Begabung damit er-
kaufen könnte!
 ANNA. Sonst haben Sie mir nichts mitzuteilen?
 SCHOLZ. Ich habe Sie wieder, ohne zu ahnen,
gekränkt. Sie hatten natürlich erwartet, ich werde
Ihnen meine Hand antragen . . .
 ANNA. Wollten Sie denn das nicht?
 SCHOLZ. Ich wollte Sie fragen, ob Sie meine G e -
l i e b t e werden wollen. — Ich kann Sie als Gattin
nicht höher verehren, als ich meine Geliebte in
Ihnen ehren würde. *Von jetzt ab spricht er mit den
rücksichtslosen, ausfallenden Gebärden eines Ver-
rückten.* Sei es der Gattin, sei es der Geliebten,
ich biete Ihnen mein Leben, ich biete Ihnen alles,
was ich besitze. Sie wissen, daß ich mich nur mit
der größten Selbstüberwindung in die sittlichen Anschauungen fand, die hier in München maßgebend
sind. Wenn mein Lebensglück an dem Siege zer-
schellen sollte, den ich nur über mich errungen
habe, um an dem Lebensglück meiner Mitmenschen teilnehmen zu können, das wäre ein h i m -
m e l s c h r e i e n d e s N a r r e n s p i e l[50]!
 ANNA. Ich glaubte, Ihnen wäre es nur darum zu
tun, ein nützliches Mitglied der menschlichen Gesellschaft zu werden!
 SCHOLZ. Ich träumte von Weltbeglückung, wie
der Gefangene hinter Kerkergittern von Glet-

---

[46]from the country   [47]nickname for Joseph   [48]i.e., answer   [49]are too much for me   [50]farce

scherfirnen träumt! Jetzt erhoffe ich nur eines noch, daß ich die Frau, die ich in so ganz unsagbarer Weise liebe, so glücklich machen kann, daß sie ihre Wahl nie bereut.

ANNA. Ich bedaure, Ihnen sagen zu müssen, daß Sie mir gleichgültig sind.

SCHOLZ. Ich Ihnen gleichgültig! Ich erhielt noch von keiner Frau mehr Beweise von Zuneigung als von Ihnen!

ANNA. Das ist nicht meine Schuld. Ihr Freund hatte Sie mir als einen Philosophen geschildert, der sich um die Wirklichkeit überhaupt nicht kümmert.

SCHOLZ. Mir hat nur die Wirklichkeit meine Philosophie abgerungen! Ich bin keiner von denen, die ihr Leben lang über irdische Nichtigkeit schwadronieren und die der Tod, wenn sie taub und lahm sind, noch mit Fußtritten vor sich herjagen muß!

ANNA. Dem Marquis von Keith hilft sein Konfirmationsspruch über jedes Mißgeschick hinweg! Er hält seinen Konfirmationsspruch für eine unfehlbare Zauberformel, vor der Polizei und Gerichtsvollzieher Reißaus nehmen!

SCHOLZ. Ich erniedrige mich nicht so tief, um an Vorbedeutungen zu glauben! Hätte dieser Glücksritter recht, dann erhielt ich bei meiner Konfirmation eine ebenso unverbrüchliche Zauberformel für mein Unglück. Mir gab unser Pastor damals den Spruch: «Viele sind berufen, aber wenige sind auserwählt.» — Aber das kümmert mich nicht! Hätte ich auch die untrüglichsten Beweise dafür, daß ich selber nicht zu den Auserwählten gehöre, das könnte mich immer nur in meinem unerschrockenen Kampf gegen mein Geschick bestärken!

ANNA. Verschonen Sie nur bitte mich mit Ihrem unerschrockenen Kampf!

SCHOLZ. Ich schwöre Ihnen, daß ich lieber auf meine gesunde Vernunft verzichte, als daß ich mich durch diese Vernunft davon überzeugen lasse, daß gewisse Menschen ohne jedes Verschulden von Anfang an von allem Lebensglück ausgeschlossen sind!

ANNA. Beklagen Sie sich darüber doch beim Marquis von Keith!

SCHOLZ. Ich beklage mich gar nicht! Je länger die harte Schule des Unglückes währt, desto gestählter wird die geistige Widerstandsfähigkeit. Es ist ein beneidenswerter Tausch[51], den Men-schen wie ich eingehen. Meine Seele ist unverwüstlich!

ANNA. Dazu gratuliere ich Ihnen!

SCHOLZ. Darin liegt meine Unwiderstehlichkeit! Je weniger Sie für mich empfinden, desto größer und mächtiger wird in mir meine Liebe zu Ihnen, desto näher sehe ich den Augenblick, wo Sie sagen: Ich kämpfte gegen dich mit allem, was mir zu Gebote stand, aber ich liebe dich!

ANNA. Bewahre mich der Himmel davor!!

SCHOLZ. Davor bewahrt Sie der Himmel nicht! Wenn ein Mensch von meiner Willenskraft, die sich durch kein Mißgeschick hat brechen lassen, sein ganzes Sinnen und Trachten auf einen Vorsatz konzentriert, dann gibt es nur zwei Möglichkeiten: er erreicht sein Ziel, oder er verliert den Verstand.

ANNA. Darin scheinen Sie wirklich recht zu haben.

SCHOLZ. Darauf lasse ich es auch ankommen[52]! Alles hängt davon ab, was widerstandsfähiger ist, Ihre Gefühllosigkeit oder mein Verstand. Ich rechne mit dem schlimmsten Ausgang[53] und wende, ehe ich am Ziel bin, keinen Blick zurück; denn kann ich mir aus der Seligkeit, die mich in diesem Augenblick erfüllt, kein glückliches Leben gestalten, dann ist keine Hoffnung mehr für mich. Die Gelegenheit bietet sich nicht wieder!

ANNA. Ich danke Ihnen von Herzen dafür, daß Sie mich daran erinnern! *Sie setzt sich an den Schreibtisch.*

SCHOLZ. Es ist das letztemal, daß die Welt in all ihrer Herrlichkeit vor mir liegt!

ANNA *ein Billett schreibend.* Das trifft auch für mich zu! — *Ruft.* Kathi! — *Für sich.* Mir bietet sich die Gelegenheit auch nicht wieder.

SCHOLZ *plötzlich zu sich kommend.* Was argwöhnen Sie, gnädige Frau?! — Was argwöhnen Sie?? Sie täuschen sich, Frau Gräfin! — Sie hegen einen entsetzlichen Verdacht...

ANNA. Merken Sie denn noch immer nicht, daß Sie mich aufhalten? — *Ruft.* Kathi!

SCHOLZ. Ich kann Sie so unmöglich verlassen! Geben Sie mir die Versicherung, daß Sie nicht an meiner geistigen Klarheit zweifeln!

Simba tritt mit Annas Hut ein.

ANNA. Wo bleiben Sie denn so lange?

SIMBA. I hab mi net hereingetraut.

---

[51]i.e., in place of happiness they develop spiritual fortitude

[52]I will let it be so (take its course)! [53]I am prepared for things to turn out for the worst

SCHOLZ. Simba, du weißt am besten, daß ich meiner fünf Sinne mächtig bin . . .

SIMBA *ihn zurückstoßend.* Gehens, redens net so dumm!

ANNA. Lassen Sie doch mein Mädchen in Ruhe. *Zu Simba.* Wissen Sie die Adresse des Herrn Konsul Casimir?

SCHOLZ *in plötzlicher Versteinerung.* — — Ich trage das Kain-Zeichen auf der Stirn[54] . . .

FÜNFTER AUFZUG

Im Arbeitszimmer des Marquis v. Keith stehen sämtliche Türen angelweit offen. Während sich Hermann Casimir auf den Mitteltisch setzt, ruft v. Keith ins Wohnzimmer hinein.

V. KEITH. Sascha! *Da er keine Antwort erhält, geht er nach dem Wartezimmer; zu Hermann.* Entschuldigen Sie. *Ruft ins Wartezimmer.* Sascha! *Kommt nach vorn; zu Hermann.* Also, Sie gehen mit Einwilligung Ihres Vaters nach London. Ich kann Ihnen nach London die besten Empfehlungen mitgeben. *Wirft sich auf den Diwan.* In erster Linie empfehle ich Ihnen, Ihre deutsche Sentimentalität zu Hause zu lassen. Mit Sozialdemokratie und Anarchismus macht man in London keinen Effekt mehr. Lassen Sie sich noch eines sagen: Das einzig richtige Mittel, seine Mitmenschen auszunützen, besteht darin, daß man sie bei ihren guten Seiten nimmt. Darin liegt die Kunst, geliebt zu werden, die Kunst, recht zu behalten. Je ergiebiger Sie Ihre Mitmenschen übervorteilen, um so gewissenhafter müssen Sie darauf achten, daß Sie das Recht auf Ihrer Seite haben. Suchen Sie Ihren Nutzen niemals im Nachteil eines tüchtigen Menschen, sondern immer nur im Nachteil von Schurken und Dummköpfen. Und nun übermittle ich Ihnen den Stein der Weisen; das glänzendste Geschäft in dieser Welt ist die Moral. Ich bin noch nicht so weit, das Geschäft zu machen, aber ich müßte[55] nicht der Marquis von Keith sein, wenn ich es mir entgehen ließe.

Es läutet auf dem Korridor.

V. KEITH *ruft.* Sascha! *Sich erhebend.* Der Bengel kriegt Ohrfeigen.

Er geht auf den Vorplatz und kommt mit dem Kommerzienrat Ostermeier zurück.

V. KEITH. Sie könnten unmöglich gelegener kommen, mein bester Herr Ostermeier . . .

OSTERMEIER. Meine Kollegen im Aufsichtsrat, verehrter Freund, beauftragen mich . . .

V. KEITH. Ich habe einen Plan mit Ihnen zu besprechen, der unsere Einnahmen verhundertfacht.

OSTERMEIER. Wünschen Sie eine von mir in der Generalversammlung abgegebene Erklärung, daß es mir heute wieder nicht gelungen ist, Ihre Geschäftsbücher zur Einsichtnahme zu erhalten?

V. KEITH. Sie phantasieren, lieber Herr Ostermeier! — Wollen Sie mir nicht ruhig und sachlich auseinandersetzen, um was es sich handelt?

OSTERMEIER. Um Ihre Geschäftsbücher, verehrter Freund.

V. KEITH *aufbrausend.* Ich rackre mich für diese triefäugigen Dickschädel ab . . .

OSTERMEIER. Hat er also doch recht! *Sich zum Gehen wendend.* Gehorsamer Diener!

V. KEITH *reißt die Schreibtisch-Schublade auf.* Hier, bitte, schwelgen Sie in Geschäftsbüchern! *Sich nach Ostermeier umwendend.* Wer hat also doch recht?

OSTERMEIER. Ein gewisser Herr R a s p e , Kriminalkommissär, der gestern abend in der «American Bar» fünf Flaschen Pommery darauf gewettet hat, daß Sie keine Geschäftsbücher führen[56].

V. KEITH *sich in die Brust werfend.* Ich führe auch keine Geschäftsbücher.

OSTERMEIER. Dann zeigen Sie Ihr Kopierbuch[57].

V. KEITH. Wo hätte ich seit der Gründung der Gesellschaft die nötige Zeit hernehmen sollen, um ein Büro einzurichten!

OSTERMEIER. Dann zeigen Sie mir Ihr Kopierbuch.

V. KEITH *sich in die Brust werfend.* Ich habe kein Kopierbuch.

OSTERMEIER. Dann zeigen Sie den Depositenschein, den Ihnen die Bank ausgestellt hat.

V. KEITH. Habe ich Ihre Einzahlungen erhalten, um sie auf Zinsen zu legen?!

OSTERMEIER. Regen Sie sich nicht auf, verehrter Freund. Wenn Sie keine Bücher besitzen, dann notieren Sie sich Ihre Ausgaben doch irgendwo. Das tut doch jeder Laufbursche.

V. KEITH *wirft sein Notizbuch auf den Tisch.* Da haben Sie mein Notizbuch.

---

[54]I bear the sign of Cain on my brow. (Cf. Genesis 4:15.)   [55]wouldn't be

[56]that you don't keep any account books   [57]i.e., receipts

OSTERMEIER *schlägt es auf und liest.* «Eine Silberflut von hellvioletter Seide und Pailletten von den Schultern bis äuf die Knöchel —» Das ist der ganze Mensch[58]!

v. KEITH. Wenn Sie mir jetzt, nachdem ich Erfolg auf Erfolg erzielt habe, Knüppel in den Weg werfen, dann können Sie mit aller Bestimmtheit darauf rechnen, daß Sie von Ihrem Gelde weder in dieser noch in jener Welt etwas wiedersehen!

OSTERMEIER. So schlecht stehen die Feenpalastaktien nicht, verehrter Freund. Wir sehen unser Geld schon wieder. — Gehorsamer Diener! *Will gehen.*

v. KEITH *ihn aufhaltend.* Sie untergraben das Unternehmen durch Ihre Wühlereien! Verzeihen Sie, verehrter Herr; ich rege mich auf, weil ich mit dem Feenpalast empfinde wie ein Vater mit seinem Kind.

OSTERMEIER. Dann machen Sie sich Ihres Kindes wegen nur gar keine Sorgen mehr. Der Feenpalast ist gesichert und wird gebaut.

v. KEITH. Ohne mich?

OSTERMEIER. Wann's sein muß, ohne Sie, verehrter Freund!

v. KEITH. Das können Sie nicht!

OSTERMEIER. Sie sind jedenfalls der letzte, der uns daran hindern wird!

v. KEITH. Das wäre ein infamer Schurkenstreich!

OSTERMEIER. Das wär' noch schöner! Weil wir uns von Ihnen nicht länger betrügen lassen wollen, schimpfen Sie uns Betrüger!

v. KEITH. Wenn Sie sich betrogen glauben, dann verklagen Sie mich doch auf Auszahlung Ihres Geldes!

OSTERMEIER. Sehr schön, verehrter Freund, wenn wir nicht dem Aufsichtsrat angehörten!

v. KEITH. Was Sie sich einbilden! Sie sitzen im Aufsichtsrat, um mich bei meiner Arbeit zu unterstützen.

OSTERMEIER. Dafür komme ich auch zu Ihnen; aber bei Ihnen gibt's eben nichts zu arbeiten.

v. KEITH. Mein lieber Herr Ostermeier, Sie können mir als Mann von Ehre nicht zumuten, eine solche Niederträchtigkeit über mich ergehen zu lassen. Übernehmen Sie doch den geschäftlichen Teil; lassen Sie mich artistischer Leiter des Unternehmens sein. Ich gebe Inkorrektheiten in meiner Geschäftsführung zu, die ich mir aber nur in dem Bewußtsein verzieh[59], daß es zum allerletztenmal geschieht und daß ich mir nach Konsolidierung meiner Verhältnisse nicht das geringste mehr zuschulden kommen lassen würde.

OSTERMEIER. Darüber hätten wir gestern, als ich mit den anderen Herren hier war, ein Wort reden können; aber da haben Sie uns ein Loch in den Bauch geschwatzt. Ich würde Ihnen auch heut noch sagen: Versuchen wir's noch einmal — wann Sie sich uns wenigstens als einen aufrichtigen Menschen gezeigt hätten. Hört man aber immer und immer wieder nur Unwahrheiten, dann . . .

v. KEITH *sich in die Brust werfend.* Dann sagen Sie den Herren: Ich baue den Feenpalast, so gewiß, wie die Idee dazu aus meinem Hirn entsprungen ist. Bauen Sie ihn aber — sagen Sie das Ihren Herren! —, dann sprenge ich den Feenpalast samt Aufsichtsrat und Aktionärversammlung — in die Luft!

OSTERMEIER. Werde ich pünktlich ausrichten, Herr Nachbar! Wissen Sie, ich möcht' beileibe niemanden vor den Kopf stoßen, geschweige denn vor den . . . Gehorsamer Diener! *Ab.*

v. KEITH *ihm nachstarrend . . .* Hintern! Ich spüre so was. — *Zu Hermann.* Lassen Sie mich jetzt nicht allein, sonst schrumpfe ich so zusammen, daß mich die Angst anpackt, es könnte nichts mehr von mir übrigbleiben. — — — Sollte das möglich sein? — *Mit Tränen in den Augen.* Nach so viel Feuerwerk! — — Ich soll wieder wie ein Geächteter von Land zu Land gepeitscht werden?! — — Nein! Nein! — Ich darf mich nicht an die Wand drücken lassen!! — Es ist das letztemal in diesem Leben, daß die Welt mit all ihrer Herrlichkeit vor mir liegt! *Sich hoch aufrichtend.* Nein! — Ich wackle nicht nur noch nicht, ich werde ganz München durch meinen Sprung in Erstaunen setzen: Er[60] schüttelt noch, da fall' ich schon, unter Pauken und Trompeten, ihm direkt auf den Kopf, daß alles rings auseinanderstiebt, und schlage alles kurz und klein. Dann wird sich's zeigen, wer zuerst wieder auf die Beine kommt!

Die Gräfin Werdenfels tritt ein.

v. KEITH *ihr entgegeneilend.* Meine Königin . . .

ANNA *zu Hermann.* Würden Sie uns einen Moment allein lassen?

v. Keith läßt Hermann ins Wohnzimmer eintreten.

v. KEITH *die Tür hinter ihm schließend.* Du siehst so unternehmend aus?

[58]That's you, all right! [59]would forgive

[60] = someone trying to shake von Keith off the ladder of success

ANNA. Das ist schon möglich. Ich erhalte seit unserem Feenpalastkonzert Tag für Tag ein halbes Dutzend Heiratsanträge.

v. KEITH. Das ist mir verdammt gleichgültig!

ANNA. Aber mir nicht.

v. KEITH *höhnisch.* Hast du dich denn in ihn verliebt?

ANNA. Von wem sprichst du denn?

v. KEITH. Von dem Genußmenschen!

ANNA. Du machst dich über mich lustig!

v. KEITH. Von wem sprichst du denn?!

ANNA *nach dem Wohnzimmer deutend.* Von sienem Vater.

v. KEITH. Und darüber willst du dich mit mir unterhalten?

ANNA. Nein, ich wollte dich nur fragen, ob du jetzt endlich ein Lebenszeichen von Molly hast.

v. KEITH. Nein, aber was ist mit Casimir?

ANNA. Was ist mit Molly?? — — Du hältst ihr Verschwinden geheim?

v. KEITH *beklommen.* Ich fürchte, offen gesagt, weniger, daß ihr ein Unglück zugestoßen ist, als daß mir ihr Verschwinden den Boden unter den Füßen wegzieht. Wenn das nicht von Menschlichkeit zeugt, dann sitze ich dafür seit drei Tagen Nacht für Nacht auf dem Telegraphenamt. — Mein Verbrechen an ihr besteht darin, daß sie, seit wir uns kennen, nie ein böses Wort von mir gehört hat. Sie verzehrt sich vor Sehnsucht nach ihrer kleinbürgerlichen Welt, in der man, Stirn gegen Stirn geschmiedet, sich duckt und schuftet und sich liebt! Kein freier Blick, kein freier Atemzug! Nichts als Liebe! Möglichst viel und von der gewöhnlichsten Sorte!

ANNA. Wenn man Molly nun nicht findet, was dann?

v. KEITH. Ich kann getrost darauf bauen, daß sie, wenn mir das Haus über dem Kopf zusammengekracht ist, reumütig lächelnd zurückkommt und sagt: «Ich will es nicht wieder tun.» — Ihr Zweck ist erreicht; ich kann mein Bündel schnüren.

ANNA. Und was wird dann aus mir?

v. KEITH. Du hast bei unserem Unternehmen bis jetzt am meisten gewonnen und wirst, so hoffe ich, noch mehr bei unserem Unternehmen gewinnen. Verlieren kannst du nichts, weil du mit keinem Einsatz dabei beteiligt bist.

ANNA. Wenn das sicher ist?!

v. KEITH. Ach so...?!

ANNA. Ja, ja!

v. KEITH. Was hast du ihm denn geantwortet?

ANNA. Ich schrieb ihm, ich könne ihm noch keine Antwort geben.

v. KEITH. Das hast du ihm geschrieben?!

ANNA. Ich wollte erst mit dir darüber sprechen.

v. KEITH *packt sie am Handgelenk und schleudert sie von sich.* Wenn es nicht anders bei dir steht, als daß du mit mir darüber sprechen mußt, dann — heirate ihn!!

ANNA. Wer von Gefühlen so verächtlich denkt wie du, müßte doch über rein praktische Fragen ruhig mit sich reden lassen!

v. KEITH. Laß meine Gefühle hier aus dem Spiel! Mich empört, daß du nicht mehr Rassestolz in dir hast, um deine Erstgeburt für ein Linsengericht zu verkaufen[61]!

ANNA. Was nicht du bist, das ist dir Linsengericht!

v. KEITH. Ich kenne meine Schwächen; aber das sind Haustiere! Dem einen fehlt es im Hirn und dem andern im Rückenmark! Willst du Wechselbälge zur Welt bringen, die vor dem achten Tage nicht sehen können?! — Ich gebe dir mit Freuden, wenn es mit mir vorbei sein soll, was ich von meiner Seelenglut in dich hineingelebt, auf deine Karriere mit. Aber wenn du dich vor deinem Künstlerlos hinter einen Geldsack verschanzest, dann bist du heute schon nicht mehr wert als das Gras, das dereinst aus dem Grabe wächst!

ANNA. Hättest du wenigstens den geringsten Anhaltspunkt darüber, was aus Molly geworden ist!

v. KEITH. Beschimpf mich nicht noch! *Ruft.* Sascha!

ANNA. Wenn du denn durchaus darauf bestehst, daß wir uns trennen sollen...

v. KEITH. Gewiß, ich bestehe darauf.

ANNA. Dann gib mir meine Briefe zurück!

v. KEITH *höhnisch.* Willst du deine Memoiren schreiben?

ANNA. Nein, aber sie könnten in falsche Hände geraten.

v. KEITH *aufspringend.* Sascha!!

ANNA. Was willst du von Sascha? — Ich habe Sascha einen Auftrag gegeben.

v. KEITH. Wie kommst du dazu?!

ANNA. Weil er zu mir kam. Ich habe das doch schon öfter getan. Im schlimmsten Fall weiß der Junge, wo er etwas zu verdienen findet.

v. KEITH *sinkt in den Sessel am Schreibtisch.* Mein Sascha! *Wischt sich eine Träne aus dem Auge.* Daß du auch ihn nicht vergessen hast! — — Wenn du jetzt das Zimmer verläßt, Anna, dann breche ich zusammen wie ein Ochse im Schlachthaus. — Gib mir noch eine Galgenfrist!

[61]than to sell your birthright for a mess of pottage (cf. Genesis 25:29 ff.)

ANNA. Ich habe keine Zeit zu verlieren.

v. KEITH. Nur so lange, bis ich mich deiner entwöhnt habe, Anna! — Ich bedarf meiner geistigen Klarheit jetzt mehr denn je...

ANNA. Gibst du mir dann meine Briefe zurück?

v. KEITH. Du bist grauenhaft! — Aber das ist ja das helle[62] Mitleid von dir! Ich soll dich wenigstens verfluchen dürfen, wenn du nicht mehr meine Geliebte bist.

ANNA. Du lernst deiner Lebtag keine Frau richtig beurteilen!

v. KEITH *sich stolz emporreckend.* Ich widerrufe meinen Glauben nicht auf der Folter! Du gehst mit dem Glück; das ist menschlich. Was du mir warst, bleibst du darum doch.

ANNA. Dann gib mir meine Briefe zurück.

v. KEITH. Nein, mein Kind! Deine Briefe behalte ich für mich. Sonst zweifle ich dereinst auf meinem Sterbebett, ob du nicht vielleicht nur ein Hirngespinst von mir gewesen bist. *Ihr die Hand küssend.* Viel Glück!

ANNA. Auch ohne dich! *Ab.*

v. KEITH *allein, sich unter Herzkrämpfen windend.* — Ah! — Ah! — Das ist der Tod! *Er stürzt zum Schreibtisch, entnimmt einem Schubfach eine Handvoll Briefe und eilt zur Tür.* Anna! Anna!

In der offnen Tür tritt ihm Ernst Scholz entgegen. Scholz geht unbehindert, ohne daß man ihm noch eine Spur von seiner Verletzung anmerkt.

v. KEITH *zurückprallend*... Ich wollte eben zu dir ins Hotel fahren.

SCHOLZ. Das hat keinen Zweck mehr. Ich reise ab.

v. KEITH. Dann gib mir aber noch die zwanzigtausend Mark, die du mir gestern versprochen hast!

SCHOLZ. Ich gebe dir kein Geld mehr.

v. KEITH. Die Karyatiden zerschmettern mich! Man will mir meinen Direktionsposten nehmen!

SCHOLZ. Das bestärkt mich in meinem Entschluß.

v. KEITH. Es handelt sich nur darum, eine momentane Krisis zu überwinden!

SCHOLZ. Mein Vermögen ist mehr wert als du! Mein Vermögen sichert den Angehörigen meiner Familie noch auf unendliche Zeiten eine hohe, freie Machtstellung! Währenddem du nie dahin gelangst, einem Menschen irgend etwas zu nützen!

v. KEITH. Wo nimmst du Schmarotzer die Stirne her, mir Nutzlosigkeit vorzuwerfen?!

SCHOLZ. Lassen wir den Wettstreit! — Ich leiste

endlich den großen Verzicht, zu dem sich so mancher einmal in diesem Leben verstehen muß.

v. KEITH. Was heißt das?

SCHOLZ. Ich habe mich von meinen Illusionen losgerissen.

v. KEITH *höhnisch.* Schwelgst du wieder mal in der Liebe eines Mädchens aus niedrigstem Stande?

SCHOLZ. Ich habe mich von allem losgerissen. — Ich gehe in eine Privatheilanstalt.

v. KEITH *aufschreiend.* Du kannst keine nichtswürdigere Schandtat begehen als den Verrat an deiner eigenen Person!

SCHOLZ. Deine Entrüstung ist mir sehr begreiflich. — Ich habe in den letzten drei Tagen den grauenvollsten Kampf durchgekämpft, der einem Erdenwurm beschieden sein kann.

v. KEITH. Um dich feige zu verkriechen?! — Um als Sieger auf deine Menschenwürde zu verzichten?!

SCHOLZ *aufbrausend.* Ich verzichte nicht auf meine Menschenwürde! Du hast weder Ursache, mich zu beschimpfen, noch meiner zu spotten! — Wenn jemand die Beschränkung, in die ich mich finde, gegen seinen Willen über sich verhängen lassen muß, dann mag er seiner Menschenwürde verlustig gehen. Dafür bleibt er relativ glücklich; er wahrt sich seine Illusionen. — Wer kalten Blickes wie ich mit der Wirklichkeit abrechnet, der kann sich dadurch weder die Achtung noch die Teilnahme seiner Mitmenschen verscherzen.

v. KEITH *zuckt die Achseln.* Ich würde mir diesen Schritt doch noch ein wenig überlegen.

SCHOLZ. Ich habe ihn reiflich überlegt. Es ist die letzte Pflicht, die mein Geschick mir zu erfüllen übrigläßt.

v. KEITH. Wer einmal drin ist, kommt so leicht nicht wieder heraus.

SCHOLZ. Hätte ich noch die geringste Hoffnung, jemals herauszukommen, dann ginge ich nicht hinein. Was ich mir an Entsagung aufbürden, was ich meiner Seele an Selbstüberwindung und Hoffnungsfreudigkeit entringen konnte, habe ich aufgewandt, um mein Los zu ändern. Mir bleibt, Gott sei's geklagt, keinerlei Zweifel mehr darüber, daß ich anders geartet als andre Menschen bin.

v. KEITH *im höchsten Stolz.* Gott sei Dank habe ich nie daran gezweifelt, daß ich anders geartet als andere Menschen bin!

SCHOLZ *sehr ruhig.* Sei es nun Gott geklagt oder Gott gedankt — dich hielt ich bis jetzt für den abgefeimtesten Spitzbuben! — Ich habe auch diese Illusion aufgegeben. Ein Spitzbube hat Glück, so wahr wie dem ehrlichen Menschen auch im unabänderlichen Mißgeschick noch sein gutes Ge-

[62] i.e., real

wissen bleibt. Du hast nicht mehr Glück als ich, und du weißt es nicht. Darin liegt die entsetzliche Gefahr, die über dir schwebt!

v. Keith. Über mir schwebt keine andere Gefahr, als daß ich morgen kein Geld habe!

Scholz. Du wirst zeit deines Lebens morgen kein Geld haben! — Ich wüßte dich vor den heillosen Folgen deiner Verblendung gerne in Sicherheit. Deswegen komme ich noch einmal zu dir. Ich habe die heilige Überzeugung, daß es für dich das beste ist, wenn du mich begleitest.

v. Keith *lauernd.* Wohin?

Scholz. In die Anstalt.

v. Keith. Gib mir die dreißigtausend Mark, dann komme ich mit!

Scholz. Wenn du mich begleitest, brauchst du kein Geld mehr. Du findest ein behaglicheres Heim, als du es vielleicht jemals gekannt hast. Wir halten uns Wagen und Pferde, wir spielen Billard ...

v. Keith *ihn umklammernd.* Gib mir die dreißigtausend Mark!! Willst du, daß ich hier vor dir einen Fußfall tue? Ich kann hier vom Platz weg verhaftet werden!

Scholz. Dann bist du schon so weit?! — *Ihn zurückstoßend.* Ich gebe solche Summen keinem Wahnsinnigen!

v. Keith *schreit.* Du bist der Wahnsinnige!

Scholz *ruhig.* Ich bin zu Verstand gekommen.

v. Keith *höhnisch.* — Wenn du dich in die Irrenanstalt aufnehmen lassen willst, weil du zu Verstand gekommen bist, dann geh hinein!

Scholz. Du gehörst zu denen, die man mit Gewalt hineinbringen muß!

v. Keith. — Dann wirst du in der Irrenanstalt wohl auch deinen Adelstitel wiederaufnehmen?

Scholz. Hast du nicht in zwei Weltteilen jeden erdenklichen Bankrott gemacht, der im bürgerlichen Leben überhaupt möglich ist?!

v. Keith *giftig.* Wenn du es für deine moralische Pflicht hältst, die Welt von deiner überflüssigen Existenz zu befreien, dann findest du radikalere Mittel als Spazierenfahren und Billardspielen!

Scholz. Das habe ich längst versucht.

v. Keith *schreit ihn an.* Was tust du denn dann noch hier?!

Scholz *finster.* Es ist mir mißlungen wie alles andere.

v. Keith. Du hast natürlich aus Versehen jemand anders erschossen!

Scholz. Man hat mir damals die Kugeln zwischen den Schultern, dicht neben dem Rückgrat, wieder herausgeschnitten. — Es ist heute wohl das letztemal in deinem Leben, daß sich dir eine rettende Hand bietet. Welch eine Art von Erlebnissen noch vor dir liegt, das weißt du jetzt.

v. Keith *wirft sich vor ihm auf die Knie und umklammert seine Hände.* Gib mir die vierzigtausend Mark, dann bin ich gerettet!

Scholz. Die retten dich nicht vor dem Zuchthaus!

v. Keith *entsetzt emporfahrend.* Schweig!!

Scholz *bittend.* Komm mit mir, dann bist du geborgen. Wir sind zusammen aufgewachsen; ich sehe nicht ein, warum wir nicht auch das Ende gemeinsam erwarten sollen. Die bürgerliche Gesellschaft urteilt dich als Verbrecher ab und unterwirft dich allen unmenschlichen mittelalterlichen Martern ...

v. Keith *jammernd.* Wenn du mir nicht helfen willst, dann geh, ich bitte dich darum!

Scholz *Tränen in den Augen.* Wende deiner einzigen Zuflucht nicht den Rücken! Ich weiß doch, daß du dir dein jammervolles Los ebensowenig selber gewählt hast wie ich mir das meinige.

v. Keith. Geh! Geh!

Scholz. Komm, komm. — Du hast einen lammfrommen Gesellschafter an mir. Es wäre ein matter Lichtschimmer in meiner Lebensnacht, wenn ich meinen Jugendgespielen seinem grauenvollen Verhängnis entrissen wüßte.

v. Keith. Geh! Ich bitte dich!

Scholz. — — Vertrau' dich von heute ab meiner Führung an, wie ich mich dir anvertrauen wollte ...

v. Keith *schreit verzweifelt.* Sascha! Sascha!

Scholz. — — — Dann vergiß nicht, wo du einen Freund hast, dem du jederzeit willkommen bist.

Ab.

v. Keith *kriecht suchend umher.* — — Molly! — — Molly! — — Es ist das erstemal in meinem Leben, daß ich vor einem Weib auf den Knien wimmere! *Plötzlich nach dem Wohnzimmer aufhorchend.* Da...! Da...! *Nachdem er die Wohnzimmertür geöffnet* ... Ach, das sind Sie?

Hermann Casimir tritt aus dem Wohnzimmer.

v. Keith. Ich kann Sie nicht bitten, länger hierzubleiben. Mir ist — nicht ganz wohl. Ich muß erst — eine Nacht — darüber schlafen, um der Situation wieder Herr zu sein. — Reisen Sie mit ... mit ...

Schwere Schritte und viele Stimmen tönen vom Treppenhaus herauf.

v. Keith. Hören Sie ... Der Lärm! Das Getöse! — Das bedeutet nichts Gutes ...

Hermann. Verschließen Sie doch die Tür.

v. KEITH. Ich kann es nicht! — Ich kann es nicht! — Das ist sie . . .!

Eine Anzahl Hofbräuhausgäste schleppen Mollys entseelten Körper herein. Sie trieft von Wasser, die Kleider hängen in Fetzen. Das aufgelöste Haar bedeckt ihr Gesicht.

EIN METZGERKNECHT. Da hammer den Stritzi[63]! — *Zurücksprechend.* Hammer's? — Eini[64]! *Zu v. Keith.* Schau her, was mer g'fischt hamm! Schau her, was mer der[65] bringen! Schau her, wann d'a Schneid hast[66]!

EIN PACKTRÄGER. Aus'm Stadtbach hammer's zogen! Unter die eisernen Gitterstangen vor! An die acht Täg' mag's drin g'legen sein im Wasser!

EIN BÄCKERWEIB. Und da derweil treibt sich der Lump, der dreckichte, mit seine ausg'schamte Menscher umanand[67]! Sechs Wuchen[68] lang hat er's Brot net zahlt! Das arme Weib laßt er bei alle Krämersleut' betteln gehn, as was z' essen kriagt! A Stoan hat's derbarmt, as wia die auf d' Letzt ausg'schaut hat[69]!

v. KEITH *retiriert sich, während ihn die Menge mit der Leiche umdrängt, nach seinem Schreibtisch.* Ich bitte Sie, beruhigen Sie sich doch nur!

DER METZGERKNECHT. Halt dei Fressen, du Hochstapler, du! Sunst kriagst vo mir a Watschen[70] ins G'sicht, as nimma stehn kannst! — Schau da her! — Is sie's oder is sie's net?! — Schau her, sag i!

v. KEITH *hat hinter sich auf dem Schreibtisch Hermanns Revolver erfaßt, den die Gräfin Werdenfels früher dort hatte liegen lassen.* Rühren Sie mich nicht an, wenn Sie nicht wollen, daß ich von der Waffe Gebrauch mache!

DER METZGERKNECHT. Was sagt der Knickebein[71]?! — Was sagt er?! — Gibst den Revolver her?! — Hast net gnua an dera da, du Hund?! — Gibst ihn her, sag' i . . .!

Der Metzgerknecht ringt mit v. Keith, dem es gelingt, sich dem Ausgang zu nähern, durch den eben der Konsul Casimir eintritt. Hermann Casimir hat sich derweil an die Leiche gedrängt[72]; er und das Bäckerweib tragen die Leiche auf den Diwan.

v. KEITH *sich wie ein Verzweifelter wehrend,* ruft. Polizei! — Polizei! *Bemerkt Casimir und klammert sich an ihn an.* Retten Sie mich, um Gottes willen! Ich werde gelyncht!

DER KONSUL CASIMIR *zu den Leuten.* Jetzt schaut's aber, das weiter kummt, sunst lernt's mi anders kenna! — Laßt's die Frau auf dem Diwan! — Marsch, sag' i! — da hat der Zimmerman 's Loch g'macht[73]! *Seinen Sohn, der sich mit der Menge entfernen will, am Arm nach vorn ziehend.* Halt, Freunderl! Du nimmst auf deine Londoner Reise noch eine schöne Lehre mit!

Die Hofbräuhausleute haben das Zimmer verlassen.

CASIMIR *zu v. Keith.* Ich wollte Sie auffordern, München binnen vierundzwanzig Stunden zu verlassen; jetzt glaube ich aber, es ist wirklich am besten für Sie, wenn Sie mit dem nächsten Zug reisen.

v. KEITH *immer noch den Revolver in der Linken haltend.* Ich — ich habe dieses Unglück — nicht zu verantworten . . .

CASIMIR. Das machen Sie mit sich selbst ab! Aber Sie haben die Fälschung meiner Namensunterschrift zu verantworten, die Sie an Ihrem Gründungsfest in der Brienner Straße in einem Glückwunschtelegramm vorgenommen[74] haben.

v. KEITH. Ich kann nicht reisen . . .

CASIMIR *gibt ihm ein Papier.* Wollen Sie diese Quittung unterzeichnen. Sie bescheinigen darin, eine Summe von zehntausend Mark, die Ihnen die Frau Gräfin Werdenfels schuldete, durch mich zurückerhalten zu haben.

v. KEITH *geht zum Schreibtisch und unterzeichnet.*

CASIMIR *das Geld aus einer Brieftasche abzählend.* Als Ihr Nachfolger in der Direktion der Feenpalastgesellschaft möchte ich Sie im Interesse einer gedeihlichen Entwicklung unseres Unternehmens darum ersuchen, sich so bald nicht wieder in München blicken zu lassen!

v. KEITH *am Schreibtisch stehend, gibt Casimir den Schein und nimmt mechanisch das Geld in Empfang.*

CASIMIR *den Schein einsteckend.* Vergnügte Reise! *Zu Hermann.* Marsch mit dir!

Hermann drückt sich scheu hinaus. Casimir folgt ihm.

v. KEITH *in der Linken den Revolver, in der Rechten das Geld, tut einige Schritte nach dem Diwan, bebt aber entsetzt zurück. Darauf betrachtet er unschlüssig abwechselnd den Revolver und das Geld. —Indem er den Revolver grinsend hinter sich auf den Mitteltisch legt.* Das Leben ist eine Rutschbahn . . .

[63]there's the good-for-nothing (hammer = haben wir) [64]hinein [65]dir [66]wenn du den Mut dazu hast! [67]And meanwhile the dirty scoundrel is carrying on with his disreputable friends! [68]Wochen [69]A stone would have taken pity at the way she looked towards the end! [70]blow [71]i.e., coward [72]has pushed his way through to the corpse

[73]i.e., the door [74]i.e., performed

Georg Kaiser · 1878–1945

Georg Kaiser was by far the most prolific and versatile playwright during the first decades of our century. In addition to novels, essays, and other works, he wrote a total of more than ninety plays and published over fifty of them.

Kaiser was thirty-three when his first work, *Die Jüdische Witwe* (1911), appeared; this is a comic, even parodistic version of the biblical story of Judith and her slaying of Holofernes. Preceding this publication there were a number of unpublished plays such as *Der Fall des Schülers Vehgesack* (written in 1901–1902), *Rektor Kleist* (1904), and *König Hahnrei* (1910), which revealed influences of both Hauptmann and Wedekind but which also proved to be preliminary "studies" — exercises, so to speak, portraying an experimental stage in the author's development.

Poetic creation was for Kaiser, even in this early stage of his life, primarily a matter of discipline and form and not a means of self-expression. Autobiographical elements are almost entirely absent. "To write a drama," as he himself said, "is to follow a thought to its conclusion. The poet gives form to an idea or a vision which is right there from the beginning. What kind of vision?" he asks, and his answer is that there is only one: "The regeneration of man, the creation of a 'new man.'"

The "new man" is depicted in Kaiser's *Bürger von Calais*, which was completed in 1913 and, when performed a year later, made him famous overnight. The action takes place against the background of the Hundred Years' War in fourteenth-century France, when the city of Calais was besieged by the King of England. The King offers to spare both city and harbor from destruction if six citizens, as a token of defeat, will surrender themselves to the English for execution. Eustache de Saint-Pierre, the central character, challenges the traditional patriotism of a powerful section of the citizenry which wants to fight to the finish. He has a new vision. The one goal of every political effort, he claims, should be the preservation of man's accomplishments, not their destruction. By offering himself as a hostage, de Saint-Pierre not only persuades, by his example, six other citizens to do likewise, he also convinces them of the necessity of self-sacrifice; for only by willingness to self-sacrifice is man able to live on. Over the stretcher of his dead son de Saint-Pierre's blind father says: "I have seen the new man! He was born this night!"

The "new man," as Walter Sokel writes, is "the intellectual who is able to act," not on the emotional impact of the moment but rather with full intellectual awareness of the significance of his action. Only thus will he be able to grasp a more intense meaning of life, even if he ends as a martyr to the futility of life. Another example of the "new man" is the cashier in *Von morgens bis mitternachts*. This play was written in 1912, published in 1916, and staged for the first time in Munich in 1917. Since then it has been one of the most frequently performed expressionistic dramas and has made Kaiser known all over the world. It was produced in the United States as early as 1920, and in France in 1921.

Structurally, the play bears a resemblance to Strindberg's *Stationendrama*, a play built not on the struggle of two protagonists who represent conflicting ideas or interests but one that depicts "biographically," so to speak, the tribulations of a single character and his relation to his environment.

The protagonist in *Von morgens bis mitternachts* is not a man of the caliber of Eustache de Saint-Pierre, or of the Billionaire in *Die Koralle* (1917), or of the Billionaire's son in *Gas* (1918); he belongs rather to the throng of quite ordinary people like the waiter in *Zwei Krawatten* (1929) or the postoffice clerk in *Das Los des Ossian Balvesen* (1947). Men like these receive sudden windfalls or commit fraud, and are thus forced out of their comforting daily routine; eventually they arrive at a more meaningful concept of existence and they end grotesquely as "new men."

Gustav von Wangenheim, a critic in the twenties, describes the performance with these words: "The old cashier was sitting there, dried and shrivelled up from the routine of his daily labor. The lady enters. The man in him wakes up. He rises. Action. Discussion with the lady. Flight into snow. A man. Man blossoms in all his colors. This is not the cashier Lehman! No! It is man! In all his colors. In all his needs. The man who runs away from his family, from his daily pea soup. The man stirred up from his depths; the hunter hunting for life. This man roars. Oedipus above the masses."

Thus his tragicomic excesses turn the little bourgeois into a farcical figure dominated by an overindulgent greed for life. The "new man" fails grotesquely; his exaltation becomes extreme and ends in an orgy of confession. The cashier forced out of his daily rut wavers between the ridiculous and the sublime. The narrow but comforting circumstances of his daily existence are destroyed by a limitless desire for life.

Bibliography

DIEBOLD, BERNHARD. *Der Denkspieler Georg Kaiser*. Frankfurt am Main, 1924.
KENWORTHY, B. J. *Georg Kaiser*. Oxford, 1958.
PAULSEN, WOLFGANG. *Georg Kaiser. Die Perspektiven seines Werkes*. Mit einem Anhang: Das dichterische und essayistische Werk Georg Kaisers. Eine historisch-kritische Bibliographie. Tübingen, 1960.

Von morgens bis mitternachts

PERSONEN

KASSIERER
MUTTER
FRAU
ERSTE, ZWEITE TOCHTER
DIREKTOR
GEHILFE
PORTIER
ERSTER, ZWEITER HERR
LAUFJUNGE
DIENSTMÄDCHEN
DAME

SOHN
HOTELKELLNER
JÜDISCHE HERREN als Kampfrichter
ERSTE, ZWEITE, DRITTE, VIERTE WEIBLICHE MASKE
HERREN im Frack
KELLNER
MÄDCHEN DER HEILSARMEE
OFFIZIERE und SOLDATEN der Heilsarmee
Publikum einer Versammlung der Heilsarmee:
    KOMMIS, KOKOTTE, ARBEITER usw.
SCHUTZMANN

Die kleine Stadt W. und die große Stadt B.

ERSTER TEIL

Kleinbankkassenraum. Links Schalteranlage und Tür mit Aufschrift: Direktor. In der Mitte Tür mit Schild: Zur Stahlkammer. Ausgangstür rechts hinter Barriere. Daneben Rohrsofa und Tisch mit Wasserflasche und Glas.
Im Schalter Kassierer und am Pult Gehilfe, schreibend. Im Rohrsofa sitzt der fette Herr, prustet. Jemand geht rechts hinaus. Am Schalter Laufjunge sieht ihm nach.

KASSIERER *klopft auf die Schalterplatte.*
LAUFJUNGE *legt rasch seinen Zettel auf die wartende Hand.*
KASSIERER *schreibt, holt Geld unter dem Schalter hervor, zählt sich in die Hand — dann auf das Zahlbrett.*
LAUFJUNGE *rückt mit dem Zahlbrett auf die Seite und schüttet das Geld in einen Leinenbeutel.*
HERR *steht auf:* Dann sind wir Dicken an der Reihe. *Er holt einen prallen Lederbeutel aus dem Mantelinnern.*

Dame kommt. Kostbarer Pelz, Geknister von Seide.

HERR *stutzt.*
DAME *klinkt mit einigem Bemühen die Barriere auf, lächelt unwillkürlich den Herrn an.* Endlich.
HERR *verzieht den Mund.*
KASSIERER *klopft ungeduldig.*
DAME *fragende Geste gegen den Herrn.*
HERR *zurückstehend.* Wir Dicken immer zuletzt.
DAME *verneigt sich leicht, tritt an den Schalter.*
KASSIERER *klopft.*
DAME *öffnet ihre Handtasche, entnimmt ein Kuvert und legt es auf die Hand des Kassierers.* Ich bitte dreitausend.
KASSIERER *dreht und wendet das Kuvert, schiebt es zurück.*
DAME *begreift.* Pardon. *Sie zieht den Brief aus dem Umschlag und reicht ihn hin.*
KASSIERER *wie vorher.*
DAME *entfaltet noch das Papier.* Dreitausend bitte.
KASSIERER *überfliegt das Papier und legt es dem Gehilfen hin.*
GEHILFE *steht auf und geht aus der Tür mit dem Schild: Direktor.*
HERR *sich wieder im Rohrsofa niederlassend.* Bei mir dauert es länger. Bei uns Dicken dauert es immer etwas länger.
KASSIERER *beschäftigt sich mit Geldzählen.*

DAME. Ich bitte: in Scheinen.
KASSIERER *verharrt gebückt.*
DIREKTOR *jung, kugelrund — mit dem Papier links heraus.* Wer ist — *Er verstummt der Dame gegenüber.*
GEHILFE *schreibt wieder an seinem Pult.*
HERR *laut.* Morgen, Direktor.
DIREKTOR *flüchtig dahin.* Geht's gut?
HERR *sich auf den Bauch klopfend.* Es kugelt sich[1]. Direktor.
DIREKTOR *lacht kurz. Zur Dame.* Sie wollen bei uns abheben!
DAME. Dreitausend.
DIREKTOR. Ja drei — dreitausend würde ich mit Vergnügen auszahlen —
DAME. Ist der Brief nicht in Ordnung?
DIREKTOR *süßlich, wichtig.* Der Brief geht in Ordnung. Über zwölftausend — *Buchstabierend.* Banko —
DAME. Meine Bank in Florenz versicherte mich —
DIREKTOR. Die Bank in Florenz hat Ihnen den Brief richtig ausgestellt.
DAME. Dann begreife ich nicht —
DIREKTOR. Sie haben in Florenz die Ausfertigung dieses Briefes beantragt —
DAME. Allerdings.
DIREKTOR. Zwölftausend — und zahlbar an den Plätzen —
DAME. Die ich auf der Reise berühre.
DIREKTOR. Der Bank in Florenz haben Sie mehrere Unterschiften geben müssen —
DAME. Die an die im Brief bezeichneten Banken geschickt sind, um mich auszuweisen.
DIREKTOR. Wir haben den Avis mit Ihrer Unterschift nicht bekommen.
HERR *hustet: blinzelt den Direktor an.*
DAME. Dann müßte ich mich gedulden bis —
DIREKTOR. Irgendwas müssen wir doch in Händen haben!
EIN HERR *winterlich mit Fellmütze und Wollschal vermummt — kommt, stellt sich am Schalter auf. Er schießt wütende Blicke nach der Dame.*
DAME. Darauf bin ich so wenig vorbereitet —
DIREKTOR *plump lachend.* Wir sind noch weniger vorbereitet, nämlich gar nicht!
DAME. Ich brauche so notwendig das Geld!
HERR *im Sofa lacht laut.*
DIREKTOR. Ja, wer brauchte keins?
HERR *im Sofa wiehert.*
DIREKTOR *sich ein Publikum machend.* Ich zum

---

[1] I am rolling along.

Beispiel — *Zum Herrn am Schalter.* Sie haben wohl mehr Zeit als ich. Sie sehen doch, ich spreche mit der Dame noch. — Ja, gnädige Frau, wie haben Sie sich das gedacht? Soll ich Ihnen auszahlen — auf Ihre —

HERR *im Sofa kichert.*

DAME *rasch.* Ich wohne im Elefant.

HERR *im Sofa prustet.*

DIREKTOR. Ihre Adresse erfahre ich mit Vergnügen, gnädige Frau. Im Elefant verkehre ich am Stammtisch.

DAME. Kann der Besitzer mich nicht legitimieren?

DIREKTOR. Kennt Sie der Wirt schon näher?

HERR *im Sofa amüsiert sich köstlich.*

DAME. Ich habe mein Gepäck im Hotel.

DIREKTOR: Soll ich Koffer und Köfferchen auf seinen Inhalt untersuchen?

DAME. Ich bin in der fatalsten Situation.

DIREKTOR. Dann reichen wir uns die Hände: Sie sind nicht in der Lage — ich bin nicht in der Lage. Das ist die Lage. *Er gibt ihr das Papier zurück.*

DAME. Was raten Sie mir nun zu tun?

DIREKTOR. Unser Städtchen ist doch ein nettes Nest — der Elefant ein renommiertes Haus — die Gegend hat Umgegend — Sie machen diese oder jene angenehme Bekanntschaften — und die Zeit geht hin — mal Tag, mal Nacht — wie sich's macht.

DAME. Es kommt mir hier auf einige Tage nicht an.

DIREKTOR. Die Gesellschaft im Elefant wird sich freuen, etwas beizutragen.

DAME. Nur heute liegt es mir dringend an dreitausend[2]!

DIREKTOR *zum Herrn im Sofa.* Bürgt jemand hier für eine Dame aus der Fremde auf dreitausend?

DAME. Das könnte ich wohl nicht annehmen. Darf ich bitten, mir sofort, wenn die Bestätigung von Florenz eintrifft, telephonisch Mitteilung zu machen. Ich bleibe im Elefant auf meinem Zimmer.

DIREKTOR. Persönlich — wie gnädige Frau es wünschen!

DAME. Wie ich am raschesten benachrichtigt werde. *Sie schiebt das Papier in das Kuvert und steckt es in die Tasche.* Ich spreche am Nachmittag noch selbst vor.

DIREKTOR. Ich stehe zur Verfügung.

DAME *grüßt kurz, ab.*

HERR *am Schalter rückt vor und knallt in der Faust einen zerknüllten Zettel auf die Platte.*

DIREKTOR *ohne davon Notiz zu nehmen, sieht belustigt nach dem Herrn im Sofa.*

HERR *im Sofa zieht die Luft an.*

DIREKTOR *lacht.* Sämtliche Wohlgerüche Italiens — aus der Parfümflasche.

HERR *im Sofa fächelt sich mit der flachen Hand.*

DIREKTOR: Das macht heiß, was?

HERR *im Sofa, gießt sich Wasser in ein Glas.* Dreitausend ist ein bißchen hastig. *Er trinkt.* Dreihundert klappern auch nicht schlecht[3].

DIREKTOR. Vielleicht machen Sie billigere Offerte — im Elefant, auf dem Zimmer?

HERR *im Sofa.* Für uns Dicke ist das nichts.

DIREKTOR. Wir sind mit unserm moralischen Bauch gesetzlich geschützt.

HERR *am Schalter knallt zum zweitenmal die Faust auf die Platte.*

DIREKTOR *gleichmütig.* Was haben Sie denn? *Er glättet den Zettel und reicht ihn dem Kassierer hin.*

LAUFJUNGE *hatte die Dame angegafft, dann die Sprechenden — verfehlt die Barriere und rennt gegen den Herrn im Sofa.*

HERR *im Sofa nimmt ihm den Beutel weg.* Ja, mein Junge, das kostet was — schöne Mädchen angaffen. Jetzt bist du deinen Beutel los.

LAUFJUNGE *lacht ihn verlegen an.*

HERR. Was machst du denn nun, wenn du nach Hause kommst?

LAUFJUNGE *lacht.*

HERR *gibt ihm den Beutel wieder.* Merk' dir das für dein Leben. Du bist der erste nicht, dem die Augen durchgehen — und der ganze Mensch rollt nach[4].

LAUFJUNGE *ab.*

KASSIERER *hat einige Münzen aufgezählt.*

DIREKTOR. Solch einem Schlingel vertraut man nun Geld an.

HERR *in Sofa.* Dummheit straft sich selbst.

DIREKTOR. Daß ein Chef nicht den Blick dafür hat. So was brennt doch bei der ersten Gelegenheit, die sich bietet, aus. Der geborene Defraudant. *Zum Herrn am Schalter.* Stimmt es nicht?

HERR *prüft jedes Geldstück.*

DIREKTOR. Das ist ein Fünfundzwanzigpfennigstück. Das sind zusammen fünfundvierzig Pfennig, mehr hatten Sie doch nicht zu verlangen?

HERR *steckt umständlich ein.*

HERR *im Sofa.* Deponieren Sie doch Ihr Kapital in der Stahlkammer! — Nun wollen wir Dicken mal abladen. *Herr am Schalter rechts ab.*

---

[2] I need 3000 right now!

[3] 300 doesn't sound bad either. [4] whose eyes pop out — and the whole man follows (the direction of his eyes)

DIREKTOR. Was bringen Sie uns denn?

HERR *legt den Lederbeutel auf die Platte und holt eine Brieftasche heraus.* Soll man kein Vertrauen zu Ihnen kriegen mit Ihrer feinen Kundschaft? *Er reicht ihm die Hand.*

DIREKTOR. Jedenfalls sind wir für schöne Augen in Geschäftssachen unempfänglich.

HERR *sein Geld aufzählend.* Wie alt war sie? Taxe[5].

DIREKTOR. Ohne Schminke habe ich sie noch nicht gesehen.

HERR. Was will die denn hier?

DIREKTOR. Das werden wir ja heute abend im Elefant hören.

HERR. Wer käme denn da in Betracht?

DIREKTOR. In Betracht könnten wir schließlich alle noch kommen!

HERR. Wozu braucht sie denn hier dreitausend Mark?

DIREKTOR. Sie muß sie wohl brauchen.

HERR. Ich wünsche ihr den besten Erfolg.

DIREKTOR. Womit?

HERR. Daß sie ihre Dreitausend kapert.

DIREKTOR. Von mir?

HERR. Von wem ist ja nebensächlich.

DIREKTOR. Ich bin neugierig, wann die Nachricht von der Bank in Florenz kommt.

HERR. Ob sie kommt!

DIREKTOR. Ob sie kommt — darauf bin ich allerdings noch gespannter!

HERR. Wir können ja sammeln und ihr aus der Verlegenheit helfen.

DIREKTOR. Auf Ähnliches wird es wohl abgesehen sein.

HERR. Wem erzählen Sie das?

DIREKTOR *lacht.* Haben Sie in der Lotterie gewonnen?

HERR *zum Kassierer.* Nehmen Sie mir mal ab. *Zum Direktor.* Ob wir draußen unser Geld haben oder bei Ihnen verzinsen — richten Sie mal ein Konto für den Bauverein ein.

DIREKTOR *scharf zum Gehilfen.* Konto für Bauverein.

HERR. Es kommt noch mehr.

DIREKTOR. Immer herein, meine Herrschaften. Wir können gerade brauchen[6].

HERR. Also: sechzigtausend — fünfzig Mille Papier — zehn Mille Gold.

KASSIERER *zählt.*

DIREKTOR *nach einer Pause.* Sonst geht's noch gut?

HERR *zum Kassierer.* Jawohl, der Schein ist geflickt.

DIREKTOR. Wir nehmen ihn selbstverständlich. Wir weden ihn wieder los. Ich reserviere ihn für unsere Kundin aus Florenz. Sie trug ja auch Schönheitspflästerchen.

HERR. Es stecken aber tausend Mark dahinter.

DIREKTOR. Liebhaberwert[7].

HERR *unbändig lachend.* Liebhaberwert — das ist kolossal.

DIREKTOR *unter Tränen.* Liebhaberwert — *Er gibt ihm die Quittung des Kassierers.* Ihre Quittung. *Erstickend.* Sechzig — tau — —

HERR *nimmt sie, liest sie, ebenso.* Sechzig — tau — —

DIREKTOR. Liebhaber —

HERR. Lieb — — *Sie reichen sich die Hände.*

DIREKTOR. Wir sehen uns heute abend.

HERR *nickend.* Liebhaber — *Er knöpft seinen Mantel, kopfschüttelnd ab.*

DIREKTOR *steht noch, wischt sich die Tränen hinter dem Kneifer. Dann links hinein.*

KASSIERER *bündelt die zuletzt erhaltenen Scheine und rollt die Münzen.*

DIREKTOR *kommt zurück.* Diese Dame aus Florenz — die aus Florenz kommen will — ist Ihnen schon einmal eine Erscheinung wie diese vorm Schalter aufgetaucht? Pelz — parfümiert. Das riecht nachträglich, man zieht mit der Luft Abenteuer ein! — — —Das ist die große Aufmachung. Italien, das wirkt verblüffend — märchenhaft. Riviera — Mentone — Bordighera — Nizza — Monte Carlo! Ja, wo Orangen blühen, da blüht auch der Schwindel. Von Schwindel ist da unten kein Quadratmeter Erdboden frei. Dort wird der Raubzug arrangiert. Die Gesellschaft verstreut sich in alle Winde. Nach den kleineren Plätzen — abseits der großen Heerstraße — schlägt man sich am liebsten[8]. Dann schäumend in Pelz und Seide. Weiber! Das sind die modernen Sirenen. Singsang vom blauen Süden — o bella Napoli. Verfänglicher Augenaufschlag — und man ist geplündert bis auf das Netzhemd. Bis auf die nackte Haut! *Er trommelt mit seinem Bleistift dem Kassierer den Rücken.* Ich bezweifle keinen Augenblick, daß die Bank in Florenz, die den Brief ausgestellt hat, so wenig von dem Brief etwas weiß — wie der Papst den Mond bewohnt. Das Ganze ist

---

[5]Guess.   [6]We can surely use that.

[7]sentimental value. A play on the word *Liebhaber*, which means figuratively "hobbyist, collector" and literally "lover."   [8]The gang disperses to the four winds. They like best to go to the smaller places, off the beaten track.

Schwindel, von langer Hand vorbereitet. Und seine Urheber sitzen nicht in Florenz, sondern in Monte Carlo! Das kommt zuerst in Frage. Verlassen Sie sich drauf. Wir haben hier eine jener Existenzen gesehen, die im Sumpf des Spielpalastes gedeihen. Und ich gebe mein zweites Wort drauf, daß wir sie nicht wiedersehen. Der erste Versuch ist mißglückt, die Person wird sich vor dem zweiten hüten! — Wenn ich auch meine Späße mache — dabei bin ich scharfäugig. Wir vom Bankgeschäft! — Ich hätte eigentlich unserm Polizeileutnant Werde einen Wink geben sollen! — Es geht mich ja weiter nichts an. Schließlich ist die Bank zu Stillschweigen verpflichtet. *An der Tür.* Verfolgen Sie mal in den auswärtigen Zeitungen: wenn Sie von einer Hochstaplerin lesen, die hinter Schloß und Riegel sichergesetzt ist, dann wollen wir uns wieder sprechen. Dann werden Sie mir recht geben. Dann werden wir von unserer Freundin aus Florenz mehr hören — als wir heute oder morgen hier wieder von ihrem Pelz zu sehen bekommen! *Ab.*

KASSIERER *siegelt Rollen.*

PORTIER *mit Briefen von rechts, sie dem Gehilfen reichend.* Eine Quittung für eine Einschreibesendung bekomme ich wieder.

GEHILFE *stempelt den Zettel, gibt ihn an den Portier.*

PORTIER *stellt noch Glas und Wasserflasche auf dem Tisch zurecht. Ab.*

GEHILFE *trägt die Briefe in das Direktionszimmer — kommt wieder.*

DAME *kehrt zurück; rasch an den Schalter.* Ach Pardon.

KASSIERER *streckt die flache Hand hin.*

DAME *stärker.* Pardon.

KASSIERER *klopft.*

DAME. Ich möchte den Herrn Direktor nicht nochmal stören.

KASSIERER *klopft.*

DAME *in Verzweiflung lächelnd.* Hören Sie bitte, ist das nicht möglich: ich hinterlasse der Bank den Brief über den ganzen Betrag und empfange einen Vorschuß von dreitausend?

KASSIERER *klopft ungeduldig.*

DAME. Ich bin eventuell bereit, meine Brillanten als Unterpfand auszuhändigen. Die Steine wird Ihnen jeder Juwelier in der Stadt abschätzen. *Sie streift einen Handschuh ab und nestelt am Armband.*

DIENSTMÄDCHEN *rasch von rechts, setzt sich ins Rohrsofa und sucht, alles auswühlend, im Marktkorb.*

DAME *hat sich schwach erschreckend umgedreht: sich aufstützend sinkt ihre Hand auf die Hand des Kassierers.*

KASSIERER *dreht sich über die Hand in seiner Hand. Jetzt ranken seine Brillenscheiben am Handgelenk aufwärts.*

DIENSTMÄDCHEN *findet aufatmend den Schein.*

DAME *nickt hin.*

DIENSTMÄDCHEN *ordnet im Korb.*

DAME *sich dem Kassierer zuwendend — trifft in sein Gesicht.*

KASSIERER *lächelt.*

DAME *zieht ihre Hand zurück.* Ich will die Bank nicht zu Leistungen veranlassen, die sie nicht verantworten kann. *Sie legt das Armband an, müht sich an der Schließe. Dem Kassierer den Arm hinstreckend.* Würden Sie die Freundlichkeit haben — ich bin nicht geschickt genug mit einer Hand nur.

KASSIERER *Büsche des Bartes wogen[9] — Brille sinkt in blühende Höhlen eröffneter Augen[10].*

DAME *zum Dienstmädchen.* Sie helfen mir, Fräulein.

DIENSTMÄDCHEN *tut es.*

DAME. Noch die Sicherheitskette. *Mit einem kleinen Schrei.* Sie stechen ja in mein offenes Fleisch. So hält es. Vielen Dank, Fräulein. *Sie grüßt noch den Kassierer. Ab.*

DIENSTMÄDCHEN *am Schalter, legt ihren Schein hin.*

KASSIERER *greift ihn in wehenden Händen. Lange sucht er unter der Platte. Dann zahlt er aus.*

DIENSTMÄDCHEN *sieht das aufgezählte Geld an; dann zum Kassierer.* Das bekomme ich doch nicht?

KASSIERER *schreibt.*

GEHILFE *wird aufmerksam.*

DIENSTMÄDCHEN *zum Gehilfen.* Es ist doch mehr.

GEHILFE *sieht zum Kassierer.*

KASSIERER *streicht einen Teil wieder ein.*

DIENSTMÄDCHEN. Immer noch zuviel!

KASSIERER *schreibt.*

DIENSTMÄDCHEN *steckt kopfschüttelnd das Geld in den Korb. Ab.*

KASSIERER *durch Heiserkeit sträubt sich der Laut herauf[11].* Holen Sie — Glas Wasser!

GEHILFE *geht aus dem Schalter zum Tisch.*

KASSIERER. Das ist abgestanden. Frisches — von der Leitung.

GEHILFE *geht mit dem Glas in die Stahlkammer.*

KASSIERER *behende nach einem Klingelknopf — drückt.*

PORTIER *kommt.*

[9]His bushy beard waves back and forth. [10]His glasses seem almost to be swallowed up in the cavities of his wide-open eyes. [11]the sound struggles up through his hoarseness.

KASSIERER. Holen Sie frisches Wasser.

PORTIER. Ich darf nicht von der Tür draußen weg.

KASSIERER. Für mich. Das ist Jauche. Ich will Wasser von der Leitung.

PORTIER *mit der Wasserflasche in die Stahlkammer.*

KASSIERER *stopft mit schnellen Griffen die zuletzt gehäuften Scheine und Geldrollen in seine Taschen. Dann nimmt er den Mantel vom Haken, wirft ihn über den Arm. Noch den Hut. Er verläßt den Schalter — und geht rechts ab.*

DIREKTOR *in einen Brief vertieft links herein.* Da ist ja die Bestätigung von Florenz eingetroffen!

GEHILFE *mit dem Glas Wasser aus der Stahlkammer.*

PORTIER *mit der Wasserflasche aus der Stahlkammer.*

DIREKTOR *bei ihrem Anblick.* Zum Donnerwetter, was heißt denn das?

Hotelschreibzimmer. Hinten Glastür. Links Schreibtisch mit Telephonapparat. Rechts Sofa, Sessel mit Tisch mit Zeitschriften usw.

DAME *schreibt.*

SOHN *in Hut und Mantel kommt — im Arm großen flachen Gegenstand, in ein Tuch gehüllt.*

DAME *überrascht.* Du hast es?

SOHN. Unten sitzt der Weinhändler. Der schnurrige Kopf beargwöhnt mich, ich brenne ihm aus.

DAME. Am Morgen war er doch froh, es loszuwerden.

SOHN. Jetzt wittert er wohl allerhand.

DAME. Du wirst ihn aufmerksam gemacht haben.

SOHN. Ich habe mich ein bißchen gefreut.

DAME. Das muß Blinde sehend machen!

SOHN. Sie sollen auch die Augen aufreißen. Aber beruhige dich, Mama, der Preis ist derselbe wie am Morgen.

DAME. Wartet der Weinhändler?

SOHN. Den lassen wir warten.

DAME. Ich muß dir leider mitteilen —

SOHN *küßt sie.* Also Stille. Feierliche Stille. Du blickst erst hin, wenn ich dich dazu auffordere. *Er wirft Hut und Mantel ab, stellt das Bild auf einen Sessel und lüftet das Tuch.*

DAME. Noch nicht?

SOHN *sehr leise.* Mama.

DAME *dreht sich im Stuhl um.*

SOHN *kommt zu ihr, legt seinen Arm um ihre Schultern.* Nun?

DAME. Das ist allerdings nicht für eine Weinstube!

SOHN. Es hing auch gegen die Wand gedreht. Auf die Rückseite hatte der Mann seine Photographie gepappt.

DAME. Hast du die mitgekauft?

SOHN *lacht.* Wie findest du es?

DAME. Ich finde es — sehr naiv.

SOHN. Köstlich — nicht wahr? Für einen Cranach[12] fabelhaft.

DAME. Willst du es als Bild so hochschätzen?

SOHN. Als Bild selbstverständlich! Aber daneben das Merkwürdige der Darstellung. Für Cranach — und für die Behandlung des Gegenstandes in der gesamten Kunst überhaupt. Wo findest du das? Pitti — Uffizien — die Vatikanischen[13]? Der Louvre ist ja ganz schwach darin. Wir haben hier zweifellos die erste und einzige erotische Figuration des ersten Menschenpaares. Hier liegt noch der Apfel im Gras — aus dem unsäglichen Laubgrün lugt die Schlange — der Vorgang spielt sich also im Paradies selbst ab und nicht nach der Verstoßung. Das ist der wirkliche Sündenfall! — Ein Unikum. Cranach hat ja Dutzend Adam und Eva gemalt — steif — mit dem Zweige in der Mitte — und vor allem die zwei getrennt. Es heißt da: sie erkannten sich. Hier jubelt zum erstenmal die selige Menschheitsverkündung auf: sie liebten sich! Hier zeigt sich ein deutscher Meister als Erotiker von südlichster, allersüdlichster Emphatik! *Vor dem Bild.* Dabei diese Beherrschtheit noch in der Ekstase. Diese Linie des männlichen Armes, die die weibliche Hüfte überschneidet. Die Horizontale der unten gelagerten Schenkel und die Schräge des andern Schenkelpaares. Das ermüdet das Auge keinen Moment. Das erzeugt Liebe im Hinsehen — der Fleischton leistet natürlich die wertvollste Hilfe. Geht es dir nicht ebenso?

DAME. Du bist wie dein Bild naiv.

SOHN. Was meinst du damit?

DAME. Ich bitte dich, das Bild im Hotel in deinem Zimmer zu verbergen.

SOHN. Zu Hause wird es ja erst mächtig auf mich wirken. Florenz und dieser Cranach. Der Abschluß meines Buches wird natürlich weit hinausgeschoben. Das muß verarbeitet sein. Das muß aus eigenem Fleisch und Blut zurückströmen, sonst

[12]Lukas Cranach, 1472–1553, famous German artist
[13]Famous art galleries: the Pitti Palace and the Uffizi Gallery in Florence, the Vatican museums in Rome, the Louvre in Paris.

versündigt sich der Kunsthistoriker. Augenblicklich fühle ich mich ziemlich erschlagen. — Auf
der ersten Station dieser Reise das Bild zu finden!

DAME. Du vermutetest es doch mit Sicherheit.

SOHN. Aber vor dem Ereignis steht man doch
geblendet. Ist es nicht zum Verrücktwerden?
Mama, ich bin ein Glücksmensch!

DAME. Du ziehst die Resultate aus deinen ein-
gehenden Studien.

SOHN. Und ohne deine Hilfe? Ohne deine Güte?

DAME. Ich finde mein Glück mit dir darin.

SOHN. Du übst endlose Nachsicht mit mir. Ich
reiße dich aus deinem schönen, ruhigen Leben in
Fiesole. Du bist Italienerin, ich hetze dich durch
Deutschland mitten im Winter. Du übernachtest
im Schlafwagen — Hotels zweiter, dritter Güte —
schlägst dich mit allerhand Leuten herum —

DAME. Das habe ich allerdings reichlich gekostet!

SOHN. Ich verspreche dir, mich zu beeilen. Ich
bin ja selbst ungeduldig, den Schatz in Sicherheit zu
bringen. Um drei reisen wir. Willst du mir die
Dreitausend geben?

DAME. Ich habe sie nicht.

SOHN. Der Besitzer des Bildes ist im Hotel.

DAME. Die Bank konnte sie mir nicht auszahlen.
Von Florenz muß sich die Benachrichtigung ver-
zögert haben.

SOHN. Ich habe die Bezahlung zugesagt.

DAME. Dann mußt du ihm das Bild wieder ausliefern, bis die Bank Auftrag erhält.

SOHN. Läßt sich das nicht beschleunigen?

DAME. Ich habe hier ein Telegramm aufgesetzt,
das ich jetzt besorgen lasse. Wir sind ja schnell
gereist —

KELLNER *klopft an.*

DAME. Bitte.

KELLENER. Ein Herr von der Bank wünscht
gnädige Frau zu sprechen.

DAME *zum Sohn.* Da wird mir das Geld schon
ins Hotel geschickt. *Zum Kellner* Ich bitte.

KELLER *ab.*

SOHN. Du rufst mich, wenn du mir das Geld
geben kannst. Ich lasse den Mann nicht gern
wieder aus dem Hotel gehen.

DAME. Ich telephoniere dir.

SOHN. Ich sitze unten. *Ab.*

DAME *schließt Schreibmappe.*

*Kellner und Kassierer erscheinen hinter der Glastür.
Kassierer überholt den Kellner, öffnet; Kellner
kehrt um, ab.*

KASSIERER *noch Mantel überm Arm — tritt ein.*

DAME *zeigt nach einem Sessel und setzt sich ins
Sofa.*

KASSIERER *den Mantel bei sich, auf dem Sessel.*

DAME. Bei der Bank ist —

KASSIERER *sieht das Bild.*

DAME. Dies Bild steht in enger Beziehung zu
meinem Besuch auf der Bank.

KASSIERER. Sie?

DAME. Entdecken Sie Ähnlichkeiten?

KASSIERER *lächelnd.* Am Handgelenk!

DAME. Sind Sie Kenner?

KASSIERER. Ich wünsche — mehr kennenzulernen!

DAME. Interessieren Sie diese Bilder?

KASSIERER. Ich bin im Bilde[14]!

DAME. Finden sich noch Stücke bei Besitzern in
der Stadt? Sie würden mir einen Dienst erweisen.
Das ist mir ja wichtiger — so wichtig wie das Geld!

KASSIERER. Geld habe ich.

DAME. Am Ende wird die Summe nicht genügen,
über die ich meinen Brief ausstellen ließ.

KASSIERER *packt die Scheine und Rollen aus.* Das
ist genug!

DAME. Ich kann nur zwölftausend erheben.

KASSIERER. Sechzigtausend!

DAME. Auf welche Weise?

KASSIERER. Meine Angelegenheit.

DAME. Wie soll ich —?

KASSIERER. Wir reisen.

DAME. Wohin?

KASSIERER. Über die Grenze. Packen Sie Ihren
Koffer — wenn Sie einen haben. Sie reisen vom
Bahnhof ab — ich laufe bis zur nächsten Station
zu Fuß und steige zu. Wir logieren zum ersten
Male — — Kursbuch? *Er findet es auf dem Tische.*

DAME. Bringen Sie mir denn von der Bank über
dreitausend?

KASSIERER *beschäftigt.* Ich habe sechzigtausend
eingesteckt. Fünfzigtausend in Scheinen — zehntausend in Gold.

DAME. Davon gehören mir —?

KASSIERER *bricht eine Rolle auf und zählt fach-
männisch die Stücke in eine Hand vor, dann auf den
Tisch hin.* Nehmen Sie. Stecken Sie fort. Wir
könnten belauscht sein. Die Tür hat Glasscheiben.
Fünfhundert in Gold.

DAME. Fünfhundert?

KASSIERER. Später mehr. Wenn wir in Sicherheit
sind. Hier dürfen wir nichts sehen lassen. Vorwärts. Einkassiert. Für Zärtlichkeiten ist diese

[14]A play on words: *Bild* means "picture," but *ich bin
im Bilde* means "I know the way things stand."

Stunde nicht geeignet, sie dreht rasend ihre Spei-
chen, in denen jeder Arm zermalmt wird, der
eingreift[15]! *Er springt auf.*

DAME. Ich brauche dreitausend.

KASSIERER. Wenn sie die Polizei in Ihrer Tasche
findet, sind Sie hinter Schloß und Riegel gesetzt!

DAME. Was geht es die Polizei an?

KASSIERER. Sie erfüllten den Kassenraum. An
Sie hakt sich der Verdacht, und unsere Verkettung
liegt zutage.

DAME. Ich betrat den Kassenraum —

KASSIERER. Unverfroren.

DAME. Ich forderte —

KASSIERER. Sie versuchten.

DAME. Ich suchte —

KASSIERER. — die Bank zu prellen, als Sie Ihren
gefälschten Brief präsentierten.

DAME *aus ihrer Handtasche den Brief nehmend.*
Dieser Brief ist nicht echt?

KASSIERER. So unecht wie Ihre Brillanten.

DAME. Ich bot meine Wertsachen als Pfand an.
Warum sind meine Pretiosen Imitationen?

KASSIERER. Damen Ihres Schlages blenden nur.

DAME. Von welchem Schlage bin ich denn?
Schwarzhaarig — mein Teint ist dunkel. Ich bin
südlicher Schlag. Toskana[16].

KASSIERER. Monte Carlo!

DAME *lächelt.* Nein. Florenz!

KASSIERER *sein Blick stürzt auf Hut und Mantel
des Sohnes.* Komme ich zu spät?

DAME. Zu spät?

KASSIERER. Wo ist er? Ich werde mit ihm ver-
handeln. Er wird mit sich handeln lassen. Ich habe
Mittel. Wieviel soll ich ihm bieten? Wie hoch
veranschlagen Sie die Entschädigung? Wieviel
stopfe ich ihm in die Tasche? Ich steigere bis zu
fünfzehntausend! — Schläft er? Rekelt er sich im
Bett? Wo ist euer Zimmer? Zwanzigtausend —
fünftausend mehr für unverzögerten Abstand! *Er
rafft Hut und Mantel vom Sessel.* Ich bringe ihm
seine Sachen.

DAME *verwundert.* Der Herr sitzt im Vestibül.

KASSIERER. Das ist zu gefährlich. Es ist belebt
unten. Rufen Sie ihn herauf. Ich setze ihn hier
matt. Klingeln Sie. Der Kellner soll fliegen.
Zwanzigtausend — in Scheinen. *Er zählt auf.*

DAME. Kann mein Sohn mich legitimieren?

KASSIERER *prallt zurück.* Ihr — — Sohn?!

DAME. Ich reise mit ihm. Ich begleite ihn auf
einer Studienreise, die uns von Florenz nach
Deutschland führt. Mein Sohn sucht Material für
sein kunsthistorisches Werk.

KASSIERER *starrt sie an.* — — Sohn?!

DAME. Ist das so ungeheuerlich?

KASSIERER *wirr.* Dies — — Bild?!

DAME. Ist sein glücklicher Fund. Mit dreitausend bezahlt es mein Sohn. Das sind die von mir
sehnlich gewünschten Dreitausend. Ein Wein-
großhändler — den Sie ja kennen werden, wenn Sie
seinen Namen hören — überläßt es ihm zu diesem
Preis.

KASSIERER. — — Pelz — — Seide — — es schil-
lerte und knisterte — — die Luft wogte von allen
Parfümen!

DAME. Es ist Winter. Ich trage nach meinen
Begriffen keine besondere Kleidung.

KASSIERER. Der falsche Brief?!

DAME. Ich bin im Begriff, an meine Bank zu
depeschieren!

KASSIERER. Ihr Handgelenk nackt — — um das
ich die Kette ranken sollte?!

DAME. Die linke Hand allein ist ungeschickt.

KASSIERER *dumpf.* Ich habe — — das Geld eingesteckt — — —

DAME *belustigt.* Sind Sie und die Polizei nun
zufrieden? Mein Sohn ist wissenschaftlich nicht
unbekannt.

KASSIERER. Jetzt — — in diesem Moment werde
ich vermißt. Ich hatte Wasser für mich bestellt, um
den Gehilfen zu entfernen — zweimal Wasser, um
die Tür vom Portier zu entblößen. Die Noten und
Rollen sind verschwunden. Ich habe defraudiert!
— — Ich darf mich nicht in den Straßen — auf dem
Markt sehen lassen. Ich darf den Bahnhof nicht
betreten. Die Polizei ist auf den Beinen. Sechzigtausend! — — Ich muß übers Feld — quer durch
den Schnee, bevor die Gendarmen alarmiert sind!

DAME *entsetzt.* Schweigen Sie doch!

KASSIERER. Ich habe alles Geld eingesteckt — —
Sie erfüllten den Kassenraum — Sie schillerten und
knisterten — Sie senkten Ihre nackte Hand in
meine — — Sie rochen heiß — — Ihr Mund roch
— —

DAME. Ich bin eine Dame!

KASSIERER *stier.* Jetzt müssen Sie doch — —!!

DAME *sich bezwingend.* Sind Sie verheiratet? *Auf
seine schwingende Geste.* Ich meine, das gilt sehr
viel. Wenn ich es nicht überhaupt als einen Scherz
auffassen soll. Sie haben sich zu einer unüberlegten
Handlung hinreißen lassen. Sie reparieren den
Schaden. Sie kehren in Ihren Schalter zurück und

---

[15]This hour is not the proper one for caresses; it [like
the wheel of time] turns furiously its spokes in which
every arm that interferes will be crushed!   [16]Tuscany,
the section of Italy in which Florence is located

schützen ein momentanes Unwohlsein vor. Sie haben den vollen Betrag noch bei sich?

KASSIERER. Ich habe mich an der Kasse vergriffen —

DAME *schroff*. Das interessiert mich dann nicht weiter.

KASSIERER. Ich habe die Bank geplündert —

DAME. Sie belästigen mich, mein Herr.

KASSIERER. Jetzt müssen Sie — —

DAME. Was ich müßte —

KASSIERER. Jetzt müssen Sie doch!!

DAME. Lächerlich.

KASSIERER. Ich habe geraubt, gestohlen. Ich habe mich ausgeliefert — ich habe meine Existenz vernichtet — alle Brücken sind gesprengt — ich bin ein Dieb — Räuber — — *Über den Tisch geworfen.* Jetzt müssen Sie doch — — jetzt müssen Sie doch!!!

DAME. Ich werde Ihnen meinen Sohn rufen, vielleicht — —

KASSIERER *verändert, agil.* Jemanden rufen? Allerweltsleute rufen? Alarm schlagen? Großartig! — Dumm. Plump. Mich fangen sie nicht ein. In die Falle trete ich nicht. Ich habe meinen Witz, meine Herrschaften. Euer Witz tappt hinterher — ich immer zehn Kilometer voraus. Rühren Sie sich nicht. Stillgesessen, bis ich — *Er steckt das Geld ein, drückt den Hut ins Gesicht, preßt den Mantel auf die Brust.* Bis ich — *Behende geräuschlos durch die Glastür ab.*

DAME *steht verwirrt.*

SOHN *kommt.* Der Herr von der Bank ging aus dem Hotel. Du bist erregt, Mama. Ist das Geld —

DAME. Die Unterhaltung hat mich angestrengt. Geldsachen, Jungchen. Du weißt, es reizt mich immer etwas.

SOHN. Sind Schwierigkeiten entstanden, die die Auszahlung wieder aufhalten?

DAME. Ich müßte es dir vielleicht doch sagen —

SOHN. Muß ich das Bild zurückgeben?

DAME. An das Bild denke ich nicht.

SOHN. Das geht uns doch am meisten an.

DAME. Ich glaube, ich muß sogleich eine Anzeige erstatten.

SOHN. Was für eine Anzeige?

DAME. Die Depesche besorgen. Ich muß unter allen Umständen von meiner Bank eine Bestätigung in Händen haben.

SOHN. Genügt dein Bankbrief nicht?

DAME. Nein. Nicht ganz. Geh nach dem Telegraphenamt. Ich möchte den Portier nicht mit der offenen Depesche schicken.

SOHN. Und wann kommt nun das Geld?

Das Telephon schrillt.

DAME. Da werde ich schon angerufen. *Am Apparat* Ist eingetroffen. Ich soll selbst abheben. Gern. Aber bitte, Herr Direktor. Ich bin gar nicht aufgebracht. Florenz ist weit. Ja, die Post in Italien. Wie? Warum? Wie? Ja, warum? Ach so — via Berlin, das ist allerdings ein großer Umweg. — Mit keinem Gedanken. Danke, Herr Direktor. In zehn Minuten. Adieu. *Zum Sohn.* Erledigt, Junge. Meine Depesche ist überflüssig geworden. *Sie zerreißt das Formular.* Du hast dein Bild. Dein Weinhändler begleitet uns. Er nimmt auf der Bank den Betrag in Empfang. Verpacke deinen Schatz. Von der Bank fahren wir zum Bahnhof. *Telephonierend, während Sohn das Bild verhüllt.* Ich bitte um die Rechnung. Zimmer vierzehn und sechzehn. Sehr eilig. Bitte.

Verschneites Feld mit Baum mit tiefreichender Astwirrnis. Blauschattende Sonne[17].

KASSIERER *kommt, rückwärts gehend. Er schaufelt mit den Händen seine Spur zu. Sich aufrichtend.* Solch ein Mensch ist doch ein Wunderwerk. Der Mechanismus klappt in Scharnieren — lautlos[18]. Plötzlich sind Fähigkeiten ermittelt und mit Schwung tätig[19]. Wie gebärden sich meine Hände? Wo haben sie Schnee geschippt? Jetzt wuchten sie die Massen, daß die Flocken stäuben[20]. Überdies ist meine Spur über das Schneefeld wirkungsvoll verwischt. Erzielt ist ein undurchsichtiges Inkognito! *Er streift die erweichten Manschetten ab.* Nässe und Frost begünstigen scharfe Erkältungen. Unversehens bricht Fieber aus und beeinflußt die Entschlüsse. Man verliert die Kontrolle über seine Handlungen, und aufs Krankenbett geworfen, ist man geliefert. *Er knöpft heraus und schleudert die Manschetten weg.* Ausgedient. Da liegt. Ihr werdet in der Wäsche fehlen. Das Lamento plärrt durch die Küche: ein Paar Manschetten fehlt. Katastrophe im Waschkessel. Weltuntergang! *Er sammelt die Manschetten wieder auf und stopft sie in die Manteltaschen.* Toll: da arbeitet mein Witz schon wieder. Mit unfehlbarer Sicherheit. Ich quäle mich mit dem zerstampften Schnee ab und

[17]a tree with a tangle of low-hanging branches. Blue shadows are cast by the sun. [18]What a marvelous contraption a man is. The mechanism runs in his joints — silently. [19]Suddenly abilities are there and tremendously active. [20]Now they are lifting up the masses of snow so that the flakes fly.

verrate mich mit zwei leichtsinnig verschleuderten Wäschestücken. Meist ist es eine Kleinigkeit — ein Versehen — eine Flüchtigkeit, die den Täter feststellt. Hoppla! *Er sucht sich einen bequemen Sitz in einer Astgabel.* Ich bin doch neugierig. Meine Spannung ist gewaltig geschwollen. Ich habe Grund, mich auf die wichtigsten Entdeckungen gefaßt zu machen. Im Fluge gewonnene Erfahrungen stehen mir zur Seite[21]. Am Morgen noch erprobter Beamter. Man vertraut mir runde Vermögen an, der Bauverein deponiert Riesensummen. Mittags ein durchtriebener Halunke. Mit allen Wassern gewaschen[22]. Die Technik der Flucht bis in die Details durchgebildet. Das Ding gedreht und hin[23]. Fabelhafte Leistung. Und der Tag erst zur Hälfte bezwungen[24]!

Er stützt Kinn auf die Faustrücken.

Ich bin bereit, jedem Vorfall eine offene Brust zu bieten. Ich besitze untrügliche Zeichen, keinem Anspruch die Antwort schuldig zu bleiben. Ich bin auf dem Marsche — Umkehr findet nicht statt. Ich marschiere — also ohne viel Federlesen heraus mit den Trümpfen[25]. Ich habe sechzigtausend auf die Karte gesetzt — und erwarte den Trumpf. Ich spiele zu hoch, um zu verlieren. Keine Flausen — aufgedeckt und heda[26]! Verstanden?

Er lacht ein krächzendes Gelächter.

Jetzt müssen Sie, schöne Dame. Ihr Stichwort, seidene Dame. Bringen Sie es doch, schillernde Dame, Sie lassen ja die Szene unter den Tisch fallen. Dummes Luder. Und sowas spielt Komödie. Kommt euren natürlichen Verpflichtungen nach, zeugt Kinder — und belästigt nicht die Souffleuse! — Verzeihung, Sie haben ja einen Sohn. Sie sind vollständig legitimiert. Ich liquidiere meine Verdächtigungen. Leben Sie wohl und grüßen Sie den Direktor. Seine Kalbsaugen werden Sie mit einem eklen Schleim bestreichen, aber machen Sie sich nichts draus. Der Mann ist um sechzigtausend geprellt, der Bauverein wird ihm das Dach neu beschindeln. Das klappert erbärmlich. Ich entbinde Sie aller Verpflichtungen gegen mich, Sie sind entlassen, Sie können gehen. — Halt! Neh-

men Sie meinen Dank auf den Weg — in die Eisenbahn! — Was? Keine Ursache? — Ich denke, bedeutende! Nicht der Rede wert? — Sie scherzen, Ihr Schuldner! — Wieso? — Ich verdanke Ihnen das Leben! — Um Himmels willen! — Ich übertreibe? Mich haben Sie, knisternd, aufgelockert[27]. Ein Sprung hinter Sie drein stellt mich in den Brennpunkt unerhörter Geschehnisse. Und mit der Fracht in der Brusttasche zahle ich alle Begünstigungen bar! *Mit einer nachlässigen Geste.* Verduften Sie jetzt, Sie sind bereits überboten und können bei beschränkten Mitteln — ziehen Sie sich Ihren Sohn zu Gemüte — auf keinen Zuschlag hoffen! *Er holt das Banknotenbündel aus der Tasche und klatscht es auf die Hand.* Ich zahle bar! Der Betrag ist flüssig gemacht — die Regulierung läuft dem Angebot voraus. Vorwärts, was bietet sich? *Er sieht in das Feld. Schnee. Schnee. Sonne. Stille. Er schüttelt den Kopf und steckt das Geld ein.* Es wäre eine schamlose Übervorteilung — mit dieser Summe blauen Schnee zu bezahlen. Ich mache das Geschäft nicht. Ich trete vor dem Abschluß zurück. Keine reelle Sache! *Die Arme aufwerfend.* Ich muß bezahlen!! — — Ich habe das Geld bar!! — — Wo ist Ware, die man mit dem vollen Einsatz kauft?! Mit sechzigtausend — und dem ganzen Käufer mit Haut und Knochen?! — — *Schreiend.* Ihr müßt mir doch liefern — — ihr müßt doch Wert und Gegenwert in Einklang bringen!!!

Sonne von Wolken verfinstert. Er steigt aus der Gabel.

Die Erde kreißt — Frühlingsstürme. Es macht sich, es macht sich. Ich wußte, daß ich nicht umsonst gerufen habe. Die Aufforderung war dringend. Das Chaos ist beleidigt, es will sich nicht vor meiner eingreifenden Tat am Vormittag blamieren. Ich wußte es ja, man darf in solchen Fällen nicht locker lassen. Hart auf den Leib rücken — und das Mäntelchen vom Leib, dann zeigt sich was! — Vor wem lüfte ich denn so höflich meinen Hut?

Sein Hut ist ihm entrissen. Der Orkan hat den Schnee von den Zweigen gepeitscht: Reste in der Krone haften und bauen ein menschliches Gerippe mit grinsenden Kiefern auf. Eine Knochenband hält den Hut.

Hast du die ganze Zeit hinter mir gesessen und mich belauscht? Bist du ein Abgesandter der Polizei?

[21]Experiences quickly gained assist me. [22]Thoroughly experienced in the ways of the world. [23]The job pulled off and away. [24]And the day only half over. [25]and so without much ado, out with your trumps. [26]No fooling — turn them over and there you are!

[27]With the rustle (of your expensive clothes) you have loosened me up.

Nicht in diesem lächerlich beschränkten Sinne. Umfassend: Polizei des Daseins? — Bist du die erschöpfende Antwort auf meine nachdrückliche Befragung? Willst du mit deiner einigermaßen reichlich durchlöcherten Existenz andeuten: das abschließende Ergebnis — deine Abgebranntheit[28]? — Das ist etwas dürftig. Sehr dürftig. Nämlich nichts! — Ich lehne die Auskunft als nicht lückenlos ab. Ich danke für die Bedienung. Schließen Sie Ihren Laden mit alten Knochen. Ich bin nicht der erste beste, der sich beschwatzen läßt! — Der Vorgang wäre ja ungeheuer einfach. Sie entheben der weiteren Verwickelungen. Aber ich schätze Komplikationen höher. Leben Sie wohl — wenn Sie das in Ihrer Verfassung können! — Ich habe noch einiges zu erledigen. Wenn man unterwegs ist, kann man nicht in jede Haustür eintreten. Auch auf die freundlichste Einladung nicht. Ich sehe bis zum Abend noch eine ganze Menge Verpflichtungen vor mir. Sie können unmöglich die erste sein. Vielleicht die letzte. Aber auch dann nur notgedrungen. Vergnügen machte es mir nicht. Aber, wie gesagt, notgedrungen — darüber läßt sich reden. Rufen Sie mich gegen Mitternacht nochmals an. Wechselnde Telephonnummer beim Amt zu erfragen! — Verzeihung, ich rede dich mit Sie an. Wir stehen doch wohl auf du und du. Die Verwandtschaft bezeugt sich innigst. Ich glaube sogar, du steckst in mir drin. Also winde dich aus dem Astwerk los, das dich von allen Seiten durchsticht, und rutsche in mich hinein. Ich hinterlasse in meiner zweideutigen Lage nicht gern Spuren. Vorher gib mir meinen Hut wieder! *Er nimmt den Hut vom Ast, den der Sturm ihm jetzt entgegenbiegt — verbeugt sich.* Ich sehe, wir haben bis zu einem annehmbaren Grade eine Verständigung erzielt. Das ist ein Anfang, der Vertrauen einflößt und im Wirbel kommender großartiger Ereignisse den nötigen Rückhalt schafft. Ich weiß das unbedingt zu würdigen. Mit vorzüglicher Hochachtung[29] — —

Donner rollt. Ein letzter Windstoß fegt auch das Gebilde aus dem Baum. Sonne bricht durch. Es ist hell wie zu Anfang.

Ich sagte doch gleich, daß die Erscheinung nur vorübergehend war!

Er drückt den Hut in die Stirn, schlägt den Mantelkragen hoch und trabt durch den stäubenden Schnee weg.

[28]your being broke (your poverty).   [29]Very truly yours —

ZWEITER TEIL

Stube bei Kassierer. Fenster mit abgeblühten Geranien. Zwei Türen hinten, Tür rechts. Tisch und Stühle. Klavier.
Mutter sitzt am Fenster. Erste Tochter stickt am Tisch. Zweite Tochter übt die Tannhäuser-Ouvertüre. Frau geht durch die Tür rechts hinten ein und aus.

MUTTER. Was spielst du jetzt?
ERSTE TOCHTER. Es ist doch die Tannhäuser-Ouvertüre.
MUTTER. Die Weiße Dame[30] ist auch sehr schön —
ERSTE TOCHTER. Die hat sie diese Woche nicht abonniert.[31]
FRAU *kommt.* Es ist Zeit, daß ich die Koteletts brate.
ERSTE TOCHTER. Lange noch nicht, Mutter.
FRAU. Nein, es ist noch nicht Zeit, daß ich die Koteletts brate. *Ab.*
MUTTER. Was stickst du jetzt?
ERSTE TOCHTER. Die Langetten[32].
FRAU *kommt zur Mutter.* Wir haben heute Koteletts.
MUTTER. Bratest du sie jetzt?
FRAU. Es hat noch Zeit. Es ist ja noch nicht Mittag.
ERSTE TOCHTER. Es ist ja noch lange nicht Mittag.
MUTTER. Wenn er kommt, ist es Mittag.
FRAU. Er kommt noch nicht.
ERSTE TOCHTER. Wenn Vater kommt, ist es Mittag.
FRAU. Ja. *Ab.*
ZWEITE TOCHTER *aufhörend, lauschend.* Vater?
ERSTE TOCHTER *ebenso.* Vater?
Frau *kommt.* Mein Mann?
MUTTER. Mein Sohn?
ZWEITE TOCHTER *öffnet rechts.* Vater!
ERSTE TOCHTER *ist aufgestanden.* Vater!
FRAU. Der Mann!
MUTTER. Der Sohn!
KASSIERER *tritt rechts ein, hängt Hut und Mantel auf.*
FRAU. Woher kommst du?
KASSIERER. Vom Friedhof.

[30]Name of an operetta   [31]That's not what she subscribed to this week. (I.e., she gets sheet music by subscription, with different music sent each week.)   [32]The scalloped edging.

MUTTER. Ist jemand plötzlich gestorben?

KASSIERER *klopft ihr auf den Rücken*. Man kann wohl plötzlich sterben, aber nicht plötzlich begraben werden.

FRAU. Woher kommst du?

KASSIERER. Aus dem Grabe. Ich habe meine Stirn durch Schollen gebohrt. Hier hängt noch Eis. Es hat besondere Anstrengungen gekostet, um durchzukommen. Ganz besondere Anstrengungen. Ich habe mir die Finger etwas beschmutzt. Man muß lange Finger machen, um hinauszugreifen[33]. Man liegt tief gebettet[34]. So ein Leben lang schaufelt mächtig[35]. Berge sind auf einen getürmt. Schutt, Müll — es ist ein riesiger Abladeplatz. Die Gestorbenen liegen ihre drei Meter abgezählt unter der Oberfläche — die Lebenden verschüttet es immer tiefer.

FRAU. Du bist eingefroren — oben und unten.

KASSIERER. Aufgetaut! Von Stürmen — frühlinghaft — geschüttelt. Es rauschte und brauste — ich sage dir, es hieb mir das Fleisch herunter, und mein Gebein saß nackt. Knochen — gebleicht in Minuten. Schädelstätte! Zuletzt schmolz mich die Sonne wieder zusammen. Dermaßen von Grund auf geschah die Erneuerung[36]. Da habt ihr mich.

MUTTER. Du bist im Freien gewesen?

KASSIERER. In scheußlichen Verliesen, Mutter! Unter abgrundsteilen Türmen bodenlos verhaftet[37]. Klirrende Ketten betäubten das Gehör. Von Finsternis meine Augen ausgestochen!

FRAU. Die Bank ist geschlossen. Der Direktor hat mich euch getrunken. Es ist ein freudiges Ereignis in seiner Familie?

KASSIERER. Er hat eine neue Mätresse auf dem Korn[38]. Italienerin — Pelz — Seide — wo die Orangen blühen. Handgelenke wie geschliffen[39]. Schwarzhaarig — der Teint ist dunkel. Brillanten. Echt — alles echt. Tos — Tos — der Schluß klingt wie Kanaan[40]. Hol' einen Atlas. Tos — Kanaan. Gibt es das? Ist es eine Insel? Ein Gebirge? Ein Sumpf? Die Geographie kann über alles Auskunft geben! Aber er wird sich schneiden[41]. Glatt abfallen — abgebürstet werden wie ein Flocken[42].

Da liegt er — zappelt auf dem Teppich — Beine kerzengerade in die Luft — das kugelfette Direktorchen!

FRAU. Die Bank hat nicht geschlossen?

KASSIERER. Niemals, Frau. Die Kerker schließen sich niemals. Der Zuzug hat kein Ende. Die ewige Wallfahrt ist unbegrenzt. Wie Hammelherden hopsen sie hinein — in die Fleischbank. Das Gewühl ist dicht. Kein Entrinnen — oder mit keckem Satz über den Rücken[43]!

MUTTER. Dein Mantel ist auf dem Rücken zerrissen.

KASSIERER. Betrachtet meinen Hut. Ein Landstreicher!

ZWEITE TOCHTER. Das Futter ist zerfetzt.

KASSIERER. Greift in die Taschen — rechts — links!

ERSTE TOCHTER *zieht eine Manschette hervor*.

ZWEITE TOCHTER *ebenso*.

KASSIERER. Befund?

BEIDE TÖCHTER. Deine Manschetten.

KASSIERER. Ohne Knöpfe. Die Knöpfe habe ich hier. Triumph der Kaltblütigkeit! — — Paletot — Hut — ja, es geht ohne Fetzen nicht ab, wenn man über die Rücken setzt[44]. Sie fassen nach einem — sie krallen Nägel ein! Hürden und Schranken — Ordnung muß herrschen. Gleichheit für alle. Aber ein tüchtiger Sprung — nicht gefackelt — und du bist aus dem Pferch — aus dem Göpelwerk[45]. Ein Gewaltstreich, und hier stehe ich! Hinter mir nichts — und vor mir? *Er sieht sich im Zimmer um.*

FRAU *starrt ihn an*.

MUTTER *halblaut*. Er ist krank.

FRAU *mit raschem Entschluß zur Tür rechts*.

KASSIERER *hält sie auf. Zu einer Tochter*. Hol' meine Jacke. *Tochter links hinten hinein, mit verschnürter Samtjacke zurück. Er zieht sie an.* Meine Pantoffeln. *Die andere Tochter bringt sie.* Mein Käppchen. *Tochter kommt mit gestickter Kappe.* Meine Pfeife.

MUTTER. Du sollst nicht rauchen, wenn du schon —

FRAU *beschwichtigt sie hastig*. — Soll ich dir anstecken?

KASSIERER *fertig häuslich gekleidet — nimmt am Tisch eine bequeme Haltung an*. Steck' an.

FRAU *immer sorgenvoll eifrig um ihn bemüht*. Zieht sie?

---

[33]I've dirtied my fingers a bit. You have to "make long fingers" (= to steal) to work your way out. [34]You are buried deep. [35]Such a life dumps a lot of dirt on you. [36]I've been renewed from the toes up. [37]Caught in bottomless pits beneath monstrous towers. [38]He has his eye on a new mistress. [39]Wrists like polished ivory. [40]He is trying to remember the name *Toskana* (Tuscany). *Kanaan* = Canaan, in the Old Testament. [41]But he'll burn his fingers. [42]He'll fall flat (on his face) — be brushed off like a speck of dirt.

[43]There is no escape — unless you jump over their backs with a bold leap. [44]When you jump over their backs. [45]out of the entanglement.

KASSIERER *mit der Pfeife beschäftigt.* Ich werde sie zur gründlichen Reinigung schicken müssen. Im Rohr sind wahrscheinlich Ansammlungen von unverbrauchten Tabakresten. Der Zug ist nicht frei von inneren Widerständen. Ich muß mehr, als eigentlich notwendig sein sollte, ziehen.

FRAU. Soll ich sie gleich forttragen?

KASSIERER. Nein, geblieben. *Mächtige Rauchwolken ausstoßend* Annehmbar[46]. *Zur Zweiten Tochter* Spiel'.

ZWEITE TOCHTER *auf das Zeichen der Frau setzt sich ans Klavier und spielt.*

KASSIERER. Was ist das für ein Stück?

ZWEITE TOCHTER *atemlos.* Wagner.

KASSIERER *nickt zustimmend. Zur Ersten Tochter.* Nähst — flickst — stopfst du?

ERSTE TOCHTER *sich rasch hinsetzend.* Ich sticke Langetten.

KASSIERER. Praktisch. — Und Mutterchen, du?

MUTTER *von der allgemeinen Angst angesteckt.* Ich nickte ein bißchen vor mich hin.

KASSIERER. Friedvoll.

MUTTER. Ja, mein Leben ist Frieden geworden.

KASSIERER *zur Frau.* Du?

FRAU. Ich will die Koteletts braten.

KASSIERER *nickt.* Die Küche.

FRAU. Ich brate dir deins jetzt.

KASSIERER *wie vorher.* Die Küche.

FRAU *ab.*

KASSIERER *zur Ersten Tochter.* Sperre die Türen auf.

ERSTE TOCHTER *stößt die Türen hinten zurück: rechts ist in der Küche die Frau am Herd beschäftigt, links die Schlafkammer mit den beiden Betten.*

FRAU *in der Tür.* Ist dir sehr warm? *Wieder am Herd.*

KASSIERER *herumblickend.* Alte Mutter am Fenster. Töchter am Tisch stickend — Wagner spielend. Frau die Küche besorgend. Von vier Wänden umbaut — Familienleben. Hübsche Gemütlichkeit des Zusammenseins. Mutter — Sohn — Kind versammelt sind. Vertraulicher Zauber. Er spinnt ein. Stube mit Tisch und Hängelampe. Klavier rechts. Kachelofen. Küche, tägliche Nahrung. Morgens Kaffee, mittags Koteletts. Schlafkammer — Betten, hinein — hinaus. Vertraulicher Zauber. Zuletzt — auf dem Rücken — steif und weiß. Der Tisch wird hier an die Wand gerückt — ein gelber Sarg streckt sich schräg, Beschläge abschraubbar — um die Lampe etwas Flor — ein Jahr wird nicht das Klavier gespielt — — —

[46]It will do.

ZWEITE TOCHTER *hört auf und läuft schluchzend in die Küche.*

FRAU *auf der Schwelle, fliegend.* Sie übt noch an dem neuen Stück.

MUTTER. Warum abonniert sie nicht auf die Weiße Dame?

KASSIERER *verlöscht die Pfeife. Er beginnt sich wieder umzukleiden.*

FRAU. Gehst du in die Bank? Du hattest einen Geschäftsweg?

KASSIERER. In die Bank — Geschäftsweg — nein.

FRAU. Wohin willst du jetzt?

KASSIERER. Schwerste Frage, Frau. Ich bin von wehenden Bäumen niedergeklettert, um eine Antwort aufzusuchen. Hier sprach ich zuerst vor. Es war doch selbstverständlich. Es ist ja alles wunderschön — unstreitbare Vorzüge verkleinere ich nicht, aber vor letzten Prüfungen besteht es nicht. Hier liegt es nicht — damit ist der Weg angezeigt. Ich erhalte ein klares Nein. *Er hat seinen früheren Anzug vollendet.*

FRAU *zerrissen.* Mann, wie entstellt siehst du aus?

KASSIERER. Landstreicher. Ich sagte es ja. Scheltet nicht! Besser ein verwahrloster Wanderer auf der Straße — als Straßen leer von Wanderern!

FRAU. Wir essen jetzt zu Mittag.

KASSIERER. Koteletts, ich rieche sie.

MUTTER. Vor dem Mittagessen willst du —?

KASSIERER. Ein voller Magen macht schläfrig.

MUTTER *fuchtelt plötzlich mit den Armen durch die Luft, fällt zurück.*

ERSTE TOCHTER. Die Großmutter —

ZWEITE TOCHTER *aus der Küche.* Großmutter —

Beide sinken an ihren Knien nieder.

FRAU *steht steif.*

KASSIERER *tritt zum Sessel.* Daran stirbt sie, weil einer einmal vor dem Mittagessen weggeht. *Er betrachtet die Tote.* Schmerz? Trübsal? Tränengüsse, verschwemmend? Sind die Bande so eng geknüpft — daß, wenn sie zerrissen, im geballten Leid es sich erfüllt? Mutter — Sohn? *Er holt die Scheine aus der Tasche und wägt sie auf der Hand — schüttelt den Kopf und steckt sie wieder ein.* Keine vollständige Lähmung im Schmerz — kein Erfülltsein bis in die Augen. Augen trocken — Gedanken arbeiten weiter. Ich muß mich eilen, wenn ich zu gültigen Resultaten vorstoßen will! *Er legt sein abgegriffenes Portemonnaie auf den Tisch.*

Sorgt[47]. Es ist ehrlich erworbenes Gehalt. Die Erklärung kann von Wichtigkeit werden. Sorgt. *Er geht rechts hinaus.*

FRAU *steht unbeweglich.*

DIREKTOR *durch die offene Tür rechts.* Ist Ihr Mann zu Hause? — Ist Ihr Mann hierher gekommen? — Ich habe Ihnen leider die betrübende Mitteilung zu machen, daß er sich an der Kasse vergriffen hat. Wir haben seine Verfehlung schon seit einigen Stunden entdeckt. Es handelt sich um die Summe von sechzigtausend Mark, die der Bauverein deponierte. Die Anzeige habe ich in der Hoffnung noch zurückgehalten, daß er sich besinnen würde. — Dies ist mein letzter Versuch. Ich bin persönlich gekommen. — Ihr Mann ist nicht hier gewesen? *Er sieht sich um, gewahrt Jacke, Pfeife usw., alle offenen Türen.* Dem Anschein nach — *Seine Blicke haften auf der Gruppe am Fenster, nickt.* Ich sehe, die Dinge sind schon in ein vorgerücktes Stadium getreten. Dann allerdings — *Er zuckt die Achseln, setzt den Hut auf.* Es bleibt ein aufrichtiges, privates Bedauern, an dem es nicht fehlt — sonst die Konsequenzen[48]. *Ab.*

BEIDE TÖCHTER *nähern sich der Frau.* Mutter —

FRAU *ausbrechend.* Kreischt mir nicht in die Ohren. Glotzt mich nicht an. Was wollt ihr von mir? Wer seid ihr? Fratzen — Affengesichter — was geht ihr mich an? *Über den Tisch geworfen.* Mich hat mein Mann verlassen!!

BEIDE TÖCHTER *scheu — halten sich an den Händen.*

Sportpalast. Sechstagerennen[49]*. Bogenlampenlicht. Im Dunstraum rohgezimmerte freischwebende Holzbrücke. Die jüdischen Herren als Kampfrichter kommen und gehen. Alle sind ununterscheidbar: kleine bewegliche Gestalten, in Smoking, stumpfen Seidenhut im Nacken, am Riemen das Binokel. Rollendes Getöse von Rädern über Bohlen. Pfeifen, Heulen, Meckern geballter Zuschauermenge aus Höhe und Tiefe. Musikkapellen.*

EIN HERR *kommend.* Ist alles vorbereitet?

EIN Herr. Sehen Sie doch.

EIN HERR *durchs Glas.* Die Blattpflanzen —

EIN HERR. Was ist mit den Blattpflanzen?

EIN HERR. Zweifellos.

EIN HERR. Was ist denn mit den Blattpflanzen?

EIN HERR. Wer hat denn das Arrangement gestellt?

EIN HERR. Sie haben recht.

EIN HERR. Das ist ja irrsinnig.

EIN HERR. Hat sich denn niemand um die Aufstellung gekümmert?

EIN HERR. Einfach lächerlich.

EIN HERR. Der Betreffende muß selbst blind sein[50].

EIN HERR. Oder schlafen.

EIN HERR. Das ist die einzig annehmbare Erklärung bei dieser Veranstaltung.

EIN HERR. Was reden Sie — schlafen? Wir fahren doch erst in der vierten Nacht.

EIN HERR. Die Kübel müssen mehr auf die Seite gerückt werden.

EIN HERR. Gehen Sie?

EIN HERR. Ganz an die Wände.

EIN HERR. Der Überblick muß frei auf die ganze Bahn sein.

EIN HERR. Die Loge muß offen liegen.

EIN HERR. Ich gehe mit.

Alle ab.

EIN HERR *kommt, feuert einen Pistolenschuß. Ab.* ZWEI HERREN *kommen mit einem rotlackierten Megaphon.*

DER EINE HERR. Wie hoch ist die Prämie[51]?

DER ANDERE HERR. Achtzig Mark. Dem ersten fünfzig. Dem zweiten dreißig.

DER EINE HERR. Drei Runden. Mehr nicht. Wir erschöpfen die Fahrer.

DER ANDERE HERR *spricht durch das Megaphon.* Eine Preisstiftung von achtzig Mark aus der Bar sofort auszufahren über drei Runden: dem ersten fünfzig Mark — dem zweiten dreißig Mark.

Händeklatschen.

MEHRERE HERREN *kommen, einer mit einer roten Fahne.*

EIN HERR. Geben Sie den Start.

EIN HERR. Noch nicht, Nummer sieben wechselt die Mannschaft.

EIN HERR. Start.

EIN HERR *senkt die rote Fahne.*

Anwachsender Lärm. Dann Händeklatschen und Pfeifen.

EIN HERR. Die Schwachen müssen auch mal gewinnen.

EIN HERR. Es ist gut, daß die Großen sich zurückhalten.

---

[47]Use it. [48]the rest must take its course. [49]Six-day bicycle race.

[50]The person in question (who made the arrangement) must be blind as a bat. [51]How much is the prize?

EIN HERR. Die Nacht wird ihnen noch zu schaffen machen.

EIN HERR. Die Aufregung unter den Fahrern ist ungeheuer.

EIN HERR. Es läßt sich denken.

EIN HERR. Passen Sie auf, diese Nacht fällt die Entscheidung.

EIN HERR *achselzuckend.* Die Amerikaner sind noch frisch.

EIN HERR. Unsere Deutschen werden ihnen schon auf den Zahn fühlen[52].

EIN HERR. Jedenfalls hätte sich dann der Besuch gelohnt.

EIN HERR *durchs Glas.* Jetzt ist die Loge klar.

Alle bis auf den Herrn mit den Megaphon ab.

EIN HERR *mit einem Zettel.* Das Resultat.

DER HERR *durchs Megaphon.* Prämie aus der Bar: fünfzig Mark für Nummer elf, dreißig Mark für Nummer vier.

Musiktusch. Pfeifen und Klatschen. Die Brücke ist leer.
Ein Herr kommt mit Kassierer. Kassierer im Frack, Frackumhang, Zylinder, Glacés; Bart ist spitz zugestutzt; Haar tief gescheitelt.

KASSIERER. Erklären Sie mir den Sinn —

DER HERR. Ich stelle Sie vor.

KASSIERER. Mein Name tut nichts zur Sache.

DER HERR. Sie haben ein Recht, daß ich Sie mit dem Präsidium[53] bekannt mache.

KASSIERER. Ich bleibe inkognito.

DER HERR. Sie sind ein Freund unsres Sports.

KASSIERER. Ich verstehe nicht das mindeste davon. Was machen die Kerle da unten? Ich sehe einen Kreis und die bunte Schlangenlinie. Manchmal mischt sich ein anderer ein und ein anderer hört auf. Warum?

DER HERR. Die Fahrer liegen paarweise im Rennen. Während ein Partner fährt —

KASSIERER. Schläft sich der andere Bengel aus?

DER HERR. Er wird massiert.

KASSIERER. Und das nennen Sie Sechstagerennen?

DER HERR. Wieso?

KASSIERER. Ebenso könnte es Sechstageschlafen heißen. Geschlafen wird ja fortwährend von einem Partner.

EIN HERR *kommt.* Die Brücke ist nur für die Leitung des Rennens erlaubt.

DER ERSTE HERR. Eine Stiftung von tausend Mark dieses Herrn.

DER ANDERE HERR. Gestatten Sie mir, daß ich mich vorstelle.

KASSIERER. Keineswegs.

DER ERSTE HERR. Der Herr wünscht sein Inkognito zu wahren.

KASSIERER. Undurchsichtig.

DER ERSTE HERR. Ich habe Erklärungen gegeben.

KASSIERER. Ja, finden Sie es nicht komisch?

DER ZWEITE HERR. Inwiefern?

KASSIERER. Dies Sechstageschlafen.

DER ZWEITE HERR. Also tausend Mark über wieviel Runden?

KASSIERER. Nach Belieben.

DER ZWEITE HERR. Wieviel dem ersten?

KASSIERER. Nach Belieben.

DER ZWEITE HERR. Achthundert und zweihundert. *Durchs Megaphon.* Preisstiftung eines ungenannt bleiben wollenden Herrn über zehn Runden sofort auszufahren: dem ersten achthundert — dem zweiten zweihundert. Zusammen tausend Mark.

Gewaltiger Lärm.

DER ERSTE HERR. Dann sagen Sie mir, wenn die Veranstaltung für Sie nur Gegenstand der Ironie ist, weshalb machen Sie eine Preisstiftung in der Höhe von tausend Mark?

KASSIERER. Weil die Wirkung fabelhaft ist.

DER ERSTE HERR. Auf das Tempo der Fahrer?

KASSIERER. Unsinn.

EIN HERR *kommend.* Sind Sie der Herr, der tausend Mark stiftet?

KASSIERER. In Gold.

DER HERR. Das würde zu lange aufhalten.

KASSIERER. Das Aufzählen? Sehen Sie zu. *Er holt eine Rolle heraus, reißt sie auf, schüttet den Inhalt auf die Hand, prüft die leere Papierhülse, schleudert sie weg und zählt behende die klimpernden Goldstücke in seine Handhöhle.* Außerdem erleichtere ich meine Taschen.

DER HERR. Mein Herr, Sie sind ein Fachmann in dieser Angelegenheit.

KASSIERER. Ein Detail, mein Herr. *Er übergibt den Betrag.* Nehmen Sie an.

DER HERR. Dankend erhalten.

KASSIERER. Nur ordnungsmäßig.

EIN HERR *kommend.* Wo ist der Herr? Gestatten Sie —

---

[52]Our Germans will sound them out, find out how good they are.   [53]management.

KASSIERER. Nichts.

EIN HERR *mit der roten Fahne.* Den Start gebe ich.

EIN HERR. Jetzt werden die Großen ins Zeug gehen.

EIN HERR. Die Flieger liegen sämtlich im Rennen.

DER HERR *die Fahne schwingend.* Der Start. *Er senkt die Fahne.*

Heulendes Getöse entsteht.

KASSIERER *zwei Herren im Nacken packend und ihre Köpfe nach hinten biegend.* Jetzt will ich Ihnen die Antwort auf Ihre Frage geben. Hinaufgeschaut!

EIN HERR. Verfolgen Sie doch die wechselnden Phasen des Kampfes unten auf der Bahn.

KASSIERER. Kindisch. Einer muß der erste werden, weil die andern schlechter fahren. — Oben entblößt sich der Zauber. In dreifach übereinandergelegten Ringen — vollgepfropft mit Zuschauern — tobt Wirkung. Im ersten Rang — anscheinend das bessere Publikum tut sich noch Zwang an. Nur Blicke, aber weit — rund — stierend. Höher schon Leiber in Bewegung. Schon Ausrufe. Mittlerer Rang! — Ganz oben fallen die letzten Hüllen. Fanatisiertes Geschrei. Brüllende Nacktheit. Die Galerie der Leidenschaft! — Sehen Sie doch: die Gruppe. Fünffach verschränkt. Fünf Köpfe auf einer Schulter. Um eine heulende Brust gespreizt fünf Armpaare. Einer ist der Kern. Er wird erdrückt — hinausgeschoben — da purzelt sein steifer Hut — im Dunst träge sinkend — zum mittleren Rang nieder. Einer Dame auf den Busen. Sie kapiert es nicht. Da ruht er köstlich. Köstlich. Sie wird den Hut nie bemerken, sie geht mit ihm zu Bett, zeitlebenslang trägt sie den steifen Hut auf ihrem Busen!

DER HERR. Der Belgier setzt zum Spurt an.

KASSIERER. Der mitlere Rang kommt ins Heulen. Der Hut hat die Verbindung geschlossen. Die Dame hat ihn gegen die Brüstung zertrümmert. Ihr Busen entwickelt breite Schwielen. Schöne Dame, du mußt hier an die Brüstung und deine Büste brandmarken. Du mußt unweigerlich. Es ist sinnlos, sich zu sträuben. Mitten im Knäuel verkrallt wirst du an die Wand gepreßt und mußt hergeben, was du bist. Was du bist — ohne Winseln!

DER HERR. Kennen Sie die Dame?

KASSIERER. Sehen Sie jetzt: oben die fünf drängen ihren Kern über die Barriere — er schwebt frei — er stürzt — da — in den ersten Rang segelt er

hinein. Wo ist er? Wo erstickt er? Ausgelöscht — spurlos vergraben. Interesselos. Ein Zuschauer — ein Zufallender — ein Zufall, nicht mehr unter Abertausenden!

EIN HERR. Der Deutsche rückt auf.

KASSIERER. Der erste Rang rast. Der Kerl hat den Kontakt geschaffen. Die Beherrschung ist zum Teufel. Die Fräcke beben. Die Hemden reißen. Knöpfe prasseln in alle Richtungen. Bärte verschoben von zersprengten Lippen, Gebisse klappern. Ein Heulen aus allen Ringen — unterschiedlos. Unterschiedlos. Das ist erreicht!

DER HERR *sich umwendend.* Der Deutsche hat's. Was sagen Sie nun?

KASSIERER. Albernes Zeug.

Furchtbarer Lärm. Händelklatschen.

EIN HERR. Fabelhafter Spurt.

KASSIERER. Fabelhafter Blödsinn.

EIN HERR. Wir stellen das Resultat im Büro fest.

Alle ab.

KASSIERER *jenen Herrn festhaltend.* Haben Sie noch einen Zweifel?

DER HERR. Die Deutschen machen das Rennen.

KASSIERER. In zweiter Linie das, wenn Sie wollen. *Hinaufweisend.* Das ist es, das ist als Tatsache erdrückend. Das ist letzte Ballung des Tatsächlichen. Hier schwingt es sich zu seiner schwindelhaften Leistung auf. Vom ersten Rang bis in die Galerie Verschmelzung. Aus siedender Auflösung des einzelnen geballt der Kern: Leidenschaft! Beherrschungen — Unterschiede rinnen ab. Verkleidungen von Nacktheit gestreift: Leidenschaft! — Hier vorzustoßen ist Erlebnis. Türen — Tore verschweben zu Dunst. Posaunen schmettern und Mauern kieseln. Kein Widerstreben — keine Keuschheit — keine Mütterlichkeit — keine Kindschaft: Leidenschaft! Das ist es. Das ist es. Das lohnt den Griff — das bringt auf breitem Präsentierbrett den Gewinn geschichtet!

EIN HERR *kommend.* Die Sanitätskolonne funktioniert tadellos.

KASSIERER. Ist der Kerl stürzend zermahlen?

EIN HERR. Zertreten.

KASSIERER. Es geht nicht ohne Tote ab, wo andre fiebernd leben.

EIN HERR *durchs Megaphon.* Resultat der Preisstiftung des ungenannt bleibenden Herrn: achthundert Mark gewonnen von Nummer zwei — zweihundert Mark von Nummer eins.

Wahnsinniger Beifall. Tusch.

EIN HERR. Die Mannschaften sind erschöpft.

EIN HERR. Das Tempo fällt zusehends ab.

EIN HERR. Wir müssen die Manager für Ruhe im Felde sorgen lassen.

KASSIERER. Eine neue Stiftung!

EIN HERR. Später, mein Herr.

KASSIERER. Keine Unterbrechung in dieser Situation.

EIN HERR. Die Situation wird für die Fahrer gefährlich.

KASSIERER. Ärgern Sie mich nicht mit den Bengels. Das Publikum kocht in Erregungen. Das muß ausgenutzt werden. Der Brand soll eine nie erlebte Steigerung erfahren. Fünfzigtausend Mark.

EIN HERR. Wahrhaftig?

EIN HERR. Wieviel?

KASSIERER. Ich setze alles dran.

EIN HERR. Das ist eine unerhörte Preisstiftung.

KASSIERER. Unerhört soll die Wirkung sein. Alarmieren Sie die Sanitätskolonnen in allen Ringen.

EIN HERR. Wir akzeptieren die Stiftung. Wir werden sie bei besetzter Loge ausfahren lassen.

EIN HERR. Prachtvoll.

EIN HERR. Großartig.

EIN HERR. Durchaus lohnender Besuch.

KASSIERER. Was heißt das: bei besetzter Loge?

EIN HERR. Wir beraten die Bedingungen im Büro. Dreißigtausend dem ersten, fünfzehntausend dem zweiten — fünftausend dem dritten.

EIN HERR. Das Feld wird in dieser Nacht gesprengt.

EIN HERR. Damit ist das Rennen so gut wie aus.

EIN HERR. Jedenfalls: bei besetzter Loge.

Alle ab.
Mädchen der Heilsarmee kommt. — Gelächter der Zuschauer. Pfiffe. Rufe.

MÄDCHEN *anbietend.* Der Kriegsruf[54] — zehn Pfennig, mein Herr.

KASSIERER. Andermal.

MÄDCHEN. Der Kriegsruf, mein Herr.

KASSIERER. Was verhökern Sie da für ein Kümmelblättchen[55]?

MÄDCHEN. Der Kriegsruf, mein Herr.

KASSIERER. Sie treten verspätet auf. Hier ist die Schlacht in vollem Betrieb.

MÄDCHEN *mit der Blechbüchse.* Zehn Pfennig, mein Herr.

KASSIERER. Für zehn Pfennig wollen Sie Krieg entfachen?

MÄDCHEN. Zehn Pfennig, mein Herr.

KASSIERER. Ich bezahle hier Kriegskosten mit fünfzigtausend.

MÄDCHEN. Zehn Pfennig.

KASSIERER. Lumpiges Handgemenge. Ich subventioniere nur Höchstleistungen[56].

MÄDCHEN. Zehn Pfennig.

KASSIERER. Ich trage nur Gold bei mir.

MÄDCHEN. Zehn Pfennig.

KASSIERER. Gold —

MÄDCHEN. Zehn —

KASSIERER *brüllt sie durchs Megaphon an.* Gold — Gold — Gold!

MÄDCHEN *ab.*

Wieherndes Gelächter der Zuschauer. Händeklatschen. Viele Herren kommen.

EIN HERR. Wollen Sie selbst Ihre Stiftung bekanntgeben?

KASSIERER. Ich bleibe im undeutlichen Hintergrund. *Er gibt ihm das Megaphon.* Jetzt sprechen Sie. Jetzt teilen Sie die letzte Erschütterung aus[57].

EIN HERR *durch Megaphon.* Eine neue Preisstiftung desselben ungenannt bleiben wollenden Herrn.

Bravorufe.

Gesamtsumme fünfzigtausend Mark.

Betäubendes Schreien.

Fünftausend Mark dem dritten.

Schreien.

Fünfzehntausend Mark dem zweiten.

Gesteigertes Schreien.

Dem ersten dreißigtausend Mark.

Ekstase.

KASSIERER *beiseite stehend, kopfnickend.* Das wird es. Daher sträubt es sich empor. Das sind

---

[54]*The War Cry* (name of the Salvation Army magazine).
[55]What trashy literature are you trying to sell?

[56]That's a cheap scuffle. I support only record performances. [57]Now deal out the final commotion.

Erfüllungen. Heulendes Wehen vom Frühlings-
orkan. Wogender Menschheitsstrom. Entkettet
— frei. Vorhänge hoch — Vorwände nieder[58].
Menschheit. Freie Menschheit. Hoch und tief —
Mensch. Keine Ringe — keine Schichten — keine
Klassen. Ins Unendliche schweifende Entlassenheit
aus Fron und Lohn in Leidenschaft. Rein nicht —
doch frei! — Das wird der Erlös für meine Keck-
heit. *Er zieht das Bündel Scheine hervor.* Gern
gegeben — anstandslos beglichen!

*Plötzlich lautlose Stille. Nationalhymne. Die Herren
haben die Seidenhüte gezogen und stehen verneigt.*

EIN HERR *tritt zum Kassierer.* Händigen Sie mir
den Betrag ein, um die Stiftung jetzt sofort ausfahren zu lassen.

KASSIERER. Was bedeutet das?

DER HERR. Was, mein Herr?

KASSIERER. Dieses jähe, unvermittelte Schweigen
oben und unten?

DER HERR. Durchaus nicht unvermittelt: Seine
Hoheit sind in die Loge getreten.

KASSIERER. Seine Hoheit — in die Loge — —

DER HERR. Um so günstiger kommt uns Ihre
bedeutende Stiftung.

KASSIERER. Ich denke nicht daran, mein Geld zu
vergeuden[59]!

DER HERR. Was heißt das?

KASSIERER. Daß es mir für die Fütterung von
krummen Buckeln zu teuer ist!

DER HERR. Erklären Sie mir —

KASSIERER. Dieser eben noch lodernde Brand
ausgetreten von einem Lackstiefel am Bein Seiner
Hoheit. Sind Sie toll, mich für so verrückt zu
halten, daß ich zehn Pfennig vor Hundeschnauzen
werfe? Auch das wäre noch zu viel. Ein Fußtritt
gegen den eingeklemmten Schweif, das ist die ge-
botene Stiftung!

DER HERR. Die Stiftung ist angekündigt. Seine
Hoheit warten in der Loge. Das Publikum verharrt ehrfürchtig. Was soll das heißen?

KASSIERER. Wenn Sie es denn nicht aus meinen
Worten begreifen — dann werden Sie die nötige
Einsicht gewinnen, indem ich Ihnen mit einem
Schlage ein einwandfreies Bekenntnis meinerseits
beibringe! *Er treibt ihm den Seidenhut auf die
Schultern. Ab.*

*Noch Hymne. Schweigen. Verbeugtsein auf der
Brücke.*

*Ballhaus. Sonderzimmer. Noch dunkel. Gedämpft:
Orchester mit Tanzrhythmen.*

KELLNER *öffnet die Tür, dreht rotes Licht an.*

KASSIERER *Frack, Umhang, Schal, Bambusrohr
mit Goldknopf.*

KELLNER. Gefällig?

KASSIERER. Ganz.

KELLNER *nimmt Umhang in Empfang.*

KASSIERER *vorm Spiegel.*

KELLNER. Wieviel Gedecke belieben[60]?

KASSIERER. Vierundzwanzig. Ich erwarte meine
Großmama, meine Mama, meine Frau und weitere
Tanten. Ich feiere die Konfirmation meiner Toch-
ter.

KELLNER *staunend.*

KASSIERER *zu ihm im Spiegel.* Esel. Zwei! Oder
wozu polstern Sie diese diskret illuminierten Kojen?

KELLNER. Welche Marke bevorzugen der Herr?

KASSIERER. Gesalbter Kuppler. Das überlassen
Sie mir, mein Bester, welche Blume ich mir auf
dem Parkett pflücke[61], Knospe oder Rose — kurz
oder schlank. Ich will Ihre unschätzbaren Dienste
nicht übermäßig anspannen. Unschätzbar — oder
führen Sie auch darüber feste Tarife?

KELLNER. Die Sektmarke des Herrn?

KASSIERER *räuspert.* Grand Marnier.

KELLNER. Das ist Kognak nach dem Sekt.

KASSIERER. Also — darin richte ich mich ent-
gegenkommend nach Ihnen.

KELLNER. Zwei Flaschen Pommery. Dry?

KASSIERER. Zwei, wie Sie sagten[62].

KELLNER. Extra dry?

KASSIERER. Zwei decken den anfänglichen Bedarf. Oder für diskrete Bedienung drei Flaschen
extra? Gewährt.

KELLNER *mit der Karte.* Das Souper?

KASSIERER. Spitzen[63], Spitzen.

KELLNER. Oeufs pochés Bergère? Poulet grillé?
Steak de veau truffé? Parfait de foie gras encroûte?
Salade cœur de laitue[64]?

KASSIERER. Spitzen — von Anfang bis zu Ende
nur Spitzen.

---

[58]There we have it. (That's the ticket.) That's what
makes them tick. Here is fulfillment. The roar of a
spring gale. The breaking wave of a human tide. All
bonds are burst. Up with the curtain, down with the
pretenses. [59]I wouldn't dream of wasting my money.

[60]How many settings (at the table) do you want?
[61]You oily pimp. Leave it to me to decide which
flower to pluck on the dance floor. [62]The Kassierer
misunderstands *dry* (i.e., dry champagne) as *drei.*
[63]The best, the very best. [64]Poached eggs? Grilled
chicken? Veal steak with truffles? Goose liver in a
crust? Heart of lettuce salad? (All this is in French —
of which the Kassierer understands not a word.)

KELLNER. Pardon?

KASSIERER *ihm auf die Nase tippend.* Spitzen sind letzte Ballungen in allen Dingen[65]. Also auch aus Ihren Kochtöpfen und Bratpfannen. Das Delikateste vom Delikaten. Das Menu der Menus. Zur Garnierung bedeutsamer Vorgänge. Ihre Sache, mein Freund, ich bin nicht der Koch.

KELLNER *stellt eine größere Karte auf den Tisch.* In zwanzig Minuten zu servieren. *Er ordnet die Gläser usw.*

Durch die Türspalte Köpfe mit seidenen Larven.

KASSIERER *in den Spiegel mit dem Finger drohend.* Wartet, Motten, ich werde euch gleich unter das Glühlicht halten. Wir werden uns über diesen Punkt auseinandersetzen, wenn wir beieinandersitzen. *Er nickt.*

Die kichernden Masken ab.

KELLNER *hängt einen Karton: Reserviert! — an die Tür. Ab.*

KASSIERER *schiebt den Zylinder zurück, entnimmt einem goldenen Etui Zigaretten, zündet an.* Auf in den Kampf, Torero — — Was einem nicht alles auf die Lippen kommt. Man ist ja geladen. Alles — einfach alles. Torero — Carmen. Caruso. Den Schwindel irgendwo mal gelesen — haften geblieben. Aufgestapelt. Ich könnte in diesem Augenblick Aufklärungen geben über die Verhandlungen mit der Bagdadbahn. Der Kronprinz von Rumänien heiratet die zweite Zarentochter. Tatjana. Also los. Sie soll sich verheiraten. Vergnügtes Himmelbett. Das Volk braucht Fürsten. Tat — Tat — jana — *Den Bambus wippend, ab.*

KELLNER *mit Flaschen und Kühler; entkorkt und gießt ein, ab.*

KASSIERER *eine weibliche Maske — Harlekin in gelbrotkariertem, von Fuß zu offener Brust knabenhaft anliegendem Anzug — vor sich scheuchend herein.* Motte!

MASKE *um den Tisch laufend.* Sekt! *Sie gießt sich beide Gläser Sekt in den Mund, fällt ins Sofa.* Sekt!

KASSIERER *neu vollgießend.* Flüssiges Pulver. Lade deinen scheckigen Leib.

MASKE *trinkt.* Sekt!

KASSIERER. Batterien aufgefahren und Entladungen vorbereitet.

MASKE. Sekt.

KASSIERER *die Flaschen wegstellend.* Leer. *Er*

kommt in die Polster zur Maske. Fertig zur Explosion.

MASKE *lehnt betrunken hinüber.*

KASSIER *rüttelt ihre schlaffen Arme.* Munter, Motte.

MASKE *faul.*

KASSIERER. Aufgerappelt, bunter Falter. Du hast den prickelnden gelben Honig geleckt. Entfalte Falterflügel. Überfalle mich mit dir. Vergrabe mich, decke mich zu. Ich habe mich in einigen Beziehungen mit den gesicherten Zuständen überworfen — überwirf mich mit dir.

MASKE *lallt.* Sekt.

KASSIERER. Nein, mein Paradiesvogel. Du hast deine hinreichende Ladung. Du bist voll.

MASKE. Sekt.

KASSIERER. Keinen Spritzer. Du wirst sonst unklar. Du bringst mich um schöne Möglichkeiten.

MASKE. Sekt.

KASSIERER. Oder hast du keine? Also — auf den Grund gelotet: was hast du?

MASKE. Sekt.

KASSIERER. Den hast du allerdings. Das heißt: von mir. Was habe ich von dir?

MASKE *schläft ein.*

KASSIERER. Willst du dich hier ausschlafen? Kleiner Schäker[66]. Zu dermaßen ausgedehnten Scherzen fehlt mir diesmal die Zeit. *Er steht auf, füllt ein Glas und schüttet es ihr ins Gesicht.* Frühmorgens, wenn die Hähne krähn.

MASKE *springt auf.* Schwein!

KASSIERER. Aparter Name. Leider bin ich nicht in der Lage, deine Vorstellung zu erwidern. Also, Maske der weitverzweigten Rüsselfamilie, räume die Polster.

MASKE. Das werde ich Sie eintränken[67].

KASSIERER. Mehr als billig, nachdem ich dir hinreichend eingetränkt.

MASKE *ab.*

KASSIERER *trinkt Sekt; ab.*

KELLNER *kommt, bringt Kaviar; nimmt leere Flaschen mit.*

KASSIERER *kommt mit zwei schwarzen Masken.*

ERSTE MASKE *die Tür zuwerfend.* Reserviert.

ZWEITE MASKE *am Tisch.* Kaviar.

ERSTE MASKE *hinlaufend.* Kaviar.

KASSIERER. Schwarz wie ihr. Eßt ihn auf. Stopft ihn euch in den Hals. *Er sitzt zwischen beiden im Polster.* Sagt Kaviar. Flötet Sekt. Auf euren eigenen Witz verzichte ich. *Er gießt ein, füllt die Teller.* Ihr sollt nicht zu Worte kommen. Mit

---

[65]The very best is the climax of all things.

[66]Little joker.   [67]I'll make you pay for this.

keiner Silbe, mit keinem Juchzer. Stumm wie die
Fische, die diesen schwarzen Kaviar über das
Schwarze Meer laichten. Kichert, meckert, aber
redet nicht. Es kommt nichts dabei heraus. Höchstens ihr aus euren Polstern. Ich habe schon einmal 5
ausgeräumt.

MASKEN *sehen sich kichernd an.*

KASSIERER *die erste packend.* Was hast du für
Augen? Grüne — gelbe? *Zur andern.* Deine blau
— rot? Reizendes Kugelspiel in den Schlitzen. 10
Das verheißt. Das muß heraus. Ich setze einen
Preis für die schönste!

MASKEN *lachen.*

KASSIERER *zur ersten.* Du bist die schönere. Du
wehrst dich mächtig. Warte, ich reiße dir den Vor- 15
hang herunter und schaue das Ereignis an!

MASKE *entzieht sich ihm.*

KASSIERER *zur andern.* Du hast dich zu verbergen? Du bist aus Scham überwältigend. Du hast
dich in diesen Ballsaal verirrt. Du streifst auf Aben- 20
teuer. Du hast deinen Abenteurer gefunden, den
du suchst. Von deinem Milch und Blut die Larve
herunter!

MASKE *rückt von ihm weg.*

KASSIERER. Ich bin am Ziel. Ich sitze zitternd — 25
mein Blut ist erwühlt[68]. Das wird es! — Und nun
bezahlt. *Er holt den Pack Scheine heraus und teilt
ihn.* Schöne Maske, weil du schön bist. Schöne
Maske, weil du schön bist. *Er hält die Hände vor
das Gesicht.* Eins — zwei — drei! 30

MASKEN *lüften ihre Larven.*

KASSIERER *blickt hin — lacht.* Deckt zu — deckt
zu! *Er läuft um den Tisch.* Scheusal — Scheusal —
Scheusal! Wollt ihr gleich — aber sofort — oder
— *Er schwingt seinen Bambus*[69]. 35

ERSTE MASKE. Wollen Sie uns —

ZWEITE MASKE. Sie wollen uns —

KASSIERER. Euch will ich!

MASKEN *ab.*

KASSIERER *schüttelt sich, trinkt Sekt.* Kontrakte 40
Vetteln[70]! *Ab.*

KELLNER *mit neuen Flaschen. Ab.*

KASSIERER *stößt die Tür auf: im Tanz mit einer
Pierrette, der der Rock bis auf die Schuhe reicht,
herein. Er läßt sie in der Mitte stehen und wirft sich* 45
in die Polster. Tanze!

MASKE *steht still.*

KASSIERER. Tanze. Drehe deinen Wirbel. Tanze,
tanze. Witz gilt nicht. Hübschheit gilt nicht. Tanz
ist es, drehend — wirbelnd. Tanz. Tanz. Tanz! 50

---

[68] = *aufgewühlt* stirred up, aroused.   [69]He waves his
walking stick about.   [70]Damned hags!

MASKE *kommt an den Tisch.*

KASSIERER *abwehrend.* Keine Pause. Keine
Unterbrechung. Tanze.

MASKE *steht still.*

KASSIERER. Warum springst du nicht? Weißt du, 5
was Derwische sind? Tanzmenschen. Menschen
im Tanz — ohne Tanz Leichen. Tod und Tanz —
an den Ecken des Lebens aufgerichtet. Dazwischen —

Das Mädchen der Heilsarmee tritt ein. 10

KASSIERER. Halleluja.

MÄDCHEN. Der Kriegsruf.

KASSIERER. Zehn Pfennig.

MÄDCHEN *hält die Büchse hin.*

KASSIERER. Wann denkst du, daß ich in deine 15
Büchse springe?

MÄDCHEN. Der Kriegsruf.

KASSIERER. Du erwartest es doch mit Bestimmtheit von mir?

MÄDCHEN. Zehn Pfennig. 20

KASSIERER. Also wann?

MÄDCHEN. Zehn Pfennig.

KASSIERER. Du hängst mir doch an den Frack-
schößen?

MÄDCHEN *schüttelt die Büchse.* 25

KASSIERER. Und ich schüttle dich wieder ab!

MÄDCHEN *schüttelt.*

KASSIERER. Also — *Zur Maske* Tanze!

MÄDCHEN *ab.*

MASKE *kommt in die Polster.* 30

KASSIERER. Warum sitzt du in den Ecken des
Saals und tanzt nicht in der Mitte? Du hast mich
aufmerksam auf dich gemacht. Alle springen, und
du bleibst ruhig dabei. Warum trägst du Röcke,
während alle andern wie schlanke Knaben ent- 35
kleidet sind?

MASKE. Ich tanze nicht.

KASSIERER. Du tanzt nicht wie die andern?

MASKE. Ich kann nicht tanzen.

KASSIERER. Nicht nach der Musik — taktmäßig. 40
Das ist auch albern. Du weißt andere Tänze. Du
verhüllst etwas unter deinen Kleidern — deine besonderen Sprünge, nicht in die Klammern von
Takten und Schritten zu pressen. Eiligere Schwen-
kungen, die sind deine Spezialität. *Alles vom Tisch* 45
auf den Teppich schiebend. Hier ist dein Tanzbrett.
Spring auf. Im engen Bezirk dieser Tafel grenzenloser Tumult. Spring auf. Vom Teppich hüpf' auf.
Mühelos. Von Spiralen gehoben, die in deinen 50
Knöcheln federn. Spring. Stachle deine Fersen.
Wölbe die Schenkel. Wehe deine Röcke auf über
deinem Tanzbein!

MASKE *schmiegt sich im Polster an ihn.* Ich kann nicht tanzen.

KASSIERER. Du peitschst meine Spannung. Du weißt nicht, um was es geht. Du sollst es wissen. *Er zeigt ihr die Scheine.* Um alles!

MASKE *führt seine Hand an ihrem Bein herab.* Ich kann nicht.

KASSIERER *springt auf.* Ein Holzbein!! *Er faßt den Sektkühler und stülpt ihn ihr über.* Es soll Knospen treiben, ich begieße es!

MASKE. Jetzt sollen Sie was erleben!

KASSIERER. Ich will ja was erleben!

MASKE. Warten Sie hier! *Ab.*

KASSIERER *legt einen Schein auf den Tisch, nimmt Umhang und Stock, beeilt ab.*

Herren im Frack kommen.

Ein Herr. Wo ist der Kerl?

EIN HERR. Den Kumpan wollen wir uns näher ansehen.

EIN HERR. Uns erst die Mädchen ausspannen[71] —

EIN HERR. Mit Sekt und Kaviar auftrumpfen —

EIN HERR. Hinterher beschimpfen —

EIN HERR. Das Bürschchen werden wir uns kaufen.

EIN HERR. Wo steckt er?

EIN HERR. Abgeräumt[72]!

EIN HERR. Ausgebrannt[73]!

EIN HERR. Der Kavalier hat Lunte gerochen[74].

EIN HERR *den Schein entdeckend.* Ein Tausender.

EIN HERR. Donnerkeil.

EIN HERR. Draht muß er haben[75].

EIN HERR. Ist das die Zeche?

EIN HERR. Ach was, durchgegangen ist er[76]. Den Bräunling machen wir unsichtbar[77]. *Er steckt ihn ein.*

EIN HERR. Das ist die Entschädigung.

EIN HERR. Die Mädchen hat er uns ausgepannt.

EIN HERR. Laßt doch die Weiber sitzen.

EIN HERR. Die sind ja doch besoffen.

EIN HERR. Die bedrecken uns bloß unsere Fräcke.

EIN HERR. Wir ziehen in ein Bordell und pachten den Bums drei Tage[78].

MEHRERE HERREN. Bravo. Los. Verduften wir[79]. Achtung, der Kellner kommt.

KELLNER *mit vollbesetztem Servierbrett; vorm Tisch bestürzt.*

EIN HERR. Suchen Sie jemanden?

EIN HERR. Servieren Sie ihm doch unter dem Tisch weiter. *Gelächter.*

KELLNER *ausbrechend.* Der Sekt — das Souper — das reservierte Zimmer — nichts ist bezahlt. Vier Flaschen Pommery — zwei Portionen Kaviar — zwei Extramenus — ich muß für alles aufkommen. Ich habe Frau und Kinder. Ich bin seit vier Monaten ohne Stellung gewesen. Ich hatte mir eine schwache Lunge zugezogen. Sie können mich doch nicht unglücklich machen, meine Herren.

EIN HERR. Was geht uns denn Ihre Lunge an? Frau und Kinder haben wir alle. Was wollen Sie denn von uns? Sind wir Ihnen denn etwa durch die Lappen gebrannt[80]? Was denn?

EIN HERR. Was ist denn das überhaupt für ein Lokal? Wo sind wir denn hier? Das ist ja eine hundsgemeine Zechprellerbude[81]. In solche Gesellschaft locken Sie Gäste? Wir sind anständige Gäste, die bezahlen, was sie saufen. Wie? Oder wie?

EIN HERR *der den Schlüssel in der Tür umgesteckt hatte.* Sehen Sie doch mal hinter sich. Da haben Sie unsere Zeche auch!

Er versetzt dem Kellner, der sich ungewandt hatte, einen Stoß in den Rücken.

KELLNER *taumelt vornüber, fällt auf den Teppich.*
HERREN *ab.*

KELLNER *richtet sich auf, läuft zur Tür, findet sie verschlossen. Mit den Fäusten auf das Holz schlagend.* Laßt mich heraus — Ihr sollt nicht bezahlen — ich springe ins Wasser!

Lokal der Heilsarmee — zur Tiefe gestreckt, abgefangen von gelbem Vorhang[82] mit aufgenähtem schwarzen Kreuz, groß, um einen Menschen aufzunehmen. Auf dem Podium rechts Bußbank — links die Posaunen und Kesselpauken. Dicht besetzte Bankreihen.
Über allem Kronleuchter mit Gewirr von Drähten für elektrische Lampen. — Vorn Saaltür. — Musik der Posaunen und Kesselpauken. Aus einer Ecke Händeklatschen und Gelächter.

SOLDAT MÄDCHEN — *geht dahin und setzt sich zu*

---

[71]First he takes the girls away from us — [72]Cleared out! [73]Gave us the slip! [74]The place was too hot for him. [75]He must be well heeled. [76]He's bolted. [77]We'll make this bill disappear. [78]and rent the joint for three days. [79]Let's scram.

[80]We didn't run out on you, did we? [81]This is a wretched dive where people don't pay their checks. [82]seen in depth, closed off in back by a yellow curtain.

dem Lärmmacher — einem Kommis — nimmt seine Hände und flüstert auf ihn ein.

JEMAND *aus der andern Ecke.* Immer dicht an[83].

SOLDAT MÄDCHEN — *geht zu diesem, einem jugendlichen Arbeiter.*

ARBEITER. Was wollen Sie denn?

SOLDAT *sieht ihn kopfschüttelnd ernst an.*

Gelächter.

OFFIZIER FRAU — *oben auftretend.* Ich habe euch eine Frage vorzulegen.

Einige zischen zur Ruhe.

ANDERE *belustigt.* Lauter reden. Nicht reden. Musik. Pauke. Posaunenengel.

EINER. Anfangen.

ANDERE. Aufhören.

OFFIZIER. Warum sitzt ihr auf den Bänken unten?

EINER. Warum nicht?

OFFIZIER. Ihr füllt sie bis auf den letzten Platz. Einer stößt gegen den andern. Trotzdem ist eine Bank leer.

EINER. Nichts zu machen.

OFFIZIER. Warum bleibt ihr unten, wo ihr euch drängen und drücken müßt? Ist es nicht widerwärtig, so im Gedränge zu sitzen? Wer kennt seinen Nachbar? Ihr reibt die Knie an ihm — und vielleicht ist jener krank. Ihr seht in sein Gesicht — und vielleicht wohnen hinter seiner Stirn mörderische Gedanken. Ich weiß es, es sind viele Kranke und Verbrecher in dissem Saal. Kranke und Verbrecher kommen herein und sitzen neben allen. Darum warne ich euch! Hütet euch vor eurem Nachbar in den Bänken. Die Bänke da unten tragen Kranke und Verbrecher!

EINER. Meinen Sie mir oder mich?

OFFIZIER. Ich weiß es und rate euch: trennt euch von eurem Nachbar, so lautet die Mahnung. Krankheit und Verbrechen sind allgemein in dieser asphaltenen Stadt. Wer von euch ist ohne Aussatz? Eure Haut kann weiß und glatt sein, aber eure Blicke verkünden euch. Ihr habt die Augen nicht, um zu sehen — eure Augen sind offen, euch zu verraten. Ihr verratet euch selbst. Ihr seid schon nicht mehr frei von der großen Seuche. Die Ansteckung ist stark. Ihr habt zu lange in schlimmer Nachbarschaft gesessen. Darum, wenn ihr nicht sein wollt wie euer Nachbar in dieser asphal-

tenen Stadt, tretet aus den Bänken. Es ist die letzte Mahnung. Tut Buße. Tut Buße. Kommt heraus, kommt auf die Bußbank. Kommt auf die Bußbank. Kommt auf die Bußbank!

Die Posaunen und Kesselpauken setzen ein.

MÄDCHEN *führt Kassierer herein.*

KASSIERER *im Ballanzug erregt einige Aufmerksamkeit.*

MÄDCHEN *weist Kassierer Platz an, setzt sich zu ihm und gibt ihm Erklärungen.*

KASSIERER *sieht sich amüsiert um.*

Musik hört auf. — Spöttisches lautes Bravoklatschen.

OFFIZIER *wieder auftretend.* Laßt euch von unserm Kameraden erzählen, wie er den Weg zur Bußbank fand.

SOLDAT *jüngerer Mann — tritt auf.*

EINER. So siehst du aus.

Gelächter.

SOLDAT. Ich will euch berichten von meiner Sünde. Ich führte ein Leben, ohne an meine Seele zu denken. Ich dachte nur an den Leib. Ich stellte ihn gleichsam vor die Seele auf und machte den Leib immer stärker und breiter davor. Die Seele war ganz verdeckt dahinter. Ich suchte mit meinem Leib den Ruhm und wußte nicht, daß ich nur den Schatten höher reckte, in dem die Seele verdorrte. Meine Sünde war der Sport. Ich übte ihn ohne eine Stunde der Besinnung. Ich war eitel auf die Schnelligkeit meiner Füße in den Pedalen, auf die Kraft meiner Arme an der Lenkstange. Ich vergaß alles, wenn die Zuschauer um mich jubelten. Ich verdoppelte meine Anstrengung und wurde in allen Kämpfen, die mit dem Leib geführt werden, erster Sieger. Mein Name prangte an allen Plakaten, auf Bretterzäunen, auf Millionen bunter Zettel. Ich wurde Weltchampion. Endlich mahnte mich meine Seele. Sie verlor die Geduld. Bei einem Wettkampf stürzte ich. Ich verletzte mich nur leicht. Die Seele wollte mir Zeit zur Umkehr lassen. Die Seele ließ mir noch Kraft zu einem Ausweg. Ich ging von den Bänken im Saal herauf zur Bußbank. Da hatte meine Seele Ruhe, zu mir zu sprechen. Und was sie mir erzählt, das kann ich hier nicht berichten. Es ist zu wunderschön und meine Worte sind zu schwach, das zu schildern. Ihr müßt selbst heraufkommen und es in euch hören. *Er tritt beiseite.*

[83]Move up close.

EINER *lacht unflätig.*
MEHRERE *zischen zur Ruhe.*
MÄDCHEN *leise zum Kassierer.* Hörst du ihn?
KASSIERER. Stören Sie mich nicht.
OFFIZIER. Ihr habt die Erzählung unseres Kameraden gehört. Klingt sie nicht verlockend? Kann man etwas Schöneres gewinnen als seine Seele? Und es geht ganz leicht, denn sie ist ja in euch. Ihr müßt ihr nur einmal Ruhe gönnen. Sie will einmal still bei euch sitzen. Auf dieser Bank sitzt sie am liebsten. Es ist gewiß einer unter euch, der sündigte, wie unser Kamerad getan. Dem will unser Kamerad helfen. Dem hat er den Weg eröffnet. Nun komm. Komm zur Bußbank. Komm zur Bußbank. Komm zur Bußbank!

Es herrscht Stille.

EINER *kräftiger, junger Mann, einen Arm im Verband, steht in einer Saalecke auf, durchquert verlegen lächelnd den Saal und ersteigt das Podium.*
EINER *unflätige Zote.*
ANDRER *entrüstet.* Wer ist der Flegel?
DER RUFER *steht auf, strebt beschämt zur Tür.*
EINER. Das ist der Lümmel.
SOLDAT MÄDCHEN — *eilt zu ihm und führt ihn auf seinen Platz zurück.*
EINER. Nicht so zart anfassen.
MEHRERE. Bravo!
JENER *auf dem Podium, anfangs unbeholfen.* Die asphaltene Stadt hat eine Halle errichtet. In der Sporthalle bin ich gefahren. Ich bin Radfahrer. Ich fahre das Sechstagerennen mit. In der zweiten Nacht bin ich von einem andern Fahrer angefahren. Ich brach den Arm. Ich mußte ausscheiden. Das Rennen rast weiter — ich habe Ruhe. Ich kann mich auf alles in Ruhe besinnen. Ich habe mein Leben lang ohne Besinnung gefahren. Ich will mich auf alles besinnen — auf alles. *Stark.* Auf meine Sünden will ich mich auf der Bußbank besinnen!

Vom Soldat hingeführt, sinkt er auf die Bank. Soldat bleibt eng neben ihm.

OFFIZIER. Eine Seele ist gewonnen!

Posaunen und Pauken schallen.
Auch die im Saale verteilten Soldaten haben sich erhoben und jubeln, die Arme ausbreitend. Musik hört auf.

MÄDCHEN *zum Kassierer.* Siehst du ihn?
KASSIERER. Das Sechstagerennen.

MÄDCHEN. Was flüsterst du?
KASSIERER. Meine Sache. Meine Sache.
MÄDCHEN. Bist du bereit?
KASSIERER. Schweigen Sie doch.
OFFIZIER *auftretend.* Jetzt will euch dieser Kamerad berichten.
EINER *zischt.*
VIELE. Ruhe!
SOLDAT MÄDCHEN — *auftretend.* Wessen Sünde ist meine Sünde? Ich will von mir ohne Scham erzählen. Ich hatte ein Elternhaus, in dem es wüst und gemein zuging. Der Mann — er war mein Vater nicht — trank. Meine Mutter gab sich feinen Herren hin. Ich erhielt von meiner Mutter Geld, soviel ich haben wollte. Von dem Mann Schläge, soviel ich nicht haben wollte.

Gelächter.

Niemand paßte mir auf und ich mir am wenigsten. So wurde ich eine Verlorene. Denn ich wußte damals nicht, daß die wüsten Zustände zu Hause nur dazu bestimmt waren, daß ich besser auf meine Seele achten sollte und mich ganz ihr widmen. Ich erfuhr es in einer Nacht. Ich hatte einen Herrn bei mir, und er verlangte, daß wir mein Zimmer dunkel machten. Ich drehte das Licht aus, obwohl ich es nicht so gewöhnt war. Später, als wir zusammen waren, verstand ich seine Forderung. Denn ich fühlte nur den Rumpf eines Mannes bei mir, an dem die Beine abgeschnitten waren. Das sollte ich vorher nicht sehen. Er hatte Holzbeine, die er sich heimlich abgeschnallt hatte. Da faßte mich das Entsetzen und ließ mich nicht wieder los. Meinen Leib haßte ich — nur meine Seele konnte ich noch lieben. Nun liebe ich nur noch meine Seele. Sie ist so vollkommen, daß sie das Schönste ist, was ich weiß. Ich weiß zu viel von ihr, daß ich es nicht alles sagen kann. Wenn ihr eure Seele fragt, da wird sie euch alles — alles sagen. *Sie tritt beiseite.*

Stille im Saal.

OFFIZIER *auftretend.* Ihr habt die Erzählung dieses Kameraden gehört. Seine Seele bot sich ihm an. Er wies sie nicht ab. Nun erzählt er von ihr mit frohem Munde. Bietet sich nicht einem zwischen euch jetzt seine Seele? Laß sie doch zu dir. Laß sie reden und erzählen, auf dieser Bank ist sie ungestört. Komm zur Bußbank. Komm zur Bußbank!

In den Bänken Bewegung, man sieht sich um.

KOKOTTE *ältlich, ganz vorne, beginnt noch unten in den Saal zu reden.* Was denken Sie von mir, meine Herren und Damen? Ich bin hier nur untergetreten, weil ich mich auf der Straße müde gelaufen hatte. Ich geniere mich gar nicht. Ich kenne dies Lokal gar nicht. Ich bin das erstemal hier. Ich bin rein per Zufall anwesend. *Nun oben.* Aber Sie irren sich darin, meine Herren und Damen, wenn Sie glauben sollten, daß ich mir das ein zweites Mal hätte sagen lassen sollen. Ich danke für diese Zumutung. Wenn Sie mich hier sehen — bitte — Sie können mich von oben bis unten betrachten, wie es Ihnen beliebt — mustern Sie mich bitte mit Ihren Blicken eingehend, ich vergebe mir damit nicht das geringste. Ich geniere mich gar nicht. Sie werden diesen Anblick nicht das zweitemal in dieser Weise genießen können. Sie werden sich bitter täuschen, wenn Sie glauben, mir auch meine Seele abkaufen zu können. Die habe ich noch niemals verkauft. Man hätte mir viel bieten können, aber meine Seele war mir denn doch nicht feil. Ich danke Ihnen, meine verehrten Herrschaften, für alle Komplimente. Sie werden mich auf der Straße nicht mehr treffen. Ich habe nicht eine Minute frei für Sie, meine Seele läßt mir keine Ruhe mehr. Ich danke bestens, meine Herrschaften, ich geniere mich gar nicht, aber nein.

Sie hat den Hut heruntergenommen. Jener Soldat geleitet sie zur Bußbank.

OFFIZIER. Eine Seele ist gewonnen!

Pauken und Posaunen. Jubel der Soldaten.

MÄDCHEN *zum Kassierer.* Hörst du alles?
KASSIERER. Meine Sache. Meine Sache.
MÄDCHEN. Was summst du vor dich hin?
KASSIERER. Das Holzbein.
MÄDCHEN. Bist du bereit?
KASSIERER. Noch nicht. Noch nicht.
EINER *in der Saalmitte stehend.* Was ist meine Sünde? Ich will meine Sünde hören.
OFFIZIER *auftretend.* Unser Kamerad will euch erzählen.
EINIGE *erregt.* Hinsetzen. Stille. Erzählen.
SOLDAT *älterer Mann.* Laßt euch von mir berichten. Es ist eine alltägliche Geschichte, weiter nichts. Darum wurde sie meine Sünde. Ich hatte eine gemütliche Wohnung, eine zutrauliche Familie, eine bequeme Beschäftigung — es ging immer alltäglich bei mir zu. Wenn ich abends zwischen den Meinen am Tisch unter der Lampe saß und meine Pfeife schmauchte, dann war ich zufrieden. Ich

wünschte niemals eine Veränderung in meinem Leben. Dennoch kam sie. Den Anstoß dazu weiß ich nicht mehr — oder ich wußte ihn nie. Die Seele tut sich auch ohne besondere Erschütterung kund. Sie kennt ihre Stunde und benutzt sie. Ich konnte jedenfalls nicht ihre Mahnung überhören. Meine Trägheit wehrte sich im Anbeginn wohl gegen sie, aber sie war mächtiger. Das fühlte ich mehr und mehr. Die Seele allein konnte mir dauernde Zufriedenheit schaffen. Und auf Zufriedenheit war ich ja mein Lebtag bedacht. Jetzt finde ich sie nicht mehr am Tisch mit der Lampe und mit der langen Pfeife im Munde, sondern allein auf der Bußbank. Das ist meine ganz alltägliche Geschichte. *Er tritt beiseite.*

OFFIZIER *auftretend.* Unser Kamerad hat euch — —
EINER *schon kommend.* Meine Sünde! *Oben.* Ich bin Familienvater. Ich habe zwei Töchter. Ich habe meine Frau. Ich habe meine Mutter noch. Wir wohnen alle in drei Stuben. Es ist ganz gemütlich bei uns. Meine Töchter — eine spielt Klavier — eine stickt. Meine Frau kocht. Meine Mutter begießt die Blumentöpfe hinterm Fenster. Es ist urgemütlich bei uns. Es ist die Gemütlichkeit selbst. Es ist herrlich bei uns — großartig — vorbildlich — praktisch — musterhaft — — *Verändert.* Es ist ekelhaft — entsetzlich — es stinkt da — es ist armselig — vollkommen durch und durch armselig mit dem Klavierspielen — mit dem Sticken — mit dem Kochen — mit dem Blumenbegießen — *Ausbrechend.* Ich habe eine Seele! Ich habe eine Seele! Ich habe eine Seele! Ich habe eine Seele! *Er taumelt zur Bußbank.*

OFFIZIER. Eine Seele ist gewonnen

Posaunen und Pauken. — Hoher Tumult im Saal.

VIELE *nach den Posaunen und Pauken aufrecht, auch auf den Bänken aufrecht.* Was ist meine Sünde? Was ist meine Sünde? Ich will meine Sünde wissen! Ich will meine Sünde wissen!
OFFIZIER *auftretend.* Unser Kamerad will euch erzählen.

Tiefe Stille.

MÄDCHEN. Siehst du ihn?
KASSIERER. Meine Töchter. Meine Frau. Meine Mutter.
MÄDCHEN. Was murmelst und flüsterst du immer?
KASSIERER. Meine Sache. Meine Sache. Meine Sache.

MÄDCHEN. Bist du bereit?

KASSIERER. Noch nicht. Noch nicht. Noch nicht.

SOLDAT *in mittleren Jahren, auftretend.* Meiner Seele war es nicht leicht gemacht, zu triumphieren. Sie mußte mich hart anfassen und rütteln. Schließlich gebrauchte sie das schwerste Mittel. Sie schickte mich ins Gefängnis. Ich hatte in die Kasse, die mir anvertraut war, gegriffen und einen großen Betrag defraudiert. Ich wurde abgefaßt und verurteilt. Da hatte ich in der Zelle Rast. Das hatte die Seele abgewartet. Und nun konnte sie endlich frei zu mir sprechen. Ich mußte ihr zuhören. Es wurde die schönste Zeit meines Lebens in der einsamen Zelle. Und als ich herauskam, wollte ich nur noch mit meiner Seele verkehren. Ich suchte nach einem stillen Platz für sie. Ich fand ihn auf der Bußbank und finde ihn täglich, wenn ich eine schöne Stunde genießen will! *Er tritt beiseite.*

OFFIZIER *auftretend.* Unser Kamerad hat euch von seinen schönen Stunden auf der Bußbank erzählt. Wer ist zwischen euch, der sich aus dieser Sünde heraussehnt? Wessen Sünde ist diese, von der er sich in Fröhlichkeit hier ausruht? Hier ist Ruhe für ihn. Komm zur Bußbank!

ALLE *im Saal schreiend und winkend.* Das ist niemandes Sünde hier! Das ist niemandes Sünde hier! Ich will meine Sünde hören!! Meine Sünde!! Meine Sünde!! Meine Sünde!!

MÄDCHEN *durchdringend.* Was rufst du?

KASSIERER. Die Kasse.

MÄDCHEN *ganz drängend.* Bist du bereit?

KASSIERER. Jetzt bin ich bereit!

MÄDCHEN *sich an ihn hängend.* Ich führe dich hin. Ich stehe dir bei. Ich stehe immer bei dir. *Ekstatisch in den Saal.* Eine Seele will laut werden. Ich habe diese Seele gesucht. Ich habe diese Seele gesucht.

Lärm ebbt. Ruhe surrt.

KASSIERER *oben, Mädchen an ihm.* Ich bin seit diesem Vormittag auf der Suche. Ich hatte Anstoß bekommen, auf die Suche zu gehen. Es war ein allgemeiner Aufbruch ohne mögliche Rückkehr — Abbruch aller Brücken. So war ich auf dem Marsche seit dem Vormittag. Ich will euch mit den Stationen nicht aufhalten, an denen ich mich nicht aufhielt. Sie lohnten mir meinen entscheidenden Aufbruch nicht. Ich marschierte rüstig weiter — prüfenden Blicks, tastender Finger, wählenden Kopfs. Ich ging an allem vorüber. Station hinter Station versank hinter meinem wandernden Rücken. Dies war es nicht, das war es nicht, das

nächste nicht, das vierte — fünfte nicht! Was ist es? Was ist es nun, das diesen vollen Einsatz lohnt? — — Dieser Saal! Von Klängen durchbraust — von Bänken bestellt. Dieser Saal! Von diesen Bänken steigt es auf — dröhnt Erfüllung. Von Schlacken befreit lobt sie sich hoch hinauf — ausgeschmolzen aus diesen glühenden zwei Tiegeln: Bekenntnis und Buße! Da steht es wie ein glänzender Turm — fest und hell: Bekenntnis und Buße! Ihr schreit sie, euch will ich meine Geschichte erzählen.

MÄDCHEN. Sprich. Ich stehe bei dir. Ich stehe immer bei dir!

KASSIERER. Ich bin seit diesem Morgen unterwegs. Ich bekenne: ich habe mich an der Kasse vergriffen, die mir anvertraut war. Ich bin Bankkassierer. Eine große runde Summe: sechzigtausend! Ich flüchtete damit in die asphaltene Stadt. Jetzt werde ich jedenfalls verfolgt — eine Belohnung ist wohl auf meine Festnahme gesetzt. Ich verberge mich nicht mehr, ich bekenne. Mit keinem Geld aus allen Bankkassen der Welt kann man sich irgendwas von Wert kaufen. Man kauft immer weniger, als man bezahlt. Und je mehr man bezahlt, um so geringer wird die Ware. Das Geld verschlechtert den Wert. Das Geld verhüllt das Echte — das Geld ist der armseligste Schwindel unter allem Betrug! *Er holt es aus den Fracktaschen.* Dieser Saal ist der brennende Ofen, den eure Verachtung für alles Armselige heizt. Euch werfe ich es hin, ihr zerstampft es im Augenblick unter euren Sohlen. Da ist etwas von dem Schwindel aus der Welt geschafft. Ich gehe durch eure Bänke und stelle mich dem nächsten Schutzmann: ich suche nach dem Bekenntnis die Buße. So wird es vollkommen! *Er schleudert aus Glacéhänden Scheine und Geldstücke in den Saal.*

Die Scheine flattern noch auf die Verdutzten im Saal nieder, die Stücke rollen unter sie. Dann ist heißer Kampf um das Geld entbrannt. In ein kämpfendes Knäuel ist die Versammlung verstrickt. Vom Podium stürzen die Soldaten von ihren Musikinstrumenten in den Saal. Die Bänke werden umgestoßen, heisere Rufe schwirren, Fäuste klatschen auf Leiber. Schießlich wälzt sich der verkrampfte Haufe zur Tür und rollt hinaus.

MÄDCHEN *das am Kampfe nicht mit teilgenommen hatte, steht allein inmitten der umgeworfenen Bänke.*

KASSIERER *sieht lächelnd das Mädchen an.* Du stehst bei mir — du stehst immer bei mir! *Er be-*

merkt die verlassenen Pauken, nimmt zwei Schlägel.
Weiter. *Kurzer Wirbel.* Von Station zu Station.
Einzelne Paukenschläge nach Satzgruppen. Men-
schenscharen dahinten. Gewimmel verronnen.
Ausgebreitete Leere. Raum geschaffen. Raum.
Raum. *Wirbel.* Ein Mädchen steht da. Aus ver-
laufenen Fluten — aufrecht — verharrend! *Wirbel.*
Mädchen und Mann. Uralte Gärten aufgeschlossen.
Entwölkter Himmel. Stimme aus Baumwipfelstille.
Wohlgefallen. *Wirbel.* Mädchen und Mann —
ewige Beständigkeit. Mädchen und Mann — Fülle
im Leeren. Mädchen und Mann — vollendeter
Anfang. Mädchen und Mann — Keim und Krone.
Mädchen und Mann — Sinn und Ziel und Zweck.

*Paukenschlag nach Paukenschlag, nun beschließt ein
endloser Wirbel.*

MÄDCHEN *zieht sich nach der Tür zurück, verschwindet.*
KASSIERER *verklingender Wirbel.*
MÄDCHEN *reißt die Tür auf. Zum Schutzmann,
nach Kassierer weisend.* Da ist er. Ich habe ihn
Ihnen gezeigt. Ich habe die Belohnung verdient!
KASSIERER *aus erhobenen Händen die Schlägel
fallen lassend.* Hier stehe ich. Oben stehe ich. Zwei
sind zuviel. Der Raum faßt nur einen. Einsamkeit
ist Raum. Raum ist Einsamkeit. Kälte ist Sonne.
Sonne ist Kälte. Fiebernd blutet der Leib. Fie-
bernd friert der Leib. Felder öde. Eis im Wachsen.
Wer entrinnt? Wo ist der Ausgang?
SCHUTZMANN. Hat der Saal andere Türen?
MÄDCHEN. Nein.
KASSIERER *wühlt in seiner Tasche.*
SCHUTZMANN. Er faßt in die Tasche. Drehen
Sie das Licht aus. Wir bieten ihm ein Ziel.
MÄDCHEN *tut es.*

*Bis auf eine Lampe verlöscht der Kronleuchter. Die
Lampe beleuchtet nun die hellen Drähte der Krone
derart, daß sie ein menschliches Gerippe zu bilden
scheinen.*

KASSIERER *linke Hand in der Brusttasche vergra-*

bend, mit der rechten eine Posaune ergreifend und
gegen den Kronleuchter blasend. Entdeckt! *Posaunenstoß.* In schneelastenden Zweigen verlacht —
jetzt im Drahtgewirr des Kronleuchters bewill-
kommt! *Posaunenstöße.* Ich melde dir meine
Ankunft! *Posaunenstoß.* Ich habe den Weg hinter
mir. In steilen Kurven steigend keuche ich herauf.
Ich habe meine Kräfte gebraucht. Ich habe mich
nicht geschont! *Posaunenstoß.* Ich habe es mir
schwer gemacht und hätte es so leicht haben können — oben im Schneebaum, als wir auf einem Ast
saßen. Du hättest mir ein wenig dringlicher zureden
sollen. Ein Fünkchen Erleuchtung hätte mir geholfen und mir die Strapazen erspart. Es gehört ja
so lächerlich wenig Verstand dazu! *Posaunenstoß.*
Warum stieg ich nieder? Warum lief ich den Weg?
Wohin laufe ich noch? *Posaunenstöße.* Zuerst
sitzt er da — knochennackt! Zuletzt sitzt er da —
knochennackt! Von morgens bis mitternachts rase
ich im Kreise — nun zeigt sein fingerhergewinktes
Zeichen den Ausweg — — — wohin?!!

*Er zerschießt die Antwort in seine Hemdbrust. Die
Posaune stirbt mit dünner werdendem Ton an seinen
Mund hin.*

SCHUTZMANN. Drehen Sie das Licht wieder an.
MÄDCHEN *tut es.*

*Im selben Augenblick explodieren knallend alle
Lampen.*

KASSIERER *ist mit ausgebreiteten Armen gegen das
aufgenähte Kreuz des Vorhangs gesunken. Sein
Ächzen hüstelt wie ein «Ecce» — sein Hauchen surrt
wie ein «Homo»*[84].
SCHUTZMANN. Es ist ein Kurzschluß in der
Leitung.

Es ist ganz dunkel.

[84]*Ecce homo!* "Behold the man!" (Pilate's words to
the crowd as he showed Jesus to them just before the
crucifixion. Cf. John 19:5.)

Ernst Barlach · 1870–1938

The North German Ernst Barlach was both a dramatist and a sculptor. Those who know his statues — often of heavily draped figures whose powerfully expressive gestures suggest that they are trying to free themselves from the weight of matter — will see in them a parallel to the conflicts expressed in his plays. Man, as Barlach sees him, is a creature placed between heaven and earth, never fully at home in either realm but constantly torn between the two. As a vehicle for presenting this struggle the realistic or naturalistic drama was clearly inadequate, and the name of Barlach is usually associated with the expressionistic movement in the fine arts and literature. His first play, *Der tote Tag*, appeared in 1912, the year in which this movement began to win its first victories on the German stage.

As stated in the Introduction to the present volume, the expressionists were interested in man's spiritual nature and used every means at their disposal — including the dream, the vision, unrealistic dialogue and action — to give this nature concrete embodiment on the stage. One of the leading artists of the time, Paul Klee, expressed the task of art as follows: "Kunst gibt nicht das Sichtbare wieder, sondern macht sichtbar." In other words, expressionistic art does not attempt to copy external reality with a kind of photographic accuracy but to make the inner essence of that reality visible.

It was thus inevitable that artists of this bent should concern themselves with religious questions. In his play *Die Sündflut*, Barlach repeats the form of many medieval plays in which God appears at the beginning of the action to announce His dissatisfaction with men: "Sie sind nicht, wie sie sollten." God's major opponent here, however, is not the traditional Satan but the very modern figure of Calan, who proclaims his dissatisfaction with God by asserting that evil must after all stem from Him who made all things as He saw fit. This view is then countered by Noah, God's apologist and pious servant. It is the conflict among differing concepts of the Divine which forms the inner matter of the plot — the age-old story of the Flood and the Ark. Barlach has succeeded in infusing the ancient legend with contemporary meaning. The drama's portrayal of human suffering and guilt and the many questions which it raises are surely of terrifying relevance for the twentieth century, in Germany and elsewhere.

Bibliography

FECHTER, PAUL. *Ernst Barlach*. Gütersloh, 1957.

FLEMMING, WILLI. *Ernst Barlach. Wesen und Werk*. Bern, 1958.

LAZAROWICZ, KLAUS. "Nachwort." Ernst Barlach, *Die Dramen* (Munich, 1956), pp. 575–617.

MANN, OTTO. "Ernst Barlach." Hermann Friedmann und Otto Mann, *Expressionismus. Gestalten einer literarischen Bewegung* (Heidelberg, 1956), pp. 296–313.

SCHUREK, PAUL. *Begegnungen mit Ernst Barlach*. Hamburg, 1946.

WAGNER, HORST. "*Die Sündflut*." *Das deutsche Drama: Vom Barock bis zur Gegenwart. Interpretationen*, edited by Benno von Wiese, Vol. II (2nd edition, Düsseldorf, 1960), pp. 338–356.

Die Sündflut

Drama in fünf Teilen

PERSONEN

NOAH	ZWEI ENGEL
AHIRE, seine Frau	AWAH
SEM	ZEBID
HAM	EIN BUCKELIGER AUSSÄTZIGER
JAPHET	DREI NACHBARN
CALAN	EIN JUNGER HIRT
CHUS, sein Knecht	EIN BETTLER
EIN VORNEHMER REISENDER	

ERSTER TEIL

[1]

Wüste, Abend.

EIN BUCKELIGER AUSSÄTZIGER. Bist du noch da, mein lieber Buckel? *Schaut sich um.* Du und ich, ein treues Paar, nur schade, daß ich nicht so stattlich geraten bin wie du. Aber der dritte von uns ist doch der beste, das laß gut sein — unser lieber Aussatz. Wenn den die Räuber riechen, so gehts flüchtig davon, er ist unser Schutz und Schirm, und der ihn uns gegeben hat, will, daß wir ihn lieb und wert halten.
Da kommt jemand, angezogen wie ein Nichtstuer. *Wendet sich zur Flucht.* Damit er nicht ergrimmt, damit er in seinem Zorn dich nicht schlägt, lieber Buckel, ihm aus den Augen! Puh[1], fort, fort, Aussatz und Buckel; wartet, ich geh mit euch, hübsch einträchtig und gemächlich! *Ab.*

Ein vornehmer Reisender tritt auf, zu ihm zwei Engel zu beiden Seiten.

1. ENGEL. Wir kennen dich in jeder Gestalt.
2. ENGEL. Wir finden dich an jedem Ort.
1. ENGEL. Überall — —
2. ENGEL. Wo du in Gestalt deines Ebenbildes wandelst.

1. ENGEL. Das du aus Erde erschaffen[2].
2. ENGEL. Das du mehr liebst als uns alle, die aus Licht und Kraft und Glut geboren sind.
1. ENGEL. In dessen Schein[3] die Zeit dich kleidet, immer kennen wir dein Sein.
2. ENGEL. Wir finden dich in jeder Gestalt.
REISENDER. Sie sind nicht, wie sie sollten[4].

Engel schweigen.

REISENDER. Sie denken, was ich nicht denke.

Engel schweigen.

REISENDER. Sie wollen, was ich nicht will.

Engel schweigen.

REISENDER. Sprecht!
1. ENGEL. Du weißt es!
2. ENGEL. Sie wollen, was du nicht willst.
REISENDER *heftig.* Sie sind, was ich nicht bin, und eure Gedanken sagen: wer bist du, daß sie anders werden konnten als du wolltest? *Leise.* Es reut mich, daß ich sie gemacht habe.
1. ENGEL. Aber einen gibt es, der ist, was du willst, daß er sei: dein Knecht und dein Kind.
REISENDER. Dann reuen mich alle andern.

[1]exclamation: "phew!"

[2]Supply *hast*; this stylistic feature (omitting auxiliary verb when meaning is clear) is common in poetic usage and occurs frequently in what follows. [3]appearance [4]Supply *sein* before *sollten. Sie = die Menschen.*

250

Engel verhüllen die Gesichter.

1. ENGEL. Du — von Ewigkeit zu Ewigkeit —
2. ENGEL. Du — aller Anfang ohne alles Ende — —
REISENDER. Ich?
1. ENGEL. Du — die Herrlichkeit, du, die Heiligkeit — —
2. ENGEL. Du — die Größe, die Güte —
1. ENGEL. Du, der Sturm, du, die Stille — —
2. ENGEL. Du, aller Schein, du, alles Sein.
REISENDER. Und sie — wären anders als ich[5]?

Engel verhüllen ihre Gesichter.

REISENDER. Es darf nicht sein, fort mit euch in alle Winde, sucht den Mann, der mein Knecht und mein Kind ist, sucht andere, die ihm gleichen, findet viele, die es vertragen, Geschöpfe zu heißen, die sind, wie sie sein sollen, die wollen, was ich will, die denken, was ich zu denken verleihe — die andern reuen mich.

Engel ab. Man hört Glocken in der Ferne, Calan erscheint mit einem Teppich, den er ausbreitet.

REISENDER. Deine Kamele ruhen, deine Knechte speisen, du willst beten?
CALAN. Ich will allein sein, darum knie ich abseits nieder.
REISENDER. Und betest?
CALAN. Ich spreche mit mir selbst; ist das beten, so bete ich.
REISENDER. Vielleicht hättest du Grund, dem zu danken, der dir die Kamele gab.
CALAN. Die Kamele habe ich genommen von einem, der sie andern nahm. *Zeigt auf sein Schwert.*
REISENDER. Hast du Blut vergossen?
CALAN. Nur das meines Feindes, seiner Kinder, seiner Knechte — — seine Weiber sind jetzt meine Weiber. Ich danke Gott, daß er mir Kraft, Schnelligkeit, Schlauheit, Ausdauer und Mut gegeben hat — Mut und den herrlichen Sinn, der nicht schwankt in der Not, Augen, die Blut zu sehen nicht blendet, Ohren, in die kein Grausen eingeht, wenn blutende Kinder schreien. Ich danke ihm, wenn er Lust an meinem Dank hat.
REISENDER. Glaubst du, daß Gott Wohlgefallen am Geschrei blutender Kinder hat?
CALAN. Warum gibt er ihnen Stimmen, wenn er ihr Geschrei fürchtet? Und wie kann er sich fürchten, wenn ich es nicht tue?
REISENDER. Du bist fehlgeraten[6], deine Bosheit ist nicht sein Werk, deine Wut nicht sein Wille, dein Tun kommt nicht aus seinem Denken.
CALAN. Wenn meine Bosheit nicht aus seiner Bosheit kam, woher keimte also meine Bosheit? Nein, meine Bosheit ist auch von ihm. Wer mich in meine Bosheit gebettet, mich im wilden Blut gebrüht hat, der hat nichts Besseres getan als ich, da[7] ich die Kinder mit der Schärfe des Schwertes schlug, daß sie bluteten.
REISENDER. Fehlgeraten bist du — er wird dich in deinen Kamelen schlagen.
CALAN. Dann macht er es wie ich mit meinen Knechten, hinterher tut ihm wie mir die Laune leid.
REISENDER. Wenn du ihn liebtest, sprächest du anders.
CALAN. Lieben — liebt er mich? Ich vertraue, er hat meine Liebe und mein Gebet nicht nötig und gibt mir nicht darum Gedeihen, weil ich ihm zu Willen bin. Kann ich mich zu ihm erheben, der erhaben ist, da ich es nicht bin? Wenn er ist, so weiß er nicht von mir, und ich gönne ihm seine Gebiete, nur soll er mich in meiner Wüste und meinen Zelten für mich leben lassen. Wäre er wie der, von dem mein frommer Nachbar redet, brauchte Lob und Dienst und Dank und Knechtschaft, wünschte Gehorsam für seine Gnade und Väterlichkeit . . .
REISENDER. Was dann?
CALAN. Dann müßte ich fragen und forschen. Vielleicht wäre mein Dank und Knechtschaft ein nichtsnutziger und böser Handel. Ein Wicht müßte ihn bemitleiden um seine Dürftigkeit. Gaben und Gnaden? Und er melkt mich wie ich die geraubten Kamele, er macht Käse aus meiner Knechtschaft, Labe aus meinem Lob, Butter aus meinem Dank . . . danach müßte ich forschen, ob es ungeschickt ist zu denken, daß der Sohn von der Art des Vaters sei — frei wie er — Herr wie er — gerecht und gut wie er — groß und mächtig aus der Gewalt seiner Herrlichkeit entsprossen — — sonst müßte ich glauben, ich wäre das gestohlene Kind eines unbekannten Gottes, schlecht gehalten[8] und seines Vaters unwert.

Chus kommt gelaufen.

CHUS. Herr . . .

---

[5]and they (human beings) — are they (do you say) different from me?

[6]You turned out wrong, you are a mistake (from God's point of view). [7]= als [8]poorly looked after

CALAN. Warum sprichst du nicht?

CHUS. Der Schreck, der Schreck —

CALAN. Sprich ohne Furcht, Chus, sprich.

CHUS. Ein zorniger Flug großer Hornisse stieß auf die Kamele, stürzte ihnen Stiche über Nüstern und Augen, über Beine und Bäuche, bohrte ihnen Gift in Ohren und After, und . . .

CALAN. Und?

CHUS. Töte mich nicht, Herr, wir rangen mit dem flüchtigen Vieh, aber wir waren selbst gestochen . . .

CALAN. So sind sie auseinandergesprengt?

CHUS. Alles in der Wüste zerstreut, und die meisten Knechte verliefen sich aus Furcht. Nur ich, Herr, wagte zu bleiben, töte mich nicht.

CALAN. Ich will es machen, wie Noahs unsichtbarer Herr; dienst du mir gut, so rechne auf meine Güte. Sei treu, du Tropf, denn Treue ist dein Vorteil.

CHUS. Ich weiß nicht, was du meinst. Ich hätte mich, als sich die Gelegenheit zeigte, wie die meisten andern beritten machen können[9], Vieh und Frauen rauben. Ich tat es nicht und diene dir in Freundschaft, wahrhaftig, Herr, freiwillig blieb ich. *Ab.*

REISENDER. Hörtest du, er bleibt aus Liebe, obgleich du ein harter Herr bist.

CALAN. Wie kommt das? Vielleicht sagt es ihm zu bei mir. Ich kann ihn gut leiden, er ist nicht wie die andern, ja er könnte mein Sohn sein, wenn er nicht mein Knecht wäre. Die Weiber geraubt? Doch wohl nicht die eine, sie teilte von einem Vollmond zum andern mit mir das Zelt, Awah! *Will gehen.*

REISENDER. Vergiß nicht zu danken, wenn Gott dein Eigentum wieder in deine Hände legt; opfere, schenke Noah einen Teil des Guts, Gottes Freund und Gottes Knecht. Und sage: sieh, so belohnt Gott seine Kinder.

CALAN *lachend.* Er soll das Weib haben, wenn ich die Kamele wieder bekomme, wirklich, er solls!

[2]

Raum zwischen Noahs Zelten, im Hintergrunde ein Hain. Der Aussätzige schleicht vorüber, lungert nach allen Seiten. Noah mit seinen drei Söhnen kommt und verscheucht ihn.

NOAH. Der Morgen ist voll von Freundlichkeit und Dank wie ein Beter, und wir — wir sind in ihm und er um uns. Bringt mir ein Böcklein, eins der jüngsten.

JAPHET. Man braucht wohl nicht das ganze Tier, die Eingeweide taugen gut zum täglichen Opferbrand.

SEM. Nimm eins von den vielen Ferkeln; es riecht so gut und brennt so gern wie ein Böcklein.

HAM. Ich habe diese Nacht auf der Weide Wölfe gescheucht, ich bin müde und will schlafen. *Ab ins nächste Zelt.*

NOAH. Da ist mein Herz voll Dankbarkeit, wirklich ich fühle am frischen Morgen so viel Freude, als ob die Fettigkeit des Landes von den Füßen aufwärts durch alle Glieder bis in Brust und Kopf hinauftriebe und nun in linder leiser Lust zerflösse — — und ihr, ihr zieht eure Mäuler dazu und erkältet mit widerhaariger Kunst den aufgekeimten Dank. Wer mag für Segen und um Segen mit saurem Mut opfern. Wascht wenigstens eure Hände, Kinder, wenn ihr euren dürren Dank darbringt.

SEM. Ham hast du eine Frau gegeben, und wir beide dürfen in der Nachbarschaft herumlaufen und uns von wütenden Vätern Prügel verschaffen.

JAPHET. Arbeiten sollen wir, danken sollen wir auch! Ich für mein Teil, wenn ich von Herzen faulenze, fühle dabei auch eine Art von Dankbarkeit, das ist meine Art zu opfern.

NOAH. Ihr sollt Frauen haben, Frauen werden euch die Faulheit austreibe. Glaubt mir, ich habe euch lieb — ach, ich lebte auch leicht hin[10], bis die Sorgen kamen und mit ihnen der Segen. Es bekümmert mich, daß ihr unzufrieden seid.

SEM. Ei ja, es bekümmert ihn! Ich habe ihn zu unserer Mutter sagen hören: ich will keine Verschwägerung[11] mit den Gottlosen. Er will gottgefällige Töchter, als ob es nicht vielmehr darauf ankäme, was für Frauen wir haben wollen.

JAPHET. Mich bekümmert sein Kummer. Aber darum sollen unsere Kinder nicht kümmerlich geraten. Ich will eine Frau mit festem Fleisch, sonst ist alle Mühe umsonst — gottgefällig, nein, gottgefällig sind sie nicht, die da auf der andern Flußseite, aber mir genügt es, daß sie mir gefallen.

NOAH. Gottlose Buben seid ihr fürwahr. Aber getrost[12], Gott hat gewaltige Sicheln für eure Sünden.

---

[9] I could have taken to horseback

[10] I too led a carefree life   [11] "in-law relationship" (same root as *der Schwager, die Schwiegertochter*, etc.)   [12] i.e., seid getrost (imperative)

*Ahire mit einem Krug auf der Schulter, sie ist
ältlich und dick.*

AHIRE *hält im Vorübergehen an, legt die Hand auf
den Kopf.* Der volle Mond hat diese Nacht auf
meinen Kopf geschienen, es war taghell, als ich die
Augen auftat, und ich konnte nicht wieder schlafen
— irgendwo im Norden ist Krieg, ich sah Rauch
schleppen und roch Brand, Gott behüte uns vor
Feinden.

NOAH. Gott behüte uns, unsere Knechte liegen
mit den Herden auf den Bergen, Gott behüte uns,
wehrlos wie wir sind.

SEM. Sollte nicht ein Bock geschlachtet und
dargebracht werden?

JAPHET. Laß uns gehen, Sem, suchen wir ein
schönes Tier zum Opfer. *Beide ab.*

NOAH. Es sind doch gute Kinder, zu Zeiten
wählerisch und unbequem wie eben Kinder sind.
Guter Gott, Japhet hat einen falschen Blick mit-
bekommen[13], der Arme, man muß ihm doppelt gut
sein dafür. Gott wollte es so, und so soll er gelobt
sein. *Er faßt den Krug und trägt ihn einige Schritte.*

AHIRE. Aber er hat es schwerer darum als der
schöne Ham und der stämmige Sem.

NOAH *setzt den Krug ab.* Ja, meinst du? *Wischt
sich den Schweiß ab.* Wie die Sonne brennt.
Worin denkst du, daß er Nachteil hat?

AHIRE. Etwa bei den Frauen.

NOAH. Ach, bei den Frauen! Mancher Mann
nahm eine schielende Frau, und am Ende wird des
schielenden Japhet Frau so schön wie die eines
andern Mannes, und gut dazu, was will er mehr.
Dann ist es, wenn er von ihrer großen Liebselig-
keit[14] gepeinigt ist, besser, er hat den falschen Blick
als sie. Da, da — es kommen Nachbarn zu mir,
laß mich sie empfangen, ich trüge den Krug gerne
länger. *Er hilft ihr die Last aufnehmen, sie geht, er
sieht ihr nach, schüttelt den Kopf.* Sind meine Augen
so jung geblieben? Verfangen sich gern im frischen
Geschlinge[15] von Lieblichkeit und Leichtigkeit
und Ergötzlichkeit? Sie ist nicht leicht oder frisch
oder ergötzlich, aber eine gute fromme Frau, eine
sehr gute Frau.

Drei Nachbarn, Begrüßung.

1. NACHBAR. Noah — — *Er spuckt aus und
stößt den zweiten an.* Sprich du weiter.

2. NACHBAR. Es war schon ganz gut so[16], du
weißt es besser als ich.

3. NACHBAR. Ihr habt euch mit eurem Besser-
wissen vorhin überschlagen, und nun liegt eure
Weisheit auf der Nase[17].

NOAH. Tretet in den Schatten des Überdaches,
nehmt Matten und erlaubt, daß ich kühles Wasser
schöpfe und sauren Saft bringe.

1. NACHBAR. Nichts von trinken, aber sitzen
wollen wir. *Sie setzen sich.* Hör, Noah!

2. NACHBAR. So wirds gut; nicht trinken, aber
sitzen wollen wir, und nun: höre, Noah!

NOAH. Liebe Freunde, ich höre, aber ich
wünschte, ihr gönntet mir, euch zu erfrischen.
Doch ganz nach eurer Bequemlichkeit.

1. NACHBAR. Hör, Noah, deine Herden werden
groß, deine Herden werden sehr groß.

2. NACHBAR. Sehr groß, gut so, höre: sehr groß.

NOAH. Gott hat sie mir gegeben, ich nahm an
mich, was um mich in Fülle ausbrach, ließ in den
Krug laufen, was aus der großen Gnade hervor-
quoll.

3. NACHBAR. Also deine Herden, Noah!

1. NACHBAR. Sehr groß, die Weide hier im
Flußtal wird zu eng für uns alle. Wer soll weichen,
Noah, ich frage dich, wer von uns weichen soll.

NOAH. Wer weichen soll?

1. NACHBAR. Soll oder will, wer weichen will.
Wir drei haben es erwogen, wir wollen nicht. Wer
will aber — einer muß.

2. NACHBAR. Ein einziger.

3. NACHBAR. Wegen der Größe der Herden, die
ihm Gottes Gnade gab. Niemand anders, denn er
sagt es selbst, also wegen Gottes großer Gnade
weichen. Es wird diesen Sommer eine Dürre geben,
es blieb schon viel zu lange trocken, die großen
Herden finden kein Futter.

NOAH *halb für sich.* Meine Knechte mit viel
Vieh sind auf den Matten der Berge — — — bin
allein mit meinen Söhnen . . .

*Stillschweigen, die drei Nachbarn sehen sich an.
1. Nachbar stößt den zweiten an.*

3. NACHBAR. Deine Knechte kommen nicht
zurück.

1. NACHBAR. Er hat recht, sie bleiben oben.

2. NACHBAR. Gott hat es zugelassen, also wollte
er, daß sie starben. Es gefiel ihm so.

NOAH. Gott soll dennoch gelobt sein.

1. NACHBAR. Aber das Vieh lebt, lauter schweres
Vieh, Fundgruben von Blut und Fett, aber . . .

2. NACHBAR. Aber es war unser Krug, worein

---

[13]was born cross-eyed [14]attractiveness [15]garland
[16]i.e., that the first neighbor should speak first

[17]now your wisdom is sick, has lost courage

der Segen quellte, wir nahmen an uns, was sich aus der Fülle verlief.

Noah steht auf, die drei bleiben sitzen.

1. NACHBAR. Er weicht, ihr seht, er weicht.
2. NACHBAR. Ich hätte es voraussagen können.
3. NACHBAR. Er zittert vor großer Eile, seine Knie schlottern vor verhaltener Schnelle. Er weicht.

NOAH *kurzatmig, zu dem zweiten.* Du hast recht, er läßt es zu, also kommt es von ihm, also gefällt es ihm, was ihr an mir tut — Alle tot? Auch Peleg, auch Put, Put auch?

3. NACHBAR *zum ersten.* Ist das der Dicke, der so erbarmungslos schrie? Es tut mir noch in den Ohren weh. *Zu Noah.* Ich muß sagen, daß Put dir keine Ehre machte, ein Rüpel, ein Schreihals — tot sind sie alle, aber Put war beim Sterben gar zu wenig anstellig.

Japhet erscheint und bleibt erstaunt stehen, die drei sehen sich fragend und beratend an.

JAPHET. Der Bock, Vater, ist an seinem Ort, wir wunderten uns, wo du bliebest.

NOAH. Ach, guter Japhet, — ja wir wollen opfern, wollen ein Böcklein darbringen, wollen preisen — *weinend* — preisen und danken. *Ab mit Japhet.*

3. NACHBAR. Ihr Schafsköpfe, habt Schwerter unterm Kleid, und er behält Zeit sich zu besinnen?

1. NACHBAR. Ich dachte, du solltest es tun — hast du keins?

3. NACHBAR. Es ist mir zu heiß, und bis er ausgeblutet hätte, wären am Ende seine Söhne dazugelaufen. Ham, müßt ihr wissen, Ham möchte ich nicht mit ihnen abtun. Meine Tochter Zebid hat es ausgemacht. Ham soll leben. Nein, heute verlangt es zu viel Hast.

1. NACHBAR. Zuviel Hast, ganz recht, bis wir nach Hause gehen können, haben wir die Sonne hoch am Himmel, und ich bin schon auf dem Herweg schlimm dran gewesen. Je länger wir hier im Schatten sitzen, desto mehr müssen wir draußen schwitzen. *Sie stehen langsam auf.*

2. NACHBAR. Es soll Länder geben, wo es ganze Tage lang regnet, aber ich glaube es nicht. *Alle ab.*

HAM *aus dem Zelt, sieht ihnen nach.* Nein, sie haben es nicht mit der Hast, stehen still und drehen ihre Köpfe. Sind es drei? Es sind nicht mehr drei, wie kommt das — sind andern begegnet und halten Rat? Das kann schlimmer Rat für uns werden. Nun — nun — da scheint Himmel zwischen ihnen durch, drei werden kurz und verschwinden hinter dem Hügel, die beiden andern nahen, ein Mann und ein Weib, ein junges Weib, ein sehr junges Weib, die Bürde des Sonnenbrandes schaukelt auf ihrer Schulter[18] — Calan — Calan ist der Mann, kommt er auch mit einem Schwert unter dem Kleid?

Noah mit Sem und Japhet.

NOAH. Bleibt alle beide zurück, auch du geh mit ihnen zu eurer Mutter, Ham, sagt ihr, wie ich euch sagte, was Gott gefällt zuzulassen, das ist Gottes Gewalt und Tun selbst. Sagt ihr das, und sie wird euch lehren, wie leicht die Schwere wird, wenn — — ach, wie viel muß ich sprechen, und ihr steht mit offenen Mäulern da und hört nichts von dem Klingen der Stimme, die durch Haut und Knochen ins Herz dringt — geht, ich will ihn allein empfangen.

Sem, Ham, Japhet ab.
Calan und Awah verschleiert.

NOAH. Sei willkommen, Calan, du bist bei einem armen Manne. Ich gehe auf Krücken, die man nicht sieht, aber wie leicht sind auch sie zerbrochen!

CALAN. Du bist so reich und reicher als du warst, Freund Noah. So reich wie früher, denn ich habe den drei guten Nachbarn, als ich gestern heimkehrte und hörte, was geschah, stark an Kraft und Macht[19], bei Tagesanbruch alles Ihrige, Raub und Eigentum, abgesperrt, und du darfst nur hingehen und das Deinige bis auf die letzte Hufe herauszählen. Mein Knecht Chus steht mit breiten Beinen davor und hütet deine Habe. Ich habe Glück gehabt, Noah.

NOAH *ohne Atem.* Ach, wie schwer ist der Zorn, wie fast schwerer Gottes Gnade zu erfahren.

CALAN. Warte. Du bist reicher als vorher, sagte ich, denn ich gelobte für Gottes Beistand bei drohendem Verlust vieler Güter ein Opfer, und sieh, ich bringe mein Opfer dar. Nimm hin diesen Schatz aus der Ferne, wo die Erde sich hoch bis an den Himmel hebt. *Zeigt auf Awah.* Sie ist gut, Noah, und gut bei ihr zu wohnen. Sei zufrieden, Gottes Gnade gibt mit gewaltiger Hand, du hast es um ihn verdient. *Zu Awah.* Geh zu deinem Herrn und küsse seine Füße.

Awah entschleiert sich und fällt vor Noah nieder.

[18]i.e., she is very tanned by the sun   [19]refers to Calan

NOAH. Alles Vieh, Calan, alles fette und starke Vieh und die schönen jungen Stiere auch?

CALAN. Jedes Horn, jeden Huf! — Awah ist ihr Name.

NOAH. Komm Awah, komm Calan, tretet in den Schatten, legt euch nieder, ihr sollt erquickt werden — ruht.

Awah steht auf, sie setzen sich, Noah bleibt stehen und reibt seine Hände.

CALAN. Halte sie gut, Freund Noah, sie ist aus vornehmem Hause. Wenn sie weint, so denk dir dein Teil[20] und geh auf leisen Sohlen um sie herum.

NOAH *seufzend.* Alle meine Knechte — Jebel, Put und Peleg mit ihnen, die meine Freunde waren, sind erschlagen. Ich muß bei allem großen Glück weinen. Kir, der immer nur lachte, fast ein Knabe und schon weise und so willig — alle dahin!

CALAN. Nicht alle, Noah; sie haben dich hündisch belogen. Freilich, das ist wahr, Put und Peleg sind tot, sie wurden eilig niedergemacht. Einige andere entwichen mit Wunden, und ein gut Teil lag in einem Seitental und trieb beim ersten Lärmen das Vieh höher hinauf und verbarg sich in Löchern und Klüften. Nein, Noah, dein Glück hat im Ganzen gut bestanden.

NOAH. Mein Weib, meine Söhne sitzen in Pein beieinander . . . *zaudert zu gehen.*

CALAN. Was zagst du, rufe sie, daß auch sie sich freuen.

NOAH *auf Awah schauend.* Viel Glück, viel Unfrieden, Calan, verschaffst du mir. — Er läßt es zu, und also gefällt es ihm — läßt er es zu?

CALAN. Sie ist dein Eigentum, und du mußt es bewahren. So gut, Noah, wie dein unsichtbarer Freund und besser, meine ich es mit dir. Wie wäre es, du ließest mir einen Platz neben ihm — ließest mich walten für dich an seiner Statt? Erschrick nicht, du hast keine Lasten davon zu den alten: keinen Dienst, kein Opfer, keine Dankbarkeit. Bin ich nur ein geringer Gott, so hast du Ohren, mein Wort zu hören, hast Augen, was das beste ist, als Zeugen dafür, daß ich bin. Sieh, Noah, für Ansprüche, wie du wohl machst, bin ich so gut wie er. Was er gegen dein Glück zuließ, habe ich zu deinem Glück verhindert.

NOAH. Ach, ach, ach, Calan — *Erstickt.* Ihm verdanke ich, daß ich bin, Dankbarkeit, Calan, ist mein größtes Glück, ich atme nicht, wenn ich nicht danken kann.

CALAN. Gut, du sollst weiter danken und opfern, Noah. Ich bin nicht eifersüchtig auf andere Götter neben mir wie er. Ich lasse es zu, daß du abgöttisch bist und nenne es nicht gottlos, wenn du mich nicht preisest und mir nicht dienst. Keine Dienste, Noah, keine Knechtschaft und nicht mal Gehorsam — frei sollst du sein vor mir, nicht unfrei, wie vor ihm.

NOAH. Mein Herz stockt vor Entsetzen, kannst du, Calan, mich heilen, wenn mich Aussatz frißt?

CALAN. Aber ich schlage dich nicht mit Schmerz, Kummer und Krankheit. Du sollst nicht mein Geschöpf heißen und an den Mängeln deines Meisters leiden. Er begnadete dich mit dir selbst, aber deinen eigenen Willen, wenn er dich zu einer eigenen Lust führen will, mußt du oft bändigen — wenn du willst, sollen die drei andern, deine mörderischen Nachbarn, dir weichen, willst du?

NOAH. Wenn Gott nicht will, will ich auch nicht.

CALAN. So gib mir Bescheid, wenn du ihn gefragt hast, ob du wollen darfst. Er hat dich in ihre Hände gegeben, ich gebe sie in deine Hände — du hast nur kümmerliche Kenntnisse von Gott, sehe ich, und gar kein Vertrauen. Warum sagst du nicht, ja, ich will? Wenn er dann nicht will, so kann er dich, wenn er stärker ist als ich, wieder zurück in ihre Zucht geben. Hast du deinen Willen vielleicht gar nicht von ihm, da du zweifelst, ob dein Wille sein Wille sei, oder wußte er selbst nicht, was er wollte, als er dir den Willen gab? Aber das alles hat gar keine Eile, ich bin langmütiger als er, wenn er sein Geschöpf für des Geschöpfes Fehler straft. Du kannst darüber schlafen — aber leg die Hand auf das Vieh und bediene dich meiner Knechte, bis die deinen sich zu dir zurückgefunden. *Ab.*

NOAH *sinkt zusammen, vergräbt den Kopf in den Händen.* O Gott, wie schwer bist du zu verstehen — schufest mich und schufest Calan, meine Söhne, mein Weib und — *Blickt auf und sieht Awah an —* und diese?

Ahire kommt.

NOAH *umfaßt sie.* Laß dein Herz hüpfen wie in den besten Tagen, Ahire, sprich nicht, frage nicht, sondern fühle nur, wie wohl freies Atmen tut. Alles ist wieder unser, alle Not vorbei, wir sind groß wie vorher — laß die Lasten von deinem Herzen fallen, laß die Lust auf deine Seele hauchen.

AHIRE. Unsere Söhne hocken in einem Häufchen beisammen, aber ich — ach Noah, ich wäre gern mit dir gestorben. Calan war bei dir, was brachte dir Calan?

[20]don't disturb her, keep your thoughts to yourself

NOAH. Er hat ihnen alles genommen und uns zurückgegeben, jedes Horn, jeden Huf, wir brauchen nur zu nehmen.

AHIRE. Ich muß meine Angst mit Weinen löschen. Laß mich sitzen und sitz bei mir und laß mich weinen, lange weinen — weinen und dazwischen fragen und dir zulächeln. Ich habe soviel Freude daran, langsam vom Kummer zu genesen, Noah; kleine Schritte zur großen Freude zu machen. Komm, sitz bei mir und halte mich im Arm. *Sie sieht Awah.* Wer ist die?

NOAH. Awah ist ihr Name, Calans Opfer ist sie, dargebracht für göttlichen Beistand.

AHIRE. Mir? Als Magd, als Kind — als Kind, Noah? *Umfaßt Awah.*

NOAH. Nein — mir, Ahire, mir geschenkt und zum Eigentum gegeben.

AHIRE. Dir — nicht mir? *Sieht zwischen ihnen hin und her.* Gib sie mir, Noah; sieh, das Weinen, das Lustweinen, ist mir vergangen vor Erwartung. Doch, Noah, mir schenkst du sie als mein eigen! *Sie hat sie losgelassen, steht wenig entfernt und betrachtet sie. Awah erschrickt, stürzt zu Noah und umfaßt seine Knie.*

NOAH. Ich weiß, Ahire, du magst sie mir nicht gönnen. Warum begehrst du die?

AHIRE. Japhet soll sie haben, Japhet hält fest, was er hat, sie ist die rechte für Japhet.

NOAH. Japhet? Japhet? Armes Kind!

AHIRE. Da laufen Buben umher in der Nachbarschaft, Töchterkinder und Mägdebälge — Japhets Buben, damit du es auch weißt, eine böse Zucht[21] ist im Gange, je weniger man davon wissen will, um so wütender ist der Verdruß. Es muß damit ein Ende haben, Noah. Und wenn hier nun Kinder von dir und ihr herumbalgen sollen — wenn Gott es zulassen will, ich lasse es nicht zu. Sie wird Japhets Frau, und Japhet weiß seine Habe zu mehren, Noah, besser als du — *Schüttelt sich* — die Lust zu weinen ist mir ganz vergangen.

NOAH. Armes Kind!

AHIRE. Als dir Herden und Knechte geraubt waren, sagtest du: Gott hat es gewollt. Ist dir das fremde Ding lieber als Herden und Knechte?

NOAH. Schlüge Gott mich mit Blindheit, so wäre alles gut, aber Gott ließ mir meine Augen. Geh gelinde mit mir um, mit meinen guten Augen bin ich so bedauernswert wie Japhet mit seinen schielenden. Wir verdienen beide deine Nachsicht — Japhets Brut mag ich ungern sehen, weder da draußen noch hier bei mir.

---

[21]wantonness, degeneracy

AHIRE. Es sind wohl nicht nur deine armen Augen, die dieses arme Kind reich machen soll. Gib sie Japhet, Japhets Augen sind bedürftiger als deine —. Sie kommen, Noah, unsere Söhne kommen, sage ja, sagst du ja? Ich würde Gott fluchen, wenn er es zulassen wollte, daß du nein sagst — ich fluche ihm mit dem nächsten Wort, wenn du kein Ja sprichst!

NOAH. Fluche nicht, Ahire, Gott will nicht verflucht sein, er will es nicht dazu kommen lassen. *Zu Awah.* Geh hin, geh zu ihr, du bist ihr Kind.

Ahire faßt sie, sie stößt einen leisen Schrei aus.
Sem, Ham und Japhet kommen.

ZWEITER TEIL

[1]

Wüste.

DER BUCKELIGE AUSSÄTZIGE. Bist du noch da, lieber Buckel, und unser lieber Aussatz auch? Kommt, kommt, eh es Schläge gibt. *Streicht fort.*

Ein Bettler an Krücken geht mit schleppenden Schritten vorüber, zwei Engel begegnen ihm und stellen sich zu beiden Seiten.

1. ENGEL. Wir kennen dich in jeder Gestalt.

2. ENGEL. Wir finden dich an jedem Ort.

1. ENGEL. Überall wo du bleibst.

2. ENGEL. Als Bild deines Ebenbilds.

1. ENGEL. Des Menschen, den du mehr liebst als uns alle, die aus Licht und Kraft und Glut geboren sind.

2. ENGEL. Des Erdenkloßes, dessen Elend du um deine Schultern geschlagen.

BETTLER. Eure Rede ist Verschweigen, ihr verhüllt mit Worten euer Wollen.

1. ENGEL. Wir wollen, was du willst.

2. ENGEL. Und können nichts wollen als deinen Willen — sie können anders.

1. ENGEL. Die Menschen können anders.

Bettler macht eine demütige Gebärde.

1. ENGEL. Erde ist ein schlimmer Stoff für dein Schaffen, es liegt ein Wolfssame in ihr, die Erde

durchdringt den Menschen mit ihrem Wesen, sie nährt ihn mit wölfischer Milch.

2. ENGEL. Was die Kinder aus den Müttern saugen, bricht wie feurige Wut aus ihren Augen.

1. ENGEL. Reißt sie zu Rudeln zusammen, daß sie wie Tiere durch die Welt wildern.

2. ENGEL. Väter zeugen selbst ihre Weiber, Mütter gebären selbst ihre Männer.

1. ENGEL. Tieren und tönernen Bildern bauen sie Häuser, ihren greulich gestalteten Göttern geben sie die Würde deiner Größe.

2. ENGEL. Dein Ebenbild ist zu einer Fratze geworden.

1. ENGEL. Deine Welt ist in Wahnsinn gefallen.

BETTLER *schüttelt den Kopf.* Und Noah?

1. ENGEL. Noah, dein Kind und dein Knecht?

2. ENGEL. Noah ist der einzige unter allen.

BETTLER. Ich will ihn sehen, geht hin, mich zu verkünden.

Engel schweigen. Bettler macht eine bittende Gebärde.

1. ENGEL. Dich, die Herrlichkeit, die Heiligkeit?

2. ENGEL. Dich, die Größe, die Güte?

1 ENGEL. Dich, den Sturm, dich, die Stille?

2 ENGEL. Dich, allen Schein, dich, alles Sein?

BETTLER. Sagt ihm, er soll mich mit Augen sehen und mit Händen greifen. Nicht mehr, nichts von meiner Gestalt, nichts von meinem Gewand. Geht. *Engel ab, er humpelt weiter, im Selbstgespräch, jämmerlich.* Mich reuts, mich reuts, sie sollen verderben, ich will sie ausraufen und ersäufen, versenken, vergessen — vergessen, vergessen! Sie sind aus falschem Samen entquollen, nicht meine Kinder, nicht meine. In überfließender Liebe ausgeströmt und als frecher Haß geboren, Bastarde, Bastarde, Bastarde! *Er droht mit der Krücke ins Ungewisse.*

[2]

Bei Noahs Zelten. Der Aussätzige huscht vorüber. Japhet und Sem.

JAPHET. Merkwürdig, wie anders sie ist als alle andern. Eine fast stumme Frau, demütige Dienerin deiner Liebhabereien und hochnäsig auf eine Art, daß du denkst, sie wäscht sich nur darum so oft, weil du sie angefaßt hast. Es ist kein Behagen, bei ihr zu sein, ich hätte viel lieber die dicke Zebid zur Frau.

SEM. Ich würde es allenfalls mit ihr versuchen, Japhet.

JAPHET. Du mit deinem linkischen Gehabe? Da weiß ich sie ganz anders zu behandeln, he! Lächerlich — Sem!

SEM. Ich sagte es nur so hin[22]. Es ist mir so ernst mit Awah wie dir mit der Zebid.

JAPHET. Das bedeutet ein erbauliches Stück Ernst, wenigstens in Worten und Gedanken!

SEM. Genau so mein ichs auch — Ham macht noch ein ganz anderes Gesicht, das bedeutet mehr als Worte und Gedanken. Wie oft holt er sie zu seiner Frau herein, die da ihr Püppchen säugt, als müßte die Welt ein Probestück[23] sehen — da fallen dann leicht zwischen Gelach und Gejach allerlei Unversehentlichkeiten ab, da steckt man zerstreut in die Tasche, was in eine andere gehört[24]. Das kenne ich.

JAPHET. Das kennst du?

SEM. Ich bin nicht schlechter als ihr andern Schlingel — ich mach mir nur nichts weis[25]. Und erst Vater Noah selbst, hat tags keine Kraft zum Tun und nachts seine Not beim Ruhn — immer stiert er geradeaus: er sieht sie, selbst wenn er die Augen schließt.

JAPHET. Die Alten sind die tollsten, das weiß ich lange.

SEM. Abgötterei, nichts anderes, wie er sich auch kratzen mag, es juckt immer wieder. Schaut er nicht ganz freundlich drein, wenn sie darüber lacht, wie er von Gott spricht, was ja unvernünftig oft vorkommt? Dann schaut sie um sich und über sich und fühlt hinter den Wänden, ob er da steht. Sie denkt, Gott ist sein Vater oder Vetter oder sein vierter Sohn, nur, daß er irgendwo im Winkel hockt und doch vielleicht einmal beiläufig niest oder gähnt, aber nicht geheuer von Gestalt und von verlorener Form. Gott ist ein Spuk in ihrer Seele, sonst nichts — aber doch drin, in ihr, bei ihr, was sie hat und von ihr gehalten wird. Komm, wir müssen Gruben graben und Fallen legen, die Wölfe und wilden Kinder nehmen überhand.

Beide ab. Ahire.

AHIRE. Alle reden von nichts als Awah, und was ich nicht höre, das sehe ich, alle diese neuen Mienen

---

[22]I was just talking. [23]shining example = Awah [24]. . . then, amidst laughter and rowdiness, all kinds of unexpected things can easily drop, which are then distractedly put into one's own pocket, although they belong to another. [25]I just don't gloss anything over

und Blicke, dies ungewohnte Halten und Gehen und Umsehen, Warten und Winken — Awah — nichts als Awah!

Awah mit einem Lamm auf dem Arm.

AHIRE.   Kommst du von draußen, Awah, von der Weide?

AWAH *nickt*.   Vater hats mir geschenkt, nur bin ich bange, Gott wird es fressen. Ich will es mit mir ins Bett nehmen, und kommt er, so kann ich kratzen.

AHIRE.   Aber was wird Japhet sagen, da doch alle Schafe Läuse haben, junge wie alte?

Awah setzt das Lamm nieder, fängt an, ihre Kleider abzustreifen und zu schütteln.

AHIRE.   Sieh, Awah, Sem steht noch hinter den Bäumen — und wie du dich enthüllt hast! Fürchte Sems Blicke mehr als Läuse, Awah, lauf ins Zelt, mach dich hinter Felle und Matten mit deinem Geschäft! *Sie droht Sem mit dem Finger.*

Noah führt mit Demutsgebärden zwei Engel herein.

NOAH.   Rastet unter meinem Dach, labt meine Seele mit eurem Weilen, es gibt keinen Raum, der wie dieser zwischen meinen Zelten bei diesem Hain mit allem Leben und allem Ding euch diente. Alles von Gott, alles euer! Ahire, steh nicht da, tummel dich, gieße Wasser in dein bestes Geschirr, ich helfe dir tragen, wenn keins von den Kindern kommt. Awah — ach Awah!

AWAH.   Wer sind sie, Vater?

NOAH.   Boten Gottes, Awah, Boten mit göttlichen Worten auf ihren Zungen! *Er umarmt Awah stürmisch.* Kind, Awah, ach, freue dich doch! Ahire, was wartest du, es muß geschlachtet werden, wir wollen uns regen — aber leise, Kinder, seid leise, lobt wie stummes Beten mit lautlosem Tun unsere Gäste!

Ahire schleicht erschrocken fort. Die Engel lächeln, Awah schlägt entzückt die Hände zusammen, Sem sieht furchtsam von weiten zu.

1. ENGEL.   Wir wollen rasten und mit Wasser den Staub von den Füßen waschen.

2. ENGEL.   Verrichte für uns, wie dich verlangt zu tun.

NOAH.   Das Lamm, das ich Awah gab — Sem, komm eilig, schlachte das Lamm und brings deiner Mutter zum braten.

Sem sieht sich entdeckt und weicht furchtsam zurück. Ahire im Hintergrunde winkt Awah, Awah geht und schleppt ein Gefäß heran.

NOAH.   Ahire — Sem, wo bleibt ihr, wovor fürchtet ihr euch? Sie fürchten sich, Awah, wie mögen sie sich fürchten!

Awah kniet und wäscht den Engeln die Füße. Noah trägt das Lamm fort. Die Engel lächeln, Awah lächelt zurück, trocknet ihre Füße mit ihrem Haar und streichelt ihnen Knie und Lenden.

AWAH.   Sagt mir, wo finde ich Gott.

1. ENGEL.   Er wird kommen, und du wirst ihn sehen.

2. ENGEL.   Du wirst ihn sehen und kennst ihn nicht.

AWAH.   Sehen und nicht erkennen — nein, wenn er schön ist wie ihr, werde ich ihn erkennen.

1. ENGEL.   Ich will deine Augen küssen, und du wirst ihn kennen. *Tut es.*

2. ENGEL.   Ich will deine Ohren berühren, und du wirst seine Stimme spüren. *Tut es.*

AWAH.   Kommt er bald?

1. ENGEL.   Er ist nah.

2. ENGEL.   Er wird von deinem Lamm essen.

1. ENGEL *steht auf*.   Der Tag trägt uns davon.

2. ENGEL *steht auf*.   Die Zeit zieht unsre Füße voran.

1. ENGEL.   Sage Noah, er wird ihn sehen.

2. ENGEL.   Verheiße ihm, er wird ihn fühlen.

Sie gehen, Awah wirft sich weinend nieder, Noah kommt.

NOAH.   Sie wollten mich nicht von sich lassen — *bestürzt* — Awah bist du allein? Wo — wo — wo, Engel des Herrn, Boten Gottes, heiliger Boden, wo eure Füße gewandelt! *Er taumelt, fällt neben Awah nieder und küßt ihre Hände.* Deine Hände haben sie berührt, deine Seele weint über sie, gib mir ab von deinem Weinen, schenk mir deinen Schmerz, teile mit mir, Awah.

AWAH.   Er kommt, sie verkündeten, daß er naht. Du sollst ihn fühlen, du sollst ihn sehen, Gott sollst du sehen; er kommt, Gott kommt.

NOAH.   Sehen — Gott sehen? Mit diesen meinen Augen? *Entsetzt.* Er, der sie mir gab, um Kühe und Kälber zu prüfen, will die Kraft seines ewigen Glanzes auf sie werfen? — Zwei Mauselöcher sollen das Bild des Höchsten beherbergen? Sie werden zerbrechen, sie werden verbrennen, sie werden erblinden. *Steht auf.* Ahire hat recht, Sem hat recht, es war Spuk und Spott, es war Blendwerk und Betrug. Awah, steh auf; aus meinen Augen und verbirg dich im Dunkel deines Hauses, weine weiter im Winkel und hüte dich, daß mein Gram nicht in ⁵ Grimm ausbricht. Auf — fort. Bah, bah, nichts als Abgötterei und Besessenheit!

Er schiebt sie fort und kauert sich mürrisch und verzweifelt in den schattigen Winkel des Überdachs. ¹⁰

JAPHET *kommt gelaufen.* Mir flogs vorbei wie heißer Wind — im Gewand wie fließendes Geflecht von Sonnenstrahlen, zwei redende Riesen mit Gerinne und Gehetz und Gekeuch und Gehusch ¹⁵ von Flügeln aus Luft hinter sich an den Fersen — über mich her, durch mich hin, daß ich zwischen ihren Worten wie von Mühlsteinen geschroten²⁶ bin — — Vater, Vater, wie habe ich mich gefürchtet.

NOAH. Du auch, ihr alle habt euch gefürchtet, ²⁰ ihr seid ohne Freude, ohne Freiheit, ohne Frieden — nur Awah nicht und ich — o Gott, o Gott, gib mir meine Freude wieder, Klugheit ist Angst, Vorsicht ist Furcht.

Ahire, Sem zurück. ²⁵

NOAH. Sprecht miteinander, ich aber bin taub, will nicht, kann nicht hören, Leid hat mich eingeschaufelt, Bitterkeit hat mich begraben. *Sie stehen* ³⁰ *um ihn und blicken ihn an.* O ich Tor, ich Tor, ich Tor, daß ich mich von eurer Vorsicht betölpeln²⁷ ließ, o, die Pein der verlorenen Wonne! *Wütend.* Geht hierhin oder dahin, steht nicht und seht auf mich — ließ mich von euren blasigen Worten um- ³⁵ winden und von euren harzigen Händen halten — und so gingen Freude, Friede und Freiheit — Leid, liebes Leid ist mir geblieben, laßt mir mein Leid, laßt mir das bißchen verlorene Lust. Geht doch, geht alle! ⁴⁰

Ahire sieht angstvoll auf ihn, Sem zuckt die Schultern, Japhet kehrt sich um und geht. Ahire und Sem folgen. Noah rauft einen Büschel Gras und kaut darauf. Calan schlendert heran. ⁴⁵

CALAN *horcht.* Man hört es bis hierher, das Vieh brüllt nach Wasser.

Noah überhört ihn. ⁵⁰

²⁶past participle of *schroten*, alternate form of *geschrotet* ²⁷be made a fool of

CALAN. Ja, Noah, es ist ausgemacht, viel Vieh wird sterben.

Noah kaut.

CALAN *setzt sich zu ihm.* Bitte um Regen, aber bitte um viel Regen, mehr als eine Hand voll. Wie machst du es eigentlich, ich habe es schon versucht, aber es verfing nicht. Ich hätte den Pfiff gerne heraus²⁸ — wenn es hilft, ist Beten eine gute Sache.

NOAH. Dein Gebet hat nichts mit meinem zu schaffen.

CALAN. Ich denke doch. Noah, wir wollen zusammen ein Opfer veranstalten. Es ist alles da: das Opfer und die Bittsteller. Du opferst, und ich schaue dir dabei zu, um von dir zu lernen. Chus, mein Knecht, kommt mit einem jungen, schönen, tadellosen, kerngesunden, lockenhaarigen Bengel von den Hirten jenseits des Passes, der mir jüngst in die Hände fiel. Zum opfern wie geschaffen, ein Prachtstück von einem Opfer. Sieh, darum kam ich her. — Daß du Awah zu deinem schweißhäutigen Japhet gebettet hast, soll mich nicht kränken. Ihr erster Bube ist einmal von mir, nach ihm, wenn er da ist, mag kommen was will.

NOAH *starrt grade aus.* — — im Gewand wie fließendes Geflecht von Sonnenstrahlen, so gehen sie vorüber — — —

CALAN. Was wimmerst du da?

NOAH. Freude, Friede, Freiheit gehen durch ihn hin, über ihn her — —

CALAN. Noah!

NOAH. Ihre Worte schroten ihn zwischen sich wie Mühlsteine! *Abwehrend.* Calan, Calan, was kümmert mich, ob Awahs erster Bube Japhets ist oder deiner — zwei redende Riesen wie heißer Wind! Hör doch, zwei redende Riesen — und Gerinne und Gehetz und Gekeuch und Gekeuch von Flügeln — *Er schluchzt.*

Chus kommt mit dem jungen Hirten.

CALAN. Das Opfer, Noah, werde wach!

NOAH. Gott hat kein Gefallen am Menschenopfer. Es ist ihm ein Greuel.

CALAN. Lieber Noah, Gott nimmt, was ihm geboten wird; er riecht nicht am Fleisch, sondern richtet nach dem Herzen des Gebers. Gibst du gern, so nimmt er gern.

NOAH. Er allein ist Herr über Tod und Leben dieses Mannes, Calan.

²⁸I wish I knew the trick

CALAN. Er — nein, sondern ich; und ich mache dich zum Herrn.

NOAH. Nimm ihn zurück, ein Mensch ist kein Ding wie ein Vieh.

CALAN. Aber du hast Awah angenommen und sie Japhet dargebracht — Ausflüchte, Noah, es wird geopfert.

NOAH. Ich schneide nicht ins Fleisch eines Menschen, ich schlachte nicht Gottes Kind, ich vergieße kein Blut, Gott läßt sich nicht spotten, du darfst nicht töten.

CALAN. Hast du Awah an Japhet geopfert, so läßt Gott auch mein Opfer zu. Ich will es nun mal mit deinem Gott versuchen, Noah; ich meine es gut mit ihm, und er wird meinen guten Willen erkennen.

NOAH. Ich will nicht mitschuldig werden, Calan.

CALAN. Aber Gott hat zugelassen, daß er in meine Hände fiel, Gott hat Dürre gesandt und läßt zu, daß das Land arm wird. Offenbar bedarf er ein Opfer, Noah, — und sieh ihn dir nur an, ist es nicht eine gottwürdige Gabe?

NOAH zum Hirten. Fürchte dich nicht, dein Leben ist in Gottes Hand.

CALAN. Hast du dir überlegt, wie du es mit meinem Vorschlag halten[29] willst, soll ich nun vor dir neben Gott treten? Ich bin stark und mächtig und gnädig. Wenn er der Herr ist über Tod und Leben, so stehe ich ihm darin nicht nach.

NOAH. Deine Gewalt ist groß, Calan, aber Gottes ist größer. Du bist Mensch, und er will keine Abgötterei. Sei barmherzig mit mir und quäle mich nicht mit solchem Begehr. Auch du wirst arm, Calan, arm nach Gottes Willen durch die Dürre.

CALAN grinsend. Arm, nein, Noah, so war es nicht gemeint. Was Gott mir durch Dürre nimmt, erstatte ich mir selbst zurück aus der vollen Schatzkammer der Ferne. Auch dir, Noah, auch dir, fürchte dich nicht vor Gott und seiner Dürre. Gottes Dürre ist meine Dienerin und Förderin, auch deine, Noah, auch deine!

NOAH. Ich diene ihm auch bei der Dürre.

CALAN. Ich muß dir zeigen, daß ich gottmächtig bin. Zu Chus. Geh mit ihm hinter die Bäume des Hains und schlage ihm beide Hände herunter, und beide Hände bringst du her. Zu Noah. Läßt er es zu, so sehe ich darin ein Zeichen, daß ihm das Opfer gefällig ist, oder daß sein Grimm gewaltlos ist gegen meine geringe Götterschaft. Dann wäre er geringer als ich, und ich würde denken, er

wäre nicht einmal Herr über die Dürre. Chus mit dem Hirten ab. Wollen sehen, Noah, wollen sehen, Er oder ich, Er oder ich!

Noah ringt die Hände.

CALAN. Hast du Furcht, daß sein Vermögen nicht ausreicht? Mein Wort schlägt Hände ab — horch, ob sein Wort sie ihm behält. *Man hört schreien.* Wer, sagst du, Noah, wer, sagst du, wer, wenn nicht ich, ist der Herr?

NOAH. Sprich ein zweites Wort, Calan. *Das Schreien dauert an.* Töte ihn vollends, daß nicht sein Schreien in meinen Eingeweiden schauert, sprich, Calan, sprich!

CALAN. Darum, daß dein Eingeweide sich besänftigt? Darum, Noah, bitte ihn, den andern. Das Opfer ist getan, mag er sich sättigen am Schreien, denn es schreien viele, ohne daß er ihr Schreien in Gnade ersäuft. Mag er sich auch eine Mühe machen mit einem Wort, wenn ihm an der Stille gelegen ist[30]. Ich habe das Opfer von mir gegeben, und da es sein ist, soll er damit tun nach seinem Wohlgefallen. *Chus kommt mit zwei blutigen Händen.* Gut. Chus, nagle sie hier an den Pfosten, daß er sieht, was Calan dargebracht, das nimmt er nicht wieder an sich.

Chus tut wie befohlen.

CALAN zu Noah, der sich die Ohren zuhält. Nimm die Hände herunter und höre, was dein Gott dir zu hören gibt. Wenn es an dem ist, daß er ihn schreien läßt[31], so hat er Wohlgefallen an seinem Schreien, und es kitzelt ihm die Eingeweide. Oder sollte sein Wort keine Kraft haben, wenn ihn nach Stille verlangt?

NOAH. Ich speie aus über dich, Calan, ich speie aus. *Speit aus.*

CALAN. Über mich, Noah? Da muß ich mich gewaltig wundern — über mich?

NOAH. Über deine Tat, Calan, über dein scheußliches Tun — *speit aus.* Totschläger, Mörder, Schänder!

CALAN. Ich wundere mich immer mehr, Noah!

NOAH. Pfui über deine Fratze[32], rasender Gottversucher!

CALAN. Ei, Noah, du rasest, du! Ich gönne es Gott, schöner zu sein als ich, aber handelt er weniger schändlich als ich, wenn es nämlich

---

[29] = act upon my suggestion

[30]if he prizes silence   [31]if it is a fact that he lets him cry out   [32]foolish misdeed

schändlich war, was geschah — wenn, Noah, wenn? War es also schändlich, so ist es auch schändlich zuzusehen, zuzulassen, zuzuhören wie der hübsche Gott und der gute Noah — schändlich, schändlich!

NOAH. Ich? Meinst du, daß ich dir in die Arme fallen sollte, ich, ein friedlicher alter Mann mit dem großen Vertrauen auf Gott?

CALAN. Meinst du etwa nicht? Dann verließest du dich auf Gott, und Gott verließ sich vielleicht auf Noah. Und über so viel Vertrauen und Verlaß wurde ich zum Totschläger und Schänder. Versprichst du mir, auf Gott zu spucken, wenn es sich herausstellt, daß er das Opfer verabscheute und doch nicht hinderte? Also, daß ich mit meinem Hinhängen zu Gottes Herzen durch Gottes Unterlassen zum Totschläger wurde? Denn, siehst du, Noah, dann wäre ja Gott ein Totschläger an meiner Unschuld[33] geworden, siehst du das nicht ein?

NOAH. Armer, gräßlicher Calan, wo ist Friede, Freude, Freiheit für dich zu finden?

CALAN. Das laß gut sein[34] — ich bin kein Mensch von deiner Sorte, bin das Kind eines größeren Gottes als deiner — ein Gotteskind, Noah, das abgesetzt, verloren, gestohlen, übelgehalten und verwahrlost ist — aber ein Gott! Wer wars, der da um die Ecke schaute?

NOAH. Um die Ecke — ich habe nichts gesehen.

CALAN. Aber ich, sieh, da hüpft es wieder über den Weg, ein hübsches Ding von einem säbelbeinigen Kobold, ein spaßiges Alterchen — — nimm den Sack vom Zaun, Chus, lauf ihm nach und tu ihn hinein! *Chus zögert erstaunt, wird aber durch Calans strengen Blick und verstohlenen Wink bestimmt; ab.* Wahrhaftig, ich glaube, du schämst dich seiner, aber sicher — Er war es, Noah! Noah, sei ein Mann und sage: Er war es, Gott selbst hüpfte über den Weg.

NOAH. Er? Ein Alterchen, ein Kobold — genug gelästert, Calan, ich schäme mich für dich.

Chus kommt unsicher, ob er Calans Laune verstanden, mit dem Sack zurück.

CALAN. Gut gemacht, Chus — bind ihn zu und gib ihn her. So! Ich weiß, er ist es, er kann nicht anders aussehen, und ich verstehe herzlich gut, daß du dir solchen Gott von Halse lügst[35]. Wenn du nichts dagegen hast, so will ich ihn mit mir nehmen und meinen Spaß an seinem Spiel haben, vielleicht ist er gelehrig und läßt sich abrichten. *Schüttelt den*

Sack. Noahs Gott in einem strohernen Sack, welch ein Fang, aber das sage ich dir, wenn er beißt, soll er Schläge haben. Nun reut es mich, daß dem armen Kerl dahinten die Hände umsonst abgeschlagen sind, viel zu schade um einen solchen Gott!

NOAH. So lästerst du, Calan, lästerst, lästerst. *Er vergräbt sein Gesicht in den Händen.*

Der alte Bettler mit Krücken erscheint und steht flehend da. Noah sieht auf.

BETTLER. Die wölfischen Kinder sind über mich gekommen, ich bin zerschunden und blute. Erbarmt euch! *Zeigt seine Wunden.*

CALAN. Das war recht, daß sie dich rauften. Immer besser, du dienst zum Fraß, als daß du frißt.

Noah steht langsam auf und geht erschüttert näher.

BETTLER *mit vertraulicher Unbehilflichkeit*. Sieh, ein Steinwurf am Kinn und Kratzwunden überall — Schläge, soviel Schläge. — Hunger habe ich auch! *Er sieht Noah lächelnd an.*

NOAH. Schläge? Auch hungern mußt du?

BETTLER. Ich bin ganz mager und alt, bin hilflos und brauche wenig. *Lächelnd.* Und doch muß ich hungern.

NOAH. Und kommst zu mir um Speise?

BETTLER *leise*. Ja, zu dir, Noah, zu dir.

NOAH *scheu*. Ach, die Zeit — wie lange Zeit verging seit früher.

BETTLER *leise*. Und du bist alt und fast fremd geworden — wie dich die lange Zeit verändert hat! *Sie sehen sich an, suchen immer mehr sich zu erkennen.*

NOAH. Willst du nicht herantreten?

BETTLER. Nicht wahr, du jagst mich nicht von deiner Tür, hetzest keine Hunde auf mich — ich bin so einsam in der Welt und wagte weither zu wandern, weil ich dachte, du nähmest mich auf. Habe viel Mühe unterwegs gehabt. Doch — du siehst so anders aus.

NOAH. Ach, Vater, aus welcher Ferne kommst du zu mir?

BETTLER. Ich darf auch nicht lange bleiben, nur ansehen wollte ich dich und mich erquicken lassen.

NOAH. Bist du doch noch im Leben, armer alter Vater, warum schleppst du dich so schwer durch die Welt?

BETTLER. Die vergangene Zeit hat mich vergessen, und ich habe sie verloren, bin verirrt und

---

[33]murderer of my innocence   [34]never mind that   [35]deny

verlaufen. Doch nun bin ich bei dir, Noah, mein Sohn.

NOAH *stürzt zu seinen Füßen, umfaßt seine Knie, steht wieder auf und sieht ihn prüfend an.* Bist du es, Vater?

BETTLER. Ja, Noah, ich bins, hast du mich vergessen?

NOAH *schüttelt den Kopf.* Ich bin verwirrt, du bist doch mein Vater gewesen. Vater, die Kinder sind Männer, und wir sind große Leute geworden — und du bist ein Fremder in der Ferne?

BETTLER. Ja, wir sind weit auseinandergeraten, und meine Dinge sind nicht mehr deine Dinge — — doch, doch, Noah, du warst einst mein Sohn.

NOAH. Komm zum Hause und nimm, was ich dir anbieten kann. *Er führt den Bettler näher und läßt ihn sitzen.*

BETTLER *deutet auf die angenagelten Hände.* Ja, die Zeiten sind andere geworden, in meinen Tagen schlug man den Menschen nicht die Hände ab.

CALAN. In unsern Tagen, du alter Betrüger und Almosenbeißer, schelten nicht die Väter ihre Söhne, sondern die Söhne ihre Väter. Aber die Hände habe ich abgeschlagen und annageln lassen — ich, Calan, ein Kind des Gottes, der mir die Kraft gegeben hat, kein Knecht zu sein. *Er schüttelt den Sack.* Beide, Noah und sein Gott konnten mich nicht hindern.

BETTLER. Vielleicht schlägt dich Gott dafür in deinen Kindern.

CALAN. Mein Gott rächt sich nicht an meinen Kindern, das ist ein Zug an Noahs Gott. Und daß Noahs Gott sich nicht an mir vergreift, habe ich ihn zur Vorsicht in den Sack gesteckt. Laß dich waschen, laß dich von Staub und Blut reinigen.

Noah badet seine Füße, wäscht Gesicht, Arme und Hände.

CALAN. Weißt du, daß das Wasser teuer geworden ist, du Schmutzfink? Für jeden Tropfen, den er an dich verschwendet, beten die beiden blutigen Hände, daß er wiedererstattet werde, und wenn deine Ohren nicht zu faul wären, würdest du das Seufzen und Schreien nach Wasser hören des Mannes, dessen stumme Hände um Tropfen beten. *Man hört schreien.* Hörst du? Er betet an unserer Statt, dafür haben wir ihm den Platz angewiesen, so betet man in unsern Tagen.

BETTLER. Für jeden Tropfen Blut wird ein Meer aus den Brunnen der Tiefe brechen, für jeden bangen Hauch des klagenden Mannes wird ein Schwall aus den Schleusen des Himmels niederschlagen.

CALAN. Oho, was für eine überfließende Erfüllung!

BETTLER. Du tätest gut, die Seufzer des Mannes in Barmherzigkeit zu ersäufen, denn für seine Seufzer werden die Bäuche des Himmels sich erbrechen.

CALAN. Was wimmerst du da für ein Wort vom Ersäufen? Wie kommt mein Wort in deinen Mund?

BETTLER. Meine Ohren sind nicht so faul, wie du dachtest.

Ham mit verdrossener Miene.

HAM. Der Fluß versiegt, die Tiere erliegen, und die wilden Kinder mit Wolfszähnen trinken ihr Blut — die Herden werden täglich kleiner, Vater.

NOAH. Das ist Ham, unser zweiter — sieh, Ham, sieh her und erschrick nicht — der alte Mann hat dich einst auf den Knien geschaukelt — erkennst du ihn noch, du müßtest ihn erkennen.

HAM. Ich habe an Wichtigeres zu denken — was ists mit dem blutenden Mann im Wald, wer hat ihn so schändlich verstümmelt?

NOAH *zum Bettler.* Er hat schon Kinder, Vater, so ist alles gezeitigt und verändert, du sollst sie sehen.

BETTLER. Sind sie gut geraten, und auch deine Söhne?

NOAH. Es sind alles liebe Kinder, Sem, Ham und Japhet, alles gute Menschen, dankbar und gottesfürchtig und gehorsam.

HAM. Genau genommen haben wir uns mit Gehorsam und Gottesfurcht nie geplagt. Wo ist Mutter, wo sind die Brüder, oder gibts auch darauf keine Antwort?

NOAH. Sieh selbst zu, Ham, und sag deiner Mutter, sie soll des Lammes leckerstes Lendenstück leise geröstet zurichten und es bringen — für ihn — für — — *Er zaudert* — für einen hungernden, alten, müden ...

CALAN. Lumpen, Ham, für einen alten Lügner und Lumpen, der längst im Grabe faulen müßte. Sag das, Ham.

HAM. Ich weiß schon, was ich sagen will. Wenn er essen soll, so tut es auch ein geringer Bissen. *Geht ab.*

NOAH *eilt ihm nach.* Die Lende, die Lende, Ham, laß es doch die Lende werden, ich bitte dich, sorge, daß es die Lende wird. Gewähr es mir, Ham, ich ginge selbst, aber ich zittere schon, ihn auf einen Augenblick zu verlassen.

HAM. Schon gut, Vater. *Ab.*

NOAH *zurück.* Sie wissen nichts von der Gnade deines Anblicks, alter Vater, sei ihnen nicht gram — die Zeit — ach die Zeit ist auf flinken Füßen vorwärts gegangen, und ich, ich fliehe so gern zu verlorenen alten Tagen zurück.

BETTLER. Ich kam um dich, Noah — komm, Kind, komm — du warst mir bis in die letzte Stunde gehorsam, ich bitte dich, wie du Ham batest, gewähre mir Gehorsam.

NOAH. Sprich, Vater, versage dir keinen Wunsch, frage, befiehl.

BETTLER. Verlaß den Frieden dieses Tals, Noah, — —

NOAH. Das Land verlassen, aus dem Besitz weichen?

BETTLER. Geh ins Gebirge und baue.

NOAH. Ins Gebirge, mit allen Herden?

BETTLER. Ohne Herden, Noah, nur mit deinen Söhnen, deiner Frau und deiner Söhne Weibern. Bau im Gebirge.

NOAH. Wozu ins Gebirge weichen und alles Meinige verlassen?

BETTLER. Die Flut wird kommen, Noah, — höre: baue ein Haus, ein festes Haus aus den Balken der Bäume. Sieh, so soll es sein: 300 Ellen lang, 50 Ellen weit und 30 Ellen hoch, ein Haus zum Wohnen, wenn die Flut steigt, und laß das Haus lose ruhen auf dem Festen, daß es die Flut trägt und du auf der Flut wohnst, wenn die Welt vor deinen Augen verschwindet. So soll es sein.

CALAN. Bau, Noah, bau; bau fest und lang und hoch und weit, ein schwimmendes Haus, und sieh vom Dach zu, wie deine Herden ertrinken.

NOAH. Eine Flut, Vater, warum wird eine Flut kommen?

BETTLER. Es reut Gott, daß er die Menschen gemacht hat. Du allein bist wert zu bleiben — du und deine Söhne und deiner Söhne Weiber und Kinder.

NOAH. Aber du, wessen bist du wert, Vater?

BETTLER. Ich finde mich zurück in meine Zeit, die vergangenen Tage finde ich wieder.

CALAN. Aber Kamele zum reiten und Vieh zum vertreiben seines Kummers wirst du ihm mitgeben müssen, Noah, ohne das geht er nicht auf seinen Gang.

BETTLER. Und dann — Noah, zieh deine Herden zu Rate und nimm deine besten Zuchttiere mit in das schwimmende Haus, von allen Arten, und Nahrung für sie und die Deinen. Aber alle gebreitete Habe und den gehäuften Zuwachs gibst du deinem Nachbarn Calan, dafür, daß er dir einst im Unglück half. *Zu Calan.* Denn dein Gott, Calan, wenn er stärker ist als Noahs Gott, wird dich und deine Dinge vor der Flut erretten. *Zu Noah.* Gib es ihm, gib ihm alles noch heute, sage das Wort sogleich, daß er damit zum Wirt über alles werde. *Ahire mit Geschirr in beiden Händen.* Ich esse nicht, bis du gelobt zu tun, wie ich gesagt.

CALAN. Sage ein Wort, Noah, ein Wort zu Chus, und er haut dir diesen geriebenen Ratgeber in Stücke. *Zum Bettler.* Du denkst, ich werde dich belohnen? Dessen sei sicher, läßt du dich draußen finden, so stirbst du — Chus, sieh ihn dir genau an, er stirbt durchs Schwert, wo du ihn wiedersiehst.

Noah ist Ahire entgegengegangen, hat die Schüsseln gefaßt und leise mit ihr gesprochen. Sie schaut den Bettler an und schüttelt den Kopf.

AHIRE. Er sieht ihm ähnlich, Noah, hat sein Auge und seinen Bart, auch fast seine Stimme, laß ihn essen und ruhen und dann gib ihm Zehrung auf den Weg. Du hast sonderbare Gesichte, armer Mann, sei wohl barmherzig, aber nicht unklug, nein, nein, Noah, die Toten sind tot. *Ab, Noah bietet die Schüsseln dar, der Bettler lehnt lächelnd ab.*

NOAH *ruft Ahire nach.* Schicke Awah mit einem kühlen Trank! *Kniet vor dem Bettler und nähert die Schüsseln, er lehnt wieder ab.*

BETTLER. Dein Wort, Noah, mein lieber Sohn.

NOAH: Ach, Vater — *Gepreßt* — alle Herden wegschenken, als armer Mann ins Gebirge gehen — ach, Vater, wie kann man das versprechen?

CALAN. Versprich immerhin, Noah, du weißt doch, wie wohl ichs mit dir meine — sieh! *Er gibt Chus den Sack, zu Chus.* Trag ihn fort und laß ihn entwischen! *Chus mit dem Sack ab.* Mag der die Flut zum Fließen bringen, wenn er kann! Geh ins Gebirge und bau — wenn dann, wie ich weiß, mein Gott behäbig seine Flut zerbläst, dann kehr zurück und nimm deine Herden, Hufe für Hufe, Horn für Horn, aus meinen Händen zurück wie schon einmal. Aber dann opfern wir zusammen dem Gott, dessen Kind ich bin.

BETTLER *zu Noah.* Die Kraft des Segens, den ich dir sterbend gab, sei hundertfach vergrößert, wenn du meinem Wort gehorsam bist — gewähre mir Gehorsam, Noah, hast du vergessen, wer ich bin?

CALAN. Andererseits hast du wieder recht, Noah, warum willst du leben, wenn alle andern sterben — denn sie sterben unschuldig, da es Gottes Schuld ist, daß die schuldig wurden. Das ist auch zu bedenken. Stirb mit uns, wenn die Flut nicht anders soll und kann als kommen. Was kannst du

für deine Frömmigkeit, daran bist du auch unschuldig.

BETTLER. Hundertfache Frucht wird dein Gehorsam tragen, Noah.

*Awah kommt mit einem Krug, steht nicht weit von
Calan entfernt still, läßt den Krug fallen und schlägt
die Hände vors Gesicht.*

NOAH *hebt den Krug auf.* Laß gut sein, Awah,
nur ein paar Tropfen sind vergossen. *Awah blickt
um sich.*

NOAH. Was siehst du, Kind?

AWAH. Die Welt ist winziger als Nichts, und
Gott ist Alles — ich sehe nichts als Gott.

BETTLER. Glaub ihr, Noah, sie hat Gott gesehen.

AWAH *hält die Ohren zu.* Gott ist die große
Stille, ich höre Gott.

BETTLER. Glaub ihr, Noah, sie hat Gott gehört.

CALAN *berührt Awah.* Ich bins, Awah, sieh mich
an.

AWAH. Stört mich nicht. *Schaut um sich.* Alles
Gott, alles Gott!

CALAN. Siehst du mich, hörst mich nicht, Awah,
ich bins, Calan.

AWAH. Ja Herr, ich höre, deine Flut wird alles
Fleisch verderben. Ja, Herr, ich sehe, wir werden
leben, der Rabe fliegt, die Taube fliegt, der Berg
der Rettung ragt über der Flut, Ararat!

BETTLER. Hör sie, Noah, Gott spricht mit ihr.

CALAN. Awah, sprich mit mir, ich bins, Calan.

AWAH *bückt sich nach dem Krug, sieht erstaunt
um sich, nimmt ihn lachend aus Noahs Hand.* Du
hast ihn aufgefangen, als er mir entfiel, Vater?
Denke doch, was Japhet mir sagte, als ich geschol-
ten im Zelt saß und weinte; er sagte, die Läuse
der Lämmer und Schafe laufen nicht auf Menschen.
Dann hat er mir die Tränen abgeküßt und erlaubt,
daß ich ein wenig Wasser zum Waschen nahm. *Zu
Calan.* Ich hatte ein Gesicht von vielen Wolken
am Himmel, und Wasser wallte um Alles und über
Alles, es war kühl wie zu Hause auf den Bergen.
Ach, Calan, warum hast du mich in diese Dürre
gebracht!

NOAH. Warte ein Weilchen, Awah, wir gehen
aus der Dürre ins kühle Gebirge. Heute noch oder
morgen ziehen wir eilig und schauen nicht zurück.
Zu Calan. Nimm alle meine Herden, Calan, in
deine Hände, halte sie fest, und nie will ich sie von
dir zurückfordern.

AWAH. Ist Gott auch im Gebirge? Die Boten
haben mir versprochen, daß ich ihn sehen und
hören soll.

NOAH *heiter.* Gott ist groß, und auch das
Gebirge ruht in Gott, Awah, Gott ist Alles, die
Welt ist winziger als Nichts, behalte, was ich dir
sage.

AWAH *schüttelt den Kopf.* Wie kann er zu uns
kommen, wenn wir so winzig in ihm sind? *Lacht.*
Wie freue ich mich auf die Berge!

BETTLER *kläglich.* Mich hungert, Noah, mich
verlangt nach Bissen — hundertfache Frucht wird
dein Gehorsam tragen.

NOAH. Nimm und iß aus meinen Händen, Vater.
Sieh, es ist Lende, und zartes Fett feuchtet seine
Fasern durch und durch.

CALAN. Wenn Gott Alles ist, wo bleiben dann
die Bösen? *Er verfolgt Awah mit den Augen, geht
um Noah und den Bettler herum, schüttelt den Kopf,
zuckt die Achseln und geht langsam ab.*

DRITTER TEIL

[1]

*Wüste. Der Bettler. Eine Meute wilder Kinder mit
tierischen Gebärden und Wolfsgeheul schwärmt um
ihn, sie schnappen nach ihm, schlagen ihn; indem er
geduldig still hält, mißhandeln sie ihn. Die Engel
kommen und stellen sich zu seinen Seiten, worauf die
Meute auseinanderstiebt.*

1. ENGEL. Wir kennen dich in jeder Gestalt.
2. ENGEL. Wir finden dich an jedem Ort.
BETTLER. Es ist kein Heil bei den Menschen.

Engel schweigen.

BETTLER. Mein Werk höhnt meiner selbst.

Engel schweigen. Man hört von ferne Geheul.

BETTLER. Es ist nicht mehr meine Stimme, sie
geifern gegen mich, sie wüten gegen meinen Willen
— sprecht.

1. ENGEL. Sie kennen deinen Willen nicht.
2. ENGEL. Sie sehen nicht, sie hören nicht.
1. ENGEL. Ihre Seele weiß nichts von dir.
BETTLER. Von Wem weiß ihre Seele aber, Wen
sehen sie, Wen hören sie?

Engel schweigen.

BETTLER. Ich erliege unter der Last meines Grimms, ich ergrimme gegen mein Werk und ergrimme gegen mich selbst.

Engel verhüllen ihre Gesichter.

BETTLER. Fort mit den Menschen, damit ich Frieden finde, fort mit euch, zurück in die Reiche der lichtgeborenen Riesen, badet den Erdendunst von euch in der Kraft des göttlichen Glühens! Laßt mich meines Werkes ohne euch walten.

Engel ab. Der buckelige Aussätzige.

AUSSÄTZIGER. Hinter mir heults wie Wut, vor mir ist keine Hoffnung — ich fluche dem, der mich in diese wütende Welt gebracht. *Er schlägt verzweifelt mit den Fäusten um sich und berührt dabei den Bettler, der zurücktritt.* Warum schlägst du nicht wieder! *Schlägt sich selbst ins Gesicht.* Schäm dich, daß du bist, daß du Prügel haben mußt für dein Dasein. Wär ich nicht, so müßte die Welt nicht verflucht werden.

BETTLER. Deinetwegen ist die Welt verflucht?

AUSSÄTZIGER. Meinetwegen! Ja, meinetwegen! Wie kann eine Welt taugen, wenn nur ein Einziger in ihr verdammt ist und verdirbt! Hinter mir mit Geheul jagen sie mich und verfluchen mich und nennen mich böse — und böse bin ich, weil sie mich jagen und verfluchen — und verlachen — und verhöhnen! Und vor mir, was ist da vor mir? Ich atme Luft ohne Hoffnung und werde hoffnungslose Luft atmen, bis der Atem still steht. Dann werden noch die Schakale, die mich fressen, gegen einander lachen und sprechen: was für einen prächtigen Buckel er hat, sonst ist es ein Werk ohne Wert! Hä, wie ihnen mein Buckel schmecken wird. Ein Lumpenhund selbst für Schakale, das bin ich. — Du, du elender Bettelmann, kannst doch hinter dich schauen und wünschen, deine Jugend kehrte zurück, nun — möchtest du nicht wieder jung sein wie einst, oder gäbe es auf der Welt zwei von meiner Sorte? Sagst du nichts, bist einer wie ich? Komm, wir wollen zu zweien fluchen, mach Fäuste: verflucht ist der Gott, der die Guten gut und die Bösen böse gemacht hat! Oho, sagst wieder nichts? Bist bange, daß er böse wird? So hast du noch was zu verlieren, worum du bangt? Was könnte das sein — und was hätte ich am Ende auch noch zu fürchten, daß ich ihm schmeicheln möchte? Oho, ich habs, ja, so ist es, ich habe auch noch was zu verlieren. *Stellt sich breitbeinig auf.* Ich — ich habe Ekel vor ihm — nicht vor mir, wie ich sonst

dachte — vor ihm, der an mir schuld ist. Ich speie ihn an, ich breche mich aus über ihm[36]! *Zum Bettler.* Und damit ich nicht ins Leere lange, so sei du mir gut für ihn[37], ersetz ihn mir, nimm das für ihn! *Er schlägt den Bettler.* So sei Er geprügelt, so ins Gesäß getrampelt, so gezaust. Und zum Schluß laß dir noch ein bißchen schäbigen Aussatz ins Gesicht schmieren, damit Er weiß, wie ichs mit Ihm meine[38]!

[2]

Rauher Bergwald, geschlagene Stämme, Wind saust im Laub. Sem mit der Axt arbeitet am Holz. Wenn er nicht schlägt, hört man von hinten den Schall einer zweiten und dritten Axt. Awah kommt.

AWAH *stellt sich vor ihn und läßt ihr Gewand im Winde wehen.* Wie schön ist es, Sem, wenn so die Frische um die gekühlten Glieder strömt. Ihr mit euren roten Nasen alle und euren blauen Fingern — hör auf zu hacken, Sem, und horch, wie der Wind im Walde weht.

SEM. Wenn mein Beil aufhört zu bellen, so beißt es in Noahs Ohren: faule Söhne — und gleich kommt er gegangen. — — Wärest du nicht, Awah, so wärme ich mich weit weg an der Sonne, und meine Augen sollten mir den Weg weisen, wo ich meine weiße Nase wiederfände. So aber, weil du da bist, sind meine Augen zufrieden, Awah. *Er setzt sich und sieht sie an.*

AWAH. Die schönen Engel hatten keine roten Nasen — fühle, Sem, wie warm meine Hände sind. *Sie nimmt seine Hände.* Die Engel waren anzurühren wie glattes Elfenbein, du und Japhet und Ham habt haarige Haut. Wie schön mag Gott anzufassen sein, vielleicht darf ich ihn auch streicheln, Sem, meinst du, daß ich das darf?

SEM. Warum nicht, Awah — leg deine Hände auch auf meine kalten Backen und streich mir über Stirn und Augen, denk, ich wäre Gott, und er erlaubte es dir.

AWAH *tut es.* Deine Backen sind weich, und deine Stirn ist glatt, Sem.

SEM. Denk an Gott, Awah, denk, er säße hier, wo ich sitze, und erlaubte dir, ihn zu kosen, so viel du wolltest.

AWAH. Ich habe Gott sehr lieb.

SEM. Ich auch, Awah, wir haben ihn beide sehr

[36]I vomit on him [37]take his place for me [38]how I feel about him

lieb. Ich weiß mehr von ihm als mein Vater und alle anderen. Hör zu, ich will dir erzählen. Aber nun ist es genug, daß deine Hände mich pflegen, genug für heute; wenn ich Gott wäre, so müßtest du mir danken, weil ich aber Sem bin, so danke ich dir. Also hör. *Awah setzt sich neben ihn.*

SEM. Gott ist nicht überall, und Gott ist auch nicht Alles, wie Vater Noah sagt. Er verbirgt sich hinter Allem, und in Allem sind schmale Spalten, durch die er scheint, scheint und blitzt. Ganz dünne, feine Spalten, so dünn, daß man sie nie wieder findet, wenn man nur einmal den Kopf wendet.

AWAH. Hast du ihn gesehen, Sem?

Sem nickt.

AWAH. Wie sah er aus, Sem, sage mir, Sem, wie sah er aus.

SEM. Er sieht aus wie nichts, was es sonst gibt, wie kann ich es also sagen, Awah. Aber, wenn du willst, so will ich mich besinnen, nur mußt du mir Zeit geben, bis ich es sagen kann; frag ein ander Mal wieder. Ich seh ihn oft durch die Spalten, aber es ist so seltsam geschwind, daß es klafft und wieder keine Fuge zu finden ist — seltsam, Awah.

Noah mit einer Stange treibt den buckeligen Aussätzigen und den verstümmelten Hirten vor sich her.

NOAH. Taugenichtse, Tagediebe, fort mit euch in eure verfluchten Reiche!

Hirt hebt flehend beide Armstümpfe hoch, Noah erkennt ihn.

NOAH. Du — ohne deine geopferten Hände, du bist es? Calan hat dich geschlagen, nicht ich; Gott hat es zugelassen, nicht ich. Warum suchst du mich heim?

HIRT *blickt auf seine Arme.* Sie bluten nicht mehr, aber mit Schmerzen und Schrecken schleppe ich mich zu meinen Brüdern. *Zeigt gegen die Bergwand.* Bis hinter die Berge muß ich ziehen. *Weist auf den Aussätzigen.* Ihn fand ich unterwegs, er soll bei mir sein und Nahrung finden und Freundschaft.

NOAH. Deine Brüder werden ihn verjagen. Es hilft nicht, ich habe nichts mit euch zu schaffen, fort mit euch, Calan hat es getan, und Gott hat es zugelassen, nicht ich.

AUSSÄTZIGER. Wenn einst ein Größerer Gott an Nase und Ohren schändet, dann laß es lieber nicht zu, Noah, laß es nicht zu. Laß lieber deine eigenen Nasen und Ohren und gib dich gerne drein, wenn Gott nur heil bleibt. *Zeigt auf den Hirten.* Er ist Gottes Kind, und du hast es nicht gehindert, daß Calan ihn schlug. Er wird dich bei Gott verklagen, wird sagen: er hat es nicht gehindert — Noah heißt der Mann, Noah, der Gottes Knecht ist.

NOAH. Schrei nicht so laut — und fort mit euch, ich habe nichts mit euch zu schaffen.

HIRT. Ach, die Wunden, ach, die Schmerzen, ich schäme mich meiner Wunden und Schmerzen– ich schäme mich, daß ich so geschändet bin.

NOAH. Fort mit euch, es sind Gottes Werke, an die ihr euch mit euren Worten wagt.

AWAH. Sind das Gottes Werke?

NOAH. Gottes eigene Werke, Awah, sieh nicht hin.

AWAH. Gottes Werke sind grausig, wenn das Gottes Werke sind.

SEM. Sieh hin, Awah; ich möchte solche Werke nicht getan haben.

NOAH. Fort mit euch in eure verfluchten Reiche! *Er treibt sie fort; zu Sem und Awah.* Betet zu Gott, so befällt euch kein Aussatz, dient ihm, so behaltet ihr eure Hände, fürchtet ihn, so bleibt ihr verschont, liebt ihn.

AWAH. Ich kann ihn nicht lieben, wenn das seine Werke sind.

SEM. Ich auch nicht, Awah, er ist ein harter Herr.

NOAH. Wir wollen bauen, Sem. Ham mit den Stieren holt die behauenen Balken, — — nein, sie haben nichts gesehen und begriffen die beiden. Wenn die Flut kommt und die Völker auf die Berge flüchten, wo wir bauen — wir haben keinen Platz als für uns und unsere Tiere! *Zu Awah.* Sie sind es nicht wert zu leben, Awah, wir allein sind es wert, du mit uns.

AWAH. Er war schön und hatte keine Hände — Japhet ist häßlich und hat Hände.

NOAH. Hätte er gebetet, so hätte er seine Hände behalten.

AWAH. Ich habe auch nicht gebetet und habe meine Hände doch behalten.

NOAH. Liebe Japhet, Awah, das ist Gottes Wille.

AWAH. Japhet, nein, Japhet nicht; keiner ist von euch so schön wie er ohne seine Hände — und Gott liebt ihn nicht?

SEM. Er ist ein harter Herr, Awah, er gibt keine Hände wieder.

AWAH. Ich will Japhets Frau nicht sein, ich will nicht, daß Japhet noch einmal seine schmutzigen Hände auf mich legt — hilf mir, Sem, ich will viel lieber deine Frau sein.

SEM. Hörst du, Vater, sie will lieber meine Frau werden.

NOAH. Ach, Kinder, uns alle wird die Flut verschlingen, wenn wir nicht bauen.

SEM. Ich will nur bauen, wenn du mir Awah gibst. Sonst bringe ich sie auf die andere Seite der Berge und warte, ob die Flut dorthin reicht, oder was sie sonst tut. Und Japhet wird sich nicht lange besinnen und sich bei dem Volk der dicken Zebid untertun[39] — aber gewiß nicht bauen. Es wäre am besten, du gäbest ihm die Zebid, und ich verspreche dir, daß du staunst, wie seine Hände sich bei Tage für das schwimmende Haus rühren, wenn sie sich bei Nacht auf der Zebid ausruhen können.

NOAH. Die große Heidin, die mit den Knechten ihres Vaters vor hölzernen Götzen tanzt und ihre jungen Brüder vor der Zeit verdirbt?

SEM. Dann bleibt Awah bei uns in unseren Zelten, und nach der Flut fände Zebid ohnehin wenig Freude mehr an ertrunkenen Knechten und stinkenden Brüdern.

NOAH. Wo mag Ham bleiben, Ham soll euch sagen, was ihr für Burschen seid, du und Japhet — Ham, Ham!

SEM. Und sieh, Vater, da die dicke Zebid sich wegen Japhet beim Tanzen und täglicher Tollheit nicht stören lassen wird, so könnte Calan, wenn du ihn bätest . . .

NOAH *unruhig hin und her.* Ham, Ham!

SEM. Ham, Ham!

HAM *von hinten.* Wartet, ich komme.

Ham, Sem spricht mit ihm.

NOAH. Calan, Calan? *Händeringend.* Calan soll ich bitten, daß er uns die Heidin und greuliche Götzendienerin mit ihrer wütenden Wollust zutreibt? Die uns all unsere fromme Zufriedenheit in Fleisch und Verderben ersticken wird! Was sagst du, Ham, Ham, was sagst du?

HAM. Zebid, Vater, will ich dir sagen, hat nur einen Fehler — nicht, daß sie eine so große Heidin ist, das wollten wir ihr bald abgewöhnen, denn sie hat mir oft gesagt, ihr Gott wäre im Grunde nicht besser als sonst einer.

NOAH. Dir hat sie das gesagt, was hattest du mit ihr zu tun?

HAM. Ach, das ist lange her, so lange, daß ich es fast vergessen habe. Es kommt auch gar nicht darauf an. Sie war immer etwas kurzluftig[40] und brauchte jemand, der sie ins Lachen brachte, denn dann wurde ihr wieder wohl — und ich war damals ein ordentlicher Spaßvogel, siehst du.

NOAH. Aber was für einen Fehler hat sie in deinen Augen?

HAM. Ein prachtvoller Bau — das ist wahr — solche Schenkel!

NOAH. Aber sag ihren Fehler, Ham, ihren Fehler!

HAM *reibt die Stirn.* Ihr Fehler, sagte ich etwas von ihrem Fehler? Nein, Fehler hat sie nicht, gar nicht, ganz und gar nicht — — ach so, das wars, was ich meinte, aber schließlich geht es mich nichts an, was für Fehler sie hat; wenn Japhet sie haben will, so wird er es ja selbst merken, warum soll ich ihn scheu machen.

NOAH *verzweifelt.* Die Flut, die Flut, und ihr steht da und redet hin und her vom Bau der Zebid.

HAM. Ich kanns nicht helfen — ein prachtvoller Bau. Fürchten tu ich nur, die Flut kommt gar nicht, und wir sind vor lauter Wasserscheu arme Leute geworden. Und Calan ist weit und breit der Mächtigste im Lande —

Japhet steht seit einiger Zeit im Hintergrunde.

NOAH. Ich muß manchmal daran verzagen, ob ihr wert seid zu überleben. Awah, Kind, die Welt ist winziger als Nichts, und Gott ist Alles. Kommt, kommt, macht es mit eurer Mutter aus, sprecht mit ihr über das alles, aber laßt mich bei dem Werk nicht im Stich. Wir müssen bauen!

SEM. Ich baue nur für Awah.

HAM. Und ich will mein Teil auch tun. Kommt die Flut, so ist es immer noch lustiger, die dicke Zebid ist bei uns, als daß wir miteinander allein im Trocknen hocken. Kommt die Flut nicht, so werden wir alle Calans Knechte, darum laßt seine Gönnerschaft gegen uns nicht taub werden — machen wir uns mit Bitten bei ihm zu tun. Gelegenheit macht gnädig. Eine Handhabe, sage ich; Calan hat einen Sack voll Anschläge und ist nur um eine Handhabe verlegen[41].

NOAH. Eine Handhabe?

HAM. Ja, eine Handhabe. Bringt er uns die Zebid im Guten oder Bösen — es gibt mit ihrer Sippe Freundschaft oder Feindschaft, und welches[42] von beiden — Calans Finger verlangen danach, Calan weiß damit seine Anschläge zu handhaben.

JAPHET *hervortretend und einen Freudensprung machend.* Und ich will auch mein Teil tun, wahr-

---

[39]i.e., serve   [40]laconic, phlegmatic

[41]i.e., Calan is conspiring against us and is only seeking his chance (proper moment)   [42]whichever

haftig, und Zebid soll bezeugen, ob ich mein Wort halte. *Umarmt Awah.* Ach, Awah, wie freue ich mich, daß ich Zebid haben soll!

VIERTER TEIL

[1]

Wüste, der vornehme Reisende, gekleidet wie im ersten Teil, und Noah begegnen einander.

REISENDER *im Vorübergehen.* Eil — eil, Noah, eil — hast du keine Kamele?

NOAH *stillstehend.* Ich bin ein armer Mann — nein, ich besitze kein Tier, das mir diente — — ich gehe meines Weges, wie mein Atem es zuläßt. Auch du tauchst deine Sohlen in den Staub. Aber da du mich eilen heißt, so will ich nur fragen, ob man weiter durch Dürre und Staub bis ins tiefe Land wandert — immer noch verdorrte Weiden, immer noch verdurstendes Vieh?

REISENDER *nickt, kommt zurück, legt die Hand auf Noahs Schulter und zieht ihn zum sitzen nieder.* Immer noch, aber eil dich, eil dich, nachdem wir zusammen ein Stündchen gerastet haben.

NOAH. Calan, heißt es, ist weit und breit der Mächtigste im Land — hast du von Calan gehört?

REISENDER *nickt.* Was willst du von ihm — er ist gewiß mächtig und stark.

NOAH. Ich muß seine Hilfe heischen. Es ist meines feindlichen Nachbars Tochter, die ich für meinen Sohn freien will — hilft er, und hilft er schnell, so kann Japhets Pein enden, ehe es zu spät ist.

REISENDER. Es sind schlimme Leute, Noah, ich kenne sie — Japhet ist es, dem das Leben ohne Zebid zu Leide ist[43]? Er hat doch eine Frau, schön und von edlem Stamm. — Zebid? Nein, Noah, Zebid wird dir Kind und Kindeskinder verderben. Gottlos ist sie, gottvergessen; sie erfrecht sich, ohne Gott zu gedeihen.

NOAH. Vielleicht wurde sie ohne ihre Schuld schlecht — kann sie dafür, daß ihre Speise Fraß war und feistes Verderben ansetzte[44]? Japhet kann nicht anders, und er kann nicht anders aus lauter gutem Herzen.

REISENDER. Kehr um, Noah, kehr eilends um und laß die Gottlosen beieinander. Geh ins Gebirge zurück und halte Japhet zu Gehorsam und Ehrbarkeit an.

NOAH. Japhet ohne Frau? Da gibts kein Anhalten — was kann Japhets gutes Herz dafür, daß es eine gottlose Frau verlangt? Gott hat ihm sein Herz gegeben.

REISENDER. Nimm ihn in Zucht[45], und er wird zufrieden sein.

NOAH. Ich habe drei Söhne und nur zwei Frauen für sie, eine schlechte Aussicht auf eine gute Zucht im Hause, edler Herr. Wir brauchen von den gottlosen Töchtern des Landes. Sie werden zu Grunde gehen, wenn ich mich nicht eile. *Steht auf.* Gott kann ihr Herz wenden, wenn er will, da er meinen Söhnen ein Unvermögen geschaffen hat, ohne Frauen zu leben.

REISENDER. Eile heim, Noah, und trotze nicht. Deine Augen sehen die harte Dürre der Erde, dein Ohr weiß nichts von dem Saufen ihrer gespaltenen Tiefen. Du vertrocknest im heißen Atem, aber du spürst nicht das Zittern und Wühlen der Meere im brechenden Busen des Grundes — schon haben die Winde des Himmels ihren feurigen Hauch fast verkeucht und zerfließen in Funken schwül und faul, sie sind erstorben in Furcht vor den brüllenden Finsternissen, die über die Welt verhängt sind. Eile heim, Noah, und danke Gott mit Gehorsam, aber vermische dich nicht mit den Gottlosen, wer mit Bösen haust, dessen Zelte blähen sich vom Schlechten wie schwangere Bäuche.

NOAH. O Herr, nein, sage ich; Gott ist auch der Herr des Bösen, er kann es knechten und aus Widerstand Gehorsam machen.

REISENDER. Kann er das, Noah?

NOAH. Gott, der das Gute will, könnte das Böse nicht bändigen? Nein, Herr, so gottlos darf man nicht denken, ich will eilen.

REISENDER. Was hat Gott mit dem Bösen zu tun, nicht er ist der Schöpfer des Bösen — soll es besser werden, so mögen sie sehen, woher sie es bekommen haben.

NOAH. Du sprichst fast wie Calan, der gottlos ist — Gott kann das Böse verderben, er kann es auch verbessern.

REISENDER. Willst du ihn meistern — willst du deine Maße in seine Hände legen? Geh heim, geh heim, Noah, geh heim!

NOAH. Wenn er das Böse nicht knechten und zum Guten lenken wollte, ach Herr . . .

---

[43]Is it Japhet whose life is painful without Zebid?
[44]Can she help it that her food was swill and caused gross corruption?

[45]be strict with him

REISENDER. Was dann, Noah, was dann?

NOAH. Ach Herr, es würde klingen, wie wenn Calan es sagte — Calan, der Gottes Feind ist — nein, ich kann es nicht sagen.

REISENDER. Was sagt Calan, Gottes Feind?

NOAH. Er sagt, das Gute kommt aus Gottes Güte, und das Böse kommt aus Gottes Bosheit — wenn Gott nur gut wäre und nichts als gut, so wäre auch Gottes Bosheit nicht böse, und alles Böse wäre gut.

REISENDER. Hörst du die wölfischen Kinder heulen in der Wüste? Das ist das Gebell des Bösen gegen das Gute. Es schlummert noch in der Stimme der Zebid, aber es wird einmal erwachen und schrecklich bellen aus dem Munde deiner Kindeskinder — geh heim, Noah.

NOAH. Was Gott zu Wölfen werden läßt, das bellt und beißt und heult mit Recht. *Er blickt bestürzt um sich und schlägt sich auf den Mund.* Wer wars, der das sprach — Worte, die mir wie Hornisse in die Ohren stechen! *Er schlägt die Hände an die Ohren und stürzt davon.*

REISENDER. Auch du, Noah, fängst an zu faulen? — Pfuscherei, Pfuscherei, schreit die Welt mir entgegen — sieh, wie du mich fehlgeschaffen hast, heult sie mich an. Ich fürchte, ich werde wenig Freude an dir und deinen Kindern finden.

[2]

Bergwald, man sieht im Hintergrunde die Arche ragen. Noah und Japhet arbeiten.

NOAH. Einträchtig miteinander traben Reh und Fuchs und Löw und Luchs und alles vierbeinige Getier um unseren Bau. Sieh, Japhet, sicher sind sie auf der Flucht vor der Flut, und Gottes Geist scheucht sie zu uns, daß wir sie bewahren.

JAPHET. Ja, Vater, und schon fliegen Vögel, Raben und Tauben und das ganze Himmelsgezücht ab und zu[46] und teilt sich ehrlich in die engen Winkel. Keins macht sich mausig[47] mit Kreischen oder Piepen oder Schnattern; bauen tun sie, wo wir bauen, Kammern in unsere Kammern und hängen Böden unter unsere Böden — alles gesammelt voll Gesäme[48], sauber gelesen, und gehäuft voll Fraß. Man sieht, sie wollen lange bei uns bleiben, Vater.

NOAH. Sollen, Japhet — sollen bleiben. Gott gibt ihnen das Maß für ihr Müssen. Die Zeichen mehren sich, die Zeit reift.

JAPHET. Die Zeit reift — gestern ging ich bis auf den Talgrund und ging weiter als ich wollte, nach Calan auszuschauen, und schauerte vor Sehnsucht nach Zebid. Da hörte ich zwei eilige Wanderer miteinander reden, und der eine keuchte, daß der andere kaum zu Worte kam. Ich hörte aber doch, unten im Lande wühlen sich die Maulwürfe und Hamster und das Erdgewürm aus der Tiefe eilig zu Tausenden an den Tag und wimmelt alles feucht durcheinander und zerfleischt sich um jeden Finger hoch von Boden[49]. Ja, die Zeit reift. Ob Zebid wirklich kommt, Vater?

NOAH *seufzt.* Sie kommt, Japhet, ach Japhet, daß das nicht anders sein sollte! Calan hat es mir zugesagt, und, Japhet, wie hat Calan dabei gegrinst, als er versprach, sie mit Gewalt, wenn es nicht anders ginge, willig zu machen.

JAPHET. Sie wird herzlich zufrieden sein, wenn sie sieht, daß die Flut kommt, und wird über der Flut alles von früher vergessen.

NOAH. Traurig, traurig.

Awah, Ahire scheltend.

AHIRE. Sprich zu ihr, Noah; mich hört sie nicht, sie lacht auf mein Schelten und schüttelt sich in einer Tollheit von Lust — sieh, sie geht wie schaukelnd auf schwingendem Boden.

AWAH. Schon in der Nacht erwachte ich, und mein Herz taumelte. Schöner als alle Engel ist der tanzende Klang, das immer gleiche Neue, der ewige Gesang. *Sie ahmt die Bewegung von Wellen mit den Händen nach.*
Ich sehe, wie es klingt, ich höre, wie es schwingt, das Ende wiegt den Anfang in den Armen.
Schwere schleicht auf leisen Füßen, hört ein Wort und wirft den Schwall der ewig leichten Herrlichkeit ans Herz — es spielen Wort und Welle, heben heilige Gewalten auf und nieder — die ewige Herrlichkeit steht auf und vergeht, die ewige Heiligkeit rauscht und entsteht. Es schwillt — es droht, es dröhnt, es schweigt — es schwillt, es schweigt — es droht, es dröhnt . . .

Man hört Brausen starker Winde.

NOAH. Die Zeit ist reif, Winde tragen die Flut heran.

Ham und Sem kommen gelaufen.

---

[46]here, "back and forth" [47]obnoxious [48]collective from *Samen* = "seed"

[49]are fighting for the tiniest bit of soil

JAPHET. Der Sturm hat gekalbt und Gebrüll auf die Berge geworfen.

SEM. Das Gestein wimmert und winselt.

Sie klammern sich aneinander, der Sturm heult.

NOAH. Befehlt euch in Gottes Hut[50], habt Herz, Kinder, vertraut auf Gott.

Pause.

SEM. Das Haus steht, seht, es steht, der Wind ging an ihm vorüber, und es rührte sich kein Stück im Gefüge — — und hört doch, wie es im Wald von brechenden Stämmen schreit.

NOAH. Gott hat gebaut — geht ins Haus, Kinder, und bergt die Frauen.

HAM. Der Sturm hat mir die Stimme in den Bauch hinein gestopft, meine Füße wollten sich im Boden verkriechen.

SEM. Faß mich, Awah, versuch zu stehen, geh Schritt für Schritt. Der Himmel ist geborsten, und seine Fetzen schlottern uns um die Ohren. Alles im Kopf wirbelt mir durcheinander.

HAM. Geh voraus, Sem, schweig still, Sem; wer weiß, was solche blindwütigen Winde für Einfälle haben — spuck nicht aus, wenn der Himmel hustet. Geh voraus, er hat sich übernommen und versucht es schon mit weniger Wut.

Ham und Sem ab mit Awah und Ahire.

NOAH *schaut umher, aufatmend.* Herr, du gehst schrecklich ins Gericht. Höre es fernhin fahren[51], Japhet. Halte mich grade, Japhet, meine Knie brechen.

JAPHET. Es war wie eine Posaune, und die alte Zeit fiel um.

CALANS Stimme. Da steht das Haus, sieh, Zebid, ein Bau wie eine Burg.

Calan und Zebid.

NOAH. Gott hat den Bäumen befohlen, sich unter unsern Händen zu Balken zu biegen und in Bretter zu brechen, Calan; ja, und hat dem Bauch des Hauses geboten, daß er sich nach seinem Willen zu unserm Bedarf weitete, und den Wänden, daß sie mächtig wurden, die Herde des Herrn zu hüten. Sei willkommen, Calan, hab Dank, Calan! *Zu Zebid.* Kind, dort sollst du mit uns in Gottes Schirm und Schatten wohnen. *Er ergreift Japhets*

und Zebids Hände. So soll es denn sein, faßt eure Hände und habt euch lieb.

ZEBID *tritt zurück.* Calan hat mir gesagt, Ham hätte seine Frau verstoßen und begehrte mich für sie, nichts von Japhet.

CALAN *lachend.* Japhet, Japhet, Japhet war gemeint, ich habe mich nur versprochen. Selbstverständlich Japhet.

NOAH. Nur von Japhet war die Rede; Japhet hat seine Frau von sich getan; Japhet hat dich mit Hoffen und herzlicher Qual verdient.

ZEBID. Mich zu verdienen, muß einer anders sein als Japhet, seht doch, wie steht er da, — Japhet!

JAPHET. Weißt du nicht mehr, Zebid, was du in der Vollmondnacht, als ich dich auf dem Wege fand, sagtest? Wir zogen uns an den Händen lange hin und her; wenn ich dich haben wollte, sagtest du, so müßte ichs gegen deinen Willen schaffen, dann sollte es gut sein. So ist es gekommen, nun laß es gut sein, wie es gekommen ist.

ZEBID. O, wie habt ihr mich eingehürdet. *Zu Japhet.* Wenn du verstehst, mich festzuhalten, so soll es gelten. Versuch es, Japhet, ich habe es auf Ham abgesehen.

CALAN. Versuch es, Japhet.

NOAH. Versuch es nicht, Japhet, sage nein, Japhet. Solche Gesetze, die Zebid gelten läßt, bringen keinen Frieden, bringen keine Freiheit, keine Freude.

CALAN. Sie befolgt Gesetze, die ihr Freude bringen und ihre Art Frieden und Freiheit dazu. Kein Weibergut sonst, keine Erbrechte, nichts als die ganze Zebid mitsamt ihren Gesetzen habe ich euch verschafft. Versuch es, Japhet.

JAPHET. Du wirst mir einst danken, Zebid, du verdankst mir schon das Leben. Und dankst du nicht heute, so dankst du morgen. Ich habe dich vor der Flut bewahrt und das Verderben hinter dir angehalten. Du sollst atmen, Zebid, wenn aller Atem auf der weiten Erde still steht, frei, froh und friedlich atmen! Da siehst du, wer ich bin, und du, was du heute nicht weißt, wirst du morgen wissen und freudig darüber weinen. Komm zur Mutter mit mir. *Faßt sie und führt sie ab.*

CALAN. Womit, Noah, meinst du, wird sie ihm danken?

NOAH *schüttelt den Kopf.* Es ist nun soweit, Calan, die Zeit ist reif — heute noch bedecken wir das Haus, und, Calan, du weißt wohl, daß die Zeit reif ist.

CALAN. Meinst du darum, weil die Mäuse und Maulwürfe in ihren Löchern versaufen? Wir sind keine Mäuse, Noah, ich nicht.

---

[50]God's protection   [51]i.e., the gale winds

NOAH. Dein Gott, denkst du, wird die Flut verscheuchen, oder hast du auch Balken und Bretter zugerichtet? Vergiß nicht, Calan, daß Awah es war, Awah, ohne Warnung und Belehrung, deren Geist entrückt wurde und die Flut schaute. Die Tiere des Waldes sammeln sich um das Haus, die Vögel des Himmels setzen sich in gemessener Zahl, wie Gott ihnen eingab, in meine Kammern. Die Zeit ist erfüllt, und das Land in der Tiefe ist vollgesogen und reif zum Ausgießen seines Schoßes. Gott ist am Werk.

CALAN. Und du und deine Söhne und ihre Weiber seid einzig wert zu leben — oder wie steht es damit, geht das an zu glauben[52]?

NOAH. Wie wir sind, Calan, so will uns Gott erhalten — wie Gott will, denke ich, so gut sind wir, nicht besser und nicht böser.

CALAN. Auch ich, wie ich bin, so bin ich geschaffen, und nun sage mir, Noah, wer hat meiner Beschaffenheit befohlen, sich wie Aussatz unheilbar an mich zu setzen, wer, wenn nicht Gott? wenn nicht deiner, so doch Einer. Einer war es, Noah, und ich bleibe der Sohn dieses Einen.

NOAH. Wir wollen nicht rechten[53], Calan, da du heute mein Gast bist. Deiner oder meiner, wir werden sehen.

CALAN. Kein Gast, Noah, ich bin, der ich sagte, daß ich sein wollte: stärker als Er, und ich habe dir gezeigt, daß ich stärker bin.

NOAH. Nicht rechten, Calan, wir werden sehen, wer der Starke ist, du oder Er.

CALAN. Meine Knechte sind gehorsam; wenn die Flut steigt, sammeln sie sich um dein Haus, wie ich befahl, so gut, wie Er den Tieren befohlen. Wenn Er am Werke ist, bin ichs nicht weniger, hat Er Wasser in seiner Hand, so habe ich Feuer in der meinen. Dein Haus wird brennen, Noah, mein Werk wird seines überwinden. Einer wird sein, der waltet, nicht deiner, sterben wir, so sterben wir durch den Einen, nicht durch Ihn.

Chus kommt erschöpft und stürzt.

CHUS. Töte mich nicht, Herr, ich sterbe ohne Schwert.

CALAN. Fürchte dich nicht, Chus, sprich.

CHUS *ohne Atem.* Da du reistest in der Nacht, verkehrte der Fluß seinen Lauf. Morgens, als wir erwachten, spaltete sich der Grund gegen Norden und zerriß das Tal bis zu den Bergen, eine Wand von Wasser stieg aus der Tiefe, teilte sich wie durch den Streich eines Schwertes, warf sich nieder und zerbrach. Ich sterbe, Herr, nicht vor Mühsal, nicht von verlorener Kraft, ich sterbe vor Grausen, mein Herz ist mit Keulen erschlagen, meine Ohren voll nichts als — *Er hält sich die Ohren zu* — — sie schreien, sie schreien, und das Wasser schwemmt in ihre atmenden Seelen. Töte mich, Herr, daß ichs nicht länger erleide.

CALAN *reißt ihm die Hände von den Ohren.* Wo sind die Knechte, Chus?

CHUS. Sie sind wohl daran[54], alle still; hören nicht und sehen nicht, ihre Leiber wiegen in den Wirbeln und tauchen auf und nieder.

CALAN. Die Herden, Chus, wo sind die Herden hingeraten?

CHUS. Alles treibt wie grasend mit vollen Bäuchen im Wasser, ihre Beine schlottern, und die Köpfe mit offenen Mäulern hängen fußwärts. Alle Stimmen sind verstummt, nur aus meinen Ohren wollen sie nicht weichen — töte mich, Herr, töte!

CALAN. Wohin haben sich die Nachbarn geflüchtet?

CHUS. Alles Fleisch, Mensch und Vieh, alles ist ohne Lust, ohne Laut, einzig meine Ohren tragen den Jammer des Tals in sich — alles Fleisch ist verdorben, Herr, frage nicht mehr, töte mich.

CALAN. Du lügst, Chus, nichts ist verloren, viele sind gerettet und warten auf Hilfe. Auf, Chus, lebe, gehorche.

CHUS *stößt mit dem Fuß nach ihm.* Ich habe lange genug gehorcht, jetzt ist es an dir zu gehorchen, töte mich, Bettelmann, Habenichts, töte mich, Hungerleider, Almosenbeißer!

CALAN *mit starker Stimme.* Wer, sagst du, bin ich, du Knecht, wer — — Chus?

CHUS *steht auf.* Töte mich nicht, Herr, deine Stimme ist stark und schön, deine Stimme wird ihr Geschrei aus meinen Ohren drängen. Du bist Calan, der Herr, und ich bin Chus, dein Knecht. Aber, Herr, ich bin das Letzte, was von all deinem Reichtum geblieben ist. Du bist ein armer Mann, aber ich bin Chus, dein Knecht.

Sem und Ham und Japhet kommen zögernd näher, weiter zurück Ahire, Zebid, Awah.

NOAH. Die Zeit ist reif, die Zeit ist reif.

CALAN *kehrt sich heftig nach ihm um.* Die Zeit ist reif? Die Zeit ist faul, wo sich ein Gott damit quälen muß, seiner Welt Atem in Wasser zu verwandeln. Ein schönes Geschäft für einen Herrn!

---

[52] . . . is it possible to believe that?   [53] argue   [54] they are well-off

Awah, du bist zwischen ihnen allen wie ein Samen-
korn, vom Wind aus den seligen Bereichen in die
verfluchten Bereiche geweht. Keim der Freiheit,
Keim der Freude, verflucht sei der Friede Noahs
und aller Knechte! *Zu Chus:* Komm, Chus, mein
Kind, zeige mir, was meine Ohren nicht glauben
können, sehen muß ich, sehen. *Will gehen.*
  CHUS *schaudert, langsam mit dem Finger deutend.*
Sieh! Bis zum Rand des Himmels, leidlos, laut-
los, leblos, träge in schlammiger Flut, die gebläh-
ten Leiber ans Licht wölbend, Bauch an Bauch ge-
drängt treibt die tote Menschheit und das tote
Getier, Kamele, Kühe, Schafe, Stiere und Kälber,
ein fleischiger Teppich stinkender Fäulnis über der
Tiefe.
  CALAN. Ich will es sehen, komm, Kind, komm,
Chus.
  CHUS *schüttelt sich.* Ich habe das Grausen in
Augen und Ohren.
  CALAN. Es mag schlimm sein, zurückzusehen,
laß uns vorwärts schauen. *Zu Noah.* Was steht
ihr faulen Knechte da, geht ans Werk! Gott wird
seinem Bau befehlen, sich zu bedachen. Hebt die
Hände, schafft und schwitzt und vollendet, daß wir
erleben wie ihr schwimmt, wenn die Flut ihren Weg
herauffindet!

FÜNFTER TEIL

[1]

*Derselbe Ort bei Nacht, Regen und Sturm. Calan
und Chus.*

  CALAN. Sie haben uns bei Dunkelwerden Speise
herausgegeben, iß, Kind.
  CHUS. Ich kann nicht — essen heißt Geschrei in
meinen Ohren, atmen heißt Geschrei in meinen
Ohren, leben ist Geschrei, und nur vor deiner
Stimme schweigt es — sprich!
  CALAN. Ich vermag nicht weiter, Chus, lebe
Kind, so lange du atmen kannst.
  CHUS. Erbarmen; der Tod sitzt in meinen Ohren
und brüllt ein auf meine Seele. Nimm dein Schwert
und töte den Tod, daß ich sei wie alle — lautlos,
leidlos, — nimm dein Schwert.
  CALAN. So halte die Spitze des Schwertes in
deiner Hand und leite sie dahin, wo dein Herz sich
hebt. Faß.

  CHUS. Dank für deine Güte — da ist der rechte
Ort, stoß! *Er fällt.*
  CALAN *lauscht über ihm.* Nur noch ein Lispeln
von Leben, ein Hauch — und noch ein Hauch,
ein Spiel von Wärme auf dem Herzen, kaum zu
spüren — und nun leise Leere — aus. *Setzt sich.*
Ich will wachen und warten, bis sein Leib erkaltet
ist.

*Der Aussätzige und der Hirt tappen heran, Calan
ist im Dunkeln unkenntlich.*

  HIRT. Du bist vom vielen Fluchen müde und
heiser geworden — hier ist der Platz Noahs, von
wo er uns vertrieb. Alles schläft, schlafe auch, ich
hüte dich.
  AUSSÄTZIGER. Wir stolpern uns, wenn wir weiter
wandern, in Stockfinsternis zu Tode. Gib mir
etwas, mich zu bedecken, und laß mich schlafen.
Mich hungert, aber Gott und Noah brauchen alles
selbst — heiser, ja, aber nochmal: verflucht sei das
Leben! *Legt sich, der Hirt sitzt bei ihm, Stille.*
  CALAN. Wohin geht euer Weg?
  HIRT. Wir suchten den Paß über die Berge. Aber
Wolken hingen dick überall und senkten sich
schwer auf uns nieder. Es drückte uns zu Boden,
und wir fliehen vor ihnen ins Tal.
  CALAN. Die Zeit ist reif.
  HIRT. Wovon sprichst du?
  CALAN. Willst du Nahrung für dich und ihn
verdienen, so grab und lege mit mir mein totes Kind
hier neben uns hinein. Wir warten, solange es
warm bleibt.
  HIRT. Ich kann nicht graben, Herr, mir fehlen
die Hände. Calan hat sie mir abschlagen heißen,
und Chus, sein Knecht, hat es vollbracht.
  CALAN. Ich bin Calan, und Chus, mein Kind,
sonst mein Knecht, liegt neben mir, er starb. Deine
Blutstropfen haben sich in Meere verwandelt und
mir Herden und Herrschaft ertränkt. Deine Seufzer
zogen alle Wolken der Welt über uns zusammen —
die Zeit ist reif.

Pause.

  CALAN. Warum weinst du? Ich höre es wohl.
  HIRT. Ich weiß nicht warum.
  CALAN. Warum flucht dein Gefährte, dein
buckeliger Begleiter?
  HIRT. Er flucht seines Gottes, der ihm alles
gegeben hat, Aussatz, Mißgestalt — dazu ein Herz.
  CALAN. Er flucht mit Recht.
  HIRT. Ich würde über Gott weinen, der das
getan.

CALAN. Aber du fluchest doch Calans, der dir die Hände genommen?

Pause.

CALAN. Antworte — ich bins, Calan, dem Gott für deine Hände die Herrschaft nahm. Fluche doch, ich habe dich schwerer geschlagen als Gott ihn mit seinem Aussatz und seiner Mißgestalt.

HIRT. Fluchen kommt aus Blindheit, ich aber sehe.

CALAN. Was siehst du?

HIRT. Ich schäme mich von Gott zu sprechen und auch sonst sprach ich nie von ihm. Das Wort ist zu groß für meinen Mund. Ich begreife, daß er nicht zu begreifen ist, das ist all mein Wissen von ihm.

CALAN. Du hast recht — ich bin auch nur durch Noah zum Plappern über Gott gekommen. Es ist dasselbe, wie wenn die Würmer in meinen Eingeweiden sagen wollten: Calan muß Fleisch essen, sonst geschieht uns unrecht, und er sei verflucht.

AUSSÄTZIGER *erwacht.* Mit wem sprichst du?

HIRT. Mit Calan.

AUSSÄTZIGER *auffahrend.* Mit Calan, mit dem großen Calan?

CALAN. Calan ist klein geworden, arm, kalt, hungrig, naß — aber Calan ist es, Bruder.

AUSSÄTZIGER. Arm und naß und kalt? Und doch hast du dein Leben lieb, Calan, also bist du beglückt. Wer schläft neben dir?

CALAN. Einer, der lieber sterben als essen wollte. Du sollst mir graben helfen, und wir legen ihn in die Erde. Dort steht der Krug, stärke dich und trinke Wein, iß von der Schüssel, denn du willst lieber essen als sterben.

Aussätziger ißt und trinkt mit Gier.

CALAN. Iß und trink, es ist dir gegönnt, aber gönne auch deinem Bruder davon.

AUSSÄTZIGER. Er ist nicht mein Bruder.

CALAN. So gönne es ihm als Freund.

AUSSÄTZIGER. Er hat keine Hände, kann den Krug nicht heben, hat keine Finger zum Fassen.

CALAN. So reich es ihm mit deinen Händen zum Munde.

AUSSÄTZIGER. Zu spät, es ist nichts übrig.

CALAN. So hilf mir graben.

AUSSÄTZIGER. Die Schakale wollen auch fressen, schade um den schönen Schmaus. Calan, Calan, wie bist du herabgekommen, sitzt im Elend bei den Elenden und mußt höflich anhören, wie man dich

höhnt. Schade um deine schöne Hoffart von früher — tust mir leid, lieber Calan.

CALAN. Hast du dein Leben lieb?

AUSSÄTZIGER. Meins?

CALAN. Deins, das ich aus Elendsbrüderlichkeit und Freundschaft mit diesem Schwert von dir nehmen werde. Schade um das schöne Schwert, aber wenn es dir Brüderlichkeit beweisen kann — — —

AUSSÄTZIGER *rüttelt den Hirten.* Steh auf, Bruder, ist es Zeit zum Faulenzen, wenn Frost und Nässe unsere Herberge heißt? Wir wollen weiter wandern ins warme trockene Land.

HIRT *steht auf.* Ich folge dir, aber fluche nicht mehr.

AUSSÄTZIGER. Ei ja — hättest du dir nicht deine Hände abhauen lassen, so könntest du dir die Ohren zuhalten. Ich habe es nicht getan, bedank dich bei Calan dafür. *Beide ab.*

[2]

Ebenda, trüber Tag, Calan gräbt ein Grab, Zebid schaut zu.

CALAN. Die hölzernen Götzen, die du deinem Vater stahlst, als wir auszogen, Zebid, hast du unterwegs weggeworfen. Sie wurden dir zu schwer, als wir ins Gebirge kamen. Schlimm, Zebid, die hölzernen Götter sind noch die besten. Wenn sie schon keine Not verhüten, so verhelfen sie doch nicht dazu — du mußt es jetzt mit Noahs Gott halten.

ZEBID *weinend.* Ist es wahr, was sie sagen, alles Land liegt unter Wasser?

Calan nickt flüchtig.

ZEBID. Du lügst. *Weint aber weiter.*

Calan nickt.

ZEBID. Was ist es nun mit dem Wasser, ist es oder ist es nicht?

CALAN. Wie du willst, da doch niemand glaubt, als was ihm genehm ist. Du willst kein Wasser, also glaubst du kein Wasser. Es ist dir genehmer, daß ich lüge, als daß das Land überläuft — also glaubst du, daß ich lüge.

ZEBID. Sie lügen hier alle, nur Ham nicht.

CALAN. Es ist dir so genehmer, also glaub.

ZEBID. Worauf sonst als auf sich selbst soll man sich verlassen?

CALAN. Verlaß dich auf deine Meinung von Ham wie auf das feste Land — hast du Japhet schon lieb?

ZEBID. Ich will ihm das Leben nicht verdanken, aber er sagt es immer wieder, und so soll ich ihn nun lieb haben. *Heftig weinend.* Wenn alle tot sind, so ist Mes tot, so ist Sin tot, ist Asad tot, und so viele sind tot. Abbir auch! Bist du wirklich ein Bettler geworden, Calan, sie sagen es, aber sie sagen es ganz leise.

Calan nickt.

ZEBID. Du lügst.

CALAN *nickt.* Du hast recht, denn sieh, Zebid, Chus ist noch mein. Aber hilf mir, ihn hinlegen, dann bin ich wirklich ein Bettler, wenn sie es so nennen wollen. *Sie legen Chus ins Grab.*

CALAN *wirft die Grube zu.* Er soll nicht im Wasser treiben, soll nicht in den Wirbeln wiegen wie alle meine Weiber und Kinder. Ruhe, Chus, mein Kind.

ZEBID. Dein Kind? Dein Knecht!

CALAN. Ein Herr hat Knechte, ein Bettelmann nicht.

ZEBID. Willst du nun bei uns betteln, Calan?

CALAN. Betteln? Was hättet ihr Knechte zu geben! Ich will sehen, wie Knechte schwimmen. So, Zebid, jetzt ist er sicher in der Erde, nun darf die Flut kommen.

ZEBID. Wenn wir schwimmen, wirst du auch nicht untergehen. Auch Ram ist tot, das hätte ich fast vergessen — o Calan, wenn auch er tot wäre! Er hat Japhet einmal so verhöhnt, daß Japhet rot wurde und stotterte und wie wütend dastand und doch nicht zu schlagen wagte. Es war eine Freude für alle, die es sahen, Calan, glaube es mir.

CALAN. Ja, das glaube ich dir. Aber Ram hat jetzt den Mund voll Wasser, und Japhet verspottet sie nach der Reihe und wird nicht rot dabei. Er ersetzt dir den Spaß mit Ram, mit Mes und vielen andern. Da kommt Noah und kommt gekrümmt gegen den Wind — ach wie künstlich ist sein Gang. Ich sehe ihm an, er will mich von hier verscheuchen.

Noah kommt.

NOAH *zu Zebid.* Du frierst hier im Wind, geh ins Haus, Kind, wärme dich, du wirst auch zu naß. *Zebid ab.*

CALAN. Ich bin kalt und naß, Noah.

NOAH *reibt die Hände.* Mich friert auch, Calan.

CALAN. Was habt ihr beschlossen, du und deine Söhne?

NOAH *sieht umher.* Hast du gegessen, Calan, war genug Wein im Krug? Du sollst mehr haben, wenn du willst.

CALAN. Die Zeit ist reif, Noah, zu was hilft Speise und Trank. Die Tiere des Waldes bergen sich bei euch im Gehäuse und finden Erbarmen. Ich bin zufrieden mit einem Plätzchen bei den Tieren — und Calan ist allein — ein paar Wildkatzen für Calan!

NOAH *verlegen.* Wo hast du dein Schwert, Calan?

CALAN. Ich habe dir oft geholfen, Noah, du weißt es, vergiß es nicht, oft und gern. Machen euch die wilden Tiere zu schaffen? Ich will abermals helfen — komm ins Haus, es soll schnell besorgt sein. *Will gehen.*

NOAH *hält ihn erschrocken an.* Nicht hinein, geh nicht hinein, Calan. Es hat keine Gefahr mit den Tieren, sie sind fromm und still und friedlich alle miteinander. Nein, Calan, nicht ins Haus.

CALAN. Aber ich friere und bin naß, will mich wärmen und die Kleider trocknen.

NOAH *weinend.* Du wirst Herr werden über uns, Calan. Und wirst in Gottes Hause fahren und mich und meine Söhne zu Knechten machen. Du weißt es, Calan!

CALAN. Wenn Gott es zuläßt, dann ist es so Gottes Wille gewesen, das weißt du, Noah.

NOAH. Wo hast du dein Schwert?

CALAN. Hier oder da — fürchte dich nicht, Noah, dein Leben steht in Gottes Hand, das war der Trost Noahs für den, der seine Hände verlor.

Japhet kommt gelaufen.

JAPHET. Komm ins Haus, Calan, wärme dich und trockne dich. *Zu Noah.* Wenn ihr alle es auch nicht wollt, so kann es doch nicht anders kommen, er gehört zu uns. *Zu Calan.* Sie ratschlagen hin und ratschlagen her, wie sie es mit dir halten wollen, und sind nur einig über eins, daß du ein Räuber bist und in der Flut recht Gericht findest. *Zieht ihn fort.* Ach, Calan, wie gut Zebid mit mir ist, glaub es, glaub es, gut und gehorsam und — Calan — wenn sie nur ihre Hände auf mich legt, so faßt es mich und frißt sich herrlich bis ins tiefste Gedärm, glaub es, Calan. Dann bin ich wie verwandelt und kaum noch Japhet, sondern fast wie sie, wie Zebid selbst, als ob ich sie selbst wäre und das ist doch ohne Gleichen auf der Welt, komm ins Haus, komm! *Alle ab.*

[3]

Ebenda, Unwetter. Sem und Ham.

HAM. Unsere Weiber sind wie toll, Calan hier, Calan da. Was sagst du, Sem?

SEM. Du hast mich herausgewinkt, ich warte auf deine Worte, Ham.

HAM. Wir sind schon jetzt nur die Calanschen Knechte, du, ich, wir alle. Das siehst du doch, Sem?

SEM. Ham . . .

HAM. Halt! Vater versteht sich am besten auf Calan. Er fährt, und wir fahren mit ihm, und begibt es sich, daß das Wetter sich bessert, so nimmt er uns die Weiber und schert die Wolle von unsern Schafen und frißt das Fett von unsern Rippen. Vater hat recht.

SEM. Ham . . .

HAM. Halt — laß mich ausreden — nun, was meinst du denn, Sem?

SEM. Ich denke es auch, Vater versteht es, und du verstehst es und ich auch.

HAM. Weißt du nicht mehr? Das ist wenig.

SEM. Nicht weniger, als ihr wißt.

HAM. Können wir Stiere schlachten und Wölfe töten, so können wir auch Calan erschlagen.

SEM. Ich habe es diese ganze Nacht überlegt, Ham, und du weißt, daß ich einen kühlen Kopf habe; aber mein Herz ist schon krank von dem Gedanken an einen Mord. Bis eine Gelegenheit günstig ist und endlich die Stunde stimmt und wir uns getrost auf unsere Vorsicht verlassen können — ach, Ham!

HAM. Ach, Sem, du brauchst bloß an Awah zu denken. Ich sollte meinen, das wäre Trost und Stärkung zu unserm Vorhaben genug.

SEM. Das sagst du so — ich habe von dir mehr Sorgen um Awah als von Calan. Stell dich nicht so steif dahin[55], Ham, ich sehe wohl, was ich nicht zu sehen wünsche.

HAM. Was kannst du mir vorwerfen?

Sem will antworten.

HAM. Ich denke, wir sprechen hier von Calan?

SEM. Aber die Rede wandte sich auf dich, Ham.

HAM. Nun, ich bin begierig, Sem; sehr, Sem.

SEM. Du hast Lust an ihr, das ist schon zuviel. So leise Frechheit gegen sie, daß man es fast vergessen hat, ehe man es erkannte. Aber dein Gefallen geht um sie herum, Ham, dein Lungern nach ihr hat lange Finger.

HAM. Lust und Lungern und Gefallen? Darüber mußt du mir Zeit nachzudenken geben. Lust und Gefallen und Lungern! Wollen wir nicht lieber einen bequemen Weg suchen, auf den wir Calan bringen können, Sem? Einen Weg, irgendwohin, einerlei wo? Lust und Lungern und Gefallen! — Wer hat hier in den Boden gehauen, Sem, es sieht aus wie ein Grab.

SEM. Erde wie über einen Mann gehäuft. Wer mag da liegen?

HAM. Du wirst keine Antwort von ihm kriegen, Sem, hilf mir, befrag ihn mit den Nägeln — — — Lust und Lungern und Gefallen, wahrhaftig, das ist viel zu viel. *Sie graben.*

SEM. Hier schaut eine Hand heraus, Ham, heb den Arm hoch, so wird der Kopf kommen.

HAM. Chus! — Chus ist es und zwar der tote Chus, das kann man dreist sagen — laß es, Sem, es ist Chus, Calans rechte Hand, ein zweiter Calan, wenn er lebte — den sind wir los. Gott hat es zugelassen, wie Vater sagen würde, daß Calans rechte Hand welkte — gut, daß wirs wissen, eine Hand weniger wider unsere Freiheit. Schließ die Kammer und laß ihn liegen, so lange er mag, laß ihn lungern, Sem, gönne ihm die Lust und das Gefallen am liegen. *Sie häufen die Erde wieder über das Grab.*

Calan und Noah kommen. Ham und Sem stehen horchend abseits.

CALAN. Ihr habt mit gesegneten Händen gebaut. Gott hat euch geholfen, und Gott liebt das Getier wie euch selbst — für mich hat er keine Herberge vorgesehen. Gib mir zu, Noah, der Wandel[56] der Tiere riecht nicht so recht nach Gottes Lob und Preis. Ich habe, wo mir recht ist, deiner Söhne Bastarde unten im Land bei den Wölfen gesehen, sie bellten und bissen mit Mäulern und Zähnen um sich wie alles gottlose Getier und sind vergangen wie alles, wogegen Gott ergrimmte — nun, noch ein Wort, Noah.

NOAH. Ach, Calan, sprich, aber sprich im Guten mit mir. Warum hast du mich hergeführt?

CALAN. Höre mein Wort. Sieh, da ist Chus seine Stätte[57], Chus liegt sicher in der Erde, und auch ich will nicht im Wasser mit dem faulen Vieh treiben, wer weiß wohin und wessen Fisches Fraß ich werde. Versprich mir, Noah, daß du mich hier

---

[55]Don't act ignorant

[56]way of life   [57]Chus' place (grave)

neben ihn legen und bei ihm bestatten willst.
Nun?

NOAH. Ich, Calan?

CALAN. Du, Noah.

NOAH. Dich ins Grab, Calan? Begräbt man
Lebende?

CALAN. Lebende? Nein, Noah, aber tot — tot
bin ich, wenn ich an meinen Ort komme.

NOAH *händeringend.* Calan, Calan, du lebst und
redest vom Sterben?

CALAN. Du mußt es an mir tun, oder einer von
euch — Chus, der es täte, hat es von mir begehrt
und ich begehre es von dir. Du oder euer einer.
Was da, Noah, wenn Gott es zuläßt — mich,
Gottes Feind und Verächter, wie?

NOAH. Gott wird nach seinem Gefallen mit dir
verfahren — quäl mich nicht, Calan, wie du noch
lachen magst!

CALAN. Der Eine, Noah, dessen Sohn ich bin,
der mich frei und ohne Furcht ins Leben gelassen,
der hat mich vergessen. Oder, Noah, er ist seiner
Sorge um mich darum ledig, weil er mir genug gab
— und ich danke ihm für alles, was er mir gegeben.
Aber ich will nicht von Noahs Gott mit den
Rindern und Kamelen zugleich ertränkt werden.
Ich bin stärker als er, vergiß das nicht, und will
sterben wie es dem Sohn ansteht, der kein Knecht
seines Vaters ist. Nun?

NOAH. Mir graust; Gottes Gebot heißt, nicht
töten.

CALAN. So fahre ich auf der Flut und spotte
deines Gottes. Ihr alle sollt meine Knechte werden
— so ist dein Haus mein Haus, eure Weiber meine
Weiber und eure Hände regen sich im Dienst
dessen, den ich euch setze. Gott ist abgetan, Gott
läßt es zu, daß ich seine Hände abhaue — soll das
sein? *Zu Ham und Sem.* Kommt heran alle
und bittet euren Vater, daß er euch Segen gebe zu
dem Werk.

Sem und Ham stehen unschlüssig.

HAM. Du bist gegürtet, Calan, hast ein Schwert
und zwei Hände — wirf es von dir und wende dein
Angesicht von uns ab.

CALAN *lachend.* Mein Schwert? Soll ich mich
schlachten lassen wie ein Tier? Nein, Ham, mein
Schwert ist zu mir geboren, mein Schwert ist ein
Stück von mir — wollt ihr an mich, so wagt euch
an mein Schwert. Gott, ist er stärker als ich, wird
euch Schwerter in die Hände geben und ihnen
befehlen, wie er den Bau des Hauses geboten, nach
seinem Willen zu tun. Gibt euch Gott keine

Schwerter, so seid ihr meine Knechte — — seht,
seht, was für ein fingerlanges Vertrauen ihr zu ihm
habt — habt nur Vertrauen, und ihr habt auch
Schwerter in den Händen.

DIE STIMME DES AUSSÄTZIGEN. Mutter, Vater,
Noah, Noah, Calan, Brüder, Freunde — Mutter,
Mutter!

AUSSÄTZIGER *angstschlotternd.* Ach, ach, ach,
sie kommen, ach, sie klettern!

CALAN *rüttelt ihn.* Wo ist dein handloser Hüter,
Mensch, wo ist dein Genosse geblieben?

AUSSÄTZIGER. Bei Calan bin ich, bei Calan?
Noah, ach, Noah, hilf mir, Noah!

CALAN *schlägt ihn.* Sprich, wo ist er?

AUSSÄTZIGER *blickt zurück.* Sie kommen, sie
klettern mir nach, große Tausende geblähter Äser
auf der Flut, hängen zwischen den Bäumen und
schwimmen am Berg und häufen ihre Bäuche und
wälzen sich übereinander und schieben sich mit der
Flut voran.

CALAN *schlägt ihn.* Wo hast du ihn gelassen?

AUSSÄTZIGER. Ach, Calan, alle meine stinkenden
Flüche auf meinen Fersen, Berge von Flüchen,
erstickt und stumm, wollen mich unter sich wälzen,
wollen mir den Atem aus dem Leibe schlagen.
Umfaßt Calan krampfhaft. Calan, Calan, hilf und
halte mich, daß sie mir das Leben nicht abtreiben!

*Ham und Sem sind währenddessen nähergetreten.
Wie der Aussätzige Calan umklammert, greifen sie
zu Stricken und werfen sie um beide, umschnüren
sie und werfen sie nieder. Japhet kommt darüber zu.*

HAM. Die Hände, Sem, die Hände — fester,
fester und die Arme gefaßt, vielfach und immer
mehr — knote, daß ihnen die Knochen knacken —
zieh, Sem, zieh!

JAPHET. Wo ist Calan — Calan, wo bist du?

HAM. Calan hat sich im Netz verkrochen, wo
bist du, Calan? *Er zieht Calans Schwert hervor.*

JAPHET. Gebunden — gebunden habt ihr ihn,
was hat er euch getan?

HAM *stößt ihn beiseite.* Meine Hände zittern,
Sem, nimm du es und vollbring es, stoß zu.

SEM. Meine Hände zittern nicht, aber das Herz
stockt mir, ich versteh mich nicht auf das Geschäft,
tu es selbst, Ham.

HAM *geht heran.* Macht euch alle fort, seht nicht
her — was haben eure Augen auf meine Hände zu
hacken! *Das Schwert fällt zu Boden.*

CALAN. Tu du es, Japhet, nimm es auf und
durchstich uns beide — tu es, guter Japhet!

JAPHET. Ich kann nicht, Calan, du hast Blut im

Leibe, und dein Schwert ist so schrecklich scharf. *Läuft fort.*

CALAN. Noah, Noah, denk du daran, was ich alles für dich tat; tu auch etwas für mich, Noah, schlag zu!

NOAH. Dein Leben ist in Gottes Hand, Calan, leg dein Herz zu seinen Füßen, und er wird dich aus den Banden lösen. Ich nicht und auch nicht meine Söhne sollen richten. *Zu Sem und Ham.* Kommt, Kinder, die Zeit ist reif für Gottes Rache. *Nimmt das Schwert und geht fort.*

HAM *schlägt Sem auf die Schulter.* Du bist frei, Sem, die Zeit hat unsere Freiheit gereift.

AUSSÄTZIGER. Soll ich mit Calan verderben, ihr Guten, ihr Starken, ihr Stolzen, ihr Göttlichen? *Sie wollen gehen, er schreit lauter.* Eure Hände, ach, eure geschickten schnellen Hände, ach, ihr Gönner — Calan ist euer gewisser Feind, aber ich, ich bin euer Freund, ein erbärmliches, elendes bißchen guter Wille zu eurem Wohl. Wälzt uns um, wendet mich nach oben, daß ich atmen kann, wenn er ertrinkt — womit habe ich euch je geschadet, ihr Schönen, ihr Herrlichen, ihr Hohen, ihr Schinder, ihr Schufte?

SEM. Er hat recht, Ham, womit hat er es um uns verdient?

HAM. Er? Schön, sein Wunsch soll wirken, mag er oben liegen und alt werden. *Er wälzt sie um.*

AUSSÄTZIGER. Sem, ach Sem, wie die Stricke ins frierende Fleisch schneiden, ach Sem, wie gerne würde ich deine Füße küssen, Sem, womit habe ich dies verdient um euch?

CALAN. Bindet ihn los, den armen Schelm.

AUSSÄTZIGER. Bindet mich los, ihr Freunde, ich helfe euch hernach von Herzen gern — um und um soll er in Schlingen geschlagen werden — ich hasse ihn, ich tus herzlich gern.

HAM. Damit er uns die ganze schöne Freiheit verdirbt — er hat Hände, Sem, und Calan wird ihm die halbe Erde versprechen. Wir, Sem, wir sind die Herren der Erde. *Zieht ihn mit sich fort.* Halt dein Herz fest, und Kind und Kindeskind werden dich segnen. *Beide ab.*

[4]

Ebenda, Dunkel. Calan und der Aussätzige.

AUSSÄTZIGER. Gott rächt sich an deinen Untaten, Calan, Gott tut es, und was er im Überfluß. Für das elende Dasein, das er mir geschenkt hat, sollte ich mich an ihm rächen, aber mir scheint, das Rechte geschieht auch hier am falschen Ende. Gott übernimmt es an meiner Statt und rächt es in der Eile an mir selbst. Glaubst du, daß Gott bloß taub ist? Ich glaube, er ist auch blind, wenigstens sieht er nicht im Dunkeln, sonst müßte es ihm doch unbequem sein, daß wir offenbar unbillig gleich behandelt werden, wie im gleichen Stand der Schuld. Was, Calan? Glaubst du, daß es Gott an Elend in der Welt zuviel werden kann? Glaubst du, daß er ein einziges Mal mit Essen überschlägt[58], weil all das menschliche Elend mit seinem Brand und seiner Bitterkeit in seinen behäbigen Bauch beißt und die Krallen der Gebete seinen Magen wund kratzen? Ob er wohl ein Herz hat? Ich glaubs nicht.

CALAN. Schweig, Quäler!

AUSSÄTZIGER. Was für einer bin ich? Ein Quäler? Dann wäre ich ja wie Gott, da sei Gott vor, daß ich das dächte[59]. Nein, das Quälen versteht er über Verstehen und Begreifen.

CALAN. Der Geifer deines Mundes tropft mir in die Augen und fließt über meine Lippen. Schweig wie ich!

AUSSÄTZIGER. Beißt wohl die Zähne aufeinander, Calan?

Calan schweigt.

AUSSÄTZIGER. Calan — he, Calan! Bist du stolz, mit mir zu reden? Ich will dich von der Sünde heilen; sieh, ich schlemme[60] den Schleim meines faulenden Mundes über dich aus, das wird dich vom Stolz herstellen und dein Stöhnen wird einherzig mit meinem verschmelzen. So sind wir ein liebendes Paar beieinander. Wenn wir an Übermut darben, so haben wirs üppig in Traulichkeit und Getrostheit. Was sagst du, demütiger Bruder Calan?

Calan schweigt.
Der Hirt schleicht und kriecht heran.

HIRT. Wer spricht von Demut und Getrostheit? Ich bleibe, wo Getrostheit spricht.

AUSSÄTZIGER. Hier, hier, Bruder, hier am schlammigen Ort, hier wiegen wir uns im wüsten Wohlsein — ich bins, Bruder, ich und Calan, innig von Banden der wahren Brüderlichkeit umwunden.

CALAN. Welchen Weg ziehst du, wo alle Wege ins Verderben führen?

HIRT. Das Wasser wies mir den Weg, matt wie ich am Boden lag — die Flut füllt alle Tiefen und

[58]misses a meal [59]God forbid that I should think that
[60]spew

hetzt, was lebt, zur Höhe. Ich wandere mit den vierbeinigen Völkern der Höhlen und Löcher und Gruben des Gebirgs. Liegt nicht, erhebt euch und laßt uns dem Zug der ziehenden Tiere folgen.

AUSSÄTZIGER. Erheben sollen wir uns? Hilf du uns aus unserer Herrlichkeit auf, greif ins Geschlinge von Bast und Binden, und wir wollen getrost und traulich mit dir wandern.

HIRT. Ich habe keine Hände, euch zu helfen.

CALAN. Nein, er hat keine Hände, hat keine und kann nicht helfen; die Flut hetzt alles, was lebt, zur Höhe!

AUSSÄTZIGER. Dir geschieht recht, Calan, Gott gibt dir Vergeltung zu schmecken. Aber warum soll ich, weil du ihm die Hände abgehauen hast, in schlammiger Getrostheit liegen bleiben? Warum ich, wenn dir schon recht geschieht?

CALAN. Ich schmecke, was durch mich geschah, mir geschieht recht. Aber der rächende Gott ist doch nicht der rechte. Noahs Gott ist grimmig, wie ich war, und mir graust vor dieser Göttlichkeit. Ich liege im Schlamm und erbarme mich seiner geringen Größe.

Hirt fällt zu Boden und schlägt um sich.

AUSSÄTZIGER. Warum liegst du, was wimmerst du — willst du die Welt totschlagen, ehe sie mit dir fertig wird?

HIRT. Das beißende hungrige Getier, das Gewimmel von tausend Fressern — alles über mich her — *Rafft sich auf und verschwindet.*

AUSSÄTZIGER. Über dir? Auch über mir, Beißer überall an meinem Leibe — erbarm dich, Gott, erbarm dich, Gott — sprich, Gott, sag ein Wort, ich will hören, womit du dich verantworten kannst. Rede, ruf — räuspere dich nur!

Einen Augenblick hört man nichts, als das Rauschen des Regens, dann leises Donnern in der Ferne.

AUSSÄTZIGER. Oho, so wars gemeint? Das ist halbe Antwort, verfluchte Ausflucht, kümmerliche Verantwortung, dein Murmeln in der Ferne geht um die Frage herum. Hast doch wohl ein Herz und willst das liebe Getier beim Fraß nicht verscheuchen? Doch wohl, doch wohl ein Herz, hübsch milde, wie sichs geziemt für den gnädigen Gott seiner hungrigen Gäste. Fraß bist du, Calan, Fraß für Fresser; hör sie pfeifen, fühl das Feuer ihrer Zähne in deinem Fleische, so schmeckst du an den Fingern, was du vor Zeiten andern gegeben hast — Calan — —

[5]

Ebenda, Dunst und trübe Helle. Zwei unkenntliche Gestalten wälzen sich am Boden. Noah, eingehüllt in Gewänder, kommt furchtsam durch den Schlamm gewatet. Setzt einen Krug zu Boden.

NOAH. Ich hörte Gewimmer die ganze Nacht, wir haben es alle gehört, aber meine Söhne hielten die Tür verrammelt. Wo seid ihr — Calan, wo bist du, ich will dich tränken.

DER EINE. Gib her, Noah, gib her.

NOAH. Das ist nicht Calans Stimme — wer seid ihr Elenden?

DER EINE. Ich war Calan, aber die Tiere haben an meiner Zunge genagt, ich spreche nicht im alten Ton — gib mir zu trinken.

NOAH *weicht zurück.* Nehmt was ich euch lasse — ich kenne euch nicht mehr.

DER EINE. Die Fresser haben unsere Augen geschlürft, das Fleisch von den Fingern geschält — wir sehen nicht, wir fassen nicht — gib, Noah, gib.

DER ANDERE. Sprich vom Grimm Gottes oder sprich von Gottes Gerechtigkeit, wenn du kannst.

NOAH. Das sagte Calan — Calan, bist du es armer Calan!

CALAN. Sprich vom gerechten Gott, sprich von Gottes Rache, wag es.

NOAH *weicht weiter zurück, hält die Hand vor die Augen.* Gottes Walten ist gerecht, aber seine Gewalt ist über die Kraft meiner Augen, sie ertragen nicht den Anblick seines Tuns.

CALAN. Als die Ratten meine Augen aus den Höhlen rissen, Noah, bin ich sehend geworden. Ich ertrage den Anblick Gottes, ich sehe Gott.

Noah weiter zurück.

CALAN. Hörst du, Noah?

NOAH. Ach, Calan, was siehst du — Gott ist mein Hirt, mir wird nichts mangeln. Er wird mich durch die Flut führen und mich retten vom Verderben.

CALAN. Das ist der Gott der Fluten und des Fleisches, das ist der Gott, von dem es heißt, die Welt ist winziger als Nichts, und Gott ist Alles. Ich aber sehe den andern Gott, von dem es heißen soll, die Welt ist groß, und Gott ist winziger als Nichts — ein Pünktchen, ein Glimmen, und Alles fängt in ihm an, und Alles hört in ihm auf. Er ist ohne Gestalt und Stimme.

NOAH. Armer Calan!

CALAN. Du armer Noah! Ach, Noah, wie schön ist es, daß Gott keine Gestalt hat und keine Worte machen kann — Worte, die vom Fleisch kommen — nur Glut ist Gott, ein glimmendes Fünkchen, und alles entstürzt ihm, und alles kehrt in den Abgrund seiner Glut zurück. Er schafft und wird vom Geschaffenen neugeschaffen.

NOAH. O Calan — Gott, der Unwandelbare von Ewigkeit zu Ewigkeit.

CALAN. Auch ich, auch ich fahre dahin, woraus ich hervorgestürzt, auch an mir wächst Gott und wandelt sich weiter mit mir zu Neuem — wie schön ist es, Noah, daß auch ich keine Gestalt mehr bin und nur noch Glut und Abgrund in Gott — schon sinke ich ihm zu — Er ist ich geworden und ich Er — Er mit meiner Niedrigkeit, ich mit seiner Herrlichkeit — ein einziges Eins.

HAM *stürzt heran.* Wo — wo — wo, Vater, wo bleibst du! Es schob und schüttelte in den Tiefen, und das Feld der Flut hat sich zu Bergen gehoben und seine Wände wälzen sich auf uns hernieder — lebe, lebe, Vater, ehe Gottes Grimm dich mit den Verlorenen begräbt! *Er reißt ihn fort, man hört das Brausen heranwälzender Fluten.*

Reinhard Goering · 1887–1936

Reinhard Goering was born at the castle of Bieberstein, the former hunting lodge of the bishops of Fulda. While he was still a young child his father committed suicide and his mother died mentally ill; as a result, Goering spent most of his childhood in a boarding school. The generosity of some relatives enabled him to study medicine in Jena, Berlin, Munich, and Paris. In Paris he married Helene Gurowitsch, a Russian Jewess who had been studying painting there.

Goering's first poems appeared in 1912 in the *Lyrisches Jahrbuch*. These were followed in 1913 by *Jung Schuk*, an uneven novel in which the author experimented with new possibilities of narrative form and in which he treated problems of his own personality: a yearning for self-fulfillment, the inner conflicts of an unstable nature, and an inclination to mysticism. At the beginning of World War I Goering was sent to the Saar district as a member of the medical corps. He soon developed tuberculosis, however, and spent the duration of the war in a sanatorium in Davos, Switzerland. Here he wrote *Die Seeschlacht* (1916), a play inspired by the battle of Jutland, which in 1918 won him the Kleist Prize. In quick succession followed the plays *Der Erste* (1918), *Der Zweite* (1919), *Scapa Flow* (1919), and *Die Retter* (1919), the last of which anticipated some of the elements of the theater of the absurd. None of these dramas attained the quality of his first work, except perhaps his last great inspiration, *Die Südpolarexpedition des Kapitän Scott*, first performed in Berlin in 1930, for which he again received the Kleist Prize. This last play, under the title *Das Opfer*, was set to music by W. Zillig, a disciple of Arnold Schönberg. Throughout the twenties Goering wrote only short literary and medical articles. He obtained his doctorate in 1926 in Leipzig, and in the same year was divorced from his wife. In 1935 he married Marlene Holzapfel. After having undergone two difficult operations, Goering committed suicide near Jena toward the end of October 1936.

There is no doubt that *Die Seeschlacht* is Goering's outstanding work and one of the most neglected, and unjustifiably neglected, major works of modern German drama. If the term "expressionism" has any meaning at all, here is a play to which it can be most fittingly applied. The play is often mentioned by critics, although there has been no thorough stylistic or structural interpretation of it.

The idea of the sea battle as an act of inexorable fate which overwhelms man is presented here from the perspective of seven nameless sailors, confined to the gun turret of a battleship before and during the battle of Jutland. But *Die Seeschlacht* is not a piece that depicts war; it is not a faithful imitation or even a copy of the horrors and madness of war, but rather one that discusses human existence within the framework of one act. The point in question is not the victory or defeat of a battleship, but rather the conscience of the seven sailors who are unable to put up with their ominous fate. Though the sailors are not differentiated by name, they are distinguished by the commentaries which each makes about certain essential themes such as the meaning of war, the question of right or wrong, the justification of fighting, the true significance of life in general, nostalgic memories of peace, and, most important of all, the problem of obedience and disobedience. The climax comes in the famous dialogue between the first and the fifth sailor, leading up to the conception of mutiny and the denunciation of war by the figure of the fifth sailor. But then, at the very moment of battle, an astounding thing happens: the mutineer who tried to arouse the sailors to rebellion completely reverses himself and joins the fight. "Mir gefällt die Schlacht," he says. No reason for this sudden change is given, and some have considered it a dramatic flaw; but it is not that at all. All possible motivation comes through the impact of the last four lines of the play, and the final questions are left (very much in a Brechtian manner) to be answered by the reader himself:

Ich habe gut geschossen, wie?
Ich hätte auch gut gemeutert! Wie?
Aber schießen lag uns wohl näher? Wie?
Muss uns wohl näher gelegen haben?

Bibliography

There is no comprehensive study of Goering.

Seeschlacht

Tragödie

Die Handelnden sind sieben Matrosen, die im Panzerturm eines Kriegsschiffs in die Schlacht fahren. Zu Beginn befinden sich alle mit Ausnahme des dritten, fünften und siebenten im Panzerturm; der sechste am weitesten im Hintergrund. Das Stück beginnt mit einem Schrei.

ERSTER MATROSE
Ein Zeichen! Ein Zeichen!

ZWEITER MATROSE
Was schreit einer da?
Was für Unsinn schreit einer da?

ERSTER
Ein Zeichen! Ein Zeichen,
ob wir sie treffen und wies[1] ausgeht.

ZWEITER
O alter Narr! Wo denn ein Zeichen?

ERSTER
Ein Zeichen am blauen Himmel,
ob wir sie treffen und wies ausgeht.

5 ZWEITER
O alter Narr! Sei froh, wenn du nichts siehst
als Blau am blauen Himmel!
War einer mal bei uns,
der sah Zeichen am blauen Himmel.
10 Sitzt heute hinterm Gitter!
Der sang, der sang hinterm Gitter:
O Himmelsblau, o Himmelsblau!
Meine Blicke irren in Dir
wie Wanderer in der Wüste
15 und sterben — durstig.
Kläglich klang es. Wir lachten.

[1] wies = wie es (later also wenns = wenn es, nenns = nenne es, dus = du es, etc.)

VIERTER MATROSE
Lachen sollte auch hinters Gitter bringen.

ZWEITER
Kläglich klang es. Wir lachten.   5
Ist Lachen so ein schlimmes Ding?
Wir haben manch Gelächter auf dem Kerbholz[2]
und müssen große Sünder sein demnach.
Weinen ist besser wohl?

VIERTER
Weinen — wenns das noch gibt —
sollte bestraft werden.

ZWEITER
Und was belohnt?   15

VIERTER
Nichts.

ERSTER
Wenn aber einmal klar wird,   20
was die oberen Mächte mit uns wollen —

ZWEITER
O weh! Kommst du noch damit, Mann?
Fängst du dir Flöh[3] mit oberen Mächten[4]?   25
Gingst du drei Schritt allein mit oberen Mächten?
Wie man nur Kinderlippen lügen lehrt
mit diesem oberen Machtgeplapper,
bis dann die bitteren Mäuler schrein, weil sie allein   30
                                                sind!
Wie man den Augen Zutrauen zu sich selber stiehlt!
Und Hinteraugen schafft mit Krötenblicken[5]!
Kein Tag ist heiter durch eine obere Macht!
Oder Freund, hast du hier am Rohr schon mal   35
so einen richten sehn von auswärts,
unbekannt, nicht von unserer Farbe,
mit Larvenfingern
und geisterhaftem Glimmern übers Meer?
Sahst du schon so was?   40
Weibergeschwätz. Hutziehen derer,
die nicht wagen! Sei auf der Hut davor[6]!

ERSTER
Du willst nicht leugnen,   45

---

[2]We've got many a laugh on our record   [3]Flöh = Flöhe
(later also Schritt = Schritte, heut = heute, eh = ehe, etc.)
[4]Are you trying to pull the wool over your eyes by
talking about higher powers?   [5]Literally: How we take
away from our eyes confidence in themselves and create
eyes in the back of our heads looking upwards like
toads.   [6]Kow-towing of those who do not dare (to live
independently)! Beware of it!

---

daß einer Ahnung[7] haben kann,
daß etwas in uns Zeichen gibt,
aus denen wir, was kommen soll, erfahren?

ZWEITER
Sei einmal ganz still, Junge!
Hörst du es singen?
Nenns Keuchen, wenn du lieber willst.
Keuchen, dem nie der Atem knapp wird!
Sieh mal dahin!
Gefällt nicht auch dir sehr dies Spiel,
leicht, lautlos, katzenhaft und geduldig
der Achsen hier?
Dies Rohr von bestem Fleisch
wie eine Kaiserin bedient!
Das sind Zeichen, aus denen du
ergründen magst, wies uns gehen wird.
Das und die verfluchten Leiber hier
und was drin blutgenährt ist!
Wenn wir nichts weiter an Bord hier hätten,
als was du sagst, worauf du baust,
behaupte ruhig:
Wir sind Schweine die zum Metzger fahren.
Doch was für langweiliges Orgeln!
Kannst du tanzen? Konntest dus wenigstens?
Bist Tänzer auch?
Was willst du mehr als Tanz und Schlaf!
Schlacht! Sagt man nicht «heißer Tanz» dafür?
Schlaf! Ist Tod was anderes?
Haben wir unsere Köppe zu was besserem als
                                                Trällern[8]?
Ist nicht heut letzter Mai?
Wenn wir an Land auf Dunkel warteten,
anstatt im Wasser hier auf Feind,
es sollte ein lustiger Tanz heut werden!
Weißt du! Du weißt doch!

Er trällert.

ERSTER
Mit leisen Laternen schleicht hier oben etwas hin.
Davon kann ich mit dir nicht sprechen,
aus meilenlosen Ländern kommt das.
Das wäre nichts?
Ahnungen gäbs nicht?
O warum bin ich heute schwach und rede!

VIERTER
Von Zeichen spricht er immer noch?

---

[7]The omission of definite and indefinite articles and of
personal pronouns, which is to be found throughout
the play, is a characteristic feature of expressionism.
[8]Are our heads good for anything else but singing?

ZWEITER

Von Ahnung jetzt.

VIERTER

Ahnung! Morgennebel des Hirns!
Kinder und Weiber stehen darin.
Wenn einmal Sonne Mannheit
aufschwebt zum Mittagspunkt,
ist Ahnung nur ein übler Dunst
im klaren Bau der Welt[9].

ZWEITER

Was denn für Ahnung, Junge?
Zeig mal!

ERSTER

Daß wir sie diesmal treffen
und daß keiner zurückkommt.

VIERTER

Hoho! Du ahnst nach dem Gewitter[10]!
Wir alle, wie wir sind hier,
sind doch ersoffen schon.
Und obs heute der Fall ist?
Wie das wissen?
Was nützt es wissen wollen?
Kommt, wie es kommt.
Was du dir ausdenkst, ist all Märchen.
Man sollte der Märchen einmal müde werden.

ZWEITER

Da hör den Mann!
Ahnung kommt doch nicht gar von Angst?
Bist doch nicht bange! Wie?

ERSTER

Wenn wir heute abberufen werden,
ist nicht viel Zeit mehr,
sich bereit zu machen.

ZWEITER

Der Mann ist nicht aus dieser Zeit.
Spricht er schon lange so?
Du hast sehr wenig wohl geküßt bis jetzt,
dir tun die Veilchen leid,
die, wie du zu spät siehst, man pflücken kann!

SECHSTER

Vier Uhr. Hört ihr, Jungens?

[9]Premonition! Morning mist of the brain! ... When
the sun of manhood reaches its noon, then premonition
is only an evil vapor in the clear structure of the world.
[10]You have a premonition of what will happen *after*
the battle!

Wir sollten schlafen, schlafen,
damit wir kräftig sind, wenns Ernst wird.
Legt euch hin, Jungens!

5   *Der dritte Matrose tritt ein.*

DRITTER

Wetten. Treffen sie!
Wetten, daß wir sie treffen?
10 Der halbe Tag ist rum,
treffen wir sie, eh er zu Ende ist?

ZWEITER

Wen denn?

15   DRITTER

Schiffe! Esel!

ZWEITER

Hoho! Lacht!
So warm sah ich ihn nur,
20 wenn er nach Freundinnen frug.
In jedem Hafen hat er welche.
Siehst so sehnsüchtig aus, Junge[11]!

DRITTER

25 Schiffe! Schiffe!

ZWEITER

Malaische Umarmungen,
die zwei Minuten leben;
bis die Sirene wieder heult;
30 ohne Gebet noch Andacht; nur die Tat:
Da geht er kälter ran!
Pfui, wie der Mann aussieht!

DRITTER

35 Schiffe! Schiffe!

ZWEITER

Meister der Hafenliebe,
die unter Püffen reif wird[12]!

40   DRITTER

Schiffe! Schiffe!
Laßt mich Fleisch Feuer nennen, das weh tut.
Ich will blöd und allein
an Bord bleiben, wenn Ankerketten
45 in fernen Häfen rasseln,
alles tun, was ihr wollt.
Soll ich nur Schlacht erleben,
Kampf, Probe, Messen,

[11]You look so full of desire.   [12]Master of harbor love
which ripens amidst the turmoil of the brothels.
("Puff" is a pun; it means *blow, push* and, in slang,
brothel.)

wer besser ist und meerhafter[13],
wir oder sie?

        ZWEITER

Geduld, Junge.

        DRITTER

Geduld für Affen!
Die Welt ist zu geduldig heute!
Geduld ist kein Merkmal von Schönheit.

        ERSTER

Geduld selbst ist schön.

        DRITTER

Schiffe! Schiffe!
Warten, Untätigkeit: Dies
Gift zehrt Männer schneller
als eingesperrte Brunst.

        ZWEITER

Geduld! Da ist einer, der hat gesagt,
daß wir sie heute treffen
und daß es Schlacht gibt.

        DRITTER

Wer? Der da? Wie weiß er das?

        ZWEITER

Von seiner Tante,
die ihn schon immer warnte
vor dem bösen Mai[14]!

        ERSTER

Wilde Gesellen! Hab ich nicht
wie ihr mein Teil gewacht hier
auf dem Wasser und übers Meer geschaut
zu Tag- und Nachtzeit?
Und Schlacht gewünscht wie ihr?
Fern, fern wie Strichchen sah ich
Rauch von Schiffen.
Das konnten Feinde sein.
Wären sies; sprach ich wie ihr!
Doch meine Augen blieben unverführt.
Niemand kann mir nachsagen,
daß ich zu schnell gesehen
oder zu rasch gerufen.
Warum verlacht ihr mich?
Wartet! Ihr werdet manches lernen,
ehs Abend wird!

        DRITTER

Wir lernen nichts mehr!

---

[13]seaworthier [14]The battle of Jutland occurred on May 31, 1916.

Mein Kopf als Pfand.
Was hätten wir zu lernen auch!

        ZWEITER

5 Gib acht, wie wir ersaufen können,
wenns sein muß,
als hätten wirs gelernt.
Wie wir die Blicke,
noch voll vom Jugendglanz der Welt,
10 ins salzige Wasser senken,
salzige Tränen sparend.

        DRITTER

Deshalb Schiffe! Schiffe!
15 Für alles andre laßt uns selber sorgen.

        ZWEITER

Frei Meer! Frei Meer!
Gefällt es nicht auch dir
20 und ists nicht rühmlich,
wenn dann in Sommernächten
die See liebkosend mit dem Sand
ein Danklied uns als den Befreiern singt,
oder die Welle dem spröden Fels
25 von unseren Taten rauscht.
Solange Welle rollt.

        SECHSTER

Schlaft, Männer! Schlaft!
30 Bald werdet ihr neu gebraucht.

        VIERTER

Durch Glut wie diese
kocht man sich selber weich!
35 Wenn Schiffe kommen,
wenn erst ein Aug sie ausmacht
und dann von Mann zu Mann die Kunde springt,
wenn Kiele jagen, Rohre schwenken, Schlacht
brüllt,
40 nackte Männer in Kohlenbergen springen
und alles ächzt vor Tat,
sagt mir, was ists weiter,
als wir tun unsre Arbeit,
wie sie uns zufiel?
45 Was ist so viel geändert?

        DRITTER

Fragst du das uns?

        VIERTER

50 Ja euch!

        DRITTER

Himmel und Hölle,
wenn Schlacht ausbricht,

Messen, Ernst, Probe,
wer besser ist und meerhafter,
wenn es sich zeigt,
ob wir sind, was wir von uns halten;
wenn Spiel Ernst wird
und Wahrheit vortritt:
Das nennt er: Nichts geändert!

VIERTER
Nenne ich nichts geändert.

DRITTER
Und du? Und du? Und du?

ZWEITER
Mich dünkt, alles ist anders,
wenn Schlacht anbricht,
wie dieser es voraussagt.

VIERTER
Und mich: Männer sind solche,
für die, was auch kommt,
nichts ist geändert.

SECHSTER
Schon geht es auf halb Fünf.
Schlaft Männer, schlaft!
Bald werdet ihr neu gebraucht.

DRITTER
Wir müssen schlafen jetzt.

ZWEITER
Frühes zu Bett gehen!
Unsere Betten sind Eisenplatten,
wo jeder Kopf schon seine Kaule hat.

VIERTER
Wie ist die See?

ZWEITER
Still. Ruhig! Wie eine Schafherde.
Wind aus Nordwest kost sie.
Es wäre ein Tag, mit Mädels zu segeln.
Vorhin passierten wir Sylt[15].
Die feine, blonde Insel
war nie geliebt von sanfterer Welle.

VIERTER
Sahst du Posten am Land?

[15]Sylt is an island in the North Sea off the west coast
of Schleswig.

ZWEITER
Überall. Und sie wachen!
Sie sahen uns fahren.
Ihr Herz folgt uns und ihr Neid.

5

VIERTER
Neid sagst du?
Glaubst du wirklich Neid?

10

SECHSTER
Schlafen. Die Zeit rinnt!
Bald wird man neu uns brauchen.

15   ZWEITER
Seht, wie er schon sein Rohr im Arme hat!
Als wollte er Samoa träumen.
Junge, wie wärs, damit wir besser schlafen,
du gäbst uns was zum besten von Samoa!
20 Wie dort Liebe nordische Keuschheit prellt.

DRITTER
Samoa! Insel! Soll ich noch schnell erzählen?
Versprecht mir eins:
25 wenn mich Tod holt,
schreit mir nochmal das Wort ins Ohr!

ZWEITER
Gut, wir versprechens.

30

DRITTER
O, haha, Samoa!
Als wir zum erstenmal dort landeten,
glaubten wir, es sei Morgen
35 und wir besoffen alle.
Kerle, die plärrten in der Sonne
und nannten kühl, närrisch, kalt,
trostlos ihr Heimatland. Schworen,
sie würden nicht mehr atmen können zu Haus.
40 Was wollt ihr wissen?
Unsere Väter waren
Esel, daß sie nicht hingingen, und Schurken,
daß sie uns dort nicht zeugten!
Wir waren da drei Tage.
45 Da war uns allen,
als wären wir bis dahin Irrsinnige gewesen,
Esel, die sich selbst beladen
mit Kram und Umständen von anderen,
ganz wertlosem Ballast
50 und darunter keuchen.

*Der fünfte Matrose tritt ein und geht, ohne jemanden
zu beachten, in eine Ecke, wo er sich hinsetzt.*

Da kommt einer zur rechten Zeit.
Komm her, Junge und erzähl ihnen von Samoa.
Warst ja dabei.
Wenn sie schreien gleich: ich lüge,
schrei du: Lügt nicht! Hörst du?
Wie? Keinen Gruß?
Stumm wie 'ne Wand?
Keinen Gruß für uns?

VIERTER

Den laß schlafen.
Er hat die dritte Wache hinter sich.

DRITTER

Jung, hör, wir sprechen von Samoa.

ZWEITER

Laß ihn in Ruh. Erzähl uns weiter.

DRITTER

Weiber gibts da!
Wir nanntens: Dattelnpflanzen!
Haben wir Datteln da gepflanzt!
Einmal — ich lüge nicht — kommen wir ins Dorf.
Zwei Wochen waren wir da.
Da haben wir geglaubt zu leben.
Was wir bis dahin kannten, war krüppelhaft.
Waren freundliche Leute dort,
hatten komische Sitten. Zum Beispiel sagten sie:
Leben ist kurz. Mach dirs nicht künstlich schwer!
Trüb es nicht selbst.
Lieber erhängte einer sich,
als daß er eine Stunde schief sah.
Weiber waren immer zwei und zwei zusammen
und immer zwei zählten für eine.
Ich lüge nicht.
Es waren lustige, flinke Dinger,
halfen sich und den Männern,
und wir sahen niemals eine Gesichter ziehen.
Wir haben Datteln gepflanzt,
so viel wir konnten.

ZWEITER

Aufschneider! Was er uns da vorlügt.
Sollen schlechte Träume haben.

VIERTER

Wer macht, daß man mal anderes
als Seeschlacht träumt an Bord, den laß lügen!

DRITTER

Sagt einer da, ich lüge?

Fragt doch den schläfrigen Mann
dort hinter mir. Fragt ihn!

VIERTER

Macht leise, er schläft schon.

ZWEITER

Die Augen hat er noch auf.
Augen, Fische zu töten damit.
Wie ein Küster, der Beten heuchelt.

DRITTER

Fragt ihn.

ZWEITER

Heh, Junge!

DRITTER

Keine Antwort.

VIERTER

Ihr sollt ihn schlafen lassen.

DRITTER

Halt! Hab ich nicht den Burschen so gesehen?
Wenn da in einem Hafen was besonders Nettes
    stand,
wo es geschrieben war im Aug,
um den gerafften Rock, auf lockrem Strumpf,
in losem Ausschnitt, den Nacken kitzelnd,
dann war der Bursch genau so.
Sah hin, als hing er fest da.
Ging nicht ran. Stand wie ein Pfosten.
Plötzlich erinnert sich,
daß er an Bord noch was zu tun hat,
und stürmt weg. So war der Mann.
Holla, Junge!

ZWEITER

Hört nicht.

ERSTER

Lauscht andern Stimmen als den euren.

ZWEITER

Wird nicht viel hören dann.

ERSTER

Oder denkt an Mutter,
Freund oder Braut.

ZWEITER

Haben Mütter auch und Freunde
und was wie Braut aussieht.
So viel wir wollen.
Hören deshalb doch, wenn man ruft,
und sagen: Guten Tag.

DRITTER

Was hilft schreien nach der Mutter.
Genug, wenn sie nach uns schreien.
Von Kommandant bis Koch gibt es nur einen
                 Gedanken jetzt   5
und den hat er:
Paßt auf, wie es ihn hochbringt.
Junge: Schiffe! Feindliche Schiffe!

ZWEITER

Hier ist einer, der ahnt, daß es heute losgeht.   10
Wir sollen viel lernen noch
und dann ersaufen.
Steht so im blauen Himmel.

VIERTER

Verdammte Schreier,
wollt ihr den Mann in Ruh lassen,
der euch zwei Wachen abnahm.

ERSTER

Der sieht vielleicht, was wir nicht sehen;
in dem geht vor,
was in uns unten bleibt.

ZWEITER

Solche Käuze gibts[16].
Doch der ist keiner davon.

ERSTER

Wie willst du das wissen?

ZWEITER

Der lacht den ganzen Tag.
Das ist ein Lustiger wie wir!

DRITTER

Wecken wir ihn.
Bei allen feinen Tagen, die wir hatten,
und feineren, die wir haben werden,
was ist in dich gefahren, Junge?   40
Willst du was tun und bist unschlüssig?
Packs bei der Gurgel. Frag nicht lang!
Nicht erst das Wort suchen,
das sagt: 's ist gut! Frei weg getan[17]!
Willst du schlafen? Dann Augen zu!
Erst eins, dann auch das andere!
Uns friert sonst.
Es muß Glanz sein in Augen,
sonst taugt das Essen nicht.

[16]There are such queer guys.   [17]Do it without thinking about it!

VIERTER

Halb fünf!
Nun ist es Zeit und ich befehle:
Hinlegen, schlafen und kein Wort mehr!
Gehorcht.

DRITTER

Wird wieder nichts aus dieser Meerfahrt.
Hole der Deubel[18] so ein Leben!

ZWEITER

Wenigstens haben wir gelernt diesmal:
Das blaue Himmelsalphabet,
und daß es Leute gibt,
die in die Luft starren, hören nichts
und sagen auch nicht guten Tag.   15

Die Leute legen sich hin und schicken sich an, einzu-
schlafen. Der fünfte Matrose macht nach einer
Weile einige Bewegungen mit den Armen.   20

ZWEITER

Verdammt!
Da fängt er an zu hampeln[19].   25

DRITTER

Laß ihn hampeln und strampeln.
Können ihm nicht helfen.

ZWEITER

Haut sich mit Geistern.   30

DRITTER

Macht wenig Lärm das.

ZWEITER

Wischt sich Mücken aus dem Auge.   35

DRITTER

Wir haben keine drin.
Vielleicht sieht er auch Männerchens   40
wie neulich einer,
der Leute übers Wasser kommen sah.

ZWEITER

Krank also?   45

DRITTER

Geht uns jetzt nichts an.

ERSTER

Was ihr für starre Kerle seid!   50
Was für harte Kerls! Ich wundere mich.

[18]Deubel = Teufel   [19]Now he is starting to toss about.

DRITTER

Uns wundert nichts.
Da beginnt der Mensch.
Hör lieber jetzt die Wellen. Heia Poppeia[20].
Die Wellen wundern sich auch über nichts.
Hörst du?

ERSTER

Was seid ihr wilde Kerls!

DRITTER

Machen wenig Umstände[21].
Das ist alles. Gewöhn dirs auch an,
dann gehts dir besser.
Heiapoppeia, hör auf die Wellen.
Machen auch wenig Umstände.

*Die Leute schicken sich wieder an zu schlafen, nach
einer Weile beginnt der fünfte Matrose zu murmeln.*

ZWEITER

Schockschwerenot[22],
da fängt er an zu predigen.

DRITTER

Desto besser werden wir schlafen.

ZWEITER

Sieh ihn dir doch mal an.
Hör doch mal.

DRITTER

Warum so feierlich?
Was ist denn los mit ihm?

*Sie hören sich eine Weile das Murmeln des fünften
Matrosen an, dann steht der dritte Matrose auf.*

DRITTER

Flagge,
verzeihe, was ich jetzt sage!
Doch gesagt muß es werden.
Hier an Bord ist einer,
der Angst vorm Sterben hat.
Wollt ihr wissen, wo er sitzt?
Da! Verzeih mir, Flagge,
daß ich es sagen muß.
Grundlos beschuldige ich niemand.
Der Mann hat Furcht vor Tod, das ists.

VIERTER

Furcht vor Tod ist eine Sage geworden.

DRITTER

Ich habe eben gehört,
wie er: Tod, Tod,
weiter nichts als das murmelte.
5 Einer, der Seeschlacht nicht wünscht,
der lieber nach Haus führe,
der Tod murmelt, Tod, Tod.

VIERTER

10 Furcht vor Tod gibts nicht mehr.

ZWEITER

Wer sie hatte, hat sie verlernt.

VIERTER

15 Ein Wort!
Denken kann er sich nichts dabei.

DRITTER

20 Soviel ist sicher:
Platz ist hier nicht mehr für den.
Oder sollen wir einen hier drin haben,
der uns vor Angst stirbt,
ehe ein Schuß gefallen ist?

VIERTER

25 Unsinn, das tut keiner.

DRITTER

30 Was willst du mit ihm anfangen?

VIERTER

Was ich mit ihm anfangen will?
Mit dem da?
35 Nichts.

ZWEITER

Nichts ist wenig.

DRITTER

Bei der Angst, die er im Kopp[23] hat?
40

VIERTER

Ist doch gleich, was einer im Kopp hat.
Darauf kommt's doch nicht an.

45   ZWEITER

Ist krank, habe ich gesagt.

VIERTER

Die Krankheit kennen wir.
50 Sobald es zu bummen anfängt, ist sie vorbei.
Seid doch nicht so besessen, Jungens.

---

[20]rock-a-bye baby   [21]We don't give a damn.   [22]Good
heavens

[23]*Kopp* = North German (and slang) for *Kopf*

Ist das der erste, den es anfällt?
Geht eben allen so,
die nicht warten können.

DRITTER

Wie ein Schlag ins Gesicht
ist mir der jetzt.

VIERTER

Nehmt euch doch nicht so wichtig, Kerls!
Bleibt sonst euer Leben lang Anfänger.

DRITTER

Der Mann muß raus!
Wollt ihr? Wir schaffen ihn raus.

VIERTER

Langsam. Übereilt euch nicht.
Einen Augenblick.
Zu befehlen habe ich,
glaube ich wenigstens.
Hinlegen schlafen. Es ist Befehl.
Und ein für allemal: Ruhe.
Du da, warte drauf,
bis du abbitten wirst.

DRITTER

Abbitten!
Das müßte wunderbar kommen.

VIERTER

Was ist die Zeit?

ZWEITER

Dreiviertel Fünf! Wir müssen
nicht weit vom Skagerrak jetzt sein.
Die See ist ruhig.
Ab und zu nur ein Klatsch.

ERSTER

Bald wird manch glasiger Mann
am Land der Jüten[24] aus dem Wasser steigen.

ZWEITER

Glasiger Mann?
Was schwätzt du da?

ERSTER

Bald wird manch glasiger Mann
am Land der Jüten aus dem Wasser steigen.

Die Leute schlafen nun ein. Das Murmeln des fünf-
ten Matrosen hebt wieder an und wird verständlich.

[24]land of the Jutes, i.e., Jutland

FÜNFTER

Was tun?
Es ist wie Schnaken,
die einen nicht schlafen lassen.
5 Die lauter summen, wenn man still liegt.
Hat eine sich hergefunden,
gleich sind tausende da.
Vielleicht besser: sich stechen lassen,
als rumhauen so! Mein Vater, dessen Vater,
10 kannten das noch nicht. Sie hatten nur Gedanken,
            die ihnen nützlich waren.
Ihr Hirn war ihnen,
was dem Hund die Nas ist.
Sie rochen denkend.
15 Uns stehen Schwärme
mit tausend Stacheln um den Kopf.
Wenn da Blut ist, das fault im Schädel
wie Wasser im alten Schwamm:
Daraus mögen Blasen aufsteigen
20 noch so schillernd:
es ist Verwesung.
Blase oder Licht: das entscheidet! Fort über das
            Meer, zur Nacht,
zu den Wellen, wo euer Geschwister sich wiegt,
25 unfaßbar, ungreifbar,
doch so, daß wir träumen,
wenn wir lang hinschauen.
Ganz neue Blume? Hat man die schon werden
            sehen?
30 Die Welt trottet zum selben Stall?
Ist da aber etwas schwebend zwischen uns,
das plötzlich einen anfällt,
wie Pest Bauer und Herrn schlägt: Dann lieber
            doch,
35 sich verkriechen, betäuben,
schreien: Nicht ich, nicht ich!
Ehe es einen ansteckt. Sind wir nicht gesattelt
mit Lederglaubensartikeln,
die Sturm und Wetter überdauern?
40

Die schlafenden Matrosen haben zu träumen be-
gonnen und unterbrechen jetzt den fünften.

ZWEITER

45 Mein Arm? Laß los!

DRITTER

Mein Knie? Geh runter!

ZWEITER

50 Nichts.

DRITTER

Siehst du Strichchen?

ZWEITER

Strichchen:
Gebt einmal noch zu essen jedem Mann.
Langt zu. Schlingts in euch. Freßt.

DRITTER

Wozu mästet man uns?

ZWEITER

Freßt! Schmeckts? Freßt!

DRITTER

Hat nicht Geschmack.

ZWEITER

Schmeißt allen Dreck von Deck.

DRITTER

Nichts.

ZWEITER

Siehst du Strichchen?

VIERTER

Nicht schlafen.
Kann nicht schlafen.
Hilf einer schlafen mir.

Der zweite Matrose erhebt sich halb.

ZWEITER

Noch nicht?

Er sinkt wieder hin; der dritte tut wie er.

DRITTER

Noch nicht?

ZWEITER

Wann hört das Warten auf?

VIERTER

Ich kann nicht schlafen.
Hilf einer schlafen mir.

*Die Leute sind wieder still, machen aber noch Be-
wegungen.*

FÜNFTER

Euer Traum? Ja. Meiner auch?
Kommt ihr hoch, Kerls?
Liegt wieder auf dem Ohr!
Seemannsblut,
das wie die Welle jäh steigt und fällt,
Was zuckt und ruckt ihr?

Was ist euer Wille? Schlacht.
Dreimal Schlacht ohne warum noch wie.
Nur her damit. Schlacht!
Liegt wieder auf dem Ohr.

Der fünfte Matrose tritt vor den vierten.

FÜNFTER

Und dieser will, daß man ihm schlafen hilft.
Schläfst du denn nicht?
Ein Toter schliefe nicht besser.
Und schreit doch: gebt mir Schlaf?

Der fünfte Matrose tritt vor den ersten.

FÜNFTER

Aber dieser! Sagt gar nichts?
Schläft! Als wollte er sagen:
Ich bin geborgen.
Schlaf süß! Schlaf süß.

Er tritt weg.

FÜNFTER

Schlaft alle.
Denn einer wacht ja hier.
Wenn der jetzt schliefe,
wäre es weiter nichts als Feigheit.

*Der erste Matrose erhebt sich, tritt hinter den fünften
und legt ihm die Hand auf die Schulter.*

ERSTER

Ich schlafe auch nicht, Kamerad.

FÜNFTER

Gespenst!

ERSTER

Verzeih, wenn ich dich erschreckt habe.

FÜNFTER

Hölle und Teufel,
ein Gespenst könnte sich nicht leiser erheben
und tonloser ächzen wie du jetzt.
Was willst du?

ERSTER

Sagen, daß ich nicht schlief.

FÜNFTER

Tatst aber so!
Schienst doch so süß zu schlafen.
Spieltest also?
Was willst du jetzt bei mir hier spielen? Rede.

ERSTER

Nichts spielen, Kamerad.

FÜNFTER

Wie er das sagt: Nichts spielen.
Was willst du dann?
Warum schläfst du nicht?

ERSTER

Mir war eben, als hörte ich einer Beschwörung zu. 10
Als riefest du irgendwelche Geister an
oder obere Mächte.

FÜNFTER

Falsch. Ganz falsch.
Mich selber rief ich an. 15
Obere Mächte sind mir ganz unbekannt.
Wer solche ehrt, heftet sich selbst den Draht an,
der ihn zur Puppe macht.

ERSTER

Puppen sind wir doch all.

FÜNFTER

Meinst du? Das nackte Leben, wie? 25
Rede nicht weiter, Mann.

ERSTER

Wie du dich quälst.

FÜNFTER

Ließ ich dichs sehn?

ERSTER

Immer vergeblich.

FÜNFTER

Glaubst du?

ERSTER

Weiß.

FÜNFTER

Was willst du also?

ERSTER

Das ist ein Rätsel.

FÜNFTER

Was vermöchtest du?

ERSTER

Dinge gibt es, die in der Luft liegen,
Wenn ihre Zeit kommt,
gehen sie durch jedes offne Fenster,
ganz gleich, wer in dem Haus wohnt.
Sie gehen auch durch geschlossene Fenster.

Der fünfte Matrose springt zurück.

FÜNFTER

Mann, das ist wahr.

ERSTER

Ist Wahrsprechen ein solches Ding, 5
daß man davor erschrickt?

FÜNFTER

Man sollte nicht.

ERSTER

Was habe ich so Schreckliches gesagt?

FÜNFTER

Wir beide werden nicht weiter reden. 15
Leg dich schlafen wieder.

ERSTER

Ich gehorche.

20

Der erste Matrose legt sich wieder hin.

FÜNFTER

Gehorcht. Was ist das nun?
Habe kein Haar Recht an diesen Mann 25
und er gehorcht mir, nennt es gehorchen.
Dinge gibts, die in der Luft liegen, sagte er.
Kennt er sie auch?
Heh du da, Kamerad!
Schläfst du schon wieder? 30
Komm bitte! Steh auf, es muß gesprochen werden.
Die Zeit brennt.
Wir müssen Rauch von Feuer scheiden.
Die Zeit ist spaßig.
Wir müssen Kerne fassen, Schalen lassen. 35
Locken und Lappen unsrer Person abschneiden.
Nackt, frei von Eitelkeit durch den Strudel
schwimmen.
Ich will also beginnen. Komm!

40

Der erste Matrose erhebt sich wieder.

ERSTER

Ich komme, wie du rufst, doch 45
du weißt wohl, jeder, ob er will
oder nicht, ist für sich selbst.

FÜNFTER

Ich weiß nichts. Wollens abwarten. 50

ERSTER

Was willst du also von mir?

FÜNFTER
Sag mir mit einem Wort,
was in der Luft liegt.

ERSTER
Unmögliches verlangst du.

FÜNFTER
Sprich! Rede frei heraus.
Es hört uns keiner.

ERSTER
Unmögliches verlangst du, sage ich.

FÜNFTER
Die Art, wie du kamst eben,
was du sagtest, wie du dich legtest und wieder
                                            kommst,
erfüllt mich mit Erwartung.
Täusche sie nicht.

ERSTER
Vielleicht,
wenn wir ganz ruhig und einfach sprächen,
kämen wir mit vielen Worten
zu irgendeinem Ziel.

FÜNFTER
Viele Worte sind nicht mein Fall.
Beginne gleichwohl!

ERSTER
Was in der Luft liegt, fragst du mich?
Hast du aufs Meer gesehen?
Da liegt es auch.

FÜNFTER
Das ist doch wahr Mann!
Das ist wieder wahr!

ERSTER
Wir fahren hier schon lange auf dem Meer,
Wasser unter und Himmel über uns.
Das ist nicht gleichgültig für uns.

FÜNFTER
Dies endlose Gewässer
und dieser ewige Himmel regen die Seelen auf
und lassen uns nicht zur Ruhe kommen.
Die Seele wacht, wenn sie auf Wellen starrt
und wenn der Wind
öde im Takelwerk singt.

ERSTER
Wenn wir an solchen Mächten unsre Pläne prüfen
und unsre Kraft an Kräften,
die mit uns spielen.

FÜNFTER
Was ist dann, Kamerad?

ERSTER
5 Ja, was?

FÜNFTER
Mann, wieder entschlüpfst du mir.
Gib acht! Spürst du nicht,
wie ich innerlich schon bebe
10 und mich fast fürchte,
mehr zu reden.

ERSTER
Dann wollen wir lieber abbrechen,
denn auch mir ist es neu,
15 was jetzt die Stunde uns tun heißt.
Ich bin wie ein Kind auf diesem Wege.

FÜNFTER
Kinder gehen sicher, wo Große straucheln.
20 Laß uns sein wie zwei Kinder
und wie zwei Wanderer im Nebel,
die nicht sich und den Weg verlieren wollen.
Laß uns reden.

ERSTER
25 Wie du willst.
Vielleicht, daß wir, was wir direkt nicht nennen
                                            können,
an seinen Wirkungen erkennen
und dann auch Worte dafür finden.
30 Hör also. Es ist uns doch befohlen jetzt zu
                                            schlafen.
Diese gehorchen wie es Pflicht ist.
Warum schlafen wir beide nicht?

FÜNFTER
35 Weil wir nicht schlafen können.
Man kann uns wohl befehlen,
wie Schlafende zu liegen,
doch Schlaf selbst kann niemand zwingen.

ERSTER
40
Warum denn können wir nicht schlafen?

FÜNFTER
45 Weil uns etwas anderes wach hält.

ERSTER
Anders als was?

FÜNFTER
50 Als was diese zu gehorchen antreibt.

ERSTER
Sollten denn wir beide in unserer Seele

nicht das nur dulden,
was uns gehorsam macht?

FÜNFTER
Wir sollten wohl.

ERSTER
Doch unsre Seele weigert uns selbst den Gehorsam,
weil sie von etwas anderem besessen ist.
Kein Wunsch, keine Begierde macht uns zu
                        Ungehorsamen. 10
Sondern ein unnennbares Geschick der Seele.

FÜNFTER
So ist es. Doch warte hier.
Graust dir nicht auch? Wohin kann uns das
                         führen. 15
Sollen wir hier nicht lieber aufhören.
Und noch gehorchen und hin uns legen.

ERSTER
Wie du meinst. Wie du willst.

FÜNFTER
O Mann, hältst du mich für so feig,
daß ich nicht weiter zu gehen wagte,
wo ich doch schon fast sicher bin,
wir kommen zu einem schönen Ziele so? Ich
                   will, daß wir fortfahren
und wenn daraus auch
Allerschlimmstes für uns entstünde.

ERSTER
Wir sind jetzt Kletterer,
die sich allein auf eigene Gefahr
auf höchste Gipfel wagen. Laß uns, ehe wir gehen, 35
die Mächte anrufen,
die über uns unsre Tritte lenken.

FÜNFTER
Halt Mann! Nein! Tue du das allein.
Das Mark in meinen Knochen ist dies:
daß wir allein auf uns stehen
in allen Welten und nur dahin kommen,
wohin uns unser Fuß mit ruhigem Schritte trägt.
Ich sauge Kraft daraus.
Wir selbst sind unser Schicksal.
Ich wollte lieber noch glauben:
Daß wir Glas, Spielzeug, Puppen
in eines irren Riesen Hand
sind, als daß Sinnvolles waltet
über uns.

ERSTER
Ich habe gefleht. Wir können weiter gehen.

FÜNFTER
Furchtbar ist die Macht eines Wortes und der
                         Gedanken.
Ins Irre und ins Rechte
führen sie einen allein und ganze Völker. 5
Wir können vorsichtig sein.

ERSTER
Wenn wir den Kern des Lebens halten,
dann kann uns Nachdenken nur fördern, 10
dann schließt es uns nur unser Wesen auf,
wie Straßen und Kanäle reiches Land.
Wir wären Tote, wenn wir nicht dächten,
und viel ist tot,
weil keiner es zu denken lehrte. 15

FÜNFTER
Antworte mir nun!

ERSTER
Was willst du fragen? 20
Die schlafen alle.

FÜNFTER
Keiner hört uns?

ERSTER
Die schlafen alle. 25

FÜNFTER
Doch nicht mehr lang.
Wir müssen uns kurz fassen
und die Zeit nutzen.
Was unser Land von uns verlangt, 30
müssen wir tun, nicht wahr?

ERSTER
Gewiß.

FÜNFTER
Denn es ist immer gut, 35
was unser Land von uns verlangt?

ERSTER
Aber tun müssen wir, was es befiehlt, 40
denn alles danken wir ihm.

FÜNFTER
Was danken ihm die Ärmsten denn? 45

ERSTER
Unendlich viel mehr als es Worte gibt,
es aufzuzählen.

FÜNFTER
Leben ist schön und süß. 50
Die Sonne wirft uns Goldtage zu;
aus den Wäldern lacht Mutwille.
Liebe schmückt sich mit Blumen;

Jugend tanzt berauscht auf den Wiesen.
Da plötzlich trommelts.
Alles ist aus!
Leben gilt nichts mehr;
einer nach dem andern tritt vor den Tod.   5
Zwei Jahre schon schweigt die frohe Weise.
Zwei Jahre irren wir hier auf dem Wasser
blind und besessen, tötend, Tod findend.
Keiner entsinnt sich mehr eines andern,
keiner weiß anderes mehr,   10
keiner kann anderes mehr,
als Töten und Sterben.

ERSTER

Wenn es das Land befiehlt, muß es so sein.   15

FÜNFTER

Sterben ist nicht so schlimm.
Aber wer sind wir denn und wer waren wir?
Siehst du mit eigenen Augen noch?
Weißt du, was dich ergriff?

ERSTER

Wenn es das Land befiehlt,
muß es so sein.

FÜNFTER

Warum befiehlt es das Land?

ERSTER

Weil es notwendig scheint.   30

FÜNFTER

Kann nicht Wahnsinn herrschen
unter einem ganzen Volk
und denen zumal, die es leiten?
Was Wahnsinnige wollen,   35
müssen wir tun dann?

ERSTER

Müssen wir tun.   40

FÜNFTER

Für was kämpfen wir jetzt?

ERSTER

Für freies Meer.   45

FÜNFTER

Dafür also nährte deine Mutter dich.
Das also ist der Sinn deiner Seele,
dazu ward dir der Leib.

ERSTER

O nein, davon wußte weder meine Mutter
noch ich die ganze Zeit.

FÜNFTER

Was denn wuchs
mit dir auf als Sinn?

ERSTER

Dies: Gott zu dienen.

FÜNFTER

Wehe, o weh! Ich stürze.
Aus welchen Wolken stürzt du mich!   10
Bis nah ans Richtige war das Gespräch geführt,
Schritt für Schritt stieg es weiter.
Ich glaubte schon, bald können wir es nennen,
und nun du schmetterst mich hinab!
Wo ist dein Gott?   15
Welch anderer?
Welcher, der immer ausweicht?
Nahe dem einen Ziel,
das greifbar ist, irrst du vorbei   20
in um so schlimmeren Dunst.

ERSTER

Kenntest du Gott und seinen Dienst!

FÜNFTER

Kenntest du dich!   25

ERSTER

Wer ihn hat, der hat alles.

FÜNFTER

Wer sich hat, der hat alles.   30
Doch so steht es,
daß ich, seitdem ich ahne,
was wirklich ist, an mir selbst zweifle und frage,
ob ich bei Sinnen bin.   35
Bin ich wahnsinnig denn,
irrsinnig, toll oder seid ihrs,
ist es die Zeit?
Du wirst der Richter sein!
Deshalb mußtest du wachen vorhin,   40
deshalb mit deinen Worten wecken,
was ich vielleicht eingeschläfert hätte.
Deshalb bist du jetzt hier.

ERSTER

Glaubst du mich abzubringen   45
von meinem Grund?

FÜNFTER

Ja, abbringen will ich dich   50
und werde ich dich!

ERSTER

Du willst erschüttern,

was Jahre meines Lebens und Not vor allem
nur mehr in mir gefestigt haben?

FÜNFTER

Ich will dran blasen und es soll fallen!

ERSTER

Du bist wahnsinnig.

FÜNFTER

Höre!

ERSTER

Sprich!

FÜNFTER

Glaubst du,
daß unter Menschen alles schon erfüllt ist,
was zwischen Mensch und Mensch sein kann?

ERSTER

Sprich deutlicher,
daß ich nicht mißverstehe.

FÜNFTER

Es gibt doch Dinge zwischen Mensch und Mensch?

ERSTER

Freilich.

FÜNFTER

Glaubst du,
daß wir von diesen Dingen etwas wissen?

ERSTER

Zuviel.

FÜNFTER

O Mann, höre mich: Nichts.
Ist es uns nicht das Nächste?
Antworte mir weiter.

ERSTER

Das Nächste freilich.

FÜNFTER

Uns aber ist es fern noch,
ferner als fernste Sterne.
Nenn mir etwas,
wofür man Leute lobt.

ERSTER

Für Macht.

FÜNFTER

Für Macht durch Macht?

ERSTER

Freilich.

FÜNFTER

Kennst du wohl eine Macht, die so erfleht ist,
wie Macht durch Macht gehaßt?
Die wirkend erzeugt,
5 daß sie stets mehr begehrt wird
und wächst durch solche Begierde?
Nenn etwas anderes.

ERSTER

10 Besitz.

FÜNFTER

Kennst du wohl einen Besitz,
der unerschöpflich an Weite und Inhalt ist,
an dessen Summe
15 die Sterne von kleiner Zahl erscheinen?

ERSTER

Was wirst du weiter reden?

FÜNFTER

20 Könntest du ahnen nur,
was zwischen Mensch und Mensch sein kann,
dann wäre dir,
als stritten wir um Schaufeln Sand,
25 als wäre eine Schaufel Sand
nicht blind wie wir.

ERSTER

Von Ahnung ist leicht reden.
30 Wissen tust du wohl nichts?

FÜNFTER

Ich weiß. Ich weiß.
Das ist es ja, ich weiß es ganz bestimmt!
35

ERSTER

Was weißt du so bestimmt?

FÜNFTER

40 Daß etwas zwischen Mensch und Mensch ist,
das macht zu Wahnsinn alles,
was wir tun und dies besonders.
Was die auch sagen,
was die auch sagen, die uns dazu verleiten.
45

ERSTER

Wieder willst du beschuldigen,
die uns führen?

FÜNFTER

50 Sie und uns selbst und alle Zeit.
Wir waren Feiglinge
und wagten nicht zu hören
noch zu sehen.

 ERSTER
So sprichst du jetzt!

FÜNFTER
Ich weiß, Wahnsinn und Verbrechen ist es,
was wir tun,
und nur aus diesem Grunde ist es so:
weil es Dinge gibt zwischen Mensch und Mensch,
die zu erfüllen
heiligere Pflicht den Menschen ist
als jeder andere Kampf.

ERSTER
Und woher weißt du das?

FÜNFTER
Ich weiß es.
Und nicht ich allein nur.

ERSTER
An Bord hier welche?

FÜNFTER
Ich kenne einen.
Er weiß nicht,
daß ich es weiß von ihm.

ERSTER
Mir bangt, was werde ich hören.
Gefährlich sprichst du.

FÜNFTER
Wir ließen heute Nacht den Hafen.
Ich hatte Wache
und hörte dem Abschied eines Mannes zu
von einem unsrer Kadetten.
So war er:
Die Worte sind wie in Fels in mich gemeißelt:
Geh hin, geh hin, mein Junge.
Ich weiß, du kehrst nicht mehr zurück.
Schon wogt dort draußen eine Welle
unruhvoll auf und ab
und Tod für dich heran.
Schon liegt bereit ein Eisen, dem es nicht graust,
in deinem Fleisch zu meißeln.
Du kehrst nicht mehr zurück.
Doch wär auch nur ein Tag gewesen zwischen uns
— es waren viele —,
so wie die Sonne geht
mit uns durch unsre Zeit
und Sterne wandern mit uns
durch die angstvolle Nacht,
so wirkte dieser Tag,

und so wirst du mit mir durchs Leben gehn
bis Zeit für mich vorbei ist.
Du kennst die Pflichten eines edlen Leibs.
Gelassen sterben — wenns sein muß —
5   ist nur der kleinste Teil davon.
Stirb denn gelassen!
Stirb ohne Wahn!
O hätten alle doch
nur einem Tage von uns zugesehen,
10   sie würden bekehrt von ihrem Irrtum!
Froh sterben, laß die Besessenen!
Gedenke dessen, was zwischen uns all war.
Dessen, was sein kann zwischen Mensch und
                                          Mensch!
15   Gedenke sein im letzten Augenblick.
Nicht Hoffnung und nicht Götter
nehmen dem Tod das Grauen.
Nur dies:
Gedenken dessen,
20   was war und sein kann zwischen Mensch und
                                          Mensch.
Und wenn — wie ich nicht glaube —
hinter dieser neue Welten für uns rollen
und uns erreichbar:
25   Dieser Gedanke ist der Sprung dorthin:
Was sein kann zwischen Mensch und Mensch!

ERSTER
So sprachen diese beiden? So?

30

FÜNFTER
Sie sprachen leiser noch zusammen.
Ich hörte den Älteren dem Jüngeren
Rat erteilen.
35   Ich hörte Dinge von so verwandtem Klang,
Dinge so nah, so licht,
daß ich weglief aus Furcht
zu schlecht zu wachen.

40   ERSTER
So sprachen sie?

FÜNFTER
Mir war es, diese lebten schon,
45   was ich erst ahnte!
Und hielten Leben der höchsten Mühe wert.
Als hätten sie ein etwas aber
in diesem Leben selbst,
das sie erhaben machte über Tod und Leben.

50

ERSTER
Wenn du so reich den Menschen machst,
stirbt Gott von selbst.

FÜNFTER

Wenn unter mir
das Meer zu Feuer geworden wäre,
wär ich nicht mehr erschrocken,
wie als ich dies vernahm.
Nun werde ich nicht Tod
noch Schande scheuen!

ERSTER

Wie sagst du:
Tod und Schande?

FÜNFTER

Nun da ich dieses weiß,
will ich nicht Tod noch Schande scheuen.

ERSTER

Wie meinst du das?
Wohin zielst du? Was ist?

FÜNFTER

Schande und Tod
sind sicher mir.

ERSTER

Seeschlacht bedeutet Tod.

FÜNFTER

Wie bist du blind!

ERSTER

Wenn es zur Schlacht kommt,
werden alle sterben!

FÜNFTER

Und ich auch, wenn es nicht
zur Schlacht kommt.

ERSTER

Mann, Mann, was sinnst du?
Laß dich warnen.
Weißt du, was Tod ist!

FÜNFTER

Ein Wort. Ein Ding, über das
längst ward hinausgelebt.

ERSTER

Was sinnst du?
Mann, wehe, was sinnst du schon?

FÜNFTER

Was mir gemäß ist.

ERSTER

Welchen Weg?

FÜNFTER

Den mir gemäßen.

ERSTER

Kann ich nicht mitgehen?

5

FÜNFTER

Du mitgehen?

ERSTER

Einer, der mitginge?
10 Allein geht keiner gern.
Doch mancher muß.

*In diesem Augenblick beginnen die schlafenden
Matrosen in ihren Träumen wieder laut zu werden.*
15

DRITTER

Nichts.

ZWEITER

Strichchen?
20

DRITTER

Nichts.

ZWEITER

Strichchen!

DRITTER

25 Bugschaum, weiß, fern!
Bugschaum!

ZWEITER

Wie!

DRITTER

30 Nichts.

ZWEITER

Strichchen!

DRITTER

Schiffe! Schiffe!
35

ZWEITER

Schiffe! Schiffe!

DRITTER

Schlacht! Schlacht!

40

ZWEITER

Schlacht! Schlacht!

DRITTER

Die langen Rohre schwenken.
45

ZWEITER

Heben ihr Maul zum Himmel.

DRITTER

50 Die kriegerischen Flaggen wehen.

ZWEITER

Die Würfel heben sich — Still — fallen.

Feuer, Dampfgewölk! Still!
Schaut auf das Meer.

DRITTER
Tod tastet langfingrig die Schiffe ab.
Schiffe, blind, vernichten sich. Sind fort.

ZWEITER
Feuer, Blitz, Dampfgewölk!
Dran! Dran!
Wir werden für Tod gemästet.
Schneller. Schneller.
Schluckts runter, es hat nicht Geschmack.

DRITTER
Die Stunde ist nur einmal, diese hier.

VIERTER
Hilf einer mir erwachen.
Hilf einer doch erwachen mir!
Wir träumen nur,
merkt ihr denn nicht,
wir träumen nur!

ERSTER
Welch Lärm!
Freund, was ist dir? Wo bist du jetzt?

ZWEITER
Splitter, Qualm, Feuer.
Der erste Tatzenhieb!

DRITTER
Ankündigung des zweiten!
Haut! Haut!

ZWEITER
Seid tödlich sicher!

DRITTER
Wir sind, wofür wir hielten uns.

ZWEITER
Gebt ihnen den Rest!

DRITTER
Den Rest! Den Rest!

ZWEITER
Den Rest! Hahahaha!

DRITTER
Den Rest! Hahaha!

Sie lachen im Traum.

ZWEITER
Haben sie nun den Rest?

DRITTER
5 Sie haben ihn.

ZWEITER
Dann ruhig jetzt!

Die Leute sind ruhig geworden.

ERSTER
Das war der Traum von Schlacht.

FÜNFTER
15 Was für ein Stoff in ihnen[25]!

ERSTER
Wie sie lachten im Traum!

FÜNFTER
20 Welch guter Stoff!

ERSTER
Wie sie lachten!

FÜNFTER
25 Das richtige Stichwort bloß fehlt ihnen. Kamerad,
wenn es zur Schlacht jetzt kommt,
was wirst du tun?

ERSTER
Gehorchen. Was denn anders? Und du?

FÜNFTER
Diesen das Stichwort geben!

ERSTER
35 Es bleibt wohl keinem anderes,
als gehorchen, gut gesinnt sein
und untergehen. Im übrigen:
was man auch täte,
es reißt uns mit hinab.

FÜNFTER
Wer nicht gehorcht, kann doch gehorchen!

ERSTER
45 Wahnsinniger! Du denkst doch nicht —!

FÜNFTER
Gehorche dem, was höher ist.

ERSTER
50 Wahnsinniger! Wahnsinniger!

[25]What guts they have!

Freund, Bruder, Kamerad,
hör mich, hör was ich sage!

FÜNFTER
Nicht wahr, wir alle fühlen es.

ERSTER
Gegen die unbarmherzigste Gewalt,
gegen ein Ding, dem alles sich unterwirft,
vor dem sich alle beugen,
was auch sonst sie bewegt,
gegen das keiner aufsteht —

FÜNFTER
Einmal muß es zerbrechen!

ERSTER
Nicht hier, Mann!
Nicht hier auf dem Schiff,
das in die Schlacht fährt.
In diesem Gefüge von Stahl und Mensch,
wo willst du da die schwache Stelle finden.

FÜNFTER
So wenig also hast du mich
verstanden vorhin?

ERSTER
Selbstmörder!
Du sündigst an dir selbst!

FÜNFTER
Mörder eurer selbst seid ihr alle!

ERSTER
Wahnsinniger!
Gegen dich allein rast du!

FÜNFTER
Sagtest du nicht selbst vorhin —

ERSTER
Sprach nur davon.
Erwog nicht Taten.

FÜNFTER
Erinnre dich und sei ein Mann.

ERSTER
Was wird geschehen, o Himmel, was wird hier
geschehen!

FÜNFTER
Ermanne dich!

ERSTER
Scheue Tat!

FÜNFTER
Ward ich nicht Mann dazu!

ERSTER
5 Tat ist immer ein Schlag in die Nacht.

FÜNFTER
Funken schlägt sie heraus.

ERSTER
Gewaltsam handeln
ist eines Blinden Schlag in die Nacht.
Mein Kamerad!
Mein Fruend! O höre!
15 Was mein Leben gesehen hat,
ist wenig, doch dies weiß ich:
Tun ist verflucht immer.
Laß werden! Warte, wie es von selbst kommt!
Durch Tun zerstörst du immer,
20 was an den Dingen groß und wertvoll ist.

FÜNFTER
Schwaches Gejammer!

ERSTER
25 Bedenke nicht vorher,
was du tun wirst!
Wisse nicht, wie du sein wirst.
Es wissen wollen, das ist auch eine Art von
30 Schwäche.
Versprich mir, Kamerad:
Warte, wie es von selbst kommt.
Warte. Warte!

FÜNFTER
35 Wenn es zur Schlacht kommt, gut, wirst du
gehorchen.
Ich aber nicht.
Nun weißt du es.

40 *Der zweite, dritte und vierte Matrose sind erwacht*
und hören das Folgende.

ERSTER
45 O käme es dann nicht dazu!
Ginge der Tag vorbei!
Wäre das noch möglich.

DRITTER
50 Hörst du? Hast du gehört?

ZWEITER
Wir sind doch schon ganz wach?

FÜNFTER
Auch wenn es nicht zur Schlacht kommt,
werde ich nicht gehorchen mehr.

DRITTER
Da hast dus. Es steht fest.

ZWEITER
Es ward gesagt!

DRITTER
Fassen wir ihn schon?

ZWEITER
Fassen wir ihn!

DRITTER
Meutrer! He! Meutrer! Nehmt ihn fest!

ZWEITER
Meutrer! Meutrer!

ERSTER
Wer?

DRITTER
Ihr.

ZWEITER
Ihr beide!

ERSTER
Ich?

FÜNFTER
Dieser nicht!
Leute, ich schwöre euch:
Sein Gewissen ist rein.

ZWEITER
Doch du!

DRITTER
Hast du nicht eben gesagt,
daß du nicht mehr gehorchen willst,
hast du nicht diesen verführen wollen?
Wer weiß, was du noch plantest.

FÜNFTER
Ihr kennt mich doch schon lange,
wie ich euch auch.
Seid ihr Bluthunde geworden plötzlich?

ZWEITER
Ob du getan hast, was wir fragen?

FÜNFTER
Was ich gesagt habe,
geht mich allein an.
Was ich jetzt sagen will,
da paßt auf, das geht euch an.

ERSTER *an der Luke.*
Noch hat er nichts getan
und schon ist es über ihm.
Rette ihn, rette ihn, Himmel!
5 Hilf uns allen!
Was ist dort? Was ist da?
Augen, o meine Augen!

DRITTER
10 Uns geht nur an, ob du
zugibst.

ERSTER *an der Luke.*
Was steht da jetzt am Horizont?
O Kameraden! Kameraden!
15

FÜNFTER
Wer schrie da so?

ZWEITER
20 Ob du zugibst?

FÜNFTER
Ich gebe zu. Noch mehr:
Ich werde handeln nach meinen Worten.

25 ERSTER *an der Luke.*
Kameraden, Kameraden!
Was ist das, was sich da gegenüber zeigt?
Lebe wohl, lebe wohl Alles!

30 FÜNFTER
Wer singt da so?

DRITTER
Gehen wir mit ihm zum Kommandanten!

35 VIERTER
der bisher beobachtet hat, erhebt sich.
Nicht so rasch, nicht zu hitzig, Leute!

ERSTER *an der Luke.*
40 Skagerrak! Skagerrak! Letzter Mai!
Siegestag! Jammertag!
Lebt wohl Heimat, Land, Alles, Alles!

ZWEITER
45 Ein Meutrer, hast du gehört?

DRITTER
Ein Meutrer, wir hörten es.

50 VIERTER
Ich hörte auch.

ZWEITER
Und stehst so ruhig!

DRITTER
Und stehst so ruhig!

VIERTER
Tut die Hand von ihm!

ZWEITER
Das ist unerhört.

VIERTER
Gebt ihn frei!

ZWEITER
Machst du Narren aus uns?

DRITTER
Was willst du tun? will ich wissen.

ZWEITER
Wieder nichts? Meinst du so?

VIERTER
Laßt ihn los!

DRITTER
Die Welt geht linksrum!

ZWEITER
Einfacher Verstand genügt
nicht mehr.

ERSTER *an der Luke.*
Sie sind es!
O Siegestag. O Jammertag!
Letzter, letzter Mai,
Wendepunkt, Ende!
Schiffe, Schiffe, sie sind es.

VIERTER
Glaubt nicht zu sehr an das,
was ihr gelernt habt, Leute.
Die Dinge sind Lehrer ihrer selbst.
Von ihnen lernt.
Kennen wir den seit heute erst?
Wißt ihr, was Worte sind!
Nehmt doch nicht jeden Spatz so wichtig.
Euer «Ernstnehmen» ist ein übles Wort.
Was einer redet, mag ganz schön klingen.
Wenn es ans Tun geht, ist einer wie der andere.
Ruhe, Meutrer! Im Wesentlichen, versteht sich.
Macht doch nicht soviel Getu mit Nebensachen!
Seid doch nicht umständlicher als der liebe Gott
mit seinen sieben Schöpfungstagen.
Welch ein Umstand!
Kennt ihr den Mann seit heute erst?
Habt ihr nicht einige Pfeifen Tabak mit ihm
                verraucht?

Und jetzt nach zwei Worten
schnellt ihr auf ihn zu und wenig fehlt,
ihr risset ihn auseinander.
Laßt aber mal Horn und Trommel kommen!
5 Laßt ihm den Klang ins Blut springen,
laßt ihn mal lauschen,
die Ohren spitzen, das Altgewohnte hören!
Mein Kopf: er tut, was er gelernt hat.
Ruhe, Mann! Keiner kränkt dich.
10 Was dich treibt, ist Voreingenommenheit,
du wirst es sehen.

FÜNFTER
Du wirst der erste sein —

15 **VIERTER**
Der erste ist keiner.
Das ist all Unsinn.
Solang du noch groß und klein,
stumpf und fein
20 und wer weiß was scheidest,
sitzt du noch auf der Schulbank,
bildlich gesprochen.

ERSTER *an der Luke.*
25 Kameraden! Kameraden! Es ist so weit!
Schiffe. Schiffe.
Sie sind jetzt deutlich!
Kommt her. Schiffe. Schiffe.
Es ist so weit.

30 **ZWEITER**
Himmel, was schreit einer da!

DRITTER
Was für Unsinn schreit einer da!

35

ZWEITER
Mann, das ist doch nicht Wahnbild wieder,
wie die am blauen Himmel?

40 **DRITTER**
Schiffe will er sehen!? Schiffe?

VIERTER
Männer, ja, da sind sie.
45 Schiffe, Schatten von Schiffen,
die nur Kriegsschiffe sein können!
Dort drüben! Seht hin! Seht genau!
Männer, die Stunde ist da!

50 **ZWEITER**
Schlacht heißt das!

DRITTER
Jungens, Blaujacken! Jungens!

ZWEITER
Schlacht heißt das ja!

DRITTER
Was mein ist, das ist euer!

VIERTER
Eure Stunde ist gekommen, Männer!

ZWEITER
Schlacht also doch. Heute noch!

DRITTER
Engel seid ihr, Engel!
Was kann ich euch kaufen?
Hold wie Rosen!
Kommt laßt euch kriegen[26]!

ZWEITER
Wir werden verrückt.

DRITTER
Schlacht! Seeschlacht! Messen!
Probe, wer besser ist und meerhafter!

In diesem Augenblick ertönen Trommel und Horn.

ZWEITER
Horcht! Trommel und Horn!
Horcht! Trommel und Horn!

DRITTER
Klar Schiff zu Gefecht.
Wer nun Mann ist, jauchzt mit!

FÜNFTER
Was tun sie? Was sehe ich?
Was geht mit ihnen vor?
Fängt es so an?

VIERTER
Sie umarmen sich und tanzen!

FÜNFTER
Beginnt so Schlacht?
Was ist das Schlacht?

VIERTER
Sieh es dir an. Sei kein Esel.
Sieh es dir an erst!
Dann kannst du noch immer tun,

[26]Come, let's get a hold of you.

was du mußt.
Unsinn hat immer seine Zeit!

FÜNFTER
5 Blitze versengen mich. Blitze.
Was ist Schlacht? Was geht vor?
Sind wir noch, die wir waren?

VIERTER
10 Das letzte kommt nun zum Vorschein,
das was ist, Knabe!

ZWEITER
Komm mit uns, Bruder! Komm! Lebe!
15

DRITTER
Komm mit uns Bruder!
Komm! Siege!

VIERTER
20 Komm einfach mit uns sterben, Junge!

FÜNFTER
Mit euch, mit euch?
Himmel, Kerls, wie erscheint ihr mir!
25 Was packt mich?

ZWEITER
Wir und die Schlacht!

DRITTER
30 Die Schlacht und wir alle!

FÜNFTER
Ich schwöre, ich schwöre,
das Andere —
35

VIERTER
Wird kommen, wird auch kommen!

Trommel und Horn ertönen zum zweiten Mal.

40
ZWEITER
Hört ihr! Hört ihr!

FÜNFTER
Welch froher Ton!

ZWEITER
45 Komm mit! Lebe!

DRITTER
Komm mit! Siege!

VIERTER
Kommt sterben alle!

50
FÜNFTER
Schlacht! Schlacht! Wohin führt uns die
                                    Schlacht!

Alle ab. Einen Augenblick bleibt der Turm leer.
Dann kehren die Leute zurück. Von nun an wechseln
die aufgezeichneten Worte mit den Rufen und Be-
fehlen ihrer Tätigkeit während des Kampfes.

ZWEITER
Vier gegen vier.

DRITTER
Die Flotte beiderseits dahinter sollt ihr sehen.

ZWEITER
Wird kein Spaß werden.

DRITTER
Jungens! Jungens! Blaujacken!

VIERTER
Ruhe. Keine Erregung!
Alles in Ordnung?
Daß alles klappt!
Daß keiner patriotisch wird!
Daß keiner schwatzt!
Daß keiner ungeduldig wird!
Daß keiner hierin was andres sieht
als seine Arbeit!
Daß keiner ein Weib wird!
Daß keiner prahlt!
Was neue Art von Männern die Zeit schuf,
das zeigt jetzt!

DRITTER
Jungens, Blaujacken, Jungens!
Samoa war so schön!

ZWEITER
Los!

DRITTER
Dauert lang.

VIERTER
Sonne scheint drauf runter.
Soll es wohl.
Well auf Welle schlägt drüben auf den Sand.
Sollen es wohl.

DRITTER
Blödsinnig heiß hier drin!

Klingelzeichen. Ein Schuß.

ZWEITER *beobachtend.*
Dahinter.

Klingelzeichen. Ein Schuß.

ZWEITER *beobachtend.*
Davor.

DRITTER
Drei sitzt.

Klingelzeichen. Ein Schuß.

ZWEITER *beobachtend.*
Sitzt. Qualm. Feuer!
Ein Strahl schießt an die Wolken.
Hat ihn!

DRITTER
Holt Atem, die Karre läuft.

ZWEITER
Wer treffen will, trifft.

SECHSTER
Wens treffen soll, triffts.

ZWEITER
Übungsschießen, Jungens!

DRITTER
Übungsschießen, nichts weiter.

VIERTER
Jedenfalls, wer noch mal
ne Kartoffel ins Maul kriegt,
grüßt sie von mir[27].

ZWEITER
Wer noch mal nen Maikäfer fängt,
küß ihn von mir.

DRITTER
Wer noch mal ein Elfchen sieht,
tuts ihr von mir[28]!

ZWEITER
Da sind andre für da[29]!
Haben's gelernt mit andren.

DRITTER
Brauchtens zu lernen!

FÜNFTER
Wir sind wohl mitten drin schon.
Halt, langsamer, nicht so schnell.
Ich komme nicht mit.

[27]Whoever gets a chance to eat another potato, say
hello to it for me.   [28]Whoever sees a little "elf" again,
make love to her for me!   [29]= *Dafür sind andre da!*
That's somebody else's job!

Sagt ihr gar nichts?
Seid ihr nicht erstaunt über mich?
Leute, mir war noch nie im Leben so.
Leute, hört einen Augenblick zu,
ich habe noch was zu sagen.

VIERTER

Behalts für dich!

FÜNFTER

Es betrifft euch aber und mich.

VIERTER

Wissens! Behalts für dich!

ZWEITER

Dies Schießen!

DRITTER

Unsre Leiber!
Aber satt sollen wir werden,
hier nicht, aber hier.

Zeigt zuerst auf den Bauch, dann auf die Brust.

Hat einer schon mal
Arbeit wie die hier getan?

ZWEITER

Wird gut bezahlt auch.

DRITTER

Ich frage bloß,
ob einer schon mal
Arbeit getan hat,
wie die hier.

ZWEITER

Tempo! Tanz!
Tempo im Tanz.
Wen darf ich vormerken für Tempo im Tanz?

Gelächter.

DRITTER

Jetzt sieht man doch mal,
was man kann!

ZWEITER

Braucht nicht Kinder zu machen,
wenn man was tun will!

DRITTER

Maul halten von Weibern jetzt!

ZWEITER

Aber nachher? Was dann?
Kommt der süße Lohn!

ERSTER

5 Seid doch nicht so ganz blind,
Jungens, und höhnisch.
Jede Sekunde kann uns hinabholen.
Dann ist es aus mit uns.

DRITTER

10 Was weiter?

ZWEITER

Tempo im Tanz.

DRITTER

15 Meinst wohl,
wir könnten noch schnell was lernen?
Irrst dich erbärmlich.
Weder so noch so.
20 Sind wie wir sind.
Spar deine Liebe.
Satt werden wir vorher, hier nicht, aber hier.
Darauf allein kommts an.

FÜNFTER

25 Kann man was sehen?

ZWEITER

Nichts mehr. Sonne ist fort.
30 Rauch und Dunst überall über dem Meer.

FÜNFTER

Es schießt nicht mehr von drüben.

ZWEITER

35 Wir schießen auch nicht.

DRITTER

Schade, daß man so eingemauert ist.
40 Weiß nichts, sieht nichts,
bis man krepiert.

ZWEITER

Ist doch anderswo genau so.
Aber satt wirst du,
45 nicht hier, aber hier!

FÜNFTER

Warum steht die Schlacht?

VIERTER

50 Wer fragt das?

FÜNFTER

Ich.

VIERTER

Seht mir den Mann!
Wirst wohl warm allmählich?

DRITTER

Sollen ihm jetzt wohl abbitten?

FÜNFTER

Abbitten? Was? Wer? Wofür?

DRITTER

Ich hielt dich vorhin fürn
Feigling, als du so dasaßt
und brummtest.

ZWEITER

Wollte ja auch meutern, der Kerl.

DRITTER

Das ist eine andere Sache.

FÜNFTER

Warum steht die Schlacht?
Auf, laßt sie entbrennen.
In ihrer ganzen Größe und Furchtbarkeit.
Meine Brust füllt sich mit ihrem Atem,
meine Pulse singen Schlacht, Schlacht über uns!
Was mal gepflanzt ist, das soll wachsen,
und wenn es uns zerschmettert!
Was mal gelöst ist, das soll rollen,
und wenn wir drunter kommen!
Was angefangen ist,
soll fertig werden!
Seid keine Lämmer beim Morden!
Seid Tiger an euch selbst!
Geht bis zum Schluß.
Wer bis ans Ende beharrt —
peitscht die Sterne,
wenn sie nicht wollen!

ZWEITER

Friedlich, Mann! Friedlich!
Wo hast du so schöne Gleichnisse
und Bilder her?

ERSTER

Meine Beine zittern.

ZWEITER

Angst natürlich!

VIERTER

Mit Angst oder ohne Angst:
weiter!

ERSTER

Ist schon vorbei.

Klingelzeichen. Ein Schuß.

ZWEITER *beobachtend.*

Dunst überall. Vorbei der Schuß!
5 Hah! Nein! Feuerstrahl, Flammen himmelwärts!
Es hebt sich etwas auf!
Es sinkt zusammen!
Rauchwolken, Flammen, Dampf, weißer Dampf.
Himmel und Hölle, da ists still.
10 Nichts mehr! Nichts.
Da ist ein Schiff gesunken eben.

ALLE

Ein Schiff gesunken!

15
SECHSTER

Wie schnell ein Schiff sinkt.

ZWEITER

20 Kommst grad noch einmal dazu —

SECHSTER

Schön muß das sein.

DRITTER

25 Jungens, Jungens! Blaujacken!
Jetzt fängt es an.
Satt sollen wir werden,
nicht hier, aber hier!
Bringt sie zur Ordnung!
30 Brecht ihr Übermaß!
Dann wollen wir alles ihnen verzeihen
und wieder Freunde sein!

ZWEITER

35 Gebt frei die See,
dann wollen wir wieder Freunde sein.

DRITTER

Satt werden wir,
40 hier nicht, aber hier.

ZWEITER

Und wenn der Bauch platzt.

45
ERSTER

Ich fange wieder an zu zittern.
Es ist über uns.

DRITTER

Was sagt da einer!
50 Was für Unsinn sagt einer da!

ERSTER

Es ist über uns!

ZWEITER

Warum nicht unter uns!

VIERTER

Ruhe! Stillhalten! Nicht schreien!

ZWEITER

Wens trifft, den triffts.

FÜNFTER

Da kommts! Da kommts!
Wehe! Wehe! Raus, fort von hier.
Laß mich raus.
Ich will nicht, will nicht!

VIERTER

Nützt dir was nicht zu wollen!
Stillhalten, nur stillhalten!

*Explosion im Turm. Er füllt sich mit Rauch. Alle
liegen am Boden, nur der dritte Matrose steht
sterbend gegen die Panzerung gelehnt.*

ZWEITER

Das fängt gut an. Wie?
Das nennt man wie? Wie?
Aber der Panzer hielt. Wie?
Alle doch noch am Leben. Wie?
Danke schön, Panzer,
danke schön, danke schön!
Auf und ans Rohr!

ERSTER

So kommt der Schlag.
So kommt er, ohne daß man weiß wie.
Ob du bereit bist oder nicht.
Wir könnten jetzt alle schon drunten sein.
Allesamt.

ZWEITER

Quatsch nicht, Mann! Steh auf.
Und hilf den andern.
Auf alle Mann, lustig!
Es ist noch immer immer gut gegangen!
Seht zu, daß ihr nicht zuviel schluckt,
das macht taumelig
und verdirbt die Köpfe!
Wer treffen will, trifft,
wens trifft, den triffts.

DRITTER *sterbend.*

Oel, Oel, sanftes Oel über mein Haupt!
Vorwärts,
gebt mir Maßliebchen und Oel!

Musik, spiele!
Akkorde, volle Akkorde,
weiche, süße, volle Akkorde, gebt sie mir!
Oel, Oel, sanftes Oel über mein Haupt!
Legt blaue Farben an,
setzt bunte Mützen auf!
Und spielt, spielt, spielt!
Tanzt! Tanzt!
Oel, Oel, sanftes Oel über mein Haupt!
Binden vor meine Augen!
Binden, Binden!
Freunde, so tanz ich vor!

Er stirbt und fällt um.

ZWEITER

Mann, quatsch nicht!
Wie? Ist er getroffen!
Bist du getroffen, Junge?
Kerl, Spaßmacher! Jungchen!
Sag nein, nein, nein! Es ist bloß Spaß!
Ja, ja ja! Steh auf!
Ans Rohr. Es bleibt noch viel zu tun.
Der stirbt wohl?
Das sieht ja aus, als stürbe er!
Der ist ja wohl schon tot?
Samoa! he Samoa!
Schreit, brüllt; Samoa!
Satan, wie schnell das geht!
Das geht fast zu schnell!
Samoa. Samoa. Hin ist hin.

Die übrigen erheben sich allmählich alle wieder.

VIERTER

Keine Betrachtungen!
Ans Rohr!

ZWEITER

Wie freundlich
mir dieser Kadaver war eben noch.
Keine Betrachtungen, das ist wahr!

SECHSTER

Ist er ganz tot?

ZWEITER

Tot! Häßlich tot.
Laß ihn liegen.

FÜNFTER

Leute, ist es wahr, daß ich vorhin
auf euch geschimpft habe?

ZWEITER

Habe nichts davon gemerkt.

FÜNFTER

Mir gefällt die Schlacht.
Gleich werden wir auch dran glauben[30] müssen,
aber vorher atmen unsere Lungen mal,
jagen unsere Herzen mal,
zucken die Muskeln mal.　　　　　　5
Jungens, dies verdammte Fragen,
wo ist es hin?

ZWEITER

Wirst also noch mal scheel uns ansehen, was?　10

FÜNFTER

Mein die Arbeit von dem Toten da!

ERSTER

Außen oder innen,　　　　　　15
das macht den ganzen Unterschied.

Splitter gegen den Turm.

ZWEITER

Hahaha, der Turm hält.　　　20
Hört ihr, wies draußen hagelt!
Das Türmchen wird halten!

Die Tür wird aufgerissen, eine Stimme ruft.　25

STIMME

Habt ihr Tote?

VIERTER

Einen.　　　30

STIMME

Habt ihr Verwundete?

VIERTER

Keinen.　　　35

STIMME

Gebt eueren Toten her.

Man schafft den dritten Matrosen schnell hinaus.　40

Sonst alles in Ordnung?

VIERTER

Alles in Ordnung.

STIMME

Wir haben ein Schiff versenkt　　45
und eins beschädigt.
Selbst vier Treffer ab.
Die Schlacht geht weiter.　　50
Haltet euch weiter gut!

[30]dran glauben = to die

Die Tür wird geschlossen.

SECHSTER

Die Schlacht geht weiter.

ERSTER

Oel, Oel, sanftes Oel über mein Haupt,
so rief er.

VIERTER

Die Schlacht geht weiter!　　10

ZWEITER

Mensch, frag doch hier nicht mehr!
Frag doch drüben, in deinem Jenseits.　15

Die Tür öffnet sich wieder, ein Mann tritt ein.

SIEBTER

Ersatz zur Stelle.

ZWEITER　　20

Ist es in den anderen Türmen auch so, du Jude?

SIEBTER

Überall gleich, du Christ!
Im dritten Turm singt man und betet,　25
daß man es außen hört.
Im ersten sollen zwei zu tanzen angefangen haben.
Nehmt euch in acht vor Gas!

ZWEITER

Wir sind hier doch fast wie die Schweine,
die nach der Reihe gemetzt werden.

FÜNFTER

Gleichviel. Jetzt kennt sich wieder Mann und　35
　　　　　　　　　　　　　　　　　Mann,
jetzt erwächst etwas zwischen Männern,
das alle Not aufwiegt.
Spürt ihr nicht alle den Schweiß unmittelbar.
Blut! Blut!　　40
Darin allein liegt Wahres.

ERSTER

Nein, hört auf mich, Leute!
Besinnt euch. Besinnt euch,　45
daß ihr Menschen seid!

ZWEITER

Sind wir so etwa keine Menschen?
Sind wir nicht etwa Helden noch dazu?　50

VIERTER

Dies ist unser blutiger Jahrgang,

weiter nichts!
Held oder Feigling — ist das ein Unterschied?
Ablauf sind wir,
Uhren mit närrischen Zeigern drauf!
Stillhalten, stillhalten.
Bis das Uhrwerk abgelaufen ist.

ZWEITER
Warum dann aber hier im Turm?

VIERTER
Weil du mußt!

ZWEITER
Warum muß ich?

VIERTER
Weil du nicht anders kannst.

ZWEITER
Warum kann ich nicht anders?

VIERTER
Weil du ein Esel bist.

ZWEITER
Sag lieber ein Schwein,
das wartet, bis der Metzger kommt.

ERSTER
Da ists wieder!

Explosion. Hinfallen.

VIERTER
Die Schlacht geht weiter!

ZWEITER
Hinfallen tut weh.

FÜNFTER
Teufel, wie das einen hinhaut.

SIEBTER
Wird denen drüben auch so gehen.

VIERTER
Schießen auch nicht schlecht.

SIEBTER
Werden Kerls sein wie wir.
Kein Haar besser, keins schlechter!

VIERTER
Keine Betrachtungen!
Ans Rohr!

ZWEITER *singend.*
Still und leise,
wie sie lächelt,
wie sie lächelt,
5 seht ihrs nicht[31].

FÜNFTER
Wer lächelt, Junge?

ZWEITER
10 Die Schraube da!

Singt weiter.

SECHSTER
15   Hund, weg von meiner Nase.
Weg, Hund, von meiner Nase!

FÜNFTER
20 Wer ist vor deiner Nase,
Kamerad?

SECHSTER
Ein Hund.

VIERTER
25 Reißt euch zusammen, Kerls!
Ein Seemann schwimmt wie Blei,
auf dem Meeresgrund ist das Land billig.
Lacht ihr nicht?

ZWEITER
30 Warum lachen? Warum weinen?

VIERTER
Nicht heiß werden!
Eure Arbeit tut ruhig.
35 Reißt euch zusammen.
Laßt dieses giftige Gas
nicht über euch Herr werden.
Seid souverän!
Bitte, lösch einer meine Hand, sie brennt.
40

FÜNFTER
Hören wir recht?
Was sagst du da?
Gott gebe, das ich falsch gehört.
45 Brennt deine Hand?

VIERTER
Löschen, löschen, ihr Schurken!
Seht ihr nicht meine Hand brennen?
50

[31]These lines are based on Isolde's famous "Liebestod"
from the last act of Wagner's *Tristan und Isolde* which
begins: "Mild und leise, wie er lächelt . . ."

SIEBTER

Der Wahnsinn fängt jetzt an.

FÜNFTER

Packen wir ihn an der Gurgel gleich!
Mann, du mußt weg vom Rohr.
Mit Gewalt, wenn nicht freiwillig.
Packt an.

VIERTER

Löschen, löschen!
Ich lasse euch hängen, Schurken!
Dieser da ist ein Meutrer.
Der hats schon lang verdient.
Hängt ihn! Hängt ihn! Befehl!

FÜNFTER

Zu befehlen hast du nichts mehr, Mann.
Leute, auf mich hört.
Vom Rohr weg mit dem Irren.

VIERTER

Sei nicht böse, Jungchen!
Versöhn dich!
Wir beide sind die einzigen
bei klarem Verstand noch.
Wir schaffens.
Und wenn es nicht mehr geht,
dann geht es nicht mehr.
Dann ist es auch gleich, wie?

ERSTER

Wie schnell einer vergißt.
Jetzt steht er glücklich da am Rohr schon.
Leute, nicht wahr, das wissen wir:
was wir hier tun,
bedeutet ja ganz was anderes.
Ist dies ein Panzerturm bloß, frage ich?

VIERTER

Was anders denn als ein Panzerturm?

ERSTER

Eine Glocke vielleicht?
Eine Glocke unter all den Glocken.
Bumm, bumm so läuten sie.

VIERTER

Sagt, was geht vor in diesem Turm?
Sagt mir!
Will man uns nicht ruhig ersaufen lassen?
Will man uns übers ehrliche Grab rufen:
Wahnsinn, Irrtum?
Will man uns nicht im Wasser ruhig ruhen lassen?

Verflucht, dreimal verflucht,
wer an unsere Gebeine tastet.
Worte, o Worte:
Verfluchtes Stochern!

5

FÜNFTER

Sei ruhig, Junge,
da plappert einer bloß,
wie sein Großvater plapperte.
10 Wenn du dir'n Spaß machen willst,
frag ihn nach höheren Mächten
und laß dich segnen von ihm!

ERSTER

15 Was zwischen Mensch und Mensch sein kann,
frag ihn!

FÜNFTER

Die Schlacht geht weiter!

20 *Klingelzeichen. Schuß.*

VIERTER

Hört, hört!
Junge, dreimal gesegnet,
25 wer da schießt!

Klingelzeichen. Schuß.

VIERTER

30 Schieß! Schieß! Schieß!
Tu nichts als: Schieß!

*Tür öffnet sich und Gasmasken werden
hereingeworfen.*
35

STIMME

Masken!

Tür schließt sich wieder.
40

FÜNFTER

Masken anlegen!

*Die Leute gehorchen und sind nun nicht mehr zu
45 unterscheiden. Am Rohr steht der fünfte Matrose
allein. Klingelzeichen. Schuß.*

VIERTER

Hört, hört, Jungens!
50 Dreimal gesegnet, wer da schießt.
Fleht ihn an, rührt ihn, daß er schießt.
Auf die Knie vor ihm!
Wenn alles drunter und drüber geht,

wenn Wahnsinn leuchtet hier,
wenn wir nur zucken noch,
wenn wir nicht länger stumm sein können
und das Fleisch schreit, schreit,
dann schieß, schieß du, Jungchen.
Unbeirrt schieß!

ZWEITER
Rette unser Leben!

ALLE
Unser Leben, unser Leben, rette es.
Noch leben, leben, leben!

Explosion. Das Licht geht ganz aus. Die Leute
sind alle am Boden, aber nicht zu erkennen in ihren
Gasmasken. Am Rohr steht einer mit einer Gas-
maske festgekrallt.

DER AM ROHR
Die Schlacht geht weiter.

STIMMEN
Trinken! Trinken! Wasser!
Löscht! Was geschah? Wo ist man?
Alles wendet sich gegen uns.
Wasser! Gebt Wasser! Licht!

DER AM ROHR
Lobt die Schlacht,
Knaben, lobt sie.
Wir werden weiter tun im Dunkeln.
Wozu Licht? Ist auch Einbildung!
Auf Knaben, auf!
Wer hat noch einen Muskel ganz?
Wer hat noch einen Herzschlag zuviel?
Nun fängt es ja erst an.
Freut ihr euch nicht?
Rein in die Mühle, wer Brot werden will!
Seid nicht so nachsichtig gegen euch.
Was gepflanzt ist, soll wachsen,
wenns auch zerschmettert.
Was gelöst ist, soll rollen,
wenn auch über uns.
Kommt mit, Kinder, kommt mit bis ans Ende.
Wer bis an das Ende beharrt —
ich sage nicht, daß der selig wird,
aber man muß es tun.

STIMMEN
Auf, Kinder, auf.
Wer noch einen Muskel ganz hat.
Auf, Kinder, auf,
wer noch einen Herzschlag übrig hat.
Es fängt erst an.

DER AM ROHR
Die Schlacht geht weiter.

STIMME
Ein Seher. Einer, der sieht im Dunkel!
Einer, der Zeichen sieht am blauen Himmel!
Zeichen, Zeichen, gib Zeichen uns!
Was wird, wohin gehts, wohin fahren wir?
Werden wir leben?

ALLE
Werden wir leben? Werden wir leben?

Das Licht geht wieder an. Man sieht nun deutlich
den Mann an der Kanone und die übrigen hinge-
streckt, sich aber bemühend, aufzustehen. Der
sechste Matrose stirbt gerade.

STIMME *zum sechsten Matrosen.*
Was willst du sagen?
Was bewegst du deine Lippen?
Sprich, sage mir.
Helfen kann ich dir nicht.

SECHSTER
Hunde! Hunde!

STIMME
Nicht uns gib Schuld.
Du tust uns unrecht.

Der sechste Matrose stirbt.

STIMMEN
Hör, wie es rauscht. Rauscht es?
Hör, wie es dröhnt. Dröhnt es?
Fühl, wie es zittert. Zittert es?
Fühl, wie es schwankt. Schwankt es?
Was geschieht, was wird getan mit uns,
was geht vor? Leben! Leben! Leben!

STIMME
Auf die Knie! Auf die Knie!

Die Leute gehen auf die Knie, heben die Hände
flehend und rutschen hinter dem einen her.

In eurer Weisheit ruht die Welt.
Aus euren Willen fließt die Zeit.
Zu euerem Herzen strebt das Leben.
Wir müssen gehen wie ihr bestimmt.
Wir sind nur Flocken,
die fallen in eurem Sturm.
Kugeln, die fliegen von euch geworfen.
Funken, die übers Wasser irren.
Seht, wir erkennen das,
was sollen wir wollen wider euch,
was planen wider eure Weisheit,

was Leben hüten wider euer Herz.
Seht! Seht!
Der Weg ist nicht gewählt von uns,
die Hände nicht geführt von uns.
Doch, doch wir taten es,
wir führten unsere Hände.
Uns ist die Schuld.

STIMMEN

Hört ihr, hört ihr von Schuld etwas?
Wer redet so?
Schlagt ihn tot.
Laßt ihn nicht weiter reden.
Nicht Schuld, nicht Schuld!
Wir taten es und tätens noch einmal.
Leben! Leben!

STIMME

Heilige Esel seid ihr doch bloß!
Ablauf, Uhren mit närrischen Zeigern drauf.
Haltet still. Lärmt nicht, ersauft endlich.
Sterbt endlich. Laßt andre ruhig sterben!

STIMME

Wir liegen zuviel auf den Knien jetzt.

Explosion. Völlige Verwirrung.

Vaterland, Vaterland, o lieb Vaterland[32].
Wir sind Schweine,
die auf den Metzger warten.
Wir sind Kälber, die abgestochen werden.
Unser Blut färbt die Fische!
Vaterland, sieh, sieh, sieh!
Schweine, die gemetzt werden,
Kälber, die abgestochen werden!
Herde, die der Blitz zerschmeißt.
Der Schlag, der Schlag, wann kommt er uns!
Vaterland, Vaterland!
Was hast du mit uns noch vor?

STIMMEN

Vaterland, Vaterland, was noch von uns!
Vaterland, Vaterland, Tod frißt uns wie Reis.
Sieh uns hier liegen, Vaterland.
Gib uns Tod, Tod! Tod!
Gib uns Tod, Tod!

*Explosion. Erster, vierter und fünfter Matrose
liegen mit abgerissenen Gasmasken sterbend am
Boden.*

[32]These lines are a parody of the famous patriotic song,
"Die Wacht am Rhein," by M. Schneckenburger
(music by K. Wilhelm), which was immensely popular
during the Franco-German War of 1870–1871.

ERSTER

Kaptän! Kaptän!
Ist alles jetzt in Ordnung? Sind wir tot?

FÜNFTER

Die Schlacht geht weiter!

VIERTER

Tot sind wir noch nicht.
Keine Übereilung in keiner Sache!
Tot sind wir noch nicht.

FÜNFTER

Die Schlacht geht weiter!

ERSTER

O, jetzt aber kommt alles in Ordnung,
nicht wahr, jetzt?
Ich sterbe. Jetzt werde ich sehen?

VIERTER

Sehen wirst du wohl nichts.

FÜNFTER

Hört ihr nicht? Ist es still?
Ist die Schlacht gewonnen?

VIERTER

Wirst du wohl auch nie wissen.

FÜNFTER

Mach deine Augen auf du dort!

VIERTER

Bist du es, Meutrer? Es ist still.

FÜNFTER

Nein höre, die Schlacht geht weiter.

VIERTER

Sage mir! Oder wozu?
Ist ja alles gleich von Beginn bis Ende.
Oder vielleicht:
Warum hast du nicht gemeutert?

FÜNFTER

Die Schlacht geht weiter, hörst du?
Mach deine Augen noch nicht zu.
Ich habe gut geschossen, wie?
Ich hätte auch gut gemeutert! Wie?
Aber schießen lag uns wohl näher? Wie?
Muß uns wohl näher gelegen haben?

Bertolt Brecht · 1898–1956

In 1949 an English critic pronounced the following judgment on Bert Brecht: "This author's seriousness of purpose and untutored strength have won him a number of adherents, but it is more than doubtful whether either his works or the style he cultivated are likely to cause more than an idle ripple on the surface of the dramatic current."[1] The critic was mistaken; before he wrote this sentence in 1949 it had become quite clear to both the critics and the general audience that Brecht, both in style and technique, was already one of the most revolutionary playwrights of his day. Students of the theater have noted his impact not only on the German-speaking stage (Frisch, Dürrenmatt, Hochhuth, and others) but also on the wider European stage (Adamov, Auden, Osborne, Arden).

Brecht was born in Augsburg, Bavaria. As a child he was precocious, independent and rebellious; he learned, as Martin Esslin has written, more from opposition than emulation. Brecht himself said: "During my nine years at the Augsburg Realgymnasium I did not succeed in imparting any worthwhile education to my teachers. My sense of leisure and independence was tirelessly fostered by them . . . ." In 1917 he left the Gymnasium in order to study medicine and philosophy, but his studies were interrupted by his conscription into military service. He became a medical orderly, and the horrors he experienced during the last months of the war left a permanent mark on him. His impressions of that period probably account for his becoming a fanatical and uncompromising pacifist, and they are vividly reflected in his "Legende vom toten Soldaten."

Upon his discharge from the medical corps, Brecht was immediately caught up in the revolution. He began at once to voice his strong antibourgeois convictions, with every intent of destroying the bourgeois fictions of "law and order" and "morality." Bourgeois materialism was for him the root of all evil: it was ignoble and inhuman. Yet this revolutionary iconoclast became, at the same time, a sensitive crusader for the lost dignity of man, something he felt could be regained only through social action. As a result he jumped, too easily perhaps, to ready-made Marxist conclusions. Communism attracted him, as John Willet says, only because it was "the one rational force to oppose the rising barbarism which the more moderate parties throughout Europe were then refusing to face; it was that it seemed identifiable with scientific scepticism, with the interests of the dispossessed, with the ways of thought (and art) proper to a highly industrial age." Because of Brecht's questionable political involvement and because of the fact that his political beliefs seem to infuse almost all of his words, many critics have frequently considered him nothing more than a political writer, calling him a Communist, an activist, a social realist, or a nihilist. The fact that he also wrote plays which, as works of art, could be interpreted for their own sake has often been forgotten.

Brecht left Germany early in 1933, when the Nazis came to power. He was deprived of his German citizenship and his books were banned and burned. The years up to the beginning of World War II he spent in Scandinavia and Finland; from there he went, via Vladivostok, to America, to stay until 1947 in Santa Monica and Hollywood.

It was in the enforced isolation of his exile that Brecht wrote his most important plays

[1]Allardyce Nicoll, *World Drama from Aeschylus to Anouilh* (London, 1949), p. 800.

(*Mutter Courage*, 1938; *Meister Puntilla und sein Knecht Matti*, 1940; *Der gute Mensch von Sezuan*, 1938–1940; *Galileo*, 1938–1939): masterpieces which made him famous internationally. And it was in his exile in America that Brecht wrote his last full-length play, *Der kaukasische Kreidekreis*, 1944–1945. The play is based on a Chinese legend in which two women, fighting for the possession of a child, are asked to pull him out of a circle chalked on the ground. The one who refuses, for fear of hurting the child, is proved to be the true mother. Brecht transposes the play from China to the Caucasus and reverses the original story by showing the tribulations of the poor servant girl Grusche, whose courage, perseverance, self-sacrifice, and equanimity save the child; and in the last scene the little boy is awarded, not to his real mother, but to Grusche. The story of Grusche is linked with that of the thief Azdak, who by a fortunate accident is raised during a rebellion to the position of judge. As a judge, presumptuous and humble, ignorant and wise, he is a standing reminder of the questionable values on which society is founded. The two plots are not, as in the traditional drama, intertwined by a sequence of alternating scenes; rather each action is developed individually, and only in the last scene, in which the test of the chalk circle is made, are both plots brought together. The connecting link between the two developments is the "narrator," whose function and significance are structurally of great importance. Whatever there is in the play that smacks of politics, propaganda and Marxist theory is overridden by the poetic power in which the play abounds, especially in the main characters.

The world which Brecht depicts in this and other plays is sullied by the presence of evil; it is a world of poverty and meanness, in which man, subject to instinct and blind passion and tossed about by the inscrutable workings of the social system, is unable to deal rationally with his problems. And yet the picture is not entirely negative. Again and again the hopelessness of man's lonely and senseless struggle is made bearable by the manner in which ordinary people take it upon themselves, in all humility, to battle against the inhumanity of the universe: Mother Courage, Shen Te, Grusche. They all redeem themselves by their courage in the face of overwhelming odds. The artistic power of Brecht's plays is to be found, not in political ideology, but rather in his portrayal of truly dramatic human conflicts. It is this which places him in the great tragic tradition.

Bibliography

DEMETZ, PETER, editor. *Brecht: A collection of critical easays.* Englewood, New Jersey, 1962.

ESSLIN, MARTIN. *Brecht: The Man and His Work.* New York, 1961.

GRIMM, REINHOLD. *Bertolt Brecht: Die Struktur seines Werkes.* Nürnberg, 1959.

————. *Bertolt Brecht.* Stuttgart, 1961.

————. *Brecht und die Weltliteratur.* Nürnberg, 1961.

HINK, WALTER. *Die Dramaturgie des späten Brecht.* Göttingen, 1959.

KESTING, MARIANNE. *Bertolt Brecht in Selbstzeugnissen und Dokumenten.* Hamburg, 1959.

KLOTZ, VOLKER. *Bertolt Brecht: Versuche über das Werk.* Darmstadt, 1957.

MAYER, HANS. *Bertolt Brecht und die Tradition.* Pfullingen, 1961.

WILLETT, JOHN. *The Theatre of Bertolt Brecht: A Study from Eight Aspects.* London, 1959.

Der kaukasische Kreidekreis

PERSONEN

[1]

DER STREIT UM DAS TAL

Zwischen den Trümmern eines zerschossenen kaukasischen Dorfes sitzen im Kreis, weintrinkend und rauchend, Mitglieder zweier Kolchosdörfer, meist Frauen und ältere Männer; doch auch einige Soldaten. Bei ihnen ist ein Sachverständiger der staatlichen Wiederaufbaukommission[2] aus der Hauptstadt.

5 EINE BÄUERIN LINKS *zeigt.* Dort in den Hügeln haben wir drei Nazitanks aufgehalten, aber die Apfelpflanzung war schon zerstört.

EIN ALTER BAUER RECHTS. Unsere schöne Meierei: Trümmer!

10

[1] *der Kolchos* collective farm

[2] The State Reconstruction Commission

314

Eine junge Traktoristin[3] links. Ich habe das Feuer gelegt[4], Genosse.

Pause.

Der Sachverständige. Hört jetzt das Protokoll: Es erschienen in Nukha die Delegierten des Ziegenzuchtkolchos «Galinsk». Auf Befehl der Behörden hat der Kolchos, als die Hitlerarmeen anrückten, seine Ziegenherden weiter nach Osten getrieben. Er erwägt jetzt die Rücksiedlung in dieses Tal. Seine Delegierten haben Dorf und Gelände besichtigt und einen hohen Grad von Zerstörung festgestellt. *Die Delegierten rechts nicken.* Der benachbarte Obstbaukolchos «Rosa Luxemburg[5]» — *nach links* — stellt den Antrag, daß das frühere Weideland des Kolchos «Galinsk», ein Tal mit spärlichem Graswuchs, beim Wiederaufbau für Obst- und Weinbau verwertet wird. Als Sachverständiger der Wiederaufbaukommission ersuch ich die beiden Kolchosdörfer, sich selber darüber zu einigen, ob der Kolchos «Galinsk» hierher zurückkehren soll oder nicht.

Der Alte rechts. Zunächst möchte ich noch einmal gegen die Beschränkung der Redezeit protestieren. Wir vom Kolchos «Galinsk» sind drei Tage und drei Nächte auf dem Weg hierher gewesen, und jetzt soll es nur eine Diskussion von einem halben Tag sein!

Ein verwundeter Soldat links. Genosse, wir haben nicht mehr so viele Dörfer und nicht mehr so viele Arbeitshände und nicht mehr soviel Zeit.

Die junge Traktoristin links. Alle Vergnügungen müssen rationiert werden, der Tabak ist rationiert und der Wein und die Diskussion auch.

Der Alte rechts *seufzend*. Tod den Faschisten! So komme ich zur Sache[6] und erkläre euch also, warum wir unser Tal zurückhaben wollen. Es gibt eine große Menge von Gründen, aber ich will mit einem der einfachsten anfangen. Makinä Abakidze, pack den Ziegenkäse aus.

Eine Bäuerin rechts nimmt aus einem großen Korb einen riesigen, in ein Tuch geschlagenen Käselaib. Beifall und Lachen.

Der Alte rechts. Bedient euch, Genossen, greift zu.

Ein alter Bauer links *mißtrauisch*. Ist der als Beeinflussung gedacht[7]?

Der Alte rechts *unter Gelächter*. Wie soll der als Beeinflussung gedacht sein, Surab, du Talräuber! Man weiß, daß du den Käse nehmen wirst und das Tal auch. *Gelächter*. Alles, was ich von dir verlange, ist eine ehrliche Antwort. Schmeckt dir dieser Käse?

Der Alte links. Die Antwort ist: Ja.

Der Alte rechts. So. *Bitter*. Ich hätte es mir denken können, daß du nichts von Käse verstehst.

Der Alte links. Warum nicht? Wenn ich dir sage, er schmeckt mir.

Der Alte rechts. Weil er dir nicht schmecken kann. Weil er nicht ist, was er war in den alten Tagen. Und warum ist er nicht mehr so? Weil unseren Ziegen das neue Gras nicht so schmeckt, wie ihnen das alte geschmeckt hat. Käse ist nicht Käse, weil Gras nicht Gras ist, das ist es. Bitte, das zu Protokoll zu nehmen.

Der Alte links. Aber euer Käse ist ausgezeichnet.

Der Alte rechts. Er ist nicht ausgezeichnet, kaum mittelmäßig. Das neue Weideland ist nichts, was immer die Jungen sagen. Ich sage, man kann nicht leben dort. Es riecht nicht einmal richtig nach Morgen dort am Morgen.

Einige lachen.

Der Sachverständige. Ärgere dich nicht, daß sie lachen, sie verstehen dich doch. Genossen, warum liebt man die Heimat? Deswegen: das Brot schmeckt da besser, der Himmel ist höher, die Luft ist da würziger, die Stimmen schallen da kräftiger, der Boden begeht sich da leichter. Ist es nicht so?

Der Alte rechts. Dieses Tal hat uns seit jeher gehört.

Der Soldat. Was heißt «seit jeher»? Niemandem gehört nichts seit jeher. Als du jung warst, hast du selber dir nicht gehört, sondern den Fürsten Kazbeki.

Der Alte rechts. Nach dem Gesetz gehört uns das Tal.

Die junge Traktoristin. Die Gesetze müssen auf jeden Fall überprüft werden, ob sie noch stimmen.

Der Alte rechts. Das versteht sich. Ist es etwa gleich, was für ein Baum neben dem Haus steht, wo man geboren ist? Oder was für Nachbarn man hat, ist das gleich? Wir wollen zurück, sogar,

---

[3]A young girl tractor driver [4]I laid the fire [5]German Communist heroine and martyr (1870–1919), known as "die rote Rosa." She was shot by German army officers. [6]But I will come to the point

[7]Is this meant to influence us?

um euch neben unserm Kolchos zu haben, ihr Talräuber. Jetzt könnt ihr wieder lachen.

DER ALTE LINKS *lacht.* Warum hörst du dir dann nicht ruhig an, was deine «Nachbarin» Kato Wachtang, unsere Agronomin[8], über das Tal zu sagen hat?

EINE BÄUERIN RECHTS. Wir haben noch lang nicht alles gesagt, was wir zu sagen haben über unser Tal. Von den Häusern sind nicht alle zerstört, von der Meierei steht zumindest noch die Grundmauer.

DER SACHVERSTÄNDIGE. Ihr habt einen Anspruch auf Staatshilfe — hier und dort, das wißt ihr.

DIE BÄUERIN RECHTS. Genosse Sachverständiger, das ist kein Handel hier. Ich kann dir nicht deine Mütze nehmen und dir eine andre hinhalten mit «die ist besser». Die andere kann besser sein, aber die deine gefällt dir besser.

DIE JUNGE TRAKTORISTIN. Mit einem Stück Land ist es nicht wie mit einer Mütze, nicht in unserm Land, Genossin.

DER SACHVERSTÄNDIGE. Werdet nicht zornig. Es ist richtig, wir müssen ein Stück Land eher wie ein Werkzeug ansehen, mit dem man Nützliches herstellt, aber es ist auch richtig, daß wir die Liebe zu einem besonderen Stück Land anerkennen müssen. Bevor wir mit der Diskussion fortfahren, schlage ich vor, daß ihr den Genossen vom Kolchos «Galinsk» erklärt, was ihr mit dem strittigen Tal anfangen wollt.

DER ALTE RECHTS. Einverstanden.

DER ALTE LINKS. Ja, laßt Kato reden.

DER SACHVERSTÄNDIGE. Genossin Agronomin!

DIE AGRONOMIN LINKS *steht auf, sie ist in militärischer Uniform.* Genossen, im letzten Winter, als wir als Partisanen hier in den Hügeln kämpften, haben wir davon gesprochen, wie wir nach der Vertreibung der Deutschen unsere Obstkultur zehnmal so groß wiederaufbauen könnten. Ich habe das Projekt einer Bewässerungsanlage ausgearbeitet. Vermittels eines Staudamms an unserm Bergsee können 300 Hektar unfruchtbaren Bodens bewässert werden. Unser Kolchos könnte dann nicht nur mehr Obst, sondern auch Wein anbauen. Aber das Projekt lohnt sich nur, wenn man auch das strittige Tal des Kolchos «Galinsk» einbeziehen könnte. Hier sind die Berechnungen. *Sie überreicht dem Sachverständigen eine Mappe.*

DER ALTE RECHTS. Schreiben Sie ins Protokoll, daß unser Kolchos beabsichtigt, eine neue Pferdezucht aufzumachen.

[8]woman agronomist

DIE JUNGE TRAKTORISTIN. Genossen, das Projekt ist ausgedacht worden in den Tagen und Nächten, wo wir in den Bergen hausen mußten und oft keine Kugeln mehr für die paar Gewehre hatten. Selbst die Beschaffung des Bleistifts war schwierig.

Beifall von beiden Seiten.

DER ALTE RECHTS. Unsern Dank den Genossen vom Kolchos «Rosa Luxemburg» und allen, die die Heimat verteidigt haben!

Sie schütteln einander die Hände und umarmen sich.

DIE BÄUERIN LINKS. Unser Gedanke war dabei, daß unsere Soldaten, unsere und eure Männer, in eine noch fruchtbarere Heimat zurückkommen sollten.

DIE JUNGE TRAKTORISTIN. Wie der Dichter Majakowski[9] gesagt hat, «die Heimat des Sowjetvolkes soll auch die Heimat der Vernunft sein»!

Die Delegierten rechts sind, bis auf den Alten, aufgestanden und studieren mit dem Sachverständigen die Zeichnungen der Agronomin. Ausrufe wie: «Wieso ist die Fallhöhe 22 Meter!» — «Der Felsen hier wird gesprengt!» — «Im Grund brauchen sie nur Zement und Dynamit!» — «Sie zwingen das Wasser, hier herunterzukommen, das ist schlau!»

EIN SEHR JUNGER ARBEITER RECHTS *zum Alten rechts.* Sie bewässern alle Felder zwischen den Hügeln, schau dir das an, Alleko.

DER ALTE RECHTS. Ich werde es mir nicht anschauen. Ich wußte es, daß das Projekt gut sein würde. Ich lasse mir nicht die Pistole auf die Brust setzen.

DER SOLDAT LINKS. Aber sie wollen dir nur den Bleistift auf die Brust setzen. *Gelächter.*

DER ALTE RECHTS *steht düster auf und geht, sich die Zeichnungen zu betrachten.* Diese Talräuber wissen leider zu genau, daß wir Maschinen und Projekten nicht widerstehen können hierzulande.

DIE BÄUERIN RECHTS. Alleko Bereschwili, du bist selber der Schlimmste mit neuen Projekten, das ist bekannt.

DER SACHVERSTÄNDIGE. Was ist mit meinem Protokoll? Kann ich schreiben, daß ihr bei eurem

[9]Russian poet (1894–1930). A representative of "Futurism," he wrote praises of the Revolution and the construction of the Communist State.

Kolchos die Abtretung eures alten Tals für dieses Projekt befürworten werdet?

DIE BÄUERIN RECHTS. Ich werde sie befürworten. Wie ist es mit dir, Alleko?

DER ALTE RECHTS *über den Zeichnungen.* Ich beantrage, daß ihr uns Kopien von den Zeichnungen mitgebt.

DIE BÄUERIN RECHTS. Dann können wir uns zum Essen setzen. Wenn er erst einmal die Zeichnungen hat und darüber diskutieren kann, ist die Sache erledigt. Ich kenne ihn. Und so ist es mit den andern bei uns.

Die Delegierten umarmen sich wieder lachend.

DER ALTE LINKS. Es lebe der Kolchos «Galinsk», und viel Glück zu eurer neuen Pferdezucht!

DIE BÄUERIN LINKS. Genossen, es ist geplant, zu Ehren des Besuchs der Delegierten vom Kolchos «Galinsk» und des Sachverständigen ein Theaterstück unter Mitwirkung des Sängers Arkadi Tscheidse aufzuführen, das mit unserer Frage zu tun hat.

Beifall.
Die junge Traktoristin ist weggelaufen, den Sänger zu holen.

DIE BÄUERIN RECHTS. Genossen, euer Stück muß gut sein, wir bezahlen es mit einem Tal.

DIE BÄUERIN LINKS. Arkadi Tscheidse kann 21 000 Verse.

DER ALTE LINKS. Wir haben das Stück unter seiner Leitung einstudiert. Man kann ihn übrigens nur sehr schwer bekommen. Ihr in der Plankommission solltet euch darum kümmern, daß man ihn öfter in den Norden heraufbekommt, Genosse.

DER SACHVERSTÄNDIGE. Wir befassen uns eigentlich mehr mit Ökonomie.

DER ALTE LINKS *lächelnd.* Ihr bringt Ordnung in die Neuverteilung von Weinreben und Traktoren, warum nicht von Gesängen?

Von der jungen Traktoristin geführt, tritt der Sänger Arkadi Tscheidse, ein stämmiger Mann von einfachem Wesen, in den Kreis. Mit ihm sind Musiker mit ihren Instrumenten. Die Künstler werden mit Händeklatschen begrüßt.

DIE JUNGE TRAKTORISTIN. Das ist der Genosse Sachverständige, Arkadi.

Der Sänger begrüßt die Umstehenden.

DIE BÄUERIN RECHTS. Es ehrt mich sehr, Ihre Bekanntschaft zu machen. Von Ihren Gesängen habe ich schon auf der Schulbank gehört.

DER SÄNGER. Diesmal ist es ein Stück mit Gesängen, und fast der ganze Kolchos spielt mit. Wir haben die alten Masken mitgebracht.

DER ALTE RECHTS. Wird es eine der alten Sagen sein?

DER SÄNGER. Eine sehr alte. Sie heißt «Der Kreidekreis» und stammt aus dem Chinesischen. Wir tragen sie freilich in geänderter Form vor. Jura, zeig mal die Masken. Genossen, es ist eine Ehre für uns, euch nach einer schwierigen Debatte zu unterhalten. Wir hoffen, ihr werdet finden, daß die Stimme des alten Dichters auch im Schatten der Sowjettraktoren klingt. Verschiedene Weine zu mischen mag falsch sein, aber alte und neue Weisheit mischen sich ausgezeichnet. Nun, ich hoffe, wir alle bekommen erst zu essen, bevor der Vortrag beginnt. Das hilft nämlich.

STIMMEN. Gewiß. — Kommt alle ins Klubhaus.

Alle gehen fröhlich zum Essen. Während des Aufbruchs wendet sich der Sachverständige an den Sänger.

DER SACHVERSTÄNDIGE. Wie lange wird die Geschichte dauern, Arkadi? Ich muß noch heute nacht zurück nach Tiflis.

DER SÄNGER *beiläufig.* Es sind eigentlich zwei Geschichten. Ein paar Stunden.

DER SACHVERSTÄNDIGE *sehr vertraulich.* Könntet ihr es nicht kürzer machen?

DER SÄNGER. Nein.

[2]

DAS HOHE KIND

DER SÄNGER *vor seinen Musikern auf dem Boden sitzend, einen schwarzen Umhang aus Schafsleder um die Schultern, blättert in einem abgegriffenen Textbüchlein mit Zetteln.*

In alter Zeit, in blutiger Zeit
Herrschte in dieser Stadt, «die Verdammte» genannt
Ein Gouverneur mit Namen Georgi Abaschwili.
Er war reich wie der Krösus.
Er hatte eine schöne Frau.
Er hatte ein gesundes Kind.
Kein andrer Gouverneur in Grusinien hatte

So viele Pferde an seiner Krippe
Und so viele Bettler an seiner Schwelle
So viele Soldaten in seinem Dienste
Und so viele Bittsteller in seinem Hofe.
Wie soll ich euch einen Georgi Abaschwili   5
beschreiben?
Er genoß sein Leben.
An einem Ostersonntagmorgen
Begab sich der Gouverneur mit seiner Familie
In die Kirche.

*Aus dem Torbogen eines Palastes quellen Bettler und
Bittsteller, magere Kinder, Krücken, Bittschriften
hochhaltend. Hinter ihnen zwei Panzersoldaten,
dann in kostbarer Tracht die Gouverneursfamilie.*

DIE BETTLER UND BITTSTELLER. Gnade, Euer
Gnaden, die Steuer ist unerschwinglich. — Ich habe
mein Bein im Persischen Krieg eingebüßt, wo
kriege ich ... — Mein Bruder ist unschuldig, Euer
Gnaden, ein Mißverständnis. — Er stirbt mir vor   20
Hunger. — Bitte um Befreiung unsres letzten
Sohnes aus dem Militärdienst. — Bitte, Euer
Gnaden, der Wasserinspektor ist bestochen.

*Ein Diener sammelt die Bittschriften, ein anderer
teilt Münzen aus einem Beutel aus. Die Soldaten*   25
*drängen die Menge zurück, mit schweren Leder-
peitschen auf sie einschlagend.*

SOLDAT. Zurück! Das Kirchentor freimachen!   30

*Hinter dem Gouverneurspaar und dem Adjutanten
wird aus dem Torbogen das Kind des Gouverneurs in
einem prunkvollen Wägelchen gefahren. Die Menge
drängt wieder vor, es zu sehen. Rufe aus der Menge:
«Das Kind» — «Ich kann es nicht sehen, drängt*   35
nicht so.» — «Gottes Segen, Euer Gnaden.»

DER SÄNGER *während die Menge zurückgepeitscht
wird.*

Zum erstenmal an diesen Ostern sah das Volk   40
den Erben.
Zwei Doktoren gingen keinen Schritt von dem
Hohen Kind
Augapfel des Gouverneurs.
Selbst der mächtige Fürst Kazbeki
Erwies ihm vor der Kirchentür seine Reverenz.   45

Ein fetter Fürst tritt herzu und begrüßt die Familie.

DER FETTE FÜRST. Fröhliche Ostern, Natella
Abaschwili.

*Man hört einen Befehl. Ein Reiter sprengt heran,
hält dem Gouverneur eine Rolle mit Papieren entge-*   50
gen. Auf einen Wink des Gouverneurs begibt sich

*der Adjutant, ein schöner junger Mann, zu dem
Reiter und hält ihn zurück. Es entsteht eine kurze
Pause, während der fette Fürst den Reiter miß-
trauisch mustert.*

DER FETTE FÜRST. Was für ein Tag! Als es
gestern nacht regnete, dachte ich schon: trübe
Feiertage. Aber heute morgen: ein heiterer Himmel. Ich liebe heitere Himmel, Natella Abaschwili,
ein simples Herz. Und der kleine Michel, ein
ganzer Gouverneur, tititi. *Er kitzelt das Kind.*
Fröhliche Ostern, kleiner Michel, tititi.
DIE GOUVERNEURSFRAU. Was sagen Sie, Arsen,
Georgi hat sich endlich entschlossen, mit dem Bau
des neuen Flügels an der Ostseite zu beginnen. Die
ganze Vorstadt mit den elenden Baracken wird
abgerissen für den Garten.
DER FETTE FÜRST. Das ist eine gute Nachricht
nach so vielen schlechten. Was hört man vom
Krieg, Bruder Georgi? *Auf die abwinkende Geste
des Gouverneurs.* Ein strategischer Rückzug, höre
ich? Nun, das sind kleine Rückschläge, die es
immer gibt. Einmal steht es besser, einmal schlechter. Kriegsglück. Es hat wenig Bedeutung, wie?
DIE GOUVERNEURSFRAU. Er hustet! Georgi, hast
du gehört? *Scharf zu den beiden Ärzten, zwei
würdevollen Männern, die dicht hinter dem Wägelchen stehen.* Er hustet.
ERSTER ARZT *zum zweiten.* Darf ich Sie daran
erinnern, Niko Mikadze, daß ich gegen das laue
Bad war? Ein kleines Versehen bei der Temperie-
rung des Badewassers, Euer Gnaden.
ZWEITER ARZT *ebenfalls sehr höflich.* Ich kann
Ihnen unmöglich beistimmen, Mikha Loladze, die
Badewassertemperatur ist die von unserm geliebten
großen Mishiko Oboladze angegebene. Eher Zugluft in der Nacht, Euer Gnaden.
DIE GOUVERNEURSFRAU. Aber so sehen Sie doch
nach ihm. Er sieht fiebrig aus, Georgi.
ERSTER ARZT *über dem Kind.* Kein Grund zur
Beunruhigung, Euer Gnaden. Das Badewasser ein
bißchen wärmer, und es kommt nicht mehr vor.
ZWEITER ARZT *mit giftigem Blick auf ihn.* Ich
werde es nicht vergessen, lieber Mikha Loladze.
Kein Grund zur Besorgnis, Euer Gnaden.
DER FETTE FÜRST. Ai, ai, ai, ai! Ich sage immer:
meine Leber sticht, dem Doktor 50 auf die Fuß-
sohlen[10]. Und das auch nur, weil wir in einem
verweichlichten Zeitalter leben; früher hieß es einfach: Kopf ab!

[10] i.e., give him (as punishment) fifty blows on the soles
of his feet

DIE GOUVERNEURSFRAU. Gehen wir in die Kirche, wahrscheinlich ist es die Zugluft hier.

Der Zug, bestehend aus der Familie und dem Dienst-personal, biegt in das Portal einer Kirche ein. Der fette Fürst folgt. Der Adjutant tritt aus dem Zug und zeigt auf den Reiter.

DER GOUVERNEUR. Nicht v o r dem Gottesdienst, Shalva.

DER ADJUTANT *zum Reiter.* Der Gouverneur wünscht nicht, vor dem Gottesdienst mit Berichten behelligt zu werden, besonders wenn sie, wie ich annehme, deprimierender Natur sind. Laß dir in der Küche etwas zu essen geben, Freund.

Der Adjutant schließt sich dem Zug an, während der Reiter mit einem Fluch in das Palasttor geht. Ein Soldat kommt aus dem Palast und bleibt im Tor-bogen stehen.

DER SÄNGER

Die Stadt ist stille.
Auf dem Kirchplatz stolzieren die Tauben.
Ein Soldat der Palastwache
Scherzt mit einem Küchenmädchen
Das vom Fluß herauf mit einem Bündel kommt.

In den Torbogen will eine Magd, unterm Arm ein Bündel aus großen grünen Blättern.

DER SOLDAT. Was, das Fräulein ist nicht in der Kirche, schwänzt[11] den Gottesdienst?

GRUSCHE. Ich war schon angezogen, da hat für das Osteressen eine Gans gefehlt, und sie haben mich gebeten, daß ich sie hol, ich versteh was von Gänsen.

DER SOLDAT. Eine Gans? *Mit gespieltem Mißtrauen:* Die müßt ich erst sehen, diese Gans.

Grusche versteht nicht.

DER SOLDAT. Man muß vorsichtig sein mit den Frauenzimmern. Da heißt es: «Ich hab nur eine Gans geholt», und dann war es etwas ganz anderes.

GRUSCHE *geht resolut auf ihn zu und zeigt ihm die Gans.* Da ist sie. Und wenn es keine 15-Pfund-Gans ist und sie haben sie nicht mit Mais geschoppt, eß ich die Federn[12].

DER SOLDAT. Eine Königin von einer Gans! Die wird vom Gouverneur selber verspeist werden. Und das Fräulein war also wieder einmal am Fluß?

GRUSCHE. Ja, beim Geflügelhof.

DER SOLDAT. Ach so, beim Geflügelhof, unten am Fluß, nicht etwa oben bei den gewissen Weiden?

GRUSCHE. Bei den Weiden bin ich doch nur, wenn ich das Linnen wasche.

DER SOLDAT *bedeutungsvoll.* Eben.

GRUSCHE. Eben was?

DER SOLDAT *zwinkernd.* Eben das.

GRUSCHE. Warum soll ich denn nicht bei den Weiden Linnen waschen?

DER SOLDAT *lacht übertrieben.* «Warum soll ich denn nicht bei den Weiden Linnen waschen?» Das ist gut, wirklich gut.

GRUSCHE. Ich versteh den Herrn Soldat nicht. Was soll da gut sein?

DER SOLDAT *listig.* Wenn manche wüßte, was mancher weiß, würd ihr kalt und würd ihr heiß.

GRUSCHE. Ich weiß nicht, was man über die gewissen Weiden wissen könnte.

DER SOLDAT. Auch nicht, wenn vis-a-vis ein Gestrüpp wäre, von dem aus alles gesehen werden könnte? Alles, was da so geschieht, wenn eine bestimmte Person «Linnen wäscht»!

GRUSCHE. Was geschieht da? Will der Herr Soldat nicht sagen, was er meint, und fertig[13]?

DER SOLDAT. Es geschieht etwas, bei dem viel-leicht etwas gesehen werden kann.

GRUSCHE. Der Herr Soldat meint doch nicht, daß ich an einem heißen Tag einmal meine Fuß-zehen ins Wasser stecke, denn sonst ist nichts.

DER SOLDAT. Und mehr. Die Fußzehen und mehr.

GRUSCHE. Was mehr? Den Fuß höchstens.

DER SOLDAT. Den Fuß und ein bißchen mehr. *Er lacht sehr.*

GRUSCHE *zornig.* Simon Chachava, du solltest dich schämen. Im Gestrüpp sitzen und warten, bis eine Person an einem heißen Tag das Bein in den Fluß gibt. Und wahrscheinlich noch zusammen mit einem andern Soldaten! *Sie läuft weg.*

DER SOLDAT *ruft ihr nach.* Nicht mit einem andern!

Wenn der Sänger seine Erzählung wieder aufnimmt, läuft der Soldat Grusche nach.

---

[11]is shirking, staying away from [12]There it is. And if it isn't a fifteen-pound goose stuffed full of corn, I'll eat the feathers.

[13]and have done with it?

DER SÄNGER

Die Stadt liegt stille, aber warum gibt es
                                        Bewaffnete?
Der Palast des Gouverneurs liegt friedlich
Aber warum ist er eine Festung?   5

*Aus dem Portal links tritt schnellen Schrittes der
fette Fürst. Er bleibt stehen, sich umzublicken. Vor
dem Torbogen rechts warten zwei Panzerreiter. Der
Fürst sieht sie und geht langsam an ihnen vorbei,* 10
*ihnen ein Zeichen machend; dann schnell ab. Der
eine Panzerreiter geht durch den Torbogen in den
Palast; der andere bleibt als Wächter zurück. Man
hört hinten von verschiedenen Seiten gedämpfte Rufe
«Zur Stelle»; der Palast ist umstellt. Von fern* 15
*Kirchenglocken. Aus dem Portal kommt der Zug
mit der Gouverneursfamilie zurück aus der Kirche.*

DER SÄNGER

Da kehrte der Gouverneur in seinen Palast   20
                                        zurück
Da war die Festung eine Falle
Da war die Gans gerupft und gebraten
Da wurde die Gans nicht mehr gegessen
Da war Mittag nicht mehr die Zeit zum Essen   25
Da war Mittag die Zeit zum Sterben.

DIE GOUVERNEURSFRAU *im Vorbeigehen.* Es ist
wirklich unmöglich, in dieser Baracke zu leben,
aber Georgi baut natürlich nur für seinen kleinen 30
Michel, nicht etwa für mich. Michel ist alles, alles
für Michel!
DER GOUVERNEUR. Hast du gehört, «Fröhliche
Ostern» von Bruder Kazbeki! Schön und gut, aber
es hat meines Wissens in Nukha nicht geregnet 35
gestern nacht. Wo Bruder Kazbeki war, regnete es.
Wo war Bruder Kazbeki?
DER ADJUTANT. Man muß untersuchen.
DER GOUVERNEUR. Ja, sofort. Morgen.
                                                40
*Der Zug biegt in den Torbogen ein. Der Reiter, der
inzwischen aus dem Palast zurückgekehrt ist, tritt
auf den Gouverneur zu.*

DER ADJUTANT. Wollen Sie nicht doch den 45
Reiter aus der Hauptstadt hören, Exzellenz? Er ist
heute morgen mit vertraulichen Papieren eingetroffen.
DER GOUVERNEUR *im Weitergehen.* Nicht vor
dem Essen, Shalva!   50
DER ADJUTANT *während der Zug im Palast verschwindet und nur zwei Panzerreiter der Palastwache
am Tor zurückbleiben, zum Reiter.* Der Gouverneur

wünscht nicht, vor dem Essen mit militärischen
Berichten behelligt zu werden, und den Nachmittag
wird Seine Exzellenz Besprechungen mit hervor-
ragenden Baumeistern widmen, die auch zum Essen
eingeladen sind. Hier sind sie schon. *Drei Herren
sind herangetreten. Während der Reiter abgeht, begrüßt der Adjutant die Baumeister.* Meine Herren,
Seine Exzellenz erwartet Sie zum Essen. Seine
ganze Zeit wird nur Ihnen gewidmet sein. Den
großen neuen Plänen! Kommen Sie schnell!
EINER DER BAUMEISTER. Wir bewundern es, daß
Seine Exzellenz also trotz der beunruhigenden
Gerüchte über eine schlimme Wendung des Krieges
in Persien zu bauen gedenkt.
DER ADJUTANT. Sagen wir: wegen ihnen! Das
ist nichts. Persien ist weit! Die Garnison hier läßt
sich für ihren Gouverneur in Stücke hauen.

*Aus dem Palast kommt Lärm. Ein schriller Auf-
schrei einer Frau, Kommandorufe. Der Adjutant
geht entgeistert auf den Torbogen zu. Ein Panzerreiter tritt heraus, ihm den Spieß entgegenhaltend.*

DER ADJUTANT. Was ist hier los? Tu den Spieß
weg, Hund. *Rasend zu der Palastwache:* Entwaff-
nen! Seht ihr nicht, daß ein Anschlag auf den
Gouverneur gemacht wird?

*Die angesprochenen Panzerreiter der Palastwache
gehorchen nicht. Sie blicken den Adjutanten kalt und
gleichgültig an und folgen auch dem übrigen[14] ohne
Teilnahme. Der Adjutant erkämpft sich den Eingang
in den Palast.*

EINER DER BAUMEISTER. Die Fürsten! Gestern
nacht war in der Hauptstadt eine Versammlung
der Fürsten, die gegen den Großfürsten und seine
Gouverneure sind. Meine Herren, wir machen uns
besser dünn[15].

Sie gehen schnell weg.

DER SÄNGER

O Blindheit der Großen! Sie wandeln wie Ewige
Groß auf gebeugten Nacken, sicher
Der gemieteten Fäuste, vertrauend
Der Gewalt, die so lang schon gedauert hat.
Aber lang ist nicht ewig.
O Wechsel der Zeiten! Du Hoffnung des
                                        Volks!

[14]the remainder, i.e., the rest of what happens
[15]Gentlemen, we'd better make ourselves scarce.

Aus dem Torbogen tritt der Gouverneur, gefesselt,
mit grauem Gesicht, zwischen zwei Soldaten, die bis
an die Zähne bewaffnet sind.

Auf immer, großer Herr! Geruhe, aufrecht zu
gehen!
Aus deinem Palast folgen dir die Augen vieler
Feinde!
Du brauchst keine Baumeister mehr, es genügt
ein Schreiner.
Du ziehst in keinen neuen Palast mehr, sondern
in ein kleines Erdloch.
Sieh dich noch einmal um, Blinder!

Der Verhaftete blickt sich um.

Gefällt dir, was du hattest? Zwischen
Ostermette[16] und Mahl
Gehst du dahin, von wo keiner zurückkehrt.

Er wird abgeführt. Die Palastwache schließt sich an.
Ein Hornalarmruf wird hörbar. Lärm hinter dem
Torbogen.

Wenn das Haus eines Großen zusammenbricht
Werden viele Kleine erschlagen.
Die das Glück der Mächtigen nicht teilten
Teilen oft ihr Unglück. Der stürzende Wagen
Reißt die schwitzenden Zugtiere
Mit in den Abgrund.

Aus dem Torbogen kommen in Panik Dienstboten
gelaufen.

DIE DIENSTBOTEN *durcheinander.* Die Lastkörbe!
Alles in den dritten Hof! Lebensmittel für fünf
Tage. — Die gnädige Frau liegt in einer Ohnmacht.
— Man muß sie heruntertragen, sie muß fort.
— Und wir? — Uns schlachten sie wie die Hühner ab,
das kennt man. — Jesus Maria, was wird sein? —
In der Stadt soll schon Blut fließen. — Unsinn, der
Gouverneur ist nur höflich aufgefordert worden,
zu einer Sitzung der Fürsten zu erscheinen, alles
wird gütlich geregelt werden, ich habe es aus erster
Quelle.

Auch die beiden Ärzte stürzen auf den Hof.

ERSTER ARZT *sucht den zweiten zurückzuhalten.*
Niko Mikadze, es ist Ihre ärztliche Pflicht, Natella
Abaschwili Beistand zu leisten.

[16]Easter matins, morning prayers

ZWEITER ARZT. Meine Pflicht? Die Ihrige!
ERSTER ARZT. Wer hat das Kind heute, Niko
Mikadze, Sie oder ich?
ZWEITER ARZT. Glauben Sie wirklich, Mikha
Loladze, daß ich wegen dem Balg eine Minute
länger in einem verpesteten Haus bleibe?

Sie geraten ins Raufen. Man hört nur noch «Sie
verletzen Ihre Pflicht!» und «Pflicht hin, Pflicht her!»
dann schlägt der zweite Arzt den ersten nieder.

ZWEITER ARZT. Oh, geh zur Hölle. *Ab.*
DIE DIENSTBOTEN. Man hat Zeit bis Abend,
vorher sind die Soldaten nicht besoffen. — Weiß
man denn, ob sie schon gemeutert haben? — Die
Palastwache ist abgeritten. — Weiß denn immer
noch niemand, was passiert ist?
GRUSCHE. Der Fischer Meliwa sagt, in der
Hauptstadt hat man am Himmel einen Kometen
gesehen mit einem roten Schweif, das hat Unglück
bedeutet.
DIE DIENSTBOTEN. Gestern soll in der Hauptstadt
bekannt geworden sein, daß der Persische Krieg
ganz verloren ist. — Die Fürsten haben einen
großen Aufstand gemacht. Es heißt, der Großfürst ist schon geflohen. Alle seine Gouverneure
werden hingerichtet. — Den Kleinen tun sie nichts.
Ich habe meinen Bruder bei den Panzerreitern.

Der Soldat Simon Chachava kommt und sucht im
Gedränge Grusche.

DER ADJUTANT *erscheint im Torbogen.* Alles in
den dritten Hof! Alles beim Packen helfen!

Er treibt das Gesinde weg. Simon findet endlich
Grusche.

SIMON. Da bist du ja, Grusche. Was wirst du
machen?
GRUSCHE. Nichts. Für den Notfall habe ich
einen Bruder mit einem Hof im Gebirge. Aber was
ist mit dir?
SIMON. Mit mir ist nichts. *Wieder förmlich.*
Grusche Vachnadze, deine Frage nach meinen
Plänen erfüllt mich mit Genugtuung. Ich bin ab-
kommandiert, die Frau Natella Abaschwili als
Wächter zu begleiten.
GRUSCHE. Aber hat die Palastwache nicht ge-
meutert?
SIMON *ernst.* So ist es.
GRUSCHE. Ist es nicht gefährlich, die Frau zu
begleiten?

SIMON. In Tiflis sagt man: Ist das Stechen etwa gefährlich für das Messer[17]?

GRUSCHE. Du bist kein Messer, sondern ein Mensch, Simon Chachava. Was geht dich die Frau an?

SIMON. Die Frau geht mich nichts an, aber ich bin abkommandiert, und so reite ich.

GRUSCHE. So ist der Herr Soldat ein dickköpfiger Mensch, weil er sich für nichts und wieder nichts in Gefahr begibt. *Als aus dem Palast nach ihr gerufen wird.* Ich muß in den dritten Hof und habe Eile.

SIMON. Da Eile ist, sollten wir uns nicht streiten, denn für ein gutes Streiten ist Zeit nötig. Ist die Frage erlaubt, ob das Fräulein noch Eltern hat?

GRUSCHE. Nein. Nur den Bruder.

SIMON. Da die Zeit kurz ist — die zweite Frage wäre: ist das Fräulein gesund wie der Fisch im Wasser?

GRUSCHE. Vielleicht ein Reißen in der rechten Schulter mitunter, aber sonst kräftig für jede Arbeit, es hat sich noch niemand beschwert.

SIMON. Das ist bekannt. Wenn es sich am Ostersonntag darum handelt, wer holt trotzdem die Gans, dann ist es sie. Frage drei: Ist das Fräulein ungeduldig veranlagt? Will es Kirschen im Winter?

GRUSCHE. Ungeduldig nicht, aber wenn in den Krieg gegangen wird ohne Sinn und keine Nachricht kommt, ist es schlimm.

SIMON. Eine Nachricht wird kommen. *Aus dem Palast wird wieder nach Grusche gerufen.* Zum Schluß die Hauptfrage . . .

GRUSCHE. Simon Chachava, weil ich in den dritten Hof muß und große Eile ist, ist die Antwort schon «Ja».

SIMON *sehr verlegen.* Man sagt: «Eile heißt der Wind, der das Baugerüst umweht.» Aber man sagt auch: «Die Reichen haben keine Eile.» Ich bin aus . . .

GRUSCHE. Kutsk . . .

SIMON. Da hat das Fräulein sich also erkundigt? Bin gesund, habe für niemand zu sorgen, kriege 10 Piaster im Monat, als Zahlmeister 20, und bitte herzlich um die Hand.

GRUSCHE. Simon Chachava, es ist mir recht.

SIMON *nestelt sich eine dünne Kette vom Hals, an der ein Kreuzlein hängt.* Das Kreuz stammt von meiner Mutter, Grusche Vachnadze, die Kette ist von Silber; bitte, sie zu tragen.

GRUSCHE. Vielen Dank, Simon.

Er hängt sie ihr um.

SIMON. Ich muß die Pferde einspannen, das versteht das Fräulein. Es ist besser, wenn das Fräulein in den dritten Hof geht, sonst gibt es Anstände[18].

GRUSCHE. Ja, Simon.

Sie stehen unentschieden.

SIMON. Ich begleite nur die Frau zu den Truppen, die treu geblieben sind. Wenn der Krieg aus ist, komm ich zurück. Zwei Wochen oder drei. Ich hoffe, meiner Verlobten wird die Zeit nicht zu lang, bis ich zurückkehre.

GRUSCHE. Simon Chachava, ich werde auf dich warten.

Geh du ruhig in die Schlacht, Soldat
Die blutige Schlacht, die bittere Schlacht
Aus der nicht jeder wiederkehrt:
Wenn du wiederkehrst, bin ich da.
Ich werde warten auf dich unter der grünen
                                        Ulme
Ich werde warten auf dich unter der kahlen
                                        Ulme
Ich werde warten, bis der Letzte zurückgekehrt ist
Und danach.
Kommst du aus der Schlacht zurück
Keine Stiefel stehen vor der Tür
Ist das Kissen neben meinem leer
Und mein Mund ist ungeküßt
Wenn du wiederkehrst, wenn du wiederkehrst
Wirst du sagen können; alles ist wie einst.

SIMON. Ich danke dir, Grusche Vachnadze. Und auf Wiedersehen!

Er verbeugt sich tief vor ihr. Sie verbeugt sich ebenso tief vor ihm. Dann läuft sie schnell weg, ohne sich umzuschauen. Aus dem Torbogen tritt der Adjutant.

DER ADJUTANT *barsch.* Spann die Gäule vor den großen Wagen, steh nicht herum, Dreckkerl[19].

Simon Chachava steht stramm und geht ab. Aus dem Torbogen kriechen zwei Diener, tief gebückt unter ungeheuren Kisten. Dahinter stolpert, gestützt von ihren Frauen, Natella Abaschwili. Eine Frau trägt ihr das Kind nach.

---

[17]In Tiflis, they say: Is the stabbing dangerous for the knife?

[18]otherwise there will be difficulties.   [19]you louse.

DIE GOUVERNEURSFRAU. Niemand kümmert sich wieder. Ich weiß nicht, wo mir der Kopf steht[20]. Wo ist Michel? Halt ihn nicht so ungeschickt! Die Kisten auf den Wagen! Hat man etwas vom Gouverneur gehört, Shalva?

DER ADJUTANT *schüttelt den Kopf.* Sie müssen sofort weg.

DIE GOUVERNEURSFRAU. Weiß man etwas aus der Stadt?

DER ADJUTANT. Nein, bis jetzt ist alles ruhig, aber es ist keine Minute zu verlieren. Die Kisten haben keinen Platz auf dem Wagen. Suchen Sie sich aus, was Sie brauchen.

Der Adjutant geht schnell hinaus.

DIE GOUVERNEURSFRAU. Nur das Nötigste! Schnell, die Kisten auf, ich werde euch angeben, was mit muß.

Die Kisten werden niedergestellt und geöffnet.

DIE GOUVERNEURSFRAU *auf bestimmte Brokatkleider zeigend.* Das Grüne und natürlich das mit dem Pelzchen! Wo sind die Ärzte? Ich bekomme wieder diese schauderhafte Migräne, das fängt immer in den Schläfen an. Das mit den Perlknöpfchen . . .

Grusche herein.

DIE GOUVERNEURSFRAU. Du läßt dir Zeit, wie? Hol sofort die Wärmflaschen.

Grusche läuft weg, kehrt später mit den Wärmflaschen zurück und wird von der Gouverneursfrau stumm hin und her beordert.

DIE GOUVERNEURSFRAU *beobachtet eine junge Kammerfrau.* Zerreiß den Ärmel nicht!

DIE JUNGE FRAU. Bitte, gnädige Frau, dem Kleid ist nichts passiert.

DIE GOUVERNEURSFRAU. Weil ich dich gefaßt habe. Ich habe schon lang ein Auge auf dich. Nichts im Kopf, als dem Adjutanten Augen drehen! Ich bring dich um, du Hündin. *Schlägt sie.*

DER ADJUTANT *kommt zurück.* Bitte, sich zu beeilen, Natella Abaschwili. In der Stadt wird gekämpft. *Wieder ab.*

DIE GOUVERNEURSFRAU *läßt die junge Frau los.* Lieber Gott! Meint ihr, sie werden sich vergreifen an mir? Warum? *Alle schweigen. Sie beginnt,* selber in den Kisten zu kramen. Such das Brokatjäckchen! Hilf ihr! Was macht Michel? Schläft er?

DIE KINDERFRAU. Jawohl, gnädige Frau.

DIE GOUVERNEURSFRAU. Dann leg ihn für einen Augenblick hin und hol mir die Saffianstiefelchen aus der Schlafkammer, ich brauch sie zu dem Grünen. *Die Kinderfrau legt das Kind weg und läuft. Zu der jungen Frau:* Steh nicht herum, du! *Die junge Frau läuft davon.* Bleib, oder ich laß dich auspeitschen. *Pause.* Und wie das alles gepackt ist, ohne Liebe und ohne Verstand. Wenn man nicht alles selber angibt . . . In solchen Augenblicken sieht man, was man für Dienstboten hat. Mascha! *Sie gibt eine Anweisung mit der Hand.* Fressen könnt ihr, aber Dankbarkeit gibt's nicht. Ich werd es mir merken.

DER ADJUTANT *sehr erregt.* Natella, kommen Sie sofort. Der Richter des Obersten Gerichts, Orbeliani, ist soeben von aufständischen Teppichwebern gehängt worden.

DIE GOUVERNEURSFRAU. Warum? Das Silberne muß ich haben, es hat 1000 Piaster gekostet. Und das da und alle Pelze, und wo ist das Weinfarbene?

DER ADJUTANT *versucht, sie wegzuziehen.* In der Vorstadt sind Unruhen ausgebrochen. Wir müssen sogleich weg. *Ein Diener läuft davon.* Wo ist das Kind?

DIE GOUVERNEURSFRAU *ruft der Kinderfrau.* Maro! Mach das Kind fertig! Wo steckst du?

DER ADJUTANT *im Abgehen.* Wahrscheinlich müssen wir auf den Wagen verzichten und reiten.

Die Gouverneursfrau kramt in den Kleidern, wirft einige auf den Haufen, der mit soll, nimmt sie wieder weg. Geräusche werden hörbar. Trommeln. Der Himmel beginnt sich zu röten.

DIE GOUVERNEURSFRAU *verzweifelt kramend.* Ich kann das Weinfarbene nicht finden. *Achselzuckend zur zweiten Frau.* Nimm den ganzen Haufen und trag ihn zum Wagen. Und warum kommt Maro nicht zurück? Seid ihr alle verrückt geworden? Ich sagte es ja, es liegt ganz zuunterst[21].

DER ADJUTANT *zurück.* Schnell, schnell!

DIE GOUVERNEURSFRAU *zu der zweiten Frau.* Lauf! Wirf sie einfach in den Wagen!

DER ADJUTANT. Der Wagen geht nicht mit. Kommen Sie, oder ich reite allein.

DIE GOUVERNEURSFRAU. Maro! Bring das Kind! *Zur zweiten Frau.* Such, Mascha! Nein, bring zuerst die Kleider an den Wagen. Es ist ja Unsinn,

---

[20]I hardly know if my head's still on.

[21]at the very bottom

ich denke nicht daran, zu reiten! *Sich unwendend, sieht sie die Brandröte und erstarrt.* Es brennt! *Sie stürzt weg; der Adjutant ihr nach. Die zweite Frau folgt ihr kopfschüttelnd mit dem Pack Kleider. Aus dem Torbogen kommen Dienstboten.*

DIE KÖCHIN. Das muß das Osttor sein, was da brennt.

DER KOCH. Fort sind sie. Und ohne den Wagen mit Lebensmitteln. Wie kommen jetzt wir weg?

EIN STALLKNECHT. Ja, das ist ein ungesundes Haus für einige Zeit. *Zu der dritten Kammerfrau.* Sulika, ich hol ein paar Decken, wir hau'n ab.

DIE KINDERFRAU *aus dem Torbogen, mit Stiefelchen.* Gnädige Frau!

EINE DICKE FRAU. Sie ist schon weg.

DIE KINDERFRAU. Und das Kind. *Sie läuft zum Kind, hebt es auf.* Sie haben es zurückgelassen, diese Tiere. *Sie reicht es Grusche.* Halt es mir einen Augenblick. *Lügnerisch.* Ich sehe nach dem Wagen.

Sie läuft weg, der Gouverneursfrau nach.

GRUSCHE. Was hat man mit dem Herrn gemacht?

DER STALLKNECHT *macht die Geste des Halsabschneidens.* Fft.

DIE DICKE FRAU *bekommt, die Geste sehend, einen Anfall.* O Gottogottogottogott! Unser Herr Georgi Abaschwili! Wie Milch und Blut bei der Morgenmette[22], und jetzt ... bringt mich weg. Wir sind alle verloren, müssen sterben in Sünden. Wie unser Herr Georgi Abaschwili.

DIE DRITTE FRAU *ihr zuredend.* Beruhigen Sie sich, Nina. Man wird Sie wegbringen. Sie haben niemand etwas getan.

DIE DICKE FRAU *während man sie hinausführt.* O Gottogottogottogott, schnell, schnell, alles weg, vor[23] sie kommen, vor sie kommen!

DIE DRITTE FRAU. Nina nimmt es sich mehr zu Herzen als die Frau. Sogar das Beweinen müssen sie von anderen machen lassen! *Sie entdeckt das Kind, das Grusche immer noch hält.* Das Kind! Was machst du damit?

GRUSCHE. Es ist zurückgeblieben.

DIE DRITTE FRAU. Sie hat es liegen lassen?! Michel, der in keine Zugluft kommen durfte!

Die Dienstboten versammeln sich um das Kind.

GRUSCHE. Er wacht auf.

DER STALLKNECHT. Leg ihn besser weg, du! Ich möchte nicht daran denken, was einer passiert, die mit dem Kind angetroffen wird. Ich hol unsre Sachen, ihr wartet.

Ab in den Palast.

DIE KÖCHIN. Er hat recht. Wenn die anfangen, schlachten sie einander familienweise ab. Ich hole meine Siebensachen.

Alle sind abgegangen, nur zwei Frauen und Grusche mit dem Kind auf dem Arm stehen noch da.

DIE DRITTE FRAU. Hast du nicht gehört, du sollst ihn weglegen!

GRUSCHE. Die Kinderfrau hat ihn mir für einen Augenblick zum Halten gegeben.

DIE KÖCHIN. Die kommt nicht zurück, du Einfältige!

DIE DRITTE FRAU. Laß die Hände davon.

DIE KÖCHIN. Sie werden mehr hinter ihm her sein als hinter der Frau. Es ist der Erbe. Grusche, du bist eine gute Seele, aber du weißt, die Hellste bist du nicht[24]. Ich sag dir, wenn es den Aussatz hätte, wär's nicht schlimmer. Sieh zu, daß du durchkommst.

Der Stallknecht ist mit Bündeln zurückgekommen und verteilt sie an die Frauen. Außer Grusche machen sich alle zum Weggehen fertig.

GRUSCHE *störrisch.* Es hat keinen Aussatz. Es schaut einen an wie ein Mensch.

DIE KÖCHIN. Dann schau du's nicht an. Du bist gerade die Dumme, der man alles aufladen kann. Wenn man zu dir sagt: du läufst nach dem Salat, du hast die längsten Beine, dann läufst du. Wir nehmen den Ochsenwagen, du kannst mit hinauf, wenn du schnell machst. Jesus, jetzt muß schon das ganze Viertel brennen!

DIE DRITTE FRAU. Hast du nichts gepackt? Du, viel Zeit ist nicht mehr, bis die Panzerreiter von der Kaserne kommen.

Die beiden Frauen und der Stallknecht gehen ab.

GRUSCHE. Ich komme.

Grusche legt das Kind nieder, betrachtet es einige Augenblicke, holt aus den herumstehenden Koffern Kleidungsstücke und deckt damit das immer noch schlafende Kind zu. Dann läuft sie in den Palast, um ihre Sachen zu holen. Man hört Pferdegetrappel und das Aufschreien von Frauen. Herein der fette Fürst

---

[22](He was) a picture of health at morning prayers.
[23] = *bevor*

[24]you're not very bright (*die Hellste* the brightest)

mit betrunkenen Panzerreitern. Einer trägt auf einem Spieß den Kopf des Gouverneurs.

DER FETTE FÜRST. Hier, in die Mitte! *Einer der Soldaten klettert auf den Rücken eines andern, nimmt den Kopf und hält ihn prüfend über den Torbogen.* Das ist nicht die Mitte, weiter rechts, so. Was ich machen lasse, meine Lieben, laß ich ordentlich machen. *Während der Soldat mit Hammer und Nagel den Kopf am Haar festmacht.* Heute früh an der Kirchentüre sagte ich Georgi Abaschwili: «Ich liebe heitere Himmel», aber eigentlich liebe ich mehr den Blitz, der aus dem heitern Himmel[25] kommt, ach ja. Schade ist nur, daß sie den Balg weggebracht haben, ich brauche ihn dringend. Sucht ihn in ganz Grusinien! 1000 Piaster!

Während Grusche, sich vorsichtig umschauend, an den Torbogen kommt, geht der fette Fürst mit den Panzerreitern ab. Man hört wieder Pferdegetrappel. Grusche trägt ein Bündel und geht auf das Portal zu. Fast schon dort, wendet sie sich um, zu sehen, ob das Kind noch da ist. Da beginnt der Sänger zu singen. Sie bleibt unbeweglich stehen.

DER SÄNGER

Als sie nun stand zwischen Tür und Tor, hörte sie
Oder vermeinte zu hören ein leises Rufen: das
                                              Kind
Reif ihr, wimmerte nicht, sondern rief ganz
                                       verständig
So jedenfalls war's ihr. «Frau», sagte es, «hilf
                                          mir.»
Und es fuhr fort, wimmerte nicht, sondern
                   sprach ganz verständig:
«Wisse, Frau, wer einen Hilferuf nicht hört
Sondern vorbeigeht, verstörten Ohrs: nie mehr
Wird der hören den leisen Ruf des Liebsten noch
Im Morgengrauen die Amsel oder den wohligen
Seufzer der erschöpften Weinpflücker beim
                            Angelus.»
Dies hörend

Grusche tut ein paar Schritte auf das Kind zu und beugt sich über es

ging sie zurück, das Kind
Noch einmal anzusehen. Nur für ein paar
                            Augenblicke
Bei ihm zu sitzen, nur bis wer andrer käme[26] —

Die Mutter vielleicht oder irgendwer —

Sie setzt sich dem Kind gegenüber, an die Kiste gelehnt.

Nur bevor sie wegging, denn die Gefahr war
                   zu groß, die Stadt erfüllt
Von Brand und Jammer.

Das Licht wird schwächer, als würde es Abend und Nacht. Grusche ist in den Palast gegangen und hat eine Lampe und Milch geholt, von der sie dem Kinde zu trinken gibt.

DER SÄNGER *laut.*

Schrecklich ist die Verführung zur Güte!

Grusche sitzt jetzt deutlich wachend bei dem Kind die Nacht durch. Einmal zündet sie die kleine Lampe an, es anzuleuchten, einmal hüllt sie es wärmer in einen Brokatmantel. Mitunter horcht sie und schaut sich um, ob niemand kommt.

Lange saß sie bei dem Kinde
Bis der Abend kam, bis die Nacht kam
Bis die Frühdämmerung kam. Zu lange saß sie.
Zu lange sah sie
Das stille Atmen, die kleinen Fäuste
Bis die Verführung zu stark wurde gegen
                                       Morgen zu
Und sie aufstand, sich bückte und seufzend
                            das Kind nahm
Und es wegtrug.

Sie tut, was der Sänger sagt, so, wie er es beschreibt.

Wie eine Beute nahm sie es an sich
Wie eine Diebin schlich sie sich weg.

[3]

DIE FLUCHT
IN DIE NÖRDLICHEN
GEBIRGE

DER SÄNGER

Als Grusche Vachnadze aus der Stadt ging
Auf der Grusinischen Heerstraße
Auf dem Weg in die nördlichen Gebirge
Sang sie ein Lied, kaufte Milch.

[25]A play on words: *aus heiterem Himmel* out of a clear sky, unexpectedly. [26]only till someone else should come

DIE MUSIKER

> Wie will die Menschliche entkommen
> Den Bluthunden, den Fallenstellern?
> In die menschenleeren Gebirge wanderte sie
> Auf der Grusinischen Heerstraße wanderte sie
> Sang sie ein Lied, kaufte Milch.

Grusche Vachnadze wandernd, auf dem Rücken in einem Sack das Kind tragend, ein Bündel in der einen, einen großen Stock in der anderen Hand.

GRUSCHE *singt.*

> Vier Generäle
> Zogen nach Iran.
> Der erste führte keinen Krieg
> Der zweite hatte keinen Sieg
> Dem dritten war das Wetter zu schlecht
> Dem vierten kämpften die Soldaten nicht recht.
> Vier Generäle
> Und keiner kam an.
> Sosso Robakidse
> Marschierte nach Iran.
> Er führte einen harten Krieg
> Er hatte einen schnellen Sieg
> Das Wetter war ihm gut genug
> Und sein Soldat sich gut genug schlug.
> Sosso Robakidse
> Ist unser Mann.

Eine Bauernhütte taucht auf.

GRUSCHE *zum Kind.* Mittagszeit, essen d' Leut. Da bleiben wir also gespannt im Gras sitzen, bis die gute Grusche ein Kännchen Milch erstanden hat. *Sie setzt das Kind zu Boden und klopft an der Tür der Hütte; ein alter Bauer öffnet.* Kann ich ein Kännchen Milch haben und vielleicht einen Maisfladen, Großvater?

DER ALTE. Milch? Wir haben keine Milch. Die Herren Soldaten aus der Stadt haben unsere Ziegen. Geht zu den Herren Soldaten, wenn ihr Milch haben wollt.

GRUSCHE. Aber ein Kännchen Milch für ein Kind werdet Ihr doch noch haben, Großvater?

DER ALTE. Und für ein «Vergelt's Gott!», wie?

GRUSCHE. Wer redet von «Vergelt's Gott!» *Zieht ihr Portemonnaie.* Hier wird ausbezahlt wie bei Fürstens[27]. Den Kopf in den Wolken, den Hintern im Wasser! *Der Bauer holt brummend Milch.* Und was kostet also das Kännchen?

DER ALTE. Drei Piaster. Die Milch hat aufgeschlagen[28].

GRUSCHE. Drei Piaster? Für den Spritzer[29]? *Der Alte schlägt ihr wortlos die Tür ins Gesicht.* Michel, hast du das gehört? Drei Piaster! Das können wir uns nicht leisten. *Sie geht zurück, setzt sich und gibt dem Kind die Brust.* Da müssen wir es noch mal so versuchen. Zieh, denk an die drei Piaster! Es ist nichts drin, aber du meinst, du trinkst, und das ist etwas. *Kopfschüttelnd sieht sie, daß das Kind nicht mehr saugt. Sie steht auf, geht zur Tür zurück und klopft wieder.* Großvater, mach auf, wir zahlen! *Leise.* Der Schlag soll dich treffen. *Als der Alte wieder öffnet.* Ich dachte, es würde einen halben Piaster kosten, aber das Kind muß was haben. Wie ist es mit einem Piaster?

DER ALTE. Zwei.

GRUSCHE. Mach nicht wieder die Tür zu. *Sie fischt lange in ihrem Beutelchen.* Da sind zwei. Die Milch muß aber anschlagen, wir haben noch einen langen Weg vor uns. Es ist eine Halsabschneiderei und eine Sünde.

DER ALTE. Schlagt die Soldaten tot, wenn Ihr Milch wollt.

GRUSCHE *gibt dem Kind zu trinken.* Das ist ein teurer Spaß. Schluck, Michel, das ist ein halber Wochenlohn. Die Leute hier glauben, wir haben unser Geld mit dem Arsch verdient[30]. Michel, Michel, mit dir hab ich mir etwas aufgeladen. *Den Brokatmantel betrachtend, in den das Kind gewickelt ist.* Ein Brokatmantel für 1000 Piaster und keinen Piaster für Milch. *Sie blickt nach hinten.* Dort zum Beispiel ist dieser Wagen mit den reichen Flüchtlingen, auf den müßten wir kommen.

Vor einer Karawanserei. Man sieht Grusche, gekleidet in den Brokatmantel, auf zwei vornehme Damen zutreten. Das Kind hat sie in den Armen.

GRUSCHE. Ach, die Damen wünschen wohl auch hier zu übernachten? Es ist schrecklich, wie überfüllt alles ist, und keine Fuhrwerke aufzutreiben! Mein Kutscher kehrte einfach um, ich bin eine ganze halbe Meile zu Fuß gegangen. Barfuß! Meine persischen Schuhe — Sie kennen die Stöckel! Aber warum kommt hier niemand?

ÄLTERE DAME. Der Wirt läßt auf sich warten. Seit in der Hauptstadt diese Dinge passiert sind, gibt es im ganzen Land keine Manieren mehr.

[27]We pay royally.

[28]Milk has gone up. [29]For that little drop? [30]The people here think we've earned our money just sitting on our hind ends.

Heraus tritt der Wirt, ein sehr würdiger, langbärtiger Greis, gefolgt von seinem Hausknecht.

DER WIRT. Entschuldigen Sie einen alten Mann, daß er Sie warten ließ, meine Damen. Mein kleiner Enkel zeigte mir einen Pfirsichbaum in Blüte, dort am Hang, jenseits der Maisfelder. Wir pflanzen dort Obstbäume, ein paar Kirschen. Westlich davon — *er zeigt* — wird der Boden steiniger, die Bauern treiben ihre Schafe hin. Sie müßten die Pfirsichblüte sehen, das Rosa ist exquisit.

ÄLTERE DAME. Sie haben eine fruchtbare Umgebung.

DER WIRT. Gott hat sie gesegnet. Wie ist es mit der Baumblüte weiter südlich, meine Herrschaften? Sie kommen wohl von Süden?

JÜNGERE DAME. Ich muß sagen, ich habe nicht eben aufmerksam die Landschaft betrachtet.

DER WIRT *höflich*. Ich verstehe, der Staub. Es empfiehlt sich sehr, auf unserer Heerstraße ein gemächliches Tempo einzuschlagen, vorausgesetzt, man hat es nicht zu eilig.

ÄLTERE DAME. Nimm den Schleier um den Hals, Liebste. Die Abendwinde scheinen etwas kühl hier.

DER WIRT. Sie kommen von den Gletschern des Janga-Tau herunter, meine Damen.

GRUSCHE. Ja, ich fürchte, mein Sohn könnte sich erkälten.

ÄLTERE DAME. Ein geräumige Karawanserei! Vielleicht treten wir ein?

DER WIRT. Oh, die Damen wünschen Gemächer? Aber die Karawanserei ist überfüllt, meine Damen, und die Dienstboten sind weggelaufen. Ich bin untröstlich, aber ich kann niemanden mehr aufnehmen, nicht einmal mit Referenzen . . .

JÜNGERE DAME. Aber wir können doch nicht hier auf der Straße nächtigen.

ÄLTERE DAME *trocken*. Was kostet es?

DER WIRT. Meine Damen, Sie werden begreifen, daß ein Haus in diesen Zeiten, wo so viele Flüchtlinge, sicher sehr respektable, jedoch bei den Behörden mißliebige Personen, Unterschlupf suchen, besondere Vorsicht walten lassen muß. Daher . . .

ÄLTERE DAME. Mein lieber Mann, wir sind keine Flüchtlinge. Wir ziehen auf unsere Sommerresidenz in den Bergen, das ist alles. Wir würden nie auf die Idee kommen, Gastlichkeit zu beanspruchen, wenn wir sie — so dringlich benötigten.

DER WIRT *neigt anerkennend den Kopf*. Unzweifelhaft nicht. Ich zweifle nur, ob der zur Verfügung stehende winzige Raum den Damen genehm wäre. Ich muß 60 Piaster pro Person berechnen. Gehören die Damen zusammen?

GRUSCHE. In gewisser Weise. Ich benötige ebenfalls eine Bleibe.

JÜNGERE DAME. 60 Piaster! Das ist halsabschneiderisch.

DER WIRT *kalt*. Meine Damen, ich habe nicht den Wunsch, Hälse abzuschneiden, daher . . . *Wendet sich zum Gehen.*

ÄLTERE DAME. Müssen wir von Hälsen reden? Komm schon. *Geht hinein, gefolgt vom Hausknecht.*

JÜNGERE DAME *verzweifelt*. 180 Piaster für einen Raum! *Sich umblickend nach Grusche.* Aber es ist unmöglich mit dem Kind! Was, wenn es schreit?

DER WIRT. Der Raum kostet 180, für zwei oder drei Personen.

JÜNGERE DAME *dadurch verändert zu Grusche*. Andrerseits ist es mir unmöglich, Sie auf der Straße zu wissen, meine Liebe. Bitte, kommen Sie.

Sie gehen in die Karawanserei. Auf der anderen Seite der Bühne erscheint von hinten der Hausknecht mit etwas Gepäck. Hinter ihm die ältere Dame, dann die zweite Dame und Grusche mit dem Kind.

JÜNGERE DAME. 180 Piaster! Ich habe mich nicht so aufgeregt, seit der liebe Igor nach Haus gebracht wurde.

ÄLTERE DAME. Mußt du von Igor reden?

JÜNGERE DAME. Eigentlich sind wir vier Personen, das Kind ist auch jemand, nicht? *Zu Grusche.* Könnten Sie nicht wenigstens die Hälfte des Preises übernehmen?

GRUSCHE. Das ist unmöglich. Sehen Sie, ich mußte schnell aufbrechen, und der Adjutant hat vergessen, mir genügend Geld zuzustecken.

ÄLTERE DAME. Haben Sie etwa die 60 auch nicht?

GRUSCHE. Die werde ich zahlen.

JÜNGERE DAME. Wo sind die Betten?

DER HAUSKNECHT. Betten gibt's nicht. Da sind Decken und Säcke. Das werden Sie sich schon selber richten müssen. Seid froh, daß man euch nicht in eine Erdgrube legt wie viele andere. *Ab.*

JÜNGERE DAME. Hast du das gehört? Ich werde sofort zum Wirt gehen. Der Mensch muß ausgepeitscht werden.

ÄLTERE DAME. Wie dein Mann?

JÜNGERE DAME. Du bist so roh. *Sie weint.*

ÄLTERE DAME. Wie werden wir etwas Lagerähnliches herstellen[31]?

GRUSCHE. Das werde ich schon machen. *Sie setzt das Kind nieder.* Zu mehreren hilft man sich immer leichter durch. Sie haben noch den Wagen. *Den Boden fegend.* Ich wurde vollständig überrascht. «Liebe Anastasia Katarinowska», sagte mein Mann mir vor dem Mittagsmahl, «lege dich noch ein wenig nieder, du weißt, wie leicht du deine Migräne bekommst.» *Sie schleppt die Säcke herbei, macht Lager; die Damen, ihrer Arbeit folgend, sehen sich an.* «Georgi», sagte ich dem Gouverneur, «mit 60 Gästen zum Essen kann ich mich nicht niederlegen, auf die Dienstboten ist doch kein Verlaß, und Michel Georgiwitsch ißt nicht ohne mich.» *Zu Michel.* Siehst du Michel, es kommt alles in Ordnung, was hab ich dir gesagt! *Sie sieht plötzlich, daß die Damen sie merkwürdig betrachten und auch tuscheln.* So, da liegt man jedenfalls nicht auf dem nackten Boden. Ich habe die Decken doppelt genommen.

ÄLTERE DAME *befehlerisch.* Sie sind ja recht gewandt im Bettmachen, meine Liebe. Zeigen Sie Ihre Hände!

GRUSCHE *erschreckt.* Was meinen Sie?

JÜNGERE DAME. Sie sollen Ihre Hände herzeigen.

Grusche zeigt den Damen ihre Hände.

JÜNGERE DAME *triumphierend.* Rissig! Ein Dienstbote!

ÄLTERE DAME *geht zur Tür, schreit hinaus.* Bedienung!

JÜNGERE DAME. Du bist ertappt, Gaunerin. Gesteh ein, was du im Schild geführt hast[32].

GRUSCHE *verwirrt.* Ich habe nichts im Schild geführt. Ich dachte, daß Sie uns vielleicht auf dem Wagen mitnehmen, ein Stückchen lang. Bitte, machen Sie keinen Lärm, ich gehe schon von selber.

JÜNGERE DAME *während die ältere Dame weiter nach Bedienung schreit.* Ja, du gehst, aber mit der Polizei. Vorläufig bleibst du. Rühr dich nicht vom Ort, du!

GRUSCHE. Aber ich wollte sogar die 60 Piaster bezahlen, hier. *Zeigt die Börse.* Sehen Sie selbst, ich habe sie; da sind vier Zehner und da ist ein Fünfer, nein, das ist auch ein Zehner, jetzt sind's 60. Ich will nur das Kind auf den Wagen bekommen, das ist die Wahrheit.

JÜNGERE DAME. Ach, auf den Wagen wolltest du! Jetzt ist es heraußen.

GRUSCHE. Gnädige Frau, ich gestehe es ein, ich bin niedriger Herkunft, bitte, holen Sie nicht die Polizei. Das Kind ist von hohem Stand, sehen Sie das Linnen, es ist auf der Flucht, wie Sie selber.

JÜNGERE DAME. Von hohem Stand, das kennt man. Ein Prinz ist der Vater, wie?

GRUSCHE *wild zur älteren Dame.* Sie sollen nicht schreien! Habt ihr denn gar kein Herz?

JÜNGERE DAME *zur älteren.* Gib acht, sie tut dir was an, sie ist gefährlich! Hilfe! Mörder!

DER HAUSKNECHT *kommt.* Was gibt es denn?

ÄLTERE DAME. Die Person hat sich hier eingeschmuggelt, indem sie eine Dame gespielt hat. Wahrscheinlich eine Diebin.

JÜNGERE DAME. Und eine gefährliche dazu. Sie wollte uns kaltmachen. Es ist ein Fall für die Polizei. Ich fühle schon meine Migräne kommen, ach Gott.

DER HAUSKNECHT. Polizei gibt's im Augenblick nicht. *Zu Grusche.* Pack deine Siebensachen, Schwester, und verschwinde wie die Wurst im Spinde[33].

GRUSCHE *nimmt zornig das Kind auf.* Ihr Unmenschen! Und sie nageln eure Köpfe schon an die Mauer!

DER HAUSKNECHT *schiebt sie hinaus.* Halt das Maul. Sonst kommt der Alte dazu, und der versteht keinen Spaß.

ÄLTERE DAME *zur jüngeren.* Sieh nach, ob sie nicht schon was gestohlen hat!

Während die Damen rechts fieberhaft nachsehen, ob etwas gestohlen ist, tritt links der Hausknecht mit Grusche aus dem Tor.

DER HAUSKNECHT. Trau, schau, wem, sage ich. In Zukunft sieh dir die Leute an, bevor du dich mit ihnen einläßt.

GRUSCHE. Ich dachte, ihresgleichen würden sie eher anständiger behandeln.

DER HAUSKNECHT. Sie denken nicht daran. Glaub mir, es ist nichts schwerer, als einen faulen und nutzlosen Menschen nachzuahmen. Wenn du bei denen in den Verdacht kommst, daß du dir selber den Arsch wischen kannst oder schon einmal im Leben mit deinen Händen gearbeitet hast, ist es aus. Wart einen Augenblick, dann bring ich dir ein Maisbrot und ein paar Äpfel.

---

[31]How can we prepare something to lie on? [32]Confess what you were up to. [33]go away, beat it (literally: vanish like the sausage in the cupboard)

GRUSCHE. Lieber nicht. Besser, ich gehe, bevor der Wirt kommt. Und wenn ich die Nacht durchlaufe, bin ich aus der Gefahr, denke ich. *Geht weg.* DER HAUSKNECHT *ruft ihr leise nach.* Halt dich rechts an der nächsten Kreuzung.

Sie verschwindet.

DER SÄNGER

Als Grusche Vachnadze nach dem Norden ging
Gingen hinter ihr die Panzerreiter des Fürsten
Kazbeki.

DIE MUSIKER

Wie kann die Barfüßige den Panzerreitern
entlaufen?
Den Bluthunden, den Fallenstellern?
Selbst in den Nächten jagen sie. Die Verfolger
Kennen keine Müdigkeit. Die Schlächter
Schlafen nur kurz.

Zwei Panzerreiter trotten zu Fuß auf der Heerstraße.

DER GEFREITE. Holzkopf, aus dir kann nichts werden. Warum, du bist nicht mit dem Herzen dabei. Der Vorgesetzte merkt es an Kleinigkeiten. Wie ich's der Dicken gemacht habe vorgestern, du hast den Mann gehalten, wie ich dir's befohlen hab, und ihn in den Bauch getreten hast du, aber hast du's mit Freuden getan wie ein guter Gemeiner, oder nur anstandshalber? Ich hab dir zugeschaut, Holzkopf. Du bist wie das leere Stroh oder wie die klingende Schelle, du wirst nicht befördert. *Sie gehen eine Strecke schweigend weiter.* Bild dir nicht ein, daß ich's mir nicht merk, wie du in jeder Weise zeigst, wie du widersetzlich bist. Ich verbiet dir, daß du hinkst. Das machst du wieder nur, weil ich die Gäule verkauft habe, weil ich einen solchen Preis nicht mehr bekommen kann. Mit dem Hinken willst du mir andeuten, daß du nicht gern zu Fuß gehst, ich kenn dich. Es wird dir nicht nützen, es schadet dir. Singen!

DIE BEIDEN PANZERREITER *singen.*

Zieh ins Feld ich traurig meiner Straßen
Mußt' zu Hause meine Liebste lassen.
Soll'n die Freunde hüten ihre Ehre
Bis ich aus dem Felde wiederkehre.

DER GEFREITE. Lauter!

DIE BEIDEN PANZERREITER

Wenn ich auf dem Kirchhof liegen werde
Bringt die Liebste mir ein' Handvoll Erde.

Sagt: Hier ruhn die Füße, die zu mir gegangen
Hier die Arme, die mich oft umfangen.

Sie gehen wieder eine Strecke schweigend.

DER GEFREITE. Ein guter Soldat ist mit Leib und Seele dabei. Für einen Vorgesetzten läßt er sich zerfetzen. Mit brechendem Aug sieht er noch, wie sein Gefreiter ihm anerkennend zunickt. Das ist ihm Lohn genug, sonst will er nichts. Aber dir wird nicht zugenickt, und verrecken mußt du doch. Kruzifix, wie soll ich mit so einem Untergebenen den Gouverneursbankert finden, das möcht ich wissen.

Sie gehen weiter.

DER SÄNGER

Als Grusche Vachnadze an den Fluß Sirra kam
Wurde die Flucht ihr zuviel, der Hilflose ihr
zu schwer.

DIE MUSIKER

In den Maisfeldern die rosige Frühe
Ist dem Übernächtigen nichts als kalt. Der
Milchgeschirre
Fröhliches Klirren im Bauerngehöft, von dem
Rauch aufsteigt
Klingt dem Flüchtling drohend. Die das Kind
schleppt
Fühlt die Bürde und wenig mehr.

Grusche steht vor einem Bauernhof.

GRUSCHE. Jetzt hast du dich wieder naß gemacht, und du weißt, ich habe keine Windeln für dich. Michel, wir müssen uns trennen. Es ist weit genug von der Stadt. So werden sie nicht auf dich kleinen Dreck aus sein[34], daß sie dich bis hierher verfolgen. Die Bauersfrau ist freundlich, und schmeck, wie es nach Milch riecht. So leb also wohl, Michel, ich will vergessen, wie du mich in den Rücken getreten hast die Nacht durch, daß ich gut lauf, und du vergißt die schmale Kost, sie war gut gemeint. Ich hätt dich gern weiter gehabt, weil deine Nase so klein ist, aber es geht nicht. Ich hätt dir den ersten Hasen gezeigt und — daß du dich nicht mehr naß machst, aber ich muß zurück, denn auch mein Liebster, der Soldat, mag bald zurück sein, und soll er mich da nicht finden? Das kannst du nicht verlangen, Michel.

Eine dicke Bäuerin trägt eine Milchkanne in die Tür. Grusche wartet, bis sie drinnen ist, dann geht

---

[34]They won't be after you, dirty little rascal, to such an extent . . .

sie vorsichtig auf das Haus zu. Sie schleicht sich zur Tür und legt das Kind vor der Schwelle nieder. Dann wartet sie versteckt hinter einem Baum, bis die Bauersfrau wieder aus der Tür tritt und das Bündel findet.

DIE BÄUERIN. Jesus Christus, was liegt denn da? Mann!

DER BAUER *kommt.* Was ist los? Laß mich meine Suppe essen.

DIE BÄUERIN *zum Kind.* Wo ist denn deine Mutter, hast du keine? Es ist ein Junge. Und das Linnen ist fein, das ist ein feines Kind. Sie haben's einfach vor die Tür gelegt, das sind Zeiten!

DER BAUER. Wenn die glauben, wir füttern's ihnen, irren sie sich. Du bringst es ins Dorf zum Pfarrer, das ist alles.

DIE BÄUERIN. Was soll der Pfarrer damit, es braucht eine Mutter. Da, es wacht auf. Glaubst du, wir könnten's nicht doch aufnehmen?

DER BAUER *schreiend.* Nein!

DIE BÄUERIN. Wenn ich's in die Ecke neben den Lehnstuhl bette, ich brauch nur einen Korb, und auf das Feld nehm ich's mit. Siehst du, wie es lacht? Mann, wir haben ein Dach überm Kopf und können's tun, ich will nichts mehr hören.

Sie trägt es hinein, der Bauer folgt protestierend, Grusche kommt hinter dem Baum vor, lacht und eilt weg, in umgekehrter Richtung.

DER SÄNGER. Warum heiter, Heimkehrerin?

DIE MUSIKER

Weil der Hilflose sich
Neue Eltern angelacht hat, bin ich heiter. Weil
                          ich den Lieben
Los bin, freue ich mich.

DER SÄNGER. Und warum traurig?

DIE MUSIKER

Weil ich frei und ledig gehe, bin ich traurig.
Wie ein Beraubter
Wie ein Verarmter.

Sie ist erst eine kurze Strecke gegangen, wenn sie den zwei Panzerreitern begegnet, die ihre Spieße vorhalten.

DER GEFREITE. Jungfer, du bist auf die Heeresmacht gestoßen. Woher kommst du? Wann kommst du[35]? Hast du unerlaubte Beziehungen zum Feind? Wo liegt er? Was für Bewegungen vollführt er in deinem Rücken? Was ist mit den Hügeln, was ist mit den Tälern, wie sind die Strümpfe befestigt?

Grusche steht erschrocken.

GRUSCHE. Sie sind stark befestigt, besser ihr macht einen Rückzug.

DER GEFREITE. Ich mach immer Rückzieher, da bin ich verläßlich. Warum schaust du so auf den Spieß? «Der Soldat läßt im Feld seinen Spieß keinen Augenblick aus der Hand», das ist Vorschrift, lern's auswendig, Holzkopf. Also, Jungfer, wohin des Wegs?

GRUSCHE. Zu meinem Verlobten, Herr Soldat, einem Simon Chachava, bei der Palastwache in Nukha. Und wenn ich ihm schreib, zerbricht er euch alle Knochen.

DER GEFREITE. Simon Chachava, freilich, den kenn ich. Er hat mir den Schlüssel gegeben, daß ich hin und wieder nach dir schau. Holzkopf, wir werden unbeliebt. Wir müssen damit heraus, daß wir ehrliche Absichten haben. Jungfer, ich bin eine ernste Natur, die sich hinter scheinbaren Scherzen versteckt, und so sag ich dir's dienstlich: ich will von dir ein Kind haben.

Grusche stößt einen leisen Schrei aus.

DER GEFREITE. Holzkopf, sie hat uns verstanden. Was, das ist ein süßer Schrecken? «Da muß ich erst die Backnudeln aus dem Ofen nehmen, Herr Offizier. Da muß ich erst das zerrissene Hemd wechseln, Herr Oberst!» Spaß beiseite, Spieß beiseite, Jungfer; wir suchen ein gewisses Kind in dieser Gegend. Hast du gehört von einem solchen Kind, das hier aufgetaucht ist aus der Stadt, ein feines, in einem feinen Linnenzeug?

GRUSCHE. Nein, ich hab nichts gehört.

DER SÄNGER

Lauf, Freundliche, die Töter kommen!
Hilf dem Hilflosen, Hilflose! Und so läuft sie.

Sie wendet sich plötzlich und läuft in panischem Entsetzen weg, zurück. Die Panzerreiter schauen sich an und folgen ihr fluchend.

[35]Young lady, you've run into the Armed Forces. Where are you coming from? And when?

DIE MUSIKER

In den blutigsten Zeiten
Leben freundliche Menschen.

Im Bauernhaus beugt die dicke Bäuerin sich über 5
den Korb mit dem Kind, wenn Grusche Vachnadze
hereinstürzt.

GRUSCHE. Versteck es schnell. Die Panzerreiter
kommen. Ich hab's vor die Tür gelegt, aber es ist 10
nicht meins, es ist von feinen Leuten.

DIE BÄUERIN. Wer kommt, was für Panzerreiter?

GRUSCHE. Frag nicht lang. Die Panzerreiter, die
es suchen.

DIE BÄUERIN. In meinem Haus haben die nichts 15
zu suchen. Aber mit dir hab ich ein Wörtlein zu
reden, scheint's.

GRUSCHE. Zieh ihm das feine Linnen aus, das
verrät uns.

DIE BÄUERIN. Linnen hin, Linnen her. In 20
diesem Haus bestimm ich, und kotz mir nicht in
meine Stube, warum hast du's ausgesetzt? Das ist
eine Sünde.

GRUSCHE *schaut hinaus.* Gleich kommen sie
hinter den Bäumen vor. Ich hätt nicht weglaufen 25
dürfen, das hat sie gereizt. Was soll ich nur tun?

DIE BÄUERIN *späht ebenfalls hinaus und erschrickt*
plötzlich tief. Jesus Maria, Panzerreiter!

GRUSCHE. Sie sind hinter dem Kind her.

DIE BÄUERIN. Aber wenn sie hereinkommen? 30

GRUSCHE. Du darfst es ihnen nicht geben. Sag,
es ist deins.

DIE BÄUERIN. Ja.

GRUSCHE. Sie spießen's auf, wenn du's ihnen
gibst. 35

DIE BÄUERIN. Aber wenn sie's verlangen? Ich
hab das Silber für die Ernte im Haus.

GRUSCHE. Wenn du's ihnen gibst, spießen sie's
auf, hier in deiner Stube. Du mußt sagen, es ist
deins. 40

DIE BÄUERIN. Ja. Aber wenn sie's nicht glauben?

GRUSCHE. Wenn du's fest sagst.

DIE BÄUERIN. Sie brennen uns das Dach überm
Kopf weg. 45

GRUSCHE. Darum mußt du sagen, es ist deins.
Er heißt Michel. Das hätt ich dir nicht sagen
dürfen.

Die Bäuerin nickt.

GRUSCHE. Nick nicht so mit dem Kopf. Und 50
zitter nicht, das sehn sie.

DIE BÄUERIN. Ja.

GRUSCHE. Hör auf mit deinem «Ja», ich kann's
nicht mehr hören. *Schüttelt sie.* Hast du selber
keins?

DIE BÄUERIN *murmelnd.* Im Krieg.

GRUSCHE. Dann ist er vielleicht selber ein
Panzerreiter jetzt. Soll er da Kinder aufspießen?
Da würdest du ihn schön zusammenstauchen[36].
«Hör auf mit dem Herumfuchteln mit dem Spieß
in meiner Stube, hab ich dich dazu aufgezogen?
Wasch dir den Hals, bevor du mit deiner Mutter
redest.»

DIE BÄUERIN. Das ist wahr, er dürft mir's nicht
machen.

GRUSCHE. Versprich mir, daß du ihnen sagst, es
ist deins.

DIE BÄUERIN. Ja.

GRUSCHE. Sie kommen jetzt.

Klopfen an der Tür. Die Frauen antworten nicht.
Herein die Panzerreiter. Die Bäuerin verneigt
sich tief.

DER GEFREITE. Da ist sie ja. Was hab ich dir
gesagt? Meine Nase. Ich riech sie. Ich hätt eine
Frage an dich, Jungfer: Warum bist du mir
weggelaufen? Was hast du dir denn gedacht, daß
ich mit dir will? Ich wett, es war was Unkeusches.
Gestehe!

GRUSCHE *während die Bäuerin sich unaufhörlich*
verneigt. Ich hab die Milch auf dem Herd stehenlassen. Daran hab ich mich erinnert.

DER GEFREITE. Ich hab gedacht, es war, weil du
geglaubt hast, ich hab dich unkeusch angeschaut.
So als ob ich mir was denken könnt mit uns. So
ein fleischlicher Blick, verstehst du mich?

GRUSCHE. Das hab ich nicht gesehen.

DER GEFREITE. Aber es hätt sein können, nicht?
Das mußt du zugeben. Ich könnt doch eine Sau
sein. Ich bin ganz offen mit dir: Ich könnt mir
allerhand denken, wenn wir allein wären. *Zur*
Bäuerin: Hast du nicht im Hof zu tun? Die
Hennen füttern?

DIE BÄUERIN *wirft sich plötzlich auf die Knie.*
Herr Soldat, ich hab von nichts gewußt. Brennt
mir nicht das Dach überm Kopf weg!

DER GEFREITE. Von was redest du denn?

DIE BÄUERIN. Ich hab nichts damit zu tun, Herr
Soldat. Die hat mir's vor die Tür gelegt, das
schwör ich.

DER GEFREITE *sieht das Kind, pfeift.* Ah, da ist
ja was Kleines im Korb, Holzkopf, ich riech 1000

---

[36]You'd bawl him out.

Piaster. Nimm die Alte hinaus und halt sie fest, ich hab ein Verhör abzuhalten, wie mir scheint.

Die Bäuerin läßt sich wortlos von dem Gemeinen abführen.

DER GEFREITE. Da hast du ja das Kind, das ich von dir hab haben wollen. *Er geht auf den Korb zu.*

GRUSCHE. Herr Offizier, es ist meins. Es ist nicht, das ihr sucht.

DER GEFREITE. Ich will mir's anschaun. *Er beugt sich über den Korb. Grusche blickt sich verzweifelt um.*

GRUSCHE. Es ist meins, es ist meins!

DER GEFREITE. Feines Linnen.

Grusche stürzt sich auf ihn, ihn wegzuziehen. Er schleudert sie weg und beugt sich wieder über den Korb. Sie blickt sich verzweifelt um, sieht ein großes Holzscheit, hebt es in Verzweiflung auf und schlägt den Gefreiten von hinten über den Kopf, so daß er zusammensinkt. Schnell das Kind aufnehmend, läuft sie hinaus.

DER SÄNGER

Und auf der Flucht vor den Panzerreitern
Nach 22-tägiger Wanderung
Am Fuß des Janga-Tau-Gletschers
Nahm Grusche Vachnadze das Kind an Kindes Statt.

DIE MUSIKER

Nahm die Hilflose den Hilflosen an Kindes Statt.

Über einem halbvereisten Bach kauert Grusche Vachnadze und schöpft dem Kind Wasser mit der hohlen Hand.

GRUSCHE

Da dich keiner nehmen will
Muß nun ich dich nehmen
Mußt dich, da kein andrer war
Schwarzer Tag im magern Jahr
Halt mit mir bequemen.

Weil ich dich zu lang geschleppt
Und mit wunden Füßen
Weil die Milch so teuer war
Wurdest du mir lieb.
(Wollt dich nicht mehr missen.)

Werf dein feines Hemdlein weg
Wickle dich in Lumpen
Wasche dich und taufe dich
Mit dem Gletscherwasser.
(Mußt es überstehen.)

Sie hat dem Kind das feine Linnen ausgezogen und es in einen Lumpen gewickelt.

DER SÄNGER

Als Grusche Vachnadze, verfolgt von den Panzerreitern
An den Gletschersteg kam, der zu den Dörfern am östlichen Abhang führt
Sang sie das Lied vom morschen Steg, wagte sie zwei Leben.

Es hat sich ein Wind erhoben. Aus der Dämmerung ragt der Gletschersteg. Da ein Seil gebrochen ist, hängt er halb in den Abgrund. Händler, zwei Männer und eine Frau, stehen unschlüssig vor dem Steg, als Grusche mit dem Kind kommt. Jedoch fischt der eine Mann mit einer Stange nach dem hängenden Seil.

ERSTER MANN. Laß dir Zeit, junge Frau, über den Paß kommst du doch nicht.

GRUSCHE. Aber ich muß mit meinem Kleinen nach der Ostseite zu meinem Bruder.

DIE HÄNDLERIN. Muß! Was heißt muß! Ich muß hinüber, weil ich zwei Teppiche in Atum kaufen muß, die eine verkaufen muß, weil ihr Mann hat sterben müssen, meine Gute. Aber kann ich, was ich muß, kann sie? Andrej fischt schon seit zwei Stunden nach dem Seil, und wie sollen wir es festmachen, wenn er es fischt, frage ich.

ERSTER MANN *horcht.* Sei still, ich glaube, ich höre was.

GRUSCHE *laut.* Der Steg ist nicht ganz morsch. Ich glaub, ich könnt es versuchen, daß ich hinüberkomm.

DIE HÄNDLERIN. Ich würd das nicht versuchen, wenn der Teufel selber hinter mir her wär. Warum, es ist Selbstmord.

ERSTER MANN *ruft laut.* Haoh!

GRUSCHE. Ruf nicht! *Zur Händlerin:* Sag ihm, er soll nicht rufen.

ERSTER MANN. Aber es wird unten gerufen. Vielleicht haben sie den Weg verloren unten.

DIE HÄNDLERIN. Und warum soll er nicht rufen? Ist da etwas faul mit dir? Sind sie hinter dir her?

GRUSCHE. Dann muß ich's euch sagen. Hinter mir her sind die Panzerreiter. Ich hab einen niedergeschlagen.

ZWEITER MANN. Schafft die Waren weg!

Die Händlerin versteckt einen Sack hinter einem Stein.

ERSTER MANN. Warum hast du das nicht gleich gesagt? *Zu den andern.* Wenn die sie zu fassen kriegen, machen sie Hackfleisch aus ihr!

GRUSCHE. Geht mir aus dem Weg, ich muß über den Steg.

DER ZWEITE MANN. Das kannst du nicht. Der Abgrund ist 2000 Fuß tief.

ERSTER MANN. Nicht einmal, wenn wir das Seil auffischen könnten, hätte es Sinn. Wir könnten es mit den Händen halten, aber die Panzerreiter könnten dann auf die gleiche Weise hinüber.

GRUSCHE. Geht weg!

Rufe aus einiger Entfernung: «Nach dort oben!»

DIE HÄNDLERIN. Sie sind ziemlich nah. Aber du kannst nicht das Kind auf den Steg nehmen. Er bricht beinah sicher zusammen. Und schau hinunter.

Grusche blickt in den Abgrund. Von unten kommen wieder Rufe der Panzerreiter.

ZWEITER MANN. 2000 Fuß.

GRUSCHE. Aber diese Menschen sind schlimmer.

ERSTER MANN. Du kannst es schon wegen dem Kind nicht. Riskier dein Leben, wenn sie hinter dir her sind, aber nicht das von dem Kind.

ZWEITER MANN. Sie ist auch noch schwerer mit dem Kind.

DIE HÄNDLERIN. Vielleicht muß sie wirklich hinüber. Gib es mir, ich versteck es, und du gehst allein auf den Steg.

GRUSCHE. Das tu ich nicht. Wir gehören zusammen.

Zum Kind. Mitgegangen, mitgehangen.

Tief ist der Abgrund, Sohn
Brüchig der Steg
Aber wir wählen, Sohn
Nicht unsern Weg.

Mußt den Weg gehen
Den ich weiß für dich
Mußt das Brot essen
Das ich hab für dich.

Müssen die paar Bissen teilen
Kriegst von vieren drei
Aber ob sie groß sind
Weiß ich nicht dabei.

Ich probier's.

DIE HÄNDLERIN. Das heißt Gott versuchen.

Rufe von unten.

GRUSCHE. Ich bitt euch, werft die Stange weg, sonst fischen sie das Seil auf und kommen mir nach.

Sie betritt den schwankenden Steg. Die Händlerin schreit auf, als der Steg zu brechen scheint. Aber Grusche geht weiter und erreicht das andere Ufer.

ERSTER MANN. Sie ist drüben.

DIE HÄNDLERIN *die auf die Knie gefallen war und gebetet hat, böse.* Sie hat sich doch versündigt.

Die Panzerreiter tauchen auf. Der Kopf des Gefreiten ist verbunden.

DER GEFREITE. Habt ihr eine Person mit einem Kind gesehen?

ERSTER MANN *während der zweite Mann die Stange in den Abgrund wirft.* Ja. Dort ist sie. Und der Steg trägt euch nicht.

DER GEFREITE. Holzkopf, das wirst du mir büßen.

Grusche, auf dem andern Ufer, lacht und zeigt den Panzerreitern das Kind. Sie geht weiter, der Steg bleibt zurück. Wind.

GRUSCHE *sich nach Michel umblickend.* Vor dem Wind mußt du dich nie fürchten, der ist auch nur ein armer Hund. Der muß die Wolken schieben und friert selber am meisten.

Es beginnt zu schneien.

GRUSCHE. Und der Schnee, Michel, ist nicht der schlimmste. Er muß nur die kleinen Föhren zudecken, daß sie ihm nicht umkommen im Winter. Und jetzt sing ich was auf dich, hör zu!

Sie singt.

Dein Vater ist ein Räuber
Deine Mutter ist eine Hur
Und vor dir wird sich verbeugen
Der ehrlichste Mann.

Der Sohn des Tigers
Wird die kleinen Pferde füttern
Das Kind der Schlange
Bringt Milch zu den Müttern.

[4]

IN DEN NÖRDLICHEN GEBIRGEN

DER SÄNGER

Die Schwester wanderte sieben Tage.
Über den Gletscher, hinunter die Hänge
                               wanderte sie.
Wenn ich eintrete im Haus meines Bruders,
                               dachte sie
Wird er aufstehen und mich umarmen.
«Bist du da, Schwester?» wird er sagen.
«Ich erwarte dich schon lang. Dies hier ist
                            meine liebe Frau.
Und dies ist mein Hof, mir zugefallen durch
                            die Heirat.
Mit den 11 Pferden und 31 Kühen. Setz dich!
Mit deinem Kind setz dich an unsern Tisch und
                            iß.»
Das Haus des Bruders lag in einem lieblichen
                            Tal.
Als die Schwester zum Bruder kam, war sie
                        krank von der Wanderung.
Der Bruder stand auf vom Tisch.

Ein dickes Bauernpaar, das sich eben zum Essen gesetzt hat. Lavrenti Vachnadze hat schon die Serviette um den Hals, wenn Grusche, von einem Knecht gestützt und sehr bleich, mit dem Kind eintritt.

LAVRENTI VACHNADZE. Wo kommst du her, Grusche?

GRUSCHE *schwach*. Ich bin über den Janga-Tau-Paß gegangen, Lavrenti.

KNECHT. Ich hab sie vor der Heuhütte gefunden. Sie hat ein Kleines dabei.

DIE SCHWÄGERIN. Geh und striegle den Falben. *Knecht ab.*

LAVRENTI. Das ist meine Frau, Aniko.

DIE SCHWÄGERIN. Wir dachten, du bist im Dienst in Nukha.

GRUSCHE *die kaum stehen kann*. Ja, da war ich.

DIE SCHWÄGERIN. War es nicht ein guter Dienst? Wir hörten, es war ein guter.

GRUSCHE. Der Gouverneur ist umgebracht worden.

LAVRENTI. Ja, da sollen Unruhen gewesen sein. Deine Tante hat es auch erzählt, erinnerst du dich, Aniko?

DIE SCHWÄGERIN. Bei uns hier ist es ganz ruhig. Die Städter müssen immer irgendwas haben. *Ruft,*

zur Tür gehend. Sosso, Sosso, nimm den Fladen noch nicht aus dem Ofen, hörst du? Wo steckst du denn? *Rufend ab.*

LAVRENTI *leise, schnell*. Hast du einen Vater für es? *Als sie den Kopf schüttelt.* Ich dachte es mir. Wir müssen etwas ausfinden. Sie ist eine Fromme.

DIE SCHWÄGERIN *zurück*. Die Dienstboten! *Zu Grusche.* Du hast ein Kind?

GRUSCHE. Es ist meins. *Sie sinkt zusammen, Lavrenti richtet sie auf.*

DIE SCHWÄGERIN. Maria und Josef, sie hat eine Krankheit, was tun wir?

Lavrenti will Grusche zur Ofenbank führen. Aniko winkt entsetzt ab, sie weist auf den Sack an der Wand.

LAVRENTI *bringt Grusche zur Wand*. Setz dich. Setz dich. Es ist nur die Schwäche.

DIE SCHWÄGERIN. Wenn das nicht der Scharlach ist!

LAVRENTI. Da müßten Flecken da sein. Es ist Schwäche, sei ganz ruhig, Aniko. *Zu Grusche.* Sitzen ist besser, wie?

DIE SCHWÄGERIN. Ist das Kind ihrs?

GRUSCHE. Meins.

LAVRENTI. Sie ist auf dem Weg zu ihrem Mann.

DIE SCHWÄGERIN. So. Dein Fleisch wird kalt. *Lavrenti setzt sich und beginnt zu essen.* Kalt bekommt's dir nicht, das Fett darf nicht kalt sein. Du bist schwach auf dem Magen, das weißt du. *Zu Grusche:* Ist dein Mann nicht in der Stadt, wo ist er dann?

LAVRENTI. Sie ist verheiratet überm Berg, sagt sie.

DIE SCHWÄGERIN. So, überm Berg. *Setzt sich selber zum Essen.*

GRUSCHE. Ich glaub, ihr müßt mich wo hinlegen, Lavrenti.

DIE SCHWÄGERIN *verhört weiter*. Wenn's die Auszehrung ist[37], kriegen wir sie alle. Hat dein Mann einen Hof?

GRUSCHE. Er ist Soldat.

LAVRENTI. Aber vom Vater hat er einen Hof, einen kleinen.

SCHWÄGERIN. Ist er nicht im Krieg? Warum nicht?

GRUSCHE *mühsam*. Ja, er ist im Krieg.

SCHWÄGERIN. Warum willst du da auf den Hof?

LAVRENTI. Wenn er zurückkommt vom Krieg, kommt er auf seinen Hof.

[37]If it's consumption, . . .

SCHWÄGERIN. Aber du willst schon jetzt hin?
LAVRENTI. Ja, auf ihn warten.
SCHWÄGERIN *ruft schrill.* Sosso, den Fladen!
GRUSCHE *murmelt fiebrig.* Einen Hof. Soldat.
Warten. Setz dich, iß.
SCHWÄGERIN. Das ist der Scharlach.
GRUSCHE *auffahrend.* Ja, er hat einen Hof.
LAVRENTI. Ich glaube, es ist Schwäche, Aniko.
Willst du nicht nach dem Fladen schauen, Liebe?
SCHWÄGERIN. Aber wann wird er zurückkom-
men, wenn doch der Krieg, wie man hört, neu
losgebrochen ist? *Watschelt rufend hinaus.* Sosso,
wo steckst du? Sosso!
LAVRENTI *steht schnell auf, geht zu Grusche.*
Gleich kriegst du ein Bett in der Kammer. Sie ist
eine gute Seele, aber erst nach dem Essen.
GRUSCHE *hält ihm das Kind hin.* Nimm! *Er
nimmt es, sich umblickend.*
LAVRENTI. Aber ihr könnt nicht lang bleiben.
Sie ist fromm, weißt du.

Grusche fällt zusammen. Der Bruder fängt sie auf.

DER SÄNGER

Die Schwester war zu krank.
Der feige Bruder mußte sie beherbergen.
Der Herbst ging, der Winter kam.
Der Winter war lang
Der Winter war kurz.
Die Leute durften nichts wissen
Die Ratten durften nicht beißen
Der Frühling durfte nicht kommen.

*Grusche in der Geschirrkammer am Webstuhl. Sie
und das Kind, das am Boden hockt, sind eingehüllt
in Decken.*

GRUSCHE *singt beim Weben.*

Da machte der Liebe sich auf, zu gehen
Da lief die Anverlobte bettelnd ihm nach
Bettelnd und weinend, weinend und belehrend:
Liebster mein, Liebster mein
Wenn du nun ziehst in den Krieg
Wenn du nun fichtst gegen die Feinde
Stürz dich nicht vor den Krieg
Und fahr nicht hinter dem Krieg
Vorne ist rotes Feuer
Hinten ist roter Rauch.
Halt dich in des Krieges Mitten
Halt dich an den Fahnenträger.
Die ersten sterben immer
Die letzten werden auch getroffen
Die in der Mitten kommen nach Haus.

Michel, wir müssen schlau sein. Wenn wir uns
klein machen wie die Kakerlaken, vergißt die
Schwägerin, daß wir im Haus sind. Da können
wir bleiben bis zur Schneeschmelze. Und wein
nicht wegen der Kälte. Arm sein und auch noch
frieren, das macht unbeliebt.

Herein Lavrenti. Er setzt sich zu seiner Schwester.

LAVRENTI. Warum sitzt ihr so vermummt wie
die Fuhrleute? Vielleicht ist es zu kalt in der
Kammer?
GRUSCHE *nimmt hastig den Schal ab.* Es ist nicht
kalt, Lavrenti.
LAVRENTI. Wenn es zu kalt wäre, dürftest du mit
dem Kind hier nicht sitzen. Da würde Aniko sich
Vorwürfe machen. *Pause.* Ich hoffe, der Pope hat
dich nicht über das Kind ausgefragt?
GRUSCHE. Er hat gefragt, aber ich habe nichts
gesagt.
LAVRENTI. Das ist gut. Ich wollte über Aniko
mit dir reden. Sie ist eine gute Seele, nur sehr, sehr
feinfühlig. Die Leute brauchen noch gar nicht
besonders zu reden über den Hof, da ist sie schon
ängstlich. Sie empfindet so tief, weißt du. Einmal
hat die Kuhmagd in der Kirche ein Loch im
Strumpf gehabt, seitdem trägt meine liebe Aniko
zwei Paar Strümpfe für die Kirche. Es ist un-
glaublich, aber es ist die alte Familie. *Er horcht.*
Bist du sicher, daß hier nicht Ratten sind? Da
könntet ihr nicht hier wohnen bleiben. *Man hört
ein Geräusch wie von Tropfen, die vom Dach fallen.*
Was tropft da?
GRUSCHE. Es muß ein undichtes Faß sein.
LAVRENTI. Ja, es muß ein Faß sein. — Jetzt bist
du schon ein halbes Jahr hier, nicht? Sprach ich
von Aniko? Ich habe ihr natürlich nicht das von
dem Panzerreiter erzählt, sie hat ein schwaches
Herz. Daher weiß sie nicht, daß du nicht eine
Stelle suchen kannst, und daher ihre Bemerkungen
gestern. *Sie horchen wieder auf das Fallen der
Schneetropfen.* Kannst du dir vorstellen, daß sie
sich um deinen Soldaten sorgt? «Wenn er zurückkommt und sie nicht findet?» sagt sie und liegt
wach. «Vor dem Frühjahr kann er nicht kommen»,
sage ich. Die Gute. *Die Tropfen fallen schneller.*
Wann, glaubst du, wird er kommen, was ist deine
Meinung? *Grusche schweigt.* Nicht vor dem
Frühjahr, das meinst du doch auch? *Grusche
schweigt.* Ich sehe, du glaubst selber nicht mehr,
daß er zurückkommt. *Grusche sagt nichts.* Aber
wenn es Frühjahr wird und der Schnee schmilzt
hier und auf den Paßwegen, kannst du hier nicht

mehr bleiben, denn dann können sie dich suchen kommen, und die Leute reden über ein lediges Kind.

Das Glockenspiel der fallenden Tropfen ist groß und stetig geworden.

LAVRENTI. Grusche, der Schnee schmilzt vom Dach, und es ist Frühjahr.

GRUSCHE. Ja.

LAVRENTI *eifrig.* Laß mich dir sagen, was wir machen werden. Du brauchst eine Stelle, wo du hinkannst, und da du ein Kind hast — *Er seufzt —,* mußt du einen Mann haben, daß nicht die Leute reden. Ich habe mich also vorsichtig erkundigt, wie wir einen Mann für dich bekommen können. Grusche, ich habe einen gefunden. Ich habe mit einer Frau gesprochen, die einen Sohn hat, gleich über dem Berg, ein kleiner Hof, sie ist einverstanden.

GRUSCHE. Aber ich kann keinen Mann heiraten, ich muß auf Simon Chachava warten.

LAVRENTI. Gewiß. Das ist alles bedacht. Du brauchst keinen Mann im Bett, sondern einen Mann auf dem Papier. So einen hab ich gefunden. Der Sohn der Bäuerin, mit der ich einig geworden bin, stirbt gerade. Ist das nicht herrlich? Er macht seinen letzten Schnaufer[38]. Und alles ist, wie wir behauptet haben: «ein Mann übern Berg»! Und als du zu ihm kamst, tat er den letzten Schnaufer, und du warst eine Witwe. Was sagst du?

GRUSCHE. Ich könnte ein Papier mit Stempeln brauchen für Michel.

LAVRENTI. Ein Stempel macht alles aus. Ohne einen Stempel könnte nicht einmal der Schah in Persien behaupten, er ist der Schah. Und du hast einen Unterschlupf.

GRUSCHE. Wofür tut die Frau es?

LAVRENTI. 400 Piaster.

GRUSCHE. Woher hast du die?

LAVRENTI *schuldbewußt.* Anikos Milchgeld.

GRUSCHE. Dort wird uns niemand kennen. — Dann mach ich es.

LAVRENTI *steht auf.* Ich laß es gleich die Bäuerin wissen. *Schnell ab.*

GRUSCHE. Michel, du machst eine Menge Umstände. Ich bin zu dir gekommen wie der Birnbaum zu den Spatzen. Und weil ein Christenmensch sich bückt und die Brotkruste aufhebt, daß nichts umkommt. Michel, ich wär besser schnell weggegangen an dem Ostersonntag in Nukha. Jetzt bin ich die Dumme.

DER SÄNGER.

Der Bräutigam lag auf den Tod, als die Braut
         ankam.
Des Bräutigams Mutter wartete vor der Tür
         und trieb sie zur Eile an.
Die Braut brachte ein Kind mit, der Trauzeuge
         versteckte es während der Heirat.

Ein durch eine Zwischenwand geteilter Raum: Auf der einen Seite steht ein Bett. Hinter dem Fliegenschleier liegt starr ein sehr kranker Mann. Hereingerannt auf der anderen Seite kommt die Schwiegermutter, an der Hand zieht sie Grusche herein. Nach ihnen Lavrenti mit dem Kind.

SCHWIEGERMUTTER. Schnell, schnell, sonst kratzt er uns ab[39], noch vor der Trauung. *Zu Lavrenti:* Aber daß sie schon ein Kind hat, davon war nicht die Rede.

LAVRENTI. Was macht das aus? *Auf den Sterbenden.* Ihm kann es gleich sein, in seinem Zustand.

SCHWIEGERMUTTER. Ihm! Aber ich überlebe die Schande nicht. Wir sind ehrbare Leute. *Sie fängt an zu weinen.* Mein Jussup hat es nicht nötig, eine zu heiraten, die schon ein Kind hat.

LAVRENTI. Gut, ich leg 200 Piaster drauf. Daß der Hof an dich geht, hast du schriftlich, aber das Recht, hier zu wohnen, hat sie für zwei Jahre.

SCHWIEGERMUTTER *ihre Tränen trocknend.* Es sind kaum die Begräbniskosten. Ich hoff, sie leiht mir wirklich eine Hand bei der Arbeit. Und wo ist jetzt der Mönch hin? Er muß mir zum Küchenfenster hinausgekrochen sein. Jetzt kriegen wir das ganze Dorf auf den Hals, wenn sie Wind davon bekommen, daß es mit Jussup zu Ende geht, ach Gott! Ich werd ihn holen, aber das Kind darf er nicht sehn.

LAVRENTI. Ich werd sorgen, daß er's nicht sieht, aber warum eigentlich ein Mönch und nicht ein Priester?

SCHWIEGERMUTTER. Der ist ebenso gut. Ich hab nur den Fehler gemacht, daß ich ihm die Hälfte von den Gebühren schon vor der Trauung ausgezahlt hab, so daß er hat in die Schenke können. Ich hoff . . . *Sie läuft weg.*

LAVRENTI. Sie hat am Priester gespart, die Elende. Einen billigen Mönch genommen.

GRUSCHE. Schick mir den Simon Chachava herüber, wenn er noch kommt.

LAVRENTI. Ja. *Auf den Kranken.* Willst du ihn dir nicht anschauen?

---

[38]He's at the last gasp.

[39]Quick, quick, or he'll die on us

Grusche, die Michel an sich genommen hat, schüttelt den Kopf.

LAVRENTI. Er rührt sich überhaupt nicht. Hoffentlich sind wir nicht zu spät gekommen.

Sie horchen auf. Auf der anderen Seite treten Nachbarn ein, blicken sich um und stellen sich an den Wänden auf. Sie beginnen, leise Gebete zu murmeln. Die Schwiegermutter kommt herein mit dem Mönch.

SCHWIEGERMUTTER *nach ärgerlicher Verwunderung zum Mönch.* Da haben wir's. *Sie verbeugt sich vor den Gästen.* Bitte, sich einige Augenblicke zu gedulden. Die Braut meines Sohnes ist aus der Stadt eingetroffen, und es wird eine Nottrauung vollzogen werden. *Mit dem Mönch in die Bettkammer.* Ich habe gewußt, du wirst es ausstreuen. *Zu Grusche.* Die Trauung kann sofort vollzogen werden. Hier ist die Urkunde. Ich und der Bruder der Braut . . . *Lavrenti versucht sich im Hintergrund zu verstecken, nachdem er schnell Michel wieder von Grusche genommen hat. Nun winkt ihn die Schwiegermutter weg.* Ich und der Bruder der Braut sind die Trauzeugen.

Grusche hat sich vor dem Mönch verbeugt. Sie gehen zur Bettstatt. Die Schwiegermutter schlägt den Fliegenschleier zurück. Der Mönch beginnt auf Lateinisch den Trauungstext herunterzuleiern. Währenddem bedeutet die Schwiegermutter Lavrenti, der dem Kind, um es vom Weinen abzuhalten, die Zeremonie zeigen will, unausgesetzt, es wegzugeben. Einmal blickt Grusche sich nach dem Kind um, und Lavrenti winkt ihr mit dem Händchen des Kindes zu.

DER MÖNCH. Bist du bereit, deinem Mann ein getreues, folgsames und gutes Eheweib zu sein und ihm anzuhängen, bis der Tod euch scheidet?

GRUSCHE *auf das Kind blickend.* Ja.

DER MÖNCH *zum Sterbenden.* Und bist du bereit, deinem Eheweib ein guter, sorgender Ehemann zu sein, bis der Tod euch scheidet?

Da der Sterbende nicht antwortet, wiederholt der Mönch seine Frage und blickt sich dann um.

SCHWIEGERMUTTER. Natürlich ist er es. Hast du das «Ja» nicht gehört?

DER MÖNCH. Schön, wir wollen die Ehe für geschlossen erklären; aber wie ist es mit der Letzten Ölung?

SCHWIEGERMUTTER. Nichts da. Die Trauung war teuer genug. Ich muß mich jetzt um die Trauergäste kümmern. *Zu Lavrenti.* Haben wir 700 gesagt?

LAVRENTI. 600. *Er zahlt.* Und ich will mich nicht zu den Gästen setzen und womöglich Bekanntschaften schließen. Also leb wohl, Grusche, und wenn meine verwitwete Schwester einmal mich besuchen kommt, dann hört sie ein «Willkommen» von meiner Frau, sonst werde ich unangenehm.

Er geht. Die Trauergäste sehen ihm gleichgültig nach, wenn er durchgeht.

DER MÖNCH. Und darf man fragen, was das für ein Kind ist?

SCHWIEGERMUTTER. Ist da ein Kind? Ich seh kein Kind. Und du siehst auch keins. Verstanden? Sonst hab ich vielleicht auch allerhand gesehen, was hinter der Schenke vor sich ging. Kommt jetzt.

Sie gehen in die Stube, nachdem Grusche das Kind auf den Boden gesetzt und zur Ruhe verwiesen hat. Sie wird den Nachbarn vorgestellt.

SCHWIEGERMUTTER. Das ist meine Schwiegertochter. Sie hat den teuren Jussup eben noch lebend angetroffen.

EINE DER FRAUEN. Er liegt jetzt schon ein Jahr, nicht? Wie sie meinen Wassili eingezogen haben, war er noch beim Abschied dabei.

ANDERE FRAU. So was ist schrecklich für einen Hof, der Mais am Halm und der Bauer im Bett. Es ist eine Erlösung für ihn, wenn er nicht mehr lange leidet. Sag ich.

ERSTE FRAU *vertraulich.* Und am Anfang dachten wir schon, es ist wegen dem Heeresdienst, daß er sich hingelegt hat, Sie verstehen. Und jetzt geht es mit ihm zu Ende!

SCHWIEGERMUTTER. Bitte, setzt euch und eßt ein paar Kuchen.

Die Schwiegermutter winkt Grusche, und die beiden Frauen gehen in die Schlafkammer, wo sie Bleche mit Kuchen vom Boden aufheben. Die Gäste, darunter der Mönch, setzen sich auf den Boden und beginnen eine gedämpfte Unterhaltung.

EIN BAUER *dem der Mönch die Flasche gereicht hat, die er aus der Sutane zog.* Ein Kleines ist da, sagen Sie? Wo kann das dem Jussup passiert sein?

DRITTE FRAU. Jedenfalls hat sie das Glück gehabt, daß sie noch unter die Haube gekommen ist,
wenn er so schlecht dran ist.

SCHWIEGERMUTTER. Jetzt schwatzen sie schon,
und dabei fressen sie die Sterbekuchen auf, und
wenn er nicht heut stirbt, kann ich morgen neue
backen.

GRUSCHE. Ich back sie.

SCHWIEGERMUTTER. Wie gestern abend die
Reiter vorbeigekommen sind und ich hinaus, wer
es ist, und komm wieder herein, liegt er da wie ein
Toter. Darum hab ich nach euch geschickt. Es
kann nicht mehr lang gehen. *Sie horcht.*

DER MÖNCH. Liebe Hochzeits- und Trauergäste! In Rührung stehen wir an einem Toten-
und einem Brautbett, denn die Frau kommt unter
die Haube und der Mann unter den Boden. Der
Bräutigam ist schon gewaschen, und die Braut ist
schon scharf[40]. Denn im Brautbett liegt ein letzter
Wille, und der macht sinnlich. Wie verschieden,
ihr Lieben, sind doch die Geschicke der Menschen,
ach! Der eine stirbt dahin, daß er ein Dach über
den Kopf bekommt, und der andere verehelicht
sich, damit das Fleisch zu Staub werde, aus dem
er gemacht ist, Amen.

SCHWIEGERMUTTER *hat gehorcht.* Er rächt sich.
Ich hätte keinen so billigen nehmen sollen, er ist
auch danach. Ein teurer benimmt sich. In Sura
ist einer, der steht sogar im Geruch der Heiligkeit,
aber der nimmt natürlich auch ein Vermögen. So
ein 50-Piaster-Priester hat keine Würde, und
Frömmigkeit hat er eben für 50 Piaster und nicht
mehr. Wie ich ihn in der Schenke geholt hab, hat
er grad eine Rede gehalten und geschrien: «Der
Krieg ist aus, fürchtet den Frieden!» Wir müssen
hinein.

GRUSCHE *gibt Michel einen Kuchen.* Iß den
Kuchen und bleib hübsch still, Michel. Wir sind
jetzt respektable Leute.

*Sie tragen die Kuchenbleche zu den Gästen hinaus.
Der Sterbende hat sich hinter dem Fliegenschleier
aufgerichtet und steckt jetzt seinen Kopf heraus, den
beiden nachblickend. Dann sinkt er wieder zurück.
Der Mönch hat zwei Flaschen aus der Sutane gezogen und sie dem Bauer gereicht, der neben ihm
sitzt. Drei Musiker sind eingetreten, denen der
Mönch grinsend zugewinkt hat.*

SCHWIEGERMUTTER *zu den Musikern.* Was wollt
ihr mit diesen Instrumenten hier?

MUSIKER. Bruder Anastasius hier — *Auf den
Mönch* — hat uns gesagt, hier gibt's eine Hochzeit.

SCHWIEGERMUTTER. Was, du bringst mir noch
dreie auf den Hals? Wißt ihr, daß da ein Sterbender
drinnen liegt?

DER MÖNCH. Es ist eine verlockende Aufgabe
für einen Künstler. Es könnte ein gedämpfter Freu-
denmarsch sein oder ein schmissiger Trauertanz.

SCHWIEGERMUTTER. Spielt wenigstens, vom Essen seid ihr ja doch nicht abzuhalten.

*Die Musiker spielen eine gemischte Musik.   Die
Frauen reichen Kuchen.*

DER MÖNCH. Die Trompete klingt wie Klein-
kindergeplärr, und was trommelst du in alle Welt
hinaus, Trommelchen?

DER BAUER NEBEN DEM MÖNCH. Wie wär's,
wenn die Braut das Tanzbein schwänge?

DER MÖNCH. Das Tanzbein oder das Tanzge-
bein[41]?

DER BAUER NEBEN DEM MÖNCH *singt.*

Fräulein Rundarsch nahm 'nen alten Mann.
Sie sprach, es kommt auf die Heirat an.
Und war es ihr zum Scherzen
Dann dreht sie sich's aus dem Ehkontrakt
Geeigneter sind Kerzen[42].

*Die Schwiegermutter wirft den Betrunkenen hinaus.
Die Musik bricht ab.   Die Gäste sind verlegen.
Pause.*

DIE GÄSTE *laut.* Habt ihr das gehört: der Großfürst ist zurückgekehrt? — Aber die Fürsten sind
doch gegen ihn. — Oh, der Perserschah, heißt es,
hat ihm ein großes Heer geliehen, damit er Ordnung schaffen kann in Grusinien. — Wie soll das
möglich sein? Der Perserschah ist doch der Feind
des Großfürsten! — Aber auch ein Feind der Unordnung. — Jedenfalls ist der Krieg aus. Unsere
Soldaten kommen schon zurück.

Grusche läßt das Kuchenblech fallen.

EINE FRAU *zu Grusche.* Ist dir übel? Das kommt
von der Aufregung über den lieben Jussup. Setz
dich und ruh aus, Liebe.

[40]eager (The word has sexual overtones.)

[41]A play on the words *Bein* "leg" (*das Tanzbein schwingen* "to dance") and *Gebein* "skeleton."   [42]Then she
withdraws from the marriage contract because candles
are better.

Grusche steht schwankend.

DIE GÄSTE. Jetzt wird alles wieder, wie es früher gewesen ist. — Nur, daß die Steuern jetzt hinaufgehen, weil wir den Krieg zahlen müssen.

GRUSCHE *schwach.* Hat jemand gesagt, die Soldaten sind zurück?

EIN MANN. Ich.

GRUSCHE. Das kann nicht sein.

DER MANN *zu einer Frau.* Zeig den Schal! Wir haben ihn von einem Soldaten gekauft. Er ist aus Persien.

GRUSCHE *betrachtet den Schal.* Sie sind da.

Eine lange Pause entsteht. Grusche kniet nieder, wie um die Kuchen aufzusammeln. Dabei nimmt sie das silberne Kreuz an der Kette aus ihrer Bluse, küßt es und fängt an zu beten.

SCHWIEGERMUTTER *da die Gäste schweigend nach Grusche blicken.* Was ist mit dir? Willst du dich nicht um unsere Gäste kümmern? Was gehen uns die Dummheiten in der Stadt an?

DIE GÄSTE *da Grusche, die Stirn am Boden, verharrt, das Gespräch laut wieder aufnehmend.* Persische Sättel kann man von den Soldaten kaufen, manche tauschen sie gegen Krücken ein. — Von den Oberen können nur die auf einer Seite einen Krieg gewinnen, aber die Soldaten verlieren ihn auf beiden Seiten. — Mindestens ist der Krieg jetzt aus. Das ist schon etwas, wenn sie euch nicht mehr zum Heeresdienst einziehen können. *Der Bauer in der Bettstatt hat sich erhoben. Er lauscht.* — Was wir brauchten, ist noch zwei Wochen gutes Wetter. — Unsere Birnbäume tragen dieses Jahr fast nichts.

SCHWIEGERMUTTER *bietet Kuchen an.* Nehmt noch ein wenig Kuchen. Laßt es euch schmecken. Es ist mehr da.

Die Schwiegermutter geht mit dem leeren Blech in die Kammer. Sie sieht den Kranken nicht und beugt sich nach einem vollen Kuchenblech am Boden, als er heiser zu sprechen beginnt.

JUSSUP. Wievel Kuchen wirst du ihnen noch in den Rachen stopfen? Hab ich einen Geldscheißer[43]? *Die Schwiegermutter fährt herum und starrt ihn entgeistert an. Er klettert hinter dem Fliegenschleier hervor.* Haben sie gesagt, der Krieg ist aus?

DIE ERSTE FRAU *im anderen Raum freundlich zu Grusche.* Hat die junge Frau jemand im Feld?

DER MANN. Da ist es eine gute Nachricht, daß sie zurückkommen, wie?

JUSSUP. Glotz nicht. Wo ist die Person, die du mir als Frau aufgehängt hast?

Da er keine Antwort erhält, steigt er aus der Bettstatt und geht schwankend, im Hemd, an der Schwiegermutter vorbei in den andern Raum. Sie folgt ihm zitternd mit dem Kuchenblech.

DIE GÄSTE *erblicken ihn. Sie schreien auf.* Jesus, Maria und Josef! Jussup!

Alles steht alarmiert auf, die Frauen drängen zur Tür. Grusche, noch auf den Knien, dreht den Kopf herum und starrt auf den Bauern.

JUSSUP. Totenessen, das könnte euch passen. Hinaus, bevor ich euch hinausprügle.

Die Gäste verlassen in Hast das Haus.

JUSSUP *düster zu Grusche.* Das ist ein Strich durch deine Rechnung, wie?

Da sie nichts sagt, dreht er sich um und nimmt einen Maiskuchen vom Blech, das die Schwiegermutter hält.

DER SÄNGER

   O Verwirrung! Die Ehefrau erfährt, daß sie
                einen Mann hat!
   Am Tag gibt es das Kind. In der Nacht gibt es
                den Mann.
   Der Geliebte ist unterwegs Tag und Nacht.
   Die Eheleute betrachten einander. Die Kammer
                ist eng.

Der Bauer sitzt nackt in einem hohen hölzernen Badezuber, und die Schwiegermutter gießt aus einer Kanne Wasser nach. In der Kammer nebenan kauert Grusche bei Michel, der mit Strohmatten flicken spielt[44].

JUSSUP. Das ist ihre Arbeit, nicht die deine. Wo steckt sie wieder?

SCHWIEGERMUTTER *ruft.* Grusche! Der Bauer fragt nach dir.

GRUSCHE *zu Michel.* Da sind noch zwei Löcher, die mußt du noch flicken.

[43]Does money grow on trees?

[44]who is playing at mending straw mats.

JUSSUP *als Grusche hereintritt.* Schrubb mir den
Rücken!

GRUSCHE. Kann das der Bauer nicht selbst
machen?

JUSSUP. «Kann das der Bauer nicht selbst
machen?» Nimm die Bürste, zum Teufel! Bist
du die Ehefrau oder bist du eine Fremde? *Zur
Schwiegermutter.* Zu kalt!

SCHWIEGERMUTTER. Ich lauf und hol heißes
Wasser.

GRUSCHE. Laß mich laufen.

JUSSUP. Du bleibst! *Schwiegermutter läuft.* Reib
kräftiger! Und stell dich nicht so, du hast schon
öfter einen nackten Kerl gesehen. Dein Kind ist
nicht aus der Luft gemacht.

GRUSCHE. Das Kind ist nicht in Freude empfangen, wenn der Bauer das meint.

JUSSUP *sieht sich grinsend nach ihr um.* Du
schaust nicht so aus. *Grusche hört auf, ihn zu
schrubben, und weicht zurück.* *Schwiegermutter
herein.* Etwas Rares hast du mir da aufgehängt,
einen Stockfisch als Ehefrau.

SCHWIEGERMUTTER. Ihr fehlt's am guten Willen.

JUSSUP. Gieß, aber vorsichtig. Au! Ich hab
gesagt, vorsichtig. *Zu Grusche.* Ich würd mich
wundern, wenn mit dir nicht was los wäre in der
Stadt, warum bist du sonst hier? Aber davon rede
ich nicht. Ich habe auch nichts gegen das Un-
eheliche gesagt, das du mir ins Haus gebracht hast,
aber mit dir ist meine Geduld bald zu Ende. Das
ist gegen die Natur. *Zur Schwiegermutter.* Mehr!
Zu Grusche. Auch wenn dein Soldat zurückkäme,
du bist verehelicht.

GRUSCHE. Ja.

JUSSUP. Aber dein Soldat kommt nicht mehr,
du brauchst das nicht zu glauben.

GRUSCHE. Nein.

JUSSUP. Du bescheißt mich[45]. Du bist meine
Ehefrau und bist nicht meine Ehefrau. Wo du
liegst, liegt nichts, und doch kann sich keine andere
hinlegen. Wenn ich früh aufs Feld gehe, bin ich
todmüd; wenn ich mich abends niederleg, bin ich
wach wie der Teufel. Gott hat dir ein Geschlecht
gemacht, und was machst du? Mein Acker trägt
nicht genug, daß ich mir eine Frau in der Stadt
kaufen kann, und da wäre auch noch der Weg.
Die Frau jätet das Feld und macht die Beine
auf, so heißt es im Kalender bei uns. Hörst du
mich?

GRUSCHE. Ja. *Leise.* Es ist mir nicht recht, daß
ich dich bescheiße.

[45]You're cheating me.

JUSSUP. Es ist ihr nicht recht! Gieße nach!
Schwiegermutter gießt nach. Au!

DER SÄNGER.

Wenn sie am Bach saß, das Linnen zu waschen
Sah sie sein Bild auf der Flut und sein Gesicht
        wurde blässer
Mit gehenden Monden.
Wenn sie sich hochhob, das Linnen zu wringen
Hörte sie seine Stimme vom sausenden Ahorn,
        und seine Stimme ward leiser
Mit gehenden Monden.
Ausflüchte und Seufzer wurden zahlreicher,
        Tränen und Schweiß wurden vergossen.
Mit gehenden Monden wuchs das Kind auf.

*An einem kleinen Bach hockt Grusche und taucht
Linnen in das Wasser. In einiger Entfernung stehen
ein paar Kinder. Grusche spricht mit Michel.*

GRUSCHE. Du kannst spielen mit ihnen, Michel,
aber laß dich nicht herumkommandieren, weil du
der Kleinste bist.

*Michel nickt und geht zu den andern Kindern. Ein
Spiel entwickelt sich.*

DER GRÖSSTE JUNGE. Heute ist das Kopfab-
Spiel. *Zu einem Dicken.* Du bist der Fürst und
lachst. *Zu Michel.* Du bist der Gouverneur. *Zu
einem Mädchen.* Du bist die Frau des Gouverneurs, du weinst, wenn der Kopf abgehauen wird.
Und ich schlag den Kopf ab. *Er zeigt sein Holzschwert.* Mit dem. Zuerst wird der Gouverneur
in den Hof geführt. Voraus geht der Fürst, am
Schluß kommt die Gouverneurin.

*Der Zug formiert sich, der Dicke geht voraus und
lacht. Dann kommen Michel und der größte Junge
und dann das Mädchen, das weint.*

MICHEL *bleibt stehen.* Auch Kopf abhaun.

DER GRÖSSTE JUNGE. Das tu ich. Du bist der
Kleinste. Gouverneur ist das Leichteste. Hinknien
und sich den Kopf abhauen lassen, das ist einfach.

MICHEL. Auch Schwert haben.

DER GRÖSSTE JUNGE. Das ist meins.

Gibt ihm einen Tritt.

DAS MÄDCHEN *ruft zu Grusche hinüber.* Er will
nicht mittun.

GRUSCHE *lacht.* Das Entenjunge ist ein Schwimmer, heißt es.

DER GRÖSSTE JUNGE. Du kannst den Fürsten machen, wenn du lachen kannst.

Michel schüttelt den Kopf.

DER DICKE JUNGE. Ich lache am besten. Laß ihn den Kopf einmal abschlagen, dann schlägst du ihn ab und dann ich.

Der größte Junge gibt Michel widerstrebend das Holzschwert und kniet nieder. Der Dicke hat sich gesetzt, schlägt sich die Schenkel und lacht aus vollem Hals. Das Mädchen weint sehr laut. Michel schwingt das große Schwert und schlägt den Kopf ab, dabei fällt er um.

DER GRÖSSTE JUNGE. Au! Ich werd dir zeigen, richtig zuzuhauen!

Michel läuft weg, die Kinder ihm nach. Grusche lacht, ihnen nachblickend. Wenn sie sich zurückwendet, steht der Soldat Simon Chachava jenseits des Baches. Er trägt eine abgerissene Uniform.

GRUSCHE. Simon!

SIMON. Ist das Grusche Vachnadze?

GRUSCHE. Simon!

SIMON *förmlich.* Gott zum Gruß und Gesundheit dem Fräulein.

GRUSCHE *steht fröhlich auf und verbeugt sich tief.* Gott zum Gruß dem Herrn Soldaten. Und gottlob, daß er gesund zurück ist.

SIMON. Sie haben bessere Fische gefunden als mich, so haben sie mich nicht gegessen, sagte der Schellfisch.

GRUSCHE. Tapferkeit, sagte der Küchenjunge; Glück, sagte der Held.

SIMON. Und wie steht es hier? War der Winter erträglich, der Nachbar rücksichtsvoll?

GRUSCHE. Der Winter war ein wenig rauh, der Nachbar wie immer, Simon.

SIMON. Darf man fragen: hat eine gewisse Person noch die Gewohnheit, das Bein ins Wasser zu stecken beim Wäschewaschen?

GRUSCHE. Die Antwort ist «nein», wegen der Augen im Gesträuch.

SIMON. Das Fräulein spricht von Soldaten. Hier steht ein Zahlmeister.

GRUSCHE. Sind das nicht 20 Piaster?

SIMON. Und Logis.

GRUSCHE *bekommt Tränen in die Augen.* Hinter der Kaserne, unter den Dattelbäumen.

SIMON. Genau dort. Ich sehe, man hat sich umgeschaut.

GRUSCHE. Man hat.

SIMON. Und man hat nicht vergessen. *Grusche schüttelt den Kopf.* So ist die Tür noch in den Angeln, wie man sagt? *Grusche sieht ihn schweigend an und schüttelt dann wieder den Kopf.* Was ist das? Ist etwas nicht in Ordnung?

GRUSCHE. Simon Chachava, ich kann nie mehr zurück nach Nukha. Es ist etwas passiert.

SIMON. Was ist passiert?

GRUSCHE. Es ist so gekommen, daß ich einen Panzerreiter niedergeschlagen habe.

SIMON. Da wird Grusche Vachnadze ihren guten Grund gehabt haben.

GRUSCHE. Simon Chachava, ich heiße auch nicht mehr, wie ich geheißen habe.

SIMON *nach einer Pause.* Das verstehe ich nicht.

GRUSCHE. Wann wechseln Frauen ihren Namen, Simon? Laß es mich dir erklären. Es ist nichts zwischen uns, alles ist gleichgeblieben zwischen uns, das mußt du mir glauben.

SIMON. Wie soll nichts sein zwischen uns, und doch ist es anders?

GRUSCHE. Wie soll ich dir das erklären, so schnell und mit dem Bach dazwischen, kannst du nicht über den Steg kommen?

SIMON. Vielleicht ist es nicht mehr nötig.

GRUSCHE. Es ist sehr nötig. Komm herüber, Simon, schnell!

SIMON. Will das Fräulein sagen, man ist zu spät gekommen?

Grusche sieht ihn verzweifelt an, das Gesicht tränenüberströmt. Simon starrt vor sich hin. Er hat ein Holzstück aufgenommen und schnitzt daran.

DER SÄNGER

Soviel Worte werden gesagt, soviel Worte
           werden verschwiegen.
Der Soldat ist gekommen. Woher er
           gekommen ist, sagt er nicht.
Hört, was er dachte, nicht sagte:
Die Schlacht fing an im Morgengraun, wurde
           blutig am Mittag.
Der Erste fiel vor mir, der Zweite fiel hinter
           mir, der Dritte neben mir.
Auf den Ersten trat ich, den Zweiten ließ ich,
           den Dritten durchbohrte der Hauptmann.
Mein einer Bruder starb an einem Eisen, mein
           andrer Bruder starb an einem Rauch.

Feuer schlugen sie aus meinem Nacken, meine
Hände gefroren in den Handschuhen, meine
                              Zehen in den Strümpfen.
Gegessen hab ich Espenknospen, getrunken hab
ich Ahornbrühe, geschlafen hab ich auf
                              Steinen, im Wasser.

SIMON. Im Gras sehe ich eine Mütze. Ist
vielleicht schon was Kleines da?
GRUSCHE. Es ist da, Simon, wie könnt ich es
verbergen, aber wolle dich nicht kümmern, meines
ist es nicht.
SIMON. Man sagt: wenn der Wind einmal weht,
weht er durch jede Ritze. Die Frau muß nichts
mehr sagen.

Grusche senkt den Kopf und sagt nichts mehr.

DER SÄNGER

Sehnsucht hat es gegeben, gewartet worden ist
                              nicht.
Der Eid ist gebrochen. Warum, wird nicht
                              mitgeteilt.
Hört, was sie dachte, nicht sagte:
Als du kämpftest in der Schlacht, Soldat
Der blutigen Schlacht, der bitteren Schlacht
Traf ein Kind ich, das hilflos war
Hatt' es abzutun nicht das Herz.
Kümmern mußte ich mich um das, was
                              verkommen wär
Bücken mußte ich mich nach den Brotkrumen
                              am Boden
Zerreißen mußte ich mich für das, was nicht
                              mein war
Das Fremde.
Einer muß der Helfer sein
Denn sein Wasser braucht der kleine Baum.
Es verläuft das Kälbchen sich, wenn der Hirte
                              schläft
Und der Schrei bleibt ungehört.

SIMON. Gib mir das Kreuz zurück, das ich dir
gegeben habe. Oder besser, wirf es in den Bach.

Er wendet sich zum Gehen.

GRUSCHE. Simon Chachava, geh nicht weg, es
ist nicht meins, es ist nicht meins! *Sie hört die
Kinder rufen.* Was ist, Kinder?
STIMMEN. Hier sind Soldaten! — Sie nehmen
den Michel mit!

*Grusche steht entgeistert. Auf sie zu kommen zwei
Panzerreiter, Michel führend.*

PANZERREITER. Bist du die Grusche? *Sie nickt.*
Ist das dein Kind?
GRUSCHE. Ja. *Simon geht weg.* Simon!
PANZERREITER. Wir haben den richterlichen
Befehl, dieses Kind, angetroffen in deiner Obhut,
in die Stadt zu bringen, da der Verdacht besteht,
es ist Michel Abaschwili, der Sohn des Gouver-
neurs Georgi Abaschwili und seiner Frau Natella
Abaschwili. Hier ist das Papier mit den Siegeln.

Sie führen das Kind weg.

GRUSCHE *läuft nach, rufend.* Laßt es da, bitte, es
ist meins!

DER SÄNGER

Die Panzerreiter nehmen das Kind fort, das
                              teure. Die Unglückliche folgte ihnen in die
                              Stadt, die gefährliche.
Die leibliche Mutter verlangte das Kind zurück.
                              Die Ziehmutter stand vor Gericht.
Wer wird den Fall entscheiden, wem wird das
                              Kind zuerteilt?
Wer wird der Richter sein, ein guter, ein
                              schlechter?
Die Stadt brannte. Auf dem Richterstuhl saß
                              der Azdak.

[5]

DIE GESCHICHTE
DES RICHTERS

DER SÄNGER.

Hört nun die Geschichte des Richters:
Wie er Richter wurde, wie er Urteil sprach,
                              was er für ein Richter ist.
An jenem Ostersonntag des großen Aufstands,
                              als der Großfürst gestürzt wurde
Und sein Gouverneur Abaschwili, Vater unsres
                              Kindes, den Kopf einbüßte
Fand der Dorfschreiber Azdak im Gehölz einen
                              Flüchtling und versteckte ihn in seiner Hütte.

*Azdak, zerlumpt und angetrunken, hilft einem als
Bettler verkleideten Flüchtling in seine Hütte.*

AZDAK. Schnaub nicht, du bist kein Gaul. Und
es hilft dir nicht bei der Polizei, wenn du läufst wie

ein Rotz im April[46]. Steh, sag ich. *Er fängt den Flüchtling wieder ein, der weitergetrottet ist, als wolle er durch die Hüttenwand durchtrotten.* Setz dich nieder und futtre, da ist ein Stück Käse. *Er kramt aus einer Kiste unter Lumpen einen Käse heraus, und der Flüchtling beginnt gierig zu essen.* Lang nichts gefressen? *Der Flüchtling brummt.* Warum bist du so gerannt, du Arschloch? Der Polizist hätte dich überhaupt nicht gesehen.

DER FLÜCHTLING. Mußte.

AZDAK. Bammel[47]? *Der Alte stiert ihn verständnislos an.* Schiß[48]? Furcht? Hm. Schmatz nicht wie ein Großfürst oder eine Sau! Ich vertrag's nicht. Nur einen hochwohlgeborenen Stinker muß man aushalten, wie Gott ihn geschaffen hat. Dich nicht. Ich hab von einem Oberrichter gehört, der beim Speisen im Bazar gefurzt hat vor lauter Unabhängigkeit. Wenn ich dir beim Essen zuschau, kommen mir überhaupt fürchterliche Gedanken. Warum redest du keinen Ton? *Scharf.* Zeig einmal deine Hand her! Hörst du nicht? Du sollst deine Hand herzeigen. *Der Flüchtling streckt ihm zögernd die Hand hin.* Weiß. Du bist also gar kein Bettler! Eine Fälschung, ein wandelnder Betrug! Und ich verstecke dich wie einen anständigen Menschen. Warum läufst du eigentlich, wenn du ein Grundbesitzer bist, denn das bist du, leugne es nicht, ich seh dir's am schuldbewußten Gesicht ab! *Steht auf.* Hinaus! *Der Flüchtling sieht ihn unsicher an.* Worauf wartest du, Bauernprügler?

DER FLÜCHTLING. Bin verfolgt. Bitte um ungeteilte Aufmerksamkeit, mache Proposition.

AZDAK. Was willst du machen, eine Proposition? Das ist die Höhe der Unverschämtheit! Er macht eine Proposition! Der Gebissene kratzt sich die Finger blutig, und der Blutegel macht eine Proposition. Hinaus, sage ich!

DER FLÜCHTLING. Verstehe Standpunkt, Überzeugung. Zahle 100 000 Piaster für eine Nacht, ja?

AZDAK. Was, du meinst, du kannst mich kaufen? Für 100 000 Piaster? Ein schäbiges Landgut. Sagen wir 150 000. Wo sind sie?

DER FLÜCHTLING. Habe sie natürlich nicht bei mir. Werden geschickt, hoffe, zweifelt nicht.

AZDAK. Zweifle tief. Hinaus!

Der Flüchtling steht auf und trottet zur Tür. Eine Stimme von außen.

STIMME. Azdak!

Der Flüchtling macht kehrt, trottet in die entgegengesetzte Ecke, bleibt stehen.

AZDAK *ruft.* Ich bin nicht zu sprechen. *Tritt in die Tür.* Schnüffelst du wieder herum, Schauwa?

POLIZIST SCHAUWA *draußen, vorwurfsvoll.* Du hast wieder einen Hasen gefangen, Azdak. Du hast mir versprochen, es kommt nicht mehr vor.

AZDAK *streng.* Rede nicht von Dingen, die du nicht verstehst, Schauwa. Der Hase ist ein gefährliches und schädliches Tier, das die Pflanzen auffrißt, besonders das sogenannte Unkraut, und deshalb ausgerottet werden muß.

SCHAUWA. Azdak, sei nicht so furchtbar zu mir. Ich verliere meine Stellung, wenn ich nicht gegen dich einschreite. Ich weiß doch, du hast ein gutes Herz.

AZDAK. Ich habe kein gutes Herz. Wie oft soll ich dir sagen, daß ich ein geistiger Mensch bin?

SCHAUWA *listig.* Ich weiß, Azdak. Du bist ein überlegener Mensch, das sagst du selbst; so frage ich dich, ein Christ und ein Ungelernter: Wenn dem Fürsten ein Hase gestohlen wird, und ich bin Polizist, was soll ich da tun mit dem Frevler?

AZDAK. Schauwa, Schauwa, schäm dich! Da stehst du und fragst mich eine Frage, und es gibt nichts, was verführerischer sein kann als eine Frage. Als wenn du ein Weib wärst, etwa die Nunowna, das schlechte Geschöpf, und mir deinen Schenkel zeigst als Nunowna und mich fragst, was soll ich mit meinem Schenkel tun, er beißt mich, ist sie da unschuldig, wie sie tut? Nein. Ich fange einen Hasen, aber du fängst einen Menschen. Ein Mensch ist nach Gottes Ebenbild gemacht, aber nicht ein Hase, das weißt du. Ich bin ein Hasenfresser, aber du bist ein Menschenfresser, Schauwa, und Gott wird darüber richten. Schauwa, geh nach Haus und bereue. Nein, halt, da ist vielleicht was für dich. *Er blickt nach dem Flüchtling, der zitternd dasteht.* Nein, doch nicht, da ist nix. Geh nach Haus und bereue. *Er schlägt ihm die Tür vor der Nase zu. Zu dem Flüchtling.* Jetzt wunderst du dich, wie? Daß ich dich nicht ausgeliefert habe. Aber ich könnte diesem Vieh von einem Polizisten nicht einmal eine Wanze ausliefern, es widerstrebt mir. Zitter nicht vor einem Polizisten. So alt und noch so feige. Iß deinen Käse fertig, aber wie ein armer Mann, sonst fassen sie dich doch noch. Muß ich dir auch noch zeigen, wie ein armer Mann sich aufführt? *Er drückt ihn ins Sitzen nieder und gibt ihm das Käsestück wieder in die Hand.* Die

[46]And it won't do you any good with the police if you run like a snotty nose in April.   [47]Frightened? (slang)   [48]Scared? (vulgarism)

Kiste ist der Tisch. Leg die Ellenbogen auf'n
Tisch, und jetzt umzingelst du den Käse auf'm
Teller, als ob der dir jeden Augenblick herausge-
rissen werden könnte, woher sollst du sicher sein?
Nimm das Messer wie eine zu kleine Sichel und
schau nicht so gierig, mehr kummervoll auf den
Käse, weil er schon entschwindet, wie alles Schöne.
Schaut ihm zu. Sie sind hinter dir her, das spricht
für dich, nur wie kann ich wissen, daß sie sich
nicht irren in dir? In Tiflis haben sie einmal einen
Gutsbesitzer gehängt, einen Türken. Er hat ihnen
nachweisen können, daß er seine Bauern geviertelt
hat und nicht nur halbiert, wie es üblich ist, und
Steuern hat er herausgepreßt doppelt wie die
andern, sein Eifer war über jeden Verdacht, und
doch haben sie ihn gehängt, wie einen Verbrecher,
nur weil er ein Türk war, für was er nix gekonnt
hat[49], eine Ungerechtigkeit. Er ist an den Galgen
gekommen wie der Pontius ins Credo. Mit einem
Wort: ich trau dir nicht.

DER SÄNGER

So gab der Azdak dem alten Bettler ein
                                    Nachtlager.
Erfuhr er, daß es der Großfürst selber war, der
                                    Würger
Schämte er sich, klagte er sich an, befahl er
                                    dem Polizisten
Ihn nach Nukha zu führen, vor Gericht, zum
                                    Urteil.

*Im Hof des Gerichts hocken drei Panzerreiter und
trinken. Von einer Säule hängt ein Mann in Richterrobe. Herein Azdak, gefesselt und Schauwa hinter
sich schleppend.*

AZDAK *ruft aus.* Ich hab dem Großfürsten zur
Flucht verholfen, dem Großdieb, dem Großwürger!
Ich verlange meine strenge Aburteilung in öffent-
licher Verhandlung, im Namen der Gerechtigkeit!
DER ERSTE PANZERREITER. Was ist das für ein
komischer Vogel?
SCHAUWA. Das ist unser Schreiber Azdak.
AZDAK. Ich bin der Verächtliche, der Ver-
räterische, der Gezeichnete! Reportier[50], Plattfuß,
ich hab verlangt, daß ich in Ketten in die Haupt-
stadt gebracht werd, weil ich versehentlich den
Großfürsten, beziehungsweise Großgauner, beher-
bergt habe, wie mir erst nachträglich durch dieses
Dokument klargeworden ist, das ich in meiner
Hütte gefunden habe. *Die Panzerreiter studieren*

das Dokument. *Zu Schauwa.* Sie können nicht
lesen. Siehe, der Gezeichnete klagt sich selber an!
Reportier, wie ich dich gezwungen hab, daß du
mit mir die halbe Nacht hierherläufst, damit alles
aufgeklärt wird.
SCHAUWA. Alles unter Drohungen, das ist nicht
schön von dir, Azdak.
AZDAK. Halt das Maul, Schauwa, das verstehst
du nicht. Eine neue Zeit ist gekommen, die über
dich hinwegdonnern wird, du bist erledigt, Polizisten werden ausgemerzt, pfft. Alles wird untersucht, aufgedeckt. Da meldet sich einer lieber von
selber, warum, er kann dem Volk nicht entrinnen.
Reportier, wie ich durch die Schuhmachergasse
geschrien hab. *Er macht es wieder mit großer
Geste vor, auf die Panzerreiter schielend.* «Ich hab
den Großgauner entrinnen lassen aus Unwissenheit, zerreißt mich, Brüder!» Damit ich allem gleich
zuvorkomm.
DER ERSTE PANZERREITER. Und was haben sie dir
geantwortet?
SCHAUWA. Sie haben ihn getröstet in der
Schlächtergasse und sich krank gelacht über ihn in
der Schuhmachergasse, das war alles.
AZDAK. Aber bei euch ist's anders, ich weiß, ihr
seid eisern. Brüder, wo ist der Richter, ich muß
untersucht werden.
DER ERSTE PANZERREITER *zeigt auf den Gehenkten.* Hier ist der Richter. Und hör auf, uns
zu brüdern[51], auf dem Ohr sind wir empfindlich
heut abend.
AZDAK. «Hier ist der Richter»! Das ist eine
Antwort, die man in Grusinien noch nie gehört
hat. Städter, wo ist seine Exzellenz, der Herr
Gouverneur? *Er zeigt auf den Galgen.* Hier ist seine
Exzellenz, Fremdling. Wo ist der Obersteuerein-
treiber? Der Profoß Werber? Der Patriarch? Der
Polizeihauptmann? Hier, hier, hier, alle hier.
Brüder, das ist es, was ich mir von euch erwartet
habe.
DER ZWEITE PANZERREITER. Halt! Was hast du
dir da erwartet, Vogel!
AZDAK. Was in Persien passierte, Brüder, was in
Persien passierte.
DER ZWEITE PANZERREITER. Und was passierte
denn in Persien?
AZDAK. Vor 40 Jahren. Aufgehängt, alle.
Wesire[52], Steuereintreiber. Mein Großvater, ein
merkwürdiger Mensch, hat es gesehen. Drei Tage
lang, überall.

[49]which he couldn't help   [50]Tell them

[51]And stop "brothering" us.   [52]viziers (high govern-
ment officials)

DER ZWEITE PANZERREITER. Und wer regierte, wenn der Wesir gehängt war?

AZDAK. Ein Bauer.

DER ZWEITE PANZERREITER. Und wer kommandierte das Heer?

AZDAK. Ein Soldat, Soldat.

DER ZWEITE PANZERREITER. Und wer zahlte die Löhnung aus?

AZDAK. Ein Färber, ein Färber zahlte die Löhnung aus.

DER ZWEITE PANZERREITER. War es nicht vielleicht ein Teppichweber?

DER ERSTE PANZERREITER. Und warum ist das alles passiert, du Persischer!

AZDAK. Warum ist das alles passiert? Ist da ein besonderer Grund nötig? Warum kratzt du dich, Bruder? Krieg! Zu lang Krieg! Und keine Gerechtigkeit! Mein Großvater hat ein Lied mitgebracht, wie es dort gewesen ist. Ich und mein Freund, der Polizist, werden es euch vorsingen. *Zu Schauwa.* Und halt den Strick gut, das paßt dazu.

Er singt, von Schauwa am Strick gehalten.

Warum bluten unsere Söhne nicht mehr,
    weinen unsere Töchter nicht mehr?
Warum haben Blut nur mehr die Kälber im
    Schlachthaus?
Warum tränen nur mehr die Weiden gegen
    Morgen am Urmisee?
Der Großkönig muß eine neue Provinz haben,
    der Bauer muß sein Milchgeld hergeben.
Damit das Dach der Welt erobert wird, werden
    die Hüttendächer abgetragen.
Unsere Männer werden in alle vier Winde
    verschleppt, damit die Oberen zu Hause
    tafeln können.
Die Soldaten töten einander, die Feldherrn
    grüßen einander.
Der Witwe Steuergroschen wird angebissen, ob
    er echt ist. Die Schwerter zerbrechen.
Die Schlacht ist verloren, aber die Helme sind
    bezahlt worden.

Ist es so? Ist es so?

SCHAUWA. Ja, ja, ja, ja, ja, es ist so.

AZDAK. Wollt ihr es zu Ende hören?

Der erste Panzerreiter nickt.

DER ZWEITE PANZERREITER *zum Polizisten.* Hat er dir das Lied beigebracht?

SCHAUWA. Jawohl. Nur meine Stimme ist nicht gut.

DER ZWEITE PANZERREITER. Nein. *Zu Azdak.* Sing nur weiter.

AZDAK. Die zweite Strophe behandelt den Frieden.

Singt.

Die Ämter sind überfüllt, die Beamten sitzen
    bis auf die Straße.
Die Flüsse treten über die Ufer und verwüsten
    die Felder.
Die ihre Hosen nicht selber runterlassen
    können, regieren Reiche.
Sie können nicht auf vier zählen, fressen aber
    acht Gänge.
Die Maisbauern blicken sich nach Kunden um,
    sehen nur Verhungerte.
Die Weber gehen von den Webstühlen in
    Lumpen.

Ist es so? Ist es so?

SCHAUWA. Ja, ja, ja, ja, ja, es ist so.

AZDAK

Darum bluten unsere Söhne nicht mehr,
    weinen unsere Töchter nicht mehr.
Darum haben Blut nur mehr die Kälber im
    Schlachthaus.
Tränen nur mehr die Weiden gegen Morgen am
    Urmisee.

DER ERSTE PANZERREITER *nach einer Pause.* Willst du dieses Lied hier in der Stadt singen?

AZDAK. Was ist falsch daran?

DER ERSTE PANZERREITER. Siehst du die Röte dort? *Azdak blickt sich um. Am Himmel ist eine Brandröte.* Das ist in der Vorstadt. Als der Fürst Kazbeki heute früh den Gouverneur Abaschwili köpfen ließ, haben unsere Teppichweber auch die «persische Krankheit» bekommen und gefragt, ob der Fürst Kazbeki nicht auch zu viele Gänge frißt. Und heute mittag haben sie dann den Stadtrichter aufgeknüpft. Aber wir haben sie zu Brei geschlagen für zwei Piaster pro Teppichweber, verstehst du?

AZDAK *nach einer Pause.* Ich verstehe.

Er blickt sie scheu an und schleicht weg, zur Seite, setzt sich auf den Boden, den Kopf in den Händen.

DER ERSTE PANZERREITER *nachdem alle getrunken haben, zum dritten.* Paß mal auf, was jetzt kommt.

Der erste und zweite Panzerreiter gehen auf Azdak zu, versperren ihm den Ausgang.

SCHAUWA. Ich glaube nicht, daß er ein direkt schlechter Mensch ist, meine Herren. Ein bissel Hühnerstehlen, und hier und da ein Hase vielleicht.

DER ZWEITE PANZERREITER *tritt zu Azdak.* Du bist hergekommen, daß du im Trüben fischen kannst[53], wie?

AZDAK *schaut zu ihm auf.* Ich weiß nicht, warum ich hergekommen bin.

DER ZWEITE PANZERREITER. Bist du einer, der es mit den Teppichwebern hält? *Azdak schüttelt den Kopf.* Und was ist mit diesem Lied?

AZDAK. Von meinem Großvater. Ein dummer, unwissender Mensch.

DER ZWEITE PANZERREITER. Richtig. Und was mit dem Färber, der die Löhnung auszahlte?

AZDAK. Das war in Persien.

DER ERSTE PANZERREITER. Und was mit der Selbstbeschuldigung, daß du den Großfürsten nicht mit eigenen Händen gehängt hast?

AZDAK. Sagte ich euch nicht, daß ich ihn habe laufen lassen?

SCHAUWA. Ich bezeuge es. Er hat ihn laufen lassen.

Die Panzerreiter schleppen den schreienden Azdak zum Galgen. Dann lassen sie ihn los und lachen ungeheuer. Azdak stimmt in das Lachen ein und lacht am lautesten. Dann wird er losgebunden. Alle beginnen zu trinken. Herein der fette Fürst mit einem jungen Mann.

DER ERSTE PANZERREITER *zu Azdak.* Da kommt deine neue Zeit.

Neues Gelächter.

DER FETTE FÜRST. Und was gäbe es hier wohl zu lachen, meine Freunde? Erlaubt mir ein ernstes Wort. Die Fürsten Grusiniens haben gestern morgen die kriegslüsterne Regierung des Großfürsten gestürzt und seine Gouverneure beseitigt. Leider ist der Großfürst selber entkommen. In dieser schicksalhaften Stunde haben unsere Teppichweber, diese ewig Unruhigen, sich nicht entblödet, einen Aufstand anzuzetteln und den allseits beliebten Stadtrichter, unsern teuren Illo Orbeliani, zu hängen. Ts, ts, ts. Meine Freunde, wir brauchen Frieden, Frieden, Frieden in Grusinien. Und Gerechtigkeit! Hier bringe ich euch den lieben Bizergan Kazbeki, meinen Neffen, ein begabter Mensch, der soll der neue Richter werden. Ich sage: das Volk hat die Entscheidung.

DER ERSTE PANZERREITER. Heißt das, wir wählen den Richter?

DER FETTE FÜRST. So ist es. Das Volk stellt einen begabten Menschen auf. Beratet euch, Freunde. *Während die Panzerreiter die Köpfe zusammenstecken.* Sei ganz ruhig, Füchschen, die Stelle hast du. Und wenn erst der Großfürst geschnappt ist, brauchen wir auch dem Pack nicht mehr in den Arsch zu kriechen[54].

DIE PANZERREITER *unter sich.* Sie haben die Hosen voll, weil sie den Großfürsten noch nicht geschnappt haben. — Das verdanken wir diesem Dorfschreiber, er hat ihn laufen lassen. — Sie fühlen sich noch nicht sicher, da heißt es «meine Freunde» und «das Volk hat die Entscheidung». — Jetzt will er sogar Gerechtigkeit für Grusinien. — Aber eine Hetz ist eine Hetz[55], und das wird eine Hetz. — Wir werden den Dorfschreiber fragen, der weiß alles über Gerechtigkeit. He, Halunke, würdest du den Neffen als Richter haben wollen?

AZDAK. Meint ihr mich?

DER ERSTE PANZERREITER *fährt fort.* Würdest du den Neffen als Richter haben wollen?

AZDAK. Fragt ihr mich? Ihr fragt nicht mich, wie?

DER ZWEITE PANZERREITER. Warum nicht? Alles für einen Witz!

AZDAK. Ich versteh euch so, daß ihr ihn bis aufs Mark prüfen wollt. Hab ich recht? Hättet ihr einen Verbrecher vorrätig, daß der Kandidat zeigen kann, was er kann, einen gewiegten?

DER DRITTE PANZERREITER. Laß sehn. Wir haben die zwei Doktoren von der Gouverneurssau unten. Die nehmen wir.

AZDAK. Halt, das geht nicht. Ihr dürft nicht richtige Verbrecher nehmen, wenn der Richter nicht bestallt ist. Er kann ein Ochse sein, aber er muß bestallt sein, sonst wird das Recht verletzt, das ein sehr empfindliches Wesen ist, etwa wie die Milz, die niemals mit Fäusten geschlagen werden darf, sonst tritt der Tod ein. Ihr könnt die beiden hängen, dadurch kann niemals das Recht verletzt werden, weil kein Richter dabei war. Recht muß immer in vollkommenem Ernst gesprochen werden, es ist so blöd. Wenn zum Beispiel ein Richter eine Frau verknackt[56], weil sie für ihr Kind ein Maisbrot gestohlen hat, und er hat seine Robe nicht an oder er kratzt sich beim Urteil, so daß mehr als ein Drittel von ihm entblößt ist, das heißt, er muß sich dann am Oberschenkel kratzen, dann ist das Urteil

[53]You came to fish in troubled waters, huh?
[54]we won't have to kiss this rabble's ass any more.
[55]But fun is fun   [56]jails

eine Schande und das Recht ist verletzt. Eher noch könnte eine Richterrobe und ein Richterhut ein Urteil sprechen als ein Mensch ohne das alles. Das Recht ist weg wie nix, wenn nicht aufgepaßt wird. Ihr würdet nicht eine Kanne Wein ausprobieren, indem ihr sie einem Hund zu saufen gebt, warum, dann ist der Wein weg.

DER ERSTE PANZERREITER. Was schlägst du also vor, du Haarspalter?

AZDAK. Ich mache euch den Angeklagten. Ich weiß auch schon, was für einen. *Er sagt ihnen etwas ins Ohr.*

DER ERSTE PANZERREITER. Du? *Alle lachen ungeheuer.*

DER FETTE FÜRST. Was habt ihr entschieden?

DER ERSTE PANZERREITER. Wir haben entschieden, wir machen eine Probe. Unser guter Freund hier wird den Angeklagten spielen, und hier ist ein Richterstuhl für den Kandidaten.

DER FETTE FÜRST. Das ist ungewöhnlich, aber warum nicht? *Zum Neffen.* Eine Formsache, Füchschen. Was hast du gelernt, wer ist gekommen, der Langsamläufer oder der Schnelläufer?

DER NEFFE. Der Leisetreter, Onkel Arsen.

Der Neffe setzt sich auf den Stuhl, der fette Fürst stellt sich hinter ihn. Die Panzerreiter setzen sich auf die Treppe, und herein mit dem unverkennbaren Gang des Großfürsten läuft der Azdak.

AZDAK. Ist hier irgendwer, der mich kennt? Ich bin der Großfürst.

DER FETTE FÜRST. Was ist er?

DER ZWEITE PANZERREITER. Der Großfürst. Er kennt ihn wirklich.

DER FETTE FÜRST. Gut.

DER ERSTE PANZERREITER. Los mit der Verhandlung.

AZDAK. Höre, ich bin angeklagt wegen Kriegsstiftung. Lächerlich. Sage: lächerlich. Genügt das? Wenn nicht genügt, habe Anwälte mitgebracht, glaube 500. *Er zeigt hinter sich, tut, als wären viele Anwälte um ihn.* Benötige sämtliche vorhandenen Saalsitze für Anwälte. *Die Panzerreiter lachen; der fette Fürst lacht mit.*

DER NEFFE *zu den Panzerreitern.* Wünscht ihr, daß ich den Fall verhandle? Ich muß sagen, daß ich ihn zumindest etwas ungewöhnlich finde, vom geschmacklichen Standpunkt aus, meine ich.

DER ERSTE PANZERREITER. Geh los.

DER FETTE FÜRST *lächelnd.* Verknall ihn[57], Füchschen.

DER NEFFE. Schön. Volk von Grusinien contra Großfürst. Was haben Sie vorzubringen, Angeklagter?

AZDAK. Allerhand. Habe natürlich selber gelesen, daß Krieg verloren. Habe Krieg seinerzeit auf Anraten von Patrioten wie Onkel Kazbeki erklärt. Verlange Onkel Kazbeki als Zeugen. *Die Panzerreiter lachen.*

DER FETTE FÜRST *zu den Panzerreitern, leutselig.* Eine tolle Type. Was?

DER NEFFE. Antrag abgelehnt. Sie können natürlich nicht angeklagt werden, weil Sie einen Krieg erklärt haben, was jeder Herrscher hin und wieder zu tun hat, sondern weil Sie ihn schlecht geführt haben.

AZDAK. Unsinn. Habe ihn überhaupt nicht geführt. Habe ihn führen lassen. Habe ihn führen lassen von Fürsten. Vermasselten ihn natürlich[58].

DER NEFFE. Leugnen Sie etwa, den Oberbefehl gehabt zu haben?

AZDAK. Keineswegs. Habe immer Oberbefehl. Schon bei Geburt Amme angepfiffen. Erzogen, auf Abtritt Scheiße zu entlassen[59]. Gewohnt, zu befehlen. Habe immer Beamten befohlen, meine Kasse zu bestehlen. Offiziere prügeln Soldaten nur, wenn befehle; Gutsherren schlafen mit Weibern von Bauern nur, wenn strengstens befehle. Onkel Kazbeki hier hat Bauch nur auf meinen Befehl.

DIE PANZERREITER *klatschen.* Der ist gut. Hoch der Großfürst!

DER FETTE FÜRST. Füchschen, antwort ihm! Ich bin bei dir.

DER NEFFE. Ich werde ihm antworten, und zwar der Würde des Gerichts entsprechend. Angeklagter, wahren Sie die Würde des Gerichts.

AZDAK. Einverstanden. Befehle Ihnen, mit Verhör fortzufahren.

DER NEFFE. Haben mir nichts zu befehlen. Behaupten also, Fürsten haben Sie gezwungen, Krieg zu erklären. Wie können Sie dann behaupten, Fürsten hätten Krieg vermasselt?

AZDAK. Nicht genug Leute geschickt, Gelder veruntreut, kranke Pferde gebracht, bei Angriff in Bordell gesoffen. Beantrage Onkel Kaz als Zeugen. *Die Panzerreiter lachen.*

DER NEFFE. Wollen Sie die ungeheuerliche Behauptung aufstellen, daß die Fürsten dieses Landes nicht gekämpft haben?

AZDAK. Nein. Fürsten kämpften. Kämpften um Kriegslieferungskontrakte.

---

[57]Give him the business

[58]Naturally they messed it up.   [59]Was trained to drop turds in toilet.

DER FETTE FÜRST *springt auf.* Das ist zuviel. Der
Kerl redet wie ein Teppichweber.

AZDAK. Wirklich? Sage nur Wahrheit!

DER FETTE FÜRST. Aufhängen! Aufhängen!

DER ERSTE PANZERREITER. Immer ruhig. Geh
weiter, Hoheit.

DER NEFFE. Ruhe! Verkündige jetzt Urteil:
Müssen aufgehängt werden. Am Hals. Haben
Krieg verloren. Urteil gesprochen. Unwider-
ruflich.

DER FETTE FÜRST *hysterisch.* Abführen! Abführen! Abführen!

AZDAK. Junger Mann, rate Ihnen ernsthaft,
nicht in Öffentlichkeit in geklippte, zackige Sprech-
weise zu verfallen. Können nicht angestellt werden
als Wachhund, wenn heulen wie Wolf. Kapiert?

DER FETTE FÜRST. Aufhängen!

AZDAK. Wenn Leuten auffällt, daß Fürsten
selbe Sprache sprechen wie Großfürst, hängen sie
noch Großfürst und Fürsten auf. Kassiere
übrigens Urteil. Grund: Krieg verloren, aber nicht
für Fürsten. Fürsten haben ihren Krieg gewonnen.
Haben sich 3 863 000 Piaster für Pferde bezahlen
lassen, die nicht geliefert.

DER FETTE FÜRST. Aufhängen!

AZDAK. 8 240 000 Piaster für Verpflegung von
Mannschaft, die nicht aufgebracht.

DER FETTE FÜRST. Aufhängen!

AZDAK. Sind also Sieger. Krieg nur verloren
für Grusinien, als welches nicht anwesend vor
diesem Gericht.

DER FETTE FÜRST. Ich glaube, das ist genug,
meine Freunde. *Zu Azdak.* Du kannst abtreten,
Galgenvogel. *Zu den Panzerreitern.* Ich denke, ihr
könnt jetzt den neuen Richter bestätigen, meine
Freunde.

DER ERSTE PANZERREITER. Ja, das können wir.
Holt den Richterrock herunter. *Einer klettert auf
den Rücken des andern und zieht dem Gehenkten den
Rock ab.* Und jetzt — *zum Neffen* — geh du weg,
daß auf den richtigen Stuhl der richtige Arsch
kommt. *Zu Azdak:* Tritt du vor, begib dich auf
den Richterstuhl. *Der Azdak zögert.* Setz dich
hinauf, Mensch. *Der Azdak wird von den Panzerreitern auf den Stuhl getrieben.* Immer war der
Richter ein Lump, so soll jetzt ein Lump der
Richter sein. *Der Richterrock wird ihm übergelegt,
ein Flaschenkorb aufgesetzt.* Schaut, was für ein
Richter!

DER SÄNGER

Da war das Land im Bürgerkrieg, der
                    Herrschende unsicher.

Da wurde der Azdak zum Richter gemacht
                    von den Panzerreitern.
Da war der Azdak Richter für zwei Jahre.

DER SÄNGER MIT SEINEN MUSIKERN

Als die großen Feuer brannten
Und in Blut die Städte standen
Aus der Tiefe krochen Spinn und Kakerlak.
Vor dem Schloßtor stand ein Schlächter
Am Altar ein Gottverächter
Und es saß im Rock des Richters der Azdak.

*Auf dem Richterstuhl sitzt der Azdak, einen Apfel
schälend. Schauwa kehrt mit einem Besen das Lokal.
Auf der einen Seite ein Invalide im Rollstuhl, der angeklagte Arzt und ein Hinkender in Lumpen. Auf
der anderen Seite ein junger Mann, der Erpressung
angeklagt. Ein Panzerreiter hält Wache mit der
Standarte der Panzerreiter.*

AZDAK. In Anbetracht der vielen Fälle behandelt
der Gerichtshof heute immer zwei Fälle gleichzeitig. Bevor ich beginne, eine kurze Mitteilung:
Ich nehme. *Er streckt die Hand aus. Nur der
Erpresser zieht Geld und gibt ihm.* Ich behalte mir
vor, eine Partei hier wegen Nichtachtung des Gerichtshofes — *Er blickt auf den Invaliden* — in
Strafe zu nehmen. *Zum Arzt.* Du bist ein Arzt,
und du — *Zum Invaliden* — klagst ihn an. Ist der
Arzt schuld an deinem Zustand?

DER INVALIDE. Jawohl. Ich bin vom Schlag
getroffen worden wegen ihm.

AZDAK. Das wäre Nachlässigkeit im Beruf.

DER INVALIDE. Mehr als Nachlässigkeit. Ich
habe dem Menschen Geld für sein Studium geliehen. Er hat niemals etwas zurückgezahlt, und
als ich hörte, daß er Patienten gratis behandelt,
habe ich den Schlaganfall bekommen.

AZDAK. Mit Recht. *Zum Hinkenden.* Und was
willst du hier?

DER HINKENDE. Ich bin der Patient, Euer
Gnaden.

AZDAK. Er hat wohl dein Bein behandelt?

DER HINKENDE. Nicht das richtige. Das Rheuma
hatte ich am linken, operiert worden bin ich am
rechten, darum hinke ich jetzt.

AZDAK. Und das war gratis?

DER INVALIDE. Eine 500-Piaster-Operation
gratis! Für nichts. Für ein «Vergelt's Gott». Und
ich habe dem Menschen das Studium bezahlt!
Zum Arzt. Hast du auf der Schule gelernt, umsonst zu operieren?

DER ARZT. Euer Gnaden, es ist tatsächlich

üblich, vor einer Operation das Honorar zu nehmen, da der Patient vor der Operation willfähriger
zahlt als danach, was menschlich verständlich ist.
In dem vorliegenden Fall glaubte ich, als ich zur
Operation schritt, daß mein Diener das Honorar 5
bereits erhalten hätte. Darin täuschte ich mich.
DER INVALIDE. Er täuschte sich! Ein guter
Arzt täuscht sich nicht! Er untersucht, bevor er
operiert.
AZDAK. Das ist richtig. *Zu Schauwa.* Um was 10
handelt es sich bei dem anderen Fall, Herr Öffentlicher Ankläger?
SCHAUWA *eifrig kehrend.* Erpressung.
DER ERPRESSER. Hoher Gerichtshof, ich bin
unschuldig. Ich habe mich bei dem betreffenden 15
Grundbesitzer nur erkundigen wollen, ob er tatsächlich seine Nichte vergewaltigt hat. Er klärte
mich freundlichst auf, das nicht, und gab mir das
Geld nur, damit ich meinen Onkel Musik studieren
lassen kann. 20
AZDAK: Aha! *Zum Arzt.* Du hingegen, Doktor,
kannst für dein Vergehen keinen Milderungsgrund
anführen, wie?
DER ARZT. Höchstens, daß Irren menschlich ist.
AZDAK. Und du weißt, daß ein guter Arzt 25
verantwortungsbewußt ist, wenn es sich um Geld-
angelegenheiten handelt? Ich hab von einem
Arzt gehört, daß er aus einem verstauchten Finger
1000 Piaster gemacht hat, indem er herausgefunden
hat, es hätte mit dem Kreislauf zu tun, was ein 30
schlechterer Arzt vielleicht übersehen hätte, und
ein anderes Mal hat er durch eine sorgfältige Behandlung eine mittlere Galle zu einer Goldquelle
gemacht. Du hast keine Entschuldigung, Doktor.
Der Getreidehändler Uxu hat seinen Sohn Medizin 35
studieren lassen, damit er den Handel erlernt, so
gut sind bei uns die medizinischen Schulen. *Zum
Erpresser.* Wie ist der Name des Grundbesitzers?
SCHAUWA. Er wünscht nicht genannt zu werden.
AZDAK. Dann spreche ich die Urteile. Die 40
Erpressung wird vom Gericht als bewiesen be-
trachtet, und du — *Zum Invaliden* — wirst zu 1000
Piaster Strafe verurteilt. Wenn du einen zweiten
Schlaganfall bekommst, muß dich der Doktor
gratis behandeln, eventuell amputieren. *Zum* 45
Hinkenden. Du bekommst als Entschädigung eine
Flasche Franzbranntwein zugesprochen. *Zum
Erpresser.* Du hast die Hälfte deines Honorars an
den Öffentlichen Ankläger abzuführen dafür, daß
das Gericht den Namen des Grundbesitzers ver- 50
schweigt, und außerdem wird dir der Rat erteilt,
Medizin zu studieren, da du dich für diesen Beruf
eignest. Und du, Arzt, wirst wegen unverzeih-

lichen Irrtums in deinem Fach freigesprochen. Die
nächsten Fälle!

DER SÄNGER MIT SEINEN MUSIKERN

Ach, was willig, ist nicht billig
Und was teuer, nicht geheuer
Und das Recht ist eine Katze im Sack[60].
Darum bitten wir 'nen Dritten
Daß er schlichtet und's uns richtet
Und das macht uns für 'nen Groschen der
Azdak.

*Aus einer Karawanserei an der Heerstraße kommt
der Azdak, gefolgt von dem Wirt, dem langbärtigen
Greis. Dahinter wird vom Knecht und von Schauwa
der Richterstuhl geschleppt. Ein Panzerreiter
nimmt Aufstellung mit der Standarte der Panzerreiter.*

AZDAK. Stellt ihn hierher. Da hat man wenigstens Luft und etwas Zug vom Zitronenwäldchen
drüben. Der Justiz tut es gut, es im Freien zu
machen. Der Wind bläst ihr die Röcke hoch, und
man kann sehn, was sie drunter hat. Schauwa,
wir haben zuviel gegessen. Diese Inspektionsreisen
sind anstrengend. *Zum Wirt.* Es handelt sich um
deine Schwiegertochter?
DER WIRT. Euer Gnaden, es handelt sich um die
Familienehre. Ich erhebe Klage an Stelle meines
Sohnes, der in Geschäften überm Berg ist. Dies ist
der Knecht, der sich vergangen hat, und hier ist
meine bedauernswerte Schwiegertochter.

*Die Schwiegertochter, eine üppige Person, kommt.
Sie ist verschleiert.*

AZDAK *setzt sich.* Ich nehme. *Der Wirt gibt ihm
seufzend Geld.* So, die Formalitäten sind damit
geordnet. Es handelt sich um Vergewaltigung?
DER WIRT. Euer Gnaden, ich überraschte den
Burschen im Pferdestall, wie er unsere Ludowika
eben ins Stroh legte.
AZDAK. Ganz richtig, der Pferdestall. Wunder-
bare Pferde. Besonders ein kleiner Falbe gefiel mir.
DER WIRT. Natürlich nahm ich, an Stelle meines
Sohnes, Ludowika sofort ins Gebet.
AZDAK *ernst.* Ich sagte, er gefiel mir.
DER WIRT *kalt.* Wirklich? — Ludowika gestand
mir, daß der Knecht sie gegen ihren Willen be-
schlafen habe.
AZDAK. Nimm den Schleier ab, Ludowika. *Sie*

---

[60]And the law is a pig in a poke.

tut es. Ludowika, du gefällst dem Gerichtshof. Berichte, wie es war.

LUDOWIDA *einstudiert.* Als ich den Stall betrat, das neue Fohlen anzusehen, sagte der Knecht zu mir unaufgefordert: «Es ist heiß heute» und legte mir die Hand auf die linke Brust. Ich sagte zu ihm: «Tu das nicht», aber er fuhr fort, mich unsittlich zu betasten, was meinen Zorn erregte. Bevor ich seine sündhafte Absicht durchschauen konnte, trat er mir dann zu nahe. Es war geschehen, als mein Schwiegervater eintrat und mich irrtümlich mit den Füßen trat.

DER WIRT *erklärend.* An Stelle meines Sohnes.

AZDAK *zum Knecht.* Gibst du zu, daß du angefangen hast?

KNECHT. Jawohl.

AZDAK. Ludowika, ißt du gern Süßes?

LUDOWIKA. Ja, Sonnenblumenkerne.

AZDAK. Sitzt du gern lang im Badezuber?

LUDOWIKA. Eine halbe Stunde oder so.

AZDAK. Herr Öffentlicher Ankläger, leg dein Messer dort auf den Boden. *Schauwa tut es.* Ludowika, geh und heb das Messer des Öffentlichen Anklägers auf.

Ludowika geht, die Hüften wiegend, zum Messer und hebt es auf.

AZDAK *zeigt auf sie.* Seht ihr das? Wie das wiegt? Der verbrecherische Teil ist entdeckt. Die Vergewaltigung ist erwiesen. Durch zuviel Essen, besonders von Süßem, durch langes Im-lauen-Wasser-Sitzen, durch Faulheit und eine zu weiche Haut hast du den armen Menschen dort vergewaltigt. Meinst du, du kannst mit einem solchen Hintern herumgehen und es geht dir bei Gericht durch? Das ist ein vorsätzlicher Angriff mit einer gefährlichen Waffe. Du wirst verurteilt, den kleinen Falben dem Gerichtshof zu übergeben, den dein Schwiegervater an Stelle seines Sohnes zu reiten pflegt, und jetzt gehst du mit mir in den Pferdestall, damit sich der Gerichtshof den Tatort betrachten kann, Ludowika.

Auf der Grusinischen Heerstraße wird der Azdak von seinen Panzerreitern auf seinem Richterstuhl von Ort zu Ort getragen. Hinter ihm Schauwa, der den Galgen schleppt, und der Knecht, der den kleinen Falben führt.

DER SÄNGER MIT SEINEN MUSIKERN

Als die Obern sich zerstritten
War'n die Untern froh, sie litten

Nicht mehr gar so viel Gibher[61] und
                              Abgezwack[62].
Auf Grusiniens bunten Straßen
Gut versehn mit falschen Maßen
Zog der Armeleuterichter, der Azdak.

Und er nahm es von den Reichen
Und er gab es seinesgleichen
Und sein Zeichen war die Zähr' aus Siegellack[63]
Und beschirmet von Gelichter
Zog der gute schlechte Richter
Mütterchen Grusiniens, der Azdak.

Der kleine Zug entfernt sich.

Kommt ihr zu dem lieben Nächsten
Kommt mit gut geschärften Äxten
Nicht entnervten Bibeltexten und
                              Schnickschnack[64]!
Wozu all der Predigtplunder
Seht, die Äxte tuen Wunder
Und mitunter glaubt an Wunder der Azdak.

Der Richterstuhl des Azdak steht in einer Weinschänke. Drei Großbauern stehen vor dem Azdak, dem Schauwa Wein bringt. In der Ecke steht eine alte Bäuerin. Unter der offenen Tür und außen die Dorfbewohner als Zuschauer. Ein Panzerreiter hält Wache mit der Standarte der Panzerreiter.

AZDAK. Der Herr Öffentliche Ankläger hat das Wort.

SCHAUWA. Es handelt sich um eine Kuh. Die Angeklagte hat seit fünf Wochen eine Kuh im Stall, die dem Großbauern Suru gehört. Sie wurde auch im Besitz eines gestohlenen Schinkens angetroffen, und dem Großbauern Schuteff sind Kühe getötet worden, als er die Angeklagte aufforderte, die Pacht für einen Acker zu zahlen.

DIE GROSSBAUERN. Es handelt sich um meinen Schinken, Euer Gnaden. — Es handelt sich um meine Kuh, Euer Gnaden. — Es handelt sich um meinen Acker, Euer Gnaden.

AZDAK. Mütterchen, was hast du dazu zu sagen?

DIE ALTE. Euer Gnaden, vor fünf Wochen klopfte es in der Nacht gegen Morgen zu an meiner Tür, und draußen stand ein bärtiger Mann mit einer Kuh, und sagte: «Liebe Frau, ich bin der wundertätige Sankt Banditus, und weil dein Sohn

---

[61]*Gibher* "gimme!"   [62]*Abzwacken* (colloquial) means to exploit, take away from.   [63]tear of sealing wax [64]palaver, empty talk

im Krieg gefallen ist, bringe ich dir diese Kuh als ein Angedenken. Pflege sie gut.»

DIE GROSSBAUERN. Der Räuber Irakli, Euer Gnaden! — Ihr Schwager, Euer Gnaden! Der Herdendieb, der Brandstifter! — Geköpft muß er werden!

Von außen der Aufschrei einer Frau. Die Menge wird unruhig, weicht zurück. Herein der Bandit Irakli mit einer riesigen Axt.

DIE GROSSBAUERN. Irakli! *Sie bekreuzigen sich.*

DER BANDIT. Schönen guten Abend, ihr Lieben! Ein Glas Wein!

AZDAK. Herr Öffentlicher Ankläger, eine Kanne Wein für den Gast. Und wer bist du?

DER BANDIT. Ich bin ein wandernder Eremit, Euer Gnaden, und danke für die milde Gabe. *Er trinkt das Glas aus, das Schauwa gebracht hat.* Noch eins.

AZDAK. Ich bin der Azdak. *Er steht auf und verbeugt sich, ebenso verbeugt sich der Bandit.* Der Gerichtshof heißt den fremden Eremiten willkommen. Erzähl weiter, Mütterchen!

DIE ALTE. Euer Gnaden, in der ersten Nacht wußt' ich noch nicht, daß der heilige Banditus Wunder tun konnte, es war nur die Kuh. Aber ein paar Tage später kamen nachts die Knechte des Großbauern und wollten mir die Kuh wieder nehmen. Da kehrten sie vor meiner Tür um und gingen zurück ohne die Kuh, und faustgroße Beulen wuchsen ihnen auf den Köpfen. Da wußte ich, daß der heilige Banditus ihre Herzen verwandelt und sie zu freundlichen Menschen gemacht hatte.

Der Bandit lacht laut.

DER ERSTE GROSSBAUER. Ich weiß, was sie verwandelt hat.

AZDAK. Das ist gut. Da wirst du es uns nachher sagen. Fahr fort!

DIE ALTE. Euer Gnaden, der Nächste, der ein guter Mensch wurde, war der Großbauer Schuteff, ein Teufel, das weiß jeder. Aber der heilige Banditus hat es zustande gebracht, daß er mir die Pacht auf den kleinen Acker erlassen hat.

DER ZWEITE GROSSBAUER. Weil mir meine Kühe auf dem Feld abgestochen wurden.

Der Bandit lacht.

DIE ALTE *auf den Wink des Azdak.* Und dann kam der Schinken eines Morgens zum Fenster

hereingeflogen. Er hat mich ins Kreuz getroffen, ich lahme noch jetzt, sehen Sie, Euer Gnaden. *Sie geht ein paar Schritte. Der Bandit lacht.* Ich frage, Euer Gnaden: Wann hat je einer einem armen alten Menschen einen Schinken gebracht ohne ein Wunder?

Der Bandit beginnt zu schluchzen.

AZDAK *von seinem Stuhl gehend.* Mütterchen, das ist eine Frage, die den Gerichtshof mitten ins Herz trifft. Sei so freundlich, dich niederzusetzen.

Die Alte setzt sich zögernd auf den Richterstuhl. Der Azdak setzt sich auf den Boden, mit seinem Weinglas.

AZDAK

Mütterchen, fast nennte ich dich Mutter
                Grusinien, die Schmerzhafte
Die Beraubte, deren Söhne im Krieg sind
Die mit Fäusten Geschlagene, Hoffnungsvolle
Die da weint, wenn sie eine Kuh kriegt.
Die sich wundert, wenn sie nicht geschlagen
                wird.
Mütterchen, wolle uns Verdammte gnädig
                beurteilen!

Brüllend zu den Großbauern.

Gesteht, daß ihr nicht an Wunder glaubt, ihr Gottlosen! Jeder von euch wird verurteilt zu 500 Piaster Strafe wegen Gottlosigkeit. Hinaus!

Die Großbauern schleichen hinaus.

AZDAK. Und du, Mütterchen, und du, frommer Mann, leeret eine Kanne Wein mit dem Öffentlichen Ankläger und dem Azdak.

DER SÄNGER MIT SEINEN MUSIKERN

Und so brach er die Gesetze
Wie ein Brot, daß es sie letze[65]
Bracht das Volk ans Ufer auf des Rechtes Wrack.
Und die Niedren und Gemeinen
Hatten endlich, endlich einen
Den die leere Hand bestochen, den Azdak.

Siebenhundertzwanzig Tage
Maß er mit gefälschter Waage
Ihre Klage, und er sprach wie Pack zu Pack.

[65]refresh

Auf dem Richterstuhl, den Balken
Über sich von einem Galgen
Teilte sein gezinktes Recht[66] aus der Azdak.

DER SÄNGER

Da war die Zeit der Unordnung aus, kehrte der
　　　Großfürst zurück
Kehrte die Gouverneursfrau zurück, wurde ein
　　　Gericht gehalten
Starben viele Menschen, brannte die Vorstadt
　　　aufs neue, ergriff Furcht den Azdak.

*Der Richterstuhl des Azdak steht wieder im Hof des
Gerichts. Der Azdak sitzt auf dem Boden und flickt
seinen Schuh, mit Schauwa sprechend. Von außen
Lärm. Hinter der Mauer wird der Kopf des fetten
Fürsten auf einem Spieß vorbeigetragen.*

AZDAK. Schauwa, die Tage deiner Knechtschaft
sind jetzt gezählt, vielleicht sogar die Minuten.
Ich habe dich die längste Zeit in der eisernen
Kandare[67] der Vernunft gehalten, die dir das Maul
blutig gerissen hat, dich mit Vernunftgründen auf-
gepeitscht und mit Logik mißhandelt. Du bist von
Natur ein schwacher Mensch, und wenn man dir
listig ein Argument hinwirft, mußt du es gierig
hineinfressen, du kannst dich nicht halten. Du
mußt deiner Natur nach einem höheren Wesen
die Hand lecken, aber es können ganz verschiedene
höhere Wesen sein, und jetzt kommt deine Befreiung, und du kannst bald wieder deinen Trieben
folgen, welche niedrig sind, und deinem untrüg-
lichen Instinkt, der dich lehrt, daß du deine dicke
Sohle in menschliche Antlitze pflanzen sollst. Denn
die Zeit der Verwirrung und Unordnung ist vorüber
und die große Zeit ist nicht gekommen, die ich
beschrieben fand in dem Lied vom Chaos, das wir
jetzt noch einmal zusammen singen werden zum
Angedenken an diese wunderbare Zeit; setz dich
und vergreif dich nicht an den Tönen. Keine
Furcht, man darf es hören, es hat einen beliebten
Refrain.

Er singt.

Schwester, verhülle dein Haupt, Bruder, hole
　　　dein Messer, die Zeit ist ganz aus den Fugen.

Die Vornehmen sind voll Klagen und die
　　　Geringen voll Freude.
Die Stadt sagt: Laßt uns die Starken aus unserer
　　　Mitte vertreiben.
In den Ämtern wird eingebrochen, die Listen
　　　der Leibeigenen werden zerstört.
Die Herren hat man an die Mühlsteine gesetzt.
　　Die den Tag nie sahen, sind herausgegangen.
Die Opferkästen aus Ebenholz werden
　　zerschlagen, das herrliche Sesnemholz
　　　　zerhackt man zu Betten.
Wer kein Brot hatte, der hat jetzt Scheunen, wer
　　sich Kornspenden holte, läßt jetzt selber
　　　　austeilen.

SCHAUWA. Oh, oh, oh, oh.

AZDAK

Wo bleibst du, General? Bitte, bitte, bitte,
　　　schaff Ordnung.
Der Sohn des Angesehenen ist nicht mehr zu
　　erkennen; das Kind der Herrin wird zum
　　　　Sohn ihrer Sklavin.
Die Amtsherren suchen schon Obdach im
　　Speicher; wer kaum auf den Mauern
　　　nächtigen durfte, räkelt jetzt sich im Bett.
Der sonst das Boot ruderte, besitzt jetzt Schiffe;
　　schaut ihr Besitzer nach ihnen, so sind sie
　　　　nicht mehr sein.
Fünf Männer sind ausgeschickt von ihren
　　Herren. Sie sagen: Geht jetzt selber den Weg,
　　　　wir sind angelangt.

SCHAUWA. Oh, oh, oh, oh.

AZDAK

Wo bleibst du, General? Bitte, bitte, bitte,
　　　schaff Ordnung!

Ja, so wäre es beinahe gekommen bei uns, wenn die
Ordnung noch länger vernachlässigt worden wäre.
Aber jetzt ist der Großfürst, dem ich Ochse das
Leben gerettet habe, in die Hauptstadt zurück, und
die Perser haben ihm ein Heer ausgeliehen, damit
er Ordnung schafft. Die Vorstadt brennt schon.
Hol mir das dicke Buch, auf dem ich immer sitze.
*Schauwa bringt vom Richterstuhl das Buch, der
Azdak schlägt es auf.* Das ist das Gesetzbuch, und
ich habe es immer benutzt, das kannst du bezeugen.
　　SCHAUWA. Ja, zum Sitzen.
　　AZDAK. Ich werde jetzt besser nachschlagen,
was sie mir aufbrennen können[68]. Denn ich habe

---

[66]In card games, *gezinkte Karten* are "marked cards."
Hence *gezinktes Recht* means something like "manipu-
lated law." [67]*Kandare* means literally "bit" (in a
horse's mouth); but it is most commonly used in the
expression *an der Kandare halten* "to keep a tight rein
on, hold in check."

[68]what they can brand on me, i.e., stick me with

den Habenichtsen durch die Finger gesehen[69], das wird mir teuer zu stehen kommen. Ich habe der Armut auf die dünnen Beine geholfen, da werden sie mich wegen Trunkenheit aufhängen; ich habe den Reichen in die Taschen geschaut, das ist faule Sprache. Und ich kann mich nirgends verstecken, denn alle kennen mich, da ich allen geholfen habe.

SCHAUWA. Jemand kommt.

AZDAK *gehetzt stehend, geht dann schlotternd zum Stuhl.* Aus. Aber ich werd niemand den Gefallen tun, menschliche Größe zu zeigen. Ich bitt dich auf den Knien um Erbarmen, geh jetzt nicht weg, der Speichel rinnt mir heraus. Ich hab Todesfurcht.

Herein Natella Abaschwili, die Gouverneursfrau, mit dem Adjutanten und einem Panzerreiter.

DIE GOUVERNEURSFRAU. Was ist das für eine Kreatur, Shalva?

AZDAK. Eine willfährige, Euer Gnaden, eine, die zu Diensten steht.

DER ADJUTANT. Natella Abaschwili, die Frau des verstorbenen Gouverneurs, ist soeben zurückgekehrt und sucht nach ihrem zweijährigen Sohn Michel Abaschwili. Sie hat Kenntnis bekommen, daß das Kind von einem früheren Dienstboten in das Gebirge verschleppt wurde.

AZDAK. Es wird beigeschafft werden, Euer Hochwohlgeboren, zu Befehl.

DER ADJUTANT. Die Person soll das Kind als ihr eigenes ausgeben.

AZDAK. Sie wird geköpft werden, Euer Hochwohlgeboren, zu Befehl.

DER ADJUTANT. Das ist alles.

DIE GOUVERNEURSFRAU *im Abgehen.* Der Mensch mißfällt mir.

AZDAK *folgt ihr mit tiefen Verbeugungen zur Tür.* Es wird alles geordnet werden, Euer Hochwohlgeboren. Zu Befehl.

[6]

DER KREIDEKREIS

DER SÄNGER

Hört nun die Geschichte des Prozesses um das
    Kind des Gouverneurs Abaschwili
Mit der Feststellung der wahren Mutter

Durch die berühmte Probe mit einem
    Kreidekreis.

Im Hof des Gerichts in Nukha. Panzerreiter führen Michel herein und über den Hof nach hinten hinaus. Ein Panzerreiter hält mit dem Spieß Grusche unterm Tor zurück, bis das Kind weggeführt ist. Dann wird sie eingelassen. Bei ihr ist die Köchin aus dem Haushalt des ehemaligen Gouverneurs Abaschwili. Entfernter Lärm und Brandröte.

GRUSCHE. Er ist tapfer, er kann sich schon allein waschen.

DIE KÖCHIN. Du hast ein Glück, es ist überhaupt kein richtiger Richter, es ist der Azdak. Er ist ein Saufaus[70] und versteht nichts, und die größten Diebe sind schon bei ihm freigekommen. Weil er alles verwechselt und die reichen Leut ihm nie genug Bestechung zahlen, kommt unsereiner manchmal gut bei ihm weg.

GRUSCHE. Heut brauch ich Glück.

DIE KÖCHIN. Verruf's nicht[71]. *Sie bekreuzigt sich.* Ich glaub, ich bet besser schnell noch einen Rosenkranz, daß der Richter besoffen ist.

Sie betet mit tonlosen Lippen, während Grusche vergebens nach dem Kind ausschaut.

DIE KÖCHIN. Ich versteh nur nicht, warum du's mit aller Gewalt behalten willst, wenn's nicht deins ist, in diesen Zeiten.

GRUSCHE. Es ist meins: ich hab's aufgezogen.

DIE KÖCHIN. Hast du denn nie darauf gedacht, was geschieht, wenn sie zurückkommt?

GRUSCHE. Zuerst hab ich gedacht, ich geb's ihr zurück, und dann hab ich gedacht, sie kommt nicht mehr.

DIE KÖCHIN. Und ein geborgter Rock hält auch warm, wie? *Grusche nickt.* Ich schwör dir, was du willst, weil du eine anständige Person bist. *Memoriert.* Ich hab ihn in Pflege gehabt, für 5 Piaster, und die Grusche hat ihn sich abgeholt am Ostersonntag, abends, wie die Unruhen waren. *Sie erblickt den Soldaten Chachava, der sich nähert.* Aber an dem Simon hast du dich versündigt, ich hab mit ihm gesprochen, er kann's nicht fassen.

GRUSCHE *die ihn nicht sieht.* Ich kann mich jetzt nicht kümmern um den Menschen, wenn er nichts versteht.

DIE KÖCHIN. Er hat's verstanden, daß das Kind

---

[69]seen through their tricks

[70]a drunk   [71]Touch wood. (literally: Don't talk of your luck — because then it won't come.)

nicht deins ist, aber daß du im Stand der Ehe bist und nicht mehr frei, bis der Tod dich scheidet, kann er nicht verstehen.

Grusche erblickt ihn und grüßt.

SIMON *finster.* Ich möchte der Frau mitteilen, daß ich bereit zum Schwören bin. Der Vater vom Kind bin ich.

GRUSCHE *leise.* Es ist recht, Simon.

SIMON. Zugleich möchte ich mitteilen, daß ich dadurch zu nichts verpflichtet bin und die Frau auch nicht.

DIE KÖCHIN. Das ist unnötig. Sie ist verheiratet, das weißt du.

SIMON. Das ist ihre Sache und braucht nicht eingerieben zu werden.

Herein kommen zwei Panzerreiter.

DIE PANZERREITER. Wo ist der Richter? — Hat jemand den Richter gesehen?

GRUSCHE *die sich abgewendet und ihr Gesicht bedeckt hat.* Stell dich vor mich hin. Ich hätt nicht nach Nukha gehen dürfen. Wenn ich an den Panzerreiter hinlauf, den ich über den Kopf geschlagen hab . . .

EINER DER PANZERREITER *die das Kind gebracht haben, tritt vor.* Der Richter ist nicht hier.

Die beiden Panzerreiter suchen weiter.

DIE KÖCHIN. Hoffentlich ist nichts mit ihm passiert. Mit einem andern hast du weniger Aussichten, als ein Huhn Zähne im Mund hat.

Ein anderer Panzerreiter tritt auf.

DER PANZERREITER *der nach dem Richter gefragt hat, meldet ihm.* Da sind nur zwei alte Leute und ein Kind. Der Richter ist getürmt.

DER ANDERE PANZERREITER. Weitersuchen!

Die ersten beiden Panzerreiter gehen schnell ab, der dritte bleibt stehen. Grusche schreit auf. Der Panzerreiter dreht sich um. Es ist der Gefreite, und er hat eine große Narbe über dem ganzen Gesicht.

DER PANZERREITER IM TOR. Was ist los, Schotta? Kennst du die?

DER GEFREITE *nach langem Starren.* Nein.

DER PANZERREITER IM TOR. Die soll das Abaschwilikind gestohlen haben. Wenn du davon

etwas weißt, kannst du einen Batzen Geld machen, Schotta.

Der Gefreite geht fluchend ab.

DIE KÖCHIN. War es der? *Grusche nickt.* Ich glaub, der hält's Maul. Sonst müßt er zugeben, er war hinter dem Kind her.

GRUSCHE *befreit.* Ich hatt beinah schon vergessen, daß ich das Kind doch gerettet hab vor denen . . .

Herein die Gouverneursfrau mit dem Adjutanten und zwei Anwälten.

DIE GOUVERNEURSFRAU. Gott sei Dank, wenigstens kein Volk da. Ich kann den Geruch nicht aushalten, ich bekomme Migräne davon.

DER ERSTE ANWALT. Bitte, gnädige Frau. Seien Sie so vernünftig wie möglich mit allem, was Sie sagen, bis wir einen andern Richter haben.

DIE GOUVERNEURSFRAU. Aber ich habe doch gar nichts gesagt, Illo Schuboladze. Ich liebe das Volk mit seinem schlichten, geraden Sinn, es ist nur der Geruch, der mir Migräne macht.

DER ZWEITE ANWALT. Es wird kaum Zuschauer geben. Der größte Teil der Bevölkerung sitzt hinter geschlossenen Türen wegen der Unruhen in der Vorstadt.

DIE GOUVERNEURSFRAU. Ist das die Person?

DER ERSTE ANWALT. Bitte, gnädigste Natella Abaschwili, sich aller Invektiven zu enthalten, bis es sicher ist, daß der Großfürst den neuen Richter ernannt hat und wir den gegenwärtigen amtierenden Richter los sind, der ungefähr das Niedrigste ist, was man je in einem Richterrock gesehen hat. Und die Dinge scheinen sich schon zu bewegen, sehen Sie.

Panzerreiter kommen in den Hof.

DIE KÖCHIN. Die Gnädigste würde dir sogleich die Haare ausreißen, wenn sie nicht wüßte, daß der Azdak für die Niedrigen ist. Er geht nach dem Gesicht.

Zwei Panzerreiter haben begonnen, einen Strick an der Säule zu befestigen. Jetzt wird der Azdak gefesselt hereingeführt. Hinter ihm, ebenfalls gefesselt, Schauwa. Hinter diesem die drei Großbauern.

EIN PANZERREITER. Einen Fluchtversuch wolltest du machen, was? *Er schlägt den Azdak.*

EIN GROSSBAUER. Den Richterrock herunter, bevor er hochgezogen wird!

Panzerreiter und Großbauern reißen dem Azdak den Richterrock herunter. Seine zerlumpte Unterkleidung wird sichtbar. Dann gibt ihm einer einen Stoß.

EIN PANZERREITER *wirft ihn einem anderen zu.* Willst du einen Haufen Gerechtigkeit? Da ist sie!

Unter Geschrei «Nimm du sie!» und «Ich brauche sie nicht!» werfen sie sich den Azdak zu, bis er zusammenbricht, dann wird er hochgerissen und unter die Schlinge gezerrt.

DIE GOUVERNEURSFRAU *die während des «Ballspiels» hysterisch in die Hände geklatscht hat.* Der Mensch war mir unsympathisch auf den ersten Blick.

AZDAK *blutüberströmt, keuchend.* Ich kann nicht sehn, gebt mir einen Lappen.

DER ANDERE PANZERREITER. Was willst du denn sehn?

AZDAK. Euch, Hunde. *Er wischt sich mit seinem Hemd das Blut aus den Augen.* Gott zum Gruß, Hunde! Wie geht es, Hunde? Wie ist die Hundewelt, stinkt sie gut? Gibt es wieder einen Stiefel zu lecken? Beißt ihr euch wieder selber zu Tode, Hunde?

Ein staubbedeckter Reiter ist mit einem Gefreiten hereingekommen. Aus einem Ledersack hat er Papiere gezogen und durchgesehen. Nun greift er ein.

DER STAUBBEDECKTE REITER. Halt, hier ist das Schreiben des Großfürsten, die neuen Ernennungen betreffend.

GEFREITER *brüllt.* Steht still! *Alle stehen still.*

DER STAUBBEDECKTE REITER. Über den neuen Richter heißt es: Wir ernennen einen Mann, dem die Errettung eines dem Land hochwichtigen Lebens zu danken ist, einen gewissen Azdak in Nukha. Wer ist das?

SCHAUWA *zeigt auf den Azdak.* Der am Galgen, Euer Exzellenz.

GEFREITER *brüllt.* Was geht hier vor?

DER PANZERREITER. Bitte, berichten zu dürfen, daß Seine Gnaden schon Seine Gnaden war und auf Anzeige dieser Großbauern als Feind des Großfürsten bezeichnet wurde.

GEFREITER *auf die Großbauern.* Abführen! *Sie werden abgeführt, gehen mit unaufhörlichen Verneigungen.* Sorgt, daß Seine Gnaden keine weiteren Belästigungen erfährt. *Ab mit dem staubbedeckten Reiter.*

DIE KÖCHIN *zu Schauwa.* Sie hat in die Hände geklatscht. Hoffentlich hat er es gesehen.

DER ERSTE ANWALT. Es ist eine Katastrophe.

Der Azdak ist ohnmächtig geworden. Er wird herabgeholt, kommt zu sich, wird wieder mit dem Richterrock bekleidet, geht schwankend aus der Gruppe der Panzerreiter.

DIE PANZERREITER. Nichts für ungut, Euer Gnaden! — Was wünschen Euer Gnaden?

AZDAK. Nichts, meine Mithunde. Einen Stiefel zum Lecken, gelegentlich. *Zu Schauwa.* Ich begnadige dich. *Er wird entfesselt.* Hol mir von dem Roten, Süßen. *Schauwa ab.* Verschwindet, ich hab einen Fall zu behandeln. *Panzerreiter ab. Schauwa zurück mit Kanne Wein. Der Azdak trinkt schwer.* Etwas für meinen Steiß[72]! *Schauwa bringt das Gesetzbuch, legt es auf den Richterstuhl. Der Azdak setzt sich.* Ich nehme! *Die Antlitze der Kläger, unter denen eine besorgte Beratung stattfindet, zeigen ein befreites Lächeln. Ein Tuscheln findet statt.*

DIE KÖCHIN. Auweh.

SIMON. «Ein Brunnen läßt sich nicht mit Tau füllen», wie man sagt.

DIE ANWÄLTE *nähern sich dem Azdak, der erwartungsvoll aufsteht.* Ein ganz lächerlicher Fall, Euer Gnaden. — Die Gegenpartei hat das Kind entführt und weigert sich, es herauszugeben.

AZDAK *hält ihnen die offene Hand hin, nach Grusche blickend.* Eine sehr anziehende Person. *Er bekommt mehr.* Ich eröffne die Verhandlung und bitt mir strikte Wahrhaftigkeit aus. *Zu Grusche.* Besonders von dir.

DER ERSTE ANWALT. Hoher Gerichtshof! Blut, heißt es im Volksmund, ist dicker als Wasser. Diese alte Weisheit . . .

AZDAK. Der Gerichtshof wünscht zu wissen, was das Honorar des Anwalts ist.

DER ERSTE ANWALT *erstaunt.* Wie belieben? *Der Azdak reibt freundlich Daumen und Zeigefinger.* Ach so! 500 Piaster, Euer Gnaden, um die ungewöhnliche Frage des Gerichtshofes zu beantworten.

AZDAK. Habt ihr zugehört? Die Frage ist ungewöhnlich. Ich frag, weil ich Ihnen ganz anders zuhör, wenn ich weiß, Sie sind gut.

DER ERSTE ANWALT *verbeugt sich.* Danke, Euer Gnaden. Hoher Gerichtshof! Die Bande des Blutes sind die stärksten aller Bande. Mutter und Kind, gibt es ein innigeres Verhältnis? Kann man einer Mutter ihr Kind entreißen? Hoher Gerichtshof!

[72]Something for my backside!

Sie hat es empfangen in den heiligen Ekstasen der Liebe, sie trug es in ihrem Leibe, speiste es mit ihrem Blute, gebar es mit Schmerzen. Hoher Gerichtshof! Man hat gesehen, wie selbst die rohe Tigerin, beraubt ihrer Jungen, rastlos durch die Gebirge streifte, abgemagert zu einem Schatten. Die Natur selber . . .

AZDAK *unterbricht, zu Grusche.* Was kannst du dazu und zu allem, was der Herr Anwalt noch zu sagen hat, erwidern?

GRUSCHE. Es ist meins.

AZDAK. Ist das alles? Ich hoff, du kannst's beweisen. Jedenfalls rat ich dir, daß du mir sagst, warum du glaubst, ich soll dir das Kind zusprechen.

GRUSCHE. Ich hab's aufgezogen nach bestem Wissen und Gewissen, ihm immer was zum Essen gefunden. Es hat meistens ein Dach überm Kopf gehabt, und ich hab allerlei Ungemach auf mich genommen seinetwegen, mir auch Ausgaben gemacht. Ich hab nicht auf meine Bequemlichkeit geschaut. Das Kind hab ich angehalten zur Freundlichkeit gegen jedermann und von Anfang an zur Arbeit, so gut es gekonnt hat, es ist noch klein.

DER ERSTE ANWALT. Euer Gnaden, es ist bezeichnend, daß die Person selber keinerlei Blutsbande zwischen sich und dem Kind geltend macht.

AZDAK. Der Gerichtshof nimmt's zur Kenntnis.

DER ERSTE ANWALT. Danke, Euer Gnaden. Gestatten Sie, daß eine tiefgebeugte Frau, die schon ihren Gatten verlor und nun auch noch fürchten muß, ihr Kind zu verlieren, einige Worte an Sie richtet. Gnädige Natella Abaschwili . . .

DIE GOUVERNEURSFRAU *leise.* Ein höchst grausames Schicksal, mein Herr, zwingt mich, von Ihnen mein geliebtes Kind zurückzuerbitten. Es ist nicht an mir, Ihnen die Seelenqualen einer beraubten Mutter zu schildern, die Ängste, die schlaflosen Nächte, die . . .

DER ZWEITE ANWALT *ausbrechend.* Es ist unerhört, wie man diese Frau behandelt. Man verwehrt ihr den Eintritt in den Palast ihres Mannes, man sperrt ihr die Einkünfte aus den Gütern, man sagt ihr kaltblütig, sie seien an den Erben gebunden, sie kann nichts unternehmen ohne das Kind, sie kann ihre Anwälte nicht bezahlen! *Zu dem ersten Anwalt, der, verzweifelt über seinen Ausbruch, ihm frenetische Gesten macht, zu schweigen.* Lieber Illo Schuboladze, warum soll es nicht ausgesprochen werden, daß es sich schließlich um die Abaschwili-Güter handelt?

DER ERSTE ANWALT. Bitte, verehrter Sandro Oboladze! Wir haben vereinbart . . . *Zum Azdak.*

Selbstverständlich ist es richtig, daß der Ausgang des Prozesses auch darüber entscheidet, ob unsere hohe Klientin die Verfügung über die sehr großen Abaschwili-Güter erhält, aber ich sage mit Absicht «auch», das heißt, im Vordergrund steht die menschliche Tragödie einer Mutter, wie Natella Abaschwili im Eingang ihrer erschütternden Ausführungen mit Recht erwähnt hat. Selbst wenn Michel Abaschwili n i c h t der Erbe der Güter wäre, wäre er immer noch das heißgeliebte Kind meiner Klientin.

AZDAK. Halt! Den Gerichtshof berührt die Erwähnung der Güter als ein Beweis der Menschlichkeit.

DER ZWEITE ANWALT. Danke, Euer Gnaden. Lieber Illo Schuboladze, auf jeden Fall können wir nachweisen, daß die Person, die das Kind an sich gerissen hat, nicht die Mutter des Kindes ist! Gestatten Sie mir, dem Gerichtshof die nackten Tatsachen zu unterbreiten. Das Kind, Michel Abaschwili, wurde durch eine unglückliche Verkettung von Umständen bei der Flucht der Mutter zurückgelassen. Die Grusche, Küchenmädchen im Palast, war an diesem Ostersonntag anwesend und wurde beobachtet, wie sie sich mit dem Kind zu schaffen machte . . .

DIE KÖCHIN. Die Frau hat nur daran gedacht, was für Kleider sie mitnimmt!

DER ZWEITE ANWALT *unbewegt.* Nahezu ein Jahr später tauchte die Grusche in einem Gebirgsdorf auf mit einem Kind und ging eine Ehe ein mit . . .

AZDAK. Wie bist du in das Gebirgsdorf gekommen?

GRUSCHE. Zu Fuß, Euer Gnaden, und es war meins.

SIMON. Ich bin der Vater, Euer Gnaden.

DIE KÖCHIN. Es war bei mir in Pflege, Euer Gnaden, für 5 Piaster.

DER ZWEITE ANWALT. Der Mann ist der Verlobte der Grusche, Hoher Gerichtshof, und daher in seiner Aussage nicht vertrauenswürdig.

AZDAK. Bist du der, den sie im Gebirgsdorf geheiratet hat?

SIMON. Nein, Euer Gnaden. Sie hat einen Bauern geheiratet.

AZDAK *winkt Grusche heran.* Warum? *Auf Simon.* Ist er nichts im Bett? Sag die Wahrheit.

GRUSCHE. Wir sind nicht soweit gekommen. Ich hab geheiratet wegen dem Kind. Daß es ein Dach über dem Kopf gehabt hat. *Auf Simon.* Er war im Krieg, Euer Gnaden.

AZDAK. Und jetzt will er wieder mit dir, wie?

SIMON. Ich möchte zu Protokoll geben . . .

GRUSCHE *zornig*. Ich bin nicht mehr frei, Euer Gnaden.

AZDAK. Und das Kind, behauptest du, kommt von der Hurerei? *Da Grusche nicht antwortet.* Ich stell dir eine Frage: Was für ein Kind ist es? So ein zerlumpter Straßenbankert oder ein feines, aus einer vermögenden Familie?

GRUSCHE *böse*. Es ist ein gewöhnliches.

AZDAK. Ich mein: hat es frühzeitig verfeinerte Züge gezeigt?

GRUSCHE. Es hat eine Nase im Gesicht gezeigt.

AZDAK. Es hat eine Nase im Gesicht gezeigt. Das betracht ich als eine wichtige Antwort von dir. Man erzählt von mir, daß ich vor einem Richterspruch hinausgegangen bin und an einem Rosenstrauch hingerochen hab. Das sind Kunstgriffe, die heut schon nötig sind. Ich werd's jetzt kurz machen und mir eure Lügen nicht weiter anhören, — *zu Grusche* — besonders die deinen. Ich kann mir denken, was ihr euch — *Zu der Gruppe der Beklagten* — alles zusammengekocht habt, daß ihr mich bescheißt[73], ich kenn euch. Ihr seid Schwindler.

GRUSCHE *plötzlich*. Ich glaub's Ihnen, daß Sie's kurz machen wollen, nachdem ich gesehen hab, wie Sie genommen haben!

AZDAK. Halt's Maul. Hab ich etwa von dir genommen?

GRUSCHE *obwohl die Köchin sie zurückhalten will*. Weil ich nichts hab.

AZDAK. Ganz richtig. Von euch Hungerleidern krieg ich nichts, da könnt ich verhungern. Ihr wollt eine Gerechtigkeit, aber wollt ihr zahlen? Wenn ihr zum Fleischer geht, wißt ihr, daß ihr zahlen müßt, aber zum Richter geht ihr wie zum Leichenschmaus.

SIMON *laut*. «Als sie das Roß beschlagen kamen, streckte der Roßkäfer die Beine hin», heißt es.

AZDAK *nimmt die Herausforderung eifrig auf*. «Besser ein Schatz aus der Jauchegrube als ein Stein aus dem Bergquell.»

SIMON. «Ein schöner Tag, wollen wir nicht fischen gehn? sagte der Angler zum Wurm.»

AZDAK. «Ich bin mein eigener Herr, sagte der Knecht und schnitt sich den Fuß ab.»

SIMON. «Ich liebe euch wie ein Vater, sagte der Zar zu den Bauern und ließ dem Zarewitsch den Kopf abhaun.»

AZDAK. «Der ärgste Feind des Narren ist er selber.»

SIMON. Aber «der Furz hat keine Nase.»

AZDAK. 10 Piaster Strafe für unanständige Sprache vor Gericht, damit du lernst, was Justiz ist.

GRUSCHE. Das ist eine saubere Justiz. Uns verknallst[74] du, weil wir nicht so fein reden können wie die mit ihren Anwälten.

AZDAK. So ist es. Ihr seid zu blöd. Es ist nur recht, daß ihr's auf den Deckel kriegt.[75].

GRUSCHE. Weil du der da das Kind zuschieben willst, wo sie viel zu fein ist, als daß sie je gewußt hat, wie sie es trockenlegt! Du weißt nicht mehr von Justiz als ich, das merk dir.

AZDAK. Da ist was dran. Ich bin ein unwissender Mensch, ich habe keine ganze Hose unter meinem Richterrock, schau selber. Es geht alles in Essen und Trinken bei mir, ich bin in einer Klosterschul erzogen. Ich nehm übrigens auch dich in Straf mit 10 Piaster für Beleidigung des Gerichtshofs. Und außerdem bist du eine ganz dumme Person, daß du mich gegen dich einnimmst, statt daß du mir schöne Augen machst und ein bissel den Hintern drehst, so daß ich günstig gestimmt bin. 20 Piaster.

GRUSCHE. Und wenn's 30 werden, ich sag dir, was ich von deiner Gerechtigkeit halt, du besoffene Zwiebel. Wie kannst du dich unterstehn und mit mir reden wie der gesprungene Jesaja auf dem Kirchenfenster als ein Herr[76]? Wie sie dich aus deiner Mutter gezogen haben, war's nicht geplant, daß du ihr eins auf die Finger gibst, wenn sie sich ein Schälchen Hirse nimmt irgendwo, und schämst dich nicht, wenn du siehst, daß ich vor dir zitter? Aber du hast dich zu ihrem Knecht machen lassen, daß man ihnen nicht die Häuser wegträgt, weil sie die gestohlen haben; seit wann gehören die Häuser den Wanzen? Aber du paßt auf, sonst könnten sie uns nicht die Männer in ihre Kriege schleppen, du Verkaufter.

Der Azdak hat sich erhoben. Er beginnt zu strahlen. Mit seinem kleinen Hammer klopft er auf den Tisch, halbherzig, wie um Ruhe herzustellen, aber wenn die Schimpferei der Grusche fortschreitet, schlägt er ihr nur noch den Takt.

GRUSCHE. Ich hab keinen Respekt vor dir. Nicht mehr als vor einem Dieb und Raubmörder mit einem Messer, er macht, was er will. Du kannst mir das Kind wegnehmen, hundert gegen eins, aber ich sag dir eins: Zu einem Beruf wie dem deinen sollt

[73]what you have cooked up to cheat me

[74]You play fast and loose with us [75]It's only right you should get it in the neck. [76]How dare you talk to me like the cracked Isaiah on the church window, as if you were somebody?

man nur Kinderschänder und Wucherer auswählen,
zur Strafe, daß sie über ihren Mitmenschen sitzen
müssen, was schlimmer ist, als am Galgen hängen.

AZDAK *setzt sich.* Jetzt sind's 30, und ich rauf
mich nicht weiter mit dir herum wie im Weinhaus,
wo käm meine richterliche Würde hin, ich hab überhaupt die Lust verloren an deinem Fall. Wo sind
die zwei, die geschieden werden wollen? *Zu
Schauwa.* Bring sie herein. Diesen Fall setz ich aus
für eine Viertelstunde.

DER ERSTE ANWALT *während Schauwa geht.*
Wenn wir gar nichts mehr vorbringen, haben wir
das Urteil im Sack, gnädige Frau.

DIE KÖCHIN *zu Grusche.* Du hast dir's verdorben mit ihm. Jetzt spricht er dir das Kind ab.

Herein kommt ein sehr altes Ehepaar.

DIE GOUVERNEURSFRAU. Shalva, mein Riechfläschchen.

AZDAK. Ich nehme. *Die Alten verstehen nicht.*
Ich hör, ihr wollt geschieden werden. Wie lang seid
ihr schon zusammen?

DIE ALTE. 40 Jahre, Euer Gnaden.

AZDAK. Und warum wollt ihr geschieden werden?

DER ALTE. Wir sind uns nicht sympathisch, Euer
Gnaden.

AZDAK. Seit wann?

DIE ALTE. Seit immer, Euer Gnaden.

AZDAK. Ich werd mir euern Wunsch überlegen
und mein Urteil sprechen, wenn ich mit dem andern
Fall fertig bin. *Schauwa führt sie in den Hintergrund.* Ich brauch das Kind. *Winkt Grusche zu sich
und beugt sich zu ihr, nicht unfreundlich.* Ich hab gesehen, daß du was für Gerechtigkeit übrig hast.
Ich glaub dir nicht, daß es dein Kind ist, aber wenn
es deines wär, Frau, würdest du da nicht wollen, es
soll reich sein? Da müßtest du doch nur sagen, es
ist nicht deins. Und sogleich hätt es einen Palast
und hätte die vielen Pferde an seiner Krippe und die
vielen Bettler an seiner Schwelle, die vielen Soldaten
in seinem Dienst und die vielen Bittsteller in seinem
Hofe, nicht? Was antwortest du mir da? Willst
du's nicht reich haben?

Grusche schweigt.

DER SÄNGER. Hört nun, was die Zornige dachte,
nicht sagte.

Er singt.

Ginge es in goldnen Schuhn
Träte es mir auf die Schwachen
Und es müßte Böses tun
Und könnte mir lachen.
Ach, zum Tragen, spät und frühe
Ist zu schwer ein Herz aus Stein
Denn es macht zu große Mühe
Mächtig tun und böse sein.
Wird es müssen den Hunger fürchten
Aber die Hungrigen nicht.
Wird es müssen die Finsternis fürchten
Aber nicht das Licht.

AZDAK. Ich glaub, ich versteh dich, Frau.

GRUSCHE. Ich geb's nicht mehr her. Ich hab's
aufgezogen, und es kennt mich.

Schauwa führt das Kind herein.

DIE GOUVERNEURSFRAU. In Lumpen geht es!

GRUSCHE. Das ist nicht wahr. Man hat mir nicht
die Zeit gegeben, daß ich ihm sein gutes Hemd
anzieh.

DIE GOUVERNEURSFRAU. In einem Schweine-
koben war es!

GRUSCHE *aufgebracht.* Ich bin kein Schwein, aber
da gibt's andere. Wo hast du dein Kind gelassen?

DIE GOUVERNEURSFRAU. Ich werd's dir geben, du
vulgäre Person. *Sie will sich auf Grusche stürzen,
wird aber von den Anwälten zurückgehalten.* Das ist
eine Verbrecherin! Sie muß ausgepeitscht werden!

DER ZWEITE ANWALT *hält ihr den Mund zu.*
Gnädigste Natella Abaschwili! Sie haben versprochen ... Euer Gnaden, die Nerven der Klägerin ...

AZDAK. Klägerin und Angeklagte: Der Gerichts-
hof hat euren Fall angehört und hat keine Klar-
heit gewonnen, wer die wirkliche Mutter dieses
Kindes ist. Ich als Richter hab die Verpflichtung,
daß ich für das Kind eine Mutter aussuch. Ich
werd eine Probe machen. Schauwa, nimm ein
Stück Kreide. Zieh einen Kreis auf den Boden.
Schauwa zieht einen Kreis mit Kreide auf den Boden.
Stell das Kind hinein! *Schauwa stellt Michel, der
Grusche zulächelt, in den Kreis.* Klägerin und
Angeklagte, stellt euch neben den Kreis, beide!
*Die Gouverneursfrau und Grusche treten neben den
Kreis.* Faßt das Kind bei der Hand. Die richtige
Mutter wird die Kraft haben, das Kind aus dem
Kreis zu sich zu ziehen.

DER ZWEITE ANWALT *schnell.* Hoher Gerichtshof, ich erhebe Einspruch, daß das Schicksal der
großen Abaschwili-Güter, die an das Kind als
Erben gebunden sind, von einem so zweifelhaften
Zweikampf abhängen soll. Dazu kommt: Meine

Mandantin verfügt nicht über die gleichen Kräfte wie diese Person, die gewohnt ist, körperliche Arbeit zu verrichten.

AZDAK. Sie kommt mir gut genährt vor. Zieht!

Die Gouverneursfrau zieht das Kind zu sich herüber aus dem Kreis. Grusche hat es losgelassen, sie steht entgeistert.

DER ERSTE ANWALT *beglückwünscht die Gouverneursfrau.* Was hab ich gesagt? Blutsbande!

AZDAK *zu Grusche.* Was ist mit dir? Du hast nicht gezogen.

GRUSCHE. Ich hab's nicht festgehalten. *Sie läuft zu Azdak.* Euer Gnaden, ich nehm zurück, was ich gegen Sie gesagt hab, ich bitt Sie um Vergebung. Wenn ich's nur behalten könnt, bis es alle Wörter kann. Es kann erst eine paar.

AZDAK. Beeinfluß nicht den Gerichtshof! Ich wett, du kannst selber nur zwanzig. Gut, ich mach die Probe noch einmal, daß ich's endgültig hab.

Die beiden Frauen stellen sich noch einmal auf.

AZDAK. Zieht!

Wieder läßt Grusche das Kind los.

GRUSCHE *verzweifelt.* Ich hab's aufgezogen! Soll ich's zerreißen? Ich kann's nicht.

AZDAK *steht auf.* Und damit hat der Gerichtshof festgestellt, wer die wahre Mutter ist. *Zu Grusche.* Nimm dein Kind und bring's weg. Ich rat dir, bleib nicht in der Stadt mit ihm. *Zur Gouverneursfrau.* Und du verschwind, bevor ich dich wegen Betrug verurteil. Die Güter fallen an die Stadt, damit ein Garten für die Kinder draus gemacht wird, sie brauchen ihn, und ich bestimm, daß er nach mir «Der Garten des Azdak» heißt.

Die Gouverneursfrau ist ohnmächtig geworden und wird vom Adjutanten weggeführt, während die Anwälte schon vorher gegangen sind. Grusche steht ohne Bewegung. Schauwa führt ihr das Kind zu.

AZDAK. Denn ich leg den Richterrock ab, weil er mir zu heiß geworden ist. Ich mach keinem den Helden. Aber ich lad euch noch ein zu einem kleinen Tanzvergnügen, auf der Wiese draußen, zum Abschied. Ja, fast hätt ich noch was vergessen in meinem Rausch. Nämlich, daß ich die Scheidung vollzieh. *Den Richterstuhl als Tisch benutzend,* schreibt er etwas auf ein Papier und will weggehen. *Die Tanzmusik hat begonnen.*

SCHAUWA *hat das Papier gelesen.* Aber das ist nicht richtig. Sie haben nicht die zwei Alten geschieden, sondern die Grusche von ihrem Mann.

AZDAK. Hab ich die Falschen geschieden? Das tät mir leid, aber es bleibt dabei, zurück nehm ich nichts, das wäre keine Ordnung. *Zu dem sehr alten Ehepaar.* Ich lad euch dafür zu meinem Fest ein, zu einem Tanz werdet ihr euch noch gut genug sein. *Zu Grusche und Simon.* Und von euch krieg ich 40 Piaster zusammen.

SIMON *zieht seinen Beutel.* Das ist billig, Euer Gnaden. Und besten Dank.

AZDAK *steckt das Geld ein.* Ich werd's brauchen.

GRUSCHE. Da gehen wir besser heut nacht noch aus der Stadt, was, Michel? *Will das Kind auf den Rücken nehmen. Zu Simon.* Gefällt er dir?

SIMON *nimmt das Kind auf den Rücken.* Melde gehorsamst, daß er mir gefällt.

GRUSCHE. Und jetzt sag ich dir's: Ich hab ihn genommen, weil ich mich dir verlobt hab an diesem Ostertag. Und so ist's ein Kind der Liebe. Michel, wir tanzen.

Sie tanzt mit Michel. Simon faßt die Köchin und tanzt mit ihr. Auch die beiden Alten tanzen. Der Azdak steht in Gedanken. Die Tanzenden verdecken ihn bald. Mitunter sieht man ihn wieder, immer seltener, als mehr Paare hereinkommen und tanzen.

DER SÄNGER

Und nach diesem Abend verschwand der Azdak
und ward nicht mehr gesehen.
Aber das Volk Grusiniens vergaß ihn nicht
und gedachte noch
Lange seiner Richterzeit als einer kurzen
Goldenen Zeit beinah der Gerechtigkeit.

Die Tanzenden tanzen hinaus. Der Azdak ist verschwunden.

Ihr aber, ihr Zuhörer der Geschichte vom
Kreidekreis
Nehmt zur Kenntnis die Meinung der Alten:
Daß da gehören soll, was da ist, denen, die für
es gut sind, also
Die Kinder den Mütterlichen, damit sie gedeihen
Die Wagen den guten Fahrern, damit gut
gefahren wird
Und das Tal den Bewässerern, damit es Frucht
bringt.

Musik.

Wolfgang Borchert · 1921–1947

The description which Wolfgang Borchert appended to the title of his play, "Ein Stück, das kein Theater spielen und kein Publikum sehen will," turned out to be thoroughly inaccurate. *Draußen vor der Tür* scored a resounding success with the German public, first as a *Hörspiel*, then as a play (its première took place in Hamburg on November 21, 1947 — the day after Borchert's death), and finally as a film with the title *Liebe 47*.

Its young author was a characteristic victim of his times. Born in 1921, he was eighteen when the Second World War broke out. During the war he was thrown into prison and condemned to death for having made negative remarks about Hitler and the Nazi regime. Pardoned on account of his youth, Borchert was sent to the Russian front, where he received wounds which were to cause his death a scant two years after the cessation of hostilities. In these two years he managed to write *Draußen vor der Tür* and a number of short stories in which he appears as spokesman for a truly lost generation which had known nothing but dictatorship and war and which had gone to its death without, for the most part, leaving any documents behind.

When Borchert came to give dramatic expression to his grim experiences, he chose a form which reminds us strongly of the expressionists. This is especially interesting in terms of literary history, for there is little possibility of direct influence here: the Nazis had effectively banned all expressionistic literature as a species of "degenerate art." And yet the parallels are striking: for example, the device of the dream to place us within the hero's psyche, and the treatment of the characters other than the hero as mere types (e.g. "ein Mädchen," "ein Oberst," etc.) or as products of the hero's imagination. Even the subject matter is similar to that of many plays written by the expressionists after World War I: a veteran returns home to find both his physical and metaphysical world in ruins.

The question which obsesses the main figure of the play, Beckmann, is that of guilt. Who is responsible for all the unspeakable suffering he witnesses? In traditional tragedy man is guilty of trespassing against divine will. The tragic hero usually perceives his fault or flaw at the end of the play, and his death effects a kind of reconciliation with higher powers. One of the very modern characteristics of Borchert's play is the fact that it begins by rejecting that dénouement of conventional tragedy, death: the river Elbe refuses to accept Beckmann as a suicide by drowning ("Jetzt verschwindest du hier, mein Goldjunge. Deine kleine Handvoll Leben ist mir verdammt zu wenig"), and he is forced to live in a world which has no meaning for him. The play thus ends not with reconciliation but with the hero's anguished questioning. Borchert's ability to pose a modern question so forcefully gives *Draußen vor der Tür* both its documentary and its dramatic value.

Bibliography

BÖLL, HEINRICH. "Die Stimme Wolfgang Borcherts." Wolfgang Borchert, *Draußen vor der Tür und ausgewählte Erzählungen* (Hamburg, 1956), pp. 135–138.

KLARMANN, A. D. "Wolfgang Borchert: The Lost Voice of a New Germany." *Germanic Review*, XXVII (1952), 108–123.

MEYER-MARWITZ, BERNHARD. "Bibliographisches Nachwort." Wolfgang Borchert, *Gesamtwerk* (Hamburg, 1949), pp. 385–420.

RÜHMKOPF. PETER. *Wolfgang Borchert in Selbstzeugnissen und Bilddokumenten.* Reinbek bei Hamburg, 1961.

WEIMAR, KARL S. "No Entry, No Exit: A Study of Borchert with Some Notes on Sartre." *Modern Language Quarterly*, XVII (1956), 153–165.

Draussen vor der Tür

Ein Stück, das kein Theater spielen und kein Publikum sehen will

DIE PERSONEN SIND

BECKMANN, einer von denen
seine FRAU, die ihn vergaß
deren FREUND, der sie liebt
ein MÄDCHEN, dessen Mann auf einem Bein nach Hause kam
ihr MANN, der tausend Nächte von ihr träumte
ein OBERST, der sehr lustig ist
seine FRAU, die es friert in ihrer warmen Stube
die TOCHTER, gerade beim Abendbrot
deren schneidiger MANN

ein KABARETTDIREKTOR, der mutig sein möchte, aber dann doch lieber feige ist
FRAU KRAMER, die weiter nichts ist als Frau Kramer, und das ist gerade so furchtbar
der alte MANN, an den keiner mehr glaubt
der BEERDIGUNGSUNTERNEHMER[1] mit dem Schluckauf
ein STRASSENFEGER, der gar keiner ist
der ANDERE, den jeder kennt
die ELBE.[2]

Ein Mann kommt nach Deutschland.

Er war lange weg, der Mann. Sehr lange. Vielleicht zu lange. Und er kommt ganz anders wieder, als er wegging. Äußerlich ist er ein naher Verwandter jener Gebilde, die auf den Feldern stehen, um die Vögel (und abends manchmal auch die Menschen) zu erschrecken. Innerlich — auch. Er hat tausend Tage draußen in der Kälte gewartet. Und als Eintrittsgeld mußte er mit seiner Kniescheibe bezahlen. Und nachdem er nun tausend Nächte draußen in der Kälte gewartet hat, kommt er endlich doch noch nach Hause.

Ein Mann kommt nach Deutschland.

Und da erlebt er einen ganz tollen Film. Er muß sich während der Vorstellung mehrmals in den Arm kneifen, denn er weiß nicht, ob er wacht oder träumt. Aber dann sieht er, daß es rechts und links neben ihm noch mehr Leute gibt, die alle dasselbe erleben. Und er denkt, daß es dann doch wohl die Wahrheit sein muß. Ja, und als er dann am Schluß mit leerem Magen und kalten Füßen wieder auf der Straße steht, merkt er, daß es eigentlich nur ein ganz alltäglicher Film war, ein ganz alltäglicher Film. Von einem Mann, der nach Deutschland kommt, einer von denen. Einer von denen, die nach Hause kommen und die dann doch nicht nach Hause kommen, weil für sie kein Zuhause mehr da ist. Und ihr Zuhause ist dann draußen vor der Tür.

[1]undertaker [2]river which flows through Hamburg

Ihr Deutschland ist draußen, nachts im Regen, auf der Straße.

Das ist ihr Deutschland.

VORSPIEL

Der Wind stöhnt. Die Elbe schwappt gegen die Pontons. Es ist Abend. Der Beerdigungsunternehmer. Gegen den Abendhimmel die Silhouette eines Menschen.

DER BEERDIGUNGSUNTERNEHMER *rülpst mehrere Male und sagt dabei jedesmal.* Rums[3]! Rums! Wie die — Rums! Wie die Fliegen! Wie die Fliegen, sag ich.

Aha, da steht einer. Da auf dem Ponton. Sieht aus, als ob er Uniform anhat. Ja, einen alten Soldatenmantel hat er an. Mütze hat er nicht auf. Seine Haare sind kurz wie eine Bürste. Er steht ziemlich dicht am Wasser. Beinahe zu dicht am Wasser steht er da. Das ist verdächtig. Die abends im Dunkeln am Wasser stehn, das sind entweder Liebespaare oder Dichter. Oder das ist einer von der großen grauen Zahl, die keine Lust mehr haben. Die den Laden hinwerfen[4] und nicht mehr mitmachen. Scheint auch so einer zu sein von denen, der da auf dem Ponton. Steht gefährlich dicht am Wasser. Steht ziemlich allein da. Ein Liebespaar kann es nicht sein, das sind immer zwei. Ein Dichter ist es auch nicht. Dichter haben längere Haare. Aber dieser hier auf dem Ponton hat eine Bürste auf dem Kopf. Merkwürdiger Fall, der da auf dem Ponton, ganz merkwürdig.

Es gluckst einmal schwer und dunkel auf. Die Silhouette ist verschwunden. Rums! Da! Weg ist er. Reingesprungen. Stand zu dicht am Wasser. Hat ihn wohl untergekriegt[5]. Und jetzt ist er weg. Rums. Ein Mensch stirbt. Und? Nichts weiter. Der Wind weht weiter. Die Elbe quasselt weiter. Die Straßenbahn klingelt weiter. Die Huren liegen weiter weiß und weich in den Fenstern. Herr Kramer dreht sich auf die andere Seite und schnarcht weiter. Und keine — keine Uhr bleibt stehen. Rums! Ein Mensch ist gestorben. Und? Nichts weiter. Nur ein paar kreisförmige Wellen beweisen, daß er mal da war. Aber auch die haben sich schnell wieder beruhigt. Und wenn die sich verlaufen haben, dann ist auch er vergessen, ver-

laufen, spurlos, als ob er nie gewesen wäre. Weiter nichts. Hallo, da weint einer. Merkwürdig. Ein alter Mann steht da und weint. Guten Abend.

DER ALTE MANN *nicht jämmerlich, sondern erschüttert.* Kinder! Kinder! Meine Kinder!

BEERDIGUNGSUNTERNEHMER. Warum weinst du denn, Alter?

DER ALTE MANN. Weil ich es nicht ändern kann, oh, weil ich es nicht ändern kann.

BEERDIGUNGSUNTERNEHMER. Rums! Tschuldigung[6]! Das ist allerdings schlecht. Aber deswegen braucht man doch nicht gleich loszulegen[7] wie eine verlassene Braut. Rums! Tschuldigung!

DER ALTE MANN. Oh, meine Kinder! Es sind doch alles meine Kinder!

BEERDIGUNGSUNTERNEHMER. Oho, wer bist du denn?

DER ALTE MANN. Der Gott, an den keiner mehr glaubt.

BEERDIGUNGSUNTERNEHMER. Und warum weinst du? Rums! Tschuldigung!

GOTT. Weil ich es nicht ändern kann. Sie erschießen sich. Sie hängen sich auf. Sie ersaufen sich. Sie ermorden sich, heute hundert, morgen hunderttausend. Und ich, ich kann es nicht ändern.

BEERDIGUNGSUNTERNEHMER. Finster, finster, Alter. Sehr finster. Aber es glaubt eben keiner mehr an dich, das ist es.

GOTT. Sehr finster. Ich bin der Gott, an den keiner mehr glaubt. Sehr finster. Und ich kann es nicht ändern, meine Kinder, ich kann es nicht ändern. Finster, finster.

BEERDIGUNGSUNTERNEHMER. Rums! Tschuldigung! Wie die Fliegen! Rums! Verflucht!

GOTT. Warum rülpsen Sie denn fortwährend so ekelhaft? Das ist ja entsetzlich!

BEERDIGUNGSUNTERNEHMER. Ja, ja, greulich! Ganz greulich! Berufskrankheit. Ich bin Beerdigungsunternehmer.

GOTT. Der Tod? — Du hast es gut! Du bist der neue Gott. An dich glauben sie. Dich lieben sie. Dich fürchten sie. Du bist unumstößlich. Dich kann keiner leugnen! Keiner lästern. Ja, du hast es gut. Du bist der neue Gott. An dir kommt keiner vorbei. Du bist der neue Gott, Tod, aber du bist fett geworden. Dich hab ich doch ganz anders in Erinnerung. Viel magerer, dürrer, knochiger, du bist aber rund und fett und gut gelaunt. Der alte Tod sah immer so verhungert aus.

TOD. Na ja, ich hab in diesem Jahrhundert ein bißchen Fett angesetzt. Das Geschäft ging gut.

---

[3]the sound of his hiccough   [4]"throw in the sponge"
[5]it was probably too much for him

[6]= Entschuldigung   [7]to start lamenting

Ein Krieg gibt dem andern die Hand[8]. Wie die Fliegen! Wie die Fliegen kleben die Toten an den Wänden dieses Jahrhunderts. Wie die Fliegen liegen sie steif und vertrocknet auf der Fensterbank der Zeit.

GOTT. Aber das Rülpsen? Warum dieses gräßliche Rülpsen?

TOD. Überfressen. Glatt[9] überfressen. Das ist alles. Heutzutage kommt man aus dem Rülpsen gar nicht heraus. Rums! Tschuldigung!

GOTT. Kinder, Kinder. Und ich kann es nicht ändern! Kinder, meine Kinder! *Geht ab.*

TOD. Na, dann gute Nacht, Alter. Geh schlafen. Paß auf, daß du nicht auch noch ins Wasser fällst. Da ist vorhin erst einer reingestiegen. Paß gut auf, Alter. Es ist finster, ganz finster. Rums! Geh nach Haus, Alter. Du änderst es doch nicht. Wein nicht über den, der hier eben Plumps gemacht hat. Der mit dem Soldatenmantel und der Bürstenfrisur. Du weinst dich zugrunde! Die heute abends am Wasser stehen, das sind nicht mehr Liebespaare und Dichter. Der hier, der war nur einer von denen, die nicht mehr wollen oder nicht mehr mögen. Die einfach nicht mehr können, die steigen dann abends irgendwo still ins Wasser. Plumps. Vorbei. Laß ihn, heul nicht, Alter. Du heulst dich zugrunde. Das war nur einer von denen, die nicht mehr können, einer von der großen grauen Zahl ... einer ... nur ...

DER TRAUM

In der Elbe. Eintöniges Klatschen kleiner Wellen. Die Elbe. Beckmann.

BECKMANN. Wo bin ich? Mein Gott, wo bin ich denn hier?

ELBE. Bei mir.

BECKMANN. Bei dir? Und — wer bist du?

ELBE. Wer soll ich denn sein, du Küken[10], wenn du in St. Pauli[11] von den Landungsbrücken ins Wasser springst?

BECKMANN. Die Elbe?

ELBE. Ja, die. Die Elbe.

BECKMANN *staunt.* Du bist die Elbe!

ELBE. Ah, da reißt du deine Kinderaugen auf, wie? Du hast wohl gedacht, ich wäre ein romantisches junges Mädchen mit blaßgrünem Teint? Typ Ophelia mit Wasserrosen im aufgelösten Haar? Du hast am Ende gedacht, du könntest in meinen süßduftenden Lilienarmen die Ewigkeit verbringen. Nee, mein Sohn, das war ein Irrtum von dir. Ich bin weder romantisch noch süßduftend. Ein anständiger Fluß stinkt. Jawohl. Nach Öl und Fisch. Was willst du hier?

BECKMANN. Pennen[12]. Da oben halte ich das nicht mehr aus. Das mache ich nicht mehr mit. Pennen will ich. Tot sein. Mein ganzes Leben lang tot sein. Und pennen. Endlich in Ruhe pennen. Zehntausend Nächte pennen.

ELBE. Du willst auskneifen, du Grünschnabel[13], was? Du glaubst, du kannst das nicht mehr aushalten, hm? Da oben, wie? Du bildest dir ein, du hast schon genug mitgemacht, du kleiner Stift[14]. Wie alt bist du denn, du verzagter Anfänger?

BECKMANN. Fünfundzwanzig. Und jetzt will ich pennen.

ELBE. Sieh mal, fünfundzwanzig. Und den Rest verpennen. Fünfundzwanzig und bei Nacht und Nebel ins Wasser steigen, weil man nicht mehr kann. Was kannst du denn nicht mehr, du Greis?

BECKMANN. Alles, alles kann ich nicht mehr da oben. Ich kann nicht mehr hungern. Ich kann nicht mehr humpeln und vor meinem Bett stehen und wieder aus dem Haus raushumpeln, weil das Bett besetzt ist. Das Bein, das Bett, das Brot — ich kann das nicht mehr, verstehst du!

ELBE. Nein. Du Rotznase[15] von einem Selbstmörder. Nein, hörst du! Glaubst du etwa, weil deine Frau nicht mehr mit dir spielen will, weil du hinken mußt und weil dein Bauch knurrt, deswegen kannst du hier bei mir untern Rock kriechen? Einfach so ins Wasser jumpen? Du, wenn alle, die Hunger haben, sich ersaufen wollten, dann würde die gute alte Erde kahl wie die Glatze eines Möbelpackers werden, kahl und blank. Nee, gibt es nicht, mein Junge. Bei mir kommst du mit solchen Ausflüchten nicht durch. Bei mir wirst du abgemeldet[16]. Die Hosen sollte man dir stramm ziehen[17], Kleiner, jawohl! Auch wenn du sechs Jahre Soldat warst. Alle waren das. Und die hinken alle irgendwo. Such dir ein anderes Bett, wenn deins besetzt ist. Ich will dein armseliges bißchen Leben nicht. Du bist mir zu wenig, mein Junge. Laß dir das von einer alten Frau sagen: Lebe erst

---

[8]One war follows another. [9]downright [10]young chicken (fig. "dearie") [11]area of Hamburg famous for its night life

[12]slang for *schlafen* [13]young, inexperienced person (literally: "green beak") [14]fellow (literally: "plug") [15]brat (literally: "snotty-nose") [16]I'll take you off my list [17]you should be given a thrashing

mal. Laß dich treten. Tritt wieder! Wenn du den Kanal voll hast[18], hier, bis oben, wenn du lahmgestrampelt bist und wenn dein Herz auf allen vieren angekrochen kommt, dann können wir mal wieder über die Sache reden. Aber jetzt machst du keinen Unsinn, klar? Jetzt verschwindest du hier, mein Goldjunge. Deine kleine Handvoll Leben ist mir verdammt zu wenig. Behalt sie. Ich will sie nicht, du gerade eben Angefangener. Halt den Mund, mein kleiner Menschensohn! Ich will dir was sagen, ganz leise, ins Ohr, du, komm her: ich scheiß auf deinen Selbstmord! Du Säugling. Paß gut auf, was ich mit dir mache. (*laut*) Hallo, Jungens! Werft diesen Kleinen hier bei Blankenese[19] wieder auf den Sand! Er will es nochmal versuchen, hat er mir eben versprochen. Aber sachte, er sagt, er hat ein schlimmes Bein, der Lausebengel, der grüne!

1. SZENE

Abend. Blankenese. Man hört den Wind und das Wasser. Beckmann. Der Andere.

BECKMANN. Wer ist da? Mitten in der Nacht. Hier am Wasser. Hallo! Wer ist denn da?

DER ANDERE. Ich.

BECKMANN. Danke. Und wer ist das: ich?

DER ANDERE. Ich bin der Andere.

BECKMANN. Der Andere? Welcher Andere?

DER ANDERE. Der von gestern. Der von Früher. Der Andere von Immer. Der Jasager. Der Antworter.

BECKMANN. Der von Früher? Von Immer? Du bist der Andere von der Schulbank, von der Eisbahn? Der vom Treppenhaus?

DER ANDERE. Der aus dem Schneesturm bei Smolensk. Und der aus dem Bunker bei Gorodok.

BECKMANN. Und der — der von Stalingrad, der Andere, bist du der auch?

DER ANDERE. Der auch. Und auch der von heute abend. Ich bin auch der Andere von morgen.

BECKMANN. Morgen. Morgen gibt es nicht. Morgen ist ohne dich. Hau ab. Du hast kein Gesicht.

DER ANDERE. Du wirst mich nicht los. Ich bin der Andere, der immer da ist. Morgen. An den Nachmittagen. Im Bett. Nachts.

BECKMANN. Hau ab. Ich hab kein Bett. Ich lieg hier im Dreck.

DER ANDERE. Ich bin auch der vom Dreck. Ich bin immer. Du wirst mich nicht los.

BECKMANN. Du hast kein Gesicht. Geh weg.

DER ANDERE. Du wirst mich nicht los. Ich habe tausend Gesichter. Ich bin die Stimme, die jeder kennt. Ich bin der Andere, der immer da ist. Der andere Mensch, der Antworter. Der lacht, wenn du weinst. Der antreibt, wenn du müde wirst, der Antreiber, der Heimliche, Unbequeme bin ich. Ich bin der Optimist, der an den Bösen das Gute sieht und die Lampen in der finstersten Finsternis. Ich bin der, der glaubt, der lacht, der liebt! Ich bin der, der weitermarschiert, auch wenn gehumpelt wird. Und der Ja sagt, wenn du Nein sagst, der Jasager bin ich. Und der —

BECKMANN. Sag Ja, soviel wie du willst. Geh weg. Ich will dich nicht. Ich sage Nein. Nein. Nein. Geh weg. Ich sage Nein. Hörst du?

DER ANDERE. Ich höre. Deswegen bleibe ich ja hier. Wer bist du denn, du Neinsager?

BECKMANN. Ich heiße Beckmann.

DER ANDERE. Vornamen hast du wohl nicht, Neinsager?

BECKMANN. Nein. Seit gestern. Seit gestern heiße ich nur noch Beckmann. Einfach Beckmann. So wie der Tisch Tisch heißt.

DER ANDERE. Wer sagt Tisch zu dir?

BECKMANN. Meine Frau. Nein, die, die meine Frau war. Ich war nämlich drei Jahre lang weg. In Rußland. Und gestern kam ich wieder nach Hause. Das war das Unglück. Drei Jahre sind viel, weißt du. Beckmann — sagte meine Frau zu mir. Einfach nur Beckmann. Und dabei war man drei Jahre weg. Beckmann sagte sie, wie man zu einem Tisch Tisch sagt. Möbelstück Beckmann. Stell es weg, das Möbelstück Beckmann. Siehst du, deswegen habe ich keinen Vornamen mehr, verstehst du.

DER ANDERE. Und warum liegst du hier nun im Sand? Mitten in der Nacht. Hier am Wasser?

BECKMANN. Weil ich nicht hochkomme[20]. Ich hab mir nämlich ein steifes Bein mitgebracht. So als Andenken. Solche Andenken sind gut, weißt du, sonst vergißt man den Krieg so schnell. Und das wollte ich doch nicht. Dazu war das alles doch zu schön. Kinder, Kinder, war das schön, was?

DER ANDERE. Und deswegen liegst du hier abends am Wasser?

BECKMANN. Ich bin gefallen.

---

[18]when you're sick of it, when you've had enough
[19]section of Hamburg

[20]because I can't get up

DER ANDERE. Ach. Gefallen. Ins Wasser?

BECKMANN. Nein, nein! Nein, du! Hörst du, ich wollte mich reinfallen lassen. Mit Absicht. Ich konnte es nicht mehr aushalten. Dieses Gehumpel und Gehinke. Und dann die Sache mit der Frau, die meine Frau war. Sagt einfach Beckmann zu mir, so wie man zu Tisch Tisch sagt. Und der andere, der bei ihr war, der hat gegrinst. Und dann dieses Trümmerfeld. Dieser Schuttacker hier zu Hause. Hier in Hamburg. Und irgendwo da unter liegt mein Junge. Ein bißchen Mud und Mörtel und Matsch. Menschenmud, Knochenmörtel. Er war gerade ein Jahr alt, und ich hatte ihn noch nicht gesehen. Aber jetzt sehe ich ihn jede Nacht. Und unter den zehntausend Steinen. Schutt, weiter nichts als ein bißchen Schutt. Das konnte ich nicht aushalten, dachte ich. Und da wollte ich mich fallen lassen. Wäre ganz leicht, dachte ich: vom Ponton runter. Plumps. Aus. Vorbei.

DER ANDERE. Plumps? Aus? Vorbei? Du hast geträumt. Du liegst doch hier auf dem Sand.

BECKMANN. Geträumt? Ja. Vor Hunger geträumt. Ich habe geträumt, sie hätte mich wieder ausgespuckt, die Elbe, diese alte . . . Sie wollte mich nicht. Ich sollte es noch mal versuchen, meinte sie. Ich hätte kein Recht dazu. Ich wäre zu grün, sagte sie. Sie sagte, sie scheißt auf mein bißchen Leben. Das hat sie mir ins Ohr gesagt, daß sie scheißt auf meinen Selbstmord. Scheißt, hat sie gesagt, diese verdammte — und gekeift hat sie wie eine Alte vom Fischmarkt. Das Leben ist schön, hat sie gemeint, und ich liege hier mit nassen Klamotten am Strand von Blankenese, und mir ist kalt. Immer ist mir kalt. In Rußland war mir lange genug kalt. Ich habe es satt, das ewige Frieren. Und diese Elbe, diese verdammte alte — ja, das hab ich vor Hunger geträumt. Was ist da?

DER ANDERE. Kommt einer. Ein Mädchen oder sowas. Da. Da hast du sie schon.

MÄDCHEN. Ist da jemand? Da hat doch eben jemand gesprochen. Hallo, ist da jemand?

BECKMANN. Ja, hier liegt einer. Hier. Hier unten am Wasser.

MÄDCHEN. Was machen Sie da? Warum stehen Sie denn nicht auf?

BECKMANN. Ich liege hier, das sehen Sie doch. Halb an Land und halb im Wasser.

MÄDCHEN. Aber warum denn? Stehen Sie doch auf. Ich dachte erst, da läge ein Toter, als ich den dunklen Haufen hier am Wasser sah.

BECKMANN. O ja, ein ganz dunkler Haufen ist das, das kann ich Ihnen sagen.

MÄDCHEN. Sie reden aber sehr komisch, finde ich. Hier liegen nämlich jetzt oft Tote abends am Wasser. Die sind manchmal ganz dick und glitschig. Und so weiß wie Gespenster. Deswegen war ich so erschrocken. Aber Gott sei Dank, Sie sind ja noch lebendig. Aber Sie müssen ja durch und durch naß sein.

BECKMANN. Bin ich auch. Naß und kalt wie eine richtige Leiche.

MÄDCHEN. Dann stehen Sie doch endlich auf. Oder haben Sie sich verletzt?

BECKMANN. Das auch. Mir haben sie die Kniescheibe gestohlen. In Rußland. Und nun muß ich mit einem steifen Bein durch das Leben hinken. Und ich denke immer, es geht rückwärts statt vorwärts. Von Hochkommen kann gar keine Rede sein.

MÄDCHEN. Dann kommen Sie doch. Ich helfe Ihnen. Sonst werden Sie ja langsam zum Fisch.

BECKMANN. Wenn Sie meinen, daß es nicht wieder rückwärts geht, dann können wir es ja mal versuchen. So. Danke.

MÄDCHEN. Sehen Sie, jetzt geht es sogar aufwärts. Aber Sie sind ja naß und eiskalt. Wenn ich nicht vorbeigekommen wäre, wären Sie sicher bald ein Fisch geworden. Stumm sind Sie ja auch beinahe. Darf ich Ihnen etwas sagen? Ich wohne hier gleich. Und ich habe trockenes Zeug im Hause. Kommen Sie mit? Ja? Oder sind Sie zu stolz, sich von mir trockenlegen zu lassen? Sie halber Fisch. Sie stummer nasser Fisch, Sie!

BECKMANN. Sie wollen mich mitnehmen?

MÄDCHEN. Ja, wenn Sie wollen. Aber nur weil Sie naß sind. Hoffentlich sind Sie sehr häßlich und bescheiden, damit ich es nicht bereuen muß, daß ich Sie mitnehme. Ich nehme Sie nur mit, weil Sie so naß und kalt sind, verstanden! Und weil —

BECKMANN. Weil? Was für ein Weil? Nein, nur weil ich naß und kalt bin. Sonst gibt es kein Weil.

MÄDCHEN. Doch. Gibt es doch. Weil Sie so eine hoffnungslos traurige Stimme haben. So grau und vollkommen trostlos. Ach, Unsinn ist das, wie? Kommen Sie, Sie alter stummer nasser Fisch.

BECKMANN. Halt! Sie laufen mir ja weg. Mein Bein kommt nicht mit. Langsam.

MÄDCHEN. Ach ja. Also: dann langsam. Wie zwei uralte steinalte naßkalte Fische.

DER ANDERE. Weg sind sie. So sind sie, die Zweibeiner. Ganz sonderbare Leute sind das hier auf der Welt. Erst lassen sie sich ins Wasser fallen und sind ganz wild auf das Sterben versessen. Aber dann kommt zufällig so ein anderer Zweibeiner im Dunkeln vorbei, so einer mit Rock, mit einem Busen und langen Locken. Und dann ist das Leben plötzlich wieder ganz herrlich und süß. Dann will kein Mensch mehr sterben. Dann wollen sie nie tot sein. Wegen so ein paar Locken, wegen so einer weißen Haut und ein bißchen Frauengeruch. Dann stehen sie wieder vom Sterbebett auf und sind gesund wie zehntausend Hirsche im Februar. Dann werden selbst die halben Wasserleichen noch wieder lebendig, die es eigentlich doch überhaupt nicht mehr aushalten konnten auf dieser verdammten öden elenden Erdkugel. Die Wasserleichen werden wieder mobil — alles wegen so ein paar Augen, wegen so einem bißchen weichen warmen Mitleid und so kleinen Händen und wegen einem schlanken Hals. Sogar die Wasserleichen, diese zweibeinigen, diese ganz sonderbaren Leute hier auf der Welt —

2. SZENE

Ein Zimmer. Abends. Eine Tür kreischt und schlägt zu. Beckmann. Das Mädchen.

MÄDCHEN. So, nun will ich mir erst einmal den geangelten Fisch unter der Lampe ansehen. Nanu — *Sie lacht.* aber sagen Sie um Himmels willen, was soll denn dies hier sein?

BECKMANN. Das? Das ist meine Brille. Ja. Sie lachen. Das ist meine Brille. Leider.

MÄDCHEN. Das nennen Sie Brille? Ich glaube, Sie sind mit Absicht komisch.

BECKMANN. Ja, meine Brille. Sie haben recht: vielleicht sieht sie ein bißchen komisch aus. Mit diesen grauen Blechrändern um das Glas. Und dann diese grauen Bänder, die man um die Ohren machen muß. Und dieses graue Band quer über die Nase! Man kriegt so ein graues Uniformgesicht davon. So ein blechernes Robotergesicht. So ein Gasmaskengesicht. Aber es ist ja auch eine Gasmaskenbrille.

MÄDCHEN. Gasmaskenbrille?

BECKMANN. Gasmaskenbrille. Die gab es für Soldaten, die eine Brille trugen. Damit sie auch unter der Gasmaske was sehen konnten.

MÄDCHEN. Aber warum laufen Sie denn jetzt noch damit herum? Haben Sie denn keine richtige?

BECKMANN. Nein. Gehabt, ja. Aber die ist mir kaputt geschossen. Nein, schön ist sie nicht. Aber ich bin froh, daß ich wenigstens diese habe. Sie ist außerordentlich häßlich, das weiß ich. Und das macht mich manchmal auch unsicher, wenn die

Leute mich auslachen. Aber letzten Endes[21] ist das ja egal. Ich kann sie nicht entbehren. Ohne Brille bin ich rettungslos verloren. Wirklich, vollkommen hilflos.

MÄDCHEN. Ja? Ohne sind Sie vollkommen hilflos? *Fröhlich, nicht hart.* Dann geben Sie das abscheuliche Gebilde mal schnell her[22]. Da — was sagen Sie nun! Nein, die bekommen Sie erst wieder, wenn Sie gehen. Außerdem ist es beruhigender für mich, wenn ich weiß, daß Sie so vollkommen hilflos sind. Viel beruhigender. Ohne Brille sehen Sie auch gleich ganz anders aus. Ich glaube, Sie machen nur so einen trostlosen Eindruck, weil Sie immer durch diese grauenhafte Gasmaskenbrille sehen müssen.

BECKMANN. Jetzt sehe ich alles nur noch ganz verschwommen. Geben Sie sie wieder raus. Ich sehe ja nichts mehr. Sie selbst sind mit einmal ganz weit weg. Ganz undeutlich.

MÄDCHEN. Wunderbar. Das ist mir gerade recht. Und Ihnen bekommt das auch besser. Mit der Brille sehen Sie ja aus wie ein Gespenst.

BECKMANN. Vielleicht bin ich auch ein Gespenst. Eins von gestern, das heute keiner mehr sehen will. Ein Gespenst aus dem Krieg, für den Frieden provisorisch repariert.

MÄDCHEN *herzlich, warm.* Und was für ein griesgrämiges graues Gespenst! Ich glaube, Sie tragen innerlich auch so eine Gasmaskenbrille, Sie behelfsmäßiger Fisch. Lassen Sie mir die Brille. Es ist ganz gut, wenn Sie mal einen Abend alles ein bißchen verschwommen sehen. Passen Ihnen denn wenigstens die Hosen? Na, es geht gerade[23]. Da, nehmen Sie mal die Jacke.

BECKMANN. Oha! Erst ziehen Sie mich aus dem Wasser, und dann lassen Sie mich gleich wieder ersaufen. Das ist ja eine Jacke für einen Athleten. Welchem Riesen haben Sie die denn gestohlen?

MÄDCHEN. Der Riese ist mein Mann. War mein Mann.

BECKMANN. Ihr Mann?

MÄDCHEN. Ja. Dachten Sie, ich handel mit Männerkleidung?

BECKMANN. Wo ist er? Ihr Mann?

MÄDCHEN *bitter, leise.* Verhungert, erfroren, liegen geblieben[24] — was weiß ich. Seit Stalingrad ist er vermißt. Das war vor drei Jahren.

BECKMANN *starr.* In Stalingrad? In Stalingrad, ja. Ja, in Stalingrad, da ist mancher liegengeblieben.

[21]in the last analysis, when all's said and done   [22]then just give me the awful thing quick!   [23]they will have to do   [24]left behind

Aber einige kommen auch wieder. Und die ziehen dann das Zeug an von denen, die nicht wiederkommen. Der Mann, der Ihr Mann war, der der Riese war, dem dieses Zeug gehört, der ist liegengeblieben. Und ich, ich komme nun her und ziehe sein Zeug an. Das ist schön, nicht wahr. Ist das nicht schön? Und seine Jacke ist so riesig, daß ich fast darin ersaufe. *Hastig.* Ich muß sie wieder ausziehen. Doch. Ich muß wieder mein nasses Zeug anziehen. Ich komme um in dieser Jacke. Sie erwürgt mich, diese Jacke. Ich bin ja ein Witz in dieser Jacke. Ein grauenhafter, gemeiner Witz, den der Krieg gemacht hat. Ich will die Jacke nicht mehr anhaben.

MÄDCHEN *warm, verzweifelt.* Sei still, Fisch. Behalt sie an, bitte. Du gefällst mir so, Fisch. Trotz deiner komischen Frisur. Die hast du wohl auch aus Rußland mitgebracht, ja? Mit der Brille und dem Bein noch diese kurzen kleinen Borsten. Siehst du, das hab ich mir gedacht. Du mußt nicht denken, daß ich über dich lache, Fisch. Nein, Fisch, das tu ich nicht. Du siehst so wunderbar traurig aus, du armes graues Gespenst: in der weiten Jacke, mit dem Haar und dem steifen Bein. Laß man²⁵, Fisch, laß man. Ich finde das nicht zum Lachen. Nein, Fisch, du siehst wunderbar traurig aus. Ich könnte heulen, wenn du mich ansiehst mit deinen trostlosen Augen. Du sagst gar nichts. Sag was, Fisch, bitte. Sag irgendwas. Es braucht keinen Sinn zu haben, aber sag was. Sag was, Fisch, es ist doch so entsetzlich still in der Welt. Sag was, dann ist man nicht so allein. Bitte, mach deinen Mund auf, Fischmensch. Bleib doch da nicht den ganzen Abend stehen. Komm. Setz dich. Hier, neben mich. Nicht so weit ab, Fisch. Du kannst ruhig näher rankommen²⁶, du siehst mich ja doch nur verschwommen. Komm doch, mach meinetwegen die Augen zu. Komm und sag was, damit etwas da ist. Fühlst du nicht, wie grauenhaft still es ist?

BECKMANN *verwirrt.* Ich sehe dich gerne an. Dich, ja. Aber ich habe bei jedem Schritt Angst, daß es rückwärts geht. Du, das hab ich.

MÄDCHEN. Ach du. Vorwärts, rückwärts. Oben, unten. Morgen liegen wir vielleicht schon weiß und dick im Wasser. Mausestill und kalt. Aber heute sind wir doch noch warm. Heute abend nochmal, du. Fisch, sag was, Fisch. Heute abend schwimmst du mir nicht mehr weg, du. Sei still. Ich glaube dir kein Wort. Aber die Tür, die Tür will ich doch lieber abschließen.

BECKMANN. Laß das²⁷. Ich bin kein Fisch, und du brauchst die Tür nicht abzuschließen. Nein, du, ich bin weiß Gott kein Fisch.

MÄDCHEN *innig.* Fisch! Fisch, du! Du graues repariertes nasses Gespenst.

BECKMANN *ganz abwesend.* Mich bedrückt das. Ich ersaufe. Mich erwürgt das. Das kommt, weil ich so schlecht sehe. Das ist ganz und gar nebelig. Aber es erwürgt mich.

MÄDCHEN *ängstlich.* Was hast du? Du, was hast du denn? Du?

BECKMANN *mit wachsender Angst.* Ich werde jetzt ganz sachte sachte verrückt. Gib mir meine Brille. Schnell. Das kommt alles nur, weil es so nebelig vor meinen Augen ist. Da! Ich habe das Gefühl, daß hinter deinem Rücken ein Mann steht! Die ganze Zeit schon. Ein großer Mann. So eine Art Athlet. Ein Riese, weißt du. Aber das kommt nur, weil ich meine Brille nicht habe, denn der Riese hat nur ein Bein. Er kommt immer näher, der Riese, mit einem Bein und zwei Krücken. Hörst du — teck tock. Teck tock. So machen die Krücken. Jetzt steht er hinter dir. Fühlst du sein Luftholen im Nacken? Gib mir die Brille, ich will ihn nicht mehr sehen! Da, jetzt steht er ganz dicht hinter dir.

MÄDCHEN *schreit auf und stürzt davon. Eine Tür kreischt und schlägt zu. Dann hört man ganz laut das «Teck tock» der Krücken.*

BECKMANN *flüstert.* Der Riese!

DER EINBEINIGE *monoton.* Was tust du hier. Du? In meinem Zeug? Auf meinem Platz? Bei meiner Frau?

BECKMANN *wie gelähmt.* Dein Zeug? Dein Platz? Deine Frau?

DER EINBEINIGE *immer ganz monoton und apathisch.* Und du, was du hier tust?

BECKMANN *stockend, leise.* Das hab ich gestern nacht auch den Mann gefragt, der bei meiner Frau war. In meinem Hemd war. In meinem Bett. Was tust du hier, du? hab ich gefragt. Da hat er die Schultern hochgehoben und wieder fallen lassen und hat gesagt: Ja, was tu ich hier. Das hat er geantwortet. Da habe ich die Schlafzimmertür wieder zugemacht, nein, erst noch das Licht wieder ausgemacht. Und dann stand ich draußen.

EINBEINIGER. Komm mit deinem Gesicht unter die Lampe. Ganz nah. *Dumpf.* Beckmann!

BECKMANN. Ja. Ich. Beckmann. Ich dachte, du würdest mich nicht mehr kennen.

EINBEINGER *leise, aber mit ungeheurem Vorwurf.* Beckmann . . . Beckmann . . . Beckmann ! ! !

---

²⁵take it easy   ²⁶it's all right to come closer   ²⁷never mind that

BECKMANN *gefoltert.* Hör auf, du. Sag den Namen nicht! Ich will diesen Namen nicht mehr haben! Hör auf, du!

EINBEINIGER *leiert*[28]. Beckmann. Beckmann.

BECKMANN *schreit auf.* Das bin ich nicht! Das will ich nicht mehr sein. Ich will nicht mehr Beckmann sein! *Er läuft hinaus. Eine Tür kreischt und schlägt zu. Dann hört man den Wind und einen Menschen durch die stillen Straßen laufen.*

DER ANDERE. Halt! Beckmann!

BECKMANN. Wer ist da?

DER ANDERE. Ich. Der Andere.

BECKMANN. Bist du schon wieder da?

DER ANDERE. Immer noch, Beckmann. Immer, Beckmann.

BECKMANN. Was willst du? Laß mich vorbei.

DER ANDERE. Nein, Beckmann. Dieser Weg geht an die Elbe. Komm, die Straße ist hier oben.

BECKMANN. Laß mich vorbei. Ich will zur Elbe.

DER ANDERE. Nein, Beckmann. Komm. Du willst diese Straße hier weitergehen.

BECKMANN. Die Straße weitergehen! Leben soll ich? Ich soll weitergehen? Soll essen, schlafen, alles?

DER ANDERE. Komm, Beckmann.

BECKMANN *mehr apathisch als erregt.* Sag diesen Namen nicht. Ich will nicht mehr Beckmann sein. Ich habe keinen Namen mehr. Ich soll weiterleben, wo es einen Menschen gibt, wo es einen Mann mit einem Bein gibt, der meinetwegen nur das eine Bein hat? Der nur ein Bein hat, weil es einen Unteroffizier Beckmann gegeben hat, der gesagt hat: Obergefreiter Bauer, Sie halten Ihren Posten unbedingt bis zuletzt. Ich soll weiterleben, wo es diesen Einbeinigen gibt, der immer Beckmann sagt? Unablässig Beckmann! Andauernd Beckmann! Und er sagt das, als ob er Grab sagt. Als ob er Mord sagt, oder Hund sagt. Der meinen Namen sagt wie: Weltuntergang! Dumpf, drohend, verzweifelt. Und du sagst, ich soll weiterleben? Ich stehe draußen, wieder draußen. Gestern abend stand ich draußen. Heute steh ich draußen. Immer steh ich draußen. Und die Türen sind zu. Und dabei bin ich ein Mensch mit Beinen, die schwer und müde sind. Mit einem Bauch, der vor Hunger bellt. Mit einem Blut, das friert hier draußen in der Nacht. Und der Einbeinige sagt immerzu meinen Namen. Und nachts kann ich nicht mal mehr pennen. Wo soll ich denn hin, Mensch? Laß mich vorbei!

DER ANDERE. Komm, Beckmann. Wir wollen die Straße weitergehen. Wir wollen einen Mann besuchen. Und dem gibst du sie zurück.

BECKMANN. Was?

DER ANDERE. Die Verantwortung.

BECKMANN. Wir wollen einen Mann besuchen? Ja, das wollen wir. Und die Verantwortung, die gebe ich ihm zurück. Ja, du, das wollen wir. Ich will eine Nacht pennen ohne Einbeinige. Ich gebe sie ihm zurück. Ja! Ich bringe ihm die Verantwortung zurück. Ich gebe ihm die Toten zurück. Ihm! Ja, komm, wir wollen einen Mann besuchen, der wohnt in einem warmen Haus. In dieser Stadt, in jeder Stadt. Wir wollen einen Mann besuchen, wir wollen ihm etwas schenken — einen lieben guten braven Mann, der sein ganzes Leben nur seine Pflicht getan, und immer nur die Pflicht! Aber es war eine grausame Pflicht! Es war eine fürchterliche Pflicht! Eine verfluchte — fluchte — fluchte Pflicht! Komm! Komm!

3. SZENE

Eine Stube. Abend. Eine Tür kreischt und schlägt zu. Der Oberst und seine Familie. Beckmann.

BECKMANN. Guten Appetit, Herr Oberst.

DER OBERST *kaut.* Wie bitte?

BECKMANN. Guten Appetit, Herr Oberst.

OBERST. Sie stören beim Abendessen! Ist Ihre Angelegenheit so wichtig?

BECKMANN. Nein. Ich wollte nur feststellen, ob ich mich heute nacht ersaufe, oder am Leben bleibe. Und wenn ich am Leben bleibe, dann weiß ich noch nicht, wie. Und dann möchte ich am Tage manchmal vielleicht etwas essen. Und nachts, nachts möchte ich schlafen. Weiter nichts.

OBERST. Na na na na! Reden Sie mal nicht so unmännliches Zeug. Waren doch Soldat, wie?

BECKMANN. Nein, Herr Oberst.

SCHWIEGERSOHN. Wieso nein? Sie haben doch Uniform an.

BECKMANN *eintönig.* Ja. Sechs Jahre. Aber ich dachte immer, wenn ich zehn Jahre lang die Uniform eines Briefträgers anhabe, deswegen bin ich noch lange kein Briefträger[29].

TOCHTER. Pappi, frag ihn doch mal, was er eigentlich will. Er kuckt[30] fortwährend auf meinen Teller.

---

[28]keeps repeating monotonously

[29]I'm still far from being a mailman   [30]= *guckt*

BECKMANN *freundlich.* Ihre Fenster sehen von draußen so warm aus. Ich wollte mal wieder merken, wie das ist, durch solche Fenster zu sehen. Von innen aber, von innen. Wissen Sie, wie das ist, wenn nachts so helle warme Fenster da sind und man steht draußen?

MUTTER *nicht gehässig, eher voll Grauen.* Vater, sag ihm doch, er soll die Brille abnehmen. Mich friert, wenn ich das sehe.

OBERST. Das ist eine sogenannte Gasmasken-brille, meine Liebe. Wurde bei der Wehrmacht 1934 als Brille unter der Gasmaske für augenbehin-derte Soldaten eingeführt. Warum werfen Sie den Zimt[31] nicht weg? Der Krieg ist aus.

BECKMANN. Ja, ja. Der ist aus. Das sagen sie alle. Aber die Brille brauche ich noch. Ich bin kurzsichtig, ich sehe ohne Brille alles verschwom-men. Aber so kann ich alles erkennen. Ich sehe ganz genau von hier, was Sie auf dem Tisch haben.

OBERST *unterbricht.* Sagen Sie mal, was haben Sie für eine merkwürdige Frisur? Haben Sie ge-sessen[32]? Was ausgefressen, wie[33]? Na, raus mit der Sprache, sind irgendwo eingestiegen, was? Und geschnappt, was[34]?

BECKMANN. Jawohl, Herr Oberst, Bin irgendwo mit eingestiegen. In Stalingrad, Herr Oberst. Aber die Tour ging schief, und sie haben uns gegriffen. Drei Jahre haben wir gekriegt, alle hunderttausend Mann. Und unser Häuptling zog sich Zivil an und aß Kaviar. Drei Jahre Kaviar. Und die anderen lagen unterm Schnee und hatten Steppensand im Mund. Und wir löffelten heißes Wasser. Aber der Chef mußte Kaviar essen. Drei Jahre lang. Und uns haben sie die Köpfe abrasiert. Bis zum Hals — oder bis zu den Haaren, das kam nicht so genau darauf an. Die Kopfamputierten waren noch die Glücklichsten. Die brauchten wenigstens nicht ewig Kaviar zu löffeln.

SCHWIEGERSOHN *aufgebracht.* Wie findest du das, Schwiegervater? Na? Wie findest du das?

OBERST. Lieber junger Freund, Sie stellen die ganze Sache doch wohl reichlich verzerrt dar[35]. Wir sind doch Deutsche. Wir wollen doch lieber bei unserer guten deutschen Wahrheit bleiben. Wer die Wahrheit hochhält, der marschiert immer noch am besten, sagt Clausewitz.

BECKMANN. Jawohl, Herr Oberst. Schön ist das, Herr Oberst. Ich mache mit, mit der Wahrheit. Wir essen uns schön satt, Herr Oberst, richtig satt, Herr Oberst. Wir ziehen uns ein neues Hemd an und einen Anzug mit Knöpfen und ohne Löcher. Und dann machen wir den Ofen an, Herr Oberst, denn wir haben ja einen Ofen, Herr Oberst, und setzen den Teekessel auf für einen kleinen Grog. Und dann ziehen wir die Jalousien runter und lassen uns in einen Sessel fallen, denn einen Sessel haben wir ja. Wir riechen das feine Parfüm unserer Gattin und kein Blut, nicht wahr, Herr Oberst, kein Blut, und wir freuen uns auf das saubere Bett, das wir ja haben, wir beide, Herr Oberst, das im Schlafzimmer schon auf uns wartet, weich, weiß und warm. Und dann halten wir die Wahrheit hoch, Herr Oberst, unsere gute deutsche Wahr-heit.

TOCHTER. Er ist verrückt.

SCHWIEGERSOHN. Ach wo[36], betrunken.

MUTTER. Vater, beende das. Mich friert von dem Menschen.

OBERST *ohne Schärfe.* Ich habe aber doch stark den Eindruck, daß Sie einer von denen sind, denen das bißchen Krieg die Begriffe und den Verstand verwirrt hat. Warum sind Sie nicht Offizier ge-worden? Sie hätten zu ganz anderen Kreisen Ein-gang gehabt. Hätten 'ne anständige Frau gehabt, und dann hätten Sie jetzt auch 'n anständiges Haus. Wärn ja ein ganz anderer Mensch. Warum sind Sie kein Offizier geworden?

BECKMANN. Meine Stimme war zu leise, Herr Oberst, meine Stimme war zu leise.

OBERST. Sehen Sie, Sie sind zu leise. Mal ehrlich, einer von denen, die ein bißchen müde sind, ein bißchen weich, wie?

BECKMANN. Jawohl, Herr Oberst. So ist es. Ein bißchen leise. Ein bißchen weich. Und müde, Herr Oberst, müde, müde, müde! Ich kann nämlich nicht schlafen, Herr Oberst, keine Nacht, Herr Oberst. Und deswegen komme ich her, darum komme ich zu Ihnen, Herr Oberst, denn ich weiß, Sie können mir helfen. Ich will endlich mal wieder pennen! Mehr will ich ja gar nicht. Nur pennen. Tief, tief pennen.

MUTTER. Vater, bleib bei uns. Ich habe Angst. Ich friere von diesem Menschen.

TOCHTER. Unsinn, Mutter. Das ist einer von denen, die mit einem kleinen Knax[37] nach Hause kommen. Die tun nichts.

SCHWIEGERSOHN. Ich finde ihn ziemlich arro-gant, den Herrn.

[31]junk, trash   [32]have you been in prison? (*sitzen* also has the meaning of serving a prison term)   [33]You did something (committed a crime), hey?   [34]You broke in somewhere, hey? And got caught, hey?   [35]you're giv-ing a very distorted view of the whole thing

[36]Oh, go on!   [37]quirk

OBERST *überlegen.* Laßt mich nur machen, Kinder, ich kenne diese Typen von der Truppe.

MUTTER. Mein Gott, der schläft ja im Stehen.

OBERST *fast väterlich.* Müssen ein bißchen hart angefaßt werden, das ist alles. Laßt mich, ich mache das schon.

BECKMANN *ganz weit weg.* Herr Oberst?

OBERST. Also, was wollen Sie nun?

BECKMANN *ganz weit weg.* Herr Oberst?

OBERST. Ich höre, ich höre.

BECKMANN *schlaftrunken, traumhaft.* Hören Sie, Herr Oberst? Dann ist es gut. Wenn Sie hören, Herr Oberst. Ich will Ihnen nämlich meinen Traum erzählen, Herr Oberst. Den Traum träume ich jede Nacht. Dann wache ich auf, weil jemand so grauenhaft schreit. Und wissen Sie, wer das ist, der da schreit? Ich selbst, Herr Oberst, ich selbst. Ulkig, nicht, Herr Oberst? Und dann kann ich nicht wieder einschlafen. Keine Nacht, Herr Oberst. Denken Sie mal, Herr Oberst, jede Nacht wachliegen. Deswegen bin ich müde, Herr Oberst, ganz furchtbar müde.

MUTTER. Vater, bleib bei uns. Mich friert.

OBERST *interessiert.* Und von Ihrem Traum wachen Sie auf, sagen Sie?

BECKMANN. Nein, von meinem Schrei. Nicht von dem Traum. Von dem Schrei.

OBERST *interessiert.* Aber der Traum, der veranlaßt Sie zu diesem Schrei, ja?

BECKMANN. Denken Sie mal an[38], ja. Er veranlaßt mich. Der Traum ist nämlich ganz seltsam, müssen Sie wissen. Ich will ihn mal erzählen. Sie hören doch, Herr Oberst, ja? Da steht ein Mann und spielt Xylophon. Er spielt einen rasenden Rhythmus. Und dabei schwitzt er, der Mann, denn er ist außergewöhnlich fett. Und er spielt auf einem Riesenxylophon. Und weil es so groß ist, muß er bei jedem Schlag vor dem Xylophon hin und her sausen. Und dabei schwitzt er, denn er ist tatsächlich sehr fett. Aber er schwitzt gar keinen Schweiß, das ist das Sonderbare. Er schwitzt Blut, dampfendes, dunkles Blut. Und das Blut läuft in zwei breiten roten Streifen an seiner Hose runter, daß er von weitem aussieht wie ein General. Wie ein General! Ein fetter, blutiger General. Es muß ein alter schlachtenerprobter General sein, denn er hat beide Arme verloren. Ja, er spielt mit langen dünnen Prothesen, die wie Handgranatenstiele aussehen, hölzern und mit einem Metallring. Es muß ein ganz fremdartiger Musiker sein, der General, denn die Hölzer seines riesigen Xylophons sind gar nicht aus Holz. Nein, glauben Sie mir, Herr Oberst, glauben Sie mir, sie sind aus Knochen. Glauben Sie mir das, Herr Oberst, aus Knochen!

OBERST *leise.* Ja, ich glaube. Aus Knochen.

BECKMANN *immer noch tranceähnlich, spukhaft.* Ja, nicht aus Holz, aus Knochen. Wunderbare weiße Knochen. Schädeldecken hat er da, Schulterblätter, Beckenknochen. Und für die höheren Töne Armknochen und Beinknochen. Dann kommen die Rippen — viele tausend Rippen. Und zum Schluß, ganz am Ende des Xylophons, wo die ganz hohen Töne liegen, da sind Fingerknöchel, Zehen, Zähne. Ja, als letztes kommen die Zähne. Das ist das Xylophon, auf dem der fette Mann mit den Generalsstreifen spielt. Ist das nicht ein komischer Musiker, dieser General?

OBERST *unsicher.* Ja, sehr komisch. Sehr, sehr komisch!

BECKMANN. Ja, und nun geht es erst los. Nun fängt der Traum erst an. Also, der General steht vor dem Riesenxylophon aus Menschenknochen und trommelt mit seinen Prothesen einen Marsch. Preußens Gloria oder den Badenweiler[39]. Aber meistens spielt er den Einzug der Gladiatoren und die Alten Kameraden[40]. Meistens spielt er die. Die kennen Sie doch, Herr Oberst, die Alten Kameraden? *Summt.*

OBERST. Ja, ja. Natürlich. *Summt ebenfalls.*

BECKMANN. Und dann kommen sie. Dann ziehen sie ein, die Gladiatoren, die alten Kameraden. Dann stehen sie auf aus den Massengräbern, und ihr blutiges Gestöhn stinkt bis an den weißen Mond. Und davon sind die Nächte so. So bitter wie Katzengescheiß. So rot, so rot wie Himbeerlimonade auf einem weißen Hemd. Dann sind die Nächte so, daß wir nicht atmen können. Daß wir ersticken, wenn wir keinen Mund zum Küssen und keinen Schnaps zu trinken haben. Bis an den Mond, den weißen Mond, stinkt dann das blutige Gestöhn, Herr Oberst, wenn die Toten kommen, die limonadefleckigen Toten.

TOCHTER. Hört ihr, daß er verrückt ist? Der Mond soll weiß sein, sagt er! Weiß! Der Mond!

OBERST *nüchtern.* Unsinn! Der Mond ist selbstverständlich gelb wie immer. Wie'n Honigbrot! Wie'n Eierkuchen. War immer gelb, der Mond.

BECKMANN. O nein, Herr Oberst, o nein! In diesen Nächten, wo die Toten kommen, da ist er weiß und krank. Da ist er wie der Bauch eines schwangeren Mädchens, das sich im Bach ertränkte. So weiß, so krank, so rund. Nein, Herr

---

[38]You're telling me

[39]patriotic songs   [40]military songs

Oberst, der Mond ist weiß in diesen Nächten, wo die Toten kommen, und ihr blutiges Gestöhn stinkt scharf wie Katzendreck bis in den weißen kranken runden Mond. Blut. Blut. Dann stehen sie auf aus den Massengräbern mit verrotteten Verbänden und blutigen Uniformen. Dann tauchen sie auf aus den Ozeanen, aus den Steppen und Straßen, aus den Wäldern kommen sie, aus Ruinen und Mooren, schwarzgefroren, grün, verwest. Aus der Steppe stehen sie auf, einäugig, zahnlos, einarmig, beinlos, mit zerfetzten Gedärmen, ohne Schädeldecken, ohne Hände, durchlöchert, stinkend, blind. Eine furchtbare Flut kommen sie angeschwemmt, unübersehbar an Zahl, unübersehbar an Qual! Das furchtbare unübersehbare Meer der Toten tritt über[41] die Ufer seiner Gräber und wälzt sich breit, breiig, bresthaft[42] und blutig über die Welt. Und dann sagt der General mit den Blutstreifen zu mir: Unteroffizier Beckmann, Sie übernehmen die Verantwortung. Lassen Sie abzählen. Und dann stehe ich da, vor den Millionen hohlgrinsender Skelette, vor den Fragmenten, den Knochentrümmern, mit meiner Verantwortung, und lasse abzählen. Aber die Brüder zählen nicht. Sie schlenkern furchtbar mit den Kiefern, aber sie zählen nicht. Der General befiehlt fünfzig Kniebeugen. Die mürben Knochen knistern, die Lungen piepen, aber sie zählen nicht! Ist das nicht Meuterei, Herr Oberst? Offene Meuterei?

OBERST *flüstert*. Ja, offene Meuterei!

BECKMANN. Sie zählen auf Deubelkommraus nicht[43]. Aber sie rotten sich zusammen, die Verrotteten, und bilden Sprechchöre. Donnernde, drohende, dumpfe Sprechchöre. Und wissen Sie, was sie brüllen, Herr Oberst?

OBERST *flüstert*. Nein.

BECKMANN. Beckmann, brüllen sie. Unteroffizier Beckmann. Immer Unteroffizier Beckmann. Und das Brüllen wächst. Und das Brüllen rollt heran, tierisch wie ein Gott schreit, fremd, kalt, riesig. Und das Brüllen wächst und rollt und wächst und rollt! Und das Brüllen wird dann so groß, so erwürgend groß, daß ich keine Luft mehr kriege. Und dann schreie ich, dann schreie ich los[44] in der Nacht. Dann muß ich schreien, so furchtbar, furchtbar schreien. Und davon werde ich dann immer wach. Jede Nacht. Jede Nacht das Konzert auf dem Knochenxylophon, und jede Nacht die Sprechchöre, und jede Nacht der furchtbare Schrei. Und dann kann ich nicht wieder einschlafen,

weil ich doch die Verantwortung hatte. Ich hatte doch die Verantwortung. Ja, ich hatte die Verantwortung. Und deswegen komme ich nun zu Ihnen, Herr Oberst, denn ich will endlich mal wieder schlafen. Ich will einmal wieder schlafen. Deswegen komme ich zu Ihnen, weil ich schlafen will, endlich mal wieder schlafen.

OBERST. Was wollen Sie denn von mir?

BECKMANN. Ich bringe sie Ihnen zurück.

OBERST. Wen?

BECKMANN *beinah naiv*. Die Verantwortung. Ich bringe Ihnen die Verantwortung zurück. Haben Sie das ganz vergessen, Herr Oberst? Den 14. Februar? Bei Gorodok. Es waren 42 Grad Kälte[45]. Da kamen Sie doch in unsere Stellung, Herr Oberst, und sagten: Unteroffizier Beckmann. Hier, habe ich geschrieen. Dann sagten Sie, und Ihr Atem blieb an Ihrem Pelzkragen als Reif hängen — das weiß ich noch ganz genau, denn Sie hatten einen sehr schönen Pelzkragen — dann sagten Sie: Unteroffizier Beckmann, ich übergebe Ihnen die Verantwortung für die zwanzig Mann. Sie erkunden den Wald östlich Gorodok und machen nach Möglichkeit[46] ein paar Gefangene, klar? Jawohl, Herr Oberst, habe ich da gesagt. Und dann sind wir losgezogen und haben erkundet. Und ich — ich hatte die Verantwortung. Dann haben wir die ganze Nacht erkundet, und dann wurde geschossen, und als wir wieder in der Stellung waren, da fehlten elf Mann. Und ich hatte die Verantwortung. Ja, das ist alles, Herr Oberst. Aber nun ist der Krieg aus, nun will ich pennen, nun gebe ich Ihnen die Verantwortung zurück, Herr Oberst, ich will sie nicht mehr, ich gebe sie Ihnen zurück, Herr Oberst.

OBERST. Aber mein lieber Beckmann, Sie erregen sich unnötig. So war das doch gar nicht gemeint.

BECKMANN *ohne Erregung, aber ungeheuer ernsthaft*. Doch. Doch, Herr Oberst. So muß das doch gemeint sein. Verantwortung ist doch nicht nur ein Wort, eine chemische Formel, nach der helles Menschenfleisch in dunkle Erde verwandelt wird. Man kann doch Menschen nicht für ein leeres Wort sterben lassen. Irgendwo müssen wir doch hin mit unserer Verantwortung. Die Toten — antworten nicht. Gott — antwortet nicht. Aber die Lebenden, die fragen. Die fragen jede Nacht, Herr Oberst. Wenn ich dann wach liege, dann kommen sie und fragen. Frauen, Herr Oberst, traurige, trauernde Frauen. Alte Frauen mit grauem Haar und harten

---

[41]overflows [42]feebly [43]they can't count a damn bit (auf Teufel—komm—'raus nicht) [44]I start screaming

[45]42 degrees below zero (centigrade) = 44 below zero Fahrenheit [46]if you can

rissigen Händen — junge Frauen mit einsamen sehnsüchtigen Augen, Kinder, Herr Oberst, Kinder, viele kleine Kinder. Und die flüstern dann aus der Dunkelheit: Unteroffizier Beckmann, wo ist mein Vater, Unteroffizier Beckmann? Unteroffizier Beckmann, wo haben Sie meinen Mann? Unteroffizier Beckmann, wo ist mein Sohn, wo ist mein Bruder, Unteroffizier Beckmann, wo ist mein Verlobter, Unteroffizier Beckmann? Unteroffizier Beckmann, wo? wo? wo? So flüstern sie, bis es hell wird. Es sind nur elf Frauen, Herr Oberst, bei mir sind es nur elf. Wieviel sind es bei Ihnen, Herr Oberst? Tausend? Zweitausend? Schlafen Sie gut, Herr Oberst? Dann macht es Ihnen wohl nichts aus, wenn ich Ihnen zu den zweitausend noch die Verantwortung für meine elf dazugebe. Können Sie schlafen, Herr Oberst? Mit zweitausend nächtlichen Gespenstern? Können Sie überhaupt leben, Herr Oberst, können Sie eine Minute leben, ohne zu schreien? Herr Oberst, Herr Oberst, schlafen Sie nachts gut? Ja? Dann macht es Ihnen ja nichts aus, dann kann ich wohl nun endlich pennen — wenn Sie so nett sind und sie wieder zurücknehmen, die Verantwortung. Dann kann ich wohl nun endlich in aller Seelenruhe pennen. Seelenruhe, das war es, ja, Seelenruhe, Herr Oberst! Und dann: schlafen! Mein Gott!

OBERST *ihm bleibt doch die Luft weg. Aber dann lacht er seine Beklemmung fort, aber nicht gehässig, eher jovial und rauhbeinig, gutmütig, sagt sehr unsicher.* Junger Mann, junger Mann! Ich weiß nicht recht[47], ich weiß nicht recht. Sind Sie nun ein heimlicher Pazifist, wie? So ein bißchen destruktiv, ja? Aber — *Er lacht zuerst verlegen, dann aber siegt sein gesundes Preußentum, und er lacht aus voller Kehle.* Mein Lieber, mein Lieber! Ich glaube beinahe, Sie sind ein kleiner Schelm, wie? Hab ich recht? Na? Sehen Sie, Sie sind ein Schelm, was? *Er lacht.* Köstlich, Mann, ganz köstlich! Sie haben wirklich den Bogen raus[48]! Nein, dieser abgründige Humor! Wissen Sie, *von seinem Gelächter unterbrochen,* wissen Sie, mit dem Zeug, mit der Nummer, können Sie so auf die Bühne! So auf die Bühne! *Der Oberst will Beckmann nicht verletzen, aber er ist so gesund und so sehr naiv und alter Soldat, daß er Beckmanns Traum nur als Witz begreift.* Diese blödsinnige Brille, diese ulkige versaute[49] Frisur! Sie müßten das Ganze mit Musik bringen[50]. *Lacht.* Mein Gott, dieser köstliche Traum! Die Kniebeugen, die Kniebeugen mit Xylophonmusik! Nein, mein Lieber, Sie müssen so auf die Bühne! Die Menschheit lacht sich, lacht sich ja kaputt!!! O mein Gott!!! *Lacht mit Tränen in den Augen und pustet.* Ich hatte ja im ersten Moment gar nicht begriffen, daß Sie so eine komische Nummer bringen wollten. Ich dachte wahrhaftig, Sie hätten so eine leichte Verwirrung im Kopf. Hab doch nicht geahnt, was Sie für ein Komiker sind. Nein, also, mein Lieber, Sie haben uns wirklich so einen reizenden Abend bereitet — das ist eine Gegenleistung wert. Wissen Sie was? Gehen Sie runter zu meinem Chauffeur, nehmen Sie sich warm Wasser, waschen Sie sich, nehmen Sie sich den Bart ab. Machen Sie sich menschlich. Und dann lassen Sie sich vom Chauffeur einen von meinen alten Anzügen geben. Ja, das ist mein Ernst! Schmeißen Sie Ihre zerrissenen Klamotten weg, ziehen Sie sich einen alten Anzug von mir an, doch, das dürfen Sie ruhig annehmen, und dann werden Sie erstmal wieder ein Mensch, mein lieber Junge! Werden Sie erstmal wieder ein Mensch!!!

BECKMANN *wacht auf und wacht auch zum erstenmal aus seiner Apathie auf.* Ein Mensch? Werden? Ich soll erstmal wieder ein Mensch werden? *Schreit.* Ich soll ein Mensch werden? Ja, was seid ihr denn? Menschen? Menschen? Wie? Was? Ja? Seid ihr Menschen? Ja?!?

MUTTER *schreit schrill und gellend auf; es fällt etwas um.* Nein! Er bringt uns um! Neiiin!!! *Furchtbares Gepolter, die Stimmen der Familie schreien aufgeregt durcheinander.*

SCHWIEGERSOHN. Halt die Lampe fest!

TOCHTER. Hilfe! Das Licht ist aus! Mutter hat die Lampe umgestoßen!

OBERST. Ruhig, Kinder!

MUTTER. Macht doch mal Licht!

SCHWIEGERSOHN. Wo ist denn die Lampe?

OBERST. Da. Da ist sie doch schon.

MUTTER. Gott sei Dank, daß wieder Licht ist.

SCHWIEGERSOHN. Und der Kerl ist weg. Sah mir gleich nicht ganz einwandfrei aus, der Bruder.

TOCHTER. Eins, zwei, drei — vier. Nein, es ist alles noch da. Nur der Aufschnitt-Teller ist zerbrochen.

OBERST. Zum Donnerwetter ja, worauf hatte er es denn abgesehen[51]?

SCHWIEGERSOHN. Vielleicht war er wirklich bloß blöde.

TOCHTER. Nein, seht ihr? Die Rumflasche fehlt.

MUTTER. Gott, Vater, dein schöner Rum!

TOCHTER. Und das halbe Brot — ist auch weg!

---

[47]I don't quite know   [48]you're really clever   [49]messed up   [50]put on, perform

[51]what was he driving at?

OBERST. Was, das Brot?

MUTTER. Das Brot hat er mitgenommen? Ja, was will er denn mit dem Brot?

SCHWIEGERSOHN. Vielleicht will er das essen. Oder versetzen[52]. Diese Kreise[53] schrecken ja vor nichts zurück.

TOCHTER. Ja, vielleicht will er das essen.

MUTTER. Ja, aber — aber das trockene Brot?

Eine Tür kreischt und schlägt zu.

BECKMANN *wieder auf der Straße. Eine Flasche gluckert*[54]. Die Leute haben recht *wird zunehmend betrunken*. Prost, der wärmt. Nein, die Leute haben recht. Prost. Sollen wir uns hinstellen[55] und um die Toten trauern, wo er[56] uns selbst dicht auf den Hacken sitzt? Prost. Die Leute haben recht! Die Toten wachsen uns über den Kopf. Gestern zehn Millionen. Heute sind es schon dreißig. Morgen kommt einer und sprengt einen ganzen Erdteil in die Luft. Nächste Woche erfindet einer den Mord aller in sieben Sekunden mit zehn Gramm Gift. Sollen wir trauern!? Prost, ich hab das dunkle Gefühl, daß wir uns bei Zeiten[57] nach einem anderen Planeten umsehen müssen. Prost! Die Leute haben recht. Ich geh zum Zirkus. Die haben ja recht, Mensch. Der Oberst hat sich halb tot gelacht! Er sagt, ich müßte so auf die Bühne. Humpelnd, mit dem Mantel, mit der Visage, mit der Brille in der Visage und mit der Bürste auf dem Kopf. Der Oberst hat recht, die Menschheit lacht sich kaputt! Prost. Es lebe der Oberst! Der hat mir das Leben gerettet. Heil, Herr Oberst! Prost, es lebe das Blut! Es lebe das Gelächter über die Toten! Ich geh zum Zirkus, die Leute lachen sich kaputt, wenn es recht grausig hergeht[58], mit Blut und vielen Toten. Komm, glucker nochmal aus der Buddel[59], prost. Der Schnaps hat mir das Leben gerettet, mein Verstand ist ersoffen! Prost! *Großartig und besoffen.* Wer Schnaps hat oder ein Bett oder ein Mädchen, der träume seinen letzten Traum! Morgen kann es schon zu spät sein! Der baue sich aus seinem Traum eine Arche Noah und segel saufend und singend über das Entsetzliche rüber in die ewige Finsternis. Die andern ersaufen in Angst und Verzweiflung! Wer Schnaps hat, ist gerettet! Prost! Es lebe der blutige Oberst! Es lebe die Verantwortung! Heil! Ich gehe zum Zirkus! Es lebe der Zirkus! Der ganze große Zirkus!

4. SZENE

Ein Zimmer. Der Direktor eines Kabaretts. Beckmann, noch leicht angetrunken.

DIREKTOR *sehr überzeugt.* Sehen Sie, gerade in der Kunst brauchen wir wieder eine Jugend, die zu allen Problemen aktiv Stellung nimmt. Eine mutige, nüchterne —

BECKMANN *vor sich hin*[60]. Nüchtern, ja ganz nüchtern muß sie sein.

DIREKTOR. — revolutionäre Jugend. Wir brauchen einen Geist wie Schiller, der mit zwanzig seine Räuber[61] machte. Wir brauchen einen Grabbe, einen Heinrich Heine! So einen genialen angreifenden Geist haben wir nötig! Eine unromantische, wirklichkeitsnahe und handfeste Jugend, die den dunklen Seiten des Lebens gefaßt ins Auge sieht, unsentimental, objektiv, überlegen. Junge Menschen brauchen wir, eine Generation, die die Welt sieht und liebt, wie sie ist. Die die Wahrheit hochhält, Pläne hat, Ideen hat. Das brauchen keine tiefgründigen Weisheiten zu sein. Um Gottes willen nichts Vollendetes, Reifes und Abgeklärtes. Das soll ein Schrei sein, ein Aufschrei ihrer Herzen. Frage, Hoffnung, Hunger!

BECKMANN *für sich.* Hunger, ja, den haben wir.

DIREKTOR. Aber jung muß diese Jugend sein, leidenschaftlich und mutig. Gerade in der Kunst! Sehen Sie mich an: Ich stand schon als Siebzehnjähriger auf den Brettern des Kabaretts und habe dem Spießer[62] die Zähne gezeigt und ihm die Zigarre verdorben. Was uns fehlt, das sind die Avantgardisten, die das graue lebendige leidvolle Gesicht unserer Zeit präsentieren!

BECKMANN *für sich.* Ja, ja: Immer wieder präsentieren. Gesichter, Gewehre. Gespenster. Irgendwas wird immer präsentiert.

DIREKTOR. — Übrigens bei[63] Gesicht fällt mir ein: Wozu laufen Sie eigentlich mit diesem nahezu grotesken Brillengestell herum? Wo haben Sie das originelle Ding denn bloß her, Mann? Man bekommt ja einen Schluckauf, wenn man Sie ansieht. Das ist ja ein ganz toller Apparat, den Sie da auf der Nase haben.

BECKMANN *automatisch.* Ja, meine Gasmaskenbrille. Die haben wir beim Militär bekommen, wir

---

[52]pawn [53]his sort [54]gurgles [55]sit down [56]= der Tod [57]pretty soon [58]is done [59]Come, another gurgle from the bottle

[60]to himself [61]*Die Räuber* is one of the plays most representative of the literary "Storm and Stress" period which emphasized the rebellion of the individual against society. [62]*Spießbürger* dull middle-class person [63]speaking of

Brillenträger, damit wir auch unter der Gasmaske den Feind erkennen und schlagen konnten.

DIREKTOR. Aber der Krieg ist doch lange vorbei! Wir haben doch längst wieder das dickste[64] Zivilleben! Und Sie zeigen sich noch immer in diesem militärischen Aufzug.

BECKMANN. Das müssen Sie mir nicht übelnehmen. Ich bin erst vorgestern aus Sibirien gekommen. Vorgestern? Ja, vorgestern!

DIREKTOR. Sibirien? Gräßlich, was? Gräßlich. Ja, der Krieg! Aber die Brille, haben Sie denn keine andere?

BECKMANN. Ich bin glücklich, daß ich wenigstens diese habe. Das ist meine Rettung. Es gibt doch sonst keine Rettung — keine Brillen, meine ich.

DIREKTOR. Ja, haben Sie denn nicht vorgesorgt, mein Guter?

BECKMANN. Wo, in Sibirien?

DIREKTOR. Ah, natürlich. Dieses dumme Sibirien! Sehen Sie, ich habe mich eingedeckt mit Brillen. Ja, Köpfchen[65]! Ich bin glücklicher Inhaber von drei erstklassigen rassigen Hornbrillen. Echtes Horn, mein Lieber! Eine gelbe zum Arbeiten. Eine unauffällige zum Ausgehen. Und eine abends für die Bühne, verstehen Sie, eine schwarze schwere Hornbrille. Das sieht aus[66], mein Lieber: Klasse!

BECKMANN. Und ich habe nichts, was ich Ihnen geben könnte, damit Sie mir eine abtreten[67]. Ich komme mir selbst so behelfsmäßig und repariert vor. Ich weiß auch, wie blödsinnig blöde das Ding aussieht, aber was soll ich machen? Könnten Sie mir nicht eine —

DIREKTOR. Wo denken Sie hin, mein bester Mann? Von meinen paar Brillen kann ich keine einzige entbehren. Meine ganzen Einfälle, meine Wirkung, meine Stimmungen sind von ihnen abhängig.

BECKMANN. Ja, das ist es eben: meine auch. Und Schnaps hat man nicht jeden Tag. Und wenn der alle[68] ist, ist das Leben wie Blei: zäh, grau und wertlos. Aber für die Bühne wirkt diese himmelschreiend häßliche Brille wahrscheinlich viel besser.

DIREKTOR. Wieso das?

BECKMANN. Ich meine: komischer. Die Leute lachen sich doch kaputt, wenn die mich sehen mit der Brille. Und dann noch die Frisur, und der Mantel. Und das Gesicht, müssen Sie bedenken,

mein Gesicht! Das ist doch alles ungeheuer lustig, was?

DIREKTOR *dem etwas unheimlich wird.* Lustig? Lustig? Den Leuten bleibt das Lachen in der Kehle stecken, mein Lieber. Bei Ihrem Anblick wird ihnen das naßkalte Grauen den Nacken hochkriechen. Das naßkalte Grauen vor diesem Gespenst aus der Unterwelt wird ihnen hochkommen. Aber die Leute wollen doch schließlich Kunst genießen, sich erheben, erbauen und keine naßkalten Gespenster sehen. Nein, so können wir Sie nicht loslassen. Etwas genialer, überlegener heiterer müssen wir den Leuten schon kommen. Positiv! Positiv, mein Lieber! Denken Sie an Goethe! Denken Sie an Mozart! Die Jungfrau von Orléans, Richard Wagner, Schmeling, Shirley Temple!

BECKMANN. Gegen solche Namen kann ich natürlich nicht gegen an[69]. Ich bin nur Beckmann. Vorne B — hinten eckmann.

DIREKTOR. Beckmann? Beckmann? Ist mir im Moment gar nicht geläufig beim Kabarett. Oder haben Sie unter einem Pseudonym gearbeitet?

BECKMANN. Nein, ich bin ganz neu. Ich bin Anfänger.

DIREKTOR *schwenkt völlig um.* Sie sind Anfänger? Ja, mein Bester, so leicht geht die Sache im Leben aber nun doch nicht. Nein, das denken Sie sich doch wohl ein bißchen einfach. So mir nichts dir nichts[70] macht man keine Karriere! Sie unterschätzen die Verantwortung von uns Unternehmern! Einen Anfänger bringen, das kann den Ruin bedeuten. Das Publikum will Namen!

BECKMANN. Goethe, Schmeling, Shirley Temple oder sowas, nicht?

DIREKTOR. Eben die. Aber Anfänger? Neulinge, Unbekannte? Wie alt sind Sie denn?

BECKMANN. Fünfundzwanzig.

DIREKTOR. Na, sehen Sie. Lassen Sie sich erst mal den Wind um die Nase wehen[71], junger Freund. Riechen Sie erst mal ein wenig hinein ins Leben. Was haben Sie denn so bis jetzt gemacht?

BECKMANN. Nichts. Krieg: Gehungert. Gefroren. Geschossen: Krieg. Sonst nichts.

DIREKTOR. Sonst nichts? Na, und was ist das? Reifen Sie auf dem Schlachtfeld des Lebens, mein Freund. Arbeiten Sie. Machen Sie sich einen Namen, dann bringen wir Sie in großer Aufmachung raus. Lernen Sie die Welt kennen, dann kommen Sie wieder. Werden Sie jemand!

BECKMANN *der bisher ruhig und eintönig war, jetzt*

---

[64]a full dose of   [65]I'm smart, have a good head on my shoulders   [66]that looks like something   [67]so that you give me one (of your pairs)   [68]all gone

[69]Naturally I can't compete with such names.   [70]without further ado   [71]see the world first

allmählich erregter. Und wo soll ich anfangen? Wo denn? Einmal muß man doch irgendwo eine Chance bekommen. Irgendwo muß doch ein Anfänger mal anfangen. In Rußland ist uns zwar kein Wind um die Nase geweht, aber dafür Metall, viel Metall. Heißes hartes herzloses Metall. Wo sollen wir denn anfangen? Wo denn? Wir wollen doch endlich einmal anfangen! Menschenskind!

BECKMANN. Nein, keiner hat uns nach Sibirien geschickt. Wir sind ganz von alleine gegangen. Alle ganz von alleine. Und einige, die sind ganz von alleine dageblieben. Unterm Schnee, unterm Sand. Die hatten eine Chance, die Gebliebenen, die Toten. Aber wir, wir können nun nirgendwo anfangen. Nirgendwo anfangen.

DIREKTOR *resigniert.* Wie Sie wollen! Also: dann fangen Sie an. Bitte. Stellen Sie sich dahin. Beginnen Sie. Machen Sie nicht so lange. Zeit ist teuer. Also, bitte. Wenn Sie so liebenswürdig sein wollen, fangen Sie an. Ich gebe Ihnen die große Chance. Sie haben immenses Glück: ich leihe Ihnen mein Ohr. Schätzen Sie das, junger Mann, schätzen Sie das, sag ich Ihnen! Fangen Sie also in Gottes Namen an. Bitte. Da. Also.

Leise Xylophonmusik. Man erkennt die Melodie der «tapferen kleinen Soldatenfrau».

BECKMANN *singt, mehr gesprochen, leise, apathisch und monoton.*

Tapfere kleine Soldatenfrau —
ich kenn das Lied noch ganz genau,
das süße schöne Lied.
Aber in Wirklichkeit: War alles Schiet[73]!
Refrain: Die Welt hat gelacht,
und ich hab gebrüllt.
Und der Nebel der Nacht
hat dann alles verhüllt.
Nur der Mond grinst noch
durch ein Loch
in der Gardine!

Als ich jetzt nach Hause kam,
da war mein Bett besetzt.
Daß ich mir nicht das Leben nahm,
das hat mich selbst entsetzt.
Refrain: Die Welt hat gelacht . . .

Da hab ich mir um Mitternacht
ein neues Mädchen angelacht.
Von Deutschland hat sie nichts gesagt
Und Deutschland hat auch nicht nach uns
gefragt.
Die Nacht war kurz, der Morgen kam,
und da stand einer in der Tür.
Der hatte nur ein Bein und das war ihr Mann.
Und das war morgens um vier.
Refrain: Die Welt hat gelacht . . .

Nun lauf ich wieder draußen rum
und in mir geht das Lied herum
das Lied von der sau[74] —
das Lied von der sau —
das Lied von der sauberen Soldatenfrau.

Das Xylophon verkleckert[75].

DIREKTOR *feige.* So übel nicht, nein, wirklich nicht so übel. Ganz brav schon. Für einen Anfänger sehr brav. Aber das Ganze hat natürlich noch zu wenig Esprit, mein lieber junger Mann. Das schillert nicht genug. Der gewisse Glanz fehlt. Das ist natürlich noch keine Dichtung. Es fehlt noch das Timbre und die diskrete pikante Erotik, die gerade das Thema Ehebruch verlangt. Das Publikum will gekitzelt werden und nicht gekniffen. Sonst ist es aber sehr brav für Ihre Jugend. Die Ethik — und die tiefere Weisheit fehlt noch — aber wie gesagt: für einen Anfänger doch nicht so übel! Es ist noch zu sehr Plakat[76], zu deutlich, —

BECKMANN *stur vor sich hin.* — zu deutlich.

DIREKTOR. — zu laut. Zu direkt, verstehen Sie. Ihnen fehlt bei Ihrer Jugend natürlich noch die heitere —

BECKMANN *stur vor sich hin.* — heiter.

DIREKTOR. — Gelassenheit, die Überlegenheit. Denken Sie an unseren Altmeister Goethe. Goethe zog mit seinem Herzog ins Feld — und schrieb am Lagerfeuer eine Operette.

BECKMANN *stur vor sich hin.* Operette.

DIREKTOR. Das ist Genie! Das ist der große Abstand!

BECKMANN. Ja, das muß man wohl zugeben, das ist ein großer Abstand.

DIREKTOR. Lieber Freund, warten wir noch ein paar Jährchen.

---

[72]You can spare your exclamations. (e.g., *Menschenskind*) [73]worthless (dialect for *Scheiße*)

[74]word play; *Sau*, besides meaning "sow," also has the connotation of "slut" [75]fades away discordantly [76]= too direct, unsubtle

BECKMANN. Warten? Ich hab doch Hunger! Ich muß doch arbeiten!

DIREKTOR. Ja, aber Kunst muß reifen. Ihr Vortrag ist noch ohne Eleganz und Erfahrung. Das ist alles zu grau, zu nackt. Sie machen mir ja das Publikum böse. Nein, wir können die Leute nicht mit Schwarzbrot —

BECKMANN *stur vor sich hin.* Schwarzbrot.

DIREKTOR. — füttern, wenn sie Biskuit verlangen. Gedulden Sie sich noch. Arbeiten Sie an sich, feilen Sie, reifen Sie. Dies ist schon ganz brav, wie gesagt, aber es ist noch keine Kunst.

BECKMANN. Kunst, Kunst! Aber es ist doch Wahrheit!

DIREKTOR. Ja, Wahrheit! Mit der Wahrheit hat die Kunst doch nichts zu tun!

BECKMANN *stur vor sich hin.* Nein.

DIREKTOR. Mit der Wahrheit kommen Sie nicht weit.

BECKMANN *stur vor sich hin.* Nein.

DIREKTOR. Damit machen Sie sich nur unbeliebt. Wo kämen wir hin, wenn alle Leute plötzlich die Wahrheit sagen wollten! Wer will denn heute etwas von der Wahrheit wissen? Hm? Wer? Das sind die Tatsachen, die Sie nie vergessen dürfen.

BECKMANN *bitter.* Ja, ja. Ich verstehe. Danke auch. Langsam verstehe ich schon. Das sind die Tatsachen, die man nie vergessen darf, *seine Stimme wird immer härter, bis sie beim Kreischen der Tür ganz laut wird*, die man nie vergessen darf: mit der Wahrheit kommt man nicht weit. Mit der Wahrheit macht man sich nur unbeliebt. Wer will denn heute etwas von der Wahrheit wissen? *laut* — Ja, langsam verstehe ich schon, das sind so die Tatsachen — — —

Beckmann geht grußlos[77] ab. Eine Tür kreischt und schlägt zu.

DIREKTOR. Aber junger Mann! Warum gleich so empfindlich?

BECKMANN *verzweifelt.*
   Der Schnaps war alle
   und die Welt war grau,
   wie das Fell, wie das Fell
   einer alten Sau!
Der Weg in die Elbe geht geradeaus.

DER ANDERE. Bleib hier, Beckmann! Die Straße ist hier! Hier oben!

BECKMANN. Die Straße stinkt nach Blut. Hier

[77]without saying good-bye

haben sie die Wahrheit massakriert. Meine Straße will zur Elbe! Und die geht hier unten!

DER ANDERE. Komm, Beckmann, du darfst nicht verzweifeln! Die Wahrheit lebt!

BECKMANN. Mit der Wahrheit ist das wie mit einer stadtbekannten Hure. Jeder kennt sie, aber es ist peinlich, wenn man ihr auf der Straße begegnet. Damit muß man es heimlich halten, nachts. Am Tage ist sie grau, roh und häßlich, die Hure und die Wahrheit. Und mancher verdaut sie ein ganzes Leben nicht.

DER ANDERE. Komm, Beckmann, irgendwo steht immer eine Tür offen.

BECKMANN. Ja, für Goethe. Für Shirley Temple oder Schmeling. Aber ich bin bloß Beckmann. Beckmann mit 'ner ulkigen Brille und 'ner ulkigen Frisur. Beckmann mit 'nem Humpelbein und 'nem Weihnachtsmannmantel. Ich bin nur ein schlechter Witz, den der Krieg gemacht hat, ein Gespenst von gestern. Und weil ich nur Beckmann bin und nicht Mozart, deswegen sind alle Türen zu. Bums. Deswegen stehe ich draußen. Bums. Mal wieder. Bums. Und immer noch. Bums. Und immer wieder draußen. Bums. Und weil ich ein Anfänger bin, deswegen kann ich nirgendwo anfangen. Und weil ich zu leise bin, bin ich kein Offizier geworden! Und weil ich zu laut bin, mach ich das Publikum bange. Und weil ich ein Herz habe, das nachts schreit über die Toten, deswegen muß ich erst wieder ein Mensch werden. Im Anzug von Herrn Oberst.
   Der Schnaps ist alle
   und die Welt ist grau,
   wie das Fell, wie das Fell
   von einer alten Sau!
Die Straße stinkt nach Blut, weil man die Wahrheit massakriert hat, und alle Türen sind zu. Ich will nach Hause, aber alle Straßen sind finster. Nur die Straße nach der Elbe runter, die ist hell. Oh, die ist hell!

DER ANDERE. Bleib hier, Beckmann! Deine Straße ist doch hier. Hier geht es nach Hause. Du mußt nach Hause, Beckmann. Dein Vater sitzt in der Stube und wartet. Und deine Mutter steht schon an der Tür. Sie hat deinen Schritt erkannt.

BECKMANN. Mein Gott! Nach Hause! Ja, ich will nach Hause. Ich will zu meiner Mutter! Ich will endlich zu meiner Mutter!!! Zu meiner —

DER ANDERE. Komm. Hier ist deine Straße. Da, wo man zuerst hingehen sollte, daran denkt man zuletzt.

BECKMANN. Nach Hause, wo meine Mutter ist, meine Mutter — — —

5. SZENE

Ein Haus. Eine Tür. Beckmann.

BECKMANN. Unser Haus steht noch! Und es hat eine Tür. Und die Tür ist für mich da. Meine Mutter ist da und macht mir die Tür auf und läßt mich rein. Daß unser Haus noch steht! Die Treppe knarrt auch immer noch. Und da ist unsere Tür. Da kommt mein Vater jeden Morgen um acht Uhr raus. Da geht er jeden Abend wieder rein. Nur sonntags nicht. Da fuchtelt er mit dem Schlüsselbund umher und knurrt vor sich hin. Jeden Tag. Ein ganzes Leben. Da geht meine Mutter rein und raus. Dreimal, siebenmal, zehnmal am Tag. Jeden Tag. Ein Leben lang. Ein langes Leben lang. Das ist unsere Tür. Dahinter miaut die Küchentür, dahinter kratzt die Uhr mit ihrer heiseren Stimme die unwiederbringlichen Stunden. Dahinter habe ich auf einem umgekippten Stuhl gesessen und Rennfahrer gespielt. Und dahinter hustet mein Vater. Dahinter rülpst der ausgeleierte[78] Wasserhahn und die Kacheln in der Küche klickern[79], wenn meine Mutter da herumpütschert[80]. Das ist unsere Tür. Dahinter röppelt sich ein Leben ab von einem ewigen Knäuel[81]. Ein Leben, das schon immer so war, dreißig Jahre lang. Und das immer so weitergeht. Der Krieg ist an dieser Tür vorbeigegangen. Er hat sie nicht eingeschlagen und nicht aus den Angeln gerissen. Unsere Tür hat er stehen lassen, zufällig, aus Versehen. Und nun ist diese Tür für mich da. Für mich geht sie auf. Und hinter mir geht sie zu, und dann stehe ich nicht mehr draußen. Dann bin ich zu Hause. Das ist unsere alte Tür mit ihrer abgeblätterten Farbe und dem verbeulten Briefkasten. Mit dem wackeligen weißen Klingelknopf und dem blanken Messingschild, das meine Mutter jeden Morgen putzt und auf dem unser Name steht: Beckmann —
Nein, das Messingschild ist ja gar nicht mehr da! Warum ist denn das Messingschild nicht mehr da? Wer hat denn unseren Namen weggenommen? Was soll denn diese schmutzige Pappkarte an unserer Tür? Mit diesem fremden Namen? Hier wohnt doch gar kein Kramer! Warum steht denn unser Name nicht mehr an der Tür? Der steht doch schon seit dreißig Jahren da. Der kann doch nicht einfach abgemacht und durch einen anderen ersetzt werden! Wo ist denn unser Messingschild? Die andern Namen im Haus sind doch auch noch alle an ihren Türen. Wie immer. Warum steht hier denn nicht mehr Beckmann? Da kann man doch nicht einfach einen anderen Namen annageln, wenn da dreißig Jahre lang Beckmann angestanden hat. Wer ist denn dieser Kramer!?

Er klingelt. Die Tür geht kreischend auf.

FRAU KRAMER *mit einer gleichgültigen, grauenhaften, glatten Freundlichkeit, die furchtbarer ist als alle Roheit und Brutalität.* Was wollen Sie?

BECKMANN. Ja, guten Tag, ich —

FRAU KRAMER. Was?

BECKMANN. Wissen Sie, wo unser Messingschild geblieben ist?

FRAU KRAMER. Was für ein «unser Schild»?

BECKMANN. Das Schild, das hier immer an war. Dreißig Jahre lang.

FRAU KRAMER. Weiß ich nicht.

BECKMANN. Wissen Sie denn nicht, wo meine Eltern sind?

FRAU KRAMER. Wer sind das? Wer sind Sie denn?

BECKMANN. Ich heiße Beckmann. Ich bin hier doch geboren. Das ist doch unsere Wohnung.

FRAU KRAMER *immer mehr schwatzhaft und schnodderig als absichtlich gemein.* Nein, das stimmt nicht. Das ist unsere Wohnung. Geboren können Sie hier ja meinetwegen sein, das ist mir egal, aber Ihre Wohnung ist das nicht. Die gehört uns.

BECKMANN. Ja, ja. Aber wo sind denn meine Eltern geblieben[82]? Die müssen doch irgendwo wohnen!

FRAU KRAMER. Sie sind der Sohn von diesen Leuten, von diesen Beckmanns, sagen Sie? Sie heißen Beckmann?

BECKMANN. Ja, natürlich, ich bin Beckmann. Ich bin doch hier in dieser Wohnung geboren.

FRAU KRAMER. Das können Sie ja auch. Das ist mir ganz egal. Aber die Wohnung gehört uns.

BECKMANN. Aber meine Eltern! Wo sind meine Eltern denn abgeblieben? Können Sie mir denn nicht sagen, wo sie sind?

FRAU KRAMER. Das wissen Sie nicht? Und Sie wollen der Sohn sein, sagen Sie? Sie kommen mir aber vor[83]! Wenn Sie das nicht mal wissen, wissen Sie?

BECKMANN. Um Gottes willen, wo sind sie denn hin, die alten Leute? Sie haben hier dreißig Jahre

---

[78]worn out   [79]the tiles on the kitchen floor make a clicking noise   [80]putters around   [81]Behind it a life is unrolled from an endless coil.

[82]But then what became of my parents?   [83]Some impression you make!

gewohnt, und nun sollen sie mit einmal nicht mehr da sein? Reden Sie doch was! Sie müssen doch irgendwo sein!

FRAU KRAMER. Doch. Soviel ich weiß: Kapelle 5.

BECKMANN. Kapelle 5? Was für eine Kapelle 5 denn?

FRAU KRAMER *resigniert, eher wehleidig als brutal.* Kapelle 5 in Ohlsdorf. Wissen Sie, was Ohlsdorf ist? Ne Gräberkolonie. Wissen Sie, wo Ohlsdorf liegt? Bei Fuhlsbüttel. Da oben sind die drei Endstationen von Hamburg. In Fuhlsbüttel das Gefängnis, in Alsterdorf die Irrenanstalt. Und in Ohlsdorf der Friedhof. Sehen Sie, und da sind sie geblieben, Ihre Alten. Da wohnen sie nun. Verzogen[84], abgewandert, parti[85]. Und das wollen Sie nicht wissen[86]?

BECKMANN. Was machen sie denn da? Sind sie denn tot? Sie haben doch noch eben gelebt. Woher soll ich das denn wissen? Ich war drei Jahre lang in Sibirien. Über tausend Tage. Sie sollen tot sein? Eben waren sie doch noch da. Warum sind sie denn gestorben, ehe ich nach Hause kam? Ihnen fehlte doch nichts. Nur daß mein Vater den Husten hatte. Aber den hatte er immer. Und daß meine Mutter kalte Füße hatte von der gekachelten Küche. Aber davon stirbt man doch nicht. Warum sind sie denn gestorben? Sie hatten doch gar keinen Grund. Sie können doch nicht so einfach stillschweigend wegsterben!

FRAU KRAMER *vertraulich, schlampig, auf rauhe Art sentimental.* Na, Sie sind vielleicht 'ne Marke[87], Sie komischer Sohn. Gut, Schwamm drüber[88]. Tausend Tage Sibirien ist auch kein Spaß. Versteh schon, wenn man dabei durchdreht und in die Knie geht[89]. Die alten Beckmanns konnten nicht mehr, wissen Sie. Hatten sich ein bißchen verausgabt[90] im Dritten Reich, das wissen Sie doch. Was braucht so ein alter Mann noch Uniform zu tragen. Und dann war er ein bißchen doll[91] auf die Juden, das wissen Sie doch, Sie, Sohn, Sie. Die Juden konnte Ihr Alter nicht verknusen[92]. Die regten seine Galle an. Er wollte sie alle eigenhändig nach Palästina jagen, hat er immer gedonnert. Im Luftschutzkeller, wissen Sie, immer wenn eine Bombe runterging, hat er einen Fluch auf die Juden los-

gelassen. War ein bißchen sehr aktiv, Ihr alter Herr. Hat sich reichlich verausgabt bei den Nazis. Na, und als das braune Zeitalter vorbei war, da haben sie ihn dann hochgehen lassen[93], den Herrn Vater. Wegen den Juden. War ja ein bißchen doll, das mit den Juden. Warum konnte er auch seinen Mund nicht halten. War eben zu aktiv, der alte Beckmann. Und als es nun vorbei war mit den braunen Jungs, da haben sie ihm mal ein bißchen auf den Zahn gefühlt[94]. Na, und der Zahn war ja faul, das muß man wohl sagen, der war ganz oberfaul[95]. — Sagen Sie mal, ich freue mich schon die ganze Zeit über das drollige Ding, was Sie da als Brille auf die Nase gebastelt haben. Wozu machen Sie denn so einen Heckmeck[96]. Das kann man doch nicht als vernünftige Brille ansprechen. Haben Sie denn keine normale, Junge?

BECKMANN *automatisch.* Nein. Das ist eine Gasmaskenbrille, die bekamen die Soldaten, die —

FRAU KRAMER. Kenn ich doch. Weiß ich doch. Ne, aber aufsetzen würde ich sowas nicht. Dann lieber zu Hause bleiben. Das wär was für meinen Alten. Wissen Sie was der zu Ihnen sagen würde? Der würde sagen: Mensch, Junge, nimm doch das Brückengeländer[97] aus dem Antlitz!

BECKMANN. Weiter. Was ist mit meinem Vater. Erzählen Sie doch weiter. Es war gerade so spannend. Los, weiter, Frau Kramer, immer weiter!

FRAU KRAMER. Da ist nichts mehr zu erzählen. An die Luft gesetzt[98] haben sie Ihren Papa, ohne Pension, versteht sich. Und dann sollten sie noch aus der Wohnung raus. Nur den Kochtopf durften sie behalten. Das war natürlich trübe. Und das hat den beiden Alten den Rest gegeben[99]. Da konnten sie wohl nicht mehr. Und sie mochten auch nicht mehr. Na, da haben sie sich dann selbst endgültig entnazifiziert[1]. Das war nun wieder konsequent von Ihrem Alten, das muß man ihm lassen.

BECKMANN. Was haben sie? Sich selbst —

FRAU KRAMER *mehr gutmütig als gemein.* Entnazifiziert. Das sagen wir so, wissen Sie. Das ist so ein Privatausdruck von uns. Ja, die alten Herrschaften von Ihnen hatten nicht mehr die rechte Lust. Einen Morgen lagen sie steif und blau in der Küche. So was Dummes, sagt mein Alter, von dem Gas hätten wir einen ganzen Monat kochen können.

---

[84]moved out   [85]gone (French)   [86]And you claim not to know that?   [87]if you aren't a character   [88]forget it ("sponge over it," i.e., erase it)   [89]that you are thoroughly tired and about to give up   [90]They had gone a little too far, i.e., compromised themselves   [91] = *toll*, i.e., a fanatic about Jews   [92]Your old man couldn't stand the Jews.

[93]They gave him a hard time, caused him trouble   [94]sounded him out   [95]rotten to the core   [96]comic object   [97]bridge railing   [98]fired   [99]And that really did the two old folks in.   [1]And then they denazified themselves for good, i.e., committed suicide.

BECKMANN *leise, aber furchtbar drohend.* Ich glaube, es ist gut, wenn Sie die Tür zumachen, ganz schnell. Ganz schnell! Und schließen Sie ab. Machen Sie ganz schnell Ihre Tür zu, sag ich Ihnen! Machen Sie! *Die Tür kreischt, Frau Kramer schreit 5 hysterisch, die Tür schlägt zu.*

BECKMANN *leise.* Ich halt es nicht aus! Ich halt es nicht aus! Ich halt es nicht aus!

DER ANDERE. Doch, Beckmann, doch! Man hält das aus. 10

BECKMANN. Nein! Ich will das alles nicht mehr aushalten! Geh weg! Du blödsinniger Jasager! Geh weg!

DER ANDERE. Nein, Beckmann. Deine Straße ist hier oben. Komm, bleib oben, Beckmann, deine 15 Straße ist noch lang. Komm!

BECKMANN. Du bist ein Schwein! — Aber man hält das wohl aus, o ja. Man hält das aus, auf dieser Straße, und geht weiter. Manchmal bleibt einem die Luft weg oder man möchte eine Mord 20 begehen. Aber man atmet weiter, und der Mord geschieht nicht. Man schreit auch nicht mehr, und man schluchzt nicht. Man hält es aus. Zwei Tote. Wer redet heute von zwei Toten!

DER ANDERE. Sei still, Beckmann. Komm! 25

BECKMANN. Es ist natürlich ärgerlich, wenn es gerade deine Eltern sind, die beiden Toten. Aber zwei Tote, alte Leute? Schade um das Gas! Davon hätte man einen ganzen Monat kochen können. 30

DER ANDERE. Hör nicht hin, Beckmann. Komm. Die Straße wartet.

BECKMANN. Ja, hör nicht hin. Dabei hat man ein Herz, das schreit, ein Herz, das einen Mord begehen möchte. Ein armes Luder von Herz, das 35 diese Traurigen, die um das Gas trauern, ermorden möchte! Ein Herz hat man, das will pennen, tief in der Elbe, verstehst du. Das Herz hat sich heiser geschrien, und keiner hat es gehört. Hier unten keiner. Und da oben keiner. Zwei alte Leute sind 40 in die Gräberkolonie Ohlsdorf abgewandert. Gestern waren es vielleicht zweitausend, vorgestern vielleicht siebzigtausend. Morgen werden es viertausend oder sechs Millionen sein. Abgewandert in die Massengräber der Welt. Wer fragt danach? 45 Keiner. Hier unten kein Menschenohr. Da oben kein Gottesohr. Gott schläft, und wir leben weiter.

DER ANDERE. Beckmann! Beckmann! Hör nicht hin, Beckmann. Du siehst alles durch deine 50 Gasmaskenbrille. Du siehst alles verbogen, Beckmann. Hör nicht hin, du. Früher gab es Zeiten, Beckmann, wo die Zeitungsleser abends in Kap-

stadt unter ihren grünen Lampenschirmen tief aufseufzten, wenn sie lasen, daß in Alaska zwei Mädchen im Eis erfroren waren. Früher war es doch so, daß sie in Hamburg nicht einschlafen konnten, weil man in Boston ein Kind entführt hatte. Früher konnte es wohl vorkommen, daß sie in San Franzisko trauerten, wenn bei Paris ein Ballonfahrer abgestürzt war.

BECKMANN, Früher, früher, früher! Wann war das? Vor zehntausend Jahren? Heute tun es nur noch Totenlisten mit sechs Nullen. Aber die Menschen seufzen nicht mehr unter ihren Lampen, sie schlafen ruhig und tief, wenn sie noch ein Bett haben. Sie sehen stumm und randvoll mit Leid[2] aneinander vorbei: hohlwangig, hart, bitter, verkrümmt, einsam. Sie werden mit Zahlen gefüttert, die sie kaum aussprechen können, weil sie so lang sind. Und die Zahlen bedeuten —

DER ANDERE. Hör nicht hin, Beckmann.

BECKMANN. Hör hin, hör hin, bis du umkommst! Die Zahlen sind so lang, daß man sie kaum aussprechen kann. Und die Zahlen bedeuten —

DER ANDERE. Hör nicht hin —

BECKMANN. Hör hin! Sie bedeuten: Tote, Halbtote, Granatentote, Splittertote[3], Hungertote, Bombentote, Eissturmtote, Ozeantote, Verzweiflungstote, Verlorene, Verlaufene, Verschollene. Und diese Zahlen haben mehr Nullen, als wir Finger an der Hand haben!

DER ANDERE. Hör doch nicht hin, du. Die Straße wartet, Beckmann, komm!

BECKMANN. Du, du! Wo geht sie hin, du? Wo sind wir? Sind wir noch hier? Ist dies noch die alte Erde? Ist uns kein Fell gewachsen, du? Wächst uns kein Schwanz, kein Raubtiergebiß, keine Kralle? Gehen wir noch auf zwei Beinen? Mensch, Mensch, was für eine Straße bist du? Wo gehst du hin? Antworte doch, du Anderer, du Jasager! Antworte doch, du ewiger Antworter!

DER ANDERE. Du verläufst dich, Beckmann, komm, bleib oben, deine Straße ist hier! Hör nicht hin. Die Straße geht auf und ab. Schrei nicht los, wenn sie abwärts geht und wenn es dunkel ist — die Straße geht weiter, und überall gibt es Lampen: Sonne, Sterne, Frauen, Fenster, Laternen und offene Türen. Schrei nicht los, wenn du eine halbe Stunde im Nebel stehst, nachts, einsam. Du triffst immer wieder auf die andern. Komm, Junge, werd nicht müde! Hör nicht hin auf die sentimentale Klimperei des süßen Xylophonspielers, hör nicht hin.

[2]brimming with suffering   [3]those killed by shrapnel

BECKMANN. Hör nicht hin? Ist das deine ganze Antwort? Millionen Tote, Halbtote, Verschollene — das ist alles gleich? Und du sagst: Hör nicht hin! Ich habe mich verlaufen? Ja, die Straße ist grau, grausam und abgründig. Aber wir sind draußen auf ihr unterwegs, wir humpeln, heulen und hungern auf ihr entlang, arm, kalt und müde! Aber die Elbe hat mich wieder ausgekotzt wie einen faulen Bissen. Die Elbe läßt mich nicht schlafen. Ich soll leben, sagst du! Dieses Leben leben? Dann sag mir auch: Wozu? Für wen? Für was?

DER ANDERE. Für dich! Für das Leben! Deine Straße wartet. Und hin und wieder kommen Laternen. Bist du so feige, daß du Angst hast vor der Finsternis zwischen zwei Laternen? Willst du nur Laternen haben? Komm, Beckmann, weiter, bis zur nächsten Laterne.

BECKMANN. Ich habe Hunger, du. Mich friert, hörst du. Ich kann nicht mehr stehen, du, ich bin müde. Mach eine Tür auf, du. Ich habe Hunger! Die Straße ist finster, und alle Türen sind zu. — Halt deinen Mund, Jasager, schon[4] deine Lunge für andere: Ich habe Heimweh! Nach meiner Mutter! Ich habe Hunger auf Schwarzbrot! Es brauchen keine Biskuits zu sein, nein, das ist nicht nötig. Meine Mutter hätte sicher 'n Stück Schwarzbrot für mich gehabt — und warme Strümpfe. Und dann hätte ich mich satt und warm zu Herrn Oberst in den weichen Sessel gesetzt und Dostojewski gelesen. Oder Gorki. Das ist herrlich, wenn man satt und warm ist, vom Elend anderer Leute zu lesen und so recht mitleidig zu seufzen. Aber leider fallen mir dauernd die Augen zu. Ich bin hundehundemüde. Ich möchte gähnen können wie ein Hund — bis zum Kehlkopf gähnen. Und ich kann nicht mehr stehen. Ich bin müde, du. Und jetzt will ich nicht mehr. Ich kann nicht mehr, verstehst du? Keinen Millimeter. Keinen —

DER ANDERE. Beckmann, gib nicht nach. Komm, Beckmann, das Leben wartet, Beckmann, komm!

BECKMANN. Ich will nicht Dostojewski lesen, ich habe selber Angst. Ich komme nicht. Nein. Ich bin müde. Nein, du, ich komme nicht. Ich will pennen. Hier vor meiner Tür. Ich setze mich vor meiner Tür auf die Treppe, du, und dann penn ich. Penn ich, penn ich, bis eines Tages die Mauern des Hauses anfangen zu knistern und vor Altersschwäche auseinander zu krümeln. Oder bis zur nächsten Mobilmachung. Ich bin müde wie eine ganze gähnende Welt!

DER ANDERE. Werd nicht müde, Beckmann. Komm. Lebe!

BECKMANN. Dieses Leben? Nein, dieses Leben ist weniger als Nichts. Ich mach nicht mehr mit, du. Was sagst du? Vorwärts, Kameraden, das Stück wird selbstverständlich brav bis zu Ende gespielt. Wer weiß, in welcher finsteren Ecke wir liegen oder an welcher süßen Brust, wenn der Vorhang endlich, endlich fällt. Fünf graue verregnete Akte!

DER ANDERE. Mach mit. Das Leben ist lebendig, Beckmann. Sei mit lebendig!

BECKMANN. Sei still. Das Leben ist so:

1. Akt: Grauer Himmel. Es wird einem wehgetan.
2. Akt: Grauer Himmel. Man tut wieder weh.
3. Akt: Es wird dunkel und es regnet.
4. Akt: Es ist noch dunkler. Man sieht eine Tür.
5. Akt: Es ist Nacht, tiefe Nacht, und die Tür ist zu. Man steht draußen. Draußen vor der Tür. An der Elbe steht man, an der Seine, an der Wolga, am Mississippi. Man steht da, spinnt[5], friert, hungert und ist verdammt müde. Und dann auf einmal plumpst es, und die Wellen machen niedliche kleine kreisrunde Kreise, und dann rauscht der Vorhang. Fische und Würmer spendieren einen lautlosen Beifall. — So ist das! Ist das viel mehr als Nichts? Ich — ich mach jedenfalls nicht mehr mit. Mein Gähnen ist groß wie die weite Welt!

DER ANDERE. Schlaf nicht ein, Beckmann! Du mußt weiter.

BECKMANN. Was sagst du? Du sprichst ja auf einmal so leise.

DER ANDERE. Steh auf, Beckmann, die Straße wartet.

BECKMANN. Die Straße wird wohl auf meinen müden Schritt verzichten müssen. Warum bist du denn so weit weg? Ich kann dich gar nicht mehr — kaum noch — ver-stehen — — — *Er gähnt.*

DER ANDERE. Beckmann! Beckmann!

BECKMANN. Hm — — *Er schläft ein.*

DER ANDERE. Beckmann, du schläfst ja!

BECKMANN *im Schlaf.* Ja, ich schlafe.

DER ANDERE. Wach auf, Beckmann, du mußt leben!

BECKMANN. Nein, ich denke gar nicht daran, aufzuwachen. Ich träume gerade. Ich träume einen wunderschönen Traum.

DER ANDERE. Träum nicht weiter, Beckmann, du mußt leben.

BECKMANN. Leben? Ach wo, ich träume doch gerade, daß ich sterbe.

---

[4]imperative of *schonen* spare

[5]broods

DER ANDERE. Steh auf, sag ich! Lebe!

BECKMANN. Nein. Aufstehen mag ich nicht mehr. Ich träume doch gerade so schön. Ich liege auf der Straße und sterbe. Die Lunge macht nicht mehr mit, das Herz macht nicht mehr mit und die Beine nicht. Der ganze Beckmann macht nicht mehr mit, hörst du? Glatte Befehlsverweigerung. Unteroffizier Beckmann macht nicht mehr mit. Toll, was?

DER ANDERE. Komm, Beckmann, du mußt weiter.

BECKMANN. Weiter? Abwärts, meinst du, weiter abwärts! A bas, sagt der Franzose. Es ist so schön, zu sterben, du, das hab ich nicht gedacht. Ich glaube, der Tod muß ganz erträglich sein. Es ist doch noch keiner wieder zurückgekommen, weil er den Tod nicht aushalten konnte. Vielleicht ist er ganz nett, der Tod, vielleicht viel netter als das Leben. Vielleicht — — —

Ich glaube sogar, ich bin schon im Himmel. Ich fühl mich gar nicht mehr — und das ist, wie im Himmel sein, sich nicht mehr fühlen. Und da kommt auch ein alter Mann, der sieht aus wie der liebe Gott. Ja, beinahe wie der liebe Gott. Nur etwas zu theologisch. Und so weinerlich. Ob das der liebe Gott ist? Guten Tag, alter Mann. Bist du der liebe Gott?

GOTT *weinerlich*. Ich bin der liebe Gott, mein Junge, mein armer Junge!

BECKMANN. Ach, du bist also der liebe Gott. Wer hat dich eigentlich so genannt, lieber Gott? Die Menschen? Ja? Oder du selbst?

GOTT. Die Menschen nennen mich den lieben Gott.

BECKMANN. Seltsam, ja, das müssen ganz seltsame Menschen sein, die dich so nennen. Das sind wohl die Zufriedenen, die Satten, die Glücklichen, und die, die Angst vor dir haben. Die im Sonnenschein gehen, verliebt oder satt oder zufrieden — oder die es nachts mit der Angst kriegen, die sagen: Lieber Gott! Lieber Gott! Aber ich sage nicht Lieber Gott, du, ich kenne keinen, der ein lieber Gott ist, du!

GOTT. Mein Kind, mein armes —

BECKMANN. Wann bist du eigentlich lieb, lieber Gott? Warst du lieb, als du meinen Jungen, der gerade ein Jahr alt war, als du meinen kleinen Jungen von einer brüllenden Bombe zerreißen ließt? Warst du da lieb, als du ihn ermorden ließt, lieber Gott, ja?

GOTT. Ich hab ihn nicht ermorden lassen.

BECKMANN. Nein, richtig. Du hast es nur zugelassen. Du hast nicht hingehört, als er schrie und als die Bomben brüllten. Wo warst du da eigentlich, als die Bomben brüllten, lieber Gott? Oder warst du lieb, als von meinem Spähtrupp elf Mann fehlten? Elf Mann zu wenig, lieber Gott, und du warst gar nicht da, lieber Gott. Die elf Mann haben gewiß laut geschrien in dem einsamen Wald, aber du warst nicht da, einfach nicht da, lieber Gott. Warst du in Stalingrad lieb, lieber Gott, warst du da lieb, wie? Ja? Wann warst du denn eigentlich lieb, Gott, wann? Wann hast du dich jemals um uns gekümmert, Gott?

GOTT. Keiner glaubt mehr an mich. Du nicht, keiner. Ich bin der Gott, an den keiner mehr glaubt. Und um den sich keiner mehr kümmert. Ihr kümmert euch nicht um mich.

BECKMANN. Hat auch Gott Theologie studiert? Wer kümmert sich um wen? Ach, du bist alt, Gott, du bist unmodern, du kommst mit unsern langen Listen von Toten und Ängsten nicht mehr mit. Wir kennen dich nicht mehr so recht, du bist ein Märchenbuchliebergott. Heute brauchen wir einen neuen. Weißt du, einen für unsere Angst und Not. Einen ganz neuen. Oh, wir haben dich gesucht, Gott, in jeder Ruine, in jedem Granattrichter, in jeder Nacht. Wir haben dich gerufen. Gott! Wir haben nach dir gebrüllt, geweint, geflucht! Wo warst du da, lieber Gott? Wo bist du heute abend? Hast du dich von uns gewandt? Hast du dich ganz in deine schönen alten Kirchen eingemauert, Gott? Hörst du unser Geschrei nicht durch die zerklirrten Fenster[6], Gott? Wo bist du?

GOTT. Meine Kinder haben sich von mir gewandt, nicht ich von ihnen. Ihr von mir, ihr von mir. Ich bin der Gott, an den keiner mehr glaubt. Ihr habt euch von mir gewandt.

BECKMANN. Geh weg, alter Mann. Du verdirbst mir meinen Tod. Geh weg, ich sehe, du bist nur ein weinerlicher Theologe. Du drehst die Sätze um: Wer kümmert sich um wen? Wer hat sich von wem gewandt? Ihr von mir? Wir von dir? Du bist tot, Gott. Sei lebendig, sei mit uns lebendig, nachts, wenn es kalt ist, einsam und wenn der Magen knurrt in der Stille — dann sei mit uns lebendig, Gott. Ach, geh weg, du bist ein tintenblütiger Theologe, geh weg, du bist weinerlich, alter, alter Mann!

GOTT. Mein Junge, mein armer Junge! Ich kann es nicht ändern! Ich kann es doch nicht ändern!

BECKMANN. Ja, das ist es, Gott. Du kannst es nicht ändern. Wir fürchten dich nicht mehr. Wir

---

[6]shattered windows

lieben dich nicht mehr. Und du bist unmodern. Die Theologen haben dich alt werden lassen. Deine Hosen sind zerfranst, deine Sohlen durchlöchert, und deine Stimme ist leise geworden — zu leise für den Donner unserer Zeit. Wir können dich nicht mehr hören.

GOTT. Nein, keiner hört mich, keiner mehr. Ihr seid zu laut!

BECKMANN. Oder bist du zu leise, Gott? Hast du zuviel Tinte im Blut, Gott, zuviel dünne Theologentinte? Geh, alter Mann, sie haben dich in den Kirchen eingemauert, wir hören einander nicht mehr. Geh, aber sieh zu, daß du vor Anbruch der restlosen Finsternis irgendwo ein Loch oder einen neuen Anzug findest oder einen dunklen Wald, sonst schieben sie dir nachher alles in die Schuhe[7], wenn es schief gegangen ist. Und fall nicht im Dunkeln, alter Mann, der Weg ist sehr abschüssig und liegt voller Gerippe. Halt dir die Nase zu, Gott. Und dann schlaf auch gut, alter Mann, schlaf weiter so gut. Gute Nacht!

GOTT. Einen neuen Anzug oder einen dunklen Wald? Meine armen, armen Kinder! Mein lieber Junge —

BECKMANN. Ja, geh, gute Nacht!

GOTT. Meine armen, armen — — *Er geht ab.*

BECKMANN. Die alten Leute haben es heute am schwersten, die sich nicht mehr auf die neuen Verhältnisse umstellen können. Wir stehen alle draußen. Auch Gott steht draußen, und keiner macht ihm mehr eine Tür auf. Nur der Tod, der Tod hat zuletzt doch eine Tür für uns. Und dahin bin ich unterwegs.

DER ANDERE. Du mußt nicht auf die Tür warten, die der Tod uns aufmacht. Das Leben hat tausend Türen. Wer verspricht dir, daß hinter der Tür des Todes mehr ist als nichts?

BECKMANN. Und was ist hinter den Türen, die das Leben uns aufmacht?

DER ANDERE. Das Leben! Das Leben selbst! Komm, du mußt weiter.

BECKMANN. Ich kann nicht mehr. Hörst du nicht, wie meine Lungen rasseln. Kchch — Kchch — Kchch. Ich kann nicht mehr.

DER ANDERE. Du kannst. Deine Lungen rasseln nicht.

BECKMANN. Meine Lungen rasseln. Was soll denn sonst so rasseln? Hör doch: Kchch — Kchch — Kchch — Was denn sonst?

DER ANDERE. Ein Straßenfegerbesen! Da, da kommt ein Straßenfeger. Kommt da an uns vorbei,

und sein Besen kratzt wie eine Asthmalunge über das Pflaster. Deine Lunge rasselt nicht. Hörst du? Das ist der Besen. Hör doch: Kchch — Kchch — Kchch.

BECKMANN. Der Straßenfegerbesen macht Kchch — Kchch wie die Lunge eines, der verröchelt. Und der Straßenfeger hat rote Streifen an den Hosen. Es ist ein Generalstraßenfeger. Ein deutscher Generalstraßenfeger. Und wenn der fegt, dann machen die rasselnden Sterbelungen: Kchch — Kchch — Kchch. Straßenfeger!

STRASSENFEGER. Ich bin kein Straßenfeger.

BECKMANN. Du bist kein Straßenfeger? Was bist du denn?

STRASSENFEGER. Ich bin ein Angestellter des Beerdigungsinstitutes Abfall und Verwesung.

BECKMANN. Du bist der Tod! Und du gehst als Straßenfeger?

STRASSENFEGER. Heute als Straßenfeger. Gestern als General. Der Tod darf nicht wählerisch sein. Tote gibt es überall. Und heute liegen sie sogar auf der Straße. Gestern lagen sie auf dem Schlachtfeld — da war der Tod General, und die Begleitmusik spielte Xylophon. Heute liegen sie auf der Straße, und der Besen des Todes macht Kchch — Kchch.

BECKMANN. Und der Besen des Todes macht Kchch — Kchch. Vom General zum Straßenfeger. Sind die Toten so im Kurs gesunken[8]?

STRASSENFEGER. Sie sinken. Sie sinken. Kein Salut. Kein Sterbegeläut. Keine Grabrede. Kein Kriegerdenkmal. Sie sinken. Sie sinken. Und der Besen macht Kchch — Kchch.

BECKMANN. Mußt du schon weiter? Bleib doch hier. Nimm mich mit. Tod, Tod — du vergißt mich ja — Tod!

STRASSENFEGER. Ich vergesse keinen. Mein Xylophon spielt Alte Kameraden, und mein Besen macht Kchch — Kchch — Kchch. Ich vergesse keinen.

BECKMANN. Tod, Tod, laß mir die Tür offen. Tod, mach die Tür nicht zu. Tod —

STRASSENFEGER. Meine Tür steht immer offen. Immer. Morgens. Nachmittags. Nachts. Im Licht und im Nebel. Immer ist meine Tür offen. Immer. Überall. Und mein Besen macht Kchch — Kchch.

Das Kchch — Kchch wird immer leiser, der Tod geht ab.

BECKMANN. Kchch — Kchch. Hörst du, wie meine Lunge rasselt? Wie der Besen eines Straßen-

---

[7]otherwise they'll blame you for everything afterwards

[8]dropped so in value

fegers. Und der Straßenfeger läßt die Tür weit offen. Und der Straßenfeger heißt Tod. Und sein Besen macht wie meine Lunge, wie eine alte heisere Uhr: Kchch — Kchch ...

DER ANDERE. Beckmann, steh auf, noch ist es Zeit. Komm, atme, atme dich gesund.

BECKMANN. Aber meine Lunge macht doch schon —

DER ANDERE. Deine Lunge macht das nicht. Das war der Besen, Beckmann, von einem Staatsbeamten.

BECKMANN. Von einem Staatsbeamten?

DER ANDERE. Ja, der ist längst vorbei. Komm, steh wieder auf, atme. Das Leben wartet mit tausend Laternen und tausend offenen Türen.

BECKMANN. Eine Tür, eine genügt. Und die läßt er offen, hat er gesagt, für mich, für immer, iederzeit. Eine Tür.

DER ANDERE. Steh auf, du träumst einen tödlichen Traum. Du stirbst an dem Traum. Steh auf.

BECKMANN. Nein, ich bleibe liegen. Hier vor der Tür. Und die Tür steht offen — hat er gesagt. Hier bleib ich liegen. Aufstehen soll ich? Nein, ich träume doch gerade so schön, du. Einen ganz wunderschönen schönen Traum. Ich träume, träume, daß alles aus ist. Ein Straßenfeger kam vorbei, und der nannte sich Tod. Und sein Besen kratzte wie meine Lunge. Tödlich. Und der hat mir eine Tür versprochen, eine offene Tür. Straßenfeger können nette Leute sein. Nett wie der Tod. Und so ein Straßenfeger ging an mir vorbei.

DER ANDERE. Du träumst, Beckmann, du träumst einen bösen Traum. Wach auf, lebe!

BECKMANN. Leben? Ich liege doch auf der Straße, und alles, alles, du, alles ist aus. Ich jedenfalls bin tot. Alles ist aus, und ich bin tot, schön tot.

DER ANDERE. Beckmann, Beckmann, du mußt leben. Alles lebt. Neben dir. Links, rechts, vor dir: die andern. Und du? Wo bist du? Lebe, Beckmann, alles lebt!

BECKMANN. Die andern? Wer ist das? Der Oberst? Der Direktor? Frau Kramer? Leben mit ihnen? Oh, ich bin so schön tot. Die andern sind weit weg, und ich will sie nie wiedersehen. Die andern sind Mörder.

DER ANDERE. Beckmann, du lügst.

BECKMANN. Ich lüge? Sind sie nicht schlecht? Sind sie gut?

DER ANDERE. Du kennst die Menschen nicht. Sie sind gut.

BECKMANN. Oh, sie sind gut. Und in aller Güte haben sie mich umgebracht. Totgelacht[9]. Vor die Tür gesetzt. Davongejagt. In aller Menschengüte. Sie sind stur bis tief in ihre Träume hinein. Bis in den tiefsten Schlaf stur. Und sie gehen an meiner Leiche vorbei — stur bis in den Schlaf. Sie lachen und kauen und singen und schlafen und verdauen an meiner Leiche vorbei. Mein Tod ist nichts.

DER ANDERE. Du lügst, Beckmann!

BECKMANN. Doch, Jasager, die Leute gehen an meiner Leiche vorbei. Leichen sind langweilig und unangenehm.

DER ANDERE. Die Menschen gehen nicht an deinem Tod vorbei, Beckmann. Die Menschen haben ein Herz. Die Menschen trauern um deinen Tod, Beckmann, und deine Leiche liegt ihnen nachts noch lange im Wege, wenn sie einschlafen wollen. Sie gehen nicht vorbei.

BECKMANN. Doch, Jasager, das tun sie. Leichen sind häßlich und unangenehm. Sie gehen einfach und schnell vorbei und halten die Nase und Augen zu.

DER ANDERE. Das tun sie nicht! Ihr Herz zieht sich zusammen bei jedem Toten!

BECKMANN. Paß auf, siehst du, da kommt schon einer. Kennst du ihn noch? Es ist der Oberst, der mich mit seinem alten Anzug zum neuen Menschen machen wollte. Herr Oberst! Herr Oberst!

OBERST. Donnerwetter, gibt es denn schon wieder Bettler? Ist ja ganz wie früher.

BECKMANN. Eben, Herr Oberst, eben. Es ist alles ganz wie früher. Sogar die Bettler kommen aus denselben Kreisen. Aber ich bin gar kein Bettler, Herr Oberst, nein. Ich bin eine Wasserleiche. Ich bin desertiert, Herr Oberst. Ich war ein ganz müder Soldat, Herr Oberst. Ich hieß gestern Unteroffizier Beckmann, Herr Oberst, erinnern Sie noch? Beckmann. Ich war'n bißchen weich, nicht wahr, Herr Oberst, Sie erinnern? Ja, und morgen abend werde ich dumm und stumm und aufgedunsen an den Strand von Blankenese treiben. Gräßlich, wie, Herr Oberst? Und Sie haben mich auf Ihrem Konto, Herr Oberst. Gräßlich, wie? Zweitausendundelf plus Beckmann, macht Zweitausendundzwölf. Zweitausendundzwölf nächtliche Gespenster, uha!

OBERST. Ich kenne Sie doch gar nicht, Mann. Nie von einem Beckmann gehört. Was hatten Sie denn für'n Dienstgrad?

BECKMANN. Aber Herr Oberst! Herr Oberst

[9]killed me with their laughter

werden sich doch noch an seinen letzten Mord erinnern! Der mit der Gasmaskenbrille und der Sträflingsfrisur und dem steifen Bein! Unteroffizier Beckmann, Herr Oberst.

OBERST. Richtig! Der! Sehen Sie, diese unteren Dienstgrade sind durch die Bank[10] doch alle verdächtig. Torfköppe[11], Räsoneure, Pazifisten, Wasserleichenaspiranten. Sie haben sich ersoffen? Ja, war'n einer von denen, die ein bißchen verwildert sind im Krieg, 'n bißchen entmenschlicht, ohne jegliche soldatische Tugend. Unschöner Anblick, so was.

BECKMANN. Ja, nicht wahr, Herr Oberst, unschöner Anblick, diese vielen dicken weißen weichen Wasserleichen heutzutage. Und Sie sind der Mörder, Herr Oberst, Sie! Halten Sie das eigentlich aus, Herr Oberst, Mörder zu sein? Wie fühlen Sie sich so als Mörder, Herr Oberst?

OBERST. Wieso? Bitte? Ich?

BECKMANN. Doch, Herr Oberst, Sie haben mich in den Tod gelacht. Ihr Lachen war grauenhafter als alle Tode der Welt, Herr Oberst. Sie haben mich totgelacht, Herr Oberst!

OBERST *völlig verständnislos.* So? Na ja. War'n einer von denen, die sowieso vor die Hunde gegangen wären[12]. Na, guten Abend!

BECKMANN. Angenehme Nachtruhe, Herr Oberst! Und vielen Dank für den Nachruf! Hast du gehört, Jasager, Menschenfreund! Nachruf auf einen ertrunkenen Soldaten. Epilog eines Menschen für einen Menschen.

DER ANDERE. Du träumst, Beckmann, du träumst. Die Menschen sind gut!

BECKMANN. Du bist ja so heiser, du optimistischer Tenor! Hat es dir die Stimme verschlagen[13]? O ja, die Menschen sind gut. Aber manchmal gibt es Tage, da trifft man andauernd die paar schlechten, die es gibt. Aber so schlimm sind die Menschen nicht. Ich träume ja nur. Ich will nicht ungerecht sein. Die Menschen sind gut. Nur sind sie so furchtbar verschieden, das ist es, so unbegreiflich verschieden. Der eine Mensch ist ein Oberst, während der andere eben nur ein niederer Dienstgrad ist. Der Oberst ist satt, gesund und hat eine wollene Unterhose an. Abends hat er ein Bett und eine Frau.

DER ANDERE. Beckmann, träume nicht weiter! Steh auf! Lebe! Du träumst alles schief.

BECKMANN. Und der andere, der hungert, der humpelt und hat nicht mal ein Hemd. Abends hat er einen alten Liegestuhl als Bett und das Pfeifen der asthmatischen Ratten ersetzt ihm in seinem Keller das Geflüster seiner Frau. Nein, die Menschen sind gut. Nur verschieden sind sie, ganz außerordentlich voneinander verschieden.

DER ANDERE. Die Menschen sind gut. Sie sind nur so ahnungslos[14]. Immer sind sie ahnungslos. Aber ihr Herz. Sieh in ihr Herz — ihr Herz ist gut. Nur das Leben läßt es nicht zu, daß sie ihr Herz zeigen. Glaube doch, im Grunde sind sie alle gut.

BECKMANN. Natürlich. Im Grunde. Aber der Grund ist meistens so tief, du. So unbegreiflich tief. Ja, im Grunde sind sie gut — nur verschieden eben. Einer ist weiß und der andere grau. Einer hat 'ne Unterhose, der andere nicht. Und der graue ohne Unterhose, das bin ich. Pech gehabt, Wasserleiche Beckmann, Unteroffizier a. D.[15], Mitmensch a. D.

DER ANDERE. Du träumst, Beckmann, steh auf. Lebe! Komm, sieh, die Menschen sind gut.

BECKMANN. Und sie gehen an meiner Leiche vorbei und kauen und lachen und spucken und verdauen. So gehen sie an meinem Tod vorbei, die guten Guten.

DER ANDERE. Wach auf, Träumer! Du träumst einen schlechten Traum, Beckmann. Wach auf!

BECKMANN. O ja, ich träume einen schaurig schlechten Traum. Da, da kommt der Direktor von dem Kabarett. Soll ich mit ihm ein Interview machen, Antworter?

DER ANDERE. Komm, Beckmann! Lebe! Die Straße ist voller Laternen. Alles lebt! Lebe mit!

BECKMANN. Soll ich mitleben? Mit wem? Mit dem Obersten? Nein!

DER ANDERE. Mit den andern, Beckmann. Lebe mit den andern.

BECKMANN. Auch mit dem Direktor?

DER ANDERE. Auch mit ihm. Mit allen.

BECKMANN. Gut. Auch mit dem Direktor. Hallo, Herr Direktor!

DIREKTOR. Wie? Ja? Was ist?

BECKMANN. Kennen Sie mich?

DIREKTOR. Nein — doch, warten Sie mal. Gasmaskenbrille, Russenfrisur, Soldatenmantel. Ja, der Anfänger mit dem Ehebruchchanson! Wie hießen Sie denn gleich?

BECKMANN. Beckmann.

DIREKTOR. Richtig. Na, und?

BECKMANN. Sie haben mich ermordet, Herr Direktor.

---

[10]without exception [11]blockheads [12]who would have come to a bad end anyway [13]did it make you lose your voice?

[14]unaware [15]= *außer Dienst* retired

DIREKTOR. Aber, mein Lieber —

BECKMANN. Doch. Weil Sie feige waren. Weil Sie die Wahrheit verraten haben. Sie haben mich in die nasse Elbe getrieben, weil Sie dem Anfänger keine Chance gaben, anzufangen. Ich wollte arbeiten. Ich hatte Hunger. Aber Ihre Tür ging hinter mir zu. Sie haben mich in die Elbe gejagt, Herr Direktor.

DIREKTOR. Müssen ja ein sensibler[16] Knabe gewesen sein. Laufen in die Elbe, in die nasse . . .

BECKMANN. In die nasse Elbe, Herr Direktor. Und da habe ich mich mit Elbwasser vollaufen lassen, bis ich satt war. Einmal satt, Herr Direktor, und dafür tot. Tragisch, was? Wär das nicht ein Schlager für Ihre Revue? Chanson der Zeit: Einmal satt und dafür tot!

DIREKTOR *sentimental, aber doch sehr oberflächlich.* Das ist ja schaurig! Sie waren einer von denen, die ein bißchen sensibel sind. Unangebracht heute, durchaus fehl am Platz. Sie waren ganz wild auf die Wahrheit versessen, Sie kleiner Fanatiker! Hätten mir das ganze Publikum kopfscheu gemacht mit Ihrem Gesang.

BECKMANN. Und da haben Sie mir die Tür zugeschlagen, Herr Direktor. Und da unten lag die Elbe.

DIREKTOR *wie oben.* Die Elbe, ja. Ersoffen. Aus. Arme Sau. Vom Leben überfahren. Erdrückt und breitgewalzt[17]. Einmal satt und dafür tot. Ja, wenn wir alle so empfindlich sein wollten!

BECKMANN. Aber das sind wir ja nicht, Herr Direktor. So empfindlich sind wir ja nicht . . .

DIREKTOR *wie oben.* Weiß Gott nicht, nein. Sie waren eben einer von denen, von den Millionen, die nun mal humpelnd durchs Leben müssen und froh sind, wenn sie fallen. In die Elbe, in die Spree, in die Themse — wohin, ist egal. Eher haben sie doch keine Ruhe.

BECKMANN. Und Sie haben mir den Fußtritt gegeben, damit ich fallen konnte.

DIREKTOR. Unsinn! Wer sagt denn das? Sie waren prädestiniert für tragische Rollen. Aber der Stoff ist toll! Ballade eines Anfängers: Die Wasserleiche mit der Gasmaskenbrille! Schade, daß das Publikum so was nicht sehen will. Schade . . . *Ab.*

BECKMANN. Angenehme Nachruhe, Herr Direktor!
Hast du das gehört? Soll ich weiterleben mit dem Herrn Oberst? Und weiterleben mit dem Herrn Direktor?

DER ANDERE. Du träumst, Beckmann, wach auf.

BECKMANN. Träum ich? Seh ich alles verzerrt durch diese elende Gasmaskenbrille? Sind alles Marionetten? Groteske, karikierte Menschenmarionetten? Hast du den Nachruf gehört, den mein Mörder mir gewidmet hat? Epilog auf einen Anfänger: Auch einer von denen — du, Anderer! Soll ich leben bleiben? Soll ich weiter humpeln auf der Straße? Neben den anderen? Sie haben alle dieselben gleichen gleichgültigen entsetzlichen Visagen. Und sie reden alle so unendlich viel, und wenn man dann um ein einziges Ja bittet, sind sie stumm und dumm, wie — ja, eben wie die Menschen. Und feige sind sie. Sie haben uns verraten. So furchtbar verraten. Wie wir noch ganz klein waren, da haben sie Krieg gemacht. Und als wir größer waren, da haben sie vom Krieg erzählt. Begeistert. Immer waren sie begeistert. Und als wir dann noch größer waren, da haben sie sich auch für uns einen Krieg ausgedacht. Und da haben sie uns dann hingeschickt. Und sie waren begeistert. Immer waren sie begeistert. Und keiner hat uns gesagt, wo wir hingingen. Keiner hat uns gesagt, ihr geht in die Hölle. O nein, keiner. Sie haben Marschmusik gemacht und Langemarckfeiern[18]. Und Kriegsberichte und Aufmarschpläne. Und Heldengesänge und Blutorden[19]. So begeistert waren sie. Und dann war der Krieg endlich da. Und dann haben sie uns hingeschickt. Und sie haben uns nichts gesagt. Nur — Macht's gut, Jungens! haben sie gesagt. Macht's gut, Jungens! So haben sie uns verraten. So furchtbar verraten. Und jetzt sitzen sie hinter ihren Türen. Herr Studienrat, Herr Direktor, Herr Gerichtsrat, Herr Oberarzt. Jetzt hat uns keiner hingeschickt. Nein, keiner. Alle sitzen sie jetzt hinter ihren Türen. Und ihre Tür haben sie fest zu. Und wir stehen draußen. Und von ihren Kathedern und von ihren Sesseln zeigen sie mit dem Finger auf uns. So haben sie uns verraten. So furchtbar verraten. Und jetzt gehen sie an ihrem Mord vorbei, einfach vorbei. Sie gehn an ihrem Mord vorbei.

DER ANDERE. Sie gehn nicht vorbei, Beckmann. Du übertreibst. Du träumst. Sieh auf das Herz, Beckmann. Sie haben ein Herz! Sie sind gut!

[16]sensitive   [17]rolled out flat

[18]Langemarck was a town in Belgium stormed by German troops in October, 1914; the word therefore refers to the patriotic celebration of a famous battle. [19]"brotherhoods of blood" like the infamous SS: cf. the words of Heinrich Himmler: ". . . Das Gesamtziel ist für mich seit den 11 Jahren, seit ich Reichsführer-SS bin, immer unverrückbar dasselbe gewesen: einen Orden guten Blutes zu schaffen, der Deutschland dienen kann."

BECKMANN. Aber Frau Kramer geht an meiner Leiche vorbei.

DER ANDERE. Nein! Auch sie hat ein Herz!

BECKMANN. Frau Kramer!

FRAU KRAMER. Ja?

BECKMANN. Haben Sie ein Herz, Frau Kramer? Wo hatten Sie Ihr Herz, Frau Kramer, als Sie mich ermordeten? Doch, Frau Kramer, Sie haben den Sohn von den alten Beckmanns ermordet. Haben Sie nicht auch seine Eltern mit erledigt, wie? Na, ehrlich, Frau Kramer, so ein bißchen nachgeholfen, ja? Ein wenig das Leben sauer gemacht, nicht wahr? Und dann den Sohn in die Elbe gejagt — aber Ihr Herz, Frau Kramer, was sagt Ihr Herz?

FRAU KRAMER. Sie mit der ulkigen Brille sind in die Elbe gemacht[20]? Daß ich mir das nicht gedacht hab. Kamen mir gleich so melancholisch vor, Kleiner. Macht sich in die Elbe! Armer Bengel! Nein aber auch[21]!

BECKMANN. Ja, weil Sie mir so herzlich und innig taktvoll das Ableben meiner Eltern vermittelten[22]. Ihre Tür war die letzte. Und Sie ließen mich draußen stehn. Und ich hatte tausend Tage, tausend sibirische Nächte auf diese Tür gehofft. Sie haben einen kleinen Mord nebenbei begangen, nicht wahr?

FRAU KRAMER *robust, um nicht zu heulen.* Es gibt eben Figuren, die haben egal Pech[23]. Sie waren einer von denen. Sibirien. Gashahn. Ohlsdorf. War wohl'n bißchen happig[24]. Geht mir ans Herz, aber wo kommt man hin, wenn man alle Leute beweinen wollte! Sie sahen gleich so finster aus, Junge. So ein Bengel! Aber das darf uns nicht kratzen[25], sonst wird uns noch das bißchen Margarine schlecht, das man auf Brot hat. Macht einfach davon ins Gewässer. Ja, man erlebt was! Jeden Tag macht sich einer davon.

BECKMANN. Ja, ja, leben Sie wohl, Frau Kramer! Hast du gehört, Anderer? Nachruf einer alten Frau mit Herz auf einen jungen Mann. Hast du gehört, schweigsamer Antworter?

DER ANDERE. Wach — auf — Beckmann —

BECKMANN. Du sprichst ja plötzlich so leise. Du stehst ja plötzlich so weit ab.

DER ANDERE. Du träumst einen tödlichen Traum, Beckmann. Wach auf! Lebe! Nimm dich nicht so wichtig. Jeden Tag wird gestorben. Soll die Ewigkeit voll Trauergeschrei sein? Lebe! Iß

dein Margarinebrot, lebe! Das Leben hat tausend Zipfel[26]. Greif zu! Steh auf!

BECKMANN. Ja, ich stehe auf. Denn da kommt meine Frau. Meine Frau ist gut. Nein, sie bringt ihren Freund mit. Aber sie war früher doch gut. Warum bin ich auch drei Jahre in Sibirien geblieben? Sie hat drei Jahre gewartet, das weiß ich, denn sie war immer gut zu mir. Die Schuld habe ich. Aber sie war gut. Ob sie heute noch gut ist?

DER ANDERE. Versuch es! Lebe!

BECKMANN. Du! Erschrick nicht, ich bin es. Sieh mich doch an! Dein Mann. Beckmann, ich. Du, ich hab mir das Leben genommen, Frau. Das hättest du nicht tun sollen, du, das mit dem andern. Ich hatte doch nur dich! Du hörst mich ja gar nicht! Du! Ich weiß, du hast zu lange warten müssen. Aber sei nicht traurig, mir geht es jetzt gut. Ich bin tot. Ohne dich wollte ich nicht mehr! Du! Sieh mich doch an! Du!

Die Frau geht in enger Umarmung mit ihrem Freund langsam vorbei, ohne Beckmann zu hören.

Du! Du warst doch meine Frau! Sieh mich doch an, du hast mich doch umgebracht, dann kannst du mich doch noch mal ansehen! Du, du hörst mich ja gar nicht! Du hast mich doch ermordet, du — und jetzt gehst du einfach vorbei? Du, warum hörst du mich denn nicht? *Die Frau ist mit dem Freund vorbeigegangen.* Sie hat mich nicht gehört. Sie kennt mich schon nicht mehr. Bin ich schon so lange tot? Sie hat mich vergessen und ich bin erst einen Tag tot. So gut, oh, so gut sind die Menschen! Und du? Jasager, Hurraschreier, Antworter?! Du sagst ja nichts! Du stehst ja so weit ab. Soll ich weiter leben? Deswegen bin ich von Sibirien gekommen! Und du, du sagst, ich soll leben! Alle Türen links und rechts der Straße sind zu. Alle Laternen sind ausgegangen, alle. Und man kommt nur vorwärts, weil man fällt! Und du sagst, ich soll weiter fallen? Hast du nicht noch einen Fall für mich, den ich tun kann? Geh nicht so weit weg, Schweigsamer du, hast du noch eine Laterne für mich in der Finsternis? Rede, du weißt doch sonst immer so viel!!

DER ANDERE. Da kommt das Mädchen, das dich aus der Elbe gezogen hat, das dich gewärmt hat. Das Mädchen, Beckmann, das deinen dummen Kopf küssen wollte. Sie geht nicht an deinem Tod vorbei. Sie hat dich überall gesucht.

BECKMANN. Nein! Sie hat mich nicht gesucht!

[20] = gegangen   [21]No, just imagine!   [22]communicated   [23]they have hard luck no matter what   [24]it was a little too much   [25]we mustn't let it get us down

[26]i.e., life has a thousand different aspects

Kein Mensch hat mich gesucht! Ich will nicht immer wieder daran glauben. Ich kann nicht mehr fallen, hörst du! Mich sucht kein Mensch!

DER ANDERE. Das Mädchen hat dich überall gesucht!

BECKMANN. Jasager, du quälst mich! Geh weg!

MÄDCHEN *ohne ihn zu sehen.* Fisch! Fisch! Wo bist du? Kleiner kalter Fisch!

BECKMANN. Ich? Ich bin tot.

MÄDCHEN. Oh, du bist tot? Und ich suche dich auf der ganzen Welt!

BECKMANN. Warum suchst du mich?

MÄDCHEN. Warum? Weil ich dich liebe, armes Gespenst! Und nun bist du tot? Ich hätte dich so gerne geküßt, kalter Fisch!

BECKMANN. Stehn wir nur auf und gehn weiter, weil die Mädchen nach uns rufen? Mädchen?

MÄDCHEN. Ja, Fisch?

BECKMANN. Wenn ich nun nicht tot wäre?

MÄDCHEN. Oh, dann würden wir zusammen nach Hause gehen, zu mir. Ja, sei wieder lebendig, kleiner kalter Fisch! Für mich. Mit mir. Komm, wir wollen zusammen lebendig sein.

BECKMANN. Soll ich leben? Hast du mich wirklich gesucht?

MÄDCHEN. Immerzu. Dich! Und nur dich. Die ganze Zeit über[27] dich. Ach, warum bist du tot, armes graues Gespenst? Willst du nicht mit mir lebendig sein?

BECKMANN. Ja, ja, ja. Ich komme mit. Ich will mit dir lebendig sein!

MÄDCHEN. Oh, mein Fisch!

BECKMANN. Ich steh auf. Du bist die Lampe, die für mich brennt. Für mich ganz allein. Und wir wollen zusammen lebendig sein. Und wir wollen ganz dicht nebeneinander gehen auf der dunklen Straße. Komm, wir wollen miteinander lebendig sein und ganz dicht sein[28] — —

MÄDCHEN. Ja, ich brenne für dich ganz allein auf der dunklen Straße.

BECKMANN. Du brennst, sagst du? Was ist denn das? Aber es wird ja alles ganz dunkel! Wo bist du denn?

Man hört ganz weit ab das Teck-Tock des Einbeinigen.

MÄDCHEN. Hörst du? Der Totenwurm klopft — ich muß weg, Fisch, ich muß weg, armes kaltes Gespenst.

[27]*die ganze Zeit über* the whole time   [28]i.e., be very close to each other

BECKMANN. Wo willst du denn hin? Bleib hier! Es ist ja auf einmal alles so dunkel! Lampe. kleine Lampe! Leuchte! Wer klopft da? Da klopft doch einer! Teck — tock — teck — tock! Wer hat denn noch so geklopft? Da — Teck — tock — teck — tock! Immer lauter! Immer näher! Teck — tock — teck — tock! *Schreit.* Da! *Flüstert.* Der Riese, der einbeinige Riese mit seinen beiden Krücken. Teck — tock — er kommt näher! Teck — tock — er kommt auf mich zu! Teck — tock — teck — tock!!! *Schreit*

DER EINBEINIGE *ganz sachlich und abgeklärt.* Beckmann?

BECKMANN *leise.* Hier bin ich.

DER EINBEINIGE. Du lebst noch, Beckmann? Du hast doch einen Mord begangen, Beckmann. Und du lebst immer noch.

BECKMANN. Ich habe keinen Mord begangen!

DER EINBEINIGE. Doch, Beckmann. Wir werden jeden Tag ermordet und jeden Tag begehen wir einen Mord. Wir gehen jeden Tag an einem Mord vorbei. Und du hast mich ermordet, Beckmann. Hast du das schon vergessen? Ich war doch drei Jahre in Sibirien, Beckmann, und gestern abend wollte ich nach Hause. Aber mein Platz war besetzt — du warst da, Beckmann, auf meinem Platz. Da bin ich in die Elbe gegangen, Beckmann, gleich gestern abend. Wo sollte ich auch anders hin, Beckmann? Du, die Elbe war kalt und naß. Aber nun habe ich mich schon gewöhnt, nun bin ich ja tot. Daß du das so schnell vergessen konntest, Beckmann. Einen Mord vergißt man doch nicht so schnell. Der muß einem doch nachlaufen, Beckmann. Ja, ich habe einen Fehler gemacht, du. Ich hätte nicht nach Hause kommen dürfen. Zu Hause war kein Platz mehr für mich, Beckmann, denn da warst du. Ich klage dich nicht an, Beckmann, wir morden ja alle, jeden Tag, jede Nacht. Aber wir wollen doch unsere Opfer nicht so schnell vergessen. Wir wollen doch an unseren Morden nicht vorbeigehen. Ja, Beckmann, du hast mir meinen Platz weggenommen. Auf meinem Sofa, bei meiner Frau, bei meiner meiner Frau, von der ich drei Jahre lang geträumt hatte, tausend sibirische Nächte! Zu Hause war ein Mann, der hatte mein Zeug an, Beckmann, das war ihm viel zu groß, aber er hatte es an, und ihm war wohl und warm in dem Zeug und bei meiner Frau. Und du, du warst der Mann, Beckmann. Na, ich habe mich dann verzogen. In die Elbe. War ziemlich kalt, Beckmann, aber man gewöhnt sich bald. Jetzt bin ich erst einen ganzen Tag tot — und du hast mich ermordet und hast den Mord schon vergessen.

Das mußt du nicht, Beckmann, Morde darf man nicht vergessen, das tun die Schlechten. Du vergißt mich doch nicht, Beckmann, nicht wahr? Das mußt du mir versprechen, daß du deinen Mord nicht vergißt!

BECKMANN. Ich vergesse dich nicht.

DER EINBEINIGE. Das ist schön von dir, Beckmann. Dann kann man doch in Ruhe tot sein, wenn wenigstens einer an mich denkt, wenigstens mein Mörder — hin und wieder nur — nachts manchmal, Beckmann, wenn du nicht schlafen kannst! Dann kann ich wenigstens in aller Ruhe tot sein — — — *Geht ab.*

BECKMANN *wacht auf.* Teck — tock — teck — tock!!! Wo bin ich? Hab ich geträumt? Bin ich denn nicht tot? Bin ich denn immer noch nicht tot? Teck — tock — teck — tock durch das ganze Leben! Teck — tock — durch den ganzen Tod hindurch! Teck — tock — teck — tock! Hörst du den Totenwurm? Und ich, ich soll leben! Und jede Nacht wird einer Wache stehen an meinem Bett, und ich werde seinen Schritt nicht los: Teck — tock — teck — tock! Nein!

Das ist das Leben! Ein Mensch ist da, und der Mensch kommt nach Deutschland, und der Mensch friert. Der hungert und der humpelt! Ein Mann kommt nach Deutschland! Er kommt nach Hause, und da ist sein Bett besetzt. Eine Tür schlägt zu, und er steht draußen.

Ein Mann kommt nach Deutschland! Er findet ein Mädchen, aber das Mädchen hat einen Mann, der hat nur ein Bein und der stöhnt andauernd einen Namen. Und der Name heißt Beckmann. Eine Tür schlägt zu, und er steht draußen.

Ein Mann kommt nach Deutschland! Er sucht Menschen, aber ein Oberst lacht sich halbtot. Eine Tür schlägt zu und er steht wieder draußen.

Ein Mann kommt nach Deutschland! Er sucht Arbeit, aber ein Direktor ist feige, und die Tür schlägt zu, und wieder steht er draußen.

Ein Mann kommt nach Deutschland! Er sucht seine Eltern, aber eine alte Frau trauert um das Gas, und die Tür schlägt zu, und er steht draußen.

Ein Mann kommt nach Deutschland! Und dann kommt der Einbeinige — teck — tock — teck — kommt er, teck — tock, und der Einbeinige sagt: Beckmann. Sagt immerzu: Beckmann. Er atmet Beckmann, er schnarcht Beckmann, er stöhnt

Beckmann, er schreit, er flucht, er betet Beckmann. Und er geht durch das Leben seines Mörders teck — tock — teck — tock! Und der Mörder bin ich. Ich? der Gemordete, ich, den sie gemordet haben, ich bin der Mörder? Wer schützt uns davor, daß wir nicht Mörder werden? Wir werden jeden Tag ermordet, und jeden Tag begehn wir einen Mord! Wir gehen jeden Tag an einem Mord vorbei! Und der Mörder Beckmann hält das nicht mehr aus, gemordet zu werden und Mörder zu sein. Und er schreit der Welt ins Gesicht: Ich sterbe! Und dann liegt er irgendwo auf der Straße, der Mann, der nach Deutschland kam, und stirbt. Früher lagen Zigarettenstummel, Apfelsinenschalen und Papier auf der Straße, heute sind es Menschen, das sagt weiter nichts[29]. Und dann kommt ein Straßenfeger, ein deutscher Straßenfeger, in Uniform und mit roten Streifen, von der Firma Abfall und Verwesung, und findet den gemordeten Mörder Beckmann. Verhungert, erfroren, liegengeblieben. Im zwanzigsten Jahrhundert. Im fünften Jahrzehnt. Auf der Straße. In Deutschland. Und die Menschen gehen an dem Tod vorbei, achtlos, resigniert, blasiert, angeekelt und gleichgültig, gleichgültig, so gleichgültig! Und der Tote fühlt tief in seinen Traum hinein, daß sein Tod gleich war wie sein Leben: sinnlos, unbedeutend, grau. Und du — du sagst, ich soll leben! Wozu? Für wen? Für was? Hab ich kein Recht auf meinen Tod? Hab ich kein Recht auf meinen Selbstmord? Soll ich mich weiter morden lassen und weiter morden? Wohin soll ich denn? Wovon soll ich leben? Mit wem? Für was? Wohin sollen wir denn auf dieser Welt! Verraten sind wir. Furchtbar verraten. Wo bist du, Anderer? Du bist doch sonst immer da!

Wo bist du jetzt, Jasager? Jetzt antworte mir! Jetzt brauche ich dich, Antworter! Wo bist du denn? Du bist ja plötzlich nicht mehr da! Wo bist du, Antworter, wo bist du, der mir den Tod nicht gönnte! Wo ist denn der alte Mann, der sich Gott nennt?

Warum redet er denn nicht!!

Gebt doch Antwort!

Warum schweigt ihr denn? Warum? Warum?

Gibt denn keiner eine Antwort?

Gibt keiner Antwort???

Gibt denn keiner, keiner Antwort???

---

[29]that doesn't mean anything at all

Friedrich Dürrenmatt · 1921–

Ein Engel kommt nach Babylon, first performed in Munich in 1953, combines moral earnestness and lively farce in a work typical of its author. Friedrich Dürrenmatt's most successful play to date, *Der Besuch der alten Dame* (1956), which is known to the English-speaking world as *The Visit*, has the words "eine tragische Komödie" for its subtitle. This mixture of high seriousness and a humor that is often of a strongly earthy nature was apparent early in Dürrenmatt's career. Born the son of a Protestant pastor near Bern, Switzerland, in 1921, the young university student had among his favorite authors Kierkegaard, the Danish theologian and proto-Existentialist, and Aristophanes, ancient Greek writer of scurrilous satiric comedies. Dürrenmatt further displayed this double bent by taking the detective story, that popular and usually superficial form of literature, and, in a series of novels beginning with *Der Richter und sein Henker* in 1950, making it the scene of suspenseful conflicts between the forces of metaphysical Good and Evil.

The author tells us in his epilogue to *Ein Engel* that he had been fascinated since childhood by the legend of the building of the Tower of Babel, that most grandiose and ridiculous of attempts to reach Heaven by purely human means. The present play offers an explanation for the motive behind that undertaking: Nebuchadnezzar's defiance of the decrees of Heaven. For Dürrenmatt's play, in this respect similar to Barlach's *Die Sündflut*, concerns itself primarily with the relationship between man and the Divine, with the endeavors each side makes to understand and pass judgment upon the other. In Dürrenmatt's view, this endeavor is both comic and tragic at the same time. On the part of Heaven, for example, there is the Angel, with his bland disregard of human misery and his one-sided enthusiasm for the *flora* and *fauna* of the earth; on man's part, there is Nebuchadnezzar himself, with his cruelty and his periodic exchange of position with his human footstool.

Although Dürrenmatt states in his essay *Theaterprobleme* that tragedy is inappropriate for our time, since there is a lack of characters today with the necessary heroic stature for this genre, he adds emphatically that it is nevertheless his aim to show us in his dramas the man of courage, the man who is able to endure the chaos of the modern world with his soul intact: "Gewiß, wer das Sinnlose, das Hoffnungslose dieser Welt sieht, kann verzweifeln, doch ist diese Verzweiflung nicht eine Folge dieser Welt, sondern eine Antwort, die er auf diese Welt gibt, und eine andere Antwort wäre sein Nicht-verzweifeln, sein Entschluß etwa, die Welt zu bestehen, in der wir oft leben wie Gulliver unter den Riesen . . . . Es ist immer noch möglich, den mutigen Menschen zu zeigen." Akki, the sly beggar of Babylon who survives the rise and fall of kingdoms, is one of these courageous characters, and it is he who is entrusted with Kurrubi, the gift of Heaven, at the end of the play. In Dürrenmatt's works, he is one of a series of apparent knaves and fools whose wisdom inevitably exceeds the wisdom of the mighty of this world. In the words of a paradox older than Dürrenmatt's, but closely related to his, "the last shall be first."

Bibliography

BÄNZIGER, HANS. *Frisch und Dürrenmatt.* Bern and Munich, 1960.

BENN, GOTTFRIED, AND ELISABETH BROCK-SULZER, FRITZ BURI, REINHOLD GRIMM, HANS MEYER, WERNER OBERLE. *Der unbequeme Dürrenmatt.* Basel and Stuttgart, 1962.

BROCK-SULZER, ELISABETH. *Friedrich Dürrenmatt. Stationen seines Werkes.* Zurich, 1960.

DÜRRENMATT, FRIEDRICH. *Theaterprobleme.* Zurich, 1955.

Ein Engel kommt nach Babylon

Eine fragmentarische Komödie in drei Akten

PERSONEN

DER ENGEL	EIN POLIZIST
DAS MÄDCHEN KURRUBI	DER BANKIER ENGGIBI
AKKI	DER WEINHÄNDLER ALI
NEBUKADNEZAR, König von Babylon	DIE HETÄRE TABTUM
NIMROD, Exkönig von Babylon	ERSTER ARBEITER
DER KRONPRINZ, beider Sohn	ZWEITER ARBEITER, klassenbewußter
DER ERZMINISTER	ERSTE ARBEITERFRAU
DER OBERTHEOLOGE UTNAPISCHTIM	ZWEITE ARBEITERFRAU
DER GENERAL	DER FEIERLICHE
ERSTER SOLDAT	DER ESELMILCHVERKÄUFER GIMMIL
ZWEITER SOLDAT	VIELE DICHTER
DRITTER SOLDAT	VOLK

und so weiter

ERSTER AKT

Um gleich mit dem wichtigsten Ort zu beginnen, der zwar nicht den Schauplatz abgibt[1], sondern nur den Hintergrund dieser Komödie, so hängt ein unermeßlicher Himmel über allem, in dessen Mitte der Andromedanebel[2] schwebt, etwa so, wie wir ihn in den Spiegeln[3] des Mount Wilson oder des Mount Palomar sehen, bedrohlich nah, fast die Hälfte des Bühnenhintergrundes füllend. Aus diesem Himmel nun stieg einmal, und nur ein einziges Mal, ein Engel hernieder, verkleidet als ein zerlumpter Bettler mit einem langen, roten Bart, ein verhülltes Mädchen 5

zur Seite. Eben erreichen die Wanderer die Stadt Babylon und gelangen zum Euphratquai[4]. In der Mitte des kleinen Platzes brennt eine altbabylonische Gaslaterne, spärlich natürlich im Vergleich zum Himmel darüber. Weiter hinten an Hauswänden und Plakatsäulen Plakate, einige zerrissen, etwa des Inhalts: «Wer bettelt, schadet der Heimat», «Betteln ist unsozial», «Bettler, tretet in den Staatsdienst ein». Im Hintergrund ferner ahnt man[5] die Straßenschluchten der Riesenstadt, ein Gewirr von Palästen, Hochhäusern und Hütten, das sich im gelben Sand der Wüste verliert, prächtig und dreckig zugleich, von Millionen bewohnt.

---

[1]is not the setting of the play   [2]the nebula of the constellation Andromeda   [3]reflecting telescopes   [4]the embankment of the Euphrates River   [5]are vaguely indicated

DER ENGEL. Da du, mein Kind, erst vor wenigen Augenblicken auf eine höchst erstaunliche Weise von meinem Herrn erschaffen worden bist, so vernimm denn, daß ich, der ich als Bettler verkleidet neben dir schreite, ein Engel bin, daß diese zähe und störrische Materie, auf der wir uns hier bewegen, die Erde ist — wenn ich mich nicht allzu sehr in der Richtung geirrt haben sollte —, und daß diese weißen Blöcke die Häuser der Stadt Babylon sind.

DAS MÄDCHEN. Ja, mein Engel.

DER ENGEL *zieht eine Landkarte hervor und studiert sie.* Die breite Masse, die an uns vorbeifließt, ist der Euphrat.

DER ENGEL *geht die Ufermauer hinunter und steckt den Finger in die Wellen, worauf er ihn zum Munde führt.* Er scheint aus einer Unmenge von angesammeltem Tau zu bestehen.

DAS MÄDCHEN. Ja, mein Engel.

DER ENGEL. Die krumme und helle Figur über uns — ich bitte dich, den Kopf ein wenig zu heben — ist der Mond, und die unermeßliche Wolke hinter uns, milchig in ihrer Majestät, der Andromedanebel, den du kennst, da wir von ihm kommen. *Er tippt auf die Karte.* Es stimmt, es steht alles auf der Landkarte.

DAS MÄDCHEN. Ja, mein Engel.

DER ENGEL. Du aber, an meiner Seite wandelnd, nennst dich Kurrubi und bist, wie ich schon erwähnte, von meinem Herrn selbst vor wenigen Minuten erschaffen worden, indem Er — wie ich dir nun sagen kann — vor meinen Augen mit der rechten Hand hinein ins Nichts griff, den Mittelfinger und den Daumen leicht aneinanderrieb, worauf du schon auf seiner Handfläche einige zierliche Schritte machtest.

KURRUBI. Ich erinnere mich, mein Engel.

DER ENGEL. Sehr schön, erinnere dich immer daran, denn von nun an bist du von dem getrennt, der dich aus dem Nichts schuf und auf dessen Hand du getanzt hast.

KURRUBI. Wo soll ich nun hin?

DER ENGEL. Du sollst dahin, wo wir angelangt sind: zu den Menschen.

KURRUBI. Was sind das, Menschen?

DER ENGEL *verlegen.* Meine liebe Kurrubi, ich muß dir gestehen, daß ich auf diesem Gebiet der Schöpfung wenig Bescheid weiß. Ich habe nur einmal, vor etlichen Tausend Jahren, einen Vortrag über dieses Thema gehört. Demnach sind Menschen Wesen von unserer jetzigen Gestalt, die ich insofern unpraktisch finde, als sie mit verschiedenen Organen behaftet ist, die ich nicht begreife. Ich bin froh, mich bald wieder in einen Engel zurückverwandeln zu dürfen.

KURRUBI. So bin ich jetzt ein Mensch?

DER ENGEL. Du bist ein Wesen in Menschenform. *Sich räuspernd.* Laut des Vortrags, den ich hörte, pflanzen sich die Menschen untereinander fort, während du von Gott aus dem Nichts gemacht worden bist. Ich möchte dich ein Menschennichts nennen. Du bist unvergänglich wie das Nichts und vergänglich wie der Mensch.

KURRUBI. Was soll ich denn den Menschen bringen?

DER ENGEL. Meine liebe Kurrubi, da du noch nicht eine Viertelstunde alt bist, will ich dir dein vieles Fragen verzeihen. Du mußt jedoch wissen, daß ein wirklich frommes Mädchen nicht fragt. Du sollst den Menschen nichts bringen, sondern *du* wirst vor allen Dingen den Menschen gebracht.

KURRUBI *nach kurzem Nachdenken.* Das verstehe ich nicht.

DER ENGEL. Was aus der Hand dessen kommt, der dich erschuf, verstehen wir nie, mein Kind.

KURRUBI. Verzeih.

DER ENGEL. Ich erhielt den Auftrag, dich dem geringsten der Menschen zu übergeben.

KURRUBI. Ich habe dir zu gehorchen.

DER ENGEL *wieder die Karte studierend.* Die geringsten der Menschen sind die Bettler. Du wirst demnach einem gewissen Akki gehören, der, wenn diese Karte stimmt, der einzige noch erhaltene Bettler der Erde ist. Wahrscheinlich ein lebendes Naturdenkmal. *Stolz.* Sie ist großartig, diese Landkarte. Es steht alles drauf.

KURRUBI. Wenn der Bettler Akki der geringste der Menschen ist, wird er unglücklich sein.

DER ENGEL. Was du in deiner Jugend für Wörter brauchst. Was erschaffen ist, ist gut, und was gut ist, ist glücklich. Auf meinen ausgedehnten Reisen durch die Schöpfung habe ich nie ein Körnchen Unglück gesehen.

KURRUBI. Ja, mein Engel.

Sie schreiten nach rechts, der Engel beugt sich über das Orchester.

DER ENGEL. Dies ist die Stelle, wo der Euphrat einen Bogen macht. Hier müssen wir den Bettler Akki erwarten. Wir wollen uns setzen und schlafen. Die Reise ermüdete mich, und außerdem ist mir, als wir beim Jupiter um die Ecke bogen, einer seiner Monde zwischen die Beine geraten,

Sie setzen sich rechts außen[6] in den Vordergrund.

DER ENGEL. Komm nah zu mir. Umschlinge mich mit deinen Armen. Wir wollen uns mit dieser wunderbaren Landkarte zudecken. Ich bin in meinen Sonnen an andere Temperaturen gewöhnt. Mich friert, obschon dies nach der Karte eine der wärmsten Gegenden der Erde sein soll. Es scheint sich um einen kalten Stern zu handeln.

Sie decken sich mit der Landkarte zu und schlafen aneinandergeschmiegt ein.
Von rechts kommt Nebukadnezar, ein noch junger Mann, gar nicht unsympathisch und etwas naiv, von seinem Gefolge begleitet. Darunter der Erzminister, der General, der Obertheologe Utnapischtim und ein rot vermummter Henker.

NEBUKADNEZAR. Indem meine Heere im Norden den Libanon[7] erreicht haben, im Süden das Meer, im Westen eine Wüste und im Osten ein Gebirge, das so hoch ist, daß es nicht mehr aufhört, ist die Welt von mir erobert worden.

ERZMINISTER. Im Namen der Minister —

UTNAPISCHTIM. Der Kirche —

GENERAL. Des Heeres —

HENKER. Der Justiz —

ALLE VIER. Gratulieren wir seiner Majestät dem König Nebukadnezar zur Neuordnung der Welt. *Sie verneigen sich.*

NEBUKADNEZAR. Neunhundert Jahre verbrachte ich als Schemel König Nimrods in einer unangenehmen, zusammengekrümmten Stellung. Doch war dies nicht die einzige Beleidigung. Neunhundert Jahre hast du mir bei jeder Audienz ins Gesicht gespuckt, Erzminister.

DER ERZMINISTER *verneigt sich verlegen.* Majestät, Nimrod zwang mich . . .

Von ferne sind Negertrommler zu hören.

NEBUKADNEZAR. Nimrod wurde verhaftet. Bei Anbruch des Tages wird er in Babylon eintreffen, wie meine Negertrommler, ein Geschenk der Königin von Saba[8], eben aus Lamasch melden. Nun wird Nimrod mein Fußschemel. Ich werde dich zwingen, ihm ins Gesicht zu spucken, Erzminister.

ERZMINISTER *mit Wärme.* Majestät! Wie in grauer Vorzeit Sie König waren und Nimrod Fuß-

schemel hatte ich ihn anzuspucken. Als vor neunhundert Jahren Nimrod König wurde und Majestät Fußschemel, mußte ich Majestät anspucken. Wäre es darum nicht besser, mich vom Spucken ein für allemal zu befreien, ein Anliegen, das ich jedesmal vorbringe[9], wenn ein Umschwung der Dinge eingetreten —

NEBUKADNEZAR. Was gerecht ist, ist gerecht. Tu deine Pflicht und spucke.

Der Erzminister verneigt sich.

NEBUKADNEZAR. Überhaupt ist das Reich verlottert. Ich muß mich sputen, den Schaden wieder gut zu machen. Das Leben ist kurz. Ich habe die Ideen zu verwirklichen, die in mir aufstiegen, während ich Nimrods Schemel war.

ERZMINISTER. Majestät wünschen den wahrhaft sozialen Staat einzuführen.

NEBUKADNEZAR. Es überrascht mich, Erzminister, daß du meine Gedanken kennst.

ERZMINISTER. Könige denken im Zustand der Erniedrigung stets sozial, Majestät.

NEBUKADNEZAR. Wie immer, wenn Nimrod regierte, ging es der Privatwirtschaft viel zu gut und dem Staat viel zu schlecht. Die Menge der Händler, Zwischenhändler, Unterhändler und Nebenhändler ist ungeheuer, die Zahl der Bankiers und der Bettler beängstigend. Gegen die Bankiers einzuschreiten ist mir gegenwärtig nicht möglich. Ich erinnere nur an den Stand unserer Finanzen. Das Betteln jedoch habe ich verboten. Ist meinem Befehl Folge geleistet worden[10]?

ERZMINISTER. Die Bettler sind in den Staatsdienst übergetreten, Majestät. Sie treiben jetzt die Steuern ein. Nur ein Bettler namens Akki will bei seinem armseligen Gewerbe bleiben.

NEBUKADNEZAR. Wurde er gebüßt[11]?

ERZMINISTER. Vergeblich.

NEBUKADNEZAR. Ausgepeitscht?

ERZMINISTER. Unbarmherzig.

NEBUKADNEZAR. Gefoltert?

ERZMINISTER. Keine Stelle seines Leibes, die nicht mit glühenden Zangen gezwackt, keiner seiner Knochen, der nicht mit fürchterlichen Gewichten belastet worden wäre.

NEBUKADNEZAR. Er weigert sich noch immer?

ERZMINISTER. Er ist durch nichts zu erschüttern.

NEBUKADNEZAR. Dieser Akki ist der Grund, weshalb ich mich zu nächtlicher Stunde am Eu-

---

[6]i.e., in front of the proscenium, towards the audience   [7]Libanus, mountain range in Lebanon   [8]the Queen of Sheba

[9]a desire that I express each time   [10]Has my command been obeyed?   [11]Was he punished?

phratufer befinde. Es wäre mir ein leichtes, ihn nun aufknüpfen zu lassen. Es ist jedoch eines großen Herrschers nicht unwürdig, es noch mit Humanität zu versuchen. Ich habe daher beschlossen, eine Stunde meines Lebens mit dem geringsten meiner Untertanen zu teilen. Zieht mir deshalb den alten Bettlermantel an, den ich aus der Garderobe meines Hoftheaters habe holen lassen.

ERZMINISTER. Wie Majestät befehlen.

NEBUKADNEZAR. Klebt mir den roten Bart ins Gesicht, der zu diesem Kostüm paßt. *Nebukadnezar steht als Bettler verkleidet da.*

NEBUKADNEZAR. Seht denn, was ich unternehme, ein makelloses Reich zu erschaffen, ein durchsichtiges Gebilde[12], das alle umschließt, vom Henker bis zum Minister, und alle aufs angenehmste beschäftigt. Wir streben nicht nach Macht, wir streben nach Vollkommenheit. Die Vollkommenheit hat nichts Überflüssiges an sich, ein Bettler ist jedoch überflüssig. Ich will diesen Akki überreden, dem Staatsdienst beizutreten, indem ich, da ich selbst als Bettler vor ihm erscheine, ihm so seine eigene Not vor Augen führe. Will er aber in seinem Unglück verharren, wird er an diese Laterne geknüpft.

Der Henker verneigt sich.

ERZMINISTER. Wir bewundern die Weisheit eurer Majestät.

NEBUKADNEZAR. Bewundert nicht, was ihr nicht versteht.

ERZMINISTER. Gewiß, o König.

NEBUKADNEZAR. Entfernt euch. Doch nicht zu weit, damit ihr mir zur Hand seid, wenn ich rufe. Bevor dies geschieht, lasse sich keiner erblicken.

Alle verneigen sich und gehen nach dem Hintergrund, wo sie sich verbergen.
Nebukadnezar setzt sich links außen an den Euphrat. In diesem Augenblick erwachen der Engel und Kurrubi.

DER ENGEL *freudig.* Siehst du, das ist jetzt ein Mensch.

KURRUBI. Er hat die gleichen Kleider an wie du und den gleichen roten Bart.

DER ENGEL. Wir haben den getroffen, den wir suchen, mein Kind. *Zu Nebukadnezar.* Es freut mich, den Bettler Akki von Babylon kennen zu lernen.

[12]structure, system

NEBUKADNEZAR *verwirrt, wie er den als Bettler verkleideten Engel sieht.* Ich bin nicht der Bettler Akki. Ich bin ein Bettler aus Ninive. *Streng.* Ich war der Meinung, daß außer mir und Akki kein weiterer Bettler lebe.

DER ENGEL *zu Kurrubi.* Ich weiß nicht, was ich denken soll, liebe Kurrubi. Meine Landkarte stimmt nicht: In Ninive gibt es auch einen Bettler: Zwei Bettler leben auf der Erde.

NEBUKADNEZAR *für sich.* Ich lasse den Informationsminister hängen: Zwei Bettler leben in meinem Reich. *Zum Engel.* Woher kommst du?

DER ENGEL *verlegen.* Von jenseits des Libanon.

NEBUKADNEZAR. Wie der große König Nebukadnezar feststellte, hört beim Libanon die Welt auf. Dieser Ansicht sind sämtliche Geographen und Astronomen.

Der Engel schaut auf der Landkarte nach.

DER ENGEL. Jenseits sind noch einige Dörfer. Athen, Sparta, Karthago, Moskau, Peking. Siehst Du? *Er zeigt die Ortschaften dem König.*

NEBUKADNEZAR *für sich.* Ich lasse noch den Hofgeographen hängen. *Zum Engel.* Der große König Nebukadnezar wird auch diese Dörfer erobern.

DER ENGEL *leise zu Kurrubi.* Der Umstand, daß wir einen zweiten Bettler getroffen haben, verändert unsere Lage. Ich muß jetzt herausfinden, wer der ärmere ist, der Bettler Akki oder dieser Bettler aus Ninive, eine Untersuchung, die nur mit Zartheit und Diskretion durchgeführt werden kann.

Von links kommt eine zerlumpte und wilde Gestalt mit einem roten Bart, so daß sich nun drei Bettler mit langen roten Bärten auf der Bühne befinden.

DER ENGEL. Da kommt ein zweiter Mensch.

KURRUBI. Er hat ebenfalls die gleichen Kleider an wie du, mein Engel, und den gleichen roten Bart.

DER ENGEL. Wenn das jetzt wieder nicht der Bettler Akki ist, werde ich konfus.

NEBUKADNEZAR *für sich.* Wenn das jetzt wieder nicht der Bettler Akki ist, wird auch noch der Innenminister gehängt.

Die Gestalt setzt sich in der Mitte der Bühne ans Euphratufer, sich mit dem Rücken gegen die Laterne lehnend.

NEBUKADNEZAR *räuspert sich.* Du bist, wie ich nicht zweifle, der Bettler Akki aus Babylon?

DER ENGEL. Der berühmte Bettler Akki, dessen Ruhm überallhin gedrungen ist?

AKKI *zieht eine Schnapsflasche hervor und trinkt.* Ich kümmere mich nie um meinen Namen.

NEBUKADNEZAR. Jeder hat einen Namen.

AKKI. Wer bist du?

NEBUKADNEZAR. Auch ein Bettler.

AKKI. Dann bist du ein schlechter Bettler, denn vom Standpunkt der Bettlerei aus sind deine Grundsätze schlechte Grundsätze. Ein Bettler hat nichts, kein Geld und keinen Namen, er nennt sich so und bald so, er nimmt sich einen Namen wie ein Stück Brot. Ich bettle mir daher jedes Jahrhundert einen anderen Namen zusammen.

NEBUKADNEZAR *würdig.* Es ist eines der dringendsten Interessen der Menschheit, daß jeder seinen Namen behält, daß jeder ist, der er ist.

AKKI. Ich bin, was mir gefällt. Ich bin alles gewesen, und jetzt bin ich Akki der Bettler geworden. Doch wenn du willst, kann ich auch Nebukadnezar der König sein.

NEBUKADNEZAR *springt empört auf.* Das ist unmöglich.

AKKI. Nichts ist leichter, als ein König zu werden. Dies ist eines der einfachsten Kunststücke, das man gleich zu Beginn seiner bettlerischen Laufbahn lernen muß. Ich bin in meinem Leben schon siebenmal König gewesen.

NEBUKADNEZAR *der sich wieder gefaßt hat.* Es ist kein größerer König denn Nebukadnezar!

Im Hintergrund wird der ganze Hofstaat sichtbar, der sich verneigt und sofort wieder verschwindet.

AKKI. Du meinst den kleinen Nebi.

NEBUKADNEZAR. Nebi?

AKKI. So nenne ich meinen Freund, den König Nebukadnezar von Babylon.

NEBUKADNEZAR *nach einer Pause, würdevoll.* Ich kann wohl kaum annehmen, daß du den großen König der Könige kennst.

AKKI. Groß? Körperlich und geistig ein Knirps[13].

NEBUKADNEZAR. Auf den Reliefs wird er stets würdevoll und gutgewachsen dargestellt.

AKKI. Na ja. Auf den Reliefs. Wer macht die? Unsere babylonischen Bildhauer. Bei denen sieht jeder König wie der andere aus. Ich kenne meinen Nebi, da macht man mir nichts vor[14]. Leider befolgt er meine Ratschläge nicht.

NEBUKADNEZAR *erstaunt.* Deine Ratschläge?

AKKI. Er läßt mich auf sein Schloß holen, wenn er sich nicht mehr zu helfen weiß.

NEBUKADNEZAR *verwirrt.* Auf sein Schloß?

AKKI. Er ist der dümmste König, der mir je vorgekommen ist. Das Regieren fällt ihm schwer.

NEBUKADNEZAR. Das Weltregieren ist eine erhabene und schwierige Aufgabe.

AKKI. Das sagt Nebi auch immer. Das hat noch jeder König gesagt, den ich gekannt habe. Das ist die Ausrede der Könige, denn jeder Mensch braucht eine Ausrede, wenn er kein Bettler ist, warum er kein Bettler sei. Schlimme Zeiten stehen bevor. *Er trinkt. Zum Engel.* Wer bist denn du?

DER ENGEL. Ich bin auch ein Bettler.

AKKI. Dein Name?

DER ENGEL. Ich komme aus einem Dorf, wo es noch keine Namen gibt.

AKKI. Wo liegt dieses sympathische Dorf?

DER ENGEL. Jenseits des Libanon.

AKKI. Eine vernünftige Gegend. Was willst du von mir?

DER ENGEL. Das Bettlergewerbe steht schlecht in unserem Dorf. Ich vermag kaum mit meinem Betteln zu leben, und dabei habe ich ein Töchterchen zu ernähren, das sich verschleiert an meiner Seite befindet, wie du siehst.

AKKI. Ein Bettler, der in Not gerät, ist ein Dilettant[15].

DER ENGEL. Der Gemeinderat meines Dorfes hat mir daher die Reisekosten zum gewaltigen und berühmten Bettler Akki bezahlt, damit ich die Kunst des Bettelns besser erlerne. Ich bitte dich, aus mir einen anständigen und soliden Bettler zu machen.

AKKI. Der Gemeinderat hat klug gehandelt. Es gibt noch Gemeinderäte auf der Welt.

KURRUBI *bestürzt zum Engel.* Du lügst, mein Engel.

DER ENGEL. Der Himmel lügt nie, mein Kind. Nur fällt es ihm bisweilen schwer, sich den Menschen verständlich zu machen.

AKKI *zu Nebukadnezar.* Warum bist du zu mir gekommen?

NEBUKADNEZAR. Ich bin der berühmte und große Anaschamaschtaklaku, der überaus herrliche und erste Bettler von Ninive.

AKKI *mißtrauisch.* Du bist der erste Bettler von Ninive?

NEBUKADNEZAR. Anaschamaschtaklaku, der erste Bettler Ninives.

---

[13]"shrimp" [14]nobody can put one over on me where he's concerned

[15]is a mere amateur

AKKI. Was willst du?

NEBUKADNEZAR. Ziemlich das Gegenteil von diesem Bettler aus dem Dorfe jenseits des Libanon. Ich bin gekommen, dich zu überzeugen, daß wir nicht mehr Bettler sein können. Wir sind zwar für den Fremdenverkehr attraktiv, doch den alten romantischen Orient in Ehren[16], nun ist ein modernes Zeitalter angebrochen. Wir müssen dem Verbot unseres Standes durch den großen König Nebukadnezar Folge leisten.

AKKI. So!

NEBUKADNEZAR. Eine soziale Welt darf keine Bettler kennen. Es ist ihrer unwürdig, die Armut weiter zu dulden, die das Bettlergewerbe mit sich bringt.

AKKI. Hm!

NEBUKADNEZAR. Alle andern Bettler in Ninive und Babylon, in Ur und Uruk, ja sogar in Aleppo und Susa haben ihren Bettlerstab fortgeworfen, denn der König der Könige, Nebukadnezar, gibt allen Arbeit und Brot. Es geht ihnen jetzt verhältnismäßig viel besser denn zuvor.

AKKI. Ei!

NEBUKADNEZAR. Infolge unserer erhabenen Kunst zu betteln, haben wir die Not nicht so gespürt wie unsere Mitbettler, obgleich auch unser Elend wahrlich nicht gering ist, wie man aus den Kleidern ersehen kann, die wir tragen. Aber auch mit der größten Meisterschaft erreichen wir in den heutigen Zeiten einer wirtschaftlichen Blüte nicht mehr als beispielsweise — um die schlechtbezahltesten Arbeiter zu nennen — ein Dichter verdient.

AKKI. Potz!

NEBUKADNEZAR. Aus diesem Grunde, Erhabener, habe ich beschlossen, mein Bettlergewerbe niederzulegen, um in den Dienst seiner Majestät des Königs Nebukadnezar zu treten. Ich bitte dich, dasselbe zu tun und dich um acht im Finanzministerium zu melden. Deine letzte Chance, dem Befehl nachzukommen. Nebukadnezar ist gewissenhaft und könnte dich sonst an die Laterne knüpfen lassen, gegen die du dich lehnst.

Im Hintergrund verneigt sich der Henker.

AKKI. Du bist der Bettler Anaschamaschtaklaku aus Ninive?

NEBUKADNEZAR. Der erste und bestrenommierte Bettler aus Ninive.

AKKI. Und verdienst nicht mehr denn ein Dichter?

NEBUKADNEZAR. Nicht mehr.

AKKI. Das muß bei deiner Bettlerei liegen. Ich unterhalte allein fünfzig babylonische Dichter.

NEBUKADNEZAR *vorsichtig.* Es ist natürlich vielleicht möglich, daß ein Dichter in Ninive etwas mehr verdient als in Babylon.

AKKI. Du bist der erste Bettler von Ninive und ich der erste Bettler von Babylon. Es war schon lange mein Wunsch, mich mit dem Premierbettler einer anderen Stadt zu messen. Wir wollen unsere Kunst vergleichen. Wenn du siegst, treten wir in den Staatsdienst ein, heute um acht, und wenn ich siege, kehrst du nach Ninive zurück und bettelst weiter, wie ich dies in Babylon tue, ungeachtet der Gefahren, die sich bei der Ausübung unseres hohen Amts ergeben. Es tagt, und die ersten Menschen stehen auf. Es ist für das Betteln eine ungünstige Zeit, aber um so größer wird unsere Geschicklichkeit sein müssen.

DER ENGEL. Meine liebe Kurrubi, es ist ein historischer Augenblick gekommen: Du wirst deinen Mann kennen lernen, den ärmsten und untersten Bettler.

KURRUBI. Wie werde ich dies können, mein Engel?

DER ENGEL. Das ist ganz einfach, mein Kind: Wer diesen Zweikampf im Betteln verliert, ist der geringste der Menschen. *Er tippt sich stolz auf die Stirne.*

AKKI. Da trotten zwei Arbeiter quer durch Babylon, von einem Stadtteil zum andern, ohne Essen im Magen, einen Weg von drei Stunden, um ihre Frühschicht in der Ziegelbrennerei Mascherasch anzutreten. Ich lasse dich beginnen, Bettler aus Ninive.

Zwei Arbeiter kommen von links.

NEBUKADNEZAR *jammervoll.* Ein Almosen, ehrsame Arbeiter, ein Almosen einem Kameraden der Erzbergwerke[17] Nebo, der invalid geworden ist.

ERSTER ARBEITER. Ehrsame Arbeiter! Schwätz nicht so blöd.

ZWEITER ARBEITER. Die von der Nebo[18] kriegen zehn Kupfermünzen mehr die Woche. Die sollen für ihre Invaliden selber sorgen.

ERSTER ARBEITER. Jetzt, wo Granit kommt für die Regierungsgebäude statt Ziegel.

ZWEITER ARBEITER. Weils besser für die Ewigkeit hält.

---

[16]but with all due respect for the romantic old Orient

[17]metal mines [18]Die (Arbeiter) von der Nebo (-Erzbergwerken)

AKKI. Jeder eine Kupfermünze, ihr Schufte. Da versuchen sie ihre Bäuche für einen Silberling die Woche zu mästen, und ich, der ich die Ehre der Arbeiterschaft hochhalte und mich nicht zu dieser Ausbeutung hergebe, sondern bettle, hungere! Jagt den Besitzer der Ziegelbrennerei zum Teufel oder jeder eine Kupfermünze.

ZWEITER ARBEITER. Wie kann ich eine Revolution machen, wenn ich allein bin!

ERSTER ARBEITER. Wo ich doch eine Familie habe!

AKKI. Habe ich etwa nicht Familien? In allen Gassen laufen meine Familien herum. Eine Kupfermünze, oder ihr versinkt in Sklaverei wie vor der Sündflut. Ist das eine Art, mich, den Oberarbeiter Babylons, verhungern zu lassen!

Die beiden Arbeiter geben verlegen ihre Kupfermünzen. Beide nach rechts ab.

AKKI *wirft die beiden Münzen hoch.* Den ersten Kampf habe ich gewonnen!

NEBUKADNEZAR. Seltsam. Die Arbeiter in Ninive reagieren anders.

AKKI. Da hinkt Gimmil herbei, der Eselmilchverkäufer.

Gimmil kommt von links und stellt seine Milchflaschen vor die Türen der Häuser.

NEBUKADNEZAR. Zehn Kupfermünzen, du schmieriger Eselmilchverkäufer, der seine Melkerinnen zu Tode schindet, oder ich hetze dir den Lohnpolizisten Marduk auf den Hals.

GIMMIL. Den Lohnpolizisten Marduk, der von der Stadtmolkerei bestochen ist? Mir? Auf den Hals? Jetzt, wo die Kuhmilch aufkommt und mich ruiniert? Keinen Pfennig für so einen lausigen Bettler!

AKKI *wirft ihm die zwei erbettelten Kupfermünzen vor die Füße.* Hier, Gimmil, mein Hab und Gut[19] für eine Flasche bester Eselmilch. Ich bin ein Bettler und du ein Eselmilchverkäufer, wir treiben beide Privatwirtschaft. Es lebe die Eselmilch, es lebe die Privatwirtschaft. Babylon ist mit Eselmilch groß geworden, babylonische Patrioten trinken Eselmilch!

GIMMIL *begeistert.* Da hast du zwei Flaschen und einen Silberling. Mit einem solchen Babylonier ziehe ich gegen sämtliche staatliche Kuhmilch der Welt ins Feld[20]. Babylonische Patrioten

trinken Eselmilch! Großartig. Das ist ein viel besseres Schlagwort als: Mit Kuhmilch für den Fortschritt! *Nach links ab.*

NEBUKADNEZAR. Merkwürdig. Ich bin noch nicht in Form.

AKKI. Jetzt kommt ein einfacher Fall, ein Musterbeispiel für eine Bettelei. Die Hetäre Tabtum, die nun mit ihrer Magd auf den Anuplatz geht, frisches Gemüse einzukaufen. Technisch leicht und elegant zu meistern.

Von hinten kommt die Hetäre Tabtum mit ihrer Magd, die einen Korb auf dem Kopf trägt.

NEBUKADNEZAR *jammervoll.* Ein Almosen, hochedle Dame, Königin der Tugend. Ein Almosen einem armen, aber anständigen Bettler, der drei Tage nichts gegessen hat.

TABTUM. Da hast du einen Silberling. Bete dafür vor dem Tempel der großen Ischtar, daß ich Glück in der Liebe habe. *Sie gibt Nebukadnezar einen Silberling.*

AKKI. Ha!

TABTUM. Warum lachst du, Individuum?

AKKI. Ich lache, anmutige junge Frau, weil du diesem armen Schlucker aus Ninive bloß einen Silberling gibst. Er ist ein unerfahrener Bettler, Wunderschöne, und man muß ihm schon zwei Silberlinge geben, wenn sein Gebet nur etwas Kraft haben soll.

TABTUM. Noch einen Silberling?

AKKI. Noch einen.

Die Hetäre gibt Nebukadnezar noch einen Silberling.

TABTUM *zu Akki.* Wer bist denn du?

AKKI. Ich bin ein wirklicher, ausgebildeter und studierter Bettler.

TABTUM. Wirst du auch für mich zur Liebesgöttin beten?

AKKI. Ich bete zwar selten, aber für dich, Schönste, will ich es ausnahmsweise tun.

TABTUM. Haben deine Gebete denn Erfolg?

AKKI. Nur, junge Frau, nur[21]. Wenn ich zur Ischtar[22] zu beten anfange, erzittert ob dem Gestürm[23] meiner Psalmen das Himmelbett[24], auf dem die Göttin ruht. Du wirst mehr reiche Männer

---

[19]all that I have   [20]take up the battle against . . .

[21]i.e., nur Erfolg   [22]chief goddess of the Babylonians and Assyrians, a goddess of fertility and reproduction   [23]at the commotion   [24]play on words; the usual meaning is "four-poster bed with canopy," but here of course it also means "heavenly bed"

bekommen als Babylon und Ninive zusammen besitzen.

TABTUM. Ich will dir auch zwei Silberlinge geben.

AKKI. Ich bin glücklich, wenn du mir ein Lächeln deines roten Mundes schenkst. Das genügt mir.

TABTUM *verwundert.* Du willst mein Geld nicht?

AKKI. Nimm mir's nicht übel, meine Prächtige. Ich bin ein vornehmer Bettler, der bei Königen, Finanzmännern und Damen der großen Gesellschaft bettelt und nur von einem Goldstück an aufwärts nimmt. Ein Lächeln deines Mundes, Allerschönste, ein Lächeln, und ich bin glücklich.

TABTUM *neugierig.* Wieviel geben denn die Damen der großen Gesellschaft?

AKKI. Zwei Goldstücke.

TABTUM. Ich kann dir drei Goldstücke geben.

AKKI. Dann gehörst du zur ganz großen Gesellschaft, schöne Dame. *Sie gibt ihm drei Goldstücke.*

AKKI. Madame Chamurapi, die Frau des Erzministers, gibt auch nicht mehr.

Im Hintergrund wird der Erzminister sichtbar, der interessiert zuhört.

TABTUM. Die Chamurapi? Diese ausgehaltene Person[25] aus dem fünften Quartier? Das nächste Mal erhältst du vier Goldstücke. *Sie geht mit ihrer Magd nach rechts ab. Der Erzminister verschwindet wütend.*

AKKI. Nun?

NEBUKADNEZAR *kratzt sich im Haar.* Ich gebe zu, daß du bis jetzt gewonnen hast.

DER ENGEL *zu Kurrubi.* Ein hochbegabter Bettler, dieser Akki. Die Erde scheint ein spannender Stern zu sein. Jedenfalls für mich nach den vielen Sonnen aufregend.

NEBUKADNEZAR. Ich komme in Schwung.

AKKI. Um so besser, Bettler Anaschamaschtaklaku. Dort begibt sich Enggibi auf die Reise, der Seniorchef des Bankhauses Enggibi und Sohn, der zehnmal reicher ist denn der große König Nebukadnezar.

NEBUKADNEZAR *seufzend.* Es gibt so unverschämte Kapitalisten.

Zwei Sklaven tragen Enggibi in einer Sänfte von rechts herein. Hinter der Gruppe trottet ein dicker Eunuch.

NEBUKADNEZAR. Dreißig Goldstücke, großer Bankier, dreißig Goldstücke!

ENGGIBI. Wo kommst du her, Bettler?

NEBUKADNEZAR. Aus Ninive. Nur die hohe Gesellschaft ist mein Kunde. Ich habe noch nie unter dreißig Goldstücken erhalten.

ENGGIBI. Die Kaufleute Ninives wissen mit dem Geld nicht umzugehen. Verschwenderisch im Kleinen, sind sie knauserig im Großen. Ich will dir — weil du ein Fremdling bist — ein Goldstück geben. *Er macht mit dem Kopf ein Zeichen, der Eunuch gibt Nebukadnezar ein Goldstück.*

ENGGIBI *zu Akki.* Kommst du auch aus Ninive?

AKKI. Ich bin ein babylonischer Originalbettler.

ENGGIBI. Als Einheimischer erhältst du einen Silberling.

AKKI. Ich pflege nie über eine Kupfermünze anzunehmen. Ich bin Bettler geworden, weil ich das Geld verachte.

ENGGIBI. Du verachtest das Geld, Bettler?

AKKI. Es gibt nichts Verächtlicheres als dieses lumpige Metall.

ENGGIBI. Ich gebe dir ein Goldstück wie diesem Bettler aus Ninive.

AKKI. Eine Kupfermünze, Bankier.

ENGGIBI. Zehn Goldstücke.

AKKI. Nein.

ENGGIBI. Zwanzig Goldstücke.

AKKI. Troll dich[26], Finanzgenie.

ENGGIBI. Dreißig Goldstücke.

AKKI *spuckt aus.*

ENGGIBI. Du weigerst dich, dreißig Goldstücke vom Seniorchef des größten Bankhauses in Babylon entgegenzunehmen?

AKKI. Der größte Bettler Babylons verlangt nur eine Kupfermünze von Enggibi und Sohn.

ENGGIBI. Dein Name?

AKKI. Akki.

ENGGIBI. So ein Charakter muß belohnt werden. Eunuch, gib ihm dreihundert Goldstücke.

Der Eunuch gibt Akki einen Sack voll Gold. Der Zug bewegt sich nach links fort.

AKKI. Na?

NEBUKADNEZAR. Ich weiß nicht. Ich habe heute Pech. *Für sich.* Ich werde den Kerl noch zu meinem Finanzminister machen.

DER ENGEL. Du wirst diesem Bettler aus Ninive gehören, liebe Kurrubi.

KURRUBI. Wie ich mich freue. Ich liebe ihn. Er ist so hilflos.

Von links kommt ein jüngerer Mann mit fürchterlichem Haar und Bartwuchs, überreicht Akki eine

[25]"kept" woman

[26]away with you

Tontafel[27] *und erhält ein Goldstück, worauf er nach links abgeht.*

NEBUKADNEZAR *verwundert.* Wer war denn das?
AKKI. Ein babylonischer Dichter. Er bekam ein Honorar.

Akki wirft die Tontafel ins Orchester.
Von rechts schleppen drei Soldaten den gefangenen Nimrod herein. Er ist im Königskleid, genau wie Nebukadnezar zu Beginn gekleidet.

NEBUKADNEZAR *erleuchtet.* Es mag sein, daß ich das profane Betteln verlernt habe. In Ninive geb ich mich dem Kunstbetteln hin. Dort schleppen Soldaten einen Staatsgefangenen herbei, dessen Übeltaten die Welt an den Rand des Abgrunds brachten, wie die Historiker einmütig feststellen. Wer den erbettelt[28], hat den Zweikampf gewonnen.
AKKI *reibt sich die Hände.* Einverstanden. Eine kleine, aber saubere Kunstbettelaufgabe.
ERSTER SOLDAT. Wir schleppen herbei, überwältigt und gebunden, Nimrod, der einst König dieser Welt war.
NIMROD. Seht, ihr Bettler, wie mich die eigenen Soldaten gefesselt haben und wie das Blut, ob[29] ihren Schlägen, aus meinem Rücken dringt! Ich verließ den Thron, den Aufstand des Herzogs von Lamasch niederzuschlagen, und wer setzt sich auf ihn? Mein Schemel!
NEBUKADNEZAR. Der war eben geistesgegenwärtig.
NIMROD. Jetzt bin ich unten, doch werde ich wieder nach oben steigen, jetzt ist Nebukadnezar oben, doch wird er wieder nach unten fallen.
NEBUKADNEZAR. Das wird nie geschehen.
NIMROD. Das ist immer geschehen seit Tausenden von Jahren. Mich dürstet.

Kurrubi schöpft mit beiden Händen Wasser aus dem Euphrat und gibt ihm zu trinken.

NIMROD. Das schmutzige Wasser des Stromes Euphrat schmeckt besser aus deinen Händen denn der Wein der Könige Babylons.
KURRUBI *schüchtern.* Willst du noch mehr trinken?
NIMROD. Meine Lippen sind naß, das genügt. Nimm dies zum Dank, Kind eines Bettlers: Wenn Soldaten dich nehmen wollen, schlag ihnen zwischen die Beine.

KURRUBI *entsetzt.* Warum sagst du das?
NIMROD. Kein König vermag dir mehr zu geben, Mädchen. In dieser Welt kannst du nichts besseres wissen, als wie man Hunde behandelt.
ERSTER SOLDAT. Stopft dem Exkönig das Maul.
KURRUBI *weinend zum Engel.* Hörtest du, was er sprach, mein Engel?
DER ENGEL. Erschrick nicht über seine Worte, mein Kind. Wenn du siehst, wie eben die ersten Strahlen eines unbekannten Gestirns den Euphrat berühren, erkennst du, daß die Welt vollkommen ist.

Auf einen Augenblick hin durchbricht die Sonne die sich langsam verdichtenden Morgennebel.[30]

ERSTER SOLDAT. Schleppt den Exkönig weiter.
NEBUKADNEZAR. He!
ERSTER SOLDAT. Was will der Kerl?
NEBUKADNEZAR. Kommt her.
DIE SOLDATEN. Nu?
NEBUKADNEZAR. Beugt euch zu mir nieder, ich habe euch etwas zu sagen.
DIE SOLDATEN *neigen sich zu ihm nieder.* Na?
NEBUKADNEZAR *leise.* Wißt ihr, wer ich bin?
DIE SOLDATEN. Nö[31].
NEBUKADNEZAR *leise.* Ich bin euer oberster Kriegsherr Nebukadnezar.
DIE SOLDATEN. Hehe.
NEBUKADNEZAR. Gehorcht und ihr werdet zu Leutnants befördert.
ERSTER SOLDAT *hinterlistig.* Was befehlen Eure Gnaden?
NEBUKADNEZAR. Ihr übergebt mir den Exkönig.
ERSTER SOLDAT. Wie Hoheit befehlen.

Sie schlagen Nebukadnezar mit den Schwertknäufen[32] *nieder. Im Hintergrund springt der General mit gezücktem Schwert hervor, wird jedoch vom Erzminister zurückgerissen.*

ERSTER SOLDAT. So'n Trottel.
KURRUBI. O!
DER ENGEL. Bleibe ruhig, mein Kind. Ein simpler Unfall, was nichts ausmacht bei der Harmonie der Dinge.
AKKI. Was schmettert ihr diesen braven Bettler aus Ninive zusammen, Soldaten?
ERSTER SOLDAT. Der Kerl behauptete, er sei der König Nebukadnezar.

[27]clay tablet (used by Babylonians for writing) [28]the one who wins him by begging [29]= wegen

[30]For a moment the sun breaks through the slowly gathering morning mists. [31]dialect for *nein* [32]pommels of their swords

AKKI. Lebt deine Mutter noch?

ERSTER SOLDAT *verwundert*. In Uruk.

AKKI. Dein Vater?

ERSTER SOLDAT. Gestorben.

AKKI. Bist du verheiratet?

ERSTER SOLDAT. Nö.

AKKI. Hast du eine Braut?

ERSTER SOLDAT. Durchgebrannt[33].

AKKI. Dann wird nur deine Mutter um dich zu trauern haben.

ERSTER SOLDAT *verständnislos*. He?

AKKI. Dein Name?

ERSTER SOLDAT. Mumabitu, Soldat in König Nebukadnezars Heer.

AKKI. Früh wird dein Kopf in den Sand rollen, Mumabitu, früh wird euer Fleisch den Geiern ein Fraß und eure Knochen den Hunden eine Lust sein, Soldaten des Königs.

DIE SOLDATEN. Wieso?

AKKI. Neigt eure Köpfe zu mir nieder, bald werdet ihr es nicht mehr können.

DIE SOLDATEN *neigen sich zu Akki nieder*. Na?

AKKI. Wißt ihr, wen ihr niedergeschlagen habt?

ERSTER SOLDAT. Einen Lügenbettler, der uns weismachen wollte, er sei Nebukadnezar, der König.

AKKI. Er sprach die Wahrheit. Ihr habt Nebukadnezar, den König, niedergeschlagen.

ERSTER SOLDAT. Das willst du uns aufbinden[34]?

AKKI. Ihr habt wohl nie von der Gewohnheit der Könige gehört, als Bettler verkleidet am Ufer des Euphrat zu sitzen und Volksleben zu studieren?

DIE SOLDATEN. Nie.

AKKI. Ganz Babylon weiß das.

ERSTER SOLDAT. Ich komme von Uruk.

ZWEITER. Von Ur.

DRITTER. Von Lamasch.

AKKI. Und nun müßt ihr in Babylon sterben.

ERSTER SOLDAT *schielt ängstlich zu Nebukadnezar hinüber*. So'n Pech.

ZWEITER. So'n verfluchtes Pech.

DRITTER. Er röchelt.

AKKI. Nebi ist für seine grausamen und speziellen Todesstrafen bekannt. Lugalzagisi, den Statthalter von Akkad, hat er der heiligen Riesenschlange vorgeworfen.

ERSTER SOLDAT. Nebi?

AKKI. Nebukadnezar ist mein bester Freund. Ich bin der Erzminister Chamurapi, ebenfalls als Bettler verkleidet und Volksleben studierend.

Nun will im Hintergrund der Erzminister vorstürzen, wird nun aber vom General zurückgerissen.

DIE SOLDATEN *nehmen Stellung an*[35]. Exzellenz!

AKKI *vornehm*. Was wollt ihr noch?

ERSTER SOLDAT *entsetzt*. Er seufzt!

ZWEITER. Er stöhnt!

DRITTER. Er bewegt sich!

AKKI. Hoheit erwacht.

DIE SOLDATEN *fallen verzweifelt auf die Knie*. Hilfe, Erzminister, Hilfe!

AKKI. Was wollte seine Herrlichkeit von euch?

ERSTER SOLDAT. Er befahl, den Exkönig herzugeben.

AKKI. Dann gebt ihn her. Euch sollen nur die Ohren abgeschnitten werden, will ich verfügen.

DIE SOLDATEN *voll Grauen*. Die Ohren?

AKKI. Ihr habt schließlich[36] Majestät niedergeschlagen.

ERSTER SOLDAT *demütig*. Hier haben Sie den Exkönig, Exzellenz. Er ist gefesselt und sein Maul gestopft, daß er Sie nicht belästigt mit seinem Gerede.

Er wirft Nimrod neben Akki zu Boden.

AKKI. Nun rennt um euer Leben. Majestät erhebt sich!

Die Soldaten rennen davon und Nebukadnezar richtet sich mühsam auf.

AKKI *großartig*. Sieh diesen wackeren Exkönig, den ich erbettelt habe.

DER ENGEL *freudig*. Du hast den Bettlerzweikampf gewonnen, Akki von Babylon.

KURRUBI. Die Erde ist schön, mein Engel. Ich darf dem Bettler gehören, den ich liebe.

NEBUKADNEZAR *dumpf*. Die Soldaten waren Flegel. Wie hast du das gemacht?

AKKI. Ganz einfach. Ich gab dich als König von Babylon aus[37].

NEBUKADNEZAR. Das habe ich doch auch getan.

AKKI. Siehst du, das war der Fehler. Du mußt nie von dir behaupten, du seist der König, das wirkt unglaubhaft, sondern immer von einem andern.

NEBUKADNEZAR *düster*. Du hast mich besiegt.

AKKI. Ein schlechter Bettler bist du, Mann aus Ninive. Du mühst dich ab, ohne etwas zu erreichen.

---

[33]ran away   [34]You expect us to believe that?

[35]come to attention   [36]after all   [37]passed you off as . . .

NEBUKADNEZAR *erschöpft.* Der Sinn dieses schäbigen Berufs ist das Abmühen, das Abrackern.

AKKI. Wie wenig verstehst du von den Bettlern. Geheime Lehrer sind wir, Erzieher der Völker. Wir gehen in Fetzen, der Erbärmlichkeit des Menschen zuliebe, gehorchen keinem Gesetz, die Freiheit zu verherrlichen. Wir essen gierig wie Wölfe, trinken wie Schlemmer, den schrecklichen Hunger zu offenbaren, den verzehrenden Durst, der in der Armut liegt, und die Brückenbogen, unter denen wir schlafen, füllen wir mit dem Hausrat verschollener Reiche, damit deutlich werde, daß alles beim Bettler mündet im Sinken der Zeit[38]. So kehre nun nach Ninive zurück und bettle besser, weiser denn zuvor. Und du, Bettler aus der Fremde: Handle, wie du gesehen hast, und das Dorf jenseits des Libanon gehört dir.

Von rechts kommt die Hetäre und die Magd vom Markt zurück.

TABTUM *zu Akki.* Hier hast du vier Goldstücke. *Sie gibt ihm vier Goldstücke.*

AKKI. Gewaltig, junge Dame, hat sich deine Wohltätigkeit entwickelt. Ich werde es der Madame Chamurapi erzählen.

TABTUM *eifersüchtig.* Du gehst zur Chamurapi?

AKKI. Ich bin zum Morgenessen eingeladen.

Hinten taucht zornig der Erzminister auf.

TABTUM. Was gibt es dort?

AKKI. Was man so ißt bei Erzministern. Gesalzene Fische aus dem Roten Meer, Elamerkäse[39] und Zwiebeln.

TABTUM. Bei mir gibt es Tigrishecht[40].

AKKI *springt auf.* Tigrishecht?

TABTUM. Mit einer Buttersauce und frischen Radieschen.

AKKI. Mit einer Buttersauce.

TABTUM. Hähnchen nach Sumererart[41].

AKKI. Hähnchen.

TABTUM. Dazu Reis und einen Libanoner[42] zum Trinken.

AKKI. Ein Bettleressen!

TABTUM. Du bist eingeladen.

AKKI. Ich komme mit dir. Deinen Arm, Wunderschöne. Die Chamurapi mag warten mit ihrer bürgerlichen Kost. *Er geht mit Tabtum und der Magd nach links, Nimrod mit sich schleppend. Der Erzminister ballt die Fäuste und verschwindet.*

DER ENGEL *erhebt sich.* Da dieser erstaunliche Mensch von uns gegangen ist, ist die Zeit gekommen, mich zu offenbaren. *Er wirft Bettlerkleid und Bart von sich und steht als wunderbarer, farbiger Engel da.*

Nebukadnezar fällt auf die Knie und bedeckt sein Gesicht.

NEBUKADNEZAR. Dein Antlitz blendet mich, das Feuer deines Gewandes verbrennt mich, die Gewalt deiner Schwingen schmettert mich auf die Knie.

DER ENGEL. Ich bin ein Engel Gottes.

NEBUKADNEZAR. Was willst du, Erhabener?

DER ENGEL. Ich bin vom Himmel her zu dir gekommen.

NEBUKADNEZAR. Warum bist du zu mir gekommen, Engel? Was willst du von einem Bettler aus Ninive? Geh, Bote Gottes, zu Nebukadnezar dem König. Er ist allein würdig, dich zu empfangen.

DER ENGEL. Könige, o Bettler Anaschamaschtaklaku, interessieren den Himmel nicht. Je ärmer hingegen ein Mensch ist, desto wohlgefälliger wird er dem Himmel.

NEBUKADNEZAR *erstaunt.* Wieso?

DER ENGEL *denkt nach.* Keine Ahnung. *Denkt weiter nach.* Eigentlich ist es merkwürdig. *Entschuldigend.* Ich bin kein Anthropologe. Ich bin Physiker. Meine Spezialität sind Sonnen. Hauptsächlich rote Riesen[43]. Ich habe den Auftrag, zum geringsten der Menschen zu gehen, aber keine Fähigkeit, den Grund des Himmels zu wissen. *Erleuchtet:* Vielleicht ist es so, daß, je ärmer ein Mensch ist, desto mächtiger die Vollkommenheit aus ihm hervorbricht, die in der Natur ist.

Aus dem Hintergrund taucht Utnapischtim auf, mit erhobenem Finger, wie ein Schüler, der etwas sagen möchte.

NEBUKADNEZAR. Du glaubst, daß ich der geringste der Menschen bin?

DER ENGEL. Absolut.

NEBUKADNEZAR. Der ärmste?

DER ENGEL. Der allerärmste.

NEBUKADNEZAR. Und was hast du mir zu überbringen?

---

[38]that as the times decline everything ends up with the beggar [39]cheese from Elam, an ancient kingdom east of Babylonia (the author probably wants us to think of *Edamerkäse* "Edam cheese") [40]pike from the Tigris River [41]chicken à la Sumerian [42]wine from Lebanon

[43]a category of stars of maximum brightness and size

DER ENGEL. Unerhörtes, Einmaliges: Die Gnade des Himmels.

NEBUKADNEZAR. Zeige mir diese Gnade.

DER ENGEL. Kurrubi.

KURRUBI. Mein Engel?

DER ENGEL. Komm her, Kurrubi! Komm her, von Gottes Hand Erschaffene! Stelle dich vor den ärmsten der Menschen, vor den Bettler Anaschamaschtaklaku aus Ninive. *Sie stellt sich vor Nebukadnezar, der Engel enthüllt sie.*

Nebukadnezar verhüllt mit einem Schrei sein Antlitz. Utnapischtim verzieht sich vor Schreck.

DER ENGEL *freudig.* Nun? Eine wackere Gnade des Himmels, eine prächtige Gnade, nicht wahr, mein Bettler aus Ninive?

NEBUKADNEZAR. Ihre Schönheit, Bote Gottes, übertrifft deine Majestät. Nur Schatten bist du vor ihrem Schein, nur Nacht bin ich vor ihrem Glanz.

DER ENGEL. Ein schönes Mädchen! Ein gutes Mädchen! Eben diese Nacht aus dem Nichts erschaffen.

NEBUKADNEZAR *verzweifelt.* Sie ist nicht für mich, den armen Bettler aus Ninive! Sie ist nicht für diesen unwürdigen Leib. Geh, sie ist nicht für mich, Engel, geh zu König Nebukadnezar, geh!

DER ENGEL. Ausgeschlossen.

NEBUKADNEZAR *flehend.* Der König allein ist würdig, diese Reine, diese Erhabene zu empfangen. Er wird sie in Seide kleiden, er wird kostbare Teppiche zu ihren Füßen breiten und eine goldene Krone auf ihr Haupt senken!

DER ENGEL. Er bekommt sie nicht.

NEBUKADNEZAR *bitter.* So willst du diese Heilige dem letzten der Bettler überlassen?

DER ENGEL. Der Himmel weiß, was er tut. Nimm sie. Ein gutes Mädchen, ein frommes Mädchen.

NEBUKADNEZAR *verzweifelt.* Was soll denn ein Bettler mit ihr tun?

DER ENGEL. Bin ich ein Mensch, der eure Bräuche kennt? *Er denkt nach.* Kurrubi!

KURRUBI. Mein Engel?

DER ENGEL. Hast du gesehen, was der erstaunliche Bettler Akki vollbrachte?

KURRUBI. Alles, mein Engel.

DER ENGEL. So handle wie er. Du gehörst diesem Bettler aus Ninive und sollst ihm helfen, ein ebenso tüchtiger Bettler wie Akki zu werden. *Zu Nebukadnezar.* Sie wird dir betteln helfen, Anaschamaschtaklaku.

NEBUKADNEZAR *entsetzt.* Dieses Kleinod von einer Gnade soll betteln?

DER ENGEL. Ich kann mir kaum denken, daß der Himmel anderes mit ihr im Sinne hat, wenn er sie schon einem Bettler schenkt.

NEBUKADNEZAR. An Nebukadnezars Seite würde sie die Welt regieren, an meiner bettelt sie!

DER ENGEL. Du mußt nun einmal lernen, daß das Weltregieren dem Himmel zukommt und das Betteln dem Menschen. Bettelt daher fleißig weiter. Doch alles mit Anstand. Nicht zuviel und nicht zu wenig. Wenn ihr euch auf einen soliden Mittelstand hinauf bettelt, ist es genügend. Lebt wohl.

KURRUBI *erschrocken.* Du willst mich verlassen, mein Engel?

DER ENGEL. Ich gehe, mein Kind. Ich habe dich zu den Menschen gebracht, und nun entschwebe ich.

KURRUBI. Ich kenne sie noch nicht.

DER ENGEL. Kenne ich sie, mein Kind? An mir ist es, die Menschen zu verlassen, und an dir, bei ihnen zu bleiben. Wir müssen beide gehorsam sein. Lebe wohl, mein Kind Kurrubi, lebe wohl.

KURRUBI. Bleib, mein Engel.

DER ENGEL *entbreitet die Schwingen.* Unmöglich. Ich habe schließlich noch einen Beruf. Ich muß die Erde untersuchen. Ich eile, zu messen, zu schürfen, zu sammeln, neue Wunder zu entdecken in der Erhabenheit des Alls, denn die Materie, mein Kind, habe ich bis jetzt nur im gasförmigen Zustand kennen gelernt.

KURRUBI *verzweifelt.* Bleib, mein Engel, bleib!

DER ENGEL. Ich entschwebe! Ich entschwebe im Silber des Morgens! Sanft ansteigend, in immer weiterem Bogen Babylon umkreisend, entschwinde ich, eine kleine, weiße Wolke, die im Licht des Himmels zerflattert. *Der Engel entschwebt, das Bettlergewand und den roten Bart sorgfältig um den Arm gelegt.*

KURRUBI. Bleib, mein Engel.

DER ENGEL *von ferne.* Lebe wohl, Kurrubi, mein Kind, lebe wohl! *Verschwindend.* Lebe wohl.

KURRUBI *leise.* Bleib! Bleib!

Nebukadnezar und Kurrubi stehen sich allein gegenüber im Silber des Morgens.

KURRUBI *leise.* Er ist entschwunden.

NEBUKADNEZAR. Er ging ein in seine Herrlichkeit[44].

---

[44]returned to his splendor (i.e., of the creation)

KURRUBI. Nun bin ich bei dir.

NEBUKADNEZAR. Nun bist du bei mir.

KURRUBI. Ich friere im Nebel dieses Morgens.

NEBUKADNEZAR. Trockne deine Tränen.

KURRUBI. Weinen die Menschen denn nicht, wenn ein Engel des Himmels von ihnen geht?

NEBUKADNEZAR. Gewiß.

KURRUBI *studiert aufmerksam sein Antlitz.* Ich sehe keine Träne in deinen Augen.

NEBUKADNEZAR. Wir haben das Weinen verlernt und das Fluchen gelernt.

Kurrubi weicht zurück.

NEBUKADNEZAR. Du fürchtest dich?

KURRUBI. Ich zittere am ganzen Leib.

NEBUKADNEZAR. Entsetze dich nicht vor dem Menschen, entsetze dich vor Gott: Er schuf uns nach seinem Bilde. Alles ist seine Tat.

KURRUBI. Seine Taten sind gut. Ich war geborgen in seiner Hand, ich war nahe seinem Antlitz.

NEBUKADNEZAR. Und nun warf er sein Spielzeug mir in den Schoß, dem geringsten und lumpigsten Geschöpf, das er auftreiben konnte in seinem All, dem Bettler Anaschamaschtaklaku aus Ninive. Von den Sternen hergekommen, stehst du mir gegenüber. Deine Augen, dein Gesicht und dein Leib offenbaren die Schönheit des Himmels, doch was nützt die himmlische Vollkommenheit dem ärmsten der Menschen auf dieser unvollkommenen Erde? Wann lernt der Himmel, jedem zu geben, was er braucht? Die Armen und Machtlosen drängen sich aneinander wie Schafe und hungern, der Mächtige ist satt, doch einsam. Der Bettler hungert nach Brot, so soll der Himmel ihm Brot geben. Nebukadnezar hungert nach einem Menschen, so soll ihm der Himmel dich geben. Warum kennt der Himmel die Einsamkeit Nebukadnezars nicht? Warum verspottet er nun mit dir zugleich mich, den Bettler, und Nebukadnezar, den König?

KURRUBI *nachdenklich.* Ich habe eine schwere Aufgabe bekommen.

NEBUKADNEZAR. Was ist deine Aufgabe?

KURRUBI. Für dich zu sorgen, für dich zu betteln.

NEBUKADNEZAR. Du liebst mich?

KURRUBI. Dich gebar ein Weib, daß du mich liebst in Ewigkeit, und ich wurde aus dem Nichts erschaffen, daß ich dich liebe in Ewigkeit.

NEBUKADNEZAR. Mein Leib unter meinem Mantel ist weiß wie Schnee vor Aussatz.

KURRUBI. Ich liebe dich aber.

NEBUKADNEZAR. Die Menschen werden ob[45] deiner Liebe mit Wolfszähnen nach dir schnappen.

KURRUBI. Ich liebe dich aber.

NEBUKADNEZAR. In die Wüste wird man dich treiben. Im roten Sand unter einer gleißenden Sonne wirst du verenden.

KURRUBI. Ich liebe dich aber.

NEBUKADNEZAR. Dann küsse mich, wenn du mich liebst.

KURRUBI. Ich küsse dich.

NEBUKADNEZAR *schlägt Kurrubi zu Boden, als sie ihn geküßt hat, und tritt sie mit Füßen.* So schlage ich zu Boden, was ich mehr liebe denn je einen Menschen, so trete ich dich mit Füßen, du Gnade Gottes, von der meine Seligkeit abhängt. Da! Da! Dies sind die Küsse, die ich gebe, die Antwort auf deine Liebe. Der Himmel soll sehen, wie ein Bettler sein Geschenk behandelt, wie der geringste der Menschen mit dem verfährt, was König Nebukadnezar mit seiner Liebe und mit dem Golde Babylons überhäuft hätte!

Von links kommt Akki, den gefangenen Nimrod mit sich schleppend.

AKKI *verwundert.* Was trittst du da auf diesem Mädchen herum, Bettler aus Ninive?

NEBUKADNEZAR *höhnisch.* Ich traktiere die Gnade des Himmels mit Füßen[46]. Ein frisches Ding von einer Gnade, du kannst dich überzeugen, erst vergangene Nacht erschaffen, bestimmt für den erbärmlichsten der Menschen und mir von einem Engel persönlich überbracht. Willst du sie haben?

AKKI. Erst vergangene Nacht erschaffen?

NEBUKADNEZAR. Aus dem Nichts.

AKKI. Dann wird es eine unpraktische Gnade sein.

NEBUKADNEZAR. Dafür billig. Gegen deinen Gefangenen trete ich sie dir ab.

AKKI. Der ist schließlich ein Exkönig.

NEBUKADNEZAR. Ich gebe das Goldstück dazu, das ich erbettelt habe.

AKKI. Und für seinen historischen Wert?

NEBUKADNEZAR. Die zwei Silberlinge.

AKKI. Ein schlechtes Geschäft.

NEBUKADNEZAR. Nun, bist du mit dem Tausch einverstanden?

AKKI. Nur, weil du ein besonders hilfloser Bettler bist. Da. *Er wirft ihm den Exkönig vor die Füße.* Und du, mein Mädchen, gehörst mir. Erhebe dich. *Kurrubi erhebt sich langsam mit ge-*

---

[45] = wegen   [46]i.e., kick

senktem *Haupt.* Ein Engel soll dich hergebracht haben. Ich bin ein Freund der Märchen, ich will das Unglaubliche glauben. Ich stütze mich auf dich, aus dem Nichts Erschaffene, der Libanoner machte mich wankend ein wenig, schwankend ein wenig. Du wirst die Erde nicht kennen, doch sei getrost, ich kenne sie. Dich schlug man einmal nieder, mich tausendmale. Komm. Wir gehen auf den Anuplatz. Eine günstige Zeit, Markttag ist heute, ich wittere Beute. Wir wollen doch sehen, was wir erbetteln, du mit deiner Schönheit und ich mit meinem roten Bart, du mit Fußtritten bedeckt und ich von einem König verfolgt.

KURRUBI *leise.* Ich liebe dich doch, mein Bettler aus Ninive. *Akki geht, auf Kurrubi gestützt, nach rechts hinaus. Nebukadnezar steht mit dem gefesselten und geknebelten Nimrod zu seinen Füßen allein da. Er reißt sich das Bettlergewand und den roten Bart ab, stampft darauf herum, steht dann in sich versunken, unbeweglich und düster.*

Aus dem Hintergrund schleicht zitternd das Gefolge herbei.

DER ERZMINISTER *bestürzt.* Majestät!
NEBUKADNEZAR. Eine Frist von zehn Tagen sei dem Bettler Akki gewährt, die höchsten Staatsstellen sind ihm offen, wird er Beamter, sonst schicke ich ihm meinen Henker. Und du General, führe das Heer jenseits des Libanon. Erobere diese lächerlichen Dörfer, Sparthen, Mosking, Karthagau und Paka, oder wie sie auch alle heißen. Wir jedoch kehren mit dem gefangenen Exkönig in unseren Palast zurück, die Menschheit weiter zu erziehen, müde und traurig, vom Himmel beleidigt.

ZWEITER AKT

Den Zweiten Akt lassen wir unter einer der Euphratbrücken spielen, im Herzen Babylons. Hochhäuser und Paläste schieben sich vor den unsichtbaren Himmel. Das Orchester stellt wieder den Strom dar, die Brücke wölbt sich von hinten über die Bühne, ist also im Querschnitt und von unten zu sehen. Hoch oben hört man den Verkehr der Riesenstadt. Das Rattern altbabylonischer Straßenbahnen, die melodischen Rufe der Sänftenträger. Links und rechts der Brücke führt eine schmale Treppe zum Euphratufer herunter. Akkis Wohnung ist ein wildes Durcheinander der verschiedensten Gegenstände aller Zeiten. Sarko-

phage, Negergötzen, alte Königsthrone, babylonische Fahrräder und Autopneus und so weiter, versunken in legendärem Schmutz, vermodert, unter Bergen von Staub. Über diesem Wirrwarr, in der Mitte des aufstrebenden Brückenbogens, das Relief eines Gilgameschkopfs[47]. Daneben halbzerrissene Bettlerplakate, überklebt mit weißen Streifen: «Heute letzter Termin»[48]. Rechts außen, nicht mehr von der Brücke überwölbt, eine Kochstelle mit einem Kessel. Der Boden roter Sand, bedeckt mit Konservenbüchsen, Dichtermanuskripten. Überall hangen vollgedichtete Pergamente und Tontafeln herum, kurz, die Personen scheinen sich auf einem riesenhaften Abfallhaufen zu bewegen. Vorne rechts baden einige krächzende, vermummte Gestalten im Euphrat, links schlafen zwei verdreckte babylonische Kriminelle, Omar der Taschendieb und Yussuf der Einbrecher, auf einem Sarkophag. Akki und Kurrubi treten von links auf, beide in zerrissenen Kleidern. Akki trägt einen Sack auf dem Buckel[49].*

AKKI. Verzieht euch, ihr Gelichter, ihr habt eure Diebstähle und Einbrüche nicht auf meinem Sarkophag auszuschlafen.

Omar und Yussuf huschen davon.

AKKI. Taucht eure Leiber weiter unten in die schmutzigen Wellen, ihr weißgefleckten[50] Raben. Unnütz ist euer Gekrächz. Diese Brücke ist zu Ehren unseres Nationalhelden Gilgamesch erbaut und eignet sich nicht zur Stätte der Heilung. Vor allem die Nationalhelden bringen die Menschheit um, da kommen nicht einmal die Ärzte mit[51].

Die vermummten Gestalten verziehen sich.

KURRUBI. Was sind denn dies für Gestalten, ganz vermummt, die nun wegkriechen?
AKKI. Aussätzige. Hoffnungslose, die im Euphrat Hoffnung suchen. Die Wohnung wäre komfortabel, doch kaum kehrt man ihr den Rücken zu, nisten sich Unglückliche ein und Galgenvögel aller Art.
KURRUBI. Die Erde ist so anders, als der Engel sie sieht, mein Akki. Mit jedem Schritt, den ich

[47]Gilgamesh is a hero of Babylonian mythology; Hercules is his counterpart in Greek mythology. [48]the final day of a given allotment of time; the deadline [49]humpback, colloquially used to mean "back" [50]i.e., with leprosy [51]not even the doctors can keep up

tue, wächst die Ungerechtigkeit, die Krankheit, die Verzweiflung um mich her. Die Menschen sind unglücklich.

AKKI. Die Hauptsache ist, daß sie gute Kunden sind. Da. Wir haben wieder einmal einen gewaltigen Haufen zusammengebettelt. Eine Mittagspause, und dann nehmen wir in den hängenden Gärten unser Metier wieder auf[52]. *Er stellt den Sack auf den Boden.*

KURRUBI. Ja, mein Akki.

AKKI. Fortschritte hast du gemacht. Ich bin zufrieden. Nur eines ist zu rügen: Du lächelst, wenn dir jemand ein Geldstück zuwirft. Grundfalsch. Ein trauriger Blick wirkt echter, erschütternder.

KURRUBI. Ich will es mir merken.

AKKI. Übe dich bis morgen. Verzweiflung macht sich am besten bezahlt. *Er nimmt Erbetteltes aus der Tasche.* Perlen, Edelsteine, Goldstücke, Silberlinge, Kupfermünzen — fort damit. *Er wirft alles in den Euphrat.*

KURRUBI. Jetzt wirfst du das Geld wieder in den Euphrat.

AKKI. Nun?

KURRUBI. Es ist sinnlos zu betteln, wenn du alles immer fortwirfst.

AKKI. Die einzige Übung, sich bettlerisch auf der Höhe zu halten. Verschwendung ist alles. Millionen erbettelte ich, Millionen versenkte ich. Nur so wird die Welt vom Reichtum erleichtert. *Er sucht weiter in seinen Taschen.* Oliven. Das sind nützlichere Gegenstände. Bananen, eine Büchse feinster Sardinen, Schnaps und eine Liebesgöttin der Sumerer aus Elfenbein. *Er betrachtet sie.* Doch die darfst du nicht sehen, sie ist nicht geschaffen für ein so junges Mädchen. *Er wirft die Liebesgöttin ins Innere des Brückenbogens.*

KURRUBI. Ja, lieber Akki.

AKKI. Ja, mein Akki, ja lieber Akki, so geht das den ganzen Tag. Du bist betrübt.

KURRUBI. Ich liebe den Bettler aus Ninive.

AKKI. Dessen Namen du vergessen hast.

KURRUBI. Es ist ein so schwieriger Name. Aber ich werde nicht aufhören, meinen Bettler zu suchen. Ich werde ihn finden, einmal, irgendwo. Am Tage, auf den Plätzen Babylons und auf den Stufen der Paläste, denke ich an ihn, immerzu, und wenn ich die Sterne sehe in der Nacht, hoch und fern, über den steinernen Straßen, suche ich sein Antlitz in all den Meeren ihres Lichts. Dann ist er nah, dann ist er bei mir. Dann liegt auch er auf der

Erde, mein Geliebter, in einem Lande[53], und erblickt mein Gesicht, groß und weiß, in der Sternenwolke, aus der ich niederstieg mit dem Engel.

AKKI. Deine Liebe ist ohne Hoffnung.

KURRUBI. Sie allein ist Hoffnung. Wie könnte ich auf dieser Erde leben, ohne die Liebe zu meinem Geliebten!

AKKI. Da man nicht auf dieser Erde leben kann, habe ich beschlossen, von dieser Erde zu leben und bin ein Bettler geworden. Wir befinden uns unter der besten Brücke Babylons, die ich habe finden können. Mein Appartement darf nicht durch den Gedanken an einen Mann entweiht werden, der in einer Stunde nur ein Goldstück und zwei Silberlinge erbettelte. *Stutzt.* Was hängt denn da herum? Natürlich. Poeme. Die Dichter waren hier.

KURRUBI *freudig.* Darf ich die Gedichte lesen?

AKKI. Die babylonische Dichtkunst ist in einer so großen Krise, daß sich die Lektüre nicht empfiehlt. *Er nimmt ein Blatt und wirft es nach kurzer Betrachtung in den Euphrat.* Liebesgedichte. Nichts anderes, seit ich dich gegen den Exkönig eingetauscht habe. Koch eine Suppe, das ist besser. Hier, frisch gebetteltes Rindfleisch dazu.

KURRUBI. Ja, mein Akki.

AKKI. Ich dagegen will mich in meinen Lieblingssarkophag zurückziehen. *Er öffnet den Sarkophag in der Mitte der Bühne, fährt jedoch zurück, wie sich daraus ein Dichter erhebt.*

AKKI *streng.* Was machst du in diesem Sarkophag?

DER DICHTER. Ich dichte.

AKKI. Hier hast du nicht zu dichten. Das ist der Sarkophag der lieblichen Lilith[54], die einst meine Geliebte war, und in welchem ich die Sintflut überstanden habe. Leicht wie ein Vogel trug er mich über die regnerischen Meere. Marsch, dichte anderswo weiter! Da, noch einige Zwiebeln.

Er wirft Kurrubi einige Zwiebeln zu und legt sich in den Sarkophag. Der Dichter verzieht sich. Kurrubi kocht. Auf der Treppe links kommt der Polizist Nebo herunter, wischt sich den Schweiß ab.

DER POLIZIST. Ein heißer Tag, Bettler Akki, ein strenger Tag.

AKKI. Sei gegrüßt, Polizist Nebo. Ich würde mich gern zu deinen Ehren erheben, denn ich habe einen Heidenrespekt[55] vor der Polizei, doch muß ich meinen Rücken noch etwas schonen. Du hast

[52]we'll get back on the job ...

[53]i.e., no longer among the stars   [54]legendary first wife of Adam   [55]devilish respect

mich bei meinem letzten Besuch auf dem Wacht-posten[56] mit glühenden Zangen gezwackt und meine Knochen mit ziemlichen Gewichten belastet.

DER POLIZIST. Ich habe strikte nach den Vor-schriften gehandelt, die Erziehung widerspenstiger Bettler zu ordentlichen[57] Staatsbeamten betreffend, und wollte nur dein Bestes.

AKKI. Das war lieb von dir. Darf ich dir den Sarkophag eines übereifrigen Polizisten anbieten?

DER POLIZIST. Ich ziehe vor, mich auf diesen Stein zu setzen. *Er setzt sich.* Sarkophage stimmen mich traurig.

AKKI. Es ist der Thron des letzten Häuptlings der Höhlenbewohner. Ich habe ihn von seiner Witwe. Nimm einen Schluck Roten[58] aus Chaldäa.

Er nimmt eine Flasche aus seinem Mantel und gibt sie dem Polizisten.

DER POLIZIST *trinkt.* Danke schön. Ich bin erschöpft. Die Strapazen meines Berufes steigern sich von Tag zu Tag. Ich mußte eben die Schul-bücher einsammeln und die Geographen und Astronomen verhaften.

AKKI. Was haben denn die verbrochen?

DER POLIZIST. Die Welt erwies sich größer als ihre Berechnungen. Jenseits des Libanon befinden sich noch einige Dörfer. Auch die Wissenschaft hat vollkommen zu sein in unserem Staat.

AKKI. Der Anfang vom Ende.

DER POLIZIST. Nun rückt das Heer aus, diese Dörfer zu erobern.

AKKI. Die ganze Nacht rollte es über die Gil-gameschbrücke[59] gen Norden. Ich wittere einen allgemeinen Zusammenbruch.

DER POLIZIST. Als Beamter habe ich nur zu gehorchen, nicht nachzudenken.

AKKI. Je vollkommener ein Staat ist, desto düm-mere Beamte braucht er.

DER POLIZIST. Sagst du jetzt. Bist du jedoch einmal Beamter, wirst du unseren Staat bewundern lernen. Ein Licht über seine Vortrefflichkeit wird dir aufgehen[60].

AKKI. Ach so. Deshalb bist du gekommen. Du willst die Erziehung zu einem Staatsbeamten an mir fortsetzen.

DER POLIZIST. Ich lasse nicht locker.

AKKI. Das habe ich auf der Polizeiwache be-merkt.

DER POLIZIST. Ich bin amtlich hier.

AKKI. Ich habe auch so das Gefühl.

Der Polizist nimmt ein Büchlein hervor.

DER POLIZIST. Heute ist der letzte Termin.

AKKI. Wirklich?

DER POLIZIST. Du hast auf dem Anuplatz gebettelt.

AKKI. Aus Versehen[61].

DER POLIZIST. Ich habe eine Neuigkeit für dich.

AKKI. Eine neue Folterzange?

DER POLIZIST. Eine neue Bestimmung[62]. In Anerkennung deiner Fähigkeiten bist du zum Chef des Amtes für Betreibung und Konkurs ernannt worden, auch interessiert sich das Finanzmini-sterium für dich, man munkelt amtlicherseits von einer beachtlichen Karriere.

AKKI. Karrieren, Polizist Nebo, interessieren mich nicht.

DER POLIZIST. Du weigerst dich, den hohen Posten anzunehmen?

AKKI. Ich ziehe vor, freischaffender Künstler zu bleiben.

DER POLIZIST. Du willst weiterbetteln?

AKKI. Mein Beruf.

Der Polizist steckt sein Büchlein wieder ein.

DER POLIZIST. Schlimm, das ist schlimm.

Akki will sich erheben.

AKKI. Bitte, Polizist Nebo. Du kannst mich wieder auf den Polizeiposten führen.

DER POLIZIST. Nicht nötig. Der Henker wird kommen.

Stille. Akki greift sich unwillkürlich an den Hals. Dann beginnt er den Polizisten auszuforschen.

AKKI. Der kleine dicke?

DER POLIZIST. Aber nein. Es henkt ein großer hagerer in unserem Lande, ein Meister seines Fachs. Es ist eine wahre Lust, ihm zuzuschauen. Technisch hinreißend.

AKKI. Du meinst den berühmten Vegetarier?

DER POLIZIST *kopfschüttelnd.* Nimm mir's nicht übel, in der Henkerei bist du ein Stümper. Du verwechselst ihn mit dem Henker von Ninive, der unsrige liebt gute Bücher.

---

[56]police station   [57]here, "respectable"   [58]red wine
[59]there was noise (of people crossing)   [60]you'll come
to understand . . .

[61]by mistake   [62]here, "decree"

AKKI *erleichtert.* Der Mann ist in Ordnung.

DER POLIZIST. Er ist auf dem Weg zu dir.

AKKI. Es wird mich freuen, ihn kennen zu lernen.

DER POLIZIST. Es wird ernst, Bettler Akki, ich warne dich! Er wird dich henken, wenn er dich nicht in den Staatsdienst eingetreten findet.

AKKI. Ich stehe ihm zur Verfügung.

KURRUBI *erschrocken.* Sie wollen dich töten?

AKKI. Kein Grund, sich aufzuregen, mein Mädchen. Ich bin so oft bedroht worden in den Stürmen meiner Laufbahn, daß es mir nichts mehr ausmacht.

Die Sarkophage öffnen sich, Dichter schnellen empor, kriechen unter allen möglichen Dingen hervor.

EINER. Ein neues Thema!

EIN ANDERER. Ein gewaltiges Thema!

EIN DRITTER. Welcher Stoff!

EIN VIERTER. Welche Möglichkeit!

ALLE. Erzähle, Bettler, erzähle!

AKKI. So hört die Makame[63] meines Lebens: In jungen Jahren, vor viel tausend Jahren, wie ich unerfahren, war ich eines Kaufmanns Sohn. Mein Vater in goldenem Kleide, meine Mutter in Silbergeschmeide, das Haus voll Teppich, Sammet und Seide. Das Silber wird schwarz, das Gold rollt davon, da rollte es schon: In Babylon, fraß alles die Firma Enggibi und Sohn. Schon brannte der Vater, die Mutter schon, auf der Scheiterbeige[64], es kam keiner davon.

DIE DICHTER. Es kam keiner davon.

AKKI. Ein Prophete kam, aus dem Bergland Elam, der mich zu sich nahm; und er hielt mich wie einen Sohn. Lag Tag und Nacht vor dem Altar, brachte den Göttern Opfer dar, in Fetzen gehüllt und Asche im Haar. Die Religion wird schwarz, die Gnad rollt davon, da rollte sie schon: In Babylon, wechselte der Priesterthron. Schon brannte der Prophet, die Götter schon, auf der Scheiterbeige, es kam keiner davon.

DIE DICHTER. Es kam keiner davon.

AKKI. Der mich nun aufzog, war General, gepanzert in Eisen, bewaffnet mit Stahl, und tat getreu, was der König befahl; nie war geehrter einer Mutter Sohn. Stach den Feind vom Roß, besaß ein Schloß, unermeßlich war sein rasselnder Troß. Die Ehre wird schwarz, das Amt rollt davon, da rollte

es schon: In Babylon, wechselte der Königsthron. Schon brannte der General, die Knappen schon, auf der Scheiterbeige, es kam keiner davon.

DIE DICHTER. Es kam keiner davon.

AKKI. Wie der Reiche verdarb und der Fromme starb, und auch der Starke den Tod erwarb, sagte sich meiner Mutter Sohn: Der Mensch sei wie Sand, Sand allein hält stand[65], den Tritten der Schächer, der Henker im Land. Die Zeit wird schwarz, die Macht rollt davon, laß rollen sie schon: Von Babylon, bleibt nur ein Bettler, bekränzt mit Mohn[66], und brennt sein Bart, sein Mantel schon, auf der Scheiterbeige, er kommt davon.

EIN DICHTER. Die Makame deiner Liebesnacht mit der Prinzessin Thetis[67].

EIN ANDERER. Wie du die Schatzkammer erbettelst.

EIN DRITTER. Die Riesen Gog und Magog.

AKKI. Nichts da[68]. Ich habe Besuch. Kurrubi, koch weiter.

DER POLIZIST *verwundert, wie die Dichter verschwinden.* Beim Himmel, deine Wohnung scheint voller Dichter zu sein.

AKKI. In der Tat. Ich bin auch überrascht. Ich sollte vielleicht meinen Brückenbogen wieder einmal reinigen.

Der Polizist erhebt sich und wird feierlich.

DER POLIZIST. Vielbesungener. Du bist entschlossen, dich henken zu lassen?

AKKI. Ganz und gar.

DER POLIZIST. Ein bitterer Vorsatz, doch habe ich ihn zu respektieren.

AKKI *verwundert.* Was ist denn mit dir los, Polizist Nebo? Du bist so feierlich und verneigst dich immer.

DER POLIZIST. Die Frage, Erhabener, wird dich bewegen, was mit Kurrubi geschehe, wenn du nicht mehr bist. Auch ich bin in Sorge. Die Babylonier beneiden dich. Sie sind empört, daß Kurrubi in Armut lebt. Sie versuchen, dir das Mädchen zu entreißen. Fünf Personen hast du niedergeschlagen, die dich überfielen.

AKKI. Sechs. Du vergissest den General, den ich über die Ischtarbrücke schmiß. Wie ein Komet sauste er in die nächtliche Tiefe.

---

[63]oriental form of rhymed prose with occasional verse
[64]= Scheiterhaufen

[65]let man be like sand, only sand withstands . . .   [66]The poppy is a traditional symbol of death (and sleep). [67]The poets are referring to episodes they want Akki to relate.   [68]none of that

DER POLIZIST *verneigt sich aufs neue.* Das Mädchen braucht einen Beschützer, Erhabener. Nie sah ich ein schöneres Kind. Ganz Babylonien spricht von ihm, von Ur, von Uruk, aus Chaldäa und Uz, aus dem ganzen Reich wandern Leute herbei, es zu preisen. Die Stadt versinkt im Liebestaumel. Jeder denkt an Kurrubi, jeder träumt von ihr, jeder liebt sie. Drei Söhne höchsten Adels haben sich ihretwegen ertränkt. Die Häuser, die Gassen, die Plätze, die hängenden Gärten, die Gondeln auf dem Euphrat sind voll von Seufzern, voll von Gesängen. Bankiers fangen an zu dichten, Beamte zu komponieren.

Oben auf der Treppe rechts wird der Bankier Enggibi mit einer altbabylonischen Guitarre sichtbar.

ENGGIBI

Ein Mädchen kam nach Babylon,
Auf einmal war es da.
Ich dichte Reim seit Tagen schon,
Weiß nicht, wie mir geschah.

DER POLIZIST. Siehst du!

ENGGIBI:

Den Börsenkurs vergesse ich
Und denke nur an Kurrubi,
Und ob und ob sie vielleicht denkt
An mich an mich, Enggibi.

AKKI *verwundert.* Der Bankier.

Oben auf der Treppe links erscheint Ali ebenfalls mit einer Guitarre.

ALI:

Ich handelte mit rotem Wein,
Nun dichte dichte dicht ich.
Du schönes Bettlerwunderkind,
Erlöse doch, erlös mich!

DER POLIZIST. Noch einer.
AKKI. Der Weinhändler Ali!
ENGGIBI. Ich bin erstaunt, Weinhändler Ali. Du wendest mein Versmaß an.
ALI *würdig.* Mein Versmaß, Bankier Enggibi, ich muß doch bitten, mein Versmaß.

Die Dichter tauchen auf.

DIE DICHTER. Mein Versmaß! Mein Versmaß! *Sie verschwinden wieder.*

AKKI. Immer das gleiche. Beginnt einer zu dichten, schon wird er des Plagiats bezichtigt.

Der Polizist reißt entschlossen ein Gedicht aus der Uniform.

DER POLIZIST.

Ich war ein strenger Polizist,
Treu, redlich und korrekt.
Da hat das Mädchen Wunderschön
Die Lieb in mir erweckt

AKKI. Polizist Nebo!

DER POLIZIST.

Nun träume ich im Stoßverkehr[69]
Und gebe falsche Zeichen,
O Mädchen hold, o Mädchen hehr,
Gib mir ein gutes Zeichen!

AKKI *streng.* Was fällt dir ein[70]! Du hast mit dem Dichten aufzuräumen und es nicht zu vermehren.

Der Polizist rollt sein Gedicht verlegen zusammen, ist außerdem in der folgenden Rede durch das andauernde Geklimper des Bankiers und des Weinhändlers gestört.

DER POLIZIST. Verzeih. Ein plötzlicher Drang. Ich bin sonst amusisch[71], doch wie letzte Nacht der Mond über den Euphrat stieg, gelb und groß, und wie ich an Kurrubi dachte — und einmal mußte ich mein Gedicht vortragen, wie alles um mich herum dichtete. *Er verneigt sich*: Mein Bettler. Ich bin ein Nebo. Ich besitze ein Häuschen in der Libanonstraße. Ich werde auf Neujahr zum Wachtmeister befördert.

Von links kommen die zwei Arbeiter.

ERSTER ARBEITER. Da ist er ja, der Bettler Akki, der die Ehre der Arbeiterschaft hochhält.
ZWEITER ARBEITER. Natürlich. In einem Sarkophag.
ERSTER ARBEITER. Am heiterhellen Tag faulenzt er herum, der Oberarbeiter Babylons.
ZWEITER ARBEITER. Und das Mädchen verschmutzt und zerrissen.
ERSTER ARBEITER. Eine Schande.

[69]heavy traffic   [70]What's the big idea?   [71]ordinarily I have no poetic leanings

ZWEITER ARBEITER. Dabei schaufelt er Gold und Silber in den Euphrat.
ERSTER ARBEITER. Nichts als Dichter ernährt er. Als ob wir etwa nicht auch dichten könnten.

Beide entrollen Gedichte, die sie vorlesen wollen. Akki richtet sich in seinem Sarkophag entsetzt auf.

AKKI. Bitte nicht!
ERSTER ARBEITER. Es nimmt mich nur wunder, woher der ein so schönes Mädchen hat.
AKKI. Ich erhielt es von jenem unbegabten Bettler am Quai, dem es nicht einmal gelang, von euch eine Kupfermünze zu erbetteln.
ZWEITER ARBEITER. Von diesem Trottel?
ERSTER ARBEITER. Und woher hat's denn der, he?
AKKI. Es ging wie im Märchen zu. Ein Engel brachte ihm das Mädchen, herniederschwebend aus dem Nebel der Andromeda.

Die Dichter tauchen auf.

DIE DICHTER. Ein Engel?
ALI. Ausgerechnet!
DIE DICHTER. Welch neues Thema für unsere Lieder!
AKKI. Das möchte ich mir energisch verbeten haben[72]!

Die Dichter verschwinden.

ERSTER ARBEITER. Das sollen wir glauben?
ENGGIBI. Vom Nebel der Andromeda? Das ist schon naturwissenschaftlich nicht möglich.

Gelächter.

ZWEITER ARBEITER. Alles Schwindel. Es gibt keine Engel. Die sind von den Priestern erfunden.
ENGGIBI. Ich wittere eine Entführung.
ALI. Das müßte die Polizei untersuchen.
DER POLIZIST. Die Polizei findet keinen Grund, am Engel zu zweifeln. Im Gegenteil. Gerade die Atheisten sind ihr seit jeher verdächtig vorgekommen.

Nun kommt die Hetäre Tabtum rechts die Treppe herunter.

TABTUM. Ein Skandal, eine Schande!
AKKI. Sei gegrüßt, junge Dame.

Die Hetäre betastet Kurrubi als wäre diese ein Pferd.

TABTUM. Da ist nun die Person. Hat sie ein besseres Gebiß als irgendwer? Festere Schenkel? Einen schöneren Wuchs? So geschaffene Mädchen gibt es zu Tausenden und billig.
KURRUBI. Du hast mich nicht anzurühren. Ich habe dir nichts getan.
TABTUM. Du hast mir nichts getan? Nun höre mal einer die Unschuld[73]! Und nicht anrühren soll ich das Lämmchen! Ich rühre dich an, darauf kannst du dich verlassen. Ganz Babylon machst du mir abspenstig und spielst die Zimperliche!
KURRUBI. Ich mache dir niemanden abspenstig. Ich liebe meinen Bettler aus Ninive und nur ihn.
TABTUM. Du liebst einen Bettler aus Ninive? Auf die Bankiers von Babylon hast du's abgesehen[74] und nur auf die!

Sie will Kurrubi in die Haare, die zu Akki flüchtet.

ERSTER ARBEITER. Willst du vom Mädchen lassen, Hure!
ALI. Die Worte, die das Kind vernehmen muß.
ENGGIBI. Das Mädchen gehört in ein anderes Milieu.
TABTUM. In ein anderes Milieu? So eine! Mein Milieu ist den Bankiers und Weinhändlern immer gut genug gewesen.
AKKI. Was erzürnt dich, Wunderschöne?
TABTUM. Gibt es ein diskreteres Haus als das meine? Habe ich nicht die schönsten Brüste Babylons?
AKKI. Ich begreife nicht, was diese Organe mit Kurrubi zu tun haben.
TABTUM. Ich gebe mir Mühe, schön und jung zu bleiben, esse Diät, nehme Bäder, lasse mich massieren, und der Erfolg? Kaum taucht diese Person auf, gehen meine Kunden dichten.
ENGGIBI *von oben rechts*. Kurrubi erhebt uns!
ALI *von oben rechts*. Begeistert uns.
ERSTER ARBEITER. Nun wissen wir, wofür wir schuften.
ZWEITER ARBEITER. Für einen Silberling die Woche.
DER POLIZIST. Wir sind geistig geworden.

ALI, ENGGIBI, DIE ARBEITER, DER POLIZIST *gemeinsam, getragen und feierlich.*

Nämlich uns erregt ein Feuer
Tief den Busen, kaum bemeistert.

[72]I should like not to have to put up with that.

[73]Now just listen to Miss Innocence! [74]You've set your sights on . . .

AKKI. Ich kann in meiner Wohnung keine Dichtungen mehr dulden!

DIE ANDERN *zu denen noch die auftauchenden Dichter kommen.*

Ach, der Mensch wird ungeheuer,
Wenn die Liebe ihn begeistert,
Sieht das Schöne, fühlt das Rechte,
Meidet, was nicht frommt, das Schlechte!

TABTUM. Geistig seid ihr geworden? Das soll ich mir einbilden? Damit kommt mir die Kleine nicht[75]. In meinem Beruf wird ehrlich gearbeitet.

Von rechts kommen die Frauen der beiden Arbeiter, 15 *die Dichter verschwinden erschrocken.*

ERSTE ARBEITERFRAU. Unter der Gilgamesch-brücke treibt sich mein Alter herum! In der verrufensten Gegend.
ERSTER ARBEITER. Aber Mutti. Bin doch nur 20 ganz zufällig vorbeigekommen, Mutti.
ZWEITE ARBEITERFRAU. Und der meine ist auch da!
ZWEITER ARBEITER. Gehts dich was an? Soll ich 25 erzählen, was du mit dem Arbeitersekretär treibst?

Der Polizist wendet sich entschlossen zu Kurrubi, die bei Akki Zuflucht gefunden hat und neben dem Sarkophag kauert, in welchem er sitzt.

DER POLIZIST. Mein Mädchen. Ich bin ein Nebo. Ich besitze ein Häuschen in der Libanon-straße. Ich werde auf Neujahr zum Wachtmeister befördert. Die Nebos haben immer gute Ehemän- 35 ner abgegeben. Darf sagen, daß wir in unseren Kreisen in dieser Hinsicht einen gewissen Ruhm genießen. Du würdest glücklich sein. Es ist mein tiefster Wunsch, dich voll und ganz ...

Der erste Arbeiter stürzt hinzu. 40

DER ERSTE ARBEITER. Mein Mädchen. Ich bin ein Hassan. Es ist mein tiefster Wunsch, dich voll und ganz glücklich zu machen. Ich wohne fast auf 45 dem Lande und besitze ein Schrebergärtchen[76]. Mutti wird dir die gute Stube einrichten. Du wirst gesund leben, du wirst einfach leben, du wirst zufrieden leben.

---

[75]This little one (Kurrubi) can't make me believe that.
[76]an area of land outside the city divided into family plots for raising flowers and vegetables

ERSTE ARBEITERFRAU. Er ist verrückt geworden!

Der zweite Arbeiter drängt sich heran.

DER ZWEITE ARBEITER. Mein Mädchen. Ich bin 5 ein Sindbad. Du gehörst in ein gesundes Prole-tariermilieu. Meine Alte wird dir ebenfalls die gute Stube einrichten. Ich werde dich aufklären. Ich werde dir die Augen öffnen über die Umtriebe der Kapitalisten. Tag und Nacht werde ich dich 10 für den heiligen Kampf der Arbeiterklasse vor-bereiten!
ZWEITE ARBEITERFRAU. Jetzt ist auch mein Alter übergeschnappt!

Von rechts stürzt der Eselmilchverkäufer auf die 15 *Bühne und fällt vor Kurrubi auf die Knie.*

GIMMIL. Mein Mädchen. Ich bin ein Gimmil. Ich besitze ein Mietshaus im Euphratviertel. Wohne in der sechsten Etage, Lift und Aussicht 20 auf die hängenden Gärten stehen zur Verfügung. Du wirst bürgerliche Luft atmen, aber du wirst glücklich atmen!
DIE FRAUEN. Jagt sie aus der Stadt, jagt sie aus 25 der Stadt.

Nun haben sich ihr auch Ali und Enggibi genähert.

ALI. Mein Mädchen. Ich bin ein Ali, Besitzer 30 der Alischen Weinhandlung, Eigentümer eines Stadthauses und einer Villa am Tigrisufer. Du brauchst vor allem einen Fels, mein Mädchen, einen Fels, woran du dich klammern kannst. Ich bin dieser Fels. An mich kannst du dich klam- 35 mern. Es ist meine Überzeugung ...
DIE DICHTER *tauchen auf.* Kurrubi gehört zu uns, Kurrubi gehört zu uns.
ENGGIBI. Mein Mädchen! Ich bin ein Enggibi, der Seniorchef des weltweiten Bankhauses Enggibi 40 und Söhne, doch das ist nicht das Wichtigste. Meine Paläste, meine Aktien, meine Landgüter, all dies ist vergänglich. Wichtig ist, daß du ein Herz brauchst, ein mitfühlendes, lebendiges Men-schenherz; in mir schlägt dieses Herz!
DIE FRAUEN. Jagt sie aus der Stadt! Jagt sie 45 aus der Stadt!
DIE DICHTER *gleichzeitig.* Kurrubi gehört zu uns! Kurrubi gehört zu uns!

50 *Riesenhaft angewachsener Tumult. Plötzlich sitzt der Engel auf dem Gilgameschkopf. Tannzapfen, Mohn im Haar, Sonnenblumen, Tannzweige usw. im Arm.*

DER ENGEL. Kurrubi, mein Kind Kurrubi!

ALLE *im höchsten Entsetzen.* Ein Engel! *Sie stürzen alle außer Kurrubi zur Erde und suchen sich zu verbergen.*

KURRUBI. Engel, mein Engel!

DER ENGEL. Ganz zufällig, mein Mädchen, erblickte ich dich in diesem fröhlichen Tumult, wie ich vorüberflog.

KURRUBI. Hilf mir, mein Engel!

DER ENGEL. Die Erde, mein Kind, welch lieblicher Fund, ich bin begeistert, beglückt. Erstaunen durchzittert mich, Wunder um Wunder durchglüht mich, Erkenntnis Gottes durchbebt mich. Ich kann nicht aufhören, zu studieren und zu untersuchen. Aufgeregt flattere ich hin und her, preisend, sammelnd, notierend, Tag und Nacht forsche ich, unablässig, unermüdlich. Und dabei bin ich noch nicht einmal in die Meere getaucht, in diese Wasser ringsumher. Ich kenne nur die mittleren Regionen und den Nordpol. Sieh, was ich dort gefunden habe: Gefrorenen Tau. *Er zeigt einen Eiszapfen.* Als Sonnenforscher habe ich nie auch nur annähernd etwas so Köstliches gefunden.

KURRUBI. Der Bettler aus Ninive hat mich verlassen, mein Engel. Ich liebe ihn, und er hat mich verlassen.

DER ENGEL. Verwirrung, mein Kind, nichts als Verwirrung. Nur Geduld, und er kommt wieder. Die Schönheit der Erde ist so über allem Maß, daß man ein wenig verwirrt wird dabei. Das ist natürlich. Wer könnte auch dieses zarte Blau über den Dingen ohne weiteres ertragen, den rötlichen Sand und das Silber des Bachs. Wer betet da nicht, wer erschauert da nicht. Und erst die Pflanzen und Tiere! Das Weiß der Lilie, der gelbe Löwe, die braune Gazelle. Sogar die Menschen sind verschieden gefärbt. Sieh nur dieses Wunder. *Er zeigt eine Sonnenblume.* Kommt so etwas auf dem Aldebaran vor, auf dem Kanopus, auf dem Ataïr[77]?

KURRUBI. Die Menschen stellen mir nach, mein Engel. Unglück brachte ich der Stadt Babylon. Tränen trägt der Euphrat ins Meer. Was ich auch finde, Liebe oder Haß, tötet mich.

DER ENGEL. Wird sich klären, mein Mädchen, wird sich klären, aufs schönste, aufs herrlichste. *Er entbreitet die Schwingen.*

KURRUBI. Verlaß mich nicht, mein Engel! Steh mir bei! Hilf mit deiner göttlichen Kraft. Trag mich zu meinem Geliebten!

DER ENGEL. Ich muß die Zeit nutzen hienieden. Nichts Unnötiges darf ich mir erlauben. Nur allzu bald kehre ich auf den Andromedanebel zurück und krieche in roten Riesen herum. Muß studieren, mein Mädchen, muß studieren.

Neue Erkenntnisse gehen mir auf.
Über blaue Meere, Wälder,
Über Kontinente, Hügel,
Silberhell durch Wolkenfelder
Schweb ich, gleit ich, wie geblendet,
Hin mit sanft gespanntem Flügel,
Ganz der Erde zugewendet.

AKKI *müde.* Jetzt fängt auch *er* an zu dichten.

DER ENGEL.

Seh zu Blume, Tier, gestaltet,
Was in Sternen formlos waltet.
Feuertrunken der Gesichte[78],
Sinke, steige ich im Lichte.

KURRUBI. Bleib, mein Engel, bleib!

DER ENGEL. Lebewohl, Kurrubi, mein Kind, lebewohl. *Entschwindend.* Lebewohl.

Kurrubi ist auf die Knie gesunken und bedeckt ihr Gesicht. Endlich erheben sich die Menschen, bleich und taumelnd.

DIE DICHTER *vorsichtig die Köpfe aus den Sarkophagen steckend.* Es war also doch ein Engel.

GIMMIL *stotternd.* Am heiterhellen Tag.

DER POLIZIST *sich den Schweiß abwischend.* Und sitzt auf dem Kopf unseres Nationalhelden.

ERSTER ARBEITER *noch wie träumend.* Ein prächtiger Bote Gottes.

ERSTE ARBEITERFRAU *ebenso.* Voll ausgewachsen[79] mit farbigen Federn.

ZWEITER ARBEITER. Wie eine riesige Fledermaus umflatterte er mein Haupt.

ENGGIBI. Ich stifte eine Glocke: Die Enggibiglocke.

ALI. Einen Freitisch für Theologen: Die Alistiftung.

DIE FRAUEN. Wir gehen beichten.

---

[77]names of stars found in the constellations Taurus (the Bull), Carina (the Keel) and Aquila (the Eagle), respectively

[78]"rapturously drunk with the visions." *Feuertrunken* is a coinage of Schiller's in his poem "An die Freude" (used by Beethoven as a text in the last movement of his Ninth Symphony). [79]full-grown

DIE BEIDEN ARBEITER UND GIMMIL. Wir treten auf der Stelle in die Landeskirche ein!

DER POLIZIST. Zum Glück war ich immer kirchlich!

ENGGIBI. Babylonier! Ein Engel schwebte hernieder. Die Stunde der Besinnung ist gekommen. Als Bankier, als Mann der kühlen Überlegung muß ich sagen: Die Zeiten sind bedenklich.

ERSTER ARBEITER. Die Löhne werden schlechter!

GIMMIL. Die Kuhmilch kommt auf!

ALI. Der Weinkonsum geht zurück.

ENGGIBI. Dazu kommen Mißernten.

ERSTE ARBEITERFRAU. Erdbeben!

ZWEITER ARBEITER. Heuschreckenschwärme.

ENGGIBI. Eine unstabile Währung, letztes Jahr eine Pockenepidemie und vorletztes Jahr die Pest. Warum dies alles? Weil wir nicht an den Himmel glaubten. Wir waren alle mehr oder weniger Atheisten. Nun hat er sich durch einen Engel geoffenbart. Es kommt jetzt darauf an, wie wir das Mädchen behandeln, das der Engel auf die Erde brachte, herniedersteigend aus dem Nebel der Andromeda.

GIMMIL. Es darf nicht mehr in Armut leben!

ERSTER ARBEITER. Es muß fort von diesem Bettler.

ZWEITER ARBEITER. Von diesen Dichtern.

ENGGIBI. Erweisen wir ihm die größte Ehre, die wir zu vergeben haben, und der Himmel ist versöhnt. Ernennen wir es zu unserer Königin. Sonst ist das Schlimmste zu befürchten. Wir können uns einen zornigen Himmel nicht leisten. Eine Sündflut haben wir schon mit Müh und Not durchgemacht, und eine Wirtschaftskrise dürfte eine noch größere Katastrophe werden.

ERSTE ARBEITERFRAU. Zum König mit dem Himmelsmädchen!

ALLE. Zu Nebukadnezar!

ERSTER ARBEITER. Es soll unsere Königin sein!

ALLE. Unsere Königin!

DIE DICHTER. Bleib bei uns, Kurrubi, bleib bei uns!

KURRUBI. Ich will bei dir bleiben, Bettler Akki, bei dir unter dieser Brücke, nahe den Wellen des Euphrat, nahe deinem Herzen.

Die Menge nimmt eine drohende Haltung an.

EINIGE. Werft den Bettler in den Strom!

Sie wollen sich auf Akki stürzen, doch hält sie der Polizist mit einer energischen Handbewegung zurück.

DER POLIZIST. Du kennst meine Gefühle, Bettler. Du weißt, daß ich ein Häuschen in der Libanonstraße besitze, wie sehr ich als ein Nebo in der Lage gewesen wäre, Kurrubi glücklich zu machen. In bescheidenem Rahmen natürlich. Doch nun ist es meine Pflicht, das Mädchen dem König zu überbringen, und die deine, es ziehen zu lassen. *Er wischt sich den Schweiß ab.*

DIE MENGE. Es lebe die Polizei!

KURRUBI. Hilf mir, Akki.

AKKI. Ich kann dir nicht helfen, mein Mädchen. Wir müssen voneinander Abschied nehmen. Zehn Tage wanderten wir durch die Gassen der Stadt Babylon und über die Plätze, in zerrissenen Kleidern beide, und des Nachts schliefst du, leise atmend, in meinem wärmsten Sarkophag, von meinen Dichtern umwinselt[80]. Nie bettelte ich genialer. Doch nun müssen wir uns trennen. Ich habe kein Recht auf dich. Zufällig tauschte ich dich ein, ein Stück Himmel blieb an mir haften, ein Faden nur seiner Gnade, schwerelos und heiter, und nun trägt ein Windstoß dich weiter.

KURRUBI. Ich habe dir gehorsam zu sein, mein Akki. Du nahmst mich zu dir. Du gabst mir zu essen, wenn ich hungerte; zu trinken, wenn ich durstig war. Wenn ich mich fürchtete, sangst du mir deine gewaltigen Lieder vor, und war ich verzagt, klatschtest du in die Hände, deine Füße stampften im Takt, bis ich mich tanzend um dich bewegte. Du hülltest mich in deinen Mantel, wenn ich fror, und wenn ich müde war, trugst du mich unter dem brennenden Abendhimmel auf deinen mächtigen Armen. Ich liebe dich, wie man einen Vater liebt, und ich werde an dich denken, wie man an einen Vater denkt. So wehre ich mich nicht mehr, wenn sie mich fortführen. *Sie senkt das Haupt.*

AKKI. Geh zu Nebukadnezar, dem König, mein Kind.

DER DICHTER. Bleib bei uns, Kurrubi, bleib bei deinen Dichtern!

DIE MENGE. Zu Nebukadnezar! Zu Nebukadnezar! *Sie führen das Mädchen nach rechts hinaus.*

DIE DICHTER

Auch die Gnade, die wir suchten,
Sie entschwindet. Fledermäuse,
Alter Toten leer Gehäuse[81],
Bleib bei uns, die man verachtet.

[80]with my poets whining around you [81](We — the poets — are) bats, empty dwellings (skeletons) of old dead men

KURRUBI. Mein Akki leb wohl, lebt wohl meine Dichter!

DIE DICHTER

Ach, wie haben wir geschmachtet
Nach der Gnade. Dreck der Gasse
Aßen wir statt Menschenspeise,
Hoffend, daß der alte, weise
Engel uns das Mädchen lasse.
Nun entschwand es den Verfluchten[82].

DIE MENGE *von ferne.* Kurrubi! Unsere Königin Kurrubi!

Akki setzt sich finster an die Kochstelle und rührt in der Suppe.

AKKI. Ich habe nichts gegen eure Klagetöne, Dichter, doch übertrieben sind sie. Dreck der Gasse aßen wir statt Menschenspeise, dichtet ihr, und eßt mit Appetit meine Suppen. Da stimmt etwas nicht in eurer Verzweiflung. Die Kochkunst, richtig ausgebildet, ist die einzige Fähigkeit des Menschen, von der sich nur Gutes sagen läßt, und darf poetisch nicht mißbraucht werden.

Von links kommt ein älterer Mann die Treppe herab, hager und groß, gekleidet in feierliches, armseliges Schwarz, ein Köfferchen in der Hand.

DER FEIERLICHE. Gegrüßt seist du, Bettler Akki, gegrüßt.
AKKI. Was willst du?
DER FEIERLICHE. Atemraubend, wie sich das Mädchen entfaltet, schwindelerregend. Sah von der Brücke, wie man es davonführte.
AKKI *ärgerlich.* Ich hätte dieses Kind zur besten Bettlerin der Welt erschaffen, und nun wird es einfach Königin.
DER FEIERLICHE. Wird eine wilde, unheimliche Ehe.
AKKI *wütend.* Auf Händen wird der König Kurrubi tragen[83].
DER FEIERLICHE. Stürmisch wirds zugehen. Möchte nicht dabei sein. Wenn man denkt, daß der König das Mädchen mit Fußtritten bedeckte, graust's einem vor den kommenden Nächten.
AKKI. Mit Fußtritten?
DER FEIERLICHE. Am Strome Euphrat.
AKKI. Am Euphrat?
DER FEIERLICHE. Damals an jenem Morgen.

AKKI *springt auf.* Der Bettler aus Ninive war der König?
DER FEIERLICHE. War zugegen, war Zeuge. Majestät verkleidete sich.
AKKI. Wozu?
DER FEIERLICHE. Dich zum Staatsdienst zu überreden. Und dann übergab ihm der Engel das Mädchen. Eine erhabene Stunde, eine feierliche Stunde.

Akki wischt sich den Angstschweiß von der Stirne.

AKKI. Eine Stunde, die leicht hätte bedenklich ausgehen können. Da habe ich nochmal Glück gehabt. *Mißtrauisch.* Und wer bist du?
DER FEIERLICHE. Der Henker.

Die Dichter verschwinden.

AKKI. Salü[84]. *Er schüttelt ihm die Hand.*
DER FEIERLICHE. Grüß Gott[85].
AKKI. Du bist in Zivil.
DER FEIERLICHE. Bettler darf ich nicht in Amtstracht henken. Habe strenge Vorschriften.
AKKI. Nimmst du Suppe mit Rindfleisch?
DER FEIERLICHE. Ist das eine Falle? Dürfte ich mir nicht erlauben.
AKKI *unschuldig.* Eine Falle?
DER FEIERLICHE. Dem Henker von Lamasch bist du entkommen, ebenso dem von Akkad und dem von Kisch.
AKKI. Das waren herzogliche Henker, keine königlichen. Ich lasse mich bloß vom Henker des Königs henken. Nur das Beste ist da gut genug, ich habe meinen Stolz. Dich zu ehren, biete ich dir Rindfleisch mit Suppe an.
DER FEIERLICHE. Bin auch geehrt. Bin mit meinem Gehalt an karge Kost gebunden. Kenne Suppe mit Rindfleisch nur vom Hörensagen.
AKKI. Setze dich denn auf diesen Thron eines längst vermoderten Weltbeherrschers.
DER FEIERLICHE *setzt sich vorsichtig.* Es ist auch wirklich keine Falle?
AKKI. Aber nein.
DER FEIERLICHE. Bin unbeugsam. Jede Bestechung prallt wirkungslos von mir ab, sei sie Gold, sei sie Fleischeslust. Als ich jüngst einen Volksstamm in Mysien[86] henken mußte, bot er[87] Heka-

---

[82]i.e., den Dichtern   [83]treat her with great care

[84]informal form of greeting used in Switzerland (from French *salut*)   [85]another informal greeting, used mainly in southern Germany and Austria   [86]ancient country in Asia Minor   [87]they (der Stamm)

tomben[88] von Eseln, von Schafen. Vergeblich. Zu Tausenden hingen die Mysier schön gereiht in der Abendsonne.

AKKI. Glaubs[89].

DER FEIERLICHE. Bitte, prüfe mich.

AKKI. Hat doch keinen Zweck.

DER FEIERLICHE. Bitte. Bitte. Nichts liebe ich so sehr wie Prüfungen der Standhaftigkeit.

AKKI. Gut. Hätte eine Braut für dich, frisch und prall.

DER FEIERLICHE *stolz*. Ausgeschlossen.

AKKI. Ein Knäbchen, rosig und schmiegsam.

DER FEIERLICHE *strahlend*. Halte stand, halte stand.

AKKI. Flüstere dir den Ort ins Ohr, wo meine Schätze im Euphrat liegen.

DER FEIERLICHE. Nichts da. Wirst gehenkt. *Triumphierend*. Siehst du? Man nennt mich Sidi, den Unbestechlichen.

AKKI. Dafür bekommst du auch das schönste Stück Rindfleisch. Die Suppe! *Er schlägt mit dem Schöpflöffel an den Kessel. Es gibt einen lauten Ton. Die Dichter tauchen auf.*

DIE DICHTER. Der Ton! Der herrliche Ton!

Jeder naht dem Kessel mit einer kleinen Schale.

AKKI. Die Dichter, Vortrefflicher!

DER FEIERLICHE. Eine Freude, eine reine, ungetrübte Freude!

Die Dichter und der Feierliche verneigen sich. Von rechts nahen sich schüchtern Omar und Yussuf, ebenfalls mit kleinen Schalen.

AKKI. Omar, der Taschendieb, und Yussuf, der Einbrecher. Nachbarn von mir, sie wohnen eine Brücke weiter unten.

DER FEIERLICHE. Ich weiß, ich weiß. Habe sie nächste Woche zu hängen.

Die dunklen Gestalten tauchen rechts auf.

DIE GESTALTEN *krächzend*. Hunger! Wir haben Hunger!

AKKI. Da, ihr Raben, euren Anteil!

Er wirft ihnen ein großes Stück Fleisch zu, worauf sie wieder verschwinden. Die Suppe wird verteilt, alle beginnen zu essen. Der Feierliche hat ein rotes Taschentuch über den Schoß gebreitet.

DER FEIERLICHE. Köstlich, diese Suppe. Welch üppiges Fest für meine Knochen.

AKKI. Du scheinst vergnügt.

DER FEIERLICHE. Bin ich, bin ich. Das Rindfleisch mundet vorzüglich. Eine Orgie, eine ausgelassene Orgie, dieses Essen. Aber gehängt wirst du doch.

Akki füllt dem Feierlichen den Topf von neuem.

AKKI. Da hast du noch eine Portion.

DER FEIERLICHE. Ich schmause, ich schmause.

AKKI. Willst du eine Bouteille[90] besten Ägypters? *Er schenkt allen Wein ein.*

DER FEIERLICHE. Gierig bin ich danach, dürstend, wie ich bin. Ein Bacchanale, ein himmeldonnerndes Bacchanale, was wir da treiben. Jubilieren wir. Das hundertste Mal, daß dein Beruf verboten wird, das zehnte Mal, daß man dich zu henken trachtet. Habe nachgezählt. Bin peinlich exakt in den Daten der heimatlichen Geschichte. Führe ein Tagebuch. Weltreiche gehen, Weltreiche kommen, habe alles notiert. Und die Menschen? Ändern sich, wandeln sich. Wechseln den Beruf, die Mode, die Religion, den Stand, die Sitten. Konfus würde man dabei, ohne den Anker eines Tagebuchs. Nur du änderst dich nicht. Was auch geschieht, wer dir auch nachstellt, du bleibst ein Bettler. Achtung, Hochachtung dir. *Alle trinken.* Harrst aus, wie der Erzminister ausharrt mit seinen tausend königlichen Kanzleien. Achtung, Hochachtung auch ihm. *Alle trinken.* Hält sich oben, wie du dich oben hältst. Regiert die Könige, regiert die Welt im geheimen mit seinen Bürolisten. Und der dritte bin ich. Achtung, Hochachtung endlich mir. *Alle trinken.* Auch ich ändere mich nicht, wechsle nicht, wandle mich nicht, bleibe Henker. Mit Stolz darf ich es in den Himmel rufen. Der Bürokraterei, der Bettlerei und der Henkerei! Diese drei bilden das heimliche Weltgerüst, in welchem sich die Dinge aufbauen und abbauen.

Alle stoßen an.

AKKI. Trinken wir den Rest.

DER FEIERLICHE. Den Rest, den traurigen Rest. Schauderhaft, daß ich beruflich hier sitze. Die Welt wird wüst, wenn ich nun auch bei dir einschreite. Doch frisch ans düstere Werk. Die Suppe ist gegessen, das Rindfleisch dahingeschwunden, die Flasche leer. Drängt es dich an eine Laterne da

---

[88]sacrifice by the hundreds [89]i.e., ich glaube es

[90]= Flasche

oben[91], oder ist es dein Wunsch, im Stadtwäldchen zu hangen?

AKKI. Am angenehmsten wäre mir eine Laterne vor dem Königspalast.

DER FEIERLICHE. Nobler Gedanke, doch schwierig. Die Laternen vor dem Palast sind den Mitgliedern der Regierung reserviert. Hängen wir dich ans Brückengeländer, so ist es am einfachsten. Mein Gehilfe ist schon oben. Halef!

EINE STIMME VON OBEN. Ja, Meister. Kommt schon.

Von oben senkt sich ein Seil herunter. Die Dichter schreien auf und verschwinden, ebenfalls Omar und Yussuf.

DER FEIERLICHE. Darf ich bitten.

Akki steigt auf den Königsthron in der Mitte der Bühne.

DER FEIERLICHE. Hast du noch eine Verfügung zu treffen? *Er legt Akki die Schlinge um den Hals, nachdem er sie mit Seife schmiegsam gemacht hat.*

AKKI. Was bleibt, stifte ich den Dichtern[92]. Unklar ist nur, was mit meinem Antiquariat im Sintflutgäßchen geschieht.

DER FEIERLICHE. Du hast ein Anti-Antiquariat[93]?

Die Dichter tauchen wieder auf.

DIE DICHTER. Ein Antiquariat?

AKKI. Letzte Woche erbettelt. Ich war mit höchster Bettlerintuition begeistet und von ganz besonderer Könnerschaft an diesem Tag.

DER FEIERLICHE. Ein Antiquariat ist das Ziel meiner Wünsche.

AKKI. Ich hatte keine Ahnung, daß du dich mit solchen Dingen abgibst.

DER FEIERLICHE. Als Antiquar zwischen Plastiken zu sitzen und Klassiker zu lesen, scheint mir das Höchste hienieden.

AKKI *schüttelt den Kopf*. Merkwürdig. Auch die Henker von Lamasch, Kisch und Akkad waren wild auf Bildung[94].

DER FEIERLICHE. Führe ein bitteres, freudloses Leben. Mit Tränen sei es gestanden. Henke und

komme nie auf einen grünen Zweig[95]. Höchstens, daß einmal ein Minister etwas abwirft. Wenn ich dagegen an deinen Beruf denke, an deinen täglichen Umgang mit Dichtern, an das brausende Freudenfest dieser Suppe mit Rindfleisch.

AKKI. Die großen Henker mästet man und die kleinen läßt man hungern. Ich will ein Einsehen haben[96]. Gib mir deinen Beruf für mein Antiquariat.

DER FEIERLICHE *wankend*. Du willst Henker werden?

AKKI. Der einzige Beruf, den ich noch nicht erbettelt habe.

DER FEIERLICHE *sinkt in den Königsthron*. Himmel!

AKKI *beunruhigt*. Was ist dir denn, Sidi, der Unbestechliche, Stütze des heimlichen Weltgerüsts?

DER FEIERLICHE. Wasser. Bitte. Sonst kommt meine Herzkrise.

AKKI. Nimm Schnaps. Das tut besser.

Er steigt vorsichtig vom Königsthron, den Kopf immer noch in der Schlinge und hält ihm eine Flasche hin.

DER FEIERLICHE. Im Kopf wirbelts, im Kopf. Wo ist denn die Ehre, der typisch babylonische Stolz?

AKKI *verwundert*. Was sollen denn die hier unter diesem Brückenbogen?

DER FEIERLICHE. Darf jedem, den ich zu henken habe, meinen Beruf abtreten. Steht im Vertrag, den ich in jugendlichem Übermute abschloß, mir das Studium der schönen Künste zu ermöglichen. Dachte Geld zu verdienen. Doch der geringste Arbeiter, der schäbigste Minister, der verlausteste der Vaganten, wen ich auch henkte in den öden Jahrtausenden, nie ließ sich einer überreden, an meiner Stelle Henker zu werden und am Leben zu bleiben. Das sprichwörtliche babylonische Ehrgefühl erwies sich stärker als Lebensgier.

AKKI. Siehst du, ich habe immer gedacht, Babylon gehe noch vor lauter Ehre zugrunde.

DER FEIERLICHE. Wie sehr mich dein Vorschlag erlöst aus einem peinlichen Leben, so sehr bin ich erschüttert. Willst den verächtlichsten, schäbigsten Beruf gegen ein Antiquariat umtauschen!

AKKI. Du stehst ganz falsch zu[97] deiner Tätig-

---

[91]Do you have an urge to hang from a lantern up there? [92]a parodistic echo of the last line of a classic German poem, "Andenken," by Friedrich Hölderlin (1770–1843): "Was bleibet aber stiften die Dichter." [93]he is stuttering [94]crazy about culture

[95]and never really get anywhere [96]I want to show some consideration [97]You have the wrong attitude toward . . .

keit, Henker. Gerade die schäbigen, verachteten, verabscheuten Berufe muß man heben, damit sie erlöst werden aus ihrer Niedrigkeit und etwas darstellen; sonst sind sie verloren. Da war ich zum Beispiel einmal Milliardär.

DER FEIERLICHE *erstaunt*. Milliardär?

DIE DICHTER. Erzähle, Bettler, erzähle!

AKKI. So hört die Makame meiner erbettelten Berufe. *Er zieht den Kopf aus der Schlinge und hält sich mit der rechten Hand an ihr.* In der Blütenpracht einer Maiennacht, um Mitternacht, erbettelte ich mit Kunst und Schlich von einem Milliardärstöchterlein seines Papas Milliarde ein. Unverdrossen, war ich entschlossen, in einem Kampf auf Brechen und Biegen[98], den frechen Dampf[99] des Reichtums zu besiegen. Höre nun, was der Weise tat: Früh bis spät machte ich Schulden, vertrank die Gulden, verstank die Wälder und Schlösser, die Kälber und Rösser, verspielte selber die Kunstgegenstände, die goldenen Spiegel, die Tiegel, die Wände, verpraßte die Schreine, verschaßte die Steine[1], verjaßte[2] alleine zweitausend Schweine, und so, in unwiderstehlichem Trott, war ich in einem Jahr bankerott, ganz und gar, ohne Sou in der Tasche, ohne Wein in der Flasche, und im gleichen liederlichen Tritt zog ich weitere fünf Milliardäre mit, samt Aktionären und Banken; das Land kam ins Wanken. Dies, mein Henker, tat ich als Denker, um einen bösen Beruf zu erlösen.

EIN DICHTER. Und das Milliardärstöchterlein?

AKKI. Heiratete den Pfändungsbeamten. *Er wirft die Schlinge nach oben. Das Seil verschwindet.* Da ich nun in meinem Sarkophag, Nacht und Tag denkend lag, warum die Menschheit in Krämpfen liege, warum Gemeinheit im Kämpfen siege, suchte ich mit Geisteskraft und Feuer, meiner Leidenschaft ein neues Abenteuer: Mit Hofieren und Scharmieren, mit Malträtieren und Exerzieren[3], mit Arschlecken und Rückenverrenken, mit Beinestrecken und patriotischem Denken, mit aristokratischer Braut und bürokratischem Laut, mit Wedeln und Kriechen, erbettelte ich von einem siechen General den Titel. Nun hatte ich Mittel, den Krieg zu bekriegen, und den Sieg zu besiegen. Dies war der Sinn meines militärischen Lebens, die Höllenfahrt war nicht vergebens. Ich erreichte mit kühnen Systemen, dem Krieg die Mühen und

Schrecken zu nehmen. Als die Armee, die ich führte, nach Akkad marschierte, dreihunderttausend auf dem Papier, gelang es mir, die Schlacht zu verlieren, ohne einen Toten nach Hause zu führen, ohne Wunden, unzerschunden[4], ohne Verluste an Menschen und Tieren. Keine Mutter verlor ihren Sohn, dreihunderttausend kamen davon. Dies, mein Henker, des Denkers Spruch: Nie gabs einen billigeren Zusammenbruch!

DER FEIERLICHE. Welche Leistung. Wie denn? Sonst sind doch gerade Niederlagen verlustreich.

AKKI. Ich schickte die Marschbefehle an die Soldaten nicht ab.

DER FEIERLICHE. Bewundernswert. Erstaunlich.

AKKI. Siehst du, so muß man schäbige Berufe ausüben. Etwas Gutes läßt sich aus jedem machen.

DER FEIERLICHE *vorsichtig*. Und du meinst, daß ich als Antiquar zu meiner Suppe mit Rindfleisch komme? Mit einem monatlichen Festessen wäre ich zufrieden, begeistert.

AKKI. Du wirst in der Woche dreimal Suppe mit Rindfleisch essen und am Sonntag eine Gans.

DER FEIERLICHE. Welche Wendung! Welch orgiastischer Umschwung!

AKKI. Deine Amtstracht, Henker.

DER FEIERLICHE. In diesem Köfferchen. Hätte nach dir noch die Geographen und Astronomen zu henken gehabt.

AKKI. Henken heißt laufen lassen.

DER FEIERLICHE. Die Dichter werden dir fehlen. Bitterlich.

AKKI. Im Gegenteil. Ich freue mich auf die Stille der königlichen Verliese. *Er zieht den Henkermantel an.*

EIN DICHTER *erschrocken*. Zieh nicht dieses Kleid an.

EIN ANDERER. Entehre dich nicht.

EIN DRITTER. Werde nicht ein Henker.

EIN ANDERER. Bleibe ein poetischer Gegenstand.

AKKI. Ist es euer ewiges Pech, die Stunde der Gefahr nicht zu erkennen, ihr Dichter Babylons? Seht ihr nicht das Unheil, das sich vorbereitet. Kurrubi sucht einen Bettler und wird einen König finden. Tag und Nacht wird verhaftet[5], die Armee marschiert nach Norden, der Staat wird unfehlbar[6]: Er trachtet danach, keinen von uns zu verfehlen[7]. Muß ich euch noch meine letzte, bitterste Makame erzählen? Die Makame von der Waffe des Schwachen?

EINER. Deine letzte, deine bitterste Makame!

[98]regardless of the outcome   [99]here, "odor"   [1]got rid of the jewels   [2]lost by playing *Jaß*, a Swiss card game (one of the many humorous anachronisms found throughout the play)   [3]maltreatment (perhaps of inferiors) and drilling

[4]without being totally beaten   [5]Arrests are being made day and night . . .   [6]infallible   [7]overlook

DIE DICHTER. Bevor du entweichst, bevor du entschwindest!

AKKI. Die Welt zu bestehen, muß der Schwache sie erkennen, um nicht blind einen Weg zu gehen, der sich verliert, in eine Gefahr zu rennen, die zum Tode führt. Die Mächtigen sind mächtig; es ist niederträchtig, diese Wahrheit zu mißachten, und Narrheit zu trachten, die Mächtigen zu besiegen, ohne über Waffen zu verfügen, denen sie unterliegen. Heldentaten sind sinnlos, sie verraten die Ohnmacht des Schwachen und seine Verzweiflung bringt die Macht nur zum Lachen. Doch hört einen Bettler jetzt, gefoltert, in Fetzen, von Schergen gehetzt: Der Mächtige in dieser Welt greift nach dem, was ihm gefällt, bald ist es dein Weib, bald ist es dein Haus, und nur, was er verachtet, läßt er unberührt; es lerne der Kluge daraus. Es fällt, wen verführt, was die Macht begehrt[8], ja, selbst den Weisen tötet die Gewalt, nur wer nichts hat und nichts ist, bleibt unversehrt. Begreife, was man muß und ziehe den Schluß: Stelle dich dumm, nur so wirst du alt. Von innen greife an. Sei in der Festung schon am Tage des Gerichts. Schleiche dich ein, demütigen Gesichts, als Saufkumpan[9], als Sklave, Dichter, Schuldenbauer[10], erniedrige dich, und du brichst jede Mauer. Ertrage Schmach, geh jede Pfade, vergrabe, wills die Zeit, wilde Hoffnung, heiße Liebe, Leid und Gnade, Menschlichkeit, unter einem roten Henkerskleid. *Er zieht sich die Maske über das Gesicht und steht als rot vermummter Henker da.*

DRITTER AKT

Über den Thronsaal, den Schauplatz des dritten Aktes, ist nicht viel zu bemerken, sein Luxus, sein Raffinement, seine Abgeschlossenheit versteht sich von selbst, aber auch seine bestialische Grausamkeit. Inmitten höchster Kultur wird etwas negerhaft Grausiges sichtbar, so etwa die blutverschmierten Feldzeichen der königlichen Eroberungsheere. Der Raum wird durch ein Riesengitter in einen Vorder- und Hintergrund geteilt, der sich unermeßlich irgendwohin erstreckt, mit zu ahnenden Riesenstatuen irgendwo, steinern, erstorben. Der Thron, links vor dem Gitter, erhebt sich auf Stufen. Auf ihm sitzt Nebukadnezar, den Kopf Nimrods zwischen den Füßen, auf dessen Schultern sie ruhen. Links eine Türe im Gitter, durch die man in den Hintergrund gelangt. Ebenfalls an den Wänden links und rechts Türen. Dem Orchester entlang rechts vorne zwei Hocker.

NIMROD. Nun, König Nebukadnezar, nun? Was starrst du in deinen Palast seit Tagen schon, seit Nächten schon, was stampfen deine Füße auf meinen Schultern herum?

NEBUKADNEZAR. Ich liebe Kurrubi.

NIMROD. Dann liebst du ein Mädchen, das du gegen deinen Schemel umgetauscht hast.

NEBUKADNEZAR. Ich lasse dich peitschen.

NIMROD. Nur zu[11]! Kannst du mich quälen, wie ich dich quäle?

NEBUKADNEZAR. Schweig, Kopf zwischen meinen Füßen.

NIMROD. Bitte.

Schweigen.

NEBUKADNEZAR. Rede! Rede!

NIMROD. Siehst du, nicht einmal mein Schweigen hältst du aus.

NEBUKADNEZAR. Rede von Kurrubi. Du hast sie gesehen. Sie gab dir aus den schmutzigen Wellen des Euphrat zu trinken.

NIMROD. Du beneidest mich?

NEBUKADNEZAR. Ich beneide dich.

NIMROD. Sie war verschleiert. Doch durch ihren Schleier sah ich ihre Schönheit, bevor du sie erkanntest.

NEBUKADNEZAR. Ihre Schönheit erfüllt die Stadt Babylon mit himmlischem Glanz und bis in meinen Palast dringen die Gesänge der Verliebten.

Draußen lautes Dichten.

DER PAGE.

Es war nicht für den König
Das Mädchen aus dem Nichts

NIMROD. Hörst du? Sogar dein Page dichtet.

DER PAGE.

Es stieg zur Gosse nieder
In Garben goldnen Lichts

NEBUKADNEZAR *leise*. Henker.

Von links tritt der als Henker verkleidete Akki auf.

---

[8]He falls who is seduced by what power desires . . .
[9]drinking companion   [10]debtor

[11]go ahead

AKKI. Majestät.
NEBUKADNEZAR. Töte den dichtenden Pagen.

DER PAGE.

Es hängt im Bettlerbarte
Was unser Herz entbrennt

AKKI. Vernünftig, Majestät. Eine energische Maßnahme ist nur am Platz. *Er verschwindet rechts hinten.*

DER PAGE.

Wie eine weiße Flocke
Vom Schnee des De-

Die Stimme bricht plötzlich ab.

NEBUKADNEZAR *leise.* Alle sollen sterben, die Kurrubi lieben.
NIMROD. Dann mußt du die Menschheit aus- 20 rotten.
NEBUKADNEZAR. Ich lasse deine Augen ausbrennen.
NIMROD. Glühe meine Augen aus, fülle meine Ohren mit Blei, stopfe meinen Mund: Meine Erin- 25 nerung kannst du nicht aus meinem Leibe reißen.
NEBUKADNEZAR. Erzminister!
ERZMINISTER. Majestät.
NEBUKADNEZAR. Schaff den Exkönig in das unterste meiner Verliese.
ERZMINISTER. Ich bin Gesetzgeber. Ich habe den 30 König damit definiert, daß sein Fuß auf den Schultern seines Vorgängers zu ruhen habe. Fällt die Definition dahin, fällt der König dahin.
NEBUKADNEZAR. Dann ändere diese Definition. 35
ERZMINISTER. Unmöglich. Sonst stürzen die fünfhunderttausend Paragraphen des babylonischen Gesetzes zusammen, die sich logischerweise aus der Definition des Königs ergeben, und wir haben das reine Chaos. *Er entfernt sich. Nimrod* 40 *lacht.*
NIMROD. Das sagte er mir auch immer.
NEBUKADNEZAR. Und jedesmal war die Zahl der Paragraphen gewachsen. Ins Unermeßliche.
NIMROD. Und die Zahl der Kanzleien.
NEBUKADNEZAR. Mir bleibt nichts als ein 45 Schemel.
NIMROD. Und dein Sohn, der Kronprinz.

Von links hinten tanzt stutzerhaft gekleidet ein Idiot 50 *grinsend und seilhüpfend[12] über die Bühne und ver-*

schwindet hinten rechts. *Nebukadnezar hält sich die Hände vor das Gesicht.*

NEBUKADNEZAR. Dein Sohn.
NIMROD. Unser Sohn, der Erbe unserer Macht. 5 Keiner weiß, wer ihn zeugte. Wir schlichen beide betrunken zu seiner Mutter.
NEBUKADNEZAR. Wir sind aneinandergekettet, ich und du.
NIMROD. Immerzu, immerzu. 10
NEBUKADNEZAR. Seit all den Tausenden von Jahren, die waren.
BEIDE. Oben ich, unten du, unten ich, oben du, immerzu, immerzu.

Schweigen. 15

NEBUKADNEZAR. Henker.

Von links kommt Akki.

AKKI. Majestät?
NEBUKADNEZAR. Sind die Geographen und Astronomen bestraft?
AKKI. Die Verliese sind von ihnen gesäubert.
NEBUKADNEZAR. Ist mit dem Betteln aufgeräumt?
AKKI. Völlig.
NEBUKADNEZAR. Der Bettler Akki.
AKKI. Verwandelt. Nicht einmal Majestät 30 würde ihn erkennen, stünde er vor Ihnen.
NEBUKADNEZAR. Aufgeknüpft?
AKKI. Erhöht. Er bewegt sich in den höchsten Kreisen.
NEBUKADNEZAR. Der Mäzen der Dichter wird sich kaum im Himmel befinden.
AKKI. Etwas tiefer.
NEBUKADNEZAR. Die Bettler sind ausgerottet. Zum ersten Mal seit der Sündflut ist ein Fortschritt spürbar. Die Menschheit beginnt klarere Formen anzunehmen, sich gegen die Humanität zu bewegen. Ist auf der sozialen Ebene das Schlimmste behoben, gilt es jetzt die Vernunft einzuführen, entweder gegen die Dichter, oder gegen die Theologen einzuschreiten. 45

Akki zuckt zusammen.

AKKI. Nur keine Dichter[13]. Es ist immer so still da unten gewesen in den Verliesen und nun dichtet schon der Page.

[12]skipping rope

[13]Just so long as it's not the poets!

NEBUKADNEZAR. Du hast ihn nicht getötet?

AKKI. Zum Henken der Pagen sind nach dem Hofzeremoniell die mitternächtlichen Stunden reserviert. Ich bitte Majestät, gegen die Theologen einzuschreiten. Sie sind gemütlicher.

NEBUKADNEZAR. Ein Gespräch mit dem Obertheologen wird diese Frage entscheiden. Tu deine Pflicht und bereite den Staatsgalgen vor.

Akki ab.

NEBUKADNEZAR. Utnapischtim!

*Von rechts kommt der Obertheologe Utnapischtim,
ein ehrwürdiger Greis.*

UTNAPISCHTIM. Was willst du von mir, König Nebukadnezar?

NEBUKADNEZAR. Spucke dem Kopf ins Gesicht zwischen meinen Füßen.

UTNAPISCHTIM. Nach dem Gesetz, das auch du bestätigt hast, bin ich von dieser Zeremonie entbunden.

NEBUKADNEZAR. So verfluche meinen Schemel bis in alle Ewigkeit.

UTNAPISCHTIM. Es ist meine Pflicht, für das Heil der Menschen zu beten.

Nimrod lacht. Nebukadnezar nimmt sich zusammen.

NEBUKADNEZAR. Du darfst dich setzen.

UTNAPISCHTIM. Danke schön.

NEBUKADNEZAR. Ich brauche einen Rat.

UTNAPISCHTIM. Ich höre.

NEBUKADNEZAR *nach einigem Zögern*. Du warst an jenem peinlichen Morgen zugegen, als der Engel am Ufer des Euphrat erschien.

UTNAPISCHTIM. Ein für Theologen verwirrendes Ereignis. Ich habe mich dagegen gesträubt, an Engel zu glauben, und habe verschiedene Schriften gegen diesen Glauben verfaßt, ja, zwei Theologieprofessoren verbrennen müssen, die an ihm festhielten. Gott schien mir keine Werkzeuge zu benötigen. Er ist allmächtig. Nun bin ich fast gezwungen, meine Dogmatik in Hinsicht der Engel zu revidieren, ein schwierigeres Unternehmen, als ein Laie wohl glauben möchte, da die Allmacht Gottes natürlich nicht angetastet werden darf.

NEBUKADNEZAR. Ich verstehe dich nicht.

UTNAPISCHTIM. Macht nichts, Majestät. Auch wir Theologen verstehen einander beinahe nie.

NEBUKADNEZAR *verlegen*. Du hast gesehen, wie ich das Mädchen mit Füßen trat.

UTNAPISCHTIM. Es erschütterte mich.

NEBUKADNEZAR *schmerzlich*. Ich liebe dieses Mädchen, Utnapischtim.

UTNAPISCHTIM. Wir alle lieben dieses Kind.

NEBUKADNEZAR. Die ganze Stadt bedichtet es.

UTNAPISCHTIM. Ich weiß. Auch ich habe mich in der Kunst versucht, das Mädchen zu besingen.

NEBUKADNEZAR. Auch du. Der älteste der Menschen.

Schweigen.

NEBUKADNEZAR. Ich bin vom Himmel beleidigt worden.

UTNAPISCHTIM. Du bist nur auf dich selber eifersüchtig, König Nebukadnezar.

Von rechts hinten seilhüpft der Idiot im Bogen über die Bühne nach links hinten. Utnapischtim verneigt sich.

NEBUKADNEZAR *verlegen*. Sprich weiter.

UTNAPISCHTIM. Wenn wir den, wie ich zugebe, oft rätselhaften Wandel der Welt[14] verstehen wollen, o König, müssen wir von der Annahme ausgehen, der Himmel habe immer recht.

NEBUKADNEZAR *finster*. Du nimmst im Konflikt zwischen dem Himmel und mir seine Partei. Es tut mir leid, ich muß dich töten lassen. Henker!

Von links kommt Akki.

AKKI *freudig*. Also doch die Theologen, Majestät. Darf ich bitten.

UTNAPISCHTIM *steht würdevoll auf*. Wie du willst.

NEBUKADNEZAR *erschrocken*. Setz dich wieder, lieber Utnapischtim. So eilig habe ich es nicht. Der Henker kann noch etwas warten. Rede inzwischen weiter.

AKKI. Nur nicht weich werden, Majestät. Mit Theologen muß man streng sein.

UTNAPISCHTIM *kühl*. Du scheinst der Meinung zu sein, der Himmel hätte sich von dir täuschen lassen, dich in jener Nacht für einen Bettler gehalten. Das ist lächerlich. Den Engel hast du verwirrt, doch der Himmel, der ihn schickte, wußte genau, wem er das Mädchen gab. Dir, König Nebukadnezar. Das ist gar nicht anders möglich, denn Gott ist nicht nur allmächtig, sondern auch allwissend, wie ich bewiesen habe.

NEBUKADNEZAR *düster*. Der Himmel bestimmte Kurrubi dem ärmsten der Menschen.

[14]way of the world

UTNAPISCHTIM. Die Worte des Himmels dürfen nie persönlich, sondern nur allgemein aufgefaßt werden. Jeder Mensch ist beinahe gleich gering, zieht man die ungeheure Distanz in Betracht, mit der der Himmel die Dinge hienieden betrachtet. Du hast die Absicht Gottes, dich mit seiner Gnade zu beschenken, durch eigene Torheit zunichte gemacht.

NEBUKADNEZAR *mit kurzem Schweigen freundlich.* Das mit dem Töten ist natürlich Unsinn.

UTNAPISCHTIM. Ich danke dir.

NEBUKADNEZAR. Überhaupt muß das Studium der Theologie in meinem Reich gefördert werden. Alle andern Wissenschaften lasse ich verbieten.

UTNAPISCHTIM. So lobenswert dein Eifer auch ist, übertrieben braucht er nicht zu werden.

NEBUKADNEZAR. Dafür werden nun die Dichter gehängt.

UTNAPISCHTIM. Das tut mir leid.

NEBUKADNEZAR. Der vollkommene Staat darf die Verbreitung von Unwahrheiten nicht dulden. Die Dichter veröffentlichen Gefühle, die es nicht gibt, erfundene Geschichten und Sätze ohne Sinn. Ich denke, daß gerade auch die Theologie daran interessiert ist, dies zu verbieten.

UTNAPISCHTIM. Nicht unbedingt.

NEBUKADNEZAR. Henker.

Von links kommt Akki.

AKKI. Ich komme, ich eile. Der Staatsgalgen ist für den Obertheologen bereit.

NEBUKADNEZAR. Lasse die Dichter verhaften.

AKKI *erschrocken.* Die Dichter?

NEBUKADNEZAR. Sie sind auszurotten.

AKKI. Dann wenigstens nur die Epiker. Sie sind relativ die stillsten.

NEBUKADNEZAR. Auch die Lyriker und die Dramatiker.

Akki resigniert ab.

NEBUKADNEZAR. Somit wäre der Konflikt zwischen Staat und Kirche beigelegt.

UTNAPISCHTIM. Wieder einmal.

NEBUKADNEZAR. Und du glaubst, daß ich das Mädchen heiraten soll?

UTNAPISCHTIM. Ich wundere mich, daß du es nicht schon lange getan hast.

Von rechts kommt der Erzminister.

ERZMINISTER. Majestät! Der Engel ließ sich öffentlich im Stadtpark nieder und sammelt Koli-

bris und Kokosnüsse, indem er von Palme zu Palme hüpft.

Ein Sekretär des Obertheologen kommt, ebenfalls von rechts und flüstert Utnapischtim etwas ins Ohr.

UTNAPISCHTIM *freudig.* Mein Sekretär meldet, die Eintritte in die Landeskirche überträfen mit einem Male die wildesten Hoffnungen.

Der Sekretär entrollt eine riesige Liste mit den Unterschriften der Neueingetretenen.

ERZMINISTER. Politisch wirkt die unirdische Erscheinung nicht ganz so positiv. Das Volk ist begeistert. Es dringt in den Hof des Palastes und bestürmt Majestät, Kurrubi zu heiraten. Man trägt das Mädchen in der Sänfte des Bankiers Enggibi herbei, bekränzt mit Blumen.

UTNAPISCHTIM. Ein Aufruhr?

ERZMINISTER. Ein spontaner Aufstand, der zwar noch babylonisch-konservative Züge trägt, doch nicht unbedenklich ist.

NEBUKADNEZAR UND NIMROD *gleichzeitig.* Haut das Volk zusammen.

ERZMINISTER. Ein Aufstand braucht nicht niedergeschlagen zu werden, der zu einem Ziel gelenkt werden kann, das einem selber nützt.

Nebukadnezar nimmt eine Denkerposition an, ebenso Nimrod.

NEBUKADNEZAR UND NIMROD *gleichzeitig.* Ich höre.

NEBUKADNEZAR *verwundert.* Was redest du auf einmal meine Worte nach, Schemel?

NIMROD. Nicht nur dein, unser Thron ist bedroht.

Nebukadnezar und Nimrod nehmen aufs neue Denkerposition an.

NEBUKADNEZAR UND NIMROD *gleichzeitig.* Unser Thron ist bedroht. Wir hören deine Vorschläge, Erzminister.

ERZMINISTER. Majestäten! Der Thron von Babylon, diese erhabene Einrichtung, stammend aus grauer Vorzeit, gegründet von Gilgamesch, unserem Nationalhelden, dieser wahre Mittelpunkt der Erde, an den sich die Völker drängen —

NEBUKADNEZAR UND NIMROD *gleichzeitig.* Welch treffliche, geistreiche Formulierung!

ERZMINISTER. — ist im Ablauf der Jahrtausende

dermaßen in Mißkredit geraten, daß er allgemein als die schäbigste Institution aller Zeiten betrachtet wird.

NEBUKADNEZAR UND NIMROD *gleichzeitig.* Das wagst du uns zu sagen? Hen ...

Von links kommt Akki, doch schickt ihn der Erzminister mit einer Handbewegung wieder fort.

ERZMINISTER. Den brauchen Majestäten gar nicht erst zu bemühen. Es handelt sich nur um eine politische Feststellung, nicht um eine persönliche Meinung.

NEBUKADNEZAR UND NIMROD *gleichzeitig.* Sprich weiter.

ERZMINISTER. Es gehört unter den Babyloniern zum guten Ton[15], Republikaner zu sein. Das Zusammenballen einer erregten Menge im Innern des Hofs ist nur ein Symptom. Es muß durchgegriffen werden, sonst schwindet uns das Weltreich dahin.

NEBUKADNEZAR UND NIMROD *gleichzeitig.* Wie Schnee im Norden, wenn der Frühling kommt.

UTNAPISCHTIM. Was ist zu unternehmen, Erzminister?

ERZMINISTER. Das Mädchen Kurrubi, dessen Schönheit selbst mich alten Mann befeuert, ist auf der Stelle zur Königin zu erheben.

UTNAPISCHTIM. Religion und Staatsraison fügen sich aufs schönste zusammen.

ERZMINISTER. Noch nie hat sich eine verfahrene[16] Angelegenheit dermaßen ins Positive gewandelt. Als Politiker bin ich begeistert. Wir haben die Möglichkeit, metaphysisch zu verankern, was politisch auf allzu schwachen Beinen stand. An Kurrubi, an den Himmel glaubt heute jedermann. Machen wir das Mädchen zu unserer Königin, so ist die republikanische Idee für einige Jahrtausende zerstoben. Wir brauchen nur dem Volkswillen nachzugeben, und alles ist in prächtigster Ordnung. Auch dürfen wir hoffen, daß sich so in Bälde ein anderer Thronfolger einstellt, denn wenn auch bei der Vortrefflichkeit meiner Kanzleien ein Herrscher von etwas beschränktem Talent keinen großen Schaden anstiften könnte, politisch angenehm wäre dies natürlich nicht.

NEBUKADNEZAR UND NIMROD *gleichzeitig.* Führt das Mädchen herein.

Der Erzminister und der Obertheologe wollen durch die Gittertüre abgehen.

[15]It's a sign of good breeding ...   [16]hopeless

NEBUKADNEZAR. Doch habe ich zuerst noch mit meinem Henker zu reden.

Utnapischtim und der Erzminister bleiben verwundert stehen.

UTNAPISCHTIM. Majestät, was hat denn ein Henker bei dieser zarten Angelegenheit zu suchen?

NEBUKADNEZAR. Es gibt keine Angelegenheit in meinem Reich, bei der der Henker nichts zu suchen hätte, Obertheologe. Geht nun.

Die beiden ab. Akki kommt von links. Fröhliches Singen ertönt.

AKKI. Majestät?

NEBUKADNEZAR. Was ist denn dies für ein Gesinge, Henker?

AKKI. Die Dichter. Sie stimmen ihre Oden an.

NEBUKADNEZAR. Sie tönen seltsam fröhlich.

AKKI. Die babylonischen Dichter verbrachten ein so trauriges Leben, daß sie sich nun freuen, in ein anderes zu kommen.

NEBUKADNEZAR. Tritt näher.

AKKI. Bitte, Majestät, bitte.

NEBUKADNEZAR. Nah zu mir. Du darfst deine Maske ablegen.

AKKI. Lieber nicht.

NEBUKADNEZAR. Ich fühle mich unsicher, bleibst du nicht in meiner Nähe.

AKKI. Pflichten, Majestät. Ich bin mit einer Art Großreinemachen der Verließe beschäftigt.

NEBUKADNEZAR. Du hängst die Dichter auf?

Von links torkelt ein Dichter auf die Bühne, aus einem riesigen Humpen trinkend. Akki winkt ihm energisch, zu verschwinden. Der Dichter torkelt wieder hinaus.

AKKI. Ich versetze sie in andere Umstände.

NEBUKADNEZAR. Ich will menschlich zu dir reden, wie zu einem Bruder. Du bist der am schäbigsten bezahlte Beamte meines Hofs und leistest die größte Arbeit. Hier hast du einen Check von tausend Goldstücken.

Er zieht ein Checkbuch hervor. Akki reicht ihm einen Bleistift und Nebukadnezar unterschreibt.

AKKI. Wenn der nur in die richtigen Hände kommt.

NEBUKADNEZAR. Du bist der einzige in meinem Reich, der sich nicht verstellt, der ist, der er ist.

AKKI. Majestät, das finde ich etwas übertrieben.
NEBUKADNEZAR. Ich kann nur dir vertrauen. Ich empfange das Mädchen, das ich liebe. Ich will es prüfen. Es ist vielleicht möglich, daß es mich nicht mehr liebt. Es hatte Umgang mit Dichtern und vor allem mit dem Bettler Akki.
AKKI. Was soll ich tun?
NEBUKADNEZAR. Töte das Mädchen, wenn es mich nicht mehr liebt.

Der Erzminister und Utnapischtim führen Kurrubi durch die Gittertüre herein. Sie ist barfuß, ihr Gewand zerrissen.

ERZMINISTER *beglückt*. Das Mädchen!

Akki verschwindet. Nebukadnezar und Nimrod bedecken ihr Gesicht mit goldenen Masken.

UTNAPISCHTIM. Komm, mein Töchterchen.
ERZMIINSTER. Tritt herein, mein Kind.

Utnapischtim und der Erzminister ziehen sich nach rechts zurück.

NEBUKADNEZAR UND NIMROD *gleichzeitig*. Wir heißen dich willkommen.

Kurrubi bleibt erschrocken stehen.

KURRUBI. Ein Doppelwesen.
NEBUKADNEZAR UND NIMROD *gleichzeitig*. Du stehst vor dem König von Babylon.

Von links hinten hüpft der Idiot über die Bühne.

KURRUBI *angsterfüllt*. Wer ist das?
NEBUKADNEZAR UND NIMROD *gleichzeitig*. Ein harmloser Mensch, der bisweilen durch den Palast hüpft.

Kurrubi tritt furchtsam näher.

KURRUBI. Du bist der mächtigste der Menschen?
NEBUKADNEZAR UND NIMROD *gleichzeitig*. Der mächtigste.
KURRUBI. Was willst du von mir?
NEBUKADNEZAR UND NIMROD *gleichzeitig*. Die Babylonier wünschen, daß du meine Frau wirst.
KURRUBI. Ich kann nicht deine Frau werden.

Nebukadnezar winkt. Akki kommt von links, ohne daß Kurrubi ihn sieht.

NEBUKADNEZAR. Du liebst?
KURRUBI. Ich liebe.
NEBUKADNEZAR. Einen der Dichter? Sie hauptsächlich scheinen sich mit dir zu beschäftigen.
KURRUBI. Ich liebe die Dichter. Sie sind so nett.
NEBUKADNEZAR. Darüber sind auch andere Ansichten möglich.
KURRUBI. Aber ich liebe sie eben nur so, wie man Dichter liebt.
NEBUKADNEZAR. Man sah dich mit einem alten Schwindler und Märchenerzähler in den Gassen und nachts unter den Brücken.

Akki stampft wütend auf den Boden.

KURRUBI. Den Bettler Akki liebe ich, wie man einen Vater liebt.
NEBUKADNEZAR *erleichtert*. Und wen liebst du, wie ein Mädchen einen jungen Mann liebt, einen Geliebten?
KURRUBI. Ich liebe einen Bettler mit einem komplizierten Namen, großer König.

Nebukadnezar gibt ein Zeichen, Akki verschwindet.

NEBUKADNEZAR. Den Bettler aus Ninive?
KURRUBI *erfreut*. Du kennst ihn?
NEBUKADNEZAR. Vergiß diesen unglücklichen jungen Mann. Er war traurig, er war verzweifelt, er war einsam.
KURRUBI. Ich kann ihn nicht vergessen.
NEBUKADNEZAR. Er ist verschollen. Er ist nicht registriert in meinen Kanzleien.
KURRUBI. Ich suche ihn immerzu.
NEBUKADNEZAR. Ein Gespenst erschien im Euphratnebel. Außer den Wenigen am Quai sah ihn niemand mehr.
KURRUBI. Ich sah ihn.
NEBUKADNEZAR. Man sieht auch, was man träumt.
KURRUBI. Ich umklammerte seinen Leib. Ich küßte ihn.
NEBUKADNEZAR. Du suchst, wen es nicht gibt.
KURRUBI. Es gibt ihn, weil ich ihn liebe.
NEBUKADNEZAR. Du liebst, wen du nie finden wirst.
KURRUBI. Ich werde finden, wen ich liebe, einmal, irgendwo.
NEBUKADNEZAR. Dann geh.

Kurrubi verneigt sich.

KURRUBI. Ich danke dir, großer König.

Nebukadnezar nimmt die Maske vom Gesicht, ebenso Nimrod. Kurrubi blickt auf und erkennt zuerst Nimrod.

KURRUBI. Der Gefangene, dem ich zu trinken gab.

NIMROD. Ich bin es.

Nun erkennt sie Nebukadnezar und schreit auf.

KURRUBI. Mein Bettler!

NEBUKADNEZAR. Ich bin es.

KURRUBI. Der König.

NEBUKADNEZAR. Der nie an deiner Liebe zweifelte.

KURRUBI. Mein Geliebter.

Sie starrt ihn an, fassungslos, bleich. Nebukadnezar steigt vom Thron, kommt zu ihr.

NEBUKADNEZAR. Den Bettler, den du suchst, gibt es nicht, weil es ihn nie gab. Er war das Gespinst[17] einer Nacht, das sich auflöste ins Nichts. Du hast ihn verloren und mich gefunden. Du liebtest einen Bettler, nun liebt dich ein König. Für die Fußtritte, die er dir gab, gebe ich dir die ganze Erde, denn auch nach den Dörfern jenseits des Libanon marschiert nun mein Heer. Zu meiner Rechten sollst du sitzen, deinen Fuß auf Nimrod gestellt. Die Großen meines Reichs werden sich vor dir verneigen, und unermeßliche Opfer will ich dem Himmel darbieten. *Er will sie zum Throne führen.*

KURRUBI *wie erwachend.* Du bist kein König. Der Engel gab mich dir, weil du ein Bettler bist.

NEBUKADNEZAR. Ich war nie ein Bettler, ich war stets ein König. Damals war ich nur verkleidet.

KURRUBI. Jetzt bist du verkleidet.

NEBUKADNEZAR. Du bist verwirrt, mein Mädchen.

KURRUBI. Am Euphrat bist du ein Mensch gewesen, den ich liebte, nun bist du ein Gespenst, das ich fürchte.

NEBUKADNEZAR. Du verwechselst den Schein mit der Wirklichkeit.

KURRUBI. Nur als Bettler bist du wirklich.

NEBUKADNEZAR. Nur als Bettler bin ich Schein.

KURRUBI. Flieh mit mir!

NEBUKADNEZAR. Meine liebe Kurrubi, ich habe die Welt zu regieren.

NIMROD *höhnisch.* I c h habe sie zu regieren!

[17]fabrication

Er versucht sich auf den Thron zu setzen, Nebukadnezar springt hinzu.

NEBUKADNEZAR. Nieder mit dir!

Er zwängt Nimrod in die Stellung eines Schemels zurück. Kurrubi naht den beiden ringenden Majestäten, umklammert Nebukadnezar.

KURRUBI. Laß diesen schrecklichen Traum fahren. Du bist kein König. Sei wieder du selbst, der Bettler, der du immer gewesen bist. Ich liebe dich. Wir wollen aus diesem steinernen Haus gehen und aus dieser steinernen Stadt. Ich will für dich betteln, für dich sorgen. Wir wollen die weite Ebene durchwandern, nach den Ländern ziehen, von denen mir der Engel erzählte. Wir wollen uns nicht fürchten, wenn wir die Wüste betreten. Auf der Erde wollen wir schlafen, aneinandergeschmiegt, schlafen unter den Bäumen, unter einem Himmel voll von Sternen.

NEBUKADNEZAR. Obertheologe!

Utnapischtim kommt durch die Türe rechts.

UTNAPISCHTIM. Was willst du von mir?

NEBUKADNEZAR. Beinahe wäre es dem Exkönig gelungen, sich auf den Thron zu setzen, und das Mädchen verlangt, daß ich ein Bettler werde. Es begreift nicht, daß ich nie ein Bettler war. Der Verkehr mit einem Engel und vor allem die vielen Dichter haben seinen Kopf mit unsinnigen Ansichten gefüllt. Sprich du mit ihm. Es ist in menschlichen Dingen unerfahren.

Er setzt sich mißmutig auf den Thron. Der Obertheologe führt das Mädchen nach rechts, wo sich beide niedersetzen.

UTNAPISCHTIM *gütig.* Ich bin Babylons Theologe, mein Kind.

KURRUBI *freudig.* O, dann denkst du an Gott?

UTNAPISCHTIM *lächelnd.* Ich denke immer an Gott.

KURRUBI. Du kennst ihn gut?

UTNAPISCHTIM *etwas wehmütig.* Bei weitem nicht so gut wie du, mein Mädchen, denn du warst nahe seinem Antlitz. Ich bin ein Mensch, und uns Menschen hat Gott sich verborgen. Wir vermögen ihn nicht zu sehen, wir vermögen ihn nur zu suchen. Du liebst den König, mein Kind?

KURRUBI. Ich liebe den Bettler, zu dem mich der Engel brachte.

UTNAPISCHTIM. Der König und dieser Bettler sind eins. Du liebst also auch den König.

KURRUBI *senkt den Kopf.* Ich kann nur den Bettler lieben.

UTNAPISCHTIM *lächelnd.* Du willst demnach, 5 daß der König ein Bettler werde?

KURRUBI. Ich will doch nur dem Engel gehorsam sein.

UTNAPISCHTIM. Der dich zu einem Bettler brachte, der ein König ist. Du bist verwirrt, ich 10 verstehe dich. Du weißt nun nicht, sollst du Königin oder soll der König ein Bettler werden. Ist es nicht so, mein Töchterchen?

KURRUBI *unsicher.* Es ist so, ehrwürdiger Vater.

UTNAPISCHTIM. Siehst du, mein Kind, alles wird 15 leichter, wenn wir nur ruhig darüber reden. Wir müssen nun zu wissen suchen, was der Himmel wohl mit dem allem meinte, nicht wahr?

KURRUBI. Ja, ehrwürdiger Vater.

Von links torkeln unterdessen zwei Dichter herein 20 *mit Humpen und Hammelkeulen, doch werden sie von Akki wieder hinausgezerrt, bevor die Anwesenden sie bemerken; nur Nebukadnezar macht ein ungeduldiges Zeichen in ihrer Richtung, da ihn der* 25 *Lärm stört, ohne jedoch seine Augen von Utnapischtim und Kurrubi zu lassen, denen er vorgeneigt zuhört.*

UTNAPISCHTIM. Wie ich noch jung war und die 30 Sündflut kam, war ich der Überzeugung, der Himmel verlange das Absolute von uns Menschen, wie wir uns in der Theologie mit unserer sonderbaren Sprache ausdrücken, doch je älter ich werde, desto deutlicher sehe ich, daß dies eine nicht ganz 35 richtige Auffassung ist. Der Himmel verlangt von den Menschen vor allem das Mögliche. Er weiß, daß er uns nicht mit einem Schlag zu vollkommenen Geschöpfen machen kann, daß er uns nur zerstören würde, wollte er das. So liebt uns denn 40 der Himmel gerade in unserer Unvollkommenheit. Er hat Geduld mit uns und begnügt sich, uns immer wieder liebevoll zurechtzuweisen, wie ein Vater seinen kleinen Sohn, um uns so im Verlauf der Jahrtausende allmählich zu erziehen. 45

KURRUBI. Ja, ehrwürdiger Vater.

UTNAPISCHTIM. Daher begehen wir Menschen einen Irrtum, wenn wir im Himmel etwas Strenges erblicken, das an uns übertriebene Forderungen stellt, die nur Verwirrung stiften und lauter Unheil 50 anrichten. Verstehst du mich, mein Mädchen?

KURRUBI. Du bist gut zu mir, ehrwürdiger Vater.

In der Gittertüre erscheint der Erzminister.

ERZMINISTER. Darf man gratulieren?

NEBUKADNEZAR. Wir überreden es[18] gerade.

Der Erzminister verschwindet. Utnapischtim gibt Nebukadnezar ein Zeichen, der vom Throne steigt und zu den beiden tritt, die sich erhoben haben.

UTNAPISCHTIM. So steht es nun auch mit dir und dem König. Wenn du das Gebot des Himmels als unbedingt ansiehst und verlangst, daß der König, der dich als Bettler erhielt, nun auch ein Bettler werden müsse, verwirrt dies die menschliche Ordnung. Die Menschen wollen nun einmal[19] ihre Könige und nicht ihre Bettler begnadet wissen, dich als Königin sehen und nicht als ein armes, in Lumpen gehülltes Ding. Auch vermagst du so den Menschen zu helfen, mein Kind, denn sie haben deine Hilfe nötig. Du wirst den König zum Rechten bewegen, Gutes wird er tun mit deiner Hilfe. Heirate ihn, damit die Gebete nach Frieden und Gerechtigkeit erhört werden. *Er will die Hände der beiden ineinanderfügen, doch stürzt in diesem Augenblick der Erzminister herbei.*

ERZMINISTER. Es gilt zu handeln! Gegen die Kolossalstatue seiner Majestät mit dem auswechselbaren Kopf schleudert man Steine!

UTNAPISCHTIM. Und meine Statue?

ERZMINISTER. Mit Rosen geschmückt steht sie unversehrt da.

UTNAPISCHTIM. Gott sei Dank, dann dauern die Eintritte in die Landeskirche noch an.

Inzwischen hat sich Nimrod auf den Thron gesetzt.

NIMROD. Die Armee hat auf der Stelle einzugreifen.

ERZMINISTER. Aber wie? Sie ist ja nach den Dörfern jenseits des Libanon abmarschiert. Nur fünfzig Mann der Palastwache sind noch vorhanden.

UTNAPISCHTIM. Babylon geht an der ewigen Welteroberei zu Grunde!

Nebukadnezar nimmt den Platz Nimrods ein.

NEBUKADNEZAR *wehmütig.* Kaum war ich König, bin ich wieder Schemel. So schnell ist ein Umschwung der Dinge noch nie eingetreten. Wir rollen einem allgemeinen Untergang entgegen.

[18]es = das Mädchen [19]The fact is that people want . .

ERZMINISTER. Das ist nun etwas übertrieben, Majestät: Leute wie wir kommen immer wieder irgendwie hoch[20].

NIMROD UND NEBUKADNEZAR *gleichzeitig.* Was ist zu tun, Erzminister?

ERZMINISTER. Majestäten. Es muß vor allem nach dem Grund der Rebellion gefragt werden.

NIMROD UND NEBUKADNEZAR *gleichzeitig.* Frage, Erzminister.

ERZMINISTER. Ist es allein der Wunsch, Kurrubi als Königin zu sehen, der die Babylonier zur Raserei bringt? Wenn auch die Rufe des Volks dafür zu sprechen scheinen, der erfahrene Politiker verneint es. Der Grund liegt anderswo: Allein das Erscheinen des Engels untergräbt die Autorität des Staates.

UTNAPISCHTIM. Ich muß protestieren. Wenn es auch nur einer sorgfältigen Interpretation gelingen wird, die Aussprüche des Engels, die ich gesammelt habe, theologisch ergiebig zu machen, hinsichtlich des Staates sind sie harmloser Natur und enthalten nichts Umstürzlerisches.

ERZMINISTER. Eminenz mißverstehen. Meine Kritik richtet sich nicht gegen den Engel, sondern gegen dessen Erscheinen. Es ist reines Gift. Jetzt eben, zum Beispiel, schwebt er über die hängenden Gärten und taucht südwärts kopfvoran ins Meer. Ich frage: Ist dies ein Benehmen? Ein Staat, eine gesunde Autorität ist nur möglich, indem die Erde Erde und der Himmel Himmel bleibt, indem die Erde eine Wirklichkeit darstellt, die von den Politikern zu gestalten ist, und der Himmel eine holde Theorie der Theologen, über die sonst niemand klug zu werden braucht[21]. Wird jedoch der Himmel Wirklichkeit, wie nun durch das Erscheinen eines Engels, fällt die menschliche Ordnung dahin, denn angesichts eines sichtbaren Himmels muß der Staat notgedrungen zu einer Farce werden, und das Resultat dieser kosmischen Schlamperei haben wir: ein Volk, das sich gegen uns erhebt. Warum? Nur weil nicht schnell genug geheiratet wird. Ein Engel braucht etwas herumzuflattern, und schon ist der Respekt vor uns verschwunden.

NIMROD UND NEBUKADNEZAR *gleichzeitig.* Das leuchtet uns ein.

ERZMINISTER. Am besten ist es daher, den Engel zu dementieren[22].

Bestürzung.

UTNAPISCHTIM. Das ist unmöglich. Er wurde öffentlich gesehen.

ERZMINISTER. Wir verkünden, es sei der Hofschauspieler Urschanabi gewesen.

NEBUKADNEZAR. Welch ein Widerspruch. Noch vor kurzem war dir das Erscheinen des Engels willkommen.

NIMROD. Du wolltest damit unsere Macht metaphysisch verankern und die republikanische Idee ausrotten.

ERZMINISTER *sich verneigend.* Je öfters sich ein Politiker widerspricht, desto größer ist er.

UTNAPISCHTIM. Der Engel ist mir theologisch ja auch nicht recht[23], doch die Landeskirche verdankt ihm ihre Erneuerung.

ERZMINISTER. Es wird bei Todesstrafe verboten, aus ihr auszutreten.

UTNAPISCHTIM. Wenn ich auch nichts dagegen habe, den Atheismus mit einem gewissen Opfer zu verbinden, so möchte ich doch lieber die Hälfte der Staatseinkünfte.

ERZMINISTER. Unmöglich, Eminenz.

UTNAPISCHTIM. Dann weigere ich mich, den Engel zu dementieren.

ERZMINISTER. Der Aufstand bedroht uns alle.

UTNAPISCHTIM. Nicht mich, Erzminister. Man rebelliert gegen die Monarchie, nicht gegen die Kirche. Ich bin gegenwärtig der populärste Politiker Babylons. Die Hälfte der Staatseinkünfte, oder ich errichte einen Kirchenstaat.

ERZMINISTER. Ein Drittel.

UTNAPISCHTIM. Die Hälfte.

ERZMINISTER. Aber dann muß ich eine energische Dementierung verlangen, Eminenz.

UTNAPISCHTIM. Sie wird auf allen Kanzeln verkündet.

NEBUKADNEZAR *noch zögernd.* Ich wollte mich doch mit dem Himmel versöhnen.

UTNAPISCHTIM. Das wird[24], Majestät. Das ist auch privat möglich. Nur geheiratet. Eine glückliche Ehe ist dem Himmel das Wichtigste.

ERZMINISTER. Ich habe auch jetzt nicht das geringste gegen diese Versöhnung, soweit sie wirklich privat stattfindet, nur muß in Zukunft das Erscheinen von Engeln richtig organisiert werden.

NIMROD UND NEBUKADNEZAR *gleichzeitig.* Dann haben wir uns nur noch über die Herkunft Kurrubis zu einigen.

ERZMINISTER. Wir ernennen sie zur ausgesetzten[25] Tochter des Herzogs von Lamasch.

---

[20]always get back on top somehow [21]which no one else needs to understand [22]to deny the existence of the angel

[23]doesn't suit me on theological grounds either [24]that will work out [25]banished

NIMROD UND NEBUKADNEZAR *gleichzeitig.* Schaffe sogleich die notwendigen Dokumente herbei.

ERZMINISTER *zieht ein Pergament hervor.* Bereits von meinen Kanzleien verfertigt.

NIMROD UND NEBUKADNEZAR *gleichzeitig.* Man nehme die Amtshandlung auf der Stelle vor[26].

In der Gittertüre erscheint der Hauptmann, vollständig zerfetzt.

DER HAUPTMANN. Wir sind geschlagen. Die Wache läuft zum Volk über. Man rennt mit einem Rammbock gegen das Tor.

Die ersten Schläge des Rammbocks sind zu hören.

NIMROD. Wir sind verloren. *Er verläßt fluchtartig den Thron, wird jedoch vom Erzminister und vom Obertheologen aufgefangen.*

ERZMINISTER UND UTNAPISCHTIM *gleichzeitig.* Fassung, Majestät, Haltung. Solange wir noch im Stande sind, Amtshandlungen vorzunehmen, ist nichts verloren. *Sie führen Nimrod wie ein Kind zum Thron zurück, wo inzwischen Nebukadnezar wieder oben ist.*

NEBUKADNEZAR *erfreut.* Jetzt bin i c h wieder oben.

ERZMINISTER *feierlich zu Kurrubi.* Mein liebes Kind. Dich zu ehren und dir seine Liebe auszudrücken, ernennt dich seine Majestät zur natürlichen Tochter des Herzogs von Lamasch, zur Tochter eines etwas unglücklichen, aber hochgeehrten Politikers, der letztes Jahr — von hinnen schied. Er hat dich — was deine gegenwärtige Armut erklärt — in einem Bastkorb am Ufer des Euphrat ausgesetzt unter Umständen, die noch von den Historikern ausgearbeitet werden. Das Dokument ist amtlich, an deiner Herkunft kann nicht mehr gezweifelt werden. Wir bitten dich, dies alles vor dem Volk zu bestätigen.

KURRUBI *entsetzt.* Vor den Menschen?

ERZMINISTER. Diese Formalität ist nötig. Wir begeben uns gleich mit zehn Trompetern auf den Balkon.

KURRUBI. Ich soll leugnen, daß Gott mich schuf?

UTNAPISCHTIM. Natürlich nicht, mein Mädchen.

KURRUBI. Daß der Engel mich auf diese Erde brachte?

UTNAPISCHTIM. Aber nein, mein Töchterchen. Wir wissen, woher du stammst, und sind dankbar,

[26]Legalize the marriage immediately.

daß wir dieses Wunder erleben durften. Keiner von uns verlangt, daß du dies in deinem Herzen erstickst. Im Gegenteil. Bewahre es in deiner Seele als Geheimnis, als dein heiliges Wissen um die Wahrheit, so wie ich es bewahre. Was wir von dir verlangen, mein Kind, ist nur eine Umschreibung des Wunderbaren für eine Öffentlichkeit, die das Außerordentliche als eine rohe Sensation betrachtet.

KURRUBI. Du denkst immer an Gott, ehrwürdiger Vater, hast du gesagt, du kannst es nicht zulassen.

UTNAPISCHTIM *schmerzlich.* Es ist besser so, mein Mädchen.

KURRUBI. Dann bist auch du mit dem Erzminister einverstanden?

UTNAPISCHTIM. Aber nein, mein Töchterchen. Doch ist es meine Pflicht, den Himmel zu bewahren, sich selber zu schaden. Die Köpfe der Babylonier sind voll Aberglaubens an vielarmige Gespenster und geflügelte Götter, mit Mühe nur gewinnt meine Theologie Oberhand, e i n e n Gott lehrend. Ein Engel würde verwirren, unreifen Vorstellungen Raum bieten. Allzufrüh schwebte der Bote des Himmels zu uns Kindern herab.

Kurrubi wendet sich zu Nebukadnezar.

KURRUBI. Du hörst, was sie verlangen, mein Geliebter?

NEBUKADNEZAR UND NIMROD *gleichzeitig.* Wir müssen es von dir verlangen.

KURRUBI. Den Himmel soll ich verraten, aus dessen Sternen ich niederstieg, in dessen Namen wir uns lieben?

NEBUKADNEZAR UND NIMROD *gleichzeitig.* Es gibt menschliche Notwendigkeiten.

KURRUBI. Du willst nicht fliehen mit mir?

NEBUKADNEZAR UND NIMROD *gleichzeitig.* Wir müssen vernünftig sein.

Schweigen. Draußen hört man immer deutlicher, immer mächtiger die Schläge des Rammbocks.

KURRUBI. Dann laß mich gehen, König von Babylon.

Verwunderung.

NEBUKADNEZAR. Aber wieso denn?

UTNAPISCHTIM. Ich verstehe dich nicht, mein Töchterchen.

ERZMINISTER. Es ist doch alles in Ordnung, mein Kindchen.

KURRUBI. Ich gehe, den Bettler zu suchen, den ich liebe.

NEBUKADNEZAR. Ich war doch dieser Bettler.

KURRUBI. Du lügst.

UTNAPISCHTIM UND ERZMINISTER *gleichzeitig.* Wir bestätigen es, wir bestätigen es!

KURRUBI. Ihr sagt nie die Wahrheit. Auch den Engel wollt ihr leugnen. Laßt mich gehen. Ich will den Geliebten finden, den ich verloren habe.

Nebukadnezar verläßt verzweifelt seinen Thron.

NEBUKADNEZAR. Ich bin doch dieser Geliebte.

KURRUBI. Ich kenne dich nicht.

NEBUKADNEZAR. Ich bin doch Nebukadnezar der König.

NIMROD. Du bist Nebukadnezar der Exkönig. *Er will sich auf den Thron setzen, doch wirft sich Nebukadnezar über ihn und zwängt ihn nieder.*

KURRUBI. Wer du bist, weiß ich nicht. Du hast die Gestalt meines Geliebten angenommen und bist nicht mein Geliebter. Du bist bald ein König, bald ein Schemel. Du bist Schein, der Bettler, den ich suche, Wirklichkeit. Ich küßte ihn, dich kann ich nicht küssen. Er schlug mich nieder, du kannst mich nicht niederschlagen, denn deinen Thron wagst du nicht zu verlassen, aus Furcht, ihn zu verlieren. Deine Macht ist Ohnmacht, dein Reichtum Armut, deine Liebe zu mir, deine Liebe zu dir. Du lebst nicht und bist nicht tot. Du bist ein Wesen und wesenlos. Laß mich gehen, König von Babylon, von dir und von dieser Stadt.

Nebukadnezar hat sich wieder auf den Thron gesetzt.

NEBUKADNEZAR *leise.* Du hast das Fundament meiner Macht gesehen: Meinen Sohn. Er hüpfte durch diesen Saal. Ein Idiot wird mein Reich erben. Ich bin verloren ohne deine Liebe. Ich bin unfähig, ein anderes Weib zu berühren.

KURRUBI. Ich liebe einen Bettler, den ich verrate, wenn ich dich nicht verlasse.

NEBUKADNEZAR *fast unhörbar.* Ich liebe dich doch.

KURRUBI. Du kannst mich nicht lieben, weil es dich nicht gibt.

ERZMINISTER. Konfus, ich werde konfus! Das kommt davon, wenn man Mädchen einfach aus dem Nichts schafft.

NEBUKADNEZAR *ruhig.* Ich lasse das Volk bitten[27].

ERZMINISTER. Majestät —

NEBUKADNEZAR. Es soll eintreten.

Der General geht nach dem Hintergrund.

UTNAPISCHTIM. Das Ende der Dynastie.

ERZMINISTER. Zum Glück habe ich die republikanische Verfassung bereit.

Die zwei ziehen sich an die Wand links zurück. Hinter dem Gitter wird langsam das Volk sichtbar. Die beiden Arbeiter, Gimmil, der Polizist, nun auch Revolutionär geworden, der Bankier, der Weinhändler Ali, die Arbeiterfrauen, die Hetäre, anderes Volk, Soldaten, alle mit Steinen, Knütteln, Stangen. Langsam rücken sie vor, starren nach dem Mädchen und dem unbeweglich sitzenden Nebukadnezar.

NEBUKADNEZAR. Ihr dringt in meinen Palast. Mit einem Rammbock stürmt ihr meine Tore. Wozu?

Verlegenes Schweigen.

ERSTER ARBEITER. Wir kommen —

ZWEITER ARBEITER. Das Mädchen —

Der Bankier Enggibi tritt hervor.

ENGGIBI. Majestät, es haben sich so wunderbare Dinge ereignet, daß wir vor dir erscheinen, ohne erst die Instanzen um Erlaubnis nachgefragt zu haben[28], die den Thron umgeben.

Gelächter in der Menge.

EINE STIMME. Bravo Bankier.

ENGGIBI. Ein Engel kam nach Babylon. Er brachte ein Mädchen, das zu heiraten sich Majestät offenbar nicht entschließen können.

EINE STIMME. Sehr gut. Gib es ihm.

ENGGIBI. Daß wir bewaffnet in diesem Saale stehen, daß die Palastwache zu uns übergelaufen ist, daß die Bevölkerung die Macht an sich gerissen hat, bedeutet nicht, daß Majestät nun zu dieser Heirat gezwungen wäre, doch machen wir ihn aufmerksam, daß wir zwar das Mädchen zur Königin wünschen, nicht aber unbedingt seine Majestät zum König.

Gelächter. Riesiger Beifall.

---

[27]I invite the people in.

[28]without first having asked the authorities for permission

NEBUKADNEZAR *ruhig*. Ich war bereit, das Mädchen zu heiraten. Aber es wies mich zurück.

GIMMIL. Es hat dem König einen Korb gegeben?

ALI. Kein Wunder.

Die Menge johlt und pfeift. Riesengelächter.

ERSTER ARBEITER. Nieder mit diesem König!

ZWEITER ARBEITER. An die Laterne!

NIMROD *triumphierend*. Setzt mich an seine Stelle! Ich will den wahrhaft sozialen Staat einführen.

ERSTER ARBEITER. Wir kennen diese wahrhaft sozialen Staaten!

GIMMIL. Sie dienen nur zur Bereicherung des Königs und der Beamten!

NIMROD. Ich werde die Erde neu erobern! Ich appelliere an das babylonische Nationalgefühl: Gibt es hinter dem Libanon Dörfer, gibt es sie auch jenseits der Meere.

ZWEITER ARBEITER. Ein Bluthund der eine wie der andere!

ERSTE ARBEITERFRAU. Unsere Kinder haben sie gefressen.

ERSTER ARBEITER. Wir wollen keine Welteroberung mehr!

ALLE. Wir wollen keine Könige mehr!

Schweigen. Alle schauen gespannt zu Nebukadnezar, der unbeweglich auf seinem Throne sitzt.

NEBUKADNEZAR. Ich gebe das Mädchen zurück. Es gehöre dem, der es am meisten liebt!

Die Männer schreien durcheinander.

DIE MÄNNER. Mir! Mir! Ich liebe sie! Ich am meisten!

ENGIBBI. Das Mädchen gehört mir. Ich habe allein die finanziellen Mittel, das Mädchen seiner Herkunft gemäß zu ehren.

NEBUKADNEZAR. Du irrst, Bankier. Das Mädchen liebt einen Bettler, dessen Namen es vergessen hat, der ihm am Euphratquai abhanden gekommen ist. Es verlangte von mir, daß ich dieser Bettler werde. Es wird das gleiche von dir verlangen.

Der Bankier wendet sich enttäuscht ab.

NEBUKADNEZAR. Du willst es nicht, das Kind? Du gibst sie nicht, deine Millionen? Du wagst nicht, der Ärmste zu sein? Wer von euch ist nun der Bettler, den das Mädchen sucht? Wer gibt alles hin, sich in den Geliebten zu verwandeln, den es nicht mehr gibt? Der Weinhändler? Der Milchverkäufer? Der Polizist? Ein Soldat? Ein Arbeiter? Er trete vor.

Schweigen.

NEBUKADNEZAR. Ihr schweigt? Ihr weist die Gnade des Himmels zurück?

Schweigen.

NEBUKADNEZAR. Vielleicht braucht die schöne Dame das Mädchen? Vielleicht läßt sich in ihrem Hause eine Beschäftigung finden? Nur müßten dann die Einnahmen der Kirche abgeliefert werden.

TABTUM. In meinem Bordell? Das Mädchen? Ich führe ein anständiges Haus, Majestät.

NEBUKADNEZAR. Niemand will das himmlische Kind?

Schweigen.

ERSTER ARBEITER. Der Bettler Akki soll es haben!

NEBUKADNEZAR. Der Bettler Akki ist tot.

Kurrubi blickt erschrocken auf.

ZWEITER ARBEITER. Die Dichter sind gut genug dafür.

DIE MENGE. Die Dichter! Die Dichter!

NEBUKADNEZAR. Es gibt keine Dichter mehr. Sie starben in meinen Verließen.

ERSTE ARBEITERFRAU. Gib es dem Henker!

GIMMIL. Der ist der Ärmste!

ALLE. Dem Henker! Gib es dem Henker!

NEBUKADNEZAR. Bitte.

Er macht ein Zeichen. Von links kommt Akki.

KURRUBI ZU DER MENGE. Helft mir!

ERSTER ARBEITER. Ein Hexenmädchen!

DER POLIZIST. Es hat uns verzaubert.

GIMMIL. Es bringt Unglück.

ZWEITER ARBEITER. Elend.

EINE STIMME AUS DEM HINTERGRUND. Tod!

EINIGE. Geht weg!

ANDERE. Rührt es nicht an!

EINIGE. Kehrt ihm den Rücken zu!

KURRUBI *wendet sich zu Utnapischtim*. Hilf mir, ehrwürdiger Vater. Nimm mich zu dir.

Der Obertheologe wendet sich ab.

KURRUBI *verzweifelt wieder zu der Menge.* Helft
mir doch! Rettet mich doch!

*Plötzlich erscheint der Engel über Nebukadnezars
Thron, noch phantastischer behängt als im zweiten
Akt, denn zu den Sonnenblumen und Eiszapfen und
so weiter sind nun noch Korallen, Seesterne und
Tintenfische gekommen, Muscheln und Schnecken-
häuser. Im Hintergrund, riesenhaft aufleuchtend
und dann wieder mit dem Engel verschwindend der
Andromedanebel.*

DER ENGEL. Kurrubi! Mein Kind Kurrubi!
ALLE. Der Engel!
KURRUBI. Engel! Mein Engel!
DER ENGEL. Erschrick nicht, mein Mädchen.
Etwas absonderlich wohl sehe ich aus. Ich komme
direkt aus dem Meer, von Tang noch umflossen,
noch triefend von Wasser.
KURRUBI. Rette mich, Engel!

DER ENGEL.
Zum letzten Mal erscheine ich dir, mein Kind,
zum letzten Mal spiegelt mein Antlitz die
                              Schönheit der Erde,
denn siehe, ich durchforsche sie nun ganz.

KURRUBI. Zur rechten Zeit bist du gekommen,
Engel, zur richtigen Stunde! Nimm mich zu dir!

DER ENGEL.
Alles, was ich fand auf diesem Stern, war
                              Gnade und nichts anderes:
Ein unwirkliches Wunder in den erhabenen
                              Wüsteneien der Gestirne.
Der blaue Sirius, die weiße Wega, die
                              tosenden Cepheiden[29]
in der Nachtschwärze des Alls —
so abenteuerlich auch ihre Leiber und die Kraft,
mit der sie ihre Nüstern Lichtgarben in den
                              Raum fegen[30],
weltenweite Blasbälge[31],

nie wiegen sie dieses Körnchen Materie auf,
                              diese winzige Kugel,
an ihre Sonne gebunden, umkreist von einem
                              kleinen Mond,
gebettet in Äther,
atmend im Grün der Kontinente, im Silber
                              der Meere.

KURRUBI. Trage mich in deinen Himmel zurück,
Engel, vor das gewaltige Antlitz Gottes, entbreite
die Schwingen! Ich will nicht sterben auf dieser
Erde! Ich fürchte mich. Ich bin von allen verlassen.

DER ENGEL.
So entschwebe ich denn, so entschwinde ich nun,
beladen mit bunten Steinen, behängt mit
                              Wundern.
Mit Seestern, Moos und Tintenfisch,
umsummt von Kolibris,
in den Händen
Sonnenblumen, Malven und die Ähren des
                              Korns,
eiszapfenklirrend,
Korallen im Haar, Schlehdorn und
                              Schneckenhaus,
die Füße rot von Sand, Tau am Saume des
                              Kleids.
Schwankend unter all dieser Gnade, unter all
                              diesem Gewicht
wie ein Betrunkener mit schwer flatternden
                              Flügeln.
So entschwinde ich, so entschwebe ich,
dich Glückliche, zurücklassend auf der Erde.
So gehe ich ein in meine Sonnen,
in das milchige Weiß des Andromedanebels
                              in dämmerhafter Ferne.
So tauche ich zurück in das dunkle Feuer
                              des Antares[32].

KURRUBI *verzweifelt.* Nimm mich von dieser
Erde, mein Engel, nimm mich zu dir!
DER ENGEL. Lebewohl, Kurrubi, mein Kind,
lebewohl auf immer! *Entschwindend.* Auf immer
lebewohl!
NEBUKADNEZAR. Der Engel entschwindet. Er
sinkt zurück in seine gleichgültigen Sterne. Du
bist allein. Der Himmel hat dich verlassen, die
Menschen verstoßen.
KURRUBI *zusammengebrochen, leise.* Mein Engel,
nimm mich zu dir, nimm mich zu dir, mein Engel.

[29]Sirius — Dogstar, brightest of the fixed stars, in the
constellation Canis Major; Vega — large star in the
constellation Lyra (the Lyre); Cepheiden — a group of
variable stars named after the variable star in the constellation Cepheus (the Monarch). [30]The stars are here
envisaged as gigantic horses breathing fiery light into
space. [31]bellows big as worlds

[32]giant red star, the brightest in the constellation
Scorpio

Schweigen.

NEBUKADNEZAR. Geh mit dem Mädchen in die Wüste, Henker. Töte es. Verscharre es im Sand.

Akki trägt Kurrubi durch die schweigende Menge hinaus.

NEBUKADNEZAR *traurig.* Ich trachtete nach Vollkommenheit. Ich schuf eine neue Ordnung der Dinge. Ich suchte die Armut zu tilgen. Ich wünschte die Vernunft einzuführen. Der Himmel mißachtete mein Werk. Ich blieb ohne Gnade.

Im Hintergrund wird der General sichtbar, umgeben von Soldaten.

DER GENERAL. Dein Heer kam zurück, König Nebukadnezar. Der Aufstand wurde bekannt, der Palast ist umzingelt, das Volk in deiner Gewalt —

Die Menge fällt auf die Knie.

ALLE. Gnade, großer König! Gnade! Gnade!
NEBUKADNEZAR. Ich verriet das Mädchen um meiner Macht willen, der Minister verriet es der Staatskunst, der Priester der Theologie zuliebe, ihr habt es um eurer Habe willen verraten. So komme nun meine Macht über[33] eure Theologie, über eure Staatskunst und über eure Habe. Führt das Volk in Gefangenschaft, bindet den Theologen und den Minister. Aus ihren Leibern will ich die Waffe schmieden, mit der ich meine Schande räche. Wohlan denn. Ist der Himmel so hoch, daß meine Flüche ihn nicht erreichen? Ist er so weit, daß ich ihn nicht hassen kann? Mächtiger denn mein Wille? Erhabener denn mein Geist? Trotziger denn mein Mut? Ich will die Menschheit in einen Pferch zusammentreiben und in ihrer Mitte einen Turm errichten, der die Wolken durchfährt, durchmessend[34] die Unendlichkeit, mitten in das Herz meines Feindes. Ich will der Schöpfung aus dem Nichts die Schöpfung aus dem Geist des Menschen entgegenstellen und sehen, was besser ist: Meine Gerechtigkeit oder die Ungerechtigkeit Gottes!

Von links eilt ein Koch und der Hauptmann auf die nun leere Bühne.

DER KOCH. Die Fässer sind ausgetrunken, die Vorratskammern geplündert.
DER HAUPTMANN. Die Verließe leer, die Türen offen, die Dichter entkommen.

Von rechts stürzt der Feierliche herbei.

DER FEIERLICHE. Mein Antiquariat! Ich kann mein Antiquariat nicht finden!

Da seiltanzt der Idiot grinsend über die Bühne. Nebukadnezar bedeckt sein Antlitz in ohnmächtiger Wut, in ohnmächtiger Trauer.

NEBUKADNEZAR. Nein. Nein.

Finsternis. Die Kulissen[35] fahren in die Höhe. Unbestimmt ist eine unermeßliche Wüste zu ahnen, eine gewaltige Weite, durch die Akki und Kurrubi fliehen.

AKKI. Weiter, mein Mädchen, weiter! Dem Sandsturm entgegen, der immer mächtiger heranheult und meinen Henkersmantel zerfetzt.
KURRUBI. Ich suche einen Bettler aus Ninive, einen Bettler, den ich liebe und den ich verloren habe.
AKKI. Und ich liebe eine Erde, die es immer noch gibt, eine Erde der Bettler, einmalig an Glück und einmalig an Gefahr, bunt und wild, an Möglichkeiten wunderbar, eine Erde, die ich immer aufs neue bezwinge, toll von ihrer Schönheit, verliebt in ihr Bild, von Macht bedroht und unbesiegt. Weiter denn, Mädchen, voran denn, Kind, dem Tod übergeben, und doch am Leben, mein zum zweitenmal, du Gnade, die nun mit mir zieht: Babylon, blind und fahl, zerfällt mit seinem Turm aus Stein und Stahl, der sich unaufhaltsam in die Höhe schiebt, dem Sturz entgegen; und vor uns, hinter dem Sturm, den wir durcheilen, verfolgt von Reitern, beschossen mit Pfeilen, stampfend durch Sand, klebend an Hängen, verbrannten Gesichts, liegt fern ein neues Land, tauchend[36] aus der Dämmerung, dampfend[37] im Silber des Lichts, voll neuer Verfolgung, voll neuer Verheißung und voll von neuen Gesängen!

Sie ziehen davon, vielleicht daß ihnen noch einige Dichter folgen, durch den Sandsturm hüpfend.

[33]Then let my power descend upon ... [34]traversing [35]back-drops [36]here, "rising" [37]here, "shimmering"

ANMERKUNG

Die vorliegende Komödie versucht den Grund anzugeben, weshalb es in Babylon zum Turmbau kam, der Sage nach zu einem der grandiosesten, wenn auch unsinnigsten Unternehmen der Menschheit; um so wichtiger, da wir uns heute in ähnliche Unternehmen verstrickt sehen. Meine Gedanken, meine Träume kreisten jahrelang um dieses Motiv, ich beschäftigte mich schon in meiner Jugend damit, stand doch in der Bibliothek meines Vaters ein blauweißer Band der Monographien zur Weltgeschichte, Ninive und Babylon. Es ist schwer, Träume zu gestalten. Ich hatte nie im Sinn, eine versunkene Welt zu beschwören, es lockte mich, aus Eindrücken eine eigene Welt zu bauen. Die Arbeit zog sich über Jahre hin. Ein ernsthafter Versuch, den ganzen Turmbaustoff zu gestalten, mißlang 1948, fünf Jahre später wagte ich es von neuem, indem der erste Akt beibehalten und eine

andere Handlung geschaffen wurde: Nur die Ursache des Turmbaus sollte nun behandelt werden. So kam eine Fassung[38] zustande, die zuerst in München und dann auch in andern Städten aufgeführt wurde. Sie befriedigte nicht. Es brauchte eine Pause, Beschäftigung mit anderem war nötig, Distanz zu gewinnen, die Komödie nun auch dramaturgisch, von der Regie her zu gestalten, sie Handlung werden zu lassen und nichts weiter: Nur was in sich stimmt, stimmt auch an sich[39]. Ob die Handlung weitergeführt wird, weiß ich noch nicht. Dem Plane nach sollte als nächstes Stück der Turmbau selber dargestellt werden: «Die Mitmacher»[40]. Alle sind gegen den Turm und dennoch kommt er zustande . . .

[38]version   [39]Only what has an inner harmony can have an overall harmony.   [40]those who go along with something: "The Accomplices"

Max Frisch · 1911–

Max Frisch is, along with Friedrich Dürrenmatt, one of the two Swiss dramatists to have won a world-wide audience in the years since 1945. Originally an architect, Frisch began his dramatic career with such plays as *Die chinesische Mauer* (1946), a farce with tragic undertones depicting the relations between political power and the individual and demonstrating the fatal tendency of history to repeat itself.

The presence of Bertolt Brecht in Zürich from 1947 to 1949 undoubtedly had a great influence upon Frisch, who became a friend of the older dramatist and watched him at work in the theater. Certain traits of Brecht's epic theater, such as the custom of having characters step out of the action of the play and address the audience directly, can be found in Frisch's plays, including *Andorra*.

Frisch jotted down the basic plot of *Andorra* in his diary as early as 1946 (the play itself was not completed until 1961). This short sketch, entitled "Der andorranische Jude," ends with words almost identical to those spoken by the priest in the play as he faces the imaginary tribunal: "Du sollst dir kein Bildnis machen, heißt es, von Gott. Es dürfte auch in diesem Sinne gelten: Gott als das Lebendige in jedem Menschen, das, was nicht erfaßbar ist. Es ist eine Versündigung, die wir, so wie sie an uns begangen wird, fast ohne Unterlaß wieder begehen — ausgenommen wenn wir lieben."

Traditionally, character in drama tends to be taken for granted as a fixed entity, constant and true to itself. It may develop, it may change, but the seeds of Othello's tragedy, for example, are in his character from the beginning — Iago merely helps them to grow in a given direction. In modern times, however, in an era which has witnessed — among many other horrors — the terrifying results of brainwashing, character as a fixed and stable entity is one of those views of the past which has been called into serious question. Modern literature reflects this situation. Thus, Andri, in *Andorra*, comes to see himself as, and therefore to *be*, the Jew that his fellow-citizens see in him. (Compare his remarks in the ninth Bild.)

Andorra has been one of Frisch's greatest theatrical successes, both in Switzerland and abroad. Germany especially, where the fateful consequences of anti-Semitism can never be forgotten, accorded the play production after production. As the remarks above suggest, however, it would be a mistake to take *Andorra* as an illustration of *one* social sickness. Frisch has written here a play which holds the mirror up to a modern human phenomenon of the broadest dimensions.

Bibliography

BÄNZIGER, HANS. *Frisch und Dürrenmatt.* Bern and Munich, 1960.
FRISCH, MAX. *Tagebuch,* 1946–1949. Frankfurt am Main, 1950.
STÄUBLE, EDUARD. *Max Frisch: Ein Schweizer Dichter der Gegenwart.* Amriswil, 1957.

Andorra

PERSONEN

ANDRI	DER DOKTOR
BARBLIN	DER GESELLE
DER LEHRER	DER JEMAND
DIE MUTTER	
DIE SENORA	STUMM
DER PATER	EIN IDIOT
DER SOLDAT	DIE SOLDATEN in schwarzer Uniform
DER WIRT	DER JUDENSCHAUER
DER TISCHLER	DAS ANDORRANISCHE VOLK

ERSTES BILD

*Vor einem andorranischen Haus. Barblin weißelt[1]
die schmale und hohe Mauer mit einem Pinsel an
langem Stecken. Ein andorranischer Soldat, oliv-
grau[2], lehnt an der Mauer.*

BARBLIN. Wenn du nicht die ganze Zeit auf
meine Waden gaffst, dann kannst du ja sehn, was
ich mache. Ich weißle. Weil morgen Sanktgeorgstag ist, falls du das vergessen hast. Ich weißle
das Haus meines Vaters. Und was macht ihr
Soldaten? Ihr lungert in allen Gassen herum, eure
Daumen im Gurt, und schielt uns in die Bluse,
wenn eine sich bückt.

Der Soldat lacht.

Ich bin verlobt.
SOLDAT. Verlobt!
BARBLIN. Lach nicht immer wie ein Michelin-
Männchen[3].
SOLDAT. Hat er eine Hühnerbrust?
BARBLIN. Wieso?
SOLDAT. Daß du ihn nicht zeigen kannst.
BARBLIN. Laß mich in Ruh!
SOLDAT. Oder Plattfüße?
BARBLIN. Wieso soll er Plattfüße haben?
SOLDAT. Jedenfalls tanzt er nicht mit dir.
Barblin weißelt. Vielleicht ein Engel! *Der Soldat
lacht.* Daß ich ihn noch nie gesehen hab.
BARBLIN. Ich bin verlobt!

SOLDAT. Von Ringlein seh ich aber nichts.
BARBLIN. Ich bin verlobt, *Barblin taucht den
Pinsel in den Eimer.* und überhaupt — dich mag
ich nicht.

*Im Vordergrund, rechts, steht ein Orchestrion[4].
Hier erscheinen — während Barblin weißelt — der
Tischler, ein behäbiger Mann, und hinter ihm Andri
als Küchenjunge.*

TISCHLER. Wo ist mein Stock?
ANDRI. Hier, Herr Tischlermeister.
TISCHLER. Eine Plage, immer diese Trinkgelder,
kaum hat man den Beutel eingesteckt —

*Andri gibt den Stock und bekommt ein Trinkgeld,
das er ins Orchestrion wirft, sodaß Musik ertönt,
während der Tischler vorn über die Szene[5] spaziert,
wo Barblin, da der Tischler nicht auszuweichen
gedenkt, ihren Eimer wegnehmen muß. Andri trocknet einen Teller, indem er sich zur Musik bewegt,
und verschwindet dann, die Musik mit ihm.*

BARBLIN. Jetzt stehst du noch immer da?
SOLDAT. Ich hab Urlaub.
BARBLIN. Was willst du noch wissen?
SOLDAT. Wer dein Bräutigam sein soll.

Barblin weißelt.

Alle weißeln das Haus ihrer Väter, weil morgen
Sanktgeorgstag ist, und der Kohlensack rennt in
allen Gassen herum, weil morgen Sanktgeorgstag

---

[1]is whitewashing [2]i.e., his uniform [3]refers to figure
in advertisement of Michelin, a French tire company

[4]juke box [5]stage

432

ist: Weißelt, ihr Jungfraun, weißelt[6] das Haus eurer Väter, auf daß wir ein weißes Andorra haben, ihr Jungfraun, ein schneeweißes Andorra!

BARBLIN. Der Kohlensack — wer ist denn das wieder?

SOLDAT. Bist du eine Jungfrau? *Der Soldat lacht.* Also du magst mich nicht.

BARBLIN. Nein.

SOLDAT. Das hat schon manch eine gesagt, aber bekommen hab ich sie doch, wenn mir ihre Waden gefallen und ihr Haar.

Barblin streckt ihm die Zunge heraus.

Und ihre rote Zunge dazu! *Der Soldat nimmt sich eine Zigarette und blickt am Haus hinauf.* Wo hast du deine Kammer?

Auftritt ein Pater[7], der ein Fahrrad schiebt.

PATER. So gefällt es mir, Barblin, so gefällt es mir aber. Wir werden ein weißes Andorra haben, ihr Jungfraun, ein schneeweißes Andorra, wenn bloß kein Platzregen kommt über Nacht.

Der Soldat lacht.

Ist Vater nicht zu Haus?

SOLDAT. Wenn bloß kein Platzregen kommt über Nacht! Nämlich seine Kirche ist nicht so weiß, wie sie tut, das hat sich herausgestellt, nämlich seine Kirche ist auch nur aus Erde gemacht, und die Erde ist rot, und wenn ein Platzregen kommt, das saut[8] euch jedesmal die Tünche herab, als hätte man eine Sau drauf geschlachtet, eure schneeweiße Tünche von eurer schneeweißen Kirche. *Der Soldat streckt die Hand nach Regen aus.* Wenn bloß kein Platzregen kommt über Nacht! *Der Soldat lacht und verzieht sich[9].*

PATER. Was hat der hier zu suchen?

BARBLIN. Ist's wahr, Hochwürden, was die Leut sagen? Sie werden uns überfallen, die Schwarzen da drüben, weil sie neidisch sind auf unsre weißen Häuser. Eines Morgens, früh um vier, werden sie kommen mit tausend schwarzen Panzern, die kreuz und quer durch unsre Äcker rollen, und mit Fallschirmen wie graue Heuschrecken vom Himmel herab.

PATER. Wer sagt das?

BARBLIN. Peider, der Soldat. *Barblin taucht den Pinsel in den Eimer.* Vater ist nicht zu Haus.

PATER. Ich hätt es mir denken können. *Pause.* Warum trinkt er soviel in letzter Zeit? Und dann beschimpft er alle Welt. Er vergißt, wer er ist. Warum redet er immer solches Zeug?

BARBLIN. Ich weiß nicht, was Vater in der Pinte[10] redet.

PATER. Er sieht Gespenster. Haben sich hierzuland nicht alle entrüstet über die Schwarzen da drüben, als sie es trieben wie beim Kindermord zu Bethlehem, und Kleider gesammelt für die Flüchtlinge damals? Er sagt, wir sind nicht besser als die Schwarzen da drüben. Warum sagt er das die ganze Zeit? Die Leute nehmen es ihm übel[11], das wundert mich nicht. Ein Lehrer sollte nicht so reden. Und warum glaubt er jedes Gerücht, das in die Pinte kommt? *Pause.* Kein Mensch verfolgt euren Andri —

Barblin hält inne und horcht.

— noch hat man eurem Andri kein Haar gekrümmt.

Barblin weißelt weiter.

Ich sehe, du nimmst es genau, du bist kein Kind mehr, du arbeitest wie ein erwachsenes Mädchen.

BARBLIN. Ich bin ja neunzehn.

PATER. Und noch nicht verlobt?

Barblin schweigt.

Ich hoffe, dieser Peider hat kein Glück bei dir.

BARBLIN. Nein.

PATER. Der hat schmutzige Augen. *Pause.* Hat er dir Angst gemacht? Um wichtig zu tun. Warum sollen sie uns überfallen? Unsre Täler sind eng, unsre Äcker sind steinig und steil, unsre Oliven werden auch nicht saftiger als anderswo. Was sollen die wollen von uns? Wer unsern Roggen will, der muß ihn mit der Sichel holen und muß sich bücken Schritt vor Schritt. Andorra ist ein schönes Land, aber ein armes Land. Ein friedliches Land, ein schwaches Land — ein frommes Land, so[12] wir Gott fürchten, und das tun wir, mein Kind, nicht wahr?

Barblin weißelt.

Nicht wahr?

---

[6] *weisseln* whitewash. This and the *Kohlensack* refer to customs associated with St. Georgstag, marking the beginning of spring. [7] Ein Pater tritt auf, ... [8] *sauen* to make dirty (from *Sau* sow, female pig) [9] leaves the stage

[10] inn, tavern [11] hold it against him [12] = *wenn*

BARBLIN. Und wenn sie trotzdem kommen?

Eine Vesperglocke, kurz und monoton.

PATER. Wir sehn uns morgen, Barblin, sag deinem Vater, Sankt Georg möchte ihn nicht betrunken sehn. *Der Pater steigt auf sein Rad.* Oder sag lieber nichts, sonst tobt er nur, aber hab acht auf ihn. *Der Pater fährt lautlos davon.*

BARBLIN. Und wenn sie trotzdem kommen, Hochwürden?

Im Vordergrund rechts, beim Orchestrion, erscheint der Jemand, hinter ihm Andri als Küchenjunge.

JEMAND. Wo ist mein Hut?
ANDRI. Hier, mein Herr.
JEMAND. Ein schwüler Abend, ich glaub, es hängt ein Gewitter in der Luft . . .

Andri gibt den Hut und bekommt ein Trinkgeld, das er ins Orchestrion wirft, aber er drückt noch nicht auf den Knopf, sondern pfeift nur und sucht auf dem Plattenwähler[13], während der Jemand vorn über die Szene geht, wo er stehenbleibt vor Barblin, die weißelt und nicht bemerkt hat, daß der Pater weggefahren ist.

BARBLIN. Ist's wahr, Hochwürden, was die Leut sagen? Sie sagen: Wenn einmal die Schwarzen kommen, dann wird jeder, der Jud ist, auf der Stelle[14] geholt. Man bindet ihn an einen Pfahl, sagen sie, man schießt ihn ins Genick. Ist das wahr oder ist das ein Gerücht? Und wenn er eine Braut[15] hat, die wird geschoren, sagen sie, wie ein räudiger Hund.
JEMAND. Was hältst denn du für Reden?
BARBLIN *wendet sich und erschrickt.*
JEMAND. Guten Abend.
BARBLIN. Guten Abend.
JEMAND. Ein schöner Abend heut.
BARBLIN *nimmt den Eimer.*
JEMAND. Aber schwül.
BARBLIN. Ja.
JEMAND. Es hängt etwas in der Luft.
BARBLIN. Was meinen Sie damit?
JEMAND. Ein Gewitter. Wie alles wartet auf Wind, das Laub und die Stores[16] und der Staub. Dabei seh ich keine Wolke am Himmel, aber man spürt's. So eine heiße Stille. Die Mücken spüren's

auch. So eine trockene und faule Stille. Ich glaub, es hängt ein Gewitter in der Luft, ein schweres Gewitter, dem Land tät's gut . . .

Barblin geht ins Haus, der Jemand spaziert weiter, Andri läßt das Orchestrion tönen, die gleiche Platte wie zuvor, und verschwindet, einen Teller trocknend. Man sieht den Platz von Andorra. Der Tischler und der Lehrer sitzen vor der Pinte. Die Musik ist aus.

LEHRER. Nämlich es handelt sich um meinen Sohn.
TISCHLER. Ich sagte: 50 Pfund.
LEHRER. — um meinen Pflegesohn, meine ich.
TISCHLER. Ich sagte: 50 Pfund. *Der Tischler klopft mit einer Münze auf den Tisch.* Ich muß gehn. *Der Tischler klopft nochmals.* Wieso will er grad[17] Tischler werden? Tischler werden, das ist nicht einfach, wenn's einer nicht im Blut hat. Und woher soll er's im Blut haben? Ich meine ja bloß. Warum nicht Makler? Zum Beispiel. Warum nicht geht er zur Börse? Ich meine ja bloß . . .
LEHRER. Woher kommt dieser Pfahl?
TISCHLER. Ich weiß nicht, was Sie meinen.
LEHRER. Dort!
TISCHLER. Sie sind ja bleich.
LEHRER. Ich spreche von einem Pfahl!
TISCHLER. Ich seh keinen Pfahl.
LEHRER. Hier!

Der Tischler muß sich umdrehen.

Ist das ein Pfahl oder ist das kein Pfahl?
TISCHLER. Warum soll das kein Pfahl sein?
LEHRER. Der war gestern noch nicht.

Der Tischler lacht.

's ist nicht zum Lachen, Prader, Sie wissen genau, was ich meine.
TISCHLER. Sie sehen Gespenster.
LEHRER. Wozu ist dieser Pfahl?
TISCHLER *klopft mit der Münze auf den Tisch.*
LEHRER. Ich bin nicht betrunken. Ich sehe, was da ist, und ich sage, was ich sehe, und ihr alle seht es auch —
TISCHLER. Ich muß gehn. *Der Tischler wirft eine Münze auf den Tisch und erhebt sich.* Ich habe gesagt: 50 Pfund.
LEHRER. Das bleibt Ihr letztes Wort?

---

[13]record selector   [14]on the spot, immediately   [15]fiancée
[16]curtains

[17]*gerade*; i.e., of all things

TISCHLER. Ich heiße Prader.

LEHRER. 50 Pfund?

TISCHLER. Ich feilsche nicht.

LEHRER. Sie sind ein feiner Mann, ich weiß ... Prader, das ist Wucher, 50 Pfund für eine Tisch-lerlehre[18], das ist Wucher. Das ist ein Witz, Prader, das wissen Sie ganz genau. Ich bin Lehrer, ich habe mein schlichtes Gehalt, ich habe kein Vermögen wie ein Tischlermeister — ich habe keine 50 Pfund, ganz rundheraus, ich hab sie nicht!

TISCHLER. Dann eben nicht.

LEHRER. Prader —

TISCHLER. Ich sagte: 50 Pfund. *Der Tischler geht.*

LEHRER. Sie werden sich wundern, wenn ich die Wahrheit sage. Ich werde dieses Volk vor seinen Spiegel zwingen, sein Lachen wird ihm gefrieren.

Auftritt der Wirt.

WIRT. Was habt Ihr gehabt?

LEHRER. Ich brauch einen Korn[19].

WIRT. Ärger?

LEHRER. 50 Pfund für eine Lehre!

WIRT. Ich hab's gehört.

LEHRER. — ich werde sie beschaffen. *Der Lehrer lacht.* Wenn's einer nicht im Blut hat!

Der Wirt wischt mit einem Lappen über die Tischlein.

Sie werden ihr eignes Blut noch kennenlernen.

WIRT. Man soll sich nicht ärgern über die eignen Landsleute, das geht auf die Nieren[20] und ändert die Landsleute gar nicht. Natürlich ist's Wucher! Die Andorraner sind gemütliche Leut, aber wenn es ums Geld geht, das hab ich immer gesagt, dann sind sie wie der Jud. *Der Wirt will gehen.*

LEHRER. Woher wißt ihr alle, wie der Jud ist?

WIRT. Can —

LEHRER. Woher eigentlich?

WIRT. — ich habe nichts gegen deinen Andri. Wofür hältst du mich? Sonst hätt ich ihn wohl nicht als Küchenjunge genommen. Warum siehst du mich so schief[21] an? Ich habe Zeugen. Hab ich nicht bei jeder Gelegenheit gesagt, Andri ist eine Ausnahme?

LEHRER. Reden wir nicht davon!

WIRT. Eine regelrechte Ausnahme —

Glockenbimmeln.

LEHRER. Wer hat diesen Pfahl hier aufgestellt?

WIRT. Wo?

LEHRER. Ich bin nicht immer betrunken, wie Hochwürden meinen. Ein Pfahl ist ein Pfahl. Jemand hat ihn aufgestellt. Von gestern auf heut. Das wächst nicht aus dem Boden.

WIRT. Ich weiß es nicht.

LEHRER. Zu welchem Zweck?

WIRT. Vielleicht das Bauamt, ich weiß nicht, das Straßenamt, irgendwo müssen die Steuern ja hin, vielleicht wird gebaut, eine Umleitung vielleicht, das weiß man nie, vielleicht die Kanalisa-tion —

LEHRER. Vielleicht.

WIRT. Oder das Telefon —

LEHRER. Vielleicht auch nicht.

WIRT. Ich weiß nicht, was du hast.

LEHRER. Und wozu der Strick dabei?

WIRT. Weiß ich's[22].

LEHRER. Ich sehe keine Gespenster, ich bin nicht verrückt, ich seh einen Pfahl, der sich eignet für allerlei —

WIRT. Was ist dabei[23]!

Der Wirt geht in die Pinte. Der Lehrer allein. Wieder Glockenbimmeln. Der Pater im Meß-gewand geht mit raschen Schritten über den Platz, gefolgt von Meßknaben, deren Weihrauchgefäße einen starken Duft hinterlassen. Der Wirt kommt mit dem Schnaps.

WIRT. 50 Pfund will er?

LEHRER. — ich werde sie beschaffen.

WIRT. Aber wie?

LEHRER. Irgendwie. *Der Lehrer kippt[24] den Schnaps.* Land verkaufen.

Der Wirt setzt sich zum Lehrer.

Irgendwie ...

WIRT. Wie groß ist dein Land?

LEHRER. Wieso?

WIRT. Ich kaufe Land jederzeit. Wenn's nicht zu teuer ist! Ich meine: Wenn du Geld brauchst unbedingt. *Lärm in der Pinte.* Ich komme! *Der Wirt greift den Lehrer am Arm.* Überleg es dir, Can, in aller Ruh[25], aber mehr als 50 Pfund kann ich nicht geben — *Der Wirt geht.*

---

[18]apprenticeship in carpentry [19]whiskey [20]it's up-setting (literally: gets into your kidneys) [21]i.e., sus-piciously

[22]How would I know? [23]What of it! [24]tips the glass, i.e., drinks [25]very calmly

LEHRER. «Die Andorraner sind gemütliche Leut, aber wenn es ums Geld geht, dann sind sie wie der Jud.» *Der Lehrer kippt nochmals das leere Glas, während Barblin, gekleidet für die Prozession, neben ihn tritt.*

BARBLIN. Vater?

LEHRER. Wieso bist du nicht an der Prozession?

BARBLIN. Du hast versprochen, Vater, nichts zu trinken am Sanktgeorgstag —

LEHRER *legt eine Münze auf den Tisch.*

BARBLIN. Sie kommen hier vorbei.

LEHRER. 50 Pfund für eine Lehre!

Jetzt hört man lauten und hellen Gesang, Glockengeläute, im Hintergrund zieht die Prozession vorbei, Barblin kniet nieder, der Lehrer bleibt sitzen. Leute sind auf den Platz gekommen, sie knien alle nieder, und man sieht über die Knienden hinweg: Fahnen, die Muttergottes wird vorbeigetragen, begleitet von aufgepflanzten Bajonetten. Alle bekreuzigen sich, der Lehrer erhebt sich und geht in die Pinte. Die Prozession ist langsam und lang und schön; der helle Gesang verliert sich in die Ferne, das Glockengeläute bleibt. Andri tritt aus der Pinte, während die Leute sich der Prozession anschließen, und hält sich abseits; er flüstert:

ANDRI. Barblin!

BARBLIN *bekreuzigt sich.*

ANDRI. Hörst du mich nicht?

BARBLIN *erhebt sich.*

ANDRI. Barblin?!

BARBLIN. Was ist?

ANDRI. — ich werde Tischler!

Barblin folgt als letzte der Prozession, Andri allein.

ANDRI. Die Sonne scheint grün in den Bäumen heut. Heut läuten die Glocken auch für mich. *Er zieht seine Schürze ab.* Später werde ich immer denken, daß ich jetzt gejauchzt habe. Dabei zieh ich bloß meine Schürze ab, ich staune, wie still. Man möchte seinen Namen in die Luft werfen wie eine Mütze, und dabei steh ich nur da und rolle meine Schürze. So ist Glück. Nie werde ich vergessen, wie ich jetzt hier stehe . . .

Krawall in der Pinte.

ANDRI. Barblin, wir heiraten! *Andri geht.*

WIRT. Hinaus! Er ist sternhagelvoll[26], dann schwatzt er immer so. Hinaus! sag ich.

Heraus stolpert der Soldat mit der Trommel.

WIRT. Ich geb dir keinen Tropfen mehr.

SOLDAT. — ich bin Soldat.

WIRT. Das sehen wir.

SOLDAT. — und heiße Peider.

WIRT. Das wissen wir.

SOLDAT. Also.

WIRT. Hör auf, Kerl, mit diesem Radau!

SOLDAT. Wo ist sie?

WIRT. Das hat doch keinen Zweck, Peider. Wenn ein Mädchen nicht will, dann will es nicht. Steck deine Schlegel[27] ein! Du bist blau[28]. Denk an das Ansehen der Armee! *Der Wirt geht in die Pinte.*

SOLDAT. Hosenscheißer! Sie sind's nicht wert, daß ich kämpfe für sie. Nein. Aber ich kämpfe. Das steht fest. Bis zum letzten Mann, das steht fest, lieber tot als Untertan, und drum sage ich: Also — ich bin Soldat und hab ein Aug auf sie . . .

Auftritt Andri, der seine Jacke anzieht.

SOLDAT. Wo ist sie?

ANDRI. Wer?

SOLDAT. Deine Schwester.

ANDRI. Ich habe keine Schwester.

SOLDAT. Wo ist die Barblin?

ANDRI. Warum?

SOLDAT. Ich hab Urlaub und ein Aug auf sie . . .

Andri hat seine Jacke angezogen und will weitergehen, der Soldat stellt ihm das Bein[29], sodaß Andri stürzt, und lacht.

Ein Soldat ist keine Vogelscheuche. Verstanden? Einfach vorbeilaufen. Ich bin Soldat, das steht fest, und du bist Jud.

Andri erhebt sich wortlos.

Oder bist du vielleicht kein Jud?

Andri schweigt.

Aber du hast Glück, ein sozusagen verfluchtes Glück, nicht jeder Jud hat Glück so wie du, nämlich du kannst dich beliebt machen.

Andri wischt seine Hosen ab.

Ich sage: beliebt machen!

---

[26]very drunk

[27]drumsticks [28]drunk [29]trips him

ANDRI. Bei wem?

SOLDAT. Bei der Armee.

ANDRI. Du stinkst ja nach Trester[30].

SOLDAT. Was sagst du?

ANDRI. Nichts.

SOLDAT. Ich stinke?

ANDRI. Auf sieben Schritt und gegen den Wind.

SOLDAT. Paß auf, was du sagst. *Der Soldat versucht den eignen Atem zu riechen.* Ich riech nichts.

Andri lacht.

's ist nicht zum Lachen, wenn einer Jud ist, 's ist nicht zum Lachen, du, nämlich ein Jud muß sich beliebt machen.

ANDRI. Warum?

SOLDAT *grölt*[31].

> «Wenn einer seine Liebe hat
> und einer ist Soldat, Soldat,
> das heißt Soldatenleben,
> und auf den Bock
> und ab den Rock[32] — »

Gaff nicht so wie ein Herr!

> «Wenn einer seine Liebe hat
> und einer ist Soldat, Soldat.»

ANDRI. Kann ich jetzt gehn?

SOLDAT. Mein Herr!

ANDRI. Ich bin kein Herr.

SOLDAT. Dann halt Küchenjunge.

ANDRI. Gewesen[33].

SOLDAT. So einer wird ja nicht einmal Soldat.

ANDRI. Weißt du, was das ist?

SOLDAT. Geld?

ANDRI. Mein Lohn. Ich werde Tischler jetzt.

SOLDAT. Pfui Teufel[34]!

ANDRI. Wieso?

SOLDAT. Ich sage: Pfui Teufel! *Der Soldat schlägt ihm das Geld aus der Hand und lacht.* Da!

Andri starrt den Soldaten an.

So'n Jud denkt alleweil nur ans Geld.

Andri beherrscht sich mit Mühe, dann bückt er sich und sammelt die Münzen auf dem Pflaster.

Also du willst dich nicht beliebt machen?

ANDRI. Nein.

SOLDAT. Das steht fest?

ANDRI. Ja.

SOLDAT. Und für deinesgleichen[35] sollen wir kämpfen? Bis zum letzten Mann, weißt du, was das heißt, ein Bataillon gegen zwölf Bataillone, das ist ausgerechnet[36], lieber tot als Untertan, das steht fest, aber nicht für dich!

ANDRI. Was steht fest?

SOLDAT. Ein Andorraner ist nicht feig. Sollen sie kommen mit ihren Fallschirmen wie die Heuschrecken vom Himmel herab, da kommen sie nicht durch, so wahr ich Peider heiße, bei mir nicht. Das steht fest. Bei mir nicht. Man wird ein blaues Wunder erleben!

ANDRI. Wer wird ein blaues Wunder erleben?

SOLDAT. Bei mir nicht.

Hinzutritt ein Idiot, der nur grinsen und nicken kann. Der Soldat spricht nicht zu ihm, sondern zu einer vermeintlichen Menge.

Habt ihr das wieder gehört? Er meint, wir haben Angst. Weil er selber Angst hat! Wir kämpfen nicht, sagt er, bis zum letzten Mann, wir sterben nicht vonwegen ihrer Übermacht, wir ziehen den Schwanz ein, wir scheißen in die Hosen, daß es zu den Stiefeln heraufkommt, das wagt er zu sagen: mir ins Gesicht, der Armee ins Gesicht!

ANDRI. Ich habe kein Wort gesagt.

SOLDAT. Ich frage: Habt ihr's gehört?

IDIOT *nickt und grinst.*

SOLDAT. Ein Andorraner hat keine Angst!

ANDRI. Das sagtest du schon.

SOLDAT. Aber du hast Angst!

ANDRI *schweigt.*

SOLDAT. Weil du feig bist.

ANDRI. Wieso bin ich feig?

SOLDAT. Weil du Jud bist.

IDIOT *grinst und nickt.*

SOLDAT. So, und jetzt geh ich . . .

ANDRI. Aber nicht zur Barblin!

SOLDAT. Wie er rote Ohren hat!

ANDRI. Barblin ist meine Braut.

SOLDAT *lacht.*

ANDRI. Das ist wahr.

SOLDAT *grölt.*

> «Und mit dem Bock
> und in den Rock
> und ab den Rock
> und mit dem Bock
> und mit dem Bock — »

---

[30]i.e., cheap wine   [31]sings off key   [32](Climb) up on your mount, and off with your jacket   [33]formerly   [34]exclamation of disgust

[35]the likes of you, your sort   [36]that's been figured out

ANDRI. Geh nur!

SOLDAT. Braut! hat er gesagt.

ANDRI. Barblin wird dir den Rücken drehn.

SOLDAT. Dann nehm ich sie von hinten!

ANDRI. — du bist ein Vieh.

SOLDAT. Was sagst du?

ANDRI. Ein Vieh.

SOLDAT. Sag das noch einmal. Wie er zittert! Sag das noch einmal. Aber laut, daß der ganze Platz es hört. Sag das noch einmal.

Andri geht.

SOLDAT. Was hat er da gesagt?

IDIOT *grinst und nickt.*

SOLDAT. Ein Vieh? Ich bin ein Vieh?

IDIOT *nickt und grinst.*

SOLDAT. Der macht sich nicht beliebt bei mir.

VORDERGRUND

Der Wirt, jetzt ohne die Wirteschürze, tritt an die Zeugenschranke[37].

WIRT. Ich gebe zu: Wir haben uns in dieser Geschichte alle getäuscht. Damals. Natürlich hab ich geglaubt, was alle geglaubt haben damals. Er selbst hat's geglaubt. Bis zuletzt. Ein Judenkind, das unser Lehrer gerettet habe vor den Schwarzen da drüben, so hat's immer geheißen[38], und wir fanden's großartig, daß der Lehrer sorgte wie um einen eigenen Sohn. Ich jedenfalls fand das großartig. Hab ich ihn vielleicht an den Pfahl gebracht? Niemand von uns hat wissen können, daß Andri wirklich sein eigner Sohn ist, der Sohn von unsrem Lehrer. Als er mein Küchenjunge war, hab ich ihn schlecht behandelt? Ich bin nicht schuld, daß es dann so gekommen ist. Das ist alles, was ich nach Jahr und Tag[39] dazu sagen kann. Ich bin nicht schuld.

ZWEITES BILD

Andri und Barblin auf der Schwelle vor der Kammer der Barblin.

BARBLIN. Andri, schläfst du?

ANDRI. Nein.

BARBLIN. Warum gibst du mir keinen Kuß?

ANDRI. Ich bin wach, Barblin, ich denke.

BARBLIN. Die ganze Nacht.

ANDRI. Ob's wahr ist, was die andern sagen.

Barblin hat auf seinen Knien gelegen, jetzt richtet sie sich auf, sitzt und löst ihre Haare.

ANDRI. Findest du, sie haben recht?

BARBLIN. Fang jetzt nicht wieder an!

ANDRI. Vielleicht haben sie recht.

Barblin beschäftigt sich mit ihrem Haar.

ANDRI. Vielleicht haben sie recht . . .

BARBLIN. Du hast mich ganz zerzaust.

ANDRI. Meinesgleichen, sagen sie, hat kein Gefühl.

BARBLIN. Wer sagt das?

ANDRI. Manche.

BARBLIN. Jetzt schau dir meine Bluse an!

ANDRI. Alle.

BARBLIN. Soll ich sie ausziehen? *Barblin zieht ihre Bluse aus.*

ANDRI. Meinesgleichen, sagen sie, ist geil, aber ohne Gemüt[40], weißt du —

BARBLIN. Andri, du denkst zuviel! *Barblin legt sich wieder auf seine Knie.*

ANDRI. Ich lieb dein Haar, dein rotes Haar, dein leichtes warmes bitteres Haar, Barblin, ich werde sterben, wenn ich es verliere. *Andri küßt ihr Haar.* Und warum schläfst denn du nicht?

BARBLIN *horcht.*

ANDRI. Was war das?

BARBLIN. Die Katze.

ANDRI *horcht.*

BARBLIN. Ich hab sie ja gesehen.

ANDRI. War das die Katze?

BARBLIN. Sie schlafen doch alle . . . *Barblin legt sich wieder auf seine Knie.* Küß mich!

ANDRI *lacht.*

BARBLIN. Worüber lachst du?

ANDRI. Ich muß ja dankbar sein!

BARBLIN. Ich weiß nicht, wovon du redest.

ANDRI. Von deinem Vater. Er hat mich gerettet, er fände es sehr undankbar von mir, wenn ich seine Tochter verführte. Ich lache, aber es ist nicht zum Lachen, wenn man den Menschen immerfort dankbar sein muß, daß man lebt. *Pause.* Vielleicht bin ich drum nicht lustig.

BARBLIN *küßt ihn.*

ANDRI. Bist du ganz sicher, Barblin, daß du mich willst?

---

[37]witness stand   [38]that's what was always said   [39]after all this time

[40]without feelings

BARBLIN. Warum fragst du das immer.

ANDRI. Die andern sind lustiger.

BARBLIN. Die andern!

ANDRI. Vielleicht haben sie recht. Vielleicht bin ich feig, sonst würde ich endlich zu deinem Alten gehn und sagen, daß wir verlobt sind. Findest du mich feig?

Man hört Grölen in der Ferne.

ANDRI. Jetzt grölen sie immer noch.

Das Grölen verliert sich.

BARBLIN. Ich geh nicht mehr aus dem Haus, damit sie mich in Ruh lassen. Ich denke an dich, Andri, den ganzen Tag, wenn du an der Arbeit bist, und jetzt bist du da, und wir sind allein — ich will, daß du an mich denkst, Andri, nicht an die andern. Hörst du? Nur an mich und an uns. Und ich will, daß du stolz bist, Andri, fröhlich und stolz, weil ich dich liebe vor allen andern.

ANDRI. Ich habe Angst, wenn ich stolz bin.

BARBLIN. Und jetzt will ich einen Kuß.

Andri gibt ihr einen Kuß.

Viele viele Küsse!

Andri denkt.

Ich denke nicht an die andern, Andri, wenn du mich hältst mit deinen Armen und mich küssest, glaub mir, ich denke nicht an sie.

ANDRI. — aber ich.

BARBLIN. Du mit deinen andern die ganze Zeit!

ANDRI. Sie haben mir wieder das Bein gestellt.

Eine Turmuhr schlägt.

Ich weiß nicht, wieso ich anders bin als alle. Sag es mir. Wieso? Ich seh's nicht . . .

Eine andere Turmuhr schlägt.

ANDRI. Jetzt ist es schon wieder drei.

BARBLIN. Laß uns schlafen!

ANDRI. Ich langweile dich.

Barblin schweigt.

Soll ich die Kerze löschen? . . . du kannst schlafen, ich wecke dich um sieben. *Pause.* Das ist kein Aberglaube, o nein, das gibt's, Menschen, die verflucht sind, und man kann machen mit ihnen, was man will. Ein Blick genügt, plötzlich bist du so, wie sie sagen. Das ist das Böse. Alle haben es in sich, keiner will es haben, und wo soll das hin? In die Luft? Es ist in der Luft, aber da bleibt's nicht lang, es muß in einen Menschen hinein, damit sie's eines Tages packen und töten können . . . *Andri ergreift die Kerze.* Kennst du einen Soldat namens Peider?

Barblin murrt schläfrig.

Er hat ein Aug auf dich.

BARBLIN. Der!

ANDRI. — ich dachte, du schläfst schon. *Andri bläst die Kerze aus.*

VORDERGRUND

Der Tischler tritt an die Zeugenschranke.

TISCHLER. Ich gebe zu: Das mit den 50 Pfund für die Lehre, das war eben, weil ich ihn nicht in meiner Werkstatt wollte, und ich wußte ja, es wird nur Unannehmlichkeiten geben. Wieso wollte er nicht Verkäufer werden? Ich dachte, das würd ihm liegen[41]. Niemand hat wissen können, daß er keiner ist. Ich kann nur sagen, daß ich es im Grund wohlmeinte mit ihm. Ich bin nicht schuld, daß es so gekommen ist später.

DRITTES BILD

Man hört eine Fräse, Tischlerei, Andri und ein Geselle[42] je mit einem fertigen Stuhl.

ANDRI. Ich habe auch schon Linksaußen[43] gespielt, wenn kein andrer wollte. Natürlich will ich, wenn eure Mannschaft mich nimmt.

GESELLE. Hast du Fußballschuh?

ANDRI. Nein.

GESELLE. Brauchst du aber.

[41]that would suit him [42]Someone learning a trade first serves as apprentice (*Lehrling*) for an appointed time. After passing a test he advances to journeyman (*Geselle*). The highest position is master (*Meister*). [43]"outside left" = position in soccer

ANDRI. Was kosten die?

GESELLE. Ich hab ein altes Paar, ich verkaufe sie dir. Ferner brauchst du natürlich schwarze Shorts und ein gelbes Tschersi[44], das ist klar, und gelbe Strümpfe natürlich.

ANDRI. Rechts bin ich stärker, aber wenn ihr einen Linksaußen braucht, also einen Eckball bring ich schon herein. *Andri reibt die Hände.* Das ist toll, Fedri, wenn das klappt.

GESELLE. Warum soll's nicht?

ANDRI. Das ist toll.

GESELLE. Ich bin Käpten, und du bist mein Freund.

ANDRI. Ich werde trainieren.

GESELLE. Aber reib nicht immer die Hände, sonst lacht die ganze Tribüne[45].

Andri steckt die Hände in die Hosentaschen.

Hast du Zigaretten? So gib schon. Mich bellt er nicht an! Sonst erschrickt er nämlich über sein Echo. Oder hast du je gehört, daß der mich anbellt? *Der Geselle steckt sich eine Zigarette an.*

ANDRI. Das ist toll. Fedri, daß du mein Freund bist.

GESELLE. Dein erster Stuhl?

ANDRI. Wie findest du ihn?

Der Geselle nimmt den Stuhl von Andri und versucht ein Stuhlbein herauszureißen, Andri lacht.

Die sind nicht zum Ausreißen!

GESELLE. So macht er's nämlich.

ANDRI. Versuch's nur!

Der Geselle versucht es vergeblich.

Er kommt.

GESELLE. Du hast Glück.

ANDRI. Jeder rechte Stuhl ist verzapft. Wieso Glück? Nur was geleimt ist, geht aus dem Leim.

Auftritt der Tischler.

TISCHLER. . . . schreiben Sie diesen Herrschaften, ich heiße Prader. Ein Stuhl von Prader bricht nicht zusammen, das weiß jedes Kind, ein Stuhl von Prader ist ein Stuhl von Prader. Und überhaupt: bezahlt ist bezahlt. Mit einem Wort: Ich feilsche nicht. *Zu den beiden.* Habt ihr Ferien?

Der Geselle verzieht sich flink.

Wer hat hier wieder geraucht?

                    Andri schweigt.

Ich riech es ja.

                    Andri schweigt.

Wenn du wenigstens den Schneid hättest —

ANDRI. Heut ist Sonnabend.

TISCHLER. Was hat das damit zu tun?

ANDRI. Wegen meiner Lehrlingsprobe. Sie haben gesagt: Am letzten Sonnabend in diesem Monat. Hier ist mein erster Stuhl.

                Der Tischler nimmt einen Stuhl.

Nicht dieser, Meister, der andere!

TISCHLER. Tischler werden ist nicht einfach, wenn's einer nicht im Blut hat. Nicht einfach. Woher sollst du's im Blut haben. Das hab ich deinem Vater aber gleich gesagt. Warum gehst du nicht in den Verkauf[46]? Wenn einer nicht aufgewachsen ist mit dem Holz, siehst du, mit unserem Holz — lobpreiset eure Zedern vom Libanon, aber hierzuland wird in andorranischer Eiche gearbeitet, mein Junge.

ANDRI. Das ist Buche.

TISCHLER. Meinst du, du mußt mich belehren?

ANDRI. Sie wollen mich prüfen, meinte ich.

TISCHLER *versucht ein Stuhlbein auszureißen.*

ANDRI. Meister, das ist aber nicht meiner!

TISCHLER. Da — *Der Tischler reißt ein erstes Stuhlbein aus.* Was hab ich gesagt? *Der Tischler reißt die andern drei Stuhlbeine aus,* — wie die Froschbeine, wie die Froschbeine. Und so ein Humbug soll in den Verkauf. Ein Stuhl von Prader, weißt du, was das heißt? — da, *der Tischler wirft ihm die Trümmer vor die Füße,* schau's dir an!

ANDRI. Sie irren sich.

TISCHLER. Hier — das ist ein Stuhl! *Der Tischler setzt sich auf den andern Stuhl.* Hundert Kilo[47], Gott sei's geklagt, hundert Kilo hab ich am Leib, aber was ein rechter Stuhl ist, das ächzt nicht, wenn ein rechter Mann sich draufsetzt, und das wackelt nicht. Ächzt das?

ANDRI. Nein.

TISCHLER. Wackelt das?

ANDRI. Nein.

---

[44]jersey   [45]i.e., the people in the grandstand

[46]into selling, i.e., become a salesman   [47]one kilo = 2.2 lb.

TISCHLER. Also!

ANDRI. Das ist meiner.

TISCHLER. — und wer soll diesen Humbug gemacht haben?

ANDRI. Ich hab es Ihnen aber gleich gesagt.

TISCHLER. Fedri! Fedri!

Die Fräse verstummt.

TISCHLER. Nichts als Ärger hat man mit dir, das ist der Dank, wenn man deinesgleichen in die Bude nimmt, ich hab's ja geahnt.

Auftritt der Geselle.

Fedri, bist du ein Gesell oder was bist du?

GESELLE. Ich —

TISCHLER. Wie lang arbeitest du bei Prader & Sohn?

GESELLE. Fünf Jahre.

TISCHLER. Welchen Stuhl hast du gemacht? Schau sie dir an. Diesen oder diesen? Und antworte.

Der Geselle mustert die Trümmer.

Antworte frank und blank[48].

GESELLE. — ich ...

TISCHLER. Hast du verzapft oder nicht?

GESELLE. — jeder rechte Stuhl ist verzapft ...

TISCHLER. Hörst du's?

GESELLE. — nur was geleimt ist, geht aus dem Leim ...

TISCHLER. Du kannst gehn.

GESELLE *erschrickt.*

TISCHLER. In die Werkstatt, meine ich.

Der Geselle geht rasch.

Das laß dir eine Lehre sein. Aber ich hab's ja gewußt, du gehörst nicht in eine Werkstatt. *Der Tischler sitzt und stopft sich eine Pfeife.* Schad ums Holz.

ANDRI *schweigt.*

TISCHLER. Nimm das zum Heizen.

ANDRI. Nein.

TISCHLER *zündet sich die Pfeif an.*

ANDRI. Das ist eine Gemeinheit!

TISCHLER *zündet sich die Pfeife an.*

ANDRI. ... ich nehm's nicht zurück, was ich gesagt habe. Sie sitzen auf meinem Stuhl, ich sag

es Ihnen, Sie lügen, wie's Ihnen grad paßt, und zünden sich die Pfeife an. Sie, ja, Sie! Ich hab Angst vor euch, ja, ich zittere. Wieso hab ich kein Recht vor euch? Ich bin jung, ich hab gedacht: Ich muß bescheiden sein. Es hat keinen Zweck, Sie machen sich nichts aus Beweisen[49]. Sie sitzen auf meinem Stuhl. Das kümmert Sie aber nicht? Ich kann tun, was ich will, ihr dreht es immer gegen mich, und der Hohn nimmt kein Ende. Ich kann nicht länger schweigen, es zerfrißt mich. Hören Sie denn überhaupt zu? Sie saugen an Ihrer Pfeife herum, und ich sag Ihnen ins Gesicht: Sie lügen. Sie wissen ganz genau, wie gemein Sie sind. Sie sind hundsgemein. Sie sitzen auf dem Stuhl, den ich gemacht habe, und zünden sich Ihre Pfeife an. Was hab ich Ihnen zuleid getan? Sie wollen nicht, daß ich tauge. Warum schmähen Sie mich? Sie sitzen auf meinem Stuhl. Alle schmähen mich und frohlocken und hören nicht auf. Wieso seid ihr stärker als die Wahrheit? Sie wissen genau, was wahr ist, Sie sitzen drauf —

Der Tischler hat endlich die Pfeife angezündet.

Sie haben keine Scham —.

TISCHLER. Schnorr nicht soviel.

ANDRI. Sie sehen aus wie eine Kröte!

TISCHLER. Erstens ist hier keine Klagemauer[50].

Der Geselle und zwei andere verraten sich durch Kichern.

TISCHLER. Soll ich eure ganze Fußballmannschaft entlassen?

Der Geselle und die andern verschwinden.

Erstens ist hier keine Klagemauer, zweitens habe ich kein Wort davon gesagt, daß ich dich deswegen entlasse. Kein Wort. Ich habe eine andere Arbeit für dich. Zieh deine Schürze aus! Ich zeige dir, wie man Bestellungen schreibt. Hörst du zu, wenn dein Meister spricht? Für jede Bestellung, die du hereinbringst mit deiner Schnorrerei, verdienst du ein halbes Pfund. Sagen wir: ein ganzes Pfund für drei Bestellungen. Ein ganzes Pfund! Das ist's, was deinesgleichen im Blut hat, glaub mir, und jedermann soll tun, was er im Blut hat. Du kannst Geld verdienen, Andri, Geld, viel Geld ...

[48]free and open

[49]you don't care about evidence [50]"Wailing Wall," where Jews gather in Jerusalem to lament their persecution

Andri reglos.

Abgemacht? *Der Tischler erhebt sich und klopft Andri auf die Schulter.* Ich mein's gut mit dir. *Der Tischler geht, man hört die Fräse wieder.*

ANDRI. Ich wollte aber Tischler werden ...

VORDERGRUND

Der Geselle, jetzt in einer Motorradfahrerjacke, tritt an die Zeugenschranke.

GESELLE. Ich geb zu: Es war mein Stuhl und nicht sein Stuhl. Damals. Ich wollte ja nachher mit ihm reden, aber da war er schon so, daß man halt nicht mehr reden konnte mit ihm. Nachher hab ich ihn auch nicht mehr leiden können, geb ich zu. Er hat einem nicht einmal mehr guten Tag gesagt. Ich sag ja nicht, es sei ihm recht geschehen, aber es lag halt auch an ihm[51], sonst wär's nie so gekommen. Als wir ihn nochmals fragten wegen Fußball, da war er sich schon zu gut für uns. Ich bin nicht schuld, daß sie ihn geholt haben später.

VIERTES BILD

Stube beim Lehrer. Andri sitzt und wird vom Doktor untersucht, der ihm einen Löffel in den Hals hält, die Mutter daneben.

ANDRI. Aaaandorra.
DOKTOR. Aber lauter, mein Freund, viel lauter!
ANDRI. Aaaaaaaandorra.
DOKTOR. Habt Ihr einen längeren Löffel?

Die Mutter geht hinaus.

Wie alt bist du?
ANDRI. Zwanzig.
DOKTOR *zündet sich einen Zigarillo an.*
ANDRI. Ich bin noch nie krank gewesen.
DOKTOR. Du bist ein strammer Bursch, das seh ich, ein braver Bursch, ein gesunder Bursch, das gefällt mir, mens sana in corpore sano[52], wenn du weißt, was das heißt.

ANDRI. Nein.
DOKTOR. Was ist dein Beruf?
ANDRI. Ich wollte Tischler werden —
DOKTOR. Zeig deine Augen! *Der Doktor nimmt eine Lupe aus der Westentasche und prüft die Augen.* Das andre!
ANDRI. Was ist das — ein Virus?
DOKTOR. Ich habe deinen Vater gekannt vor zwanzig Jahren, habe gar nicht gewußt, daß der einen Sohn hat. Der Eber! So nannten wir ihn. Immer mit dem Kopf durch die Wand! Er hat von sich reden gemacht damals[53], ein junger Lehrer, der die Schulbücher zerreißt, er wollte andre haben, und als er dann doch keine andern bekam, da hat er die andorranischen Kinder gelehrt, Seite um Seite mit einem schönen Rotstift anzustreichen, was in den andorranischen Schulbüchern nicht wahr ist. Und sie konnten es ihm nicht widerlegen[54]. Er war ein Kerl. Niemand wußte, was er eigentlich wollte. Ein Teufelskerl. Die Damen waren scharf auf ihn —

Eintritt die Mutter mit dem längeren Löffel.

Euer Sohn gefällt mir.

Die Untersuchung wird fortgesetzt.

Tischler ist ein schöner Beruf, ein andorranischer Beruf, nirgends in der Welt gibt es so gute Tischler wie in Andorra, das ist bekannt.
ANDRI. Aaaaaaaaaaandorra!
DOKTOR. Nochmal.
ANDRI. Aaaaaaaaaaandorra!
MUTTER. Ist es schlimm, Doktor?
DOKTOR. Was Doktor! Ich heiße Ferrer. *Der Doktor mißt den Puls.* Professor, genau genommen, aber ich gebe nichts auf Titel, liebe Frau. Der Andorraner ist nüchtern und schlicht, sagt man, und da ist etwas dran. Der Andorraner macht keine Bücklinge. Ich hätte Titel haben können noch und noch. Andorra ist eine Republik, das hab ich ihnen in der ganzen Welt gesagt: Nehmt Euch ein Beispiel dran! Bei uns gilt ein jeder, was er ist. Warum bin ich zurückgekommen, meinen Sie, nach zwanzig Jahren? *Der Doktor verstummt, um den Puls zählen zu können.* Hm.
MUTTER. Ist es schlimm, Professor?
DOKTOR. Liebe Frau, wenn einer in der Welt herumgekommen ist wie ich, dann weiß er, was

---

[51]it was his own fault too   [52]a sound mind in a sound body (Latin)

[53]he caused a great stir in those days   [54]And they couldn't disprove what he said.

das heißt: Heimat! Hier ist mein Platz, Titel hin oder her, hier bin ich verwurzelt.

Andri hustet.

Seit wann hustet er?

ANDRI. Ihr Zigarillo, Professor, Ihr Zigarillo!

DOKTOR. Andorra ist ein kleines Land, aber ein freies Land. Wo gibt's das noch? Kein Vaterland in der Welt hat einen schöneren Namen, und kein Volk auf Erden ist so frei — Mund auf, mein Freund, Mund auf! *Der Doktor schaut nochmals in den Hals, dann nimmt er den Löffel heraus.* Ein bißchen entzündet.

ANDRI. Ich?

DOKTOR. Kopfweh?

ANDRI. Nein.

DOKTOR. Schlaflosigkeit?

ANDRI. Manchmal.

DOKTOR. Aha.

ANDRI. Aber nicht deswegen.

Der Doktor steckt ihm nochmals den Löffel in den Hals.

Aaaaaaaa-Aaaaaaaaaaaaaaaaandorra.

DOKTOR. So ist's gut, mein Freund, so muß es tönen, daß jeder Jud in den Boden versinkt, wenn er den Namen unseres Vaterlands hört.

Andri zuckt.

Verschluck den Löffel nicht!

MUTTER. Andri ...

ANDRI *ist aufgestanden.*

DOKTOR. Also tragisch ist es nicht, ein bißchen entzündet, ich mache mir keinerlei Sorgen, eine Pille vor jeder Mahlzeit —

ANDRI. Wieso — soll der Jud — versinken im Boden?

DOKTOR. Wo habe ich sie bloß. *Der Doktor kramt in seinem Köfferchen.* Das fragst du, mein junger Freund, weil du noch nie in der Welt gewesen bist. Ich kenne den Jud. Wo man hinkommt, da hockt er schon, der alles besser weiß, und du, ein schlichter Andorraner, kannst einpacken. So ist es doch. Das Schlimme am Jud ist sein Ehrgeiz. In allen Ländern der Welt hocken sie auf allen Lehrstühlen, ich hab's erfahren, und unsereinem bleibt nichts andres übrig als die Heimat. Dabei habe ich nichts gegen den Jud. Ich bin nicht für Greuel. Auch ich habe Juden gerettet, obschon ich sie nicht riechen kann. Und

was ist der Dank? Sie sind nicht zu ändern. Sie hocken auf allen Lehrstühlen der Welt. Sie sind nicht zu ändern. *Der Doktor reicht die Pillen.* Hier deine Pillen!

Andri nimmt sie nicht, sondern geht.

Was hat er denn plötzlich?

MUTTER. Andri! Andri!

DOKTOR. Einfach rechtsumkehrt und davon ...

MUTTER. Das hätten Sie vorhin nicht sagen sollen, Professor, das mit dem Jud.

DOKTOR. Warum denn nicht?

MUTTER. Andri ist Jud.

Eintritt der Lehrer, Schulhefte im Arm.

LEHRER. Was ist los?

MUTTER. Nichts, reg dich nicht auf, gar nichts.

DOKTOR. Das hab ich ja nicht wissen können —

LEHRER. Was?

DOKTOR. Wieso denn ist euer Sohn ein Jud?

LEHRER *schweigt.*

DOKTOR. Ich muß schon sagen, einfach rechtsumkehrt und davon, ich habe ihn ärztlich behandelt, sogar geplaudert mit ihm, ich habe ihm erklärt, was ein Virus ist —

LEHRER. Ich hab zu arbeiten.

Schweigen.

MUTTER. Andri ist unser Pflegesohn.

LEHRER. Guten Abend.

DOKTOR. Guten Abend. *Der Doktor nimmt Hut und Köfferchen.* Ich geh ja schon. *Der Doktor geht.*

LEHRER. Was ist wieder geschehn?

MUTTER. Reg dich nicht auf!

LEHRER. Wie kommt diese Existenz in mein Haus?

MUTTER. Er ist der neue Amtsarzt[55].

Eintritt nochmals der Doktor.

DOKTOR. Er soll die Pillen trotzdem nehmen. *Der Doktor zieht den Hut ab.* Bitte um Entschuldigung. *Der Doktor setzt den Hut wieder auf.* Was hab ich denn gesagt ... bloß weil ich gesagt habe ... im Spaß natürlich, sie verstehen keinen Spaß, das sag ich ja, hat man je einen Jud getroffen, der Spaß versteht? Also ich nicht ... dabei

[55]doctor assigned to a certain area by the state

hab ich bloß gesagt: Ich kenne den Jud. Die Wahrheit wird man in Andorra wohl noch sagen dürfen . . .

LEHRER *schweigt.*

DOKTOR. Wo hab ich jetzt meinen Hut?

LEHRER *tritt zum Doktor, nimmt ihm den Hut vom Kopf, öffnet die Türe und wirft den Hut hinaus.* Dort ist Ihr Hut!

Der Doktor geht.

MUTTER. Ich habe dir gesagt, du sollst dich nicht aufregen. Das wird er nie verzeihen. Du verkrachst dich mit aller Welt, das macht es dem Andri nicht leichter.

LEHRER. Er soll kommen.

MUTTER. Andri! Andri!

LEHRER. Der hat uns noch gefehlt. Der und Amtsarzt[56]! Ich weiß nicht, die Welt hat einen Hang, immer grad die mieseste Wendung zu nehmen . . .

Eintreten Andri und Barblin.

LEHRER. Also ein für allemal, Andri, kümmre dich nicht um ihr Geschwätz. Ich werde kein Unrecht dulden, das weißt du, Andri.

ANDRI. Ja, Vater.

LEHRER. Wenn dieser Herr, der neuerdings unser Amtsarzt ist, noch einmal sein dummes Maul auftut, dieser Akademiker, dieser verkrachte, dieser Schmugglersohn — ich hab auch geschmuggelt, ja, wie jeder Andorraner: aber keine Titel! — dann, sage ich, fliegt er selbst die Treppe hinunter und zwar persönlich, nicht bloß sein Hut. *Zur Mutter.* Ich fürchte sie nicht! *Zu Andri.* Und du, verstanden, du sollst sie auch nicht fürchten. Wenn wir zusammenhalten, du und ich, wie zwei Männer, Andri, wie Freunde, wie Vater und Sohn — oder habe ich dich nicht behandelt wie meinen Sohn? Hab ich dich je zurückgesetzt? Dann sag es mir ins Gesicht. Hab ich dich anders gehalten, Andri, als meine Tochter? Sag es mir ins Gesicht. Ich warte.

ANDRI. Was, Vater, soll ich sagen?

LEHRER. Ich kann's nicht leiden, wenn du da-stehst wie ein Meßknabe, der gestohlen hat oder was weiß ich, so artig, weil du mich fürchtest. Manchmal platzt mir der Kragen[57], ich weiß, ich **bin ungerecht.** Ich hab's nicht gezählt und ge-**bucht,** was mir als Erzieher unterlaufen ist[58].

MUTTER *deckt den Tisch.*

LEHRER. Hat Mutter dich herzlos behandelt?

MUTTER. Was hältst du denn für Reden! Man könnte meinen, du redest vor einem Publikum.

LEHRER. Ich rede mit Andri.

MUTTER. Also.

LEHRER. Von Mann zu Mann.

MUTTER. Man kann essen. *Die Mutter geht hinaus.*

LEHRER. Das ist eigentlich alles, was ich dir sagen wollte.

BARBLIN *deckt den Tisch fertig.*

LEHRER. Warum, wenn er draußen so ein großes Tier ist, bleibt er nicht draußen, dieser Professor, der's auf allen Universitäten der Welt nicht einmal zum Doktor gebracht hat? Dieser Patriot, der unser Amtsarzt geworden ist, weil er keinen Satz bilden kann ohne Heimat und Andorra. Wer denn soll schuld daran sein, daß aus seinem Ehrgeiz nichts geworden ist, wer denn, wenn nicht der Jud? — Also ich will dieses Wort nicht mehr hören.

MUTTER *bringt die Suppe.*

LEHRER. Auch du, Andri, sollst dieses Wort nicht in den Mund nehmen. Verstanden? Ich duld es nicht. Sie wissen ja nicht, was sie reden, und ich will nicht, daß du am Ende noch glaubst, was sie reden. Denk dir, es ist nichts dran[59]. Ein für allemal. Verstanden? Ein für allemal.

MUTTER. Bist du fertig?

LEHRER. 's ist auch nichts dran.

MUTTER. Dann schneid uns das Brot.

LEHRER *schneidet das Brot.*

ANDRI. Ich wollte etwas andres fragen . . .

MUTTER *schöpft die Suppe.*

ANDRI. Vielleicht wißt Ihr es aber schon. Nichts ist geschehn, Ihr braucht nicht immer zu erschrecken. Ich weiß nicht, wie man so etwas sagt: — Ich werde einundzwanzig, und Barblin ist neunzehn . . .

LEHRER. Und?

ANDRI. Wir möchten heiraten.

LEHRER *läßt das Brot fallen.*

ANDRI. Ja. Ich bin gekommen, um zu fragen — ich wollte es tun, wenn ich die Tischlerprobe be-standen habe, aber daraus wird ja nichts[60] — Wir wollen uns jetzt verloben, damit die andern es wissen und der Barblin nicht überall nachlaufen.

LEHRER. — — — heiraten?

ANDRI. Ich bitte dich, Vater, um die Hand deiner Tochter.

---

[56]What an official doctor *he* is!   [57]i.e., from anger
[58]the mistakes I've made as a teacher

[59]there's nothing to it   [60]nothing's going to come of that

LEHRER *erhebt sich wie ein Verurteilter.*
MUTTER. Ich hab das kommen sehen, Can.
LEHRER. Schweig!
MUTTER. Deswegen brauchst du das Brot nicht fallen zu lassen. *Die Mutter nimmt das Brot* 5 *vom Boden.* Sie lieben einander.
LEHRER. Schweig!

     Schweigen.

ANDRI. Es ist aber so, Vater, wir lieben einander. 10 Davon zu reden ist schwierig. Seit der grünen Kammer, als wir Kinder waren, reden wir vom Heiraten. In der Schule schämten wir uns, weil alle uns auslachten: Das geht ja nicht, sagten sie, weil wir Bruder und Schwester sind! Einmal 15 wollten wir uns vergiften, weil wir Bruder und Schwester sind, mit Tollkirschen, aber es war Winter, es gab keine Tollkirschen. Und wir haben geweint, bis Mutter es gemerkt hat — bis du gekommen bist, Mutter, du hast uns getröstet und 20 gesagt, daß wir gar nicht Bruder und Schwester sind. Und diese ganze Geschichte, wie Vater mich über die Grenze gerettet hat, weil ich Jud bin. Da war ich froh drum und sagte es ihnen in der Schule und überall. Seither schlafen wir nicht mehr in 25 der gleichen Kammer, wir sind ja keine Kinder mehr.

     Der Lehrer schweigt wie versteinert.

Es ist Zeit, Vater, daß wir heiraten.
LEHRER. Andri, das geht nicht.
MUTTER. Wieso nicht? 30
LEHRER. Weil es nicht geht!
MUTTER. Schrei nicht.
LEHRER. Nein — Nein — Nein . . .
BARBLIN *bricht in Schluchzen aus.*
MUTTER. Und du heul nicht gleich! 35
BARBLIN. Dann bring ich mich um!
MUTTER. Und red keinen Unfug!
BARBLIN. Oder ich geh zu den Soldaten, jawohl. 40
MUTTER. Dann straf dich Gott!
BARBLIN. Soll er.
ANDRI. Barblin?
BARBLIN *läuft hinaus.*
LEHRER. Sie ist ein Huhn. Laß sie! Du findest 45 noch Mädchen genug.

     Andri reißt sich von ihm los.

Andri — !
ANDRI. Sie ist wahnsinnig. 50
LEHRER. Du bleibst.

     Andri bleibt.

Es ist das erste Nein, Andri, das ich dir sagen muß. *Der Lehrer hält sich beide Hände vors Gesicht.* Nein!
MUTTER. Ich versteh dich nicht, Can, ich versteh dich nicht. Bist du eifersüchtig? Barblin ist neunzehn, und einer wird kommen. Warum nicht Andri, wo wir ihn kennen? Das ist der Lauf der Welt. Was starrst du vor dich hin und schüttelst den Kopf, wo's[61] ein großes Glück ist, und willst deine Tochter nicht geben? Du schweigst. Willst du sie heiraten? Du schweigst in dich hinein[62], weil du eifersüchtig bist, Can, auf die Jungen und auf das Leben überhaupt und daß es jetzt weitergeht ohne dich.
LEHRER. Was weißt denn du!
MUTTER. Ich frag ja nur.
LEHRER. Barblin ist ein Kind —
MUTTER. Das sagen alle Väter. Ein Kind! — für dich, Can, aber nicht für den Andri.
LEHRER *schweigt.*
MUTTER. Warum sagst du nein?
LEHRER. *schweigt.*
ANDRI. Weil ich Jud bin.
LEHRER. Andri —
ANDRI. So sagt es doch.
LEHRER. Jud! Jud!
ANDRI. Das ist es doch.
LEHRER. Jud! Jedes dritte Wort, kein Tag vergeht, jedes zweite Wort, kein Tag ohne Jud, keine Nacht ohne Jud, ich höre Jud, wenn einer schnarcht, Jud, Jud, kein Witz ohne Jud, kein Geschäft ohne Jud, kein Fluch ohne Jud, ich höre Jud, wo keiner ist, Jud und Jud und nochmals Jud, die Kinder spielen Jud, wenn ich den Rücken drehe, jeder plappert's nach, die Pferde wiehern's in den Gassen: Juuuud, Juud, Jud . . .
MUTTER. Du übertreibst.
LEHRER. Gibt es denn keine andern Gründe mehr?!
MUTTER. Dann sag sie.
LEHRER *schweigt, dann nimmt er seinen Hut.*
MUTTER. Wohin?
LEHRER. Wo ich meine Ruh hab. *Er geht und knallt die Tür zu[63].*
MUTTER. Jetzt trinkt er wieder bis Mitternacht.

     Andri geht langsam nach der andern Seite.

MUTTER. Andri? — Jetzt sind alle auseinander.

---

[61]wenn es   [62]you're keeping it to yourself   [63]slams the door

FÜNFTES BILD

Platz von Andorra, der Lehrer sitzt allein vor der Pinte, der Wirt bringt den bestellten Schnaps, den der Lehrer noch nicht nimmt.

WIRT. Was gibt's Neues?
LEHRER. Noch ein Schnaps.

Der Wirt geht.

LEHRER. «Weil ich Jud bin!» *Jetzt kippt er den Schnaps.* Einmal werd ich die Wahrheit sagen — das meint man, aber die Lüge ist ein Egel, sie hat die Wahrheit ausgesaugt. Das wächst. Ich werd's nimmer los. Das wächst und hat Blut. Das sieht mich an wie ein Sohn, ein leibhaftiger Jud, mein Sohn . . . «Was gibt's Neues?» — ich habe gelogen, und ihr habt ihn gestreichelt, solang er klein war, und jetzt ist er ein Mann, jetzt will er heiraten, ja, seine Schwester — Das gibt's Neues! . . . ich weiß, was ihr denkt, im voraus: Auch einem Judenretter ist das eigne Kind zu schad[64] für den Jud! Ich sehe euer Grinsen schon.

Auftritt der Jemand und setzt sich zum Lehrer.

JEMAND. Was gibt's Neues?
LEHRER *schweigt.*
JEMAND *nimmt sich seine Zeitung vor.*
LEHRER. Warum grinsen Sie?
JEMAND. Sie drohen wieder.
LEHRER. Wer?
JEMAND. Die da drüben.

Der Lehrer erhebt sich, der Wirt kommt heraus.

WIRT. Wohin?
LEHRER. Wo ich meine Ruhe hab. *Der Lehrer geht in die Pinte hinein.*
JEMAND. Was hat er denn? Wenn der so weitermacht, der nimmt kein gutes Ende, möchte ich meinen . . . Mir ein Bier.

Der Wirt geht.

Seit der Junge nicht mehr da ist, wenigstens kann man seine Zeitung lesen: ohne das Orchestrion, wo er alleweil sein Trinkgeld verklimpert hat[65]. . .

[64]too good   [65]where he always clinked away his tips

SECHSTES BILD

Vor der Kammer der Barblin. Andri schläft allein auf der Schwelle. Kerzenlicht. Es erscheint ein großer Schatten an der Wand, der Soldat. Andri schnarcht. Der Soldat erschrickt und zögert. Stundenschlag einer Turmuhr, der Soldat sieht, daß Andri sich nicht rührt, und wagt sich bis zur Türe, zögert wieder, öffnet die Türe, Stundenschlag einer andern Turmuhr, jetzt steigt er über den schlafenden Andri hinweg und dann, da er schon soweit ist, hinein in die finstere Kammer. Barblin will schreien, aber der Mund wird ihr zugehalten. Stille. Andri erwacht.

ANDRI. Barblin!? . . . *Stille.* Jetzt ist es wieder still draußen, sie haben mit Saufen und Grölen aufgehört, jetzt sind alle im Bett. *Stille.* Schläfst du, Barblin? Wie spät kann es sein? Ich hab geschlafen. Vier Uhr? Die Nacht ist wie Milch, du, wie blaue Milch. Bald fangen die Vögel an. Wie eine Sintflut von Milch . . . *Geräusch.* Warum riegelst du die Tür? *Stille.* Soll er doch heraufkommen, dein Alter, soll er mich auf der Schwelle seiner Tochter finden. Meinetwegen! Ich geb's nicht auf, Barblin, ich werd auf deiner Schwelle sitzen jede Nacht, und wenn er sich zu Tod säuft darüber, jede Nacht. *Er nimmt sich eine Zigarette.* Jetzt bin ich wieder so wach . . . *Er sitzt und raucht.* Ich schleiche nicht länger herum wie ein bettelnder Hund. Ich hasse. Ich weine nicht mehr. Ich lache. Je gemeiner sie sind wider mich, um so wohler fühle ich mich in meinem Haß. Und um so sicherer. Haß macht Pläne. Ich freue mich jetzt von Tag zu Tag, weil ich einen Plan habe, und niemand weiß davon, und wenn ich verschüchtert gehe, so tu ich nur so[66]. Haß macht listig. Haß macht stolz. Eines Tags werde ich's ihnen zeigen. Seit ich sie hasse, manchmal möcht ich pfeifen und singen, aber ich tu's nicht. Haß macht geduldig. Und hart. Ich hasse ihr Land, das wir verlassen werden, und ihre Gesichter alle. Ich liebe einen einzigen Menschen, und das ist genug. *Er horcht.* Die Katze ist auch noch wach! *Er zählt Münzen.* Heut habe ich anderthalb Pfund verdient, Barblin, anderthalb Pfund an einem einzigen Tag. Ich spare jetzt. Ich geh auch nicht mehr an die Klimperkiste[67] — *Er lacht.* Wenn sie sehen könnten, wie sie recht haben: alleweil zähl ich mein Geld! *Er horcht.* Da schlurft noch einer nach Haus.

[66]when I go around being timid, it's just an act
[67]janglebox, i.e., jukebox

Vogelzwitschern.

Gestern hab ich diesen Peider gesehen, weißt du, der ein Aug hat auf dich, der mir das Bein gestellt hat, jetzt grinst er jedesmal, wenn er mich sieht, aber es macht mir nichts aus — *Er horcht.* Er kommt herauf! *Tritte im Haus.* Jetzt haben wir schon einundvierzig Pfund, Barblin, aber sag's niemand. Wir werden heiraten. Glaub mir, es gibt eine andre Welt, wo niemand uns kennt und wo man mir kein Bein stellt, und wir werden dahin fahren, Barblin, dann kann er hier schreien, soviel er will. *Er raucht.* Es ist gut, daß du geriegelt hast.

Auftritt der Lehrer.

LEHRER. Mein Sohn!
ANDRI. Ich bin nicht dein Sohn.
LEHRER. Ich bin gekommen, Andri, um dir die Wahrheit zu sagen, bevor es wieder Morgen ist . . .
ANDRI. Du hast getrunken.
LEHRER. Deinetwegen, Andri, deinetwegen.

Andri lacht.

Mein Sohn —
ANDRI. Laß das!
LEHRER. Hörst du mich an?
ANDRI. Halt dich an einem Laternenpfahl, aber nicht an mir, ich rieche dich. *Andri macht sich los.* Und sag nicht immer: Mein Sohn! wenn du blau bist.
LEHRER *wankt.*
ANDRI. Deine Tochter hat geriegelt, sei beruhigt.
LEHRER. Andri —
ANDRI. Du kannst nicht mehr stehen.
LEHRER. Ich bin bekümmert . . .
ANDRI. Das ist nicht nötig.
LEHRER. Sehr bekümmert . . .
ANDRI. Mutter weint und wartet auf dich.
LEHRER. Damit habe ich nicht gerechnet . . .
ANDRI. Womit hast du nicht gerechnet?
LEHRER. Daß du nicht mein Sohn sein willst.

Andri lacht.

Ich muß mich setzen . . .
ANDRI. Dann gehe ich.
LEHRER. Also du willst mich nicht anhören?
ANDRI *nimmt die Kerze.*
LEHRER. Dann halt nicht.
ANDRI. Ich verdanke dir mein Leben. Ich weiß. Wenn du Wert drauf legst, ich kann es jeden Tag einmal sagen: Ich verdanke dir mein Leben. Sogar zweimal am Tag: Ich verdanke dir mein Leben. Einmal am Morgen, einmal am Abend: Ich verdanke dir mein Leben, ich verdanke dir mein Leben.
LEHRER. Ich hab getrunken, Andri, die ganze Nacht, um dir die Wahrheit zu sagen — ich hab zuviel getrunken . . .
ANDRI. Das scheint mir auch.
LEHRER. Du verdankst mir dein Leben . . .
ANDRI. Ich verdanke es.
LEHRER. Du verstehst mich nicht . . .
ANDRI *schweigt.*
LEHRER. Steh nicht so da! — wenn ich dir mein Leben erzähle . . .

Hähne krähen.

Also mein Leben interessiert dich nicht?
ANDRI. Mich interessiert mein eignes Leben.

Hähne krähen.

Jetzt krähen schon die Hähne.
LEHRER *wankt.*
ANDRI. Tu nicht, als ob du noch denken könntest.
LEHRER. Du verachtest mich . . .
ANDRI. Ich schau dich an. Das ist alles. Ich habe dich verehrt. Nicht weil du mein Leben gerettet hast, sondern weil ich glaubte, du bist nicht wie alle, du denkst nicht ihre Gedanken, du hast Mut. Ich hab mich verlassen auf dich. Und dann hat es sich gezeigt, und jetzt schau ich dich an.
LEHRER. Was hat sich gezeigt? . . .
ANDRI *schweigt.*
LEHRER. Ich denke nicht ihre Gedanken, Andri, ich hab ihnen die Schulbücher zerrissen, ich wollte andre haben —
ANDRI. Das ist bekannt.
LEHRER. Weißt du, was ich getan habe?
ANDRI. Ich geh jetzt.
LEHRER. Ob du weißt, was ich getan habe . . .
ANDRI. Du hast ihnen die Schulbücher zerrissen.
LEHRER. — ich hab gelogen. *Pause.* Du willst mich nicht verstehn . . .

Hähne krähen.

ANDRI. Um sieben muß ich im Laden sein, Stühle verkaufen, Tische verkaufen, Schränke verkaufen, meine Hände reiben.
LEHRER. Warum mußt du deine Hände reiben?

ANDRI. «Kann man finden einen bessern Stuhl?
Wackelt das? Ächzt das? Kann man finden
einen billigeren Stuhl?»

Der Lehrer starrt ihn an.

Ich muß reich werden.
LEHRER. Warum mußt du reich werden?
ANDRI. Weil ich Jud bin.
LEHRER. Mein Sohn — !
ANDRI. Faß mich nicht wieder an!
LEHRER *wankt.*
ANDRI. Du ekelst mich.
LEHRER. Andri —
ANDRI. Heul nicht.
LEHRER. Andri —
ANDRI. Geh pissen.
LEHRER. Was sagst du?
ANDRI. Heul nicht den Schnaps aus den Augen;
wenn du ihn nicht halten kannst, sag ich, geh.
LEHRER. Du hassest mich?
ANDRI *schweigt.*

Der Lehrer geht.

ANDRI. Barblin, er ist gegangen. Ich hab ihn
nicht kränken wollen. Aber es wird immer ärger.
Hast du ihn gehört? Er weiß nicht mehr, was er
redet, und dann sieht er aus wie einer, der weint ...
Schläfst du? *Er horcht an der Türe.* Barblin!
Barblin? *Er rüttelt an der Türe, dann versucht er
die Türe zu sprengen, er nimmt einen neuen Anlauf,
aber in diesem Augenblick öffnet sich die Türe von
innen: im Rahmen steht der Soldat, beschienen
von der Kerze, barfuß, Hosen mit offenem Gurt,
Oberkörper nackt.* Barblin ...
SOLDAT. Verschwinde.
ANDRI. Das ist nicht wahr ...
SOLDAT. Verschwinde, du, oder ich mach dich
zur Sau[68].

VORDERGRUND

*Der Soldat, jetzt in Zivil, tritt an die Zeugen-
schranke.*

SOLDAT. Ich gebe zu: Ich hab ihn nicht leiden
können. Ich habe ja nicht gewußt, daß er keiner
ist, immer hat's geheißen, er sei einer. Übrigens

[68]I'll beat you up

glaub ich noch heut, daß er einer gewesen ist. Ich
hab ihn nicht leiden können von Anfang an. Aber
ich hab ihn nicht getötet. Ich habe nur meinen
Dienst getan. Order ist Order. Wo kämen wir
hin, wenn Befehle nicht ausgeführt werden! Ich
war Soldat.

SIEBENTES BILD

Sakristei, der Pater und Andri.

PATER. Andri, wir wollen sprechen miteinander.
Deine Pflegemutter wünscht es. Sie macht sich
große Sorge um dich ... Nimm Platz!
ANDRI *schweigt.*
PATER. Nimm Platz, Andri!
ANDRI *schweigt.*
PATER. Du willst dich nicht setzen?
ANDRI *schweigt.*
PATER. Ich verstehe, du bist zum ersten Mal
hier. Sozusagen. Ich erinnere mich: Einmal als
euer Fußball hereingeflogen ist, sie haben dich
geschickt, um ihn hinter dem Altar zu holen. *Der
Pater lacht.*
ANDRI. Wovon, Hochwürden, sollen wir
sprechen?
PATER. Nimm Platz!
ANDRI *schweigt.*
PATER. Also du willst dich nicht setzen.
ANDRI *schweigt.*
PATER. Nun gut.
ANDRI. Stimmt das, Hochwürden, daß ich
anders bin als alle?

Pause.

PATER. Andri, ich will dir etwas sagen.
ANDRI. — ich bin vorlaut, ich weiß.
PATER. Ich verstehe deine Not. Aber du sollst
wissen, daß wir dich gern haben, Andri, so wie
du bist. Hat dein Pflegevater nicht alles getan
für dich? Ich höre, er hat Land verkauft, damit
du Tischler wirst.
ANDRI. Ich werde aber nicht Tischler.
PATER. Wieso nicht?
ANDRI. Meinesgleichen denkt alleweil nur ans
Geld, heißt es, und drum gehöre ich nicht in die
Werkstatt, sagt der Tischler, sondern in den Ver-
kauf. Ich werde Verkäufer, Hochwürden.
PATER. Nun gut.
ANDRI. Ich wollte aber Tischler werden.
PATER. Warum setzest du dich nicht?

ANDRI. Hochwürden irren sich, glaub ich. Niemand mag mich. Der Wirt sagt, ich bin vorlaut, und der Tischler findet das auch, glaub ich. Und der Doktor sagt, ich bin ehrgeizig, und meinesgleichen hat kein Gemüt.

PATER. Setz dich!

ANDRI. Stimmt das, Hochwürden, daß ich kein Gemüt habe?

PATER. Mag sein, Andri, du hast etwas Gehetztes[69].

ANDRI. Und Peider sagt, ich bin feig.

PATER. Wieso feig?

ANDRI. Weil ich Jud bin.

PATER. Was kümmerst du dich um Peider!

ANDRI *schweigt*.

PATER. Andri, ich will dir etwas sagen.

ANDRI. Man soll nicht immer an sich selbst denken, ich weiß. Aber ich kann nicht anders, Hochwürden, es ist so. Immer muß ich denken, ob's wahr ist, was die andern von mir sagen: daß ich nicht bin wie sie, nicht fröhlich, nicht gemütlich, nicht einfach so. Und Hochwürden finden ja auch, ich hab etwas Gehetztes. Ich versteh schon, daß niemand mich mag. Ich mag mich selbst nicht, wenn ich an mich selbst denke.

Der Pater erhebt sich.

Kann ich jetzt gehn?

PATER. Jetzt hör mich einmal an!

ANDRI. Was, Hochwürden, will man von mir?

PATER. Warum so mißtrauisch?

ANDRI. Alle legen ihre Hände auf meine Schulter.

PATER. Weißt du, Andri, was du bist? *Der Pater lacht.* Du weißt es nicht, drum sag ich es dir.

Andri starrt ihn an.

Ein Prachtskerl! In deiner Art. Ein Prachtskerl! Ich habe dich beobachtet, Andri, seit Jahr und Tag[70] —

ANDRI. Beobachtet?

PATER. Freilich.

ANDRI. Warum beobachtet ihr mich alle?

PATER. Du gefällst mir, Andri, mehr als alle andern, ja, grad weil du anders bist als alle. Was schüttelst du den Kopf? Du bist gescheiter als sie. Jawohl! Das gefällt mir an dir, Andri, und ich bin froh, daß du gekommen bist und daß ich es dir einmal sagen kann.

ANDRI. Das ist nicht wahr.

PATER. Was ist nicht wahr?

ANDRI. Ich bin nicht anders. Und wenn er dreimal so kräftig ist wie ich, dieser Peider, ich hau ihn zusammen vor allen Leuten auf dem Platz, das hab ich mir geschworen —

PATER. Meinetwegen.

ANDRI. Das hab ich mir geschworen —

PATER. Ich mag ihn auch nicht.

ANDRI. Ich will mich nicht beliebt machen. Ich werde mich wehren. Ich bin nicht feig — und nicht gescheiter als die andern, Hochwürden, ich will nicht, daß Hochwürden das sagen.

PATER. Hörst du mich jetzt an?

ANDRI. Nein. *Andri entzieht sich.* Ich mag nicht immer eure Hände auf meinen Schultern ... *Pause.*

PATER. Du machst es einem wirklich nicht leicht. *Pause.* Kurz und gut[71], deine Pflegemutter war hier. Mehr als vier Stunden. Die gute Frau ist ganz unglücklich. Du kommst nicht mehr zu Tisch, sagt sie, und bist verstockt. Sie sagt, du glaubst nicht, daß man dein Bestes will.

ANDRI. Alle wollen mein Bestes!

PATER. Warum lachst du?

ANDRI. Wenn er mein Bestes will, warum, Hochwürden, warum will er mir alles geben, aber nicht seine eigene Tochter?

PATER. Es ist sein väterliches Recht —

ANDRI. Warum aber? Warum? Weil ich Jud bin.

PATER. Schrei nicht!

ANDRI *schweigt*.

PATER. Kannst du nichts andres mehr denken in deinem Kopf? Ich habe dir gesagt, Andri, als Christ, daß ich dich liebe — aber eine Unart, das muß ich leider schon sagen, habt ihr alle: Was immer euch widerfährt in diesem Leben, alles und jedes bezieht ihr nur darauf[72], daß ihr Jud seid. Ihr macht es einem wirklich nicht leicht mit eurer Überempfindlichkeit.

ANDRI *schweigt und wendet sich ab.*

PATER. Du weinst ja.

ANDRI *schluchzt, Zusammenbruch.*

PATER. Was ist geschehen? Antworte mir. Was ist denn los? Ich frage dich, was geschehen ist. Andri! So rede doch. Andri? Du schlotterst ja[73]. Was ist mit Barblin? Du hast ja den Verstand verloren. Wie soll ich helfen, wenn du nicht

[69]nervous, harried   [70]for a long time

[71]in a word, in short, to come to the point   [72]you relate to the fact   [73]You're trembling.

redest? So nimm dich doch zusammen. Andri!
Hörst du? Andri! Du bist doch ein Mann. Du!
Also ich weiß nicht.

ANDRI. — meine Barblin. *Andri läßt die Hände
von seinem Gesicht fallen und starrt vor sich hin.*
Sie kann mich nicht lieben, niemand kann's, ich
selbst kann mich nicht lieben . . .

Eintritt ein Kirchendiener mit einem Meßgewand.

Kann ich jetzt gehn?

Der Kirchendiener knöpft den Pater auf.

PATER. Du kannst trotzdem bleiben.

Der Kirchendiener kleidet den Pater zur Messe.

Du sagst es selbst. Wie sollen die andern uns lieben können, wenn wir uns selbst nicht lieben?
Unser Herr sagt: Liebe deinen Nächsten wie dich
selbst. Er sagt: Wie dich selbst. Wir müssen uns
selbst annehmen, und das ist es, Andri, was du
nicht tust. Warum willst du sein wie die andern?
Du bist gescheiter als sie, glaub mir, du bist wacher.
Wieso willst du's nicht wahrhaben? 's ist ein Funke
in dir. Warum spielst du Fußball wie diese Blö-
diane[74] alle und brüllst auf der Wiese herum, bloß
um ein Andorraner zu sein? Sie mögen dich alle
nicht, ich weiß. Ich weiß auch warum. 's ist ein
Funke in dir. Du denkst. Warum soll's nicht auch
Geschöpfe geben, die mehr Verstand haben als
Gefühl? Ich sage: Gerade dafür bewundere ich
euch. Was siehst du mich so an? 's ist ein Funke in
euch. Denk an Einstein! Und wie sie alle heißen.
Spinoza!

ANDRI. Kann ich jetzt gehn?

PATER. Kein Mensch, Andri, kann aus seiner
Haut heraus, kein Jud und kein Christ. Niemand.
Gott will, daß wir sind, wie er uns geschaffen hat.
Verstehst du mich? Und wenn sie sagen, der Jud
ist feig, dann wisse: Du bist nicht feig, Andri,
wenn du es annimmst, ein Jud zu sein. Im Gegenteil. Du bist nun einmal anders als wir. Hörst du
mich? Ich sage: Du bist nicht feig. Bloß wenn
du sein willst wie die Andorraner alle, dann bist
du feig . . .

Eine Orgel setzt ein.

ANDRI. Kann ich jetzt gehn?
PATER. Denk darüber nach, Andri, was du

[74]blockheads

selbst gesagt hast: Wie sollen die andern dich
annehmen, wenn du dich selbst nicht annimmst?

ANDRI. Kann ich jetzt gehn . . .
PATER. Andri, hast du mich verstanden?

VORDERGRUND

Der Pater kniet.

PATER. Du sollst dir kein Bildnis machen von
Gott, deinem Herrn, und nicht von den Menschen,
die seine Geschöpfe sind. Auch ich bin schuldig
geworden damals. Ich wollte ihm mit Liebe begegnen, als ich gesprochen habe mit ihm. Auch
ich habe mir ein Bildnis gemacht von ihm, auch
ich habe ihn gefesselt, auch ich habe ihn an den
Pfahl gebracht.

ACHTES BILD

*Platz von Andorra. Der Doktor sitzt als einziger;
die andern stehen: der Wirt, der Tischler, der Soldat, der Geselle, der Jemand, der eine Zeitung liest.*

DOKTOR. Ich sage: Beruhigt euch!
SOLDAT. Wieso kann Andorra nicht überfallen
werden?
DOKTOR *zündet sich einen Zigarillo an.*
SOLDAT. Ich sage: Pfui Teufel!
WIRT. Soll ich vielleicht sagen, es gibt in
Andorra kein anständiges Zimmer? Ich bin
Gastwirt. Man kann eine Fremdlingin nicht von
der Schwelle weisen —
JEMAND *lacht, die Zeitung lesend.*
WIRT. Was bleibt mir andres übrig? Da steht
eine Senora und fragt, ob es ein anständiges
Zimmer gibt —
SOLDAT. Eine Senora, ihr hört's!
TISCHLER. Eine von drüben?
SOLDAT. Unsereiner kämpft, wenn's losgeht,
bis zum letzten Mann, und der bewirtet sie! *Er
spuckt aufs Pflaster.* Ich sage: Pfui Teufel.
DOKTOR. Nur keine Aufregung. *Er raucht.*
Ich bin weit in der Welt herumgekommen, das
könnt ihr mir glauben. Ich bin Andorraner, das ist
bekannt, mit Leib und Seele. Sonst wäre ich nicht
in die Heimat zurückgekehrt, ihr guten Leute,
sonst hätte euer Professor nicht verzichtet auf alle
Lehrstühle der Welt —

JEMAND *lacht, die Zeitung lesend.*
WIRT. Was gibts da zu lachen?
JEMAND. Wer kämpft bis zum letzten Mann?
SOLDAT. Ich.
JEMAND. In der Bibel heißt's, die Letzten werden die Ersten sein, oder umgekehrt, ich weiß nicht, die Ersten werden die Letzten sein.
SOLDAT. Was will er damit sagen?
JEMAND. Ich frag ja bloß.
SOLDAT. Bis zum letzten Mann, das ist Order. Lieber tot als untertan, das steht in jeder Kaserne. Das ist Order. Sollen sie kommen, sie werden ihr blaues Wunder erleben[75] . . .

Kleines Schweigen.

TISCHLER. Wieso kann Andorra nicht überfallen werden?
DOKTOR. Die Lage ist gespannt, ich weiß.
TISCHLER. Gespannt wie noch nie.
DOKTOR. Das ist sie schon seit Jahren.
TISCHLER. Wozu haben sie Truppen an der Grenze?
DOKTOR. Was ich habe sagen wollen: Ich bin weit in der Welt herumgekommen. Eins könnt Ihr mir glauben: In der ganzen Welt gibt es kein Volk, das in der ganzen Welt so beliebt ist wie wir. Das ist eine Tatsache.
TISCHLER. Schon.
DOKTOR. Fassen wir einmal diese Tatsache ins Auge, fragen wir uns: Was kann einem Land wie Andorra widerfahren? Einmal ganz sachlich.
WIRT. Das stimmt, das stimmt.
SOLDAT. Was stimmt?
WIRT. Kein Volk ist so beliebt wie wir.
TISCHLER. Schon.
DOKTOR. Beliebt ist kein Ausdruck. Ich habe Leute getroffen, die keine Ahnung haben, wo Andorra liegt, aber jedes Kind in der Welt weiß, daß Andorra ein Hort ist, ein Hort des Friedens und der Freiheit und der Menschenrechte.
WIRT. Sehr richtig.
DOKTOR. Andorra ist ein Begriff, geradezu ein Inbegriff, wenn ihr begreift, was das heißt. *Er raucht.* Ich sage: sie werden's nicht wagen.
SOLDAT. Wieso nicht, wieso nicht?
WIRT. Weil wir ein Inbegriff sind.
SOLDAT. Aber die haben die Übermacht!
WIRT. Weil wir so beliebt sind.

Der Idiot bringt einen Damenkoffer und stellt ihn hin.

SOLDAT. Da: — bitte!

Der Idiot geht wieder.

TISCHLER. Was will die hier?
GESELLE. Eine Spitzelin!
SOLDAT. Was sonst?
GESELLE. Eine Spitzelin!
SOLDAT. Und der bewirtet sie!
JEMAND *lacht.*
SOLDAT. Grinsen Sie nicht immer so blöd.
JEMAND. Spitzelin ist gut.
SOLDAT. Was sonst soll die sein?
JEMAND. Es heißt nicht Spitzelin, sondern Spitzel, auch wenn die Lage gespannt ist und wenn es sich um eine weibliche Person handelt.
TISCHLER. Ich frag mich wirklich, was die hier sucht.

Der Idiot bringt einen zweiten Damenkoffer.

SOLDAT. Bitte! Bitte!
GESELLE. Stampft ihr doch das Zeug zusammen!
WIRT. Das fehlte noch[76].

Der Idiot geht wieder.

WIRT. Statt daß er das Gepäck hinaufbringt, dieser Idiot, läuft er wieder davon, und ich hab das Aufsehen von allen Leuten[77] —
JEMAND *lacht.*
WIRT. Ich bin kein Verräter. Nicht wahr, Professor, nicht wahr? Das ist nicht wahr. Ich bin Wirt. Ich wäre der erste, der einen Stein wirft. Jawohl! Noch gibt's ein Gastrecht in Andorra, ein altes und heiliges Gastrecht. Nicht wahr, Professor, nicht wahr? Ein Wirt kann nicht Nein sagen, und wenn die Lage noch so gespannt ist, und schon gar nicht, wenn es eine Dame ist.
JEMAND *lacht.*
GESELLE. Und wenn sie Klotz hat[78]!
JEMAND *lacht.*
WIRT. Die Lage ist nicht zum Lachen, Herr.
JEMAND. Spitzelin.
WIRT. Laßt ihr Gepäck in Ruh!
JEMAND. Spitzelin ist sehr gut.

Der Idiot bringt einen Damenmantel und legt ihn hin.

SOLDAT. Da: — bitte.

[75]they'll really get a surprise   [76]that's all we'd need   [77]I've got everybody watching me   [78]money

Der Idiot geht wieder.

TISCHLER. Wieso meinen Sie, Andorra kann nicht überfallen werden?

DOKTOR. Man hört mir ja nicht zu. *Er raucht.* Ich dachte, man hört mir zu. *Er raucht.* Sie werden es nicht wagen, sage ich. Und wenn sie noch soviel Panzer haben und Fallschirme obendrein, das können die sich gar nicht leisten. Oder wie Perin, unser großer Dichter, einmal gesagt hat: Unsere Waffe ist unsere Unschuld. Oder umgekehrt: Unsere Unschuld ist unsere Waffe. Wo in der Welt gibt es noch eine Republik, die das sagen kann? Ich frage: Wo? Ein Volk wie wir, das sich aufs Weltgewissen berufen kann wie kein anderes, ein Volk ohne Schuld —

Andri erscheint im Hintergrund.

SOLDAT. Wie der wieder herumschleicht!

Andri verzieht sich, da alle ihn anblicken.

DOKTOR. Andorraner, ich will euch etwas sagen. Noch kein Volk der Welt ist überfallen worden, ohne daß man ihm ein Vergehen hat vorwerfen können. Was sollen sie uns vorwerfen? Das Einzige, was Andorra widerfahren könnte, wäre ein Unrecht, ein krasses und offenes Unrecht. Und das werden sie nicht wagen. Morgen sowenig wie gestern. Weil die ganze Welt uns verteidigen würde. Schlagartig. Weil das ganze Weltgewissen auf unsrer Seite ist.

JEMAND *nach wie vor die Zeitung lesend.* Schlagartig.

WIRT. Jetzt halten Sie endlich das Maul!

JEMAND *lacht, steckt die Zeitung ein.*

DOKTOR. Wer sind Sie eigentlich?

JEMAND. Ein fröhlicher Charakter.

DOKTOR. Ihr Humor ist hier nicht am Platz.

GESELLE *tritt gegen die Koffer.*

WIRT. Halt!

DOKTOR. Was soll das?

WIRT. Um Gotteswillen!

JEMAND *lacht.*

DOKTOR. Unsinn. Darauf warten sie ja bloß. Belästigung von Reisenden in Andorra! Damit sie einen Vorwand haben gegen uns. So ein Unsinn! Wo ich euch sage: Beruhigt euch! Wir liefern ihnen keinen Vorwand — Spitzel hin oder her[79].

[79]whether she's a spy or not

WIRT *stellt die Koffer wieder zurecht.*

SOLDAT. Ich sage: Pfui Teufel!

WIRT *wischt die Koffer wieder sauber.*

DOKTOR. Ein Glück, daß es niemand gesehen hat ...

Auftritt die Senora. Stille. Die Senora setzt sich an ein freies Tischlein. Die Andorraner mustern sie, während sie langsam ihre Handschuhe abstreift.

DOKTOR. Ich zahle.

TISCHLER. Ich auch.

Der Doktor erhebt sich und entfernt sich, indem er vor der Senora den Hut lüftet; der Tischler gibt dem Gesellen einen Wink, daß er ihm ebenfalls folge.

SENORA. Ist hier etwas vorgefallen?

JEMAND *lacht.*

SENORA. Kann ich etwas trinken?

WIRT. Mit Vergnügen, Senora —

SENORA. Was trinkt man hierzulande?

WIRT. Mit Vergnügen, Senora —

SENORA. Am liebsten ein Glas frisches Wasser.

WIRT. Senora, wir haben alles.

JEMAND *lacht.*

WIRT. Der Herr hat einen fröhlichen Charakter.

JEMAND *geht.*

SENORA. Das Zimmer, Herr Wirt, ist ordentlich, sehr ordentlich.

WIRT *verneigt sich und geht.*

SOLDAT. Und mir einen Korn!

Der Soldat bleibt und setzt sich, um die Senora zu begaffen. Im Vordergrund rechts, am Orchestrion, erscheint Andri und wirft eine Münze ein.

WIRT. Immer diese Klimperkiste!

ANDRI. Ich zahle.

WIRT. Hast du nichts andres im Kopf?

ANDRI. Nein.

Während die immergleiche Platte spielt: Die Senora schreibt einen Zettel, der Soldat gafft, sie faltet den Zettel und spricht zum Soldaten, ohne ihn anzublicken.

SENORA. Gibt es in Andorra keine Frauen?

Der Idiot kommt zurück.

Du kennst einen Lehrer namens Can?

Der Idiot grinst und nickt.

Bringe ihm diesen Zettel.

Auftreten drei andere Soldaten und der Geselle.

SOLDAT. Habt ihr das gehört? Ob's in Andorra keine Weiber gibt, fragt sie.
GESELLE. Was hast du gesagt?
SOLDAT. — nein, aber Männer!
GESELLE. Hast du gesagt?
SOLDAT. — ob sie vielleicht nach Andorra kommt, weil's drüben keine Männer gibt.
GESELLE. Hast du gesagt?
SOLDAT. Hab ich gesagt.

Sie grinsen.

Da ist er schon wieder. Gelb wie ein Käs! Der will mich verhauen . . .

Auftritt Andri, die Musik ist aus.

SOLDAT. Wie geht's deiner Braut?
ANDRI *packt den Soldaten am Kragen.*
SOLDAT. Was soll das? *Der Soldat macht sich los.* Ein alter Rabbi hat ihm das Märchen erzählt von David und Goliath, jetzt möcht er uns den David spielen.
Sie grinsen.
Gehn wir.
ANDRI. Fedri —
GESELLE. Wie er stottert!
ANDRI. Warum hast du mich verraten?
SOLDAT. Gehn wir.

Andri schlägt dem Soldaten die Mütze vom Kopf.

Paß auf, du! *Der Soldat nimmt die Mütze vom Pflaster und klopft den Staub ab.* Wenn du meinst, ich will deinetwegen in Arrest —
GESELLE. Was will er denn bloß?
ANDRI. Jetzt mach mich zur Sau.
SOLDAT. Gehn wir.

Der Soldat setzt sich die Mütze auf, Andri schlägt sie ihm nochmals vom Kopf, die andern lachen, der Soldat schlägt ihm plötzlich einen Haken[80], sodaß Andri stürzt.

Wo hast du die Schleuder, David?

[80]trips him

Andri erhebt sich.

Unser David, unser David geht los!

Andri schlägt auch dem Soldaten plötzlich den Haken, der Soldat stürzt.

Jud, verdammter —!
SENORA. Nein! Nein! Alle gegen einen. Nein!

Die andern Soldaten haben Andri gepackt, sodaß der Soldat loskommt. Der Soldat schlägt auf Andri, während die andern ihn festhalten. Andri wehrt sich stumm, plötzlich kommt er los. Der Geselle gibt ihm einen Fußtritt von hinten. Als Andri sich umdreht, packt ihn der Soldat seinerseits von hinten. Andri fällt. Die vier Soldaten und der Geselle versetzen ihm Fußtritte von allen Seiten, bis sie die Senora wahrnehmen, die herbeigekommen ist.

SOLDAT. — das hat noch gefehlt, uns lächerlich machen vor einer Fremden . . . *Der Soldat und die andern verschwinden.*
SENORA. Wer bist du?
ANDRI. Ich bin nicht feig.
SENORA. Wie heißest du?
ANDRI. Immer sagen sie, ich bin feig.
SENORA. Nicht, nicht mit der Hand in die Wunde!

Auftritt der Wirt mit Karaffe und Glas auf Tablett.

WIRT. Was ist geschehn?
SENORA. Holen Sie einen Arzt.
WIRT. Und das vor meinem Hotel —!
SENORA. Geben Sie her. *Die Senora nimmt die Karaffe und ihr Taschentuch, kniet neben Andri, der sich aufzurichten versucht.* Sie haben ihn mit Stiefeln getreten.
WIRT. Unmöglich, Senora!
SENORA. Stehen Sie nicht da, ich bitte Sie, holen Sie einen Arzt.
WIRT. Senora, das ist nicht üblich hierzuland . . .
SENORA. Ich wasche dich nur.
WIRT. Du bist selbst schuld. Was kommst du immer, wenn die Soldaten da sind . . .
SENORA. Sieh mich an!
WIRT. Ich habe dich gewarnt.
SENORA. Zum Glück ist das Auge nicht verletzt.
WIRT. Er ist selbst schuld, immer geht er an die Klimperkiste, ich hab ihn ja gewarnt, er macht die Leute rein nervös . . .
SENORA. Wollen Sie keinen Arzt holen?

Der Wirt geht.

ANDRI. Jetzt sind alle gegen mich.
SENORA. Schmerzen?
ANDRI. Ich will keinen Arzt.
SENORA. Das geht bis auf den Knochen.
ANDRI. Ich kenne den Arzt. *Andri erhebt sich.*
Ich kann schon gehn, das ist nur an der Stirn.
SENORA *erhebt sich.*
ANDRI. Ihr Kleid, Senora! — Ich habe Sie blutig
gemacht.
SENORA. Führe mich zu deinem Vater. *Die
Senora nimmt Andri am Arm, sie gehen langsam,
während der Wirt und der Doktor kommen.*
DOKTOR. Arm in Arm?
WIRT. Sie haben ihn mit Stiefeln getreten, ich
hab's mit eigenen Augen gesehen, ich war drin.
DOKTOR *steckt sich einen Zigarillo an.*
WIRT. Immer geht er an die Klimperkiste, ich
hab's ihm noch gesagt, er macht die Leute rein
nervös.
DOKTOR. Blut?
WIRT. Ich hab es kommen sehn.
DOKTOR *raucht.*
WIRT. Sie sagen kein Wort.
DOKTOR. Eine peinliche Sache.
WIRT. Er hat angefangen.
DOKTOR. Ich habe nichts wider dieses Volk, aber
ich fühle mich nicht wohl, wenn ich einen von
ihnen sehe. Wie man sich verhält, ist's falsch. Was
habe ich denn gesagt? Sie können's nicht lassen,
immer verlangen sie, daß unsereiner sich an ihnen
bewährt[81]. Als hätten wir nichts andres zu tun!
Niemand hat gern ein schlechtes Gewissen, aber
drauf legen sie's an[82]. Sie wollen, daß man ihnen
ein Unrecht tut. Sie warten nur drauf ... *Er wendet sich zum Gehen.* Waschen Sie das bißchen Blut
weg. Und schwatzen Sie nicht immer soviel in der
Welt herum! Sie brauchen nicht jedermann zu sagen, was Sie mit eignen Augen gesehen haben.

VORDERGRUND

*Der Lehrer und die Senora vor dem weißen Haus
wie zu Anfang.*

SENORA. Du hast gesagt, unser Sohn sei Jude.
LEHRER *schweigt.*

SENORA. Warum hast du diese Lüge in die Welt
gesetzt?
LEHRER *schweigt.*
SENORA. Eines Tages kam ein andorranischer
Krämer vorbei, der überhaupt viel redete. Um
Andorra zu loben, erzählte er überall die rührende
Geschichte von einem andorranischen Lehrer, der
damals, zur Zeit der großen Morde, ein Judenkind
gerettet habe, das er hege und pflege wie einen
eignen Sohn. Ich schickte sofort einen Brief: Bist
du dieser Lehrer? Ich forderte Antwort. Ich
fragte: Weißt du, was du getan hast? Ich wartete
auf Antwort. Sie kam nicht. Vielleicht hast du
meinen Brief nie bekommen. Ich konnte nicht
glauben, was ich befürchtete. Ich schrieb ein
zweites Mal, ein drittes Mal. Ich wartete auf Antwort. So verging die Zeit ... Warum hast du
diese Lüge in die Welt gesetzt?
LEHRER. Warum, warum, warum!
SENORA. Du hast mich gehaßt, weil ich feige war,
als das Kind kam. Weil ich Angst hatte vor meinen
Leuten. Als du an die Grenze kamst, sagtest du, es
sei ein Judenkind, das du gerettet hast vor uns.
Warum? Weil auch du feige warst, als du wieder
nach Hause kamst. Weil auch du Angst hattest vor
deinen Leuten. *Pause.* War es nicht so? *Pause.*
Vielleicht wolltest du zeigen, daß ihr so ganz anders
seid als wir. Weil du mich gehaßt hast. Aber sie
sind hier nicht anders, du siehst es, nicht viel.
LEHRER *schweigt.*
SENORA. Er sagte, er wolle nach Haus, und hat
mich hierher gebracht; als er dein Haus sah, drehte
er um und ging weg, ich weiß nicht wohin.
LEHRER. Ich werde es sagen, daß er mein Sohn
ist, unser Sohn, ihr eignes Fleisch und Blut —
SENORA. Warum gehst du nicht?
LEHRER. Und wenn sie die Wahrheit nicht
wollen?

Pause

NEUNTES BILD

Stube beim Lehrer, die Senora sitzt, Andri steht.

SENORA. Da man also nicht wünscht, daß ich
es dir sage, Andri, weswegen ich gekommen bin,
ziehe ich jetzt meine Handschuhe an und gehe.
ANDRI. Senora, ich verstehe kein Wort.
SENORA. Bald wirst du alles verstehen. *Sie zieht
einen Handschuh an.* Weißt du, daß du schön bist?
Lärm in der Gasse. Sie haben dich beschimpft und

[81]that one of us act as they expect us to   [82]they make
a point of it (of giving us a bad conscience)

mißhandelt, Andri, aber das wird ein Ende nehmen. Die Wahrheit wird sie richten, und du, Andri, bist der einzige hier, der die Wahrheit nicht zu fürchten braucht.

ANDRI. Welche Wahrheit?

SENORA. Ich bin froh, daß ich dich gesehen habe.

ANDRI. Sie verlassen uns, Senora?

SENORA. Man bittet darum.

ANDRI. Wenn Sie sagen, kein Land sei schlechter und kein Land sei besser als Andorra, warum bleiben Sie nicht hier?

SENORA. Möchtest du das? *Lärm in der Gasse.* Ich muß. Ich bin eine von drüben, du hörst es, wie ich sie verdrieße. Eine Schwarze! So nennen sie uns hier, ich weiß... *Sie zieht den andern Handschuh an.* Vieles möchte ich dir noch sagen, Andri, und vieles fragen, lang mit dir sprechen. Aber wir werden uns wiedersehen, so hoffe ich... *Sie ist fertig.* Wir werden uns wiedersehen. *Sie sieht sich nochmals um.* Hier also bist du aufgewachsen.

ANDRI. Ja.

SENORA. Ich sollte jetzt gehen. *Sie bleibt sitzen.* Als ich in deinem Alter war — das geht sehr schnell, Andri, du bist jetzt zwanzig und kannst es nicht glauben: man trifft sich, man liebt, man trennt sich, das Leben ist vorne, und wenn man in den Spiegel schaut, plötzlich ist es hinten, man kommt sich nicht viel anders vor, aber plötzlich sind es andere, die jetzt zwanzig sind... Als ich in deinem Alter war: mein Vater, ein Offizier, war gefallen im Krieg, ich weiß, wie er dachte, und ich wollte nicht denken wie er. Wir wollten eine andere Welt. Wir waren jung wie du, und was man uns lehrte, war mörderisch, das wußten wir. Und wir verachteten die Welt, wie sie ist, wir durchschauten sie und wollten eine andere wagen. Und wir wagten sie auch. Wir wollten keine Angst haben vor den Leuten. Um nichts in der Welt. Wir wollten nicht lügen. Als wir sahen, daß wir die Angst nur verschwiegen, haßten wir einander. Unsere andere Welt dauerte nicht lang. Wir kehrten über die Grenze zurück, wo wir herkamen, als wir jung waren wie du... *Sie erhebt sich.* Verstehst du, was ich sage?

ANDRI. Nein.

SENORA *tritt zu Andri und küßt ihn.*

ANDRI. Warum küssen Sie mich?

SENORA. Ich muß gehen. Werden wir uns wiedersehen?

ANDRI. Ich möchte es.

SENORA. Ich wollte immer, ich hätte Vater und Mutter nie gekannt. Kein Mensch, wenn er die Welt sieht, die sie ihm hinterlassen, versteht seine Eltern.

Der Lehrer und die Mutter treten ein.

SENORA. Ich gehe, ja, ich bin im Begriff zu gehen. *Schweigen.* So sage ich denn Lebwohl. *Schweigen.* Ich gehe, ja, jetzt gehe ich... *Die Senora geht hinaus.*

LEHRER. Begleite sie! Aber nicht über den Platz, geh hinten herum.

ANDRI. Warum hinten herum?

LEHRER. Geh!

Andri geht hinaus.

LEHRER. Der Pater wird es ihm sagen. Frag mich jetzt nicht! Du verstehst mich nicht, drum hab ich es dir nie gesagt. *Er setzt sich.* Jetzt weißt du's.

MUTTER. Was wird Andri dazu sagen?

LEHRER. Mir glaubt er's nicht.

Lärm in der Gasse

Hoffentlich läßt der Pöbel sie in Ruh.

MUTTER. Ich versteh mehr, als du meinst, Can. Du hast sie geliebt, aber mich hast du geheiratet, weil ich eine Andorranerin bin. Du hast uns alle verraten, aber den Andri vor allem. Fluch nicht auf die Andorraner, du selbst bist einer.

Eintritt der Pater.

Hochwürden haben eine schwere Aufgabe in diesem Haus. Hochwürden haben unsrem Andri erklärt, was das ist, ein Jud, und daß er's annehmen soll. Nun hat er's angenommen. Nun müssen Hochwürden ihm sagen, was ein Andorraner ist, und daß er's annehmen soll.

LEHRER. Jetzt laß uns allein!

MUTTER. Gott steh Ihnen bei, Pater Benedikt. *Die Mutter geht hinaus.*

PATER. Ich habe es versucht, aber vergeblich, man kann nicht reden mit ihnen, jedes vernünftige Wort bringt sie auf. Sie sollen endlich nach Hause gehen, ich hab's ihnen gesagt, und sich um ihre eignen Angelegenheiten kümmern. Dabei weiß keiner, was sie eigentlich wollen.

Andri kommt zurück.

LEHRER. Wieso schon zurück?

ANDRI. Sie will allein gehen, sagt sie. *Er zeigt seine Hand.* Sie hat mir das geschenkt.

LEHRER. — ihren Ring?

ANDRI. Ja.

LEHRER *schweigt, dann erhebt er sich.*

ANDRI. Wer ist diese Senora?

LEHRER. Dann begleit ich sie. *Der Lehrer geht.*

PATER. Was lachst du denn?

ANDRI. Er ist eifersüchtig!

PATER. Nimm Platz.

ANDRI. Was ist eigentlich los mit euch allen?

PATER. Es ist nicht zum Lachen, Andri.

ANDRI. Aber lächerlich. *Andri betrachtet den Ring.* Ist das ein Topas oder was kann das sein?

PATER. Andri, wir sollen sprechen miteinander.

ANDRI. Schon wieder? *Andri lacht.* Alle benehmen sich heut wie Marionetten, wenn die Fäden durcheinander sind, auch Sie, Hochwürden. *Andri nimmt sich eine Zigarette.* War sie einmal seine Geliebte? Man hat so das Gefühl. Sie nicht? *Andri raucht.* Sie ist eine fantastische Frau.

PATER. Ich habe dir etwas zu sagen.

ANDRI. Kann man nicht stehen dazu? *Andri setzt sich.* Um zwei muß ich im Laden sein. Ist sie nicht eine fantastische Frau?

PATER. Es freut mich, daß sie dir gefällt.

ANDRI. Alle tun so steif. *Andri raucht.* Sie wollen mir sagen, man soll halt nicht zu einem Soldat gehn und ihm die Mütze vom Kopf hauen, wenn man weiß, daß man Jud ist, man soll das überhaupt nicht tun, und doch bin ich froh, daß ich's getan habe, ich hab etwas gelernt dabei, auch wenn's mir nichts nützt, überhaupt vergeht jetzt, seit unserm Gespräch, kein Tag, ohne daß ich etwas lerne, was mir nichts nützt, Hochwürden, so wenig wie Ihre guten Worte, ich glaub's, daß Sie es wohl meinen, Sie sind Christ von Beruf, aber ich bin Jud von Geburt, und drum werd ich jetzt auswandern.

PATER. Andri —

ANDRI. Sofern's mir gelingt. *Andri löscht die Zigarette.* Das wollte ich niemand sagen.

PATER. Bleib sitzen!

ANDRI. Dieser Ring wird mir helfen. Daß Sie jetzt schweigen, Hochwürden, daß Sie es niemand sagen, ist das Einzige, was Sie für mich tun können. *Andri erhebt sich.* Ich muß gehn. *Andri lacht.* Ich hab so etwas Gehetztes, ich weiß, Hochwürden haben ganz recht . . .

PATER. Sprichst du oder spreche ich?

ANDRI. Verzeihung. *Andri setzt sich.* Ich höre.

PATER. Andri —

ANDRI. Sie sind so feierlich!

PATER. Ich bin gekommen, um dich zu erlösen.

ANDRI. Ich höre.

PATER. Auch ich, Andri, habe nichts davon gewußt, als wir das letzte Mal miteinander redeten. Er habe ein Judenkind gerettet, so hieß es seit Jahr und Tag, eine christliche Tat, wieso sollte ich nicht dran glauben! Aber nun, Andri, ist deine Mutter gekommen —

ANDRI. Wer ist gekommen?

PATER. Die Senora.

ANDRI *springt auf.*

PATER. Andri — du bist kein Jud.

Schweigen.

PATER. Du glaubst nicht, was ich dir sage?

ANDRI. Nein.

PATER. Also glaubst du, ich lüge?

ANDRI. Hochwürden, das fühlt man.

PATER. Was fühlt man?

ANDRI. Ob man Jud ist oder nicht.

Der Pater erhebt sich und nähert sich Andri.

Rühren Sie mich nicht an. Eure Hände! Ich will das nicht mehr.

PATER. Hörst du nicht, was ich dir sage?

ANDRI *schweigt.*

PATER. Du bist sein Sohn.

ANDRI *lacht.*

PATER. Andri, das ist die Wahrheit.

ANDRI. Wie viele Wahrheiten habt ihr? *Andri nimmt sich eine Zigarette, die er dann vergißt.* Das könnt ihr nicht machen mit mir . . .

PATER. Warum glaubst du uns nicht?

ANDRI. Euch habe ich ausgeglaubt[83].

PATER. Ich sage und schwöre beim Heil meiner Seele, Andri: Du bist sein Sohn, unser Sohn, und von Jud kann nicht die Rede sein.

ANDRI. 's war aber viel die Red davon . . .

Großer Lärm in der Gasse.

PATER. Was ist denn los?

Stille.

ANDRI. Seit ich höre, hat man mir gesagt, ich sei anders, und ich habe geachtet drauf, ob es so ist, wie sie sagen. Und es ist so, Hochwürden: Ich bin anders. Man hat mir gesagt, wie meines-

---

[83]I'm finished believing you

gleichen sich bewege, nämlich so und so, und ich bin vor den Spiegel getreten fast jeden Abend. Sie haben recht: Ich bewege mich so und so. Ich kann nicht anders. Und ich habe geachtet auch darauf, ob's wahr ist, daß ich alleweil denke ans Geld, wenn die Andorraner mich beobachten und denken, jetzt denke ich ans Geld, und sie haben abermals recht: Ich denke alleweil ans Geld. Es ist so. Und ich habe kein Gemüt, ich hab's versucht, aber vergeblich: Ich habe kein Gemüt, sondern Angst. Und man hat mir gesagt, meinesgleichen ist feig. Auch darauf habe ich geachtet. Viele sind feig, aber ich weiß es, wenn ich feig bin. Ich wollte es nicht wahrhaben, was sie mir sagten, aber es ist so. Sie haben mich mit Stiefeln getreten, und es ist so, wie sie sagen: Ich fühle nicht wie sie. Und ich habe keine Heimat. Hochwürden haben gesagt, man muß das annehmen, und ich hab's angenommen. Jetzt ist es an Euch, Hochwürden, euren Jud anzunehmen.

PATER. Andri —

ANDRI. Jetzt, Hochwürden, spreche ich.

PATER. — du möchtest ein Jud sein?

ANDRI. Ich bin's. Lang habe ich nicht gewußt, was das ist. Jetzt weiß ich's.

PATER *setzt sich hilflos.*

ANDRI. Ich möchte nicht Vater noch Mutter haben, damit ihr Tod nicht über mich komme mit Schmerz und Verzweiflung und mein Tod nicht über sie. Und keine Schwester und keine Braut: Bald wird alles zerrissen, da hilft kein Schwur und nicht unsre Treue. Ich möchte, daß es bald geschehe. Ich bin alt. Meine Zuversicht ist ausgefallen, eine um die andere, wie Zähne. Ich habe gejauchzt, die Sonne schien grün in den Bäumen, ich habe meinen Namen in die Lüfte geworfen wie eine Mütze, die niemand gehört wenn nicht mir, und herunter fällt ein Stein, der mich tötet. Ich bin im Unrecht gewesen, anders als sie dachten, allezeit. Ich wollte recht haben und frohlocken. Die meine Feinde waren, hatten recht, auch wenn sie kein Recht dazu hatten, denn am Ende seiner Einsicht kann man sich selbst nicht recht geben[84]. Ich brauche jetzt schon keine Feinde mehr, die Wahrheit reicht aus. Ich erschrecke, so oft ich noch hoffe. Das Hoffen ist mir nie bekommen. Ich erschrecke, wenn ich lache, und ich kann nicht weinen. Meine Trauer erhebt mich über euch alle, und so werde ich stürzen. Meine Augen sind groß von Schwermut, mein Blut weiß

[84]i.e., when one has really achieved insight into oneself, one can't believe that one is right

alles, und ich möchte tot sein. Aber mir graut vor dem Sterben. Es gibt keine Gnade —

PATER. Jetzt versündigst du dich.

ANDRI. Sehen Sie den alten Lehrer, wie der herunterkommt und war doch einmal ein junger Mann, sagt er, und ein großer Wille. Sehen Sie Barblin. Und alle, alle, nicht nur mich. Sehen Sie die Soldaten. Lauter Verdammte. Sehen Sie sich selbst. Sie wissen heut schon, was Sie tun werden, Hochwürden, wenn man mich holt vor Ihren guten Augen, und drum starren die mich so an, Ihre guten guten Augen. Sie werden beten. Für mich und für sich. Ihr Gebet hilft nicht einmal Ihnen, Sie werden trotzdem ein Verräter. Gnade ist ein ewiges Gerücht, die Sonne scheint grün in den Bäumen, auch wenn sie mich holen.

Eintritt der Lehrer, zerfetzt.

PATER. Was ist geschehen?!

LEHRER *bricht zusammen.*

PATER. So reden Sie doch!

LEHRER. Sie ist tot.

ANDRI. Die Senora — ?

PATER. Wie ist das geschehen?

LEHRER. — ein Stein.

PATER. Wer hat ihn geworfen?

LEHRER. — Andri, sagen sie, der Wirt habe es mit eignen Augen gesehen.

Andri will davonlaufen, der Lehrer hält ihn fest.

LEHRER. Er war hier, Sie sind sein Zeuge.

VORDERGRUND

Der Jemand tritt an die Zeugenschranke.

JEMAND. Ich gebe zu: Es ist keineswegs erwiesen, wer den Stein geworfen hat gegen die Fremde damals. Ich persönlich war zu jener Stunde nicht auf dem Platz. Ich möchte niemand beschuldigen, ich bin nicht der Weltenrichter. Was den jungen Bursch betrifft: natürlich erinnere ich mich an ihn. Er ging oft ans Orchestrion, um sein Trinkgeld zu verklimpern, und als sie ihn holten, tat er mir leid. Was die Soldaten, als sie ihn holten, gemacht haben mit ihm, weiß ich nicht, wir hörten nur seinen Schrei . . . Einmal muß man auch vergessen können, finde ich.

ZEHNTES BILD

Platz von Andorra, Andri sitzt allein.

ANDRI. Man sieht mich von überall, ich weiß. 5
Sie sollen mich sehen ... *Er nimmt eine Zigarette.*
Ich habe den Stein nicht geworfen! *Er raucht.*
Sollen sie kommen, alle, die's gesehen haben mit
eignen Augen, sollen sie aus ihren Häusern kom-
men, wenn sie's wagen, und mit dem Finger zeigen 10
auf mich.
STIMME *flüstert.*
ANDRI. Warum flüsterst du hinter der Mauer?
STIMME *flüstert.*
ANDRI. Ich versteh kein Wort, wenn du flüsterst. 15
Er raucht. Ich sitze mitten auf dem Platz, ja, seit
einer Stunde. Kein Mensch ist hier. Wie aus-
gestorben. Alle sind im Keller. Es sieht merk-
würdig aus. Nur die Spatzen auf den Drähten.
STIMME *flüstert.* 20
ANDRI. Warum soll ich mich verstecken?
STIMME *flüstert.*
ANDRI. Ich habe den Stein nicht geworfen. *Er*
raucht. Seit dem Morgengrauen bin ich durch eure
Gassen geschlendert. Mutterseelenallein. Alle 25
Läden herunter, jede Tür zu. Es gibt nur noch
Hunde und Katzen in eurem schneeweißen An-
dorra ...

Man hört das Gedröhn eines fahrenden Lautspre-
chers, ohne daß man die Worte versteht, laut und 30
hallend.

ANDRI. Du sollst kein Gewehr tragen. Hast du's
gehört? 's ist aus. 35

Der Lehrer tritt hervor, ein Gewehr im Arm.

LEHRER. Andri —
ANDRI *raucht.* 40
LEHRER. Wir suchen dich die ganze Nacht —
ANDRI. Wo ist Barblin?
LEHRER. Ich war droben im Wald —
ANDRI. Was soll ich im Wald?
LEHRER. Andri — die Schwarzen sind da. *Er* 45
horcht. Still.
ANDRI. Was hörst du denn?
LEHRER *entsichert das Gewehr.*
ANDRI. — Spatzen, nichts als Spatzen!

Vogelzwitschern.

LEHRER. Hier kannst du nicht bleiben.

ANDRI. Wo kann ich bleiben?
LEHRER. Das ist Unsinn, was du tust, das ist
Irrsinn — *Er nimmt Andri am Arm.* Jetzt komm!
ANDRI. Ich habe den Stein nicht geworfen — *Er*
reißt sich los. Ich habe den Stein nicht geworfen!

Geräusch.

LEHRER. Was war das?
ANDRI. Fensterläden. *Er zertritt seine Zigarette.*
Leute hinter Fensterläden. *Er nimmt eine nächste*
Zigarette. Hast du Feuer? *Trommeln in der Ferne.*
LEHRER. Hast du Schüsse gehört?
ANDRI. Es ist stiller als je.
LEHRER. Ich habe keine Ahnung, was jetzt ge-
schieht.
ANDRI. Das blaue Wunder.
LEHRER. Was sagst du?
ANDRI. Lieber tot als untertan.

Wieder das Gedröhn des fahrenden Lautsprechers.

KEIN ANDORRANER HAT ETWAS ZU FÜRCHTEN.

ANDRI. Hörst du's?

RUHE UND ORDNUNG / JEDES BLUTVERGIESSEN / IM
NAMEN DES FRIEDENS / WER EINE WAFFE TRÄGT ODER
VERSTECKT / DER OBERBEFEHLSHABER / KEIN AN-
DORRANER HAT ETWAS ZU FÜRCHTEN ...

Stille.

ANDRI. Eigentlich ist es genau so, wie man es
sich hätte vorstellen können. Genau so.
LEHRER. Wovon redest du?
ANDRI. Von eurer Kapitulation.

Drei Männer, ohne Gewehr, gehen über den Platz.

ANDRI. Du bist der letzte mit einem Gewehr.
LEHRER. Lumpenhunde.
ANDRI. Kein Andorraner hat etwas zu fürchten.

Vogelzwitschern.

Hast du kein Feuer?
LEHRER *starrt den Männern nach.*
ANDRI. Hast du bemerkt, wie sie gehn? Sie
blicken einander nicht an. Und wie sie schweigen!
Wenn es dann soweit ist, merkt jeder, was er alles
nie geglaubt hat. Drum gehen sie heute so seltsam.
Wie lauter Lügner.

Zwei Männer, ohne Gewehr, gehen über den Platz.

LEHRER. Mein Sohn —
ANDRI. Fang jetzt nicht wieder an!
LEHRER. Du bist verloren, wenn du mir nicht glaubst.
ANDRI. Ich bin nicht dein Sohn.
LEHRER. Man kann sich seinen Vater nicht wählen. Was soll ich tun, damit du's glaubst? Was noch? Ich sag es ihnen, wo ich stehe und gehe, ich hab's den Kindern in der Schule gesagt, daß du mein Sohn bist. Was noch? Soll ich mich aufhängen, damit du's glaubst? Ich geh nicht weg von dir. *Er setzt sich zu Andri.* Andri —
ANDRI *blickt an den Häusern herauf.*
LEHRER. Wo schaust du hin?

Eine schwarze Fahne wird gehißt.

ANDRI. Sie können's nicht erwarten.
LEHRER. Woher haben sie die Fahnen?
ANDRI. Jetzt brauchen sie nur noch einen Sündenbock.

Eine zweite Fahne wird gehißt.

LEHRER. Komm nach Haus!
ANDRI. Es hat keinen Zweck, Vater, daß du es nochmals erzählst. Dein Schicksal ist nicht mein Schicksal, Vater, und mein Schicksal ist nicht dein Schicksal.
LEHRER. Mein einziger Zeuge ist tot.
ANDRI. Sprich nicht von ihr!
LEHRER. Du trägst ihren Ring —
ANDRI. Was du getan hast, tut kein Vater.
LEHRER. Woher weißt du das?
ANDRI *horcht.*
LEHRER. Ein Andorraner, sagen sie, hat nichts mit einer von drüben und schon gar nicht ein Kind[85]. Ich hatte Angst vor ihnen, ja, Angst vor Andorra, weil ich feig war —
ANDRI. Man hört zu.
LEHRER *sieht sich um und schreit gegen die Häuser.* — weil ich feig war! *Wieder zu Andri.* Drum hab ich das gesagt. Es war leichter, damals, ein Judenkind zu haben. Es war rühmlich. Sie haben dich gestreichelt, im Anfang haben sie dich gestreichelt, denn es schmeichelte ihnen, daß sie nicht sind wie diese da drüben.
ANDRI *horcht.*

[85]and above all not a child

LEHRER. Hörst du, was dein Vater sagt?

Geräusch eines Fensterladens.

Sollen sie zuhören!

Geräusch eines Fensterladens.

Andri —
ANDRI. Sie glauben's dir nicht.
LEHRER. Weil du mir nicht glaubst!
ANDRI *raucht.*
LEHRER. Du mit deiner Unschuld, ja, du hast den Stein nicht geworfen, sag's noch einmal, du hast den Stein nicht geworfen, ja, du mit dem Unmaß deiner Unschuld, sieh mich an wie ein Jud, aber du bist mein Sohn, ja, mein Sohn, und wenn du's nicht glaubst, bist du verloren.
ANDRI. Ich bin verloren.
LEHRER. Du willst meine Schuld!?
ANDRI *blickt ihn an.*
LEHRER. So sag es!
ANDRI. Was?
LEHRER. Ich soll mich aufhängen. Sag's!

Marschmusik in der Ferne.

ANDRI. Sie kommen mit Musik. *Er nimmt eine nächste Zigarette.* Ich bin nicht der erste, der verloren ist. Es hat keinen Zweck, was du redest. Ich weiß, wer meine Vorfahren sind. Tausende und Hunderttausende sind gestorben am Pfahl, ihr Schicksal ist mein Schicksal.
LEHRER. Schicksal!
ANDRI. Das verstehst du nicht, weil du kein Jud bist — *Er blickt in die Gasse.* Laß mich allein!
LEHRER. Was siehst du?
ANDRI. Wie sie die Gewehre auf den Haufen werfen.

Auftritt der Soldat, der entwaffnet ist, er trägt nur noch die Trommel, man hört, wie Gewehre hingeworfen werden; der Soldat spricht zurück.

SOLDAT. Aber ordentlich! hab ich gesagt. Wie bei der Armee! *Er tritt zum Lehrer.* Her mit dem Gewehr.
LEHRER. Nein.
SOLDAT. Befehl ist Befehl.
LEHRER. Nein.
SOLDAT. Kein Andorraner hat etwas zu fürchten.

Auftreten der Doktor, der Wirt, der Tischler, der Geselle, der Jemand, alle ohne Gewehr.

LEHRER. Lumpenhunde! Ihr alle! Fötzel[86]! Bis zum letzten Mann. Fötzel!

Der Lehrer entsichert sein Gewehr und will auf die Andorraner schießen, aber der Soldat greift ein, nach einem kurzen lautlosen Ringen ist der Lehrer entwaffnet und sieht sich um.

LEHRER — mein Sohn! Wo ist mein Sohn? *Der Lehrer stürzt davon.*
JEMAND. Was in den gefahren ist.

Im Vordergrund rechts, am Orchestrion, erscheint Andri und wirft eine Münze ein, sodaß seine Melodie spielt, und verschwindet langsam.

VORDERGRUND

Während das Orchestrion spielt: zwei Soldaten in schwarzer Uniform, jeder mit einer Maschinenpistole, patrouillieren kreuzweise hin und her.

ELFTES BILD

Vor der Kammer der Barblin. Andri und Barblin. Trommeln in der Ferne.

ANDRI. Hast du viele Male geschlafen mit ihm?
BARBLIN. Andri.
ANDRI. Ich frage, ob du viele Male mit ihm geschlafen hast, während ich hier auf der Schwelle hockte und redete. Von unsrer Flucht!
BARBLIN *schweigt.*
ANDRI. Hier hat er gestanden: barfuß, weißt du, mit offnem Gurt —
BARBLIN. Schweig!
ANDRI. Brusthaar wie ein Affe.
BARBLIN *schweigt.*
ANDRI. Ein Kerl!
BARBLIN *schweigt.*
ANDRI. Hast du viele Male geschlafen mit ihm?
BARBLIN *schweigt.*
ANDRI. Du schweigst... Also wovon sollen wir reden in dieser Nacht? Ich soll jetzt nicht daran denken, sagst du. Ich soll an meine Zukunft denken, aber ich habe keine... Ich möchte ja nur wissen, ob's viele Male war.

BARBLIN *schluchzt.*
ANDRI. Und es geht weiter?
BARBLIN *schluchzt.*
ANDRI. Wozu eigentlich möcht ich das wissen! Was geht's mich an! Bloß um noch einmal ein Gefühl für dich zu haben. *Andri horcht.* Sei doch still!
BARBLIN. So ist ja alles gar nicht[87].
ANDRI. Ich weiß nicht, wo die mich suchen —
BARBLIN. Du bist ungerecht, so ungerecht.
ANDRI. Ich werde mich entschuldigen, wenn sie kommen...
BARBLIN *schluchzt.*
ANDRI. Ich dachte, wir lieben uns. Wieso ungerecht? Ich frag ja bloß, wie das ist, wenn einer ein Kerl ist. Warum so zimperlich? Ich frag ja bloß, weil du meine Braut warst. Heul nicht! Das kannst du mir doch sagen, jetzt wo du dich als meine Schwester fühlst. *Andri streicht über ihr Haar.* Ich habe zu lange gewartet auf dich... *Andri horcht.*
BARBLIN. Sie dürfen dir nichts antun!
ANDRI. Wer bestimmt das?
BARBLIN. Ich bleib bei dir!

Stille.

ANDRI. Jetzt kommt wieder die Angst —
BARBLIN. Bruder!
ANDRI. Plötzlich. Wenn die wissen, ich bin im Haus, und sie finden einen nicht, dann zünden sie das Haus an, das ist bekannt, und warten unten in der Gasse, bis der Jud durchs Fenster springt.
BARBLIN. Andri — du bist keiner!
ANDRI. Warum willst du mich denn verstecken?

Trommeln in der Ferne.

BARBLIN. Komm in meine Kammer!
ANDRI *schüttelt den Kopf.*
BARBLIN. Niemand weiß, daß hier noch eine Kammer ist.
ANDRI. — außer Peider.

Die Trommeln verlieren sich.

So ausgetilgt.
BARBLIN. Was sagst du?
ANDRI. Was kommt, das ist ja alles schon geschehen. Ich sage: So ausgetilgt. Mein Kopf in deinem Schoß. Erinnerst du dich? Das hört ja

---

[86]scoundrels

[87]That's not the way it is at all.

nicht auf. Mein Kopf in deinem Schoß. War ich euch nicht im Weg? Ich kann es mir nicht vorstellen. Wenn schon! Ich kann es mir vorstellen. Was ich wohl geredet habe, als ich nicht mehr war? Warum hast du nicht gelacht? Du hast ja nicht einmal gelacht. So ausgetilgt, so ausgetilgt! Und ich hab's nicht einmal gespürt, wenn Peider in deinem Schoß war, dein Haar in seinen Händen. Wenn schon! Es ist ja alles schon geschehen . . .

Trommeln in der Nähe.

ANDRI. Sie merken's, wo die Angst ist.
BARBLIN. — sie gehn vorbei.
ANDRI. Sie umstellen das Haus.

Die Trommeln verstummen plötzlich.

Ich bin's, den sie suchen, das weißt du genau, ich bin nicht dein Bruder. Da hilft keine Lüge. Es ist schon zuviel gelogen worden. *Stille.* So küß mich doch!
BARBLIN. Andri —
ANDRI. Zieh dich aus!
BARBLIN. Du hast den Verstand verloren, Andri.
ANDRI. Jetzt küß mich und umarme mich!
BARBLIN *wehrt sich.*
ANDRI. 's ist einerlei.
BARBLIN *wehrt sich.*
ANDRI. Tu nicht so treu, du —

Klirren einer Fensterscheibe.

BARBLIN. Was war das?
ANDRI. — sie wissen's, wo ich bin.
BARBLIN. So lösch doch die Kerze!

Klirren einer zweiten Fensterscheibe.

ANDRI. Küß mich!
BARBLIN. Nein. Nein . . .
ANDRI. Kannst du nicht, was du mit jedem kannst, fröhlich und nackt? Ich lasse dich nicht. Was ist anders mit andern? So sag es doch. Was ist anders? Ich küß dich, Soldatenbraut! Einer mehr oder weniger, zier dich nicht. Was ist anders mit mir? Sag's! Langweilt es dein Haar, wenn ich es küsse?
BARBLIN. Bruder —
ANDRI. Warum schämst du dich nur vor mir?
BARBLIN. Jetzt laß mich!
ANDRI. Jetzt, ja, jetzt und nie, ja, ich will dich, ja, fröhlich und nackt, ja, Schwesterlein, ja, ja, ja —

BARBLIN *schreit.*
ANDRI. Denk an die Tollkirschen. *Andri löst ihr die Bluse wie einer Ohnmächtigen.* Denk an unsere Tollkirschen —
BARBLIN. Du bist irr!

Hausklingel.

BARBLIN. Hast du gehört? Du bist verloren, Andri, wenn du uns nicht glaubst. Versteck dich!

Hausklingel.

ANDRI. Warum haben wir uns nicht vergiftet, Barblin, als wir noch Kinder waren, jetzt ist's zu spät . . .

Schläge gegen die Haustüre.

BARBLIN. Vater macht nicht auf.
ANDRI. Wie langsam.
BARBLIN. Was sagst du?
ANDRI. Ich sage, wie langsam es geht.

Schläge gegen die Haustüre.

BARBLIN. Herr, unser Gott, der Du bist, der Du bist, Herr, unser Allmächtiger, der Du bist in dem Himmel, Herr, Herr, der Du bist — Herr . . .

Krachen der Haustür.

ANDRI. Laß mich allein. Aber schnell. Nimm deine Bluse. Wenn sie dich finden bei mir, das ist nicht gut. Aber schnell. Denk an dein Haar.

Stimmen im Haus. Barblin löscht die Kerze, Tritte von Stiefeln, es erscheinen der Soldat mit der Trommel und zwei Soldaten in schwarzer Uniform, ausgerüstet mit einem Scheinwerfer: Barblin allein vor der Kammer.

SOLDAT. Wo ist er?
BARBLIN. Wer?
SOLDAT. Unser Jud.
BARBLIN. Es gibt keinen Jud.
SOLDAT *stößt sie weg und tritt zur Türe.*
BARBLIN. Untersteh dich[88]!
SOLDAT. Aufmachen.
BARBLIN. Hilfe! Hilfe!
ANDRI *tritt aus der Türe.*
SOLDAT. Das ist er.

[88]Don't you dare!

3

3

ANDRI *wird gefesselt.*
BARBLIN. Rührt meinen Bruder nicht an, er ist mein Bruder —
SOLDAT. Die Judenschau[89] wird's zeigen.
BARBLIN. Judenschau?
SOLDAT. Also vorwärts.
BARBLIN. Was ist das.
SOLDAT. Vorwärts. Alle müssen vor die Judenschau. Vorwärts.

Andri wird abgeführt.

SOLDAT. Judenhure!

VORDERGRUND

Der Doktor tritt an die Zeugenschranke.

DOKTOR. Ich möchte mich kurz fassen, obschon vieles zu berichtigen wäre, was heute geredet wird. Nachher ist es immer leicht zu wissen, wie man sich hätte verhalten sollen, abgesehen davon, daß ich, was meine Person betrifft, wirklich nicht weiß, warum ich mich anders hätte verhalten sollen. Was hat unsereiner denn eigentlich getan? Überhaupt nichts. Ich war Amtsarzt, was ich heute noch bin. Was ich damals gesagt haben soll, ich erinnere mich nicht mehr, es ist nun einmal meine Art, ein Andorraner sagt, was er denkt — aber ich will mich kurz fassen ... Ich gebe zu: Wir haben uns damals alle getäuscht, was ich selbstverständlich nur bedauern kann. Wie oft soll ich das noch sagen? Ich bin nicht für Greuel, ich bin es nie gewesen. Ich habe den jungen Mann übrigens nur zwei- oder dreimal gesehen. Die Schlägerei, die später stattgefunden haben soll, habe ich nicht gesehen. Trotzdem verurteile ich sie selbstverständlich. Ich kann nur sagen, daß es nicht meine Schuld ist, einmal abgesehen davon, daß sein Benehmen (was man leider nicht verschweigen kann) mehr und mehr (sagen wir es offen) etwas Jüdisches hatte, obschon der junge Mann, mag sein, ein Andorraner war wie unsereiner. Ich bestreite keineswegs, daß wir sozusagen einer gewissen Aktualität erlegen sind[90]. Es war, vergessen wir nicht, eine aufgeregte Zeit. Was meine Person betrifft, habe ich nie an Mißhandlungen teilgenommen oder irgend jemand dazu aufgefordert. Das darf ich wohl vor aller

---

[89]Jew inspection [90]that we fell prey, so to speak, to a certain pressure of the time

Öffentlichkeit betonen. Eine tragische Geschichte, kein Zweifel. Ich bin nicht schuld, daß es dazu gekommen ist. Ich glaube im Namen aller zu sprechen, wenn ich, um zum Schluß zu kommen, nochmals wiederhole, daß wir den Lauf der Dinge — damals — nur bedauern können.

ZWÖLFTES BILD

Platz von Andorra. Der Platz ist umstellt von Soldaten in schwarzer Uniform. Gewehr bei Fuß, reglos. Die Andorraner, wie eine Herde im Pferch, warten stumm, was geschehen soll. Lange geschieht nichts. Es wird nur geflüstert.

DOKTOR. Nur keine Aufregung. Wenn die Judenschau vorbei ist, bleibt alles wie bisher. Kein Andorraner hat etwas zu fürchten, das haben wir schwarz auf weiß. Ich bleibe Amtsarzt, und der Wirt bleibt Wirt, Andorra bleibt andorranisch ...

Trommeln.

GESELLE. Jetzt verteilen sie die schwarzen Tücher.

Es werden schwarze Tücher ausgeteilt.

DOKTOR. Nur jetzt kein Widerstand.

Barblin erscheint, sie geht wie eine Verstörte von Gruppe zu Gruppe, zupft die Leute am Ärmel, die ihr den Rücken kehren, sie flüstert etwas, was man nicht versteht.

WIRT. Jetzt sagen sie plötzlich, er sei keiner.
JEMAND. Was sagen sie?
WIRT. Er sei keiner.
DOKTOR. Dabei sieht man's auf den ersten Blick.
JEMAND. Wer sagt das?
WIRT. Der Lehrer.
DOKTOR. Jetzt wird es sich ja zeigen.
WIRT. Jedenfalls hat er den Stein geworfen.
JEMAND. Ist das erwiesen?
WIRT. Erwiesen!?
DOKTOR. Wenn er keiner ist, wieso versteckt er sich denn? Wieso hat er Angst? Wieso kommt er nicht auf den Platz wie unsereiner?
WIRT. Sehr richtig.
DOKTOR. Wieso soll er keiner sein?

WIRT. Sehr richtig.

JEMAND. Sie haben ihn gesucht die ganze Nacht, heißt es.

DOKTOR. Sie haben ihn gefunden.

JEMAND. Ich möchte auch nicht in seiner Haut stecken.

WIRT. Jedenfalls hat er den Stein geworfen —

Sie verstummen, da ein schwarzer Soldat kommt, sie müssen die schwarzen Tücher in Empfang neh- men. Der Soldat geht weiter.

DOKTOR. Wie sie einem ganzen Volk diese Tücher verteilen: ohne ein lautes Wort! Das nenne ich Organisation. Seht euch das an! Wie das klappt.

JEMAND. Die stinken aber.

Sie schnuppern an ihren Tüchern.

JEMAND. Angstschweiß . . .

Barblin kommt zu der Gruppe mit dem Doktor und dem Wirt, zupft sie am Ärmel und flüstert, man kehrt ihr den Rücken, sie irrt weiter.

JEMAND. Was sagt sie?

DOKTOR. Das ist ja Unsinn.

WIRT. Das wird sie teuer zu stehen kommen[91].

DOKTOR. Nur jetzt kein Widerstand.

Barblin tritt zu einer andern Gruppe, zupft sie am Ärmel und flüstert, man kehrt ihr den Rücken, sie irrt weiter.

WIRT. Wenn ich es mit eignen Augen gesehen hab! Hier an dieser Stelle. Erwiesen? Er fragt, ob das erwiesen sei. Wer sonst soll diesen Stein geworfen haben?

JEMAND. Ich frag ja bloß.

WIRT. Einer von uns vielleicht?

JEMAND. Ich war nicht dabei.

WIRT. Aber ich!

DOKTOR *legt den Finger auf den Mund.*

WIRT. Hab ich vielleicht den Stein geworfen?

DOKTOR. Still.

WIRT. — ich?

DOKTOR. Wir sollen nicht sprechen.

WIRT. Hier, genau an dieser Stelle, bitte sehr, hier lag der Stein, ich hab ihn ja selbst gesehen, ein Pflasterstein, ein loser Pflasterstein, und so hat

er ihn genommen — *Der Wirt nimmt einen Pflaster- stein. — so . . .*

Hinzu tritt der Tischler.

TISCHLER. Was ist los?

DOKTOR. Nur keine Aufregung.

TISCHLER. Wozu diese schwarzen Tücher?

DOKTOR. Judenschau.

TISCHLER. Was sollen wir damit?

Die schwarzen Soldaten, die den Platz umstellen, präsentieren plötzlich das Gewehr: ein Schwarzer, in Zivil, geht mit flinken kurzen Schritten über den Platz.

DOKTOR. Das war er.

TISCHLER. Wer?

DOKTOR. Der Judenschauer.

Die Soldaten schmettern das Gewehr bei Fuß.

WIRT. — und wenn der sich irrt?

DOKTOR. Der irrt sich nicht.

WIRT. — was dann?

DOKTOR. Wieso soll er sich irren?

WIRT. — aber gesetzt den Fall[92]: was dann?

DOKTOR. Der hat den Blick[93]. Verlaßt euch drauf! Der riecht's. Der sieht's am bloßen Gang, wenn einer über den Platz geht. Der sieht's an den Füßen.

JEMAND. Drum sollen wir die Schuh ausziehen?

DOKTOR. Der ist als Judenschauer geschult.

Barblin erscheint wieder und sucht Gruppen, wo sie noch nicht gewesen ist, sie findet den Gesellen, zupft ihn am Ärmel und flüstert, der Geselle macht sich los.

GESELLE. Du laß mich in Ruh!

Der Doktor steckt sich einen Zigarillo an.

Die ist ja übergeschnappt. Keiner soll über den Platz gehn, sagt sie, dann sollen sie uns alle holen. Sie will ein Zeichen geben. Die ist ja überge- schnappt.

Ein schwarzer Soldat sieht, daß der Doktor raucht, und tritt zum Doktor, das Gewehr mit aufgepflanz- tem Bajonett stoßbereit, der Doktor erschrickt,

[91]she'll have to pay dearly for it

[92]but just supposing   [93]eye (for it)

*wirft seinen Zigarillo aufs Pflaster, zertritt ihn
und ist bleich.*

GESELLE. Sie haben ihn gefunden, heißt es . . .

Trommeln.

Jetzt geht's los.

Sie ziehen die Tücher über den Kopf.

WIRT. Ich zieh kein schwarzes Tuch über den
Kopf!
JEMAND. Wieso nicht?
WIRT. Das tu ich nicht!
GESELLE. Befehl ist Befehl.
WIRT. Wozu das?
DOKTOR. Das machen sie überall, wo einer sich
versteckt. Das habt ihr davon[94]. Wenn wir ihn
ausgeliefert hätten sofort —

Der Idiot erscheint.

WIRT. Wieso hat der kein schwarzes Tuch?
JEMAND. Dem glauben sie's, daß er keiner ist.

*Der Idiot grinst und nickt, geht weiter, um überall
die Vermummten zu mustern und zu grinsen. Nur
der Wirt steht noch unvermummt.*

WIRT. Ich zieh kein schwarzes Tuch über den
Kopf!
VERMUMMTER. Dann wird er ausgepeitscht.
WIRT. — ich?
VERMUMMTER. Er hat das gelbe Plakat nicht
gelesen.
WIRT. Wieso ausgepeitscht?

Trommelwirbel.

VERMUMMTER. Jetzt geht's los.
VERMUMMTER. Nur keine Aufregung.
VERMUMMTER. Jetzt geht's los.

Trommelwirbel.

WIRT. Ich bin der Wirt. Warum glaubt man
mir nicht? Ich bin der Wirt, jedes Kind weiß,
wer ich bin, ihr alle, euer Wirt . . .
VERMUMMTER. Er hat Angst!
WIRT. Erkennt ihr mich denn nicht?
VERMUMMTER. Er hat Angst, er hat Angst!

[94]that's what you get for it

Einige Vermummte lachen.

WIRT. Ich zieh kein schwarzes Tuch über den
Kopf . . .
VERMUMMTER. Er wird ausgepeitscht.
WIRT. Ich bin kein Jud!
VERMUMMTER. Er kommt in ein Lager.
WIRT. Ich bin kein Jud!
VERMUMMTER. Er hat das gelbe Plakat nicht
gelesen.
WIRT. Erkennt ihr mich nicht? Du da? Ich
bin der Wirt. Wer bist du? Das könnt ihr nicht
machen. Ihr da! Ich bin der Wirt, ich bin der
Wirt. Erkennt ihr mich nicht? Ihr könnt mich
nicht einfach im Stich lassen. Du da. Wer bin ich?

*Der Wirt hat den Lehrer gefaßt, der eben mit der
Mutter erschienen ist, unvermummt.*

LEHRER. Du bist's, der den Stein geworfen hat?

Der Wirt läßt den Pflasterstein fallen.

LEHRER. Warum sagst du, mein Sohn hat's
getan?

*Der Wirt vermummt sich und mischt sich unter
die Vermummten, der Lehrer und die Mutter
stehen allein.*

LEHRER. Wie sie sich alle vermummen!

Pfiff.

VERMUMMTER. Was soll das bedeuten?
VERMUMMTER. Schuh aus.
VERMUMMTER. Wer?
VERMUMMTER. Alle.
VERMUMMTER. Jetzt?
VERMUMMTER. Schuh aus, Schuh aus.
VERMUMMTER. Wieso?
VERMUMMTER. Er hat das gelbe Plakat nicht
gelesen . . .

*Alle Vermummten knien nieder, um ihre Schuhe
auszuziehen, Stille, es dauert eine Weile.*

LEHRER. Wie sie gehorchen!

*Ein schwarzer Soldat kommt, auch der Lehrer und
die Mutter müssen ein schwarzes Tuch nehmen.*

VERMUMMTER. Ein Pfiff, das heißt, Schuh aus.

Laut Plakat. Und zwei Pfiff, das heißt: marschieren.

VERMUMMTER. Barfuß?

VERMUMMTER. Was sagt er?

VERMUMMTER. Schuh aus, Schuh aus.

VERMUMMTER. Und drei Pfiff, das heißt: Tuch ab.

VERMUMMTER. Wieso Tuch ab?

VERMUMMTER. Alles laut[95] Plakat.

VERMUMMTER. Was sagt er?

VERMUMMTER. Alles laut Plakat.

VERMUMMTER. Was heißt zwei Pfiff?

VERMUMMTER. Marschieren?

VERMUMMTER. Wieso barfuß?

VERMUMMTER. Und drei Pfiff, das heißt: Tuch ab.

VERMUMMTER. Wohin mit den Schuhn?

VERMUMMTER. Wieso Tuch ab?

VERMUMMTER. Wohin mit den Schuhn?

VERMUMMTER. Tuch ab, das heißt: das ist der Jud.

VERMUMMTER. Alles laut Plakat.

VERMUMMTER. Kein Andorraner hat etwas zu fürchten.

VERMUMMTER. Was sagt er?

VERMUMMTER. Kein Andorraner hat etwas zu fürchten.

VERMUMMTER. Wohin mit den Schuhn?

Der Lehrer, unvermummt, tritt mitten unter die Vermummten und ist der Einzige, der steht.

LEHRER. Andri ist mein Sohn.

VERMUMMTER. Was können wir dafür.

LEHRER. Hört ihr, was ich sage?

VERMUMMTER. Was sagt er?

VERMUMMTER. Andri sei sein Sohn.

VERMUMMTER. Warum versteckt er sich denn?

LEHRER. Ich sage: Andri ist mein Sohn.

VERMUMMTER. Jedenfalls hat er den Stein geworfen.

LEHRER. Wer von euch sagt das?

VERMUMMTER. Wohin mit den Schuhn?

LEHRER. Warum lügt ihr? Einer von euch hat's getan. Warum sagt ihr, mein Sohn hat's getan —

Trommelwirbel.

Wer unter ihnen der Mörder ist, sie untersuchen es nicht. Tuch drüber[96]! Sie wollen's nicht wissen.

Tuch darüber! Daß einer sie fortan bewirtet mit Mörderhänden, es stört sie nicht. Wohlstand ist alles! Der Wirt bleibt Wirt, der Amtsarzt bleibt Amtsarzt. Schau sie dir an! wie sie ihre Schuhe richten in Reih und Glied[97]. Alles laut Plakat! Und einer von ihnen ist doch ein Meuchelmörder. Tuch darüber! Sie hassen nur den, der sie daran erinnert —

Trommelwirbel.

Ihr seid ein Volk! Herrgott im Himmel, den es nicht gibt zu eurem Glück[98], ihr seid ein Volk!

Auftritt der Soldat mit der Trommel.

SOLDAT. Bereit?

Alle Vermummten erheben sich, ihre Schuhe in der Hand.

SOLDAT. Die Schuh bleiben am Platz. Aber ordentlich! Wie bei der Armee. Verstanden? Schuh neben Schuh. Wird's? Die Armee ist verantwortlich für Ruhe und Ordnung. Was macht das für einen Eindruck! Ich habe gesagt: Schuh neben Schuh. Und hier wird nicht gemurrt. *Der Soldat prüft die Reihe der Schuhe.* Die da!

VERMUMMTER. Ich bin der Wirt.

SOLDAT. Zu weit hinten!

Der Vermummte richtet seine Schuhe aus.

SOLDAT. Ich verlese nochmals die Order.

Ruhe.

SOLDAT. «Bürger von Andorra! Die Judenschau ist eine Maßnahme zum Schutze der Bevölkerung in befreiten Gebieten, bzw. zur Wiederherstellung von Ruhe und Ordnung. Kein Andorraner hat etwas zu fürchten. Ausführungsbestimmungen siehe gelbes Plakat.» Ruhe! «Andorra, 15. September, Der Oberbefehlshaber.» — Wieso haben Sie kein Tuch überm Kopf?

LEHRER. Wo ist mein Sohn?

SOLDAT. Wer?

LEHRER. Wo ist Andri?

SOLDAT. Der ist dabei, keine Sorge, der ist uns nicht durch die Maschen gegangen. Der marschiert. Barfuß wie alle andern.

LEHRER. Hast du verstanden, was ich sage?

---

[95]according to   [96]a play on the expression *Schwamm drüber*, meaning "forget it"

[97]rank and file   [98]who luckily for you doesn't exist

SOLDAT. Ausrichten! Auf Vordermann gehen[99]!
LEHRER. Andri ist mein Sohn.
SOLDAT. Das wird sich jetzt zeigen —

Trommelwirbel.

SOLDAT. Ausrichten! Eindecken[1]!

Die Vermummten ordnen sich.

SOLDAT. Also, Bürger von Andorra, verstanden:
's wird kein Wort geredet, wenn der Judenschauer
da ist. Ist das klar? Hier geht's mit rechten
Dingen zu[2], das ist wichtig. Wenn gepfiffen wird:
stehenbleiben auf der Stelle. Verstanden? Achtungstellung wird nicht verlangt. Ist das klar?
Achtungstellung macht nur die Armee, weil sie's
geübt hat. Wer kein Jud ist, ist frei. Das heißt:
Ihr geht sofort an die Arbeit. Ich schlag die
Trommel. *Der Soldat tut es.* Und so einer nach
dem andern. Wer nicht stehenbleibt, wenn der
Judenschauer pfeift, wird auf der Stelle erschossen.
Ist das klar?

Glockenbimmeln.

LEHRER. Wo bleibt der Pater in dieser Stunde?
SOLDAT. Der betet wohl für den Jud!
LEHRER. Der Pater weiß die Wahrheit —

Auftritt der Judenschauer.

SOLDAT. Ruhe!

*Die schwarzen Soldaten präsentieren das Gewehr
und verharren in dieser Haltung, bis der Judenschauer, der sich wie ein schlichter Beamter benimmt, sich auf den Sessel gesetzt hat inmitten des
Platzes. Gewehr bei Fuß. Der Judenschauer nimmt
seinen Zwicker ab, putzt ihn, setzt ihn wieder auf.
Auch der Lehrer und die Mutter sind jetzt vermummt. Der Judenschauer wartet, bis das Glok-
kenbimmeln verstummt ist, dann gibt er ein Zeichen; zwei Pfiffe.*

SOLDAT. Der erste!

Niemand rührt sich.

Los, vorwärts, los!

Der Idiot geht als erster.

Du doch nicht!

Angstgelächter unter den Vermummten.

5 Ruhe!

Trommelschlag.

Was ist denn los, verdammt nochmal, ihr sollt
über den Platz gehen wie gewöhnlich. Also los —
vorwärts!

Niemand rührt sich.

Kein Andorraner hat etwas zu fürchten . . .

Barblin, vermummt, tritt vor.

Hierher!

*Barblin tritt vor den Judenschauer und wirft ihm
das schwarze Tuch vor die Stiefel.*

Was soll das?
BARBLIN. Das ist das Zeichen.

Bewegung unter den Vermummten.

BARBLIN. Sag's ihm: Kein Andorraner geht
über den Platz! Keiner von uns! Dann sollen sie
uns peitschen. Sag's ihm! Dann sollen sie uns
alle erschießen.

*Zwei schwarze Soldaten fassen Barblin, die sich
vergeblich wehrt. Niemand rührt sich. Die schwarzen Soldaten ringsum haben ihre Gewehre in den
Anschlag genommen[3]. Alles lautlos. Barblin wird
weggeschleift.*

SOLDAT. . . . Also los jetzt. Einer nach dem
andern. Muß man euch peitschen? Einer nach
dem andern.

Jetzt gehen sie.

Langsam, langsam!

Wer vorbei ist, zieht das Tuch vom Kopf.

Die Tücher werden zusammengefaltet. Aber ordentlich! hab ich gesagt. Sind wir ein Saustall hierzuland? Das Hoheitszeichen kommt oben rechts[4].
Was sollen unsre Ausländer sich denken!

---

[99]Get in line there with the front man!   [1]Close ranks!
(military orders)   [2]everything's going to be done right

[3]have pointed their rifles   [4]i.e., the hoods are to be
folded so that the national insignia are at the upper
right-hand side

Andere gehen zu langsam.

Aber vorwärts, daß es Feierabend gibt.

Der Judenschauer mustert ihren Gang aufmerk-
sam, aber mit der Gelassenheit der Gewöhnung
und von seiner Sicherheit gelangweilt. Einer strau-
chelt über den Pflasterstein.

Schaut euch das an!

VERMUMMTER. Ich heiße Prader.
SOLDAT. Weiter.
VERMUMMTER. Wer hat mir das Bein gestellt?
SOLDAT. Niemand.

Der Tischler nimmt sein Tuch ab.

SOLDAT. Weiter, sag ich, weiter. Der Nächste.
Und wer vorbei ist, nimmt sofort seine Schuh.
Muß man euch alles sagen, Herrgott nochmal,
wie in einem Kindergarten?

Trommelschlag.

TISCHLER. Jemand hat mir das Bein gestellt.
SOLDAT. Ruhe!

Einer geht in falscher Richtung.

SOLDAT. Wie die Hühner, also wie die Hühner!

Einige, die vorbei sind, kichern.

VERMUMMTER. Ich bin der Amtsarzt.
SOLDAT. Schon gut, schon gut.
DOKTOR *nimmt sein Tuch ab.*
SOLDAT. Nehmen Sie Ihre Schuh.
DOKTOR. Ich kann nicht sehen, wenn ich ein
Tuch über dem Kopf habe. Das bin ich nicht
gewohnt. Wie soll ich gehen, wenn ich keinen
Boden sehe!
SOLDAT. Weiter, sag ich, weiter.
DOKTOR. Das ist eine Zumutung!
SOLDAT. Der Nächste.

Trommelschlag.

SOLDAT. Könnt ihr eure verdammten Schuh
nicht zuhaus anziehen? Wer frei ist, hab ich gesagt,
nimmt seine Schuh und verschwindet. Was steht
ihr da herum und gafft?

Trommelschlag.

SOLDAT. Der Nächste.
DOKTOR. Wo sind meine Schuhe? Jemand hat
meine Schuhe genommen. Das sind nicht meine
Schuhe.
SOLDAT. Warum nehmen Sie grad die?
DOKTOR. Sie stehen an meinem Platz.
SOLDAT. Also wie ein Kindergarten!
DOKTOR. Sind das vielleicht meine Schuhe?

Trommelschlag.

DOKTOR. Ich gehe nicht ohne meine Schuhe.
SOLDAT. Jetzt machen Sie keine Krämpfe[5]!
DOKTOR. Ich gehe nicht barfuß. Das bin ich
nicht gewohnt. Und sprechen Sie anständig mit
mir. Ich lasse mir diesen Tonfall nicht gefallen.
SOLDAT. Also was ist denn los?
DOKTOR. Ich mache keine Krämpfe.
SOLDAT. Ich weiß nicht, was Sie wollen.
DOKTOR. Meine Schuhe.

Der Judenschauer gibt ein Zeichen; ein Pfiff.

SOLDAT. Ich bin im Dienst!

Trommelschlag.

SOLDAT. Der Nächste.

Niemand rührt sich.

DOKTOR. Das sind nicht meine Schuhe!
SOLDAT *nimmt ihm die Schuhe aus der Hand.*
DOKTOR. Ich beschwere mich, jawohl, ich be-
schwere mich, jemand hat meine Schuhe ver-
tauscht, ich gehe keinen Schritt und wenn man
mich anschnauzt, schon gar nicht.
SOLDAT. Wem gehören diese Schuh?
DOKTOR. Ich heiße Ferrer —
SOLDAT. Wem gehören diese Schuh? *Er stellt*
sie vorne an die Rampe. 's wird sich ja zeigen!
DOKTOR. Ich weiß genau, wem die gehören.
SOLDAT. Also weiter!

Trommelschlag.

SOLDAT. Der Nächste.

Niemand rührt sich.

DOKTOR. — ich habe sie.

[5]don't make any fuss

Niemand rührt sich.

SOLDAT. Wer hat denn jetzt wieder Angst?

Sie gehen wieder einer nach dem andern, das Ver-
fahren ist eingespielt[6], sodaß es langweilig wird.
Einer von denen, die vorbeigegangen sind vor dem
Judenschauer und das Tuch vom Kopf nehmen,
ist der Geselle.

GESELLE. Wie ist das mit dem Hoheitszeichen?
EINER. Oben rechts.
GESELLE. Ob er schon durch ist?

Der Judenschauer gibt wieder ein Zeichen; drei
Pfiffe.

SOLDAT. Halt!

Der Vermummte steht.

Tuch ab.

Der Vermummte rührt sich nicht.

Tuch ab, Jud, hörst du nicht!

Der Soldat tritt zu dem Vermummten und nimmt
ihm das Tuch ab, es ist der Jemand, starr vor
Schrecken.

Der ist's nicht. Der sieht nur so aus, weil er Angst
hat. Der ist es nicht. So hab doch keine Angst!
Der sieht nämlich ganz anders aus, wenn er lustig
ist . . .

Der Judenschauer hat sich erhoben, umschreitet
den Jemand, mustert lang und beamtenhaft — un-
beteiligt — gewissenhaft. Der Jemand entstellt sich
zusehends. Der Judenschauer hält ihm seinen Ku-
gelschreiber unters Kinn.

SOLDAT. Kopf hoch, Mensch, starr nicht wie
einer!

Der Judenschauer mustert noch die Füße, setzt sich
wieder und gibt einen nachlässigen Wink.

SOLDAT. Hau ab, Mensch!

Entspannung in der Menge.

DOKTOR. Der irrt sich nicht. Was hab ich
gesagt? Der irrt sich nie, der hat den Blick . . .

Trommelschlag.

SOLDAT. Der Nächste.

Sie gehen wieder im Gänsemarsch.

Was ist denn das für eine Schweinerei, habt ihr
kein eignes Taschentuch, wenn ihr schwitzt, ich
muß schon sagen!

Ein Vermummter nimmt den Pflasterstein.

Heda[7], was macht denn der?
VERMUMMTER. Ich bin der Wirt —
SOLDAT. Was kümmert Sie dieser Pflasterstein?
VERMUMMTER. Ich bin der Wirt — ich — ich —

Der Wirt bleibt vermummt.

SOLDAT. Scheißen Sie deswegen nicht in die
Hose!

Es wird da und dort gekichert, wie man über eine
beliebte lächerliche Figur kichert, mitten in diese
bängliche Heiterkeit hinein fällt der dreifache Pfiff
auf das Zeichen des Judenschauers.

SOLDAT. Halt. —

Der Lehrer nimmt sein Tuch ab.

Nicht Sie, der dort, der andre!

Der Vermummte rührt sich nicht.

Tuch ab!

Der Judenschauer erhebt sich.

DOKTOR. Der hat den Blick. Was hab ich
gesagt? Der sieht's am Gang . . .
SOLDAT. Drei Schritt vor!
DOKTOR. Er hat ihn . . .
SOLDAT. Drei Schritt zurück!

Der Vermummte gehorcht.

Lachen!
DOKTOR. Er hört's am Lachen . . .
SOLDAT. Lachen! oder sie schießen.

Der Vermummte versucht zu lachen.

Lauter!

[6]well practiced   [7]hey

Der Vermummte versucht zu lachen.

DOKTOR. Wenn das kein Judenlachen ist . . .

Der Soldat stößt den Vermummten.

SOLDAT. Tuch ab, Jud, es hilft dir nichts. Tuch ab. Zeig dein Gesicht. Oder sie schießen.
LEHRER. Andri?!
SOLDAT. Ich zähl auf drei.

Der Vermummte rührt sich nicht.

SOLDAT. Eins —
LEHRER. Nein!
SOLDAT. Zwei —

Der Lehrer reißt ihm das Tuch ab.

SOLDAT. Drei . . .
LEHRER. Mein Sohn!

Der Judenschauer umschreitet und mustert Andri.

LEHRER. Er ist mein Sohn!

Der Judenschauer mustert die Füße, dann gibt er ein Zeichen, genau so nachlässig wie zuvor, aber ein anderes Zeichen, und zwei schwarze Soldaten übernehmen Andri.

TISCHLER. Gehn wir.
MUTTER *tritt vor und nimmt ihr Tuch ab.*
SOLDAT. Was will jetzt die?
MUTTER. Ich sag die Wahrheit.
SOLDAT. Ist Andri dein Sohn?
MUTTER. Nein.
SOLDAT. Hört ihr's! Hört ihr's?
MUTTER. Aber Andri ist der Sohn von meinem Mann —
WIRT. Sie soll's beweisen.
MUTTER. Das ist wahr. Und Andri hat den Stein nicht geworfen, das weiß ich auch, denn Andri war zu Haus, als das geschehn ist. Das schwör ich. Ich war selbst zu Haus. Das weiß ich und das schwör ich bei Gott, dem Allmächtigen, der unser Richter ist in Ewigkeit.
WIRT. Sie lügt.
MUTTER. Laßt ihn los!

Der Judenschauer erhebt sich nochmals.

SOLDAT. Ruhe!

Der Judenschauer tritt nochmals zu Andri und wiederholt die Musterung, dann kehrt er die Hosentaschen von Andri, Münzen fallen heraus, die Andorraner weichen vor dem rollenden Geld, als ob es Lava wäre, der Soldat lacht.

SOLDAT. Judengeld.
DOKTOR. Der irrt sich nicht . . .
LEHRER. Was Judengeld? Euer Geld, unser Geld. Was habt ihr denn andres in euren Taschen?

Der Judenschauer betastet das Haar.

LEHRER. Warum schweigst du?!
ANDRI *lächelt.*
LEHRER. Er ist mein Sohn, er soll nicht sterben, mein Sohn, mein Sohn!

Der Judenschauer geht, die Schwarzen präsentieren das Gewehr; der Soldat übernimmt die Führung.

SOLDAT. Woher dieser Ring?
TISCHLER. Wertsachen hat er auch . . .
SOLDAT. Her damit!
ANDRI. Nein.
SOLDAT. Also her damit!
ANDRI. Nein — bitte . . .
SOLDAT. Oder sie hauen dir den Finger ab.
ANDRI. Nein! Nein!

Andri setzt sich zur Wehr.

TISCHLER. Wie er sich wehrt um seine Wertsachen . . .
DOKTOR. Gehn wir . . .

Andri ist von schwarzen Soldaten umringt und nicht zu sehen, als man seinen Schrei hört, dann Stille. Andri wird abgeführt.

LEHRER. Duckt euch. Geht heim. Ihr wißt von nichts. Ihr habt es nicht gesehen. Ekelt euch. Geht heim vor euren Spiegel und ekelt euch.

Die Andorraner verlieren sich nach allen Seiten, jeder nimmt seine Schuhe.

SOLDAT. Der braucht jetzt keine Schuh mehr.
Der Soldat geht.
JEMAND. Der arme Jud. —
WIRT. Was können wir dafür.

Der Jemand geht ab, die anderen gehen in Richtung auf die Pinte.

TISCHLER. Mir einen Korn.
DOKTOR. Mir auch einen Korn.
TISCHLER. Da sind noch seine Schuh.
DOKTOR. Gehn wir hinein.
TISCHLER. Das mit dem Finger ging zu weit . . . 5

Tischler, Doktor und Wirt verschwinden in der Pinte. Die Szene wird dunkel, das Orchestrion fängt von selbst an zu spielen, die immergleiche Platte. Wenn die Szene wieder hell wird, kniet 10 Barblin und weißelt das Pflaster des Platzes; Barblin ist geschoren. Auftritt der Pater. Die Musik hört auf.

BARBLIN. Ich weißle, ich weißle. 15
PATER. Barblin!
BARBLIN. Warum soll ich nicht weißeln, Hochwürden, das Haus meiner Väter?
PATER. Du redest irr.
BARBLIN. Ich weißle. 20
PATER. Das ist nicht das Haus deines Vaters, Barblin.
BARBLIN. Ich weißle, ich weißle.
PATER. Es hat keinen Sinn.
BARBLIN. Es hat keinen Sinn. 25

Auftritt der Wirt.

WIRT. Was macht denn die hier?
BARBLIN. Hier sind seine Schuh. 30
WIRT *will die Schuh holen.*
BARBLIN. Halt!
PATER. Sie hat den Verstand verloren.
BARBLIN. Ich weißle, ich weißle. Was macht ihr? Wenn ihr nicht seht, was ich sehe, dann seht 35 ihr: Ich weißle.
WIRT. Laß das!
BARBLIN. Blut, Blut, Blut überall.
WIRT. Das sind meine Tische!
BARBLIN. Meine Tische, deine Tische, unsre 40 Tische.
WIRT. Sie soll das lassen!
BARBLIN. Wer bist du?
PATER. Ich habe schon alles versucht.
BARBLIN. Ich weißle, ich weißle, auf daß wir 45 ein weißes Andorra haben, ihr Mörder, ein schneeweißes Andorra, ich weißle euch alle — alle.

Auftritt der ehemalige Soldat.

50
BARBLIN. Er soll mich in Ruh lassen, Hochwürden, er hat ein Aug auf mich, Hochwürden, ich bin verlobt.

SOLDAT. Ich habe Durst.
BARBLIN. Er kennt mich nicht.
SOLDAT. Wer ist die?
BARBLIN. Die Judenhure Barblin.
SOLDAT. Verschwinde!
BARBLIN. Wer bist du? *Barblin lacht.* Wo hast du deine Trommel?
SOLDAT. Lach nicht!
BARBLIN. Wo hast du meinen Bruder hingebracht?

Auftritt der Tischler mit dem Gesellen.

BARBLIN. Woher kommt ihr, ihr alle, wohin geht ihr, ihr alle, warum geht ihr nicht heim, ihr alle, ihr alle, und hängt euch auf?
TISCHLER. Was sagt sie?
BARBLIN. Der auch!
WIRT. Die ist übergeschnappt.
SOLDAT. Schafft sie doch weg.
BARBLIN. Ich weißle.
TISCHLER. Was soll das?
BARBLIN. Ich weißle, ich weißle.

Auftritt der Doktor.

BARBLIN. Haben Sie einen Finger gesehn?
DOKTOR *sprachlos.*
BARBLIN. Haben Sie keinen Finger gesehn?
SOLDAT. Jetzt aber genug!
PATER. Laßt sie in Ruh.
WIRT. Sie ist ein öffentliches Ärgernis.
TISCHLER. Sie soll uns in Ruh lassen.
WIRT. Was können wir dafür.
GESELLE. Ich hab sie ja gewarnt.
DOKTOR. Ich finde, sie gehört in eine Anstalt.
BARBLIN *starrt.*
PATER. Ihr Vater hat sich im Schulzimmer erhängt. Sie sucht ihren Vater, sie sucht ihr Haar, sie sucht ihren Bruder.

Alle, außer Pater und Barblin, gehen in die Pinte.

PATER. Barblin, hörst du, wer zu dir spricht?
BARBLIN *weißelt das Pflaster.*
PATER. Ich bin gekommen, um dich heimzuführen.
BARBLIN. Ich weißle.
PATER. Ich bin der Pater Benedikt.
BARBLIN *weißelt das Pflaster.*
PATER. Ich bin der Pater Benedikt.
BARBLIN. Wo, Pater Benedikt, bist du gewesen, als sie unsern Bruder geholt haben wie Schlacht-

vieh, wie Schlachtvieh, wo? Schwarz bist du geworden, Pater Benedikt . . .

PATER *schweigt.*

BARBLIN. Vater ist tot.

PATER. Das weiß ich, Barblin.

BARBLIN. Und mein Haar?

PATER. Ich bete für Andri jeden Tag.

BARBLIN. Und mein Haar?

PATER. Dein Haar, Barblin, wird wieder wachsen —

BARBLIN. Wie das Gras aus den Gräbern.

Der Pater will Barblin wegführen, aber sie bleibt plötzlich stehen und kehrt zu den Schuhen zurück.

PATER. Barblin — Barblin . . .

BARBLIN. Hier sind seine Schuh. Rührt sie nicht an! Wenn er wiederkommt, das hier sind seine Schuh.